KB200504

맥체인성경

심화해설

김재학 지음

신교횃불

맥체인성경 심화해설

2023년 2월 20일 초판 1쇄 발행
지 은 이 김재학
발 행 처 선교횃불
디 자 인 디자인이츠
등 록 일 1999년 9월 21일 제54호
등록주소 서울시 송파구 백제고분로 27길 12(삼전동)
전 화 (02) 2203-2739
팩 스 (02) 2203-2738
이 메 일 ccm2you@gmail.com
홈페이지 www.ccm2u.com

맥체인성경
심화해설

김재학

• 머리글 •

이 일은 (하나님의 섭리 가운데) 정말 우연히 시작되었습니다. 2004년 군종목사로 임관 후 새해가 될 때마다 성도들에게 성경읽기를 독려했으나 참여율은 너무 저조했습니다. 그것도 1월이 채 지나기 전부터 탈락자가 발생하여 12월에는 고작 몇 명만이 성경통독에 성공하는 것이 반복되었습니다. 왜 성도들이 성경통독에 실패할까? 그러던 중 성경이 너무 어렵다는 말을 계속 듣게 됩니다. 영어공부를 처음 시작하는데 교재가 너무 어려우면 금방 포기하게 되는 것처럼 성경통독도 그렇게 된다는 사실을 알게 되었습니다.

참고로 저는 신학과 4학년 때 불꽃같은 사역을 하시고 30살이 되기 전에 하나님의 부르심을 받은 로버트 맥체인 목사님의 이야기를 처음 접하게 됩니다. 그리고 제가 존경하는 영국의 두 영적 거장 마틴 로이드 존스와 존 스타트 목사님이 맥체인 목사님이 남긴 영적 유산인 맥체인식 성경읽기표에 따라 평생 성경을 읽었다는 사실을 알게 되었습니다. 그 때부터 자연스럽게 이 방식으로 성경을 읽고 묵상했습니다. 그리고 군인교회에서 사역하면서 자연스럽게 소개했습니다. 2019년 11월 저는 9번째 부대인 2군단 한빛교회로 부임한 이후 이전 교회에서 한 것처럼 성경통독을 강조했습니다. 그리고 2020년을 맞이했습니다. 이전보다 참여율은 높았지만 점차 탈락자들이 발생하기 시작했습니다. 2020년 4월 25일, 성도들의 성경통독을 돕기 위해 성경 한 장당 4~5문장의 간단한 설명을 담은 글을 교회 톡방을 통해 일주일간 올렸습니다. 아무 생각 없이 정말 우연히 시작한 일입니다. 일주일간만 하고 더 이상 안할 생각이었습니다. 그런데 몇몇 성도들에게서 그 설명으로 인해 성경통독이 더 쉬워지고 또 매일 올라오는 그 글이 통독을 포기하고 싶은 마음을 사라지게 하는 자극이 된다는 피드백을 받게 됩니다. 그래서 일주일간만 하고 그만하려다가 12월 31일까지 매일 하게 되었습니다. 이전보다 중도 탈락자가 확연히 줄었고 통독에 성공하는 성도들의 수도 늘었습니다. 톡방에 올리던 짧은 글은 그 다음 부대인 8군단 충용교회(2021년)에서 A4 한 장 반 분량의 글로 확대됩니다. 매일 3~4시간의 시간을 들여 성경전체 해설을 쓰는 것에 겁 없이 도전한 것입니다. 시작한 이상 멈출 수 없었습니다. 때론 힘들어서 괜히 시작했나? 라는 생각도 들었지만 1년간 꾸준히 밴드와 톡방에 올린 글은 성도들의 성경통독의 좋은 자극이 되어 성경 읽는 교회의 분위기가 자연스럽게 만들어졌습니다. 2020년(2군단)과 2021년(8군단)은 코로나로 인해 모이는 예배가 쉽지 않았기 때문에 개인 경건의 시간이 어느 때보다도 중요했습니다. 이때를 성도들과 함께 매일 성경통독과 묵상으로 보내게 된 것입니다.

2021년에 8군단에서 매일 올리던 글은 이미 [맥체인성경 쉬운해설]이라는 제목의 책으로 출간되었습니다. 이 역시 (하나님의 섭리 가운데) 우연히 된 것입니다. 저는 책을 내겠다는 생각을 해본 적이 없습니다. 그저 교회에서 성경통독을 위한 자료로 쓰기 위해 쓴 글이니까요. 그러다가 맥체인성경 관련 세미나에서 만난 한 장로님이 제가 교회에 올린 하루치 분량의 성경해설을 보더니 내용이 좋다고 문서파일을 달라고 하셨습니다. 저는 그분에게 1년 분량의 문서파일을 다 보냈습니다. 군인신자가 아닌 바깥 교회의 장로님이 제 글을 읽고 신앙에 도움이 되시면 그저 감사할 뿐이었습니다. 그런데 그렇게 보낸 글이 책이 되어 제게 돌아오게 되었습니다. 어설픈 저의 글을 책으로 내 주신 맥체인성경 관련 전문 출판사인 "선교횃불" 김수곤 장로님께 깊은 감사를 드립니다.

2021년 말에 인사명령에 따라 특수전사령부 사자교회로 부임했습니다. 이곳에서 또 다른 도전을 시작했습니다. 맥체인성경 심화해설에 도전한 것입니다. 매일 5시간 ~ 8시간 걸리는 고된 과정이었습니다. 맥체인식 성경읽기는 하루 4장씩 읽어 1년 동안 구약은 1독, 신약 및 시편은 2독을 하도록 구성되어 있습니다. 신약과 시편은 전반기에 한번, 후반기에 다시 한번 읽게 됩니다. 그러니까 21년도에 쓴 해설서인 [맥체인성경 쉬운해설]에는 서로 구별되는 신약의 해설이 담겨 있습니다.(예: 1월 1일자 마태복음 1장과 6월 21일자 마태복음 1장의 해설이 다릅니다) 22년도에 쓴 해설에 많은 시간이 들어갈 수밖에 없었던 이유는 그 전에 쓴 내용과는 다른 또 다른 해설을 쓰고자 했기 때문입니다. 결과적으로 [맥체인성경 쉬운해설]과 [맥체인성경 심화해설]은 각기 다른 4편의 신약해설을 담고 있습니다. 물론 구약의 내용도 새롭게 써보았습니다. 새롭게 읽는 것은 무척 어렵고, 또 어쩔 수 없이 유사한 내용이 가끔은 등장할 수밖에 없습니다.('성경의 통전성') 그러나 가능하면 다른 관점에서 이해해 보려고 애를 썼습니다. 사자교회 성도들의 성경통독을 돕기 위해 쓴 글이 책으로 나오게 되었습니다. 그저 감사하고 또 감사할 뿐입니다.

지난 1년간 저는 퇴근할 때 항상 여행가방을 가지고 다녔습니다. 그 안에는 노트북과 각종 참고 서적들이 들어있었습니다. 정말이지 집에서는 밥 먹고 잠만 잤습니다. 아이들의 입에서 '맥체인 지옥'에 빠졌다는 말이 나올 정도였습니다. 남편과 아빠이길 거의 포기하고 하숙생처럼 지나온 지난 1년간을 길이길이 참아준 아내와 루엘, 루미 두 자녀에게 마음의 큰 빚을 졌습니다. 미안하고 또 감사하며 사랑합니다. 목회자인 큰 아들을 위해 노심초사 매일 기도하시는 김관희장로님과 최복순권사님, 장인·장모님이신 박상우목사님과 황순옥목사님께도 깊이 감사드립니다. 부모님들께는 늘 죄송한 마음뿐입니다. 맥체인 성경 해설의 여정을 함께 한 2군단 한빛교회, 8군단 충용교회 그리고 현 사역지인 특수전사령부 사자교회 모든 성도님들께도 감사의 말씀 꼭 전하고 싶습니다. 여러분들로 인해 이 글이 책으로 나오게 되었습니다. 오타 교정에 남다른 애정을 보여주신 정영미권사님, 오예균집사님께도 정말 감사드립니다. 여러분 모두가 저의 스승입니다. 무엇보다 영원하신 하나님, 그의 아들 구세주 예수 그리스도, 내 영혼의 인도자이신 성령님. 삼위일체 하나님께 모든 영광을 올려드립니다.

2023년 1월

김재학

• 활용법 •

이 책은 다음과 같은 특징이 있습니다.(사실은 아래의 기준을 가지고 글을 써서 교회 밴드와 톡방에 매일 올린 것입니다. 책을 쓰기 위해 세운 기준이 아닙니다.)

첫째, 초등학교 5학년 이상이면 어느 정도 이해가 가능하도록 써 보았습니다.

둘째, (다소 욕심을 부려) 한 장의 내용 중에 핵심 포인트만 다루기보다는 전체를 다 다루려고 애를 썼습니다. 약간 무리한 부분이 있을 수 있으니 독자들의 넓은 아량을 구합니다.

셋째, 성경이 성경을 해석한다는 말을 들어 보셨을 겁니다. 이해를 돕기 위한 예화보다는 다른 성경구절을 가능하면 많이 제시하였습니다. 글을 쓰며 성령님의 조명이 아니면 성경을 이해할 수 없다는 것을 깊이 깨달았습니다. 해설을 쓰면서 연관되는 또 다른 성경구절을 파노라마처럼 생각나게 하시는 성령님의 역사를 수없이 경험했습니다. 맥체인 목사님의 이름처럼 성경의 맥이 체인처럼 연결되는 신비를 경험한 것입니다.

넷째, 적용이나 의미를 추출하는 내용도 있지만 성경 내용 자체를 이해시키는 것에 더 중점을 두었습니다.

다섯째, 나라 이름이나 사람 이름에 대해서는 '개역개정판'성경에 나온 그대로를 표기했습니다. 대신 오늘날에 통용되는 지명이나 이름을 괄호 안에 넣었습니다.

예: 바사의 고레스(페르시아의 키루스), 애굽(이집트)

여섯째, 설명을 돕기 위해 성경의 원어인 히브리어나 헬라어 그리고 영어가 가끔 등장합니다. 원어 그대로 표기할 필요는 없다고 판단되어 한글 발음으로 표기하였습니다.

예: 사도(헬: 아포스톨로스 = '보냄 받은 자')

일곱째, 괄호를 적극 활용하여 필요한 보조 설명들을 넣었습니다.

<성경통독과 묵상을 동시에>

1. 성경읽기 전에 기도한다.

성경해설에 너무 의존하지 마시고 성령님이 지혜를 주시도록 기도해야 합니다. 중요한 것은 해설 보다 성경 그 자체입니다. 저는 단지 이 책으로 말미암아 성도들이 성경을 더 사랑하고 가까이 하게 되기를 소망할 뿐입니다.

2. 두 가지 질문과 함께 성경을 읽는다.

묵상을 위해서는 질문이 필요합니다. 묵상을 위한 가장 기본적인 질문은 하나님과 적용에 관한 것입니다. 아래의 질문을 활용하면 그냥 읽기만 하는 것 보다 더 풍성한 묵상을 하실 수 있습니다.

- 오늘 말씀을 통해 내가 만난 하나님은 어떤 분인가요?
- 오늘 내게 주시는 주님의 말씀은 무엇인가요?(교훈, 도전, 권면, 책망, 위로, 소망 등)

3. 말씀을 통해 내가 만난 하나님을 고백하고 내가 받은 교훈으로 기도함으로 마친다.

<성경통독 범위 설정>

성경통독을 해본 적이 없거나 초신자의 경우 하루 4장씩 성경 읽는 것이 결코 쉽지 않습니다. 며칠만 밀려도 지레 포기하게 됩니다. 그래서 저는 자신의 직분과 신앙적 목표에 따라 3가지 그룹 중 하나를 선택하기를 추천합니다.

구 분	최종상태	주요대상
하루 4장 그룹	1년간 구약 1독, 신약 및 시편 2독	목회자 / 항존직(안수집사,권사,장로) / 성경통독이 습관화되어 있는 신자
하루 3장 그룹	1년간 구약 1독, 신약 및 시편 1독	기본신앙이 있는 집사 이상의 신자
하루 1장 그룹	1년간 신약 및 시편 1독	초신자 / 성경통독 무경험자 / 중도포기 경험자(작심삼일)

예) 1월 1일자 성경읽기를 예로 들면

- 하루 4장 그룹 : 창세기 1장, 마태복음 1장, 에스라 1장, 사도행전 1장
- 하루 3장 그룹 : 창세기 1장, 마태복음 1장, 에스라 1장
- 하루 1장 그룹 : 마태복음 1장

이렇게 읽는 것입니다. 많이 읽는 것도 중요하지만 꾸준히 읽는 것이 더 중요합니다. 매일 밥을 먹듯이 생명의 양식인 성경 말씀도 매일 먹어야 영적으로 건강합니다.

• 추천사 •

| **김홍양 목사** (맥체인성경 정독학교 대표) |

내가 맥체인성경을 처음 묵상할 때가 생각납니다. 벌써 5년이 훌쩍 넘은 때였습니다. 하루 구약 2장, 신약(시편) 2장을 읽는 독특한 구조에 대한 고민과 호기심은 상당했습니다. 왜 이렇게 편집을 했을까, 왜 꼭 이렇게 읽어야 할까.. 이런 호기심을 안고 하루 4~8시간씩 꾸준히 성경을 읽고 묵상하다 보니 말씀 묵상의 새로운 세계가 열리게 되었습니다. 그 후 매일이 즐겁고 경건했으며 하나님의 인도하심을 체험할 수 있었습니다. 그러던 중 김재학목사님을 만나 함께 맥체인성경의 통독과 묵상의 신비를 나누게 되었습니다. 금번 김재학목사님이 맥체인성경을 묵상하고 연구하면서 귀한 책을 출간하게 되었음을 하나님께 감사드립니다. 이 책은 다음과 같은 특징이 있어 매우 신선합니다.

첫째, 하루에 읽는 성경 4장에 대한 간결한 내용정리가 좋습니다.

둘째, 본문에 대한 복음주의적 신학해석을 개론적으로 설명해서 좋습니다.

셋째, 간결하고 구체적인 적용질문을 제시하고 있어 좋습니다.

넷째, 맥체인성경의 통독과 묵상을 쉽게 도와주는 핵심적인 서설을 통해 가이드 역할을 하고 있어 좋습니다.

다섯째, 목회자나 성도나 쉽게 읽고 이해할 수 있도록 설명해 줌으로 성경을 더 사랑하게 도와주니 좋습니다.

귀한 책이 예수님을 사랑하는 그리스도인의 성경 묵상과 공부에 큰 유익이 될 줄 믿습니다.
할렐루야!

| **안화웅 목사** (한국기독교임상목회교육협회(KCCPE) 회장) |

하나님이 인생들에게 주신 가장 귀한 선물이 있는데 그것은 바로 성경입니다. 성경은 하나님이 누구인지, 인간은 누구인지, 죄인이 어떻게 해야 구원받을 수 있는지, 천국과 지옥은 어떤 곳인지, 우리가 어떻게 해야 행복하고 성공하며 승리할 수 있는지를 알려 줍니다. 성경을 가

까이 하고자 하는 성도들에게는 성령님의 조명과 함께 성경이해를 위한 도구가 필요합니다. 김재학 목사님은 저에게 임상목회훈련(CPE)을 받으신 분입니다. 성도와 장병들을 사랑하는 마음을 가진 목사님이 그들을 성경의 세계를 안내하고자 인고의 시간을 보내며 매일 쓴 글들이 모아져 한 권의 책으로 나오게 되었다고 하니 기쁜 마음을 감출 수 없습니다. 이 책은 '어떻게 하면 성경읽기를 밥 먹는 것처럼 습관화시킬 수 있을까?'에 대한 그의 고민이 만들어낸 산물입니다. 성도와 장병들이 성경을 더 사랑하고 주님께 더 가까이 가며 믿음생활의 성장을 이루는 토대가 될 줄로 믿습니다. 이 책을 통해 구원의 길을 발견하고, 말씀을 통한 행복한 삶과 성공적인 삶을 살아가시길 소망합니다.

| **김명철 목사** (전 기독교대한성결교회 군선교위원장, 서대문교회 원로목사) |

저는 오랜 세월 기성 군선교위원장, 한국기독교군선교연합회 법인이사로 군사역을 지원해왔습니다. 교단을 초월하여 수많은 군종목사들을 만나 동역했지만 그 중에 김재학목사님은 매우 탁월한 군종목사였습니다. 7사단, 22사단, 53사단, 특수전사령부 등 그가 사역하는 부대에서 만난 지휘관과 장병들, 예하부대 군종목사들의 평가가 그러했습니다. 코로나19로 인해 군선교현장이 침체될 수밖에 없는 지난 2020년도부터 목사님은 또 다른 길을 개척하여 성도들과 장병들의 잠자던 신앙을 일깨우려고 했으며 마침내 그 결실을 맺게 되었습니다. 성경 66권은 예수 그리스도의 구속사역이라는 동일한 주제 속에서 통일성과 다양성이 완벽한 조화를 이루는 하나님의 영감이 숨어 있는 책입니다. 하나님의 말씀은 나를 살리며 인도하고(시23:3), 모든 것을 가르치고 생각나게 하며(요14:26), 나를 일으켜 세워주고(왕상7:21), 내 마음을 지킵니다.(잠4:23,요14:27) 목사님이 매일 교회 밴드에 올렸던 글의 모음인 이 책을 통해 신앙이 성장하고, 신앙의 전투력이 신장되며, 말씀을 통한 내적 치유가 일어날 줄로 믿습니다. 예수님은 사람이 떡으로만 살 것이 아니라 하나님의 입으로부터 나오는 모든 말씀으로 살아야 한다고 선언하셨습니다.(마4:4) No Bible! No Breakfast! 신앙인은 성경을 먹기 전에는 아침을 먹지 않겠다는 각오가 되어 있어야 합니다.

| **임순길 목사** (청운대학교 교수) |

우리는 맛집, 볼거리가 많은 여행지, 좋은 책, 좋은 영화가 있으면 가족과 지인들에게 적극 추천합니다. 신앙인들은 은혜로운 말씀과 기도와 찬양이 있는 영성 깊은 목회자를 동료 신앙인들에게 추천합니다. 복 있는 성도(시1편)는 늘 말씀을 읽고 찬양하며 기도합니다. 에스라는 여

호와의 율법에 익숙한 학자로서 그는 여호와의 도우심을 힘입어 왕에게 구하는 것을 다 받았습니다.(스7:6) 그는 늘 말씀을 연구하고 준행하였으며 또한 말씀을 가르치기로 결심하였습니다.(스7:10) 기독교 서점에 가면 큐티와 묵상을 위한 책들이 즐비합니다. 그러한 가운데 말씀과 성령의 충만함으로 복음적인 신앙이 깊이 뿌리내린 목회자이자 청년전문 군사역자인 김재학목사님이 성경을 연구하고 준행하며 가르치기 위해 쓴 글을 모아 책을 출판하게 되었습니다. 애초에 책을 낼 생각은 전혀 없었고 단지 성도들에게 성경을 읽히기 위해 매일 글을 썼다고 하니 출판의 과정이 더 은혜롭습니다. 성도 개인은 물론 공동체, 구역예배, 속회, 가정예배 등에서 사용하기 적합하므로 적극 추천합니다. 이 책은 성도들로 하여금 성경을 사랑하게 도와주어 더 가까이하게 할 것입니다. 이 책과 함께 매일 성경을 읽는다면 답답했던 마음들이 뻥 뚫리는 느낌을 받을 것이다. 성경을 네 시대로 나누어 읽고 묵상함으로써 성경을 보는 안목이 넓어지고 신앙생활의 재미가 날로 더해질 것입니다. 이 책을 통해 주님과 동행하는 삶의 축복을 경험하시길 소망합니다.

| **홍은해 목사** (예비역대령, 제18대 한국군종목사단장 역임, 현 부평소망교회 담임목사) |

저는 군종목사로 29년을 사역하면서 김재학 목사님을 가까이에서 지켜본 사람 중 하나입니다. 그는 어느 부대를 가든 지휘관과 성도와 장병들에게 기쁨을 주는 존재입니다. 군종목사는 군종활동과 목회 두 가지를 다 감당해야 하기에 매우 바쁩니다. 그러나 성경에 대한 연구와 선포는 절대로 포기할 수 없는 사역입니다. 기독교의 기초는 말씀이기 때문입니다. 잠자는 시간을 쪼개며 지난 3년간 성도와 장병들에게 성경을 이해시키고 읽히게 하려는 목사님의 열정과 헌신이 이렇게 결실을 맺게 되었습니다. 이렇게 성경을 쉽게 풀어 이해하도록 만드는 것은 김재학 목사님의 놀라운 은사입니다. 바쁜 군종목사의 사역 속에서 기도와 인내로 이룬 헌신의 열매인 귀한 책을 통해 많은 생명이 탄생하고 변화할 줄로 확신하며 기쁨으로 추천합니다.

| **서우정 목사** (육군대령, 육군군종목사단장) |

처음부터 책을 내겠다고 마음을 먹고 글을 쓰는 분도 있지만 주변 분들에게 도움을 드리면서 동시에 자신도 함께 성장하기 위해 글을 쓰는 분도 있습니다. 그 과정에서 많은 사람들이 호응하고 그 호응에 용기를 얻어 더 심혈을 기울여 글을 쓰다가 그것이 책이 되는 경우가 있습니다. 이 책이 바로 그렇습니다. 미리 건네받은 원본을 가지고 직접 맥체인식으로 성경을 읽어보니 이 책의 내용이 성경을 구절별로 깊이 있게 다루고 있으며 예화나 상황 설명에 많은

고심이 담겨 있음을 발견하게 되었습니다. 성경을 보는 '관점의 다양성'을 경험하길 원하는 분들에게 일독을 권합니다.

| **곽은광 목사** (기독교대한성결교회 교회진흥원장) |

예수님은 자신이 하늘에서 내려온 생명의 떡이니 나를 먹으라고 하셨습니다. 그 때 많은 사람들이 예수님을 떠나가게 되었는데 그 이유는 그의 말씀이 어려워서라고 합니다. 오늘날에도 말씀을 이해하기 어려워하며 갈급해하는 사람들이 많습니다. 이 책은 그러한 사람들에게 하나님을 알고 만날 수 있게 하는 길잡이의 역할을 충분히 감당할 것입니다. 이 책을 통하여 성경을 더 사랑하며 매일 생명의 양식을 취하여 풍성한 생명을 누리시길 소망합니다.

| **권영기 목사** (역촌성결교회 담임목사) |

저는 오랫동안 맥체인식 성경읽기를 하고 있습니다. 성경을 읽고 싶은 분이 있다면 맥체인식 성경읽기를 추천합니다. 그리고 맥체인식 성경읽기로 말씀을 묵상하고 싶은 분이 있다면 풍성한 묵상 가이드를 제공해 주는 김재학목사님의 이 책을 적극 추천합니다. 바쁜 군종목사 사역 중에도 매일 성경 묵상 가이드를 만들어 냈다는 것은 성경을 사랑하고 성경읽기를 사명으로 여기지 않으면 결코 할 수 없는 일입니다. 그만큼 말씀 묵상이 삶의 우선순위임을 증명합니다. 묵상 가이드를 따라가다 보면 저자처럼 날마다 말씀의 은혜에 빠져있는 자신을 발견하게 될 것입니다.

| **류명욱 목사** (대령, US Army) |

김재학목사님은 제가 주한미군에 근무할 때 처음 만났으며 목사님이 17년도에 국외연수 차 미국에 왔을 때 대학원에서 함께 상담을 공부하기도 했습니다. 비록 나이는 저보다 어리지만 시간이 흐를수록 더욱 존경스러운 분입니다. 종종 시간 관리의 어려움을 겪는 저에게 있어서 군종목사가 성경 전체를 조망하는 책을 썼다는 사실만으로도 목사님을 존경할 이유가 하나 더 늘어났습니다. 더구나 성도들을 사랑하는 마음으로 하루하루 나누었던 글들이 모아져 책이 되었다는 소식에 더욱 감동이 됩니다. 체계적으로 성경을 읽으며 그 말씀을 하나님과의 관계에 구체적으로 적용하도록 도와주는 이 책이 성령님의 인도하심을 따라 예수님과 더욱 풍성하고 깊은 교제 속으로 들어가는 데 요긴한 도구가 되기를 기도합니다.

| **박근일 목사** (군선교사, 율곡부대(22사) 통일전망대교회 담임) |

하나님의 말씀은 날선 검과 같습니다. 목회자는 성도들에게 귀한 말씀을 공급하기 위해 항상 애를 씁니다. 그리고 성도들에게 날마다 성경을 읽도록 권면합니다. 저는 10년 전 김재학목사님과 22사단에서 함께 동역했습니다. 목사님이 계시던 기간은 사단 내 교회간의 연합사역과 장병 선교가 가장 활발하게 이루어진 시기였습니다. 전방소초에 작은 교회들도 많이 세워졌습니다. 영혼을 향한 뜨거운 열정을 가진 목사님의 해설은 성경을 단단한 음식으로 여기는 성도들의 말씀 소화를 돕는 훌륭한 도구가 될 것입니다. 목사님께서 쓰신 글들은 이미 3년간 척박한 군 선교현장에서 충분히 입증되었으므로 군인교회 성도 뿐 아니라 성경을 사모하는 모든 성도들에게 생명의 말씀을 더 깊이 이해하도록 돕는 탁월한 해설서가 될 것입니다.

| **서정열 장로** (예비역소장, 7사단장 & 육군3사관학교장 역임) |

김재학목사님은 제가 최전방 7사단에서 사단장을 하는 2년 내내 동역한 목사님(영적지휘관)이자 군종참모입니다. 저는 어려움이 있을 때마다 밤낮을 가리지 않고 목사님께 가장 먼저 연락드려 기도를 부탁하였습니다. 그때마다 앞장서서 사단의 어려움을 해결하는데 도움을 주셨고, 전투에서 왜 군종목사가 필요한지를 연구하시고 몸소 증명하신 분이셨습니다. 또한 다른 사단에 비하면 교회 수가 절반밖에 되지 않는 열악한 영적 토양을 개선하고자 기도하며 발로 뛰어 21개의 소초교회와 2개의 대대교회 그리고 신교대 교회를 세워 영적 바이블벨트를 만드셨습니다. 이제는 누구나 성경을 명쾌하게 이해하며 하나님께서 감춰두신 구속의 보화를 찾는 기쁨을 누릴 수 있도록 책을 쓰셨습니다. 군에서 많은 사람들이 인정하는 영혼과 말씀을 사랑하는 분이셨는데 성경을 1년 동안 매일 먹을 수 있는 양식으로 조각내어 글로 쓰신 것입니다. 이 해설서가 많은 성도들과 장병들이 더욱 주님과 가까워지며 영적으로 성장하는데 크게 기여할 수 있기 바라며 적극 추천합니다.

| **강창구 집사** (예비역중장, 8군단장 & 육군사관학교장 역임) |

김재학목사님은 제가 동부전선을 담당하는 군단장 시절 군종참모이셨습니다. 제가 가까이에서 지켜본 목사님은 정말 훌륭한 목회자이면서도 장병들에게 항상 가까이 다가서는 모범이 되는 훌륭한 군인이었습니다. 목사님은 격오지 소초를 부지런히 찾아다니며 회복탄력성 교육과 카페트럭을 통한 위문을 통해 코로나의 어려운 시기에 지쳐있는 용사들을 격려함으로써 부대의 사기와 전투력을 높여주었습니다. 그리고 바쁜 가운데서도 매일 3~4시간을 투자하여

성도들과 기독 장병들의 성경통독을 위한 자료를 만들어 쉽게 성경을 이해하고 접근할 수 있도록 성경해설을 매일 교회 밴드에 올려주셨습니다. 21년도에 쓰신 글들은 이미 [맥체인성경쉬운해설]이라는 이름으로 출간되었습니다. 여기에 더하여 금번에 더 깊은 묵상을 위한 성경해설이 나온다고 하니 반갑기 그지없습니다. 목사님의 해설의 안내를 받으며 한 해 동안 성경을 읽었던 경험자로서 성경을 사랑하는 목사님의 기도와 땀이 배여 있는 이 책을 기쁜 마음으로 추천합니다. 바울은 성경에 대하여 이렇게 선언합니다. "이는 하나님의 사람으로 온전하게 하며 모든 선한 일을 행할 능력을 갖추게 하려 함이라"(딤후3:17)

| **차성도 교수** (현 강원대학교 명예교수, 전 강원대학교 물리학과 교수) |

예수 그리스도는 공생애를 시작하기 직전 광야에서 마귀에게 시험을 받으셨는데 "사람이 떡으로만 살 것이 아니요 하나님의 입으로부터 나오는 모든 말씀으로 살 것이니라"는 말씀으로 마귀를 물리치셨습니다. 마귀는 이 시대에도 동일하게 그리스도인들을 미혹하고 시험하는데 이것을 이길 수 있는 것은 예수님이 그러하셨듯이 하나님의 말씀 밖에 없습니다. 하나님의 말씀이 더욱 필요한 혼돈의 시대에 김재학목사님이 성경읽기와 묵상이 동시에 가능한 '맥체인 성경읽기' 해설서를 통해 하나님의 말씀을 더 넓게 또한 더 깊게 이해할 수 있는 길을 열어 놓으셨습니다. 이 해설서는 성경 전체를 숲처럼 볼 수 있도록 하는 개관뿐 아니라, 말씀이 품은 의미를 깨달아 숲에 있는 각각의 나무들의 아름다움도 느끼는데 도움이 되는 해설들로 구성되어 있습니다. 진리를 향한 열정이 넘치시고 성실하신 김재학목사님께서 매일같이 한 땀 한 땀 쓰신 해설서를 성경 통독과 묵상을 동시에 필요로 하는 모든 이들에게 강력하게 추천하는 바입니다.

| **탁지원 소장** (현대종교 대표) |

이단 대처 사역은 단순히 이단과의 영적 전쟁에만 힘을 쏟는 것이 아니라 사람들을 만나 동역의 길로 향할 수 있도록 동기부여를 만드는 것이 중요합니다. 그 마음으로 그간 수많은 이들을 만나 '한국교회의 앞길'과 '이단 대처'에 대해 이야기했습니다. 그러다 조금이라도 뜻이 맞을 때면 하나님께서 다 이겨놓은 싸움을 위한 '열 사람의 한 걸음'을 함께 다짐하곤 했습니다. 이 책의 저자 김재학목사님과의 만남도 그러합니다. 1999년 서울신학대학교의 이단관련 수업에서 당시 신학과 3학년이던 목사님을 처음 만났습니다. 그는 이단으로부터 학생과 청년들을 지키는 일에 누구보다도 관심이 많았습니다. 그 후 군종목사로 임관한 그는 가는 부대마다

이단의 군 침투에 관해 제보해 왔고, 이단에 빠진 성도와 형제들을 구하는 일에 앞장서 오면서 군 안의 귀한 영혼들을 지켜왔습니다. 그는 이단예방 특강과 상담으로 약 20년간 저희 팀과 동역하고 있습니다. 이렇게 군 선교와 더불어 이단에 대해 제대로 알리기 위해 노력하던 그가 이단 대처의 첫걸음은 하나님의 말씀을 제대로 아는 것이라며 귀한 책 <맥체인성경 심화해설> 을 출간했습니다. 군 밖에서 출간된 QT서적은 많았지만 군 안에서 제작된 책은 많지 않았을 터, 부디 이 책이 군인 신자는 물론 한국교회와 성도들에게까지 큰 도움이 되길 바라며 이단과의 영적 전쟁에도 중요하고 강력한 무기가 될 수 있길 진심으로 소망합니다. 몇 안 되는 근사한 동역자 중 한 사람인 김재학목사님, 제가 존경하고 사랑하는 이가 기도로 작업한 책이 출간되었으니 어찌 기뻐하지 않을 수 있으며 추천하지 않을 수 있겠습니까? 여호와 닛시!

| **모세환 형제** (전 53사단 군종병, 현 총신대 신대원생) |

하나님의 말씀이 그 어느 때보다 중요한 '탈 진리 시대'에 고지식해 보이는 '성경 통독'이 도리어 돌파구라는 사실을 과감하게 호소하는 책입니다. 군종목사는 군종병을 절대 속일 수 없다는 속담 같은 말이 있습니다. 저는 목사님을 아주 가까이에서 모시며 동역했던 군종병입니다. 저에게는 성경 읽기의 중요성을 강조하고 말씀대로 살아가는 삶을 몸소 실천하며 본이 되려 했던 목사님의 구체적인 모습들이 지금도 생생하게 기억속에 남아 있습니다. 목사님은 영남지역 청년(간부&용사)연합수련회를 네 차례나 여셨고, 연 3회 군종병 집체교육을 통해 각급 부대 군종병들의 신앙성장을 위해 정말 애를 많이 쓰셨습니다. 예비역 성도와 현역 성도들을 아우르는 포용의 리더십도 잘 발휘하셨습니다. 카페트럭을 후원받아 해안소초를 누비며 사단 내 소외되는 장병이 없도록 곳곳을 누비셨습니다. 목회자 지망생인 제가 군 생활에서 만난 이정표와 같은 목사님이시기에 목사님의 기도와 연구의 결과인 이 책을 적극 추천합니다. 성경을 통해 말씀하시는 살아계신 하나님을 입체적으로 경험하고 싶은 분들에게 좋은 안내서가 될 줄로 믿습니다.

차 례

1 월

M'Cheyne

개관

창세기

창세기는 우주 만물과 인류의 기원이 창조주 하나님께 있음을 선언합니다. 또한 아담과 하와의 타락으로 인한 죄의 시작과 여자의 후손(동정녀를 통해 탄생한 예수 그리스도)이 뱀(사탄)의 머리를 상하게 할 것이라는 말씀을 통하여 메시아에 대한 계시를 보여줍니다(3:15). 세상에 가득한 죄로 인한 홍수 심판, 인간이 교만과 악함을 보여주는 바벨탑 사건, 아브라함으로부터 시작되는 믿음의 조상들의 이야기 속에 우리를 구원하시기 위한 하나님의 구속사가 담겨 있습니다. 메시아는 유다의 계보를 통해 이 땅에 오십니다('예수 그리스도=유다의 사자', 49:8-10).

마태복음

마태복음에는 구약을 직접 인용한 구절이 50회 이상 등장합니다. 다른 복음서에 비해 압도적으로 많이 등장하는데 마태는 이를 통해 예수님이 율법과 선지자들이 말한 바로 그 메시아임을 드러냅니다. 그는 구약을 익히 잘 알고 있는 유대인들을 독자로 설정해두고 글을 썼습니다. 그는 예수님이 모세와 비교할 수 없는 권세를 가지신 분인 것과 율법을 폐하러 오신 것이 아니라 완성하러 오셨다는 사실을 증언합니다.

에스라

에스라는 고레스칙령으로 시작됩니다. BC 586년 유다가 망하고 많은 백성들이 바벨론의 포로로 끌려갔습니다. 하나님이 우상숭배와 악행을 저지른 당신의 백성들을 영영히 버리시는가? 하나님의 언약은 여전히 유효한가? 포로가 된 이스라엘 백성들의 이러한 질문에 대한 하나님의 역사적인 대답이 바로 고레스칙령입니다. 바벨론의 뒤를 이은 바사(페르시아)의 고레스(키루스)는 포로들의 귀환을 허락하는 칙령을 발표합니다. 고레스칙령은 예레미야의 예언의 성취입니다(렘 29:10-14). 율법학사 겸 제사장인 에스라는 BC 458년경 이스라엘 백성들을 데리고 귀환하여 무너진 이스라엘 공동체를 다시 재건합니다.

사도행전

사도행전은 의사 누가가 썼습니다. 예수님의 부활을 목격한 증인들은 매주 안식 후 첫날에 모였습니다. 사도행전은 증인들의 모임인 교회 공동체의 시작과 복음이 예루살렘과 유대와 사마리아와 땅 끝까지 전파되는 역사를 보여줍니다. 전반부는 베드로, 후반부는 바울이 주도적으로 등장합니다. 대적들의 집요한 방해에도 불구하고 예수님의 이름으로 놀라운 기적들이 일어났으며 하나님의 나라는 계속 확장되어 갑니다. 사도행전은 바울이 세계의 중심인 로마에 당도해 가택연금 상태에서 복음을 전하는 이야기로 끝납니다. 그러나 복음의 행진은 지금도 계속되고 있습니다.

개관

느헤미야

정치지도자인 느헤미야는 종교지도자인 에스라와 동시대 사람입니다. 바사(페르시아)의 고위직 관리였으나 예루살렘 재건을 위해 총독직을 자원함으로써 고국으로 돌아오게 됩니다. 52일간 내·외적 방해와 어려움을 뚫고 마침내 예루살렘 성을 다시 재건하였으며(1-7장) 성을 재건한 후에는 에스라와 함께 종교개혁을 단행하여 예배를 회복하고 백성들의 삶에 말씀이 회복되도록 모든 역량을 쏟아붓습니다(8-13장). 그는 하나님을 경외하는 통치자의 표본입니다.

에스더

에스더서의 무대는 바사(페르시아)이며 시기는 다리오(다리우스 1세)의 뒤를 이은 아하수에로(크세르크세스)의 통치 기간(BC 486-465년)입니다. 이때 바사는 인도에서 구스(에티오피아)까지 127개의 도를 거느린 대제국이었습니다. 아하수에로는 도시국가로 나뉘어져 있는 그리스를 침공하여 육지에서는 승리했으나 세계 4대 해전에 속하는 살라미스 해전에서 그리스 연합함대에 패함으로써 결국 그리스 점령에 실패합니다. 왕후를 새로 선발하는 과정에서 작고 미천한 민족에 불과한 유대인 출신 에스더가 발탁되었는데 그녀는 유대인 말살정책을 추진하던 총리 하만의 계획을 무산시키는 결정적인 공헌을 하게 됩니다. 에스더서에는 하나님의 이름이 한 번도 등장하지 않지만 시간과 사람과 상황의 조화를 통해 최상의 결과를 이끌어 내시는 역사의 주관자이신 하나님을 볼 수 있습니다.

마가복음

사복음서 중에 가장 먼저 쓰인 마가복음은 다른 복음서가 기록되는데 참고 자료가 되었습니다. 저자는 베드로의 제자이자 바나바의 조카로 알려진 마가입니다. 마태가 유대인을 위한 복음서를 썼다면 마가는 이방인(=로마에 사는 이방인 독자)을 위한 복음서를 썼습니다. 마태복음에 비하면 구약 인용이 적고 족보도 생략되어 있습니다. 마가는 종의 모습으로 오셔서 십자가에서 고난 받으신 예수님을 부각시킵니다. “인자가 온 것은 섬김을 받으려 함이 아니라 도리어 섬기려 하고 자기 목숨을 많은 사람의 대속물로 주려 함이니라”(막 10:45). 종으로 오신 예수님의 인격과 사역이 그가 구세주임을 보여주는 증거입니다.

로마서

바울이 로마로 가기 전에 이미 그곳에는 그리스도인 공동체가 있었습니다. 그는 로마를 방문하기 전, 그곳에 있는 성도들을 격려하고 그들을 믿음 위에 굳건히 세우기 위해 복음의 정수를 담은 편지를 보냅니다. 로마서는 기독교의 기본 교리인 이신칭의 교리가 처음부터 분명하게 드러납니다. “복음에는 하나님의 의가 나타나서 믿음으로 믿음에 이르게 하나니 기록된 바 오직 의인은 믿음으로 말미암아 살리라 함과 같으니라”(1:17). 이 구절은 마르틴 루터를 변화시켰으며, 그는 이 한 구절을 붙들고 역사의 큰 전환점이 된 종교개혁을 일으켰습니다. 바울은 율법이 아닌 믿음으로 의롭게 된다는 진리를 논증하면서 동시에 믿음으로 의롭게 된 사람의 삶에 대해서도 강조합니다.

[창세기 1장]
성경은 "태초에 하나님이 세상을 창조하셨다"는 장엄한 선언으로 시작됩니다(1절). 성경은 세상이 존재하게 된 원인과 역사의 끝을 말해줍니다. 우리가 쓰는 물건의 존재 목적은 그것을 설계하고 만든 사람이 정합니다. 마찬가지로 인간과 세상의 존재 목적은 창조주 하나님이 정하십니다. 하나님은 그의 형상을 닮은 우리들이 자유롭고 평화롭게 살 수 있는 최적의 환경을 질서 있게 창조하셨습니다. 그래서 만드실 때 마다 '보시기에 좋았다'고 말씀하십니다. 3일차에 식물을 만드시고(11-13절). 5일차에서 6일차까지 동물을 만드셨으며(20-25절). 마지막으로 사람을 만드셨습니다(27절). 하나님이 사람과 동물에게 허락하신 먹거리는 식물이었으며 에덴에서는 하나님과 사람과 동물 간에 완전한 평화가 있었습니다(29-30절). 사람은 처음부터 창조주 하나님과의 관계 안에서 살도록 창조된 존재임을 기억해야 합니다.

[마태복음 1장]
마태복음은 예수 그리스도가 아브라함과 다윗의 자손으로 오셨음을 선언합니다(1절). 그러나 예수님은 직접적인 혈통이 아닌 성령으로 잉태되셨으며 마리아의 몸을 통해 이 땅에 오셨습니다(18절). 하나님은 예수님의 탄생에 대해 천사를 통해 요셉에게 자세히 알려 주셨는데 그는 정혼녀인 마리아에게 일어난 하나님의 역사를 그대로 인정합니다(19-25절). 하나님이 약속하신 메시아가 이 땅에 오셨습니다. 주목할 점은 계보 가운데 등장하는 5명의 여인[=다말, 라합, 룻, 우리야의 아내(밧세바), 마리아]이 하나같이 죄와 상처와 굴곡진 인생으로 점철된 여인이라는 점입니다. 하나님의 은혜로 이들이 약속의 계보를 잇는 중요한 인물이 된 것처럼 죄와 고통으로 상처받는 이 땅의 모든 사람들은 예수님을 통해 구원과 회복을 경험하게 됩니다. 예수님의 이름의 뜻은 구원자이며 또 다른 이름은 임마누엘입니다(21, 23절). 하나님은 죄인인 우리와 영원히 함께 하고자 예수 그리스도를 이 땅에 보내셨습니다.

[에스라 1장]
일찍이 예레미야 선지자는 이스라엘의 회복을 선포했는데 그 예언이 고레스칙령으로 구체화됩니다(1-2절). 이스라엘 백성을 포로로 끌고 온 바벨론을 무너뜨리고 새로운 강자가 된 바사가 포로들의 귀환을 허락한 것입니다. 하나님은 당신의 뜻을 이루기 위해 이방나라의 왕도 자유롭게 움직이시는 역사의 주관자이십니다. 귀환한 백

성들은 주변 지역의 물질적인 지원을 받아 예루살렘 성전과 성을 건축할 수 있게 되었습니다(4-6절). 바벨론이 탈취해 갔던 성전 기물들도 예루살렘으로 돌아왔습니다(7-11절). 우리는 역사를 주관하시는 하나님을 보는 눈을 가져야 합니다.

[사도행전 1장]

누가복음과 사도행전을 저술한 누가는 시간, 장소, 인명, 지리, 역사 등에 관한 구체적인 내용을 기록함으로써 글의 신빙성을 높였습니다. 사도행전은 새 언약의 공동체인 교회의 역사에 대한 기록입니다. 부활하신 예수님은 40일간 지상에 계시다가 성령 강림을 약속하시며 제자들이 보는 가운데 승천하셨습니다(3, 8-9절). 성령의 임재를 경험한 제자들은 십자가에서 죽으시고 부활하신 예수 그리스도의 증인이 되었습니다. 여러분은 증인의 삶을 살고 계십니까? 사도들과 예수님의 어머니 마리아를 포함한 여성 제자들은 예수님이 승천하시며 약속하신 성령의 임재를 기다리며 함께 모여 기도합니다(14절). 그리고 가룟 유다를 대신하여 복음의 증인이 될 사도를 선출합니다(22, 26절).

[질문과 묵상]

1. 오늘 말씀을 통해 만난 하나님은 어떤 분인가요?

2. 오늘 말씀을 통해 하나님이 내 삶에 요청하시는 것은 무엇인가요?

[기도]

창조와 역사의 주관자 되시는 하나님 아버지! 새로운 한 해를 선물로 주심을 감사드립니다. 내 삶에 하나님과 함께하는 새 역사를 창조하시고 회복이 필요한 영역이 회복되는 은혜를 허락하여 주옵소서. 복음의 증인으로 살아가는 한 해가 되게 하옵소서.

[창세기 2장]

하나님은 창조를 완성하신 후 일곱째 날에 안식함으로 이 날을 구별하셨습니다(1-3절). 훗날 안식일은 율법으로 제정되는데 이스라엘 백성은 물론 종이나 나그네 심지어 가축까지도 안식하도록 규정합니다(신 5:12-15). 하나님은 당신의 안식에 모든 피조물을 초대하셨으며 우리를 영원한 안식으로 인도하십니다. 우리에게 영원한 쉼과 안식을 주시기 위해 예수님을 보내셨습니다. "나는 마음이 온유하고 겸손하니 나의 멍에를 메고 내게 배우라 그리하면 너희 마음이 쉼을 얻으리니"(마 11:29). 하나님은 우리를 흙(히: 아파르=티끌, 먼지, 재)과 생기(히: 루아흐=영)로 창조하셨습니다(7절). 인간창조의 독특성은 하나님이 생기를 주셨다는 데 있습니다. 하나님과의 관계가 끊어진 사람은 생기가 없는 먼지에 불과한 존재이기에 인생무상이라는 함정에 빠지게 됩니다. 풍성한 생명으로 기쁨이 넘치는 에덴에는 창조주와 피조물의 질서를 위한 선악과가 있습니다(9, 17절). 아담은 하나님과의 바른 질서 안에서 생명나무 실과를 포함한 모든 것을 자유롭게 누렸습니다. 그러나 남자 혼자 있는 것이 좋지 않았으므로 하나님이 남자와 동등한 존재로서 돕는 베필인 하와를 주셔서 한 몸, 한 공동체를 이루게 하셨습니다(18-25절). 둘은 서로 감출 것이 없을 정도로 온전한 연합을 이루었습니다.

[마태복음 2장]

동방에서 온 박사들이 예루살렘에 나타났습니다(1-2절). 과거 바사가 다스렸던 이란과 그 주변 지역에서 온 것으로 보이는 그들은 디아스포라 유대인들을 통해 메시아에 대한 예언을 접했을 것으로 추측됩니다. 그들이 헤롯을 알현하며 메시아의 탄생에 관한 이야기를 꺼내면서 예루살렘에는 큰 소동이 일어나게 됩니다(3절). 메시아는 과연 어디서 나셨을까요? 성경은 작은 마을 베들레헴이라고 이미 예언했습니다(미 5:2). 예수님은 불법과 악, 거짓과 위선이 가득한 예루살렘 성전을 허물고 사흘 만에 참된 성전을 일으키실 것입니다. "이 성전을 헐라 내가 사흘 동안에 일으키리라"('부활에 관한 예고', 요 2:19). 별의 인도로 아기 예수님을 찾은 동방박사들은 엎드려 경배합니다(11절). 동방박사의 경배는 장차 이방인들이 주께 돌아와 경배하게 될 것을 미리 보여 줍니다. 헤롯의 광기로 인한 학살을 간신히 면한 예수님은 무명 마을인 나사렛에 정착하여 성장기를 보냅니다(13, 23절).

[에스라 2장]

고대근동 지역의 새로운 강자인 바사의 고레스는 포로들의 귀환을 허락했습니다(1절). 스룹바벨과 예수아를 비롯한 11명의 지도자들과 가문 및 지역별로 귀환한 백성들의 대표자들과 명수가 소개됩니다(2-35절). 그 중에 제사장과 레위인은 귀환 공동체의 예배를 주관하게 될 것입니다(36-42절). 귀환자 중에는 느디님 사람들, 솔로몬의 신하의 자손들(=솔로몬 치하에 강제노역에 동원되었던 이방인의 후손) 등 이방인들도 있고 족보가 불분명한 사람도 있습니다(43-63절). 족보가 불분명한 사람들은 주요 직무에서 배제되었습니다. 예루살렘에 도착한 일부 족장들은 성전 건축을 준비합니다(68-70절).

[사도행전 2장]

마가의 다락방에서 기도하던 120여 명의 사람들에게(1:14-15) 성령님이 임하신 것은 약속의 성취입니다(33절). 성령 임재의 첫 번째 표적은 각기 다른 언어를 말하는 것입니다(4절). 이것을 통해 우리는 성령 강림이 "복음의 증인이 되라"는 사명과 연관되어 있음을 알 수 있습니다. 명절을 맞아 예루살렘으로 모여든 디아스포라 유대인들은 자신들이 사는 지역의 언어로 그리스도의 부활을 전하는 예수님의 제자들을 만나게 됩니다(5-6, 11절). 베드로는 성령 강림이 요엘이 선포한 예언의 성취라고 말하며 백성들이 무지하여 죽인 메시아를 하나님이 다시 살리셨으며 자신이 바로 부활의 증인임을 선포합니다(16, 32절). 그러나 회개하는 자에게 성령님이 임하십니다(38절). 성령강림으로 인해 증인들의 공동체인 예루살렘 교회가 탄생하게 됩니다(42-47절).

[질문과 묵상]

1. 오늘 말씀을 통해 만난 하나님은 어떤 분인가요?

2. 오늘 말씀을 통해 하나님이 내 삶에 요청하시는 것은 무엇인가요?

[기도]

성령님을 통해 먼지처럼 떠돌다 허무하게 갈 인생을 구원하여 주셨음에 오늘도 동방박사처럼 엎드려 경배합니다. 무너진 인생을 회복하시는 하나님의 놀라운 사랑과 긍휼을 노래하며 오늘도 복음의 증인으로 살아가도록 나를 충만하게 하옵소서. 그리고 돕는 배필을 더욱 사랑하게 하옵소서.

[창세기 3장]

죄는 하나님의 말씀을 가볍게 여기거나 무시하는 것에서부터 시작됩니다. 사탄은 끊임없이 우리를 유혹하여 말씀에서 멀어지게 합니다. 사탄은 선악과를 먹으면 죽는다는 하나님의 말씀을 불신하도록 하와를 미혹했는데, 하와는 마음의 경계를 풀고 하나님이 단호하게 하신 말씀에 대하여 모호한 태도를 취하다가 결국엔 선악과를 먹고 말았습니다(3, 6절). 선악과를 먹는 행위는 창조주를 배제하고 선악의 모든 판단을 자기가 직접 하겠다는 선언으로 이로 인해 하나님과의 관계는 깨어지고 말았습니다. 하나님과의 관계 단절의 끝은 파괴적인 결과인 죽음입니다(2:17, 16-19절). 하나님과 사람이 분리되고 남자와 여자가 싸우게 되었으며 사람과 피조물간의 평화도 깨졌습니다. 죄에는 반드시 대가가 있습니다. 그러나 하나님은 당신의 형상으로 창조하신 사람을 포기하지 않으십니다. 뱀(사탄)이 여자의 후손(예수 그리스도)의 발꿈치를 상하게 할 것(십자가의 죽음)이나 여자의 후손은 뱀의 머리를 상하게 할 것(부활)입니다(15절). 머리가 상한다는 것은 죽음을 의미하는데 예수님은 부활과 마지막 날의 심판을 통해 사탄을 완전히 멸하시고 우리를 구원하실 것입니다.

[마태복음 3장]

이 당시 이스라엘 백성들은 에스라 시대에 회복되었던 하나님 중심 신앙을 잃어버린 상태였습니다. 웅장한 건축물(헤롯 성전)은 있었지만 성전과 율법의 주인이신 하나님은 그들 가운데 없었습니다. 하나님과 상관없는 절기와 종교행사가 진행되고 있었습니다. 세례 요한이 나타나 회개를 촉구합니다(2절). 그들의 현재 상태로는 메시아를 맞이할 수 없기 때문입니다. 그는 아브라함의 혈통임을 내세워 거짓된 안정감을 누리던 바리새인과 사두개인들에게 회개에 합당한 열매를 맺을 것을 촉구합니다(8-9절). 또한 자기 뒤에 오셔서 성령으로 세례를 베푸시며 구원과 심판을 주관하실 예수님을 소개합니다(11-12절). 세례 요한이 메시아를 준비하는 사역의 정점은 메시아에게 세례를 베푸는 것입니다. 예수님이 세례를 받으실 때 나타난 성령의 기름 부으심과 내 사랑하는 아들이라는 하나님의 음성은 예수님의 정체성을 그대로 나타냅니다(16-17절).

[에스라 3장]

하나님이 출애굽과 포로귀환의 역사를 이루신 목적은 백성들의 예배(하나님과의 교제)를 위한 것입니다. 각자의 성읍에 살던 이스라엘 백성들이 모여 번제단을 쌓고 하나님이 정하신 번제를 드리고 초막절을 지킵니다(1-6절). 그리고 무너진 성전을 다시 세우기 위한 기초공사를 시작합니다(7-9절). 성전의 기초를 놓을 때 제사장과 레위인은 하나님께 기쁨의 찬양을 드립니다(10-11절). 옛 성전에 비하면 초라하게 지어질 성전 지대를 보고 이전의 성전을 기억하는 사람들은 통곡하였으나 나머지 사람들은 기뻐합니다(12절). 새 성전은 옛 성전에 비해 외형은 초라하겠지만 귀환 공동체의 신앙의 중심이 될 것입니다.

[사도행전 3장]

베드로와 요한은 제9시(15시)에 기도하러 성전에 올라갔습니다. 유대인들은 09시, 12시, 15시에 기도하는 관습이 있는데 제자들도 정시 기도에 힘썼습니다(1절). 성전으로 들어가던 그들은 성전 미문(Beautiful Gate) 앞에서 구걸하는 선천적인 하반신 장애인을 만나게 됩니다(2절). 자선을 바라는 그에게 베드로는 예수님의 이름으로 치유를 선포합니다(6절). 예수님이 하신 말씀대로 이루어졌습니다. "나를 믿는 자는 내가 하는 일을 그도 할 것이요 또한 그보다 더 큰 일도 하리니"(요 14:12), 고침 받은 자는 걷고 뛰며 하나님을 찬양했으며(8절), 베드로는 이를 보고 몰려든 사람들에게 다음과 같이 선포합니다. "이 놀라운 일을 행하신 이는 너희가 죽였으나 다시 부활하신 예수 그리스도이시며 … 이제라도 너희가 회개하고 돌이키면 용서받고 새롭게 될 것이다"(15-16, 19절). 본래 에덴에는 질병이 없었습니다. 예수님은 인간의 죄와 타락으로 인한 파괴적인 결과(창 3장)를 회복하십니다. 예수 안에 있는 자는 그의 형편과 상관없이 가장 복된 인생을 살게 됩니다.

[질문과 묵상]

1. 오늘 말씀을 통해 만난 하나님은 어떤 분인가요?

2. 오늘 말씀을 통해 하나님이 내 삶에 요청하시는 것은 무엇인가요?

[기도]

하나님을 떠남으로 영원한 심판이 선고된 죄인을 끝까지 포기하지 않으시는 하나님의 신실하심을 찬양합니다. 포로귀환, 새 성전 건축, 메시아의 오심은 모두 신실하신 하나님을 보여줍니다. 오늘도 말씀을 통해 나를 향한 하나님의 사랑과 구원을 발견하게 하옵소서.

[창세기 4장]

에덴에서 쫓겨난 인류는 죄의 역사를 써내려 갑니다. 아담의 두 아들이 각각 제사를 드리는데 하나님은 아벨과 그의 제물은 받으셨으나 가인과 그의 제물은 받지 않으십니다(4-5절). 하나님은 제사자의 마음과 삶을 함께 받으십니다. 가인은 죄를 다스리라는 하나님의 경고에도 불구하고 결국 동생을 죽였습니다(7-8절). 죄를 범한 아담이 나무 뒤에 숨었듯이 가인도 자신의 범죄를 숨기려고 했지만 하나님 앞에 숨길 수 있는 죄는 없습니다. 가인은 경작을 해도 땅이 효력을 내지 않고 땅에서 유리하게 되는 저주를 받았습니다(12절). 그러나 하나님은 그에게 공의로운 심판과 함께 자비를 베푸십니다(15절). 문명이 발달하면서 인간의 죄도 증가하고 있습니다(23-24절). 하나님은 아벨을 대신하여 셋을 주심으로써 여인의 후손에 대한 언약을 이어가십니다(3:15, 25-26절).

[마태복음 4장]

요한에게 세례를 받으실 때 성령의 임재와 하늘로부터 들려온 하나님의 음성은 예수님의 메시아 되심에 대한 공식 선언이었습니다. 예수님은 공생애를 시작하시기 전 마귀에게 시험을 받으십니다(1절). 성령님의 주도로 이루어진 광야에서의 시험을 통해 메시아의 신실하심이 입증되었습니다. 마귀는 '생존의 욕구, 자기 증명에 대한 욕구, 성공에 대한 욕구'를 자극하며 인류를 구원하기 위해 십자가의 길을 가시는 예수님의 관심을 다른 데로 돌리려 합니다(3, 6, 9절). 그러나 아담과 그의 후손들이 죄에 빠진 것과 달리 둘째 아담이신 예수님은 마귀의 유혹을 물리치십니다. "한 사람이 순종하지 아니함으로 많은 사람이 죄인 된 것 같이 한 사람이 순종하심으로 많은 사람이 의인이 되리라"(롬 5:19). 마귀의 시험을 물리치시고 사망 권세를 이기신 예수 그리스도는 마귀의 유혹과 협박으로 인해 두려워하고 넘어지며 실패하는 우리를 능히 도우십니다. "그가 시험을 받아 고난을 당하셨은즉 시험 받는 자들을 능히 도우실 수 있느니라"(히 2:18). 사망 권세가 다스리는 어두운 이 땅에 빛으로 오신 예수님은 제자들을 부르시고 천국복음 전파와 치유 사역을 행하십니다(16, 18-23절).

[에스라 4장]

귀환한 백성들이 성전 중심의 신앙공동체 설립을 목표로 성전 건축에 총력을 기울이는 가운데 방해하는 무리들이 등장합니다(1절). 그들은 자기들도 하나님을 섬기는 사람이라고 말하며 성전 건축에 동참하겠다고 말하지만 그들은 앗수르(아시리아)가 북이스라엘 지역을 점령한 이후 하나님과 이방신을 함께 섬겨온 혼합주의 신앙을 가진 자들입니다(2절). 지도자인 스룹바벨과 제사장 예수아(여호수아)는 종교혼합을 우려하여 그들의 제안을 거절합니다(3절). 거절당한 무리들은 바사의 관리들에게 뇌물을 주며 건축을 방해했으며 바사 왕 아하수에로(크세르크세스)와 아닥사스다(아르타크세르크세스)에게 연이어 상소를 올려 귀환한 유다 백성들에게 반역의 조짐이 있다는 거짓 고소를 합니다(5-16절). 대적들의 거짓 상소로 인해 건축은 중단되고 말았습니다(24-25절).

[사도행전 4장]

베드로와 요한은 더 이상 예수님을 통해 성공해 보려던 제자, 예수님을 모른다고 거짓말을 해서라도 살려고 했던 제자가 아닙니다. 그들은 자신의 생명을 해할 수 있는 권력자 앞에서 예수 그리스도의 이름을 담대하게 선포하고 더 나아가 "오직 예수 그리스도 외에 다른 구원의 이름이 없다"고 선언합니다(10-12절). 성령 임재를 경험한 그들에게 더 이상의 두려움은 없습니다. "하나님 앞에서 너희의 말을 듣는 것이 하나님의 말씀을 듣는 것보다 옳은가 판단하라"(19절). 제자들은 부활의 증인이 되었습니다(20절). 구류되었다가 풀려난 사도들과 동료들이 하나님의 주권을 선포하며 기도에 더욱 힘쓸 때 그들은 성령으로 충만해져서 담대하게 말씀을 전했습니다(31절). 하나님의 은혜가 다스리는 예루살렘 교회에 물질의 집착에서 벗어나 자신의 것을 나누는 아름다운 역사가 나타납니다(35절).

[질문과 묵상]

1. 오늘 말씀을 통해 만난 하나님은 어떤 분인가요?

2. 오늘 말씀을 통해 하나님이 내 삶에 요청하시는 것은 무엇인가요?

[기도]

성령께서 죄에 대한 사인을 주실 때 즉시 중단할 수 있는 결단력을 주옵소서. 마귀의 교묘한 시험을 주의 말씀으로 이기게 하시고, 주의 일을 행할 때 어려움이 생기더라도 실망치 않고 기도하며 하나님의 때를 기다리게 하옵소서. 오늘도 복음의 증인되게 하옵소서.

[창세기 5장]
하나님은 당신의 모양(형상)대로 사람을 만드시고 복을 약속하셨습니다(1:26-28). 아담과 셋을 잇는 언약의 계보가 등장합니다(3절). 비록 죄를 짓고 에덴에서 쫓겨났지만 하나님의 약속은 유효합니다. 하지만 죄의 대가인 죽음을 피할 수 있는 사람은 없습니다. 그런데 태어나서 반드시 죽는 패턴을 처음 깨뜨린 사람이 등장합니다. 하나님과 동행하던 에녹은 죽음을 경험하지 않고 하나님께로 옮겨졌습니다(24절). "믿음으로 에녹은 죽음을 보지 않고 옮겨졌으니 하나님이 그를 옮기심으로 다시 보이지 아니 하였느니라 그는 옮겨지기 전에 하나님을 기쁘시게 하는 자라 하는 증거를 받았느니라"(히 11:5). 그리고 셋의 계보에서 또 한명의 경건한 사람인 노아가 태어납니다(28-29절). 노아는 '안식', '쉼' 이라는 이름의 뜻처럼 죄로 인해 고통당하는 사람들을 구원의 방주로 안내할 것입니다.

[마태복음 5장]
예수님은 심령의 가난(영적 결핍), 애통(하나님의 회복과 위로를 기다림), 온유(하나님의 변호와 심판을 신뢰), 의에 주리고 목마름(하나님의 통치를 소원), 긍휼, 마음의 청결, 화평, 의를 위하여 받는 핍박에 대하여 천국 백성의 진정한 복임을 선언하십니다(3-12절). 팔복의 성품을 가진 자는 세상의 소금이 되며, 빛 되신 예수님을 따르는 자는 세상의 빛이 됩니다(13-14절). 신약의 성도는 일점일획이라도 없어지지 않고 다 이루게 될 율법을 귀히 여기고, 율법의 근본정신(=자비, 인애, 긍휼)을 잃어버린 서기관과 바리새인보다 더 나은 의를 이루는 사람이 되어야 합니다(19-20절). 율법을 완성하러 오신 예수님은 살인과 간음에 대한 유죄의 범위를 마음과 생각의 영역까지 넓히셨습니다(22-23, 28절). 또한 음행의 연고 외에는 이혼을 금하셨으며 맹세를 금하고 '예'와 '아니오'를 분명히 말할 것을 주문하십니다(32, 37절). 원수에 대해서는 비폭력 및 사랑과 기도로써 대응하라고 말씀하십니다(39, 44절).

[에스라 5장]
바사 왕에게 거짓 상소를 올린 대적들의 방해로 인해 성전 건축은 약 20여 년간 멈췄습니다. 하나님은 학개와 스가랴 선지자를 통해 성전 건축을 독려하셔서 공사는 다시 재개됩니다(1-2절). 그런데 또 위기가 찾아옵니다. 유브라데 강 건너편 총독 닷드내가 다시 재개된 공사에 대하여 의문을 품은 것입니다(3절). 그는 결국 다리오 왕에

게 편지를 보냅니다(5절). 편지의 내용은 현재 진행되고 있는 건축에 대한 보고와 전 왕인 고레스가 이 건축을 정말 승인했는지에 대한 질문입니다(6-17절). "과연 고레스 왕이 조서를 내려 하나님의 이 성전을 예루살렘에 다시 건축하라 하셨는지 보시고 왕은 이 일에 대하여 왕의 기쁘신 뜻을 우리에게 보이소서"(17절). 이제 모든 것은 왕의 마음을 움직이실 하나님께 달려 있습니다.

[사도행전 5장]

성령임재를 경험한 부활의 증인들의 모임에는 가난한 자가 없었습니다(4:34). 이는 그들이 자신의 소유를 팔아 공동체를 위해 자발적으로 내어놓았기 때문입니다. 일찍이 세상에 없었던 놀라운 부흥의 역사가 나타났는데 안타깝게도 찬물을 끼얹는 사건이 발생합니다. 아나니아와 삽비라는 같은 마음을 품고 땅 값 얼마를 감추고 전부라고 속였습니다(3, 8절). 소유에서 자유로운 공동체였지만 그들은 자유롭지 못했습니다. 베드로는 하나님과 성령님을 속였다고 말합니다(3-4, 9절). 우리는 거룩하신 하나님 앞에서 거짓을 버려야 하며 탐심을 다스려야 합니다. 사도들에 의해 나타난 표적과 기사는 복음의 진정성과 생명력을 증명했습니다(12절). 비록 대적들이 사도들을 옥에 가두었으나 복음은 가둘 수 없습니다(14, 18절). 부활의 증인인 사도들은 오직 하나님만 두려워했습니다(29, 32절). 바울의 스승인 가말리엘은 초대교회 공동체를 바라보는 다른 관점을 제시했으며 사도들은 어디에서든지 예수의 그리스도 되심을 선포했습니다(39, 42절).

[질문과 묵상]

1. 오늘 말씀을 통해 만난 하나님은 어떤 분인가요?

2. 오늘 말씀을 통해 하나님이 내 삶에 요청하시는 것은 무엇인가요?

[기도]

복음에 대한 확신과 담대함을 갖게 하시고 교회는 세상에 속한 단체와 다름을 우리 교회가 증명하게 하옵소서. 주의 일을 행할 때 어려움이 있으나 주의 주권을 신뢰하며 나아가게 하시고, 하나님과 동행하는 증거를 나타내게 하옵소서.

[창세기 6장]

처음이 힘들어서 그렇지 뭐든지 한번 시작하면 그다음부터는 쉬워집니다. 이는 죄에 그대로 적용됩니다. 성경은 아담과 하와가 죄를 짓는 과정에서 선악과가 눈에 보기에 먹음직하고 보암직했으며 탐스러웠다고 말합니다(3:6). 사람이 번성하는 만큼 죄도 번성했는데 사람들이 자기가 보기에 좋은 것을 선의 기준으로 삼았기 때문입니다(2, 5절). 죄는 자기가 하나님이 되어 선악을 판단하는 것입니다(3:5). 하나님은 사람의 마음의 계획이 항상 악한 것을 보시고 탄식하십니다(6절). 하나님의 형상으로 지음 받은 사람이 이제는 하나님에게 고통을 주는 존재가 되었습니다. 하나님은 악의 문제, 죄의 문제를 좌시하지 않으십니다(7절). 한편 하나님은 노아를 통해 새 역사를 준비하십니다(8-10절). 죄가 가득한 세상에 대한 심판과 순종하는 자에 대한 구원의 계획을 노아에게 계시하십니다(11-21절). 노아는 방주를 제작하라는 하나님의 명령을 준행합니다(22절).

[마태복음 6장]

종교행위는 절대자를 향한 것이어야 하는데 위선자는 사람에게 보이기 위해 합니다(1절). 하나님께 나아가기 위한 구제와 기도가 사람에게 영광을 받기 위한 수단으로 전락했습니다(2절). 예수님은 이방 종교의 영향을 받은 주문과 같이 드리는 기도를 배제하고 하나님의 뜻에 맞는 기도를 가르쳐 주십니다('주기도문', 9-15절). 주기도문은 하나님의 영광과 그의 나라에 관한 탄원, 하나님의 백성들의 필요와 승리의 삶을 위한 탄원으로 구성되어 있습니다. 예수님은 위선에 관한 말씀을 이어가시며 남에게 보이기 위한 금식이 아닌 진정성 있는 금식을 말씀하십니다(18절). 또한 한 사람이 두 주인을 섬기지 못한다는 말씀으로 재물을 섬기는 자가 되지 말라고 하십니다(24절). 우리는 하나님과 재물 둘 중 하나만을 사랑할 수 있습니다. 삶에 대한 모든 염려는 우리의 필요를 아시는 하나님께 맡기고 그의 나라와 그의 의를 먼저 구하는 것이 천국 백성의 바른 모습입니다(32-33절).

[에스라 6장]

닷드내의 요청을 받아들인 다리오 왕(다리우스 1세)은 바벨론의 문서 창고에서 고레스 왕의 조서를 확인합니다(1-5절). 다리오 왕은 고레스의 조서를 바탕으로 예루살렘 성전 건축에 대한 허가, 왕실의 지원, 성전건축에 대한 방해 금지, 경비 지원, 제사를 위한 제물 조달 명령, 조서내용 변경 금지 및 불복종시의 처벌 등이 담긴 조서를 내립니다(6-12절). 다리오 왕의 조서가 내려지자 닷드내를 비롯한 관리들이 이를 신속히 진행하여 마침내 성전이 완공되었습니다(13-15절). 훼방꾼 노릇을 했던 닷드내는 왕의 명령으로 인해 성전 건축에 적극 협력하는 자가 되었습니다. 이스라엘 백성들은 기쁨으로 성전을 봉헌하고 유월절을 지킵니다(16-22절).

[사도행전 6장]

초대교회가 성장하고 있는 가운데 문제가 발생합니다. 구제에 있어서 헬라파(=이스라엘을 떠나 살다가 다시 고국으로 돌아온 디아스포라 유대인) 과부들이 히브리파(=본토에 거주하는 유대인) 과부들에 비해 차별대우를 받은 것입니다(1절). 출신에 대한 차별은 교회의 하나 됨을 깨뜨렸습니다. 열두 사도는 말씀에 전념하지 못한 자신들의 문제임을 깨닫고 섬기는 일을 감당할 일곱 집사를 뽑고 자신들은 기도와 말씀에 집중하기로 결정합니다(2-4절). 위기를 극복한 교회는 하나님의 말씀이 더욱 왕성하여 이전보다 더욱 견고하게 세워지게 되었습니다(7절). 은혜와 권능이 충만하여 기사와 표적을 행하며 지혜와 성령으로 말하는 스데반을 당할 자가 없었습니다(8-10절). 디아스포라 유대인들은 거짓 증거를 내세워 스데반을 공회로 끌고 왔으나 그는 두려워하지 않았으며 그의 얼굴은 천사와 같았습니다(12, 15절).

[질문과 묵상]

1. 오늘 말씀을 통해 만난 하나님은 어떤 분인가요?

2. 오늘 말씀을 통해 하나님이 내 삶에 요청하시는 것은 무엇인가요?

[기도]

하나님! 죄의 무서움을 알게 하시고 죄에게 나를 허용하지 않게 하옵소서. 또한 위선을 벗고 하나님 앞에 정직함으로 나아가게 하옵소서. 성전 재건의 역사를 이루시는 하나님의 놀라운 섭리가 우리 교회에도 나타나 주의 말씀이 더욱 흥왕하게 하옵소서.

[창세기 7장]
노아의 홍수사건은 세상을 심판하시는 하나님과 자기 백성을 구원하시는 하나님을 동시에 보여 줍니다. 이는 예수 그리스도께서 다시 오실 때 그대로 반복될 것입니다. 노아는 가족들과 동물들을 방주에 태웁니다(1-9절). 사십 주야로 진행된 홍수는 하늘의 창이 열려 물이 쏟아지고 땅의 깊음의 샘들이 터져 엄청난 물이 솟아오르는 전 지구적인 심판이었습니다(10-12절). 물이 온 땅을 뒤덮어 모든 생명체를 집어삼켰습니다(17-24절). 오직 방주 안에 있는 노아의 가족과 동물들만이 안전했습니다(13-16절). 구원의 방주이신 예수 그리스도 안에서 우리는 안전합니다.

[마태복음 7장]
예수님은 타인을 대하는 천국 백성의 태도에 대해 두 가지를 말씀하십니다. 첫째, 비판하지 말라(1절). 왜냐하면 내가 비판한 대로 그대로 돌려받기 때문입니다(2절). 둘째, 복음('거룩한 것', '진주')을 전할 때에 지혜가 있어야 한다(6절). 복음을 업신여기며 심지어 박해하는 자가 있다면 그의 적대적인 생각이 멈출 때까지 기다리며 다른 이에게 복음을 전해야 합니다. 하나님이 어떤 분인지 알고 인내 가운데 기도하면 반드시 응답받습니다(7, 11절). 인간관계 윤리의 가장 기본은 황금률입니다(12절). "남에게 대접받고자 하는 대로 남을 대접하는 것"은 크고 둘째 되는 계명과 맥을 같이 합니다. "둘째도 그와 같으니 네 이웃을 네 자신같이 사랑하라 하셨으니 이 두 계명이 온 율법과 선지자의 강령이니라"(22:39, 40절). 우리는 멸망으로 인도하는 거짓 선지자들을 분별해야 합니다(13, 15절). 그들이 비록 눈에 보이는 기사와 권능을 행한다 해도 아버지의 뜻을 따라 행하는 것인지 판단해야 합니다(21절). 말씀을 듣고 행하는 자는 반석위에 세운 집과 같습니다(24-25절). 말씀이 삶이 되어야 하는 이유입니다.

[에스라 7장]
에스라서의 전반부(1-6장)는 스룹바벨이 주도하는 포로귀환 및 성전 건축에 관한 내용이며, 후반부(7-10장)는 에스라가 주도하는 종교개혁을 통한 공동체 재건에 관한 내용입니다. 에스라는 제사장 가문에 속한 사람으로서 대제사장 아론의 16대손입니다(5절). 하나님은 성전 건축이후 신앙 공동체를 재건할 사람을 미리 준비시켜 놓으셨습니다. 에스라는 율법 전문가로서 여호와의 율법을 연구하여 준행하며, 율례와 규례를 이스라엘에게 가르치기로 결심합니다(6-10절). 말씀을 가르치는 자는 말씀의 권위에 순복하여 먼저 말씀을 준행하는 자가 되어야 합니다. 아닥사스다 왕은 에스

라에게 조서를 내려 에스라의 예루살렘 귀환을 허락하고 바벨론 본토와 유브라데(유프라테스)강 건너편 관리들로부터 필요한 지원을 약속하였으며 하나님의 율법을 잘 가르침으로써 유대지역을 안정화시킬 것을 명령합니다(11-26절). 에스라는 그의 활동을 보장하는 아닥사스다의 조서에 대하여 "하나님이 은혜를 얻게 하셨도다"라고 고백합니다(28절). 성전의 완공보다 더 중요한 것은 그 성전에서 예배하는 사람들이 실제로 하나님을 경외하는 것입니다.

[사도행전 7장]

신성모독 죄로 붙잡혀 온 스데반은 군중들에게 하나님이 이스라엘 역사 가운데 행하신 일들을 설명합니다(2절). 하나님은 아브라함에게 가나안 땅을 약속하셨고(4절). 그들을 종으로 삼는 민족을 심판하시고 구원하실 것을 미리 알려 주셨으며(7절), 이삭을 주시고(8절), 요셉을 통해 약속의 자손을 먹이셨습니다(14-15절). 모세를 통하여 노예로 살던 이스라엘 백성들을 구원하셨으며 광야 사십년을 선하게 인도하셨습니다(36절). 모세의 존재는 하나님의 약속의 성취입니다(37절). 그러나 이스라엘은 하나님과 맺은 거룩한 언약을 깨뜨렸습니다(41-43절). 사람의 손으로 지은 곳(=모세의 성막과 솔로몬 성전)은 근본적으로 하나님의 처소가 될 수 없습니다(44-50절). 마찬가지로 현재의 예루살렘 성전 역시 참 성전이 될 수 없습니다. 그러나 유대인들은 참 성전이 되시는 예수님을 거부하고 예루살렘 성전을 신성시했습니다(51-53절). 무리들은 더 이상 듣지 않고 스데반을 돌로 쳐 죽이고 말았습니다(58절). 예수님과 같은 죄목인 신성모독 죄로 고발당한 스데반은 예수님이 십자가에서 드렸던 기도를 드린 후 순교합니다(59-60절). "주 예수여 내 영혼을 받으시옵소서. 주여 이 죄를 그들에게 돌리지 마옵소서"

[질문과 묵상]

1. 오늘 말씀을 통해 만난 하나님은 어떤 분인가요?

2. 오늘 말씀을 통해 하나님이 내 삶에 요청하시는 것은 무엇인가요?

[기도]

참 좋으신 하나님 아버지! 황금률이 곧 크고 둘째 되는 계명임을 알게 하심을 감사드립니다. 진리의 말씀을 매일 기쁨으로 상고하게 하시며 무엇보다 말씀을 준행하는 자가 되게 하옵소서. 말씀이 삶이 되게 하옵소서.

[창세기 8장]

비가 그친 후 하나님은 바람으로 지면을 말리셨습니다(1절). 방주가 지면에 닿기까지 150일이 걸렸으며 그 후에도 수개월 간 물이 계속 빠졌습니다(3-5절). 노아는 까마귀와 비둘기를 주기적으로 내보내 땅의 상태를 살폈습니다(6-12절). 그는 방주에서 임의로 나가지 않고 하나님의 지시를 받고 나서 나옵니다(13-19절). 하나님은 아담에게 주신 복의 약속(1:28)을 노아에게 다시 허락하심으로써 인간의 죄가 하나님의 언약을 깨뜨릴 수 없음을 확인시켜주십니다(17절). 하나님은 신실하십니다. 방주에서 나온 노아는 가장 먼저 정결한 제물로 번제를 드립니다(20절). 마음이 계획하는 것이 어려서부터 악한 인간은 죄 사함의 은총을 반드시 필요로 하며, 죄 사함을 위해서는 정결한 제물(=흠 없고 순전한 하나님의 어린양 예수 그리스도)이 있어야 합니다(21절). 홍수 심판으로 인해 장기간 멈춰있던 자연법칙이 회복된 것은 큰 은혜입니다(22절). 평범한 하루는 주의 은혜입니다.

[마태복음 8장]

나병환자는 병으로 인한 고통과 공동체로부터의 추방이라는 이중고를 겪어야 합니다. 예수님은 홀로 고립되어 살아왔을 나병환자를 손으로 만지시며 치유하십니다(3절). 병든 육신과 마음의 상처를 함께 치유하시는 것입니다. '주의 말씀만 있으면 하인의 병이 낫는다'는 믿음을 가진 한 이방인 백부장은 그의 믿음이 현실이 되는 역사를 보게 됩니다(8, 13절). 열병이 있는 자를 만지는 것 역시 금지되어 있습니다. 그러나 예수님은 나병환자를 고치실 때처럼 베드로의 장모의 손을 만지시며 열병을 치유하십니다(15절). 베드로의 장모의 치유는 베드로의 간청이 아니라 처음부터 예수님이 주도하신 치유사건입니다. 십자가의 죽음을 포함하여 예수님이 행하신 모든 일은 그가 주도하십니다. 예수님은 "이를 내게서 빼앗는 자가 있는 것이 아니라 내가 스스로 버리노라"고 말씀하십니다(요 10:18). 예수님의 치유사역은 이사야 선지자의 예언 성취입니다(17절). 우리의 치유자요 구원자이신 예수님을 따르려면 그분을 최우선순위에 놓아야 합니다(22절). 삶의 풍랑이 몰려올 때 나와 예수님은 이미 한 배를 타고 있다는 사실을 기억하십시오(26절). 한편 가다라 사람들은 귀신과는 비교할 수 없는 권세를 나타내신 예수님을 배척합니다(34절).

[에스라 8장]

에스라와 함께 바벨론에서 예루살렘으로 돌아온 자들의 계보입니다('2차 포로귀환',

1-14절). 계보에는 제사장, 왕족(다윗의 자손), 그리고 12명의 족장과 숫자가 기록되어 있습니다. 모인 무리 중에 레위 자손이 없는 것을 확인한 에스라는 족장 9명과 명철한 자 2명 등 총 11명에게 성전을 섬길 자를 찾아오게 하여 총 259명의 성전 종사자들을 확보합니다(15-20절). 이 일은 하나님의 선한 손길로 인해 순적하게 이루어졌습니다. 그만큼 하나님은 예배의 회복을 간절히 원하십니다. 자신과 함께 귀환할 사람들을 모집한 에스라는 예루살렘까지의 험난한 여정을 위해 금식을 선포했는데 하나님은 그들의 기도에 응답하셨습니다(21-23절). 에스라는 성전에서 사용하게 될 성전기물의 이송을 위한 책임자를 임명합니다(24-30절). 마침내 예루살렘에 도착한 귀환자들은 이스라엘 전체를 위한 제사를 드립니다(31-36절).

[사도행전 8장]

"예루살렘과 온 유대와 사마리아와 땅 끝까지 이르러 내 증인이 되리라"(1:8). 8장은 이 말씀이 이루어지는 장면을 보도합니다. 사마리아에서 복음을 전하는 빌립에게 귀신이 떠나가고 병자가 고침 받는 표적이 나타나므로 많은 사람들이 세례를 받습니다(5-6, 12절). 사마리아인이 복음을 받아들였다는 소식을 듣고 이를 확인하고자 예루살렘 교회는 베드로와 요한을 파견하는데 그들이 안수할 때 사마리아인에게 성령이 임하였습니다(17절). 이 과정에서 왜곡된 가치관을 가진 한 사람이 등장합니다. 빌립에게 세례를 받고 빌립을 따라다닌 시몬이 사도가 안수할 때 성령이 임하는 것을 보고 그 능력을 돈으로 사려고 합니다(18-19절). 사도와 같이 되려는 탐욕을 가진 그가 살 길은 진정으로 회개하는 것뿐입니다(22절). 빌립은 성령의 인도하심을 받아 이사야서를 읽고 있는 구스(에티오피아)의 재무장관에게 복음을 전하고 세례를 베풉니다(35, 38절).

[질문과 묵상]

1. 오늘 말씀을 통해 만난 하나님은 어떤 분인가요?

2. 오늘 말씀을 통해 하나님이 내 삶에 요청하시는 것은 무엇인가요?

[기도]

하나님! 매일 반복되는 일상이 놀라운 기적이요 축복임을 고백합니다. 풍랑을 잠재우신 예수님이 나와 함께 하고 계심을 잊지 않게 하옵소서. 예배의 회복을 향한 하나님의 간절한 소원을 만족시키는 참 예배자가 되게 하시고, 복음 전파의 역사에 동참하게 하옵소서.

[창세기 9-10장]

(9장) 하나님은 노아와 그의 후손에게 복을 약속하십니다(1절). 이제 동물들에게 사람은 두려움의 대상입니다. 사람에게 피 째 먹는 것을 제외하고 육식이 허용되었기 때문입니다(2-4절). 원래 하나님이 허락하신 양식은 채소와 열매입니다(1:29). 단, 피는 곧 생명으로 여겨졌기에 피 째 먹는 것은 금지됩니다("모든 생물은 그 피가 생명과 일체라", 레 17:14). 육식의 허용은 아담의 범죄 이후 사람과 동물간의 관계가 완전히 깨어졌음을 의미합니다. 생명의 보존을 위해 살인금지를 강조하신 하나님은 다시는 물로 모든 생물을 멸하지 않겠다는 무지개 언약을 선포하십니다(5-17절). 노아의 실수로 인해 발생한 사건은 부모를 멸시한 죄가 얼마나 큰 지를 잘 보여 줍니다(18-25절). 허물을 가리며 공경했던 셈과 야벳은 복을 약속받습니다(26-29절). "네 부모를 공경하라 그리하면 네 하나님 여호와가 네게 준 땅에서 네 생명이 길리라"(출 20:12).

(10장) 하나님이 약속하신 대로 노아의 후손은 생육하고 번성하여 온 땅에 가득하게 되었습니다. 특이하게도 첫째 아들인 셈의 족보가 마지막에 등장하는데 셈의 후손 가운데 아브라함이 등장합니다(11:10-26). 하나님은 셈의 후손을 통해 구원의 역사를 이루어가십니다.

[마태복음 9장]

병 고치는 능력보다 더 중요한 것은 죄 사함의 능력입니다. 죄 사함의 선포로 인해 신성모독 논란이 일자 예수님은 중풍병자를 일으키심으로 그에게 죄 사함의 권세가 있음을 입증하십니다(6절). 스스로를 의롭게 여기는 바리새인들은 율법과 전통을 지키지 않는 사람들과 거리를 두었지만 예수님은 세리를 제자로 부르시고 세리와 죄인들과 어울리셨습니다(12절). 그는 죄인을 부르러 이 땅에 오셨습니다(13절). 메시아 예수 그리스도께서 당신의 백성들을 부르시며 회복하시는 상황에서 회개와 슬픔의 표현인 금식은 어울리지 않습니다(15절). 이스라엘을 근본적으로 회복시킬 메시아를 유대 전통의 틀에 가두는 것 역시 옳지 않습니다(16-17절). 예수님은 혈루증 환자, 죽은 자, 맹인, 귀신들린 자등을 차례로 고치시고 회복시키십니다. 죽음과 질병, 고통, 슬픔은 궁극적으로 인간의 죄로 인해 생겨났습니다. 그러므로 죄 사함의 권세가 있는 자만이 이 문제를 다룰 수 있습니다. "그의 찔림은 우리의 허물 때문이요 그가 상함은 우리의 죄악 때문이라 그가 징계를 받으므로 우리는 평화를 누리고 그가 채찍에 맞으므로 우리는 나음을 받았도다"(사 53:5).

[에스라 9장]

성전이 재건되고 예배도 회복되었습니다. 그러나 귀환한 이스라엘 백성들의 삶은 여전히 하나님의 말씀과 거리가 멀었는데 특히 혼인문제가 그러했습니다(2절). 하나님은 이방인과의 혼인을 철저히 금하십니다. "또 그들과 혼인하지 말지니 … 그가 여호와를 떠나고 다른 신들을 섬기게 하므로"(신 7:3-4). 과거 이스라엘은 이방인과의 결혼으로 인한 이방 종교의 유입으로 종교 혼합주의에 빠졌던 경험이 있습니다. 에스라는 귀환 공동체의 정체성 위기를 불러올 이 문제에 대해 심각하게 생각하며 회개합니다(3-5절). 이때 하나님의 말씀 앞에 떠는 자들이 에스라와 함께 합니다(4절). 우리는 거룩하신 하나님의 말씀을 두렵고 떨리는 마음으로 받는 자가 되어야 합니다. 에스라는 혼인 문제를 자신의 문제처럼 여기며 공동체를 위한 기도를 드립니다(6-15절). 하나님이 포로생활을 하던 그들에게 은혜를 베푸셔서 고국으로 돌아와 살아가게 되었음에도 율법이 금하는 것들이 자행되는 현실로 인해 에스라는 진심으로 통회합니다. 의로우신 하나님 앞에 설 자가 아무도 없기에 그저 긍휼을 기다릴 뿐입니다(15절).

[사도행전 9장]

바울은 다메섹(시리아의 다마스커스)까지 활동 영역을 넓혀 교회를 핍박하고자 합니다. 그러나 다메섹으로 가는 도중 예수님이 그에게 직접 나타나셨고 그는 사흘간 앞을 볼 수 없는 상태가 되었습니다(5, 9절). 주님은 아나니아를 보내어 바울에게 안수하게 하셔서 그의 육신의 눈과 영적인 눈을 함께 뜨게 하십니다(17-18절). 세례를 받고 영육이 강건해진 바울은 예수가 하나님의 아들이심을 선포하기 시작합니다(20절). 분노한 유대인들이 바울을 죽이려고 하는 가운데 그의 선포로 교회는 더욱 든든히 서가고 성도의 수는 더 많아집니다(23 & 29, 31절). 한편, 예수님의 이름으로 중풍병자를 고치고 죽은 자를 살린 베드로로 인하여 역시 많은 사람들이 예수님을 믿게 되었습니다(42절).

[질문과 묵상]

1. 오늘 말씀을 통해 만난 하나님은 어떤 분인가요?

2. 오늘 말씀을 통해 하나님이 내 삶에 요청하시는 것은 무엇인가요?

[기도]

다시는 물로 온 세상을 심판하지 않겠다는 무지개 언약이 지금껏 유효하다면 우리의 구원을 담보하는 십자가 언약은 얼마나 더 신실하겠습니까? 내 주와 맺은 언약은 영원히 변치 않습니다. 십자가 언약 안에 있는 내게 오늘도 은혜를 베푸소서.

[창세기 11장]

노아로부터 시작하여 생육하고 번성하게 된 인류가 또다시 힘을 모아 하나님을 배신합니다. 발달된 건축술로 하늘에 닿을 만큼 높은 탑을 쌓고 자기들의 이름을 내려고 했습니다(4절). 죄성을 가진 인간은 하나님의 이름을 지우고 끊임없이 하나님의 위치에 오르고자 합니다. 바벨탑은 하나님처럼 높아지려는 인간의 허상을 보여줍니다. 하나님은 언어를 혼잡하게 하여 그들의 모의를 무산시키십니다(5-9절). 그럼에도 불구하고 하나님의 구속의 역사는 진행 중이어서 셈의 계보 가운데 아브라함이 탄생합니다(10-32절).

[마태복음 10장]

예수님은 열두 제자를 부르셔서 그들에게 권능을 주십니다(1절). 이들을 사도('보냄을 받은 자')라 칭합니다(2절). 예수님은 잃은 양과 같은 유대인들을 우선할 것, 천국 복음 전파, 주가 위임하신 능력을 행하되 그 능력을 이익의 수단으로 삼지 말 것, 하나님의 공급하심을 믿고 사역에 집중할 것 등 선교에 대한 지침을 주십니다(5-10절). 사도에 대한 거절은 곧 복음에 대한 거절이므로 심판에 이르게 될 것입니다(14-15절). 제자는 지혜와 경건함을 모두 갖추어야 합니다(16절). 복음의 증인들은 당국자들로부터 심지어 가족으로부터 고난과 박해를 받게 될 것입니다(18, 21절). 그러나 고난과 박해가 극심하더라도 예수님이 받으실 고난보다 크지 않습니다(24-25절). "너희가 피곤하여 낙심하지 않기 위하여 죄인들이 이같이 자기에게 거역한 일을 참으신 이를 생각하라"(히 12:3). 십자가를 묵상하면 고난을 이길 수 있습니다. 우리는 오직 몸과 영혼을 능히 지옥에 멸하실 수 있는 이를 두려워해야 하며 사람 앞에서 예수님을 시인해야 합니다(28, 32절). 제자들은 성령님의 함께 하심, 주를 위하여 목숨을 잃는 자는 다시 얻게 됨, 자기 십자가를 지고 주를 따름 이 세 가지를 명심하고 담대해야 합니다(20, 38-39절).

[에스라 10장]

이방인과의 통혼문제로 인해 에스라가 애통해하며 기도하자 많은 백성들이 함께 동참합니다(1절). 한 사람의 진정한 회개는 공동체를 움직입니다. 지금이라도 언약의 말씀을 이행해야 한다는 스가냐의 제안을 받아들인 에스라는 통혼의 문제에 대해 공동체적으로 회개하고 그 죄를 끊을 것을 선포합니다(2-11절). 이스라엘 공동체는 에스라가 선포한 율법대로 준행할 것을 결의하고 문제를 해결하기 위한 책임자를 임명하기로 합니다(12-15절). 3개월간의 조사 끝에 이방인과 결혼한 명단이 종합되는데 에스라서는 이 명단에 대한 기록으로 마치게 됩니다(16-44절). 귀환자들은 사랑하는 처자와 이별을 감수하면서까지 공동체를 바른 신앙으로 세우기 위한 결정에 따릅니다. 지금의 관점에서 보면 '이게 과연 맞는 것인가?'라는 의문이 드는 것이 사실이지만 지나온 역사 내내 이방종교로 인한 위기가 반복되었고 결국 나라의 멸망까지 경험했던 이스라엘이기에 이전과 같은 영적 대위기를 다시 겪기 전에 힘들지만 결단을 내리고 즉시 시행하여 죄를 제거하는데 혼신의 힘을 다한 역사로 평가해야 할 것입니다. 본문은 우리에게 이렇게 묻습니다. 당신은 귀환 공동체처럼 그토록 단호하게 죄를 끊어본 적이 있는가?

[사도행전 10장]

복음전파의 과정은 역사의 주관자이신 하나님이 이끄십니다. 하나님은 베드로를 통해 로마군대의 장교인 고넬료에게 복음이 선포되고 성령이 임하시도록 역사하십니다. 하나님을 경외하며 경건과 기도와 구제에 힘써온 고넬료에게 하나님은 욥바에 있는 베드로를 초청하라고 말씀하십니다(5절). 고넬료는 즉시 사람을 욥바로 보냅니다. 한편, 하나님은 베드로에게 율법이 정한 온갖 부정한 짐승들이 담긴 한 그릇을 보여 주시며 "내가 이것들을 깨끗하게 하였으니 속되다 하지 말라"는 음성을 들려 주십니다(15절). 환상을 본 직후 고넬료가 보낸 사람이 찾아오자 베드로는 자신이 보았던 환상이 이방인을 용납하라는 하나님의 계시임을 깨닫고 고넬료의 집으로 가서 복음을 전합니다. 말씀을 듣는 가운데 고넬료의 집에 있는 모든 사람에게 성령이 임하였으며 베드로는 주저 없이 그들에게 세례를 베풉니다(17-48절). 하나님의 섭리 가운데 복음은 땅 끝까지 전파됩니다.

[질문과 묵상]

1. 오늘 말씀을 통해 만난 하나님은 어떤 분인가요?

2. 오늘 말씀을 통해 하나님이 내 삶에 요청하시는 것은 무엇인가요?

[기도]

죄와 싸우되 피 흘리기까지 싸우는 귀환 공동체를 보았습니다. 나와 하나님 사이를 멀어지게 만드는 것들과 단호하게 맞서게 하시고, 내 이름을 내려는 욕심을 내려놓고 하나님의 이름을 높이며 사람 앞에서 예수님을 시인하는 성도가 되게 하옵소서.

[창세기 12장]

아브람을 부르신 하나님은 땅과 큰 민족, 이름의 창대함, 복을 약속하십니다(1-2, 7절). 아직 자녀가 없지만 큰 민족을 이루게 될 것을 말씀하십니다(11:30). 사람들은 스스로 자기 이름을 내려 하지만('바벨탑 사건', 11:4). 하나님은 아브라함의 이름을 창대케 하실 것을 약속하십니다. 부르심에 순종한 아브람은 그의 아내 사래와 조카 롯과 모든 소유와 사람들을 이끌고 가나안 땅에 들어갑니다(5절). 가나안 땅에 기근이 들자 아브람은 양식을 구할 수 있는 애굽(이집트)으로 이주합니다(10절). 그러나 기근의 위기보다 더 큰 생명의 위기가 찾아옵니다(11-15절). 사래를 취하려 한 바로(파라오)에게 하나님이 재앙을 내리심으로 아브람은 위기에서 벗어날 수 있었습니다(17절). 하나님이 개입으로 그의 가정은 다시 보존됩니다. 내가 안전하다고 여기는 곳이 오히려 더 위험할 수 있습니다. 여러분은 위기를 만나면 어디로 달려가나요? "여호와의 이름은 견고한 망대라 의인은 그리로 달려가서 안전함을 얻느니라"(잠 18:10).

[마태복음 11장]

세례요한은 메시아가 금방이라도 악한 세력을 심판하고 하나님의 백성을 구원하는 등 폭발적인 사역을 할 것이라고 기대한 것으로 보입니다. 그러나 악한 자(헤롯)에 의해 옥에 갇혀 있는 그에게 들려오는 예수님에 관한 소식은 '과연 그가 메시아가 맞는가?'라는 의구심을 갖게 했습니다(2절). 예수님은 지극히 겸손하셨으며 사람들을 가르치고 병을 고치시며 이곳저곳을 다닐 뿐입니다. 예수님은 자신을 찾아온 요한의 제자들에게 자신의 사역이 예언을 정확하게 성취하고 있음을 전하라고 하십니다(5절). 예수님과 동시대를 살면서 예수님으로 인해 도래할 천국을 준비시킨 요한은 여자가 낳은 자 중 가장 큰 자이지만 예수님으로 인해 도래한 천국에 직접 참여하게 되는 예수님의 제자들과 신약의 성도들은 그보다 더 큰 자입니다(11절). 요한은 구약에 속한 자이며 마지막 예언자입니다(13절). 사람들은 세례 요한이 준비시키고 예수님이 완성할 천국 복음에 대해 불신하지만 예수님은 앞으로 그가 행하실 일들을 통해 자신의 옳음을 증명하실 것입니다(16-27절). 예수님은 죄와 율법의 무거운 짐을 진 자들에게 쉼을 주십니다(28-30절).

[느헤미야 1장]

느헤미야는 바사의 아닥사스다 왕 시대에 왕의 절대 신임을 받는 술 관원이었습니다

(1, 11절). 그가 왕의 신임을 받는 자리에서 있게 된 것은 결과적으로 하나님의 섭리였습니다. 그는 고국으로부터 온 사람들을 통해 황폐화된 예루살렘과 남아 있는 자(포로에서 먼저 귀환한 자)들이 겪는 환난에 관한 소식을 듣습니다(3절). 당시 귀환 공동체의 성전 건축을 방해하기 위해 대적들이 아닥사스다 왕에게 올린 거짓 조서로 인하여 공사가 중단된 상태였습니다(스4:7-24). 느헤미야는 금식하며 자신과 백성들의 죄를 고백하고 하나님의 긍휼을 구하는 기도를 드립니다(4-7절). 그는 하나님이 언약을 기억하사 범죄한 이스라엘을 회복하여 주시길 간구합니다(8-11절).

[사도행전 11장]

이방인 백부장 고넬료에게 성령이 임하심으로 하나님께서 이방인에게도 생명 얻는 회개를 주신다는 것이 증명되었습니다(18절). 하나님의 백성의 정체성을 모세의 율법과 할례에 두고 있는 사람들은 무할례자인 이방인과 접촉한 베드로를 비난했습니다(2절). 이에 베드로는 하나님이 어떻게 자신의 고정관념을 깨뜨리시고 고넬료에게 성령을 부어 주셨는지에 대해 변증합니다. 하나님이 행하시는 일을 누가 막을 수 있겠습니까?(17절). 한편 스데반의 순교와 함께 일어난 환난으로 인해 사방으로 흩어진 그리스도인들은 자기가 머무는 도시에 사는 유대인들에게 복음을 전했는데, 특히 안디옥에서는 헬라인에게도 복음을 전하여 수많은 사람들이 주께 돌아왔습니다(19-21절). 안디옥 교회는 바나바와 바울의 사역으로 인해 더욱 견고해집니다(22-26절). 급성장한 안디옥 교회는 사역자를 파송해 준 예루살렘 교회를 물질로 섬깁니다(29-30절).

[질문과 묵상]

1. 오늘 말씀을 통해 만난 하나님은 어떤 분인가요?

2. 오늘 말씀을 통해 하나님이 내 삶에 요청하시는 것은 무엇인가요?

[기도]

긍휼이 풍성하신 하나님! 하나님의 뜻과 내 뜻이 부딪힐 때 내 뜻을 뒤로 하고 주님의 뜻을 따르게 하옵소서. 무슨 일을 만나든 견고한 망대가 되시는 내 주님께 달려가게 하옵소서.

[창세기 13장]

하나님의 개입으로 큰 위기를 넘긴 아브람은 많은 가축을 데리고 애굽에서 가나안 땅으로 돌아왔습니다(1-2절). 아브람의 일행에는 아브람이 가나안으로 이주할 때부터 함께 했던 조카 롯이 있었습니다(12:5). 아브람과 롯은 각자의 세력을 가지고 있는 족장이었는데 가나안 땅에는 두 세력이 함께 있을 만한 넉넉한 장소가 없었으므로 서로 다른 길을 가기로 결정합니다(5-9절). 먼저 선택권을 얻은 롯은 객관적으로 가장 나아 보이는 요단 지역(소돔과 고모라)을 선택했는데 이는 결과적으로 잘못된 선택이었습니다(10-13절). 훗날 롯은 이로 인하여 엄청난 대가를 치릅니다(19장). 하나님의 말씀과 상관없이 눈에 보기에 좋은 것을 선택하면 어떤 결과가 나타나는지 선악과 사건과("그 나무를 본즉 먹음직도 하고 보암직도 하고", 3:6) 더불어 롯이 가르쳐 줍니다. 하나님은 아브람에게 눈을 들어 사방을 둘러보라고 말씀하신 후 많은 자손과 땅을 약속하십니다(14-18절). 우리는 하나님이 허락하시는 것만 누릴 수 있습니다.

[마태복음 12장]

수고하고 무거운 짐을 진 자에게 쉼을 주시는 예수님은 율법으로 무거운 짐을 지우는 바리새인들에게 세 가지 이유를 말씀하시며 제자들과 병자를 변호하십니다(11:28). 첫째, 배고픈 제자들이 밀 이삭을 잘라 먹은 것이 안식일에 일하지 말라는 규정을 어겼다는 주장에 대하여 다윗 일행이 왕의 명령을 수행하는 중이라고 밝히며 제사장만이 먹을 수 있는 진설병을 먹은 사건을 언급하십니다(4절). 제사장만이 누리는 특권을 왕의 명령을 수행하는 자에게 제한적으로 허용했던 과거의 사례를 들어 현재 하나님의 명령에 따라 사도직을 수행하는 제자들에게 예외규정을 적용할 수 있음을 말씀하신 것입니다. 둘째, 제사를 집전하는 제사장은 안식일 규례에 적용받지 않는 것처럼 예수님으로 인해 탄생할 새로운 공동체에서 제사장 역할을 하게 될 제자들 역시 정죄 받지 않으며(5절), 셋째, 성전보다 크신 이 곧 율법을 제정하신 하나님의 아들이야말로 안식일의 진정한 주인이심을 선포하십니다(6-8절). 예수님은 손 마른 사람을 치유하심으로 당신이 안식일의 주인이심과 안식일이 사람을 위하여 있는 것임을 보여주십니다(12-13절). 예수님은 귀신의 힘을 빌어서 귀신을 내어쫓는다고 말하는 바리새인들에게 사탄간의 분쟁은 있을 수 없으며 성령의 역사를 보고도 그것을 부인하는 것은 성령을 모독하는 죄로써 사하심을 얻지 못한다고 말씀하십니다(26, 31-32절). 예수님이 보여주실 가장 확실한 표적은 십자가의 죽으심과 부활입니다(40절).

[느헤미야 2장]

본문은 하나님의 선한 손을 잘 보여줍니다(8절). 하나님은 아닥사스다 왕에게 느헤미야의 근심을 읽어내며 그가 원하는 것을 들어 주고자 하는 마음을 주셨습니다(1-6절). 왕은 느헤미야가 추가로 요청하는 고국 땅까지 안전을 보장하는 조서와 건축에 쓸 재목까지 허락해 주었으며 군대장관과 마병까지 붙여 느헤미야를 호위하게 하는 명령을 내립니다(7-10절). 예루살렘에 도착한 느헤미야는 파괴되어 있는 성을 세밀하게 살핀 후 성을 재건할 것을 선포합니다(11-17절). 그가 예루살렘에 오기까지 하나님의 선한 손이 함께 한 이야기를 통해 귀환 공동체는 큰 힘을 얻었습니다(18절). 하지만 사마리아 총독 산발랏을 비롯한 방해꾼이 나타납니다(19-20절).

[사도행전 12장]

기독교 박해정책을 편 헤롯(아그립바 1세)에 의해 사도들 중 최초로 야고보가 순교하게 됩니다(1-2절). 유대인들이 기뻐하는 것을 본 헤롯은 그들의 환심을 사기 위해 베드로마저 체포했습니다(3절). 그는 유월절 후에 베드로를 죽이려 했으나 교회의 간절한 기도와 아직 남아 있는 사명으로 인해 하나님은 그를 옥에서 탈출시키십니다(7-10절). 베드로를 위해 기도하던 성도들은 그가 살아 돌아온 것을 쉽게 믿을 수 없었습니다(15절). 교회를 박해하던 헤롯은 교만의 대가로 병들어 죽게 되었으며 박해가 지속되었지만 하나님의 말씀은 더욱 흥왕했습니다(23-24절).

[질문과 묵상]

1. 오늘 말씀을 통해 만난 하나님은 어떤 분인가요?

2. 오늘 말씀을 통해 하나님이 내 삶에 요청하시는 것은 무엇인가요?

[기도]

하나님! 선택의 기로에 설 때 하나님의 말씀을 기준 삼게 하시고, 하나님을 향해 선한 마음을 갖게 하셔서 느헤미야처럼 주의 일을 위해 형통케 되는 인생이 되게 하옵소서. 율법의 근본정신인 사랑으로 섬기게 하시고, 복음이 주는 용기로 살아가게 하옵소서.

[창세기 14장]

가나안 땅은 여러 세력이 각 지역에 자리 잡고 있었습니다. 소돔 왕을 비롯한 다섯 왕이 12년간 맹주 노릇하던 엘람 왕 그돌라오멜에 대하여 반기를 듭니다(4-9절). 이 전쟁에서 소돔 왕의 연합군이 패하여 아브람의 조카 롯이 포로로 끌려가게 되었는데 아브람이 자신의 사병을 데리고 엘람 왕의 군대를 급습하여 조카 롯을 비롯해 모든 것을 되찾아 옵니다(10-16절). 아브람의 승리의 비결은 지극히 높으신 하나님이 그의 대적을 붙여 주셨기 때문입니다(17-20절). 멜기세덱은 아브람으로 하여금 승리의 영광을 하나님께 돌리도록 권고하였으며 아브람은 전리품의 십분의 일을 하나님의 제사장 멜기세덱에게 드립니다. 아브람은 전리품에 욕심을 내지 않고 그의 군사들을 위한 정당한 몫만 취합니다(24절). 아브람은 멜기세덱으로 인해 자신의 승리에 취하지 않았으며 전리품에 대한 과욕도 부리지 않았습니다. 여러분은 영적인 평정심을 유지시켜 줄 멜기세덱과 같은 좋은 멘토가 있나요?

[마태복음 13장]

완악한 자에게는 천국의 비밀이 숨겨져 있습니다(10-17절). 천국의 비밀을 아는 것은 은혜 가운데 허락되어지는 것입니다. 천국의 비밀은 그리스도를 믿는 자('있는 자')에게 허락될 것이며 믿지 않는 자('없는 자')에게는 허락되지 않습니다. 말씀에 대한 다양한 태도는 다양한 결과를 만들어 냅니다('씨 뿌리는 자의 비유', 1-9, 18-23절). 지금은 복음 전파와 교회공동체를 훼방하는 악한 세력이 득세하지만 예수님이 심판의 주로 오시면 그들은 분리되어 풀무 불에 던져질 것입니다(24-30, 36-43, 47-50절). 예수 그리스도의 복음은 우리의 생각과 삶의 영역에 계속되는 변화를 가져올 것이며 이 땅에 임한 하나님의 나라는 계속 확장될 것입니다(31-33절). 예수님은 창세로부터 감추인 것, 곧 하나님의 구원의 역사를 밝히 드러내실 것입니다(34-35절). 천국의 비밀을 알게 되면 어떤 대가라도 지불하게 됩니다(44-46절). 밭에 감추인 보화, 값진 진주는 최고의 가치인 예수 그리스도를 의미합니다. 그러나 예수님의 고향 사람들은 그를 불신합니다(57절).

[느헤미야 3장]

예루살렘 성을 재건하는 가운데 가장 먼저 양문이 세워집니다(1절). 양문은 예루살렘 성전에서 가까운 곳으로 이 문을 통해 예물로 드릴 양들이 들어오게 됩니다. 제사장들이 앞장서서 양문을 재건한 것은 예배가 회복될 때 공동체가 회복될 수 있음을 보여주는 것입니다. 비록 드고아의 귀족들이 불참했지만(5-8절), 성벽 재건은 백성들의 전폭적인 협력과 분담 가운데 성공적으로 진행되었습니다. 느헤미야는 총 45개의 공사 구간을 설정한 후 백성들에게 적절하게 분담시켰습니다. 양문 건립으로 시작된 공사는 순조롭게 진행되어 양문에서 마쳐지게 됩니다(1, 32절).

[사도행전 13장]

선교는 성령님이 주도하십니다. 성령님은 이방인 선교를 위한 일꾼으로 바울과 바나바를 지명하셨습니다(2절). 안디옥교회는 성령의 인도하심에 따라 바울과 바나바를 파송합니다(3절). 두 사람은 구브로(Cyprus)를 지나 바보(Paphos)에서 사역을 방해하던 거짓 선지자 바예수(엘루마)를 제압하였는데 이로 인해 총독 서기오 바울(Sergius Paulus)에게 복음의 문이 열렸습니다(11-12절). 그 후 비시디아 안디옥에 있는 회당으로 들어간 바울은 옛 언약(구약)이 어떻게 예수 그리스도로 이어지는 지에 대해 탁월하게 강론합니다(14-41절). 특히 예수 그리스도의 부활에 관한 증언과 부활의 의미에 대해 자세히 설명합니다. 그들의 사역은 도시 전체에 뜨거운 반응을 불러왔는데 유대인들은 바울의 강론에 대해 반박하며 비방합니다(44-45절). 두 사람은 결국 쫓겨났지만 기쁨으로 충만했으며 그들의 멈추지 않는 선교의 여정은 이고니온으로 이어집니다(50-52절).

[질문과 묵상]

1. 오늘 말씀을 통해 만난 하나님은 어떤 분인가요?

2. 오늘 말씀을 통해 하나님이 내 삶에 요청하시는 것은 무엇인가요?

[기도]

작은 승리에 도취되어 나를 높이려는 교만을 잘 다스리게 하시고 주께서 붙여주신 좋은 영적 멘토와 함께 복 있는 사람의 길을 가게 하옵소서. 진리의 말씀을 더욱 깊이 깨닫게 하시고 선교의 주체이신 성령님께 순종하며 복음을 위해 살게 하옵소서.

[창세기 15장]

비록 한 번의 전쟁에서 승리하긴 했지만 여전히 두려워하는 아브람을 찾아오신 하나님은 "나는 너의 방패(보호자)요 상급(보상, 전리품)"이라고 말씀하십니다(1절). 우리가 이 땅에서 얻은 최고의 상급은 바로 하나님입니다. 아브람은 그의 상급이 되시는 하나님께 자식이 없는 문제를 호소합니다(2절). 하나님은 네 몸에서 난 자가 상속자가 될 것이며 자손이 하늘의 별과 같이 많아질 것을 약속하셨으며 아브람은 그 말씀을 신뢰합니다(3-6절). 하나님은 땅에 관한 약속을 보증하는 의미로 아브람과 언약의식을 행합니다(7-11절). 그리고 아브라함의 후손이 겪게 될 일도 미리 알려 주십니다. 이스라엘은 400년간 다른 민족을 섬길 것이며 그 후에 하나님은 그들을 건지실 것입니다(12-16절). 하나님은 타는 횃불이 되어 쪼갠 고기 사이로 지나가십니다(17절). 쪼갠 고기 사이를 지나는 것은 언약의 불이행시 쪼갠 고기와 같이 파멸에 이르는 저주를 받게 됨을 의미합니다. 그런데 하나님 홀로 그 사이를 지나가십니다. 하나님은 아브람과 맺은 언약에 대해 홀로 책임지시며 반드시 그 언약을 이루실 것입니다. 하나님은 신실하십니다.

[마태복음 14장]

헤롯은 동생의 아내를 빼앗은 일을 비판한 세례 요한을 옥에 가두긴 했지만 백성들의 절대적인 지지를 받는 그를 두려워했습니다(3-5절). 그러나 자신의 체면을 위해 결국 요한을 죽입니다(7-10절). 요한은 메시아의 오심에 대해 선포하고 백성들에게 회개의 세례를 베풀어 준비시키는 사명을 다하였습니다. 그가 죽은 후 예수님은 굶주린 백성들을 먹이시는 긍휼 사역을 행하십니다(19절). 예수님을 따르던 백성들은 들판에서 풍성한 잔치를 경험했는데 이 사건은 예수님이 곧 생명의 양식되심과 풍성한 천국잔치를 베푸실 분임을 나타내는 예고편입니다. 의심하다가 물에 빠지게 된 베드로를 건지시고 풍랑을 잔잔케 하신 예수님은 감당할 수 없는 인생의 풍랑에서 구원하시는 메시아이십니다(31-32절). 풍랑으로 인하여 사투를 벌이는 제자들에게 오신 예수님은 "안심하라 나니 두려워하지 말라"고 말씀하십니다(27절). 전에 풍랑을 잔잔케 하심으로 제자들로 하여금 "이이가 어떠한 사람이기에 바람과 바다도 순종하는가"라는 감탄과 의문을 이끌어 냈던 바로 그 분임을 선포한 것입니다(8:23-27).

[느헤미야 4장]

예루살렘 성의 재건을 앞장서서 방해한 자는 사마리아 총독 산발랏과 암몬사람 도비야입니다. 아닥사스다 왕이 허락한 재건 공사를 공식적으로 막을 수 없자 그들은 공사가 중단되도록 온갖 조롱과 거짓 소문을 퍼뜨립니다(1-3절). 느헤미야는 하나님이 그들을 치리해 주시기를 기도합니다(4-5절). 대적들의 훼방에도 불구하고 성벽은 전부 연결되었으며 높이도 절반에 이르게 되었습니다(6절). 느헤미야는 기도하며 대적들의 도발을 막을 구체적인 계획을 세워 실행합니다(9-14절). 절반의 사람들은 무장을 시키고 공사를 하는 사람도 무기를 소지한 채 공사에 임하도록 합니다. 그는 동요하는 백성들에게 그들을 두려워하지 말고 크신 하나님을 기억하며 형제와 자녀와 아내와 집을 위하여 싸우라고 독려합니다. 하나님은 공사현장을 급습하려던 대적들의 계획을 무산시키셨습니다(15절). 느헤미야의 기도와 지혜로운 대처로 예루살렘 성벽 재건은 계속 진행됩니다.

[사도행전 14장]

비시디아 안디옥에서 핍박을 받아 이고니온으로 오게 된 바울과 바나바는 이곳에서도 많은 선교의 열매를 맺었지만 유대인에 의해 또 쫓겨나 루스드라로 가게 됩니다(5-7절). 루스드라에서 걷지 못하는 자를 예수님의 이름으로 고치자 그들을 신으로 여긴 사람들이 제사하기 위해 몰려들었습니다(10-12, 18절). 이들을 겨우 말린 바울과 바나바는 무리들에게 복음을 전할 수 있는 좋은 기회를 얻었으나 안디옥과 이고니온으로부터 온 유대인들의 충동에 속은 무리들로부터 도리어 돌에 맞게 됩니다(19절). 기적적으로 살아난 바울은 더베에 가서 또 복음을 전합니다(20-21절). 극심한 박해가 뒤따랐으나 복음의 행진은 멈추지 않았으며 그로인해 지역마다 신앙공동체가 세워지게 됩니다. 그들은 자신들을 파송한 안디옥 교회로 복귀하여 그간의 사역을 함께 나누었습니다(26-28절).

[질문과 묵상]

1. 오늘 말씀을 통해 만난 하나님은 어떤 분인가요?

2. 오늘 말씀을 통해 하나님이 내 삶에 요청하시는 것은 무엇인가요?

[기도]

하나님은 나의 방패요 상급이 되시며, 풍랑을 잠재우신 예수님은 나의 구원자이십니다. 성령님은 나의 가는 길을 인도하시며 복음을 위한 용기와 지혜를 주시는 인생의 멘토이십니다. 하나님과 나라를 위하여 그리고 사랑하는 가족을 위한 믿음의 선한 싸움에서 승리하게 하옵소서.

[창세기 16장]

하나님과의 언약체결로 아브람의 믿음은 더욱 견고해졌습니다(15장). 그러나 또 위기가 찾아옵니다. 불임중인 사래는 아브람에게 자녀를 얻을 수 있는 현실적인 방법을 제안합니다. 자신의 여종 하갈을 통해 자녀를 얻는 것입니다(2절). 이 시대에 자녀가 없는 것은 여자의 큰 수치였습니다. 역시나 임신한 하갈이 자신의 주인인 사래를 멸시합니다(4-5절). 이 일은 사래가 자초한 일로 하갈을 통한 자녀 생산이 하나님의 뜻이 아님을 보여주는 증거입니다. 사래는 자신을 멸시하는 하갈을 괴롭혔고 견디다 못한 하갈이 가출을 합니다(6절). 하나님은 광야로 도피한 하갈에게 번성을 약속하시며 다시 돌아가라고 말씀하십니다(7-12절). 하나님의 보호약속을 믿고 돌아온 하갈은 이스마엘을 낳습니다(15절). 비록 이스마엘의 탄생이 하나님의 계획은 아니었지만 아브라함에게 주신 번성의 약속이 그에게도 동일하게 적용됩니다(10절). 하나님은 힘없고 비천한 여종을 돌아보셨습니다("나를 살피시는 하나님", 13절).

[마태복음 15장]

하나님이 주신 율법에는 식사 전에 손을 씻어야 한다는 내용이 없습니다. 그것은 식사예법에 불과한 것입니다. 예수님의 제자들이 식사예법을 어긴 것으로 질책을 받자 예수님은 전통을 핑계 삼아 율법을 버리는 바리새인과 서기관들의 위선을 지적하십니다(2-3절). 그들은 고르반 제도(=자기의 소유를 전부 하나님께 드리기로 서약)를 부모 부양의 의무를 피하는 수단으로 삼고 있었는데 이는 전통으로 하나님의 말씀("네 부모를 공경하라")을 폐하는 행위입니다(5-7절). 사람을 더럽게 하는 것의 본질은 외부가 아닌 내면에 있기에 우리는 외적 정결보다 내면의 죄 문제에 더 집중해야 합니다(11, 18절). "주여 내 집에 들어오심을 나는 감당하지 못하겠사오니 다만 말씀으로만 하옵소서"(8:8)라고 말했던 이방인 백부장급의 믿음을 가진 또 한 사람이 등장합니다. 딸의 병을 위한 간청을 예수님이 계속 거절함에도 불구하고 포기하지 않음으로 그녀는 마침내 응답을 받았습니다(21-28절). 예수님은 무리의 배고픔을 해소할 수 있는 방법을 제자들에게 물었으나 제자들은 불가능하다고 말합니다(33절). 이미 오병이어의 기적(14:13-21)을 경험했지만 제자들은 예수님이 그들을 능히 먹일 수 있는 목자라는 사실을 잊어버렸습니다.

[느헤미야 5장]

산발랏 같은 외부의 적과 싸우며 힘겹게 예루살렘 성벽을 재건하는 백성들의 삶은 참으로 고달팠습니다. 백성들이 공사에 동원되면서 경제활동을 하지 못함으로 인해 가족부양이 힘겨워졌으며 계속되는 흉년으로 인해 밭과 집을 담보로 양식을 빌린 사람들은 빚을 갚지 못해 자신의 재산을 잃을 위기에 놓였습니다(2-3절). 또한 세금을 내기 위해 돈을 빌린 자들은 그 빚이 쌓여 토지를 빼앗길 처지가 되었습니다(4절). 느헤미야는 높은 이자를 받는 귀족들과 관리들을 꾸짖고 저당 잡은 집과 밭은 당장 돌려주고 꾸어 준 양식과 돈의 1/100을 돌려주라고 권고합니다(7-13절). 하나님을 경외하는 느헤미야는 백성을 압제하지 않았으며 토지 구매도 하지 않았고 12년간 총독의 녹도 받지 않고 성벽 재건에만 온 힘을 기울였습니다(14-16절). 하나님은 백성의 부담을 덜기 위해 총독의 녹도 포기하고 자신의 비용으로 유다 사람들과 관리들 150명 이상의 식사를 직접 챙긴 느헤미야를 늘 풍성케 하셨습니다(17-18절). 그는 하나님을 신앙하는 리더의 좋은 모델입니다.

[사도행전 15장]

이방인이 그리스도께로 돌아오면서 생긴 혼란을 정리하고자 예루살렘 공의회가 열렸습니다. 율법주의자들은 예수 그리스도에 대한 믿음과 더불어 할례를 받아야만 구원을 받을 수 있다고 주장했습니다(1절). 언약백성의 표징이었던 할례를 포기할 수 없었던 것입니다. 선교지에 세워진 안디옥교회는 이 문제에 대한 답을 예루살렘 교회에 요청합니다(2절). 사도들은 그들이 우리와 동일하게 주 예수의 은혜로 구원받는다고 선언합니다(11절). 다만 권고사항으로 우상의 제물과 피('피를 먹는 것')와 목매어 죽인 것('도축 방법')과 음행을 멀리할 것을 주문합니다(29절). 만약 할례, 절기 준수, 각종 음식 규례 등을 이방인에게 강요한다면 이는 그들을 교회 공동체에서 내쫓는 결과를 가져올 것입니다. 교회 공동체는 이방인들을 사랑으로 대해야 합니다. 한편 바울과 바나바는 1차 선교여행 중 먼저 복귀한 마가 요한에 대한 이견으로 인해 각각 다른 선교지를 선택하여 2차 선교여행을 떠납니다(13:13, 37-41절).

[질문과 묵상]

1. 오늘 말씀을 통해 만난 하나님은 어떤 분인가요?

2. 오늘 말씀을 통해 하나님이 내 삶에 요청하시는 것은 무엇인가요?

[기도]

힘없고 비천한 자를 돌아보시는 긍휼이 풍성하신 하나님 아버지! 내게 있는 위선을 보게 하시고 중심을 보시는 하나님 앞에서 늘 내면을 살피고 본질에 집중하게 하옵소서. 자신의 권리를 내려놓고 사랑으로 백성을 섬기는 느헤미야의 리더십을 닮게 하옵소서.

[창세기 17장]

하갈이 이스마엘을 낳은 후 13년이 지나 아브람은 어느새 99세가 되었습니다(24-25절). 아브람은 하나님의 언약이 이스마엘을 통해 이루어질 것이라는 매우 현실적인 생각을 하고 있습니다(18절). 그러나 하나님은 1년 뒤에 사라에게 아들이 있을 것을 말씀하시며 언약을 재확인시키십니다(19-21절). 하나님은 아브람을 아브라함('여러 민족의 아버지')으로, 사래를 사라('여러 민족의 어머니')로 이름을 바꾸어 주십니다(5, 15-16절). 사라를 통한 아들의 탄생 소식에 아브라함은 불신의 웃음을 보였으나 하나님은 그 웃음을 기쁨의 웃음(이삭의 뜻은 '웃음')으로 바꾸어 주실 것입니다(17-19절). 아브라함은 자신을 포함한 집안 모든 남자들에게 언약의 표징인 할례를 행합니다(10-14, 23-27절).

[마태복음 16장]

예수님은 당신의 정체성을 증명할 표적을 충분히 보여주었음에도 불구하고 믿지 않는 것은 악하고 음란한 세대이기 때문이라고 말씀하십니다(4절). 그런 자에게는 요나의 표적밖에 보여줄 표적이 없습니다. "요나가 밤낮 사흘 동안 큰 물고기 뱃속에 있었던 같이 인자도 밤낮 사흘 동안 땅 속에 있으리라"(12:40). 십자가의 죽음과 부활은 예수님의 정체성을 보여주는 가장 확실한 표적입니다. 바리새인과 사두개인들의 교훈을 주의하라고 말씀하신 예수님은 제자들에게 그의 정체성에 대한 질문을 하십니다(12, 15절). 베드로는 '주는 그리스도시요 살아계신 하나님의 아들'이라는 고백으로 예수님을 기쁘시게 했습니다(16절). 음부(헬: 하데스=지옥)의 권세는 주를 그리스도로 고백하는 사람들, 즉 교회를 결코 이길 수 없습니다(18절). 죽음과 부활에 관하여 처음으로 언급한 예수님은 제자들에게 자기 십자가를 지고 나를 따르라고 말씀하십니다(21, 24절). '인자가 그 왕권을 가지고 오는 것', 곧 주님의 부활을 본 자들은 마땅히 그리스도를 따르게 될 것입니다(28절).

[느헤미야 6장]

공동체 내부의 갈등을 봉합한 느헤미야는 성벽 재건 공사에 더욱 박차를 가해 성문을 제외하고 거의 완성되었습니다(1절). 대적들의 공세는 여전히 계속됩니다. 느헤미야를 암살하기 위한 거짓 편지가 여러 번 왔으나 하나님은 느헤미야에게 분별할 수 있는 지혜를 주셨습니다(2-9절). 심지어 "대적들의 암살 시도가 있으니 외소(성소)에 들어가 몸을 피하라"는 스마야의 말이 거짓인 것도 분별해 냅니다(10-14절). 외소는 제사장만이 들어갈 수 있는 곳으로 신변의 안전을 내세워 느헤미야로 하여금 율법을 어기도록 유도했던 것입니다. 공사시작 52일 만에 성벽이 완성되므로 대적들은 두려움과 절망에 빠지게 됩니다(15-16절). 한편 공사를 방해했던 도비야는 혼인 및 동맹관계를 통해 유대공동체 안에 들어와 있었는데 그는 느헤미야에게 협박 편지를 보냅니다(19절).

[사도행전 16장]

바울은 2차 선교여행 초반 그의 믿음의 아들인 디모데를 만나게 됩니다(1절). 여러 교회들을 견고하게 세워가는 가운데 그의 선교의 방향이 결정되는 중요한 순간을 맞이하게 됩니다. 바울이 아시아가 아닌 유럽으로 선교의 방향을 결정하게 된 것은 세계문명의 흐름을 결정한 매우 중요한 장면입니다. 바울은 성령이 아시아에서 말씀을 전하지 못하게 하셨다고 말합니다(6절). 이로써 복음은 서진(=이스라엘→유럽→아메리카→동아시아→서아시아→이스라엘)을 하게 되었습니다. 바울은 빌립보에서 선교의 동역자가 된 두아디라 출신의 옷감 장사 루디아를 만났는데 그의 집을 거점삼아 사역을 전개합니다. 이로써 빌립보 교회가 탄생하게 됩니다(14-15절). 바울과 실라는 빌립보에서 귀신들린 여종을 고쳐준 일로 인해 억울하게 옥에 갇혀 고초를 겪게 되었으나 일련의 모든 과정은 간수의 가족을 구원하시려는 하나님의 섭리였습니다(18-40절). 고된 선교의 여정이지만 하나님은 승리케 하십니다.

[질문과 묵상]

1. 오늘 말씀을 통해 만난 하나님은 어떤 분인가요?

2. 오늘 말씀을 통해 하나님이 내 삶에 요청하시는 것은 무엇인가요?

[기도]

언약을 지키시는 신실하신 하나님! 내가 예수 그리스도를 구주로 고백하기까지 한 치의 오차도 없는 2000년에 걸친 복음의 대행진이 있었습니다. 이 모든 과정을 성령님께서 인도하시고 주장하셨습니다. 복음을 위해 수고하고 희생한 모든 이들에게 큰 빚을 졌으니 내 생애동안 이 빚을 갚게 하옵소서.

[창세기 18장]

여호와께서 마므레의 상수리나무들이 있는 곳에 나타나셨습니다(1절). 그곳은 아브라함이 하나님의 부르심과 복의 약속을 받고 제단을 쌓았던 곳입니다(12:6-7, 13:18). 아브라함은 세 사람을 보게 되는데 통상 하나님과 두 천사로 보고 있습니다(2절). 아브라함으로부터 극진한 대접을 받은 나그네들은 내년 이맘때 사라에게 아들이 있을 것을 예고합니다(10절). 사라는 그 말을 쉽게 믿지 못하지만 하나님은 능히 이루실 것입니다(11-15절). 하나님이 아브라함과 그의 후손을 부르신 것은 그들이 의(righteousness)와 공도(justice)를 행함으로 천하 만민이 복을 받게 하시기 위함입니다(16-19절). 한편 하나님은 의와 공도에서 크게 벗어나 있는 소돔과 고모라에 대한 조사 계획도 아브라함에게 알려 주십니다(20-21절). 이것이 심판을 위한 과정임을 아는 아브라함은 조카 롯이 사는 그 땅을 위해 6번에 걸쳐 탄원하는데 의인 10명만 있어도 심판하지 않겠다는 하나님의 약속을 마지막으로 그의 기도는 멈춥니다(23-33절). 그 땅은 의인 10명도 없는 패역한 땅이었습니다.

[마태복음 17장]

예수님이 해 같이 빛나며 빛과 같이 희어지는 모습을 세 명의 제자가 보게 됩니다('변화산 사건', 2절). 이는 부활의 영광에 대한 예고입니다. 또한 의인들이 하나님 나라에서 누릴 영광에 관한 예고이기도 합니다. "그 때에 의인들은 자기 아버지 나라에서 해와 같이 빛나리라"(13:43). 율법을 대표하는 모세와 예언자를 대표하는 엘리야의 등장은 예수님이 구약의 모든 증거를 가지신 분임을 보여줍니다(3절). 그러나 사람들은 메시아를 알아보지 못하고 자기들의 원대로 대할 것입니다(12절). 이미 제자들은 예수님께로부터 병을 고치며 귀신을 내어 쫓는 능력을 받았습니다(10:1). 그런데 간질로 고통 받는 사람을 치유하지 못합니다(16절). 이는 믿음이 작았기 때문인데 그들의 믿음의 대상은 오직 십자가에서 죽으시고 부활하신 예수 그리스도이십니다(20-23절). 예수님은 성전의 진정한 주인이시지만 아직 자기 때가 이르지 않았기에 불필요한 오해를 막고자 성전세를 냅니다(27절).

[느헤미야 7장]

예루살렘 성의 재건을 마친 느헤미야는 문지기, 노래하는 자, 레위인을 임명하고 두 명의 관리를 세웁니다(1절). 특히 하나냐는 하나님을 경외하는 충성스러운 일꾼이었습니다(2절). 느헤미야는 하나님의 뜻을 받들어 인구조사를 실시하는데, 이들은 1차 귀환자들입니다(5-60절). 1차 귀환자들 중에는 이스라엘 백성임을 입증할 수 없는 사람(61-62절), 계보에서 이름을 확인할 수 없는 제사장의 자손들도 있습니다(63-65절). 온 회중과 노비, 노래하는 사람, 가축들의 수까지 계수됩니다(66-69절). 1차 귀환자들은 성전을 위해 풍성한 예물을 드렸습니다(70-72절).

[사도행전 17장]

바울은 데살로니가로부터 시작하여(1-9절) 베뢰아(10-15절), 아덴(아테네, 16-34절)에 이르기까지 열정적으로 복음을 전합니다. 많은 이방인들이 복음을 기뻐하며 받아들였습니다. 데살로니가에서 많은 열매가 있었으나 폭력배를 동원한 유대인들에 의해 쫓겨나 베뢰아로 갔습니다(4-5절). 베뢰아에서도 믿는 사람이 많았으나 데살로니가로부터 온 유대인들로 인하여 또다시 쫓겨나 아덴으로 가게 됩니다(12-13절). 바울은 철학이 발달한 아덴에서 창조주 하나님과 가장 고상한 지식인 부활하신 예수 그리스도를 전합니다. "내 주 그리스도 예수를 아는 지식이 가장 고상('탁월한 가치'=surpassing worth)하기 때문이라"(빌 3:8). 복음을 들은 사람들의 반응은 조롱, 관심, 믿음입니다(32-34절). 복음을 전하고 쫓겨나기를 반복하고 있지만 놀랍게도 그가 복음을 전한 도시마다 믿음의 공동체가 생겨나고 있습니다. 바울은 해산의 수고로 귀한 생명을 계속 낳습니다.

[질문과 묵상]

1. 오늘 말씀을 통해 만난 하나님은 어떤 분인가요?

2. 오늘 말씀을 통해 하나님이 내 삶에 요청하시는 것은 무엇인가요?

[기도]

느헤미야를 통해 도시가 재건되고 바울을 통해 교회가 세워집니다. 내가 속한 공동체를 견고하게 세우는 일꾼이 되게 하옵소서. 하나님의 의를 행하며 영혼을 살리는 중보자가 되게 하옵소서.

[창세기 19장]

하나님이 예고하신 소돔과 고모라의 멸망에 관한 내용입니다. 심판을 집행할 두 천사가 롯의 집을 방문합니다(13절). 롯은 적극 환대하지만 소돔 백성들은 그들을 내놓으라고 요구합니다(1-11절). 외지인과 상관(=동성 간의 성관계)하겠다는 것입니다(5절). 소돔과 고모라는 이처럼 타락한 곳입니다. 자신의 딸을 대신 내어 주겠다는 말도 안 되는 제안을 할 정도로 급박한 상황에서 무리들은 롯까지 해치려 합니다. 천사들은 롯에게 속히 도시를 떠날 것을 권고하는데 롯의 사위들은 농담으로 여겼으며 롯의 반응도 미온적이었습니다(12-22절). 천사가 재촉하여 롯을 탈출시킨 후 소돔과 고모라에는 불과 유황이 비같이 쏟아졌습니다(23-26절). 입지조건만을 보고 그 땅을 선택했던 롯은 아내와 함께 모든 소유를 잃고 말았습니다(13:10). 그나마 하나님이 롯을 건지신 것은 아브라함의 중보기도 때문입니다(29절). 이후 아버지 롯과 함께 깊은 산에 들어가 살던 두 딸은 아버지를 속이고 근친상간을 통해 모압과 암몬의 조상이 될 아들을 차례로 낳았습니다(30-38절). 타락한 소돔의 문화가 이들에게 영향을 미친 것으로 보입니다. 아브라함과 함께 약속의 땅으로 이주한 롯의 인생은 이렇게 비극으로 끝납니다.

[마태복음 18장]

어린아이와 같이 자신의 연약함을 인정하고 겸손한 자가 천국에서 큰 자입니다(4절). 천국의 원리는 신앙공동체에 그대로 적용이 되어 연약한 자(작은 자)를 영접하는 것은 곧 예수님을 영접하는 것과 같습니다(5절). 예수님은 연약한 자를 실족시키는 것은 영생을 논할 만큼 큰 죄임을 깨우쳐 주십니다(6-9절). 수호천사 역시 하나님이 그들을 귀히 여기고 있다는 사실을 가르쳐 줍니다(10절). 우리는 양 한 마리도 절대 포기하지 않으시는 하나님의 마음을 닮은 신앙공동체를 이루어가야 합니다(14절). 그러므로 권징이 필요한 경우에도 죄를 범한 형제를 다시 얻고자 하는 마음으로 진행해야 합니다(15절). 형제를 회복하고자 하는 선한 마음으로 행하는 공동체의 간구와 모임 위에 하나님은 은혜와 지혜를 공급하여 주십니다(19절). 일만 달란트 빚진 자와 같은 우리는 용서에 대한 도전을 멈추지 말아야 합니다(22, 33절).

[느헤미야 8장]

백성들이 하나님의 말씀 앞에 서 있습니다. 포로에서 귀환한 공동체를 진정한 신앙공동체로 회복시키기 위해 모세의 율법에 정통한 학사 겸 제사장인 에스라가 백성들에게 율법을 가르칩니다(스 7:6 & 11, 1-8절). 새벽부터 정오까지 긴 시간동안 선포되는 율법을 듣고 불순종한 죄로 인하여 애통하며 회개하는 시간을 갖고 난 후, 느헤미야와 에스라와 레위 사람들은 이제는 슬픔을 거두고 하나님의 구원을 기뻐하라고 권고합니다(3, 9-12절). 이날은 새해를 맞는 성일, 즉 나팔절(=이스라엘의 새해인 음력 7월 1일)이었습니다(10절). 하나님의 말씀은 때로는 슬픔('죄로 인한 애통함')으로, 때로는 기쁨('구원의 기쁨')으로 우리를 인도합니다. 에스라로부터 율법을 배우던 백성의 지도자들은 초막절(=수장절, 음력 7월 15-21일)을 지키라는 하나님의 말씀을 듣고 즉시 순종합니다(13-18절). 초막절은 출애굽 이후 광야에서 초막에 거주하며 하나님의 인도와 보호하심을 경험했던 것을 기념하는 절기인데 여호수아 이후 처음으로 행해진 것입니다. 귀환 공동체는 언약 백성으로서의 정체성을 점차 회복하고 있습니다.

[사도행전 18장]

바울은 유대인 추방령으로 인해 로마에서 쫓겨나 고린도로 오게 된 아굴라와 브리스길라를 만나 동역하게 됩니다(1-3절). 말씀에 붙잡힌 바울은 유대인과 헬라인을 대상으로 예수가 그리스도이심을 선포하였으며 회당장 그리스보를 포함한 많은 사람들이 믿고 세례를 받았습니다(5, 8절). 주님은 환상을 통해 바울에게 용기를 주시며 복음 선포가 중단되지 않게 하라고 명하십니다(9-10절). 이번에도 유대인들이 바울을 고소하였으나 총독이 유대인의 종교문제에 관여하지 않기로 선언하자 화가 난 유대인들은 회심한 사람에게 직접 위해를 가합니다(15-17절). 고린도를 떠나 에베소로 간 바울은 브리스길라와 아굴라를 그곳에 머물게 하고 안디옥으로 복귀합니다(18-22절). 이로써 2차 전도여행이 종료되고 3차 전도여행이 시작됩니다(23절). 언변이 좋고 성경에 능통한 아볼로가 에베소에 왔는데 그는 성령님에 대해 모르고 있었습니다(25절). 그리스도가 부활·승천하신 후 모든 믿는 자에게 성령이 임하였음을 알게 된 아볼로는 고린도에서 더욱 힘 있게 사역합니다(26-28절).

[질문과 묵상]

1. 오늘 말씀을 통해 만난 하나님은 어떤 분인가요?

2. 오늘 말씀을 통해 하나님이 내 삶에 요청하시는 것은 무엇인가요?

[기도]

하나님! 끝까지 붙들어야 하는 것과 버려야 하는 것을 잘 분별하게 하옵소서. 그리고 에스라가 율법을 읽을 때 반응했던 백성들처럼 말씀 앞에 정직하게 반응하는 은혜를 주시옵소서. 갚을 수 없는 빚을 탕감받은 자의 감격과 기쁨으로 용서하는 삶을 살게 하옵소서.

[창세기 20장]
아브라함의 후손에 대한 약속의 성취가 얼마 남지 않았습니다. "내년 이맘때에 네 아내 사라에게 아들이 있으리라"(18:10). 그런데 아브라함은 예전에 기근을 피해 애굽으로 이주했던 실수를 다시 반복합니다(12:10-20). 자신의 안전을 위해 아내를 누이라고 속이는 바람에 그랄 왕 아비멜렉에게 아내를 빼앗긴 것입니다(1-2절). 후손에 관한 하나님의 약속의 성취가 위태로워졌습니다. 마치 우리를 보는 것 같습니다. 그러나 인간의 연약함과 실패가 아무리 크다 할지라도 하나님의 은혜는 이보다 더 크고 무한합니다. 하나님은 직접 이 문제에 개입하심으로 아브라함의 가정을 구원하셨습니다(3-7절). 사라가 아브라함의 누이인 것은 맞지만 결혼한 사실을 말하지 않은 것 자체가 정직하지 않은 것입니다(11-13절). 그럼에도 불구하고 하나님은 아브라함에게 권위를 부여하셔서 그의 기도로 아비멜렉의 집안에 묶였던 모든 것이 풀어지게 하셨습니다(7, 17-18절). 우리가 아무리 못났어도 하나님은 우리의 등 뒤에 우리를 도우시는 참 좋으신 아버지이십니다.

[마태복음 19장]
예수님은 이미 산상수훈을 통해 이혼에 관한 교훈을 주셨습니다. "누구든지 아내를 버리려거든 이혼 증서를 줄 것이라 하였으나 나는 너희에게 이르노니 누구든지 음행한 이유 없이 아내를 버리면 이는 그로 간음하게 함이요 또 누구든지 버림받은 여자에게 장가드는 자도 간음함이니라"(5:31-32). 이혼은 기본적으로 창조질서에 어긋나는 것입니다. "이러므로 남자가 부모를 떠나 그의 아내와 합하여 둘이 한 몸을 이룰지로다"(창 2:24). 모세의 율법은 수치 되는 일이 발견될 시 이혼이 가능하다고 규정하는데(신 24:1), 수치 되는 일에 대한 해석의 범위가 넓어서 심지어 빵을 태우는 것도 수치 되는 일에 포함될 정도였습니다. 간사한 자들은 수치 되는 일을 자의적으로 해석하여 아내를 버렸으며, 수치 되는 일로 이혼당한 여자의 삶은 매우 비참해졌기에 이혼 증서를 써 주어 합법적으로 재혼이 가능하도록 율법으로 보장해준 것입니다. 그러나 예수님은 수치 되는 일을 음행으로 한정하십니다(9절). 결혼과 독신은 하나님의 인도와 사명에 따라 정하면 됩니다(11절). 어린아이가 부모를 의존하듯이 제자들은 전적으로 하나님을 의지해야 합니다(14절). 영생을 갈망하며 율법을 철저히 지켰다는 청년은 실제로 부의 지배를 받는 자였습니다(21-22절). 반면, 세상적으로 부족하더라도 진정으로 주를 따르는 제자들은 영생을 얻고 주와 함께 영원히 다스리게 될 것입니다(27-29절).

[느헤미야 9장]

초막절이 끝난 이틀 후인 24일에 이스라엘 백성들이 다시 모여 금식하며 말씀을 듣고 죄를 자복하는 시간을 갖습니다(1-3절). 예수아를 포함한 레위인들은 단 위에 올라가 큰 소리로 하나님께 부르짖으며 모든 백성에게 찬양할 것을 권면합니다(4-5절). 6절에서 38절까지는 레위인들이 드린 찬양과 기도의 내용입니다. 창조주이시며 언약을 이루시는 하나님은(6-8절) 아브라함 때부터 지금까지 수많은 우상숭배와 불순종과 반역에도 불구하고 자비와 긍휼을 베푸시는 것을 멈추지 않으셨습니다(9-30절). 주의 긍휼로 인하여 완전히 멸망당하지 않았고 버림받지도 않았습니다(31절). 그들이 겪은 모든 환난과 심판은 하나님의 공의로운 심판입니다(33절). 약속의 땅에서 이방인의 종이 되어 살아가고 있는 지금 그들은 하나님과의 언약관계를 새롭게 하려는 결단을 하고 있습니다(34-38절). 하나님의 말씀은 사람이 준행하면 그 가운데에서 삶을 얻는 계명입니다(29절). 말씀을 준행하는 것은 곧 삶을 얻는 길입니다.

[사도행전 19장]

아볼로가 고린도로 건너간 후(18:27) 바울은 에베소에 도착해 2년간의 사역을 시작합니다(1, 10절). 아볼로가 그러했듯이 에베소의 제자들 역시 성령님에 대해 알지 못했으나 바울이 그들에게 안수할 때 성령님의 임재와 함께 방언과 예언이 나타나게 됩니다(6절). 바울을 통해 여러 가지 표적이 나타났으며 주의 말씀은 더욱 흥왕하여 세력을 얻게 되었습니다(12, 20절). 하나님 외에 모든 신은 헛된 우상이라고 선포하는 바울은 신상을 만드는 사람들에게 큰 위협이 되었기에 결국 큰 소동이 일어나게 됩니다(26-34절). 그러나 에베소의 서기장이 적법한 절차를 통해 정식으로 고소하라고 설득한 후 모임을 해산시킴으로써 바울은 위기에서 벗어나게 됩니다(37-41절).

[질문과 묵상]

1. 오늘 말씀을 통해 만난 하나님은 어떤 분인가요?

2. 오늘 말씀을 통해 하나님이 내 삶에 요청하시는 것은 무엇인가요?

[기도]

나의 등 뒤에 늘 하나님이 계시니 참 좋습니다. 나의 실패와 연약함보다 더 크신 하나님의 사랑과 긍휼을 의지합니다. 하나님의 말씀을 내 멋대로 해석하지 않게 하시고 힘써 준행하므로 삶을 얻게 하옵소서. 말씀이 더욱 흥왕하는 복을 주옵소서.

[창세기 21장]

마침내 하나님이 약속하신 대로 노년의 아브라함과 사라는 이삭을 얻게 됩니다(1-7절). 아브라함의 연약함으로 인해 언약이 좌초될 위기가 많았지만 신실하신 하나님이 언약을 이루셨습니다. 여종 하갈의 아들 이스마엘과 사라의 아들 이삭의 갈등은 불가피한 것입니다(8-11절). 결국 아브라함은 이스마엘을 지켜 주시겠다는 하나님의 약속을 믿고 그를 떠나보냅니다(12-21절). 한때 아브라함의 아내 사라를 취하려 했던 아비멜렉이 다시 나타나 아브라함에게 조약을 제안합니다(20장, 22-23절). 그는 하나님이 아브라함과 함께 하심을 보았습니다. 아브라함은 영원하신 하나님이 그와 그의 후손에게 약속한 모든 것을 이루실 것을 믿었습니다(33-34절).

[마태복음 20장]

예수님은 포도원 품꾼의 이야기를 통해 천국의 특성을 설명하십니다(1절). 품꾼들은 누군가에 의해 고용되어야만 다음 날 가족의 생계가 보장되는 불안정한 삶을 살아갑니다. 만약 이른 아침에 고용된다면 적어도 다음날 먹을 양식에 대한 걱정으로부터 벗어날 수 있으니 이는 은혜입니다. 고용되는 시간이 늦어질수록 생계에 대한 걱정과 불안감으로 초조해집니다. 이러한 사정을 잘 아는 포도원 주인은 한 명이라도 더 고용하려고 애를 씁니다. 한 영혼이라도 더 구원하시려는 하나님 아버지의 모습입니다. 혹시 젊은 날 예수님을 믿고 평생 복음을 위해 애쓴 사람이나 죽기 직전에 믿은 사람이나 똑같이 구원받는 것에 대하여 불편한 마음이 있으신가요? 예수 그리스도를 영접하여 하나님의 자녀가 되어 영생의 기쁨과 평안을 누리며 살아가는 것이 최고의 복임을 알아야 합니다(요 1:12). 일찍 부름 받은 우리는 한 영혼이라도 더 찾으시는 아버지의 마음으로 늦게 합류하는 영혼들을 기쁨으로 맞이해야 할 것입니다. 예수님은 자신의 생명을 많은 사람의 대속물로 주기 위해 오셨습니다('세 번째 수난예고', 17-28절). 예수님을 보는 눈이 뜨이면 고난의 잔을 기꺼이 마실 수 있습니다. "누구든지 나를 따라오려거든 자기를 부인하고 자기 십자가를 지고 나를 따를 것이니라"(막 8:34).

[느헤미야 10장]

귀환 공동체가 하나님 앞에 언약을 갱신하는 가운데 율법을 지키기로 다짐하고 인장을 찍은 사람들의 명단이 등장합니다(9:29, 1-27절). 총독 느헤미야를 시작으로 제사장들, 레위 사람들, 백성의 지도자들의 이름이 차례로 동참합니다. 총 84명의 이름이 있습니다. 그들은 이방인과의 혼인 교류 금지, 안식일 및 안식년 준수, 성전세, 제사를 위한 나무 공급, 첫 소산물, 십일조 등을 자원하여 결단합니다(28-39절). 주님을 사랑하는 자는 계명을 지킵니다. "나의 계명을 지키는 자라야 나를 사랑하는 자니 나를 사랑하는 자는 내 아버지께 사랑을 받을 것이요 나도 그를 사랑하여 그에게 나를 나타내리라"(요 14:21).

[사도행전 20장]

복음을 위한 바울의 헌신을 확인할 수 있는 고백이 등장합니다. "내가 달려갈 길과 주 예수께 받은 사명 곧 하나님의 은혜의 복음을 증언하는 일을 마치려 함에는 나의 생명조차 조금도 귀한 것으로 여기지 아니하노라"(23절). 에베소를 떠난 바울은 마게도냐를 거쳐 헬라(헬라다=로마인들이 아가야 주를 지칭할 때 쓰는 용어, 참고로 아가야 주의 주도는 고린도)로 갑니다(1-2절). 자신에 대한 암살 모의로 인해 다시 마게도냐를 거쳐 드로아로 간 바울이 열정적으로 사역을 이어가는 가운데 불의의 사망사고가 발생했으나 하나님이 죽은 자를 다시 일으켜 주심으로 공동체는 큰 위로를 받게 됩니다(3, 6-12절). 이 일 후에 걸어서 밀레도로 간 바울은 에베소 교회의 장로들을 그곳으로 부릅니다(13, 17절). 그리고 그의 마지막 고별설교가 시작되는데 내용은 복음을 위한 헌신의 삶(18-21절), 그에게 앞으로 닥칠 환난과 핍박(22-24절), 사명의 완수(25-27절), 교회의 내적 어려움(=자신의 추종자를 만드는 사람 등장)과 외적 어려움(거짓 교사들의 공격) 그리고 말씀의 능력(28-32절), 탐욕에 대한 주의와 작별인사(33-38절)로 구성되어 있습니다. 그는 복음을 위하여 자신을 내어주는 삶을 살았습니다(35절).

[질문과 묵상]

1. 오늘 말씀을 통해 만난 하나님은 어떤 분인가요?

2. 오늘 말씀을 통해 하나님이 내 삶에 요청하시는 것은 무엇인가요?

[기도]

신실하신 하나님의 약속을 신뢰합니다. 수많은 사람 가운데 우리를 먼저 부르셨으니 앞장서서 헌신하는 기쁨으로 충만하게 하옵소서. 주를 사랑하는 마음으로 계명을 지키게 하시고 바울처럼 복음에 대한 확신과 열정으로 내 심장이 뛰게 하옵소서.

[창세기 22장]

하나님은 100세에 얻은 아들로 인해 꿈만 같은 시간을 보내고 있는 아브라함에게 "이삭을 번제로 드리라"는 명령을 내리십니다(2절). 아브라함은 그 명령을 따르기 위해 이삭을 데리고 모리아산으로 갑니다(3절). 아브라함이 모리아산으로 가는 삼일 동안 아버지로서 심히 괴롭고 고통스러운 시간을 보낸 것처럼 우리의 아버지 되시는 하나님은 아들 예수 그리스도의 십자가의 죽음과 부활 사이의 삼일 간의 시간을 견뎌야 했습니다. 아브라함의 경우는 테스트였기 때문에 실제로 이삭을 죽이지 않았지만 하나님은 우리 죄를 대신 짊어진 아들과의 관계 단절과 죽음을 실제로 겪으셨습니다. 십자가에서 고통스럽게 죽어가는 아들을 지켜보아야만 했습니다. 그 아들이 바로 우리를 대신하여 제물이 되신 하나님의 어린양입니다. "보라 세상 죄를 지고 가는 하나님의 어린 양이로다"(요 1:29). 하나님은 아브라함을 위해 이삭을 대신할 양을 친히 준비하셨습니다(13절). 마찬가지로 우리 대신 죄와 형벌을 받을 예수 그리스도를 친히 준비하셨습니다('여호와이레'=준비하시는 하나님, 14절). 테스트를 통과한 아브라함에게 하나님은 다시 언약을 확인시켜 주십니다(15-19절). 나홀의 족보 가운데 훗날 이삭의 아내가 될 리브가가 등장합니다(18-24절).

[마태복음 21장]

예수님은 나귀를 타고 예루살렘에 입성하십니다. 나귀의 주인이 선뜻 자신의 나귀를 내어 준 것을 보면 그는 예수님을 메시아로 믿었던 것으로 보입니다(3절). 십자가의 길을 전혀 이해하지 못한 채 백성들은 예수님을 환영합니다(8-11절). 곧장 성전으로 가신 예수님은 성전을 돈벌이 장소로 만든 이들에 대해 분노하시며 성전을 정화하시고, 맹인과 저는 자를 성전 안에서 치유하십니다(12-14절). 원래 성전은 기도와 치유의 장소이며 찬양을 금할 수 없는 장소입니다(15-16절). 열매 없는 무화과나무에 관한 저주는 성전을 강도의 소굴로 만든 종교 지도자들에 대한 심판 예고입니다(19절). 기도의 응답은 참된 믿음으로부터 옵니다(21-22절). 세례 요한과 예수님의 연관성을 익히 알고 있는 종교 지도자들은 세례 요한의 권위를 묻는 예수님의 질문에 대해 긍정과 부정 어느 쪽도 선택하지 않은 채 답을 회피합니다(25-27절). 예수님의 권위를 인정하면 그를 믿고 순종하게 됩니다(28-32절). 포도원의 악한 농부들의 비유는 예수님의 수난예고이자 아들을 따르지 않는 자에 대한 심판 예고입니다(33-41절). 악한 자들이 잠시 점령한 포도원(하나님의 나라)은 머릿돌이신 아들로 인하여 다시 세워지게 될 것입니다(42-44절).

[느헤미야 11장]
재건된 예루살렘 성이 제 기능을 발휘하려면 일정 수준 이상의 사람이 거주해야 합니다. 우선 지도자들이 예루살렘으로 이주한 후 일반 백성들은 공평하게 제비를 뽑아 1/10에 해당되는 인원을 이주시켰으며 그 중에는 자원하여 이주한 사람도 있었습니다(1-2절). 예루살렘에 거주하게 된 지도자들(3-9절), 제사장들(10-14절), 레위인들(15-18절), 성 문지기와 노래하는 자들의 명단(19-24절) 및 그 외 나머지 백성이 사는 지역에 대해 기록합니다(25-36절). '기도할 때 감사하는 말씀을 인도하는 자'는 '기도할 때 감사 찬양을 지휘하는 자'를 의미합니다(17절).

[사도행전 21장]
바울의 동역자들은 결박과 죽음이 예상되는 예루살렘으로 가지 말 것을 권하였지만 바울은 주 예수의 이름을 위하여 결박당할 뿐 아니라 예루살렘에서 죽을 것도 각오하였음을 천명하며 주저 없이 예루살렘으로 갑니다(4, 11-13절). 예루살렘에 들어간 바울은 그간의 사역에 대해 보고하고 모세의 율법을 배반하고 할례를 금하는 자라는 오해를 해소하기 위해 장로들의 권유를 받아들여 7일간 정결례를 행합니다(17-26절). 예상대로 바울로 인한 소요가 발생합니다. 바울은 백성들에게 붙잡혔으나 천부장의 개입으로 소요는 일단락되고 오히려 발언권을 얻어 변호할 수 있는 기회를 갖게 되었습니다(30-32, 40절). 복음을 전할 기회가 주어진 것입니다.

[질문과 묵상]

1. 오늘 말씀을 통해 만난 하나님은 어떤 분인가요?

2. 오늘 말씀을 통해 하나님이 내 삶에 요청하시는 것은 무엇인가요?

[기도]

아브라함이 이삭을 드리는 테스트 과정을 통해 아들을 이 땅에 보내신 하나님 아버지의 크신 사랑을 봅니다. 아들 예수님은 고통스런 십자가의 길을 회피하지 않으십니다. 아버지의 사랑과 예수님의 희생을 보며 공동체와 복음을 위한 헌신을 다짐합니다.

[창세기 23장]

아브라함의 아내 사라가 세상을 떠납니다(1-2절). 아브라함은 사라의 장례를 위하여 헷 족속이 소유하고 있는 막벨라 굴과 그 주변 밭을 매입합니다(12-20절). 이로써 아브라함은 가나안으로 이주한 이후 처음으로 합법적인 소유지를 갖게 되었습니다. 막벨라 굴은 아브라함과 사라, 이삭과 리브가, 야곱과 레아 등 믿음의 조상들의 매장지로 쓰이게 됩니다(49:31-33). 믿음의 조상들이 잠든 막벨라 굴은 하나님이 주실 약속의 땅의 일부입니다. 지금은 매장지만 소유하고 있지만 훗날 아브라함의 후손들은 가나안 전체를 차지하게 될 것입니다. "너는 일어나 그 땅을 종과 횡으로 두루 다녀 보라 내가 그것을 네게 주리라"(13:17). 우리는 하나님의 주권이 미치는 영역을 넓혀가야 합니다.

[마태복음 22장]

예수님은 아들을 위해 잔치를 베푼 임금의 이야기를 통해 천국을 설명하십니다(1-2절). 임금은 하나님, 아들은 예수님을 의미합니다. 그리고 잔치에 초대받았으나 참석을 거부한 사람들은 오랜 기간 선지자들의 메시지를 거부한 바리새인과 사두개인들이며 이스라엘 백성들입니다(3절). 잔치(하나님 나라)에는 오직 주께서 입혀 주시는 의의 옷을 입은 자만이 참여할 수 있습니다(11-14절). "누구든지 그리스도와 합하기 위하여 세례를 받은 자는 그리스도로 옷 입었느니라"(갈 3:27). 임금의 초대를 거부하는 사람들이 곧 자기들을 의미하는 것임을 알아차린 바리새인들과 사두개인들은 예수님을 궁지에 몰아넣기 위해 여러 가지 시도를 하지만 예수님의 지혜와 권세를 이기지 못합니다. 예수님은 세상 나라의 권세를 인정하시면서도 동시에 하나님께 모든 권세가 있음을 말씀하십니다(21절). 그리고 부활 논쟁에 있어서는 "하나님은 죽은 자의 하나님이 아니요 살아 있는 자의 하나님"이심을 선포하십니다(32절). 아브라함과 이삭과 야곱은 이미 오래 전에 죽었지만 부활하여 하나님 안에서 여전히 살아있는 존재인 것입니다(출 3:6). 이는 모세오경만을 보는 사두개인들에게 모세오경 중 하나인 출애굽기에 부활하여 영원히 사는 조상들에 관한 기사가 있음을 언급하신 것입니다. 마음과 목숨과 뜻을 다하여 하나님을 사랑하고(신 6:5) 이웃을 내 자신과 같이 사랑하는 것은(레 19:18) 계명 중의 계명입니다. 다윗은 하나님과 그리스도를 모두 주라 칭함으로써 그리스도가 신적 존재 곧 하나님이심을 오래전에 선포하였습니다. "주(하나님)께서 내 주(그리스도)께 이르시되"(시 110:1, 44절).

[느헤미야 12장]

1차 포로 귀환 때 총독 스룹바벨과 제사장 예수아와 함께 돌아온 제사장들과 레위인의 명단(1-11절). 그리고 예수아의 아들 요야김 시대의 제사장들 가운데 족장이 된 자들의 명단이 소개됩니다(12-21절). 세 번째로 제사장 엘리아십과 요야다와 요하난과 얏두아 시대의 레위 사람 족장들이 소개됩니다(22-26절). 드디어 완공된 예루살렘 성벽을 봉헌하는 의식을 행하는데 감사 찬송하는 무리들을 둘로 나누어 한쪽은 오른쪽으로, 다른 한쪽은 왼쪽으로 행진하게 합니다(27-43절). 그들은 처음 익은 열매와 십일조를 하나님께 드렸으며 이를 통해 제사장과 레위인의 삶은 보장받을 수 있게 되었습니다(44-47절).

[사도행전 22장]

천부장에게 변증의 기회를 얻은 바울은 철저한 유대인으로 살았던 자신이 어떻게 예수 그리스도를 만나 복음의 증인이 되었는지를 설명합니다(1-21절). 조용히 듣고 있던 군중들은 바울이 이방인을 위한 사도로 부르셨다는 내용까지 듣고 분노를 표출하며 그를 죽이라고 외칩니다(22-23절). 바울을 채찍질하며 신문하려던 천부장은 그가 로마시민인 것을 알고 산헤드린 공회를 소집합니다(25, 30절). 산헤드린 공회 앞에 서게 된 바울은 이스라엘의 핵심그룹 앞에서 복음을 증거할 기회를 얻었습니다. 우리도 한때는 유대인들과 같이 완고한 자들이었습니다. 그러므로 복음전도 대상자들이 그 완고함을 벗기까지 우리는 잘 견뎌주어야 합니다.

[질문과 묵상]

1. 오늘 말씀을 통해 만난 하나님은 어떤 분인가요?

2. 오늘 말씀을 통해 하나님이 내 삶에 요청하시는 것은 무엇인가요?

[기도]

언약을 이루시는 하나님께 기쁨으로 예배하며 내 삶을 드립니다. 복음이 전도대상자를 완전히 설득할 때까지 그들의 완고함을 잘 견디며 포기하지 않게 하옵소서.

[창세기 24장]
아브라함은 가장 신뢰하는 종 엘리에셀에게 아들 이삭의 아내를 찾는 중요한 임무를 맡깁니다(1-9절). 아브라함은 가나안 여인 대신 그의 고향에서 여인을 데려오되 이 일을 위해 이삭이 약속의 땅을 떠나는 일이 생겨서는 안 된다는 점을 강조합니다. 무사히 아브라함의 고향에 도착한 종은 하나님께 사람과 가축을 배려하는 고운 마음씨를 가진 여인을 구합니다(10-14절). 하나님은 그의 기도에 정확하게 응답하셔서 아브라함의 형제인 나홀이 밀가를 통해 나은 아들인 브두엘의 딸을 만나게 하셨습니다(15-27절). 종에게서 자초지종을 들은 브두엘은 이 일이 하나님으로부터 비롯된 것임을 알고 딸을 보내기로 결정합니다(28-53절). 하나님의 빠른 응답을 경험한 종은 즉시 리브가를 데리고 돌아갑니다(54-61절). 이삭과 리브가는 이렇게 하나님이 맺어주셨습니다(62-67절). 리브가는 자신을 향한 하나님의 계획을 신뢰하며 아브라함과 똑같이 메소포타미아에서 팔레스타인으로 이동한 믿음의 여인입니다. 우리는 하나님의 부르심과 사명에 대해 머뭇거리지 말고 즉시 순종해야 합니다.

[마태복음 23장]
바리새인과 서기관들은 율법을 가르치는 권위 만큼 율법 준수의 책임도 가지고 있습니다(2-3절). 그러나 그들은 사람들에게만 무거운 율법의 짐을 지우고 정작 자신들은 행하지 않았습니다(4절). 그들은 사람의 눈에 띄는 자리를 요구하며 사람에게 보이기 위해 행동했습니다(5-7절). 모세의 율법을 해석하고 적용할 수 있는 최종 권위를 가진 랍비이자 지도자는 예수 그리스도이십니다(8-10절). 예수님은 바리새인과 서기관들에 대해 7가지 화를 선언하십니다. 첫째, 천국에 들어갈 조건이 될 수 없는 '자기 의'를 내세워 천국 문을 닫고 자신도 남도 못 들어가게 합니다(13절). 둘째, 열심을 다해 개종자를 얻으나 구원의 진리가 아닌 잘못된 가르침을 전하여 지옥으로 보냅니다(15절). 셋째, 율법해석을 잘못하여 헛된 맹세를 하게 만듭니다(16절). 넷째, 율법을 철저히 지키는 것은 좋으나 근본정신을 잃어버렸습니다(23절). 다섯째, 외적 정결에만 치중하며 내면은 탐욕과 방탕으로 가득합니다(25절). 여섯째, 회칠한 무덤같이 겉은 화려하나 속은 외식과 불법으로 썩어 있습니다(27-28절). 일곱째, 선지자들의 무덤과 비석을 꾸밈으로써 자기도 그들과 같은 의로운 자임을 드러내려 합니다(29절). 예수님은 바리새인과 서기관들의 위선과 탐욕을 그 옛날 선지자들을 죽였던 그들의 조상의 죄와 동일시합니다(35절). 하나님의 백성을 모으려는 예수님을 대적하는 그들에게 심판이 임할 것입니다(37-39절).

[느헤미야 13장]
귀환 공동체를 바로 세우기 위해 느헤미야는 쉬지 않습니다. 그는 공동체에 가만히 들어

와 있는 모압과 암몬 사람들을 율법에 근거하여 분리해 냅니다(1-3절). "암몬 사람과 모압 사람은 여호와의 총회에 들어오지 못하리니"(신 23:3). 또한 아닥사스다 왕을 만나기 위해 예루살렘을 잠시 비운 시기에 성전 봉사자들을 위한 제물 저장고를 차지한 도비야를 축출한 후 그동안 양식을 제대로 공급받지 못하여 생계 전선에 뛰어든 레위인들을 다시 부르고 백성들로 하여금 정해진 십일조 규례를 지켜서 그들에 대한 책무를 감당하게 합니다(4-14절). 안식일에 매매를 금하고 성문을 닫아서 백성들로 하여금 안식일에 집중하게 합니다(15-22절). 마지막으로 대제사장 가문까지 이방인과 통혼하고 있는 상황에서 이방인과의 통혼을 엄히 금하고 제사장과 레위 사람을 정결케 하여 자기의 책무를 감당하게 합니다(23-31절). 특히 느헤미야는 이방인과의 통혼이 우상 숭배의 결과로 이어졌던 솔로몬의 예를 들면서 하나님의 백성의 정체성을 무너뜨리는 이 일을 절대 용납하지 않습니다. 그는 과거의 실패를 반복하지 않기 위해 혼신의 노력을 다합니다.

[사도행전 23장]

유대인들에게 고발을 당한 바울의 혐의를 더 알아보기 위해 천부장이 산헤드린 공회를 소집하면서 바울은 변호의 기회를 얻었습니다(1절). 본격적인 변호에 앞서 산헤드린 공회의 구성원에 주목하던 바울은 바리새파와 사두개파가 혼재되어 있다는 사실을 알고 자신이 이곳에 와 있는 이유가 부활에 관한 증언 때문이라고 말합니다(6절). 이로 인해 부활을 인정하는 바리새파와 부활을 인정하지 않는 사두개파 사이에 큰 분쟁이 생겨 재판은 흐지부지되었습니다(8-10절). 바울 암살단이 조직되어 음모를 꾸미던 중 바울의 조카에게 발각되어 그들의 모의는 천부장에게 보고됩니다(12-22절). 천부장은 암살단이 바울을 죽이기 위해 거짓으로 추가 심문을 요청하려던 날이 오기 전에 바울에게 470명의 호위대를 붙여 총독 벨릭스에게 보냅니다(23-32절). 하나님은 천부장을 통해 바울을 철저하게 보호하십니다. 하나님은 바울이 로마에서 복음을 전하게 될 것을 말씀하십니다(11절). 사명자는 그 사명을 다 이루기까지 결코 죽지 않습니다.

[질문과 묵상]

1. 오늘 말씀을 통해 만난 하나님은 어떤 분인가요?

2. 오늘 말씀을 통해 하나님이 내 삶에 요청하시는 것은 무엇인가요?

[기도]

이삭과 리브가의 만남의 과정 속에 하나님의 위대한 섭리가 있었습니다. 나의 삶에 이러한 만남의 축복들이 넘쳐 나게 하시고, 하나님의 말씀이 내 삶을 주도하도록 느헤미야의 마음과 열심을 주시옵소서. 위선을 버리고 하나님 앞에 정직하게 하옵소서.

[창세기 25장]

아브라함은 후처를 통해 낳은 자녀들을 모두 동방으로 보냅니다(1-6절). 모든 소유를 약속의 자손인 이삭에게 물려준 아브라함은 175세에 하나님의 부름을 받아 그가 전에 매입한 막벨라 굴에 안장됩니다(7-10절). 하나님의 약속대로 이스마엘의 가계 역시 번성합니다(11-18절). 40세에 리브가를 만난 이삭은 20년이 지나서야 에서와 야곱을 얻습니다(19-26절). 장성한 에서와 야곱 사이에 중요한 사건이 발생합니다. 사냥에서 돌아온 에서가 배고픔을 참지 못하여 장자의 명분을 팔기로 하고 야곱으로부터 떡과 팥죽을 받은 것입니다(27-34절). 장자의 명분을 가볍게 여긴 에서는 점차 구속사의 중심에서 밀려 나게 됩니다. "나를 존중히 여기는 자를 내가 존중히 여기고 나를 멸시하는 자를 내가 경멸하리라"(삼상 2:30).

[마태복음 24장]

예수님 당시 최고의 건축물이었던 헤롯성전은 철저히 파괴될 것입니다(2절). 예수님은 성전 파괴의 시기는 누구도 알 수 없으며(3, 36절). 징조는 거짓 그리스도의 등장, 전쟁, 기근과 지진, 불법의 성행, 사랑이 식어짐 등의 현상이라고 말씀하십니다(4-14절). 멸망의 가증한 것이 거룩한 곳(성전)에 서게 되는 사건을 시작으로 환난이 임할 것입니다(15절). 멸망의 가증한 것은 예루살렘 성전 안에 이방신을 위한 제단과 이방신의 형상이 세워지는 사건을 의미하는 것으로 전에도 이런 일이 일어났습니다(BC 167-164년, 셀류쿠스 왕조의 안티오쿠스 4세가 성전제사와 안식일을 금하고 예루살렘 성전에서 돼지를 잡아 제우스신에게 제사를 지냄). 그때에 환난이 극심할 것이나 하나님은 택하신 자녀를 위해 환난의 날을 줄이실 것입니다(22절). 마지막 때에 우리는 거짓 그리스도와 거짓 선지자들의 미혹에 속지 말아야 합니다(23-24절). 그리스도는 큰 능력과 영광 가운데 구름을 타고 강림하셔서 택하신 자녀들을 모으실 것입니다(30-31절). 예수님의 성전 파괴 예언은 AD 70년 로마에 의한 예루살렘 함락으로 성취되었습니다(34절). 노아 시대에 홍수에 대한 경고를 믿지 않았던 사람들이 멸망당한 것처럼 예수님의 재림을 믿지 않는 사람들 역시 심판을 피할 수 없습니다(39, 42절). 그러므로 항상 깨어 있어야 합니다(42-51절).

[에스더 1장]

역사기록에 의하면 그리스 원정에 실패한 아하수에로는 이후 향락에 빠졌다고 합니다. 이는 성경의 기록과 일치합니다. 187일간이나 잔치를 지속한 아하수에로는 자신의 명령을 거부한 왕후 와스디를 폐위시킵니다(1-22절). 이로써 에스더가 등장할 수 있는 무대가 만들어집니다. 어두운 역사가 지속되어도 소망을 품을 수 있는 이유는 역사의 주인이 사람이 아닌 하나님이시기 때문입니다.

[사도행전 24장]

천부장에 의해 벨릭스 총독에게 보내진 바울은 총독 앞에서 시비를 가리게 되었습니다(1절). 그는 거짓 선동으로 사회에 물의를 일으킨다는 혐의에 대하여 실제로 물리적인 행위로 물의를 일으킨 적이 없으며, 자신이 고발당한 이유는 오직 부활과 같은 교리적인 문제라고 말합니다(12, 21절). 벨릭스 총독은 바울이 처벌을 받을 만한 죄가 없음을 알고 어느 정도의 자유를 허락합니다(23절). 바울이 구류되어 있는 동안 벨릭스에서 베스도로 총독이 바뀝니다(27절).

[질문과 묵상]

1. 오늘 말씀을 통해 만난 하나님은 어떤 분인가요?

2. 오늘 말씀을 통해 하나님이 내 삶에 요청하시는 것은 무엇인가요?

[기도]

하나님! 에서와 같은 어리석음이 없게 하옵소서. 어제도 계셨고 오늘도 계시며 이제 곧 오실 영원하신 주께서 선교와 역사를 주관하십니다. 역사의 마지막 때에 일어날 일들에 대한 바른 지식으로 항상 깨어있게 하옵소서.

[창세기 26장]

아브라함이 아내 사라를 누이로 속인 적이 두 번 있습니다(12, 20장). 하나님이 아브라함에게 주신 약속을 동일하게 받은 이삭 역시 신변의 위협을 느낀 나머지 아내 리브가를 누이로 속이게 됩니다(1-7절). 연약한 그가 약속의 자손이 된 것은 자격이 있어서가 아니라 은혜로 된 것입니다. 이번에도 하나님의 개입으로 아비멜렉은 이삭의 가정을 보호합니다(8-11절). 하나님은 이삭을 번성케 하셨는데 그의 번성을 시기한 블레셋 사람들로 인해 고초를 겪습니다(12-18절). 한 번 얻기도 힘든 우물을 이삭은 파는 곳마다 얻습니다(19-22절). 두 차례 우물을 빼앗긴 이삭은 세 번째 우물을 팠으며 이후에는 다툼이 없었습니다. 세 번째 우물의 이름 르호봇은 여호와께서 그의 지경을 넓혀 주셨다는 의미입니다. 하나님의 손이 이삭과 함께 함을 본 아비멜렉은 이삭과 계약을 맺습니다(23-33절). 한편, 에서는 이방 여인을 아내로 맞이하면서 부모의 근심이 되었습니다(34-35절). 장자권을 음식과 바꾸었던 에서는 여전히 경솔하게 살아갑니다.

[마태복음 25장]

'그 때에'는 예수님의 재림의 때를 말합니다(1절). 열 처녀의 비유의 배경은 이렇습니다. 이스라엘의 혼인잔치는 신랑이 신부의 집에 가서 신부를 데리고 자신의 집에 도착하면서 시작됩니다. 신랑의 행렬에 참여한 자들은 모두 신랑의 집으로 들어가게 되는데 문제는 신랑이 신부의 집에 머무는 시간, 돌아오는 시간을 예측할 수 없다는 것입니다. 그러므로 행렬에 동참하는 자들은 등불에 쓸 기름을 넉넉히 준비해야 합니다(8-9절). 군대가 항상 전투준비태세를 갖추고 있어야 하는 것처럼 성도는 개인의 종말과 주의 재림에 대하여 항상 준비되어 있어야 합니다(13절). 우리는 다시 오실 주님을 기억하며 주어진 시간 동안 부지런히 하나님 나라와 복음을 위하여 자신의 재능과 열정을 쏟아야 합니다. 그러나 시간과 재능을 허비하는 사람이 많습니다(18, 25절). 영광의 보좌에 앉으신 그리스도는 의로운 행위를 한 자와 그렇지 않은 자를 분리하는 심판을 행하십니다(31-46절). 하나님 나라는 선한 행위로 상속받는 것이 아닙니다. 그러나 그가 의인(참 하나님의 백성)이라면 의인의 증거가 나타날 것입니다.

[에스더 2장]

바벨론의 포로로 끌려온 모르드개는 부모를 잃은 삼촌의 딸 에스더를 양육했습니다(6-7절). 새 왕후를 모집하는 과정에 지원하게 된 에스더는 본토인을 제치고 왕후로 최종 선발됩니다(16-17절). 하나님은 에스더로 하여금 궁녀를 주관하는 내시 헤개(9절), 왕후 후보자 교육에 관련된 사람들(15절) 그리고 아하수에로(17절)에 이르기까지 사람들로부터 사랑과 은총을 받게 하셨습니다. 하나님이 사랑하시며 은혜를 베푸는 자를 사람이 막을 수 없습니다. 한편 에스더의 양육자였던 모르드개는 왕을 암살하려는 모의를 듣고 에스더에게 제보하여 왕의 생명을 지키는 공헌을 하게 됩니다(19-23절). 이 사건이 훗날 재발견되면서 역사의 흐름을 바꾸는 결정적인 역할을 하게 됩니다. 우리가 보기에 별거 아닌 것처럼 보이는 일들 속에 하나님의 섭리가 담겨 있습니다. 온 우주를 다스리시는 하나님은 한 나라의 역사를 주관하시며 한 사람의 인생을 주관하십니다. 모든 것이 그분의 손길 아래 있습니다. 우리가 해야 할 일은 분명합니다. 하나님을 경외하는 것입니다.

[사도행전 25장]

유대인들은 바뀐 총독 베스도에게 바울을 다시 고소합니다(2절). 베스도는 예루살렘에서 재판할 것을 요구하는 유대인들의 청을 거절하고 바울이 있는 가이사랴로 직접 갑니다(4절). 베스도가 주관하는 재판에서 유대인들은 자신들의 고소를 뒷받침할만한 증거를 대지 못했으며, 바울은 차후 재판 장소로 산헤드린 공회가 영향을 미칠 수 있는 예루살렘이 아닌 로마법정을 요청합니다(7, 11절). 총독은 로마시민인 바울의 요청에 따를 수밖에 없습니다. 아그립바 왕(헤롯 아그립바 2세)과 그의 여동생 버니게(율리아 베르니케 2세)가 바울로 인하여 고민하던 베스도를 찾아옵니다(13-14절). 베스도는 유대인들이 자기들의 종교 문제 곧 예수의 부활에 관한 주장 때문에 바울을 고소했다고 말합니다(18-19절). 아그립바가 이 사건에 관심을 표명하면서 바울은 변증의 기회를 얻게 되었습니다(22-27절). 바울의 상소는 로마에서 복음을 전할 기회로 이어지게 됩니다.

[질문과 묵상]

1. 오늘 말씀을 통해 만난 하나님은 어떤 분인가요?

2. 오늘 말씀을 통해 하나님이 내 삶에 요청하시는 것은 무엇인가요?

[기도]

이삭과 에스더, 바울의 이야기 속에 담겨 있는 하나님의 섭리가 참으로 놀랍습니다. 하나님은 모든 사람과 환경을 동원하여 당신의 뜻을 이루어 가십니다. 내게 주신 모든 것들을 복음을 위해 사용하여 주옵소서. 역사의 주관자 되시는 하나님을 경외합니다.

[창세기 27장]

"큰 자가 어린 자를 섬기리라"(25:23). 하나님은 쌍둥이를 임신한 이삭과 리브가에게 동생이 더 강한 민족이 된다고 말씀하셨습니다. 이 말씀대로 역사가 흘러갑니다. 나이가 많아 눈이 어두워진 이삭은 에서에게 아브라함의 복(창 12:2-3)을 빌어 주고자 했습니다(1-4절). 그러나 리브가의 속임수에 넘어간 이삭은 아브라함의 축복을 야곱에게 선언합니다(5-29절). 장자의 복을 야곱에게 빼앗긴 에서에게는 큰 자가 어린 자를 섬기게 될 것이라고 선언합니다(30-40절). 분노한 에서는 동생을 죽이려는 마음을 품게 되고 이를 눈치챈 리브가는 야곱을 친정으로 보내는 방안을 추진합니다(41-46절). 에서는 장자의 명분을 소홀히 여겼으며(25:34) 이방여인과의 혼인으로 부모의 근심이 되었습니다(26:35). 반면 야곱은 아브라함에게 약속한 하나님의 복이 자신을 통해 이루어지길 열망합니다. 야곱은 약삭빠르고 부족함도 많았습니다. 그러나 하나님의 섭리는 인간의 연약함을 감싸며 조화를 이루기에 충분합니다.

[마태복음 26장]

십자가의 고난과 죽음을 향해 가시는 예수님의 모습을 보여 줍니다. 예수님은 한 여인을 통해 뜻밖의 장소에서 왕의 대관식을 갖게 됩니다(7절). 그는 기름부음을 받은 왕이십니다. 바리새인들과 치열하게 논쟁을 벌인 예수님은 유월절 만찬을 주관하시고(17-35절). 겟세마네에서 처절한 기도를 드리신 후(36-46절). 체포되셨으며 이후에는 철저히 침묵하셨습니다(63절). "털 깎는 자 앞에서 잠잠한 양같이 그의 입을 열지 아니하였도다"(사 53:7). 대제사장과 공회원들은 예수님의 혐의에 대해 신성모독을 적용하여 사형이라고 주장합니다(66절). 예수님은 우리를 살리기 위해 당신의 생명을 포기하셨습니다. 우리 대신 수치와 모욕, 저주와 죽음을 당하신 예수님으로 인해 우리의 수치와 모욕은 찬양이 되었고 우리를 얽매고 있던 저주와 죽음의 사슬은 마침내 끊어지게 되었습니다. 베드로는 한 여종 앞에서 완전히 무너졌으나 그를 향한 주님의 사랑과 약속은 변치 않습니다(69-75절).

[에스더 3장]

아말렉 족속인 하만은 제국의 2인자의 위치에 있습니다(1절). 왕의 명령에 따라 모든 신하들은 하만에게 꿇어 절을 하는데 모르드개가 이를 거부한 것은 아마도 신에게 드리는 수준의 경배를 요구했기 때문으로 보입니다(2절). 앙심을 품은 하만은 모르드개한 사람뿐 아니라 그의 민족 전체를 말살하려는 계획을 세웁니다(3-6절). 하만이 왕의 명을 따르지 않는 민족을 진멸할 것을 구하자 왕은 이를 승인하며 하만에게 전권을 맡깁니다(7-11절). 이에 12개월 뒤인 아달월 십삼일 하루 동안 모든 유다인을 진멸하고 그들의 재산을 탈취하라는 내용의 조서가 반포됩니다. 유다인에게 최대의 위기가 발생했습니다. 신앙인에 대한 말살정책은 인류역사 내내 종종 있었던 일입니다. 하나님은 기적 같은 구원을 베푸시기도 하고 때론 신실한 증인들의 순교를 통해 당신의 뜻을 이루기도 하셨습니다.

[사도행전 26장]

아그립바는 바울의 진술을 허락합니다(1절). 바울은 본래 자신은 철저한 유대교 사람이었다는 것과 열심히 그리스도인을 핍박했던 일 그리고 예수 그리스도를 만난 이후의 변화를 시간 순으로 설명합니다(2-23절). 바울은 단순히 자신에 대한 변호에 그치지 않고 변호의 기회를 준 아그립바 왕과 베스도 총독에게 복음을 증거하고자 애씁니다(24-29절). 그에게서 죄를 찾을 수 없다는 사실이 다시 확인됩니다(31절). 그는 지금이라도 로마 법정에 대한 항소를 포기하면 자유의 몸이 될 수 있습니다. 그러나 로마 선교의 비전을 위해 석방의 기회를 사용하지 않습니다(32절). "담대하라 네가 예루살렘에서 나의 일을 증언한 것 같이 로마에서도 증언하여야 하리라"(23:11). 그리스도를 따르는 자의 위대한 삶을 엿볼 수 있습니다.

[질문과 묵상]

1. 오늘 말씀을 통해 만난 하나님은 어떤 분인가요?

2. 오늘 말씀을 통해 하나님이 내 삶에 요청하시는 것은 무엇인가요?

[기도]

하나님! 거룩한 것과 영원한 것을 열망하며 살아가게 하옵소서. 바울처럼 사명으로 가슴이 뛰게 하시고 십자가 앞에서 모든 것을 감내하시는 예수님을 바라보며 닮아가게 하옵소서. 복음과 하나님 나라의 승리를 확신하게 하옵소서.

[창세기 28장]
에서를 편애하던 이삭은 야곱에게 장자의 축복을 선언한 이후 야곱을 장자로 인정합니다. 이방여인을 아내로 맞은 에서로 인해 근심하던 이삭은 야곱에게 외가에 가서 아내를 맞이할 것을 당부하며 아브라함이 받은 언약을 상기시킵니다(26:34-35, 1-5절). 에서는 부모의 실망을 의식하여 친족 중 한 명과 다시 결혼하는데 그 마저도 하나님의 언약에서 제외된 이스마엘의 딸이었습니다(6-9절). 외삼촌의 집을 향해 가다가 노숙하며 두려운 밤을 보내고 있던 야곱에게 하나님이 나타나셔서 아브라함과의 언약을 반드시 이루어 주실 것을 약속하십니다(10-15절). 야곱은 자신이 누웠던 땅을 벧엘('하나님의 집'이라는 뜻)이라 부르며 제단을 쌓았습니다(16-19절). 그리고 하나님께 그의 안전을 의탁하며 서원합니다(20-22절). 그러나 야곱의 서원 이전에 하나님이 먼저 언약의 성취, 즉 인도와 보호를 약속하셨다는 사실을 기억해야 합니다. 야곱의 제안은 하나님의 인도와 보호의 약속에 대한 반응입니다. "사랑은 여기 있으니 우리가 하나님을 사랑한 것이 아니요 하나님이 우리를 사랑하사"(요일 4:10).

[마태복음 27장]
예수님은 빌라도 총독에게 넘겨졌으며 예수님을 은 삼십에 판 가룟 유다는 자신이 받은 돈을 성전에 던져놓고 스스로 목숨을 끊습니다(2-5절). 가룟 유다는 자신이 무죄한 피를 흘리게 했음을 시인합니다. 대제사장들은 그가 던진 은 삼십으로 토기장이의 밭을 사서 무연고자의 묘지로 삼았습니다(7절). 마태는 이를 예레미야의 예언의 성취로 기록하였는데 정확히 표현하면 스가랴와 예레미야의 예언의 성취이며 예레미야만 언급한 것은 그의 지명도가 더 높기 때문인 것으로 보입니다(9-10절). 하나님은 스가랴에게 죽을 위기에 놓인 양 떼를 돌보라는 명령을 내립니다(슥 11:4). 이스라엘의 지도자들이 양 떼(백성)를 돌보지 않았기 때문입니다. 그런데 목자가 되어 양 떼를 돌본 스가랴의 품삯은 고작 노예의 몸값에 불과한 은 삼십이었으며 이마저도 하나님의 명에 따라 여호와의 전에서 토기장이에게 던집니다(슥 11:12-13). 한편 예레미야는 유다가 멸망 직전임에도 불구하고 하나님의 명에 의해 예루살렘 근처 아나돗에 있는 밭을 삽니다(렘 32:6-15). 이것은 하나님이 유다를 반드시 회복하신다는 의미를 담고 있습니다. 스가랴가 자신의 품삯 은 삼십을 여호와의 전에서 토기장이에게 던진 것처럼 가룟 유다도 예수님의 몸 값 은 삼십을 여호와의 전에 던졌으며, 예레미야가 유다의 멸망을 앞두고 밭을 산 것처럼 가룟유다가 던진 돈도 땅을 사는 데 쓰였습니다. 이처럼 스가랴와 예레미야의 상징행동은 예수님을 판 가룟 유다와 관련된 일련의 사건들에 대한 예언이 되었습니다. 마태는 십자가의 길을 가시는 예수님의 행적을 구약을 통해 설명함으로써 예수님의 메시아 되심을 유대인에게 입증하고자 했습니다. 빌라도는 예수님의 무죄를 알면서도 여론에 대한 부담 때문에 결국 십자가형을

선언합니다(18, 26절). 예수님은 끔찍한 수치와 고통을 당한 끝에 마침내 십자가에서 운명하십니다(27-56절). 아리마대 요셉이 예수님의 장례를 치렀으며 대제사장들의 요청으로 경비병들이 무덤을 굳게 지킵니다(57-66절).

[에스더 4장]

유다인을 진멸하라는 왕의 조서가 각 지방으로 전해지자 각 지역의 유다인들은 애통하며 금식합니다(1-3절). 모르드개는 에스더에게 왕의 조서의 초본을 전달하면서 민족을 구하는 일에 적극적으로 나설 것을 요청합니다(4-8절). 유다인 중 에스더만이 유일하게 왕에게 나아갈 수 있는 위치에 있었으나 왕의 부름을 받지 못한지 삼십일이 지나 상황은 좋지 않았습니다(9-11절). 게다가 왕이 부르지 않은 상황에서 왕 앞에 나아갔다가 왕이 금규를 내밀어 주지 않으면 사형을 당하게 됩니다. 왕후라도 이 법에서 자유롭지 않았습니다. 모르드개는 주저하는 에스더에게 하나님은 어떤 방법으로든 당신의 백성을 구원하신다는 사실을 상기시키며 결단을 촉구하는 명언을 남깁니다. "네가 왕후의 자리를 얻은 것이 이 때를 위함이 아닌지 누가 알겠느냐"(14절). 마침내 에스더는 결단을 내리고 금식 후 왕 앞으로 나아갑니다. 큰 용기를 필요로 하는 순간이 종종 찾아옵니다. 이 때 하나님을 감동시키는 신앙적 결단을 내린다면 역사의 흐름을 바꾸는 분기점이 될 것입니다.

[사도행전 27장]

로마로 가는 바울의 여정입니다. 바울의 로마행에는 누가를 포함한 바울의 동료들과 아리스다고가 함께 했습니다(2절). 백부장 율리오가 이끄는 호송인단은 아드라뭇데노(지금의 터키 서북부 해안 도시인 에드레미트)에 속한 배를 타고 가이사랴를 출발하여 시돈과 구브로(키프로스) 해안으로 항해를 지속하여 루기아의 무라에 도착합니다(4-6절). 무라에서 알렉산드리아 배로 환선하여 그레데(그리스의 크레타)의 미항까지 가는 길은 해안이나 섬을 끼고 항해 할 수밖에 없을 정도로 험한 길입니다(7-9절). 지중해는 9월 중순에서 이듬해 3월까지 잦은 풍랑으로 인해 항해가 어렵습니다. 바울은 금식하는 절기(10월 5일), 즉 10월이 되었으므로 항해를 강행하면 위험하다고 말했지만 백부장은 바울의 말을 무시합니다(10-11절). 결국 유라굴로라는 태풍을 만나 할 수 있는 모든 조치를 강구했으나 살 소망마저 끊어진 상태가 되고 말았습니다(13-20절). 이 상황에서 전면에 등장한 바울은 하나님의 말씀을 전하며 배에 탄 모든 사람들을 안심시킵니다(24-25절). 배가 점차 육지에 근접하고 있다는 증거들이 나타나고 군인들은 거룻배(구명정)의 줄을 잘라버림으로 선원들의 탈출을 사전에 봉쇄합니다(27-32절). 마침내 한 섬에 무사히 상륙하게 되면서 바울의 말한 대로 한 사람의 낙오도 없이 생명을 건지게 되었습니다(44절).

[기도]

야곱 같은 내 인생에 베푸시는 하나님의 인도와 보호를 찬양합니다. 받을만한 자격이 없으니 오직 은혜입니다. 내게 에스더와 바울의 용기를 주셔서 사람을 살리는 주의 종이 되게 하옵소서.

[창세기 29장]

하나님의 인도와 보호로 야곱은 무사히 외삼촌 라반의 집에 도착합니다(28:13-15, 1-14절). 그곳에서 약 20년간 머물며 외삼촌의 두 딸인 레아, 라헬과 결혼하여 자녀도 낳습니다(15-35절). 그러나 일한 만큼 제대로 보수를 받지 못했으며 그가 원하지 않는 대상과 결혼해야 하는 아픔도 겪습니다. 하나님이 야곱을 다듬어 가시는 과정입니다. 그는 라헬을 사랑했으나 외삼촌의 속임으로 언니 레아와 먼저 결혼하게 됩니다. 레아는 아버지에 의해 라헬을 원하는 야곱에게 '1+1'으로 보내진 상황이 되었습니다. 야곱이 라헬만 사랑하면서 레아는 비참한 여인이 되었으나 하나님이 레아를 불쌍히 여기셔서 태의 문을 열어 주셨습니다(31절). 자녀생산이 여성의 중요한 역할로 간주되던 시대이기에 자녀 생산의 순적함으로 레아를 높여 주신 것입니다. 야곱의 본부인의 역할은 사실상 레아의 몫이었으며 훗날 언약의 계보도 그의 아들 중 하나인 유다를 통해 계승됩니다. 하나님은 그렇게 레아를 위로하셨습니다.

[마태복음 28장]

안식 후 첫날 새벽, 예수님의 무덤을 보러 갔던 여인들은 부활의 첫 증인이 됩니다(5-10절). 천사를 통해 예수님의 부활 소식을 듣게 된 여인들이 기쁨과 두려움을 함께 느끼며 제자들에게 달려가고 있을 때 부활하신 예수님이 나타나셔서 평안을 선포하십니다. 그녀들은 즉시 예수님이심을 알아차리고 그 발을 붙들고 경배를 드립니다. 한편 경비병들은 예수님의 시신이 사라졌다는 것을 대제사장에게 보고합니다(11절). 그들이 예수님의 무덤을 지키게 된 것은 바로 대제사장 때문이었습니다(27:62-66). 그들은 무덤을 지켰으나 예수님의 부활과 부활소식의 전파를 막을 수 없었습니다. 결국 대제사장들은 제자들이 시신을 훔쳐간 것으로 결론을 내립니다(13절). 그들은 경비병들에게 많은 돈을 주며 입막음을 시도합니다(12절). 부활하신 예수님은 제자들과 모든 그리스도인들에게 대사명(Great Mission)을 주십니다. "너희는 가서 모든 민족을 제자로 삼아 아버지와 아들과 성령의 이름 세례를 베풀고 내가 너희에게 분부한 모든 것을 가르쳐 지키게 하라 볼지어다 내가 세상 끝 날까지 너희와 항상 함께 있으리라"(19-20절).

[에스더 5장]

삼일간의 금식 후 에스더는 왕궁의 법도를 어기고 왕 앞으로 나아갑니다(1절). 하나님은 한 달 간 에스더를 찾지 않았던 아하수에로 왕으로 하여금 왕후 에스더를 사랑의 마음으로 바라보게 하셔서 그녀를 환대하게 하십니다(2절). 에스더는 원하는 것이 무엇인지 물어보는 왕에게 하만과 함께 잔치에 참여해 줄 것을 요청합니다(4절). 에스더의 요청대로 잔치에 참여한 왕은 소원이 무엇인지 재차 물었고 에스더는 다음번 잔치에 오면 말하겠다고 대답합니다(8절). 하만은 왕 외에 유일하게 자신만이 왕후의 잔치에 초대받은 것에 큰 의미를 부여하며 기뻐합니다(12절). 한껏 교만해진 하만은 모르드개를 처형하기 위한 사형 틀을 만듭니다(14절). 하만의 권세와 위엄이 대단해 보이지만 사실 그는 멸망을 향해 가고 있었습니다. 하나님의 반전드라마가 곧 완성됩니다.

[사도행전 28장]
한 생명도 상하지 않을 것이라는 바울의 예언은 그대로 이루어졌습니다(27:22, 1절). 멜리데(이탈리아 남쪽 지중해에 위치한 Malta)에 상륙한 바울 일행은 원주민의 도움을 받게 됩니다(2절). 하나님은 독사의 맹독으로부터 바울을 보호하시고 섬의 가장 높은 사람인 보블리오의 부친의 열병과 이질을 치유하심으로 바울의 권위를 높여 주셨습니다(6-8절). 바울 일행은 후한 대접을 받으며 석 달을 멜리데에 머물렀으며 이후 수라구사(Syracuse)를 거쳐 로마로 가게 됩니다(11-14절). 로마에 있는 그리스도인들의 환영 속에 로마에 도착한 바울은 가택연금 상태에서 유대인 지도자들을 청하여 복음을 전합니다(15-23절). 바울은 복음에 대해 반응이 없는 자들에 대하여 이사야의 말씀을 인용하여 경고합니다(사 6:9-10). 대적들은 더욱 완고해 질 것입니다. 결국 구원의 역사는 이방인을 통해 이어질 것입니다(29절). 어떠한 난관에도 복음은 거침없이 전파됩니다(31절).

[질문과 묵상]

1. 오늘 말씀을 통해 만난 하나님은 어떤 분인가요?

2. 오늘 말씀을 통해 하나님이 내 삶에 요청하시는 것은 무엇인가요?

[기도]

위로자 되시는 하나님! 레아와 같이 버려질 나의 인생을 지금까지 변함없는 은혜로 돌보아 주심에 감사드립니다. 십자가 복음으로 나를 살리셨으니 복음 전하는 것을 최고의 기쁨으로 여기며 살아가게 하옵소서. 보이지 않는 역사를 실제로 움직이시는 분이 하나님이심을 알게 하옵소서.

[창세기 30장]

레아가 네 명의 아들을 낳는 동안 자녀가 없었던 라헬은 야곱에게 불평하며 차라리 죽겠다고 말합니다(29:31-35, 1절). 야곱은 라헬의 어리석음을 책망합니다(2절). 결국 라헬은 자신의 여종 빌하를 통해 두 아들을 얻었으며 이에 질세라 레아도 자신의 여종 실바를 통해 두 아들을 얻습니다(3-13절). 맏이인 르우벤이 합환채(=척박한 땅에서 자라는 임신에 효능이 있다고 알려진 다년생 풀)을 발견하게 되는데 라헬은 그것을 취하는 대신 남편을 언니에게로 보냅니다(14-16절). 하나님은 레아에게 두 아들을 더 허락하셨고 마침내 라헬에게도 요셉을 허락하셨습니다(17-24절). 야곱은 출가하려는 그를 붙잡는 라반에게 점과 얼룩이 있는 양과 염소는 자신의 소유가 된다는 조건을 제시하여 동의를 얻어냅니다(25-33절). 라반은 점과 얼룩이 있는 양과 염소는 모조리 자기 아들들에게 맡기는 꼼수를 부렸지만 하나님이 야곱의 흰 양과 염소들이 점과 얼룩이 있는 새끼를 계속 낳게 하심으로 야곱의 소유는 많아지게 되었습니다(35-43절). 야곱이 양떼가 물을 먹을 때 껍질 벗긴 나뭇가지를 세우는 일종의 주술적인 행위를 하지만 그것이 그의 수입을 보장해 줄 수는 없습니다. 야곱의 상급은 그와 늘 함께 하시는 하나님이십니다.

[마가복음 1장]

복음(헬: 유앙겔리온)은 새 황제의 등극, 전쟁에서의 승리를 알리는 '소식'을 의미합니다. 그러나 참 복음은 예수 그리스도로 인하여 시작됩니다(1절). "너희는 광야에서 여호와의 길을 예비하라 사막에서 우리 하나님의 대로를 평탄하게 하라"(사 40:3)는 이사야의 예언대로 세례 요한이 나타나 죄 사함을 위한 회개의 세례를 전파하며 주의 길을 예비합니다(3-5절). 요한은 메시아의 권위에 대하여 자신은 그의 신발 끈을 푸는 것조차 합당하지 않으며 그는 성령으로 세례를 베푸실 것이라고 증언합니다(7-8절). 예수님은 죄인의 대표로 요한에게 세례를 받으셨는데 이 때 하나님의 아들 메시아로서의 그의 존재가 함께 드러납니다(9-11절). 광야에서 시험을 이기신 예수님은 "하나님 나라가 가까이 왔으니 회개하고 복음을 믿을 것"을 선포하십니다(15절). 그는 갈릴리에서 제자들을 부르시고 많은 병자와 귀신들린 자를 고치셨습니다(16-20, 34절). 천국복음의 전파와 치유 사역을 병행하시는 예수님의 권위 있는 가르침에 사람들은 크게 놀랍니다(22, 39절).

[에스더 6장]

에스더가 초청한 잔치에 갔다 온 그 날 밤, 왕은 잠이 오지 않아 신하에게 궁중 실록을 읽게 합니다(1절). 우연한 일로 보이지만 이는 하나님의 놀라운 섭리입니다. 실록의 내용을 듣던 왕은 자신에 대한 반역을 사전에 고하여 위기에서 벗어나게 해준 인물에 주목합니다(2:21-23, 2절). 그에게 아무런 보상을 해주지 않았음을 알게 된 왕은 포상을 결심하는데 마침 모르드개의 처형을 승인받기 위해 하만이 기다리고 있었습니다(3-5절). 존귀한 자를 높이는 방법에 대한 질문을 받은 하만은 왕이 자신을 높이려는 줄 착각하고 왕이 신하에게 해줄 수 있는 최고 수준의 행사를 제안합니다(6-9절). 왕은 즉시 모르드개를 그와 같이 높일 것을 명령합니다(10-11절). 이때 즈음 하만은 뭔가 일이 잘못되어 간다는 불길한 예감을 하게 됩니다(12-14절). 하나님은 수많은 당신의 백성들을 반전드라마의 주인공이 되게 하셨습니다. 그 절정은 죽음과 부활로 이어지는 십자가 사건입니다. 하나님은 우리 각자의 인생을 통해 반전드라마를 쓰고 계십니다.

[로마서 1장]

바울의 정체성은 곧 우리의 정체성입니다. 그는 복음을 위하여 택정함을 입어 사도(헬: 아포스톨로스='보냄 받은 자')로 부름을 받은 예수 그리스도의 종입니다(1절). 복음은 구약의 성취이며 그 핵심은 예수 그리스도입니다(2-4절). 이방인을 위해 부름 받은 바울은 로마에 있는 형제들에게 편지를 보냅니다(5-7절). 그는 로마에 있는 신앙공동체를 위해 늘 기도했으며 수차례 로마로 직접 가서 복음을 전하고 은사를 나눠주려 했음을 밝힙니다(9-15절). 오직 믿음으로만 하나님의 의에 이를 수 있습니다(17절). 하나님은 당신을 충분히 계시하셔서 누구든지 핑계할 수 없게 하셨으므로 불신하는 자에게는 하나님의 진노가 임합니다(18-20절). 하나님은 당신의 영광을 피조물의 형상과 맞바꾸는 어리석은 자들을 그들의 정욕대로 내버려 두십니다(21-25절). 하나님의 방치는 곧 심판입니다. 이로 인해 성적 타락을 필두로 다양한 현상들이 나타나게 됩니다(26-31절). 심지어 타락한 행위를 옳게 여기기까지 합니다(32절). 죄인 줄 알면서 죄를 짓는 게 인간입니다.

[질문과 묵상]

1. 오늘 말씀을 통해 만난 하나님은 어떤 분인가요?

2. 오늘 말씀을 통해 하나님이 내 삶에 요청하시는 것은 무엇인가요?

[기도]

야곱과 에스더의 인생에는 수많은 반전이 있습니다. 그러나 역사상 최고의 반전은 예수님의 죽음 이후 3일 만에 일어난 부활입니다. 모든 믿는 자에게 차별 없이 주시는 구원의 은혜를 힘입어 오늘도 보냄 받은 자로 살아가게 하옵소서.

[창세기 31장]

야곱의 소유가 많아졌습니다(30:43). 라반의 아들들은 아버지의 소유를 야곱이 교묘히 강탈했다고 생각하지만 이는 하나님이 야곱의 몫을 챙겨주신 것입니다(1, 9절). 하나님이 야곱에게 약속의 땅으로 돌아가라고 말씀하십니다(13절). 야곱은 이곳에 온 지 20년 만에 야반도주의 방법으로 라반을 떠납니다(17-20절). 삼일이 지나서야 야곱의 도주를 알게 된 라반은 칠일 간의 추격 끝에 야곱을 따라잡았지만 하나님의 개입으로 야곱을 해치지 않았습니다(21-29절). 위기 때마다 아브라함과 이삭을 보호하셨던 하나님은 야곱에게도 동일하게 역사하셨습니다. 라헬이 훔친 드라빔(=가정의 수호신상)으로 인한 소동이 있었지만 라반은 이를 찾아내지 못합니다(30-35절). 그러나 라헬이 훔친 사실을 알지 못한 야곱이 '그것을 갖고 있는 사람은 살지 못할 것'이라고 말한 대로 라헬은 훗날 베냐민을 낳다가 산고로 일찍 죽게 됩니다(35:19, 32절). 야곱은 지금까지 지켜주신 하나님을 고백하며 라반과 언약을 체결하고 약속의 땅을 향해 떠납니다(36-55절). 신실하신 하나님은 벧엘에서의 약속을 지키셨습니다(28:13-15).

[마가복음 2장]

많은 사람들이 예수님이 전하는 도(천국 복음)를 듣는 가운데 갑자기 지붕이 뚫리며 한 중풍병자가 들 것 채로 내려졌습니다(4절). 예수님은 중풍병자를 내려 보낸 사람들의 믿음을 보시고 죄 사함을 선언하십니다(5절). 신성모독이라며 반발하는 사람들이 있었지만 예수님은 치유를 통해 당신에게 죄 사함의 권세가 있음을 증명하십니다(6-12절). 죄인을 부르러 오신 예수님은 세리 레위(마태)를 제자로 부르시는 것을 주저하지 않으십니다(14, 17절). 스스로 의롭다고 생각하는 자들은 예수님과 함께 할 수 없습니다. 예수님은 금식 논쟁을 일으킨 바리새인들에게 지금은 금식의 때가 아니지만 곧 그 때가 올 것이라고 말씀하십니다(18-20절). 이는 십자가의 고난과 죽음에 대한 예고입니다. 옛 율법과 제도로는 예수 그리스도의 복음을 담아 낼 수 없습니다(21-22절). 제자들이 안식일에 밀 이삭을 자른 것으로 인해 논란이 발생하자 예수님은 제사장만이 먹을 수 있도록 규정한 진설병(레 24:9)을 배고픈 다윗 일행이 먹었던 전례(삼상 21:1-6)를 들어 제자들을 변호하십니다(23-26절). 안식일이 사람을 위해 존재합니다(27절).

[에스더 7장]

왕과 하만은 에스더가 베푼 두 번째 잔치에 참여합니다(1절). 드디어 에스더가 마음속에 있는 말을 쏟아 놓습니다(2-4절). 곧 자신과 자신의 민족에게 닥친 위험을 알립니다. 왕후를 죽이려 하는 자가 하만임을 알게 된 왕은 그의 처형을 지시합니다(5-10절). 유대인을 진멸하려던 하만의 계략은 그의 죽음으로 끝나게 되었습니다. 에스더는 생명을 건 탄원으로 멸망 직전의 민족을 다시 살린 여인이 되었습니다. 우리의 기도는 생명을 구하고 민족을 살립니다. 하나님은 오늘날의 에스더를 찾으십니다.

[로마서 2장]

유대인은 모든 민족 중에 하나님의 백성으로 먼저 부름을 받아 율법을 소유했습니다. 그러나 율법에 신실하게 반응하지도 않으면서도 자기들은 심판과 상관없다고 착각했습니다(4절). 악행을 정죄하면서 악행을 저지르는 유대인들은 남을 판단할 자격이 없습니다(1절). 유대인이든 이방인이든 하나님은 차별 없이 대할 것입니다(9-10절). 율법을 가진 유대인은 율법이 기준이 되고, 율법 없는 이방인은 양심이 증거가 되어 심판을 받을 것입니다(12, 15절). 그러므로 하나님의 백성의 표식인 할례보다 율법의 준수가 더 중요합니다(25절). 할례자(유대인)라도 율법을 어기면 무할례자(이방인)으로부터 정죄를 받을 것입니다. 할례는 구원을 주지 못하며 심판을 면하게도 하지 못합니다. 몸의 할례가 아닌 마음의 할례가 진짜 할례입니다(28-29절).

[질문과 묵상]

1. 오늘 말씀을 통해 만난 하나님은 어떤 분인가요?

2. 오늘 말씀을 통해 하나님이 내 삶에 요청하시는 것은 무엇인가요?

[기도]

에스더를 통해 역사를 주관하시는 하나님이 당신의 백성을 어떻게 돌보시는지 보게 됩니다. 하나님! 우리를 친 백성 삼아 주시니 감사드립니다. 하나님의 영으로 마음의 할례를 받았으니 오직 그리스도의 의를 붙들게 하시고 주의 법을 즐거이 행하게 하옵소서.

[창세기 32장]
야곱은 약속의 땅으로 돌아오는 길에서 하나님의 사자들(마하나임)을 만납니다(1-2절). 마하나임은 하나님의 보호에 대한 확신이 담겨 있습니다. 이제 피할 수 없는 만남이 기다리고 있습니다. 형 에서가 사백 명의 사병을 거느리고 온다는 소식에 야곱은 두려운 마음을 하나님께 토로하며 보호를 요청합니다(3-12절). 에서에게 예물을 보낸 후 야곱은 홀로 얍복 나루에 남습니다(13-24절). 늘 꾀를 내어 위기를 모면해 왔지만 더 이상 할 수 있는 게 없었던 그는 절박한 심정으로 하나님을 찾습니다. 하나님은 그런 야곱('속이는 자')을 이스라엘('하나님을 이긴 자 곧 하나님이 살리신 자', '하나님의 존귀한 자')로 바꾸어 주셨습니다(24-32절). 비록 절름발이가 되었지만 남을 속이는 인생에서 하나님의 사람으로 새롭게 탄생한 것입니다.

[마가복음 3장]
랍비전통(미쉬나)은 생명이 위독한 경우 외에는 안식일에 치유하는 행위를 금합니다. 예수님이 안식일에 손 마른 자를 고치신 것은 안식일에 선을 행하고 생명을 구하는 것이 안식일 정신에 더 부합하기 때문입니다(4절). 전통은 계명의 준수를 위해 인간이 만든 세부규칙인데 그것이 계명의 근본정신을 구현하는 것보다 더 앞설 수는 없습니다. 잠시 사람들로부터 떠나 제자들과의 시간을 보내신 예수님은 다시 현장에 복귀하여 많은 병자를 고치시고 귀신을 내어 쫓으셨습니다(7-12절). 예수님이 제자를 부르신 이유는 복음전파와 이를 위한 권능을 주시기 위함이지만 더 중요한 것은 함께 하시기 위함입니다(14-15절). 예수님은 우리와 영원히 함께 하시고자 우리를 부르셨습니다. 서기관들은 예수님을 귀신들린 자로 취급했는데 예수님의 주되심과 그의 구속사역을 부인하는 자는 성령을 모독하는 것으로 영원히 사하심을 얻지 못합니다(22, 29절). "하나님의 영으로 말하는 자는 누구든지 예수를 저주할 자라 하지 아니하고 또 성령으로 아니하고는 누구든지 예수를 주시라 할 수 없느니라"(고전 12:3). 친족들마저 예수님을 미친 사람으로 여기는 가운데 예수님은 하나님의 뜻대로 행하는 자가 나의 진정한 가족이라고 정의하십니다(21, 35절).

[에스더 8장]
하만이 처형된 후 그의 모든 재산은 에스더에게 귀속됩니다(1절). 에스더는 전에 왕의 암살을 모의하던 자들을 고발하여 왕의 생명을 지켰던 모르드개와 자신의 관계를 밝힙니다(2:21-23). 에스더는 다시 왕에게 간청하여 하만을 통해 각 지방으로 내려간 유

다인의 진멸에 관한 조서를 철회시킵니다(3-10절). 유다인 스스로 생명을 보호하고 대적들을 진멸하며 그들의 재산을 탈취할 수 있게 하는 내용의 새로운 조서가 반포됩니다(11-14절). 금식하며 부르짖던 유다인들은 새로운 조서를 확인한 후 기뻐하며 잔치를 베풀고 이날을 명절로 삼았습니다(4:3, 15-17절). 그들이 이런 찬양을 하지 않았을까요? "나의 슬픔을 주가 기쁨으로 변화시키시네. 잠잠할 수 없네 기뻐 춤추며 찬양해-"

[로마서 3장]

율법을 행하지 않음으로 유대인도 이방인과 동일하게 심판을 받게 된다는 2장 말씀은 "우리가 이방인보다 나은 것이 무엇이냐?"는 유대인의 질문을 야기합니다(1절). 바울은 유대인에 대해 하나님의 말씀(구약 & 하나님의 계시)을 가졌다고 말합니다(2절). 인간의 불의가 하나님의 신실하심을 폐할 수 없습니다(3-4절). 이스라엘이 언약을 파기했어도 하나님은 언약을 지키셨습니다. 두 번째 질문이 이어집니다. 인간의 불의가 하나님의 의를 더욱 빛나게 한다면, 즉 인간의 불의에도 하나님이 여전히 언약을 지키신다면 하나님이 진노하시는 것이 잘못된 거 아니냐?(5절). 그렇지 않습니다(6절). 인간의 불의가 하나님의 의를 더욱 빛나게 한다는 것이 심판의 면제를 의미하지 않습니다. 세 번째 질문입니다. 나의 거짓으로 하나님의 참 되심이 더욱 드러난다면, 즉 내가 하나님께 신실하지 못하더라도 하나님이 여전히 신실하시다면 나를 심판하시는 게 과연 맞는 것인가?(7절). 맞습니다. 하나님의 신실하심이 우리가 언약을 깨뜨리고 아무렇게 살아도 괜찮다는 것을 의미하지 않습니다(8절). 그들은 정죄 받는 것이 마땅합니다. 바울은 모든 사람은 죄 아래에 있으며 생각부터 모든 신체 기관까지 철저히 죄의 세력에 사로잡혀 있다고 선언합니다(9-20절). 우리는 율법과 선지자가 확실히 가리키고 있는 하나님의 의, 곧 예수 그리스도의 은혜로 값없이 의롭다 하심을 얻었습니다(21, 24절).

[질문과 묵상]

1. 오늘 말씀을 통해 만난 하나님은 어떤 분인가요?

2. 오늘 말씀을 통해 하나님이 내 삶에 요청하시는 것은 무엇인가요?

[기도]

사기꾼 인생이었던 야곱을 이스라엘로 바꾸어주신 하나님! 동일하게 우리 인생을 붙드시며 존귀한 자로 세우신 은혜를 찬송합니다. 성령의 역사로 예수 그리스도를 주로 고백하며 값없이 의롭다 하심을 얻었으니 날마다 구원을 노래하게 하옵소서.

2 월

M'cheyne

개관

욥기

욥기의 저자는 솔로몬 시대의 어느 인물로 추정되지만 분명하지는 않습니다. 또한 욥기의 배경에 대해서도 다양한 의견이 있으나 가장이 제사장 역할을 하는 것으로 봐서 아브라함과 같은 족장으로 보고 있습니다. 욥의 이름의 뜻은 '박해받은 자, 회개하는 자'입니다. 하나님을 경외하며 악에서 떠난 욥이 겪는 엄청난 고난은 고난을 죄의 결과로만 해석하던 전통적 견해에 이의를 제기합니다. 욥기는 교리적 틀로 해석하기에는 너무나 큰 주제인 고난에 대한 통찰력을 줍니다.

누가복음

누가복음의 저자는 사랑받는 의사 누가입니다(골 4:14). 그는 유대인이 아닌 이방인으로서 그의 관심은 자연스레 이방인에게로 향합니다. 수신자로 표기되어 있는 데오빌로는 그리스도를 영접한 로마의 한 귀족으로 알려져 있습니다. 또한 데오빌로는 그리스도께로 돌아와야 할 모든 이방인을 대표하는 이름이기도 합니다. 누가는 그의 독자를 이방인으로 상정했기 때문에 예수님이 아브라함과 다윗의 자손임을 강조한 마태와 달리 족보의 시작을 하나님까지 연결시킵니다('복음의 보편성'). 누가는 성령에 대해 강조합니다. 예수님의 잉태(1:35), 엘리사벳의 고백(1:41), 스가랴의 작명과 예언(1:66-67), 성령 충만한 시므온(2:25), 광야에서의 시험(4:1), 갈릴리로 복귀(4:14), 성령임재의 약속(24:49) 등 주요 순간마다 성령은 어김없이 등장합니다. 이는 누가가 저술한 또 하나의 성경인 사도행전에서도 이어집니다(사도행전=성령행전). 복음의 역사와 교회의 역사는 하나님의 영이신 성령님의 역사입니다.

고린도전서

소아시아와 이탈리아 및 스페인을 연결하는 위치에 있는 그리스의 항구도시 고린도는 무역과 상업이 발달한 만큼 향락의 도시이기도 합니다. 종교적으로도 최소 12개 이상의 신전이 있었으며 가장 유명한 아프로디테 신전에만 천여 명의 신전창기가 있어서 공공연히 매춘을 조장했다고 합니다. 이 도시에 세워진 교회의 구성원은 주로 하층민이었습니다(1:26). 고린도 교회는 여러 가지 문제로 분쟁을 겪고 있었습니다(1:11). 파당, 성적 부도덕, 소송문제, 우상에 드려진 제물을 먹는 문제, 성만찬 오용 문제, 은사, 부활에 관한 논란 등의 문제를 인식한 바울은 편지를 보내어 교회를 바로 세우고자 합니다.

출애굽기

출애굽기(헬: 에스호도스, 영: Exodus)의 헬라어나 영어의 뜻은 '탈출'입니다. 고대 근동의 7년 대기근을 피해 애굽(이집트의 한자 표기)의 총리로 있는 요셉에게로 간 야곱일가는 크게 번성하여 한 민족을 이룰 만큼 인구가 늘었는데 애굽의 왕조가 바뀌면서 노예로 전락하고 말았습니다. 하나님은 모세를 통해 그들을 구원하여 약속의 땅으로 인도하는 초대형 프로젝트를 시행하십니다. 그 과정에서 어린양의 희생을 통해 장자의 생명이 보존되는 구원의 역사가 나타났는데 이것은 하나님의 어린양 예수 그리스도의 희생을 통한 우리의 구원을 예표하는 사건입니다. 하나님은 이스라엘을 구원하시고 시내산에서 언약을 맺으셨으며 백성들과의 교제를 위해 성막을 세우게 하십니다. 친히 그들 가운데 임하셔서 약속의 땅으로 인도하십니다. 하나님은 우리를 구원하시고 그 영으로 우리 가운데 계셔서 우리를 친히 그의 나라까지 인도하십니다.

[창세기 33장]
얍복 나루에서 밤을 보내고 하나님과 깊은 만남을 가졌던 야곱은 다음 날 담대하게 에서를 맞이합니다(1-3절). 하나님은 한 때 야곱을 죽이려 했던 에서의 마음을 바꾸어 놓으셨습니다. 하나님은 벧엘 언약과 얍복 나루에서 드린 야곱의 기도를 기억하셔서 그를 지켜주셨습니다(32:11, 4-11절). 에서의 동행 제안을 정중히 거절한 야곱은 세겜 앞의 숙곳에 정착합니다(12-19절). 야곱은 숙곳에 제단을 쌓고 '엘엘로헤이스라엘'('하나님, 이스라엘의 하나님')을 불렀습니다(20절). 이제는 아브라함과 이삭의 하나님이 아닌 이스라엘의 하나님 곧 나의 하나님입니다.

[마가복음 4장]
예수님은 씨 뿌리는 자의 비유에 대하여 이 비유를 알지 못할진대 어떻게 모든 비유를 알겠느냐고 말씀하시며 그 중요성을 언급하십니다(13절). 하나님의 나라는 외인(=예수님을 대적하거나 무관심한 자)에게는 감추어져 있으나 겸손히 예수님을 따르고자 하는 자에게는 열려 있습니다(10-12, 34절). 씨를 뿌리는 것은 곧 말씀을 뿌리는 것인데 토양의 상태에 따라 열매의 여부가 달려 있습니다('씨 뿌리는 자의 비유', 3-9 & 14-20절). 예수님의 메시아 되심 그리고 하나님 나라와 복음은 세상에 드러나게 되어 있습니다('등불의 비유', 21-22절). 진리의 말씀에 대한 반응여부에 따라 영적 빈부의 격차는 더욱 벌어지게 됩니다(24-25절). 하나님 나라는 미약하게 시작되나 끊임없이 확장되는 특성을 가지고 있습니다('자라나는 씨의 비유 & 겨자씨 비유', 26-32절). 제자들은 광풍을 잠잠케 하시는 예수님을 보고 두려움(=신적 권위에 대한 경외)을 갖습니다(35-41절). 그분을 진정으로 경외할 때 우리는 두려움을 이길 수 있습니다.

[에스더 9-10장]
(9장) 하만이 내린 유다인의 진멸에 관한 조서는 폐기되었고 에스더에 의한 수정 조서가 전파되었습니다. 하만의 열 아들은 처형되었고 유다인의 진멸이 예약된 날은 유다인의 대적들이 진멸되는 날로 바뀌었으며 진멸의 날은 하루 더 연장됩니다(1-16절). 하만의 열 아들의 시체가 나무에 매달린 것은 하만 집안의 완전한 몰락을 상징합니다. 유대인들이 아달월(12월) 13-14일간 대적들을 진멸하고 15일에는 쉬며 잔치한 이 사건으로 인해 부림절이 탄생합니다(17-32절). 부림절은 '부르'라는 명칭에서 유래한 것으로 하만이 유다인을 진멸할 날을 정하려고 부르(제비)를 사용하였으나 도리어 유다인이 승리한 날이 되었다는 의미입니다.

(10장) 모르드개는 애굽의 요셉처럼 존귀하게 되었으며 유다인들은 그를 통해 큰 위로를 받았습니다. 우연히 일어난 사건의 이면에 역사를 주관하시는 하나님의 개입이 있습니다. 와스디 왕비의 폐위, 에스더의 왕비 선출, 모르드개의 역모사건 고발, 하만의 도발, 목숨을 건 에스더의 진언, 규정을 어긴 에스더를 향한 왕의 긍휼, 묻혀있던 모르드개의 공로 재발견, 하만의 몰락 등 우연히 보이는 수많은 사건들이 모여 한 편의 구원의 드라마가 완성되었습니다. 우연으로 보이는 사건의 연속은 하나님의 필연입니다.

[로마서 4장]

바울은 믿음으로 의롭게 되는 진리를 논증합니다. 아브라함은 자신의 행위에 대해 자랑할 것이 없었습니다(2절). "행위에서 난 것이 아니니 이는 누구든지 자랑하지 못하게 함이라"(엡 2:9). 누구도 자신의 행위를 의로 내세울 수 없으며 성경은 아브라함이 믿음으로 의롭게 여겨졌음을 증거합니다(3절). "아브람이 여호와를 믿으니 여호와께서 이를 그의 의로 여기시고"(창 15:6). 죄 사함도 마찬가지입니다(6-8절). 다윗은 행위와 상관없이 죄인에게 베푸시는 죄 사함의 복을 고백합니다. 하나님을 믿고 신뢰하는 자에게 주시는 은혜입니다. 그러므로 의롭게 되는 것은 행위와 상관없이 믿음으로 된 것입니다(9-12절). 유대인들은 율법을 받았기에 상속자가 되었다고 생각하지만 율법을 지킴으로 상속자가 될 수 있는 사람은 아무도 없습니다(14-15절). 아브라함은 율법이 아닌 믿음으로써 언약의 상속자가 되었습니다(13, 16절). 모든 믿는 자의 조상인 아브라함이 믿음으로 의롭다 하심을 얻었다면 우리 역시 마찬가지입니다(17절). "그에게 의로 여겨졌다 기록된 것은 아브라함만 위한 것이 아니요 의로 여기심을 받을 우리도 위함이니"(23-24절). 우리는 십자가에서 죽으시고 부활하신 예수 그리스도를 믿음으로 의롭다함을 얻었습니다(25절).

[질문과 묵상]

1. 오늘 말씀을 통해 만난 하나님은 어떤 분인가요?

2. 오늘 말씀을 통해 하나님이 내 삶에 요청하시는 것은 무엇인가요?

[기도]

창조주 하나님을 나의 하나님으로 고백하게 하심, 내게 뿌려진 말씀의 씨앗이 자라나 복음을 받아들이게 하심, 믿음으로 하나님의 구원 언약의 상속자가 되게 하심을 영원히 찬양합니다. 나의 의가 되시는 하나님이 내 인생의 주관자이십니다.

[창세기 34장]

야곱의 가정에 큰 시련이 닥칩니다. 야곱의 딸 디나가 히위족속 추장 세겜에게 강간을 당한 것입니다(2절). 디나를 연모하는 세겜은 디나와의 혼인과 부족 간의 상호 교류를 적극 제안합니다(3-12절). 그러나 야곱의 아들들은 속임수를 써서 디나와의 혼인 및 상호교류의 전제조건으로 할례를 요구합니다(13-17절). 이 제안을 수용한 세겜은 자신을 포함한 그의 부족 모든 남자에게 할례를 단행했는데 이는 끔찍한 결과로 이어졌습니다. 상처가 미처 아물기 전에 디나의 오빠 시므온과 레위가 세겜 부족 모든 남자들을 죽이고 나머지 형제들이 그들의 소유를 강탈한 것입니다(18-29절). 한 부족을 멸망시킨 그들의 행위는 정당한 복수라고 말하기에는 너무 잔혹했습니다(31절). 야곱은 당장의 생존 문제에 대해 걱정합니다(30절). 하나님의 언약으로부터 오는 평안은 급박한 현실에 묻혀버렸습니다. 20년 만에 약속의 땅으로 돌아온 야곱은 아들들의 범죄로 큰 위기를 만났습니다. 우리 인생에는 종종 돌발 상황이 발생하며 죄가 그 원인일 때도 있습니다.

[마가복음 5장]

거라사 지방에서 귀신들린 자를 만난 예수님은 귀신에게 추방 명령을 내리십니다(2, 6-8절). 귀신이 사람에게서 나와 돼지에게로 들어가게 되면서 약 이천 마리의 돼지가 갈릴리 호수에 뛰어들어 몰살당하게 됩니다(9-13절). 그러나 사람들은 귀신들린 자의 온전케 됨을 보고 기뻐하기보다는 도리어 두려워하며 예수님에게 마을을 떠나줄 것을 요청합니다(15-17절). 예수님의 관심은 사람의 회복이며 사람들의 관심은 재산입니다. 거라사인들은 예수님을 통해 임할 하나님의 나라를 거절했습니다. "내가 하나님의 성령을 힘입어 귀신을 쫓아내는 것이면 하나님이 나라가 이미 너희에게 임하였느니라"(마 12:28). 회당장 야이로는 예수님이 오셔서 안수하시면 딸의 병이 나을 것을 믿었습니다(23절). 예수님이 그의 집에 도착했을 때 딸은 이미 죽어있었지만 예수님은 다시 일으키십니다(41-42절). 혈루증을 앓는 여인 역시 예수님의 옷자락만 만져도 나을 것이라 믿었습니다(28절). 율법은 유출병이 있는 자를 부정한 자로 규정하지만 예수님을 향한 믿음을 과감하게 행동으로 옮긴 여인은 병의 치유와 공동체로의 복귀라는 큰 복을 받았습니다(레 15:2).

[욥기 1장]

욥은 동방의 부자이자 매우 경건한 사람입니다(2-5절). 그러나 사탄은 욥의 경건이 하나님이 주신 복에 대한 반응일 뿐이라며 평가절하 합니다(6-11절). 하나님은 사탄의 견해에 동의하지 않으시며 욥에 대한 시험을 허락하십니다(12절). 고난의 이유는 다양합니다. 네 차례에 걸친 사탄의 공격으로 욥은 모든 소유를 잃었습니다(13-19절). 그러나 사탄의 예상과 달리 욥은 하나님을 원망하지 않습니다. "주신 이도 여호와시오 거두신 이도 여호와시오니 여호와의 이름이 찬송을 받으실지니이다"(21절). 당신은 외적인 축복이 없이도 하나님을 여전히 경외할 수 있는가?

[로마서 5장]

믿음으로 의롭다 함을 얻은 우리는 예수 그리스도로 인하여 하나님과 화평을 누리고 있습니다(1절). 우리는 믿음으로 이 은혜를 누리며 하나님의 영광을 소망하며 자랑하게 되었습니다(2절). '즐거워하느니라'는 원어의 의미상 '자랑하다'에 더 가깝습니다. 하나님과 화평을 누리는 성도가 환난을 만나면 인내하는 법을 배우고, 인내함으로 연단(=하나님의 테스트를 통과함으로 인정받음)에 이르고, 연단은 소망(=하나님의 선한 뜻의 실현)을 이룹니다(3-4절). 성령으로 인하여 우리에게 부어진 하나님의 사랑은 소망의 근거가 됩니다(5절). 선하고 의로운 일을 위해 생명을 바친 사람들은 간혹 있지만 죄인을 위하여 죽은 사람은 없습니다. 죄인을 대신한 예수 그리스도의 죽음은 하나님의 사랑의 확실한 증거입니다(6-8절). 그리스도의 보혈을 믿음으로 하나님과 화목하게 된 자는 하나님의 사랑을 자랑합니다(2, 9-11절). 아담의 불순종과 범죄로 모든 사람이 죄와 사망의 지배를 받게 되었으나 예수 그리스도의 온전한 순종으로 의와 생명이 넘쳐나게 되었습니다(12-21절).

[질문과 묵상]

1. 오늘 말씀을 통해 만난 하나님은 어떤 분인가요?

2. 오늘 말씀을 통해 하나님이 내 삶에 요청하시는 것은 무엇인가요?

[기도]

하나님! 어떤 상황에서도 주신 이도 여호와요 거두시는 이도 여호와라고 고백할 수 있는 믿음을 주옵소서. 또한 야이로와 혈루증을 앓던 여인처럼 믿음을 행동으로 옮길 수 있는 용기를 주옵소서. 빗나간 복수심으로 인생을 망치는 어리석음을 범하지 않게 하옵소서.

[창세기 35-36장]

(35장) 하나님은 세겜 족속을 멸절한 문제로 큰 위기에 몰린 야곱에게 나타나셔서 벧엘로 가라고 말씀하십니다(1절). 벧엘은 형 에서를 피해 외삼촌의 집으로 가던 야곱에게 하나님이 안전보장을 약속한 곳입니다('벧엘 언약', 28:13-15). 하나님과의 약속이 있었던 장소로 야곱을 인도하신 것입니다. 이에 야곱은 모든 우상을 버리고 벧엘로 갑니다. "우리가 일어나 벧엘로 올라가자 내 환난 날에 내게 응답하시며 내가 가는 길에서 나와 함께 하신 하나님께 내가 거기서 제단을 쌓으려 하노라"(3절). 하나님은 가나안 땅에서도 그의 안전을 지켜주셨습니다(5절). 야곱은 벧엘에서 언약을 재확인시켜 주신 하나님께 제단을 쌓고 예배합니다(9-15절). 인생의 문제가 꼬여 있을 때 우리가 할 일은 다시 하나님 앞에 나아가는 것입니다. 이후 야곱에게는 많은 일이 발생했는데 라헬이 베냐민을 낳다가 난산으로 죽었으며, 맏이인 르우벤은 아버지의 첩인 빌하와 동침하는 죄를 범합니다(16-26절). 이 일로 인해 르우벤은 맏이임에도 언약의 중심에서 제외됩니다(49:4). 마침내 귀향에 성공한 야곱은 아버지 이삭의 장례를 치릅니다(27-29절).

(36장) 36장은 에서의 계보입니다. 가나안 여인 둘과 이스마엘의 딸을 아내로 맞이한 에서는 크게 번성하여 야곱보다 더 큰 세력을 형성하여 왕의 체계까지 갖추었습니다. 그러나 영적으로 보면 언약의 계보에서 배제된 가계도입니다.

[마가복음 6장]

예수님의 고향사람들은 예수님의 지혜와 권능에 놀라면서도 예수님을 배척합니다(1-3절). 고향과 친척과 자기 집에서 존경을 받지 못한다는 말씀은 유년시절의 예수님에게 시선이 고정되어 그의 메시아 되심을 보지 못한다는 뜻입니다(4절). 예수님은 열 두 제자에게 권능을 주시고 죄 사함을 전하도록 파송하십니다(7절). 여러 가지를 금한 것은 오직 하나님의 공급하심을 믿으며 사명을 감당하라는 의미입니다(8-10절). 신발에 묻은 먼지를 떠는 행위는 심판의 의미를 담고 있습니다(11절). 예수님의 이름이 점차 알려지자 헤롯은 얼마 전 처형한 세례 요한을 소환합니다(14절). 당대의 의인이었던 요한은 동생의 아내를 빼앗은 헤롯을 비판했고 그로 인해 옥에 갇혀 있던 중 헤로디아의 계략으로 옥에서 죽임을 당했습니다(15-29절). 마지막 선지자 요한은 헤로디아의 딸의 춤 값에 팔려 죽음을 맞았으며, 그가 메시아로 선포한 예수님은 온 백성의 죄 값에 팔려 십자가에서 죽음을 맞이하게 됩니다. 오병이어의 기적을 통해 허기를 채워주신 예수님은 영혼의 허기를 해결해 주실 하늘에서 내려온 생명의 떡입니다(요 6:51, 30-44절). 풍랑으로 괴로워하는 제자들에게 나타나신 예수님은 "내니 안심하라"고 말씀하시며 풍랑을 잠재우십니다(50절). 예수님은 모든 것을 다스리고 통치하시는 주권자이심을 나타내셨습니다.

[욥기 2장]

하나님은 자신의 소유를 다 잃고도 죄를 범하지도, 하나님을 원망하지도 않는 욥의 온전함을 칭찬하십니다(3절). 그러나 뼈와 살을 쳐야 본심을 알 수 있다는 사탄의 주장으로 인해 생명에 손대지 않는 조건으로 욥에 대한 추가 시험을 허락하십니다(4-6절). 결국 욥은 발바닥부터 정수리까지 악성 피부병이 생겨 재 가운데 앉아 질그릇 조각으로 온몸을 긁는 최악의 상황에 처하게 되었고 보다 못한 그의 아내는 그를 비난하며 하나님을 욕하고 죽으라는 말까지 하게 됩니다(7-9절). 그러나 욥은 이번에도 화와 복의 주관자이신 하나님을 고백하며 입술로 범죄 하지 않습니다(10절). 소식을 듣고 달려온 세 명의 친구는 욥의 비참한 모습에 할 말을 잃고 칠일 밤낮을 함께 합니다(11-13절). 당신은 이해할 수 없는 고통 속에서도 여전히 하나님을 신뢰하며 경외할 수 있나요?

[로마서 6장]

6장은 '죄가 더한 곳에 은혜가 더욱 넘친다면(5:20) 은혜를 더하게 하려고 죄를 더 지어야 하는가?'라는 억지 주장에 대한 바울은 답변입니다(1절). 바울은 단호합니다. "그럴 수 없느니라"(2절). 예수 그리스도와 합하여 세례를 받은 사람은 그리스와 함께 죽었고 그리스도와 함께 장사되었으며 그리스도와 함께 부활했습니다(3-5절). 그러므로 우리는 죄에 대하여 죽은 자요 하나님께 대하여는 산 자입니다(11절). 그리스도인은 죄의 통치가 아닌 하나님의 통치에 대하여 반응하는 자입니다. 그리스도인은 자신의 지체를 죄가 아니라 의의 무기로 하나님께 드리는 존재입니다(13절). 율법은 죄와 싸워 이길 힘을 주지 못하지만 은혜 아래 있는 자는 그리스도의 의와 생명의 통치를 받기 때문에 죄와 함께 할 수 없으며 죄와 싸워 이길 수 있습니다(15절). 예수 그리스도께서 죄의 종이었던 우리를 죄로부터 해방시켜 의의 종으로 살아가게 하셨습니다(17-20절). 은혜 아래 있다는 것은 의의 종으로 부름 받았음을 의미합니다. 죄는 죄를 짓는 자에게 사망을 요구하지만 하나님은 당신을 믿고 순종하는 자에게 영생을 선물로 주셨습니다(21-23절).

[질문과 묵상]

1. 오늘 말씀을 통해 만난 하나님은 어떤 분인가요?

2. 오늘 말씀을 통해 하나님이 내 삶에 요청하시는 것은 무엇인가요?

[기도]

하나님을 경외하는 마음이 내 형편에 따라 달라지지 않게 하시고 인생의 어려움이 닥칠 때 다시 제단을 쌓고 하나님을 찾게 하옵소서. 죄에 대하여는 죽은 자요 하나님께 대하여는 산 자로 살아가게 하옵소서.

[창세기 37장]
37장부터 요셉을 중심으로 이야기가 전개됩니다. 야곱은 가장 사랑했으나 일찍 떠나보내야 했던 라헬의 아들 요셉을 특별히 사랑했습니다(35:18, 3절). 형들은 아버지의 편애와 자신들의 잘못을 아버지께 고하는 요셉을 미워했습니다(4절). 게다가 요셉은 연이어 부모와 형제들로부터 높임을 받는 꿈을 꾸고 그 내용을 공개합니다(5-9절). 야곱은 요셉을 꾸짖으면서도 하나님이 뜻하신 일이 있을지 모른다는 생각에 꿈의 내용을 마음에 간직합니다. 점차 심화된 형제간의 갈등은 결국 요셉이 형들에 의해 은 20에 팔리는 결과를 초래했습니다(18-28절). 형들은 요셉이 맹수에 의해 죽었다고 거짓말을 했는데 가장 사랑하는 아들의 죽음으로 인해 야곱은 큰 충격과 슬픔에 빠지게 됩니다(29-36절). 한 가정에서 일어난 비극적인 사건입니다. 그러나 하나님은 인간의 악함을 당신의 선한 뜻을 이루기 위해 사용하십니다. 우리는 요셉이 노예로 팔려가게 됨으로써 하나님이 어떻게 한 개인과 민족과 나라를 움직이시는지 보게 될 것입니다.

[마가복음 7장]
정결 규례는 장로들의 전통입니다(3-4절). 그런데 예수님의 제자들이 정결 규례를 어긴 것에 대해 바리새인과 서기관들이 문제제기를 합니다(5절). 예수님은 고르반이라는 전통을 이용하여 교묘하게 하나님의 말씀을 폐한 그들에게 외식하는 자(위선자)라고 선언하십니다(6-13절). 고르반은 재산의 상속자로 성전을 지명하는 것으로써 바친 사람은 그것의 사용권을 갖게 되며 부모 부양의 의무에서 면제됩니다. 재물의 소유권은 성전에게 있다 하더라도 사용권은 여전히 본인에게 있어 마음껏 쓸 수 있으므로 부모 공양을 하지 않으려는 자들이 이를 악용했습니다. 그러므로 사람을 더럽게 하는 것은 사람의 속에서 나오는 것입니다(14-23절). 우리는 선한 양심과 선한 동기의 회복을 위해 기도해야 합니다. 전통으로 하나님의 말씀을 폐한 자들과 달리 한 이방여인은 그리스도께서 선포할 치유와 회복의 말씀을 간절히 사모하여 부스러기 은혜라도 내려주시기를 간청합니다(24-30절). 예수님은 '에바다'('열리다')를 선언하시며 귀 먹고 말을 더듬는 사람을 고치십니다(32-35절). 만약 하나님의 말씀을 볼 수 없고 듣지 못한다면 이는 육신의 질병보다 더욱 심각한 영적 질병입니다. 천국 열쇠를 소유하신 예수님은 구원의 문을 여시는 유일한 분이십니다. "거룩하고 진실하사 다윗의 열쇠를 가지신 이 곧 열면 닫을 사람이 없고 닫으면 열 사람이 없는 그가 이르시되"(계 3:7).

[욥기 3장]
욥과 친구들의 1차 논쟁이 시작됩니다(3-14장). 우리는 3장에서 극한의 고통 가운데에서도 하나님을 원망하지 않았던 욥의 탄식을 듣게 됩니다. 7일 만에 입을 연 욥은 자신이 태어난 날과 자신이 태어난 날의 밤을 저주합니다(1-10절). 리워야단은 고대근동 신화에 나오는 인간이 통제할 수 없는 가상의 혼돈의 괴물인데, 욥은 리워야단을 다스릴 정도의 강

한 자들이 자신이 태어난 날을 저주했다면 좋았을 것이라고 말하고 있습니다(8절). 그는 차라리 태어나지 않았으면 지금의 고통이 없었을 것이라며 자신의 출생도 원망합니다(11-12절). 죽음이 차라리 안식이 될 것이라고 말할 정도로 욥은 고통스럽습니다(13-19절). 극심한 고통에 시달리는 자에게 죽음을 선물로 주시지 않는 하나님을 이해할 수 없다고 말하는 욥은 만약 자신이 무덤을 발견하게 된다면(='죽게 된다면') 보물을 찾은 사람처럼 기뻐할 것이라고 말합니다(20-23절). 그가 겪고 있는 육신의 고통과 정신적 혼란, 영적 고통(하나님의 외면)은 실로 엄청납니다. 더구나 고난의 이유를 알 수 없을 때에는 고통이 배가됩니다. 욥은 마음 깊은 곳에 있는 감정을 쏟아내며 극한의 상황을 견디고 있습니다.

[로마서 7장]

유대사회에서 이혼의 권리는 남편만 갖습니다. 아내가 남편을 두고 다른 남자에게 가는 것은 죄를 범하는 것이며, 남편이 죽게 되면 비로소 이 법에서 자유하게 됩니다(1-3절). 우리가 세례를 받는 것은 그리스도의 죽으심에 연합하는 것입니다. "그리스도 예수와 합하여 세례를 받은 우리는 그의 죽으심과 합하여"(6:3). 남편이 죽으면 아내가 남편의 법에서 자유롭게 되듯이 그리스도와 함께 죽은 우리는 율법(죄의 세력)에서 자유롭게 되었습니다. 율법에 대하여 죽고 예수 그리스도의 새로운 생명에 참여하게 하심은 하나님을 위하여 열매를 맺게 하려 함입니다(4절). "나는 포도나무요 너희는 가지라 그가 내 안에 내가 그 안에 거하면 사람이 열매를 많이 맺나니"(요 15:5). 전에는 옛 본성(타락한 본성)을 따라 사망의 열매를 맺었으나 그리스도로 말미암아 율법의 얽매임에서 벗어났으니 이제는 율법이 아닌 생명의 성령의 법으로 하나님을 섬깁니다(8:2, 5-6절). 바울은 율법을 부정하지 않습니다. 원래 율법은 하나님이 생명을 위해 주신 것인데 죄가 율법의 본래의 기능을 왜곡시키고 기만한 것이며 율법 그 자체는 거룩하며 선합니다(10-12절). 율법은 죄가 살아나게(=드러나게) 합니다(7-9절). 죄가 사망을 불러 옵니다(13-14절). 바울은 율법의 선함을 이루지 못하고 죄를 지양하는, 즉 하나님의 법을 원하면서도 죄의 법을 따르는 인간의 한계를 선언합니다(15-25절). "누가 나를 건져내랴"(24절). 인간은 죄 문제를 해결할 능력이 없습니다.

[질문과 묵상]

1. 오늘 말씀을 통해 만난 하나님은 어떤 분인가요?

2. 오늘 말씀을 통해 하나님이 내 삶에 요청하시는 것은 무엇인가요?

[기도]

요셉의 인생을 붙드신 하나님! 이해할 수 없는 일이 있더라도 내가 하나님의 섭리 아래 여전히 있음을 고백합니다. 잘 견딤으로 승리하게 하시고 십자가를 지신 주님과 동행하며 매일 승리하게 하옵소서. 내 속에 선한 마음과 생각을 회복시켜 주옵소서.

[창세기 38장]

요셉이야기(37-50장) 사이에 야곱의 넷째아들인 유다의 가정 이야기가 들어 있습니다. 만약 자녀 없이 죽은 형제가 있다면 남은 형제 중 한 사람이 미망인을 수태시켜 그 가계를 이어 주어야 하는 의무가 있습니다('계대결혼법', 신 25:5-10). 미망인을 통해 태어난 아이는 죽은 형제의 자녀가 되며 죽은 형제 몫의 유산도 받습니다. 자신의 아이가 되는 것도 아니고 부모의 유산을 나눠가질 아이의 출생이어서 통상 계대결혼을 꺼려했으므로 이에 대한 거부는 형제의 대를 끊으려는 매우 악한 죄로 규정되었습니다. 오난이 이 죄로 죽습니다(8-10절). 유다는 셋째 셀라가 장성했음에도 그에게 계대결혼 의무를 명하지 않습니다(11절). 이 시대의 여인의 중요한 사명은 가문의 대를 잇는 것입니다. 시아버지 유다가 셀라를 주지 않자 다말은 창녀로 변장하여 유다를 만남으로 마침내 자녀를 낳는 데 성공합니다. 오늘의 관점으로 다말을 볼 수 없습니다. 그녀는 의무이행을 위한 마지막 카드를 쓴 것이며 비난은 창녀를 찾아 욕구를 해결하고 언약의 자손을 잇는 중요한 의무를 소홀히 한 유다의 몫입니다. 유다는 그녀의 정당성을 인정합니다. "그는 나보다 옳도다"(26절). 다말은 예수님의 계보에 당당히 등장합니다. "유다는 다말에게서 베레스와 세라를 낳고"(마 1:3).

[마가복음 8장]

오병이어의 기적(6:34-44)에 이은 칠병이어의 기적입니다. 오병이어를 경험하고서도 제자들의 믿음과 생각은 조금도 달라지지 않아서 마치 처음 겪는 일처럼 당황합니다(2-5절). 그들은 예수님을 신뢰하지 않았습니다. 이미 많은 표적을 보았음에도 다른 표적을 구하는 바리새인들의 완악함에 대해 탄식하신 예수님은 바리새인과 헤롯의 누룩(위선, 거짓 교훈)을 조심하라고 말씀하십니다(11-15절). 그러자 제자들은 예수님이 양식의 부족을 말하는 것으로 잘못 이해했습니다(16절). 표적을 보고도 깨닫지 못하는 제자들은 벳새다의 맹인처럼 아직 눈을 뜨지 못했습니다(21-22절). 눈에 보이는 것에 매이면 참 제자가 될 수 없습니다. 그러나 맹인이 희미하게 보이는 단계를 거쳐 완전히 눈을 뜬 것처럼 제자들도 때가 이르면 참 제자로 거듭나게 될 것입니다(23-25절). 베드로가 주는 그리스도라고 고백하긴 했지만 메시아에 대한 전반적인 이해는 아직 부족합니다(27-33절). 고난과 죽음을 통해 승리하실 예수님은 자기를 부인하고 자기 십자가를 지고 당신을 따르는 제자도에 대해 말씀하십니다(34-38절).

[욥기 4장]

7일간 말없이 위로하던 세 친구 중 엘리바스가 먼저 입을 엽니다. 그는 다른 사람들을 훈계하고 절망에 빠진 자를 붙들어 주었던 욥의 과거를 언급합니다(1-4절). 그러나 욥이 훈계와 위로로 붙잡아 주었던 자들이 겪었던 어려움과는 차원이 다른 욥의 비참한 현실을 보고 철저한 보상의 교리('선을 행하면 복, 악을 행하면 심판')에 입각하여 욥이 저질렀을 악에 대한 하나님의 심판을 강조합니다(5-11절). '이토록 극심한 고난이라면 분명 이에 상응할만한 큰 죄가 있을 것이다.' 엘리바스는 이 교훈이 신비로운 체험을 통해 직접 받은 계시임을 내세웁니다(12-16절). 오직 하나님만 의로우시며 인간은 자신의 의로움과 깨끗함을 주장할 수 없는 연약한 존재입니다(17-21절). 보상교리는 고난에 대한 하나의 해석의 지표를 제공하지만 모든 고난에 다 적용하기에는 무리가 있습니다.

[로마서 8장]

예수 그리스도 안에 있는 자는 생명을 주는 성령의 법 아래에 있습니다(1-2절). 비록 육신을 입고 있는 동안에는 여전히 죄의 영향력 아래 신음하며 넘어지지만 죄가 가져오는 최종 상태인 영원한 심판으로부터 완전히 해방되었습니다. 하나님은 예수 그리스도의 대속의 십자가와 성령의 인도를 통해 율법이 줄 수 없는 생명을 우리에게 주셨으며 우리가 영의 생각을 좇아 살아가도록 새롭게 창조하셨습니다(3-9절). "누구든지 그리스도안에 있으면 새로운 피조물(new creation)이라"(고후 5:17). 예수님을 죽은 자 가운데서 살리신 하나님의 영이 우리를 살리셨으며 하나님을 아빠 아버지라 부르는 상속자가 되게 하셨습니다(10-16절). 이러한 영광을 주신 그리스도를 위해 우리는 기꺼이 고난을 감수합니다(17-18절). 하나님의 자녀들은 몸의 속량 곧 부활의 몸을 입기까지 죄의 영향력 아래에서 탄식하며 기다립니다(19-25절). 인간의 죄로 인해 함께 고통 받는 피조물들도 그 날을 기다립니다. 그러나 우리가 연약하여 구원의 날까지 견딜 힘이 없으므로 성령님이 말할 수 없는 탄식으로 우리를 도우셔서 선(구원)을 이루십니다(26-28절). 하나님은 구원의 날이 이르기까지 우리가 맏아들인 그리스도의 형상을 닮아가길 원하십니다(29-30절). 아들까지 내어주신 하나님이 우리 편이니 세상의 반대가 두렵지 않습니다(31-32절). 하나님이 의롭다 하셨는데 누가 우리를 정죄하며 누가 하나님의 사랑에서 끊을 수 있겠습니까?(33-39절).

[질문과 묵상]

1. 오늘 말씀을 통해 만난 하나님은 어떤 분인가요?

2. 오늘 말씀을 통해 하나님이 내 삶에 요청하시는 것은 무엇인가요?

[기도]

언약의 자손을 잇기 위해 모든 것을 감내하는 다말을 보며 나는 과연 사명을 위해 이런 악착같은 모습이 있었는지 되돌아봅니다. 예수님에 대하여 더욱 눈을 뜨게 하시고 온 마음을 다해 그를 따르게 하옵소서. 죄와 사망의 법에서 나를 해방하시고 하나님의 영을 좇아 살아가게 하신 하나님만 따르게 하옵소서.

[창세기 39장]

비록 노예가 되었으나 하나님은 요셉과 함께 하셨습니다(2, 23절). 그러나 하나님을 경외하는 요셉에게 최대의 위기가 찾아 왔으니 다름 아닌 보디발의 아내의 유혹입니다(7절). 노예였던 요셉은 주인의 요구를 거절할 권리가 없었으며 게다가 그는 젊습니다. 그럼에도 불구하고 하나님 앞에 죄를 범하지 않기 위해 여주인의 요구를 단호히 거부했으며 그 결과 투옥되었는데 오히려 그곳이 더 안전했습니다(20절). 보디발의 분노는 과연 누구를 향한 것일까요?(19절). 그가 정말 요셉에게 분노했다면 요셉의 목은 그 자리에서 달아났을 것입니다. 결과적으로 보디발은 아내와 요셉을 분리시켜 버립니다. 요셉은 간수장에게 신뢰를 받는 슬기로운 감옥 생활을 이어갑니다(21절). 만약 요셉이 유혹에 굴복했다면 어떻게 되었을까요? 육신의 쾌락을 얻었을 것이며 일정기간은 특별대우를 받고 편안한 노예생활을 영위했을 것입니다. 그러나 애굽의 총리는 절대로 될 수 없었을 것이며 평생 노예에서 벗어나지 못했을 것입니다. 그리고 여주인이 좀 더 젊은 노예를 사오는 순간 바로 버림받았을 것입니다. 쾌락은 한순간이며 후회는 평생입니다. 하나님은 몸과 마음을 지키는 자에게 그의 신실함을 나타내십니다. "청년이 무엇으로 그의 행실을 깨끗하게 하리이까 주의 말씀만 지킬 따름이니이다"(시 119:9).

[마가복음 9장]

예수님은 권능으로 임할 하나님 나라를 말씀하시며 변화산 사건을 예고하십니다(1절). 그는 세상의 빛이며 부활의 영광을 소유한 분입니다(2-8절). "나는 세상의 빛이니 나를 따르는 자는 어둠에 다니지 아니하고 생명의 빛을 얻으리라"(요 8:12). 성부 하나님은 하늘의 음성으로 그의 존재를 확인시켜 주십니다. 메시아가 오기 전에 엘리야가 먼저 와야 한다는 서기관들의 주장에 대해 예수님은 그 엘리야가 바로 세례 요한이라고 말씀하십니다(11-13절). 예수님은 이미 귀신을 내쫓는 권능을 받았음에도(3:15) 귀신을 쫓아내지 못한 제자들의 믿음 없음을 한탄하십니다(19절). 귀신들린 아들을 둔 아버지의 간절한 요청에 응답하신 예수님은 믿음의 기도가 승리의 요인이라고 말씀하십니다(24, 29절). 예수님의 죽음과 부활에 대한 두 번째 예고를 듣고도 제자들은 누가 큰 자인지를 놓고 논쟁합니다(31-37절). 십자가를 지실 예수님을 두고 세상 영광을 구하는 제자들의 모습은 꼭 우리의 모습과 같습니다. 예수님은 그의 곁에서 권력을 차지하려는 생각을 갖고 있는 요한에게 당신과 복음을 반대하지 않는다면 모두가 하나라고 말씀하시며 편협함과 시기심을 버리라고 말씀하십니다(38-42절). 마지막으로 극단적인 사례를 들며 어떤 희생이 있더라도 반드시 하나님 나라에 들어가야 함을 말씀하십니다(43-50절).

[욥기 5장]

엘리바스는 이유 없는 재앙이 없으니 '나는 죄가 없다'는 식의 어리석은 생각을 버림으로 멸망을 피하라고 조언합니다(1-7절). 지금이야말로 하나님을 찾으면 하나님이 행하시는 일을 보게 될 것이라고 권합니다(8-9절). 자연과 인간의 역사를 다스리시는 하나님과 맞서지 말고 하나님께로 돌아서야 한다고 가르칩니다(10-16절). 범죄한 자에게 임하는 하나님의 징계는 도리어 복이 되기에 하나님은 회개하는 자를 구원하시고 회복시키십니다(17-27절). 엘리바스는 비록 큰 죄로 인하여 비극적인 상황을 맞긴 했으나 아직 기회가 있으니 하나님의 구원과 복에 참여하라고 강력히 권고합니다. 그는 욥의 상황을 오직 하나님의 징계라는 관점으로 바라보고 있습니다.

[로마서 9장]

우리를 하나님의 사랑으로부터 끊을 수 있는 것은 없다고 선언한 바울은 동족을 향한 애끊는 심정을 토로합니다(8:39, 3절). 하나님의 선택, 영광, 언약, 예배, 율법이 유대인에게 주어졌지만 그들은 믿지 않았습니다(4절). 그러나 유대인의 복음에 대한 거부가 하나님의 약속을 폐기할 수는 없습니다(6절). 하나님은 공의로우시며 자유로우십니다. 이삭과 야곱은 하나님의 일방적인 선택을 받았습니다(7-13절). 그렇다면 불공평한 하나님이 되는 걸까요? 아닙니다. 주의 영광을 보여 달라는 모세의 요구에 대해 하나님은 "나는 은혜 베풀 자에게 은혜를 베풀고 긍휼히 여길 자에게 긍휼을 베푸신다"고 말씀하셨습니다(출 33:19). 즉, 모세가 요청한다고 보여주시는 것이 아니라 당신의 긍휼로 인해 보여주신다는 뜻입니다. 우리는 하나님께 왜 바로를 완고하게 하셨냐고 물을 수 없습니다(18절). 그의 완고함은 오히려 출애굽(이스라엘의 구원)과 직결됩니다. 그릇의 종류를 결정하는 것은 토기장이의 고유권한입니다(21절). 그릇은 왈가왈부할 자격이 없습니다. 호세아의 선포내용(25-26절), 이사야의 선포내용(27-29절) 모두 하나님의 절대주권을 강조합니다. 모든 사람이 죄를 범하여 심판을 받아야 하는 상황에서 만약 하나님이 100명만 구원하시기로 결정하셨다 해도 우리는 이의를 제기할 수 없습니다. 구원받은 100명은 하나님의 무한하신 사랑을 노래할 것이며 나머지는 심판을 받아들일 수밖에 없는 것입니다. 심판이 당연한 상황에서 하나님이 100명에게 특별한 은혜를 주셨을 뿐입니다. 긍휼히 여길 자를 긍휼히 여기시는 하나님에 대해 누가 감히 불만을 제기할 수 있습니까? 하나님을 알지도 못했던 이방인에게 하나님의 긍휼이 임할 줄 누가 알았겠습니까?(30-33절). 그 이방인에 저와 여러분이 속해 있으니 그저 은혜입니다.

[기도]

하나님! 말씀을 가까이 하고 죄는 멀리하게 하옵소서. 당신의 신실함을 의심하지 않게 하옵소서. 나는 주의 긍휼이 내게 임하였음을 일평생 노래할 것입니다.

[창세기 40장]
모범죄수로 발탁되어 간수장의 시중을 들던 요셉은 바로의 최측근 신하 두 명을 만납니다(1-4절). 두 신하는 각각 꿈을 꾸게 되는데 요셉이 그들의 꿈을 해석해 주면서 그들과 특별한 관계를 맺게 됩니다(5-7절). 꿈 해석이 전적으로 하나님께 달려 있다는 요셉의 선언은 곧 인간의 미래는 전적인 하나님의 영역이라는 선언입니다(8절). 요셉은 술 맡은 관원장의 복직과 떡 맡은 관원장의 죽음을 예고합니다(9-19절). 그의 해석은 그대로 적중하였으나 복직한 관원장은 요셉을 잊어버립니다(20-23절). 그러나 단지 요셉이 알지 못할 뿐 하나님의 시계는 멈추지 않고 움직이고 있습니다.

[마가복음 10장]
모세의 율법은 아내에게서 수치 되는 일을 발견하면 이혼이 가능하며 이혼증서를 써 주도록 명시합니다(신 24:1). 이혼이 여성에게 훨씬 더 치명적이어서 여성 보호와 재혼을 보장하기 위함입니다. 그런데 수치 되는 일에 대하여 '성적 부도덕'으로만 한정하는 샴마이 학파와 요리를 못함, 아내보다 더 매력적인 여인을 발견함 등 광범위하게 적용하는 힐렐 학파로 나뉩니다. 사람의 법으로 경우의 수를 확대한 것입니다. 결혼은 하나님이 만드신 제도로 하나님이 짝지어 주신 것을 사람의 법이 나누지 못합니다(6절). "남자가 부모를 떠나 그의 아내와 합하여 둘이 한 몸을 이룰지로다"(창 2:24). 세상은 크고 강한 자가 나라를 얻지만 하나님의 나라는 자신을 낮추고 겸손히 주를 의지하는 자가 얻습니다(13-16절). 재물을 사랑하는 청년은 결국 예수님이 아닌 재물을 선택합니다(21-22절). 스스로 구원을 얻고자 하는 것은 어리석은 행위이며 구원은 전적인 하나님의 역사입니다(23-27절). 복음을 위해 모든 것을 버린 자는 현세의 복(=믿음의 형제들 및 소유)을 고난과 함께 받으며 반드시 내세의 복(영생)을 받습니다(29-31절). 누가 큰지에 대해 논쟁을 벌였던 제자들이 이번에는 자리다툼을 합니다(9:30-37, 32-41절). 예수님은 그런 제자들에게 "인자가 온 것은 자기 목숨을 많은 사람의 대속물로 주기 위함이라"고 말씀하십니다(45절). 예수님을 향해 다윗의 자손(메시아)이라고 외친 바디매오는 고침을 받았습니다(46-52절).

[욥기 6장]
고난은 죄의 결과이니 회개하여 살 길을 찾으라는 엘리바스의 말에 대한 욥의 답변입니다. 욥은 극심한 고통을 호소합니다. "나의 괴로움과 파멸은 바다의 모래보다도 무거울 것이라"(2절). "전능자의 화살이 내게 박히매 나의 영이 그 독을 마셨나니 하나

님의 두려움이 나를 엄습하여 치는구나"(4절). 그는 엘리바스의 말을 반박하며 지금까지 하나님의 말씀을 거역하지 않았다고 강조합니다(10절). 이는 무흠하다는 의미가 아니라 현재의 고통스런 상황을 겪을 만큼의 죄를 짓지 않았다는 뜻입니다. "그 사람은 온전하고 정직하여 하나님을 경외하며 악에서 떠난 자더라"(1:1). 하나님은 여전히 안 보이고 기력이 많이 약해진 욥은 차라리 하나님이 자기를 끊어 버리시길 바라고 있습니다(8-13절). 욥에게 친구들은 우기에만 물이 흐르는 개울처럼 변덕스러워 믿을 수 없으며 실망을 주는 존재들입니다(14-20절). 욥은 큰 도움을 요청한 적이 없습니다(21-23절). 그저 따뜻한 위로를 바랐을 것입니다. 그는 자신이 무슨 죄를 지었는지 구체적으로 알고 싶어 합니다(24-30절).

[로마서 10장]

바울은 동족의 구원을 간절히 열망합니다(1절). 그들은 하나님께 열심이 있으나 바른 지식이 없어 하나님의 의에 대해 모르고 그저 율법을 지키면 의롭게 된다는 자기 의를 내세웁니다(2-3절). 율법준수가 아니라 율법의 마침(완성)이 되시는 예수 그리스도에 대한 믿음이 의롭게 합니다(4절). 율법으로 의를 행할 수 있는 사람은 없으며 오직 예수 그리스도만이 율법으로 말미암는 의를 행하실 수 있습니다(5절). 의를 얻기 위해 하늘에 올라가 그리스도를 모셔올 필요가 없으며 무저갱에 내려가 그리스도를 모셔 올릴 필요도 없습니다(6-7절). 바울은 "오직 그 말씀이 네게 매우 가까워서 네 입에 있으며 네 마음에 있은즉 네가 이를 행할 수 있다"(신 30:14)는 말씀을 인용하여 구원을 위한 모든 일은 하나님이 다 하셨으며 구원의 진리는 매우 가까이 있으니 믿기만 하면 된다고 말합니다(8-10절). 그리스도를 믿는 자는 결코 부끄러움을 당하지 않으며 구원의 진리는 누구에게나 차별 없이 적용됩니다(11-13절). 그럼에도 불구하고 이스라엘은 복음을 믿지 않았습니다(14-20절). 하나님은 불신하는 자들을 안타까워하십니다(21절).

[질문과 묵상]

1. 오늘 말씀을 통해 만난 하나님은 어떤 분인가요?

2. 오늘 말씀을 통해 하나님이 내 삶에 요청하시는 것은 무엇인가요?

[기도]

인생의 어두움이 찾아올 때에도 여전히 하나님의 선하심을 신뢰하게 하옵소서. 복음의 진리를 듣고 믿는 자가 되게 하신 은혜에 감사드립니다. 나의 구원을 위한 모든 것을 하나님이 다 이루셨음을 고백합니다.

[창세기 41장]

하나님의 일하심은 눈에 보일 때도 있지만 보이지 않을 때가 더 많습니다. 드디어 요셉의 인생과 함께 하시는 하나님의 일하심을 눈으로 확인할 때가 왔습니다. 같은 내용의 꿈을 두 번 연이어 꾼 바로(파라오)의 번민을 지켜보던 술 맡은 관원장이 그동안 잊고 있었던 요셉을 떠올립니다(40:14). 요셉이 역사의 전면에 등장합니다. 그는 하나님의 지혜로 바로의 꿈을 명쾌하게 풀어냅니다(17-31절). 어떻게 흉년을 대비해야 하는지에 대한 구체적인 방안까지 조언하는 요셉은 결국 총리로 발탁됩니다(32-45절). 총리가 된 요셉은 흉년을 대비하는 프로젝트를 진두지휘했으며 흉년이 시작되자 준비한 대로 구휼사업을 시작합니다(46-57절). 요셉의 뛰어난 지혜는 어디로부터 비롯된 것일까요? "여호와를 경외하는 것이 지혜의 근본이요"(시 111:10). 요셉은 노예와 죄수로 보낸 시절에도 늘 여호와를 경외하는 삶을 살았습니다.

[마가복음 11장]

예수님은 사람을 대신하여 짐을 지는 나귀를 타고 우리의 죄의 짐을 지기 위해 예루살렘에 들어가십니다(슥 9:9, 7절). 사람들은 다윗의 나라의 회복을 꿈꾸며 예수님을 환영합니다(10절). 그들은 로마로부터 자유케 될 나라를 생각하고 있지만 예수님은 죄와 사망으로부터 자유케 될 역사를 꿈꾸십니다. 참 성전 되시는 예수님은 성전에서의 매매를 금지시키고 만민이 기도하는 집임을 선포하십니다(15-17절). 대제사장과 서기관들은 예수님을 죽이려고 모의합니다(18절). 예수님이 저주하신 무화과는 잎사귀 외에 아무 것도 없었습니다(13절). 즉, 이 무화과는 시간이 지나도 열매가 맺힐 가능성이 없습니다. 바리새인처럼 말만 무성하고 열매가 없다면 심판을 피하지 못할 것입니다(20절). "그러므로 회개에 합당한 열매를 맺고"(마 3:8). 예수님은 무화과나무에 대한 저주가 그대로 이루어진 것을 통해 기도자의 순전한 믿음과 용서의 삶이 중요하다는 것을 가르치십니다(20-25절). 종교 지도자들이 예수님의 권위에 대해 묻었지만 예수님은 도리어 세례 요한의 권위에 대해 묻습니다(28-30절). 백성들은 예수님에 대해 세상 죄를 지고 가는 하나님의 어린양으로 규정한 세례요한을 참 선지자로 여겼습니다(요 1:29). 세례 요한을 인정한다면 예수님의 권위를 인정해야 하고 세례 요한을 인정하지 않으면 백성들의 지지를 잃게 됩니다. 그들이 대답을 회피하자 예수님 역시 대답하지 않으셨지만 사실 예수님은 하늘의 권세를 가지신 분입니다(마 28:18).

[욥기 7장]

6장에서 자신을 정죄하는 엘리바스를 향해 분노의 감정을 드러낸 욥이 고통스러운 심경을 쏟아냅니다. 종은 저녁의 쉼을 기다리고 품꾼은 삯을 기다립니다(1-2절). 그러나 욥은 희망 없는 고통의 시간을 몇 달째 보내고 있습니다(3-6절). 그는 고통에서 건져달라는 기도에 응답하지 않는 하나님으로 인해 심신이 지쳐 차라리 죽기를 바라고 있습니다(7-10절). 자신을 엄하게 다루시며 과녁으로 삼으시고, 혹독하게 다루시는 하나님으로 인해 잠을 이루지 못하는 욥은 차라리 죽는 게 낫다는 결론을 내립니다(11-21절). 우리가 겪는 고난 중에 도무지 이해할 수 없는 고난이 있으며, 단지 하나님께 속해 있다는 이유만으로 겪는 고난도 있습니다.

[로마서 11장]

우상이 가득했던 엘리야 시대에 순전한 칠천 명을 숨겨 두셨으며 박해자였던 바울을 버리지 않으신 하나님은 이스라엘을 포기할 수 없으십니다(1-4절). 지금도 그때처럼 은혜로 남게 된 자(유대인 그리스도인)들이 있습니다(5-6절). 율법의 행위로 의를 얻으려 한 자들은 얻지 못했으나 은혜로 택하심을 입은 자들은 의를 얻었습니다(7절). 복음에 대해 완고한 자들은 하나님의 구원을 볼 수 없으며 들을 수도 없습니다(8-10절). 하나님은 이스라엘의 넘어짐('완고함')을 통해 이방인의 선교역사를 이루어가십니다(11-15, 25-29절). "깊도다 하나님의 지혜와 지식의 풍성함이여"(33절). 조상(=처음 익은 열매, 뿌리)이 거룩하면 후손들(=떡덩이, 가지)도 거룩합니다(16절). 이것은 자격이 아닌 하나님의 인정(은혜)으로 말미암은 것입니다. 바울은 복음을 거부하고 있는 유대인을 참 감람나무의 원 가지로, 이방인을 돌 감람나무의 가지로 비유합니다(17-24절). 복음을 받아들이지 않는 원 가지(유대인)가 꺾이고 그 자리에 돌 감람나무의 가지(이방인)가 접붙임을 받았습니다. 유대인이라도 믿지 않으면 꺾이며 이방인이라도 믿으면 접붙여집니다. 그러나 꺾인 가지(유대인)는 언제라도 회복될 수 있으므로 접붙여진 가지(이방인 그리스도인)는 꺾인 가지에 대하여 교만해서는 안 될 것입니다. 하나님은 이스라엘에 대한 긍휼을 포기하지 않으십니다(30-32절).

[질문과 묵상]

1. 오늘 말씀을 통해 만난 하나님은 어떤 분인가요?

2. 오늘 말씀을 통해 하나님이 내 삶에 요청하시는 것은 무엇인가요?

[기도]

하나님이 결정적으로 일하시는 시간이 있다는 것을 신뢰합니다. 구원이 내게 오기까지 내게 부어주신 하나님의 지혜와 긍휼을 찬양합니다. 입만 무성한 자가 되지 않게 하시고 삶의 열매로 주를 기쁘게 하는 자가 되게 하옵소서.

[창세기 42장]
요셉의 꿈대로 고대근동 지역에 7년 대기근이 들었습니다. 오직 애굽에만 양식이 있습니다. 요셉을 상인들에게 팔았던 형들이 양식을 사기 위해 요셉 앞에 엎드려 있습니다(1-8절). 형들을 알아 본 요셉은 어린 시절의 꿈을 기억하며 형들의 진정성을 테스트하기 위해 한 사람만 남고 나머지는 곡식을 가지고 집으로 돌아가되 다시 올 때는 막내동생(베냐민)을 데리고 옴으로써 정탐꾼이 아님을 증명하라고 요구합니다(37:5-11, 9-20절). 요셉의 말을 듣고 일이 크게 잘못되어 간다고 생각한 형들은 과거 요셉을 팔았던 죄에 대한 대가를 치르고 있다고 생각합니다(21-23절). 결국 요셉이 지목한 시므온만 남고 나머지는 복귀하였는데 곡식 자루 안에 돈이 그대로 있는 것을 보고 그들은 경악하였으며 자초지종을 들은 야곱은 요셉에 이어 베냐민까지 잃게 되었다고 절망합니다(24-38절). 르우벤이 자기의 두 아들을 두고 맹세하며 베냐민을 데려갔다가 반드시 다시 데려오겠다고 다짐하지만 야곱은 결단을 주저합니다.

[마가복음 12장]
예수님은 대적자들의 현 실태를 보여주는 하나의 이야기를 들려주십니다(1-12절). 먼 길을 떠난 포도원 주인(하나님)은 종들을 때리고 심지어 죽이기도 하는 농부들(유대 지도자들)에게 계속 기회를 주었으나 농부들이 상속자인 아들(예수 그리스도)마저 죽임으로써 결국 그들을 심판합니다. 농부들은 심판의 권한을 가진 주인이 반드시 돌아온다는 사실을 잊고 있었습니다. AD 6년, 이스라엘에서는 로마의 과도한 세금부과로 인해 폭동이 일어나 진압과정에서 많은 사람들이 죽는 사건이 있었습니다. 바리새인과 헤롯당원은 정치적으로 예민한 세금문제로 예수님을 책잡으려 합니다(14-15절). 예수님은 데나리온에 새겨진 황제의 형상을 보이며 '가이사의 것은 가이사에게 하나님의 것은 하나님에게'라고 말씀하십니다. 나의 소유와 생명이 가이사에게 속하였음을 믿는 자는 가이사에게, 나에게 하나님의 형상이 새겨져 있음을 믿는 자는 하나님께 드리는 인생을 삽니다(17절). 예수님은 계대결혼(=형이 상속자 없이 죽으면 동생이 형을 위해 자손을 낳게 하는 법)의 극단적인 상황을 예로 들며 부활의 모순을 밝히려 한 사두개인들에게 부활의 몸은 천사와 같이 되는 것이며 믿음의 조상들은 죽은 것이 아니라 부활의 능력 안에서 지금도 살아 있다고 말씀하십니다(18-27절). 하나님과 이웃을 사랑하는 것이 율법의 핵심임을 선언한 예수님은 다윗의 고백을 인용하여 당신이 그리스도이심을 선포하십니다(시 110:1, 28-37절). 위선에서 벗어나 마음을 다해 주를 경외해야 합니다(38-44절).

[욥기 8장]

빌닷이 등장합니다. 빌닷은 욥의 상황이 공의로우신 하나님의 심판이라고 확신하며, 죄 없음을 주장하는 욥에게 분노합니다. 하나님은 죄인을 징계하시고 하나님을 찾는 자에게는 상을 주십니다(1-7절). 그는 고난의 원인을 죄로 진단한 옛 사람의 지혜를 배우라고 말합니다(8-10절). 왕골과 갈대는 물이 있는 곳에서 잘 자라다가 물이 말라버리면 금새 말라 죽습니다. 악인의 형통이 이와 같아서 잠시 흥했다가 금새 망할 것이며 기쁨도 그칠 것입니다(11-19절). 지금이라도 정직하게 하나님 앞으로 나아가면 기쁨을 누릴 수 있다고 빌닷은 권면합니다(20-22절). 아무리 친한 친구라도 고난당할 때 그로부터 진정한 위로를 받기란 쉽지 않습니다.

[로마서 12장]

그리스도를 믿음으로 의롭게 된 성도는 첫째, 그 몸을 살아있는 제물로 드려야 합니다(1절). 이제는 내가 사는 것이 아니요 내 안에 그리스도께서 사시는 것입니다(갈 2:20). 둘째, 이 세상의 가치관을 따르지 않고 하나님의 선하시고 기뻐하시고 온전하신 뜻을 따라 살아야 합니다(2절). 성도는 마땅히 자신을 몸의 지체 중 하나로 여겨야 하며, 자기만 특별한 존재로 여기지 말아야 합니다(3-5절). 하나님이 믿음과 은사(기능)를 각각 다르게 주셨지만 그리스도 안에서 한 몸입니다(6-8절). 우리는 악을 미워하고 선에 속한 자가 되며, 형제를 사랑하고 부지런히 주를 섬기며, 소망 중에 즐거워하고 환난 중에 참으며, 기도에 힘쓰고 성도의 쓸 것을 공급하며, 대접하기를 힘쓰고 박해자를 축복해야 합니다(9-14절). 또한 함께 즐거워하고 함께 울며, 겸손히 행하고 선을 행하며, 화목에 힘쓰고 복수는 하나님께 맡기며, 원수를 사랑하고 선으로 악을 이겨야 합니다(15-21절). 이것이 바로 우리 몸을 살아있는 제물로 주님께 드리는 것이며 우리가 드릴 영적 예배입니다.

[질문과 묵상]

1. 오늘 말씀을 통해 만난 하나님은 어떤 분인가요?

2. 오늘 말씀을 통해 하나님이 내 삶에 요청하시는 것은 무엇인가요?

[기도]

요셉의 인생을 세밀하게 인도하신 하나님! 나의 인생의 걸음마다 늘 함께 하시는 줄 믿습니다. 알 수 없는 고난을 만났을 때 전능자를 찾게 하시고 이 땅에 사는 날 동안 하나님이 받으시는 거룩한 산 제물로 나를 드리게 하옵소서.

[창세기 43장]
어렵게 구해온 양식이 거의 다 떨어졌습니다. 볼모로 잡혀 있는 시므온과 양식을 구하려면 베냐민을 데리고 가야 합니다. 지체하지 않았으면 벌써 두 번은 갔다 왔을 것이라는 유다의 말은 야곱이 베냐민을 놓고 얼마나 주저했는지를 잘 보여줍니다(10절). 온 가족이 굶어 죽어야 하는 상황이 되자 마침내 야곱은 결단합니다. "내가 자식을 잃게 되면 잃으리로다"(14절). 하나님께 온전히 맡길 때 하나님의 일은 시작됩니다. 이 과정에서 유다는 베냐민의 담보가 되기로 결단합니다(9절). 유다처럼 예수님도 우리의 생명의 담보가 되어 주셨습니다. 베냐민을 데리고 애굽으로 간 요셉의 형제들은 지난번 곡식 값을 조심스럽게 내놓았으나 요셉의 청지기는 하나님이 하신 일이라고 말하며 그들을 안심시킵니다(15-24절). 친동생 베냐민을 본 요셉은 마음에 불이 붙는 것 같았습니다(30절). 요셉이 마련한 잔치는 꼭 베냐민을 위한 잔치 같았습니다(34절). 요셉이 애굽에 먼저 가서 형제들을 위해 잔치를 준비한 것처럼 예수님은 부활·승천하셔서 우리를 위한 천국잔치를 준비하고 계십니다(요 14:1-3).

[마가복음 13장]
대제사장들의 소득창구로 변질된 성전은 철저히 파괴될 것입니다(1-2절). 실제로 AD 70년, 로마의 티투스장군에 의해 완전히 파괴됩니다. 성전 파괴에 대한 말씀은 종말에 대한 말씀으로 의미가 확장되어 예루살렘의 종말에 관한 징조는 곧 세상의 종말에 대한 징조로 적용됩니다(7-13절). 중요한 것은 핍박 속에서 끝까지 신앙을 지키는 것입니다. "끝까지 견디는 자는 구원을 받으리라"(13절). 성전제사가 폐하여지고 가증한 것(우상제단)이 세워지리라는 다니엘의 예언은 1차로 시리아(셀류쿠스 왕조)의 안티오쿠스 에피파네스(BC 175-163년) 때에 성취됩니다(단 9:27 & 단 11:31 & 단 12:11). 그는 제단을 헐고 제우스 신상을 세웠으며 유대인들이 절대로 제물로 쓰지 않는 돼지로 제사를 드렸습니다. 또한 AD 70년, 예루살렘을 점령한 로마군은 독수리 휘장이 새겨진 군기를 성전 안에 세웠습니다. 이처럼 말세가 되면 적그리스도가 나타나 신앙인을 핍박하고 우상을 섬기도록 미혹하고 강요할 것입니다(14절). 심판은 매우 급박하고 혹독하게 진행되며 혼란의 때를 틈타 거짓 선지자들이 득세하여 거짓 구원을 외칠 것입니다(15-23절). 그러나 성도들이 감당할 수 있도록 주께서 그날들을 조절하십니다(20절). "사람이 감당할 시험 밖에는 너희가 당한 것이 없나니"(고전 10:13). 이러한 환난이 있고 나서야 주께서 큰 권능과 영광 가운데 다시 오십니다(24-27절). 징조를 보면 심판이 가까이 왔음을 알 수 있습니다(28-29절). 우리는 그 날과 그 때의 권한을 가지신 아버지 안에 늘 거해야 합니다(30-37절).

[욥기 9장]

빌닷의 말에 대한 욥의 답변으로 욥은 일단 하나님의 의로우심을 인정합니다(1-4절). 만물을 창조하시고 통치하시는 하나님의 지혜와 위대하심에 대하여 누구도 이의를 제기할 수 없습니다(5-12절). 욥은 한낱 인간 주제에 자신의 고통스런 현 상황에 대한 하나님의 입장을 요구하거나 하나님께 맞서서 자신을 변호할 수는 없는 노릇이라고 한탄합니다(13-20절). 아무리 자신이 옳게 보여도 피조물이 창조주를 이길 수 없기 때문입니다. 아무리 간구해도 고통의 현실은 바뀌지 않고 있습니다. 악인과 무죄한 자(본인)가 동일하게 멸망을 당하는 현실이라고 말하며 하나님의 공의에 이의를 제기하지만 고통스런 시간만 계속 흐르고 있습니다(21-26절). 현재의 고통이 죄의 결과인 걸로 점차 굳어지는 가운데 욥은 하나님이 자신의 죄를 용서해 주시지 않을 것을 염려합니다(27-28절). 정결케 되고자 애써도 소용없고 하나님과 자신을 중재해 줄 사람도 없습니다(29-35절). 중재자가 없는 것이 욥의 괴로움입니다. 우리는 예수님을 보아야 합니다. 그는 하나님과 우리 사이의 유일한 중보자이십니다. “하나님과 사람 사이에 중보자도 한 분이시니 곧 사람이신 그리스도 예수라”(딤전 2:5).

[로마서 13장]

세금문제에 대해 질문을 받았던 예수님은 “가이사의 것은 가이사에게, 하나님의 것은 하나님에게”라고 말씀하시며 로마 당국을 부정하지 않으셨습니다(막 12:17). 그리스도인은 기본적으로 위의 권세에 순복해야 합니다(1절). 그러나 위의 있는 권세가 절대 주권을 가졌다는 의미는 아닙니다. 바울은 그들에 대하여 하나님의 사역자라고 표현합니다(4절). 여기에는 두 가지 의미가 있는데, 첫째, 일단 그들의 권력이 하늘로부터 왔음을 인정하고 순복하라는 것이며, 둘째, 권력자라도 무소불위의 권력을 휘두를 수 없는 것은 그들 역시 하나님의 사자(=하나님의 주권 아래 있는 존재)이기 때문입니다. 면허증을 취득하면 운전할 수 있지만 행인을 다치게 할 권한은 주어지지 않는 것처럼 위의 권세들은 정해진 법의 테두리 안에서 권한을 사용해야 합니다. 결국 모든 권력이 하나님께로부터 왔다는 사실은 권세자와 그의 통치를 받는 백성 모두에게 적용됩니다(1-7절). 권세자들은 그들 위의 권세인 하나님을 두려워하고 백성들은 그 권세자에게 순복할 때 건강한 사회와 국가를 이룰 수 있습니다. 성도는 다가오는 주의 날을 대비하기 위해 어둠의 일(죄)을 버리고 사랑으로 율법을 완성해 나가야 합니다(8-14절).

[기도]

세속의 권위에 건강하게 순복하되 가장 큰 권위인 하나님을 경외하며 살아가게 하옵소서. 무엇보다 신앙의 가치를 수호하는 일에 앞장서게 하옵소서. 하나님! 나를 가르치사 하나님을 아는 바른 지식으로 충만하게 하옵소서.

[창세기 44장]

함무라비 법전은 점술용 은잔을 훔치는 행위를 사형으로 규정합니다. 고대근동지역에서 그 죄는 매우 무겁게 처벌했습니다. 그런데 은잔이 베냐민의 자루에서 나왔으니 최악의 시나리오가 만들어졌습니다. 요셉은 마지막으로 형제들을 시험하는데 자신을 팔았던 형들이 막내 동생에게 닥친 위기를 어떻게 극복하는지를 살펴보려합니다(1-10절). 우선 그들은 베냐민과 함께 합니다(11-13절). 요셉의 청지기가 자루에서 은잔이 나온 베냐민만 종으로 삼겠다고 선언했지만 모두가 함께 성으로 돌아갑니다. 특히 유다는 형제들을 대표하여 하나님이 오래 전 행한 그들의 죄(=요셉을 노예로 판 행위)를 찾아내셨다고 고백하며 자신이 종으로 남겠으니 아버지에게로 반드시 돌아가야 할 베냐민과 나머지 형제들은 보내달라고 간청합니다(14-34절). 자신을 내어주는 큰 결단을 내린 것입니다. 자신을 희생해서라도 동생을 살리려 한 유다에게서 대속의 개념을 엿볼 수 있습니다.

[마가복음 14장]

메시야의 뜻은 '기름부음을 받은 자'입니다. 이스라엘에서는 왕, 제사장, 선지자의 경우 기름부음을 받았습니다. 한 여인이 예수님의 머리에 향유를 부음으로써 그가 메시아이심을 선포합니다(1-9절). 예수님은 제자들과의 마지막 만찬에서 가룟 유다의 배신, 베드로의 부인, 대속의 죽음과 부활에 대해 말씀하십니다(18, 22-31절). 최후의 만찬에서 예고하신 내용들은 차례로 성취되었으며 그의 죽음의 의미를 기념하는 성만찬은 교회의 중요한 의례가 되었습니다. 십자가를 앞둔 예수님은 가장 힘겨운 기도를 드리며 아버지의 뜻에 온전히 순복하기로 결단하십니다(32-42절). 결단의 기도가 끝나자 가룟 유다가 이끌고 온 무리들이 나타나 예수님을 체포했으며 제자들은 모두 예수님을 버리고 도망갔습니다(43-52절). 대제사장에게로 끌려간 예수님에게 실체가 없는 고소들이 이어진 끝에 결국 신성모독의 혐의가 씌워집니다(53-65절). 일련의 과정에서 예수님은 침묵하셨습니다. "마치 도수장으로 끌려가는 어린 양과 털 깎는 자 앞에서 잠잠한 양 같이 그의 입을 열지 아니하였도다"(사 53:7). 예수님을 세 번 부인한 베드로는 예수님의 말씀을 떠올리며 통곡합니다(66-72절). 그의 통곡은 그가 새롭게 될 수 있는 가능성을 보여줍니다.

[욥기 10장]

10장은 이해할 수 없는 극심한 고난 가운데 있는 욥이 하나님께 던지는 질문들입니다. 첫째, "무슨 까닭으로 나와 더불어 변론하시는지 내게 알게 하옵소서"(2절). 욥은 자신을 징계한 하나님의 고발 내용(=자신의 구체적인 죄)을 알고 싶어 합니다. 여기서 변론(히: 리브)은 논쟁 혹은 법정 소송을 의미하는데 마치 법정에서 하나님과 논쟁을 벌이는 듯한 모습입니다. 둘째, "나의 허물을 찾으시며 나의 죄를 들추어 내시나이까"(3-7절). 그는 자신이 악하지 않은 줄 아시는 하나님이 꼭 사람처럼 시간에 쫓기듯 자신의 허물과 죄를 어떻게든 들추어내려는 것을 이해할 수 없다고 말합니다. 꼭 불공정한 사람의 눈을 가진 자의 모습과 같다고 말합니다. 셋째, "주의 손으로 나를 빚으셨으며 만드셨는데 이제 나를 멸하시나이다"(8-12절). 그는 친히 나를 지으시고 은혜로 보살펴 주신 하나님이 왜 나를 멸하려 하시는지 알 수 없다고 말합니다. 욥은 하나님이 자신을 해하려는 마음을 가지고 자신의 죄를 찾고 계시는데 자신은 완전한 자가 아니니 희망이 없다고 말합니다(13-17절). 태어나지 않았으면 좋았을 인생이라 한탄하며 차라리 자신을 그냥 내버려 두라고 말합니다(18-22절). 우리는 인생의 문제에 쉽게 답을 내려는 것을 조심해야 합니다. 욥의 친구들은 고통당하는 욥에 대하여 자신의 생각을 강요합니다. 우는 자들과 함께 우는 자세가 필요합니다(롬 12:15).

[로마서 14장]

로마교회에는 유대인 성도와 이방인 성도가 섞여 있습니다. 유대인 성도들은 축제나 제의 때 우상제단에 바쳐졌다가 시장을 통해 유통되는 고기를 먹는 것을 우상숭배와 같이 여겼습니다. 그래서 그들은 채소만 먹었습니다(2절). 반면 이방인 성도는 고기를 먹는 것에 대해 거리낌이 없었습니다. 바울은 이방인 성도에게 믿음이 연약한 자(=개종한 유대인 신자)를 업신여기거나 자신의 입장을 강요하지 말라고 권면합니다(1-3절). 왜냐하면 하나님이 그를 받으셨기 때문입니다. 모든 것의 판단 기준은 하나님입니다. 하인은 다른 하인을 비판할 권한이 없으며 주인(하나님)의 결정에 따라야 합니다(4절). 4절 말씀은 우상에게 바쳐진 고기를 먹는다고 이방인 성도를 비판했던 유대인 신자를 향한 것입니다. 어떤 특정한 날을 중시하거나 특정한 음식에 대해 판단하는 것 등은 그것이 성경의 핵심교리에 위배되지 않는 한 각자의 양심에 따라 결정하면 됩니다(5-6절). 함부로 정죄하지 말라는 것입니다. 무엇이든 주님을 위한 목적으로 행한 것이면 됩니다(7-9절). 판단은 주님이 하실 것입니다(10-12절). 먹고 마시는 지엽적인 문제에 매여 약한 형제를 넘어뜨리는 것은 사랑으로 행한 것이 아니며, 그렇게 되면 교회는 하나가 될 수 없습니다(13-18절). 주님이 주신 의와 평강과 기쁨을 함께 누려야 합니다. 무엇을 먹어도 상관없지만 믿음이 연약한 자를 배려하기 위해 우상에게 바쳐진 고기나 포도주는 먹지 않는 것이 화평과 덕을 세우는 일입니다(19-23절).

[기도]

유다는 자신을 희생하여 베냐민을 살리려 했습니다. 바울은 믿음이 연약한 자를 위해 자신의 자유와 권리를 내세우지 말고 배려할 것을 권면합니다. 하나님! 형제를 위해 사랑의 의무를 지는 성숙함이 있게 하시고 우는 자들과 함께 울어 줄 수 있는 성도가 되게 하옵소서.

[창세기 45장]

마침내 실체를 드러낸 요셉이 아버지의 안부를 묻자 형들은 너무 놀라 대답을 하지 못합니다(1-3절). 막강한 권력을 가진 요셉 앞에 형들은 두려워 떨 수밖에 없었습니다. 그러나 요셉은 형들이 자신을 판 것이 아니라 하나님이 생명을 구하시려고 애굽으로 보낸 것이라고 말하며 형들을 안심시킵니다(4-8절). "근심하지 마소서 한탄하지 마소서 하나님이 생명을 구원하시려고 나를 당신들보다 먼저 보내셨나이다"(5절). 요셉은 자신의 생존 소식을 속히 아버지에게 전해달라고 말합니다(9-15절). 바로는 요셉 가문의 애굽 정착에 필요한 모든 여건을 보장해 줍니다(16-24절). 요셉의 생존소식을 들은 야곱은 크게 기뻐합니다(25-28절). 야곱에게 이보다 더 큰 기쁨은 없습니다. "나는 팔려온 것이 아니라 보냄을 받은 것이다." 하나님의 섭리를 믿는 자의 멋진 고백입니다.

[마가복음 15장]

예수님의 죄를 신성 모독으로 규정한 대제사장과 유대 지도자들은 빌라도 총독에게 예수님을 넘깁니다(14:64, 1절). "네가 유대인의 왕이냐"라는 빌라도의 질문을 통해 대적들이 예수님을 로마에 대한 반역죄로 고소했다는 것을 알 수 있습니다(2절). 빌라도는 예수님의 죄 없음을 알고 명절 특사로 풀어주려 했지만 결국엔 실패하고 십자가형을 언도합니다(6-15절). 로마에 대한 반역죄를 뒤집어 쓴 예수님은 군인들에 의해 가짜 왕의 소품들로 치장당한 후 조롱과 수치를 당하셨습니다(16-20절). 십자가 처형은 거의 알몸 상태로 진행되는 매우 수치스러운 형벌이며, 예수님의 옷은 군인들이 제비뽑아 나누어 가졌습니다(24절). 예수님이 십자가에 달려 끔찍한 고통을 당하는 중에도 사람들의 조롱은 계속 이어졌습니다(29-32절). 마침내 여섯 시간의 긴 고통 끝에 예수님은 운명하십니다(37절). 예수님의 고난과 죽음의 전 과정을 지켜본 백부장은 "이 사람은 진실로 하나님의 아들이었도다"라는 놀라운 고백을 하게 됩니다(39절). 그는 보통의 죄수에게서 볼 수 없었던 여러 증거들을 본 것입니다. 아리마대 요셉이 예수님의 시신을 거둡니다(42-47절).

[욥기 11장]

욥의 세 번째 친구 소발이 등장합니다. 앞선 두 친구가 말은 많이 했으나 욥에게 적절한 답을 주지 못했다고 생각한 그는 욥에게 거친 표현을 쏟아 냅니다(1-3절). 소발 역시 욥의 고난은 죄로 인한 징계라고 생각하는데 "하나님이 너로 하여금 너의 죄를 잊게 하여 주셨음을 알라"는 표현에 나타나 있듯이 죄에 비하여 욥이 받은 벌은 오히려 약한다는 입장을 표명합니다(4-6절). 소발은 하나님의 오묘하신 섭리와 지혜는 사람이 알 수 없다고 말하는데 이는 하나님이 자신을 부당하게 대우한다고 억울해하는 욥의 어리석음을 질책하는 말입니다(7-9절). 하나님은 악한 자를 심판합니다(10-12절). 소발이 생각하기에 욥의 징계는 합당합니다. 그는 회개한 자에게 하나님이 약속한 복을 언급하며 회개를 촉구합니다(13-19절). 회개하지 않는 악한 자에게는 죽음이 기다릴 뿐입니다. 하나님의 지혜를 알 수 없는 우리는 다른 사람의 인생을 함부로 논하는 것에 주의해야 합니다.

[로마서 15장]

그리스도를 본받아 유대출신 그리스도인과 이방출신 그리스도인은 서로 용납하고 받아들여야 합니다(3, 5-7절). 유대인 형제들은 율법에서 금한 음식을 먹는 이방인 형제들을 정죄하지 않으며 이방인 형제들은 유대인 형제들이 음식 문제로 시험에 빠질 수 있음을 알고 배려해야 합니다. 하나님 나라는 먹는 마시는 것에 있지 않기 때문입니다(14:17). 예수님과 성경의 교훈을 따르면 유대인과 이방인의 벽은 허물어집니다(8-13절). 예수님은 할례의 추종자(유대인)로 오셨지만 이방인을 긍휼히 여기셔서 하나님의 백성으로 받으셨으며 다윗(시 18:49, 9절), 모세(신 32:43, 10절), 시편(시 117:1, 11절), 이사야(사 11:10, 12절)는 열방이 새 이스라엘을 구성하게 될 것을 이미 예고했습니다. 유대인인 바울은 이방인의 사도로서 이방지역을 다니며 복음을 전했으며, 특히 복음이 전해지지 않은 곳에서 사역하는 것을 원칙으로 삼았습니다(14-21절). 서바나(스페인) 선교의 비전을 갖고 있던 바울은 로마교회의 후원을 요청합니다(22-23절). 그러나 먼저 마게도냐와 아가야의 교회에서 받은 연보를 예루살렘 교회에 전달해야 합니다(25-26절). 이 연보는 가난한 예루살렘 교회 성도들을 위한 구제헌금입니다. 이방인 교회가 유대인 교회를 섬기는 것은 양 진영의 하나 됨을 위한 매우 중요한 사역입니다(27절). 바울은 예루살렘으로 가는 여정의 안전과 예루살렘 교회가 이방인 교회의 연보를 감사히 받을 수 있도록 기도를 부탁합니다(30-33절). 혹 바울이 율법을 거스르며 잘못된 교리를 전한다는 오해를 가진 사람들이 있다면 이방인 형제들의 사랑이 담긴 연보가 거부될 수도 있기 때문입니다.

[질문과 묵상]

1. 오늘 말씀을 통해 만난 하나님은 어떤 분인가요?

2. 오늘 말씀을 통해 하나님이 내 삶에 요청하시는 것은 무엇인가요?

[기도]

요셉 가족의 하나 됨, 교회의 하나 됨은 누군가의 자기 부인과 희생의 결과입니다. 그리스도를 본받아 자신의 생각을 강요하지 않고 배려하며 하나 됨을 이루어가는 성도가 되게 하옵소서.

[창세기 46장]
야곱은 죽은 줄 알았던 요셉이 애굽의 총리가 되어 있다는 말을 도무지 믿을 수 없었지만 요셉이 보낸 화려한 수레를 본 후에야 사실임을 깨달았을 것입니다(45:27). 브엘세바에서 야곱에게 나타나신 하나님은 애굽으로 가는 것을 두려워하지 말라고 말씀하십니다(1-4절). 이에 야곱은 칠십 명의 식구들을 모두 데리고 애굽으로 내려갑니다(5-27절). 요셉을 만난 야곱은 지금 죽어도 여한이 없다고 말할 정도로 기뻐합니다(30절). 요셉은 아버지와 형제들이 비옥한 고센 땅에 거주하도록 조치합니다(31-34절). 목축업을 경히 여기는 애굽 사람들로 인해 야곱 일가는 자연스럽게 목초지가 있는 비옥한 고센 땅으로 가게 될 것입니다. 애굽 사람의 삶의 터전과 분리되어 있는 고센 땅은 애굽 문화의 영향을 상대적으로 덜 받을 것이며 살아가기에도 좋은 입지조건을 가지고 있습니다.

[마가복음 16장]
예수님이 십자가에 달리실 때 현장에 있었던 여인들은 예수님의 시신에 향품을 바르기 위해 무덤을 찾았다가 부활의 첫 증인이 되는 영광을 누리게 됩니다(15:40, 1-8절). 1세기 여성은 사회적으로 지위가 매우 낮았으며 종교적인 역할과 기능에서 아예 배제되어 있었습니다. 그럼에도 불구하고 여성에 의해 부활 소식이 전해졌다고 기록한 것은 그것이 사실이기 때문입니다. 그러나 제자들은 여인들의 증언을 믿지 않았습니다(14절). 여성의 증언이라는 면도 있지만 죽음에서 부활했다는 것 자체를 믿지 못한 것입니다. 예수님은 그들의 완악함을 책망하십니다. 부활하신 주님은 우리에게 사명을 주셨습니다. “너희는 온 천하에 다니며 만민에게 복음을 전파하라”(15절). 각 시대의 상황에 맞게 복음의 진정성을 보증하는 표적들이 나타났습니다(17-18절). 본문의 역사는 지금도 예수님의 이름으로 나타나고 있습니다. 부활하신 주님은 승천하셔서 하나님 보좌 우편에 앉으셨으며 복음전파의 사명을 감당하는 제자들이 세상을 이기도록 능력을 주십니다(19-20절).

[욥기 12장]
자기들만 참된 지혜가 있는 것처럼 말하는 친구들에 의해 회개를 거부하는 악한 자로 몰린 욥은 자기도 그들만큼의 지혜가 있다고 반박합니다(1-3절). 욥은 ‘의인은 복을 받고 악인은 심판을 받는다’는 보상교리(인과응보 사상)가 모든 상황에 적용되기 어렵다는 증거를 네 가지로 열거합니다. 첫째, 자신의 경우와 같이 의롭고 온전한 자에게 닥치는 고난입니다(4절). 둘째, 불의한 자가 누리는 형통입니다(5-6절). 셋째, 피조물에게 나타나는 하나님이 권능과 지혜입니다(7-10절). 피조물조차 인간을 가르칠 만큼의 지

혜가 있음을 네가 아느냐는 것입니다. 넷째, 모든 생명이 하나님의 주권 아래 있음과 경험이 많은 노인에게 주시는 하나님의 지혜와 명철입니다(10-12절). 인생을 논하기에는 욥의 친구들은 아직 연수가 짧으며 모르는 게 많다는 것입니다. 아무리 남을 속이기도 하고 다스리기도 하는 통치자라도 하나님 앞에서 자신의 지혜와 능력을 자랑할 수 없습니다(16-21절). 무한한 지혜와 권능으로 세상을 다스리시는 하나님의 주권적인 행동을 보상의 교리로 다 설명할 수 없습니다(13-15절). 욥의 고난은 보상교리로 설명이 불가능하며 각 민족들과 왕들, 그리고 어둠의 세계까지 주관하시는 하나님의 주권 아래 있는 신비입니다(22-25절).

[로마서 16장]

바울은 동역자를 소개하며 편지를 마무리합니다. 철저한 남성중심의 시대였지만 바울의 사역에서 여성은 매우 중요한 몫을 감당했습니다. 먼저, 바울은 자신의 편지를 고린도에서 로마로 전달할 뵈뵈를 영접하고 그녀의 필요를 제공해 줄 것을 로마의 형제들에게 요청합니다(1-2절). 뵈뵈는 고린도에서 가까운 겐그레아 공동체의 신실한 일꾼인데 그녀가 추천된 것은 복음 안에서 성별의 경계와 차별이 극복되고 있음을 보여줍니다. 클라우디우스 황제의 유대인 추방령으로 인해 로마에서 고린도로 오게 된 브리스가와 아굴라는 약 5년간 바울과 동역하게 되는데 바울은 그들에게 무한한 신뢰를 보냅니다(3-4절). 뵈뵈 및 브리스가와 아굴라 부부 외에 총 24명의 이름과 그들과 함께 하는 이름 없는 형제들이 등장합니다(5-16절). 이름을 놓고 봐도 유대계, 그리스계, 라틴계 등이 섞여 있습니다. 이때 이미 복음의 능력은 민족의 장벽을 넘어섰습니다. 할례를 받고 율법을 지켜야 구원받는다고 주장하는 거짓 교사들과 디모데, 더디오 등 동역자들이 소개됩니다(17-23절). 영세 전부터 감추어져 있던 구원의 신비를 예수 그리스도를 통해 계시하신 하나님은 영원토록 영광을 받으시기에 합당하십니다(25-27절).

[질문과 묵상]

1. 오늘 말씀을 통해 만난 하나님은 어떤 분인가요?

2. 오늘 말씀을 통해 하나님이 내 삶에 요청하시는 것은 무엇인가요?

[기도]

요셉을 통해 하나님의 위대한 섭리를 보게 하시니 감사드립니다. 한 마리의 참새도 귀히 여기시는 하나님의 손이 나를 붙들고 계심을 고백합니다. 부활의 증인들이 내게 전해준 복음을 귀히 여겨 복음전파의 사명을 잘 감당하게 하시고 동역자들을 잘 섬기게 하옵소서. 내가 알 수 없는 영역까지 다스리시는 하나님의 지혜를 신뢰함을 고백합니다.

[창세기 47장]
고센에 정착한 야곱 일가는 왕실가축을 전담하게 됩니다(46:34, 1-6절). 야곱은 험난한 인생을 살아 왔음을 고백하며 바로를 축복합니다(7-10절). 요셉은 아버지와 형제들의 정착을 도우며 양식을 공급합니다(11-12절). 고대 근동의 7년 대기근으로부터 언약 백성을 보호하시기 위해 요셉을 앞서 보내신 하나님의 선하신 계획은 이렇게 실현되었습니다. 기근이 지속될수록 애굽의 토지는 자연스럽게 왕실 소유가 되었으며, 수확량의 20%를 세금으로 내는 조세제도도 확립됩니다(13-26절). 고센에 정착한 이스라엘 백성들은 나날이 번성합니다. 야곱은 떠날 날이 가까이 왔음을 직감하고 자신이 죽게 되면 약속의 땅에 있는 조상의 묘지에 장사하라는 유언을 남깁니다(27-31절). "그들이 이제는 더 나은 본향을 사모하니 곧 하늘에 있는 것이라"(히 11:16). 우리의 본향은 하늘에 있습니다.

[누가복음 1장 1-38절]
누가는 목격자들의 증언을 바탕으로 예수님의 이야기를 썼는데 세례 요한의 탄생이야기로 시작합니다. 제사장 사가랴의 가정에는 자녀가 없었는데 더 이상 자녀를 기대할 수 없는 나이가 되었습니다(5-7절). 그런데 천사 가브리엘이 이스라엘 자손을 하나님께 돌아오게 할 사명을 가진 요한의 탄생소식을 전해 줍니다(8-17절). 그러나 사가랴는 가브리엘의 말을 믿지 않음으로 인해 요한이 태어날 때까지 말을 하지 못하는 징계를 받습니다(18-23절). 여섯 달 후, 천사 가브리엘은 마리아를 찾아가 예수님의 탄생을 예고합니다(24-38절). 마리아의 잉태는 더더욱 불가능합니다. 그녀는 아직 약혼한 상태로 남자를 가까이 한 적이 없기 때문입니다. 게다가 결혼하지 않은 상태로 임신할 경우 매우 심각한 상황이 발생하게 됩니다. 그럼에도 불구하고 마리아는 하나님의 뜻에 순복합니다. "주의 여종이오니 말씀대로 내게 이루어지이다"(38절).

[욥기 13장]
전통적인 지혜(보상교리)를 잘 알고 있던 욥은 친구들에게 더 이상 조언하지 말고 자신의 말을 들어볼 것을 요청합니다(1-6절). 그는 하나님과 직접 변론하고 싶어 합니다. 그는 하나님을 위하여 불의를 말하려는 것(='욥의 죄를 밝힘')과 하나님의 낯을 따르려는 것(='욥에게 맞서서 하나님을 위해 변론하려는 것')을 중단하라고 말합니다(7-8절). 다시 말해 욥은 하나님의 공의(='의인은 축복, 죄인은 심판')를 변호한답시고 그를 죄인으로 몰아세우는 친구들의 불의와 거짓에 대한 중단을 요청한 것입니다. 하나님을 위한다는 명분으로 불의를 행하며 거짓말을 하는 것은 하나님을 기만하는 행위입니다(9절). 이는 하나님을 제대로 변호하지 못할뿐더러 하나님을 모욕하는 행위가 되

므로 도리어 책망과 징계를 두려워해야 합니다(10-11절). 친구들의 조언은 그에게 아무런 가치가 없습니다(12절). 하나님이 자신을 죽이신다면 진정 아무런 소망이 없게 되지만 그럼에도 불구하고 욥은 자신의 무죄에 대한 확신을 포기하지 않습니다(13-19절). 욥은 자신을 향한 재앙을 거두어 주시고, 만약 자신에게 죄가 있다면 죄의 실체를 알려 주시길 간구합니다(20-24절). 그는 혹시 현재의 고난이 과거에 지은 죄의 대가일지도 모른다는 생각을 하면서 하나님의 징계로 인해 자신이 의복처럼 썩어가고 있다고 말합니다(25-28절).

[고린도전서 1장]

저자는 사도 바울, 공동 발신자는 소스데네(고린도의 회당장, 행 18:17), 수신자는 고린도에 있는 하나님의 교회입니다(1-2절). 하나님의 교회는 그리스도 예수 안에서 거룩하여지고 성도라 부르심을 받은 자입니다. '거룩'과 '성도'는 같은 단어에서 파생된 단어로 '구별'의 의미가 있습니다. 성도는 구별된 백성입니다. 방언, 예언, 영분별 등의 풍성한 은사로 인해 고린도 교회는 그리스도에 관한 진리가 더욱 견고해 졌으며 성도들은 그리스도가 다시 오실 때 흠 없이 하나님 앞에 서게 될 날을 소망하고 있습니다(4-9절). 그러나 고린도 교회는 분쟁을 겪고 있었는데 각자 자기가 지지하는 교회 지도자를 중심으로 분열되어 있었던 것입니다(10-13절). 누구에게 얼마나 많이 세례를 베풀었는지는 중요하지 않으며 가장 중요한 사명은 복음증거입니다(14-17절). 세상이 자기 지혜로 하나님을 알 수 없기 때문에 하나님은 복음전도를 기뻐하십니다(21절). 십자가가 사람들이 보기에는 미련해 보이지만 부르심을 받은 자들에게는 하나님의 능력이요 지혜입니다(18-19, 22-25절). 고린도 성도들 중에는 유력한 집안의 사람이 거의 없었으며 주로 천하고 멸시받는 자들이 택함을 받았습니다(26-28절). 하나님의 택하심은 가문, 부, 명예, 지혜로 말미암지 않고 오직 은혜로 된 것이므로 누구든지 자랑할 수 없습니다(29-31절).

[질문과 묵상]

1. 오늘 말씀을 통해 만난 하나님은 어떤 분인가요?

2. 오늘 말씀을 통해 하나님이 내 삶에 요청하시는 것은 무엇인가요?

[기도]

약속의 땅을 잊지 않았던 야곱처럼 이 땅에 사는 동안 돌아갈 본향이 있음을 잊지 않게 하시고 마리아처럼 주의 말씀에 순복하는 성도가 되게 하옵소서. 십자가의 도가 하나님의 구원의 지혜요 능력임을 찬양합니다.

[창세기 48장]
요셉이 므낫세와 에브라임을 데리고 병든 아버지를 찾아왔습니다(1절). 야곱은 오래 전 하나님이 그에게 주신 약속을 언급하며 손자인 므낫세와 에브라임을 아들의 반열로 올릴 것을 선언합니다(3-7절). 이로써 므낫세 지파와 에브라임 지파는 이스라엘 12 지파에 등재되었습니다. 훗날 가나안 땅에 정착할 때에 각각 따로 영토를 분배받습니다(수 16-17장). 야곱은 요셉을 다시 만난 것에 대한 감격을 표현하며 양자가 된 므낫세와 에브라임에 대한 특별한 축복의식을 거행합니다(8-11절). 그런데 오른손은 둘째 에브라임에게, 왼손은 첫째 므낫세에게 얹고 기도합니다(12-20절). 하나님은 에브라임을 더 번성케 하실 것입니다. 야곱은 언젠가 약속의 땅으로 다시 돌아가게 될 것을 확신합니다(21-22절). 하나님의 주권적 선택과 동행, 우리의 순종 등이 어우러져 우리의 인생의 집이 지어집니다.

[누가복음 1장 39-80절]
천사의 수태고지 이후 마리아는 엘리사벳을 직접 찾아가 그녀의 임신을 확인합니다(39-41절). 예수 그리스도를 잉태한 마리아의 방문에 엘리사벳의 뱃속에 있는 요한이 기뻐 뜁니다. 엘리사벳도 성령 충만하여 축복의 선언을 하고 엘리사벳의 복된 선언을 들은 마리아는 기쁨으로 하나님을 찬양합니다(42-56절). 엘리사벳이 낳은 아이의 이름은 천사가 고지한대로 요한으로 결정됩니다(13, 57-66절). 요한의 아버지인 제사장 사가랴는 메시아에 대한 예언을 합니다(67절). 언약을 기억하시는 하나님은 다윗의 집에서 구원의 뿔(메시아)를 일으키셔서 원수로부터 당신의 백성들을 건지시고 성결과 의, 즉 거룩하고 의로운 삶으로 하나님을 섬기게 하실 것입니다(68-75절). 요한이 메시아의 길을 예비하며 죄 사함으로 인한 구원의 소식을 선포한 것은 우리에게 하나님의 긍휼이 임하였음을 의미합니다(76-80절).

[욥기 14장]
매우 짧으면서도 걱정으로 가득한 인간의 일생은 잠시 피었다 지는 꽃, 지나가는 그림자와 같습니다(1-2절). 게다가 인간은 본질적으로 부정하여 깨끗한 것이 나올 수 없는 존재입니다(4절). 욥은 쉼을 얻을 수 있도록 지나친 감시를 멈추어 달라고 하나님께 요청합니다(3, 5-6절). 욥은 언젠가는 죽음을 맞이할 수밖에 없는 인생에 대해 나무보다도 못하다고 말합니다(7-10절). 나무는 찍힐지라도 다시 움이 나고 뿌리만 있어도 물의 기운으로 다시 소생하지만 인간은 죽으면 다시 살아나지 못합니다. 자신을 마치 죽은 자처럼 여기고 있는 것입니다. 또한 인생은 물이 말라 바닥을 드러내는 강과 같

다고 말합니다(11-12절). 물이 증발하다가 완전히 사라지는 것처럼 인간은 서서히 죽어가다가 마침내 사라집니다. 그는 사람이 한번 죽으면 다시 일어나는 것이 불가능하다고 말하면서도 고통스런 인생이 끝나면 죽음('스올')의 자리에서 다시 일어나기를 소망합니다(13-15절). 그의 삶을 꼼꼼히 살피시는 하나님이 이제는 죄와 허물을 덮어 주시길 소망합니다(16-17절). 그러나 여전히 변하지 않는 절망적인 환경 때문에 마치 하나님이 자신의 소망을 끊으시려는 분으로 여겨집니다(18-19절). 그는 죽음을 내다보며 탄식합니다(20-22절).

[고린도전서 2장]

바울은 십자가에 못 박힌 그리스도에 대해 하나님의 (구원의) 능력이요 하나님의 (구원의) 지혜라고 선언했습니다(1:23-24). 그리스도의 십자가를 전하는 바울은 사람의 지혜와 화술에 의존하지 않고 철저히 성령의 역사하심과 성령의 능력으로 감당했습니다(1-5절). 하나님의 지혜는 세상의 통치자로부터 온 것이 아니며 우리의 영광을 위하여 만세 전부터 감추어졌다가 나타나게 된 그리스도의 십자가입니다(6-9절). 인간의 지혜와 능력으로는 하나님이 그리스도의 십자가에 감추어 놓으신 구원의 진리를 알 수 없습니다. 하나님의 깊은 것(=구원의 계획과 방법)을 통달하시는 성령님은 이 모든 것을 우리에게 계시해 주십니다(10-11절). "우리가 세상의 영을 받지 아니하고 오직 하나님으로부터 온 영을 받았으니 이는 우리로 하여금 하나님께서 우리에게 은혜로 주신 것들을 알게 하려 하심이라"(12절). 성령이 없는 사람, 즉 육에 속한 사람에게 십자가는 어리석은 것입니다(14절). 성령의 사람은 참된 것과 헛된 것을 분별합니다(15절). 우리는 그리스도의 영을 가졌습니다(16절).

[질문과 묵상]

1. 오늘 말씀을 통해 만난 하나님은 어떤 분인가요?

2. 오늘 말씀을 통해 하나님이 내 삶에 요청하시는 것은 무엇인가요?

[기도]

잠시 피었다 지게 될 꽃과 같고 지나가는 그림자와 같은 인생 가운데 성령을 보내셔서 하나님의 백성 되게 하시고 하나님의 은혜를 알게 하심을 감사드립니다. 마리아와 엘리사벳에게 임한 성령 충만과 기쁨이 내게도 넘치게 하옵소서.

[창세기 49장]

야곱의 유언이자 예언입니다(1절). 장자 르우벤은 탁월하였으나 아버지의 첩 빌하와의 간통으로 장자의 지위를 잃습니다(35:22, 4절). 르우벤 지파는 출애굽 이후 요단 동편에 정착했다가 역사에서 점차 사라지게 됩니다. 시므온과 레위는 여동생 디나의 강간사건에 대한 보복으로 세겜 족속을 학살한 것에 대한 책망을 받습니다(34장, 5-7절). 시므온 지파는 유다 지파에 흡수되었으며(수 19:9), 레위지파는 제사장 지파가 되긴 했으나 이스라엘 전역(48개 성)에 흩어져 살아야 했습니다(수 21장). 이스라엘의 언약의 계보는 넷째 유다로 이어집니다(8-12절). 유다('찬송'이라는 뜻)에게서 왕이 나올 것이며, 유다의 영원한 권세는 그의 지파에 속한 예수 그리스도를 통해 완성될 것입니다. 스불론은 바다에 잇대어 살아가게 되고, 잇사갈은 비옥한 땅에 정착하지만 지배를 받게 되며, 단은 용맹한 지파가 될 것입니다(13-18절). 갓은 전쟁에 자주 휘말리지만 결국 승리하고, 아셀은 풍성한 소출이 있는 곳에 정착하게 되며, 납달리는 산악지대에 정착하게 됩니다(19-21절). 요셉은 풍성한 복을 얻게 되며, 베냐민은 이리에 비유되는데 사사시대에 이스라엘 전체를 상대로 전쟁을 치르는 것(삿 19-21장)과 통치 내내 블레셋과 치열하게 싸웠으며 결국 블레셋과의 전투에서 전사한 베냐민 지파 출신 이스라엘의 초대 임금 사울을 연상케 합니다(22-28절). 야곱은 약속의 땅에 자신을 묻어줄 것을 당부합니다(29-33절). 우리는 다음세대를 하나님의 거룩한 약속과 연결시켜 주어야 합니다.

[누가복음 2장]

누가는 예수님에 관한 그의 이야기가 실제 사건임을 증명하기 위해 당대의 역사적 사건, 지도자, 지역에 관한 정보를 그의 글에 남깁니다. 예수님의 베들레헴 탄생은 가이사 아구스도(옥타비아누스)의 인구조사 명령이라는 배경이 있습니다(1절). 호적을 위해 만삭의 아내를 데리고 고향 베들레헴을 방문한 요셉은 그곳의 한 마굿간에서 아기를 낳게 됩니다(7절). 천사들은 아기에 대하여 '구주 곧 그리스도 주'라고 선포합니다(11절). 아기는 그가 하는 모든 일을 통해서 하나님께 영광을 돌리며 그를 믿는 자로 하여금 하나님과의 참 평화를 누리게 할 것입니다(14절). 아기를 찾아 온 목자들은 천사의 계시를 고백하며 하나님을 찬송합니다(15-21절). 율법을 완성하러 오신 예수님은 율법이 정한 정결의식을 다 준행하십니다(22-24절). "죽기 전에 그리스도를 보리라"는 계시를 받았던 시므온은 성전을 방문한 아기 예수님을 보고 주의 구원, 만민 앞에 예비하신 분, 이방의 빛, 이스라엘의 영광임을 선포합니다(25-33절). 많은 사람들을 패하거나(심판) 흥하게 하실(구원) 예수님은 비방의 표적(십자가의 죽음)이 될 것입니다(34-35절). 평생 성전에서 금식하고 기도하던 안나는 아기를 보고 감사하며 구원을 소망하는 모든 사람에게 그리스도의 탄생을 전합니다(36-38절). 지혜가 충만한 예수님은 율법사들과 토론하며 그의 지혜를 나타냅니다(40-50절). 예수님은 부모에게 순종하며 하나님과 사람 앞에 사랑받는 어린 시절을 보냅니다(51-52절).

[욥기 15장]
욥과 친구들의 2차 논쟁입니다(15-21장). '욥의 고난은 그의 죄로 인한 심판'이라는 관점을 고수하고 있는 친구들은 회개를 촉구하는 그들의 조언을 거부하고 무죄를 주장하는 욥으로 인해 더욱 분노합니다. 욥과의 두 번째 논쟁에서 먼저 포문을 연 엘리바스는 거친 언어로 욥을 질책합니다. 그는 욥을 향해 무익한 말을 일삼으며 하나님 경외하기를 중단한 죄인이라고 비난합니다(1-6절). 게다가 나이도 어리고 경험도 적으면서 조언자들은 물론 하나님보다 더 자신을 지혜롭게 여기고 있다고 지적합니다(7-13절). 인간이 본질적으로 부정하고 부패하다는 것을 강조하며 욥의 죄를 우회적으로 고발합니다(14-16절). 자신의 조언은 경험과 선조의 가르침에서 비롯된 권위 있는 것임을 강조하며 환난과 고통으로 가득한 악인의 삶의 끝은 멸망과 허무함이라고 말합니다(17-35절). 모든 환난이 죄로부터 온다는 관점을 고수하면 환난을 당한 자를 위로할 수 없습니다.

[고린도전서 3장]
바울은 고린도 성도들을 육신에 속한 자, 곧 그리스도 안에서 어린아이처럼 상대할 것이라고 말하며 그들을 향한 책망을 예고합니다(1절). 바울이 이렇게 말한 이유는 교회 내의 시기와 분쟁 때문입니다(3절). 고린도 성도들은 특정 사역자들을 내세워 분열하고 있었습니다(4-5절). 바울은 사역자들의 수고는 인정하되 결국 자라게 하시는 분은 하나님이시기에 하나님을 높여야 한다고 강조합니다(6-9절). 바울은 교회를 집으로 비유하며 유일한 터는 그리스도이고 사역자들은 그 터 위에서 일하는 자이며 각자의 공적은 마지막 심판 날에 평가받게 된다고 말합니다(10-15절). 그는 성도가 곧 성령님이 거하시는 성전이므로 성전을 더럽히는 자(=분열을 조장하는 자)는 하나님의 심판이 있음을 경고합니다(16-17절). 철학과 화술이 발달한 고린도이기에 교회 내에 자신을 지혜롭게 여기는 사람들이 있습니다(18절). 그러나 참된 지혜는 자신의 어리석음을 인정하고 하나님의 지혜를 추구하는 것입니다. 구원을 줄 수 없는 세상의 지혜는 어리석을 뿐입니다(19-20절). 그러므로 하나님의 지혜인 그리스도의 십자가를 주목해야 합니다(21-23절).

[질문과 묵상]

1. 오늘 말씀을 통해 만난 하나님은 어떤 분인가요?

2. 오늘 말씀을 통해 하나님이 내 삶에 요청하시는 것은 무엇인가요?

[기도]

나를 위해 '비방의 표적이 되신 예수님을 사랑합니다. 이제 나는 하나님의 영이신 성령님이 내주하시는 성전이 되었습니다. 예수 그리스도만을 높이는 성전이 되게 하시고, 다음 세대가 이 거룩한 역사를 잘 이어가게 하옵소서.

[창세기 50장]
야곱의 유언대로 요셉은 가나안 땅에서 야곱의 장례를 치릅니다(49:29-33, 1-14절). 이로써 아브라함이 아내 사라의 장례를 위해 매입한 막벨라 굴에는 아브라함과 사라, 이삭과 리브가, 야곱과 레아 등 믿음의 조상 부부가 차례로 묻히게 되었습니다. 아버지가 죽자 요셉의 보복을 두려워한 형들이 지난날의 죄에 대해 용서를 구하며 종이 되겠다고 말합니다(15-18절). 이미 요셉은 "당신들이 나를 이곳에 팔았다고 해서 근심하지 마소서 한탄하지 마소서 하나님이 생명을 구원하시려고 나를 당신들보다 먼저 보내셨나이다"라고 말하며 보복 의사가 없음을 밝힌 바 있습니다(45:5). 요셉은 재차 형들을 안심시키며 그들을 돌볼 것을 약속합니다(20-21절). 요셉은 하나님이 이스라엘을 약속의 땅으로 인도하실 때 자신의 유골을 챙겨갈 것을 당부하며 생을 마칩니다(24-26절). 그는 본향을 잊지 않았습니다. 훗날 출애굽세대는 요셉의 유골을 세겜에 안치합니다(수 24:32).

[누가복음 3장]
누가는 세례 요한이 활동할 당시의 역사적, 종교적 배경을 설명합니다(1-2절). 아기 예수님을 죽이려 했던 헤롯이 죽은 후 팔레스타인은 그의 네 아들(헤롯 안티파스, 빌립, 루사니아, 아켈라오)에 의한 분할통치가 이루어집니다. 기존의 왕의 권한에는 미치지 못하나 일부지역을 다스리는 권한을 가진 통치자를 분봉왕이라고 합니다. 팔레스타인의 핵심지역인 유다와 사마리아는 아켈라오에게 주어졌으나 그의 잔혹한 통치로 인한 백성들의 원성이 높아지자 로마황제는 그를 해임하고 통치자(총독)를 직접 파견하였으니 그가 바로 예수님에게 십자가형을 언도한 빌라도입니다. 죄 사함을 위한 회개의 세례를 전파한 요한은 회개의 열매가 없다면 아브라함의 자손이라도 심판을 피할 수 없다고 경고합니다(3-9절). 회개의 증거인 변화된 삶을 강조한 요한은 성령과 불로 세례를 베푸시며 구원과 심판을 행하실 그리스도가 곧 오실 것을 선포합니다(10-17절). 분봉왕 헤롯 안티파스는 동생의 아내를 빼앗아 결혼한 자신의 죄를 책망하는 요한을 옥에 가둡니다(18-20절). 아브라함부터 시작되는 마태복음의 족보와 달리 누가복음의 족보는 예수님으로 시작하여 인류의 조상인 아담을 거쳐 하나님으로 귀결됩니다(23-38절). 이는 예수님이 온 인류의 구세주임을 나타내고자 함입니다.

[욥기 16-17장]
(16장) 엘리바스의 비난에 대한 욥의 항변입니다. 고난을 죄의 형벌로만 해석하는 친구들은 그에게 재난과도 같습니다(1-3절). 욥은 내가 만약 친구라면 비판 대신 위로로 근심을 풀어 주었을 것이라고 말합니다(4-5절). 하나님은 마치 욥의 대적 같습니다(7-9절). 게다가 친구들을 포함한 무리들은 그를 모욕하며 하나님이 그를 악인에게 넘기셨다고 말합니다

(10-11절). 환난을 당할 만큼 죄를 범하지 않았고 기도도 정결하게 드렸으나 하나님은 무자비한 용사가 되어 그를 치셨습니다(12-17절). 그는 죽기 전에 하나님이 자신의 무죄를 입증해 주시길 요청합니다(18-21절).

(17장) 고통의 지속과 친구들의 무자비한 정죄로 인해 쇠하여진 욥은 죽음을 떠올립니다(1절). 친구들의 조롱과 충동을 더 이상 참기 힘든 욥은 하나님께 담보물(보증)이 되어 주실 것과 친구들을 높이지 말아 줄 것을 요청합니다(2-4절). 그의 친구들은 마치 보상에 눈이 멀어 배신한 자와 같습니다(5절). 백성마저 그를 비난하는 대열에 합류한 가운데 의인은 고난에도 불구하고 자신의 길을 묵묵히 간다고 욥은 고백합니다(6-10절). 그러나 현실은 무덤 앞에 서 있는 자처럼 비참합니다(11-16절).

[고린도전서 4장]

바울은 스스로를 사람의 일꾼이 아닌 그리스도의 일꾼이요 하나님의 비밀(복음)을 맡은 자로 여깁니다(1절). 복음을 맡은 자는 복음을 위해 충성해야 합니다(2-5절). 성도들은 바울과 아볼로가 보인 본을 따라 말씀에서 벗어난 행위를 하지 말아야 합니다(6절). 그러나 그들은 인간적인 욕망에 빠져 분쟁하고 자기들의 지식과 은사에 대하여 헛된 자랑으로 왕노릇하고 있습니다. 하지만 이 모든 것은 하나님이 주신 것이므로 자랑할 근거가 없습니다(7절). 바울은 '너희는 이미 배부르며 이미 풍성하다'는 말로 그들의 교만을 드러냅니다(8절). 바울은 사람의 지혜를 자랑하며 스스로를 높이는 고린도 성도들과 달리 복음으로 인해 더욱 비천해진 자신을 부각시킵니다(9-13절). 고린도 성도들을 복음으로 낳은 바울은 자녀에게 권면하듯 사랑의 마음으로 이 글을 쓰고 있습니다(14-15절). 고린도 성도들은 복음을 위해 충성을 다하는 영적 아버지 바울을 본받아야 합니다(16-17절). 바울은 화려한 언변을 자랑하며 분쟁을 조장하는 자들을 치리하기 위해 속히 갈 것을 천명하며 하나님나라는 말이 아닌 능력에 있다고 선언합니다(18-21절). 말은 공허하되 그리스도를 따르는 삶에는 능력이 있습니다.

[질문과 묵상]

1. 오늘 말씀을 통해 만난 하나님은 어떤 분인가요?

2. 오늘 말씀을 통해 하나님이 내 삶에 요청하시는 것은 무엇인가요?

[기도]

요셉의 삶에 나타나는 하나님의 신실하심은 내 인생의 가장 큰 자산입니다. 신실하신 하나님이 복음의 비밀을 알게 하셨으니 충성된 복음의 일꾼으로 살아가게 하옵소서. 온 인류의 구세주가 되시는 예수님을 찬양하게 하옵소서.

[출애굽기 1장]

애굽에 새로운 왕조가 들어서면서 야곱의 후손들은 노예로 전락했으나 '큰 민족을 이룰 것이라'는 하나님의 약속이 성취되어 애굽에 위협이 될 정도로 크게 번성하였습니다(8-10절). 이에 바로(파라오)는 강력한 억압정책을 펼칩니다(11-14절). 특히 산파집단의 책임자를 불러 히브리(이스라엘) 여인들이 해산할 때 아들을 죽이라는 명령을 내립니다. 그러나 하나님을 경외하는 산파들로 인해 실패하게 되고 급기야는 모든 애굽 백성에게 히브리 남자 아기를 강에 던져 죽이라는 반인륜적인 살해명령을 내립니다(15-22절). 짙은 어두움('극심한 핍박과 고난') 가운데 새벽('하나님의 새 역사')이 오고 있습니다.

[누가복음 4장]

공생애를 시작하기 전 예수님은 마귀에게 시험을 받으십니다(1-2절). 먼저, 마귀는 배고픈 예수님에게 하나님의 아들임을 강조하며 돌로 먹을 것을 만들어 보라고 말합니다(3-4절). 아들의 권세로 굶주림을 간단히 해결해 보라는 유혹에 대하여 예수님은 "사람이 떡으로만 사는 것이 아니라"는 말씀으로 거절하십니다. 사람은 떡을 위해 사는 존재가 아닙니다. 두 번째, 마귀는 자신에게 절하면 세상 나라의 권세를 주겠다고 말합니다(5-8절). 십자가 고난의 길을 포기하고 자신과 함께 세상의 영광을 누릴 수 있다고 말하는 것입니다. 예수님은 세상 나라를 얻기 위해 봉기한 혁명가가 아닙니다. 세 번째, 마귀는 하나님의 아들이라면 성전에서 뛰어 안전하게 착지함으로 존재를 증명하라고 요구합니다(9-13절). 메시아가 해를 받지 않을 것(시 91:11-12)이라는 말씀을 인용한 유혹에 대하여 "주 너의 하나님을 시험하지 말라고"고 거절합니다. 마귀의 시험을 물리치신 예수님은 회당에서 말씀을 낭독할 기회가 얻은 후 의도적으로 안식년(희년)에 관한 말씀(사 61:1-2)을 인용하시며 이 말씀의 성취를 선포하십니다(16-21절). 당신이 말씀을 성취할 메시아임을 선언한 것입니다. 그러나 고향인 나사렛 사람들은 예수님을 배척했습니다(22-30절). 예수님은 귀신을 쫓고 각종 병자들을 치유하시는 등 백성을 온전케 하시는 사역을 본격적으로 행하십니다(31-44절). 억눌린 자를 자유하게 하시는 메시아의 사역이 시작되었습니다(18절).

[욥기 18장]

빌닷의 두 번째 말입니다. 엘리바스의 두 번째 권면에도 불구하고 여전히 자기의 죄를 인정하지 않는 욥에 대하여 매우 공격적인 어조로 비판합니다. 그는 욥이 친구들을 짐승과 같이 무지하고 부정한 자로 여기고 있다고 분노하며 욥이 무죄를 주장한다고 땅이 버림을 받거나(=황무지가 되거나) 바위가 갑자기 옮겨지는 것은 아니라고 말합니다(3-4절). 아무리 무죄를 주장한다 해도 창조질서(보상교리)는 바꿀 수 없다는 것을 강조한 표현입니다. 끝내 회개를 거부한다면 사냥꾼의 올무에 걸려든 사냥감처럼 불행한 최후를 맞게 될 것입니다(5-11절). 빌닷은 악인이 겪을 무서운 재앙[기근, 질병, 죽음(공포의 왕), 유황(심판), 가뭄, 명성의 사라짐, 공동체에서의 추방, 무자녀]을 열거하며 조속한 회개를 촉구합니다(12-21절). 단 하나의 기준(보상교리)으로 한 사람의 인생을 해석하는 것은 위험합니다. 욥과 친구들의 대화에 진전이 없습니다.

[고린도전서 5장]

상업이 발달한 항구도시 고린도는 성적 방종과 타락으로 유명했습니다. 그런데 교회가 그 영향을 받고 있습니다. 바울은 고린도 교회 안에 침투한 음행의 문제를 다룹니다(1절). 어떤 성도가 자신의 계모 혹은 아버지의 첩과 음행관계에 있었던 것입니다. 더 큰 문제는 교회의 거룩을 해치는 그 행위에 대해 교회는 어떤 치리도 하지 않고 있다는 것입니다(2절). 바울은 탁월한 지식을 가졌다고 자랑하는 고린도 성도들이 근친상간의 문제를 방조하는 것에 대해 책망하며 단호하게 그를 쫓아내라고 명합니다(2, 5절). 한 사람의 심각한 부정이 교회 전체에 영향을 미칠 수 있기에 묵은 누룩(=음행을 저지른 자)은 도려내야 합니다(6-8절). 바울이 전에 쓴 편지에서 '음행하는 자와 사귀지 말라'고 한 것은 세상의 부도덕한 자들과의 관계를 아예 단절하라는 의미가 아니라 교회 내의 부도덕한 성도와 사귀지 말고 성찬에도 참여시키지 말라는 의미입니다(9-13절). 바울은 음행을 용납하지 말라고 단호하게 말합니다.

[질문과 묵상]

1. 오늘 말씀을 통해 만난 하나님은 어떤 분인가요?

2. 오늘 말씀을 통해 하나님이 내 삶에 요청하시는 것은 무엇인가요?

[기도]

언약에 신실하신 하나님! 음행과 더러움과 탐욕이 내 마음과 삶을 지배하지 못하게 하시고 예수님이 성령의 충만함을 입어 시험에서 이기신 것처럼 성령으로 충만하게 하셔서 승리하게 하옵소서. 죄에 대하여 단호하되 고통 가운데 있는 친구를 위로할 수 있는 마음 또한 갖게 하옵소서.

[출애굽기 2장]

고대 근동지역의 대기근을 해결하기 요셉을 준비시키셨던 하나님이 이번에는 출애굽 역사를 위해 한 사람을 준비시킵니다. 몰래 기르다가 세 달 만에 갈대상자에 담겨 나일 강에 띄워진 모세는 애굽의 공주에 의해 발견되어 왕궁에서 자라게 됩니다(1-6절). 하나님은 요게벳이 모세의 유모로 발탁되게 하심으로 모세가 친어머니의 품에서 자라나게 하셨습니다(7-10절). 성인이 된 모세는 동족을 때리던 이집트인을 죽이고 미디안광야로 도망가게 됩니다(11-15절). 모세는 미디안에서 미디안 제사장 르우엘의 집에 기거하게 됩니다(16-22절). 가혹한 통치로 인한 이스라엘 백성들의 탄식은 극에 달했으며 하나님은 믿음의 조상들과 맺은 언약을 기억하고 계십니다(23-24절). 하나님이 본격적으로 역사에 개입할 시간이 다가오고 있습니다.

[누가복음 5장]

예수님이 제자를 부르십니다. 베드로의 배 위에서 무리들을 가르치던 예수님은 베드로에게 깊은 곳에 그물을 내리라고 말씀하십니다(3-4절). 어부의 경험상 성공 가능성이 거의 없었으며 베드로는 매우 지친상태였습니다. 그럼에도 불구하고 그는 순종하여 많은 물고기를 잡게 되었습니다(5절). 베드로는 자신이 신성한 능력을 가진 분 앞에서 있다는 사실을 깨닫고 죄인 됨을 고백합니다(8절). 베드로와 야고보와 요한 모두 제자로 부름을 받습니다(11절). 한 나병환자는 예수님의 구원과 치유의 능력을 의지하여 깨끗함을 얻었으며, 침상에 누운 채로 지붕에서 내려진 중풍병자 역시 그의 친구들의 순전한 믿음으로 인해 고침 받았습니다(12-26절). 예수님은 치유를 통해 죄 사함의 권세가 있음을 증명하십니다. 세리 레위(마태)를 제자로 부르시는데 주저하지 않으신 예수님은 죄인을 부르셔서 천국 잔치에 참여하게 하십니다(27-35절). 새 옷을 찢어 헌 옷을 기우면 헌 옷이 새 옷감을 감당하지 못해 더 상하게 되고, 탄력이 약한 낡은 가죽부대에 발효성이 강한 새 포도주를 담으면 터지게 됩니다(36-39절). 말씀의 본질을 잃어버리고 형식과 관습, 혈통에 매여 있는 유대교의 종교체계는 복음이 주는 기쁨을 이해하지 못하며 그 생명력을 담아낼 수 없습니다.

[욥기 19장]

욥은 친구들의 계속되는 정죄로 인하여 심히 괴로워합니다(1-4절). 게다가 자신의 무죄함과 억울함을 여러 차례 하나님께 호소했지만 계속되는 하나님의 침묵으로 인해 마치 정의가 사라진 것처럼 느낍니다(5-7절). 욥은 하나님이 자신의 영광을 거두어 가시고 희망을 빼앗았으며 자신을 원수같이 여기신다고 호소합니다(8-12절). 그를 향한 하나님의 공격으로 인해 그의 아내와 형제들과 친족들과 종들, 그가 속한 공동체 구성원들 모두 그를 외면하고 있습니다(13-19절). 그래서 욥은 친구들의 위로를 어느 때보다도 더 원하고 있는데 친구들마저 욥을 날카롭게 공격하니 그는 견딜 수가 없습니다(20-22절). 그럼에도 욥은 자신의 최종적인 대속자(히: 고엘='기업 무를 자')가 되시는 하나님께 소망을 둡니다(23-27절). 하나님이 자신을 정죄하는 자들을 심판하실 것입니다(28-29절). 욥의 기도는 우리의 영원한 대속자 되시며 심판자 되시는 예수 그리스도를 생각나게 합니다.

[고린도전서 6장]

성도간의 소송문제에 있어서 바울은 '성도'라는 거룩한 신분과 형제 사랑에 초점을 맞춥니다. 그는 성도간의 문제를 교회 안에서 해결하지 않고 세상 법정에 호소하는 행태를 책망합니다(1절). 최후의 심판 때에 성도는 세상을 판단하게 될 것입니다(2-3절). 그러므로 진리를 모르는 사람이 성도의 문제를 판단하게 하는 것은 바람직하지 않습니다(4-5절). 성도간의 고발은 둘 다 승리하지 못한 것이므로 신앙공동체 안에서 해결하는 것이 바람직합니다(6-7절). 형제간의 소송을 포함한 여러 불의한 일들이 제시되는데 주로 음란(성적 부도덕한 행위), 남색(동성애자), 탐색하는 자(남자 창기) 등 성과 관련된 죄입니다(8-11절). 그리스도와 성령 안에서 거룩하고 의롭게 된 성도들은 이를 멀리해야 합니다. 이 당시 고린도에서는 창녀를 찾는 것이 그리 큰 문제가 되지 않았습니다. 그러나 성도는 그리스도와 연합한 존재입니다(17절). 그리스도와 연합한 몸은 거룩한 하나님의 성전입니다(19절). 성도의 몸은 그리스도의 지체이므로 그리스도를 위하여 존재합니다(12-15절). 우리의 몸은 주님의 것입니다.

[질문과 묵상]

1. 오늘 말씀을 통해 만난 하나님은 어떤 분인가요?

2. 오늘 말씀을 통해 하나님이 내 삶에 요청하시는 것은 무엇인가요?

[기도]

모세를 통해 이스라엘 백성들을 구원하신 하나님! 메시아 예수 그리스도를 준비하셔서 우리를 구원하신 은혜를 날마다 찬송합니다. 내 주님과 맺은 언약은 영원히 변치 않음을 믿습니다. 나의 몸을 그리스도의 지체로 드리기를 소망합니다.

[출애굽기 3장]
하나님은 고통 받는 이스라엘 백성들을 돌아보셨고 언약을 기억하셨습니다(2:24-25). 하나님은 모세를 불러 사명을 주십니다. "내가 너를 바로에게 보내어 너에게 내 백성 이스라엘 자손을 애굽에서 인도하여 내게 하리라"(10절). 그러나 모세는 거절합니다(11절). 하나님은 임마누엘("내가 반드시 너와 함께 있으리라")의 약속을 주시며 지금 이곳(호렙산)에서 이스라엘 백성들이 예배하게 될 날이 올 것이라고 말씀하십니다(12절). 자존자('스스로 존재하는 분')이심을 선포하신 하나님은 이후에 진행될 예상 시나리오를 간략하게 말씀해 주십니다(14절). 바로는 이스라엘 백성들을 보내달라는 모세의 요구를 거절하다가 하나님의 강한 손을 경험하고 나서야 보낼 것입니다(15-22절).

[누가복음 6장]
죄 사함을 언급한 예수님에 대해 신성모독 문제를 제기했던 바리새인들이(5:20-24) 이번에는 안식일 위반을 문제 삼습니다. 예수님은 굶주린 다윗 일행에게 제사장과 그의 가족만이 먹을 수 있는 진설병(=성소 안에 진열된 떡)이 허락되었다는 것과 그들이 진설병을 먹은 날이 안식일이었다는 것(=매 안식일마다 새로운 떡으로 교체되므로 물려 낸 떡이 있는 날은 안식일) 그리고 당신이 곧 안식일의 주인임을 말씀하시며 제자들이 안식일에 밀 이삭을 비벼 먹은 행동을 변호하십니다(삼상 21:1-6, 1-5절). 안식일에 손 마른 자를 치유하신 것은 생명과 선의 관점에서는 지극히 당연한 것입니다(6-11절). 밤새 기도하신 후 열두 명의 제자를 부르신 예수님은 많은 병자들을 고쳐주셨습니다(12-19절). 복음은 유대인이나 이방인이나 차별을 두지 않습니다. 세상의 부요함, 배부름, 즐거움, 명성에 취해 있는 자는 자신의 영적 현실을 깨닫기 어려우므로 복음과 하나님 나라를 갈망하지 않지만 가난, 주림, 고통, 애통과 핍박이 있는 자는 결핍으로 인하여 복음과 하나님 나라를 갈망합니다(20-26절). 내게 임한 하나님 아버지의 자비하심은 원수 사랑, 타인 선대, 용서라는 삶으로 이어져야 합니다(27-38절). 예수님을 능가할 수는 없지만 힘써 따르며, 영적 교만을 내려놓고 말씀을 듣고 준행하면 좋은 열매를 맺게 됩니다(39-49절).

[욥기 20장]
소발의 두 번째이자 마지막 발언입니다. 소발은 계속되는 권면을 거부하고 자기주장만 펼치는 욥이 자신을 모욕하고 있다고 생각하며 분노합니다(1-3절). 그는 고난받기 이전에 욥이 누렸던 부요함과 행복에 대하여 '악인의 자랑과 즐거움은 잠깐'이라고 말하며 욥을 악인으로 규정합니다(5절). 악인은 그의 존귀함이 하늘에 닿는다 해도 때가

되면 환상처럼 사라지고 비참하게 죽을 것입니다(6-11절). 악인의 죄는 독이 든 음식과 같아서 몸과 영혼을 파괴할 것이며 불의하게 모은 재물은 모두 잃게 될 것입니다(12-19절). 악인은 참된 만족과 평안을 누리지 못하며 맹렬한 진노와 다양한 징계를 피할 수 없습니다(20-25절). 재앙이 악인을 기다리고 있습니다(26-29절). 욥에 대해 분노하는 소발은 더 이상 회개를 촉구하지도 않습니다.

[고린도전서 7장]

바울은 여자가 남자의 소유물처럼 여겨지던 당시에 부부는 동등한 관계로써 서로에게 의무를 다해야 하며 경건의 목적 외에는 분방하지 말라고 권면합니다(1-5절). 음행이 교회의 심각한 문제가 되는 상황에서 결혼은 음행에 빠지지 않게 할 좋은 제도입니다. 독신이든 결혼이든 각자의 은사에 따라 선택할 수 있으며 지나친 금욕은 바람직하지 않습니다(6-9절). 불신자인 배우자가 먼저 이혼을 원하는 경우를 제외하고는 어떤 경우라도 배우자의 불신을 이유로 이혼을 감행해서는 안 됩니다(10-16절). 믿음의 배우자를 통해 신앙을 갖게 되기 때문입니다. 주 안에서 할례자(유대인)나 무할례자(이방인), 종이나 자유인 모두 하나님의 부르심을 받은 존귀한 자입니다(17-24절). 세상의 신분보다 하나님이 주신 신분이 더 본질입니다. 그러므로 하나님이 허락하신 정체성을 서로가 존중해야 합니다. 바울은 결혼보다 독신을 더 권장하는데 이는 재림이 곧 있을 것이라고 생각했기 때문입니다(25-40절). 그는 얼마 남지 않은 날 동안 온전히 복음을 위해 헌신하기를 바라고 있습니다. 우리는 독신이든 결혼이든 상관없이 주의 나라를 위해 거룩한 삶, 충성을 다하는 삶을 살아야 합니다. 바울은 결코 독신을 일반화하지 않았으며 혼인한 자에게는 가족 구원을 위한 섬김의 삶을 당부합니다(10-14절). 독신이 은사(gift)라면 결혼도 은사(gift)입니다.

[질문과 묵상]

1. 오늘 말씀을 통해 만난 하나님은 어떤 분인가요?

2. 오늘 말씀을 통해 하나님이 내 삶에 요청하시는 것은 무엇인가요?

[기도]

모세를 찾아 부르신 것처럼 나를 찾아 부르시고 언제나 함께 하시는 하나님! 하나님의 나라와 복음을 위해 충성하게 하시고 아버지께서 내게 베푸신 자비와 긍휼과 용서를 베풀며 살아가게 하옵소서.

[출애굽기 4장]

하나님은 불신으로 주저하는 모세를 사명자로 준비시키십니다. 하나님은 모세가 애굽에서 만나게 될 이스라엘의 장로들이 모세를 신뢰하도록 3가지 표징(=지팡이가 뱀이 됨, 나병에 걸렸다가 다시 나은 손, 피로 변하는 나일강)을 약속하십니다(1-9절). 그 중 두 가지를 미리 보여주셨음에도 불구하고 모세가 주저하자 하나님은 모세의 동역자로 그의 형 아론을 붙여 주십니다(10-17절). 드디어 장인에게 하나님께 받은 사명을 고하고 애굽으로 떠납니다(18-20절). 하나님은 바로의 완악함을 예고하시며 그에게 전할 하나님의 강력한 경고를 모세에게 말씀하십니다(21-23절). 애굽으로 향하는 도중 하나님이 갑자기 모세를 죽이려 하십니다(24절). 하나님이 모세를 진짜로 죽이려 하신 것은 아니며 그가 아직 행하지 않은 일을 즉시 행하도록 종용하신 것입니다(25-26절). 모세는 아직 언약 백성의 표징인 할례를 행하지 않았습니다. 모세는 하나님과의 언약을 몸에 새긴 후 다시 출발합니다. 마침내 아론을 만난 모세는 이스라엘의 장로들에게 하나님의 계획을 전하며 이적을 보여주었고 그들은 하나님을 경배했습니다(27-31절).

[누가복음 7장]

종의 병이 낫기 위해서는 예수님의 말씀만으로 충분하다고 말하는 백부장이 있습니다(1-6절). 자신이 부하에게 명령하면 그대로 행동하는 것처럼 예수님이 명령만 하시면 그대로 된다는 그의 믿음대로 종은 병이 나았습니다(7-10절). 나인성 과부의 아들을 살리신 예수님은 죽음의 권세를 이기는 능력을 드러내셨습니다(11-17절). 헤롯에 의해 투옥된 세례 요한은 자신의 평생사역의 성패가 달려 있는 예수님의 정체성에 관해 질문합니다(18-20절). 예수님은 질병과 고통, 귀신 들린 자를 고쳐주시며 메시아에 대한 예언이 성취되고 있음을 요한의 제자들에게 확인시켜 주십니다(사 61장, 18-23절). 메시아의 오심을 선포하며 회개의 세례를 전파한 세례 요한은 옛 언약에 속한 자 중 가장 크지만 메시아를 통해 임한 하나님 나라에 들어가게 된 자는 요한 보다 더 큰 자입니다(24-28절). 백성들과 세리들은 복음에 반응했지만 종교 지도자들은 복음을 배척합니다(29-35절). 한 여인이 예수님께 향유를 붓고 눈물로 발을 적시며 죄 사함의 기쁨과 예수님에 대한 깊은 사랑을 표현합니다(36-50절). 우리는 많은 죄를 탕감 받은 자입니다.

[욥기 21장]

욥은 자신이 겪는 고통에는 관심 없고 자신을 죄인으로 규정하는데 혈안이 되어 있는 친구들에게 자신의 말을 경청한 후에 판단할 것을 호소합니다(1-3절). 자신의 현재 상황에 대하여 하나님은 여전히 침묵하시고 자신의 비참한 상황을 보고 놀란 친구들은 입을 가리고 위로하기는커녕 더 큰 상처를 주고 있습니다(4-5절). 자신에게 닥친 일들을 생각하면 더욱 두려움에 사로잡히게 됩니다(6절). 악인은 결코 형통할 수 없다고 친구들은 말하지만 욥이 볼 때 악인은 잘 살고 있습니다(7-13절). 심지어 악인은 자신의 번성함에 취해 하나님을 조롱하는 만용까지 부립니다(14-15절). 그러나 악인이 번성한다 해도 그들은 하나님의 손 안에 있으며 자신은 악인의 계획과는 거리가 멀다고 말합니다(16절). 즉 아무리 악인이 번성하더라도 그들을 따를 생각이 전혀 없음을 선언한 것입니다. 욥은 하나님이 악인에게 재앙을 내리신다고 하는데 과연 그런 일이 실제로 있었는지를 묻습니다(17-21절). 우리는 하나님이 악인을 심판하시지만 그 방법과 시기는 철저히 하나님의 주권임을 알아야 합니다. 악인이 비참한 최후를 맞는다고 하는데 욥이 보기에는 의인도 때론 비참한 최후를 맞습니다(22-26절). 육신의 죽음은 모든 사람에게 공평하기 때문에 그것을 형벌로 여기기에는 다소 미흡합니다. 욥은 재난 가운데 살아남거나 죽은 다음에도-화려한 무덤으로- 호사를 누리는 악인이 있어서 인과응보의 원리로 다 설명이 되지 않으니 섣불리 자신을 위로하거나 가르치려 하지 말라고 말합니다(27-34절).

[고린도전서 8장]

우상제단에 올려진 음식을 먹는 문제를 다루고 있습니다(ft. 롬 14장). 바울은 음식의 문제를 형제사랑의 관점에서 해석합니다(1절). 지식은 우리를 교만하게 할 수 있음으로 반드시 사랑의 통제를 받아야 합니다. 지식보다 사랑의 원리가 더 우선합니다. 우리가 하나님을 지식으로 알 때 하나님이 우리를 알아주시는 것이 아니라 하나님을 사랑할 때 우리를 알아주십니다(3절). 마찬가지로 우리가 지식이 아닌 사랑을 더 중요한 원리로 삼을 때 하나님이 우리를 알아주십니다. 창조주 하나님과 구원자 예수 그리스도 외에 모든 신은 헛된 우상이며 음식 역시 실체가 없는 우상에게 드려졌던 것이므로 먹어도 무방합니다(4-8절). 즉, 먹을 자유가 있습니다. 그러나 나의 자유가 믿음이 약한 자에게 걸림이 되거나 그를 시험에 빠지게 한다면 먹지 않는 것이 더 유익합니다(9-13절). 양심이 약하여지고 더러워진다는 것은 믿음이 약한 자들이 죄의식과 수치심을 갖게 된다는 뜻입니다(7절). 이는 사랑으로 행한 것이 아닙니다. 지식보다 사랑이 더 중요합니다. "사랑은 덕을 세우나니"(1절).

[기도]

자기 백성을 끝까지 포기하지 않으시는 하나님의 사랑을 출애굽의 역사에서 보게 됩니다. 십자가 사랑에 응답하게 하셨으니 사랑하며 살아가게 하시고 고통당하는 자의 위로자가 되게 하옵소서. 지식에 사랑을 더하게 하사 약한 자를 배려하게 하옵소서.

[출애굽기 5장]
드디어 모세는 바로를 만나게 됩니다. 모세는 하나님이 그에게 하신 말씀을 바로에게 그대로 전달하지만 바로 거절당합니다(1-2절). 바로는 광야에서의 제사를 허락해 달라는 모세의 요청에 대해 노역을 쉬게 하려는 꼼수라고 생각합니다(3-4절). 이스라엘 백성들에 대한 노역은 더욱 강화되어 그들은 더욱 힘겨운 상황에 처해지게 되었습니다(5-19절). 모세를 통해 하나님의 구원 계획을 듣고 하나님을 경배했던 이스라엘 백성들은 더 혹독해진 상황으로 인해 모세와 아론을 원망하였으며, 모세는 이 문제를 놓고 하나님께 기도합니다(4:31, 20-23절).

[누가복음 8장]
예수님은 순회사역을 하는 중 씨 뿌리는 자의 비유를 말씀하십니다(1-15절). 씨는 하나님의 말씀이며 씨 뿌리는 자는 말씀을 선포하고 가르치는 예수님입니다(11절). 선포된 하나님의 말씀은 미처 뿌리를 내리기도 전에 사탄에 의해 제거되기도 하고 뿌리를 내리더라도 환난이나 핍박 혹은 이생의 염려와 재물과 향락의 기운에 막혀 열매를 맺지 못하기도 합니다. 오직 착하고 좋은 마음으로 말씀을 듣고 지킨 자만이 백배의 결실을 맺습니다(15절). 하나님 나라의 비밀은 점차 드러나게 되며, 진리의 말씀을 붙드는 자에게는 하나님 나라가 임합니다(16-18절). 씨 뿌리는 자의 비유를 깨닫고 진리의 말씀을 붙드는 자가 진정한 예수님의 가족입니다(21절). 제자들에게 창조주요 만물의 주관자이심을 나타낸 예수님은 거라사인 땅에서 군대귀신을 축출하심으로써 하나님 나라의 승리와 사탄의 패배를 확실히 보여주십니다(22-39절). 그러나 군대귀신에게 사로잡혔던 사람은 하나님 나라의 승리자가 되었지만 끝까지 예수님을 배척한 백성들은 여전히 사탄의 속박에 놓여 있습니다. 사탄의 나라는 죽음의 권세 아래 있습니다. 예수님은 불치병을 앓는 여인과 죽은 야이로의 딸을 죽음의 속박에서 건져내십니다(40-56절).

[욥기 22장]
욥과 친구들의 3차 논쟁이 시작됩니다(22-26장). 엘리바스는 자신의 의로움을 주장하는 욥에게 사람이 의롭다 해도 그것이 절대 의를 가지신 하나님께는 아무 유익이 없으며 하나님은 사람의 행위에 영향을 받지 않으신다고 말합니다(1-4절). 단지 욥에게 문제가 있기 때문에 그의 인생에 개입하실 뿐입니다. 그는 욥이 지은 죄의 목록을 나열하며 죄가 셀 수 없이 많다고 주장하면서 지금의 불행은 죄의 대가라고 결론을 내립니

다(5-11절). 엘리바스는 하나님이 높은 하늘에 계셔서 땅에서 일어나는 일을 잘 모르실 수 있으며 빽빽한 구름에 가린 탓에 세상을 잘 보지 못하신다는 생각을 욥이 하고 있다고 주장합니다(12-14절). 물론 욥은 그런 생각을 한 적이 없습니다. 엘리바스가 보기에 욥은 하나님의 심판을 자초한 노아시대의 악인들과 같습니다(15-17절). 악인의 계획은 하나님과 거리가 멀기에 결국 심판을 이르게 되며 의인은 이를 보고 기뻐하게 됩니다(18-20절). 엘리바스는 욥에게 다시 회개를 촉구합니다(21-30절).

[고린도전서 9장]

앞서 바울은 우상에게 바쳐진 음식을 먹는 것에 대해 본인은 자유 하더라도 양심에 거리낌이 있는 형제가 있다면 먹지 않는 것이 사랑이라고 말했습니다(8장). 그는 자신의 주장을 뒷받침하기 위해 자신의 실례를 듭니다(1-15절). 율법("곡식 떠는 소에게 망을 씌우지 말지니라", 신 25:4)이 사역자에 대한 재정지원의 당위성을 가르치고 있지만 바울은 생계 및 배우자에 대해 지원 받을 권리를 포기하고 스스로 생계와 사역에 대한 비용을 충당했습니다. 이것이 이방인 선교를 위해 더 유익하다고 판단했기 때문입니다. 바울은 자비량 선교를 자기가 받을 상으로 여기긴 했지만 복음 전파 자체를 자랑삼지 않았습니다(16-18절). 그것은 그의 사명이기 때문입니다. 바울은 복음을 위하여 포기해야 할 것이 있다면 기꺼이 포기하는 삶을 살았습니다(19-23절). 유대인에게는 철저히 유대인의 모습으로, 이방인에게는 이방인의 모습으로 다가갔습니다. 목적은 한 가지, 단 몇 사람이라도 구원하기 위함입니다. 그는 썩지 아니할 면류관을 얻기 위하여 최선의 경주를 하였고 날마다 자신을 쳐서 복종시켰습니다(24-27절). 복음전도자는 지혜와 절제를 통한 자기관리로 자신에게도 유익이 되는 삶을 살아야 합니다.

[질문과 묵상]

1. 오늘 말씀을 통해 만난 하나님은 어떤 분인가요?

2. 오늘 말씀을 통해 하나님이 내 삶에 요청하시는 것은 무엇인가요?

[기도]

하나님의 계획은 반드시 이루어짐을 확신합니다. 복음이 전파될 수만 있다면 나의 권리와 자유를 제한할 수 있는 믿음의 사람 되게 하옵소서. 사탄의 권세, 죽음의 권세에서 나를 건지신 예수님을 찬양합니다.

[출애굽기 6장]
조상들에게 전능하신 하나님('엘샤다이', 창 17:1 & 28:3 & 35:11)으로 나타나신 하나님은 당신의 이름 여호와를 걸고 조상들과 맺은 언약을 이행하실 것을 선언하십니다(1-8절). 그러나 이스라엘 백성들은 하나님의 말씀을 믿지 않았습니다(9절). 게다가 이스라엘 백성들의 불신으로 자신감을 상실한 모세는 바로에게 내 뜻을 전하라는 하나님의 명령에 대하여 반론을 제기합니다(10-13절). 이스라엘 백성들도 듣지 않는 말씀을 바로가 들을 리 없다는 것입니다. 하나님이 바로에게 갈 것을 다시 명하시지만 모세는 회의적인 반응을 보입니다(28-30절). 아론과 모세의 계보가 소개됩니다(14-27절).

[누가복음 9장]
열두 제자의 파송과(1-6절) 4가지 주요 사건(오병이어의 기적, 베드로의 신앙고백, 변화산 사건, 간질병 걸린 아이의 치유)이 등장합니다. 오병이어의 기적은 백성에게 생명의 양식을 먹이시는 구원자의 모습을 보여 줍니다(17절). 이 사건은 초대교회의 풍성한 구원의 잔치로 나타납니다. "말씀을 들은 사람 중에 믿는 자가 많으니 남자의 수가 약 오천이나 되었더라"(행 4:4). 십자가의 죽음 뒤에 부활의 영광과 승리가 있음을 알게 되면(31절). 자기 십자가를 지고 주를 따를 수 있습니다(23-27절). 그러므로 제자들은 예수님이 가시는 길에 대한 확신을 가져야 합니다(35절). 이미 귀신을 제어하는 능력을 받았으나 예수님에 대한 믿음을 잃어버린 제자들은 무기력했습니다(1, 37-43절). 예수님은 당신이 사람들의 손에 넘겨지게 될 것을 기억하라고 말씀하십니다(44-45절). 예수님의 십자가의 죽음은 사탄의 강력한 무기인 죽음의 권세를 무력화시킬 것입니다. 두 번에 걸친 수난 예고(22, 44절)에도 불구하고 제자들은 기득권 싸움을 합니다(46-50절). 그들은 섬기는 자가 더 크게 되는 하나님 나라의 원리에 대해 알지 못합니다. 예수님은 사람에게 즉결심판 성격의 기적을 행한 적이 없으십니다. 배타적인 사마리아인에 대한 심판을 요청하는 제자를 꾸짖으신 예수님은 당신을 따름에 있어서 단호할 것과 복음 전파의 시급함에 대해 말씀하십니다(51-62절).

[욥기 23장]
엘리바스의 말(22장)에 대한 욥의 답변입니다. 욥은 하나님과의 만남을 강력히 희망하지만 하나님은 여전히 보이지 않습니다(1-5절). 마치 법정에서 자신을 능숙하게 변론할 수 있는 만반의 준비를 마쳤는데 재판이 열리지 않는 것과 같습니다. 하나님은 욥에게 변론의 기회조차 주지 않는 것 같습니다. 욥은 하나님이 자신의 억울한 말을 들어 주실 분으로 확신하고 있지만 하나님은 계속 숨어 계십니다(6-9절). 비록 숨어계시

긴 하나 욥은 하나님이 자신의 모든 것을 알고 계시며 자신을 단련하셔서 순금처럼 되게 하실 것을 확신합니다(10-12절). "내가 가는 길을 그가 아시나니 그가 나를 단련하신 후에는 내가 순금같이 되어 나오리라." 욥은 절대주권을 가지신 하나님에 대하여 확신과 두려움이라는 이중감정을 가지고 있습니다(13-17절).

[고린도전서 10장]

과거 이스라엘 백성들은 구름기둥 아래 있었고 바다 가운데로 지났으며 신령한 식물(만나)과 음료('반석에서 나는 물')를 마셨습니다(1-4절). 바울은 이스라엘 백성들이 홍해를 건넌 것을 세례 받은 것으로, 광야에서 만나와 물을 먹었던 것을 성찬('그리스도의 살과 피')을 행한 것으로 해석합니다. 구약의 백성이든 신약의 백성이든 모두 하나님의 은혜 아래 있었습니다. 그러나 대다수 이스라엘 백성들이 광야에서 멸망했다는 사실을 잊지 말아야 합니다(5-6절). 출애굽 1세대의 대다수는 우상숭배와 음행, 하나님을 시험하는 행위(민 21:4-9), 원망으로 약속의 땅에 들어가지 못했습니다(7-12절). 고린도 성도들은 여러 가지 시험과 유혹에 노출되어 있으나 신실하신 하나님은 감당할 문제만 허락하십니다(13절). 앞서 바울은 우상에 드려졌던 제물은 음식일 뿐이므로 먹어도 상관없으나 믿음이 약한 형제를 위하여 먹지 않는 것이 유익하다고 가르쳤습니다(8장). 바울은 한 가지 더하여 우상 숭배의 위험성에 대해서도 경고합니다(14-15절). 성도들은 성찬을 통해 그리스도와 연합할 뿐 아니라 지체 간에 서로 연합함으로 한 몸을 이룹니다(16-17절). 성만찬이 그리스도와의 교제이듯 우상제단에 드려졌던 제물을 먹는 것은 귀신과 교제하는 것이 될 수도 있습니다(18-20절). 우상 제물의 배후에 있는 이방 종교와 문화의 영향에 대해 말하는 것입니다. 물론 지나친 태도라고 말할 수도 있지만 하나님 앞에 죄가 되거나 형제를 실족시킬 수 있는 가능성이 조금이라도 있다면 먹지 않는 것이 덕이 됩니다(21-22절). 자신의 양심과 자유보다 타인의 양심과 자유가 우선합니다(23-33절). 무엇을 하든 하나님의 영광을 위한 것이 되어야 합니다.

[질문과 묵상]

1. 오늘 말씀을 통해 만난 하나님은 어떤 분인가요?

2. 오늘 말씀을 통해 하나님이 내 삶에 요청하시는 것은 무엇인가요?

[기도]

하나님의 일하심이 당장 보이지 않아도 내 길을 아시며 친히 인도하시는 하나님을 신뢰합니다. 섬기는 자가 되게 하시고 나의 유익보다 형제, 자매의 유익을 구하는 성숙한 주의 백성이 되게 하옵소서.

[출애굽기 7장]

"여호와가 누구이기에 내가 그의 목소리를 듣고 이스라엘을 보내겠느냐"(5:2)라고 말했던 바로에게 하나님은 당신이 누구인지 본격적으로 나타내기 시작합니다. 하나님은 모세에게 표징과 이적, 바로를 향한 심판을 예고하십니다(1-6절). 지팡이가 뱀이 되는 이적을 행했으나 바로는 완악하여 듣지 않습니다(7-13절). 애굽을 향한 하나님의 첫 번째 심판은 그들의 젖줄과도 같은 나일강물이 피로 변하는 것입니다(14-25절). 하나님은 수많은 이스라엘 남자 아기들이 던져졌던 나일 강을 가장 먼저 심판하십니다. 피로 변한 강에서는 악취가 났으며 물속의 생물들은 죽임을 당했습니다. 애굽의 백성들이 신성시하는 나일 강은 일주일동안 죽음의 강이 되었습니다.

[누가복음 10장]

열두 제자를 파송하신 예수님이 이번에는 칠십 제자를 파송하십니다(9:1-6). 제자들에게 당부한 내용과 파송방식은 열두 제자 파송 때와 유사합니다. 예수님은 힘들고 어려운 사역임을 예고하시며 두 명씩 보내셨고 부족한 일꾼이 채워지도록 기도하라고 말씀하십니다(1-3절). 최소한의 짐을 꾸리되 길에서 문안하지 말라고 하십니다(4절). 길에서 문안하지 말라는 것은 복음을 위해 시간을 아끼라는 뜻입니다. 전도자는 필요한 것이 공급되어질 것을 믿어야 합니다(5-7절). 복음을 듣고 영접한 자는 참된 안식을 누리게 되지만 거부한 자는 심판 날에 하나님의 진노를 피할 수 없습니다(8-16절). 예수님의 이름으로 귀신을 쫓아낸 칠십 제자는 기쁨이 충만했습니다(17절). 열두 제자의 사역 이상으로 큰 성과를 거두었지만 그들이 기뻐해야 할 실제적인 이유는 천상의 명부에 등재된 그들의 이름입니다(20절). 어쩌면 그들에게는 핵심 제자그룹인 열두 명에 대한 열등감이 있었는지도 모릅니다. 주님께서는 항상 기뻐할 수 있는 이유를 가르쳐 주셨습니다. 세상의 지혜로 알 수 없는 구원의 계시는 어린아이와 같이 순전한 마음을 가진 자에게 허락됩니다(21-24절). 예수님은 이웃의 기준을 내 마음대로 설정해 놓고 그 기준에 해당되는 사람을 사랑하는 것으로 이웃 사랑의 율법을 완수했다고 착각하는 자들을 책망하십니다(25-37절). 주의 말씀 앞에 서는 시간은 무엇으로도 대체할 수 없습니다(42절).

[욥기 24장]

욥이 볼 때 하나님은 가난한 자들(의인)이 악인에 의해 고통을 당하고 있음에도 심판을 유보하시고 방관만 하고 계십니다(1-4절). 보상의 교리가 옳다면 하나님은 즉시 악인을 심판하셔서 의인을 위로하셔야 합니다. 그러나 심판의 지연으로 가난한 자들은 고통을 당하고 있습니다(5-8절). 욥은 악인의 행위를 묘사하며 하나님이 그들의 불의에 대해 관심이 없다고 말합니다(9-12절). 그는 악인의 행위와 특징을 열거하는데 그들은 사람을 죽이고 간음하며 강도짓을 하며 어둠을 사랑하며 낮보다 밤을 더 좋아합니다(13-17절). 욥은 악인을 향한 공의로운 심판(='포도원 갈 일이 사라지고 영혼은 스올로 사라지며 누구도 기억하지 못함')을 요청합니다(18-20절). 악인의 번영은 잠깐이며 하나님은 반드시 악인을 심판하십니다(21-25절). 욥은 여전히 고통가운데 있지만 하나님에 대하여 냉소적인 태도를 취하지는 않습니다.

[고린도전서 11장]

예배 때 여자가 머리를 가려야 하는 문제가 대두됩니다(1-16절). 이것은 복음의 본질과는 상관없는 공동체의 연합과 질서에 관한 내용으로 바울은 너울(여자가 얼굴을 가리기 위해 쓰는 덮개)을 쓰는 것이 더 유익하다는 결론을 내립니다. 그 시대에는 여자가 너울을 쓰지 않는 것이 단정치 못함을 의미했는데 사회 및 교회의 질서를 위해 필요하다고 본 것입니다. 개인의 자유보다 공동체의 평안을 먼저 고려할 때 공동체는 건강하게 유지될 수 있습니다. 앞선 다른 문제들처럼 여기서도 '형제사랑', '개인의 자유보다 타인의 자유 우선', '교회의 덕'이라는 기준을 가지고 문제를 풀어갑니다(8-10장). 하나님은 인간을 창조하실 때 남녀를 차별하지 않으셨습니다("하나님의 형상으로 창조하시되 남자와 여자를 창조하시고", 창 1:27). 바울은 여자가 기도하고 예언하는 것 자체를 금하지 않았습니다. 다만 창조질서, 남녀의 구별, 관례 등 여러 측면을 고려하여 덕이 되는 방향으로 행하도록 가르칩니다. 예수님의 고난과 죽으심을 기념하는 주의 만찬으로 인해 교회가 더욱 연합해야 하나 오히려 분쟁과 부끄러움에 빠졌습니다(17-34절). 빈궁한 자를 부끄럽게 하거나 약한 자들을 소외시킨다면 주의 만찬을 잘못 행하는 것입니다. 약한 자들은 교회에서 더욱 사랑과 격려를 받아야 합니다.

[질문과 묵상]

1. 오늘 말씀을 통해 만난 하나님은 어떤 분인가요?

2. 오늘 말씀을 통해 하나님이 내 삶에 요청하시는 것은 무엇인가요?

[기도]

수없이 좌절할 상황에서도 여전히 하나님을 신뢰하는 욥을 배우게 하옵소서. 형제사랑과 교회의 덕을 고려한 성숙한 판단으로 건강한 공동체를 세워가게 하옵소서. 내 이름을 천상의 명부에 올려주신 예수님께 감사하게 하옵소서.

[출애굽기 8장]
열 가지 재앙 중 두 번째부터 네 번째 재앙이 등장합니다. 애굽 땅이 개구리로 덮입니다(1-7절). 견디지 못한 바로는 이스라엘 백성을 보내기로 약속했으나 재앙이 그치자 약속을 번복합니다(15절). 하나님이 말씀하신 그대로입니다. "바로가 너희의 말을 듣지 아니할 터인즉"(7:4). 이 패턴은 열 번째 재앙까지 반복됩니다. 개구리에 이어 이와 파리가 온 나라에 가득합니다(16-32절). 네 번째인 파리 재앙부터 하나님은 이스라엘 백성들이 거주하는 고센 땅을 구별하여 재앙으로부터 보호하여 주십니다(22절). 이로써 이스라엘의 하나님이 심판자이심을 확실하게 보여주십니다. 개구리, 이, 파리는 애굽 사람들이 섬기던 신과 관련되어 있습니다. 완악한 바로에 대한 심판이자 우상에 대한 심판입니다.

[누가복음 11장]
기도의 본을 보인 예수님이 가르쳐 주신 기도는 아버지를 위한 간구 두 가지('아버지의 이름이 거룩히 여김을 받으시는 것', '아버지의 나라가 임하는 것')와 자신을 위한 간구 세 가지('일용할 양식', '죄 용서', '시험에 들지 않는 것')입니다(1-4절). 기도자는 포기하지 않고 끝까지 간청해야 합니다(5-10절). 아버지가 우리에게 주시는 가장 좋은 것은 당신의 영인 성령이십니다(13절). 귀신을 쫓으신 예수님은 사탄이 스스로 분쟁하지 않으며 귀신의 쫓겨남은 사탄의 나라가 무너지고 하나님의 나라가 임하는 증거라고 말씀하십니다(14-20절). 예수님의 사역을 부정하며 함께 영적 전쟁에 참여하지 않는 자는 예수님을 반대하며 제자들을 헤치는 자입니다(23절). 영혼의 자유를 얻은 자가 하나님의 말씀과 성령으로 무장하지 않으면 승리할 수 없습니다(24-28절). 말씀을 듣고 행하는 자가 복이 있습니다. 요나의 선포가 그러했듯이 예수님의 십자가는 사람들의 운명을 가르는 표적이 될 것입니다(29-32절). 표적을 볼 수 있는 안목이 열리면 예수님의 메시아 되심을 알게 됩니다(33-36절). 탐욕과 악독으로 가득한 바리새인들은 자신의 것을 내어 구제함으로 내면의 정결을 이루어가야 합니다(37-41절). 예수님은 이전 세대의 악행을 그대로 답습하고 있는 바리새인들의 관행과 위선을 고발하시는데 그들은 회개는커녕 도리어 예수님을 책잡으려 합니다(42-54절).

[욥기 25-26장]
(25장) 하나님이 악인을 방관하신다는 욥의 주장(24장)에 대해 빌닷은 하나님의 공의로운 통치는 온 세상에 미치므로 그의 심판에서 벗어날 수 있는 자가 없다고 말합니다(1-3절). 날 때부터 의로운 자는 없으며 인간은 하나님 앞에서 구더기와 벌레같이 죽을

운명을 가졌을 뿐입니다(4-6절).

(26장) 욥은 빌닷을 비난합니다. 그는 고통에 시달리는 욥에게 전혀 도움을 주지 못했으며 새롭게 가르쳐 준 것도 없습니다(1-4절). 이제 욥은 죄와 고통의 문제를 다루지 않고 하나님의 권능과 통치에 초점을 맞춥니다. 하나님은 창조주이시며 온 우주를 섭리하시고 심지어 스올(지옥 or 죽음의 장소)도 완전하게 다스리십니다(5-10절). 욥이 이렇게 말하는 것은 하나님이 그의 고난과 관련된 모든 것을 다 아신다는 의미입니다. 하나님은 혼돈을 잠재우시고 권능으로 질서를 회복하십니다(11-14절). 욥은 인생의 혼돈을 하나님이 제압하시고 다시 일으켜 주시길 소망합니다. 참고로 라합은 혼돈을 일으키는 고대 근동의 신화적 존재로 성경에서는 시적, 상징적인 의미로 쓰이고 있습니다. 고대 이스라엘 백성들은 하나님이 라합을 깨뜨리시고 질서를 세우신다고 생각했습니다.

[고린도전서 12장]

성령이 임하지 않으면 누구든지 예수를 주로 고백할 수 없습니다(3절). 성령님은 신앙고백을 주실 뿐 아니라 성도들이 신앙공동체를 섬길 수 있도록 다양한 은사를 주십니다(4-11절). 그리스도께서 나뉠 수 없듯이 한 몸인 교회 역시 나뉠 수 없습니다(12절). 한 성령으로 인하여 세례를 받은 성도들이 각 지체를 구성함으로써 한 몸을 이룹니다(13-27절). 성령의 은사는 초자연적인 것만 해당되지 않습니다(28절). 서로 돕는 것(=타인의 필요를 채워주는 것), 다스리는 것(=공동체를 지도하며 이끌어 감)은 공동체의 건강과 유지를 위해 꼭 필요한 은사입니다. 교회는 다양한 은사를 가진 사람들이 협력하여 하나님 나라를 이루어 갑니다. 은사 간의 우열을 가리는 것은 어리석지만 모든 성도가 사모해야 하는 최고의 은사가 있습니다(31절).

[질문과 묵상]

1. 오늘 말씀을 통해 만난 하나님은 어떤 분인가요?

2. 오늘 말씀을 통해 하나님이 내 삶에 요청하시는 것은 무엇인가요?

[기도]

언제나 변함없으신 하나님을 신뢰합니다. 내게 있는 혼란을 잠재워 주시고 나를 온전히 다스려 주옵소서. 성령의 역사로 예수 그리스도를 주로 고백하게 되었으니 성령의 역사로 교회 공동체를 세워가게 하옵소서. 말씀을 듣고 지키는 자가 되어 하나님의 나라를 이루게 하옵소서.

[출애굽기 9장]

다섯 번째 재앙인 돌림병(가축의 죽음)부터 피부병(악성 종기), 우박에 이르기까지 재앙이 계속 이어집니다. 하나님은 이스라엘 백성들이 사는 고센 지역을 재앙면제 구역으로 만드셔서 이스라엘 백성들이 특별한 존재임을 널리 알리십니다(4, 26절). 재앙 초기에 모세가 일으키는 기적을 비슷하게 흉내 내었던 애굽의 요술사들에게 악성종기가 발병합니다(11절). 우박이 가축과 사람들과 농작물 위에 떨어져 큰 피해를 입었습니다. 이제 바로의 신하 중에 여호와를 두려워하는 자들이 생겨납니다(20절). 한때 바로에 의해 이스라엘 백성들의 고통이 극심했으나 이제는 바로의 완악함으로 인해 애굽 백성들의 고통이 점점 더해지고 있습니다. 그러나 하나님의 백성들은 그들의 가축까지 하나님의 완벽한 보호 아래 있습니다.

[누가복음 12장]

바리새인의 위선을 조심하고(1절), 영생을 빼앗지 못하는 자들을 두려워하지 말며(4-7절), 오직 성령님을 의지하여 담대하게 복음을 전해야 합니다(10-12절). 은밀한 곳에서 말한 것들도 때가 되면 드러나게 되니 언제 어디서나 예수 그리스도를 시인하는 자가 되어야 합니다(2-3,8-9절). 탐심에 사로잡히면 결국 생명을 잃어버리게 되므로 탐심을 물리치고 하나님께 대하여 부요한 자가 되어야 합니다(13-21절). 염려함으로 문제가 해결되지 않으므로 한날 들풀까지도 입히시는 하나님을 신뢰하며 먼저 그의 나라를 구해야 합니다(22-34절). 언제든 주를 맞이할 준비가 된 종은 주님의 수종을 받는 복을 받게 됩니다(35-40절). 이는 예수님의 재림을 맞이하는 성도가 누릴 영광과 축복이 얼마나 놀라운 것인지에 대한 표현입니다. 재림을 소망하는 자는 지혜로운 청지기가 되어 주가 맡기신 영혼을 돌보며 신실하게 살아갑니다(41-48절). 그리스도를 믿는 자와 믿지 않는 자는 충돌할 수밖에 없습니다(49-53절). 재판을 앞두고 고소인과 화해하는 것이 형벌을 피하는 지혜인 것처럼 예수 그리스도와 화해함으로, 즉 그를 영접함으로 영원한 저주와 심판을 피하는 것이 지혜입니다(54-59절).

[욥기 27장]

욥의 입장에서 자신의 의로움을 보증해 주시지 않고 침묵으로 일관하시는 하나님은 그의 영혼을 괴롭히는 전능자입니다(2절). 그러나 욥은 사는 동안 불의를 말하지 않고 온전함을 버리지 않으며 공의를 굳게 붙잡을 것을 다짐합니다(4-6절). 우리는 고난이

나 역경이 믿음과 의를 포기하는 결과로 이어지지 않게 해야 합니다. 욥은 무죄한 자신을 비난하며 원수처럼 대하는 무익한 친구들에 대하여 하나님께서 심판을 받아 마땅한 불의한 자로 간주하시길 소망합니다(7-12절). 악인이 하나님께 받을 분깃은 자손의 상실(13-15절), 재물의 상실(16-19절), 파멸과 수치 당함(20-23절)입니다. 욥이 악인이 받을 심판에 대해 자세히 언급하는 이유는 자신은 그 길을 가지 않았음을 말하고자 함입니다.

[고린도전서 13장]

우리는 한 성령으로 세례를 받아 한 몸이 되었습니다(12:13). 성령님은 한 몸 공동체인 교회를 위하여 다양한 은사를 주십니다. 그런데 고린도 교회는 오히려 은사 때문에 분란이 일어났습니다. 각자 자기가 받은 은사의 우월성을 내세웠던 것입니다. 그래서 바울은 가장 큰 은사인 사랑의 중요성을 강조합니다(12:31). 사랑이 전제될 때 모든 은사는 바르게 쓰일 수 있으며 교회는 더욱 견고하게 세워져 갑니다. “사랑이 없으면 아무것도 아니요 사랑이 없으면 아무 유익이 없느니라”(2-3절). 모든 좋은 은사들은 결국 사랑의 통제를 받아야 하며 교회에서의 모든 봉사와 교육은 사랑과 연결되어야 합니다. 사랑 없이 행하는 것들은 허탄한 자랑이 될 뿐입니다. 고린도 성도들이 중요하게 생각하는 예언, 방언, 지식은 더 이상 소용이 없어지는 때가 올 것이지만 사랑은 영원히 남습니다. “그 중의 제일은 사랑이라”(13절). 혹시 사랑을 포기하셨다면 가장 중요하고 무엇보다 사모해야 할 은사를 포기한 것입니다.

[질문과 묵상]

1. 오늘 말씀을 통해 만난 하나님은 어떤 분인가요?

2. 오늘 말씀을 통해 하나님이 내 삶에 요청하시는 것은 무엇인가요?

[기도]

극한의 고통과 영적 혼란 속에서도 신앙인의 정체성을 포기하지 않겠다는 욥의 다짐이 나의 다짐이 되게 하옵소서. 어디에서나 하나님과 예수 그리스도를 시인하게 하시고 탐욕을 경계하며 하나님 나라를 구하게 하옵소서. 특별히 사랑의 은사로 늘 충만하게 하옵소서.

[출애굽기 10장]

8번째 재앙인 메뚜기 떼가 우박 재앙에서 살아남은 모든 농작물들을 다 먹어 치웁니다(4-6절). 한때 7년 대기근도 거뜬히 넘긴 애굽에 심각한 식량난이 발생했습니다. 신하들이 바로를 설득하지만 그는 모세의 제안을 또 거절합니다(11절). 바로는 메뚜기 재앙을 맞고도 여전히 완악합니다(17-20절). 9번째 흑암의 재앙으로 인해 3일간 아무것도 볼 수 없었습니다(21-23절). 그러나 이스라엘 백성들이 사는 고센 땅에는 환한 빛이 있었습니다. 하나님은 태양을 차단시킴으로써 태양신을 섬기는 애굽을 심판하십니다. 분노한 바로가 모세를 협박합니다(28절). 하나님이 바로를 완악하게 하셨다는 것은 바로가 그의 마음을 겸비하지 않으므로 완악한 마음을 그대로 내버려 두셨음을 의미입니다(3절).

[누가복음 13장]

로마에 항거하는 민족주의자들이 예루살렘에서 제사를 드리는 동안 성전에서 죽임을 당하는 사건이 있었습니다. 또한 빌라도가 성전금고에서 강탈한 돈으로 실로암에 망대를 세우다가 무너져 불의의 삯을 받고 일하던 자들이 사망하는 사건도 있었습니다. 예수님은 그들이 특별히 죄가 더 많아서 죽은 것이 아님을 강조하시며 하나님이 심판을 유예하실 때 자신의 운명을 깨닫고 속히 회개할 것을 촉구하십니다(1-9절). 18년간 귀신으로 인해 고통당하던 한 여인을 예수님이 안식일에 고친 사건으로 인해 안식일 논란이 발생합니다(14절). 예수님은 안식일에도 가축을 풀어내어 물을 먹이는 것처럼 안식일에 사탄에 매인 여인을 그 매임에서 풀어주는 것은 합당하고 말씀하십니다(15-16절). 감추어졌던 하나님 나라는 모든 사람들이 인지할 만큼 크고 강력하게 이 땅에 세워질 것입니다(18-21절). 수많은 군중이 예수님을 따랐으나 실제로 예수님과 복음을 위해 좁은 문으로 들어가는 자는 적습니다. 우리는 모든 힘과 역량을 동원하여 그리스도를 따라야 합니다(22-28절). 선민의식에 사로잡혀 있는 유대인들은 나중 된 자가 될 수도 있으며 아예 구원에서 배제될 수도 있습니다(29-30절). 먼저 된 신앙인들은 이 말씀을 잘 새겨야 합니다. 예수님은 헤롯의 계획이 아닌 자신의 계획에 따라 움직이십니다(33절). 선지자들을 배척한 그들은 예수님도 배척할 것입니다(34-35절).

[욥기 28장]

욥은 인간의 어떤 노력으로도 참된 지혜를 찾지 못한다고 말합니다(1-11절). 인간은 동물과 비교할 수 없는 지혜로 불덩어리(용암)가 있는 땅속에서 은, 금, 철, 청옥(사파이어) 등을 채굴해 내지만 하나님의 지혜는 노력과 수고로 얻을 수 없습니다. 세상을 운영하시며 모든 것을 알고 설명할 수 있는 참된 지혜는 하나님만이 소유한 신비입니다.

세상에서는 참된 지혜를 찾을 수 없습니다(12-14절). 지혜는 오직 위로부터, 즉 하나님으로부터 임하며 세상의 재물로는 얻을 수 없습니다(15-19절). 지혜는 세상에서 그 가치를 매길 수 없으며 어느 누구도 자기 힘으로 그것을 얻을 수 없습니다(20-22절). 하나님을 경외하는 것이 지혜(wisdom)이며 악에서 떠나는 것이 명철(understanding=분별, 통찰)입니다(23-28절). "여호와를 경외하는 것이 지혜의 근본이요 거룩하신 자를 아는 것이 명철이니라"(잠 9:10).

[고린도전서 14장]

은사 활용의 동기는 사랑이며 결과는 교회의 유익과 덕입니다(1-12절). 성령님은 교회를 위하여 다양한 은사를 주십니다. 그러나 은사의 우열을 따지거나 부적절하게 쓰게 되면 많은 혼란이 가중됩니다. 예를 들어 공예배에서의 방언사용은 유익하지 않으며 불신자에게 부정적인 영향을 줄 수 있습니다(16-19절). 방언은 하나님과의 깊은 교제를 위한 개인적인 은사이므로 교회에서는 타인을 각성시키거나 회개로 이끌 수 있는 예언(=복음과 심판, 재림 등에 관한 가르침과 선포)이 더 유익합니다(24-25절). 방언이 유익하려면 통역과 함께 말해야 하며 차례에 따라 두 명 내지 세 명에게만 허용되어야 합니다(13, 26-28절). 예언 역시 한 번의 예배에 두 명 내지 세 명에게만 허용되고 차례에 따라 질서 있게 이루어져야 하며, 예언이 하나님의 말씀인지 아닌지도 분별해야 합니다(29-33절). 34-35절의 해석에는 특별한 주의가 필요합니다. 이 당시에는 여인이 예배에 참여하는 것 자체가 파격이었습니다. 게다가 은사에 따라 여인이 예배에 주도적으로 참여할 수 있는 길이 열린 것을 이용하여 일부 여인들이 무분별하게 회중 앞에 나섬으로써 교회의 혼란이 가중되었고, 예언을 분별할 시 부적절한 질문을 하거나 예언자의 권위를 해치는 일이 종종 발생했습니다. 그래서 바울은 말로 교회를 어지럽히는 자들을 향해 "교회에서 잠잠하라"고 단호하게 선언한 것입니다. 방언을 금할 필요는 없으며 모든 것을 품위 있고 질서 있게 하면 됩니다(39-40절).

[질문과 묵상]

1. 오늘 말씀을 통해 만난 하나님은 어떤 분인가요?

2. 오늘 말씀을 통해 하나님이 내 삶에 요청하시는 것은 무엇인가요?

[기도]

이해되지 않는 일들이 많더라도 하나님의 지혜와 경륜을 신뢰합니다. 그리스도를 따르는 길이 좁은 문으로 가는 길이라 해도 그 길로만 가길 원합니다. 주께 받은 은사와 열심을 가지고 교회 공동체를 세워가게 하옵소서. 교만하지 않게 하옵소서.

[출애굽기 11-12장 1-21절]
(11장) 이제 한 가지 재앙만 남았습니다(1절). 바로는 장자를 잃고 나서야 비로소 이스라엘 백성들을 내보내게 될 것입니다(5-8절).
(12장 1-21절) 열 번째 재앙은 이전과 다른 점이 있습니다. 아홉 번째까지는 이스라엘 백성들이 사는 고센 땅이 각종 재앙으로부터 자동 면제를 받았지만 이번에는 재앙을 대비해야 할 일이 있습니다. 죽음의 사자가 애굽 온 땅을 두루 다니며 사람과 짐승의 모든 처음 난 것들을 심판할 때 어린양의 피가 묻어 있는 집은 재앙을 면하게 될 것입니다(12-13절). 어린양의 피는 장자의 생명을 대신하는 표적이 될 것입니다. 장자의 구원과 함께 출애굽이 이루어짐으로써 유월절이 탄생하게 됩니다. 절기 때마다 열 번 째 재앙을 준비한 모든 행위를 그대로 재현함으로써 하나님의 구원을 기억하게 됩니다(3-11절). 훗날 세례 요한은 예수 그리스도에 대해 다음과 같이 선포했습니다. "보라 세상 죄를 지고 가는 하나님의 어린양이로다"(요 1:29). 하나님의 어린양 예수 그리스도의 피가 영원한 저주와 죽음으로부터 우리를 구원하였습니다.

[누가복음 14장]
예수님은 안식일에 수종병자(=몸에 물이 차서 점차 붓는 병)를 고치셨습니다(1-6절). 이로 인해 안식일에 일하지 말라는 규정을 위반했다는 논란이 생겼는데 예수님은 안식일이라도 자신의 아들이나 가축이 우물에 빠지면 건지지 않겠느냐는 말씀으로 그들의 위선을 고발하십니다. 제자는 낮아짐으로써 높아지는 법칙을 따라야 하며 보상을 기대할 수 없어도 섬겨야 합니다(7-14절). 제자는 세상에서 낮은 자들을 구원의 만찬으로 초대하는 것을 합당하게 생각해야 합니다. 예수님은 하나님 나라에 사람들을 초청하십니다(15-24절). 예수님의 초청에 응하지 않는 사람은 마지막 날에 있을 천국잔치에 참여할 수 없습니다. 제자는 주님을 더 사랑하는 결단이 있어야합니다(25-27절). 이것은 혈연관계를 부정하라는 것이 아니라 우선순위를 말하는 것입니다. 건축비 산정을 잘해야 망대를 세울 수 있고 피아간의 전력을 잘 분석해야 전쟁과 화친 중 선택을 잘 할 수 있는 것처럼 예수님을 따름으로써 얻는 결과(영생)를 정확히 알아야 제자의 길을 갈 수 있습니다(28-32절). 참 제자는 모든 것을 버리더라도 영생을 선택합니다(33절). 제자도의 희생이 없는 사람은 맛을 잃은 소금과 같습니다(34-35절).

[욥기 29장]
욥은 하나님의 보호 아래 행복했던 지난날을 회상하며 하나님과의 친밀했던 관계가 회복되길 소망합니다(1-6절). 그는 재앙을 만나기 전 지역공동체로부터 존경을 받았으

며 정의를 행하고 사랑과 긍휼을 베푸는 삶을 살아 왔기에 장수하다가 복된 죽음을 맞을 것을 기대했습니다(7-20절). 그는 지혜로 사람들을 가르쳤고 지혜와 선행으로 존경받는 삶을 살았습니다(21-25절).

[고린도전서 15장]

바울은 고린도 성도들에게 복음을 다시 일깨우려 합니다(1-2절). 복음의 핵심은 예수 그리스도의 십자가의 죽으심과 부활인데 부활의 증인들 대다수가 지금도 살아있을 뿐 아니라 이전에 교회를 박해했던 바울도 부활의 주님을 만남으로 사도가 되었습니다(3-11절). 바울은 그리스도의 부활과 죽은 자의 부활은 불가분의 관계임을 전제하며 그리스도의 부활이 죽은 자의 부활의 전제(or 첫 열매)라고 말합니다(12-19절). 우리는 그리스도를 잇는 부활의 또 다른 열매입니다(20-24절). 사망을 이기는 능력인 부활로 말미암아 고난 극복과 생명을 건 복음 전파가 가능합니다(25-34절). 참 그리스도인의 삶은 부활의 소망으로 가능해집니다. 바울이 세례 받지 못하고 죽은 자를 대신하여 받는 세례에 대해 언급한 것은 그것의 정당성을 인정하는 것이 아니라 대신 세례를 받았어도 부활이 없다면 아무 소용이 없다는 것을 말하고자 함입니다(29절). 즉, 부활의 중요성에 강조점이 있습니다. 씨앗이 죽어야 열매를 맺듯이 성도의 몸도 죽음을 통해 부활의 몸으로 살아나게 됩니다(35-38절). 하나님은 각 생물들 심지어 해, 달, 별까지도 각자에게 어울리는 다양한 몸과 형체를 만드셨습니다. 마찬가지로 하나님은 우리에게 가장 적합한 부활의 몸과 영광을 허락하실 것입니다(39-41절). 살리는 영이신 그리스도로 말미암아 우리의 육신은 신령한 몸을 입게 되었습니다(42-49절). 부활의 주님은 사망을 완전히 이기셨습니다(50-56절). 부활이 있으므로 복음을 위한 모든 수고는 결코 헛되지 않습니다(57-58절).

[질문과 묵상]

1. 오늘 말씀을 통해 만난 하나님은 어떤 분인가요?

2. 오늘 말씀을 통해 하나님이 내 삶에 요청하시는 것은 무엇인가요?

[기도]

어린양 예수 그리스도의 피가 나를 죽음에서 건져내어 영광의 부활을 덧입게 하였습니다. 나를 천국 만찬에 초대해 주신 부활의 주님을 영원히 찬양합니다. 복음의 진리를 붙들고 흔들리지 않는 삶을 살게 하옵소서. 죽음을 이기고 부활의 승리를 주신 예수님을 찬양하게 하옵소서.

3
월

M'Cheyne

개관

고린도후서
바울은 고린도 교회에 편지(고린도전서)를 보내 교회의 문제들을 해결하려 했으나 실패했습니다. 그래서 재차 편지를 보냅니다(일명 '근심의 편지', 7:8). 이 편지를 받은 고린도 교회는 각성하여 교회 내 여러 문제들을 해결했습니다. 디도를 통해 이 소식을 들은 바울은 교회 공동체의 올바른 조치에 대해 크게 기뻐하며 다시 편지(고린도후서)를 씁니다. 바울은 이 편지에서 그의 사도됨을 인정하지 않는 대적들에 대한 강한 비판과 사도직에 대한 변호, 예루살렘 성도들의 구제를 위한 연보의 필요성 등을 피력합니다. 특히 바울은 대적들이 그가 전한 복음을 왜곡한 것에 대해 분개합니다. 다소 거친 바울의 표현들은 교회를 바르게 세우기 위한 바울의 마음이 담겨 있습니다(13:10).

요한복음
요한복음은 창세기 1장처럼 선포로 시작합니다. 요한은 로고스(Logos)라는 단어를 사용하여 예수님이 성육신하신 창조주 하나님이심을 선언합니다. 이는 이 글을 쓴 목적에서도 분명하게 드러납니다. "너희로 예수께서 하나님의 아들 그리스도이심을 믿게 하려 함이요 또 너희로 믿고 그 이름을 힘입어 생명을 얻게 하려 함이니라"(20:31). 예수님의 정체성은 그의 7가지 자기 선언(생명의 떡, 세상의 빛, 양의 문, 선한 목자, 부활 & 생명, 길 & 진리 & 생명, 포도나무)을 통해 더욱 선명하게 나타납니다. 요한복음은 예수님을 아는 참 지식과 참 믿음으로 우리를 안내합니다.

잠언
잠언은 지혜서에 속해 있으며 여호와를 경외하는 법을 배우게 하는 것이 그 목적입니다. 진정한 지혜는 하나님과의 관계 안에서 규정되기 때문입니다. "여호와를 경외하는 것이 지식의 근본이거늘 미련한 자는 지혜와 훈계를 멸시하느니라"(1:7). 잠언은 선과 악을 비롯하여 성공과 실패, 부와 가난, 자기 관리, 인간관계, 성품, 말(언어), 감정 등 인간 존재와 삶에 관한 다양한 주제를 다룹니다. 잠언은 십계명과 같은 명령은 아니지만 우리를 참된 지혜의 세계로 안내합니다.

갈라디아서
갈라디아는 하나의 도시가 아니라 소아시아 반도의 어느 한 지역을 가리킵니다. 바울은 유대주의자로 불리는 특정세력을 두고 강한 어조로 글을 씁니다. 그는 믿음과 함께 율법을 구원의 조건으로 제시하는 유대주의자들에 대하여 다른 복음은 있을 수 없다는 강경한 입장을 표명합니다. "다른 복음을 전하면 저주를 받을지어다"(1:8). 할례나 음식에 관한 법은 구원과 상관이 없습니다. 그러나 바울은 율법주의를 배척한 것이지 율법의 무용론을 주장한 것은 아닙니다.

개관

에베소서

바울이 로마 감옥에서 쓴 옥중서신(에베소서, 빌립보서, 골로새서, 빌레몬서) 중 하나입니다. 에베소 교회는 바울이 3차 전도여행 중 3년간 눈물로 목양했던 곳으로 그의 영적 아들인 디모데가 사역을 이어가고 있습니다. 다른 서신서와 달리 에베소서에는 해당 교회의 구체적인 문제가 등장하지 않습니다. 에베소서는 우리의 구원을 위한 삼위 하나님의 지혜와 경륜, 만유(우주에 존재하는 모든 것) 위에 계시며 교회의 머리가 되시는 예수 그리스도, 유대인과 이방인이 복음으로 인하여 함께 상속자 및 지체가 되는 놀라운 신비, 그리스도인의 새로운 삶에 대한 교훈과 감동을 전해줍니다.

빌립보서

아시아 선교를 원했던 바울은 어느 날 마게도냐 사람이 자신을 도와달라고 호소하는 환상을 보게 됩니다(행 16:9-10). 하나님의 뜻에 순종한 바울은 마게도냐 지방의 빌립보로 건너가 동역자 루디아와 함께 빌립보 교회를 세웁니다. 바울이 2차 전도여행 중 유럽대륙에 세운 첫 번째 교회입니다. 이곳에서 귀신들린 여종을 치료한 일로 인해 고소를 당하여 매를 맞고 옥고를 치렀는데 이로 인해 간수의 가정이 구원받는 놀라운 일이 일어납니다(행 16장). 편지에는 그의 사역에 언제나 큰 힘이 되어준 교회에 대한 감사와 투옥된 자신의 근황, 유대주의자에 대한 경계, 내부 갈등의 극복과 연합에 대한 권고 및 격려가 담겨 있습니다.

레위기

레위기는 출애굽기와 연속선상에 있습니다. 성막이 완성된 후(출 40장) 거룩하신 하나님과 어떻게 생명의 교제를 이어가며 거룩을 유지할 것인가에 대한 내용이기 때문입니다. 레위기는 크게 제사법(1-16장)과 성결법(17-27장)으로 구분됩니다. 즉, 거룩한 예배와 거룩한 삶을 위한 지침인데 5가지 제사[번제, 소제, 화목제(감사제, 서원제, 낙헌제), 속죄제, 속건제], 각종 절기, 정결과 부정의 구별(음식, 질병, 출산 등) 등에 관한 내용입니다. 예수님이 십자가에서 완전하고 영원한 속죄의 제사를 드림으로써 우리는 구약의 제사와 성결법에서 자유케 되었습니다. 신약의 성도는 은혜 가운데 즐거이 주의 율례를 따릅니다.

골로새서

골로새 교회는 바울의 제자 에바브라가 세웠는데 빌레몬, 오네시모, 아킵보 등이 그 교회에 속해 있습니다. 바울은 로마 감옥을 방문한 에바브라를 통해 성도들이 그리스도를 영접하기 이전의 삶으로 회귀하고 있다는 것과 이단의 침투에 관한 내용을 듣게 됩니다. 특히 이단문제가 심각했습니다. 천사숭배 및 극단적 금욕주의 더 나아가 그리스도의 신성마저 부인하는 자들로 인해 교회는 혼란을 겪고 있습니다. 바울은 창조 및 부활을 통해 나타난 비교 불가한 그리스도의 우월성을 가르치며 그의 신성을 변호합니다. 또한 그리스도에 대한 깊은 이해를 바탕으로 성도의 삶의 원리에 대해서도 가르칩니다.

[출애굽기 12장 22-51절]

하나님은 10번째 재앙을 내리기 전에 대대로 유월절을 지키라고 명령하십니다(24-27절). 어린양의 피가 없는 집의 모든 처음 난 생명들이 죽었으며 마침내 바로는 출애굽을 허락합니다(29-31절). 하나님이 아브라함("그 섬기는 나라를 내가 징치할찌며 그 후에 네 자손이 큰 재물을 이끌고 나오리라", 창 15:14)과 모세("너희가 갈 때에 공수로 가지 아니하리니 … 너희가 애굽 사람의 물품을 취하리라", 3:21-22)에게 하신 말씀이 그대로 이루어졌습니다(35-36절). 그들은 급히 나오느라 누룩(이스트)이 들어가지 않은 반죽으로 구운 빵을 양식으로 삼아야했습니다(39절). 유월절은 하나님의 놀라우신 구원을 기억하기 위한 절기입니다(43-51절). 유월절은 영어로 the Passover입니다. 죽음의 사자가 어린양의 피를 보고 그냥 넘어갔습니다. 하나님의 백성들은 어린양의 대속의 피로 인해 죽음을 면하였습니다.

[누가복음 15장]

죄인들과 함께 식탁교제를 하는 예수님에 대해 불평하는 바리새인과 서기관들에게 예수님은 3가지 비유를 말씀하십니다. 잃은 양의 비유(3-7절), 잃은 드라크마의 비유(8-10절), 탕자의 비유(11-32절)입니다. 바리새인과 서기관들은 죄인을 멸시했으며 그들이 회심하여 하나님의 백성이 되는 것을 원치 않았습니다. 예수님은 아버지의 마음으로 죄인을 바라볼 것을 촉구하십니다. 특히 탕자의 비유에 등장하는 아버지와 첫째 아들의 태도는 죄인들을 대하는 예수님의 마음과 바리새인 및 서기관들의 마음을 그대로 대비하여 보여줍니다. 아버지는 모든 것을 잃고 돌아온 둘째 아들을 진심으로 환대하며 기뻐합니다. 반면 첫째 아들은 아버지의 기쁨을 이해하지 못하고 도리어 화를 냅니다. 아버지의 자녀라면 아버지의 기쁨을 이해하고 동참하는 것이 마땅합니다(32절).

[욥기 30장]

하나님과의 친밀한 관계 안에서 행복을 누리던 삶을 추억하던 욥(29장)은 이제 차가운 현실을 마주하며 탄식합니다. 지역공동체에서 존경받던 욥은 철저히 버림받았으며 비웃음과 멸시의 대상이 되고 말았습니다(1-11절). 대적들의 파상공세에 그는 어디에도 의지할 데가 없습니다(12-15절). 그런데 이보다 더 큰 고통은 자신을 원수처럼 대하는 하나님, 곧 자신을 버리신 것 같은 하나님으로 인한 고통입니다(16-23절). 고통 가운데 있는 자가 도움을 바라며 부르짖는 것은 당연한 처사이나 자신을 도울 자가 전혀 보이지 않는다는 것이 그에게는 너무나 큰 고통입니다(24-31절).

[고린도전서 16장]

유대지역에 큰 흉년이 들어 예루살렘교회 성도들이 경제적인 고통을 겪고 있었습니다(행 11:28). 바울은 고린도 교회가 복음을 전해준 예루살렘 교회를 돕는 것이 마땅하다고 생각합니다("만일 이방인들이 그들의 영적인 것을 나눠 가졌으면 육적인 것으로 그들을 섬기는 것이 마땅하니라", 롬 15:27). 바울은 연보(구제헌금)에 대하여 매주 첫날(주일)에 모아 두었다가 자신이 고린도에 갔을 때에는 별도로 모금하지 않게 하라고 권합니다(2절). 모두가 참여하는 미리 준비된 연보가 되게 하라는 것입니다. 현재 에베소에서 사역하고 있는 바울은 기회가 된다면 고린도에 가서 일정 기간 사역하다가 그들의 후원을 받아 또 다른 사역지로 파송받기를 원합니다(5-9절). 그는 자신보다 앞서 도착할 디모데가 평안히 사역하도록 부탁하면서 에베소에서 사역중인 아볼로를 좋은 동역자로 소개합니다(10-12절). 교회 내에 각각 바울파, 아볼로파가 있음을 의식하여 자신과 아볼로는 협력관계임을 말한 것입니다. 마지막으로 성도들에게 믿음을 지키고 사랑으로 행할 것과 복음을 위한 수고를 당부하며 편지를 마무리합니다(13-24절).

[질문과 묵상]

1. 오늘 말씀을 통해 만난 하나님은 어떤 분인가요?

2. 오늘 말씀을 통해 하나님이 내 삶에 요청하시는 것은 무엇인가요?

[기도]

죽음의 권세가 나를 이기지 못함은 어린양 예수 그리스도의 보혈이 내게 영원한 승리를 주셨기 때문입니다. 영원한 생명을 얻은 기쁨으로 잃어버린 자를 찾게 하옵소서. 친밀감이 날마다 더하여지는 교회가 되게 하시고 하나님께 받은 것을 자원하는 마음으로 드리게 하옵소서.

[출애굽기 13장]
하나님은 죽음의 재앙에서 건지신 사건을 영원히 기억하며 기념하라고 말씀하십니다. 어린양의 피를 통해 지켜 주셨으니 모든 초태생은 하나님의 소유입니다(1-2절). 초태생이 하나님께 속한 것이라면 나머지 가족 그리고 이스라엘 전체는 하나님께 속한 것이 됩니다. 그래서 하나님은 이스라엘 백성들이 하나님께 속해 있음을 확인하는 방법을 알려주셨는데 그것이 바로 무교절입니다(3-10절). 무교절은 아빕월(3월) 15일부터 7일간 진행되는데 이 기간 동안 누룩 없는 빵을 먹습니다. 그들이 급히 출애굽하면서 누룩 없는 빵을 먹었던 것을 재현함으로써 하나님의 구원하신 날을 기억하는 것이 핵심입니다. 훗날 가나안 땅에 정착한 이스라엘 백성들은 모든 처음 난 것을 대신하여 속전이나 대속의 제물을 드림으로써 모든 것이 하나님의 소유임을 선포하게 됩니다(11-16절). 하나님은 이스라엘 백성들을 구름기둥과 불기둥으로 인도하십니다(17-22절).

[누가복음 16장]
16장은 재물에 대한 교훈입니다. 주인의 소유를 낭비하여 해고 위기에 놓인 청지기가 빚을 탕감해 주는 증서를 임의로 발급합니다(1-7절). 그는 해고 이후를 대비하여 주인의 소유를 자기 마음대로 조정하여 채무자들로 하여금 본인에게 은혜를 입게 만들었습니다. 그가 쫓겨난 후에는 그에게 도움을 받았던 사람들이 그를 도울 것입니다. 비록 그의 행위는 옳지 않았으나 주인은 미래를 준비하는 그 지혜로움을 칭찬합니다. 재물은 꼭 필요한 것이지만 악의 뿌리가 되기도 합니다. “돈을 사랑함이 일만 악의 뿌리가 되나니 이것을 탐내는 자들은 미혹을 받아 믿음에서 떠나 많은 근심으로써 자기를 찔렀도다”(딤전 6:10). 재물은 건강이나 시간처럼 하나님이 주신 선물입니다. 원래부터 내 것이 아니었습니다. 하나님이 내게 주신 선물은 나를 영원한 처소로 인도할 친구를 사귀는데 쓰라고 주신 것입니다. 재물에 대한 예수님의 경고의 말씀에 대하여 바리새인들은 스스로를 정당화하며 냉소적인 반응을 보입니다(14-15절). 제자들은 하나님과 재물을 두고 결단해야 합니다. 예수님은 요한의 사역을 끝으로 율법과 선지자의 시대, 즉 구약의 시대가 끝나고 당신으로 말미암는 새로운 하나님 나라가 도래하였음을 선포하십니다(16절). 그러나 하나님 나라가 완성될 때까지 율법은 여전히 유효합니다(17절). 예수님은 재물을 사랑하는 것을 간음에 비유(18절)하시는데 ‘부자와 거지 나사로의 이야기’를 통해 다시 강조하십니다.

[욥기 31장]
욥은 이제껏 친구들이 제기한 죄의 목록을 떠올리며 자신의 무죄를 강력하게 주장합

니다. 만약 자신에게 은밀한 죄가 있다면 환난과 불행이 닥치는 것이 합당하다고 말하며 그(전능자)가 자신의 길을 살피고 있으나 허위나 속임수가 없었으니 공평의 저울에 자신을 달아봐 달라고 하나님께 요청합니다(1-8절). 음욕을 품은 일조차 없었으니 만약 그랬다면 심판의 불이 자신의 모든 소유를 불태울 것이라고 말합니다(9-12절). 그는 종과 과부와 고아를 보호하고 존중히 여겼으며 탐욕과 우상숭배로부터 마음을 지켰습니다(13-28절). 심지어 원수를 향해서도 순전한 마음을 지켰고 모든 사람에게 관대했으며 죄를 숨기지 않고 하나님 앞에 늘 정직했습니다(29-34절). 욥은 자신의 무죄에 대한 최종 판단을 하나님께 의뢰합니다(35-37절). 그는 하나님이 주신 땅에서 청지기적 사명을 잘 감당했습니다(38-40절).

[고린도후서 1장]

바울은 복음으로 인해 살 소망이 끊어질 정도로 극심한 고난을 당했지만 한편으론 고난으로 인해 하나님의 넘치는 힘과 위로를 경험하게 되어 고난당하는 자를 능히 위로할 수 있게 되었습니다(1-11절). 그의 고난은 공동체를 유익하게 만들었습니다. 고린도 성도 중 일부는 교회방문 약속을 어긴 바울의 진정성을 의심했습니다. 그러나 거룩과 진실함으로 사역한 바울은 자신의 유익을 위해 일정을 변경한 것이 아니라고 강변합니다(12, 15-17절). 신실하신 하나님이 그의 증인입니다(18절). 하나님의 거룩한 약속들은 그리스도 안에서 언제나 '예'가 됩니다(19-20절). 하나님의 약속들은 그리스도 안에서 모두 성취되었으므로 그리스도는 율법의 완성이요 마침이 되십니다(롬 10:4). 성령을 보내심도 그리스도를 통한 약속의 성취입니다(21-22절). "내가 아버지께로부터 너희에게 보낼 보혜사 곧 아버지께로부터 나오시는 진리의 성령이 오실 때에"(15:26). 바울은 고린도를 방문하지 않았던 것이 교회의 유익을 위한 것임을 알립니다(21-22절). 바울이 고린도 교회의 문제에 바로 개입하지 않음으로써 스스로 회개할 수 있는 시간을 준 것입니다(23-24절).

[질문과 묵상]

1. 오늘 말씀을 통해 만난 하나님은 어떤 분인가요?

2. 오늘 말씀을 통해 하나님이 내 삶에 요청하시는 것은 무엇인가요?

[기도]

그리스도 예수 안에서 하나님의 모든 약속은 이루어졌습니다. 재물을 앞에 두고서도 주 예수 보다 더 귀한 것이 없음을 고백하게 하시고 억울한 상황이 생겼을 때 하나님의 주권에 모든 것을 맡길 수 있는 믿음을 갖게 하옵소서.

[출애굽기 14장]

하나님은 출애굽한 이스라엘 백성들이 방향을 돌이켜 사방이 막혀 있는 바닷가로 인도하십니다(2절). 하나님은 의도적으로 그들이 헤매는 것처럼 보이게 하셨습니다(3-4절). 예상대로 이스라엘 백성에 대한 미련을 버리지 못한 바로가 군대를 총동원하여 추격합니다(5-7절). 애굽 군대의 출현으로 이스라엘 진영에서는 일대 혼란이 일어났으나 모세는 차분히 하나님 구원을 선포합니다(8-14절). 그들은 지난 열 번의 재앙에서 경험한 하나님의 구원을 잊어버렸습니다. 하나님에 대하여 바로와 같은 완고함으로 반응하지 않아야 합니다. 애굽 군대가 이스라엘 진영에 당도했으나 하나님은 그들과 이스라엘 진영 사이에 하나님의 사자와 구름기둥을 두어서 접근하지 못하게 막으셨으며, 애굽 진영은 흑암으로 덮고 이스라엘 진영에는 밝은 빛을 비추심으로 이스라엘 가운데 하나님이 계심을 나타내십니다(19-20절). 결국 바다 속까지 따라온 애굽 군대는 물의 심판을 받았으며 이스라엘 백성들은 한 생명도 상하지 않고 무사히 홍해를 건넜습니다(23-31절).

[누가복음 17장]

실족하게 하는 것은 형제에게 상처를 입혀 신앙을 떠나게 하는 것을 의미합니다. 누군가를 실족하게 하는 것은 큰 죄입니다(1-2절). 범죄한 형제를 바르게 계도하려면 교만하거나 우월한 태도로 대하지 않아야 합니다(3절). 형제가 회개하고 용서를 구하면 일곱 번이라도 용서해야 합니다(4절). 예수님은 믿음을 구하는 제자들에게 겨자씨만한 믿음만 있다면 그것이 가능하다고 말씀하십니다(5-6절). 겨자씨가 심어져 큰 나무가 되듯이 작은 믿음일지라도 하나님을 의지하며 도전할 때 불가능할 것 같은 일이 가능해집니다. 구원받은 성도는 무익한 종의 심정으로 맡겨진 일에 충성해야 합니다(7-10절). 자칫 내가 받은 은혜와 선물에 집중하다보면 그것을 주신 하나님을 놓칠 수 있습니다(11-19절). 예수님을 통해 하나님 나라가 도래했지만 바리새인들은 그것을 볼 수 있는 영적 안목이 없었습니다(20-21절). 예수님은 마지막 날에 영광과 위엄 가운데 재림하실 것입니다. 예수님은 공개적인 재림, 재림 때의 사람들의 모습, 재림의 준비, 재림으로 나뉠 운명에 관해 말씀하십니다(22-37절).

[욥기 32장]

욥과 세 친구의 대화가 교착상태에 빠진 상태에서 갑자기 등장한 엘리후는 의로움을 주장하는 욥과 욥에 대하여 제대로 반박하지 못하면서 정죄만 일삼는 세 친구 모두에게 화를 냅니다(1-5절). 그는 자신이 비록 연소하지만 하나님의 영이 역사하시면 연륜에서 나오는 지혜보다 더 뛰어난 지혜를 말할 수 있다고 주장합니다(6-9절). 그는 세 친구에게 욥의 말에 반박하지 못한 채 하나님만이 욥을 추궁할 수 있다고 생각하는 것은 무책임한 변명이라고 말합니다(10-14절). 그는 사람의 눈치를 보지 않고 거침없이 자신의 의견을 피력하려 합니다(15-22절).

[고린도후서 2장]

고린도 교회 안에 있는 바울의 대적들은 바울과 대다수 성도들을 근심에 빠뜨렸습니다. 그래서 바울은 고린도 교회를 방문하지 않기로 결심했습니다(1-2절). 대신 고린도 성도를 향한 넘치는 사랑의 마음을 편지에 담아 보냅니다(3-4절). 이미 성도들은 바울의 대적에 대하여 교회차원의 치리(징계)를 한 상태입니다(5-6절). 바울은 대적이 근심으로 인해 너무 침체되지 않도록 징계 후에는 그를 용서해 줄 것을 권합니다(7-11절). 바울은 이 눈물의 편지를 디도를 통해 고린도 교회에 보낸 후 드로아에서 디도를 다시 만나기로 했는데 결국 그를 만나지 못한 채 드로아를 떠나게 되었습니다(12-13절). 바울은 각처에서 그리스도를 아는 냄새(복음)를 나타내시는 하나님께 감사하며 자신을 그리스도의 향기라고 표현합니다(14-15절). 복음은 누군가에게는 사망에 이르는 냄새이며 누군가에게는 생명에 이르는 냄새입니다(16절). 바울은 순전함으로 복음을 전했습니다(17절).

[질문과 묵상]

1. 오늘 말씀을 통해 만난 하나님은 어떤 분인가요?

2. 오늘 말씀을 통해 하나님이 내 삶에 요청하시는 것은 무엇인가요?

[기도]

주님! 바로같은 완고한 자가 되지 않게 하시고 말씀의 씨앗이 떨어져 열매를 맺는 옥토가 되게 하옵소서. 지체들을 실족시키지 않게 하시고 믿음을 더욱 견고히 세워주는 자가 되게 하옵소서. 무익한 종의 마음으로 주의 일을 기쁨으로 감당하게 하시고 어디서든 그리스도의 향기를 발하게 하옵소서.

[출애굽기 15장]
하나님께 올리는 승리의 찬가['모세의 찬가'(1-18절), '미리암의 찬가'(19-21절)]입니다. 구원받은 자는 찬양합니다. 이스라엘 백성들은 애굽 군대를 홍해에 수장시킨 하나님을 찬양합니다. 용사이신 하나님이 그들을 대신해 싸우셨습니다. 그들은 여호와와 같은 신이 없다고 고백합니다. 하나님은 구속하신 백성을 주의 거룩한 처소(기업)로 인도하실 것이며, 하나님의 구원의 능력을 전해들은 열방은 두려워 떨 것입니다(13-17절). 홍해를 건넌 이스라엘은 승리의 노래를 부르며 광야로 나아갔지만 사흘간 물을 먹지 못하고 겨우 찾은 물도 먹을 수 없게 되자 모세를 원망합니다(22-23절). 구원의 감격과 은혜로 출발한 우리도 인생길에서 쓴 물을 만났습니다. 하나님은 쓴 물에 한 나무를 던지게 하여 단 물이 되게 하셨습니다(25절). "나는 너희를 치료하는 여호와임이라"(26절). 하나님은 우리 인생의 쓴 물을 치료하시며 우리로 하여금 믿음의 길을 걷게 하십니다. 하나님이 우리 인생 가운데 던져 주신 또 하나의 나무가 있으니 그것이 바로 십자가입니다. "친히 나무에 달려 그 몸으로 우리 죄를 담당하셨으니"(벧전 2:24).

[누가복음 18장]
예수님은 과부의 끊임없는 청원이 귀찮아서라도 들어주게 될 불의한 재판관의 비유를 통해 항상 기도하고 낙심하지 말아야 하는 이유를 설명하십니다(1-8절). 불의한 재판관과 달리 하나님은 의로우시며 자비로우신 분입니다. 그러나 스스로를 의롭게 여기는 자의 기도는 물리치시고 통회하며 긍휼을 구하는 자의 기도를 들으십니다(9-14절). 하나님 나라는 자기를 높이지 않고 부모를 온전히 의지하는 어린아이와 같은 심령을 가진 자의 것입니다(15-17절). 예수님을 찾아온 한 관리는 영생(하나님 나라)의 가치보다 부의 가치를 더 우위에 놓고 있습니다(18-25절). 예수님은 그의 실체를 폭로하시며 영생은 인간이 능동적으로 만들어내는 것이 아니라 하나님이 이뤄 놓으시는 것이라고 말씀하십니다(26-27절). 하나님 나라를 최우선 가치로 삼은 제자들에게는 현세의 보상과 내세의 영생이 예비되어 있습니다(28-30절). 하나님은 공의를 나타내시고 연약한 자녀들에게 용기를 주시기 위해 현세의 복도 허락하십니다. 예수님은 십자가의 죽으심과 부활을 통해 선지자를 통해 주신 모든 계시를 성취하실 것을 예고하시지만 제자들은 그 의미를 알지 못합니다(31-34절). 맹인이 눈을 떠 하나님께 영광을 돌리며 예수를 따르게 된 것처럼 제자들도 그들의 영안이 열려 하나님께 영광을 돌리며 예수님을 진정으로 따르게 될 것입니다(35-43절).

[욥기 33장]

엘리후는 자신의 말에 대하여 '하나님의 영에 붙들린 자의 정직하고 진실한 말'로 규정하며 권위를 부여합니다(1-4절). 한편 자신도 욥과 같이 흙으로 지음 받았으며 더 나을 것이 없는 사람이라고도 말합니다(5-7절). 엘리후는 욥이 전에 말했던 '하나님이 죄가 없는 의인을 원수로 여겨 미워하시며 죄인 취급하셨다'는 말을 소환하며 이 말 자체가 욥이 죄인이라는 증거라고 주장합니다(8-12절). 그는 죄인의 멸망을 막기 위한 하나님의 여러 가지 방법 중에 질병과 고통이 있다고 말합니다(14-22절). 그렇지만 하나님은 중보자와 대속물을 통해 죄인을 구원하십니다(23-30절). 엘리후는 자신의 말을 주의 깊게 들으라고 말합니다(31-33절).

[고린도후서 3장]

고린도 성도 중 일부는 바울의 사도직에 대한 추천서가 없음을 문제 삼았습니다. 이에 바울은 자신의 추천서는 문서가 아니라 살아있는 사람, 즉 너희들이라고 말합니다(1-3절). 바울의 사역과 그 열매들인 고린도 성도들이 그의 사도직을 증명하는 추천서(편지)입니다. 하나님은 바울을 복음을 위한 사도요 새 언약의 일꾼으로 세우셨습니다(4-6절). 구원을 주지 못하는 율법을 위한 직분도 영광스러운데 하물며 구원을 주는 복음을 위한 직분은 얼마나 더 영광스럽겠습니까?(7-11절). 바울은 율법과 복음을 비교하며 영광스러운 사도직을 변호합니다. 율법이 구원을 줄 수 없는 한계를 그리스도께서 뛰어넘으셨습니다. 율법을 받은 모세는 율법의 한계와 그 영광이 언젠가 사라질 것을 알았기에 그 얼굴을 가렸습니다(13절). 그러나 그리스도를 통한 새 언약의 영광은 결코 사라지지 않으며 영원히 빛날 것이기에 감출 필요가 없습니다. 옛 언약의 한계는 새 언약(그리스도의 복음)을 통해 극복하게 됩니다(14-18절). 새 언약에 참 자유가 있습니다.

[질문과 묵상]

1. 오늘 말씀을 통해 만난 하나님은 어떤 분인가요?

2. 오늘 말씀을 통해 하나님이 내 삶에 요청하시는 것은 무엇인가요?

[기도]

다양하게 말씀하시며 다양한 방법으로 일하시는 하나님을 항상 신뢰합니다. 인생의 쓴 물을 복음으로 달게 하신 십자가의 능력을 의지합니다. 자비로우신 아버지가 계시니 기도 가운데 낙심하지 않게 하시고 복음을 위한 수고를 멈추지 않게 하옵소서.

[출애굽기 16장]

마라의 쓴 물로 인해 불평했던 이스라엘 백성들은 신 광야에 도착한 후 또 불평합니다(1-3절). 이번에도 먹을 것과 관련되어 있습니다. 자신들의 욕구가 원하는 시간에 채워지지 않으면 불평과 원망을 일삼는 어린아이 같은 모습은 광야 40년 내내 반복됩니다. 원망하는 그들을 위해 하나님은 하늘에서 생명의 양식을 내려 주십니다(4-10절). 하나님은 광야기간 동안 만나와 메추라기를 공급해 주실 것을 약속하시며 각 사람은 먹을 만큼(한 오멜)만 거두고 다음 날까지 남겨두지 말라고 말씀하십니다(11-20절). 여섯째 날은 안식일에 먹을 양식을 포함하여 두 배를 거둘 수 있도록 만나의 유통기한을 이틀로 연장시켜 주셨습니다(22절). 하나님은 안식일에 집중하도록 안식일의 식량문제를 미리 해결해 주셨습니다(23-30절). 안식은 하나님이 주신 선물입니다. 하나님은 만나를 항아리에 담아 영원히 기념하게 하셨습니다(31-36절).

[누가복음 19장]

예수님은 유대인들이 결코 용납할 수 없는 죄인 중의 죄인인 세리장 삭개오를 환대하시며 그의 집에 머물겠다고 말씀하십니다(1-5절). 이는 논란을 일으킬 사유입니다(7절). 예수님의 환대로 인해 기쁨이 충만한 삭개오는 예수님이 주인이 되는 새로운 인생을 선포합니다(8-10절). 열 므나 비유는 예수님의 승천과 재림 사이의 부재기간(성령의 시대)은 청지기의 사명을 감당하는 기간임을 교훈합니다(11-27절). 스가랴는 메시아에 대하여 "그는 공의로우시며 구원을 베푸시며 겸손하여서 나귀를 타신다"고 선포했습니다(슥 9:9). 그는 십자가를 통해 우리를 섬기실 겸손의 왕이십니다(28-38절). 예수님의 등장을 불편해 하는 자들이 있었는데 예수님의 사역과 그의 존귀하심은 어떤 형태로든 선포되고 전파될 것입니다(39-40절). 지금은 환영하지만 결국에는 예수님을 거부할 백성들을 보며 애통해하신 예수님은 성전으로 가셔서 성전의 신성함을 더럽히는 행위를 질타하시고 성전의 본래의 목적을 선포하십니다(41-46절). 예수님은 성전에서 진리의 말씀을 가르치며 대적들의 도전을 물리치셨습니다(47-48절).

[욥기 34장]

엘리후는 욥이 자신의 무죄를 주장함으로써 하나님을 불의하게 만들었다고 비난합니다(1-9절). 그가 보기에 하나님이 의인을 심판하셨다고 말하는 자는 악인과 다를 바 없습니다. 하나님은 마음대로 영과 목숨을 거두시는 분이 아니며 언제나 공의로 통치하시고 사람을 차별하지 않으시며 공평하게 심판하시는 분입니다(10-20절). 하나님은 모든 것을 감찰하고 계시기에 심판하실 때 오래 생각하실 필요가 없습니다(21-24절). 하나님은 예상치 못할 때 갑자기 악인을 심판하시기도 하며 때론 심판을 연기하시기도 합니다(25-30절). 심판에 관한 하나님의 깊으신 뜻을 사람이 어찌 알겠습니까? 엘리후는 욥에게 죄를 자백하라고 말합니다(31-33절). 욥은 지금까지도 지혜롭지 못했으며 오히려 한 가지 죄를 더 지었으니 하나님의 공의를 부정하며 하나님께 맞선 죄입니다(34-37절).

[고린도후서 4장]

사도직을 무엇보다 소중히 여기는 바울은 핍박과 반대가 있을지라도 결코 낙심하지 않습니다(1절). 그는 복음의 진리를 정직하게 선포했습니다(2절). 그러나 악한 영의 역사로 인해 마음이 혼미한 자들은 복음을 듣고도 깨닫지 못합니다(3-4절). 바울은 다메섹 도상에서 진리의 빛으로 자신을 찾아오신 예수 그리스도의 구주되심과 자신이 그의 종이 되었음을 전합니다(5-6절). 질그릇과 같은 그가 사도로서 존귀하게 된 것은 복음을 가졌기 때문입니다(7절). 예수님을 만난 이후 고난과 핍박이 계속되었지만 복음만이 유일한 구원의 진리임을 알기에 바울은 기꺼이 고난을 짊어집니다(8-9절). 그는 예수님의 죽음을 자기 몸에 짊어진 자입니다(10절). 그는 죽음을 떠올릴 정도의 극심한 고난을 당했지만 그리스도의 고난에 동참함으로써 그리스도의 생명을 나타내고 있습니다(11-12절). 하나님에 대한 믿음은 고난을 이기게 하며 그리스도의 부활은 담대함을 줍니다(13-15절). 고난으로 그의 육신은 약해지지만 그의 영혼은 그리스도의 장성한 분량을 향해 자라갑니다(16절). 고난은 버겁지만 장차 영원한 나라에서 누릴 영광에 비할 수 없습니다(17-18절).

[질문과 묵상]

1. 오늘 말씀을 통해 만난 하나님은 어떤 분인가요?

2. 오늘 말씀을 통해 하나님이 내 삶에 요청하시는 것은 무엇인가요?

[기도]

안식일을 기억하여 거룩히 지킴으로써 안식을 주신 하나님께 영광을 돌리게 하옵소서. 이 땅에서의 모든 시간은 청지기로서 살아가는 시간임을 기억하게 하시며, 복음으로 인한 고난이 요청될 때 기꺼이 동참함으로 복음의 진리를 나타내게 하옵소서.

[출애굽기 17장]
마라의 쓴 물로 인해 원망했던 이스라엘 백성들이 이번에도 물 문제로 모세와 다툽니다(15:24, 2절). 하나님의 인도하심을 온전히 신뢰하지 못함에서 비롯된 것입니다. 우리 역시 하나님의 인도하심을 신뢰하지 못하고 신뢰와 의심을 반복하고 있습니다. 하나님의 명을 받은 모세는 지팡이로 반석을 쳐서 샘물이 나게 합니다(4-6절). 훗날 바울은 이 말씀을 인용하여 예수 그리스도를 선포합니다. "다 같은 신령한 음료를 마셨으니 이는 그들을 따르는 신령한 반석으로부터 마셨으매 그 반석은 곧 그리스도시라"(고전 10:4). 이스라엘 백성들이 출애굽 후 처음으로 전투를 치렀습니다(8-9절). 들려진 모세의 손은 전쟁의 주권이 여호와께 있음을 보여 줍니다(10-16절). '여호와 닛시'는 승리를 주시는 하나님의 이름입니다.

[누가복음 20장]
여기서 하루는 고난주간 중 화요일입니다(1절). 예수님은 종교지도자들과 치열한 논쟁을 펼칩니다. 그들은 누가 성전에서 활동(성전정화 & 가르침)할 권리를 주었는지 묻습니다(2-8절). 예수님은 그들에게 도리어 세례 요한의 권위를 묻습니다. 당시 유대인들이 선지자로 여기는 세례 요한을 인정한다면 세례 요한이 메시아로 선포한 예수님의 권위도 인정해야 하므로 그들은 답변하지 않습니다. 예수님은 주인의 아들까지 죽이는 포도원 농부의 비유를 통해 대적들의 실태를 고발하십니다(9-18절). 예수님은 쓸모없는 돌처럼 버려지겠지만('십자가의 죽음') 하나님은 그를 살리심으로 새 성전의 기초석('구원의 반석')가 되게 하실 것입니다. "가이사의 것은 가이사에게 하나님의 것은 하나님에게"라는 말씀은 세상의 통치 질서를 존중하되 그보다 더 우위에 있는 하나님의 통치에 순응해야 함을 의미합니다(19-26절). 하나님은 아브라함의 하나님, 이삭의 하나님, 야곱의 하나님이십니다(출 3:6). 언제나 산 자의 하나님이시기에 믿음의 조상들은 부활하여 하나님 안에 살아 있습니다(27-40절). 우리는 죽어도 영원히 삽니다. "나는 부활이요 생명이니 나를 믿는 자는 죽어도 살겠고"(요 11:25). 예수님은 다윗의 계보에 속해 있지만 실제로는 다윗이 주로 선포한 신적 존재이십니다(41-47절). "하늘로부터 소리가 나기를 너는 내 사랑하는 아들이라 내가 너를 기뻐하노라"(3:22).

[욥기 35장]
엘리후는 '내가 의로운들 이렇게 극심한 불행을 겪고 있으니 그게 무슨 소용이 있냐'고 말하는 욥에게 하나님과 사람은 넘어설 수 없는 근본적인 차이가 있다고 말합니다(1-5절). "그대는 하늘을 우러러 보라 그대보다 높이 뜬 구름을 바라보라" 또한 욥이 의롭다 해도 하나님께 유익이 없으며 죄를 범한다 해도 하나님께 해가 되지 않는다고 말합니

다(6-8절). 즉, 하나님은 인과응보의 원리에 따라 인간이 예측가능하게 움직이시는 분이 아니라 인간의 행위에 구애받지 않는 초월적인 분이라는 것입니다. 그가 보기에 하나님은 진정한 참회가 아닌 당장의 압제를 모면하기 위한 기도에는 응답하지 않으십니다(9-11절). 악한 자의 기도에도 응답하지 않으십니다(12-13절). 엘리후가 보는 욥의 잘못은 하나님이 자신에게 철저히 침묵하고 계심('뵈올 수 없고')에 대해 불평하면서도 공정한 판단을 내려주실 하나님을 기다리는 것입니다(14절). 이 말은 무죄판결을 기다리는 것 자체가 죄라는 뜻입니다. 그는 하나님이 악인을 벌하지 않고 악행에 무관심하다는 욥의 발언 역시 헛되다고 비난합니다(15-16절).

[고린도후서 5장]

바울은 육신을 장막 집으로 비유하며 그리스도인은 부활의 몸, 곧 영원한 집을 사모한다고 말합니다(1-2절). 우리는 육신의 장막을 벗더라도(죽더라도) 부활의 몸을 입을 것이기에 결코 벗은(죽은) 자로 발견되지 않을 것입니다(3절). 우리가 사망을 이기고 영원한 생명을 누리게 될 것을 성령님이 보증하십니다(4-5절). 우리는 믿음으로 온전히 행하는 것이 제한되는 육신의 날 동안에 부활의 몸을 입게 될 날을 소망합니다(6-8절). 우리가 살든지 죽든지 주를 기쁘시게 하는 자가 되어야 하는 것은 육신의 날에 대하여 평가를 받기 때문입니다(9-10절). 심판이 있음을 아는 바울은 자신이 어떻게 사역했는지 하나님이 잘 알고 계시며 고린도 성도들도 이를 알기를 원한다고 말합니다(11절). 바울은 고린도 성도들이 율법과 할례를 강조하며 외모(=추천서나 탁월한 언변)를 자랑하는 거짓 사도에게 속지 않고 분명하게 대답할 말을 갖게 되기를 원합니다(12절). 바울이 미친 사람처럼 열정적으로 사역하는 이유는 그의 죄를 대속하신 그리스도의 사랑의 강권하심 때문입니다(13-15절). 그는 한때 그리스도마저 잘못 판단했지만 이제는 사람을 세상적인 가치로 평가하지 않습니다(16절). 그리스도 안에 있는 사람은 새로운 존재입니다(17절). 죄로 인하여 막혔던 하나님과 우리를 그리스도께서 화목케 하셨으니 우리는 하나님과 화목해야 합니다(18-21절).

[질문과 묵상]

1. 오늘 말씀을 통해 만난 하나님은 어떤 분인가요?

2. 오늘 말씀을 통해 하나님이 내 삶에 요청하시는 것은 무엇인가요?

[기도]

당신의 선하심을 영원히 거두지 않으시는 하나님! 더욱 의지합니다. 또한 부활의 권세를 주신 예수 그리스도를 찬송합니다. 예수 그리스도로 말미암아 새로운 피조물이 되었고 영원한 복을 누리게 되었으니 주께 기쁨을 드리는 인생이 되게 하옵소서.

[출애굽기 18장]

아말렉과의 전투에서 승리한 이스라엘 진영에 모세의 장인 이드로가 모세의 가족을 데리고 찾아옵니다(1-6절). 맏이의 이름(게르솜='이방에서 나그네가 되었다')에는 모세의 나그네 생활과 노예였던 이스라엘 백성들의 애환이 담겨 있습니다. 둘째의 이름(엘리에셀="나의 하나님은 도움이시다")에는 이스라엘을 구원하신 하나님에 대한 고백이 담겨 있습니다. 장인을 만난 모세는 하나님이 이스라엘에게 행하신 놀라운 일들을 간증했으며, 장인은 하나님을 찬송하며 장로들과 함께 제사를 드립니다(5-12절). 이드로는 모세가 하루 종일 백성들의 대소사를 담당하느라 시달리는 것을 보았습니다(13-16절). 그는 행정조직(천부장-백부장-십부장)을 구성하여 효율적으로 백성들을 치리할 것을 권고합니다(17-23절). 모세는 이드로의 제안을 적극 수용하여 과도한 업무량을 획기적으로 줄였습니다(24-27절). 이스라엘은 점차 조직을 갖추어 갑니다. 세워진 일꾼들이 각자의 역할을 감당할 때 공동체는 견고하게 세워질 것입니다.

[누가복음 21장]

서기관들의 위선을 지적하신 예수님은(20:46-47) 자신의 전부인 두 렙돈(1 렙돈=하루 품삯인 1 데나리온의 1/100)을 드린 과부를 칭찬하십니다(1-4절). 가난한 과부는 마음을 다한 예배를 드렸습니다. 예수님은 화려하고 웅장한 성전의 철저한 파괴를 예고하십니다(5-9절). 성전파괴의 날이 다가오면 여러 가지 징조가 나타날 것입니다. 그러나 예루살렘 성전의 파괴(AD 70년)가 곧 종말을 의미하는 것은 아닙니다. 마지막 때에는 미혹하는 자가 많을 것입니다. 성전이 무너지기 전 일어날 여러 가지 일들을 통해 종말의 때에 일어날 일들을 유추할 수 있습니다. 하나님은 박해의 시기에도 지혜를 주셔서 담대히 복음을 전하게 하시며 박해로부터 백성을 보호하실 것입니다(15, 18절). 박해의 면제를 의미하는 것은 아니지만 그들의 영혼을 영원까지 보존하여 주십니다. 그러므로 마지막 때에 꼭 필요한 덕목은 바로 인내입니다(19절). 때가 이르면 그리스도께서 큰 영광 가운데 구름을 타고 다시 오실 것입니다(27-28절). 우리는 다시 오실 그리스도에 대한 믿음을 가지고 늘 깨어 기도하는 삶을 살아야 합니다(29-38절).

[욥기 36장]

엘리후는 욥에게 자신의 말을 조금 더 경청할 것을 요청합니다(1-4절). 전능하신 하나님은 아무도 멸시하지 않으시며 악인을 징계하시고, 고난 받는 자에게 공의를 베푸시며 의인을 존귀케 하십니다(5-7절). 또한 고통을 통해 죄를 깨닫게 하시며 형통과 심판을 집행하시고, 속박(심판)에도 불구하고 하나님을 찾지 않는 불경건한 자들은 남창(남자 창기)처럼 단명하게 하십니다(8-14절). 곤고한 자를 건지시며 학대(고난)를 통해 인간의 귀를 여셔서 그의 말씀을 듣게 하십니다(15절). 욥은 환난에서 건짐을 받고 하나님이 주시는 풍성함을 경험했어야 합니다(16절). 그러나 그가 보기에 욥은 하나님의 말씀에 대해 귀를 닫았습니다. 욥이 하나님을 대적하고 있다고 생각한 엘리후는 분노하지 않도록 주의하며, 어떤 대속물로도 쉽게 용서받지 못할 것을 각오하고("많은 뇌물이 그대를 그릇된 길로 가게 할까") 악에서 떠나라고 권고합니다(17-21절). 하나님은 그의 권능으로 높이 계시며 누구도 그의 길을 정하거나 그를 판단할 수 없습니다(22-26절). 즉 욥이 자신의 고난에 대해 하나님을 추궁하거나 하나님의 불의를 말할 수 없다는 것입니다. 인간의 마땅한 도리는 하나님이 행하신 일을 기억하고 그를 높이는 것뿐입니다. 엘리후는 자연현상으로 하나님의 위대하심을 선포합니다(27-33절). 물이 증발하여 안개가 되고 구름이 되어 비가 내리는 현상, 천둥과 번개 현상은 하나님만이 하실 수 있는 일입니다. 과학책이 아닌 성경이 물이 증발하여 구름이 되어 비를 내리는 현상을 정확하게 설명하고 있다는 사실이 놀랍습니다.

[고린도후서 6장]

바울은 그릇된 삶으로 과거에 받은 은혜를 헛되게 만들지 말 것을 주문합니다(1절). 말씀이 선포되는 때가 곧 은혜의 때입니다(2절). 우리는 하나님이 말씀에 반응하게 하시는 은혜의 때를 놓치지 말아야 합니다. 은혜의 때는 끝이 있습니다. 바울은 자신의 직분이 비방을 받지 않기 위해 늘 자신을 살폈습니다(3절). 우리는 말과 행동이 복음에 방해가 되지 않는지 늘 살펴야 합니다. 바울은 하나님의 일꾼으로서 환난과 궁핍 가운데 인내했으며 깨끗함, 지식, 오래 참음, 자비함, 성령의 감화, 사랑, 진리의 말씀, 하나님의 능력으로 사역을 감당했습니다(4-7절). 그리스도인은 아무 것도 아닌 것 같으나 실제로는 모든 것을 가진 승리자입니다(8-10절). 고린도 성도들의 허물까지 포용할 수 있는 바울은 고린도 성도들도 편견을 버리고 자신을 포용하기를 원합니다(11-13절). 우리는 하나님의 언약 백성으로서 구별된 삶을 살아야 합니다(14-18절). 특히 우상숭배와 관련하여 철저한 구별이 필요합니다.

[질문과 묵상]

1. 오늘 말씀을 통해 만난 하나님은 어떤 분인가요?

2. 오늘 말씀을 통해 하나님이 내 삶에 요청하시는 것은 무엇인가요?

[기도]

하나님! 우리 교회와 가정이 건강한 공동체가 되게 하옵소서. 하나님을 진정으로 경외하게 하시고 다시 오실 주님에 대한 믿음을 가지고 구별된 삶을 살아가게 하옵소서. 마음을 다하여 주를 예배하게 하옵소서.

[출애굽기 19장]

출애굽 3개월 만에 시내산에 도착한 것은 하나님의 약속의 성취입니다(1절). “내가 반드시 너와 함께 있으리라 네가 그 백성을 애굽에서 인도하여 낸 후에 너희가 이 산에서 하나님을 섬기리니 이것이 내가 너를 보낸 증거니라”(3:12). 하나님은 모세에게 “너희가 내 말을 잘 듣고 내 언약을 지키면 너희는 모든 민족 중에서 내 소유가 되겠고 너희가 내게 대하여 제사장 나라가 되며 거룩한 백성이 될 것”이라고 말씀하십니다(5-6절). 하나님은 이 비전을 위하여 그들을 구원하시고 여기까지 인도하셨습니다(4절). 장로들과 백성들은 하나님의 비전을 함께 이루어 나갈 것을 약속한 후 성결의식을 행합니다(7-15절). 긍휼과 자비가 풍성하신 하나님의 본질은 거룩입니다. 인간 편에서 아무리 준비한다 해도 하나님을 대면할 만큼 거룩할 수는 없습니다(20-25절). 그러나 지극히 거룩하신 하나님은 죄인에게 긍휼과 자비를 베푸십니다.

[누가복음 22장]

무교절은 출애굽을 기념하는 절기로써 7일간 누룩 없는 빵을 먹습니다. 어린양을 잡는 첫날을 별도로 유월절이라 부르는데 넓은 의미로 유월절과 무교절은 동의어처럼 쓰입니다. 모든 것은 구약의 예언과 예수님의 말씀대로 진행됩니다. 사탄은 유다를 미혹하여 예수님을 십자가의 죽음으로 내몰았지만 십자가는 도리어 사탄을 이기는 하나님의 신비가 되었습니다(1-6절). 최후의 만찬을 주재하신 예수님은 당신의 죽음의 의미를 가르치며 이를 기념하라 하십니다(7-23절). 누가 큰 자인지에 대한 논쟁은 대속의 제물이 되어 우리를 섬기신 예수님을 알게 되면 바로 종식됩니다(24-27절). 예수님은 제자들에게 하나님 나라를 위임하시고 베드로의 배반과 회복을 예고하며 진리를 위한 영적 전쟁을 준비시키십니다(28-38절). 겟세마네 동산에서 아버지의 뜻을 따르기로 결단한 예수님은 예고하신대로 베드로의 배신을 경험하십니다(39-62절). 그러나 베드로는 심한 통곡(회개)으로 회복을 위한 첫걸음을 내딛습니다. 심문 과정에서 예수님의 신분(=그리스도, 인자(사람의 아들, 곧 육을 입으신 하나님), 하나님의 아들, 하나님의 권능의 우편에 앉으신 분)이 그대로 드러납니다(63-71절).

[욥기 37장]

엘리후는 번개와 천둥을 주관하시며 사람이 헤아릴 수 없는 큰일을 통하여 위엄과 권능을 나타내시는 하나님의 음성을 들으라고 말합니다(1-5절). 하나님은 모든 자연만물과 자연현상을 친히 다스리십니다(6-12절). 천체와 기상 등을 통해 악한 자에 대한 징계, 땅의 유익(생명체의 보존), 의인을 위한 긍휼을 조정 및 통제하십니다(13절). 예부터 기상현상은 생명체의 유익을 위해 작용했으며 악한 자의 목적을 좌절시키기도 하고 의인을 살리기도 했습니다. 역사적으로 기상이 적을 막아주거나 기상으로 인해 전쟁에서 승리한 사례가 얼마나 많습니까? 엘리후는 욥이 답변하기 어려운 질문을 쏟아냅니다(14-22절). 자연계를 다스리는 하나님의 활동도 이해하지 못하면서 어떻게 인간을 다루시는 하나님의 활동을 이해할 수 있느냐는 것입니다. 그러므로 무지한 인간은 겸손히 하나님을 경외해야 합니다. 우리는 하나님의 권능과 무한한 공의를 믿고 하나님이 모든 사안에 대해 일일이 답변하시지 않더라도 마땅히 두려워하고 경외해야 합니다(23-24절).

[고린도후서 7장]

불의와 사익을 멀리해온 바울은 성도들에게 거룩한 삶을 권하며 고린도 교회는 자신이 목숨을 내어 놓을 수 있는 운명공동체라고 말합니다(1-3절). 고린도 성도들을 깊이 사랑하는 바울은 그들에게 거리낌 없이 말하며 그들로 인해 기쁨을 얻고 있습니다(4절). 마게도냐에서 핍박을 당하는 중에도 그의 마음은 고린도 교회를 향해 있었는데 디도를 통하여 바울의 권면이 교회에 잘 수용되었다는 기쁜 소식을 듣게 되었습니다(5-9절). 바울이 편지를 보낸 것은 책망이 아니라 구원에 이르는 회개와 그들의 열정('우리를 위한 너희의 간절함')을 회복하기 위함입니다(10-12절). 고린도 성도들은 디도를 영접하고 그의 가르침에 순복함으로써 디도에게 평안을 주었음은 물론 그들에 대한 바울의 자랑이 거짓이 아니었음을 입증했습니다(13-16절).

[질문과 묵상]

1. 오늘 말씀을 통해 만난 하나님은 어떤 분인가요?

2. 오늘 말씀을 통해 하나님이 내 삶에 요청하시는 것은 무엇인가요?

[기도]

자연만물과 자연현상을 다스리시는 전능하신 하나님! 나를 당신의 소유요 거룩한 백성으로 삼아 주심을 감사드립니다. 하나님의 구원의 지혜인 십자가를 자랑하게 하시고 바울처럼 주님의 공동체를 향한 사랑이 넘치게 하옵소서.

[출애굽기 20장]

계명을 주시기 전 하나님은 구원자이심을 선언하십니다(2절). 하나님의 구원은 우리가 계명에 순복해야할 충분한 근거가 됩니다. 구원의 하나님 외에 다른 신을 둘 수 없으며 하나님의 형상을 만들거나 피조물에게 하나님의 존재를 투영시킬 수 없고 하나님의 이름을 경홀히 여기지 말아야 합니다(3-7절). 구원을 주신 하나님에 대한 예배는 무엇과도 바꿀 수 없습니다(8-11절). 부모 공경 및 살인, 간음, 도둑질, 거짓을 금하고, 탐욕을 잘 다스려야 합니다(12-17절). 이렇게 하나님은 하나님의 백성이 하나님과의 관계 속에서 건강하게 살아가는데 꼭 필요한 열 가지 계명(십계명)을 주셨습니다. 하나님의 음성을 직접 들은 이스라엘 백성들은 두려워합니다(18-21절). 두렵고 떨리는 마음으로 계명에 순종하면 될 것입니다. 이스라엘 백성들은 바벨탑같이 계단이 있는 거대한 제단을 만들 필요가 없으며 하나님께 제사를 드릴 수 있는 토단이나 돌로 된 제단을 쌓고 하나님과 교제하면 됩니다(22-26절). 하나님은 크고 화려한 구조물을 필요로 하시지 않습니다. 본질에서 벗어나지 말아야 합니다.

[누가복음 23장]

공생애 내내 신성모독 논란에 시달렸던 예수님은 결국엔 정치범으로 고소당하는데 그는 가이사에게 세금 내는 것을 금한 적이 없으며 자신을 세상나라 임금으로 사칭한 적도 없습니다(1-3절). 예수님에게 죄가 없다고 판단한 빌라도는 예수님을 헤롯에게 보냈으나 헤롯은 예수님에 관한 재판에 관심이 없습니다(4-12절). 빌라도는 2차 재판에서도 예수님이 무죄라는 입장을 고수합니다(14-16절). 그러나 정치공세에 시달린 끝에 결국 예수님을 넘겨주고 바라바를 석방합니다(18-25절). 예수님은 골고다 언덕으로 올라가시면서 자신보다 불신으로 인해 심판받게 될 이들을 더 걱정하십니다(28절). 심판의 날이 오면 사람들이 산을 향해 자신을 덮어 달라고 요청할 만큼 견딜 수 없는 재앙이 임할 것입니다(30절). 만약 하나님의 진노의 불 앞에 서게 된다면 마른 나무와 같이 불에 금방 타버릴 것입니다(31절). 십자가에 함께 달린 행악자 중 한 사람은 자신의 죄를 인정하고 예수님께 자신의 영혼을 의탁함으로써 영생을 약속받습니다(32-43절). 예수님이 보여 주신 진솔함과 일관성, 휘장의 찢김, 이방인 백부장의 고백, 아리마대 요셉의 용기, 장례와 관련한 여인들의 행동 등은 예수님의 죽음이 죄 없는 의인의 죽음이었음을 보여줍니다(44-56절).

[욥기 38장]

하나님은 오랜 침묵을 깨고 창조 세계의 신비와 당신의 절대 주권에 대한 질문을 쏟아내십니다. 하나님은 세상과 세상에 대한 당신의 계획을 욥이 알지 못한다고 말씀하십니다(1-3절). 욥은 세상을 창조하시고 바다를 다스리시는 하나님의 지혜와 권능을 알지 못합니다(4-11절). 또한 빛과 지하세계, 천체와 기후를 주관하시고 운행하시는 하나님의 지혜와 능력도 알지 못합니다(12-38절). 생물의 세계를 포함한 모든 것이 인간의 통제 밖에 있습니다(39-41절). 하나님은 인간이 헤아릴 수 없는 당신의 절대 주권을 선포하십니다.

[고린도후서 8장]

바울은 고린도 성도들이 하나님의 무조건적인 사랑과 구원의 은혜를 기억하기를 원하며 마게도냐 교회에 대하여 소개합니다(1절). 하나님의 사랑과 구원의 은혜가 주장하면 비록 넉넉하지 못하더라도 힘에 지나도록 자원하는 연보가 가능해 집니다(2-3절). 바울과 마게도냐 교회는 예루살렘 교회를 돕는 일에 고린도 교회가 함께 하기를 원합니다(4-9절). 모금운동을 한 지 일 년이 되어가므로 이제 마무리할 때가 되었습니다(10-12절). 그리스도께서 가난하게 되심(=성육신과 대속의 죽음)으로 우리가 부요하게 된 것(=영생을 얻음)처럼 고린도 성도들의 나눔으로 모두가 부요함을 누리게 될 것입니다(13-15절). 바울은 예루살렘 교회를 위한 고린도 교회의 연보를 디도에게 맡깁니다(16-19절). 상당한 금액을 모으고 운반하는 일은 여러 위험 요소를 가지고 있으므로 비난이나 비방을 받을 일이 생기지 않도록 공정하고 투명하게 진행되어야 합니다(20-21절). 바울은 이 일의 적임자인 디도와 두 형제를 추천합니다(16, 18, 22-24절).

[질문과 묵상]

1. 오늘 말씀을 통해 만난 하나님은 어떤 분인가요?

2. 오늘 말씀을 통해 하나님이 내 삶에 요청하시는 것은 무엇인가요?

[기도]

나를 구원하신 하나님이 율법을 주셨습니다. 그러므로 하나님의 율법을 즐거워하며 묵상하게 하시고 하나님의 절대 주권을 인정하고 더욱 신뢰하게 하옵소서. 나눔에 인색하지 않게 하옵소서. 나를 대신하여 십자가를 지신 하나님의 아들 예수님을 따르게 하옵소서.

[출애굽기 21장]

하나님의 백성이 지켜야 할 율법의 기본인 십계명이 어떻게 구체적으로 적용되는지에 대한 내용입니다. 구체적인 사례 중심이어서 사례법이라고도 합니다. 먼저 종에 관한 법으로 종이 동족인 경우에 7년차에 풀어 주어야 하고 상전이 아내를 주어 결혼한 경우에는 7년차에 혼자 나갈 수도 있지만 가정을 유지하고 싶을 때는 종신 서원해야 합니다(1-6절). 여종의 경우에는 주인이 기뻐하지 않으면 집으로 돌려보내고, 아들에게 주었다면 딸 같이 예우해야 하며, 상전과 결혼한 상태에서 상전이 다른 여인과 결혼했어도 음식, 의복, 아내 될 권리 등은 유지됩니다(7-11절). 즉 상전은 남편으로서의 책임과 의무를 평생 감당해야 합니다. 폭행과 상해에 관한 다양한 사례와 함께 적절한 처벌이 제시됩니다(12-27절). 고의성의 여부에 따라 처벌이 달라집니다. 동해복수법('눈에는 눈 이에는 이')은 예방 및 필요 이상의 복수를 막기 위해 제정되었습니다. 가축과 관련하여 일어날 수 있는 다양한 사례에 따른 보상책이 제시됩니다(28-36절).

[누가복음 24장]

사복음서 모두 안식 후 첫날에 예수님이 부활하셨음을 보도합니다(1절). 천사들은 무덤을 찾은 여인들에게 십자가의 고난과 삼일 만의 부활에 관한 예수님의 말씀이 생각나게 합니다(2-8절). 여인들이 즉시 제자들에게 부활의 소식을 알리지만 그들은 믿지 않았습니다(9-12절). 예수님은 엠마오로 가는 두 제자와 동행하였는데 놀랍게도 그들은 예수님의 죽음과 부활에 관해 말하고 있었습니다(13-23절). 예수님은 구약에 계시된 그리스도의 고난과 영광(부활)에 관해 풀어 주셨는데 그들은 여전히 예수님을 알아보지 못했습니다(24-27절). 함께 저녁식사 하시던 예수님이 떡을 떼어 그들에게 주실 때에야 비로소 그들의 눈이 밝아져 예수님을 알아보게 됩니다(28-32절). 두 제자는 나머지 제자들에게 예수님이 나타나신 이야기를 전합니다(33-35절). 이후 예수님은 제자들에게 고난의 흔적이 있는 당신의 몸과 구약의 말씀으로 부활을 증명하십니다(36-45절). 생선을 드신 것 역시 부활이 실제 일어난 사건임을 보여주는 증거입니다. 제자들은 죄 사함을 위한 회개를 전파할 증인들입니다(46-48절). 그들은 충만한 기쁨과 성령의 능력으로 증인의 사명을 감당할 것입니다(49-53절).

[욥기 39장]

하나님은 38장에 이어서 창조세계의 오묘함에 대하여 말씀하십니다. 산염소와 사슴의 출산(1-4절), 본능에 의해 자유롭게 살아가는 들 나귀(5-8절), 사람이 통제를 받지 않는 힘 센 들소(9-12절), 빠르긴 하나 지혜가 부족한 타조(13-18절), 전투에서 유용하게 쓰이는 말의 놀라운 능력(19-25절), 매와 독수리의 탁월한 비행 능력(26-30절)에 대한 질문이 쏟아집니다. 인간은 이들을 만들지 못하며 그들이 가진 감각과 능력도 갖지 못하고 그들의 세계에 대한 이해도 부족합니다. 지혜와 능력이 한없이 부족한 인간은 창조주 앞에 겸손해야 합니다.

[고린도후서 9장]

바울은 연보에 대해 가르칩니다. 은사가 풍성한 열정적인 고린도 교회(고전12-14장)는 헌금에 대해서도 그러했습니다. 바울은 마게도냐 사람들에게 아가야(주도: 고린도)에서는 1년 전부터 예루살렘 교회를 위한 연보를 준비하고 있음을 자랑했습니다(1-2절). 그러므로 바울이 보낸 사역자들이 고린도 교회를 방문했을 때 연보가 제대로 준비되지 않아 교회가 부끄러움을 당하는 일이 없도록 당부합니다(3-4절). 참된 헌금이 되려면 각자 마음에 정하여 준비하고 억지가 아닌 자원하는 마음으로 드려야 합니다(5-7절). 하나님은 모든 은혜를 넘치게 베푸셔서 성도들로 하여금 모든 선한 일을 넘치도록 행하게 하십니다(8절). 하나님은 헌금에 대한 복을 약속하십니다. "저가 재물을 흩어 빈궁한 자에게 주었으니 그 의가 영원히 있고, 그 뿔이 영화로이 들리리로다"(시 112:9, 9절). 헌금은 씨앗과 같아서 더욱 풍성한 열매를 거두게 할 것입니다(10절). 그들의 연보는 성도들의 부족함(궁핍)을 채우고 감사로 풍성하게 할 것입니다(11-12절). 그들의 연보는 그들이 복음을 진실히 믿고 복종하는 사람임을 입증하며 예루살렘 성도들의 이방인들을 향한 사모함과 간절한 기도라는 결실을 가져오게 할 것입니다(13-15절). 역사적으로 유대인은 이방인들을 더러운 존재로 여겨 왔습니다. 이제 복음으로 인하여 영적, 물질적으로 서로의 부족함을 채우는 관계가 되었습니다.

[질문과 묵상]

1. 오늘 말씀을 통해 만난 하나님은 어떤 분인가요?

2. 오늘 말씀을 통해 하나님이 내 삶에 요청하시는 것은 무엇인가요?

[기도]

하나님이 창조하신 세계는 하나님의 오묘한 섭리에 의해 움직입니다. 인간의 오만과 욕심이 망쳐 놓은 이 세계를 포기하지 않으시고 여전히 붙드시는 하나님을 찬양합니다. 공동체를 위한 기도와 헌신을 받아 주시고 부활의 증인으로 살아가게 하옵소서.

[출애굽기 22장]
사례법이 이어집니다. 먼저 사유재산에 관한 법입니다. 가축을 훔쳤을 경우의 배상과 정당방위의 기준이 제시됩니다(1-4절). 재물 손괴에 대한 다양한 사례가 제시됩니다(5-15절). 이때 불가항력적인 경우에는 책임을 면합니다. 분쟁이 생긴 경우 재판에서 진 사람은 두 배로 배상해야 합니다. 정혼하지 않은 처녀를 보호하기 위한 규례가 있습니다(16-17절). 이방제의를 행하는 자는 강력하게 조치합니다(18-20절). 하나님은 사회적 약자에 대한 배려와 그들을 학대하는 행위에 대한 용서 없는 심판을 천명하십니다(21-27절). 낮은 자를 배려하는 만큼 높은 자를 공경해야 하며, 출애굽의 구원을 기억하여 첫 아들과 가축의 첫 새끼를 하나님께 드려야 합니다(28-30절). 첫 아들을 드리는 것은 레위인으로 대체됩니다. 이스라엘은 거룩한 하나님의 백성입니다(31절).

[요한복음 1장]
요한은 그리스철학에서 사용하는 단어로 예수 그리스도를 설명합니다. 말씀(헬: 로고스)은 '모든 실재에 스며있는 활동적인 이성적, 정신적 원리'를 의미하는데 요한은 이 단어를 통해 '창조 및 창조세계 유지의 원리 또는 신의 구원 계획을 계시하는 원리'로서의 그리스도를 선포합니다(1-3절). 이 땅에 생명의 빛으로 오신 영원하신 하나님이자 말씀이신 예수 그리스도는 영접하는 자에게 하나님의 자녀가 되는 권세를 주십니다(4-13절). 완전한 하나님의 형상이신 예수 그리스도가 육을 입고 이 땅에 오셨습니다(14-18절). 요한의 사명은 그리스도를 증거하는 것인데 자신은 그리스도와 결코 비교대상이 될 수 없다고 분명하게 선을 긋습니다(19-28절). 세상 죄를 지고 가는 하나님의 어린양이신 예수님은 성령으로 세례를 베푸실 하나님의 아들이십니다(29-34절). 요한의 가르침을 듣고 예수님의 제자가 된 안드레는 형제 베드로를 예수님께 인도합니다(35-42절). 또한 빌립은 나다나엘에게 예수님을 소개했는데 처음에는 회의적이었으나 결국 제자가 되기로 결단합니다(43-50절). 예수님은 하나님과 사람 사이를 이어주는 중보자이십니다(51절).

[욥기 40장]
그간 죄 없는 자신을 하나님이 괴롭히는 것처럼 말했던 욥은 세상을 움직이는 하나님의 경륜과 지혜에 대한 하나님의 말씀을 듣고 자신의 잘못을 겸손하게 인정합니다(1-5절). 하나님은 욥이 하나님에 대하여 자신의 의를 빼앗는 악한 존재처럼 여기고 있다고 말씀하시면서 당신과 같이 세상을 정의롭게 통치할 능력을 가지고 있는지, 악인에 대

해 정의롭게 벌할 수 있는 능력을 가지고 있는지 물으십니다(6-14절). 욥은 교만한 자를 낮출 능력도, 악인을 심판할 능력도 없습니다. 또한 하나님은 당신이 창조하신 자연만물에 대해 알고 있는지 물으시며 베헤못이라는 짐승을 소개하십니다(15-24절). 하나님은 인간이 통제할 수 없는 이 거대한 짐승을 창조하시고 다스리십니다. 욥도 베헤못처럼 하나님의 피조물일 뿐입니다. 베헤못을 하마나 물소로 보는 사람도 있지만 정확히 무엇인지는 알기는 어렵습니다.

[고린도후서 10장]

교회 문제를 바로 잡기 위해 바울이 전에 보낸 편지에는 그의 단호한 훈계와 책망이 담겨 있었습니다. 이를 두고 일부의 사람들은 바울이 대면했을 때와 떠나 있을 때(=편지를 보낼 때)의 태도가 다르다고 비난했습니다(1절). 그러나 바울은 자신에 대해 육신(외적 조건)을 따라 행하는 자라고 비난하는 자들에게만 단호할 것이라고 말합니다(2절). 하나님의 능력은 외적 기준(=혈통, 언변 등)에 속한 것이 아닙니다(3절). 바울은 자신의 학벌(가말리엘의 문하생), 혈통(유대인)을 자랑하지 않습니다. 모든 이론을 파하고 모든 생각을 그리스도께로 복종케 하는 무기는 외적 조건이 아니라 하나님의 능력입니다(4-7절). 교회를 바로 세우기 위한 바울의 눈물의 편지에 대해 일부 사람들은 강압적이고 공격적이라고 비난했습니다. 그러나 바울은 편지로 교회를 무너뜨리거나 두렵게 하려고 하지 않았습니다(8-10절). 그가 만약 고린도로 온다면 편지의 내용처럼 대적들을 실제로 치리할 것입니다(11절). 그는 말(글)과 행동이 동일합니다. 대적들은 자신의 탁월한 조건을 자랑하지만 바울은 고린도 교회에 임한 복음의 역사를 자랑합니다(12-14절). 대적들은 실제로 한 일이 없으면서 바울의 사역의 열매를 자기들 것처럼 자랑했습니다(15a절). 그러나 바울은 고린도 성도들의 믿음 성장과 복음이 널리 전파되는 것만 생각합니다(15b-16절). 하나님은 하나님이 행하신 일을 자랑하는 자를 기뻐하십니다(17-18절).

[질문과 묵상]

1. 오늘 말씀을 통해 만난 하나님은 어떤 분인가요?

2. 오늘 말씀을 통해 하나님이 내 삶에 요청하시는 것은 무엇인가요?

[기도]

사랑과 공의의 하나님! 약자에 대하여는 긍휼로, 우상과 진리에서 벗어난 자에 대하여는 단호함으로 대처하게 하옵소서. 신앙의 연륜이 더하여 질수록 말과 행동이 일치되어 가게 하옵소서.

[출애굽기 23장]
건강한 이스라엘 공동체를 만들기 위한 구체적인 규례가 이어집니다. 공의로운 삶을 살아야 하며 어려움에 처한 원수에게는 긍휼을 베풀어야 합니다(1-5절). 공정하게 재판하고 안식년과 안식일 준수를 통해 사람과 피조물에게 쉼과 회복의 시간을 줌으로써 하나님의 창조세계가 생명으로 충만하게 만들어야 합니다(6-13절). 안식년과 안식일은 가난한 자들과 짐승들을 위한 배려입니다. 이스라엘 백성들은 3가지 절기[=무교절: 출애굽 기념, 맥추절: 첫 수확 감사 & 시내산에서 율법을 주신 것을 기념, 수장절(초막절): 광야에서 초막을 짓고 살던 시절 하나님의 공급하심에 대한 감사 & 추수감사]를 지켜야 합니다(14-19절). 하나님을 경외하는 자는 약속된 복을 누릴 것입니다(20-33절).

[요한복음 2장]
예수님은 가나에서의 첫 표적을 통해 메시아임을 드러내십니다. 신랑의 집에서 통상 일주일간 지속되는 혼인잔치 도중 포도주가 떨어지는 것은 큰 실례가 됩니다(1-2절). 마리아는 아들이 그의 신분을 드러낼 때가 왔다고 생각했습니다(3절). 예수님은 아직 때가 이르지 않았다고 생각했지만 어머니의 요청을 받아들여 물로 포도주를 만드는 기적을 나타내십니다(4-10절). 예수님이 만드신 포도주가 주인이 먼저 내어온 포도주보다 더 뛰어났습니다. 메시아로 인하여 도래하는 하나님의 나라는 율법이 지배하는 이전 시대와 비교할 수 없을 것입니다. "그런즉 한 범죄로 많은 사람이 정죄에 이른 것 같이 한 의로운 행위로 말미암아 많은 사람이 의롭다 하심을 받아 생명에 이르렀느니라"(롬 5:18). 새 포도주로 인한 연회장의 기쁨은 메시아로 인한 구원의 기쁨을 보여 줍니다(11-12절). 유월절이 되어 수많은 유대인들이 예루살렘으로 모였습니다. 예루살렘 성전은 제물을 파는 장사꾼과 성전세 지불을 위한 환전상으로 넘쳐났는데 그들은 높은 수수료를 받아 많은 이익을 챙겼습니다. 예수님은 폭리를 취하는 자들과 동물들을 다 쫓아내시며 아버지의 집을 장사하는 집으로 만들지 말라고 선언하십니다(13-17절). 그리고 이 성전을 허물고 사흘 만에 다시 세우겠다고 선언하심으로써 십자가의 죽음과 부활을 예고하십니다(18-22절).

[욥기 41장]
41장은 리워야단에 관한 언급입니다. 리워야단의 정확한 정체에 관하여는 논란이 있지만 현실 세계에 실재하는 짐승(옛 한글개역판은 '악어'로 번역)이든 신화에 등장하는 짐승이든 간에 사람이 잡거나 통제할 수 없는 존재인 것은 분명합니다. 인간이 함부로 길

들일 수 없는 강력한 존재를 여호와께서 창조하셨는데 연약한 피조물에 불과한 욥이 어떻게 여호와께 대항할 수 있겠습니까?(1-11절). 욥이 자신의 무죄를 주장하며 하나님의 답변을 종용하는 상황을 빗대어 하시는 말씀입니다. 리워야단은 엄청난 위력을 가지고 있으며 인간의 힘을 훨씬 능가하는 위용을 가지고 있습니다(12-34절). 그러나 인간에게 극도의 두려움을 주는 리워야단도 하나님에게는 피조물에 불과합니다.

[고린도후서 11장]

바울은 자신의 외적 조건을 내세우지 않았습니다(10장). 그러나 고린도 성도들이 학벌, 혈통, 언변 등을 내세우는 거짓 사도에게 속아 자신을 신뢰하지 않으므로 부득이 자신의 외적 조건을 말합니다(1-5절). 바울의 사역 동기는 성도들을 예수 그리스도께로 인도하는 것입니다. 그가 언변은 부족하나 지식은 그렇지 않다는 것은 이미 증명된 상태입니다(6절). 바울은 자신을 낮추고 성도들을 높이려 했습니다(7절). 즉, 군림하지 않았습니다. 그는 자비량과 여러 교회의 후원으로 사역함으로써 고린도 교회에 재정 부담을 주지 않았습니다(탈취=후원의 의미, 8절). 또한 부족분은 마게도냐 교회로부터 충당하였습니다(9절). 그리스도의 진리가 있는 한 그의 자비량 선교는 부정될 수 없는 사실입니다(10절). 고린도 성도를 사랑하는 바울은 앞으로도 이런 방식의 사역으로 사익을 위하여 일하는 거짓 사도들을 밝혀낼 것입니다(11-15절). 바울은 거짓사도를 용납하는 고린도 성도들에게 서글픈 자기자랑을 합니다(16-20절). 거짓 사도들은 스스로를 정통 유대인이요 그리스도의 일꾼이라고 자랑했지만 바울이야말로 유대인 중의 유대인이며 복음 때문에 당하는 고난으로는 그를 따를 자가 없었습니다(21-27절). 그러나 그의 마음은 자랑보다 교회를 향한 염려로 가득합니다(28-29절). 바울은 복음을 전하다가 야반도주했던 수치스러운 일까지 고백하면서 자신의 연약함을 통해 역사하시는 하나님의 능력을 자랑합니다(30-33절).

[질문과 묵상]

1. 오늘 말씀을 통해 만난 하나님은 어떤 분인가요?

2. 오늘 말씀을 통해 하나님이 내 삶에 요청하시는 것은 무엇인가요?

[기도]

인간이 헤아릴 수 없는 지혜로 세상을 통치하시는 하나님을 찬송합니다. 어린양의 혼인잔치에 초대받은 자의 기쁨으로 충만케 하시며 복음을 사랑하고 자랑하는 인생이 되게 하옵소서. 교회를 향한 기도가 늘 마음 가운데 있게 하옵소서.

[출애굽기 24장]

십계명과 세부적인 사례법(20-23장)에 대한 설명이 끝난 후 여호와의 모든 말씀을 준행하겠다는 약속과 함께 시내산 언약이 체결됩니다(1-3절). 모세만 따로 하나님 앞에 나아와 하나님과 백성 사이의 언약체결을 중재합니다. 모세는 예수 그리스도의 예표입니다. "하나님은 한 분이시요 또 하나님과 사람 사이에 중보도 한 분이시니 곧 사람이신 그리스도 예수라"(딤전 2:5). 모세의 인도에 따라 이스라엘 청년들은 번제와 화목제를 드렸으며, 모세는 언약서(사례법)를 다시 낭독하고 백성들은 율법 이행을 다짐합니다(4-8절). 모세와 아론을 포함한 이스라엘의 대표들은 만찬을 하며 언약을 체결을 기념합니다(9-11절). 언약에 대한 백성들의 신실함의 여부가 복과 화를 결정할 것입니다. 하나님은 언약의 증표로 율법과 계명을 새긴 돌판을 주시기 위해 모세를 산으로 부르십니다(12-14절). 여호와의 영광이 시내산에 임했으며 모세는 40주 40야를 산에 머물렀습니다(15-18절).

[요한복음 3장]

유대인의 지도자(산헤드린공회 의원) 니고데모는 표적을 보고(2:23) 하나님이 예수님과 함께 하신다는 사실을 알게 되었습니다(1-2절). 예수님은 그에게 거듭나야 한다고 말씀하십니다(3절). 거듭남(Born again)은 '위로부터 출생하다'는 뜻인데 니고데모는 이 말의 뜻을 알지 못합니다(4절). 예수님은 거듭남의 의미를 물과 성령으로 나는 것으로 설명하십니다(5절). 물은 회개를 통한 속죄를 의미하는데 이것은 성령의 역사입니다. 육의 출생과 영의 출생은 분명히 다릅니다(6절). 바람이 임의로 불어 어디서 오며 어디로 가는지 알 수 없듯이 거듭남은 인간이 임의로 할 수 있는 것이 아니며 성령의 자유로운 역사로 되는 것입니다(8절). 다만 그 증거가 나타날 뿐입니다. 예수님은 전혀 새로운 이야기를 하시는 것이 아니라 중생의 씻음과 성령의 임재에 관해 이미 있는 증거를 말씀하셨습니다(겔 36:24-27, 9-12절). 그는 하늘에서 내려오셔서 다시 하늘로 올라갈 수 있는 유일한 분입니다(13절). 에녹과 엘리야는 하늘로 데려감을 당했지만 예수님은 스스로 올라가실 수 있는 분입니다. 거듭남의 역사를 위해 십자가에 높이 달리실 예수님을 믿는 자는 영생을 얻습니다(14-17절). 반면, 영생의 빛이신 예수님을 거부하는 자는 심판을 받을 것입니다(18-21절). 예수 그리스도의 시대가 열리는 것을 진정으로 기뻐하는 세례 요한은 그의 제자들에게 예수 그리스도의 증인이 되어야 한다고 가르칩니다(22-36절).

[욥기 42장]

욥은 만물을 창조하시고 통치하시는 하나님의 지혜와 권능을 다 알지 못합니다. 유한한 피조물에 불과한 욥은 자신의 지혜와 지식의 한계를 인정합니다(1-3절). 그는 보상의 원리(인과율)로 해석되지 않는 자신의 인생에 대한 하나님의 답변을 요구했었습니다. 이제 그는 자신의 이해를 초월한 하나님의 지혜와 권능의 다양한 차원이 있음을 알게 되고 무죄에 대한 확신으로 하나님을 다그쳤던 자신의 어리석음을 보게 되면서 겸손한 마음으로 회개합니다(4-6절). 하나님이 행하신 모든 일들을 보상의 원리로만 해석하여 하나님의 무한하신 지혜와 초월적인 활동을 축소시켰던 친구들을 위해 욥은 희생 제사를 드립니다(7-9절). 이로써 욥의 고난은 그의 죄로 인한 결과가 아님이 증명되었습니다. 하나님은 욥의 건강, 가정, 재물을 이전에 비해 갑절로 회복시켜 주셨습니다(10-17절).

[고린도후서 12장]

바울의 사도권 변호는 이제 영적 측면을 다루는 데까지 나아갑니다(1절). 바울은 셋째 하늘(낙원)에 대한 그의 체험을 공개합니다(2-4절). 신비로운 체험이 사도의 기준이라면 바울은 조금도 부족하지 않지만 이 모든 것을 뒤로 하고 자신의 약함을 자랑합니다(5-6절). 복음을 전하다가 도망친 부끄러운 경험(11:32-33)을 고백했던 바울은 이번에는 평생 그를 괴롭히고 있는 육체의 가시(지병)를 자랑합니다(7-10절). 하나님은 교만하지 않게 하시려고 바울로 하여금 빼낼 수 없는 가시와 같은 질병을 안고 살아가게 하셨습니다. 그의 약함을 통해 하나님의 능력이 온전해지고 그는 그리스도의 능력에 붙잡히게 될 것입니다. 바울이 이렇게 자신의 조건과 약함을 공개하는 것은 그에 대한 불신을 종식시키고 그의 사도됨과 그가 전한 복음을 신뢰하도록 하기 위함입니다(11절). 그는 인내와 표적과 기사와 능력을 통해 사도의 표적을 보여주었습니다(12절). 그는 다른 지역에서의 사역과 비교해도 부족함 없이 최선을 다했다고 자부합니다(13절). 세 번째 방문을 계획하는 그는 이번에도 재정후원은 받지 않겠지만 자신의 재물은 물론 자기 자신까지 온전히 내어줄 것이라고 말합니다(14-15절). 바울은 교묘하게 성도들을 속여서 이익을 취했다고 말하는 대적들의 주장을 단호히 거부합니다(16-18절). 그는 교회의 덕을 세우기 위해 적극적으로 자신을 변호합니다(19절). 그는 고린도 교회를 위한 그의 모든 노력들이 물거품이 될 것을 염려합니다(20-21절).

[기도]

성령님! 십자가의 비밀을 알게 하심으로 멸망치 않고 영생을 얻게 하심을 감사드립니다. 주님을 더 사랑하는 마음으로 주의 법을 즐거이 따르게 하옵소서. 주를 더욱 의지하고 주의 능력 안에 머물 수 있음에 나의 연약함조차 감사드립니다.

[출애굽기 25장]

하나님은 공간에 갇혀 있는 분이 아닙니다. 그러나 백성들 가운데 거하시기 위하여 당신의 임재를 상징하는 처소를 만들게 하십니다. "내가 그들 중에 거할 성소를 그들이 나를 위하여 짓되"(8절). 하나님은 이스라엘 백성들이 자원하는 마음으로 드리게 될 성막의 재료와 지성소 안에 설치할 증거궤와 속죄소, 진설병을 올려놓는 상과 등잔대 및 기구를 만들 것을 명령하십니다. 특별히 속죄소 아래에 있는 증거궤 속에 언약의 상징인 증거판(십계명)을 넣으라고 하십니다(21절). 증거판은 이스라엘이 언약백성임을 보여주는 징표이며 증거궤 위 두 그룹은 하나님이 이스라엘에게 말씀을 주시는 구별된 상징물입니다(22절).

[요한복음 4장]

하나님의 뜻을 이루기 위해 사마리아로 들어가신 예수님은 수가라는 동네에서 사람들의 눈을 피해 한 낮에 물을 길으러 온 한 여인을 만납니다(3-9절). 물을 매개로 대화를 주도하시던 예수님은 당신이 영원히 목마르지 않는 생수를 주는 분임을 선언하시며 당신을 믿는 자에게 생수(성령님)가 흘러넘칠 것을 약속하십니다(10-14절). "누구든지 목마르거든 내게로 와서 마시라 나를 믿는 자는 성경에 이름과 같이 그 배에서 생수의 강이 흘러나오리라"(7:37-38). 예수님의 말씀을 이해하지 못한 여인은 물을 길으러 오지 않아도 될까 싶어서 목마르지 않는 물을 달라고 요청합니다(15절). 예수님은 육신의 필요를 구하는 여인의 과거에 관한 말씀을 꺼내셨으며 여인은 자신의 모든 것을 알고 계시는 예수님을 선지자로 여기게 됩니다(16-19절). 여인의 예배에 관한 질문에 대해 예수님은 장소보다 영(성령)과 진리(예수 그리스도)로 예배하는 것이 더 중요하다고 말씀하십니다(20-24절). 참 예배는 성령의 임재와 진리 되신 예수 그리스도로 충만한 예배입니다. 마침내 예수님은 메시아이심을 드러내십니다(25-26절). 여인을 통해 많은 사마리아인들이 예수님에게 나아와 말씀을 듣고 믿게 되었습니다(27-30, 39-42절). 예수님은 아버지의 뜻을 행하는 것 곧 믿는 자에게 영생을 주시는 것이 그의 양식이라고 말씀하십니다(31-38절). 예수님의 치유선포를 그대로 믿은 한 신하의 아들은 병이 깨끗이 나았습니다(43-54절).

[잠언 1장]

우리가 승리하는 비결은 지혜를 따르는 것인데 지혜의 근본은 여호와를 경외하는 것입니다(7절). 여호와를 경외하는 신앙을 기반으로 선악을 분별하여 선을 행하고 악을 멀리하는 것이 승리의 비결입니다. 잠언은 율법이 아니라 삶의 원리에 가깝습니다. 1-9장은 아버지가 아들에게 삶의 지혜를 가르치는 형식으로 되어 있습니다. 먼저 잠언의 저자와 5가지 기록목적을 제시합니다(2-6절). 지혜와 훈계(교훈) 및 명철(통찰력)을 갖게 하며, 삶의 원리를 행하게 하고, 분별력과 근신(=죄가 아닌 의를 선택하는 것)을 주며 배움을 더하게 하고, 사람들을 진리로 인도하는 능력을 주고, 잠언과 비유와 지혜를 깨달을 뿐 아니라 인간의 경험과 지식을 초월한 오묘한 삶에서도 승리하기 위함입니다. 이어서 친구를 사귀는 지혜를 가르칩니다(8-19절). 핵심은 부모의 가르침을 떠나지 말고 미혹당한 자에게 임할 결과를 깨닫고 악한 친구를 따르지 말라는 것입니다. 지혜가 의인화되어 마치 교사처럼 가르칩니다(20-21절). 지혜를 거부하는 어리석은 자들에 대한 책망과 그들의 운명을 소개합니다(22-30절). 재앙이 닥치기 전에 지혜에 귀를 기울여야 합니다. 지혜를 선택한 자는 복된 인생을 약속받습니다(31-33절).

[고린도후서 13장]

바울은 거짓을 조장하며 교회를 어지럽히는 자들에 대해 더 이상 말로 하지 않고 단호하게 대처할 것을 표명합니다(1-2절). 바울에게 그리스도가 함께 하는 증거를 보이라고 요구하던 자들을 강하게 치리함으로써 그 증거를 보일 것입니다(3절). 약해짐으로써 십자가를 지신 그리스도처럼 대적들을 유순하게 대하여 온 바울이었지만 이후로는 그리스도가 강한 능력으로 부활하신 것처럼 강한 능력으로 곧 사도의 권세로 그들을 대할 것입니다(4절). 검증이 필요한 사람은 바울이 아니라 고린도 성도들입니다(5절). 대적들은 복음을 전하다가 환난을 당한 바울에 대하여 하나님께 버림받은 것이라고 말했습니다. 바울은 버림받은 것이 아니라고 말하며 오히려 자신에게 깊은 상처를 준 고린도 성도들이 악을 행하지 않고 선을 행하도록 기도합니다(6-7절). 그는 성도들이 진리 안에서 거룩해지길 원했기에 최소한의 치리(징계)를 생각했던 것일 뿐 성도들을 참 사랑으로 대했습니다(8-13절).

[질문과 묵상]

1. 오늘 말씀을 통해 만난 하나님은 어떤 분인가요?

2. 오늘 말씀을 통해 하나님이 내 삶에 요청하시는 것은 무엇인가요?

[기도]

성막 가운데 임재 하셨던 하나님! 나의 마음을 성전삼고 임재하신 은혜가 얼마나 큰지요. 여호와를 경외하는 것이 지혜의 근본임을 깨닫게 하시고 영과 진리로 참된 예배를 드리게 하옵소서. 진리의 말씀을 굳게 지키며 지체들을 참 사랑으로 대하게 하옵소서.

[출애굽기 26장]

26장은 성막에 관한 내용입니다. 성막 덮개는 네 겹으로 이루어져 있는데, 제일 안쪽은 베실로 짠 천이며, 그다음은 염소 털, 세 번째는 숫양의 가죽, 네 번째는 해달의 가죽입니다(1-14절). 특히 세 번째 숫양의 가죽은 붉은 물을 들이도록 했습니다. 붉은 물을 들인 숫양의 가죽으로 성막을 덮는 것은 예수 그리스도의 보혈로 죄인을 덮으시는 하나님의 은혜를 떠올리게 합니다. 조각목(아카시아)으로 널판을 만들어 기둥을 세워 성막 사방에 벽과 문을 만들고 휘장을 늘어뜨려 성소와 지성소를 구별합니다(15-37절). 그리스도께서 십자가에서 운명하실 때 휘장이 위에서 아래로 찢어졌습니다. 이는 죄로 인해 막혔던 하나님과 인간 사이의 벽이 허물어졌음을 의미합니다. "온 땅에 어둠이 임하여 제 구시까지 계속하며 성소의 휘장이 한가운데가 찢어지더라"(눅 23:44-45).

[요한복음 5장]

예수님은 간헐천으로 보이는 베데스다 연못가에서 소망 없이 살아가던 38년 된 병자를 고치셨습니다(1-9절). 그러나 안식일에 병을 고치신 것과 자신을 하나님과 동등하게 말했다는 이유로 안식일 및 신성 논쟁에 휘말리게 됩니다(10-18절). 예수님은 아버지의 지위와 권능을 그대로 이어받아 생명과 심판에 관한 모든 권한을 가지고 계심을 선포하십니다(19-29절). 그는 자신의 정체성에 대한 근거로 첫째, 세례요한의 증언. 둘째, 그의 사역(십자가의 죽음과 부활). 셋째, 그를 보내신 아버지의 증언. 넷째, 구약의 증거를 제시하십니다(30-40절). 예수님은 유대인의 불신을 책망하시며 모세도 당신을 증언한다고 말씀하십니다(41-47절). 모세오경(창, 출, 레, 민, 신)에 메시아의 대속의 죽음을 암시하는 내용이 얼마나 많이 들어 있습니까? 예를 들어 아브라함이 이삭 대신 나무에 뿔이 걸린 양으로 제사를 드림, 출애굽 시 어린양의 피로 구원받음, 레위기의 제사들, '여호와께서 너를 위하여 나와 같은 선지자 하나를 일으키실 것'이라는 모세의 선언 등입니다. 구약은 보면 예수님이 보입니다.

[잠언 2장]

하나님은 지혜를 따르는 자를 복되게 인도하십니다. 2장은 지혜의 유익에 대한 내용입니다. 저자는 지혜를 얻을 것을 권면하며, 첫째, '여호와의 보호'(5-8절), 둘째, '공의와 정의와 정직 곧 모든 선한 길을 깨닫게 함'(9-15절), 셋째, '유혹을 이길 수 있는 절제력'(16-19절) 등 3가지 유익을 제시합니다. 결국 지혜는 선한 길을 가게 하고 악한 길에서 떠나게 합니다(20-22절).

[갈라디아서 1장]

바울은 '그리스도께서 우리 죄를 대속하시기 위해 친히 자신의 몸을 주셨다'는 진리를 전하는 사도로 부름 받았습니다(1-5절). 복음은 그 자체로 구원의 조건을 만족시킴에도 불구하고 거짓 교사들은 할례와 율법을 구원의 조건으로 내세웠습니다(6-7절). 복음을 변질시키는 자는 저주를 받을 것입니다(8-10절). 하나님은 은혜로 받는 구원을 선포하기 위해 누구보다도 율법 준수에 열심이었던 바울을 사도로 부르셨습니다(11-15절). 열렬한 율법주의자였던 바울은 예수 그리스도를 만난 후 광야에서 3년간 하나님과의 깊은 영적 교제를 통해 사명을 더욱 공고히 다졌습니다(16-20절). 그가 복음의 일꾼으로 세워진 것은 혈육이나 사도들과의 의논을 통해 된 것이 아닙니다. 그는 3년간의 수행 후에도 베드로와 야고보 외에 누구도 만나지 않았습니다. 정통 바리새인이자 율법주의자인 바울의 놀라운 변화를 통해 유대의 교회들이 하나님께 영광을 돌렸습니다(21-24절).

[질문과 묵상]

1. 오늘 말씀을 통해 만난 하나님은 어떤 분인가요?

2. 오늘 말씀을 통해 하나님이 내 삶에 요청하시는 것은 무엇인가요?

[기도]

구약과 세례 요한, 예수님의 생애와 십자가의 죽음은 그가 유일한 메시아임을 증명합니다. 예수 그리스도 외에 다른 은혜를 구하지 않게 하옵소서. 주의 영이 머무는 성전으로서 참 지혜를 가지고 살아가게 하옵소서.

[출애굽기 27장]

25-26장이 성막 안에 있는 각종 기구들에 대한 설명이라면 27장은 성막 바깥뜰에 있는 기구들에 대한 설명입니다. 제물을 올려놓는 제단과 가로 100규빗(45미터), 세로 50규빗(22.5미터)의 성막 뜰을 만들어야 합니다(1-19절). 성막 뜰에는 제단과 물두멍을 비치합니다. 물두멍은 제사를 집전하기 전 수족을 씻기 위한 도구입니다. 성막 안의 등불은 꺼지지 않도록 관리해야 합니다(20-21절). 우리 삶에 성령과 말씀의 불이 꺼지지 않아야 합니다.

[요한복음 6장]

예수님이 오병이어의 기적을 베푸셨습니다(1-13절). 예수님을 통해 배부름을 경험한 군중들은 하나님이 모세와 같은 선지자를 일으키신다는 약속을 떠올리긴 했으나 그저 육신의 필요를 채워주는 대상으로만 생각했습니다(14-15절). 풍랑과 사투를 벌이고 있는 제자들을 찾아오신 예수님은 풍랑을 잠잠케 하셨습니다(16-21절). "나다"(헬: "에고 에이미"="I am")라는 예수님의 자기소개는 하나님의 자기소개("나는 스스로 있는 자니라"="I am who I am", 출 3:14)와 동일합니다. 그 옛날 이스라엘을 구원하신 전능하신 하나님이 육신을 입고 이 땅에 오셔서 풍랑을 잠잠케 하신 것입니다. 예수님은 당신이 생명의 양식을 주는 분이자 생명의 떡 그 자체임을 선포하십니다('1번째 자기 계시', 22-40절). 예수님이 주실 생명의 떡은 우리에게 영생을 주는 그의 살과 피입니다(41-59절). 그의 살과 피를 먹고 마시는 것은 십자가의 대속의 죽음을 믿음으로 받아들이는 것을 의미합니다. 생명의 떡에 관한 예수님의 말씀은 그의 승천 후 성령님이 임하시면 비로소 이해가 될 것입니다(60-63절). 누구든지 물과 성령으로 나지 아니하면 하나님 나라에 들어갈 수 없습니다(3:5). 아버지의 인도하심이 없다면 누구도 그리스도께로 올 수 없습니다(65절). 예수님을 믿는 것은 특별한 은혜입니다. 우리는 영생의 말씀이 예수님께 있음을 알고 끝까지 따라야 합니다(66-71절).

[잠언 3장]

아버지가 아들에게 전하는 10가지 지혜(1-9장) 중 세 번째 내용입니다. 먼저 6가지 명령과 그 명령에 순종하는 자에게 주시는 약속입니다. 법과 명령을 지키는 자에게 장수와 평강을(1-2절), 인자와 진리를 붙드는 자에게 은총과 존귀를(3-4절), 여호와를 신뢰하는 자에게 인생길에 대한 지도를(5-6절), 여호와를 경외하는 자에게 치료를(7-8

절), 여호와를 공경하는 자에게 풍요를(9-10절), 여호와의 또 다른 사랑의 표현인 징계를 받아들이는 자에게 사랑의 증거를 약속하십니다(11-12절). 하나님은 지혜로 세상을 창조하셨으며 지혜로 통치하십니다(19-20절). 하나님의 지혜는 장수와 부귀와 기쁨과 평강의 원천이므로 지혜의 유익을 누리는 자가 되어야 합니다(13-18절). 아버지가 아들에게 지혜를 삶의 원리로 붙들라고 권면합니다(21-26절). 또한 이웃과의 관계 속에서 하지 말아야 할 5가지 행동을 제시하며 이것을 지켜야 하는 이유를 설명합니다(27-35절).

[갈라디아서 2장]

유대주의자들이 헬라사람 디도는 할례를 받아야 한다고 주장했습니다(1-4절). 그들은 그리스도에 대한 믿음과 율법 준수를 병행해야 구원을 받을 수 있다는 입장에 서 있습니다. 바울은 복음을 변질시키는 어떠한 주장에도 타협하지 않았습니다(5절). 당시 예루살렘 교회의 유력한 자들(사도들) 역시 바울이 전한 복음에 어떤 것도 추가하지 않았습니다(6-10절). 복음만으로 충분하다는 것을 그들도 믿었기 때문입니다. 바울이 베드로를 책망하는 사건이 발생합니다(11-13절). 베드로가 이방인과 식사하던 중 야고보가 보낸 사람들이 오자 유대주의자들을 두려워해 그 자리를 피하면서 남은 유대인들도 이방인과의 교제를 꺼리게 된 것입니다. 복음의 진리대로 행동하지 않은 베드로는 바울에게 책망을 듣게 됩니다(14-16절). 바울은 율법의 행위가 아닌 오직 예수 그리스도를 믿음으로 의롭게 됨을 또 강조합니다. 우리는 복음이 주는 확신과 자유를 포기할 수 없습니다(17-21절).

[질문과 묵상]

1. 오늘 말씀을 통해 만난 하나님은 어떤 분인가요?

2. 오늘 말씀을 통해 하나님이 내 삶에 요청하시는 것은 무엇인가요?

[기도]

생명의 떡이신 예수님! 영생이 주께 있고 영생의 말씀이 주께 있습니다. 복음에 대한 확신 가운데 성령의 불이 꺼지지 않게 하옵소서. 하나님의 다양한 부르심을 인정하며 공동체 안에서 서로를 격려하며 아름다운 연합을 이루어가게 하옵소서.

[출애굽기 28장]

하나님은 제사장 의복과 관련된 기물들에 대한 지침을 주십니다. 제사장이 직분을 행할 때 입을 옷은 흉패를 붙인 에봇(대제사장이 입는 조끼 모양의 상의)과 겉옷, 반포 속옷(줄무늬 속옷)인데 제작은 지혜로운 영으로 충만한 자들에게 맡겨집니다(1-5절). 에봇의 양 어깨에 있는 금테를 물린 호마노에는 12지파의 이름이 새겨져 있습니다(6-14절). "보석을 새기는 자가 도장에 새김같이 너는 이스라엘 아들들의 이름을 그 두 보석에 새겨." 대제사장은 12지파의 영적 책임자이며 이스라엘 공동체의 중보자입니다. 우리의 유일한 중보자이신 영원한 대제사장 예수 그리스도는 우리의 이름을 마음에 새겨 놓으셨습니다. 가슴에는 판결흉패를 붙입니다(15-30절). 판결 흉패에는 12지파의 이름을 새긴 12개의 보석이 달리게 됩니다. 하나님은 당신의 백성들을 사랑으로 품으십니다. 제사장이 머리에 쓰는 관의 패에는 '여호와께 성결'이라는 문구가 새겨집니다(36-38절). 제사장은 성결해야 하며 그의 임무는 이스라엘의 성결을 회복하는 것입니다. 제사장은 의복을 제대로 입고 성막에서 섬겨야 합니다(40-43절). 우리는 그리스도께서 입혀 주신 의의 옷을 입음으로 하나님의 보좌 앞에 담대히 나아갈 수 있게 되었습니다.

[요한복음 7장]

예수님은 생명의 떡에 대한 선포 이후 적대적인 유대인들을 피해 주로 갈릴리에서 활동하셨습니다(1절). 초막절이 다가오자 예수님을 믿지 않는 그의 형제들이 유대로 가라고 종용합니다(2-5절). 아직 십자가를 질 때가 오지 않았지만 예수님은 은밀하게 유대로 올라가셨습니다(6-10절). 예수님에 대해 사람들은 상반된 반응을 보였지만 대체로 비우호적이었습니다(11-13절). 예수님은 그의 교훈이 그를 보낸 하나님의 것이므로 하나님의 뜻을 행하려는 자는 이를 알 수 있으며, 자신의 영광이 아닌 하나님의 영광을 추구하기에 참되며 불의가 없다고 선언하십니다(14-18절). 안식일에 사람의 몸을 종교적으로 정결케 하는 할례를 행할 수 있다면 병든 자의 전신을 고쳐주는 행위는 결코 죄가 될 수 없습니다(19-24절). 하나님께로부터 오신 예수님은 때가 되면 하나님께로 다시 가십니다(25-36절). 이 말씀을 전혀 이해하지 못한 유력한 자들이 예수님을 체포하고자 했습니다. 예수님이 영광을 받으신 이후(승천 이후) 약속하신 성령님이 임하시면 영혼의 목마름은 완전히 해소될 것입니다(37-39절). 이 말씀 이후 예수님의 존재에 대한 논쟁이 생겼는데 예수님을 갈릴리 출신으로 잘못 알고 있는 대적들은 갈릴리에서는 선지자가 날 수 없다는 논리를 폅니다(40-52절). 그러나 예수님은 베들레헴에서 나셨습니다(눅 2:1-7).

[잠언 4장]

아들에게 지혜를 가르치고 있는 아버지는 자신도 그 아버지에게서 배운 지혜임을 고백하며 지혜를 따를 것을 권면합니다(1-4절). "지혜가 너를 보호할 것이며, 너를 높이며, 영화롭게 할 것이다"(5-9절). 지혜로운 길을 가는 사람은 실족하지 않으며 생명을 얻게 됩니다(10-13절). 지혜는 악한 자의 길을 피하는 것입니다(14-19절). 모든 신체 기관은 지혜에 반응해야 합니다(20-27절). 무엇보다 마음이 하나님의 지혜에 반응해야 합니다. 마음을 지키는 것이 지혜입니다.

[갈라디아서 3장]

바울은 유대주의자들의 주장에 동조하여 할례를 받고 율법준수를 통해 구원을 얻으려는 성도들을 강한 어조로 질책합니다. 구원, 성령을 받은 이유, 의롭게 된 것, 이방민족이 아브라함에게 약속하신 복을 누리는 것 등은 모두 믿음으로 말미암은 것이며 율법의 행위에서 기인한 것이 아닙니다(1-14절). 아브라함에게 주신 약속(창 12:1-3 & 22:17)은 율법이 있기 전에 주신 것입니다. 아브라함에게 주신 약속을 430년이 지난 후 시내산에서 받은 율법이 결코 폐할 수 없습니다(15-18절). 만약 율법의 행위로 의롭다 함을 얻으려 한다면 하나님의 구원계획을 알지 못하는 것입니다. 그렇지만 율법 은 나쁜 것이 아니며 우리로 하여금 죄를 깨닫게 하여 그리스도께 인도하는 역할을 합니다(19-25절). 우리는 믿음을 통해 그리스도 예수 안에서 하나님의 아들이요 상속자가 되며 우리를 나뉘게 했던 모든 기준들을 뛰어 넘어 하나가 됩니다(26-29절).

[질문과 묵상]

1. 오늘 말씀을 통해 만난 하나님은 어떤 분인가요?

2. 오늘 말씀을 통해 하나님이 내 삶에 요청하시는 것은 무엇인가요?

[기도]

나의 이름을 마음에 새기시고 의의 옷을 입혀주신 예수 그리스도를 찬양합니다. 내 안에 성령의 강물이 넘치게 하시고 내 마음과 생각과 신체까지 하나님의 지혜를 지향하게 하옵소서. 또한 우리 교회가 그리스도 안에서 하나 됨을 이루어가게 하옵소서.

[출애굽기 29장]

하나님은 제사장의 의복에 관한 지침을 주신 후(28장) 제사장 위임식에 관하여 말씀하십니다. 29장은 제사장 위임을 위한 희생제물(1-3절), 제사장의 정결의식(4-9절), 제사장을 위한 속죄제와 번제(10-18절), 위임식 제사 규정(19-25절), 위임식의 요제와 거제 규정(26-28절), 성의 규정(29-30절), 위임식 숫양의 처리에 관한 규정(29-34절), 위임식 기간(35-37절), 매일 드리는 상번제 규정(38-42절), 여호와의 임재 약속(43-46절)으로 구성되어 있습니다. 다소 복잡하게 느껴지지만 하나님은 약속하신 메시아가 오시기까지 희생 제사를 통하여 죄인을 만나 주셨습니다. 백성들의 죄를 용서하시고 거룩한 하나님의 백성으로서의 정체성을 유지하게 하셨습니다. 제사제도는 거룩하신 하나님이 죄인을 만나주시는 놀라운 은총입니다. 하나님은 그들의 하나님이 되시는 것을 포기하시지 않습니다(46절).

[요한복음 8장]

서기관과 바리새인들이 '하나님 사랑, 이웃 사랑'에 늘 충실하신 예수님으로 하여금 율법을 어기도록 유도했지만 예수님은 "죄 없는 자가 돌로 치라"는 말씀으로 정죄가 음행보다 더 큰 죄임을 깨닫게 하셨습니다(1-11절). 우리는 죄인이며 남을 정죄할 자격이 없습니다. 예수님은 '생명의 떡'(6:35)에 이어 '세상에 생명을 주는 빛'이심을 선언하십니다('2번째 자기계시', 12절). 예수님은 어둠이 다스리던 세상에 빛으로 오셨습니다. '세상의 빛'이라는 선언에 반발하는 유대인들에게 자신의 기원과 최종 목적지가 아버지임을 밝히며 자신의 증언은 아버지께 근거를 두고 있기에 참된 증언이라고 말씀하십니다(13-20절). 예수님은 자신의 정체성을 공생애 내내 계시하셨지만 제자들조차 그가 십자가를 지신 후에야 알게 됩니다(21-30절). 그를 믿는 자는 영생을 얻습니다. 아들만이 아버지의 집에 영원히 거할 수 있으며 아들만이 죄의 종을 하나님의 자녀 되게 하실 수 있습니다(31-47절). 예수님은 스스로 영원 전부터 존재하신 하나님으로 선언하지만 유대인들은 귀신들린 자로 규정합니다(48-59절). 인간은 죄 문제를 스스로 해결할 수 없습니다. 우리 죄를 대속하신 예수 그리스도만이 참 자유를 주실 수 있습니다.

[잠언 5장]

5장은 육의 거룩함에 대한 내용입니다. 먼저 음녀의 유혹에 대해 경고합니다(1-6절). 음녀('차르')는 비정상적인 관계에 있는 여인, 즉 아내가 아닌 다른 여인을 말합니다. 음녀의 유혹은 꿀과 기름과 같이 매우 달콤하지만 유혹에 넘어갔을 때의 결과는 쑥과 두 날 가진 칼과 같이 치명적입니다. 음녀의 유혹에 빠지면 명예와 생명, 재물, 육신의 건강 등 모든 것을 잃게 됩니다(7-14절). 예나 지금이나 우리는 이 말씀이 현실이 되는 것을 수 없이 보았습니다. 음녀의 유혹을 이기는 길은 아내와 영적·육적 친밀감을 유지하는 것입니다(15-23절). 잠언은 아내와의 친밀한 관계를 갈증을 채워주는 물에 비유합니다. 하나님의 창조질서대로 살 때 유혹에서 승리할 수 있습니다. "이러므로 남자가 부모를 떠나 그의 아내와 합하여 둘이 한 몸을 이룰지로다"(창 2:24).

[갈라디아서 4장]

갈라디아 성도들은 바울이 전한 복음을 듣고 이미 하나님의 자녀가 되었음에도 유대주의자들의 미혹에 빠져 율법주의로 돌아서려고 합니다. 바울은 그들을 복음으로 다시 세우고자 합니다. 사람들은 그리스도가 오시기 전까지 율법의 지배 아래 있었지만 하나님이 그리스도를 보내셔서 율법의 저주에서 해방하시고 친히 자녀 삼아 주셨습니다(1-5절). 성령께서 하나님의 아빠 아버지 되심과 우리가 그의 상속자 됨을 알게 하셨습니다(6-7절). 만약 율법주의로 돌아간다면 하나님의 은혜를 무익한 것으로 만드는 것입니다(8-11절). 바울은 육신의 질병을 앓으면서도 갈라디아에서 헌신적으로 복음을 전했으며 그들 역시 바울을 사랑하며 존귀하게 여겼습니다(13-15절). 그러나 지금 그들은 유대주의자의 영향으로 바울을 이전처럼 신뢰하지 않습니다(16절). 그는 한때 율법주의자였으나 지금은 참 믿음을 갖게 된 자신처럼 되라고 권면합니다(12절). 바울은 복음을 떠날 위기에 놓인 갈라디아 성도들을 위해 다시 해산의 수고를 할 것입니다(17-20절). 아브라함이 육체(율법)를 따라 여종 하갈을 통해 낳은 아들 이스마엘은 종일 수밖에 없었지만 약속(은혜의 복음)에 따라 사라를 통해 낳은 아들 이삭은 자유의 아들이며 상속자입니다(21-28절). 율법은 우리를 자유케 할 수 없지만 은혜의 복음은 우리를 자유케 하며 상속자가 되게 합니다. 아브라함이 여종과 그의 아들을 집에서 내보냈던 것처럼 갈라디아 교회는 유대주의자들을 내쫓아야 합니다(29-31절).

[질문과 묵상]

1. 오늘 말씀을 통해 만난 하나님은 어떤 분인가요?

2. 오늘 말씀을 통해 하나님이 내 삶에 요청하시는 것은 무엇인가요?

[기도]

그리스도의 피로 말미암아 율법의 저주에서 건져주신 은혜를 찬송합니다. 하나님 나라의 상속자가 되게 하시고 하나님을 아빠 아버지라 부르게 하셨으니 굳건한 신앙 가운데 악한 영의 유혹을 이기게 하옵소서.

[출애굽기 30장]

30장은 제사장 직무수행에 필요한 기타 기구들에 대한 제작 지침과 규례들을 다룹니다. 분향단 제작과 분향에 관한 세부 지침(1-10절), 속전에 관한 규정(11-16절), 물두멍에 관한 지침(17-21절), 거룩한 관유에 대한 지침(22-33절), 거룩한 향에 관한 지침(34-38절)으로 구성되어 있습니다. 제사장은 아침과 저녁으로 분향단 위에 향을 피워 성소가 향과 연기로 가득하게 해야 합니다. 성소의 향은 하나님께 드려지는 기도의 상징이자 하나님의 임재의 상징입니다. "나의 기도가 주의 앞에 분향함과 같이 되며 나의 손 드는 것이 저녁 제사 같이 되게 하소서"(시 141:2). 하나님은 부자나 가난한 자나 동일하게 20세 이상 성인들은 생명의 속전 반 세겔을 내도록 하십니다. 생명의 속전은 애굽의 노예에서 구원하여 주신 은혜를 기억하며 내 생명이 하나님께 속해 있음을 시인하는 의미가 담겨 있습니다. 성소의 모든 기구와 제사장은 관유로 기름부음을 받아야 합니다. 우리 삶의 모든 영역은 성령의 기름 부으심이 있어야 합니다. 하나님은 우리에게 거룩과 정결을 주문하십니다. "내가 거룩하니 너희도 거룩하라"(레 11:45).

[요한복음 9장]

유대인들은 질병을 죄로 인한 하나님의 징벌로 보는 관점을 가지고 있습니다(1-2절). 예수님은 '질병=하나님의 징벌'이라는 오랜 공식을 거부하시고 질병이 하나님의 일을 나타내는 수단이 될 수 있다는 새로운 해석을 하십니다(3절). 그리고 맹인의 눈을 뜨게 하심으로 당신이 세상의 빛으로 오셨음을 나타내십니다(4-7절). 하나님은 질병이나 불행을 통해 얼마든지 당신의 일을 나타낼 수 있습니다. 많은 사람들이 나사로의 죽음을 슬퍼했지만 예수님은 그를 살리심으로 하나님의 큰 영광을 나타내었습니다. "내 말이 네가 믿으면 하나님의 영광을 보리라 하지 아니하였느냐"(11:40). 특히, 예수님의 죽음과 부활은 최고의 반전으로 우리는 죄 사함의 은총과 영생의 복을 누리게 되었습니다. 예수님이 맹인을 고친 사건은 안식일 논란으로 비화되어 바리새인들은 당사자와 그의 부모를 불러 예수님의 죄를 특정하려고 합니다(8-34절). 이 과정에서 고침 받은 맹인은 자신을 고치신 예수님에 대해 당당히 증언합니다. 맹인이었던 자는 육의 눈만 뜬 것이 아니라 영의 눈('인자를 믿느냐' → '내가 믿고자 하나이다')까지 떴습니다(35-38절). '인자'는 '완전하신 하나님이 완전한 사람이 되었음'을 의미하는 표현입니다. 즉, 메시아의 의미를 담고 있습니다. 예수님은 하나님의 아들을 믿지 않는 영적 맹인들(바리새인들)에 대한 최종 심판자이십니다(39-41절).

[잠언 6장]

어떻게 사는 것이 지혜인지에 대한 구체적인 가르침입니다. 성경은 보증을 엄히 금합니다(1-5절). 게으른 자는 미래를 준비하는 지혜가 있는 개미를 보고 배워야 합니다(6-11절). 하나님의 창조세계는 지혜로 가득 차 있습니다. 하나님이 미워하시는 악한 자의 7가지 행동이 있습니다(12-19절). 곧 구부러진 말(거짓된 혀), 눈짓(교만한 눈), 발로 신호하는 것(악을 향해 빠르게 달려가는 발), 손가락질(무죄한 자의 피를 흘리는 손), 마음에 패역을 품는 것(악한 계교를 꾀하는 마음), 항상 악을 꾀하는 것(거짓을 말하는 망령된 증인), 다툼을 일으키는 것(형제를 이간하는 것)입니다. 아비의 명령과 어미의 법은 유혹에 빠지지 않고 승리하게 하는 중요한 원리입니다(20-23절). 하나님의 계명과 율법은 우리를 보호하며 승리하게 하는 비결입니다. 특별히 5장에 이어 음행에 대해 다시 경고합니다(24-35절). 성적 방종은 영혼과 생명과 삶을 파괴합니다. 잠깐의 즐거움이 파괴적인 결말을 불러 옵니다. 음행이 초래하는 비극적 결말로 넘쳐나는 세상에서 우리는 주의 말씀으로 스스로를 지켜야 합니다.

[갈라디아서 5장]

복음을 떠나 다시 율법의 멍에를 멘다면 이는 어리석은 일입니다(1절). 만약 구원을 위해 할례를 받아야 한다면 율법을 다 지켜야 하는 의무도 생긴다는 것을 알아야 합니다(2-3절). 이는 복음과는 전혀 다른 길로써 그리스도에게서 끊어질 것입니다(4절). 성령님은 우리에게 믿음으로 말미암는 의의 소망을 주셨습니다(5절). 할례여부는 중요하지 않습니다(6절). 오직 사랑으로써 역사하는 믿음뿐입니다. 참 믿음은 철저히 사랑에 뿌리를 두고 있습니다. 참 믿음을 소유한 자는 하나님을 사랑하고 이웃을 사랑합니다. 누룩(율법주의)을 퍼뜨려 갈라디아 성도들에게 영적 해악을 끼친 유대주의자들은 하나님의 준엄한 심판을 받을 것입니다(7-12절). 율법으로부터 자유케 한 복음은 우리에게 사랑의 의무를 지웁니다(13-14절). 서로 정죄하며 다툰다면 공동체가 분열되지만 육체의 욕망을 버리고 성령을 좇아 행하면 열매를 맺습니다(15-23절). 그리스도인은 육체의 정욕과 탐심을 이미 십자가에 못 박고 성령으로 행합니다(24-26절).

[질문과 묵상]

1. 오늘 말씀을 통해 만난 하나님은 어떤 분인가요?

2. 오늘 말씀을 통해 하나님이 내 삶에 요청하시는 것은 무엇인가요?

[기도]

예수님이 십자가에서 생명의 속전을 지불하셨으므로 나는 그리스도께 속하게 되었습니다. 매일 드리는 기도가 아름다운 향기가 되어 하나님께 상달되게 하시고 성령의 기름 부으심으로 내 삶을 충만케 하옵소서. 성령의 열매를 맺으며 주의 법을 사랑함으로 유혹을 이기게 하옵소서.

[출애굽기 31장]

하나님은 성막과 성막에서 쓰일 기구, 옷들과 부속물들의 제작을 맡을 일꾼을 부르십니다. 하나님의 영이 충만하여 지혜와 총명과 지식과 여러 재능을 가지고 있는 브살렐은 금, 은, 청동으로 만드는 일과 보석 세공과 나무 조각 등의 일을 맡았습니다(1-5절). 또한 브살렐을 도와 성막과 각종 기구들을 제작할 오홀리압을 지혜롭게 하셨습니다(6-11절). 브살렐과 오홀리압은 지혜로운 직공들을 총괄하여 하나님이 주신 지침과 규례(25-30장)대로 하나님의 거룩한 처소를 만들어야 합니다. 안식일은 이스라엘이 다른 민족과 구별되는 하나님과의 언약관계를 나타내는 표징입니다(12-17절). 성막을 제작하는 이유도 안식일과 관련되어 있습니다. 안식일은 하나님의 창조사역에 근거를 두고 있습니다. "안식일을 기억하여 거룩하게 지키라 이는 엿새 동안에 나 여호와가 하늘과 땅과 바다와 그 가운데 모든 것을 만들고 일곱째 날에 쉬었음이라 그러므로 나 여호와가 안식일을 복되게 하여 그 날을 거룩하게 하였느니라"(20:8, 11). 하나님의 구원하심으로 애굽의 노예였던 그들은 자유인으로서 안식일을 지킬 수 있게 되었습니다. 모세는 안식일 준수가 포함된 십계명 돌판을 받습니다(18절).

[요한복음 10장]

예수님은 자신을 선한목자와 양의 문으로 계시하십니다. 양의 우리에 문이 아닌 다른 데로 넘어가는 자는 도둑이며 강도입니다(1절). 다른 데로 넘어간다는 것은 양을 훔치거나 해치기 위한 목적으로 들어가는 것을 말하며 구원을 줄 수 없는 거짓 목자를 비유한 것입니다. 구체적으로 생명의 양식이며 세상의 빛이 되시는 예수님을 거부하는 대제사장들과 바리새인들을 일컬으며 더 나아가 구원의 방법으로 제시되는 모든 인간적인 방법과 율법을 말합니다(7-10절). 양의 문(구원의 문)이신 예수님을 통해 삶의 영역으로 나아가면 그의 풍성한 공급을 경험하게 됩니다('3번째 자기 계시'). 그러나 거짓 목자는 영혼을 죽이고 멸망시킵니다. 예수님은 선한 목자이십니다('4번째 자기 계시', 11-21절). 선한 목자는 그의 양을 잘 알고 있으며(3-5절). 양을 위해 기꺼이 자신의 목숨을 버립니다. 세례 요한은 예수님을 '세상 죄를 지고 가는 하나님의 어린 양'이라고 소개합니다(1:29). 그러나 유대인들은 예수님을 불신하며 정체성을 밝히라고 요구합니다(22-24절). 이에 예수님은 "내 양이 아니므로 믿지 않는다"고 말씀하시며 "아버지의 손에서 그의 양을 빼앗을 자 없으므로 내게서 양을 빼앗을 자가 없다"고 선언하십니다(25-30절). 즉, 하나님과 자신을 동등한 존재로 말씀하신 것입니다. 이에 유대인들이 신성 모독으로 간주하여 돌로 치려했으나 예수님은 자신이 행한 표적이 곧 자신의 신분을 나타내고 있으니 행한 일을 보고 믿으라고 당당하게 말씀합니다(31-39절). 많은 사람들이 예수님의 말씀과 표적을 보고 믿었습니다(40-42절).

[잠언 7장]

아버지가 아들에게 주는 가르침(1-9장)에서 가장 큰 비중을 차지하는 것이 바로 음행(간음)과 관련된 내용입니다(2:16-19, 5-7장). 음행이 다른 어떤 문제보다도 더 치명적이고 파괴적인 결과를 불러 오기 때문입니다. 아버지는 아들에게 계명을 지킬 것을 간절히 호소합니다(1-5절). 그리고 음녀가 청년을 유혹하는 상황에 대하여 묘사합니다(6-23절). 음행에 눈이 먼 어리석은 청년은 자신을 유혹하는 음녀의 꾐에 소가 도수장으로 끌려가듯, 새가 그물로 들어가듯 빠져듭니다. 음행은 잠깐의 육체적 쾌락을 주지만 그로 인해 영과 육체는 파멸에 이르게 됩니다. 음행은 스올의 길, 즉 지옥의 길임을 알아 요셉처럼 승리하는 지혜가 있어야 할 것입니다(24-27절).

[갈라디아서 6장]

성령으로 사는 사람은 공동체를 건강하게 세웁니다. 죄를 범한 형제가 있다면 그의 회복을 도와야 합니다(1절). 여기서 말하는 범죄는 복음의 진리에서 벗어나 유대주의 편에 서는 것을 말합니다. 갈라디아 교회는 유대주의자들로 인해 할례와 율법을 내세워 자기 의를 드러내며 형제를 정죄하는 사람들이 생겨났습니다. 형제를 사랑한다면 온유함으로 그들을 바로 잡아 주어야 합니다. 또한 경제적인 짐도 함께 분담해야 합니다(2절). 형제를 사랑한다면 자기 자랑을 멈추고 자기 몫의 의무를 감당해야 합니다(3-5절). 성령의 사람은 복음을 위한 일꾼을 기쁨으로 섬기고 성령의 열매를 맺기 위해 선을 행합니다(6-10절). 때가 되면 심은 대로 거두는 것이 하나님의 법칙입니다. 우리는 공동체의 권속들을 우선적으로 보살펴야 합니다. 바울은 편지를 마무리하며 할례와 같은 행위로는 결코 하나님의 인정을 받을 수 없음을 다시 강조합니다(11-13절). 할례를 받음으로 유대인으로부터 오는 박해를 모면하고자 하는 것은 복음의 진리를 왜곡하는 행위입니다. 오직 예수 그리스도의 십자가만 자랑할 뿐입니다(14-16절). 바울에게는 십자가를 전하다가 생긴 영광스런 고난의 흔적이 있습니다(17-18절).

[질문과 묵상]

1. 오늘 말씀을 통해 만난 하나님은 어떤 분인가요?

2. 오늘 말씀을 통해 하나님이 내 삶에 요청하시는 것은 무엇인가요?

[기도]

선한 목자 되시며 양의 문이 되시는 예수님! 십자가가 내 평생의 자랑이 되게 하시고 성령으로 심어 선한 열매를 많이 맺게 하옵소서. 구원의 기쁨, 복음의 감격을 빼앗는 유혹이 너무 많습니다. 나를 정결케 하시고 온전히 주만 바라보게 하옵소서.

[출애굽기 32장]

모세의 부재로 불안해진 이스라엘 백성들이 아론에게 신의 형상을 만들 것을 요구합니다(1절). 아론이 만든 금송아지를 놓고 백성들은 축제를 벌입니다(2-6절). 하나님은 언약을 파기한 백성들을 심판하고 모세를 시작으로 한 새로운 민족을 구상하십니다(7-10절). 그러나 모세는 하나님이 조상들과 맺은 언약을 근거로 간구하여 하나님의 뜻을 철회시킵니다(11-14절). 증거판(십계명 돌판)을 들고 급히 산을 내려온 모세는 우상숭배 현장을 보고 진노하여 증거판을 던져버립니다(15-19절). 이스라엘 백성들의 언약 파기 행동에 대한 분노의 표현입니다. 모세는 금송아지를 불사르고 남은 가루를 물에 뿌려 백성들에게 마시게 하여 우상의 흔적을 제거합니다(20절). 그렇다고 그들의 죄가 사라질 수는 없습니다. 심각한 죄를 저지르고도 아론은 백성들에게 책임을 전가하고 백성은 여전히 방자했습니다(21-25절). 원수의 조롱거리가 될 만큼 통제 불능의 상태가 되었습니다. 모세는 하나님 편에 선 레위 자손을 통해 우상 숭배를 주도한 3,000명을 처형합니다(26-29절). 그리고 생명을 건 중보기도를 드립니다(30-35절).

[요한복음 11장]

그리스도인은 어떤 슬픔과 고난이 와도 그것으로 인해 실패하지 않을 권세를 가지고 있습니다. 그리스도 안에서 모든 것은 재해석됩니다. 그리스인은 모든 것이 승리로 귀결되는 삶의 공식을 가지고 있습니다. 11장은 인간이 겪게 되는 최고의 고난인 죽음을 하나님의 영광으로 바꾸시는 예수님을 소개합니다. 예수님이 나타내고자 하는 표적이 죽은 자를 살리는 것이므로 이틀을 더 지체하신 후 나사로의 집으로 향하십니다(1-6절). 예수님이 베다니에 도착했을 때 나사로는 이미 죽은 지 나흘이 지났습니다(17절). 그러나 제자들은 아직 그가 죽은 줄 모르고 있었습니다(7-16절). 예수님은 베다니에서 자신을 계시하십니다. "나는 부활이요 생명이니"('5번째 자기계시', 25절). 그는 나사로를 살리심으로 부활의 주요 생명의 주권자이심을 나타내셨습니다(19-44절). 예수님은 죄의 권세 아래 신음하는 우리의 부활이요 생명이 되십니다. 나사로의 부활을 본 많은 사람들이 예수님을 믿게 된 상황에서 대제사장 가야바가 본의 아니게 대속의 제물 되실 예수님을 선포합니다(45-52절). 대제사장들과 바리새인들은 예수님을 죽이기로 결정합니다(53-57절).

[잠언 8장]

8장은 여인으로 의인화된 지혜의 가치와 유익에 대한 독백입니다. 음녀가 속삭이듯 유혹했던 것(7장)과 달리 지혜여인은 공개된 곳에서 큰 소리로 자신을 만날 것을 요청합니다(1-3절). 하나님의 지혜는 정직하고 의롭기에 숨길 필요가 없으며 언제나 당당하게 공개할 수 있습니다. 그러나 음녀가 안내하는 길은 죄로 연결되기에 은밀하게 진행됩니다. 지혜는 세상의 재화가 줄 수 없는 선, 정직, 진리, 악, 의에 관한 가치를 제공합니다(4-11절). 또한 판단력, 리더십, 하나님 경외(영혼의 잘됨), 부귀와 재물 등의 유익을 줍니다(12-21절). 지혜는 창조 이전부터 존재했으며 하나님은 세상을 창조하실 때 지혜를 사용하셨습니다(22-31절). 하나님의 지혜를 좇아 살아가는 자는 참 생명을 얻으며 창조적인 삶을 살아가게 됩니다(32-36절).

[에베소서 1장]

하나님은 그리스도 예수 안에서 하늘에 속한 신령한 복, 곧 창세전에 택하사 거룩하고 흠이 없게 하시려고 아들이 되게 하신 영광을 우리에게 주셨습니다(1-6절). 그리스도의 피로 말미암는 죄 사함의 신비는 하나님의 기쁘신 뜻에 따라 예정된 것으로 이 비밀을 깨닫도록 우리에게 지혜와 총명을 주셨습니다(7-9절). 그리스도는 다시 오심으로 하나님의 창조세계의 회복과 통일을 완성하실 것입니다(10절). 우리가 하나님의 예정하심으로 그의 기업(소유)이 되었음을 성령님이 보증하십니다(11-14절). 바울은 에베소 성도들에게 지혜와 계시의 영이 임하여 하나님을 알고 부르심의 소망과 그들이 받을 기업의 영광 및 그들에게 베푸신 크신 능력을 알게 되기를 기도합니다(15-19절). 예수 그리스도를 죽은 자 가운데서 살리시고 하늘 보좌 우편에 앉히신 하나님이 동일한 능력으로 우리를 구원하시고 영원한 승리를 주셨습니다. 부활하신 그리스도는 교회의 머리가 되셔서 몸 된 교회를 충만하게 하십니다(20-23절).

[질문과 묵상]

1. 오늘 말씀을 통해 만난 하나님은 어떤 분인가요?

2. 오늘 말씀을 통해 하나님이 내 삶에 요청하시는 것은 무엇인가요?

[기도]

하나님! 내가 섬기는 우상은 없는지 살펴봅니다. 하나님 외 다른 신을 섬기지 않게 하옵소서. 하나님의 지혜의 말씀에 늘 귀를 기울이게 하옵소서. 오늘도 예수 그리스도로 충만한 하루가 되게 하옵소서.

[출애굽기 33장]

금송아지 사건 이후 하나님은 가나안 입성은 약속대로 이루시되 그 땅에 함께 가지 않겠다고 말씀하십니다(1-3절). 하나님이 안 계신 가나안 땅은 약속의 땅, 축복의 땅이 될 수 없습니다. 하나님이 거하실 처소인 성막도 만들 필요가 없어졌습니다. 하나님의 준엄한 말씀에 슬픔에 빠진 이스라엘 백성들은 장신구를 떼어내라는 하나님의 말씀에 순종합니다(4-6절). 장신구는 금송아지를 만들 때 쓰였던 금 고리와 같은 것들로 이것을 제한다는 것은 회개의 의미입니다. 백성들의 회개 후 모세는 하나님을 만납니다(7-11절). 이 백성을 주의 백성으로 여겨달라는 모세의 간절히 기도에 응답하신 하나님은 그들과 함께 가시겠다고 약속하십니다("내가 친히 가리라", 12-17절). 하나님은 약속에 대한 증표로 당신의 영광을 보여 달라는 모세의 요구에 당신의 형상(등)을 보여주십니다(18-23절).

[요한복음 12장]

대제사장의 무리들은 예수님을 죽이려고 모의하나 나사로를 살린 베다니에서는 예수님을 위한 잔치가 열렸습니다(1-2절). 이때 마리아가 비싼 향유를 예수님의 발에 붓고 자신의 머리털로 그 발을 닦습니다(3절). 가난한 자에게 줄 수 있는 돈을 허비했다는 비난이 일자 예수님은 가난한 자들은 언제나 곁에 있다는 말씀으로 당신을 향한 섬김과 헌신을 다른 것으로 대체하려는 행태를 비판하십니다(4-8절). 또한 여인의 행위는 당신의 장례를 위한 준비라고 말씀하십니다. 이때는 시신부패 시 발생하는 악취를 덮기 위해 향유를 사용했습니다. 마리아는 부지중에 미리 향유를 부은 것입니다. 예수님은 나귀를 타고 당신을 죽이려고 모의하는 자들이 있는 예루살렘으로 들어가십니다(9-19절). 그러나 사람들은 예수님이 나귀를 타신 의미(=정복자가 아닌 평화의 왕)를 몰랐습니다. 예수님은 영광의 때, 즉 고난의 때가 왔다고 말씀하십니다(20-26절). 그는 세상의 인기와 명성, 권력과는 거리가 먼 십자가의 영광을 위해 이 땅에 오셨습니다(27절). 그는 백성의 구원을 위한 길을 감으로써 아버지를 영광스럽게 하실 것입니다(28-33절). 그러나 빛 되신 예수님과 함께 있으면서도 사람들은 그 빛을 알아보지 못하고 있습니다(34-43절). 예수 그리스도를 통해 참 생명을 얻은 자는 사람의 영광보다 하나님의 영광을 추구하며 살아갑니다. 예수님의 말씀은 곧 하나님의 말씀이며 예수님을 믿는 것은 곧 하나님을 믿는 것입니다(44-50절). 예수님을 통하지 않고는 하나님께 나아갈 수 없습니다. "나로 말미암지 않고는 아버지께로 올 자가 없느니라"(14:6).

[잠언 9장]

9장에서 아버지는 지혜 여인(1-6절)과 미련한 여인(13-18절)를 등장시켜 아들을 초청하게 합니다. 아들은 지혜 여인과 미련한 여인 중 하나를 선택해야 합니다. 지혜 여인이 잔치를 차려 놓고 초대합니다(1-6절). 지혜의 초대에 응한 사람은 생명과 명철(이해, 분별)을 얻게 될 것입니다. 반면 미련한 여인의 유혹에 넘어간 사람은 자신의 선택이 불러올 심각한 결과를 알지 못한 채 죄인의 길을 걷게 됩니다(13-18절). 미련한 자는 책망과 훈계를 싫어하지만 지혜로운 자는 책망과 훈계를 즐거워합니다(7-12절). 지혜로운 자는 하나님의 말씀을 즐거이 따릅니다. "모든 성경은 하나님의 감동으로 된 것으로 교훈과 책망과 바르게 함과 의로 교육하기에 유익하니"(딤후 3:16). 지혜는 여호와를 경외하는 것으로부터 나옵니다.

[에베소서 2장]

바울은 구원받기 이전의 우리의 모습에 대해 불순종의 영의 지배를 받아 허물과 죄로 죽은 상태가 되었으며 하나님의 진노의 대상이었다고 말합니다(1-3절). 그런 우리들에게 놀라운 은혜가 나타났습니다. 긍휼이 풍성하신 하나님이 허물과 죄로 죽은 우리를 그리스도와 함께 살리시고 하늘에 앉히셨는데 이 놀라운 복이 전적인 은혜요 하나님의 선물로 주어졌습니다(4-9절). 이는 유대인이나 이방인이나 동일하게 적용됩니다. 구원이 선한 행위로 받은 것은 아니지만 구원받은 성도는 선한 일(=하나님의 뜻, 특히 성령 안에서 유대인과 이방인이 연합하는 것, 21-22절)을 행하도록 부름 받았습니다(10절). 전에 이방인들은 유대인에 의해 하나님의 언약에서 제외된 사람으로 취급받았지만 지금은 그리스도 안에서 하나님의 언약백성이 되었습니다(11-13절). 예수님은 십자가의 죽으심으로 옛 언약을 폐하시고 새 언약을 완성하셨습니다. 예수 그리스도를 통해 구원이 완성됨으로써 유대인과 이방인을 구별했던 모든 율법 조항의 의미가 사라졌습니다(14-18절). 예수님의 십자가 사역의 결과 유대인과 이방인은 권속(가족)이 되었으며 함께 지어져가는 성전이 되었습니다(19-22절). 우리는 다름을 극복하며 함께 지어져가는 하나님의 성전입니다.

[질문과 묵상]

1. 오늘 말씀을 통해 만난 하나님은 어떤 분인가요?

2. 오늘 말씀을 통해 하나님이 내 삶에 요청하시는 것은 무엇인가요?

[기도]

십자가의 복음은 유대인과 이방인의 높은 벽을 허물었습니다. 복음으로 온 성도들이 함께 공동체로 지어져 가게 하옵소서. 완고하지 않으며 세상 영광을 구하지 않게 하시고, 성경의 지혜를 따르게 하옵소서.

[출애굽기 34장]

모세는 돌판 두 개를 가지고 시내산에 다시 올라갔습니다(1-4절). 이는 깨어질 위기에 놓인 시내산 언약의 존속을 의미합니다. 구름 가운데 강림하신 하나님은 자비롭고 은혜롭고 노하기를 더디 하시며 인자(신실한 사랑)와 진실이 많으신 당신의 성품을 선포하십니다(5-6절). 이것이 언약이 깨지지 않은 이유입니다. 언약의 회복에 대한 강한 의지를 가지신 하나님은 죄의 책임에 대해서도 언급하십니다(7절). 그러나 '천대에 걸친 용서와 삼사 대의 보응'이라는 표현을 보십시오. 한이 없는 하나님의 용서와 자비를 나타냅니다. 모세는 이스라엘의 죄를 용서하시고 동행하여 주시기를 간구합니다(8-9절). 하나님은 언약의 갱신을 약속하시며 이스라엘을 미혹하게 될 가나안 족속과의 모든 언약을 금하라고 명하십니다(10-17절). 이스라엘은 3대 절기(무교절, 칠칠절, 수장절)와 안식일을 지킴으로써 하나님의 은혜에 응답해야 합니다(18-26절). 특히 유월절과 병행하여 시작되는 무교절과 처음 난 것을 대속하는 규례를 지킴으로써 출애굽 사건을 기념해야 합니다. 하나님은 언약의 체결을 선포하십니다(27절). 모세는 하나님이 다시 써 주신 십계명 돌판을 가지고 하산합니다(28-29절). 모세의 얼굴에 나타난 빛나는 광채는 하나님이 이스라엘을 여전히 붙드시고 존귀하게 하시겠다는 증표입니다(30-35절).

[요한복음 13장]

아버지께로 돌아갈 때가 다가오고 있는 예수님은 자신의 사람들을 끝까지 사랑하십니다(1-2절). 그는 사랑과 섬김의 권세로 통치하십니다(3-11절). "인자의 온 것은 섬김을 받으려 함이 아니라 도리어 섬기려 하고"(막 10:45). 그는 우리를 목욕시키셨으며(=우리의 원죄를 사하시고 자녀 삼으심), 우리의 발도 매일 씻기십니다(=자녀가 된 이후 범하는 죄를 용서하심). 보냄 받은 제자들은 보내신 예수님보다 크지 않지만 그에게서 권세와 사명을 위임받은 존재임을 인식하고 그를 본받아 섬기는 종이 되어야 합니다(12-17절). 예수님은 제자들이 시험에 들지 않도록 배신자의 존재를 미리 예고하시는데 이는 십자가의 수난의 과정이 제자들에게 걸림이 되지 않게 하려는 것입니다(18-20절). 배신자에 대한 언급으로 제자들이 술렁이는 가운데 유다가 자리에서 이탈합니다(21-30절). 유다의 배신이 십자가 고난으로 이어질 것을 아시는 예수님은 하나님과 자신 모두 영광을 받게 되었다고 말씀하십니다(31-33절). 예수님은 "서로 사랑하라"고 말씀하십니다(34-35절). 서로 사랑하는 것은 제자 됨의 증거입니다. 예수님은 베드로의 부인을 예고하시며 지금은 따라올 수 없으나 후에는 따르게 될 것이라고 말씀하십니다(36-38절).

[잠언 10장]

잠언 10장은 재물과 말에 관한 내용으로 지혜로운 아들과 미련한 아들의 대비를 통해 교훈을 줍니다. 여호와는 부지런히 의를 행하는 지혜자의 영혼을 만족케 하시지만 미련하고 악한 자의 욕망은 거부하십니다(1-5절). 지혜자는 계명을 받들어 바른 길로 행하며 살리는 말을 하므로 그 이름이 빛나지만 미련한 자는 계명을 거부하고 굽은 길로 행하며 죽이는 말을 하므로 그의 이름이 사라질 것입니다(6-11절). 지혜자는 사랑으로 허물을 덮고 필요한 지식과 재물을 견고히 쌓으며 수고에 대하여 생명의 열매로 보답 받지만 미련한 자는 다툼을 일으키고 자신의 입 때문에 멸망에 이르며 가난하게 될 것입니다(12-16절). 지혜자는 말을 제어하며 가치 있는 말을 하고 훈계를 지키지만 미련한 자는 말은 많은 데 반해 가치가 없으며 훈계를 버리고 남을 비난합니다(17-21절). 여호와는 지혜자에게 평안과 기쁨과 풍요의 복을 약속하시지만 미련한 자에게는 두려운 일을 만나게 하실 것입니다(22-26절). 여호와를 경외하는 지혜자는 평안하며 요동치 않을 것이나 미련한 자는 평안을 누리지 못하고 결국 패망하게 될 것입니다(27-32절).

[에베소서 3장]

바울은 복음을 전하다가 옥에 갇혔습니다(1절). 그는 가이사랴에서 2년, 로마에서 2년 도합 4년간 옥살이를 했습니다. 그러나 그는 그리스도의 비밀을 깨달았다고 말합니다(3-4절). 그리스도의 비밀은 그리스도로 말미암아 하나님과 인간이 화해하고 유대인과 이방인이 함께 상속자가 되며 더 나아가 유대인과 이방인이 한 공동체를 이루는 것을 말합니다(6절). 이 비밀을 위해 하나님은 그에게 은혜의 경륜(=복음, 사명, 사도의 직분)을 허락하셨는데 구약 시대에는 철저히 숨겨져 있던 그리스도의 비밀이 이제 사도를 통해 드러나게 되었습니다(2, 5절). 그는 이방인에게 복음을 전하고 교회를 강건하게 세워야 할 사명이 있습니다(7-12절). 바울은 에베소 성도들이 영적으로 강건해지고 그리스도 안에 늘 거하며 자기를 내어 주는 사랑이 뿌리 내리고 지식을 뛰어넘는 그리스도의 사랑을 알아 더욱 충만하게 되기를 기도합니다(14-21절).

[질문과 묵상]

1. 오늘 말씀을 통해 만난 하나님은 어떤 분인가요?

2. 오늘 말씀을 통해 하나님이 내 삶에 요청하시는 것은 무엇인가요?

[기도]

금송아지 우상을 섬긴 치명적인 죄에도 불구하고 언약을 이어가시는 하나님은 신실하십니다. 신실하신 하나님을 경외하는 것이 곧 지혜입니다. 하나님의 지혜인 십자가의 비밀을 알게 하셨으니 십자가를 더욱 사랑하게 하옵소서.

[출애굽기 35장]

성막을 만드는 이유는 안식일과 깊은 연관이 있습니다. 하나님은 안식일 준수를 다시 강조하십니다(1-3절). 성막에 필요한 재료들은 자원하여 드리는 자들을 통해 채워질 것입니다(4-9절). 지혜로운 자가 만들어 낼 성막과 각종 기구들이 소개됩니다(10-19절). 성막에 쓰일 재료를 확보하기 위한 모세의 요청에 이스라엘 백성들은 적극 화답합니다(20-29절). 모세는 브살렐과 오홀리압을 성막 건립의 책임자와 보조자로 임명합니다(31:1-6, 30-35절).

[요한복음 14장]

내가 가는 곳에 따라 올 수 없으며 베드로는 나를 세 번 부인할 것이라는 예수님의 말씀에 제자들은 근심합니다(13:33, 38). 그러나 근심하지 말아야 할 이유는 예수님이 아버지 집에 거처를 예비하러 가시기 때문입니다(1-4절). 예수님은 십자가에서 죽으시고 부활하신 후 성령을 보내심으로 우리를 하늘나라의 상속자로 삼으실 것입니다. 예수님은 아버지께로 가는 유일한 길이요 진리요 생명입니다('6번째 자기 계시', 5-6절). 예수님을 아는 것이 곧 아버지를 아는 것입니다(7절). 예수님은 아버지를 보여 달라는 빌립에게 지금까지 자신이 했던 모든 말과 행적을 보면 자신과 아버지가 하나임을 알 수 있다고 말씀하십니다(8-11절). 하나님께 영광이 된다면 제자들이 예수님의 이름으로 드리는 기도는 응답될 것입니다(12-14절). 예수님의 활동 영역은 이스라엘을 벗어나지 않았지만 성령을 받은 제자들은 모든 민족에게 복음을 전할 것입니다. 예수님은 제자들을 고아와 같이 버려두지 않으시기 위해 승천 후 또 다른 보혜사(=곁에서 돕도록 부름을 받은 자 곧 성령님)를 보내실 것이며 때가 이르면 다시 오실 것입니다(15-20절). 진리의 성령님이 오시면 예수님이 아버지 안에 계시며, 제자들이 예수님 안에 그리고 예수님이 제자들 안에 있음을 알게 하시고 예수님을 사랑하게 하심으로써 계명을 지키게 하실 것입니다. 예수님을 사랑하는 자는 그의 계명을 지킴으로 아버지께 사랑을 받을 것입니다(21-24절).

[잠언 11장]

하나님이 정하신 기준에 따라 정직히 행하는 자는 복을 받습니다(1-6절). 의인은 환난에서 구원받으나 악인은 패망에 이르게 됩니다(7-11절). 이웃의 허물에 대해서 말하지 않고 보증에 응하지 않는 지혜로운 자가 공동체를 평안케 합니다(12-15절). 선을 베풀며 의를 행하는 자는 생명을 얻고 하나님이 주시는 상을 받습니다(16-20절). 그러나 악인에게는 심판이 있습니다(21절). 절제가 없다면 외적 아름다움의 가치는 사라집니다(22절). 베푸는 자는 더욱 풍족하게 됩니다(24-26절). 26절은 흉년, 기근, 전쟁과 같은 특수상황에서 긴급 구제가 필요함에도 불구하고 나중에 비싸게 팔 목적으로 자신이 가진 곡식을 내어 놓지 않는 경우를 말합니다. 공동체의 위기를 이용하여 유익을 창출하는 자는 악합니다(27절). 의인과 악인의 삶의 결과는 이 땅에서도 분명하게 나타납니다(23, 28-31절).

[에베소서 4장]

바울은 교리적인 설명을 마치고(1-3장) 실천에 관한 내용을 제시합니다(4-6장). 성도는 부르심에 합당한 삶(=겸손과 온유, 사랑안의 용납)을 살아야 합니다(1-2절). 특히, 성령이 하나 되게 하신 것을 힘써 지켜야 합니다(3절). 하나 되어야 할 이유는 충분합니다. 몸도, 성령도, 소망도, 주도, 믿음도, 세례도 하나이며 하나님도 한 분이시기 때문입니다(4-6절). 부활·승천하신 그리스도께서 각양의 은사와 직분을 선물로 주신 이유는 그리스도의 몸인 교회를 세우기 위해, 즉 하나 됨을 이루기 위해서입니다(7-12절). 성도가 그리스도를 믿는 것과 아는 것에 하나가 되어 그리스도의 장성한 분량에 이르기까지 자라갈 때 그리스도의 몸 된 교회는 건강하게 세워질 것입니다(13-16절). 전에는 하나님의 생명에서 떠나 죄의 지배 아래에서 방탕과 욕심으로 살았으나 이제는 하나님을 따라 의와 거룩함으로 새롭게 지음 받은 존재('새로운 피조물')가 되었습니다(17-24절). 그리스도 안에서 새롭게 된 자는 참된 것을 말하며 마귀에게 틈을 주지 않고, 불법을 행하지 않으며 성령이 이끄시는 삶을 살아갑니다(25-32절).

[질문과 묵상]

1. 오늘 말씀을 통해 만난 하나님은 어떤 분인가요?

2. 오늘 말씀을 통해 하나님이 내 삶에 요청하시는 것은 무엇인가요?

[기도]

예수 그리스도께서 아버지께로 가는 길이요 진리요 생명 되심을 믿습니다. 주를 사랑하는 마음으로 주의 말씀을 힘써 지키고 또한 교회의 하나 됨을 힘써 지키게 하옵소서. 사랑과 긍휼의 마음으로 말하고 행함으로 복을 받게 하옵소서.

[출애굽기 36장]

하나님은 브살렐과 오홀리압에게 성막 제작의 사명을 주셨습니다(1절). 많은 백성들의 헌신으로 성막 제작에 쓰일 재료와 인력이 차고 넘쳤습니다(2-7절). 이스라엘 공동체에 속한 모든 인원들이 그들 가운데 임하실 하나님의 처소를 마련하는 일에 기쁨으로 동참합니다. 여기까지는 성막 설계에 관한 내용이었으며 8절부터는 성막이 건립되는 과정을 보여줍니다. 성막을 덮는 휘장(8-13절), 성막을 덮는 막과 덮개들(14-19절), 성막의 널판들과 띠(20-34절), 지성소와 성소 사이의 휘장(커튼)과 성소 입구의 문장(휘장문)(35-38절)이 만들어집니다. 성소는 아무나 들어갈 수 없습니다. 그러나 예수님이 십자가에서 운명하실 때 성소와 지성소를 구별하던 휘장이 위에서부터 아래로 찢어졌습니다("이에 성소 휘장이 위로부터 아래까지 찢어져 둘이 되니라", 막 15:38). 이는 하나님과 인간 사이를 막았던 죄의 담이 허물어졌음을 의미합니다.

[요한복음 15장]

이스라엘은 흔히 포도나무(시 80:8, 사 5:2, 렘 2:21, 겔 15:2 등)로 비유되는데 많은 경우 타락한 이스라엘을 묘사할 때 쓰였습니다. 예수님은 자신을 포도나무라고 말씀하십니다('7번째 자기계시', 1-4절). 예수님은 아버지의 뜻에 전적으로 순종하신 참 포도나무이십니다. 참 포도나무이신 예수님이 '내 안에 거하라'고 말씀하십니다(5-8절). 그의 안에 거하는 것은 그의 말씀이 인격과 삶에 이루어지는 것을 의미합니다. 그의 안에 거하면 많은 열매를 맺지만 그를 떠나면 열매를 맺지 못하므로 버려져서 불태워지게 될 것입니다. 예수님이 아버지의 계명을 지킴으로 아버지의 사랑 안에 거하는 것처럼 우리도 예수님의 말씀을 지킴으로 그의 사랑 안에 거하는 자가 되어야 합니다(9-10절). 그의 사랑 안에 거하면 예수님의 기쁨이 충만해집니다(11절). 예수님은 당신을 본받아 사랑을 베푸는 자를 친구라 하십니다(12-17절). 예수님 안에 거하는 자는 사랑의 열매를 많이 맺습니다. 그러나 예수님 안에 거하는 자는 예수님이 경험한 외면과 박해를 받게 될 것입니다(18-20절). 이는 세상이 예수님을 보내신 하나님을 알지 못하기 때문입니다(21절). 예수님이 오셔서 당신의 정체성과 하나님 아버지에 대해 계시하여 주셨기 때문에 예수님과 그의 제자들을 미워하는 죄는 심판을 피할 수 없습니다(22-25절). 진리의 성령이 오시면 제자들을 복음증거자로 세울 것입니다(26-27절).

[잠언 12장]

생각과 말과 행동에 있어서 의인과 악인은 다른 태도를 보이며 다른 결과를 얻게 됩니다

(1-12절). 의인은 생명을 얻지만 악인은 파멸에 이르게 됩니다. 특히, 여호와의 훈계와 징계를 싫어하는 자는 짐승과 같아서 자기 욕심대로 살다가 무너지게 됩니다. 의인(지혜로운 자)과 악인(미련한 자)은 그들이 사용하는 언어에서도 차이가 납니다(13-23절). 의인은 타인의 권고에 귀를 기울이며 자제하고, 모욕을 당해도 즉시 분노하지 않으며 지혜롭게 대처하고, 정직하며 진실하게 말합니다. 우리는 입술의 열매를 먹고 살게 되며 우리의 지혜로운 언어는 하나님의 기쁨이 됩니다. 자신의 일에 최선을 다하며 선한 말을 하고, 공의로운 길을 선택하는 지혜로운 자는 다른 사람에 대한 영향력을 갖게 됩니다(24-28절).

[에베소서 5장]

자녀가 아버지를 닮은 것은 너무나 당연합니다. 바울은 아버지의 사랑받는 자녀로서 사랑 가운데 행할 것은 당부합니다(1-2절). 특히, 성도가 따라야 할 본은 그리스도께서 자신을 드리신 십자가 사건입니다. "너희 몸을 하나님이 기뻐하시는 거룩한 산 제물로 드리라"(롬 12:1). 구체적으로 어둠의 일들(악한 언행)을 버리고 빛의 열매를 맺어야 하는데 이는 선과 의와 진실을 행하는 것으로 나타납니다(3-14절). 성도는 세월을 아끼며 주의 선한 뜻을 분별하고 지혜롭게 살아가야 합니다(15-17절). 또한 성령 충만함으로 하나님을 경외하며 서로를 존중하고 감사하며 살아가야 합니다(18-21절). 새사람의 삶은 가정으로도 이어집니다. 하나님이 정하신 질서(ft. 우열이 아님)에 따라 아내는 남편을 머리로 인정하고 복종하며, 남편은 아내를 그리스도가 자신의 목숨을 내어주듯 사랑해야 합니다(22-33절). 아내와 남편의 연합, 그리스도와 교회(성도)의 연합은 모두 하나님의 창조질서에 속한 것입니다.

[질문과 묵상]

1. 오늘 말씀을 통해 만난 하나님은 어떤 분인가요?

2. 오늘 말씀을 통해 하나님이 내 삶에 요청하시는 것은 무엇인가요?

[기도]

나를 위해 목숨을 버리신 그 사랑에 힘입어 오늘을 살아갑니다. 참 포도나무 되시는 예수님 안에 거함으로 많은 열매를 맺게 하옵소서.

[출애굽기 37장]

브살렐은 순금으로 싼 조각목으로 증거궤를 만듭니다(1-9절). 증거궤 안에는 하나님의 약속의 증거인 십계명 돌판을 넣었습니다. 증거궤 덮개를 속죄소라 부르는데, 죄를 용서하는 장소라는 의미를 가지고 있습니다. 증거궤 덮개가 속죄소라 불리는 것은 하나님이 이스라엘의 죄를 덮으시고 용서하신다는 것을 의미합니다. 이어서 진설병(하나님께 드리는 거룩한 떡)을 놓을 상과 상 위의 기구를 만듭니다(10-16절). 진설병은 양식입니다. 우리는 생명의 양식인 하나님의 거룩한 말씀을 먹어야 사는 존재입니다. 등잔대와 기구들을 만듭니다(17-24절). 순금으로 만든 등잔대는 우리가 정결해야 함을, 등잔의 불빛은 하나님이 당신의 백성들에게 늘 생명의 빛을 비추고 계심을 의미합니다. 등잔대 줄기가 서로 연결되어 있는 것처럼 성도들은 하나로 연결되어 있습니다. 분향단을 만듭니다(26-29절). 분향단의 향은 이스라엘 백성 가운데 함께 하시는 하나님의 임재를 상징합니다.

[요한복음 16장]

예수님은 15장에 이어 계속해서 제자들이 받게 될 박해에 대해 예고하십니다(1-4절). 박해자들은 예수님의 제자들에 대한 박해가 하나님의 일이라고 생각할 것입니다. 연이은 박해에 대한 말씀에 제자들이 근심하자 예수님은 보혜사 성령이 오실 것을 선포하십니다(5-7절). 성령이 오시면 제자들과 교회 공동체를 진리 되신 예수님에게로 인도할 것입니다(12-15절). 성령은 죄를 드러내시고 그리스도의 의로움과 그리스도와 그의 제자들을 박해하는 자들에 대한 심판을 증거하실 것입니다(8-11절). 예수님이 십자가의 죽음과 부활로써 구원을 완성하실 때가 왔습니다(16-17절). 그러나 제자들은 예수님의 말씀을 이해하지 못합니다(18-19절). 예수님은 제자들에게 잠시 슬픔과 고통이 찾아오겠지만 곧 큰 기쁨으로 바뀔 것을 말씀하시며 기도 응답의 기쁨을 약속하십니다(20-24절). 우리를 사랑하시는 아버지 하나님은 예수님의 이름으로 드리는 기도를 바로 들으십니다(25-27절). 아버지께로부터 오신 예수님이 아버지께로 가시면 이 놀라운 일이 일어나게 될 것입니다(28절). "다시 살아나신 이는 그리스도 예수시니 그는 하나님 우편에 계신 자요 우리를 위하여 간구하시는 자시니라"(롬 8:34). 예수님은 제자들의 믿음을 확인하시고 환난 가운데서도 평안과 승리를 약속하십니다(29-33절).

[잠언 13장]

지혜로운 자는 훈계의 말씀을 들으며 말을 삼가고, 거짓을 미워함으로 자신의 생명을 지키며 입의 열매로 인한 복을 누립니다(1-6절). 그러나 미련한 자는 훈계를 거부하며 거짓을 말하고, 함부로 말을 하다가 고통을 당하며 결국 패망에 이릅니다. 가난한 자의 부자 행세는 허세이나 부자로서 검소하게 사는 것은 지혜입니다(7절). 부자가 납치를 당했다면 그의 재물은 자신을 구할 속전이 될 수 있지만 가난한 자는 아예 납치당할 일이 없습니다(8절). 물질이 주는 유익이 있고 가난이 주는 유익도 있으니 부와 가난을 행복의 기준으로 삼지 말아야 합니다. 정직하게 재물을 모으고 권면을 듣는 지혜로운 의인의 삶은 더욱 빛나게 될 것입니다(9-11절). 하나님의 말씀과 타인의 훈계를 따르는 지혜로운 자는 생명의 길로 나아가고 영광을 얻으며 상을 받습니다(12-19절). 그러나 말씀과 교훈을 멸시하는 자는 수치를 얻고 패망할 것입니다. 지혜로운 자는 선한 것을, 미련한 자는 악한 것을 소원합니다. 지혜로운 자가 소원을 성취하면 큰 기쁨이 있지만 악을 소망하는 미련한 자는 멸망을 거둘 뿐입니다. 그러므로 지혜로운 자와 동행하고 불의를 행하지 않으며 자식을 바르게 훈계함으로 지혜를 물려주어야 합니다(20-25절).

[에베소서 6장]

예수 그리스도는 우리 삶의 모든 영역에서 주인이 되셔야 합니다. 바울은 그리스도인의 윤리에 대한 교훈을 통해 이 사실을 분명히 전달합니다(1-9절). 부모, 자녀, 주인, 종 등 내가 어느 위치에 있든지 상관없이 그리스도인의 정체성이 드러나야 합니다. 그리스도인이 되는 순간 우리는 영적 전쟁의 링 위에 오르게 됩니다(10-12절). 그리스도께서 죽음에서 부활하심으로 세상을 이기셨습니다. “담대하라 내가 세상을 이기었노라”(요 16:33). 그러므로 우리는 싸워서 승리를 확보해야 하는 전투를 하는 것이 아니라 이미 확정된 승리를 바라보며 남은 전투를 치르는 것입니다. 하지만 싸움의 대상이 하늘에 있는 악한 영임을 기억해야 합니다. 12절의 4가지 호칭들은 사탄의 세력을 다양하게 표현한 것입니다. 우리는 진리(그리스도인의 신실함), 의(칭의로 인해 시작되는 성화의 삶), 평안(복음이 주는 확신과 안정감), 믿음(사탄의 정죄를 막아내는 주를 향한 신뢰), 구원(영생에 관한 하나님의 신실한 약속), 성령(곧 성령이 생각나게 하시는 하나님의 말씀)으로 영적 전쟁의 승자가 되어야 합니다(13-17절). 영적전쟁과 복음전파의 승패는 기도에 달려있습니다(18-20절). 바울은 그가 옥에 갇힌 것이 복음을 위한 하나님의 섭리임을 전하며 성도들을 격려합니다(21-24절).

[질문과 묵상]

1. 오늘 말씀을 통해 만난 하나님은 어떤 분인가요?

2. 오늘 말씀을 통해 하나님이 내 삶에 요청하시는 것은 무엇인가요?

[기도]

진리의 성령님이 오셔서 복음의 비밀을 알게 하셨습니다. 예수님이 이미 승리하셨음을 깨닫게 하셨습니다. 성령님! 복음에 대한 확신 가운데 흔들리지 않게 하시고 나의 말과 행동을 다스려 주옵소서.

[출애굽기 38장]
번제단(1-7절)과 물두멍(8절), 성막 뜰(9-20절)이 제작됩니다. 번제단은 제물을 불태워 하나님께 드리는 제단이며 물두멍은 제사장들이 성막에 들어가기 전 손과 발을 씻는 기구입니다. 제사장들과 우리들에게 하나님이 동일하게 요구하시는 것은 정결, 곧 거룩입니다. 성막 뜰은 사방으로 울타리를 쳐서 바깥 공간과 구별하였습니다. 우리는 하나님의 말씀이라는 울타리 안에서 우리 삶을 영위해 나가야 합니다. 성막이 완성되고 이제 제사장의 의복만 남았습니다. 브살렐과 오홀리압을 위시하여 많은 이스라엘 백성들이 이 일에 동참했습니다(22-23절). 성막과 기구를 만드는데 들어간 재료는 금 29달란트 730세겔(약 1,000kg), 은 100달란트 1775세겔(약 3,420kg), 놋 70달란트 2,400세겔(약 2,400kg)입니다(24-31절). 이 재료들은 이스라엘 백성들이 자발적으로 드린 예물입니다.

[요한복음 17장]
17장은 '예수님의 대제사장적 기도'입니다. 기도문은 크게 세 가지로 구분되는데 십자가를 지심으로 아버지의 뜻을 이룰 예수님 자신을 위한 기도(1-5절), 승천하신 후 지상에 남겨질 제자들을 위한 기도(6-19절), 미래에 복음을 듣고 그리스도인이 될 성도들을 위한 기도(20-26절)입니다. 하나님이 아들을 영화롭게 할 사건은 다름 아닌 십자가의 죽음입니다. 예수님은 성부 하나님께 아들을 영화롭게 하사 아버지를 영화롭게 해 달라고 기도하십니다(1절). 예수님께 나아오는 사람은 모두 아버지의 선택을 받은 자입니다. 영생은 하나님이 생명의 근원되심과 영생의 주권을 가지신 아들 예수님이 하나님으로부터 보냄 받은 메시야임을 전인적으로 받아들이는 것입니다(2-4절). 지식으로 아는 것을 넘어 예수 그리스도를 사랑하며 그와 연합하는 것입니다. 예수님은 육신으로 지내시는 동안 잠시 내려놓았던 창세전의 영화를 부활로써 회복하실 것입니다(5절). 그는 제자들이 성부와 성자 및 제자들 간의 유기적인 관계에 대하여 이해하며(6-9절), 아버지의 이름으로 보전되며 삼위일체 하나님처럼 하나가 되어 기쁨이 충만하고(10-13절), 악에 빠지지 않고 진리로 거룩해지며(14-17절), 예수님이 스스로 거룩하게 하신 것(=자원하여 십자가의 길을 가심)처럼 보냄 받은 자로서의 사명을 감당하기를(18-19절). 기도합니다. 마지막으로 복음을 듣고 영접할 미래의 성도들을 위해 기도하십니다. 저들이 다 하나가 되어 아버지가 아들을 보내신 것과 아버지가 저들을 사랑한다는 사실을 세상 가운데 전하고 아버지가 아들에게 주신 영광을 볼 수 있기를 기도합니다(20-26절). 예수님은 미래의 성도들에 대한 내주하심과 그들에 대한 사랑을 약속하십니다.

[잠언 14장]
여호와를 경외하는 지혜로운 사람은 정직히 행하고 거짓말을 하지 않으며 말을 절제함으로 집을 세웁니다(1-7절). 그러나 어리석은 사람은 여호와를 경멸하며 거짓과 교만과 허세로 집을 허뭅니다. 지혜로운 사람은 자신이 가야 할 길을 알며 죄의 심각성을 알아 정직하

게 고백하고, 마음의 고통은 다른 사람이 함께 해 줄 수 없음을 깨알아 자기의 마음을 잘 지킴으로 그의 집을 흥하게 합니다(8-11절). 인간의 분별력에는 한계가 있습니다(12절). 그러므로 지혜로운 자는 조심스럽게 행동하며 악에서 떠나 생명 길로 갑니다(13-16절). 지혜로운 자는 참 지식으로 면류관을 삼으며 가난한 자를 긍휼히 여김으로 복을 받을 것입니다(17-24절). 반면, 어리석은 자는 자신의 어리석음으로 기업을 삼으며 가난한 자를 업신여기고 악을 도모하므로 낮아지게 될 것입니다. 여호와를 경외하는 자는 생명을 얻고 자녀들이 환난을 당할 때에 피난처가 있을 것이며 사망에서 건짐을 받습니다(25-27절). 지혜로운 왕은 노하기를 더디하고 평온한 마음을 유지하며 공의로 다스립니다(28-35절). 하나님을 공경하는 왕과 백성들은 궁핍한 자를 긍휼히 여깁니다.

[빌립보서 1장]

바울은 그의 선교 초기부터 지금까지 변함없이 동역하고 있는 빌립보 교회에 대해 늘 감사하고 있습니다(1-5절). 여기에는 루디아의 결정적인 역할이 있었습니다("내 집에 들어와 유하라", 행 16:15). 빌립보 성도들을 그리스도의 심장으로 사랑하는 바울은 복음을 받은 그들에 대한 하나님의 신실하신 역사를 보았습니다(6-8절). 바울은 그들이 더욱 성장하여 의의 열매를 풍성하게 맺기를 기도합니다(9-11절). 그는 투옥을 계기로 그곳에 있는 자들에게 복음을 전했습니다(12-14절). 바울의 갇힘에 대한 반응은 두 가지입니다. 복음을 위한 그의 헌신에 감동하며 그를 본받아 복음을 전하는 자가 있는 반면, 어떤 사람은 순수하지 못하게 다툼(=바울에 대한 투기와 경쟁심리을 가진 교회내의 당을 짓는 자들)으로 복음을 전합니다(15-18절). 그러나 바울이 정말 원하는 것은 어떤 동기이든 상관없이 복음이 전파되는 것입니다. 그는 살든지('풀려남') 죽든지('순교') 그리스도가 존귀하게 되길 진심으로 원합니다(19-21절). 바울의 사생관입니다. 그는 이 세상을 떠난다면 그리스도와 영원히 함께 있게 되므로 더욱 좋겠지만 빌립보 교회와 복음 사역을 위해서 아직은 더 남아야 한다고 생각합니다(22-26절). 그리스도로 말미암아 구원의 은혜를 누리는 자는 마땅히 그리스도를 위해 고난을 감수하는 삶을 살아야 합니다(27-30절).

[질문과 묵상]

1. 오늘 말씀을 통해 만난 하나님은 어떤 분인가요?

2. 오늘 말씀을 통해 하나님이 내 삶에 요청하시는 것은 무엇인가요?

[기도]

거룩을 향한 하나님의 소원을 갖게 하옵소서. 십자가를 앞두고 드린 대제사장 예수 그리스도의 기도가 가정과 교회 안에서 이루어지게 하옵소서. 그리스도가 존귀하게 될 수 있다면 그 과정에서 겪는 고난을 감내하며 기뻐할 수 있는 신앙을 갖게 하옵소서.

[출애굽기 39장]
하나님은 제사장이 직무를 감당할 때 입을 거룩한 옷을 만들게 하셨습니다(28장). 39장에 "여호와께서 명령하신 대로 행하였다"는 구절이 일곱 번(5, 7, 21, 26, 31, 32, 42절). 등장할 정도로 제작자들은 하나님의 계시에 철저히 순종하였습니다. 제사장의 예복에는 열두 개의 보석을 단 흉패를 고정시켜 놓았는데 각각의 보석에는 열두 지파의 이름이 새겨져 있습니다(1-21절). 이름을 새기는 것은 여호와 앞에 영원한 기념으로 삼기 위함입니다(28:29). 하나님의 언약 백성이 된 우리의 이름은 보석에 새겨진 것처럼 결코 지워지지 않습니다. 에봇 받침옷을 만든 후 순금으로 거룩한 패를 만들고 도장을 새김같이 '여호와께 성결'이라는 문구를 새깁니다(22-31절). 제사장이 거룩한 옷을 입듯이 우리는 오직 주 예수 그리스도로 옷 입고 거룩하고 정결한 삶으로 나아가야 합니다(롬 13:14). 마침내 하나님이 주신 설계대로 성막이 완성되었습니다(32-43절).

[요한복음 18장]
예수님은 가룟 유다가 인솔해 온 무리들에게 잡히십니다(1-3절). 예수님은 제자들이 붙잡히지 않도록 보호하셨습니다(4-9절). 예수님이 체포당하자 베드로는 극렬하게 반발합니다(10절). 그러나 예수님은 베드로를 꾸짖으시며 아버지의 뜻에 온전히 순종하십니다(11-14절). "내가 주와 함께 죽을지언정 주를 부인하지 않겠나이다"(막 14:31). 이렇게 호언했으며 예수님의 체포당시 가장 강하게 반발했던 베드로는 현실의 위협 앞에 완전히 무너집니다(15-18, 25-27절). 대제사장이었던 안나스의 불법심문에 대해 예수님은 지금껏 공개적으로 말해 왔으니 사람들에게 물어보라고 답변하십니다(19-23절). 안나스는 더 이상의 심문을 포기하고 예수님을 가야바에게 보냅니다(24절). 요한은 가야바의 심문 내용은 생략합니다. 예수님을 총독 빌라도에게로 끌고 온 무리들은 총독의 관저에는 들어가지 않습니다(28절). 이방인의 거처에 들어가면 부정하게 되어 유월절 잔치에 참여할 수 없기 때문입니다. 무리들은 예수님의 죄에 대한 정당한 근거 없이 죽이려는 의도를 드러냅니다(29-32절). 세상나라의 임금이 될 생각이 없었던 예수님은 정치범일 수가 없기에 빌라도 역시 무죄를 선언합니다(33-38절). 빌라도는 무리들이 예수님의 석방을 원할 것이라고 생각했으나 그의 예상은 빗나가고 말았습니다(39-40절).

[잠언 15장]
지혜로운 자는 유순한 대답으로 분노를 쉬게 하고 선한 지식을 베풀며 생명나무와 같이 영혼을 살립니다(1-7절). 그러나 미련한 자는 과격한 말로 다툼을 일으키고 자신의 어리석음을 쏟아내며 마음을 상하게 합니다. 아비의 훈계마저 업신여깁니다. 하나님은 정직한 자의 기도를 기뻐하시고 공의를 따르는 자를 사랑하십니다(8-10절). 그러나 악인의 길은 미워하시고 그의 제사를 받지 않으시며 엄히 징계하십니다. 죽음의 공간(스올과 아바돈)까지 다 아시는 하나님 앞에 누구도 그 마음을 숨길 수 없습니다(11절). 지혜로운 자는 즐겁고

복된 길을 가며 생명에 이르는 지식을 추구합니다(12-15절). 그러나 견책을 싫어하는 미련한 자는 미련한 것을 즐깁니다. 지혜로운 자는 가난하더라도 여호와를 경외하고 사랑하며, 노하기를 더디하고 정직히 행하며, 아비를 즐겁게 하고 바른 길을 가며, 때에 맞는 말을 하며 생명의 길을 갑니다(16-24절). 그러나 미련한 자는 미워하며 쉽게 분을 내고, 게으르며 부모를 업신여기고, 미련한 것을 즐기며 사망의 길을 갑니다. 여호와는 교만하며 악한 꾀를 내고, 이익을 탐하며 악을 쏟아내는 악인을 멀리하십니다(25-29절). 그러나 불의한 이익을 싫어하는 의인의 기도는 들으십니다. 우리는 하나님의 말씀으로 눈이 밝아지고 말씀을 듣는 귀가 열려야 합니다(30-31절). 여호와를 경외하는 것이 지혜의 훈계(견책)입니다(32-33절).

[빌립보서 2장]

성도는 연합을 위하여 다툼(헬: 에리쎄이아, 자기중심적 태도에서 비롯된 분열)이나 허영(헬: 케노독시아, 헛된 영광을 좇는 태도)를 버리고 겸손함을 견지해야 합니다(1-4절). 바울은 최고의 겸손의 모델로 예수 그리스도의 성육신과 십자가의 죽음을 제시합니다(5-8절). 하나님은 하늘과 땅과 땅 아래 있는 모든 권세로 하여금 죽기까지 낮아지신 그리스도께 굴복하게 하셨습니다(9-11절). 하나님은 겸손한 자를 높여주십니다. "하나님의 능하신 손 아래에서 겸손하라 때가 되면 너희를 높이시리라"(벧전 5:7). 성도는 구원의 날이 이르기까지 예수님의 순종하심을 본받아 하나님의 말씀에 늘 순종해야 합니다(12절). 하나님은 이것에 대한 소원을 주시고 또한 행하게 하십니다(13절). 바울은 성도들이 세상의 빛이 되는 삶을 살아갈 수만 있다면 자신은 제물처럼 드려지더라도, 즉 어떤 고난과 고통이 따르더라도 감수할 수 있다고 말합니다(14-18절). 바울은 빌립보를 방문할 수 있기를 소망하며 교회의 상황을 잘 아는 그의 영적 아들 디모데를 보내려고 합니다(19-24절). 또한 빌립보 교회에서 바울의 사역을 위해 파송해 주었던 에바브로디로를 다시 보내려고 합니다(25-30절). 큰 병에 걸렸다가 하나님의 치유로 병이 나은 그의 방문은 교회의 기쁨이 될 것입니다.

[질문과 묵상]

1. 오늘 말씀을 통해 만난 하나님은 어떤 분인가요?

2. 오늘 말씀을 통해 하나님이 내 삶에 요청하시는 것은 무엇인가요?

[기도]

하나님과 본체시나 사람의 모양으로 오셔서 십자가에 죽기까지 복종하신 예수님! 우리 대신 진노의 잔을 마심으로 영원히 사는 길을 열어 주심에 감사드립니다. 우리의 이름은 하늘나라의 보석에 새겨져 있음을 믿습니다. 그러므로 하나님을 경외하는 지혜로운 자의 길을 가게 하옵소서.

[출애굽기 40장]
이제 완성된 성막을 하나님께 봉헌합니다. 하나님은 성막을 세우고 성막 기구를 거룩하게 하며 제사장을 세우라고 명하시고 모세는 그대로 이행합니다(1-16절). 마침내 출애굽한지 2년 첫째 달 1일에 성막이 세워졌습니다(17절). 성막위에 덮개를 덮고 성막 안에 들어갈 기구들을 배열하며 성막 바깥뜰에 필요한 기구들을 배치함으로써 성막이 완성되었습니다(18-33절). 모든 것이 여호와의 명령대로 이루어졌습니다(19, 21, 23, 25, 27, 29, 32절). 여호와의 영광이 성막에 충만하게 임하였으며 이스라엘은 하나님과 동행하는 언약 공동체가 되었습니다(34-38절).

[요한복음 19장]
빌라도는 예수님에게서 죄를 찾지 못했지만 사형을 요구하는 물결은 더욱 거세졌습니다(1-7절). 그는 예수님을 채찍질하고 놓아주려 했으나 군중들은 그 정도로 만족하지 않았습니다. 그가 하나님의 아들이라는 말에 더욱 두려워진 빌라도는 직접 심문하지만 현재의 고난은 그의 권한이 아닌 위(하나님)로부터의 권한 안에서 이루어지고 있다는 말을 듣게 됩니다(8-11절). 결국 빌라도의 석방노력은 실패하고 십자가형이 확정됩니다(12-16절). 십자가에 못 박히신 예수님의 죄패에는 히브리어, 로마어, 헬라어로 쓰인 '나사렛 예수 유대인의 왕'이라는 문구가 적혀있습니다(17-22절). 대제사장들의 반발에도 불구하고 빌라도는 이 문구를 고집합니다. 이는 무죄한 자의 죽음을 허락한 빌라도의 마음이 반영된 것으로 보입니다. "내 겉옷을 나누며 속옷을 제비 뽑나이다"(시 22:18). 시편의 예언대로 군인들은 예수님의 겉옷을 제비뽑아 나눠 갖습니다. 그들이 자기 욕심대로 한 행동은 예언의 성취가 되었습니다. 예수님은 십자가에서 구원의 역사를 온전히 이루셨습니다(25-30절). 죄수가 빨리 죽지 않는 경우 시체를 밤새 나무에 달아 놓으면 안 된다는 율법으로 인해 죄수의 다리를 꺾어 숨을 끊습니다(신 21:23). 그러나 이미 운명하신 예수님은 다리를 꺾을 필요가 없었으므로 당신이 유월절 어린양으로 오신 메시아임을 증명하셨습니다(31-37절). "아침까지 그것을 조금도 남겨두지 말며 그 뼈를 하나도 꺾지 말아서 유월절 모든 율례대로 지킬 것이니라"(민 9:12). 예수님의 숨은 제자 아리마대 요셉과 니고데모가 예수님을 요셉의 무덤에 안치합니다(38-42절).

[잠언 16장]
저자는 하나님의 주권을 강조합니다(1-9절). 사람이 마음에 품은 생각과 계획이 다 다르지만 일을 이루시는 분은 하나님이십니다. 우리가 하나님을 경외하고 그의 뜻에 순종해야 하

는 이유입니다. 우리는 권세를 가진 주권자 하나님 앞에서 정직과 공의를 행하고 그의 뜻을 거스르지 말아야 합니다(10-15절). 지혜는 악을 떠나며 교만하지 않는 것입니다(16-19절). 말씀에 주의하며 말에 지혜가 있는 자는 복을 있습니다(20-24절). 악을 꾀하려고 눈짓하며 자기 욕구대로 살고, 강포와 패역으로 다툼을 일으키며 악한 길을 가지 않도록 주의해야합니다(25-30절). 공의로운 인생을 산 자의 백발은 영화롭고, 노하기를 더디 하며 마음을 다스리는 자는 성을 취하는 자보다 낫습니다(31-32절). 지혜로운 자는 인간의 계획 위에 여호와의 주권과 섭리가 있음을 믿습니다(33절).

[빌립보서 3장]

바울은 빌립보 성도들에게 영적 경계령을 내립니다. 율법주의로 회귀하려는 자들[='개들', '행악하는 자들', '몸을 상해하는 자들'(할례 강요자) 모두 할례파를 지칭하는 표현]이 있습니다(1-3절). 육체의 자랑과 조건으로 따진다면 바울을 따라올 자가 없을 테지만 그는 이 모든 것들이 헛된 것이라고 말하며 믿음으로 그리스도와 연합함으로써 얻는 의에 대하여 강조합니다(4-11절). 할례와 율법을 의지하는 자들은 자신이 온전하다고 여기겠지만 바울은 이미 얻은 자라고 말하지 않습니다. 그리스도께 붙잡힌 성도는 그리스도를 믿는 것과 아는 것에 하나가 되어 온전한 사람이 되기까지 계속 경주하는 자입니다(12-16절). 바울은 성도들이 자신을 본받는 믿음의 경주자 되길 원합니다(17절). 그는 먹는 문제('저희의 신은 배요')를 비롯하여 할례와 각종 율법 규정을 강조하여 복음을 퇴색시키는 거짓 교사를 십자가의 원수로 규정합니다(18-19절). 믿음의 경주자인 하늘 시민권자는 그리스도께서 오셔서 영원히 썩지 않을 부활의 몸을 입혀주실 날을 기다립니다(20-21절).

[질문과 묵상]

1. 오늘 말씀을 통해 만난 하나님은 어떤 분인가요?

2. 오늘 말씀을 통해 하나님이 내 삶에 요청하시는 것은 무엇인가요?

[기도]

언약을 성취하시며 자발적으로 대속의 죽임을 당하신 예수님을 영원히 찬양할 것입니다. 이 땅에 사는 동안 하늘 시민권자로서 온전함을 향하여 나아가게 하시고 말씀을 따르는 지혜가 있게 하시며 하나님의 영광이 충만한 삶을 살게 하옵소서.

[레위기 1장]

세례 요한은 예수님을 세상 죄를 지고 가는 하나님의 어린양이라고 선언합니다(요 1:29). 이 선언은 예수님이 대속의 제물임을 전제하고 있는데 이때 가장 많이 연상되는 제사가 바로 제물을 불태워 드리는 번제입니다. 번제에 쓰이는 제물은 소, 양, 염소, 비둘기 등 헌제자의 재력이나 사회적 지위에 따라 다양합니다(2, 10, 14절). 그러나 종류와 상관없이 흠이 없어야 합니다(3, 10절). 예수 그리스도는 흠 없는 제물입니다. "오직 흠 없고 점 없는 어린 양 같은 그리스도의 보배로운 피로 된 것이니라"(벧전 1:19). 개인이 드리는 제사에서 안수와 도살, 각 뜨기와 내장 세척은 헌제자가 담당하고 피 뿌리기와 제물 태우기는 제사장이 담당합니다(4-5절). 헌제자의 안수로 죄가 제물에게 전가되고 제물은 그 죄 값으로 죽임을 당합니다. 예수님이 우리를 대속하신 원리입니다.

[요한복음 20장]

예수님의 시신이 무덤에서 사라졌다는 사실이 막달라 마리아와 베드로, 요한에 의해 밝혀집니다(1-8절). 예수님은 이미 십자가의 죽음과 부활에 대하여 여러 번 말씀하셨으나 제자들은 이를 기억하지 못합니다(9-10절). 부활의 소식은 먼저 막달라 마리아로부터 제자들에게 전해졌습니다(11-20절). 마리아는 부활의 주님을 만난 감격을 누릴 겨를도 없이 나를 붙들고 있지 말고 빨리 전하라는 명령을 부활의 첫 증인으로서 수행합니다. 제자들에게 부활을 확인시킨 예수님은 평안을 선포하시며 파송을 명하십니다(21절). 그들은 성령이 임하시면 세상이 감당 못할 부활의 증인이 될 것입니다(22절). 그들이 전할 복음은 세상(죄)에 대한 책망이나 믿는 자에게는 죄 사함의 은혜가 임할 것입니다(23절). 제자들 중 가장 늦게 부활하신 예수님을 만난 도마는 예수님의 하나님 되심을 확신합니다(24-29절). "본래 하나님을 본 사람이 없으되 아버지 품 속에 있는 독생하신 하나님이 나타내셨느니라"(1:18). 요한이 이 글을 쓴 목적은 분명합니다. 예수님이 하나님의 아들 그리스도이심을 믿게 하여 생명을 얻게 하려는 것입니다(30-31절).

[잠언 17장]

말에 대한 교훈을 중심으로 한 개별 잠언입니다. 풍요보다는 화목이 중요하며 지혜있는 자가 결국 다스릴 권세를 얻게 되는데 여호와께서 지혜와 올바름으로 단련하여 주십니다(1-3절). 가난한 자에 대한 조롱은 그를 지으신 하나님께 죄를 짓는 것입니다(5절). 자손의 번창과 부모의 장수는 하나님의 축복입니다(6절). 뇌물은 사람을 움직이는 힘이 있어 공의를 굽게 할 수 있으니 늘 경계해야 합니다(8절). 악한 자는 악한 말에 귀를 기울이고 미련한 자는 말을 많이 하며 허물을 계속 말하여 친구를 이간합니다(4, 7, 9절). 지혜로운 자는 듣는 귀가 있으나 미련한 자는 고집을 꺾지 않음으로 돌이킬 수 없는 결과를 보게 됩니다(10-12절). 악으로 선을 갚거나 선과 악에 대한 판단을 왜곡하는 것, 미련한 자가 부당한 방법으로 지혜를 구하려는 것, 의인을 벌하는 것은 창조질서에 위반하는 것으로 심판을 받게 됩니다(13, 15-16, 26절). 다툼은 작은 시비에서 시작되므로 조기에 막는 것이 지혜입니다(14절). 사랑을 주고받는 대상인 이웃(친구)과의 관계에서 보증, 다툼과 교만, 의롭지 못한 마음과 혀는 심히 경계해야 합니다(17-20절). 미련한 자의 부모는 근심으로 뼈가 마릅니다(21-22, 25절). 땅에 마음을 두고 뇌물을 받는 자는 미련하고 악한 자며, 말을 아끼는 자는 지혜로운 자입니다(23-24, 27-28절).

[빌립보서 4장]

바울은 그가 기뻐하는 빌립보 성도들이 그리스도 안에 굳게 서기를 당부합니다(1절). 같은 마음을 품고 서로 섬기며, 주의 다시 오심을 기다리며 기뻐하고 관용을 베풀어야 합니다(2-5절). 염려하는 대신 감사함으로 기도를 드리면 모든 상황을 압도하는 하나님의 평강이 그리스도 예수 안에서 모든 감정과 지각을 지켜 주십니다(6-7절). 그러므로 성도는 어떤 상황에서도 평강을 누릴 수 있습니다. "나의 평안을 너희에게 주노라 내가 너희에게 주는 것은 세상이 주는 것과 같지 아니하니라"(요 14:27). 바울은 책임 있는 성도의 삶을 강조합니다. 그는 탁월한('덕') 성도 혹은 칭찬받는('기림') 성도가 되기 위해 필요한 참됨과 경건함, 의와 정결(행동이나 동기의 순수함), 사랑(사랑을 이끌어내는 태도), 칭찬(타인의 모범) 등 6가지 항목을 제시합니다(8절). 이것에 대하여 바울은 그들에게 본을 보였습니다(9절). 그는 빌립보 교회의 따뜻한 마음과 후원에 감사하며 동시에 어떤 상황에서도 자족할 수 있는 능력을 주신 그리스도를 찬양합니다(10-13절). 그들이 사랑의 마음으로 바울에게 준 도움들은 하나님이 받으실만한 향기로운 제물이 될 것입니다(14-18절). 바울은 부요하신 하나님이 그들의 쓸 것을 풍성하게 채워주시길 기도하며 문안인사와 함께 편지를 맺습니다(19-23절).

[질문과 묵상]

1. 오늘 말씀을 통해 만난 하나님은 어떤 분인가요?

2. 오늘 말씀을 통해 하나님이 내 삶에 요청하시는 것은 무엇인가요?

[기도]

흠 없는 어린 양 예수 그리스도께서 나를 대신하여 제물 되시고, 부활하심으로 영생을 주셨습니다. 나는 예수님으로 인하여 어떤 상황 속에서도 자족할 수 있습니다. 내게 지혜로운 마음을 주시고 삶에 기쁨과 감사와 관용이 넘쳐나게 하옵소서.

[레위기 2-3장]

(2장) 구약의 5대 제사(번제, 소제, 화목제, 속죄제, 속건제) 중 유일하게 짐승이 아닌 곡식으로 드리는 제사입니다. 땅의 열매도 제물이 될 수 있음을 보여줍니다. 소제는 3가지 형태가 있는데 요리하지 않는 가루(1-3절), 구운 가루(4-13절), 수확해서 볶은 첫 이삭(14-16절)입니다. 소제는 단독으로 드릴 수는 없고 보통 번제(9:17)나 화목제(7:11-13)와 함께 드려졌습니다. 소제를 드릴 때에는 부패와 변질을 상징하는 누룩과 꿀을 넣지 말고 언약의 불변함과 하나님의 신실함을 상징하는 소금을 넣어야 합니다(11, 13절).

(3장) 화목제는 하나님의 은혜에 감사하여 자원하는 마음으로 드리는 제사로 제물의 일부는 드리고 일부는 함께 나누어 먹습니다. 화목제는 3가지가 있는데 감사제(구원과 축복에 대한 감사), 서원제(서원하거나 서원을 이행하기 위한 결단), 자원제(낙헌제로 불리며 구체적인 복과 무관하게 범사에 감사)입니다(7:11-36). 재산의 정도에 따라 흠 없는 수소나 암소(1-5절), 흠 없는 숫양이나 암양(6-11절), 염소(12-17절)로 드립니다. 헌제자는 하나님께 번제단에서 기름을 태우고(3-5절). 제사장에게 가슴과 오른쪽 뒷다리를 바친 후(7:30-34) 나머지는 가족과 함께 먹되 감사제는 당일까지, 서원제와 자원제는 이튿날까지 먹습니다(7:15-16). 예수 그리스도의 보혈의 공로로 하나님과 화평하게 된 우리는 하나님께 기쁨으로 제사하며 공동체의 화평을 위해 힘써야 합니다.

[요한복음 21장]

예수님의 부활을 목격한 제자들이 즉시 증인으로서의 사명을 감당한 것은 아닙니다. 부활의 주님을 만난 감격은 있지만 무엇을 해야 할지 아직 갈피를 못 잡은 그들은 결국 갈릴리로 가서 그들에게 익숙한 어부의 일을 하게 됩니다(1-3절). 생각대로 물고기가 잡히지 않고 있을 때 나타나신 예수님은 이적을 통해 제자들을 각성시키십니다(4-14절). 예수님은 갈릴리에서의 제자들과 만남을 통해 침체된 그들을 다시 일으키십니다. 다른 제자들도 그렇겠지만 배신의 아이콘이 된 베드로는 식사와 더불어 진행된 교제가 어색했을 것입니다. 예수님은 식사가 끝나자 실패와 좌절, 수치스런 감정으로 힘들어하는 베드로를 주목하십니다(15a절). 예수님은 그가 여전히 당신을 사랑하고 있음을 알고 계셨습니다. 예수님은 그 부분을 질문하십니다. 세 번의 질문과 세 번의 답변이 이어집니다(15b-17절). 특히, 세 번째 질문에 대해 베드로가 괴로워했는데 이는 예수님을 세 번 부인했던 것을 생각한 것으로 보입니다. 예수님은 베드로는 여전히 신뢰하시며 당신의 양을 부탁하십니다. 베드로에게 사명을 주심으로써 그를 회복시키십니다. 베드로는 삶(사역)과 죽음(순교)을 통해 하나님께 영광을 돌리게 될 것입니다(18-19절). 요한은 예수님의 재림 때까지 죽지 않을 것이라는 소문이 있었습니다. 예수님은 다른 이의 대한 관심은 접고 당신을 따르는 것에만 집중하라고 말씀하십니다(20-23절). 예수님에 관한 내용은 글에 다 담을 수가 없습니다(25절). 그러나 분명한 것 한 가지는 이 글이 참된 증언이라는 것입니다(24절).

[잠언 18장]

18장의 주요 주제는 말과 이웃과의 관계이며, 미련한 자와 지혜로운 자의 행동을 대조하는 개별 잠언도 등장합니다. 미련한 자는 공동체에서 스스로 분리되어 타인의 말을 듣지 않으며 자기 욕심만 채우고, 지혜를 배척하며 악인을 두둔하고, 끊임없이 다투며 남의 말 하는 것을 좋아하고, 자신의 말이 올무가 되어 멸망에 이르게 됩니다(1-8절). 일을 주신 이는 여호와시니 자기의 일을 게을리 하는 것 역시 미련한 행동입니다(9절). 의인(지혜로운 자)은 미련한 자로 인해 위기를 맞게 되나 여호와의 이름은 의인에게 견고한 망대요 피난처입니다(10절). 부자는 자신의 재물을 의지하나 재물을 의지하는 마음은 교만이며 그 결과는 멸망입니다(11-12절). 선입견 없이 잘 듣는 것이 지혜이며 지혜로운 자는 자신의 심령이 상하지 않도록 듣고 보는 것에 유의합니다(13-15, 17절). 선한 목적으로 주는 선물은 긍정적인 결과를 가져옵니다(16절). 다툼을 해결하는 지혜가 있어야 하며 살고 죽는 것까지 좌우하는 말의 영향력을 결코 간과해서는 안 됩니다(18-21절). 아내는 여호와께서 주신 은총이며 친구의 가치는 숫자가 아닌 친밀감에 있습니다(22, 24절). 가난한 자에 대한 부자의 엄한 태도는 바람직하지 않습니다(23절).

[골로새서 1장]

바울은 골로새 성도들의 믿음과 사랑의 열매로 인해 감사하고 있습니다(1-8절). 그는 성도들이 하나님의 뜻을 알고 합당하게 행하며, 선한 열매를 맺고 하나님을 아는 것에 자라가며, 모든 능력으로 강하게 되고 기쁨으로 인내할 수 있기를 기도합니다(9-11절). 그리하여 성도에게 약속한 기업을 받기에 합당하게 하신 하나님께 감사하기를 소망합니다(12절). 보이지 않는 하나님의 형상이요 모든 피조물보다 먼저 나신 그리스도의 구속하심, 곧 그의 죄 사함으로 인하여 우리는 흑암의 권세에서 해방되어 아버지의 아들의 나라(영원한 기업)로 옮겨지게 되었습니다(13-15절). 그는 천지의 창조자요 세상의 통치자이며 또한 교회의 머리가 되십니다(16-18절). 하나님의 모든 충만함이 십자가의 피로 화평을 이루신 그리스도에게 있습니다(19-20절). 하나님과 원수 되었던 우리들을 육체의 죽음으로 화목하게 하셔서 거룩하고 흠 없고 책망할 것이 없는 자로 세우셨으니 이 믿음에 거하고 복음의 소망에서 흔들리지 않는 자는 복이 있습니다(21-23절). 바울은 그의 안에서 능력으로 역사하시는 하나님으로 인하여 힘을 다해 사역하고 있습니다(24-29절).

[기도]

화목제물 되신 예수님! 하나님과 화평하며 사람들과 화평하게 살아가게 하옵소서. 실패한 베드로를 다시 일으키신 그 사랑에 힘입어 오늘을 살아갑니다. 그리스도 안에서 완전한 자로 세워져 가게 하시고 열매 맺게 하옵소서. 견고한 망대요 피난처 되시는 예수님만 의지하게 하옵소서.

4 월

M'cheyne

개관

시편

대부분의 성경이 인간에게 주시는 하나님의 말씀이라면 시편은 하나님을 향한 인간의 반응(지혜, 찬양, 감사, 탄식 등)이라고 할 수 있습니다. 시편은 인간의 희노애락이 다양하게 표현되어 있어서 우리가 어떤 상황 가운데 있더라도 시편을 통해 우리의 마음과 감정을 하나님께 표현할 수 있습니다. 시편은 우리에게 예배(찬양) 및 메시아의 사역과 통치에 관한 풍성한 영감을 줍니다.

데살로니가전서

데살로니가 교회는 바울의 사역의 열매입니다. 그러나 유대인의 박해로 급히 데살로니가 지역을 떠나야했기에 바울이 머문 기간이 너무 짧았습니다(행 17:5-9). 아직 체계가 완전히 갖춰지지 않은 이 교회의 가장 큰 이슈는 '주님이 언제 재림하시며 재림을 기다리는 성도는 어떻게 살아야 하는가?'입니다. 이 질문에 대한 바울의 답변이 바로 데살로니가전서입니다.

데살로니가후서

데살로니가 교회에 보낸 바울의 두 번째 편지로 첫 번째 편지(데살로니가전서)를 보낸 후 몇 달 뒤에 보낸 것으로 보입니다. 첫 번째 편지에서 종말에 대한 부분을 다루었으나 재림이 임박하였다는 생각에 생업을 포기하는 사람이 등장하는 등 여전히 혼란이 지속되고 있는바 바울은 다시 편지를 써서 재림을 기다리는 성도의 바른 태도는 성실하게 일상에 임하는 것임을 강조합니다.

디모데전서

디모데전서는 바울이 에베소에서 사역하는 영적 아들 디모데에게 보낸 목회 코칭을 담은 편지입니다(목회서신). 거짓 교리로부터 참된 신앙을 수호하고 복음으로 성도를 바르게 양육하며, 일꾼을 세우고 성도의 신앙생활을 잘 지도하도록 구체적이며 실천적인 조언을 담고 있습니다.

디모데후서

바울의 13개의 서신 중 마지막 서신입니다. 죽음이 가까이 왔음을 예견(4:6)하고 있는 바울은 거짓 교사로 인한 어려움이 있지만 인내하며 복음의 진리를 끝까지 지키도록 권면합니다. 디모데전서와 비교해 본다면 진리 수호에 대한 비장함도 등장하지만 인생의 마지막을 바라보고 있는 그의 심적 부담과 외로움("너는 어서 속히 내게로 오라", 4:9) 등 한 인간으로서의 바울의 면모도 관찰할 수 있습니다.

전도서

전도서에는 '헛되다'는 말이 40회 이상 나옵니다. 쾌락, 부, 권력은 물론 장수하는 것과 때를 알 수 없는 수고 그리고 일마저도 헛되니 삶이 무의미하다고 할 수 있습니다. 그렇다면 전도서 기자는 비관론자일까요? 아닙니다. 그가 말한 허무한 인생은 하나님을 떠난 사람에게 해당됩니다. 창조주 하나님을 기억하고 그를 경외하는 것은 인생의 허무를 이기는 유일한 길입니다.

개관

디도서

그레데(=그리스의 크레타 섬) 교회의 지도자인 디도는 고린도 교회에 문제가 발생했을 때 바울의 편지를 교회에 전달하였으며, 교회가 바울의 권면을 수용하여 교리적으로 바로 세워지고 있다는 기쁜 소식을 전해준 신실한 바울의 동역자입니다. 바울은 거짓 교사들에 대한 경계와 함께 바른 신학과 모범적인 삶의 증거를 가진 자들을 교회의 리더로 세울 것을 당부하며 디도를 격려합니다.

민수기

민수기는 출애굽한 이스라엘 백성들의 광야생활에 관한 기록입니다. 출애굽 3개월 만에 시내산에 도착한 이스라엘 백성들은 그곳에서 약 2년간 머무르며 하나님과 언약을 맺고 성막도 만듭니다(출 19장~민 10장). 이후 하나님의 인도하심으로 시내산에서 출발한 이스라엘 백성들은 약속의 땅에 이르기까지 38년간의 광야생활을 하게 되는데 민수기는 그 여정을 담고 있습니다. 특히 이스라엘 백성들의 언약에 대한 불순종과 언약을 지키시는 하나님의 신실하심이 대비됩니다.

빌레몬서

바울은 자신의 집을 예배를 위해 내어 놓을 정도로 열심히 섬기는 빌레몬에게 개인적인 부탁을 담은 편지를 보냅니다. 내용은 빌레몬의 종이었다가 물질적 손해를 끼치고 도망친 오네시모를 그리스도 안에서 한 형제로 받아주고 용서해 달라는 것입니다(18절). 빌레몬에게서 도망친 노예 오네시모는 수감 중인 바울을 만나 신앙을 갖게 된 후 바울의 사역을 돕는 일꾼이 되었습니다(10절). 바울의 편지에 대한 빌레몬의 반응을 확인할 수는 없으나 만약 도망친 노예를 받아주지 않았다면 이 편지가 신약의 한 권으로 남아있지 않았을 것입니다. 노예제도가 있던 시절임에도 불구하고 복음이 얼마나 강력하게 현실을 지배했는지를 잘 보여줍니다.

아가서

에스더서처럼 하나님이라는 단어가 한 번도 나오지 않는 아가서의 히브리어 이름의 뜻은 '노래 중의 노래', '가장 위대한 노래'입니다. 성경이 전체적으로 엄숙하고 근엄한데 반해 다소 노골적인 묘사가 등장하기도 하는 전형적인 남녀의 사랑이야기입니다. 그러나 솔로몬과 술람미 여인의 사랑 이야기 이면에는 당신의 백성들을 향한 하나님의 지고지순한 사랑, 자신의 생명까지 아낌없이 내어주는 신랑(예수 그리스도)의 신부(성도)를 향한 열렬한 사랑이 담겨 있습니다. 또한 문자 그대로 혼인의 거룩함과 부부의 건강한 사랑의 의미도 충분히 도출해 낼 수 있습니다.

히브리서

히브리서는 저자가 불분명하지만 그는 예수 그리스도의 우월함을 글로 남겼습니다. 그는 천사와 같은 영적 존재, 아브라함이나 모세와 같은 구약의 인물, 구약의 제사제도 등과 예수님을 비교하며 왕(=창조주, 통치자)이자 선지자(=하나님의 계시의 실체), 제사장(=자신의 몸으로 제물 삼으신 영원한 대제사장)이신 예수 그리스도의 우월함을 탁월하게 논증합니다. 히브리서는 일종의 유대교에 대한 기독교 변증서와 같습니다. 저자는 믿음으로 승리한 수많은 인물들을 소개하며 고난과 핍박 가운데 있는 성도들이 끝까지 믿음을 지키도록 격려합니다.

[레위기 4장]
죄를 해결하기 위한 제사는 속죄제와 속건제가 있는데 죄의 종류에 따라 달라집니다. 속죄제는 우발적으로['그릇 범하였으되'(2절), '부지중에'(13, 22, 27절)] 도덕적 계명을 어긴 죄, 특히 배상이 불가능한 죄를 속하기 위한 제사입니다. 속죄제의 제물은 신분에 따라 수송아지(제사장 & 회중), 숫염소(족장), 암염소나 암양(평민), 산비둘기나 집비둘기(가난한 자, 5:7-10), 고운가루(극빈자, 5:11-13) 등 다양합니다. 주목할 점은 제사장과 회중의 제물이 같다는 것입니다(3, 14절). 제사장 한 명의 비중은 회중 전체와 같을 정도로 영적 지도자의 책임은 막중합니다. 목회자와 평신도 리더들은 이를 명심해야 합니다. 속죄제의 중요한 절차는 피와 관련된 의례입니다. 제물의 피를 손가락에 찍어 일곱 번 뿌리고 제단의 네 뿔에 바르며 나머지 피는 제단 밑판에 쏟아 부었습니다(6-7절). 제물의 피 흘림으로 죄 사함을 받습니다. "피흘림이 없은즉 사함이 없느니라"(히 9:22).

[시편 1-2편]
(1편) 토라시(ft. 지혜시). 토라는 율법, 계명, 지침, 원리를 뜻하는 히브리어 단어입니다. 1편은 2편과 함께 시편 전체의 서론 역할을 합니다. 복 있는 사람과 악인의 결말이 극명하게 대조됩니다. 의인의 주변에는 늘 악인이 넘쳐나지만 그들을 멀리하고 주의 말씀을 가까이 하는 자는 복이 있습니다. 말씀을 묵상하며 따르는 자는 열매를 맺으며 멸망치 않고 영생을 얻습니다.
(2편) 찬양시. 왕의 즉위식 때 불렀던 것으로 보이는 이 시에는 메시아에 관한 계시가 담겨 있습니다. 하나님의 통치와 주권을 불편하게 생각하는 권세자들이 하나님과 그의 기름 부으신 자를 대적합니다(1-3절). 하나님의 존재를 불편하게 생각하고 하나님으로부터 벗어나려는 어리석은 자들이 있습니다. 하나님은 당신과 대결하려는 자들을 심판하시고 그들의 시도를 웃음거리로 만드실 것입니다(4-6절). 하나님은 당신의 아들(=왕, 궁극적으로 메시아)에게 당신의 권세를 위임하시고 세상을 맡기셔서 심판하게 하실 것입니다(7-9절). 하나님이 경고하십니다. "아들에게 순복하라"(10-12절).

[잠언 19장]
가난, 재물, 말과 분노와 관련된 교훈들이 느슨한 통일성을 이루고 있습니다. 재물이 사라짐으로 인해 친구가 떠나더라도 조급한 마음으로 굽은 길로 가지 않으며 성실하게 행하는 자가 지혜롭습니다(1-4절). 자신의 영혼을 사랑하는 지혜로운 사람은 하나

님의 공의를 끝까지 신뢰하며 재물로 사람을 판단하지 않고, 거짓 증언을 하지 않으며 너그럽게 베풉니다(5-10절). 미련한 아들은 부모의 근심이며 다투는 아내는 물방울 같아서 집을 조금씩 무너뜨립니다(13절). 지혜로운 아내는 여호와를 경외합니다(14절). 하나님은 노하기를 더디 하며 부지런하고, 계명을 지키며 가난한 자를 돌보는 지혜로운 자를 돌보십니다(11-12, 15-17, 24절). 지혜로운 자는 여호와를 경외하며 그의 훈계를 듣고, 부모를 공경하며 거짓 교훈에 빠지지 않습니다(18-29절).

[골로새서 2장]

바울은 성도들이 그리스도를 제대로 알아 거짓 교훈을 분별할 수 있기를 소망합니다(1-5절). 하나님의 모든 지혜와 지식이 그리스도 안에 감추어져 있습니다. 성도들이 그리스도 안에서 행하고 믿음에 굳게 서서 받은 교훈대로 순종하면 감사가 넘칠 것입니다(6-7절). 바울은 사람의 전통과 세상의 초등학문(타락한 철학과 교훈)으로부터 나오는 헛된 가르침을 경계할 것을 당부합니다(8절). 하나님의 신성의 모든 충만함을 소유한 참 사람이신 예수 그리스도는 모든 통치자와 권세의 머리가 되십니다(9-10절). 세례는 그리스도와 연합하는 것으로 죄에 대하여 그와 함께 죽고 그로 말미암아 살리심을 받는 것입니다(11-12절). 그는 우리가 율법을 어긴 사실들이 기록된 증서를 십자가에 못 박으심으로 우리 죄를 사하시고 모든 악한 세력을 이기셨습니다(13-15절). 바울은 그리스도께서 구원을 완성하셨음에도 불구하고 그림자에 불과한 구약의 각종 규례에 얽매이는 것, 환상을 말하며 마치 특별계시를 받은 것처럼 과장하는 것('꾸며 낸 겸손'), 천사를 하나님만큼 권위 있는 존재로 여기는 것('존재는 인정하되 숭배는 금물')을 철저히 금합니다(16-18절). 이는 교회의 머리가 되시는 그리스도를 붙들지 않음으로 인해 발생하는 것으로 교회는 그리스도를 통해 모든 것을 공급받고 연합하며 성장해야 합니다(19절). 그리스도 안에 있는 참된 자유를 빼앗는 각종 금욕주의적인 규례들은 무익합니다(20-23절).

[질문과 묵상]

1. 오늘 말씀을 통해 만난 하나님은 어떤 분인가요?

2. 오늘 말씀을 통해 하나님이 내 삶에 요청하시는 것은 무엇인가요?

[기도]

속죄제의 피 뿌림은 예수님의 보혈을 생각나게 합니다. 그 피로 인하여 죄 사함을 받았습니다. 그 은혜를 찬송하고 또 찬송합니다. 은혜의 증거인 십자가를 묵상하며 여호와께서 인정하시는 복 있는 사람의 길을 가게 하옵소서.

[레위기 5장]
속죄제가 필요한 부지중에 지은 죄는 구체적으로 해야 할 증언을 하지 않은 죄, 부정한 것과 접촉한 후 망각한 죄, 성급한 맹세 등이 있습니다(1-4절). 먼저 죄를 자복하고 형편에 따라 암양과 암염소, 비둘기, 밀가루로 속죄제를 드립니다(5-13절). 하나님은 극빈자를 위해 밀가루 속죄제도 허용하십니다. 극빈자도 속죄의 은혜에서 배제될 수 없으며 죄의 문제는 반드시 해결해야 합니다. 죄 사함의 은혜는 모든 계층이 누려야 합니다. 이제부터 속건제입니다. 속죄제가 부지중에 배상이 불가능한 도덕적 계명을 어긴 죄(금지명령을 어긴 죄)에 해당된다면, 속건제는 부지중에 배상이 가능한 재산상의 피해를 입힌 죄에 해당됩니다. 속죄제의 대상은 하나님이시며 속건제의 대상은 하나님 또는 하나님과 사람입니다. 특별한 경우를 제외하면 속건제는 죄 사함을 위한 제사와 배상이 함께 이루어집니다. 먼저 부지중에 여호와의 성물을 범했을 경우(ex: 성막비품 손상, 성물을 오용) 숫양으로 속건제를 드리고 손상된 가치의 20퍼센트를 더한 금액으로 보상해야 합니다(14-16절). 단, 부지중에 성물과 관련된 금지명령을 어겼지만 손해를 끼치지 않은 경우에는 숫양으로 속건제를 드리되 배상은 하지 않아도 됩니다(17-19절). 진정한 회개는 속죄와 손해 끼친 것에 대한 배상이 함께 이루어지는 것입니다. 속건제에는 배상의 의무가 포함되어 있음을 기억하십시오.

[시편 3-4편]
(3편) 탄원시. 본 시의 배경은 아들 압살롬의 반역입니다. 압살롬과 그에게 동조하는 많은 사람들이 일어나 다윗을 대적합니다(1-2절). 그러나 탄식으로 시작된 기도는 확신으로 바뀝니다(3-6절). 부르짖는 그의 기도에 대한 첫 번째 응답은 불안의 해소와 평강의 임재입니다. “모든 지각에 뛰어난 하나님의 평강이 그리스도 예수 안에서 너희 마음과 생각을 지키시리라”(빌 4:7). 그는 하나님이 친히 자신을 지키는 군대가 되어 주시길 간구하며 조속한 개입을 촉구합니다(7-8절).
(4편) 탄원시. 4편은 3편의 연장으로 보고 있습니다. 다윗은 의로운 재판장이신 하나님께 호소합니다(1절). 하나님이 택하여 세운 왕이라는 정체성이 분명한 다윗은 헛된 영광을 좇는 자들에게 하나님의 심판을 두려워하여 악을 그칠 것과 하나님과의 바른 관계 회복을 촉구합니다(2-5절). 하나님이 그에게 주시는 기쁨과 안전은 무엇과도 비교할 수 없습니다(6-8절). 그는 고난 중에도 하나님을 철저히 신뢰합니다. “전쟁이 일어나 나를 치려 할지라도 나는 여전히 태연하리로다”(27:3).

[잠언 20장]

미련한 자는 독주에 취하고 왕의 진노를 사며, 다툼을 일으키고 게을러서 위기를 자초합니다(1-4, 8, 13절). 왕에게 큰 유익을 안겨줄 온전히 충성하는 신하를 찾는 것은 쉽지 않으나 명철한 자는 사람의 숨은 의도를 파악할 수 있습니다(5-7절). 사람의 눈과 귀를 지으신 여호와는 사람의 마음과 의도 심지어 이중심리까지 속속히 다 알고 계십니다(9-14절). 우리는 그 분 앞에 정직할 수밖에 없습니다. 지혜의 가치는 금과 진주에 비할 수 없습니다(15절). 보증과 거짓으로 취한 유익은 인생을 파멸로 이끕니다(16-17절). 독단을 버리고 지혜를 구하면 성공 가능성이 높아지지만 타인을 중상모략하며 비밀을 누설하고, 부모를 저주하는 자의 앞날은 어두울 것입니다(18-20절). 인생의 걸음을 인도하시는 여호와 앞에 정직히 행하고, 성급하게 복수하거나 서원하지 않으며, 그의 주권이 역사하는 때를 기다릴 줄 알아야 합니다(21-25, 27절). 지혜로운 왕은 악에 대해 단호히 대처하여 공의를 세우고 인자함으로 왕위를 견고히 세웁니다(26,28절). 청년의 힘과 노인의 지혜는 인생의 단계에 맞게 주시는 여호와의 복이며 엄한 징계는 악에서 떠나게 해줍니다(29-30절).

[골로새서 3장]

그리스도와 함께 다시 살리심을 받은 성도들은 하나님 우편에 계신 그리스도를 따라 위의 것을 찾아야 합니다(1-2절). 그리스도 안에 감추어져 있는 우리의 생명은 그가 다시 오실 때 그와 함께 영광중에 나타나게 될 것입니다(3-4절). 그러므로 우리는 옛 사람, 곧 땅에 속한 자였을 때의 모습을 버려야 합니다(5-9절). 그리스도의 형상을 따라 새 사람을 입은 은혜는 차별이 없습니다(10-11절). 그리스도의 말씀이 우리 내면에 풍성하게 역사할 때 우리는 그리스도처럼 용서하며 모든 일에 사랑으로 행하고, 그리스도의 평강이 주장하는 삶을 살아갈 수 있습니다(12-17절). 바울은 새 사람이 가정에서 행할 윤리적 권면을 곁들입니다. 그리스도를 섬기는 마음으로 부부, 부모와 자녀, 주인과 종의 관계를 만들어 나간다면 그리스도의 공동체가 세워질 것입니다(18-25절).

[질문과 묵상]

1. 오늘 말씀을 통해 만난 하나님은 어떤 분인가요?

2. 오늘 말씀을 통해 하나님이 내 삶에 요청하시는 것은 무엇인가요?

[기도]

하나님! 오늘 회개의 의미를 다시 깨달았습니다. 부지중에 죄를 범했다면 주 앞에 정직하게 고백하고 손해를 끼친 부분은 반드시 배상할 것을 결단합니다. 고난 중에 함께 하시며 이길 힘을 주시는 주님을 찬양합니다. 그리스도가 내 삶을 주관하고 계심을 나타내시옵소서.

[레위기 6장]
재산에 손해를 입힌 범죄에 대한 속건제 규정입니다(1-7절). 원래 도둑질이나 속임수로 부당 이득을 취하면 4~5배로 갚도록 명시되어 있는데(출 22:1) 여기 나온 사례는 부지중에(=잠깐 욕심에 마음을 빼앗김) 죄를 지었다가 돌이킨 경우 즉 자수한 경우를 말합니다. 핵심은 속죄를 위한 제사와 함께 피해 금액의 20%를 더해서 갚는 것입니다. 5대 제사에 대한 설명이 끝나고 이제는 제사에 관한 중요한 지침들이 등장합니다(6:8~7장). 번제단을 잘 관리하고 제단의 불을 꺼뜨리지 않으며 조석으로 번제를 드려야 합니다(8-13절). 우리는 성령의 불을 꺼뜨리지 말고 매일 하나님 앞에 예배(경건의 시간)로 나아가야 합니다. 하나님께 드리고 남은 소제는 제사장들이 물, 소금, 기름을 첨가해 구워 회막 뜰 안에서 먹습니다(14-18절). 그러나 제사장 위임식 때 드리는 소제물은 온전히 불태워 드려야 하며 제사장의 몫은 따로 없습니다(19-21절). 대제사장은 매일 조석으로 번제를 드릴 때 소제도 함께 드려야 합니다(22-23절). 속죄제에 관한 추가 규례로 속죄제물을 잡는 장소, 속죄제 고기를 먹는 장소, 옷의 세탁 및 사용된 그릇의 처리에 관한 지침도 주십니다(24-30절).

[시편 5-6편]
(5편) 탄원시. 다윗은 강력한 이스라엘을 건설한 군주였지만 죽을 고비를 여러 번 넘길 정도로 고난이 많았습니다. 고통스러운 상황은 그로 하여금 하나님께 나아가도록 재촉합니다(1-3절). 죄를 미워하시는 하나님은 악인을 심판하시며 당신을 경외하는 자의 길을 친히 인도하십니다(4-8절). 다윗은 자신의 생명과 악인에 대한 심판을 온전히 하나님께 의탁합니다(9-12절).
(6편) 참회시. 다윗은 극심한 고통 가운데 자신을 긍휼히 여겨달라고 기도합니다(1절). 자신이 겪는 고난이 하나님의 견책이요 심판이라고 말하는 다윗은 뼈가 떨릴 정도의 고통과 두려움이 언제까지 지속될지 하나님께 묻습니다(2-3절). 고난의 시작과 끝은 철저히 하나님의 손에 달려 있습니다. 그는 두 가지 이유를 말하며 하나님께 구원을 요청합니다(4-7절). 하나는 하나님의 성품인 인자를 베푸셔야 한다는 것이고, 다른 하나는 그가 죽는다면 더 이상 찬양과 기도를 드릴 수 없다는 것입니다. 하나님이 어떤 분인지 아는 자의 용기 있는 기도입니다. 하나님은 다윗에게 응답의 확신을 주십니다(8-10절).

[잠언 21장]
절대 권력을 가진 왕이라도 그의 권위의 근거는 모든 것을 감찰하시는 하나님의 주권

입니다(1-4절). 하나님의 주권을 인정하는 사람은 정직하고 부지런하며 깨끗한 길을 걷습니다(5-8절). 다툼을 일으키고 이웃의 불행을 기뻐하는 악인이 징계를 받는다면 어리석은 자도 지혜를 얻을 것입니다(9-11절). 여호와는 이웃을 돌보지 않는 악인을 감찰하시고 심판하십니다(12-13절). 뇌물은 사람의 마음을 흔들 만큼 힘이 있어서 공정한 판단을 흐리게 합니다(14절). 명철의 길을 떠난 악인은 쾌락을 즐기다가 패망에 이르게 되지만 공의와 인자를 따라 살며 입술의 지혜가 있는 자는 영혼이 보전되고 생명과 영광을 얻게 됩니다(15-23절). 무례하고 교만하며, 게으르고 탐심의 지배를 받는 어리석은 자는 스스로를 파괴합니다(24-29절). 모든 승리는 지혜의 근원이신 하나님께로부터 옵니다(30-31절).

[골로새서 4장]

바울은 주인들에게 의와 공평으로 종을 대하라고 권면합니다(1절). 진정한 주인이신 하나님이 그들의 행동을 일일이 살피십니다. 주인과 종의 관계도 하나님이 중심이 되어야 합니다. 모든 인간관계의 중심에 하나님을 두십시오. 또한 바울은 전도를 위한 기도 요청과 함께 항상 기도에 감사함으로 깨어 있으며, 불신자에게는 시간을 잘 활용하여 지혜롭게 대하고, 소금 맛 같은 덕스러운 말을 하라고 권면합니다(2-6절). 바울은 갇혀있는 자신을 대신하여 사랑받는 형제요 신실한 일꾼인 두기고와 오네시모를 교회로 보내기로 결정합니다(7-9절). 이들은 바울의 소식을 전하며 성도들을 위로할 것입니다. 마지막으로 바울은 "받은 직분을 이루라"는 메시지를 아킵보에게 전할 것을 부탁하고 지난 1차 전도여행 중 무단으로 이탈했던 마가 요한(행 13:13)을 포함한 여러 동역자들의 문안 인사를 전하며 글을 마칩니다(10-18절).

[질문과 묵상]

1. 오늘 말씀을 통해 만난 하나님은 어떤 분인가요?

2. 오늘 말씀을 통해 하나님이 내 삶에 요청하시는 것은 무엇인가요?

[기도]

하나님 아버지! 하나님을 중심에 모시고 살아가게 하옵소서. 손해를 끼쳤을 때 마음을 담은 회개와 손해배상을 하게 하시고, 여호와께서 인정하시는 의로운 길을 가게 하시며, 고난당한 때에도 하나님을 온전히 신뢰하게 하옵소서.

[레위기 7장]
제사장들이 제사에 대해 알아야 할 지침이 이어집니다. 먼저 속건제의 추가 규례로 속건제의 절차는 화목제와 동일하지만 제사 후 남은 제물과 번제물의 가죽, 소제물의 남은 부분은 제사장의 몫입니다(1-10절). 다음은 화목제에 관한 추가 지침입니다. 화목제는 하나님께 드리는 부분(기름 부분)과 제사장에게 돌리는 부분(가슴과 오른쪽 뒷다리)이 있으며 이웃과 함께 나누는 부분(나머지 부분)이 있습니다(11-36절). 그러나 부정한 자는 먹을 수 없으며 하나님의 몫은 반드시 드려야 하고 동물의 기름과 피는 먹을 수 없습니다. 화목제는 하나님께 드리는 거룩한 제사임과 동시에 이웃과 함께 하는 거룩한 잔치입니다. 이것은 이스라엘의 5대 제사와 위임식에 관한 기본지침입니다(37-38절).

[시편 7-8편]
(7편) 탄원시. 베냐민인 구시(시므이로 추정, 삼하 16:5)가 압살롬의 반란으로 인해 도피하는 다윗을 저주하는 상황으로 볼 수 있습니다(표제어). 다윗은 대적들이 사자와 같이 자신에게 달려들고 있다고 호소합니다(1-2절). 그는 의로운 재판장이신 하나님께 자신의 무죄에 대해 항변합니다(3-9절). 하나님은 다윗을 무고한 악한 자에게 분노하시며 심판을 준비하십니다(10-13절). 하나님은 악인의 행위를 부메랑처럼 그에게로 돌리실 것입니다(14-17절).
(8편) 찬양시. 하나님의 창조세계에는 그의 신성과 능력과 영광이 나타납니다(1절). "그의 영원하신 능력과 신성이 그가 만드신 만물에 분명히 보여 알려졌나니"(롬 1:20). 하나님은 당신을 의지할 수밖에 없는 연약한 존재들을 통하여 대적들을 잠잠케 하십니다(2절). 인간은 하나님보다 조금 못한 존재로 창조되었으며 하나님의 돌봄의 대상입니다(3-8절). 하나님이 우리를 특별하게 창조하시고 높여 주셨으니 우리는 그의 위대한 섭리와 사랑을 찬양하며 그에게 순복해야 합니다(9절).

[잠언 22장]
지혜로운 자의 가정교육(1-16절)과 이웃과의 윤리(17-29절)에 관한 내용입니다. 아이에게 마땅히 행할 길을 가르치면 나이가 들어서도 떠나지 않을 것입니다(6절). 지혜로운 자는 여호와를 경외하는 자에게 보상이 있음을 기억하며 재물이 아닌 재물의 주인 되시는 여호와를 경외합니다(1-4절). 훈계를 듣는 것은 자기 영혼을 지키는 것이며

가난한 자를 향한 긍휼은 여호와를 기쁘게 합니다(5-9절). 다툼과 분쟁을 일으키는 자를 멀리하며 마음의 정결을 지키고, 부지런하며 유혹을 단호하게 물리치고, 올바르게 훈육하며 가난한 자를 업신여기지 않는 삶을 가르쳐야 합니다(10-16절). 우리는 하나님이 주시는 지혜의 말씀에 귀를 기울여야 합니다(17-21절). 구체적으로 약한 자를 보호하며 노를 품은 자를 멀리하고, 보증을 서지 말며 하나님의 법을 지키고, 자기 직무에 능한 자가 되는 것입니다(22-29절). 하나님은 땅의 경계를 임의로 옮겨 이득을 취하려는 행위를 금하십니다. "그의 이웃의 경계표를 옮기는 자는 저주를 받을 것이라"(신 27:17). "옛 지계석을 옮기지 말며 고아들의 밭을 침범하지 말지어다"(잠 23:10).

[데살로니가전서 1장]

데살로니가 공동체는 탄생한 지 얼마 되지 않았음에도 불구하고 믿음의 역사와 사랑의 수고, 소망의 인내를 잃지 않았습니다(1-4절). 바울은 능력과 성령과 큰 확신 가운데 복음을 전했으며 성령의 기쁨으로 복음을 받은 성도들이 정치적, 종교적 박해 속에서도 믿는 자의 본이 되니 그들의 믿음에 관한 소문이 각처에 퍼지게 되었습니다(5-8절). 우상을 버리고 그리스도의 재림을 기다리는 삶을 산다는 것은 그들이 참 믿음을 가지고 있다는 증거입니다(9-10절).

[질문과 묵상]

1. 오늘 말씀을 통해 만난 하나님은 어떤 분인가요?

2. 오늘 말씀을 통해 하나님이 내 삶에 요청하시는 것은 무엇인가요?

[기도]

나를 특별하게 높여 주시고 돌보시는 하나님의 섭리를 찬양합니다. 지혜를 주는 하나님의 말씀을 사랑하여 더욱 귀를 기울이게 하시고 믿음의 본을 남기는 인생이 되게 하옵소서.

[레위기 8장]

8장은 성막 봉헌식과 함께 진행되는 제사장 위임식에 관한 내용으로 준비과정과 절차는 이미 출애굽기 29장에 나와 있습니다. 위임식에 임하는 제사장은 먼저 물로 씻고 의복을 입습니다(6-9절). 성막과 제사장에게 기름을 발라 거룩하게 하고 수송아지를 잡아 속죄제를 드립니다(10-17절). 이어서 제사장 위임을 위한 번제와 화목제를 드립니다(18-29절). 모세는 관유와 제단 위의 피를 제사장과 제사장 의복에 뿌려 거룩하게 합니다(30절). 우리는 예수 그리스도의 피와 성령의 기름 부으심을 받은 왕 같은 제사장입니다. 아론과 그의 아들들은 그들의 몫의 고기로 성막 안에서 식사 교제를 하고 남은 것들은 규례에 따라 처분했습니다(31-32절). 위임식은 일주일 간 지속되었습니다(33-36절).

[시편 9편]

찬양시(ft. 13 & 19-20절은 탄원시 형식). 다윗은 하나님이 과거에 이방 나라를 심판하신 것을 생각하며 전심으로 하나님을 찬양합니다(1-6절). 그는 환난당하는 자의 요새요 공의로운 재판장이 되시는 하나님을 신뢰합니다(7-12절). 그는 사망의 문에서 일으켜 주시길 간구합니다(13-16절). 악인들을 스올로 보내실 하나님은 의인('궁핍한 자', '가난한 자')의 소망을 붙들어 주십니다(17-18절). 하나님의 구원을 확신한 그는 악인에 대한 심판을 요청합니다(19-20절).

[잠언 23장]

지혜로운 자는 음식과 재물에 관한 탐욕을 잘 다스리고 대상을 잘 살펴서 훈계합니다(1-9절). 구약은 사회적 약자 뒤에 여호와가 계시다는 사실을 늘 주지시킵니다(10-11절). 지식의 말씀으로 준비되어 있는 부모의 바른 훈계는 자녀의 영혼을 구원할 것입니다(12-14절). "채찍으로 그를 때릴지라도 그가 죽지 아니하리라"는 구절은 자녀에 대한 폭력을 정당화하는 내용이 아닙니다. "네가 그를 때리면 그가 죽지 않을 것이다"가 정확한 번역이며 죄의 길로 나아가는 자녀를 바르게 인도하기 위한 징계를 주저하지 말라는 뜻이지 폭력을 마음껏 쓰라는 의미가 아닙니다. 자녀의 지혜와 정직은 부모의 기쁨입니다(15-16절). 여호와를 경외하는 자는 소망이 있으나 술을 즐기며 게으른 자는 미래가 없습니다(17-21절). 부모 공경은 마땅한 것이며 음녀의 유혹에 빠지지 않고 술과 죄를 멀리하는 것이 지혜입니다(22-35절). 시험에 들지 않도록 늘 깨어 있어야 합니다.

[데살로니가전서 2장]

빌립보('매 맞고 옥에 갇힘', 행 16장)에서 극심한 고난을 당했던 바울은 다음 사역지인 데살로니가에서도 유대인의 시기로 인해 고난을 당했습니다(행 17장). 바울은 박해 속에서도 데살로니가 성도들에게 복음을 전하기 위해 목숨을 걸고 밤낮 수고했던 사실을 떠올립니다(1-12절). 바울이 전하는 말을 하나님의 말씀으로 받았던 그들 역시 동족으로부터 고난을 당했습니다(13-14절). 이방인인 그들은 복음을 듣고 구원을 받았지만 복음을 대적하는 유대인들은 하나님의 진노를 만나게 될 것입니다(15-16절). 바울은 그의 소망이자 기쁨이요 자랑인 데살로니가 성도들과의 재회를 소망합니다(17-20절).

[질문과 묵상]

1. 오늘 말씀을 통해 만난 하나님은 어떤 분인가요?

2. 오늘 말씀을 통해 하나님이 내 삶에 요청하시는 것은 무엇인가요?

[기도]

예수님은 레위기의 제사와는 비교할 수 없는 십자가의 고된 길을 통해 우리를 구원하셨습니다. 예수님으로 인해 하나님 보좌 앞에 나아갈 수 있게 되었습니다. 그럼에도 은혜를 망각하고 욕심대로 살았습니다. 주님! 용서하여 주시고 성령 안에서 행하고 악을 멀리하게 하옵소서.

[레위기 9장]

제사장으로 세워진 아론과 그의 아들들이 처음으로 제사를 집전합니다. 봉헌식 및 위임식을 위한 제사 이후, 처음 제단을 사용하는 제사(제단 가동식)입니다. 아론은 금송아지를 만들어 백성들로 하여금 범죄하게 만든 적이 있습니다(출 32장). 그러나 이제는 백성을 대표하는 제사장이 되었습니다. 아론을 보면 한 때 복음을 거부하고 우상을 섬겼던 우리들을 택하신 족속이요 왕 같은 제사장으로 삼으신 하나님의 은혜를 생각하게 됩니다(벧전 2:9). 모세는 아론에게 제사장과 그의 가족들을 위한 속죄제와 번제, 일반 백성을 위한 속죄제, 번제, 화목제, 소제를 여호와의 명령대로 드릴 것을 지시합니다(1-7절). 아론은 자신과 가족을 위한 속죄제를 드린 후 번제를 드렸습니다(8-14절). 이어서 백성을 위한 4가지 제사를 드렸습니다(15-21절). 제사장의 축복 선언으로 제사가 끝나자 하나님은 불로 제물들을 태우심으로 응답하셨습니다(22-24절). 이처럼 아론은 자기 죄를 먼저 속한 다음 백성의 죄를 위하여 제사를 드렸습니다. 그러나 자기를 위한 제사가 필요 없는 의로우신 예수님은 십자가에서 단번에 우리 죄를 사하셨습니다. "대제사장들이 먼저 자기 죄를 위하고 다음에 백성들의 죄를 위하여 날마다 제사 드리는 것과 같이 할 필요가 없으니 이는 그가 단번에 자기를 드려 이루셨음이라"(히 7:27).

[시편 10편]

찬양시(ft. 탄원시). 악인은 하나님이 없다고 생각합니다(4절). 악인의 번성과 하나님의 부재가 느껴지는 상황은 의인에게 매우 큰 고통입니다(1절). 다윗은 악인의 특징을 열거하는데 그들은 자신의 욕심을 자랑하며 하나님을 멸시하고, 자기의 길은 견고하다고 말하며 저주와 거짓과 포악으로 가득하고, 의인('가련한 자', '가난한 자')을 해칩니다(3-11절). 다윗은 하나님이 악인을 감찰하시고 심판하여 주시길 간구합니다(2, 12-15절). 영원한 왕이신 하나님이 의인을 위해 악인을 심판하시므로 악인의 권세는 오래가지 못할 것입니다(16-18절).

[잠언 24장]

지혜와 관련된 교훈이 이어집니다. 악인과 함께 하지 말고 지혜를 인생의 집의 토대로, 승리의 전략으로 삼아야 합니다(1-7절). 악행을 꾀하는 미련한 자는 하나님 앞에 죄를 범하며 사람에게 미움을 받을 것입니다(8-9절). 환난당한 이웃이 낙담하지 않도록 도와야 하는 이유는 그들을 보고도 구하지 않는 자는 하나님의 심판을 받기 때문입니다(10-12절). 꿀이 지친 육신에게 생기를 주듯이 지혜는 영혼에게 생기를 줍니다(13-14절). 하나님은 의인을 일으키시고 악인을 심판하십니다(15-20절). 그러나 악인이 심판으로 인해 고통당할 때 박수치는 것은 바람직하지 않습니다. 하나님과 공의를 실천하는 통치자를 경외하고, 공의를 떠난 악인을 멀리하는 것이 지혜입니다(21-22절). 공정한 기준으로 재판하지 않는 것은 공의로우신 하나님을 거역하는 것입니다(23-25절). 적당한 말, 곧 바른 말을 해 주는 것이 참된 우정이며 가정을 세우기 전에 가정을 세우기 위해 필요한 것들을 먼저 준비하는 것이 지혜입니다(26-27절). 거짓 증인이 되지 말고, 개인적 차원의 보복행위는 지양해야 합니다(28-29절). 게으른 자 빈궁과 궁핍을 부릅니다(30-34절).

[데살로니가전서 3장]

데살로니가 교회를 다시 방문하기를 소망하는 바울은 환난 중에 있는 그들을 돕고 위로하고자 디모데를 먼저 보냅니다(1-5절). 바울은 복음을 위한 그의 수고가 헛되지 않기를 바라고 있습니다. 그러나 걱정과 달리 데살로니가 성도들이 믿음과 사랑으로 환난을 잘 극복하고 있으며 바울을 보고 싶어 한다는 소식을 디모데가 전해 옴으로써 바울은 크게 기뻐합니다(6-10절). 그는 데살로니가 성도들이 주 안에서 굳게 서 있다는 소식을 듣고 비로소 안심합니다. 바울은 그들에게 갈 수 있는 길이 열리기를 그리고 그들이 사랑으로 서로를 섬기며 그리스도의 재림 때까지 거룩하고 순결하게 살아가기를 간구합니다(11-13절).

[질문과 묵상]

1. 오늘 말씀을 통해 만난 하나님은 어떤 분인가요?

2. 오늘 말씀을 통해 하나님이 내 삶에 요청하시는 것은 무엇인가요?

[기도]

내 죄를 사하시고 거룩한 나라요 왕 같은 제사장으로 삼으신 하나님의 놀라우신 은혜를 오늘도 묵상합니다. 악인의 형통으로 시험에 들지 않으며, 고난 중에도 하나님을 신뢰하는 참 지혜가 있게 하옵소서. 믿음으로 굳게 서서 사랑으로 섬기며 거룩하게 살아가는 성도가 되게 하옵소서.

[레위기 10장]

10장은 9장과 연결되어 있습니다. 즉 같은 날에 일어난 일입니다. 아론이 드린 첫 제사에 대해 하나님은 불로 응답하셨습니다(9:24). 그런데 충격적인 일이 발생합니다. 성막 뜰에서의 제사가 모두 끝난 후 아론의 아들인 제사장 나답과 아비후가 분향을 위해 성막 안으로 들어갔는데 제단에서 취하지 않은 다른 불을 사용하다가 하나님의 즉결 심판으로 죽은 것입니다(1-5절). 그들은 하나님의 거룩하심을 너무 가볍게 생각했습니다. 하나님은 아론과 남은 두 아들의 애곡을 금하시고 백성들에게만 애곡을 허용하셨습니다(6절). 거룩한 공간인 성막에서 하나님의 거룩하심을 훼손한 사고이며 아직 첫날의 모든 제사가 끝나지도 않았기 때문입니다. 아론과 남은 두 아들은 성막 안에 머물러 있어야 했습니다(7절). 하나님은 아론에게 거룩을 위한 지침을 주십니다(8-11절). 우리는 거룩함에서 멀어지게 하는 것들에 대해 늘 조심해야 합니다. 제사가 다 끝나고 남은 제물을 처리하는 절차가 남았습니다. 속죄제의 고기는 규례대로 거룩한 곳(성막 뜰)에서 제사장들이 먹어야 합니다(12-15절). 그러나 두 아들이 죽은 상황에서 아론은 차마 그것을 먹을 수 없어 태웠는데 이것은 큰 문제가 되지 않았습니다(16-20절). 거룩하신 하나님 앞에 선다는 것이 얼마나 큰 영광이며 은혜인지요. "그러므로 형제들아 우리가 예수의 피를 힘입어 성소에 들어갈 담력을 얻었나니"(히 10:19).

[시편 11-12편]

(11편) 찬양시. 다윗은 악인에게 쫓기는 위기 상황에 놓여 있습니다. 하나님이 다스리는 세상의 질서가 무너진 것 같은 상황에서 그가 할 수 있는 일은 아무것도 없습니다(3절). 그러다가 문득 하나님이 인생들을 보시며 감찰하고 계심을 깨닫습니다(4-5절). 그는 의인과 악인의 대조적인 운명을 확신합니다(6-7절). 하나님은 그에게 의뢰하는 자의 피난처가 되십니다.

(12편) 탄원시. 다윗은 악인으로 인해 의인이 사라지는 현실로 인해 탄식합니다(1-2절). 하나님은 악인의 아첨과 자랑을 끊으실 것이며 교만을 심판하실 것입니다(3-4절). 의인은 보이지 않고 악인만이 득세하는 것처럼 보이지만 의인의 구원을 보증하시는 하나님은 의인을 단련하시며 영원까지 지키십니다(5-8절).

[잠언 25장]

솔로몬의 두 번째 잠언(25-29장)은 히스기야의 신하들이 수집하여 편집한 것입니다(1절). 먼저 왕에게 주는 교훈입니다('왕의 잠언', 2-7, 13절). 왕은 하나님의 창조질서 안에 있는 원리를 그의 통치를 통해 실현시키는 존재로서 이를 위한 깊은 사고가 필요합니다. 순은을 얻기 위해 찌꺼기를 제하듯이 왕은 신하들 가운데 악한 자를 제해야 합니다. 왕 앞에서 스스로를 높이는 신하는 어리석으나 충성된 신하는 왕의 마음을 시원케 합니다. 이웃과 분쟁할 때에는 근거 없이 성급히 다투지 말아야 하며 재판 중이라도 상대방의 은밀한 일은 누설하지 말아야 합니다(8-10절). 경우에 합당한 말과 슬기로운 책망은 가치 있고 유익합니다(11-12절). 말만 앞서는 자는 실속이 없고 인내와 온화함은 완고한 자를 이기는 비결이며 탐욕을 잘 다스려야 합니다(14-17절). 이웃에 대해 거짓 증언을 하지 말고 진실하지 않은 자를 멀리하며 부적절한 행동으로 이웃에게 상처를 주지 말아야 합니다(18-20절). 원수를 선대하는 것은 가장 강한 복수이며 하나님께 심판을 맡기는 행위입니다(21-22절). 참소하는 혀와 다투는 여인은 공동체와 가정을 깨뜨립니다(23-24절). 좋은 소식은 큰 기쁨을 줍니다(25절). 의인의 승리는 창조 질서이며, 자기 영예를 구하는 자와 마음을 제어하지 못하는 자는 파괴적인 결과를 얻습니다(26-28절).

[데살로니가전서 4장]

바울은 하나님을 기쁘시게 하라는 권면과 함께 몇 가지를 당부합니다(1-2절). 첫째, 거룩입니다(3-8절). 구체적으로 거룩함과 존귀함으로 아내만을 사랑하고 이방 사람처럼 정욕에 빠지지 않는 것, 곧 음란을 버리는 것을 의미합니다. 성적 타락의 문제를 염려한 것으로 보입니다. 둘째, 사랑입니다(9-10절). 그들은 이미 형제 사랑의 본(1:3)을 보였지만 계명 중의 계명이니 바울은 또 강조합니다. 셋째, 근면 성실입니다(11절). 주의 재림의 날까지 일상의 삶을 성실하게 영위해 나가야 합니다. 생업에 충실하며 그리스도인의 품격을 지키는 것이 하나님의 뜻입니다(12절). 넷째, 재림과 부활에 관한 교훈입니다(13-18절). 주안에서 죽은 자들은 그리스도의 재림 시 영광의 부활에 참여하게 되므로 근심할 필요가 없으며 현재를 살아가는 성도는 재림을 기다리며 늘 깨어 있어야 합니다.

[질문과 묵상]

1. 오늘 말씀을 통해 만난 하나님은 어떤 분인가요?

2. 오늘 말씀을 통해 하나님이 내 삶에 요청하시는 것은 무엇인가요?

[기도]

피난처 되시는 하나님! 배우자를 더 사랑하고 음행을 버림으로 일상의 거룩을 이루어가게 하옵소서. 예수 그리스도로 인하여 거룩한 성소에 들어갈 담력을 얻었습니다. 하나님을 경외하고 이웃과 화평하게 하옵소서.

[레위기 11-12장]

(11장) 11-15장은 정결규례로 정결과 부정의 기준을 명확하게 제시합니다. 일상에서 심지어 음식에도 정결규례가 적용됩니다. 굽이 갈라지고 새김질을 하는 육상동물과 지느러미와 비늘이 있는 물고기는 먹을 수 있습니다(1-12절). 주로 맹금류에 속하는 육식 조류들은 먹을 수 없으며, 메뚜기같이 네 발로 기며 날개와 튼튼한 뒷다리가 있는 곤충은 먹을 수 있습니다(13-23절). 부정한 동물의 사체는 만질 수 없으며 만약 부정하게 된 경우에는 지침대로 조치해야 합니다(24-38절). 자연사한 짐승과 땅에 기는 짐승은 먹을 수 없습니다(39-44절). 하나님은 정결한 동물과 부정한 동물, 먹을 수 있는 동물과 먹을 수 없는 동물을 구별해 주셨습니다(45-47절). 거룩은 관념이 아니라 일상이며 거룩의 기준은 하나님이 정하십니다. "내가 거룩하니 너희도 몸을 구별하여 거룩하게 하라."

(12장) 두 번째 정결규례는 출산과 관련된 것입니다. 출산 시 출혈이 있게 되는데 산모가 직접 죄를 지은 것은 아니지만 피의 유출을 생명의 소실로 간주하여 부정한 상태로 여겼습니다. "모든 생물은 그 피가 생명과 일체라"(17:14). 그래서 출산한 여인은 격리 조치(남아는 7일, 여아는 14일)되며 성소 접근도 일정기간 금지됩니다(남아는 33일, 여아는 66일). 기한이 지나면 정결을 위한 제사를 드립니다(6-8절). 부정한 기간은 산모의 회복을 위한 시간이기도 했습니다.

[시편 13-14편]

(13편) 탄원시(개인). 다윗은 원수의 공격과 하나님의 침묵으로 인해 탄식합니다(1-2절). 그는 고통스런 현실로 인해 모든 것을 포기하거나 원수들이 승리함으로 기뻐하게 될 것을 두려워합니다(3-4절). 그래서 하나님의 인도하심을 볼 수 있는 눈을 달라고 간구합니다. 그는 자신을 향한 하나님의 사랑으로 인하여 구원받게 될 것을 확신합니다(5-6절).

(14편) 지혜시. 어리석은 자는 머리가 나쁘거나 상식이 부족한 사람이 아니라 하나님이 없다고 생각하며 악을 행하는 자들입니다(1-4절). 하나님이 없다고 말하는 것은 하나님이 싫다는 것입니다. 그들은 의인을 괴롭힙니다. 그러나 하나님을 부정하는 악인들이 결코 숨길 수 없는 것이 하나 있으니 바로 두려움입니다(5절). 인간은 하나님 앞에 실존적으로 갖게 되는 두려움을 스스로 떨쳐 낼 수가 없습니다. 반면, 하나님은 의인과 함께 하시며 피난처가 되어 주십니다(6절). 의인은 하나님의 구원을 보고 기뻐하게 될 것입니다(7절).

[잠언 26장]
몇 가지 주제가 등장하는데 먼저 미련한 자의 어리석은 행동과 운명에 관한 내용입니다. 미련한 자에게 영예는 합당하지 않으며 그의 말에는 효력이 없고 체벌만이 그를 깨닫게 할 것입니다(1-3절). 미련한 자의 논리에 동조하지 말고 강한 질책과 책망으로 미련함을 완전히 드러내야 합니다(4-5절). 미련한 자에게 중요한 일을 맡기는 것은 미련함이 불러올 대가를 간과하는 것입니다(6-12절). 미련을 경계하는 것이 지혜입니다. 일하기 싫어하는 게으른 자는 늘 핑계를 찾습니다(13-16절). 자신과 상관없는 다툼에 개입하는 것과 이웃을 속이고 험담하는 것, 남의 말 하는 것을 좋아하는 자는 인간관계를 해칩니다(17-22절). 악한 마음과 미움을 품은 자는 자기의 마음을 숨기려 해도 언행으로 드러나게 됩니다(23-26절). 악인의 언행은 패망을 불러옵니다(27-28절).

[데살로니가전서 5장]
하나님의 구원의 역사는 예수님의 재림으로 완성됩니다. 시기는 알 수 없지만 성도는 늘 깨어 다시 오실 주님을 만날 준비가 되어 있어야 합니다(1-3절). 그날이 도둑같이 임하는 것은 맞지만 그리스도인은 이런 날이 올 줄 몰랐다는 식으로 반응해서는 안 되는 존재입니다(4절). 왜냐하면 시기만 알 수 없을 뿐 재림은 예고되어 있기 때문입니다. 그 날을 소망하는 성도는 빛 되신 하나님께 속하였으므로 어둠의 일을 버리고 빛의 자녀로서 믿음과 소망과 사랑으로 살아갑니다(5-8절). 성도는 덕을 세우고 피차 격려하며 서로의 신앙을 굳건히 세워 줍니다(9-11절). 또한 자신의 신앙을 위해 수고하는 교회의 지도자들을 사랑하며 귀히 여기며 서로 화목하고, 게으른 자를 훈계하며 낙심한 자를 격려하고, 연약한 자를 도우며 항상 선(그리스도의 사랑)을 행합니다(12-15절). 성도의 합당한 모습은 항상 기뻐하고 쉬지 말고 기도하며 모든 일에 감사하고, 성령의 사역을 이해하며 영적 분별력을 갖추고 악을 버리는 것입니다(16-22절). 바울은 하나님이 성도들을 거룩하게 세워주시길 소망하며 사역을 위한 기도부탁과 함께 편지를 맺습니다(23-28절).

[질문과 묵상]

1. 오늘 말씀을 통해 만난 하나님은 어떤 분인가요?

2. 오늘 말씀을 통해 하나님이 내 삶에 요청하시는 것은 무엇인가요?

[기도]

사랑하는 아버지 하나님! 범사에 아버지를 인정하는 삶을 살게 하시고, 아버지의 거룩함을 닮아가게 하옵소서. 또한 근심과 탄식이 아버지를 향한 신뢰와 찬양으로 바뀌는 역사를 경험하게 하옵소서. 항상 기뻐하고 쉬지 말고 기도하며 범사에 감사함으로 아버지의 선한 뜻을 나타내게 하옵소서.

[레위기 13장]

피부와 의복에 나타나는 다양한 증상과 진단에 대한 규례 및 조치방법입니다. 나병은 악성 피부병으로 보아도 무방합니다. 악성 여부는 제사장이 판단합니다. 특징을 살펴보면 첫째, 판정이 애매할 경우 7일간의 추가 격리를 통해 관찰한 후 단순 피부병인지 전염성이 강한 나병인지를 판단합니다(5, 21, 26절). 격리 여부가 결정되는 사안이므로 제사장은 신중해야 합니다. 둘째, 나병 환자는 사람들이 자신에게 가까이 오면 '부정한 자'임을 외쳐서 자신과 접촉하지 않게 해야 하며 완치 판정을 받기 전까지 이스라엘 진영 밖에서 격리된 채 살아야 합니다(45-46절). 전염성 강한 나병 환자를 분리시키는 것은 공동체의 정결함과 거룩함을 유지하기 위함인데 바이러스에 대한 기본 이해가 없던 시절임을 감안하면 매우 유용한 조치입니다. 격리 판정을 받으면 성전출입이 금지되기 때문에 나병은 하나님의 징계로 간주되었습니다. 나병은 하나님 및 공동체와의 단절, 강한 전염성 등 죄의 특성을 가지고 있습니다. 우리는 한때 영적 나병환자였습니다. 예수 그리스도께서 이 비참한 죄의 저주를 십자가에서 끊으심으로 하나님과의 관계를 회복시키시고 신앙공동체라는 새로운 가족을 주셨습니다. 셋째, 의복에 나타난 악성 곰팡이에 대해서는 의복을 태우거나 빨아서 정결하게 해야 합니다(52-59절). 우리는 죄에 대하여 단호해야 합니다.

[시편 15-16편]

(15편) 지혜시(ft. 예배의식에 사용된 찬양시). 주의 장막과 성산은 예루살렘 성전을 의미합니다(1절). 15편은 '예배에 합당한 자는 누구인가'라는 질문에 대한 답으로 구성되어 있습니다. 그는 거룩함(정직 & 공의 & 진실, 2절), 선함(이웃과의 관계, 3절), 신실함(4-5절)을 구비한 사람입니다.

(16편) 찬양시. 자신이 처한 어려움을 토로하던 다윗은 여호와에 대한 신뢰와 확신 속에 찬양으로 시를 마무리합니다. 극심한 고난과 시련 가운데 있는 다윗은 하나님 외에 자신이 피할 곳이 없다고 고백합니다(1-2절). 그는 하나님을 섬기는 존귀한 성도들과 교제하며 우상을 섬기는 자와는 교제하지 않겠다고 선언합니다(3-4절). 시인은 하나님이 허락하신 축복을 기뻐하며 하나님이 자신의 기업되심을 고백합니다(5-6절). 자신을 교훈하시는 하나님을 찬양하며 가까이 모시는 자는 흔들리지 않을 것입니다(7-8절). 괴로움 가운데 기도하던 시인은 하나님의 보호하심을 확신하며 영혼의 기쁨을 회복합니다(9-11절).

[잠언 27장]

27장은 우정에 대한 주제(1-17절)와 기타 개별 잠언(18-27절)으로 구성되어 있습니다. 우리는 하나님과 사람 앞에 늘 겸손해야 합니다(1-2절). 친구관계를 해치는 부정적인 요인은 분노와 질투, 보증, 배려 없는 행동, 다툼입니다(3-4, 13-16절). 충직하고 진심어린 충고를 해줄 친구는 형제보다 낫고 그런 친구가 없는 자는 둥지를 떠나 떠도는 새처럼 방황하게 됩니다(5-10절). 지혜로운 친구관계는 서로가 발전할 수 있도록 선한 영향을 주고받는 관계입니다(11-12, 17절). 이어서 성실, 친구사이의 영향력, 탐욕, 칭찬의 유용성, 미련한 자의 완고함에 대한 개별 잠언이 등장합니다(18-22절). 목자는 자신에게 맡겨진 양과 소를 부지런히 살피며 돌봐야 합니다(23-27절). 잠시라도 소홀하면 잃어버리게 될 것입니다. 목자가 자신의 일을 성실히 행하면 수고에 대한 대가를 누릴 수 있습니다. 우리의 마음은 하나님이 맡겨주신 영혼들에게 있어야 합니다.

[데살로니가후서 1장]

바울은 먼저 성도들의 믿음의 성장과 풍성한 사랑 그리고 박해와 환난 중에도 인내하며 신앙을 지키고 있는 것에 대해 칭찬합니다(1-4절). 환난은 하나님 나라에 합당한 자임을 보여주는 표식으로 예수님이 다시 오실 때 그들은 안식을 얻게 되지만 복음을 거부하고 성도를 핍박하는 자는 영원한 사망에 처해지게 될 것입니다(5-10절). 바울은 성도들이 부르심에 합당한 자로서 믿음의 역사를 이루고 예수님이 그들로 인해 영광을 받으시며 그들도 예수 그리스도 안에서 영광을 받게 되기를 기도합니다(11-12절).

[질문과 묵상]

1. 오늘 말씀을 통해 만난 하나님은 어떤 분인가요?

2. 오늘 말씀을 통해 하나님이 내 삶에 요청하시는 것은 무엇인가요?

[기도]

주님! 나의 생각과 일상이 거룩하게 하시고 환난 중에도 주께 소망을 두고 예배하게 하옵소서. 우리 교회의 지체들의 믿음이 자라나고 사랑으로 충만하여져서 하나님 나라에 합당한 자가 되게 하옵소서.

[레위기 14장]

나병 완치자의 공동체 복귀를 위해 절차입니다(1-3절). 정결례를 위한 준비물(=새 두 마리, 백향목, 홍색 실, 우슬초)이 필요합니다(4절). 새는 회귀본능이 있는 비둘기가 아니라 참새일 가능성이 높습니다. 한 마리는 잡아서 그 피를 완치자에게 뿌리고 나머지 한 마리는 놓아 줍니다(5-7절). 우리는 그리스도의 보혈로 정결케 되고 자유를 얻었습니다. 개인의 정결례를 행한 후 제사장은 어린 숫양 한 마리를 기름 한 록과 함께 요제(=희생제물을 제단 앞에서 흔들어서 바치는 의식)로 드린 후 속건제를 드립니다(8-18절). 속건제는 하나님이나 이웃의 재산에 피해를 입혔을 때 원가의 1/5을 더해 배상하고 숫양을 드림으로 용서를 구하는 제사인데 무의식중에 성물(하나님의 재산)에 피해를 입히거나 성물을 더럽힘으로 나병에 걸렸다는 생각이 반영된 것으로 보입니다. 그 후 제사장은 완치자를 위해 속죄제를 드리고 완치자는 번제물을 직접 잡고 제사장을 통해 번제와 소제를 드립니다(19-20절). 공동체로부터 격리되어 있다가 돌아와 직접 번제물을 잡으며 제사에 참여했으니 얼마나 감격스러웠을까요? 가난한 완치자를 위해 제물의 수준을 대폭 축소시킵니다(21-32절). 집에 나병 색점(곰팡이)가 발생한 경우 해당 부위를 긁어내거나 새로운 벽돌로 교체합니다(33-42절). 그러나 악성 나병인 경우에는 집을 폐기시키고 그 집을 출입한 자는 정결례를 행합니다(43-47절). 부정에 대한 조치를 행한 집은 제사장의 확인을 거쳐 별도의 정결례를 행합니다(48-53절). 이상은 부정의 확산을 막기 위한 사람, 가옥, 의복에 관한 규례입니다(54-57절). 우리는 작은 부정도 쉽게 생각하지 않는 거룩한 자가 되어야 합니다.

[시편 17편]

탄원시. 억울하게 고통당하는 다윗의 간절한 호소가 담긴 시입니다. 그는 2가지를 호소합니다. 첫째, 나의 의(=악인의 참소는 거짓임)를 보시고 나의 기도를 들어 주옵소서.("의의 호소를 들으소서", "나의 기도에 귀를 기울이소서", 1-5절). 둘째, 나를 구원하여 주옵소서("주의 기이한 사랑을 나타내소서", "원수들에게서 벗어나게 하소서", 6-13절). 악인은 일시적인 형통에 취하여 자기 배를 채우기에 급급하지만 다윗은 그의 기도를 들으시는 하나님으로 만족합니다(14-15절). 하나님은 의롭게 사는 성도의 기도를 들으십니다. "의인의 간구는 역사하는 힘이 큼이니라"(약 5:16).

[잠언 28장]

목자가 양떼를 돌보는 일에 최선을 다해야 하듯이 통치자는 율법을 기반으로 나라를 다스리는 일에 최선을 다해야 합니다(27:23-27). 의인은 담대하나 악인은 늘 불안합니다(1절). 그러므로 통치자는 여호와의 율법에 대한 명철과 지식이 있어야 하며 성실하게 율법을 행하며 가난한 자를 불쌍히 여겨야 합니다(2-9절). 행한 대로 보응을 받게 되니 자기를 살피는 지혜가 있어야 합니다(10-11절). 정리하면 통치자에게는 긍휼의 마음과 율법을 준수하는 삶이 필요합니다. 의로운 통치자는 여호와를 경외하므로 자신의 죄를 인정하고 죄에서 떠나 율법을 성실히 행하지만 악한 통치자는 자신의 죄를 숨기고 약한 자를 압제함으로 멸망을 향해 달려갑니다(12-18절). 성실하고 충성된 자는 양식을 얻으며 복을 받지만 사람을 차별하고 재물에 취한 자는 하나님의 공의를 왜곡하며 점차 빈궁에 처해지게 될 것입니다(19-22절). 책망하는 자가 아첨하는 자보다 낫고 탐심은 다툼을 일으키며, 자기를 믿는 자는 어리석고 가난한 자를 돌보지 않는 자는 공의를 버린 자입니다(23-27절). 악인이 멸망하면 의인이 많아집니다(28절).

[데살로니가후서 2장]

오늘날 몇몇 이단은 재림은 이미 이루어졌으며 자신들의 교주가 곧 재림 예수라고 주장합니다. 데살로니가 교회에도 영이나 말로 심지어 바울이 보낸 편지에 나오는 내용이라고 말하며 재림이 이미 이루어졌다고 주장하는 자들이 있었습니다(1-4절). 바울은 이와 같은 주장에 대해 강력하게 반박합니다. 주의 날은 아직 임하지 않았고 그 날이 이르기 전에 악한 자에 의한 능력과 표적과 거짓 기적이 나타날 것이며, 악한 자들과 그들에게 속은 자들은 주의 재림과 함께 심판을 받게 될 것입니다(5-12절). 거짓 선지자의 주장은 성도들의 마음의 평안을 빼앗고 불안감을 조성했을 것입니다. 바울은 하나님이 예수 그리스도를 통해 약속하신 구원은 변하지 않으니 자신이 가르친 복음의 전통위에 굳게 설 것을 권하면서 하나님이 그들에게 위로와 소망을 주시길 간구합니다(13-17절).

[질문과 묵상]

1. 오늘 말씀을 통해 만난 하나님은 어떤 분인가요?

2. 오늘 말씀을 통해 하나님이 내 삶에 요청하시는 것은 무엇인가요?

[기도]

주님! 주의 신실한 사랑이 나를 붙들고 있으니 내 삶에 거짓과 악을 제하여주시고 주의 거룩하심을 이루게 하옵소서. 하나님을 경외하며 마지막 날에 대한 바른 지식으로 다시 오시는 주님을 언제든지 맞이할 준비된 삶을 살아가게 하옵소서.

[레위기 15장]
정결법에 관한 마지막 장으로 몸에서 액체가 나오는 증세를 다룹니다. 구약에서는 출산 후 산혈, 생리, 혈루증, 정액, 비뇨기질환으로 인한 각종 분비물 등 몸에서 액체가 나오는 현상을 생명의 소실로 간주하기 때문에 부정한 것으로 여겼습니다. 유출 증세가 있는 사람이 몸을 씻고 옷을 빨고 제사를 드리면 다시 정결케 됩니다. 유출 증세가 있는 사람이 사용한 침대나 물건에 접촉하게 되면 정결법을 행해야 합니다. 유출 증세가 있는 사람이 사용한 물건은 씻어서 재활용하거나 파기합니다. 하나님이 정하신 정결과 부정의 기준은 균의 차단이나 2차 감염 예방의 관점에서 보아도 유의미합니다. 유출 증세로 인한 오염으로 제사를 드릴 경우 피의 속죄제를 드립니다(14-18, 28-30절). 우리는 스스로 정결케 될 수 없으며 오직 하나님만이 우리를 정결케 하실 수 있습니다.

[시편 18편]
감사시. 다윗은 그를 보호하시고 승리케 하시는 하나님을 힘, 반석, 요새, 피할 바위, 방패, 뿔, 산성 등 군사적인 이미지로 묘사합니다(1-2절). 위기로 인한 다윗의 부르짖음은 찬양으로 바뀌었습니다. 그가 찬양하는 이유는 하나님이 대적에게 진노를 발하시고 그를 건지셔서 안전한 곳으로 인도하셨기 때문입니다(3-19절). 의로우신 하나님을 신뢰하는 다윗은 하나님이 그의 의를 보시고 구원을 베푸셨다고 고백합니다(20-24절). 하나님을 사랑하고 그의 뜻대로 행하는 자에게 신실함을 나타내신 것입니다(25-27절). 하나님은 다윗의 인생의 어두움을 거두어 주시고 그의 방패가 되셨으며 승리하게 하셨습니다(28-30절). 하나님은 완전한 승리로 다윗을 높여 주셨습니다(31-45절). 다윗은 하나님의 놀라운 구원과 승리를 찬양합니다(46-50절).

[잠언 29장]
통치자에게 필요한 지혜에 관한 내용이 이어집니다. 통치자는 충고에 귀를 기울이고 공의로운 통치로 백성을 즐겁게 하며, 아첨을 분별하고 백성에게 올무가 되는 악을 행치 말아야 하며 무엇보다 지혜를 사모해야 합니다(1-6절). 거만하고 미련하며 거짓을 분별치 못하는 악한 통치자가 다스리게 되면 소요가 그치지 않습니다(7-12절). 반면 지혜로운 통치자는 가난한 자들을 생각하고 노를 억제함으로 소

요를 그치게 합니다. 통치자가 가난하고 약한 자들의 형편을 잘 헤아리면 공동체가 견고해집니다(13-14절). 자녀가 바른 길을 가도록 부모는 합당한 징계로 양육해야 합니다(15-17절). 종을 바르게 훈련시켜야 주인을 거역하거나 자신의 위치를 망각하지 않습니다(19, 21절). 묵시(=선지자를 통해 주시는 예언이나 계시, 가르침)와 율법은 가정과 사회교육의 근간이 됩니다(18절). 말이 앞서거나 분노하는 자는 다툼을 유발하고, 교만한 자와 범죄에 대해 동조하는 자는 심판을 받을 것입니다(20, 22-24절). 지혜로운 의인은 사람을 두려워하지 않고 여호와를 경외합니다(25-27절).

[데살로니가후서 3장]

바울은 자신의 사역을 위한 기도를 요청하면서 데살로니가 성도들의 신앙이 굳건해 지고 그의 가르침을 잘 이행하며, 하나님의 사랑을 알고 그리스도의 인내를 본받길 기도합니다(1-5절). 바울은 잘못된 재림론에 빠져 무질서하고 게으르게 행하며, 사도의 가르침을 따르지 않는 자들에게서 떠나 자신을 본받으라고 권합니다(6-9절). 그는 교회로부터 사례를 받을 권리가 있었지만 자비량으로 사역을 감당했습니다. 자신의 일상에 최선을 다하는 것이 주의 재림을 기다리는 성도의 바람직한 모습입니다(10-12절). 성실한 자들은 게으른 자들로 인해 낙심하지 말아야 합니다(13절). 바울은 사도의 가르침을 거부하는 자들에 대해 공동체 차원의 징계를 행하되 출교와 같이 관계를 단절하는 차원이 아닌 형제의 신앙회복을 목적으로 행하라고 당부하며 편지를 마칩니다(14-18절).

[질문과 묵상]

1. 오늘 말씀을 통해 만난 하나님은 어떤 분인가요?

2. 오늘 말씀을 통해 하나님이 내 삶에 요청하시는 것은 무엇인가요?

[기도]

나를 정결케 하시고 의롭게 하시는 예수님! 거룩한 삶을 소망합니다. 거짓을 멀리하고 주의 의를 사모하게 하옵소서. 나의 힘이 되신 주님! 늘 동행하시고 보호하실 것을 믿습니다. 눈에 보이는 현실로 인해 낙심하지 않게 하시고 주의 신실하심을 신뢰하며 승리하게 하옵소서.

[레위기 16장]

매년 음력 7월 10일에 온 백성이 금식하는 가운데 대제사장이 지성소에 들어가는 대속죄일 규례입니다(29절). 대제사장은 자신의 속죄를 위한 속죄제물(수송아지)과 번제물(숫양), 백성의 속죄를 위한 속죄제물(숫염소 2마리)과 번제물(숫양)을 준비하고 목욕 후 대제사장 예복이 아닌 하얀 세마포 옷을 입어야 합니다(1-5절). 아무리 대제사장이라도 하나님 앞에서는 죄인이기 때문에 화려한 관제를 벗어야 합니다. 대제사장은 먼저 자신을 위한 속죄제를 드린 후 백성의 속죄를 위해 두 염소를 준비하는데 하나는 속죄제로 바치고 하나는 산채로 광야로 보내지게 됩니다(6-10절). 죽임당한 염소는 그리스도의 대속의 죽음을 예표하고 광야로 보내지는 염소(아사셀 염소)는 그리스도께서 우리 죄를 멀리 옮겨 완전히 제하셨음을 의미합니다. "동이 서에서 먼 것 같이 우리의 죄과를 우리에게서 멀리 옮기셨으며"(시 103:12). 10절까지는 대속죄일 준비에 관한 설명이며 11절부터는 시행에 관한 내용입니다. 먼저 대제사장과 그의 가족을 위한 속죄제를 드리고 지성소에서 분향합니다(11-13절). 이어서 속죄제 수송아지의 피를 지성소에 뿌리고 백성을 위하여 속죄제 숫염소를 잡고 그 피를 속죄소에 뿌립니다(14-15절). 그 후 수송아지 피와 숫염소의 피를 지성소와 성소에 뿌리는데 의례가 진행되는 동안에는 아무도 회막 안에 들어갈 수 없습니다(16-17절). 두 짐승의 피를 번제단에 뿌리고 아사셀 염소는 죄를 전가한 후 광야로 보냅니다(18-22절). 지성소에 들어갈 때 세마포 옷을 입었던 대제사장은 목욕 후 제사장 예복을 입고 자기와 백성을 위한 번제를 집전합니다(23-25절). 아사셀 염소를 보낸 자와 속죄제 짐승의 남은 잔존물을 불태운 자는 몸과 옷을 정결케 합니다(26-28절). 대속죄일은 이스라엘 공동체가 모든 죄에서 용서받는 날이며 영원히 지킬 규례입니다(29-34절). 우리는 예수 그리스도의 속죄의 제사를 영원히 기억해야 합니다.

[시편 19편]

찬양시. 하나님은 당신이 지으신 우주만물을 통하여 당신의 존재와 영광을 나타내십니다(1-6절). "창세로부터 그의 보이지 아니하는 것들 곧 그의 영원하신 능력과 신성이 그가 만드신 만물에 분명히 보여 알려졌나니"(롬 1:20). 또한 완전하고 순전한 율법을 통하여 당신의 뜻을 계시하십니다(7-9절). 하나님의 말씀을 사모하며 말씀의 경고(훈계)를 따르는 자는 죄와 허물로부터 벗어나며 순종에 따르는 복을 받습니다(10-13절). 시인은 자신의 말(외면)과 묵상(내면)이 하나님께 드려지는 산 제사가 되길 소원합니다(14절).

[잠언 30장]

아굴의 잠언으로 소개되고 있는데 그는 겸손하여 자신은 짐승과 같고 사람의 총명이 없으며, 지혜를 배우지 못했고 거룩하신 하나님을 아는 지식도 없다고 말합니다(1-3절). 그는 세상을 지으시고 다스리시는 이가 누구인지 묻습니다(4절). 그는 말씀의 순전함과 변개치 말아야 함을 강조하며 헛된 것과 거짓을 멀리하고 오직 필요한 양식으로 나를 채워달라고 기도합니다(5-9절). 하나님은 종에 대한 비방, 위선, 교만, 가난한 자와 궁핍한 자에 대한 멸시를 미워하십니다(10-14절). 저자는 만족을 모르는 존재의 예로 피를 빠는 거머리('다오 다오'='주시오 주시오')를 의인화하여 소개하면서 네 가지(=죽음의 장소인 스올, 아이를 배지 못하는 태, 물이 차지 않는 땅, 모든 것을 파괴하는 불)를 더 제시합니다(15-16절). 부모에 대한 패역은 창조질서를 심각하게 훼손하는 행위입니다(17절). 인간의 지혜로 알 수 없는 기이한 것 네 가지와 창조질서를 깨뜨리는 것 네 가지, 작지만 인간에게 지혜를 주는 동물 네 가지가 있습니다(18-28절). 위엄 있는 네 가지 존재를 소개하면서 왕의 권위를 강조합니다(29-31절). 교만은 신속히 버리고 다툼은 미리 차단해야 합니다(32-33절).

[디모데전서 1장]

바울이 믿음의 참 아들인 디모데에게 에베소 교회를 맡긴 이유는 거짓 교훈(=논쟁을 부르는 복음과는 무관한 교훈이나 신화, 족보)으로부터 교회를 보호하기 위함입니다(1-5절). 율법의 순기능을 이해하지 못하면서 율법을 가르치려는 거짓 교사들을 경계해야 합니다(6-8절). 율법은 죄를 지은 자들을 위해 필요한 것으로 율법을 통해 죄인의 실체를 알게 됩니다(9-11절). 하나님이 열정적인 교회의 박해자였던 바울을 사도로 세우신 이유는 그리스도께서 바울에게 오래 참으심을 보이심으로써 나중에 주를 믿어 영생을 얻는 자들의 본이 되게 하려 함입니다(12-17절). 바울은 교회 보호를 위해 출교(=교회의 최고수위의 징계인 추방) 조치가 내려진 후메내오와 알렉산더의 사례를 들며 복음과 교회를 위한 선한 싸움을 주문합니다(18-20절).

[질문과 묵상]

1. 오늘 말씀을 통해 만난 하나님은 어떤 분인가요?

2. 오늘 말씀을 통해 하나님이 내 삶에 요청하시는 것은 무엇인가요?

[기도]

나의 죄과를 동이 서에서 먼 것 같이 옮기시고 죄를 사하여 주신 놀라운 하나님의 은혜를 기억하며 하나님께 삶의 예배로 나아갑니다. 거짓 교훈이 틈타지 못하게 하시고 진리의 복음만을 붙들게 하옵소서.

[레위기 17장]
하나님은 아무데서나 제물을 잡아 제사 드리는 것을 금하시고 반드시 회막에서 잡을 것을 명하십니다(1-9절). 이는 임의의 장소를 선정해 놓고 우상을 섬기듯 하나님을 섬기는 행위를 금하기 위함인데 이 명령은 이스라엘 백성과 거류민 모두에게 해당됩니다. 불법적인 제사의 예로 들판에서 행해졌던 숫염소 우상에 관하여 말씀하십니다. 애굽에서 숫염소를 신으로 섬기던 행위를 이제는 금해야 합니다. 또한 하나님은 피의 섭취를 금하시며 피의 의미를 설명하십니다(10-14절). 피를 먹지 말아야 할 것은 피에 생명이 있으며 피와 생명이 일체이기 때문입니다. “육체의 생명은 피에 있음이라 , 모든 생물은 그 피가 생명과 일체라.” 피에 생명이 있기에 우리의 생명을 대신하여 그리스도께서 십자가에서 보배로운 피를 흘리신 것입니다. 자연사한 짐승의 섭취는 금지되며 만약 이를 어겼다면 정결의식을 행해야 합니다(15-16절). 거룩함을 위한 하나님의 명령입니다.

[시편 20-21편]
(20편) 제왕시(=기름 부음 받은 왕에 대한 격려와 기도가 나타나는 시). 다윗은 일찍이 골리앗과의 싸움에서 다음과 같이 선포했습니다. “전쟁은 여호와께 속한 것인즉 그가 너희를 우리 손에 넘기시리라”(삼상 17:47). 전쟁의 승패가 오직 하나님의 손에 달려 있음을 믿는 회중들은 하나님이 왕에게 승리를 주시기를 소망하며 기도합니다(1-5절). 승리를 소망하는 기도는 어느새 승리의 확신으로 바뀝니다(6-8절). 회중들은 왕의 구원과 기도의 응답을 다시 간청합니다(9절).
(21편) 제왕시. 20편과 내용상 연결됩니다. 다윗은 그의 기도에 응답하심으로 승리를 주신 하나님을 기뻐하며 찬양합니다(1-6절). 하나님은 당신을 의지하는 왕이 요동치 않도록 붙드시고 왕을 해하려는 대적들의 음모를 깨뜨리시며 그들을 물리치셨습니다(7-13절).

[잠언 31장]
왕의 어머니가 아들인 왕에게 주는 교훈으로 르무엘은 통상 솔로몬과 동일한 인물로 보고 있습니다(1-2절). 내용은 여인과의 관계를 주의할 것, 판단을 흐리게 만드는 술을 탐닉하지 말 것, 공의를 실현할 것 등 3가지입니다(3-9절). 잠언의 마지막 부분은 ‘현숙한 여인의 시’로 불립니다. 본문에서 ‘현숙한’(히: 하일=‘힘이 있는’, ‘능력이 있는’)은 집안을 잘 살피고 어려운 이웃을 돕는 일을 부지런히 행하는 모습으로 그려집니다. 현

숙한 여인은 남편의 신뢰 가운데 집 안팎을 돌아보며 지혜롭게 집안을 잘 이끌어 갈 뿐 아니라 도움이 필요한 자에게 선을 행합니다(10-20절). 그녀는 자신과 가족들 및 다른 이들을 지혜롭게 하며 더욱 존귀하게 세워줍니다(21-29절). 여인의 현숙함은 여호와를 경외하는 데에서 비롯된 것으로 지혜와 긍휼, 성실함으로 행하는 그녀의 모든 행위는 여호와와 공동체의 칭송을 받게 될 것입니다(30-31절).

[디모데전서 2장]

복음의 진리를 막는 거짓 교훈에 대해 경계하고 선한 싸움을 싸울 것을 주문한 바울은 모든 사람이 구원을 받으며 진리를 알도록 기도할 것을 권합니다(1-4절). 그는 기도의 종류를 세분화하여 언급하는데 간구(헬: 데에시스)는 결핍이나 부족한 것을 구하는 것을, 기도(헬: 프로슈케)는 일반적인 모든 기도를, 도고(헬: 엔튜크시스)는 타인을 위한 중보기도를, 감사(헬: 유카리스티아)는 하나님의 은혜에 감사하는 기도를 의미합니다. 자신을 대속물로 주신 예수님은 하나님과 사람 사이의 유일한 중보자이십니다(5-7절). 이어서 바울은 공 예배 시 바른 태도에 대한 지침을 줍니다(8-15절). 거룩한 손을 들고 기도하고(고대의 관습) 내·외면을 단정히 해야 합니다. 반인권적으로 보이는 11-15절의 내용은 당시 시대적 상황에 대한 이해를 필요로 합니다. 이것은 당시 여성들이 주도적으로 활동하며 공격적인 포교활동을 했던 영지주의 집단에 대한 경계에서 나온 지침으로 교회와 가정의 질서를 위한 것입니다. 참고로 영지주의자들은 혼인과 자녀 출산을 금하는 등 사회적으로 물의를 일으키는 집단이었습니다. 비록 여자가 인류를 죄에 빠뜨리는 첫 테이프를 끊긴 했지만 복음의 진리 가운데 있는 여자들은 자녀를 낳아 경건한 세대로 양육함으로써 죄를 불러온 존재라는 낙인을 불식시킬 수 있습니다(15절).

[질문과 묵상]

1. 오늘 말씀을 통해 만난 하나님은 어떤 분인가요?

2. 오늘 말씀을 통해 하나님이 내 삶에 요청하시는 것은 무엇인가요?

[기도]

오직 예수님이 흘리신 보혈만이 내 죄를 속하며 내게 영원한 생명을 주실 수 있습니다. 이것이 주님이 내게 주신 승리이며 내가 영원히 누리는 승리입니다. 하나님을 경외하는 참된 지혜를 갖게 하시고 나라와 통치자를 위해 더욱 기도하게 하옵소서.

[레위기 18장]

하나님은 백성들에게 거룩하라고 말씀하십니다. "나는 여호와 너희의 하나님이라 내가 거룩하니 너희도 몸을 구별하여 거룩하게 하고"(11:44). 거룩의 기본 개념은 구별입니다. 이스라엘 백성들은 가증한 행위를 일삼으며 이방 신을 섬기는 민족들과 구별되어야 합니다. 세 장(18-20장)에 걸쳐 윤리적 정결법을 다루는데 18장은 부도덕한 성적 행위와 이방종교의 가증한 행위에 관한 내용입니다. 하나님은 애굽 땅과 가나안 땅의 풍속과 규례를 행하지 말고 오직 내 법도와 규례를 지키라고 말씀하십니다(1-5절). "여호와께서 우리에게 이 모든 규례를 지키라 명령하셨으니 이는 우리가 우리 하나님 여호와를 경외하여 항상 복을 누리게 하기 위하심이며 또 여호와께서 우리를 오늘과 같이 살게 하려 하심이라"(신 6:24). 근친상간을 철저히 금하십니다(6-18절). 결혼관계를 벗어난 성적 행위, 자녀를 불태우는 이방 제의, 남색(동성애), 수간 등의 가증한 행위를 금해야 합니다(19-23절). 쾌락을 위한 인간의 탐욕은 끝이 없습니다. 가증한 악행들은 땅을 더럽히는 결과를 가져오며 하나님이 정하신 죄의 임계점을 넘기는 순간 땅은 그들을 토해낼 것입니다(24-30절).

[시편 22편]

탄원시(ft. 그리스도의 고난과 승리를 예표하는 메시아 예언시). 밤낮 부르짖었지만 하나님의 응답은 없고 어느새 비방과 조롱거리로 전락한 다윗은 버림받았다는 절망에 빠져있습니다(1-8절). 그는 더욱 하나님을 의뢰하지만 대적들의 공격은 더 맹렬해졌습니다(9-18절). 다윗은 이런 극한 상황에서 그의 생명을 건져주시길 간구합니다(19-21절). 그런데 절망 가운데 기도하던 다윗이 하나님을 찬양할 것을 다짐하며 백성들에게 하나님을 찬양하고 경외하라고 선포합니다(22-23절). 왜냐하면 하나님은 그의 곤고함을 외면하지 않으시고 그에게 찬송과 참 만족을 주시는 분이기 때문입니다(24-26절). 때가 되면 모든 나라를 통치하시는 하나님 앞에 이방인들이 돌아오며 그 수는 계속 증가할 것입니다(27-31절). 메시아의 고난과 관련된 구절["내 하나님이여 어찌 나를 버리셨나이까"(막 15:34, 1절), "내 겉옷을 나누며 속옷을 제비 뽑나이다"(요 19:24, 18절)]이 있으며 전체적으로 메시아의 고난과 승리에 관한 내용입니다.

[전도서 1장]

전도자(히: 코헬렛)는 지혜를 전하는 지혜자 혹은 진리를 전하는 설교자의 의미를 가지고 있습니다. 저자는 지혜자의 대표라 할 수 있는 솔로몬으로 알려져 있으나 솔로몬을 저자로 내세운 후대의 사람일 수도 있습니다(1절). 전도자는 세상의 모든 것이 헛되므로 사람이 열심히 수고한들 무슨 소용이 있냐고 말합니다(2-3절). 세대는 거듭되고 자연은 아무 목적 없이 늘 같은 패턴으로 순환하고 있습니다(4-8절). 그러나 새로운 세대는 이전 세대의 무익한 것을 반복하고 있으니 해 아래 새 것이 없습니다(9-11절). 하나님이 인생들로 수고하게 하셨는데 돌아오는 것은 괴로움뿐이며 왜곡되고 결핍되어 있는 세상을 인간의 지혜로 바로잡아보려 하지만 헛될 뿐입니다(12-15절). 전도자는 인생을 망치는 미련한 것을 분별하고자 하나 세상의 지혜로는 해결하지 못하고 도리어 번뇌와 근심만 더해집니다(16-18절). 우리를 성공으로 이끈다는 처세술은 참된 지혜일 수 없습니다.

[디모데전서 3장]

바울은 감독을 권장하고 있는데 이때의 감독은 가정 교회를 이끌어 가는 지도자(=주로 '장로'로 표기)이며 순수하게 교회를 섬기는 봉사의 직분입니다(1절). 감독은 먼저 책망할 것이 없어야 하며 한 아내의 남편이고, 절제와 신중함 그리고 단정함을 갖춰야 하며 무엇보다 당시 난무하는 거짓 교훈에 맞서서 성도를 잘 가르칠 수 있어야 합니다(2절). 또한 술과 돈, 폭력과 거리가 먼 사람이어야 하며 자기 집을 잘 다스려야 합니다(3-5절). 입교한 지 얼마 되지 않은 자는 확실한 신앙검증을 마쳐야 하며 또한 불신자에게서 선한 증거를 얻은 사람이어야 합니다(6-7절). 남자 집사의 경우도 감독의 기준에 버금가는 기준이 제시되고 있으며 여자의 경우는 정숙, 절제, 충성이 요구됩니다(8-12절). 집사는 하나님과 공동체가 인정하는 명예로운 지위로 직분을 잘 감당하면 그리스도 예수 안에서 더욱 큰 믿음과 확신을 갖게 됩니다(13절). 교회는 하나님의 집이며 진리의 기둥과 터입니다(15절). 교회의 중심은 성육신 하시고 성령의 능력으로 부활하셔서 의롭다 하심을 받으셨으며 승천하셔서 세상 가운데 전파되시는 예수 그리스도이십니다(16절).

[질문과 묵상]

1. 오늘 말씀을 통해 만난 하나님은 어떤 분인가요?

2. 오늘 말씀을 통해 하나님이 내 삶에 요청하시는 것은 무엇인가요?

[기도]

나를 대신하여 십자가 지신 하나님의 어린양 예수 그리스도를 더욱 사랑합니다. 주님을 사랑하기에 세상의 가증한 풍습을 따르지 않으며 하나님 없이 헛된 꿈을 꾸지 않게 하옵소서. 하나님을 경외함으로 인생의 허무함을 이기게 하옵소서.

[레위기 19장]

윤리적 정결법 중에서 사회윤리에 관한 내용으로 거룩한 하나님의 백성이라는 정체성은 이웃과의 관계에서도 구현되어야 합니다(1-2절). 사실상 십계명(출 20:1-17)이 다시 등장하는데 부모공경(5계명, 3절), 안식일 준수(4계명, 3 & 30절), 우상 금지(1계명, 4a절), 하나님의 형상 제작 금지(2계명, 4b절), 하나님의 이름 남용 금지(3계명, 12절), 살인 금지(6계명, 16b절), 간음 금지(7계명, 29절), 도둑질 금지(8계명, 11a & 13 & 35-36절), 거짓말 금지(9계명, 11b & 16a절) 등입니다. 그 밖에 화목제 고기의 처리법(5-8절), 약자를 위한 추수법(9-10절), 약한 이웃 및 장애인 배려(13-14절), 공의로운 판결(15, 35-36절), 이웃 사랑(17-18절)에 대해서도 말씀하십니다. 추가로 혼합 금지명령이 주어집니다(19-22절). 순수하고 질서 있는 상태를 거룩으로, 혼합된 상태를 부정으로 여겼기 때문에 가축의 이중 교배, 두 종자를 함께 뿌리는 것, 두 재료를 섞어 짠 직물, 약혼한 여종과의 성관계 등은 거룩을 침해하는 부정행위로 규정합니다. 과실수 보호를 위해 5년차부터 먹도록 제한하고 이방인이 행하는 각종 점술과 마술, 제의적 관행을 철저히 금합니다(23-31절). 연장자를 예우하고 거류민(나그네)을 존중하는 사회가 건강합니다(32-34절).

[시편 23-24편]

(23편) 찬양시. 다윗은 목동생활을 통해 양이 전적으로 목자에게 의존한다는 것을 알게 되었습니다. 그는 여호와 하나님을 향해 부족함이 없는 나의 목자라고 고백합니다(1절). 목자는 양의 필요를 알고 때에 맞춰 공급합니다(2절). 선한 목자는 결코 평탄하지 않으며 때로는 죽음의 골짜기를 지나야 하는 험난한 우리를 친히 인도하시고 보호하십니다(3-4절). 선한 목자는 원수 앞에서 승리의 잔치를 베풀어 주십니다(5절). 목자의 선하심과 한결같은 사랑이 영원히 우리를 따릅니다(6절).

(24편) 찬양시. 다윗이 블레셋에 빼앗겼던 언약궤를 되찾아 올 때 지은 시로 알려져 있습니다. 피조 세계의 주인은 창조주 하나님이십니다(1-2절). 하나님 앞에 합당한 자는 정결하고 뜻을 허탄한 데 두지 않으며, 거짓 맹세 하지 않고 하나님의 은혜를 구하는 사람입니다(3-6절). 하나님은 강하고 능하시며 전쟁의 주권자이신 영광의 왕이십니다(7-10절). 시인은 언약궤가 예루살렘에 들어올 때 영광의 왕이신 하나님의 위엄과 권세를 높여 찬양합니다.

[전도서 2장]

전도자는 자신이 무엇을 즐거워하는지 알아봄으로써 인생의 의미를 찾을 수 있는지 시험(test)해 보았습니다. 그러나 그의 시도는 실패했고 그러한 시도 자체가 헛된 것임을 알게 되었습니다(1-2절). 그는 술, 부, 명예, 여인, 국가의 번영 등을 통한 즐거움을 다 누려 보았으며 엄청난 지혜도 소유했습니다(3-10절). 그러나 지나고 보니 소유와 성공을 통해서는 삶의 의미를 찾을 수 없을뿐더러 결국엔 무익하고 헛된 것이었습니다(11절). 전도자는 인생의 한계 중 가장 심각한 것 두 가지 곧 죽음과 미래의 불확실성을 발견합니다(12-23절). 죽음 앞에서는 지혜나 어리석음이나 다 헛되며 미래가 불확실하니 소유를 위한 수고 역시 헛될 뿐입니다. 그러므로 우리는 하나님이 각자에게 허락해 주신 것에 대해 자족하며 기뻐해야 합니다(24-26절). 하나님은 죄인이 수고하여 모은 것을 당신이 기뻐하는 자에게 주십니다. 죄인의 수고 역시 헛됩니다.

[디모데전서 4장]

바울은 미혹의 영과 귀신을 따르는 진리를 부정하는 자들의 출현을 경고합니다(1-2절). 혼인을 금하는 금욕주의, 음식을 금하는 율법주의로 거룩해질 수 없으며 오직 하나님의 말씀과 기도로 거룩해집니다(3-5절). 또한 당시 세계를 지배한 사상인 헬라철학과 신화를 주의하고 오직 말씀과 기도를 통한 경건에 이르기를 연습할 것을 주문합니다(6-11절). 바울은 디모데가 연소함에도 불구하고 영적 권위를 인정받는 길은 말씀 연구와 가르침을 게을리 하지 않는 것이라고 조언합니다(12-16절). 그의 은사는 말씀 사역과 관련된 것으로 보입니다. 말씀을 맡은 자는 말씀을 전하는 일에 전심전력해야 합니다.

[질문과 묵상]

1. 오늘 말씀을 통해 만난 하나님은 어떤 분인가요?

2. 오늘 말씀을 통해 하나님이 내 삶에 요청하시는 것은 무엇인가요?

[기도]

레위기의 사회윤리는 지금도 우리에게 매우 유용합니다. 하나님의 말씀은 버릴 것이 없습니다. 하나님이 내게 허락하신 것에 자족하며, 바른 지식으로 거짓 교훈을 분별하게 하옵소서. 말씀과 기도로 날마다 거룩해지길 소망합니다.

[레위기 20장]

윤리적 정결법의 마지막 장으로써 이방인의 가증한 풍습과 불법적인 성관계를 금하는 18장의 내용이 반복되는데 처벌 규정이 함께 명시되어 있습니다. 몰렉제사는 자녀를 불태우는 극악무도한 이방인의 풍습입니다. 하나님은 몰렉제사를 드리는 자와 접신한 자(신접한 자)와 박수무당 등 이스라엘 백성들을 사악한 영의 세계로 이끄는 자들을 반드시 죽이라고 명하십니다(1-8, 27절). 6절의 "끊으리라"는 사형의 의미입니다. 다만 몰렉제사를 묵인한 마을 사람들에 대해서도 동일한 내용의 처벌이 명시되어 있는데 이것이 사형인지 공동체로부터의 추방인지는 불분명합니다. 부모 저주와 근친상간의 경우 사례에 따라 사형, 추방, 무자녀(=자녀가 없는 것을 하나님의 징계로 여김) 등의 심판이 있습니다(9-21절). 창조질서 안에서의 성은 아름다운 것이나 이것을 음란하고 가증한 것으로 전락시켰다면 하나님을 대적하는 죄를 범한 것입니다. 하나님이 특별히 구별하신 이스라엘 백성들은 하나님을 닮은 거룩한 공동체를 만들어 나가야 합니다(22-26절).

[시편 25편]

탄원시. 다윗은 원수들에 의해 고통을 당하는 상황에서도 주의 도를 가르치셔서 그 뜻을 행할 수 있기를 기도합니다(1-5절). 그를 기억하사 긍휼과 인자를 베푸심으로 지난날의 죄와 허물을 용서해 주시길 간구합니다(6-7절). 그는 죄인을 교훈하시고 온유한 자에게 도를 가르치시며, 언약을 지키는 자에게 인자와 진리를 베푸시는 하나님께 죄 용서를 위한 기도를 드립니다(8-11절). 하나님은 당신을 경외하는 자를 구원하시며 그의 길을 인도하십니다(12-15절). 괴로운 마음을 토로하고 있는 다윗은 죄 사함을 받고, 원수와 환난으로부터 벗어나 주의 보호를 받기를 소원합니다(16-22절).

[전도서 3장]

인간의 생사를 포함하여 세상 모든 것은 하나님이 정한 때가 있습니다(1-8절). 사람은 때와 기한을 가늠하고 조절할 능력이 없기에 교만할 수 없습니다. 하나님은 죄인에게 수고의 짐을 지워주셨습니다(9-10절). "땅은 너로 말미암아 저주를 받고 너는 네 평생에 수고하여야 그 소산을 먹으리라"(창 3:17). 또한 모든 것을 때에 따라 아름답게 만드신 하나님은 사람들의 마음속에 영원을 사모하는 마음을 주셨습니다(11절). 하나님이 하시는 일의 처음과 끝을 다 알 수 없으니 현재에 충실하여 기뻐하며 선을 행하고, 먹고 마시는 것과 수고한 것에 만족하며 살아가야 합니다(12-13절). 하나님이 행하시는 일은 영원하며 사람이 더하거나 뺄 수 없습니다(14절). 또한 과거에 일어났던 일이 지금 다시 일어나는 등 당신이 정하신 일들을 되풀이 하십니다(15절). 하나님은 인간의 통제를 넘어선 이런 일들을 통해 당신을 경외하게 하십니다. 가장 정의로워야 할 법정조차 악이 있을 정도로 악이 만연해 있지만 하나님의 공의로운 심판의 때가 있습니다(16-17절). 한번 태어나 죽는 것은 사람이나 짐승이 동일하기 때문에 만약 하나님을 알지 못한다면 짐승과 다름없는 헛된 인생을 살게 됩니다(18-21절). 하나님이 자신에게 맡기신 몫을 즐겁게 감당하는 것이 복입니다(22절).

[디모데전서 5장]

5-6장은 바울의 목회적 조언으로 5장은 과부와 장로에 대한 지침과 디모데에게 주는 개인적 권면을 담고 있습니다. 먼저 성도들의 나이와 성별에 따른 목회자의 바른 처신에 대해 조언합니다(1-2절). 특히 교회의 주된 돌봄의 대상이 되는 참 과부에 대해 상세하게 다루는데 참 과부의 자격은 60세 이상이며 한 남편의 아내였던 자로 선한 행실의 증거가 있어야 합니다(9-10절). 교회는 도움 받을 곳이 전혀 없는 참 과부를 존대하여 그들의 생계를 지원하고, 교회의 돌봄을 받는 그들은 하나님께 소망을 두고 밤낮 기도해야 합니다(3, 5절). 만약 과부에게 자녀나 손자가 있거나 친족이 나 믿는 여자친족이 있는 경우에는 그들로 하여금 부양의 의무를 지게 해야 합니다(4, 7-8, 16절). 젊은 과부는 참 과부 명단에서 제외되었는데 아직 젊기에 직분과 서원을 저버릴 가능성이 있기 때문입니다. 바울은 이들에게 가정을 이루어 가정 안에서 자신의 역할을 다하라고 권면합니다(11-15절). 잘 다스리는 장로(가정교회의 지도자)를 존경하고 수고에 대해 마땅히 사례하되 만약 교회를 잘못 다스린 혐의가 있거든 확실한 증거에 의해 신중하게 처리하고, 만약 혐의가 드러나거든 공개적으로 치리하여 공동체 앞에서 회개하도록 해야 합니다(17-20절). 장로에 대한 고발 건은 편견 없이 공정하게 처리하고 그에 앞서 이런 일이 발생하지 않도록 임직에 신중해야 합니다(21-22절). 다른 사람의 죄에 동참하지 말고 자신을 정결하게 지킬 것을 권면합니다. 위장병 및 자주 발병하는 병을 앓고 있는 디모데에게 의료적인 목적으로 포도주를 쓰라고 권합니다(23절). 죄와 선행 모두 때가 되면 다 드러나게 되어 있으니 일꾼을 세우는 일을 성급하게 하지 말고 신중해야 합니다(23-25절).

[기도]

하나님! 나를 특별하게 구별하여 주셨으니 구별된 삶을 살아가게 하옵소서. 모든 것이 정한 때가 있음을 알고 하나님의 주권을 인정하며 기다릴 줄 아는 참 신자가 되게 하옵소서. 우리 교회가 더욱 견고하게 세워지도록 은혜를 베풀어 주옵소서.

[레위기 21장]

21, 22장은 제사장이 지켜야할 정결 규례입니다. 제사장은 시신접촉의 범위, 두발, 배우자, 딸의 행음에 관한 규정을 준수해야 합니다(1-9절). 대제사장과 관련된 규정은 더 엄격합니다. 장례의 경우 일반 제사장과 달리 옷을 찢는 일도 심지어 부모의 시신을 만지는 일도 허용되지 않습니다(10-12절). 배우자는 오직 자기 가문에 속한 처녀만 가능합니다(13-15절). 신체적인 흠이나 질병이 있다면 즉시 성소의 직무에서 배제되었으며, 다만 성물을 먹는 것은 가능했습니다(16-24절). 이는 직무수행의 정지로 인한 생계의 곤란이 발생하지 않도록 하기 위함입니다. 신체에 흠이 있거나 질병이 있는 대제사장은 즉시 성소의 직무에서 배제되었다는 사실을 묵상하면 흠과 티가 많은 우리를 부르셔서 왕 같은 제사장으로 삼으신 하나님의 은혜가 얼마나 큰지를 알게 됩니다. "너희는 택하신 족속이요 왕 같은 제사장들이요 거룩한 나라요 그의 소유가 된 백성이니"(벧전 2:9)

[시편 26-27편]

(26편) 찬양시. 생명의 위협을 받고 있는 다윗은 자신의 무죄를 호소합니다("나를 판단하소서", 1절). 구체적으로 자신을 테스트하셔서 자신의 뜻과 양심을 단련(확인)해 달라고 간구합니다(2절). 그는 하나님의 말씀 안에서 성실하게 살아왔습니다(3절). 그는 악한 행위를 하지 않았고 주의 은총에 감사하며 의롭게 살았으며 예배와 주의 영광을 위한 일에 마음을 두고 살았습니다(4-8절). 그는 구원을 바라며 여호와를 송축할 것을 약속합니다(9-12절).

(27편) 찬양시. 사방이 대적들로 둘러싸여 있지만 하나님을 철저히 신뢰하는 다윗은 하나님이 주시는 평안과 승리를 확신합니다(1-3절). 그의 간절한 소원은 대적들의 위협 속에서도 하나님의 임재의 기쁨을 누리며 하나님의 보호와 승리 가운데 감사의 제사를 드리는 것입니다(4-6절). 그는 절망에서 구원하여 주시길 간절히 요청합니다(7-9절). "주의 얼굴을 숨기지 마소서", "주의 종을 노하여 버리지 마소서", "나를 버리지 마시고 떠나지 마소서"라는 다윗의 간구는 하나님 외에 의지할 대상이 없는 그의 절박함을 보여 줍니다. 그는 하나님이 자신을 버리지 않는다는 것과 친히 그의 길을 인도하사 악한 자로부터 건지심으로 당신의 선하심을 나타내실 것을 확신합니다(10-14절).

[전도서 4장]

전도자는 삶의 의미를 찾아가는 여정을 계속하고 있습니다. 그는 인생의 모순들에 주목합니다. 첫째, 약자에 대한 권세자의 끊임없는 학대로 약자들의 고통이 계속되고 있음에도 이를 위로하는 자가 없다는 것입니다(1-3절). 권세와 부를 가진 자들이 더 많은 것을 소유하기 위해 저지르는 약자에 대한 착취와 학대를 보는 것은 참으로 헛된 것입니다. 둘째, 인간의 노력과 성취가 이웃에 대한 시기(=이웃보다 더 뛰어나야 한다는 경쟁심리)에서 비롯된다는 것과 우매자는 아무것도 하지 않는다는 것입니다(4-6절). 즉 지나친 경쟁과 게으름이 상존하는 모순을 말하고 있습니다. 열심히 수고하나 후손이 없는 불행도 있습니다(7-8절). 혼자가 아닌 다른 사람과 함께하면 일의 성과도 좋아지고 위기를 극복할 힘을 얻으며 승리할 수 있습니다(9-12절). 하나님은 우리를 함께 살아가는 존재로 만드셨습니다. 마지막 부분은 지혜로운 젊은이와 늙고 교만한 왕을 비교합니다(13-16절). 새로운 세대가 구세대를 대신해 권력을 잡지만 시간이 지나면 그들 역시 구세대가 됩니다. 구세대를 비판하며 마치 세상을 변혁시킬 것처럼 등장한 새로운 세대가 시간이 지나면서 구세대를 답습하며 기득권 유지에만 신경 쓰는 추한 모습을 보이기를 반복하고 있으니 이 역시 헛된 것입니다. "해 아래에는 새 것이 없나니"(1:9). 역사는 순환하며 역사의 모순도 반복됩니다.

[디모데전서 6장]

바울의 목회적 조언 두 번째 장입니다. 바울은 종들에게 권면합니다. 상전을 공경함으로 하나님의 이름과 교훈이 비방을 받지 않게 하며 상전이 그리스도인일 경우에는 그를 가볍게 대하는 과오를 범하지 말고 더 잘 섬겨야 합니다(1-2절). 종의 진실한 행동을 통해 주인과 세상은 복음의 진리를 맛보게 될 것입니다. "너희는 우리로 말미암아 나타난 그리스도의 편지니 이는 먹으로 쓴 것이 아니요 오직 살아 계신 하나님의 영으로 쓴 것이며"(고후 3:3). 바울은 다른 교훈을 따르며 투기와 비방으로 교회를 분열시키고 경건을 이익의 수단으로 악용하는 거짓 교사들에 대해 경고합니다(3-5절). 우리는 빈 손으로 왔다가 빈 손으로 가는 인생입니다(7절). "내가 모태에서 알몸으로 나왔사온즉 또한 알몸이 그리로 돌아가올지라 주신 이도 여호와시오 거두신 이도 여호와시오니"(욥 1:21). 그러므로 파멸을 부르는 탐욕을 버리고 자족하는 마음을 가져야 합니다(6-10절). 그리스도인은 믿음의 선한 싸움에서 이기고 거룩하게 살아감으로써 이생에서도 영생을 누려야 합니다(11-16절). 마지막으로 부유한 그리스도인들에게 전할 내용(=오직 하나님께 소망을 두고 재물을 올바르게 사용할 것)을 가르치며 복음의 수호를 당부합니다(17-21절).

[질문과 묵상]

1. 오늘 말씀을 통해 만난 하나님은 어떤 분인가요?

2. 오늘 말씀을 통해 하나님이 내 삶에 요청하시는 것은 무엇인가요?

[기도]

허물 많은 나를 용서하시고 의롭게 하셔서 왕 같은 제사장 삼으신 놀라운 은혜를 찬양합니다. 사방이 대적들로 둘러싸여 있어도 하나님을 향한 신뢰는 변함이 없게 하시고, 복음을 드러내는 그리스도의 편지가 되게 하옵소서.

[레위기 22장]
성물에 관한 규례(1-16절)와 제물에 관한 규례(17-33절)입니다. 부정한 상태에 있는 제사장은 성물을 먹거나 접촉할 수 없으며 제사장은 사체를 섭취할 수 없습니다(1-9절). 일반인이나 출가한 제사장의 딸은 성물을 먹을 수 없지만 만약 제사장의 딸이 혼인관계의 중단으로 아버지에게 돌아온 경우에는 가능합니다(10-13절). 실수로 금지된 성물을 먹었을 경우에는 속건제를 드리고 성물의 1/5을 더해서 갚아야 하며, 고의로 성물을 먹은 경우에는 그에 합당한 형벌(=하나님의 심판으로 인한 죽음이나 공동체에서 추방)이 주어집니다(14-16절). 흠 없는 온전한 제물만 제사에 쓰이는데 제물로 쓰기에 부적절한 경우를 자세하게 안내합니다(17-25절). 우리 대신 대속의 제물 되신 그리스도는 흠 없는 온전한 제물입니다. "오직 흠 없고 점 없는 어린 양 같은 그리스도의 보배로운 피로 된 것이니라"(벧전 1:19). 제물로 쓰이는 가축에 대한 배려를 잊지 말아야 하며, 화목제 고기는 당일에만 먹을 수 있음도 기억해야 합니다(26-30절). 규례들을 잘 지킴으로써 하나님의 거룩한 이름을 높여야 합니다(31-32절). 이는 그들을 애굽에서 구원하시고 거룩하게 하신 하나님의 명령입니다.

[시편 28-29편]
(28편) 찬양시. 다윗은 하나님을 찬양하고 있지만 그의 심정은 무덤에 내려가는 자와 같습니다(1절). 그는 지성소를 바라보며 반석이요 구원이 되시는 하나님께 기도합니다(2절). 그는 화평으로 위장한 악독한 자들을 심판하여 주시길 기도합니다(3-5절). 그는 응답하신 하나님으로 인해 기뻐하며, 그의 힘이요 구원의 요새가 되시는 하나님이 영원토록 목자가 되어 주시길 소망합니다(6-9절).
(29편) 찬양시. 다윗은 권능 있는 자들('하나님의 백성들')에게 영광과 능력을 여호와께 돌리며 예배할 것을 촉구합니다(1-2절). 그는 갈릴리 호수 주변에서 볼 수 있는 자연현상에 주목합니다. 호수 위로 천둥과 번개가 내리치며 검은 구름이 몰려와 비를 뿌리고, 번개에 맞은 백향목이 쪼개져 그 조각들이 사방으로 튀며 천둥소리에 놀란 암사슴이 낙태하고(='새끼를 낳고'로 해석하기도 함), 번갯불로 인한 화재로 산림이 불에 타버렸습니다(3-9절). 하나님이 일으키는 압도적인 자연현상을 통해 하나님의 영광이 나타났습니다. 하나님은 홍수 때에 좌정하시는('자연을 통치하는') 권세를 가진 영원한 왕이십니다(10절). 권능과 영광의 하나님을 왕으로 모신 사람은 복된 존재입니다(11절).

[전도서 5장]
불의와 모순으로 인해 인생은 헛되어 바람을 잡으려는 것과 같다고 말한 전도자가 5장에서는 하나님과의 관계에서 인생을 논합니다. 하나님은 악을 행하면서 제사하는 자보다 말

씀을 듣고 행하는 자를 기뻐하십니다(1절). 제사를 드리는 자는 이것을 기억하여 하나님 앞에서 함부로 말하지 말고 그의 말씀 듣기를 더 기뻐해야 합니다(2-3절). 특히 서원은 반드시 지켜야 합니다(4-7절). “그의 마음에 서원한 것은 해로울지라도 변하지 아니하며”(시 15:4). 앞서 전도자는 약자가 권세자들에 의해 학대받는 세상의 모순을 지적했습니다(4:1). 그러나 아무리 큰 권력을 가지고 있다 해도 최종 권위자는 하나님이십니다(8-9절). 이 땅에서 나는 것은 모든 사람을 위한 것이니 약자를 배려하는 것이 하나님의 공의를 행하는 것입니다. 재물은 참 만족을 줄 수 없으며 인생의 의미를 줄 수도 없습니다(10-12절). 심지어 해가 되어 근심, 질병, 분노를 불러올 뿐 아니라 빈손으로 왔다가 빈손으로 가는 인생임을 잊어버리게 만듭니다(13-17절). 재물을 좇는 삶을 살다가 영생을 놓치는 경우가 많으니 이것이 가장 큰 폐단입니다. 집착에서 벗어나 하나님이 허락하신 것들을 선물로 여겨 감사하며 기쁨으로 사는 것이 선하고 아름답습니다(18-20절).

[디모데후서 1장]

바울은 생명의 약속을 함께 받은 디모데에게 그의 생의 마지막 편지를 씁니다(1-2절). 디모데가 고난 가운데 흘린 눈물을 기억하는 바울은 그에게 참된 믿음이 있음을 확신하며 그가 받은 은사를 다시 일으켜 줌으로써 복음을 위해 고난도 감수하는 사명자로 굳게 세우고자 합니다(3-8절). 오직 은혜로 사망을 폐하시고 생명을 주신 하나님이 세우신 복음의 일꾼들은 고난을 두려워하지 말고 담대하게 사명을 감당해야 합니다(9-14절). 바울은 한때 그의 사역에 동참했으나 지금은 떠난 자들을 상기합니다. 로마 감옥에 투옥된 그를 정성껏 보살펴 준 오네시보로(에베소 교회 성도)를 통해 바울은 큰 위로를 받았습니다(15-18절).

[질문과 묵상]

1. 오늘 말씀을 통해 만난 하나님은 어떤 분인가요?

2. 오늘 말씀을 통해 하나님이 내 삶에 요청하시는 것은 무엇인가요?

[기도]

온 땅에 가득한 하나님의 권능과 위엄을 찬양함이 옳습니다. 영원하신 왕을 모시는 복된 존재가 되었으니 헛된 것을 좇지 않게 하시고 주신 것에 감사하는 인생이 되게 하옵소서. 생의 마지막까지 변치 않고 주를 사랑하며 복음을 위해 살아가게 하옵소서.

[레위기 23장]
절기에 관한 규례입니다. 이스라엘의 절기는 숫자 7과 관련된 절기들과 농사주기에 따른 절기로 나눌 수 있습니다. 7과 관련된 절기는 7일 주기의 안식일(1-3절), 7년 주기의 안식년(신15:1-11, 25:1-7), 7년 주기가 7번 반복되어 49년째 맞이하는 희년(25:8-12)이 있습니다. 농사 주기와 관련된 절기들은 초실절(보리추수, 9-14절), 칠칠절(=오순절 or 맥추절, 밀추수, 15-21절), 초막절(=수장절, 과일추수, 33-44절)이 있습니다. 초실절은 시기적으로 유월절과 무교절 절기 안에 있는 안식일 다음 날이었는데 사실상 유명무실한 절기였습니다. 우리가 주목해야 할 절기는 유월절과 무교절입니다(4-8절). 어린양의 희생을 통하여 생명이 보존되고 노예에서 해방된 출애굽 사건을 기념하는 절기이기 때문입니다. 또한 대속죄일이 매우 중요한 절기로 지켜졌습니다(26-32절). 대속죄일은 대제사장이 1년에 한 번 지성소에 들어가는 날로 이스라엘이 민족적으로 회개하며 영적으로 쇄신하는 날입니다. 속죄와 구원만큼 중요한 것은 없습니다. 나팔절은 음력 7월 1일로 이스라엘의 설날입니다(23-25절). 이스라엘에서 음력 7월은 축제의 달입니다. 1일은 나팔절, 10일은 대속죄일, 15일부터 21일까지는 초막절로 지키고 22일은 거룩한 성회로 모입니다. 하나님은 절기에 대한 규례 가운데 약자를 배려하는 추수법을 명하십니다(22절).

[시편 30편]
찬양시. 30편은 찬양으로 시작하여 찬양에 대한 결단으로 마칩니다. 그가 감사와 찬양을 드리는 이유는 하나님이 질병과 죽음에서 그를 건져주셨기 때문입니다(1-3절). 그는 백성들에게 하나님의 은총에 감사하며 찬양할 것을 촉구합니다(4-5절). 다윗은 한때 자신의 번영에 취하여 교만했던 적이 있었는데 하나님은 잠시 은총을 거두심으로 그를 교훈하셨습니다(6-7절). 교만이 불러온 고통과 위기 속에서 그는 다시 하나님의 은총을 구하며 회복을 위해 간구했습니다(8-10절). 마침내 응답을 경험한 다윗은 슬픔을 기쁨으로 바꾸어주신 하나님을 영원히 찬양하며 감사할 것을 결단합니다(11-12절).

[전도서 6장]
저자는 재물이 있어도 불행한 이유 세 가지를 말합니다. 첫째, 많은 것을 소유했어도 그것으로 인해 생기는 걱정으로 평안을 누리지 못합니다. “노동자는 먹는 것이 많든지 적든지 잠을 달게 자거니와 부자는 그 부요함 때문에 자지 못하느니라”(5:12). 둘째, 자신의 소유를 타인이 누리는 통탄할 일이 종종 생깁니다(1-2절). 셋째, 스스로 만족할 줄

모릅니다(3-6절). 즉, 재물을 소유한 자는 자족을 모른다는 것입니다. 인간은 채울 수 없는 욕망을 채우기 위해 열심히 수고하고 애쓰는 모순 속에서 살아갑니다(7-9절). 인간은 하나님이 정하신 한계 속에서 살아갑니다(10절). 그 속에서 스스로 모순과 불행을 반복하고 있지만 만약 모순과 불행이 하나님으로부터 왔다 해도 인간은 하나님과 변론할 수 없는 존재입니다. 인간은 스스로의 한계를 직시해야 합니다. 짧은 생애 동안 무엇이 진정한 기쁨인지 모르며 장래 일도 알 수 없기 때문에 하나님이 정하신 한계를 인정하고 그의 뜻을 구하며 사는 것이 지혜입니다(11-12절).

[디모데후서 2장]

바울은 디모데의 소명을 일깨우기 위해 그를 강하게 하실 그리스도의 은혜에 대한 적극적인 반응과 신실한 일꾼들을 세우는 영적 재생산을 촉구합니다(1-2절). 그리스도의 좋은 병사는 모집한 자(그리스도)를 기쁘게 하고 복음을 위해 전투하며 법대로 경기하여 승리자가 되어야 합니다(3-7절). 그리스도인이 법대로 경기하는 것은 곧 사랑과 진리 가운데 행하는 것을 말합니다. 자신은 옥에 갇혀 있으나 복음은 결코 갇힐 수 없음을 선언한 바울은 주와 함께 영원히 다스리게 될 영광을 바라보며 모든 것을 참아내고 있습니다(8-13절). 성도는 그리스도의 고난과 영광에 참여하는 자입니다. 바울은 악성 종양 같은 거짓 교사들이 교회에 침투하지 못하도록 진리의 말씀을 잘 분별할 것을 당부합니다(14-19절). 어떤 재질의 그릇이냐 보다 얼마나 깨끗한 그릇이냐가 더 중요합니다(20-21절). 바울은 디모데에게 청년의 정욕을 피하고 의, 믿음, 사랑, 화평을 추구하며 거짓 교사들과의 무익한 논쟁을 피하고, 저들을 온유함으로 가르치며 훈계할 것을 권면합니다(22-26절).

[질문과 묵상]

1. 오늘 말씀을 통해 만난 하나님은 어떤 분인가요?

2. 오늘 말씀을 통해 하나님이 내 삶에 요청하시는 것은 무엇인가요?

[기도]

내 죄를 사하시고 구원의 은혜를 베푸셨으니 평생 찬양해도 모자랄 뿐입니다. 날마다 찬양하고 어려운 상황이 와도 찬양하게 하옵소서. 과욕을 버리고 하나님이 정해 주신 삶을 사랑하며 유영하게 하옵소서. 진리의 말씀을 사랑하는 깨끗한 그릇 되기를 원합니다.

[레위기 24장]

성소 안에 있는 등잔대와 진설병상에 대한 내용입니다. 금 1달란트(=34kg)로 만들어진 등잔대는 깨끗한 감람유로만 불을 밝힐 수 있으며 특히 등잔대의 불은 항상 타오르도록 매일 관리해야 합니다(1-4절). 우리에게 임한 성령의 불이 항상 타오르도록 정결한 하나님의 백성이 되어야 합니다. 또한 매주 언약의 빵인 진설병을 잘 관리해야 합니다. 진설병은 하나의 크기가 2/10에바(≒4.4ℓ)인데 12개가 항상 진설되어 있어야 하며 매 안식일마다 교체해야 합니다(5-9절). 진설병(히: 레헴 파님)은 직역하면 얼굴의 빵인데 하나님의 임재의 빵이라는 의미입니다. 제사장들은 엄청난 양의 빵을 구워 상 위에 진설하고 일주일이 지나면 그 빵을 먹는 일을 매주 반복했습니다. 우리는 하나님의 말씀을 매일 바라보아야 하며 양식을 삼아야 합니다. 등잔대의 불과 언약의 빵은 세상의 빛("나는 세상의 빛이니", 요 8:12)이요 생명의 양식("나는 생명의 떡이니", 요 6:35) 되시는 예수님을 보여줍니다. 이어서 범죄에 대한 처벌 규정을 다루고 있는데 핵심은 '눈에는 눈 이에는 이'로 대표되는 동해복수법(동해동형법)과 본토인과 거류민에 대한 차별 없는 적용입니다(10-23절). 저주는 상대의 멸망(죽음)을 선언하는 것이므로 하나님을 저주하는 행위는 죽음이라는 결과를 불러옵니다. 동해복수법은 처벌보다는 예방과 과도한 복수를 차단하기 위한 법입니다.

[시편 31편]

탄원시. 대적에게 쫓기고 있는 다윗이 그의 견고한 바위요 구원의 산성이신 하나님께 긴급하게 호소합니다(1-4절). 그는 자신의 영혼을 주께 부탁합니다("나의 영을 주의 손에 부탁하나이다", 5-6절). 이 내용은 예수님이 십자가에서 드렸던 기도입니다. "아버지여 내 영혼을 아버지 손에 부탁하나이다"(눅 23:46). 우리 죄를 위해 육신의 생명을 버리신 예수님은 마지막 순간 당신의 영혼을 아버지께 맡기셨습니다. 다윗의 고난과 영혼의 고뇌를 아시는 하나님은 그를 더욱 견고히 세우실 것입니다(7-8절). 그는 하나님을 신뢰하면서도 현실의 고통으로 인해 괴로워하며 탄식합니다(9-13절). 그는 하나님께 자신의 구원과 대적의 심판을 간구합니다(14-18절). 하나님은 당신께 피하는 자에게 은혜를 베푸시고 절망 가운데 부르짖는 자의 기도에 응답하심으로 당신의 놀라운 사랑을 나타내십니다(19-22절). 다윗은 신실한 자를 보호하시고 교만한 자를 물리치시는 하나님을 사랑함으로 더욱 담대하라고 권면합니다(23-24절).

[전도서 7장]

7장은 잠언과 같아서 '전도서의 잠언'이라 불립니다. 먼저 비교잠언이 등장하는데 두 가지 삶의 모습을 비교하며 무엇이 더 나은 삶인지 깨닫게 합니다. 인간은 유한한 존재라는 것과 죽음이 있다는 것을 인지할 때 더 나은 삶을 살 수 있습니다(1-4절). 우매함(=분노 & 탐욕 & 교만)으로 살아가지 말고 참된 지혜를 따라 살아갈 때 더 나은 인생을 살 수 있습니다(5-12절). "가시나무가 타는 소리"는 불에 타는 소리만 요란하고 화력은 약하다는 의미로 도움이 되지 않는 상황을 표현한 것입니다. 우리는 하나님의 주권과 인간의 한계를 인정하고 형통한 날과 곤고한 날 모두를 허락하신 하나님 앞에 합당하게 행동해야 합니다(13-14절). 세상에는 의인이 망하고 악인이 장수하는 일도 발생하며 진정한 의인을 찾기도 쉽지 않습니다(15-22절). "지나치게 의인이 되지도 말며 지나치게 지혜자도 되지 말라"는 것은 의인이나 지혜자가 되려는 욕심이 지나치게 과할 때 허례허식에 빠지고 외식하는 자가 될 수 있음에 대한 우려입니다. 인간은 완전할 수 없습니다. 말씀의 인도에 따라 거룩함과 지혜를 얻되 과욕을 부리지 말아야 합니다. 지혜를 얻는 것은 쉽지 않으며 이미 있는 것을 다 이해하기도 어렵습니다(23-24절). 전도서 기자는 지혜를 추구하는 과정에서 세 가지 사실을 발견합니다(25-29절). 첫째, 죄악으로 유혹하는 여인이 사망보다 더 쓰다는 것 둘째, 세상에서 지혜자를 찾기 어렵다는 것 셋째, 하나님이 정직하게 만드신 사람이 도리어 하나님이 창조하신 세상을 망가뜨렸다는 것입니다. 결국 인생의 헛됨, 허무함, 모순의 원인은 사람에게 있습니다.

[디모데후서 3장]

바울은 말세에 나타날 사람들의 타락상과 거짓 교사(이단 & 사이비)에 대한 처신 그리고 고난에 대해 승리하는 법을 교훈합니다. 말세는 그리스도의 초림에서 재림까지의 전 기간입니다. 바울은 말세에 나타날 18가지 타락의 현상들을 나열하면서 경건의 흉내만 내는 자의 모습이라고 말합니다(1-5절). 이 당시 배움의 기회가 거의 없었던 여자들은 배움에 대한 갈증이 있었는데 거짓 교사들이 바로 이 점을 노렸기 때문에 바울은 그들을 경계하라고 말합니다(6-7절). 유대 전승에 따르면 모세의 기적을 흉내 냈던 애굽의 마술사 이름이 얀네와 얌브레입니다. 하나님이 그들을 심판하신 것처럼 거짓 교사들도 하나님이 심판하실 것입니다(8-9절). "요술사들도 악성 종기로 말미암아 모세 앞에 서지 못하니"(출 9:11). 바울은 디모데에게 그가 전한 말씀과 그가 보여준 행실과 결단과 믿음, 오래 참음, 사랑, 인내(소망)를 본받으며, 복음을 위해 고난을 감수할 것을 권합니다(10-13절). 특별히 고난과 박해를 이기려면 구원에 이르는 지혜를 주며 하나님의 사람으로 온전케 하는 성경을 부지런히 배워 그 안에 거해야 합니다(14-17절).

[기도]

성령의 불이 꺼지지 않게 하시고 말씀에 주리지 않게 하옵소서. 참 빛이시며 참된 양식이 되시는 예수님으로 충만케 하옵소서. 가시나무가 타는 것처럼 겉만 화려하며 경건의 모양만 있는 자가 되지 않게 하시고 말씀을 통해 하나님의 사람으로 자라나게 하옵소서.

[레위기 25장]
율법은 약자 보호를 강조하는데 약자에는 사람, 동물, 자연이 다 포함됩니다. 우리는 25장에서 하나님의 법의 위대함과 아름다움을 보게 됩니다. 하나님은 안식년을 제정하셨습니다(1-7절). 인간과 자연의 공존을 위한 법으로 6년간 농사지었던 땅을 7년차에 쉬게 합니다. 자연 발생한 소출은 주인과 종과 거류민 심지어 들짐승까지 공유하는데 주인이 궁하지 않는 한 약자에게 양보해야 합니다(출 23:11). 7년 주기의 안식년을 7번째 맞이하면 희년인데 내용상 49년째인지 50년째인지가 불분명합니다(8-12절). 그러나 안식년의 시작을 1월이 아닌 7월(=가을 파종기)로 잡으면 어느 정도 해결이 가능합니다. 즉 48년차(6년차) 봄에 47년차(5년차) 가을에 파종한 것을 추수한 후, 그 해 7월부터 안식년이 돌입하게 되면 가을에 파종하지 않게 되니 안식년이 계속되는 49년차(7년차) 봄에는 추수가 필요 없게 됩니다. 그리고 그 해(49년차) 7월부터는 희년이 시작되니 가을에 파종하지 않게 되고 자연히 50년차(8년차) 봄에는 추수가 필요 없어집니다. 50년차 가을부터 정상적으로 파종하여 이듬해 봄에 추수합니다. 정리하면 48년차 7월부터 50년차 6월까지 안식년 및 희년이 이어집니다. 토지 정의를 실현하는 희년제도는 현대의 어떤 제도보다도 우수한 사회보장제도입니다(13-22절). 하나님은 안식년과 희년이 연속되는 49년차 봄부터 그 다음 추수가 있는 51년차(새로 1년차) 봄까지 먹을 양식을 충분히 보장해 주신다고 약속하십니다. "여호와의 입에서 나오는 모든 말씀으로 사는 줄을 네가 알게 하려 하심이라"(신 8:3). 토지는 근본적으로 하나님의 소유이므로 팔더라도 영구적으로 양도될 수 없습니다(23절). 고엘 제도는 경제적 형편이 어려운 형제나 친족의 땅을 되찾아 주는 또 하나의 방법입니다(24-28절). 주택에도 희년법이 적용되며 희년 정신을 위배하는 고리대업은 금지됩니다(29-38절). 동족의 경제적 파탄을 이용하는 행위는 절대 금물입니다. 노예제도가 있던 시대이므로 이방인 노예에 대한 대우는 동족인 노예와는 다를 수밖에 없다는 한계가 있지만 그럼에도 희년과 고엘제도를 통해 노예를 원래의 지위로 회복시키는 것은 그 시대 최고의 인권법이라 할 수 있습니다(39-55절). 안식년과 희년, 고엘 제도는 하나님의 긍휼과 자비를 담고 있습니다.

[시편 32편]
참회시(ft. 찬양시: 회개 이후의 기쁨과 감사). 권력과 부와 명예를 다 가진 다윗이지만 진정한 복은 죄 사함과 하나님 앞에서의 용납되는 것임을 그는 알고 있습니다(1-2절). 밧세바 사건을 통해 죄를 숨기고 회개하지 않는 것은 뼈를 상하게 하는 고통임을 알게 된 다윗이기에 죄를 사함 받는 것이 얼마나 큰 기쁨인지 잘 알고 있습니다(3-5절). 하나님은 회개하는 자를 보호하시고 구원하십니다(6-7절). 하나님은 고집을 버리고 말씀을 따르는 자에게 그의 인자를 나타내십니다(8-11절).

[전도서 8장]

지혜는 삶을 평화롭고 온유하게 만듭니다(1절). '얼굴을 비춘다'는 것은 은혜와 평강을 주신다는 의미입니다. "여호와는 그의 얼굴을 네게 비추사 은혜 베푸시기를 원하며 여호와는 그 얼굴을 네게로 향하여 드사 평강 주시기를 원하노라"(민 6:25-26). 지혜로운 사람은 왕의 명령을 지키며 왕이 싫어하는 일을 하지 않는 등 행동에 주의합니다(2-5절). 이 교훈은 왕정제도를 배경으로 하고 있으며 여기서 왕은 '하나님의 지혜를 받은 자'라는 의미가 있습니다. 모든 일에 때와 방법이 있지만 장래 일을 포함하여 죽음, 전쟁, 악에 대하여 인간은 무지합니다(6-8절). 그러므로 겸손해야 합니다. 하나님을 경외하는 의인은 잘되고 악인은 심판을 받아야 하지만 결과가 반대로 나타나는 모순이 있습니다(9-13절). 그러나 마지막 날의 심판으로 하나님은 공의를 바로 세우실 것입니다. 악인이 형통을 누리는 것은 인간의 능력으로 바꿀 수 있는 것이 아니니 현재의 삶에 감사하는 것이 복입니다(14-15절). 우리는 하나님이 행하시는 일들을 다 알 수 없습니다(16-17절).

[디모데후서 4장]

하나님과 심판의 주권자 되시는 예수 그리스도와 그의 나라를 생각할 때 복음전파를 지체할 수 없습니다(1-2절). 사람들이 거짓 교훈을 따르며 진리를 거부하고 전도자를 핍박한다 해도 전해야 합니다(3-5절). 떠날 날이 얼마 남지 않았음을 감지한 바울은 선한 싸움을 싸우고 달려갈 길을 마치고 믿음을 지킨 자에게 의의 면류관이 준비되어 있다고 격려합니다(6-8절). 그는 누가, 디모데, 마가, 두기고와 같은 동역자들과 세상을 사랑하여 그를 떠난 자들의 이름을 기록합니다(9-12절). 그는 겉옷과 가죽 종이에 쓴 책(성경)을 가져 올 것을 부탁하며 복음을 대적하는 알렉산더를 주의하라고 말합니다(13-15절). 그가 처음으로 로마 법정에 섰을 때 그의 곁에는 아무도 없었지만 주님이 그와 함께 하셨습니다(16-18절). 마지막으로 에베소 교회를 섬기는 브리스가 부부와 감옥으로 여러 번 면회를 와 준 오네시보로의 집(1:16)에 대한 문안과 함께 속히 자신에게 와 달라는 부탁으로 글을 마칩니다.

[질문과 묵상]

1. 오늘 말씀을 통해 만난 하나님은 어떤 분인가요?

2. 오늘 말씀을 통해 하나님이 내 삶에 요청하시는 것은 무엇인가요?

[기도]

영원한 안식과 기쁨을 주신 예수님! 죄로 인해 망가진 우리를 회복시키셔서 하나님의 자녀 되게 하신 은혜를 생각하며 죄 사함의 기쁨을 잃지 않게 하시고, 하나님을 경외하는 길에서 벗어나지 않게 하옵소서. 의의 면류관을 바라보며 믿음의 선한 싸움에서 이기게 하옵소서.

[레위기 26장]

25장에서 안식년과 희년에 대한 법이 선포되었고, 26장에서는 율법 준수에 따른 축복과 저주가 선포됩니다. 축복과 저주의 내용이 주로 땅과 관련되어 있는 것으로 보아 25장과 연계해서 보는 것이 타당해 보입니다. 또한 26장은 레위기의 결론이면서 동시에 출애굽기 19장부터 시작되는 시내산 언약의 결론이기도 합니다. 참고로 27장은 부록 혹은 추가 지침의 성격을 가지고 있습니다. 먼저 율법 준수에 따른 축복이 등장합니다(1-13절). 중요한 것은 하나님과 백성간의 언약관계가 유지되는 것입니다. 다음으로 불순종에 대한 저주입니다(14-39절). “또 만일 너희가 그렇게까지 되어도 내게 청종하지 아니하면”(18절), “이런 일을 당하여도 너희가 내게로 돌아오지 아니하고”(23절)라는 내용을 보면 하나님의 징계가 그들을 돌이키려는 목적이라는 것을 알 수 있습니다. 가장 무서운 저주는 성소의 파괴입니다. “너희의 성소들을 황량하게 할 것이요”(31절). 훗날 우상숭배로 인한 심판으로 예루살렘 성전이 실제로 파괴됩니다. 그러나 하나님은 회개에 따른 회복을 약속하셨으며 무엇보다 언약을 폐하지 않을 것을 천명하십니다(40-46절).

[시편 33편]

찬양시(ft. 감사시). 시인은 의인과 신실한 자들에게 하나님을 기뻐하며 감사 찬양을 드리자고 권면합니다(1-4절). 의와 정직은 하나님의 성품입니다. 더불어 하나님의 인자와 공의도 찬양의 이유가 됩니다(5절). 하나님의 성품은 창조의 능력(6-9절), 그의 완전한 계획(10-11절), 구원의 역사(12-19절) 속에 잘 나타나 있습니다. 다윗은 도움과 방패가 되시는 하나님을 기뻐하며 그 이름을 의지하는 자에게 인자를 베풀어 주시길 간구합니다(20-22절).

[전도서 9장]

죽음은 인간이 겪는 한계의 최고봉입니다. 저자는 미래를 알 수 없는 인간의 한계를 말하며 인간의 생명과 모든 일의 주권이 하나님께 있음을 강조합니다(1절). 인생의 마지막 종착역은 죽음입니다(2-3절). 죽은 자는 더 이상 이 땅에서 받을 몫이 없으며 그에 대한 기억도 점차 사라지게 되니 비록 어려움이 있더라도 살아있는 것이 소중합니다(4-6절). 그러므로 하나님이 주신 것들을 기뻐하고 행복한 가정을 이루며 열심히 일하는 것이 지혜입니다(7-10절). 저자는 또 다른 인간의 한계를 말합니다. 그것은 기대와 현실의 괴리입니다(11-12절). 큰 나라의 공격을 물리친 작은 성의 한 지혜자가 위대해 보이지만 그 역시 점차 잊혀 지게 됩니다(13-16절). 인간의 지혜는 영원하지 않습니다. 지혜가 우매함보다 낫지만 그 지혜가 죄인 한 사람으로 인해 무너지는 경우도 있습니다(17-18절). 인간의 지혜는 단번에 무너지지만 하나님의 지혜는 영원합니다. 그리스도는 하나님의 구원의 지혜입니다. "그리스도는 하나님의 능력이요 지혜니라"(고전 1:24).

[디도서 1장]

하나님이 영원 전부터 약속하신 영생의 소망을 증거하기 위해 사도로 부름 받은 바울은 그레데 교회의 지도자인 디도의 권위를 세워주고 격려하기 위해 편지를 씁니다(1-4절). 먼저 성도를 돌보고 가르칠 장로와 감독을 세울 것을 권면하는데 가정과 교회에서 경건의 본을 보이는 사람이어야 합니다(5-9절). 바울은 경건의 능력은 없으면서 쓸데없는 논쟁만 즐기는 할례파를 비판합니다(10-11절). 그들은 족보나 헛된 전통과 유전, 율법의 행위를 통한 의를 강조하는 자들입니다. 만약 '그레데인은 모두 거짓말쟁이다'라는 말을 어떤 그레데인이 했다면 그가 한 말 자체도 참인지 거짓인지 판단할 수 없습니다(12-14절). 허탄한 논쟁을 벌이는 자들의 행태가 바로 이와 같습니다. 경건과 아무 상관없는 각종 금기와 규칙으로 자신을 깨끗케 하려는 자들은 이미 마음과 양심이 더러워진 자들로 입으로만 하나님을 시인하고 행위로는 부정하는 자입니다(15-16절).

[질문과 묵상]

1. 오늘 말씀을 통해 만난 하나님은 어떤 분인가요?

2. 오늘 말씀을 통해 하나님이 내 삶에 요청하시는 것은 무엇인가요?

[기도]

창조와 구원의 하나님! 하나님을 경외하는 마음으로 안식일을 준수하며 율법을 지키고 섬김과 사랑의 삶으로 그리스도인의 증거를 나타내게 하옵소서. 인간의 지혜가 아닌 하나님의 지혜를 의지하게 하옵소서.

[레위기 27장]
성소에 바치는 각종 예물에 관한 규정입니다. 하나님께 자신을 드리기로 서원했다고 해서 제사장이 되거나 성전에서 봉사할 수 있는 것은 아닙니다. 성전에서 일할 수 있는 제사장과 레위인은 정해져 있습니다. 여기서의 서원은 정해진 몸값을 성소에 내는 것으로 성별 및 연령별로 금액이 다릅니다(1-8절). 가축을 서원 제물로 드릴 때에는 인위적으로 고르지 말고 정해진 방법에 따라 선별하고 낙타나 나귀 같이 제물로 쓸 수 없는 가축은 그 값을 매겨 성전에 드립니다(9-13절). 서원으로 드린 주택은 영구히 성전에 귀속됩니다(14-15절). 서원으로 드린 토지 역시 영구히 성전에 귀속되는데 혹 무르고 싶으면 희년이 오기 전에 토지 값의 1/5을 더하여 성전에 내야하며 희년이 지나면 반환되지 않습니다(16-21절). 타인의 밭을 사서 봉헌한 경우에는 영구히 성전의 재산이 될 수 없으므로 희년을 기준으로 예상되는 생산량을 계산하여 그 금액을 성전에 바칩니다(22-25절). 가축의 첫 태생은 하나님의 것입니다. 양과 염소 같은 정결한 가축은 성전에 바쳐져서 레위인과 제사장을 위해 쓰였으며 낙타와 나귀 같은 부정한 짐승은 그 값의 1/5을 더한 금액을 성전에 드려야 합니다(26-27절). 하나님께 온전히 바쳐진 것(히: 헤렘)은 가축이든 토지든 사람(이방인 노예)이든 오직 성전을 위해 사용되어야 합니다(28절). 전쟁 중에 헤렘이 선언되면 성안에 있는 사람, 물건, 가축 모두 진멸해야 하며 전리품으로 취할 수 없습니다(29절). 아간이 이를 어겼다가 하나님의 소유를 훔친 대가로 죽게 됩니다(수 7:1, 21). 수입의 1/10은 하나님의 소유입니다(30-34절).

[시편 34편]
찬양시. 표제어에 따르면 이 시는 사울에게 쫓긴 다윗이 가드 왕 아기스 앞에서 미친 사람처럼 연기해야 했던 블레셋 망명시절을 배경으로 하고 있습니다(삼상 21:10-15). 다윗은 절박한 상황 속에서 찬양을 결단합니다(1-3절). 그는 하나님이 위기에서 건져주셨던 과거의 경험을 선포합니다(4-7절). 하나님을 경외하며 그에게 피하는 자는 부족함이 없는 복을 누리게 될 것입니다(8-10절). 다윗은 하나님을 경외하는 법을 가르치는데 그의 구원을 바란다면 악을 버리고 선을 행하며 화평을 따라야 합니다(11-14절). 하나님은 악인을 심판하시고 의인(=마음이 상한 자)의 기도에 응답하십니다(15-20절). 반면 악인은 그가 뿌린 대로 거두게 될 것입니다(21절).

[전도서 10장]

지혜의 다양한 측면들을 이야기하며 지혜를 권합니다. 죽은 파리가 향유에서 악취가 나게 하는 것처럼 우매함이 지혜와 명예를 더럽힙니다(1-3절). 지혜로운 행동은 통치자의 분노도 잠잠케 합니다(4절). 통치자가 어리석으면 사회질서가 무너집니다(5-7절). 지혜가 없는 자는 부주의로 인해 사고를 당하거나 아예 일을 시작조차 못할 수 있습니다(8-11절). 지혜로운 자는 성공하지만 어리석은 자는 자신이 뱉은 말로 인해 스스로 망하게 됩니다(12-15절). 미숙한 왕과 향락에 빠진 신하가 다스리는 나라는 화를 입게 되지만 귀족의 아들(=고결한 인격을 소유한)인 왕과 절제할 줄 아는 신하가 다스리는 나라는 복을 받습니다(16-17절). 게으름을 멀리하고 돈을 합당하게 사용해야 합니다(18-19절). 그리고 말의 빠른 전파력에 유의해야 합니다(20절).

[디도서 2장]

바울은 참된 경건의 실제를 가르칩니다. 참된 경건은 일상과 매우 밀접하게 관련되어 있습니다. 바울은 성도들을 연령과 성, 신분을 고려하여 남자 장년(2절), 여자 장년(3-4절), 여자 청년(4-5절), 남자 청년(6-8절), 종(9-10절) 등 다섯 그룹으로 나눈 후 각 그룹이 갖추어야 할 경건의 특성을 제시합니다. 그리스도께서 자신을 내어 주심으로 모든 불법에서 우리를 건지시고 깨끗하게 하셨으며, 마지막 날의 영광을 소망하며 살게 하셨으니 불의한 행실과 정욕을 버리고 의와 경건함으로 살아가야 합니다(11-15절). 이를 위해 바울은 디도에게 먼저 본을 보일 것을 강조합니다. "범사에 네 자신이 선한 일의 본을 보이며"(7절).

[질문과 묵상]

1. 오늘 말씀을 통해 만난 하나님은 어떤 분인가요?

2. 오늘 말씀을 통해 하나님이 내 삶에 요청하시는 것은 무엇인가요?

[기도]

신실하신 하나님! 하나님과의 약속을 잘 지키는 신실한 성도가 되게 하옵소서. 우매자의 길을 가지 않게 하시고 하나님이 주신 지혜를 따르며, 어떤 상황에 있든지 하나님의 선하심을 인정하게 하옵소서.

[민수기 1장]

출애굽한지 2년이 된 해 2월 1일, 성막을 봉헌한지 한 달이 지났을 때(출40:17) 하나님은 인구조사를 명하십니다(1-4절). 이는 병적조사로서 20세 이상으로 전쟁에 나갈 수 있는 남자를 계수하는 것입니다. 가장 적은 베냐민 지파가 35,400명, 가장 많은 유다 지파가 74,600명이며 각 지파별로 계수된 인원이 수 만명에 이릅니다. 이는 하나님이 아브라함에게 주신 언약을 신실하게 이루어주셨음을 반증하고 있습니다(5-46절). "내가 너로 큰 민족을 이루고"(창 12:2). 단, 레위 지파는 병역의무에서 제외시켰는데 그들에게는 성막 봉사의 책무가 주어졌기 때문입니다(47-54절). 성막을 위해 하나의 지파를 할애했다는 것은 이스라엘이 무력으로 세상을 정복할 나라가 아니라 하나님의 뜻을 세상 가운데 이루는 하나님의 군대(마하나임)라는 것을 보여줍니다.

[시편 35편]

탄원시. 다윗은 이스라엘 역사상 최고의 군주로 꼽히지만 시편에 있는 그의 많은 작품들은 그가 결코 쉽지 않은 인생을 살았음을 보여 줍니다. 탄식과 찬양이 함께 나타나는 그의 시를 보면 때로 흔들리기도 하지만 그럼에도 불구하고 주의 선하심을 신뢰하며 좁은 길을 걷는 우리의 모습이 나타납니다. 심각한 위기를 만난 다윗이 하나님께 도움을 호소하며 원수를 심판해 달라고 요청합니다(1-8절). 그는 하나님이 주실 승리를 노래합니다(9-10절). 다윗이 억울함을 호소하는 내용을 보면 대적이 그와 가까운 인물인 것으로 판단됩니다(11-18절). 원수들은 거짓으로 모략하며 부당한 공격을 하고 있습니다(19-21절). 다윗은 하나님의 공의의 판단에 모든 것을 맡기고 하나님의 의를 찬양하기로 결단합니다(22-28절).

[전도서 11장]

11장 역시 인간의 한계에 대한 내용이 주를 이룹니다. '떡을 물 위에 던진다'는 표현은 고대 근동지역에서 해상무역의 의미로 쓰였습니다. 다소 위험부담이 있더라도 미래를 위해 투자해야 거둘 수 있습니다(1절). 참고로 2천년 전 지중해만 해도 겨울에는 배 운항을 거의 하지 않았으며(행 27장) 항해술이 비약적으로 발달한 16, 17세기 대항해시대까지도 많은 배들이 대서양에서 난파되었습니다. 때론 과감한 투자가 필요하긴 하지만 하나에 모든 것을 거는 도박하는 식의 투자는 지양해야 합니다(2절). 최소한의 안정성이 확보된 가운데 분산 투자하여 큰 손실을 예방하는 것이 지혜입니다. 자연은 법칙에 따라 움직이기도 하지만 예측불허의 상황도 발생합니다(3절). 바람 없는 완벽한 날을 기다리다가는 파종시기를 놓치게 되니 어느 정도 가능한 날을 택해 파종해야 합니다(4절). 사람은 자연과 생명을 다스리시는 하나님의 지혜를 다 알 수 없습니다(5절). 그러므로 알 수 없는 미래를 위해 최선을 다한 후 결과를 기다려야 합니다(6절). 삶의 끝에는 캄캄한 날(죽음)이 기다리고 있습니다(8절). 죽음으로 인한 한계가 많지만 죽음 때문에 지금이 더욱 소중합니다(7절). 청년들은 이 사실을 깊이 깨달아 삶을 소중히 여기며 심판이 있음을 알고 악을 멀리해야 합니다(9-10절). 그렇지 않으면 젊음은 헛됨으로 끝나게 될 것입니다.

[디도서 3장]

그리스도인은 기본적으로 세속국가가 정한 법을 준수해야 합니다(1절). "각 사람은 위에 있는 권세들에게 복종하라"(롬 13:1) 더 나아가 권세자들을 위해 기도해야 합니다. 신앙의 포기를 강요받을 경우가 아니라면 세속의 질서를 존중함으로써 비방거리를 만들지 않는 것이 바람직합니다. 바울은 디도에게 통치자에 대한 복종과 더불어 전에 그가 가르쳤던 내용(=비방 & 다툼 금지, 관용, 온유함)을 기억하여 성도들로 하여금 나타내게 하라고 당부합니다(2절). 바울은 자신에 대해 본래 많은 죄를 행했던 죄인이었으나 하나님의 자비와 사랑으로 인해 새 사람이 되어 영생을 소유하게 되었다고 소개합니다(3-7절). 그는 이 은혜의 복음을 담대하게 전하되 복음과는 상관없는 변론이나 족보 및 율법에 관한 논쟁을 피하고 이단을 멀리하라고 당부합니다(8-11절). 바울은 디도에게 아데마와 두기고를 그레데로 보낼 예정이니 자신이 있는 곳으로 와달라고 요청하며 자신의 편지를 전달할 세나와 아볼로를 도울 것을 부탁합니다(12-15절).

[질문과 묵상]

1. 오늘 말씀을 통해 만난 하나님은 어떤 분인가요?

2. 오늘 말씀을 통해 하나님이 내 삶에 요청하시는 것은 무엇인가요?

[기도]

내일 일을 알 수 없기에 더욱 하나님을 신뢰하며 동행하기를 소원합니다. 이유를 모르는 고난을 당할 때에도 구원의 하나님, 임마누엘의 하나님을 찬양하게 하옵소서. 중생의 씻음과 성령의 새롭게 하심으로 영생의 상속자 되게 하신 예수님을 찬양하게 하옵소서.

[민수기 2장]
병적조사가 끝난 후 하나님은 부대의 편성과 행진 순서에 대해 말씀하십니다(1-34절). 3개 지파가 하나의 집단을 이루는 방식으로 총 4개의 집단군이 편성됩니다. 각 군은 동쪽(유다, 잇사갈, 스불론), 남쪽(르우벤, 시므온, 갓), 서쪽(에브라임, 므낫세, 베냐민), 북쪽(단, 아셀, 납달리)에 각각 포진했으며 진영의 중심에는 회막이 있습니다. 우리는 마음과 삶의 중심에 하나님을 모신 하나님의 군대(마하나임)입니다. 이스라엘의 진영은 하나님 중심의 질서를 우리에게 가르칩니다.

[시편 36편]
찬양시. 표제어는 다윗을 여호와의 종으로 소개하고 있습니다. 다윗은 최고 권력자인 왕의 자리에 있지만 그를 표현하는 더 중요한 정체성은 여호와의 종입니다. 다윗은 하나님을 경외하지 않는 악인의 특징을 설명합니다(1-4절). 악인이 여러 가지 악한 행위를 하는 것은 근본적으로 하나님을 두려워하지 않기 때문입니다. 악인과 달리 의인은 하나님의 인자하심을 찬양합니다(5-6절). 하나님을 경외하는 의인은 하나님의 인자하심을 누리게 될 것이나 악인은 하나님의 공의(심판)를 만나게 될 것입니다(7-10절). 악인은 결코 주의 백성을 해하지 못할 것입니다(11-12절).

[전도서 12장]
전도자는 청년들에게 인생의 유한함과 하나님의 심판을 기억하여 악을 멀리하라고 교훈했습니다(11:9-10). 그는 결론적으로 창조주 하나님을 기억할 것을 강조합니다(1절). 노년의 때가 오기 전에, 인생의 소망이 사라지기 전에 반드시 그렇게 해야 합니다(2-5절). 빛을 발하는 천체들인 해와 빛과 달과 별이 그 빛을 잃고 점점 어두워지듯 인생도 점점 쇠락해져 가다가 죽음의 때가 오게 되니 그 날이 오기 전에 하나님을 기억해야 합니다(6-8절). 전도자는 백성에게 말씀을 가르쳤으며 진리의 말씀을 기록했습니다(9-10절). 말씀에 찔림을 받으며 또한 잘 박힌 못과 같이 말씀이 그 심령에 뿌리내린 사람은 말씀의 인도를 받으며 삶이 하나님께로 고정됩니다(11-12절). “하나님의 말씀은 살아 있고 활력이 있어 좌우에 날선 어떤 검보다도 예리하여 혼과 영과 및 관절과 골수를 찔러 쪼개기까지 하며 또 마음의 생각과 뜻을 판단하나니”(히 4:12). 세상의 많은 지식들은 사람을 피곤하게 만들 뿐 진리의 길로 인도하지 못합니다. 모든 일을 선악 간에 판단하실 하나님을 경외하고

그의 명령에 순종하는 것이 마땅한 본분이요 지혜입니다(13-14절).

[빌레몬서 1장]
자매 압비아와 그리스도의 병사로 표현된 아킵보는 빌레몬의 아내와 아들로 보기도 합니다(2절). 만약 이것이 맞다면 빌레몬의 가족들은 교회를 위해 전적으로 헌신하고 있는 것입니다. 바울은 그의 동역자인 빌레몬에게 사도의 권위를 가지고 명령할 수도 있지만 사랑의 마음으로 권면합니다(8-9절). 오네시모가 비록 죄를 짓고 도망갔지만 지금은 바울의 동역자가 되었으니 지난날의 과오를 너그러이 용서해 달라는 것입니다(9-12절). 바울은 빌레몬이 오네시모의 마음의 짐을 벗겨 주어서 자유함 가운데 그가 사역할 수 있기를 소망합니다(13-14절). 그는 빌레몬이 오네시모를 용납하고 그리스도 안에서 한 형제요 동역자로 받아주기를 기대합니다(20-21절).

[질문과 묵상]

1. 오늘 말씀을 통해 만난 하나님은 어떤 분인가요?

2. 오늘 말씀을 통해 하나님이 내 삶에 요청하시는 것은 무엇인가요?

[기도]

인생의 어둠이 오기 전에 창조주 하나님을 경외하는 삶을 살게 하신 은혜를 감사드립니다. 하나님 중심의 질서 있는 삶을 살게 하시고 말씀에 순종하는 종이 되게 하옵소서. 복음의 감격이 가져다주는 삶의 증거들이 더욱 넘쳐나게 하옵소서.

[민수기 3장]

앞선 병적조사에서 레위지파는 제외되었습니다(1장). 레위지파는 성막에서의 직임에 집중하라는 의미에서 병역의 의무가 면제된 것입니다. 레위지파는 크게 아론계열의 제사장 그룹과 제사장을 돕는 나머지 레위인 그룹으로 구분됩니다. 제사장은 기름부음을 받고 세워지게 되는데 아론의 장남과 차남인 나답과 아비후가 다른 불로 분향하다가 죽게 되면서(레10:1-2) 남은 두 아들이 제사장의 직무를 감당합니다(1-4절). 레위인 역시 특별하게 구별된 사람들로서 제사장을 도와 성막에서 시무를 담당합니다(5-13절). 레위인은 1개월 이상의 남자를 기준으로 가문별로 계수하는데 이는 가문별로 진영의 위치와 성막에서 담당하는 직무가 다르기 때문입니다(14-39절). 구체적으로 게르손 자손은 성막의 장식들과 연관된 장비를 운반하고, 고핫 자손은 성막의 성물을 담당하며, 므라리 자손은 성막의 목재 기구들과 기타 장비를 관할합니다. 하나님은 이스라엘 백성 중에서 태어난 지 한 달이 넘은 맏아들을 계수하라고 하십니다(40절). 계수한 결과 레위인의 전체 숫자보다 273명이 더 많은 22,273명이었습니다(43, 46절). 하나님이 애굽의 장자를 심판하심으로 이스라엘 백성들을 구원하셨으며 이스라엘 백성들의 장자를 대신하여 레위인을 당신의 소유로 삼아 성막봉사를 맡겼기 때문에 레위인의 숫자보다 초과된 273명분의 생명의 속전이 더 필요했습니다(1인당 5세겔). 하나님이 이스라엘 백성들을 대신해 레위인을 취하신 것처럼 우리의 죄를 대신하여 예수 그리스도의 생명을 취하셨습니다.

[시편 37편]

찬양시(or 지혜시). 다윗은 악인으로 인해 많은 고통을 겪었습니다. 악인의 형통은 의인에게 상처가 됩니다. 그는 이 시를 통해 악인에 대하여 어떻게 대처하는 것이 지혜로운 것인지를 말합니다. 의인들은 악인에게 닥칠 최종적인 결말을 내다보며 불평하거나 부러워하지 말고, 여호와를 기뻐하며 그에게 모든 것을 맡기고 선을 행해야 합니다(1-6절). 하나님이 악인을 심판하실 때까지 하나님을 신뢰하며 잠잠히 기다려야 합니다(7-15절). 악인이 일시적으로 형통할 수 있듯이 선을 행한 의인도 고통을 겪으며 불공정한 상태에 놓일 수 있습니다(16절). 그러나 악인의 권력과 소유를 부러워하지 말 것은 결국 하나님은 악인을 심판하시고 의인을 붙드실 것이기 때문입니다(17-22절). 의인이 받은 큰 복은 악인에 의해 넘어지더라도 하나님이 다시 일으켜 주십니다(23-26절). 하나님은 의인을 보호하시며 악인은 심판하십니다(27-36절). 다윗은 하나님이 악인을 멸하시며 의인을 건지신다는 사실을 다시 강조합니다(37-40절).

[아가 1장]

혼인식을 기다리는 신부(술람미 여인)의 독백과 신랑(솔로몬)의 화답입니다. 신랑의 사랑을 듬뿍 받고 있는 그녀는 신랑에 대한 애틋한 마음을 표현하며 속히 자신을 왕궁으로 데려가 주기를 바라고 있습니다(1-4절). 그러나 그녀의 얼굴은 게달의 장막처럼 검게 되었습니다(5-6절). 게달의 장막은 오랜 세월 해와 비를 맞아 칙칙하게 변해버린 가죽을 말합니다. 오빠들이 강제 노역을 시키는 바람에 그녀의 얼굴은 까맣게 타버렸습니다. 그녀는 집에서 사랑받지 못했으며 검게 탄 얼굴로 인해 매력도 상실했습니다. 한마디로 왕이 그녀를 사랑할만한 이유가 전혀 없습니다. 그녀의 친구들은 신랑의 행방을 알 수 없으니 다른 목자(남자)에게 가라고 조롱하지만 그녀는 솔로몬의 사랑을 확신하며 그를 기다립니다(7-8절). 어느새 솔로몬이 나타나 그녀의 아름다움을 노래하고 그녀는 신랑의 매력을 칭찬하며 다시 신랑은 그녀의 아름다움을 칭송합니다(9-17절). 신랑이 보기에 여인은 충분히 사랑스럽습니다. “나의 사랑하는 자야 너는 어여쁘고 화창하다.” 미움과 학대를 받던 검은 여인이 곧 죄인인 우리라고 생각한다면 자격 없는 우리를 사랑하셔서 천국으로 인도하시는 주의 은혜가 자연스럽게 떠오릅니다.

[히브리서 1장]

왜 예수 그리스도를 믿어야 하는가? 그가 구약의 모든 예언을 성취하신 하나님의 아들이며 만유의 상속자요 창조주이기 때문입니다(1-2절). 그는 하나님의 본체의 형상으로 하나님의 영광을 직접 나타내셨고 만물을 창조하시며 유지하시고, 죄를 사하시며 하나님 보좌 우편에서 통치하십니다(빌 2:6-11, 3-4절). 하나님의 아들 예수 그리스도는 하나님의 심부름꾼에 불과한 천사와는 비교할 수 없는 지위를 가지셨으며 천사로부터 경배를 받으시는 분입니다(5-9절). 그는 만유의 창조주이시며 천사는 그리스도와 그리스도인을 섬기는 영입니다(10-14절).

[질문과 묵상]

1. 오늘 말씀을 통해 만난 하나님은 어떤 분인가요?

2. 오늘 말씀을 통해 하나님이 내 삶에 요청하시는 것은 무엇인가요?

[기도]

우리는 아버지의 사랑과 신랑 되신 예수 그리스도의 사랑을 확신합니다. 이 모든 것이 영원한 대제사장 예수 그리스도로 말미암아 누리게 된 복입니다. 의인을 붙드시는 하나님의 공의와 나의 죄를 대속하신 예수님을 찬양하게 하옵소서.

[민수기 4장]

3장에 나온 레위지파의 가문별 직무를 더욱 구체적으로 설명합니다. 성막과 관련된 일은 고도의 집중력과 숙련이 필요하므로 30세에서 50세 사이의 남자들이 맡았습니다. 고핫 자손은 유일하게 성막 안 지성물을 담당합니다(1-15절). 가장 거룩한 물건을 맡았기에 규정대로 신중하게 성물들을 다루어야 하며, 특히 성소안의 모든 기구는 반드시 어깨에 메고 옮겨야 합니다. 그러나 훗날 다윗은 언약궤를 예루살렘으로 옮기는 과정에서 수레에 싣는 큰 실수를 범하게 됩니다. "하나님의 궤를 새 수레에 싣고 아비나답의 집에서 나오는데"(대상 13:7). 성막에서 쓰이는 기름, 향품, 곡식제물 등은 제사장이 직접 담당합니다(16절). 게르손 자손은 천이나 가죽으로 만들어진 물품을 담당하고 므라리 자손은 목재나 금속으로 된 물품을 담당합니다(17-33절). 30세에서 50세 사이의 성막에서 일할 수 있는 레위사람들은 모두 8,580명이었습니다(34-49절). 각 가문별로 하나의 팀을 이루어 직무를 감당하되 각각의 팀은 제사장과 좋은 팀웍을 발휘하여 맡은 직무를 수행해야 합니다. 레위인은 이스라엘의 정체성과 직결되는 예배를 담당하는 중요한 그룹입니다.

[시편 38편]

참회시. "상처가 썩어", "내가 아프고 심히 구부러졌으며", "허리에 열기가 가득하고 내 살에 성한 곳이 없나이다"라는 표현들은 다윗이 현재 질병으로 고통당하고 있음을 말해 줍니다(1-10절). 그러면 질병의 원인은 무엇일까요? 그는 질병의 원인이 자신의 죄라고 생각합니다. "징계하지 마소서", "나의 죄로 말미암아", "내 죄악이 내 머리에 넘쳐서"라는 표현들을 통해 유추할 수 있습니다. 가족과 친구들이 다 떠나고 대적들이 음모를 꾸미는 상황에서 그는 잠잠히 하나님만 바라보고 있습니다(11-15절). 그는 자신의 죄를 아뢰며 하나님의 도우심을 간절히 구합니다(16-22절).

[아가 2장]

자신의 얼굴이 게달의 장막같이 검게 탔다고 말했던 술람미 여인이 자신을 사론의 수선화요 골짜기의 백합화라고 말합니다(1절). 솔로몬의 사랑은 그녀의 자존감을 한껏 높여 주었습니다. 예수님이 우리를 얼마나 가치 있게 만들어 주었는지를 기억하십시오. 솔로몬은 여인을 가시나무 가운데 백합화(=유일한 사랑)로 고백하고 여인은 솔로몬을 수풀 가운데 사과나무와 같다고 화답합니다(2-6절). 특히, 여인은 솔로몬의 보호를 든든히 생각하고("내가 그 그늘에 앉아서"), 그와의 관계에서 달콤함을 누리고 있으며("그 열매는 내 입에 달았도다"), 그가 자신을 모든 사람에게 알리는 것에 대해 고

맙게 생각합니다("그 사랑은 내 위에 깃발이로구나"). 여인은 이 사랑의 관계가 지속되기를 소망합니다(7절). 드디어 솔로몬이 그녀를 찾아왔습니다(8-9절). 솔로몬은 여인에게 함께 산책할 것을 요청하는데 사랑하는 두 사람이 걸으며 바라보는 세상은 너무나 아름답습니다(10-14절). 두 사람의 사랑의 관계가 시작될 때 두 사람의 관계를 깨뜨리려는 작은 여우의 활동도 시작됩니다(15절). 예수님과 우리의 관계가 시작되면 이를 무너뜨리려는 사탄의 활동이 시작됨을 잊지 마십시요. 둘의 관계를 위협하는 문제들이 발생하지만 서로가 서로에게 속해 있음을 확신할 때 그 관계는 더욱 견고해집니다(16-17절). "내가 그에게로 들어가 그와 더불어 먹고 그는 나와 더불어 먹으리라"(계 3:20).

[히브리서 2장]

천사와 그리스도의 비교를 통한 그리스도의 우월성 논증이 2장에서도 이어집니다. 천사를 통해 계시하신 말씀도 효력이 있어서 죄와 불순종에 대한 마땅한 보응이 있는데 하물며 하나님이 표적과 능력, 특히 성령의 은사를 통하여 증인들로 하여금 선포하게 하신 예수 그리스도의 큰 구원을 무시한다면 얼마나 더 큰 심판이 있겠습니까?(2-4절). 그러므로 복음에서 떠나지 말아야 합니다(1절). 구원의 소망은 잠시 천사보다 못한 존재가 되어 죽음의 고난을 받으심으로 영광과 존귀의 관을 쓰신 오직 예수 그리스도에게 있습니다(5-9절). 그리스도께서 고난을 받으신 이유는 많은 아들들을 이끌어 영광에 들어가게 하시기 위함입니다(10-13절). 그리스도께서는 그로 말미암아 거룩함을 입은 자들에게 형제, 자녀라 부르십니다. 자비롭고 신실한 대제사장 예수 그리스도가 육신을 입고 이 땅에 오신 것은 우리의 죄를 대속하심으로 죽음의 권세를 잡은 자(마귀)를 멸하고 우리를 자유케 하기 위함입니다(14-17절). 그리스도는 몸소 시험을 받으시고 고난을 당하셨기에 시험받는 자들을 능히 도우실 수 있습니다(18절).

[질문과 묵상]

1. 오늘 말씀을 통해 만난 하나님은 어떤 분인가요?

2. 오늘 말씀을 통해 하나님이 내 삶에 요청하시는 것은 무엇인가요?

[기도]

하나님이 맡겨주신 직분을 잘 감당하게 하옵소서. 죄로 인해 넘어지고 홀로 고통하게 될 때 하나님의 용서와 회복을 바라며 기도하게 하옵소서. 교회와 가정이 그리스도와의 사랑의 관계로 견고히 서게 하옵소서.

[민수기 5장]

정결은 부정한 것을 제거하는 것으로부터 시작됩니다. 이스라엘 진영 가운데에 성막이 세워졌습니다. 하나님의 구원으로 탄생한 이스라엘 공동체는 하나님을 모신 거룩한 공동체가 되었으므로 부정을 방치할 수 없습니다. 진영의 정결을 위해 나병 환자, 유출증이 있는 자, 주검으로 인해 부정하게 된 자는 규정에 의해 밖으로 내보내야 하며 그들은 회복의 절차를 거친 후 다시 복귀할 수 있습니다(1-4절). 또한 민·형사상의 사건 등 공동체 내에서 불의한 사건이 일어난다면 이는 공동체 안에 계시는 하나님에 대한 범죄이므로 회복을 위한 제사를 드린 후 손해액의 20%를 더하여 갚아야 합니다(5-10절). 간음이 의심되는 여인에 대한 조치방법도 다룹니다(11-31절). 제사장이 간음이 의심되는 여인에게 하나님의 이름으로 저주를 맹세하게 하는 것은 예방적인 효과를 줄 것입니다. 우리나라만 해도 30-40년 전까지 의심 가는 사람을 붙잡아서 신체적 학대나 고문을 통해 거짓으로 실토하게 했습니다(예: 화성 살인사건의 억울한 피해자 윤성여씨). 이것을 생각하면 여성 인권이 없었던 고대시대에 의심받는 여인에게 고문을 행하지 않은 것은 놀라운 일입니다. 간음 판별 의식은 의심에 사로잡힌 남편의 폭력으로부터 보호하는 기능도 있습니다. 하나님이 모든 것을 감찰하신다는 믿음이 확실하면 정결한 삶을 살 수 있습니다.

[시편 39편]

탄원시. 마지막 구절로 인해 '병상의 노래'로 불리는 다윗의 시입니다. 그러나 질병 그 자체보다는 나이가 들어감에 따른 인생의 연약함, 한계, 죄성 등을 깨달은 다윗의 심정이 잘 드러나 있습니다. 그래서 통상 탄원시에서 발견되는 대적들에 대한 하나님의 판결과 개입에 관한 내용은 거의 나타나지 않으며, 깊은 자기 성찰과 회개와 슬픈 감정 등이 주로 나타납니다. 다윗은 오랜 인생의 경험에 따라 악인들 앞에서는 입을 다물고 하나님께 그 입을 엽니다(1-6절). 그는 자신의 연약함과 한계를 알게 해달라고 간구합니다. 연륜이 느껴지는 기도입니다. 한 뼘 길이만큼 짧은 인생 가운데 진정한 소망은 하나님께 있습니다(7-11절). 그는 하나님 앞에서 자신을 성찰하며 죄 사함을 위해 기도합니다. 자신을 '하나님과 함께 하는 나그네'라고 정의한 다윗은 건강(=죄 용서와 평안)의 회복을 소망합니다(12-13절).

[아가 3장]

혼인 전, 여인을 찾아 시골에 왔던 솔로몬은 다시 예루살렘으로 돌아갔습니다. 여인은 꿈을 꿉니다. 사랑하는 이를 잃어버린 여인은 다시 찾기 위해 온 거리를 헤매고 다니다 마침내 다시 만나서 함께 자신의 어머니의 집으로 왔습니다(1-4절). 연인을 다시 찾은 술람미 여인은 비로소 평안히 잠들 수 있었습니다(5절). 드디어 혼인식이 열립니다. 신부의 집으로 오는 신랑의 행렬이 보이기 시작합니다. 행렬은 거친 들을 지나 밤의 두려움을 뚫고 호위병들과 함께 신부에게 당도합니다(6-11절). 왕관을 쓴 솔로몬을 보며 여인은 너무나 행복해 합니다. 예수님은 우리를 그가 있는 곳으로 데려 가기 위해 반드시 다시 오십니다. “가서 너희를 위하여 거처를 예비하면 내가 다시 와서 너희를 내게로 영접하여 나 있는 곳에 너희도 있게 하리라”(요 14:3). 우리는 술람미 여인이 왕관을 쓴 솔로몬을 보는 것과 같은 감격 속에서 예수님을 다시 만나 어린양의 혼인잔치에 참여하게 될 것입니다. “우리가 즐거워하고 크게 기뻐하며 그에게 영광을 돌리세 어린 양의 혼인 기약이 이르렀고 그의 아내가 자신을 준비하였으므로”(계19:7). “어린 양의 혼인잔치에 청함을 받은 자들은 복이 있도다”(계 19:9).

[히브리서 3장]

저자는 개종한 유대인 형제들에게 신실한 대제사장 예수 그리스도를 생각하라고 권면합니다(1-2절). 왜냐하면 그가 믿음의 창시자요 믿음을 온전케 하시는 분이기 때문입니다(12:2). 저자는 하나님께 신실했던 예수님과 모세를 비교함으로써 예수님의 우월함을 설명합니다. 첫째, 예수님은 집을 지은 자, 모세는 집으로 비유합니다(3-4절). 집을 지은 자(창조주)는 집(피조물)보다 더 귀합니다. 둘째, 신분이 다릅니다(5-6절). 예수님은 아들이지만 모세는 종입니다. 아들이 종보다 훨씬 더 귀합니다. 이스라엘 백성들이 광야에서 거역하다가 약속의 땅에 들어가지 못했던 것처럼 신실한 아들 예수 그리스도를 거역하면 영원한 안식에 들어갈 수 없습니다(7-19절). 그러나 복음의 진리를 끝까지 붙드는 자는 그리스도와 함께 영원한 안식에 참여하게 됩니다.

[질문과 묵상]

1. 오늘 말씀을 통해 만난 하나님은 어떤 분인가요?

2. 오늘 말씀을 통해 하나님이 내 삶에 요청하시는 것은 무엇인가요?

[기도]

인생의 소망을 오직 하나님께 두며 하나님의 존재에 대한 확고한 믿음으로 정결한 삶 살게 하옵소서. 우리를 영원한 천국잔치에 초대해 주신 신실하신 하나님의 아들 예수님만 따르는 삶을 살게 하옵소서.

[민수기 6장]
나실인은 하나님께 자신을 드리기로 서원하고 자기 몸을 구별하여 드린 사람으로 남녀 모두 가능했습니다(1-2절). 나실인은 성직자가 아니며 하나님께 특별한 헌신을 하고 싶은 백성은 누구나 그 대상이 될 수 있습니다. 나실인의 기간에는 포도주와 독주, 삭도, 시체와의 접촉이 철저히 금지됩니다(3-12절). 쾌락을 따르는 삶을 거부하는 것입니다. 만약 금기를 어기면 그 동안 지켜온 헌신은 무효가 됩니다. 서원기간이 끝나면 일반인으로 돌아가게 되는데 이때에도 정해진 절차와 규정이 있습니다(13-21절). 제사장의 축복기도는 하나님이 그 얼굴을 백성들에게 비추사 그들을 지키시고 은혜와 평강을 주시길 기원하는 내용입니다(22-27절). 반면에 얼굴을 돌린다는 것은 심판의 상징입니다. 우리 각자의 삶에 하나님이 그 얼굴을 비추사 평강으로 충만케 하시기를 기원합니다.

[시편 40-41편]
(40편) 탄원시(or 찬양시). 40편은 다윗이 경험한 구원에 대한 감사 찬양(1-10절)과 현재의 고난에서 구원하여 주시길 간구하는 내용(11-17절)으로 구성되어 있습니다. 다윗은 고난이 찾아오면 하나님께 간구하고 응답이 있을 때까지 기다릴 줄 아는 사람이었습니다. “기다리고 기다렸더니”(1절). 그리스도인의 삶은 기다리며 인내하는 삶입니다. 구원과 찬송을 베푸시는 하나님을 누구와 견줄 수 있겠습니까?(2-5절). 하나님의 율법을 마음에 두고 행하기를 기뻐하는 다윗은 하나님의 성실과 구원, 인자와 진리를 선포하며 살 것을 다짐합니다(6-10절). 다윗은 이전의 구원 경험을 추억하며 현 상황에 주목합니다. 그는 자신의 죄를 고백하며 악한 자들로부터 건져 주시고 인자와 진리를 베풀어 주시기를 간구합니다(11-15절). 그는 하나님의 위대하심을 고백하며 속히 그를 구원하여 주시길 간구합니다(16-17절).
(41편) 탄원시. 총 5부로 구성된 시편 중 제 1부의 마지막 시편입니다. 가난한 자, 고아, 과부, 나그네는 대표적인 돌봄의 대상으로 이들을 어떻게 대하느냐에 따라 각각의 보응이 있습니다. “가난한 자를 불쌍히 여기는 것은 여호와께 꾸어 드리는 것이니 그의 선행을 그에게 갚아 주시리라”(잠 19:17), “…네 가운데에서 나그네를 학대하였으며 네 가운데에서 고아와 과부를 해하였도다 내가 네게 보응하는 날에 네 마음이 견디겠느냐 네 손이 힘이 있겠느냐…”(겔 22:7, 14). 다윗은 약한 이웃을 돌보는 자에게 하나님의 구원과 치유와 복이 있다고 선언합니다(1-3절). 약한 이웃을 돌보았던 다윗은 하나님께 죄 사함과 병의 치유, 대적으로부터의 보호를 요청합니다(4-10절). 그는 하나님이 주실 승리를 확신하며 찬양합니다(11-13절).

[아가 4장]

아가서는 1장에서 3장 5절까지는 혼인식 전의 상황을, 3장 6절부터는 혼인식과 그 이후의 상황을 보여줍니다. 4장은 솔로몬의 사랑고백인데 그가 할 수 있는 최고의 비유로 사랑하는 여인의 아름다움을 묘사합니다. 마치 한편의 시와 같습니다. 그는 눈으로부터 가슴에 이르기까지 여덟 군데의 신체 부위를 구체적으로 묘사하며 그녀의 완전한 아름다움에 대해 아낌없이 칭찬합니다(1-7절). 그리고 자신을 그토록 사모하며 기다려준 여인에게 처음으로 '내 신부'라고 부릅니다(8절). 그는 신부에게 높은 봉우리에 있는 사자의 굴, 표범의 산에서 내려오라고 말합니다. 이 말은 새로 바뀌는 삶에 대한 두려움을 내려놓고 자신이 그녀에게 온전히 집중하듯 그녀도 자신에게 온전히 집중하면 좋겠다는 권면입니다. 신랑은 깊은 사랑의 고백과 함께 신부의 순결함을 노래합니다(9-12절). 신부는 아름다운 꽃들과 그 향기로 가득한 풍요로운 동산과 같습니다(13-15절). 두 사람은 혼인을 통해 온전히 하나가 되었습니다(16절). 신부를 향한 신랑의 사랑스런 고백을 우리도 받고 있다는 것을 아시나요? "내 사랑 너는 어여쁘고도 어여쁘다"(1절). "너의 하나님 여호와가 너의 가운데에 계시니 그는 구원을 베푸실 전능자이시라 그가 너로 말미암아 기쁨을 이기지 못하시며 너를 잠잠히 사랑하시며 너로 말미암아 즐거이 부르며 기뻐하시리라"(습 3:17).

[히브리서 4장]

우리는 영원한 안식에 대한 약속을 받았지만 아직 완전히 들어간 상태는 아닙니다(1-3절). 출애굽 1세대의 실패를 기억하며 육신을 입고 사는 동안 약속의 말씀을 굳게 붙들어야 합니다. "항상 복종하여 두렵고 떨림으로 너희 구원을 이루라"(빌 2:12). 이는 자력으로 구원을 완성하라는 뜻이 아니라 하나님의 약속이 완전히 성취되는 날을 소망하며 말씀에 신실하게 응답하는 삶을 살라는 뜻입니다(4-10절). "저 안식에 들어가기를 힘쓸지니 이는 누구든지 저 순종하지 아니하는 본에 빠지지 않게 하려 함이라"(11절). 우리가 의지하며 붙들어야 할 하나님의 말씀은 살아 있고 활력이 넘쳐 영과 혼과 삶을 변화시킵니다(12절). 모든 것은 하나님의 심판대 앞에서 드러날 것입니다(13절). 하나님의 약속은 예수 그리스도를 통해 온전히 성취됩니다. 우리의 연약함을 도우시는 영원한 대제사장 예수 그리스도로 인하여 우리는 하나님의 은혜의 보좌 앞에 담대히 나아갈 수 있습니다(14-16절).

[기도]

구별된 삶을 사는 것이 짐이 아닌 기쁨이 되는 이유는 내가 하나님의 특별한 사랑의 대상이 되었기 때문입니다. 영원히 변치 않는 구원의 약속을 의지하며 두렵고 떨림으로 약속에 응답하는 삶을 살아가게 하옵소서. 고난의 때에는 주의 긍휼을 기다리며 인내로써 승리하게 하옵소서.

[민수기 7장]
출애굽 3개월 만에 도착한 시내산에서 언약을 맺고 율법을 받은 이스라엘 백성들이 이동준비를 합니다. 인구조사를 포함하여 출발 전 여러 가지를 점검하고 필요한 것들을 준비하는 가운데 가장 심혈을 기울이는 것이 바로 성막과 관련된 부분입니다. 성막에 기름을 발라 거룩하게 구별하는 날에 12지파의 지휘관들이 성막을 위해 자발적으로 수레 6개와 소 12마리를 바칩니다(1-9절). 모세는 이것을 받아 레위인의 가문 중 게르손 자손에게 수레 2개와 소 4마리, 므라리 자손에게 수레 4개와 소 8마리를 각각 분배합니다. 이는 성막 이동시 가문별로 담당해야 할 기물의 양과 비례합니다. 반면 지성소의 성물을 담당하는 고핫 자손에게는 아무것도 주지 않았는데 이는 반드시 사람이 어깨에 메고 이동해야 하기 때문입니다(4:15). 12지파 지휘관들이 하루에 한 명씩 나아와 예물을 드리는데 지파의 규모와 상관없이 예물의 종류와 양이 모두 동일합니다(10-89절). 이는 모세가 제단을 봉헌하는 날 12지파 지도자들이 드린 풍성한 예물들입니다. 하나님은 예배참여는 물론 성막을 유지하고 관리하는 일에 모든 지파가 구별없이 참여하기를 원하십니다. 모든 성도가 예배자가 되고 교회의 사역과 섬김에 함께 동참한다면 하나님이 정말 기뻐하실 것입니다.

[시편 42-43편]
(42편) 탄원시. 유사한 내용전개와 결론으로 인해 42편과 43편을 하나의 시로 보기도 합니다. 초식동물은 우물이나 강가에 잘 가지 않습니다. 왜냐하면 물을 먹으러 오는 그들을 노리는 맹수가 주변에 있기 때문입니다. 그럼에도 불구하고 사슴이 시냇물을 찾는다는 것은 죽음의 위기를 감수할 만큼 갈급하다는 뜻입니다(1-2절). 시인은 '너가 의지하는 하나님은 어디 계시냐'며 조롱하는 대적들로 인해 심히 마음이 상했습니다(3-4, 6, 10절). 그는 고난이 자신을 덮치는 상황 속에서 탄식하며 기도합니다(7-8절). 원수의 압제로 고통당하고 있는 시인은 오직 하나님께 소망을 두고 찬송할 것을 그의 영혼에게 명령합니다(5, 9, 11절). 이것은 그의 다짐이자 결단입니다.
(43편) 탄원시. 시인은 하나님이 간사하고 불의한 원수에게서 건져 주심으로 다시금 제단에 나아가 찬양할 수 있기를 간구합니다(1-4절). 시인은 고통스런 상황에서 그의 시선을 하나님께로 돌려 그를 소망하며 찬양할 것을 결단합니다(5절).

[아가 5장]
솔로몬은 신부와 함께 하는 기쁨을 표현합니다(1절). 해석의 논란이 있는 "나의 친구들아 먹으라 나의 사랑하는 사람들아 많이 마시라"는 부분은 하나님이 솔로몬과 술람미 여인의 결혼을 주관하시며 하객들에게 마음껏 혼인잔치를 즐기라는 의미로 해석

할 때 가장 자연스럽습니다. 혼인식에 관한 내용은 3장 6절에서 5장 1절까지입니다. 이제 가정이야기로 넘어가는데 1절과 2절 사이에는 시간 간격이 있어서 신혼의 시절이 어느 정도 지났습니다. 행복하기만 했던 가정에 신랑의 부재와 신부의 무관심이라는 문제가 나타나게 되는데 신부의 꿈을 통해 자세한 내용이 드러납니다(2-8절). 꿈속에서 신랑은 밤늦은 시간에 이슬을 잔뜩 맞은 채 문을 두드리고 있습니다. 애칭으로 그녀를 부르고 있지만 그녀는 이미 잠옷을 입었으니 겉옷을 입는 일이 귀찮다는 식으로 반응합니다. 문을 두드리던 신랑은 결국 떠났고 뛰어나온 여인이 문고리를 잡았을 때 거기에는 몰약이 묻어 있었습니다. 몰약은 사랑의 분위기를 만드는 일종의 향수입니다(잠 7:17). 그녀는 밖으로 뛰어나가 신랑을 찾지만 찾을 수 없어 마음에 불이 붙는 것 같았습니다. 예루살렘의 여인들에게 신랑을 찾아 달라고 부탁한 여인은 신랑의 외적 특징을 묘사합니다(9-16절). 마치 4장에서 솔로몬이 그녀의 아름다움을 묘사한 것처럼 열 군데의 신체부위를 자세하게 묘사하며 신랑의 가치와 매력을 전합니다. 그녀는 신랑의 전체가 사랑스럽다고 말합니다. 잠시 마음으로 멀어졌지만 다시 사랑으로 충만해졌습니다.

[히브리서 5장]

영원한 대제사장 예수 그리스도와 인간 대제사장은 유사점과 차이점이 있습니다(1-10절). 첫째, 둘 다 하나님이 세우셨습니다(1,4절). 그러나 예수님은 하나님의 아들로서 대제사장이 되셨지만 인간 대제사장은 사람(아론의 후손) 가운데 택하여 세워졌습니다(1, 5절). 둘째, 둘 다 제사장직을 수행합니다. 그러나 예수님은 영원히 멜기세덱의 반차를 따르는 죄가 없으신 대제사장이기 때문에 자신을 위한 별도의 제사가 필요 없는 반면(4:15, 6절). 인간 대제사장은 자기도 연약에 휩싸여 있기 때문에 자신을 위한 제사가 별도로 필요합니다(2-3절). 죄인인 우리를 대신하여 심한 통곡과 눈물의 간구를 드리며 십자가의 길을 가신 예수님은 영원한 대제사장으로서 충분한 자격이 있으십니다(7-10절). 개종한 유대인들은 구약의 말씀과 함께 예수 그리스도를 직접 경험한 사도들의 가르침을 받았습니다. 그럼에도 여전히 영적으로 둔하고 진리에 관한 열망이 부족하여—구원을 위해 할례와 율법을 의지하는— 유대주의자들의 유혹에 흔들리고 있습니다(11-14절). 만약 우리가 말씀을 삶에 적용하는 경건의 훈련을 게을리한다면 어린아이와 같은 신앙에서 벗어나지 못할 것입니다. 하나님은 연단을 통해 단련됨으로 유혹을 이겨내는 장성한 믿음을 원하십니다.

[기도]

무엇을 하든 자원하는 마음으로 하나님 앞에 늘 행하게 하시고 고난 가운데 늘 하나님께 소망을 두게 하옵소서. 주께 받은 사랑으로 더 많이 사랑하게 하옵소서. 나를 위해 심한 통곡과 눈물로써 십자가의 길을 가신 예수님만 믿고 따르게 하옵소서.

개관

이사야

이사야는 웃시야, 요담, 아하스, 히스기야 등 4명의 유다 왕이 차례로 통치하던 BC 8세기 후반에 활동한 선지자입니다. 당시 국제정세는 앗수르(아시리아)의 팽창으로 요동치고 있었습니다. 이사야는 강대국에 의존하지 말고 하나님을 온전히 신뢰할 것을 촉구하였으나 아하스는 그의 말을 무시하고 앗수르에게 조공을 바치며 아첨하여 북이스라엘과 아람(시리아)을 제거하는데 성공합니다. 그러나 그 후 유다는 앗수르의 속국이 되었습니다. 불순종의 대가입니다. 1장에서 39장까지의 배경은 앗수르 중심의 역사(ft. 유다왕국 시기)이며 40-66장까지의 배경은 바벨론 중심의 역사(ft. 포로기)입니다. 이사야서는 메시아에 대한 예표로 가득합니다. 동정녀 탄생, 임마누엘의 약속, 고난 받는 종 등 복음과 직접 연결되는 풍성한 영적 유산을 제공해 줍니다. 이사야는 히스기야의 아들인 악한 왕 므낫세 때에 톱으로 잘려 순교한 것으로 전해집니다.

야고보서

야고보서 저자는 부활하신 예수님을 메시아로 영접한 예수님의 동생 야고보 사도입니다. 그는 예루살렘 교회의 지도자였습니다. 행위에 대해 강조하는 내용으로 인해 이신칭의(=믿음으로 의롭다 여김을 받음) 교리와 상충되는 것으로 오해를 받아 종교개혁가 루터의 경우는 야고보서를 다른 성경에 비해 가치가 떨어지는 것으로 취급하기도 했습니다. 믿음으로 구원받는 것은 변함없는 진리이지만 믿음만 강조되다 보면 실천적인 면이 약화되기 마련입니다. 믿음은 교리에 머물지 않고 삶으로 증명이 되어야 한다는 측면에서 야고보서는 매우 중요한 가치를 가지고 있습니다.

베드로전서

베드로전서는 박해받는 성도에게 주는 글임을 금방 알 수 있을 만큼 시험, 환난, 고난에 관한 내용이 자주 등장합니다. 이 글이 네로 황제 시절인 AD 64-65년에 쓰여 졌음을 생각한다면 성도의 믿음을 굳건히 세우고 소망을 잃지 않게 하려는 베드로의 의도를 충분히 파악할 수 있습니다. 베드로는 성도의 고난은 잠깐 있는 것이라고 말합니다(1:6). 우리는 성도가 누릴 영원한 영광을 바라보며 이 땅에서 나그네로 사는 동안 그리스도의 고난에 동참하고 악한 세상에서 담대하고 거룩하게 살아가야 합니다.

베드로후서

베드로전서가 교회 밖에서부터 오는 핍박의 문제를 주로 다루었다면 후서는 교회 안의 이단문제를 주로 다룹니다. 이 글에서 우리는 죽음의 날(영광스런 순교의 날)을 내다보고 있는 베드로의 교회를 향한 간절한 외침을 들을 수 있습니다. “나도 나의 장막을 벗어날 것이 임박한 줄을 앎이라”(1:14).

개관

요한일서

사도 요한은 그리스도께서 육체로 오신 것을 부정하는 이단을 경계하고 성도들을 진리위에 견고히 세우고자 편지를 썼습니다. 더불어 그는 사랑의 실천을 독려합니다. 그리스도의 성육신에 대한 신앙고백과 적극적인 형제사랑 실천은 참된 성도의 증거입니다.

요한이서

요한일서와 마찬가지로 사도 요한의 글로 알려져 있으며 요한일서와 비슷한 AD 90년경에 쓰였습니다. '영혼은 선하며 물질은 악하다'고 주장하며 예수 그리스도의 성육신을 부정하는 영지주의자들에 대한 경계와 사랑의 실천을 강조합니다.

요한삼서

사도 요한이 가이오에게 쓴 개인적인 서신입니다. 시기는 요한이서와 유사합니다(AD 90년경). 진리 안에 거하는 가이오의 선행을 칭찬하며 디오드레베의 악행에 대하여 지적합니다. 요한은 순회 선교사들을 잘 섬길 것을 당부합니다.

신명기

하나님이 말씀하신 대로 모세는 약속의 땅에 들어갈 수 없습니다. 어느덧 이스라엘 백성들에게 광야생활의 끝이 보입니다. 요단강과 그 너머로 약속의 땅이 보이는 모압 평지에서 모세는 남아 있는 모든 힘을 다하여 약속의 땅에 들어갈 가나안 1세대를 위한 신앙교육을 하게 됩니다. 신명기는 모세의 고별 메시지(유언)입니다. 신명기의 핵심은 '쉐마'라고 알려진 6장 4-9절 말씀입니다. "네 하나님 여호와를 사랑하라"

유다서

예수 그리스도의 종이요 야고보의 형제라고 소개한 저자는 예수님의 동생 유다로 알려져 있습니다. 유다서는 이단적 사상, 특히 육체는 악한 것이니 방탕하거나 부도덕해도 구원과 상관없다는 식의 도덕률 폐기론을 배격합니다. 구원받은 하나님의 사람은 자신의 육신을 하나님의 영광을 위해 사용해야 합니다. "너희 지체를 불의의 무기로 죄에게 내주지 말고 오직 너희 자신을 죽은 자 가운데서 다시 살아난 자 같이 하나님께 드리며 너희 지체를 의의 무기로 하나님께 드리라"(롬 6:13).

요한계시록

사도 요한은 성경의 마지막 예언인 예수님의 재림으로 인해 일어날 일들에 대해 기록합니다. 기록된 시기는 잔혹한 박해로 유명한 도미티안 황제 치세인 AD 95-96년으로 추측됩니다. 계시록은 상징적으로 표현된 내용과 숫자가 많기 때문에 해석에 유의해야 하는데 많은 이단·사이비 단체에서 교주를 신격화하는 구절로 계시록의 말씀을 도용하고 있습니다. "성경의 모든 예언은 사사로이 풀 것이 아니니"(벧후 1:20). 계시록은 그리스도인들의 고난과 순교가 극에 달한 시기에 쓰여 졌습니다. 다시 오실 예수님은 사탄과 모든 악한 자를 영원히 심판하시고 믿음을 지킨 그리스도인들과 함께 최후의 승리, 영원한 승리를 이루실 것입니다.

[민수기 8장]

등잔대를 배치하고 불을 관리하는 것은 제사장의 몫입니다(1-4절). 하나님은 제사장을 도와 성막에서 섬기게 될 레위지파를 세우는 정결예식을 명하십니다(5-13절). 하나님은 레위인을 살아있는 제물로 받으셨습니다. 레위인은 하나님이 이스라엘 자손 중 모든 처음 태어난 자를 대신하여 구별한 지파로 백성들을 대신하여 성막 일을 맡게 되었습니다(14-19절). 그들은 정결예식을 거쳐 25세부터 50세까지 성막에서 섬기고, 50세가 넘으면 성막의 파수꾼으로 봉사를 이어갑니다(20-26절). 하나님의 일을 함에 있어서 그들은 쉬지 않습니다. 4장에서는 레위인의 복무연령을 30세 이상으로 규정하고 있는데(4:43) 일반적인 성막의 일은 25세부터, 성막을 이동시키는 운반의 업무는 30세부터 담당하였습니다.

[시편 44편]

탄원시(공동체). 이스라엘이 이방 군대에 의해 큰 패배를 경험한 후에 하나님의 도우심을 간절히 구하는 기도입니다. 회중은 먼저 하나님이 과거에 그들에게 행하신 일들, 곧 가나안에 정착하게 하시고 번성하게 하셨으며 대적들로부터 보호하여 주심으로 하나님을 찬양했던 역사를 소환합니다(1-8절). 현재 그들은 하나님이 버리신 것 같은 처지에 놓여 있습니다(9-16절). 회중은 언약에 충실했고 이방신을 섬기지 않았으며 주를 위한 의의 고난을 당하고 있다고 고백합니다(17-22절). 그들은 하나님이 침묵을 깨고 고통에서 건져 주시길 간절한 마음으로 간구합니다(23-26절).

[아가 6장]

술람미 여인의 솔로몬을 향한 사랑의 마음은 다시 충만해졌습니다(5:9-16). 그녀의 남편에 대한 예찬을 들은 예루살렘 여인들은 솔로몬을 찾는 일에 그녀와 함께 하겠다고 말합니다(1절). 그런데 솔로몬은 이미 그('자기 동산')에게로 돌아와 있다고 여인들에게 말합니다(2-3절). 그들은 공간이 아닌 감정의 영역에서 잠시 헤어졌던 것으로 보입니다. 그녀는 내가 그에게 속하였고 그는 내게 속하였다고 말하며 끈끈한 사랑의 관계를 확인시킵니다. 이제 솔로몬이 그녀의 사랑에 화답하는데 그녀에 대한 극찬으로 그녀의 소중함을 일깨워 줍니다. 4장에 이어 다시 그녀의 아름다움을 묘사하며 많은 여인 중에 유일한 여인임을 고백합니다(4-9절). 예루살렘 여인들 또한 그녀의 아름다움을 칭찬합니다(10절). 그녀는 솔로몬이 여전히 자신을 사랑하는지 확인하고 싶었는데 솔로몬의 사랑고백으로 다시 황홀해졌습니다(11-12절). 그녀의 환희에 찬 고백입니다. 그저 나무순이나 꽃을 보려고 이곳저곳을 기웃거리던 시골처녀에 불과했는데 왕의 선택을 받아 수레를 타고 왕궁에 오게 된 것입니다. 그녀가 왕비가 된 것은 왕이 자기를 사랑하여 선택해 주었기 때문입니다. 그녀를 보고 싶어 하는 예루살렘 여인들이 그녀에게 가까이 와달라고 요청합니다(13절). 솔로몬의 선택으로 맺어진 관계는 누구도 끊을 수 없습니다. “다른 어떤 피조물이라도 우리를 우리 주 그리스도 예수 안에 있는 하나님의 사랑에서 끊을 수 없으리라”(롬 8:39).

[히브리서 6장]

저자는 어린아이의 수준의 신앙에서 머물지 말고 완전한 데로 나아가기를 촉구합니다(1-2절). 그러나 인간의 최선보다 하나님의 은혜와 도우심이 더 우선한다는 것을 알아야 합니다(3절). 저자는 믿음에서 돌아서는 자들을 강력히 경고합니다. 구원의 빛이 임하고 하늘의 은사를 맛보며 성령님과 함께 하고도 타락한 사람들은 참 신자로 보이지만 실상은 거듭나지 못한 사람들입니다(4-6절). 참 신자는 땅이 비를 흡수하여 열매를 내듯이 좋은 열매를 맺지만 거짓 신자는 가시와 엉겅퀴 같은 못된 열매를 맺습니다(7-8절). 저자는 개종한 유대인들의 수고와 사랑을 보며 그들에게 참된 구원이 있다고 말합니다(9-10절). 그들은 더 분발하여 믿음과 인내로 약속을 상속받았던 사람들을 본받아야 합니다(11-12절). 아브라함은 하나님의 약속을 받은 후 오랜 기다림 끝에 약속의 성취를 보게 되었습니다(13-15절). 우리는 아브라함을 본받아 반드시 성취될 하나님의 약속을 신뢰하고 영원한 대제사장 예수 그리스도를 소망의 근거로 삼아야 합니다(16-20절).

[질문과 묵상]

1. 오늘 말씀을 통해 만난 하나님은 어떤 분인가요?

2. 오늘 말씀을 통해 하나님이 내 삶에 요청하시는 것은 무엇인가요?

[기도]

하나님은 나를 부르셔서 자녀 되게 하셨습니다. 아무리 세상이 좋아 보여도 나를 구원하신 예수님을 떠나지 않을 것이며 예수님을 알지 못했던 이전의 시간을 동경하지도 않을 것입니다. 어떤 고난이 와도 하나님을 찾고 또 찾을 것입니다.

[민수기 9장]

군대는 전투 준비태세를 점검합니다. 9장 1절에서 10장 10절까지는 이스라엘 백성들이 시내산에서 출발하기 전 마지막 점검을 하는 내용입니다. 먼저, 유월절을 지킬 것을 명하십니다. 애굽에서 10번째 재앙을 임하기 전에 첫 유월절을 지킨 이스라엘 백성들은 시내산에서 출발하기 전 두 번째 유월절을 지킵니다(1-5절). "너희는 이 날을 기념하여 여호와의 절기를 삼아 영원한 규례로 대대로 지킬지니라"(출 12:14). 유월절은 하나님의 구원역사를 기억하기 위해 대대로 지켜야 할 규례입니다. 그런데 유월절 기간에 장례가 나서 어쩔 수 없이 시신을 만진 사람들처럼 여러 가지 이유로 부정한 상태가 되어 절기를 지킬 수 없는 사람들이 있습니다(6-7절). 이렇게 유월절 참석이 제한되는 사람들은 한 달 뒤에 추가로 유월절을 지키도록 했습니다(8-14일). 백성들 모두 같은 정체성을 갖도록 조치한 것입니다. 그러나 아무 이유 없이 유월절을 지키지 않는 자는 이스라엘 공동체에서 추방될 것입니다. 두 번째 단락은 구름기둥에 관한 내용으로 10장 10절까지 연결됩니다. 그들은 구름이 서는 곳에 머물고 구름이 가는 곳을 따라 이동했습니다(15-23절). 구름기둥을 묵상하면 이 찬양이 떠오릅니다. "주님 말씀하시면 내가 나아가리다 주님 뜻이 아니면 내가 멈춰서리다"

[시편 45편]

제왕시('하나님이 세우신 왕을 칭송하는 노래'). 표제어에 등장하는 '사랑의 노래'는 결혼식 축하 노래를 의미하는 것으로 45편은 왕의 결혼식에서 왕을 칭송하는 노래입니다(표제어 & 1절). 시인은 왕을 향해 아름답다는 표현을 하는데 이는 왕의 말에 하나님의 은혜가 머물러 있기 때문입니다(2절). 또한 왕의 아름다움은 그의 통치에서도 나타나는데 첫째, 왕은 탁월한 전사입니다(3-5절). 그는 하나님이 주신 영화와 위엄의 갑옷을 입고 진리와 온유와 공의를 위한 싸움에서 반드시 승리할 것입니다. 둘째, 그가 공평과 정의로 다스리므로 하나님이 왕을 높여 주셨습니다(6-7절). 왕의 아름다움을 칭송한 시인은 예복을 입고 서 있는 왕과 신부의 모습을 묘사합니다(8-9절). 시인은 먼 타국에서 왕에게로 온 신부에게 그녀의 가족과 이전의 백성들을 잊고 이스라엘 왕인 신랑에게 헌신하라고 권하며 왕에게로 인도되는 신부의 아름다운 모습을 노래합니다(10-15절). 시인은 자녀의 축복과 왕의 번영을 기원합니다(16-17절).

[아가 7장]

7장은 크게 3부분으로 나눌 수 있습니다. 먼저, 술람미 여인에 대한 예찬입니다(1-5절). 발부터 머리까지 구체적으로 그 아름다움을 묘사합니다. 이 부분은 술람미 여인을 가까이에서 관찰한 예루살렘 여인들의 감탄으로 보기도 하고, 신부의 아름다움에 대한 신랑의 3번째 감탄으로 보기도 합니다. 다소 대담한 표현들이 등장하는데 이는 두 사람의 건강하고 성숙한 관계를 보여줍니다. 마치 에덴에서 온전한 사랑으로 하나가 되었던 아담과 하와를 연상시킵니다. “이러므로 남자가 부모를 떠나 그의 아내와 합하여 둘이 한 몸을 이룰지로다 아담과 그의 아내 두 사람이 벌거벗었으나 부끄러워하지 아니하니라”(창 2:24-25). 둘째, 기쁨과 행복을 안겨주는 술람미 여인에 대한 솔로몬의 예찬입니다(6-9절). 마지막으로 술람미 여인의 초대입니다(10-13절). 솔로몬의 사랑을 확인(“그가 나를 사모하는 구나”)한 그녀는 아무에게도 방해받지 않는 한적한 들로 나아가자고 말합니다. 여러분은 하나님의 사랑을 확인하셨나요? “사랑은 여기 있으니 우리가 하나님을 사랑한 것이 아니요 하나님이 우리를 사랑하사 우리 죄를 속하기 위하여 화목 제물로 그 아들을 보내셨음이라”(요일 4:10). 술람미 여인의 제안처럼 사랑의 관계를 진전시키려면 방해받지 않는 둘 만의 시간이 필요합니다. 이것은 하나님과의 관계에서도 마찬가지입니다. “예수는 물러가서 한적한 곳에서 기도하시니라”(눅 5:16). 그래서 조용한 시간(Quiet Time)이 필요합니다.

[히브리서 7장]

아브라함이 전쟁에서 승리하고 돌아올 때 하나님의 제사장인 살렘 왕 멜기세덱이 나타납니다(창 14:17-20, 1-4절). 시작과 끝을 알 수 없으며 족보도 없는 멜기세덱은 전쟁에서 승리한 아브라함으로부터 전리품의 1/10을 받고 그를 위해 복을 빌어 주었습니다. 예수님은 시작과 끝이 없는 영원하신 분입니다. 레위 지파의 대제사장은 아브라함의 허리(후손)에서 나왔지만 예수님은 멜기세덱처럼 하나님께로부터 났습니다(5-10절). 멜기세덱이 조상 아브라함을 축복했다면 아브라함보다 그가 더 우월하다는 증거입니다. 그러므로 레위 계열(아브라함의 후손)이 아닌 멜기세덱을 따르는 예수님은 인간 대제사장보다 더 우월하십니다. 예수님의 대제사장직의 기원은 하나님께 있습니다. 레위 계통의 제사장으로는 온전함을 얻을 수 없기에 아론의 반차가 아닌 멜기세덱의 반차를 따르는 대제사장이 필요했습니다(11절). 예수님은 유다 지파에 속한 특별한 대제사장이며 멜기세덱의 반차를 따르는 영원한 대제사장이십니다(12-17절). 영원한 생명을 보증하는 더 좋은 언약의 실체이신 예수 그리스도를 버리고 미혹을 받아 효력이 없는 율법주의로 돌아간다는 것은 어리석은 행위입니다(18-22절). 그는 영원히 계시므로 온전한 구원과 영원한 중보가 가능하십니다(23-25절). 레위 계열 제사장은 자기의 죄를 속하는 제사부터 드려야 하지만 죄가 없으신 예수님은 단번에 자기 백성을 위한 제사를 드리셨습니다(26-28절).

[기도]

날마다 주님과의 조용한 시간을 통해 주님의 말씀을 알아가게 하시고 말씀의 구름기둥을 좇아 살아가는 순종의 사람이 되게 하옵소서. 더 좋은 언약의 보증이 되시는 영원한 대제사장이신 예수님을 믿고 따르게 하옵소서.

[민수기 10장]
나팔 신호에 관한 규정입니다(1-10절). 모임과 해산, 행진, 전쟁, 절기 때에 나팔을 불게 되는데 제사장이 담당하며 횟수와 소리의 크기에 따라 그 의미가 달라집니다. 구름이 떠오르거나 멈출 때에도 나팔을 불게 했으니 나팔은 하나님의 뜻을 회중에게 전하는 중요한 도구입니다. 우리는 눈과 귀를 열어 하나님의 소리를 적극적으로 청취해야 합니다. 이제 시내산에서 출발합니다. 오합지졸 상태로 출애굽한 이스라엘 백성들은 시내산에 머무는 동안 환골탈태하여 12개 지파가 신호에 따라 질서 있게 행진하며 바란 광야로 나아갑니다(12:16, 11-28절). 바란 광야는 가나안 땅으로 12명의 정탐꾼을 보냈던 가나안지역 남방의 가데스바네아가 있는 곳입니다. 모세는 광야 전문가인 처남 호밥에게 길 안내를 부탁하지만 그는 자기 고향으로 돌아갑니다(29-32절). 그러나 걱정할 필요가 없습니다. 하나님이 친히 그들을 인도하십니다(33-36절). 하나님은 우리 인생길의 네비게이터이십니다.

[시편 46-47편]
(46편) 찬양시(ft. 시온시: 시온을 지키시는 하나님의 구원 역사를 찬양). 하나님이 시온에 계시므로 예루살렘 성과 백성은 안전하다는 시온의 노래입니다. 시인은 피난처, 힘, 큰 도움이 되시는 하나님으로 인해 두렵지 않다고 선언합니다(1-3절). 뭇 나라들과 왕국들의 소란은 이스라엘이 겪었던 고난이 전쟁임을 짐작케 합니다(4-7절). 피난처가 되시는 하나님이 대적들을 꺾으심으로 온 세계 가운데 높임을 받으실 것입니다(8-11절).
(47편) 찬양시(ft. 신정시: 하나님의 주권과 통치를 찬양). 이스라엘 백성들이 예배 가운데 하나님을 온 우주의 통치자로 선포하며 열방을 향해 하나님을 찬양하자고 권유합니다(1-4절). 그들은 법궤를 멘 레위인들이 성전을 향해 올라가는 모습을 보면서 하나님이 보좌 위에 등극하는 장면을 연상하며 환호합니다(5-6절). 그들은 열방의 통치자들이 하나님의 백성이 되어 하나님을 높이게 될 날이 올 것을 확신하며 온 땅의 왕이신 하나님을 찬양합니다(7-9절).

[아가 8장]
마지막 장은 세 부분으로 나눌 수 있는데 첫 번째는 솔로몬과 늘 함께 하고픈 술람미 여인의 마음의 표현입니다(1-4절). 솔로몬이 만약 그의 오빠였다면 길거리에서 입을 맞추어도(=중동에서 가족 간에 허용되는 인사법) 아무 거리낌이 없을 것입니다. 그녀는 솔로몬에게 석류즙을 먹이고 팔베개를 하고 함께 누우면 좋겠다는 말로 더욱 가까

워지고 싶은 마음을 표현합니다. 그녀는 솔로몬이 누군가의 종용 때문이 아니라 자연스럽게 사랑에 대한 자신의 갈망을 채워주길 기대합니다. 두 번째는 사랑의 위력에 관한 것입니다(5-7절). 예루살렘 여인들은 솔로몬의 품에 안겨있는 술람미 여인을 보고 있으며 솔로몬은 그녀와 처음 만났던 때를 회상합니다(5절). 우리가 예수님을 처음 만났던 시간과 장소는 신앙을 새롭게 하는 영적 고향과도 같습니다. 그녀는 솔로몬에게 자신을 도장같이 여기라고 말합니다(6a절). 도장은 소유권을 의미하는 것으로 그녀는 솔로몬의 가장 귀한 소유인 것입니다. 그녀는 사랑에 대해 죽음보다 강하고 배타적이며, 사랑으로 인한 질투는 불과 같아서 무엇으로도 바꿀 수 없는 가치가 있다고 말합니다(6b-7절). 세 번째는 그녀의 예전 모습과 솔로몬과의 첫 만남에 대한 회상입니다(8-14절). 그녀가 청혼을 받았을 때 오빠들은 아직 어리다고 생각했지만 그녀는 성벽 같은 견고함('순결함')과 망대 같은 유방을 가진 성숙한 여인이었습니다(8-10절). 그녀는 솔로몬 소유의 포도원에서 일하다가 솔로몬을 만나게 되었습니다(1:6). 그녀야말로 솔로몬이 가장 기뻐하는 포도원입니다(11-12절). 그녀는 솔로몬에게 향기로운 산 위에 있는 노루와 사슴처럼 되라고 말합니다(13-14절). 산은 '유방'을 뜻하는 것으로 친밀한 사랑의 관계가 오래 지속되길 원하는 강렬한 표현입니다. 예수님이 십자가에서 보여준 강렬한 사랑은 지금도 우리에게 계속되고 있습니다.

[히브리서 8장]

지상에는 하늘성소의 모형인 성막에서 예물과 제사를 드리는 제사장이 있지만 하늘성소에는 하나님 보좌 우편에 계시며 더 좋은 언약의 중보자이신 예수 그리스도가 계십니다(1-7절). 옛 언약의 불완전함(=이스라엘 백성들의 우상숭배와 불순종으로 시내산 언약이 실패함)으로 인해 하나님은 새 언약을 통한 완전한 구원을 약속하셨습니다(8-13절). "내가 이스라엘 집과 맺을 언약은 이러하니 곧 내가 나의 법을 그들의 속에 두며 그들의 마음에 기록하여 나는 그들의 하나님이 되고 그들은 내 백성이 될 것이라"(렘 31:33). 새 언약을 온전히 성취하신 분이 바로 예수 그리스도이십니다.

[질문과 묵상]

1. 오늘 말씀을 통해 만난 하나님은 어떤 분인가요?

2. 오늘 말씀을 통해 하나님이 내 삶에 요청하시는 것은 무엇인가요?

[기도]

나는 십자가 언약의 견고함을 믿습니다. 이 땅에 사는 동안 주님과의 사랑의 관계를 늘 유지하게 하시고 말씀을 통한 하나님의 인도하심을 잘 따라가게 하옵소서. 새 언약의 중보자이시며 하늘 성소에서 우리를 섬기시는 예수님만 믿고 따르게 하옵소서.

[민수기 11장]

시내산에서 출발하여 바란 광야를 향해 가던 이스라엘 백성들이 불평과 원망을 쏟아내기 시작합니다(1절). 하나님의 심판의 불이 나타났지만 모세의 기도로 그 불은 꺼지게 됩니다(2-3절). 이스라엘 백성들은 약 2년간 시내산에 머물며 언약을 체결하고 십계명을 받는 등 많은 훈련을 받았지만 시내산에서 출발한지 얼마 되지 않았음에도 무너지는 모습을 보입니다. 그들은 먹을 것을 놓고 또 불평했는데 모세는 그들의 잦은 도발로 인한 극심한 스트레스를 호소하며 죽기를 청합니다(4-15절). 하나님은 모세의 중압감을 해소시키고자 이스라엘 백성들에게 고기를 먹이겠다고 말씀하시는데, 모세는 그것이 정말 가능한지를 다시 묻습니다(16-23절). 하나님은 백성들의 불평에 대한 응답으로 첫째, 70인의 이스라엘 장로들에게 하나님의 영을 내리시고 둘째, 메추라기를 이스라엘 진영에 보내십니다(24-35절). 그러나 탐욕을 부린 자들은 하나님의 진노로 죽게 됩니다.

[시편 48편]

찬양시(ft. 시온시). 하나님이 계시는 거룩한 도성 시온에 대한 찬양입니다(시온 찬가). 46편과 유사한 내용으로 시온의 안전과 평화를 지키시는 하나님을 노래합니다(1, 14절). 시온이 안전한 이유는 해발 800미터 고지에 위치한 지리적 이점이나 견고한 성벽 때문이 아니라 하나님이 시온을 자기의 요새로 삼으셨기 때문입니다(2-3, 12-13절). 시인은 하나님이 시온을 공격하는 대적들을 물리치심으로 시온이 크게 기뻐했던 역사를 노래합니다(4-11절).

[이사야 1장]

이사야는 웃시야가 죽던 해에 부름 받아 약 40년간 활동했습니다(6:1, 1절). 재판장 되시는 하나님이 이스라엘을 피의자로, 이스라엘의 범죄를 목격한 땅과 하늘을 증인으로 세우십니다(2-3절). 이스라엘은 아비의 사랑을 배신한 아들이며 소나 나귀보다 못한 자들입니다. 이스라엘은 앗수르의 산헤립에 의해 예루살렘을 제외한 전 국토가 유린당하는 매를 맞고도 회복에 대한 열망 없이 하나님을 멀리하고 있습니다(4-9절). 하나님은 백성들이 관행처럼 행하는 각종 축제와 제사에 대해 의문을 제기하십니다(10-17절). 그들은 열심히 종교행사에 참여하나 일상에서는 악을 행하고 선과 공의를 버렸습니다. 그럼에도 불구하고 하나님은 죄에 물들어 있는 그들을 용서의 자리로 초대하십니다(18-20절). 이사야는 영적으로 죽은 도시 예루살렘을 애도하며 정화를 위한 하나님의 심판을 선언합니다(21-26절). 회개한 자에게 구원의 은혜가 임할 것이나 회개하지 않는 자와 우상숭배자들은 멸망할 것입니다(27-31절). 상수리나무는 우상제단이 있는 장소를 뜻합니다. 하나님이 진정 원하시는 것은 절기와 제의가 아니라 언약 백성으로서의 신실한 삶입니다.

[히브리서 9장]

예수님은 불완전한 옛 언약을 대신하는 새 언약을 성취하셨습니다(8:8-13). 그는 옛 언약에 속한 제사를 십자가에서 흘리신 피로 갱신하셨습니다(12절). 옛 언약의 법으로는 제사장들만 성소에 들어갔으며 지성소에는 1년에 단 한번 대제사장만 들어갈 수 있었습니다(1-7절). 죄인이 하나님 앞에 나아가는 것이 제한되었습니다. 그러나 예수 그리스도를 통해 우리는 하나님 앞에 담대히 나아갈 수 있게 되었습니다(10:19). 9장은 옛 언약의 제사와 새 언약의 제사를 비교합니다. 옛 언약의 제사는 레위 혈통의 제사장이 담당하지만(5:1 & 7:5). 새 언약의 제사는 거룩하신 하나님의 아들 예수 그리스도가 담당합니다(4:14 & 7:26, 28절). 레위 혈통의 제사장들이 섬기는 장소는 하늘 성소의 모형이자 그림자인 사람이 만든 성막이지만 예수 그리스도가 우리를 섬기는 장소는 하늘 성소입니다(11 & 23-24절). 옛 언약의 제물은 염소와 소 등 동물이지만 새 언약의 제물은 그리스도 자신입니다(12-13절). 옛 언약의 제사는 계속 드려야 하지만 새 언약의 제사는 단번에 드려졌습니다(12 & 25-28절). 옛 언약은 불완전하여 우리를 온전케 할 수 없지만 새 언약은 단번에 죄를 사하여 우리를 온전케 함으로 영원한 기업을 얻게 합니다(7:11 & 7:22 & 10:14, 15 & 26절). 이처럼 예수 그리스도의 새 언약은 완전합니다.

[질문과 묵상]

1. 오늘 말씀을 통해 만난 하나님은 어떤 분인가요?

2. 오늘 말씀을 통해 하나님이 내 삶에 요청하시는 것은 무엇인가요?

[기도]

자기의 피로 단번에 제사를 드림으로 영원한 속죄를 이루신 예수 그리스도를 믿습니다. 처세술보다 하나님의 말씀을 더 신뢰하게 하시고 불평과 원망은 마음에서 사라지게 하옵소서. 삶의 예배로 영광 돌리게 하옵소서.

[민수기 12-13장]

(12장) 이스라엘 백성들을 이끄는 핵심그룹 간에 갈등이 생겼습니다(1-2절). 모세가 구스 여인을 아내로 맞이한 것이 발단이 되어 아론과 미리암이 모세에게 반기를 들었습니다. 아론과 미리암의 말을 들어보면 모세에 대한 불만이 평소에도 있었던 것으로 보입니다(영적 시기심). 이에 대한 모세의 반응은 온유함입니다(3절). 아마 침묵한 것으로 보입니다. 하나님이 모세의 편에 서십니다(4-8절). 하나님이 구스 여인에 대해 말씀하시지 않는 것을 보면 그것은 그리 큰 문제가 되지 않는 것으로 보이며 도리어 하나님이 허락하신 모세의 리더십을 빼앗거나 모세와 동일한 수준을 요구하는 아론과 미리암의 죄가 훨씬 더 크다고 보셨습니다. 결국 나병에 걸린 미리암으로 인해 아론이 모세에게 도움을 요청하면서 갈등은 자연스럽게 해소되었습니다(9-16절).

(13장) 시내산에서 출발할 때 목적지로 삼았던 바란 광야에 도착했습니다(12:16). 모세는 하나님의 명령에 따라 12명의 수색대원을 약속의 땅에 보냅니다(1-24절). 40일 만에 돌아온 12명의 결과보고는 두 가지 의견으로 극명하게 나뉘었습니다. 갈렙은 약속의 땅을 취할 수 있다고 했지만 대부분의 정탐꾼들은 그 땅에 대해 악평하며 전쟁을 해도 승산이 없다고 보고합니다(25-33절).

[시편 49편]

지혜시. 하나님 앞에 어떤 태도를 갖는지에 따라 인생의 결말이 달라집니다. 49편에서 53편은 적절한 태도와 부적절한 태도를 대조합니다. 먼저 49편은 재물과 관련된 내용입니다. 시인은 잠언 기자처럼 자신이 전하는 지혜에 귀를 기울일 것을 촉구합니다(1-4절). 재물로는 영생을 얻을 수 없으며 부유함을 자랑하는 자도 죽음을 피할 수 없습니다(5-11절). 재물은 죽음 앞에서 철저히 무력하며 영원을 보장해 주지 못합니다. 재물을 의지하는 자의 거처는 스올(영원한 죽음의 세계)이 될 것이기에 재물을 자랑하며 가난한 자를 억압하는 부자들을 두려워할 필요가 없습니다(12-19절). 스스로 행복하다 여기며 사람들의 부러움을 사는 인생이라 해도 죽음에 관한 교훈을 깨닫지 못하면 멸망하는 짐승과 같습니다. "존귀하나 깨닫지 못하는 사람은 멸망하는 짐승 같도다"(20절).

[이사야 2장]

민족과 민족, 나라와 나라간의 전쟁과 분쟁은 끊이지 않고 반복될 것입니다(마 24:7). 역사의 마지막 날 하나님이 당신의 백성을 구원하시러 오시면 비로소 전쟁이 그치고 모든 민족이 하나님의 존재를 인정하게 될 것입니다(1-5절). 이사야는 이스라엘의 죄를 고발합니다(6-9절). 그들은 이방 풍습을 따랐고 부와 군대를 의지했으며 귀천에 상관없이 우상에게 절했습니다. 하나님은 악을 행한 자를 심판하심으로 홀로 높임을 받으실 것입니다(10-11절). 하나님은 교만한 자와 거만한 자, 스스로 높이는 자를 심판하시되 그들이 자랑하던 모든 것들도 함께 심판하십니다(12-18절). 하나님의 심판이 임하면 비로소 사람들이 우상의 실체를 깨닫고 버리게 될 것입니다(19-21절). 호흡이 끊어지면 즉시 소멸될 수밖에 없는 인생을 의지하는 자는 어리석습니다(22절).

[히브리서 10장]

율법('옛 언약에 속한 제사')은 그림자일 뿐 실체가 아니며 황소와 염소를 가지고 해마다 반복해서 드리는 율법 제사로는 사람을 온전케 할 수 없습니다(1-4절). 율법이 규정한 제사와 예물을 기뻐하지 않으신 하나님은 한 사람(아들 예수 그리스도)을 세우셨는데(시 40:6-8≒5-7절), 그는 자기 몸으로 거룩한 산제사를 드렸습니다(8-10절). 그가 단번에 영원한 제사를 드리심으로 우리를 온전케 하시고 영원히 사는 길을 열어 놓으셨으므로 우리는 그의 피를 의지하여 하늘 성소에 들어갈 담대함을 얻었습니다(11-20절). 하늘 성소에 들어갈 담대함을 얻은 자들은 신앙공동체를 귀히 여기고 사랑과 선행으로 견고히 세워나갈 책임이 있습니다(21-25절). 그리스도가 참 진리임을 알면서 그를 떠날 수 있습니까? 저자는 유대인으로부터 회유와 핍박을 받고 있는 개종한 유대인들에게 배교는 율법을 어기는 정도가 아니라 하나님의 아들을 짓밟는 것이라고 말하며 진리를 떠나는 행위에 대해 강력히 경고합니다(26-31절). 고난 가운데 지금까지 신앙을 잘 지켜 왔으니 끝까지 믿음을 지키면 큰 상이 있습니다(32-35절). 주가 곧 오시니 물러서지 말고 인내로써 구원받아야 합니다(36-39절). 박해자들이 신자의 소유를 빼앗는다 해도 영구한 소유(=구원, 부활의 영광, 천국)는 결코 빼앗을 수 없습니다.

[질문과 묵상]

1. 오늘 말씀을 통해 만난 하나님은 어떤 분인가요?

2. 오늘 말씀을 통해 하나님이 내 삶에 요청하시는 것은 무엇인가요?

[기도]

10명의 정탐꾼과 같은 믿음 없는 자가 되지 않게 하옵소서. 재물을 사랑하거나 의지하지 않게 하시고 주의 영광으로 온 세상이 충만하게 될 날을 소망하며 건강한 신앙생활을 영위하게 하옵소서. 하늘 성소에 들어갈 담대함을 주신 예수님만 따르게 하옵소서.

[민수기 14장]
가나안 입성이 불가하다는 충격적인 보고에 백성들이 분노하며 차라리 애굽으로 돌아가자고 말합니다(1-4절). 하나님에 대한 신뢰를 촉구하는 여호수아와 갈렙의 말은 그들의 귀에 들리지 않았습니다(5-10절). 하나님에 대한 불신은 하나님에 대한 멸시입니다(11절). 하나님은 백성들을 멸하시고 모세를 통한 새로운 민족을 구상하시는데 모세는 하나님의 명예와 성품을 생각하여 백성들을 용서해 주시길 간구합니다(12-19절). 모세의 기도를 들으신 하나님은 2가지를 말씀하십니다(20절). 첫째, 20세 이상으로 출애굽한 사람들 중에 여호수아와 갈렙을 제외한 어느 누구도 약속의 땅에 들어가지 못할 것이다(21-32절). 이는 불신의 대가입니다. 둘째, 목적지가 가나안에서 광야로 바뀔 것이며 총 40년을 유랑하게 될 것이다(25, 33-35절). 결국 하나님의 약속을 불신했던 20세 이상의 모든 사람들은 광야에서 죽게 될 것입니다. 약속의 땅에 대해 악평한 10명은 하나님의 심판으로 죽었으며 뒤늦게 가나안을 정복하겠다고 독단적으로 전쟁을 일으킨 백성들은 패하고 말았습니다(36-45절).

[시편 50편]
교훈시(성전예배용). 하나님 앞에서의 올바른 태도 중 바른 희생제사에 관한 내용으로 제사에 대한 백성들의 잘못된 이해와 접근에 대한 예언적 교훈을 담고 있습니다. 재판장이신 하나님이 백성들을 판결하시기 위해 온 세상을 증인으로 부르십니다(1-6절). 백성들은 언약에 반응하는 삶을 살지 못했습니다. 하나님은 제물이 필요하셔서 제사를 받으시는 분이 아님에도 이스라엘 백성들은 많이 드릴수록 하나님이 좋아하시고 기도응답과 용서가 빠르다고 생각했습니다(7-13절). 제물로 하나님을 움직일 수 있다는 생각은 매우 위험합니다. 하나님은 인간이 조정할 수 있는 대상이 아닙니다. 하나님은 백성들이 제사를 통해 은혜를 구하고 감사와 찬양으로 나아오기를 기뻐하십니다(14-15절). 잘못된 제사와 함께 하나님의 율례와 교훈을 떠난 삶에 대해 책망하십니다(16-22절). 시인은 감사로 드리는 제사와 옳은 행위에 대해 강조하며 시를 마무리합니다(23절).

[이사야 3-4장]
(3장) 하나님은 이스라엘 백성들이 의지하던 것들을 모두 제거하실 것입니다(1절). 그것은 양식과 물, 용사(용병), 전사(징집병 혹은 상비군), 관료, 거짓 선지자와 복술자, 백성의 지도자, 군사조직, 귀인(왕의 측근 집단), 모사(왕의 자문관), 정교한 장인(마술사), 요술자 등입니다(2-3절). 심판의 결과 유다와 예루살렘은 혼란에 빠지게 됩니다

(4-7절). 연소한 자가 통치하고 무지한 자가 권력을 잡는 등 무질서가 가중될 것입니다. 사람들은 권위가 있어 보이는 자에게 통치를 의뢰하나 군중을 만족시킬 빵과 겉옷이 없으므로 거절할 것입니다. 이는 하나님을 거역함으로 인해 생긴 혼란입니다(8-9절). 의인이 악인에 의해 괴로움을 당할 때도 있지만 하나님은 궁극적으로 의인에게 복을 주십니다(10-11절). 백성들을 잘못된 길로 이끄는 지도자들은 방자한 아이와 같고 이세벨이나 아달랴 같이 폭정을 휘두른 여인과 같습니다(12절). 하나님은 포도원(이스라엘)을 망친 백성의 지도자들의 죄와 지배계층 여인의 사치와 허영을 고발하십니다(13-24절). 시온은 무너지게 될 것입니다(25-26절).

(4장) 전쟁으로 인해 남자들의 수가 급감하면서 사회질서가 완전히 무너져 버렸습니다(1절). 그러나 그들을 버리지 않으시는 하나님은 그들을 정결케 하신 후 다시 회복시킬 것입니다(2-6절). 하나님은 그들을 보호하시고 그들은 하나님의 영광을 다시 보게 될 것입니다.

[히브리서 11장]

믿음은 긍정심리나 자기 최면에 의한 확신이 아닙니다. 믿음은 하나님의 선물(고전 12:9)이며 바라는 것들의 실상이요 보이지 않는 것의 증거입니다(1절). 즉, 믿음은 우리가 바라는 것들을 보증해 주고 볼 수 없는 것들을 확증해 준다는 것입니다. 여기서 바라는 것들은 나의 꿈이나 이상이 아니라 하나님이 약속하신 것을 말합니다. 믿음은 아직 이루어지지 않은 하나님의 약속을 이미 이룬 것처럼 누리게 합니다. 10장까지 새 언약을 성취하신 영원한 대제사장 예수 그리스도의 위대함을 논증한 저자는 그에 대한 믿음을 강조하기 위해 믿음으로 승리한 많은 선진들을 소개합니다(2절). 하나님의 능력과 신성이 그가 만드신 만물에 분명히 나타나 있으므로 누구든지 하나님을 부정할 수 없지만(롬1:20) 그것 역시 믿음의 눈으로 보지 않으면 보고도 깨닫지 못합니다(3a절). 보이는 것(물질세계)은 나타난 것(=하나님의 창조 이전에 존재했던 어떤 물질)으로 만들어진 것이 아니라 하나님의 말씀으로 창조되었습니다(3b절). 신앙의 선진들은 모두 믿음으로 하나님께 나아갔고 믿음으로 인내했으며 믿음으로 승리했습니다(4-38절). 그들은 하나님의 백성이 믿음으로 살아가는 길을 우리에게 보여 주었습니다. 그러나 선진들은 메시아에 대한 증거만 받았을 뿐 약속된 것(=더 좋은 것 곧, 메시아를 통해 완성된 하나님 나라)을 누리지는 못했습니다(39-40절). 이제 그리스도가 오셔서 언약을 성취하심으로 그들이나 우리나 동일하게 온전한 구원을 누릴 수 있게 되었습니다(40절).

[기도]

하나님! 말씀을 신뢰하지 않음으로 인하여 낙심하거나 두려워하지 않게 하옵소서. 예배와 삶이 이원화되지 않게 하시고 하나님 대신 의지해 왔던 것들은 과감히 버리게 하옵소서. 믿음의 선진들을 따라가게 하옵소서. 영원히 폐하지 않는 언약을 선물로 주신 예수님만 따르게 하옵소서.

[민수기 15장]

40년간의 광야생활은 이미 확정되었습니다(14:34). 그러나 하나님의 약속은 여전히 유효합니다(1-2절). 하나님은 이스라엘 백성들이 가나안 땅에 정착한 후 지켜야 할 제사에 관한 규례를 말씀하시는데 희생제물의 종류에 따라 곡식과 기름과 포도주의 양이 달라집니다(3-10절). 제사규례는 내·외국인 모두 동일하게 적용되며 가나안 땅에서의 첫 소산물은 하나님께 예물로 드려야 합니다(11-21절). 회중이 여호와의 명령을 어겼을 때에는 화제와 속죄제를, 개인이 여호와의 명령을 어겼을 때에는 속죄제를 드려야 합니다(22-31절). 의도적으로 안식일 계명을 어긴 자에게는 무거운 처벌이 내려집니다(32-36절). 하나님을 대적한 것으로 간주되기 때문입니다. 겉옷 가장자리 끝에 매단 술과 그 술에 붙인 청색 끈은 계명을 기억나게 하는 장치입니다(37-39절). 계명을 지킴으로써 거룩하게 되고 시내산 언약은 더욱 공고해집니다(40-41절).

[시편 51편]

참회시. 하나님 앞에 합당한 세 번째 태도는 바로 회개입니다. 51편은 다윗의 대표적인 참회시입니다. 돌이킬 수 없는 큰 죄를 범한 다윗은 하나님의 인자와 긍휼에 기대어 자신의 죄를 눈물로 아뢰니다(1-2절). 나단 선지자의 죄의 선언 이후 무릎을 꿇은 다윗은 죄성에 물들어 있는 죄인임을 고백하며 자신을 향한 판결의 옳음을 인정합니다(삼하 12:7-15, 3-5절). 하나님의 기대에 크게 어긋난 다윗은 죄 사함의 은혜를 간절히 소원합니다(6-9절). 그는 새로운 마음과 정직한 영 그리고 성령의 지속적인 내주하심과 구원의 기쁨이 회복되길 간구합니다(10-12절). 하나님이 죄를 사하여 주신다면 주의 도를 가르쳐 죄인을 돌이키고, 주를 찬양하며 높일 것입니다(13-15절). 그는 상한 심령과 통회하는 마음을 제물삼아 하나님께 아뢰며 자신이 다스리는 시온에도 은혜를 베푸시고 기쁨의 제사를 회복시켜 주시길 기도합니다(16-19절).

[이사야 5장]

포도원에 극상품 포도나무를 심었는데 들 포도가 맺혔습니다(1-2절). 이는 이스라엘의 현재의 모습을 나타내는 비유입니다. 포도원 주인은 예루살렘 주민과 유다 사람을 배심원으로 불러 자신과 포도원 사이를 판단하라고 말합니다(3-4절). 포도원에 크게 실망한 주인은 울타리를 제거하여 무방비 상태로 만들므로 포도원을 황폐하게 할 것입니다(5-6절). 이 비유는 하나님이 기대한 정의와 공의를 버리고 약자에 대한 착취와 악을 행한 이스라엘에 대한 심판메시지입니다(7절). 이사야는 이스라엘 백성들의 악행을 구체적으로 고발하는데 부와 권력의 독점(8-10절), 세속적인 쾌락(11-17절), 선지자의 선포에 대한 조롱(18-19절), 선과 악의 기준을 마음대로 바꿈(20절), 교만(21절), 불공정한 법의 집행(22-23절) 등 6가지입니다. 하나님은 당신의 말씀을 멸시한 이스라엘을 심판하시기 위해 강한 군대(앗수르)를 부르실 것입니다(24-30절).

[히브리서 12장]

믿음의 증거를 남긴 선진들을 소개한 저자는 이제 독자들을 믿음의 경주로 초대합니다(1절). 믿음의 경주에서 승리하려면 죄인의 거역과 십자가의 고통을 이기시고 하나님 보좌 우편에 앉으신 예수 그리스도를 바라보아야 합니다(2-3절). 또한 죄와 피 흘리기까지 싸워야 합니다(4절). 그러다가 죄 가운데서 빠지면 하나님의 징계를 받기도 합니다. 그렇지만 징계는 우리가 사생자가 아니라 아들이라는 것을 보여주는 증표이니 끝까지 인내하십시오(5-8절). 신실하신 아버지가 허락한 징계는 인내하는 자에게 의와 평강의 열매를 맺게 합니다(9-11절). 고난 가운데 넘어진 자를 일으켜 주고 화평함과 거룩함을 추구하여 그리스도를 드러내는 삶을 사는 것 역시 믿음의 경주입니다(12-14절). 쓴 뿌리(죄)가 공동체에 틈타지 못하게 하십시오(15-17절). 그동안 하나님의 임재를 나타내는 자연 현상만 봐도 얼마나 두렵고 떨렸습니까?(18-21절). 그러나 이제는 하늘 성전에서 하늘의 천만 천사와 성도들, 심판자이신 하나님과 새 언약의 중보자이신 예수 그리스도와 그가 흘리신 보혈을 은혜로 경험하게 되었으니 이 얼마나 크고 놀라운 은혜입니까?(22-24절). 땅의 성전은 소멸되지만 우리는 영원히 흔들리지 않는 나라(하늘 성전)를 받았습니다(25-29절).

[질문과 묵상]

1. 오늘 말씀을 통해 만난 하나님은 어떤 분인가요?

2. 오늘 말씀을 통해 하나님이 내 삶에 요청하시는 것은 무엇인가요?

[기도]

주의 말씀을 멸시하지 않게 하시고 말씀을 지킴으로써 거룩함을 이루어 가게 하옵소서. 죄로 인해 넘어졌을 때에는 전심으로 참회하여 다시 주의 은혜를 덧입게 하옵소서. 영원히 흔들리지 않는 나라를 주신 예수님만 찬양하게 하옵소서.

[민수기 16장]

아론과 미리암이 모세의 권위에 도전했던 사건(12장)이 있었는데 이번에는 레위 지파 고라가 르우벤 지파의 다단, 아비람, 온과 함께 반역을 일으켰습니다(1-3절). 무려 250명의 족장이 동조할 정도로 큰 규모였습니다. 모세는 이 문제의 판결을 하나님께 의뢰합니다(4-11절). 모세가 다단과 아비람을 불렀으나 그들은 대놓고 모세의 부름을 거절하며 비난합니다(12-14절). 모세는 아론과 250명의 족장들에게 각각 향로를 들고 회막 앞으로 모이게 합니다(15-19절). 하나님이 누구의 권위를 인정하시는지 가리기 위함입니다. 하나님은 고라 일당에 대한 심판을 말씀하시며 그들의 장막에서 떨어지라고 명령하십니다(20-30절). 이윽고 땅이 갈라지면서 반란 세력들은 땅에 묻히게 되었으며 반역한 250명의 족장들이 들고 왔던 향로들은 제단을 감싸는 철판을 만드는데 쓰이게 되었습니다(31-40절). 그러나 회중들은 오히려 모세와 아론이 여호와의 백성을 죽였다고 비난하였고 그로 인한 하나님의 진노로 염병이 발생하였습니다(41-46절). 염병은 향로를 든 아론이 죽은 자와 산 자 사이에 서자 비로소 멈췄습니다(47-50절). 고라 일당의 반역과 백성들의 비난에도 불구하고 모세는 백성을 끝까지 품으려 합니다. 모세에게서 예수님의 모습이 보입니다.

[시편 52-54편]

(52편) 지혜시. 악한 말로 의인을 공격하는 자의 말로에 대한 교훈입니다. 다윗은 간사한 혀로 악한 말을 쏟아내는 대적을 고발합니다(1-4절). 의로우신 하나님은 재물을 의지하는 악인을 영원히 심판하실 것이며 의인은 악인의 마지막을 보고 배우게 될 것입니다(5-7절). 하나님의 인자하심을 의지하는 의인은 하나님께 감사하며 하나님의 이름을 사모할 것입니다(8-9절).

(53편) 지혜시. 하나님을 부정하는 자에 대한 내용입니다. 악인의 어리석음은 하나님의 존재를 인정하지 않음에서 비롯됩니다(1-3절). 그들은 수치를 당하여 흩어지게 되지만 하나님은 그의 백성을 어리석은 자에게서 건지실 것입니다(4-6절).

(54편) 탄원시. 다윗은 하나님의 구원과 변호를 급하게 구하고 있습니다(1-2절). 이는 그의 생명을 찾는 악한 자들 때문입니다(3절). 하나님이 악인을 멸하시고 자신의 생명을 지켜 주실 것을 확신한 다윗은 주의 선하심에 대한 감사의 제사를 서원합니다(4-7절).

[이사야 6장]

6장은 이사야의 소명장으로 불립니다. 이사야는 환상 중에 하늘회의 장면을 보았습니다(1-4절). 하나님은 높은 보좌 위에 앉아 계시고 그의 옷자락은 성전을 가득 채우고 있습니다. 그의 절대적인 주권이 온 우주에 미치고 있음을 의미합니다. 스랍(Seraphim, 하나님 보좌에 둘러선 천사의 일종)들은 한 쌍의 날개로는 얼굴을, 또 한 쌍의 날개로는 발을 가리고 남은 한 쌍으로만 날고 있습니다. 하나님 곁에 있는 영광스런 존재들이지만 두 쌍의 날개로 자신을 가려야 할 만큼 하나님과 피조물 간에는 절대적인 간격이 있습니다. 그들은 끊임없이 하나님의 거룩하심을 찬양합니다. 하나님의 절대적인 거룩하심을 목격한 이사야는 부정으로 인해 자기가 죽게 되었다고 말합니다(5절). 이때 스랍 하나가 날아와 정화의식을 행한 후 죄가 사하여졌음을 선언합니다(6-7절). 이제 이사야는 하나님의 대언자로 자원합니다(8절). 하나님은 이사야의 메시지가 거절당할 것을 미리 예고하시며 이스라엘에 대한 심판 계획을 말씀하십니다(9-13절). 그러나 심판 이후 남아 있는 거룩한 씨('남은 자')로 말미암아 이스라엘은 다시 시작하게 될 것입니다.

[히브리서 13장]

영원히 흔들리지 않는 나라를 받은 자는 적극적으로 사랑을 실천하고 정결하며 자족의 마음을 갖습니다(1-5절). 성도는 박해자들을 두려워하지 말고 신실한 지도자들을 본받되 무엇보다 변함없으신 예수님을 바라보아야 합니다(6-8절). 다른 교훈(유대교)에 미혹되지 말아야 하며 무익한 규례에 매이지 말아야 합니다(9절). 장막에서 섬기는 자들은 제단('신약의 예배와 성찬')에 참여할 수 없습니다(10절). 다시 말해 구약의 제사를 추종하는 자들은 그리스도의 속죄의 은혜를 받을 수 없습니다. 왜냐하면 짐승의 피와 고기를 의지하기 때문입니다(11절). 예수님이 백성들을 거룩하게 하시기 위해 성문 밖으로 나가 고난을 받으신 것처럼 우리도 성문 밖으로, 즉 유대교와 유대문화 밖으로 나가야 합니다(12-14절). 성도는 함께 모여 찬송하며 선을 행하고, 서로 사랑함으로 나누고 복음으로 이끄는 지도자에게 순복합니다(15-17절). 공동체로부터 멀리 떠나 있는 저자는 다시 돌아갈 수 있도록 기도를 부탁합니다(18-19절). 참 목자이신 예수 그리스도 안에서 하나님의 선한 뜻을 이루어 나가야 합니다(20-21절). 마지막으로 저자는 디모데의 석방소식과 함께 안부를 전합니다(22-25절).

[질문과 묵상]

1. 오늘 말씀을 통해 만난 하나님은 어떤 분인가요?

2. 오늘 말씀을 통해 하나님이 내 삶에 요청하시는 것은 무엇인가요?

[기도]

내 죄를 사하시고 사명자로 불러주신 은혜를 찬양합니다. 자신의 피와 살로 속죄의 은혜를 베푸신 대제사장 예수 그리스도로 말미암아 이 은혜를 누리게 되었습니다. 모세의 온유함과 인내를 내게 가르치소서.

[민수기 17-18장]
(17장) 고라 일당을 심판하신 하나님은 아론의 권위를 확실히 세워주기 위해 각 지파의 대표들에게 지팡이를 하나씩 가져 오게 하고 레위 지파의 지팡이에는 아론의 이름을 쓰게 하십니다(1-3절). 12개의 지팡이를 증거궤 앞에 두고 하루가 지난 후 확인해 보니 아론의 지팡이만 싹이 나고 꽃이 피어 열매까지 맺었습니다(4-11절). 하나님은 제사장직을 아론에게 맡기셨음을 확실하게 보여 주셨습니다. 이스라엘 백성들은 성막에 가까이 가는 자는 다 죽는다며 한탄합니다(12-13절). 그러나 실제 그렇지 않습니다. 아론과 그의 후손들은 제사장으로, 레위인들은 제사장을 돕는 성막의 여러 직무로 성막 안과 근처에서 일할 것입니다.
(18장) 레위지파 고라 일당이 제사장의 직무를 탐내다가 심판을 받았습니다(16장). 그래서 하나님은 제사장과 레위인의 직무를 구별하여 주십니다(1-5절). 레위인은 성소의 기구와 제단에 가까이 갈 수 없습니다. 하나님은 레위인에게 아론('제사장')을 섬기라고 말씀하십니다(6-7절). 백성들이 드리는 예물 가운데 일부는 영구히 제사장의 몫입니다(8-11절). 땅의 첫 소산, 사람과 가축의 첫 태생 모두 제사장의 몫입니다(12-18절). 부정한 짐승의 경우는 돈으로 속량하지만 소와 양, 염소의 첫 태생은 제물로 드리고 그 고기는 제사장의 몫이 됩니다. 이것이 제물 중 일부가 제사장의 몫이 되게 하는 소금 언약입니다(19절). 자신이 곧 레위인의 기업임을 선언하신 하나님은 십일조를 레위인의 몫으로 지정하십니다(20-24절). 그러나 레위인도 예외 없이 백성에게서 받은 것의 1/10을 하나님께 드려야 합니다(25-32절).

[시편 55편]
탄원시. 가까운 사람의 배신으로 위기에 처한 다윗이 하나님의 도움을 절실히 구합니다. 이 시는 아들 압살롬과 친구 아히도벨이 공모하여 모반을 일으킨 사건을 배경으로 하고 있습니다(삼하 15장). 탄식, 원수의 소리와 악인의 압제, 핍박, 사망의 위협, 두려움과 떨림, 공포, '광야에 머무르리로다', '폭풍과 광풍을 피하리라' 와 같은 표현은 그의 상황이 얼마나 급박하고 고통스러운지를 짐작케 합니다(1-8절). 다윗은 원수들로 인해 극도의 혼란에 빠진 예루살렘을 바라보며 그들에게 멸망과 사망의 심판이 임하기를 기도합니다(9-11, 15절). 다윗은 현 상황이 신뢰했던 친구의 배신으로 빚어졌다는 사실에 더욱 고통스러워합니다(12-14, 20-21절). 의인의 요동함을 허락하지 않으시는 하나님이 탄식하며 부르짖는 그의 기도에 응답해 주실 것입니다(16-19, 22-23절).

[이사야 7장]
앗수르(아시리아)에 대항하고자 만들어진 반앗수르 동맹의 가입을 유다가 거절하자

반앗수르 동맹은 유다를 먼저 치기로 결정합니다. 아람(시리아)과 에브라임(북이스라엘) 연합군의 유다 침공이 임박하자 유다의 아하스 왕은 두려움에 사로잡히게 됩니다(1-2절). 그러나 하나님은 예루살렘을 점령한 후 아하스를 폐하고 다브엘의 아들을 왕으로 세우려는 그들의 시도는 실패할 것이니 두려워하지 말라고 말씀하십니다(3-9절). 하나님이 아하스에게 징조를 구하라고 말씀하시는 것은 그가 하나님의 구원 약속을 믿지 않았음을 전제합니다(10-11절). 그런데 아하스는 징조를 구하라는 이사야의 두 번째 메시지 또한 거절합니다(12절). 아하스는 하나님을 신뢰하지 않습니다. 다윗 왕조의 영원함에 대한 언약(삼하 7장)과 다윗 왕조의 불순종이 충돌하는 상황에서 하나님은 아하스가 거절한 징조에 대해 말씀하십니다(13-16절). 처녀가 잉태하여 나을 아들 임마누엘이 선과 악을 구별하기 전(=대략 2-3세)에 반앗수르 동맹은 와해될 것입니다. 임마누엘에 관한 말씀은 이후 메시아의 탄생에 대한 예언으로 그 의미가 확장됩니다. 아하스의 불신앙은 앗수르와 애굽을 통한 유다의 심판을 불러올 것입니다(17-25절). 그러나 심판 이후 남은 자들은 소망 가운데 살아가게 될 것입니다(21-22절).

[야고보서 1장]

야고보는 핍박과 시험을 당하고 있는 성도들에게 믿음으로 시련을 이겨내어 온전한 인내를 이루라고 권면합니다(1-4절). 또 시험을 만날 때 지혜를 구하라고 권합니다(5-8절). 하나님은 시험 당하는 자에게 피할 길을 내시는 분이기 때문에 지혜를 주실 것을 확신하고 의심하지 말아야 합니다(고전 10:13). 인생은 풀의 꽃이 지는 것 같이 짧아 부요함도 곤고함도 금방 지나갑니다(9-11절). 마귀가 주는 시험(유혹)을 물리치고 하나님이 주는 시험(테스트)을 통과한 성도는 주를 사랑하는 자에게 약속하신 생명의 면류관을 받을 것입니다(12-18절). 그러므로 성도는 듣기는 속히 하되 말하는 것과 성내는 것은 더디 하고, 악을 버리고 유순한 태도로 말씀을 받아 행하는 자가 되어야 합니다(19-22절). 믿음은 말씀을 듣고 행함으로 나타나야 합니다(23-27절).

[질문과 묵상]

1. 오늘 말씀을 통해 만난 하나님은 어떤 분인가요?

2. 오늘 말씀을 통해 하나님이 내 삶에 요청하시는 것은 무엇인가요?

[기도]

신앙 공동체와 사회의 질서에 순응하는 건강한 신앙인이 되게 하옵소서. 극심한 절망이 찾아올 때 불신앙의 길을 쉽게 선택하지 않게 하시고 의인을 붙드시는 하나님께 의뢰하게 하옵소서. 시험이 찾아 올 때에는 인내로써 승리하게 하옵소서.

[민수기 19장]
하나님은 모세에게 조금 특별한 속죄제를 지시하십니다. 일명 부정을 깨끗케 하는 물을 만들기 위한 제사입니다(1-6절). 통상 속죄제물은 수송아지가 쓰이는데 반해 여기서는 암송아지가 쓰입니다. 암송아지의 피는 회막 앞에 뿌려지고 가죽과 살과 피와 똥은 불태워집니다. 진영 밖에서 암송아지를 잡은 제사장은 정결의식을 행한 후 진영 안으로 들어오고 암송아지의 재는 모아서 부정을 깨끗하게 하는 물을 만드는데 쓰입니다(7-10절). 시체를 만진 자, 장막에서 사람이 죽었을 때 장막에 들어가는 자와 장막에 있던 자, 들에서 시신이나 무덤을 만진 자는 7일간 부정합니다(11-19절). 부정한 사람은 정결의식을 행한 후 성소에 들어갈 수 있으며 그 전까지는 공동체로부터 격리됩니다(20-22절). 정결케 하시는 예수 그리스도로 인하여 우리는 하나님 앞에 나아갈 수 있습니다.

[시편 56-57편]
(56편) 탄원시. 이 시는 다윗이 사울을 피해 가드 왕 아기스에게 망명을 시도했다가 의심을 받아 죽을 뻔했던 사건을 배경으로 하고 있습니다(표제어). 사울과 아기스 양쪽으로부터 오는 큰 위기에 봉착한 다윗은 자신의 생명을 하나님께 의뢰합니다(1-4절). 그는 대적들의 사악함을 고발하며 자신이 겪고 있는 고난의 눈물을 기억해 달라고 호소합니다(5-11절). 다윗은 기도의 응답을 전제하고 감사제를 서약합니다(12-13절).
(57편) 탄원시. 다윗은 사울을 피해 여러 번 동굴에 몸을 숨겼습니다(표제어). 다윗은 자신을 죽이려고 하는 사울로 인해 하나님께 부르짖습니다(1-4절). 그는 악인이 자기 꾀에 자기가 넘어지게 될 것을 확신하며 고난 중에 하나님을 찬양합니다(6-10절). 다윗은 고난에서 그를 건지실 하나님의 영광이 온 세상에 선포되기를 간구합니다(5, 11절).

[이사야 8-9장 1-7절]
시리아-에브라임 연합군의 유다 침공에 대해 하나님은 유다를 구원하시겠다는 선언과 징조를 나타내셨습니다(7장, 1-4절). 약속으로 태어난 아이가 '아빠, 엄마'라는 말을 미처 하기도 전에 저들의 모의는 실패할 것입니다. 그런데 아하스 왕은 이사야의 선포를 불신했습니다. 그 결과 시리아-에브라임에게 임할 심판은 유다에게 임할 것입니다(5-8절). 구원의 대상이던 유다가 심판의 대상으로 바뀌었습니다. 하나님이 허락하

지 않은 전쟁을 계획한 나라는 실패할 것입니다(9-10절). 승리는 하나님의 함께하심에 달려 있기에 하나님의 백성들은 하나님을 신뢰해야 합니다(11-15절). 불신하는 자는 심판의 하나님을 만나게 될 것입니다. "너희는 너희 하나님 여호와를 신뢰하라 그리하면 견고히 서리라 그의 선지자들을 신뢰하라 그리하면 형통하리라"(대하 20:20). 이사야는 아하스가 거절한 하나님의 구원의 약속과 자녀를 통해 보이려고 했던 징조들을 기록에 남깁니다(16-18절). 하나님은 유다에 대하여 얼굴을 가리셨지만(=관계단절의 의미) 이사야는 구원의 소망을 포기하지 않습니다. 하나님 외 다른 신탁을 구하는 자들은 심판을 받을 것입니다(19-22절). 이사야는 여호와의 열심으로 이루어질 정의와 평화의 나라를 선포합니다(9:1-7절). 예수님의 사역에 대한 마태의 보도(마4:15-16=9:1-2절), 요한의 아버지 사가랴의 예언(눅 1:79=9:2절), 천사 가브리엘의 고지(눅 1:32-33=9:7절) 등은 이사야의 선포가 예수 그리스도를 통해 온전히 성취되었음을 보여줍니다.

[야고보서 2장]

2장부터 야고보서의 핵심 내용인 '믿음은 행함으로 온전하게 된다'는 내용이 본격적으로 등장합니다. 야고보는 당시 교회에서 일어나는 하나의 사례를 가지고 믿음과 행함의 관계를 설명합니다. 믿음이 있는 사람은 사람을 차별하지 않습니다(1-9절). 차별은 이웃 사랑을 명하신 하나님께 죄를 짓는 것입니다. 율법을 지켜서 구원받을 수 있다면 모든 율법을 다 지켜야 할 것입니다(10-11절). 우리는 율법이 아니라 하나님의 긍휼로 구원을 받았음을 기억하고 긍휼을 베푸는 자가 되어야 합니다(12-13절). 행함이 없는 믿음은 무익하며 죽은 것입니다(14-26절). 참 믿음은 행함으로 증명됩니다.

[질문과 묵상]

1. 오늘 말씀을 통해 만난 하나님은 어떤 분인가요?

2. 오늘 말씀을 통해 하나님이 내 삶에 요청하시는 것은 무엇인가요?

[기도]

하나님! 세속화의 흐름에 편승하지 않게 하시고 정결한 주의 백성이 되게 하옵소서. 환난 날에 오직 주님만 의지하게 하시고 주의 말씀을 신뢰하되 다른 응답을 구하지 않게 하옵소서. 믿음을 행함으로 증명하는 참 신자가 되게 하옵소서.

[민수기 20장]

첫째 달은 광야에서 40년이 되는 해의 첫 달을 의미합니다(1절). 이스라엘 백성들은 예전에 12명의 정탐꾼을 보냈던 가데스에 도착했으며 여기에서 미리암이 죽습니다. 38년 전 하나님을 원망했던 가데스에서 물 문제로 인해 하나님을 또 원망합니다(2-6절). 하나님은 모세를 통해 반석에서 물을 내심으로 문제를 해결하십니다(7-13절). 그러나 그 과정에서 하나님의 거룩함을 드러내지 못한 모세와 아론은 약속의 땅에 들어가지 못하게 되었습니다. 이스라엘은 가데스에서 두 번이나 실패했습니다. 모세는 에돔 왕에게 요단 동편에 있는 왕의 대로를 지나가게 해달라고 정중히 요청하지만 거절당합니다(14-21절). 결국 에돔을 우회할 수밖에 없습니다. 아론이 죽은 후 그의 대제사장직은 엘르아살이 이어갑니다(22-29절).

[시편 58-59편]

(58편) 탄원시. 시인은 불의한 통치자들을 고발합니다(1-5절). 본래 통치자는 공정한 재판으로 정의를 실천하고 죄 없는 자와 약자를 보호해야 합니다. 그런데 나면서부터 하나님과 멀어지고 곁길로 간 사람들이라고 다윗이 말할 정도로 그들은 악을 자행하는 불의한 재판관들이었습니다. 다윗은 하나님이 공의로운 판결을 통해 그들을 멸하시고 의인의 억울함을 풀어주시길 간구합니다(6-11절).

(59편) 탄원시. 다윗은 원수들의 공격에서 자신과 이스라엘을 구원해 주시길 간구합니다(1-5절). 특히, 원수들을 즉시 심판하지 마시고 서서히 소멸하여 주실 것을 기도합니다(11-13절). 왜냐하면 하나님이 이스라엘을 다스리고 계심을 열방이 오랫동안 기억하도록 하기 위함입니다. 원수의 멸망을 확신한 다윗은 피난처요 힘과 요새가 되시는 하나님을 찬양합니다(6-9, 14-17절).

[이사야 9장 8절-10장 4절]

하나님은 북이스라엘의 교만에 대해 심판하실 것입니다(8-12절). 이스라엘의 오랜 숙적인 아람과 블레셋을 통한 징계에도 불구하고 그들은 하나님께 돌아오지 않았습니다. 첫 번째 징계에서 깨닫지 못하자 두 번째 징계를 진행하십니다. 시리아-에브라임 연합군이 유다를 치려 할 때에 하나님은 앗수르로 하여금 그들을 치게 하셨습니다(13-17절). BC 734-732년, 앗수르의 침공으로 북이스라엘은 요단 동편과 갈릴리 북쪽지방을 모두 상실합니다. 그러나 그들은 여전히 돌이키지 않고 권력투쟁을 일삼으며 멸망의 길을 가고 있습니다(18-21절). 법령을 제정하는 사람들이 더욱 불법을 저지릅니다(10:1-4절). 그들은 불의한 법을 만들어 약자들을 착취했습니다. 이는 약자보호를 명하신 하나님을 멸시하는 행위입니다.

[야고보서 3장]

야고보는 말에 대한 교훈을 다룹니다. 성령으로 거듭난 사람은 언어의 절제와 인내가 필요합니다(1-2절). 큰 배가 작은 키에 의해 방향이 결정되듯이 말은 우리의 삶을 좌우합니다(3-5절). 말에는 권세가 있어서 잘못 사용하면 죽이는 독이 될 수 있으며 삶이 지옥으로 변할 수 있습니다(6-8절). 성도는 하나님을 찬양하는 입으로 형제를 비난하거나 저주할 수 없습니다(9-12절). 행함이 있는 믿음은 혀를 길들이는 것으로 나타납니다. 이어서 두 가지 지혜를 비교합니다. 하나님으로부터 난 지혜는 성결, 화평, 관용, 양순, 긍휼과 선한 열매, 편견과 거짓 없음입니다(13, 17-18절). 반면 땅의 지혜(마귀의 지혜)는 시기, 다툼, 거짓, 정욕, 혼란, 악한 일입니다(14-16절). 우리는 하늘의 지혜를 사모해야 합니다.

[질문과 묵상]

1. 오늘 말씀을 통해 만난 하나님은 어떤 분인가요?

2. 오늘 말씀을 통해 하나님이 내 삶에 요청하시는 것은 무엇인가요?

[기도]

하나님의 거룩하심을 드러내는 삶을 살게 하시고 공의를 행하게 하옵소서. 성령의 은혜 가운데 말을 잘 길들이고, 말을 통해 믿음이 증명되게 하옵소서. 또한 하늘의 지혜를 좇아 행하게 하옵소서.

[민수기 21장]

이스라엘은 가나안 남쪽 네게브 지역에 거주하는 가나안 인들과의 전투에서 승리하긴 했지만 에돔을 멀리 돌아 요단 동편으로 가야 했습니다(1-3절). 백성들이 먼 길로 돌아가는 것에 대해 불평을 쏟아내자 하나님은 독뱀으로 그들을 심판하셨습니다(4-6절). 결국 그들은 죄를 고백하였으며 하나님은 장대 위의 놋뱀을 보라는 처방을 내립니다(7-9절). 장대에 매달린 놋뱀은 예수님의 십자가를 예표합니다. “모세가 광야에서 뱀을 든 것 같이 인자도 들려야 하리니”(요 3:14). 이스라엘 백성들은 요단 동편으로 이동하여 비스가 산까지 이르렀습니다(10-20절). 비스가 산은 모세가 약속의 땅을 바라보며 눈을 감은 곳입니다(신 34:1, 5). 요단 동편에 도착한 이스라엘은 아모리 왕 시혼과 바산 왕 옥과의 전쟁에서 승리하고 그 지역을 점령합니다(21-35절).

[시편 60-61편]

(60편) 탄원시(공동체). ‘하나님이 우리를 버렸다’라고 말할 정도로 에돔에게 충격적인 패배를 당한 이스라엘이 탄식하며 하나님의 도우심을 구합니다(표제어,1-3절). 하나님은 당신을 경외하는 이스라엘에게 승리를 주실 뿐 아니라 주변의 다른 대적들까지도 당신의 소유로 삼으실 것입니다(4-8절). 시인은 하나님이 함께 하시므로 반드시 승리할 것을 확신합니다(9-12절).

(61편) 탄원시. 먼 곳에서 도피생활하며 마음이 약해진 시인이 피난처요 견고한 바위가 되시는 하나님께 부르짖습니다(1-3절). 그는 주의 장막(주의 날개) 아래 들어가기를 원하고 있는데 이는 하나님이 그의 기도를 들으시고 풍성한 복을 허락하셨던 관계로의 회복을 의미합니다(4-5절). 시인은 왕이 장수함으로 오래 통치하기를 기원하면서 찬양을 서원합니다(6-8절).

[이사야 10장 5-34절]

하나님은 앗수르를 심판의 도구로 사용하셨습니다. 앗수르에 의해 북이스라엘은 멸망했고 남유다는 속국으로 전락했습니다. 그런데 앗수르는 자신들이 역사의 주인인 것으로 착각하여 자기 힘에 도취된 채 주변 나라들을 마구잡이로 침략했습니다(5-11절). 하나님은 당신의 백성들에 대한 징계가 끝나면 앗수르의 교만을 심판하실 것입니다. 이스라엘이나 앗수르에 대한 심판은 하나님의 공의로운 판단에 따라 확정된 것입니다. 그러나 이스라엘은 멸망당할지라도 남은 자들이 하나님께 돌아오게 될 것입니다(12-23절). 하나님의 언약은 이스라엘의 범죄로 인한 심판 중에도 폐기되지 않습니다. 하나님은 앗수르를 통해 당신의 백성을 징계하신 후 그들을 새롭게 하시고 교만한 앗수르는 심판하실 것입니다(24-34절).

[야고보서 4장]

정욕(헬: 헤도논)의 원어적 의미는 기쁨, 쾌락, 만족입니다. 싸우고 다투는 것을 기쁨과 쾌락으로 여기는 악한 사람들이 있습니다(1절). 쾌락을 위해 쓰려고 잘못된 것을 구하는 사람도 있습니다(2-3절). 또한 세상의 벗이 되어 영적 간음을 저지르는 사람들이 있습니다(4-6절). 세상의 벗이 된 자는 하나님과는 원수가 됩니다. 그러므로 다툼과 갈등을 이기려면 두 마음을 품지 말고 하나님을 가까이 하고 정결한 삶을 살아야 합니다(7-10절). 그리하면 성도를 유혹하려던 마귀는 자연스럽게 떠나가게 됩니다. 스스로 재판관이 되지 말고 형제에 대한 비방을 멈춰야 합니다(11-12절). 인생을 자신이 경영할 수 있다는 생각은 어리석은 것입니다(13-14절). "사람이 마음으로 자기의 길을 계획할지라도 그의 걸음을 인도하시는 이는 여호와시니라"(잠 16:9). 잠시 있다 사라질 인생을 자랑한다면 이는 허탄한 것입니다(15-17절). 우리는 오직 주의 말씀을 따라 살며 선을 행해야 합니다.

[질문과 묵상]

1. 오늘 말씀을 통해 만난 하나님은 어떤 분인가요?

2. 오늘 말씀을 통해 하나님이 내 삶에 요청하시는 것은 무엇인가요?

[기도]

영원한 저주와 심판에 대한 유일한 처방전 되시는 예수 그리스도를 묵상합니다. 우리의 탄식을 들으시며 모든 나라를 통치하시는 하나님의 주권을 묵상합니다. 헛된 생각과 자랑을 버리고 주의 말씀을 따라 살아가게 하옵소서.

[민수기 22장]
요단 동편에 진입하여 바산 왕 옥과 아모리 왕 시혼을 정복한 이스라엘은 가나안 땅에 매우 근접한 상태였습니다. 이스라엘이 점점 다가오자 큰 위협을 느낀 모압 왕 발락은 선지자 발람에게 이스라엘에 대한 저주를 의뢰합니다(1-8절). 하나님은 발람에게 발락에게 가지 말고 이스라엘을 저주하지도 말라고 말씀하십니다(9-14절). 왜냐하면 이스라엘은 하나님이 복을 주시는 백성이기 때문입니다. 발람에 대한 1차 설득에 실패한 발락은 고관들을 보내 2차 설득을 시도하는데 하나님이 주신 분명한 지침에도 불구하고 발람은 하나님의 뜻을 구합니다(15-20절). 발람의 이중적인 마음을 읽은 하나님은 발락을 만나는 것까지는 허락하시지만 대신 하나님이 일러주시는 말만 해야 한다고 말씀하시며 나귀를 통해 그것을 더욱 확실하게 전하십니다(21-35절). 발락을 만난 발람은 하나님이 주시는 말씀만 선포할 것을 선언합니다(36-41절). 발람은 그의 욕심 때문에 인생을 낭비하고 있습니다. 혹 하나님의 분명한 뜻을 알고도 미련을 버리지 못하여 인생을 낭비하고 있는 건 아닌지요?

[시편 62-63편]
(62편) 신뢰시. 다윗은 구원의 반석이요 요새요 피난처가 되시는 하나님을 잠잠히 바랄 것을 스스로 다짐합니다(1-2, 5-8절). 대적들은 그를 집요하게 공격하지만 인자와 권능은 하나님께 속한 것입니다(3-4, 9-12절).
(63편) 탄원시. 시인의 상태는 고난으로 인해 메마르고 황폐한 땅과 같습니다(1절). 그는 예전에 성소에서 주님과 아름답게 교제하던 때를 생각하며 주님의 사랑과 은혜로 충만했던 날을 소망합니다(2-6절). 하나님은 대적을 멸하시고 시인을 붙드실 것이며 기쁨을 회복시켜 주실 것입니다(7-11절).

[이사야 11-12장]
(11장) 이사야는 여호와의 영으로 충만한 메시아가 이루실 완전한 평화의 세계를 소개합니다(1-9절). 부와 가난, 강자와 약자의 구별이 사라지고 인간과 인간, 인간과 동물 간에 평화의 공존이 가능해집니다. 이는 에덴의 모습으로 파괴된 창조질

서의 완전한 회복을 의미합니다. 그 날이 오면 이스라엘은 완전히 회복될 것입니다(10-16절).

(12장) 이사야는 하나님의 구원을 선포하며 기쁨으로 구원의 대열에 합류할 것을 권면합니다(1-3절). 또한 하나님이 주신 구원에 감사하며 하나님이 행하신 놀라운 구원을 온 세상에 널리 알릴 것을 선포합니다(4-6절).

[야고보서 5장]

주께서 오실 날이 가까워지고 있습니다. 야고보는 주의 말씀보다 재물을 의지하는 부자에 대해 경고합니다(1-6절). 그들이 자랑으로 삼았던 것들로 인해 통곡하게 될 날이 올 것입니다. 마지막 때가 올수록 더욱 인내가 필요합니다(7-11절). 야고보는 주께서 강림하실 때까지 길이 참으라고 권면합니다. 성도는 맹세할 필요가 없는 정직한 삶을 살아야 합니다(12명). 성도는 찬송과 기도로 살아가야 하며 병든 자가 있을 때에는 합심으로 기도해야 합니다(13-18절). 믿음으로 함께 드리는 기도는 역사하는 힘이 있습니다. 마지막으로 야고보는 실족한 영혼을 돌이키는 일에 힘쓸 것을 강조합니다(19-20절).

[질문과 묵상]

1. 오늘 말씀을 통해 만난 하나님은 어떤 분인가요?

2. 오늘 말씀을 통해 하나님이 내 삶에 요청하시는 것은 무엇인가요?

[기도]

그리스도 예수 안에 있는 생명의 성령의 법이 죄와 사망의 법에서 나를 해방하였습니다. 어떤 것도 그리스도 예수 안에 있는 하나님의 사랑에서 나를 끊을 수 없습니다. 창조질서가 회복될 영광의 날이 오기까지 인내하며 찬송과 기도로 살아가게 하옵소서.

[민수기 23장]
모압 왕 발락과 선지자 발람은 함께 바알의 산당에서 하나님께 제사를 드린 후 하나님이 주신 말씀을 기다렸는데 발락의 기대와 달리 발람은 이스라엘을 축복합니다(22:41-12절). 발락은 다른 산으로 발람을 데리고 올라가 이스라엘을 저주하기를 기대합니다(13-17절). 그러나 이번에도 발람은 이스라엘을 축복합니다(18-26절). 발락은 포기하지 않고 또 다른 산으로 가서 희생 제사를 준비하며 이스라엘에 대한 저주를 유도합니다(27-30절). 이스라엘을 축복하시는 하나님은 변치 않으십니다. 그럼에도 발락은 자신의 고집을 굽히지 않습니다. 자기가 원하는 예언을 들을 때까지 선지자를 계속 종용하는 것은 예언을 조작하려는 시도입니다.

[시편 64-65편]
(64편) 탄원시. 시인은 원수의 두려움과 악한 자의 음모로부터 그의 생명을 보존하여 주시길 간구합니다(1-4절). 하나님의 심판을 두려워하지 않는 원수들은 자신들의 계책이 성공할 것이라고 확신합니다(5-6절). 하나님은 그들의 계획을 무산시키고 의인으로 찬양하게 하실 것입니다(7-10절).
(65편) 찬양시. 이스라엘 회중들이 하나님이 베풀어 주신 은혜를 찬양하는 시입니다. 죄 사함의 은총을 경험한 회중이 성전에 모여 하나님이 주신 복을 찬양합니다(1-4절). 세상을 창조하신 능력의 하나님은 대적의 소요를 잠재우심으로 뭇 영혼들에게 기쁨을 주셨습니다(5-8절). 그들은 풍성한 소출까지 허락하신 하나님의 부족함 없는 공급을 찬양합니다(9-13절).

[이사야 13장]
바벨론의 멸망에 관한 예언입니다(1절). 하나님이 이스라엘을 심판하는 도구로 쓰셨던 바벨론에게 여호와의 날(심판의 날)이 임할 것입니다(2-16절). 하나님의 심판의 도구로 부름 받게 될 메대(메디아)에 의하여 바벨론은 소돔과 고모라와 같이 폐허가 될 것입니다(17-22절). 민족과 나라의 흥망성쇠는 하나님의 손에 달려 있습니다.

[베드로전서 1장]

성도는 이 땅에 잠시 머물다가 떠나는 나그네이지만 예수 그리스도의 부활의 능력으로 거듭나 하늘 유업을 받은 존재입니다(1-5절). 하나님은 당신의 능력으로 우리의 믿음을 지켜 주십니다. 우리는 여러 가지 환난과 시험을 당하지만 하늘 유업이 주는 소망으로 인해 기뻐할 수 있습니다(6-9절). 선지자와 사도를 통해 전해진 천사도 흠모하는 복음으로 인하여 하늘 유업을 받게 된 그리스도인은 복음에 합당한 삶을 살아야 합니다(10-17절). 이는 거룩한 삶을 말하는 것으로 그리스도를 알지 못했던 과거의 사욕을 버리는 것을 의미합니다. "너희는 유혹의 욕심을 따라 썩어져 가는 구습을 따르는 옛 사람을 벗어 버리고 오직 너희의 심령이 새롭게 되어 하나님을 따라 의와 진리의 거룩함으로 지으심을 받은 새 사람을 입으라"(엡 4:22-24). 성도가 거룩하게 살아야 하는 이유는 흠 없는 어린양 예수 그리스도의 보배로운 피로 말미암아 구원받았기 때문입니다(18-21절). 베드로는 구원이 썩지 아니할 씨 곧 영원하신 하나님의 말씀으로 된 것임을 강조하며 형제사랑을 명합니다(22-25절). 구원의 은혜는 사랑이라는 열매로 나타납니다.

[질문과 묵상]

1. 오늘 말씀을 통해 만난 하나님은 어떤 분인가요?

2. 오늘 말씀을 통해 하나님이 내 삶에 요청하시는 것은 무엇인가요?

[기도]

자신이 원하는 말씀만 들으려 하는 발락처럼 되지 않게 하옵소서. 예수 그리스도의 보배로운 피로 말미암아 영원한 하늘나라를 유업으로 받았으니 옛 습관을 버리고 거룩함으로 나아가게 하옵소서.

[민수기 24장]
하나님은 당신의 뜻과 자신의 욕망 사이에서 줄타기를 하고 있는 발람의 영의 눈을 활짝 열어 주십니다(1-2절). 발람은 하나님이 이스라엘을 존귀하고 형통하게 하신다는 것을 그가 본 환상과 계시로 선포합니다(3-9절). 내용 중에 아브라함에게 주신 약속의 말씀이 등장합니다. "너를 축복하는 자에게는 내가 복을 내리고 너를 저주하는 자에게는 내가 저주하리니"(창 12:3). 결국 발람의 예언은 세 번 모두 이스라엘을 향한 축복의 선언으로 끝났고, 발람을 특별대우하며 이스라엘에 대한 저주를 유도했던 발락은 분노합니다(10-11절). 발람은 아무리 많은 뇌물을 받았어도 자신은 하나님이 맡기신 말씀을 선포할 수밖에 없다고 자신을 변호하며 이스라엘을 또 축복합니다(12-19절). 내용은 장차 이스라엘이 모압과 에돔을 지배하게 된다는 것입니다. 이스라엘을 저주하려던 발락은 도리어 자기 민족의 암울한 미래에 대해 듣게 되었습니다. 발람은 아말렉과 깃딤(키프로스)의 멸망, 모세 장인의 민족인 겐 족속의 안전에 관하여 선포한 후 자기 지역으로 돌아갑니다(20-25절).

[시편 66-67편]
(66편) 감사시(ft. 찬양시). 시인은 바로를 제압하고 이스라엘을 구원하셨으며 영원토록 열방을 다스리시는 하나님을 찬양하라고 말합니다(1-7절). 또한 영혼을 보존하사 자기 백성을 연단하시고 복된 곳으로 인도하시는 하나님을 찬양하라고 말합니다(8-12절). 고난을 통해 연단 받은 시인은 지난 날 그의 기도에 응답하신 하나님께 서원했던 감사제를 드립니다(13-20절).
(67편) 찬양시. 시인은 복의 근원되시고 열방의 통치자가 되시며 풍성한 복을 허락하신 하나님을 찬양합니다(1-7절).

[이사야 14장]
똑같이 멸망을 당하지만 이스라엘과 바벨론의 운명은 다릅니다. 이스라엘은 하나님이 회복하실 것입니다(1-3절). 그러나 바벨론은 영원히 멸망할 것입니다('스올로 떨어진 폭군 바벨론', 9-11절). 하늘에 올라 하나님의 별들 위에 자기 자리를 만들려고 했던 교만한 바벨론은 순식간에 구덩이 아래로 추락할 것이며 멸망당한 폭군의 시체를 본 열방은 크게 기뻐할 것입니다(3-8, 12-23절). 앗수르 역시 교만으로

인해 멸망할 것입니다(24-27절). 이사야는 블레셋의 심판도 선언합니다(28-32절). 이는 블레셋과 동맹을 맺고 함께 앗수르에 대항해 보려고 하는 일부 유다 정치가들의 헛된 생각에 대한 경고입니다. 구원과 안전은 동맹군이 아니라 하나님의 주권에 있으며 하나님만이 보장해 주실 수 있습니다.

[베드로전서 2장]

구원받은 성도는 버려야 할 것과 취할 것을 잘 분별해야 합니다(1-3절). "너희는 이 세대를 본받지 말고 오직 마음을 새롭게 함으로 변화를 받아 하나님의 선하시고 기뻐하시고 온전하신 뜻이 무엇인지 분별하도록 하라"(롬 12:2). 특히 성화를 위해 갓난아기가 젖을 사모하듯 간절히 주의 말씀을 사모해야 합니다. 우리는 보배로운 산 돌이신 예수 그리스도로 말미암아 하나님의 영이 거하는 성전이요 거룩한 제사장으로 세워진 존재입니다(4-8절). 베드로는 택하신 족속, 왕 같은 제사장, 거룩한 나라, 하나님의 소유된 백성으로 우리의 정체성을 규정합니다(9-10절). 성도는 이 세상에 잠시 머무는 동안 육체의 정욕을 제어하고 선을 행하되 특별히 하나님의 종으로서 모든 사람을 존경하고 형제를 사랑하며 국민으로서의 의무도 성실히 이행해야 합니다(11-17절). 또한 베드로는 그리스도를 영접한 종의 올바른 삶의 태도를 가르치는데 이를 통해 모든 그리스도인에게 적용될 올바른 삶의 태도를 설명합니다(18-25절). 이는 애매하게 고난을 당하더라도 죄 없이 고난당하시고 죽임 당하신 그리스도를 생각하며 인내하는 삶을 의미합니다(18-25절).

[질문과 묵상]

1. 오늘 말씀을 통해 만난 하나님은 어떤 분인가요?

2. 오늘 말씀을 통해 하나님이 내 삶에 요청하시는 것은 무엇인가요?

[기도]

교만한 바벨론은 심판하시고 당신의 백성들은 연단하신 후 회복시키시는 신실하신 하나님은 역사의 진정한 주인이십니다. 우리를 택하신 족속, 왕 같은 제사장, 거룩한 나라, 하나님의 소유된 백성삼아 주심에 감사드립니다. 날마다 말씀으로 하나님의 형상을 이루게 하옵소서.

[민수기 25장]

40년간의 광야생활이 거의 끝나갈 즈음 바알브올 사건이 일어납니다. 바알브올은 '브올의 바알'이라는 뜻인데, 이스라엘 백성들은 바알브올 축제를 통해 처음으로 바알 신앙을 접하게 되었는데 무엇보다 이 음란한 축제에 정신없이 빠져들었습니다. 여인들이 의도적으로 이스라엘 남자들을 유혹하여 부적절한 관계를 맺고 이들을 바알 신에게 드리는 제사에 초청하여 우상숭배를 하게 만든 것입니다(1-3절). 하나님은 모세에게 이 일에 가담한 자들의 처형을 명하십니다(4-5절). 그들은 시내산 언약을 깨뜨리는 심각한 범죄를 저질렀습니다. 하나님의 심판으로 염병이 돌고 있는 가운데 한 지도자가 미디안 여인을 데리고 장막으로 들어갑니다. 이를 본 대제사장 엘르아살의 아들 비느하스가 거룩한 분노로 그들을 죽임으로써 염병이 그치게 됩니다(6-15절). 하나님은 이스라엘을 미혹한 미디안을 칠 것을 명하십니다(16-18절). 이 사건은 모압과 미디안 여인을 이용하여 이스라엘을 넘어뜨리려 한 발람의 간교한 계획으로 인해 일어났습니다. "보라 이들이 발람의 꾀를 따라 이스라엘 자손을 브올의 사건에서 여호와 앞에 범죄하게 하여"(31:16).

[시편 68편]

찬양시(ft. 탄원시). 다윗이 원수에 맞서는 방법은 하나님께 탄식하며 기도하는 것입니다. 다윗은 악인의 패망을 구하며 의인에게는 하나님을 찬양할 것을 권고합니다(1-4절). 공의의 하나님은 약한 자를 도우십니다(5-6절). 다윗은 하나님이 광야에서 선하게 인도하셨던 때를 생각합니다(7-10절). 하나님은 약속의 말씀과 함께 승리를 주셨으며 대적들을 살몬의 눈처럼 흩으셨습니다(11-14절). 제아무리 높은 바산의 산이라 할지라도 여호와가 계신 시온을 이길 수는 없습니다(15-20절). 시인은 이스라엘이 약속의 땅에 정착하기까지 마주했던 모든 세력을 이기게 하신 하나님을 찬양합니다. 하나님은 백성들을 대신하여 짐을 지시고 대신 싸워 승리하셨으며 백성 가운데 거하십니다(21-27절). 모든 나라는 온 세상을 통치하시는 하나님의 권능을 찬양해야 합니다(28-35절).

[이사야 15장]

15-16장은 모압에 대한 하나님의 경고입니다. 교만한 모압은 하나님의 심판으로

멸망하게 될 것입니다(16:6). 그들은 한밤중에 적(앗수르)의 기습을 받아 치명적인 패배를 당할 것입니다(1절). 갑작스런 멸망으로 모압 사람들은 통곡할 것이며 이사야는 피난을 떠나는 그들을 내다보며 애도할 것입니다(2-9절). 9절은 아직 재앙이 더 남았음을 암시합니다.

[베드로전서 3장]

남편과 아내는 하나님의 말씀에 따라 서로를 귀히 여겨야 합니다. 아내는 순종과 정결한 행실을 통해 믿지 않는 남편이 복음을 받아들이도록 해야 하며, 외적 아름다움 보다 내면의 아름다움을 더욱 추구해야 합니다(1-6절). 남편은 아내를 동등한 인격체로 존중하며 생명의 은혜를 함께 나눌 대상으로 알아 귀하게 여겨야 합니다(7절). 성도는 보복하지 말고 선과 화평을 추구합니다(8-12절). 선을 행하되 고난을 두려워하지 말고 소망의 이유를 묻는 자에게 대답할 말을 준비해야 합니다(13-15절). 항상 복음을 전할 준비가 되어 있어야 합니다. 하나님과 사람 앞에 거리낌 없는 양심으로 선을 행하면 비방자들의 입을 다물게 할 것입니다(행 24:16, 16-17절). 선을 행함으로 고난을 받은 대표적인 사례는 예수 그리스도이며 그의 부활과 승천은 모든 악한 영과 회개하지 않는 자들에 대한 승리의 선언입니다(18-20절). 노아 시대에 물은 심판의 도구였으나 지금은 세례를 통한 구원의 증표입니다(20-21절). 이것은 세례가 구원을 보증한다는 의미가 아니라 세례가 예수 그리스도를 영접하는 믿음의 결단이요 하나님의 구원의 은혜를 붙드는 수단이라는 의미입니다. 천사와 권세들과 능력들이 승리하신 그리스도께 복종합니다(22절). 고난에서 승리한 성도들은 그리스도와 함께 영광을 누릴 것입니다.

[질문과 묵상]

1. 오늘 말씀을 통해 만난 하나님은 어떤 분인가요?

2. 오늘 말씀을 통해 하나님이 내 삶에 요청하시는 것은 무엇인가요?

[기도]

신실해야 할 이스라엘 백성들이 음행에 빠졌습니다. 하나님의 거룩함을 깨뜨리는 죄를 미워하게 하시고 피 흘리기까지 죄와 싸우게 하옵소서. 생명의 유업을 함께 받은 배우자를 귀히 여기고 선과 화평을 추구하게 하옵소서.

[민수기 26장]

하나님은 시내산을 떠나기 전에 출애굽 세대에 대한 인구조사를 명하셨습니다. 이때 20세 이상의 남자의 수는 603,550명이었습니다(1:45). 그리고 얼마 전에 일어난 바알브올 사건으로 24,000명이 죽었습니다(25:9). 가나안 진입을 앞둔 모압 평지에서 하나님의 지시로 실시한 2차 인구조사의 결과는 601,730명입니다(51절). 1차에 비해 1,820명이 줄어들긴 했지만 바알브올 사건으로 죽은 자들을 감안한다면 광야의 척박함 속에서도 하나님이 이스라엘 백성들을 보존하여 주셨음을 확인할 수 있습니다. 레위지파 역시 1차에 비해 1,000명이 증가하였습니다(57-62절). 2차 인구조사의 대상들은 대부분 광야세대입니다. 광야세대를 이끌고 가나안 땅으로 들어갈 지도자는 대제사장 엘르아살과 여호수아입니다(63-65절). 인구조사는 훗날 약속의 땅을 분배하기 위한 사전작업입니다(52-56절).

[시편 69편]

탄원시. 시편에는 탄식이 많이 등장합니다. 69편에서도 시인의 극한의 고통과 억울함이 나타나는데 다른 탄원시와 구별되는 것은 원수에 대한 저주가 등장한다는 것입니다(21-28절). 다윗은 현재 상황을 물에 빠져 익사하기 직전으로 묘사하고 있습니다(1-4절). 그의 억울함을 들어줄 사람은 아무도 없으며 원수에 의해 점점 깊은 물로 빠져 들어가는 형국입니다. 자신의 연약함(우매함과 죄)을 인정한 시인은 주를 대신하여 비방을 받고 주를 향한 열심 때문에 소외를 당하며 주 앞에서 행한 금식과 회개마저 조롱거리가 되었다고 토로합니다(5-12절). 그는 하나님의 응답을 간절히 기다리며 대적으로부터 비방과 수치를 당하고 있으니 하나님이 원수를 갚아주시기를 저주와 함께 간구합니다(13-28절). 아직 문제가 해결되지는 않았지만 시인은 찬양을 결단합니다(29-32절). 하나님은 그의 백성의 고통을 결코 외면하지 않으십니다(33-36절). "하나님이 그들의 고통 소리를 들으시고 하나님이 아브라함과 이삭과 야곱에게 세운 그의 언약을 기억하사"(출 2:24).

[이사야 16장]

모압이 받을 심판에 관한 내용인데 이사야는 모압에게 시온을 의뢰하라고 선포합니다(1-5절). 그는 모압이 이스라엘의 통치와 보호를 받던 다윗시절을 이상적인 형태로 소개하면서 그때처럼 시온의 하나님을 의뢰하는 것이 파국을 피하는 유일한 길이라고 말합니다. 그러나 자신의 군사력과 천연의 요새만을 의지하던 교만한 모압은 결국 멸망하게 됩니다(7-12절). 이사야는 이웃 민족의 파멸에 대해 애통해 합니다. 이 일은 3년 안에 이루어질 것입니다(13-14절).

[베드로전서 4장]

베드로는 계속해서 고난 중에 있는 성도들에게 권면합니다. 그리스도께서 고난을 통해 승리하셨듯이 고난을 통해 죄를 다스리고 하나님의 뜻에 따라 살아갈 것(1-3절), 신앙의 가치에 대한 조롱과 비방을 잘 견딜 것(4-6절), 근신하여 기도하고 뜨겁게 사랑할 것 등 3가지입니다(7-11절). 뜨거운 사랑으로 섬기고 봉사하며 주의 일을 감당할 때 하나님이 영광을 받으실 것입니다. 성도가 그리스도의 이름으로 고난을 받는 것은 당연한 것이므로 도리어 기뻐하고 심판의 하나님을 기억하여 고난 중에도 선을 행하며 자신의 영혼을 온전히 하나님께 의탁해야 합니다(12-19절). 주께서 곧 오십니다. “만물의 마지막이 가까이 왔으니”(7절).

[질문과 묵상]

1. 오늘 말씀을 통해 만난 하나님은 어떤 분인가요?

2. 오늘 말씀을 통해 하나님이 내 삶에 요청하시는 것은 무엇인가요?

[기도]

인구조사 결과는 하나님의 신실하심을 보여줍니다. 깊은 절망과 고통 속에서도 언약을 지키시는 신실하신 하나님을 의뢰합니다. 종말의 때를 살아가고 있음을 기억하게 하시고 사랑으로 허다한 죄를 덮으며 하나님의 큰 영광을 위해 살아가게 하옵소서.

[민수기 27장]

슬로브핫의 딸들은 2차 인구조사 때 등장합니다(26:33). 슬로브핫은 아들 없이 딸만 5명을 남기고 세상을 떠났는데 그의 죽음은 고라 자손과는 상관없습니다(1-3절). 하나님의 징계로 인한 죽음이 아니라는 것입니다. 문제는 이스라엘의 법으로는 딸의 상속권이 인정되지 않아 가나안에서 땅을 분배받을 때 슬로브핫 집안은 배제되는 것입니다. 하나님은 딸들의 청원이 정당하다고 말씀하십니다(4-7절). 그래서 상속권의 우선순위를 정해 주셨는데 아들 – 딸 – 형제 – 아버지의 형제 순입니다(8-11절). 단 슬로브핫의 딸들은 같은 지파 내의 남자와 결혼하여 분배받은 땅이 다른 지파로 넘어가지 않게 해야 합니다(36:1-12). 하나님은 여성의 상속 권리를 인정해 주셨습니다. 출애굽 세대 중 이제 모세만 남았습니다. 모세는 약속의 땅을 바라보며 하나님의 부름을 받게 될 것입니다(12-14절). 이는 그가 므리바에서 하나님의 거룩하심을 나타내지 않았기 때문입니다(20:1-13). 하나님은 후계자를 요청하는 모세에게 여호수아를 지명하십니다(15-23절).

[시편 70-71편]

(70편) 탄원시. 70편은 시40:13-17편과 매우 유사한데 제사 등의 공적 의식 때 사용하기 위해 따로 분리된 것으로 보입니다(표제어). 다윗은 자신의 연약함('가난하고 궁핍함')을 고백하며 그의 고통을 기뻐하는 대적들로부터 구원하여 주시고 악인에게 수치를 안겨주시길 간구합니다(1-5절).

(71편) 탄원시(ft. 신뢰시). 저자나 시기를 알기 어려운 시이지만 내용상 하나님의 도우심으로 일생을 보낸 한 경건한 노인이 지난날을 회상하며 지은 시로 여겨집니다. 어려움을 당한 시인은 크게 요동하지 않고 차분히 하나님의 도우심을 간구합니다(1-4절). 연륜이 느껴지는 대목입니다. 어릴 때부터 하나님을 의뢰한 시인은 하나님께 피하는 것이 가장 안전하다는 것을 알고 있습니다(5-8절). 고난에 처한 시인을 보며 대적들은 그가 하나님으로부터 버림받았다고 말하지만 시인은 하나님이 그를 버리지 않으심을 확신합니다(9-13절). 그는 하나님의 공의와 구원이 반드시 이루어짐을 믿으며 일평생 의지한 하나님이 남은 생애에도 함께 하여 주시길 간구합니다(14-18절). 시인은 하나님의 구원의 능력과 성실, 속량과 의를 노래합니다(19-24절).

[이사야 17-18장]

(17장) 본문의 배경은 시리아-에브라임 전쟁입니다. 시리아(아람)와 북이스라엘이 연합하여 남유다 왕국을 침략하려 하지만 하나님은 이사야를 통해 그들의 도모가 실패

할 것을 말씀하시며 하나님을 신뢰할 것을 촉구하십니다(7:1-9). 이사야는 다메섹(시리아의 수도 다마스쿠스)에 대한 하나님의 심판과 북이스라엘에 대한 하나님의 징계를 선포합니다(1-6, 9-11절). 징계를 받은 이스라엘은 우상 숭배 죄를 깨닫고 늦게나마 회개하고 돌아올 것입니다(7-8절). 민족들이 예루살렘을 침략하지만 하나님의 개입으로 패주할 것입니다(12-14절). 이 내용은 앗수르의 산헤립이 예루살렘을 침공했다가 갑자기 퇴각하여 물러난 사건을 그 배경으로 하고 있습니다.

(**18장**) 구스(에티오피아)에 관한 예언입니다(1-7절). 구스는 남유다의 히스기야에게 반앗수르 전선 구축을 제안합니다. 그러나 구스는 앗수르에게 패하게 될 것입니다. 이는 구스에 관한 예언임과 동시에 구스와 함께 앞날을 도모해 보려는 히스기야에게 주는 경고이기도 합니다. 구스와 연합한다면 구스와 함께 파멸할 것이니 그런 어리석음을 범하지 말아야 합니다. 나를 실패와 파멸로 이끌 대상과 연합하지 말아야 합니다. 구스는 실패를 통해 하나님의 주권을 인정하게 될 것입니다.

[베드로전서 5장]

외부의 핍박과 고난에 대한 신앙적 대응에 대해 언급하던 베드로의 시선이 신앙공동체 내부로 향합니다. 먼저 교회의 장로들(목회자)에게 하나님의 뜻에 따라 자원함으로 양 무리를 치되 사익을 위해 하지 말고 양 무리의 본이 되라고 권합니다(1-4절). 젊은 자(성도)에게는 겸손히 행할 것을 권고합니다(5-7절). 마지막 때에 마귀는 우는 사자같이 삼킬 자를 찾아다니므로 근신하여 마귀를 대적해야 합니다(8-9절). 성도는 그리스도를 통해 하나님의 영원한 영광에 들어가게 된 존재입니다. 하나님은 고난을 통해 성도를 온전케 하시고 굳건히 세우십니다(10-11절). 고난은 잠깐이며 영광은 영원함을 기억하십시오. 베드로는 바벨론(로마)에 있는 형제들에게 문안하며 하나님의 은혜 위에 굳게 서야 함을 강조합니다(12-14절).

[질문과 묵상]

1. 오늘 말씀을 통해 만난 하나님은 어떤 분인가요?

2. 오늘 말씀을 통해 하나님이 내 삶에 요청하시는 것은 무엇인가요?

[기도]

딸들의 상속을 인정하시는 하나님을 보며 하나님이 제정하신 법의 아름다움을 보게 됩니다. 시편 기자처럼 한결같은 마음으로 열방을 다스리시는 하나님의 주권을 신뢰하며 살아가게 하옵소서. 겸손히 행하며 본이 되는 삶을 소망하게 하옵소서.

[민수기 28장]

28-29장은 정기적인 제사와 절기에 관한 내용입니다. 먼저 매일, 매주, 매월 드리는 제사에 대해 설명합니다. 매일의 희생제사는 하루 두 번(아침 & 저녁) 각각 1년 되고 흠 없는 어린 숫양 1마리를 고운 가루에 기름을 섞은 소제로 드리고 독주의 전제를 부어 드립니다(1-8절). 안식일에는 1년 되고 흠 없는 숫양 2마리를 고운 가루에 기름 섞은 소제와 전제를 함께 드립니다(9-10절). 안식일에는 상번제(=항상 드리는 번제, 즉 매일의 희생제사) 외에 안식일 희생제사를 더하여 드립니다. 매월 초하루(첫날)가 되면 상번제 외에 초하루 희생제사를 드립니다(11-15절). 제물은 수송아지 2마리, 숫양 1마리, 1년 되고 흠 없는 숫양 7마리입니다. 제물에 따라 고운 가루와 기름의 양이 다릅니다. 그리고 숫염소 1마리를 속죄제로 드려야 합니다. 이제 매년 지켜야 할 절기입니다. 먼저 유월절과 무교절에 드리는 희생제사입니다(16-25절). 유월절은 애굽으로부터 구원받은 것을 기념하는 절기로 이스라엘 달력으로 첫째 달(아빕월) 14일에 지킵니다. 양력으로 3-4월에 해당됩니다. 유월절을 지킨 다음 날인 15일부터 일주일간 무교절로 지킵니다. 첫 열매를 드리는 칠칠절(맥추절 or 오순절)의 제사방식은 초하루와 동일합니다(26-31절). 칠칠절은 무교절(아빕월 15일)로부터 49일(7일×7주)째에 지키는 절기라는 뜻입니다. 밀의 첫 수확을 드리는 감사절기이기도 합니다.

[시편 72편]

제왕시. 왕은 하나님의 통치를 이 땅에 실현하는 하나님의 대리자입니다. 하나님의 대리자라는 것은 왕의 높은 권위를 나타냄과 동시에 왕이라 할지라도 하나님의 통치 아래 있는 존재이므로 겸손해야 한다는 의미입니다. 이스라엘의 왕은 하나님을 경외하는 마음으로 공의(히: 체다카=올바름)와 정의(히: 미쉬파트=올바른 판단)로 다스려야 합니다(1-7절). 공의와 정의에 입각하여 통치한다면 왕의 명성은 온 땅에 미치게 될 것입니다(8-11절). 바른 통치를 하는 왕은 백성의 생명을 돌봅니다(12-14절). 왕의 돌봄을 받은 궁핍한 자들은 왕을 위해 기도할 것이며 하나님은 약한 자를 보호하는 왕에게 풍성한 열매와 함께 그의 지경을 넓혀 주실 것입니다(15-17절). 시인은 하나님의 영광이 온 땅에 충만하기를 기도합니다(18-20절). 시인이 바라는 왕의 모습을 온전히 충족할 수 있는 분은 공의와 사랑으로 우리를 돌보시는 예수 그리스도밖에 없습니다.

[이사야 19-20장]

(19장) 이스라엘이 민족의 개념을 갖게 된 계기는 출애굽 사건인데 애굽은 대대로 이스라엘에게 가장 큰 영향을 미쳤던 강대국입니다. 19-20장은 애굽의 운명에 관한 예언입니다.

애굽은 내부 분열로 인한 혼란을 겪으며 외부의 침략을 받게 될 것입니다(1-4절). 또한 경제의 위기도 겪게 될 것입니다(5-10절). 나일강의 범람은 유기질이 풍부한 퇴적층을 만들어 풍성한 결실을 보장하는데 더 이상 나일강이 범람하지 않을 것입니다. 나일강 삼각주 북동쪽에 위치한 소안은 애굽에서 메소포타미아로 나가는 관문입니다. 소안 방백들은 팔레스타인과 메소포타미아의 정세에 대하여 바로에게 자문하는 역할을 하는데 그들의 지혜가 도리어 애굽의 멸망을 가중시킬 것입니다(11-15절). 그러므로 멸망해 가는 애굽을 의지하려는 유다의 정치가들은 어리석은 판단을 중단해야 합니다. 애굽이 유다를 심판하시는 하나님을 보며 두려워할 것은 하나님의 심판이 그들에게도 임할 것이기 때문입니다(16-17절). 그런데 갑자기 내용의 전환이 이루어집니다. 애굽 땅에 여호와를 경외하는 5개의 성읍이 생길 것이며 애굽이 하나님을 알아가고, 신앙 안에서 애굽과 앗수르가 화해하며 애굽과 앗수르가 이스라엘과 함께 복의 근원이 될 것입니다(18-25절). 마지막 때에 열방이 하나님께로 돌아와 하나가 될 것입니다.

(20장) 점점 강성해지는 앗수르에 대항하여 애굽의 지원을 받은 아스돗(블레셋의 도시)이 모압과 에돔과 유다를 끌어들여 반앗수르 동맹을 결성합니다. 그런데 앗수르에 의해 아스돗이 점령당했습니다(1절). 하나님은 이사야에게 벗은 몸으로 예루살렘 거리를 다닐 것을 명령하십니다(2절). 이는 반앗수르 동맹을 주도하는 애굽과 구스의 많은 사람들이 비참하게 포로로 끌려가게 될 것을 의미합니다(3-4절). 해변 주민(블레셋 사람)은 도움을 기대했던 애굽과 구스의 패배 소식에 좌절하고 애굽의 도움으로 앗수르에게서 벗어나고자 했던 유다 역시 심히 당황할 것입니다(5-6절).

[베드로후서 1장]

성도는 그리스도의 의에 힘입어 보배로운 믿음을 받은 자로서 그리스도로부터 생명과 경건에 속한 모든 것을 받아 그의 신성한 성품에 참여하는 자가 되었습니다(1-4절). 그러므로 믿음, 덕, 지식, 절제, 인내, 경건, 형제 우애, 사랑 등의 신성한 성품을 추구하고 훈련하여 날마다 공고히 다져 나가야 합니다(5-9절). 성도는 거룩한 삶을 통해 부르심과 택하심을 확증해야 합니다(10-11절). 자신의 죽음을 예감한 베드로는 성도들에게 영생의 소망을 다시 일깨워 줍니다(12-15절). 그는 그리스도의 능력과 재림에 관하여 변화산 사건과 더 확실한 예언(구약)을 통해 변증합니다(16-19절). 예언은 성령의 감동하심을 받은 사람들이 쓴 것이므로 성령의 조명 아래 신중하게 해석해야 합니다(20-21절).

[기도]

하나님! 나를 위해 행하신 놀라운 일들을 기억하게 하시고 잊지 않게 하옵소서. 왕 같은 제사장으로 하나님의 공의와 사랑이 충만한 삶을 살게 하시고 신성한 성품에 참여하는 자 되게 하옵소서.

[민수기 29장]
매월 초하루마다 제사를 드립니다(28:11-15). 그중 일곱째 달(=양력으로 9-10월) 초하루는 특별한 절기로 지킵니다. 이 날은 나팔절입니다(1-6절). 나팔절에는 매일 드리는 상번제-초하루 제사-나팔절 제사 순으로 제사를 드립니다. 일곱째 달 10일은 대속죄일입니다(7-11절). 대제사장이 1년에 한번 지성소에 들어가 속죄제를 드리는 날로 백성들은 노동을 금하고 금식하며 회개하는 마음으로 속죄의 날을 지켰습니다. 대속죄일은 예수님의 십자가의 죽으심과 연결됩니다. 일곱째 달 15일부터는 일주일간 장막절(초막절 or 수장절)로 지킵니다(12-40절). 특이한 점은 매일 드리는 수송아지의 수가 다르다는 것입니다. 장막절은 한해의 마지막 절기로 하나님이 주신 풍성한 수확에 대해 감사하는 절기입니다.

[시편 73편]
신뢰시(ft. 지혜시). 정결한 자가 복을 받는다고 믿는 성도가 악인의 번영을 보게 되면 하나님의 공의를 의심하게 됩니다(1-3절). 자신의 형통에 자신감을 얻은 악인은 사람을 업신여기고 심지어 하나님까지도 우습게 여깁니다(4-9절). 악인의 교만을 막을 자가 보이지 않습니다. 악인이 형통하고 의인이 고통 받는 현실은 분명 성도에게 시험이 됩니다(10-14절). 하나님의 공의가 보이지 않음으로 괴로워하던 의인이 성소를 찾았다가 마침내 악인의 최후에 대한 깊은 통찰을 얻습니다(15-17절). 악인의 영원한 형통을 허락하지 않으시는 하나님은 예고 없는 철저한 심판으로 악인에 대한 당신의 공의를 완성하실 것입니다(18-22절). 시인은 피난처 되시는 하나님을 향한 신뢰를 고백하며 하나님을 가까이함이 진정한 복임을 선포합니다(23-28절).

[이사야 21장]
폭력과 우상숭배를 저지른 바벨론에 대해 심판이 선고됩니다(1-10절). 바벨론의 멸망에 관한 선언은 그들에 의해 고통당하고 있는 이스라엘 백성들에게 위로와 소망을 줍니다. 아라비아 북부에 거주하는 유목민족들인 두마와 드단과 게달에 대한 심판도 함께 선고됩니다(11-17절). 유목민족들이 이스라엘과 직접적으로 어떤

관계인지에 대해서는 정확히 알 수 없습니다. 하나님은 이스라엘 뿐 아니라 주변 민족 더 나아가 모든 열방의 주권자이십니다.

[베드로후서 2장]

베드로는 거짓 교사의 출현에 대해 경고합니다. 그들은 그리스도의 재림을 부인하고 방탕하며 이익을 위해 거짓을 지어내는 자들입니다(1-3절). 하나님은 반드시 그들을 심판하실 것입니다(4-8절). 하나님은 경건한 자를 건지시고 불의한 자를 심판하십니다(9-11절). 거짓 교사는 도살당하는 짐승과 같은 운명에 처해지게 될 것입니다(12절). 그들은 불의하고 방탕하며 발람처럼 불의의 삯을 사랑합니다(13-16절). 그들은 성도들을 미혹하여 방탕으로 이끕니다(17-19절). 거짓 교사에게 미혹되면 심각한 결과를 맞게 되니 항상 경계해야 합니다(20-22절).

[질문과 묵상]

1. 오늘 말씀을 통해 만난 하나님은 어떤 분인가요?

2. 오늘 말씀을 통해 하나님이 내 삶에 요청하시는 것은 무엇인가요?

[기도]

악인의 형통에 시험 들지 않게 하시고 하나님의 공의를 신뢰하게 하옵소서. 하나님을 가까이함으로 세상을 이길 영적 통찰을 얻게 하시며 불의의 삯을 미워하게 하옵소서.

[민수기 30장]
서원에 관한 규정입니다. 사람(남자)가 서원한 경우 반드시 지켜야 합니다(2절). 여자도 서원을 지켜야 하지만 한 가지 조건이 있습니다. 결혼 전에는 아버지, 결혼 후에는 남편의 승인이 있어야 합니다(3-8, 10-14절). 미망인이나 이혼한 여자의 경우는 아버지나 남편의 권위 아래 있지 않기 때문에 서원을 다 지켜야 합니다(9절). 만약 아내의 서원을 듣고 묵인하다가 시간이 어느 정도 지난 후에 남편이 그 서원의 무효를 선언한다면 서원을 깨뜨린 죄의 책임은 남편에게 있습니다(15절). 여자의 경우 아버지나 남편의 승인을 얻게 한 이유는 법적 후견인이기 때문입니다(16절). 서원은 신중하게 하되 서원한 것은 반드시 이행해야 합니다.

[시편 74편]
탄원시(공동체). 시인은 하나님이 자기 백성을 버리실 수 있는지 따지듯 물으며 주의 백성을 기억해 주시기를 간구합니다(1-3절). 이 시는 바벨론에 의해 예루살렘이 무너지고 성소가 파괴된 역사를 배경으로 하고 있습니다. 시인은 하나님의 임재의 상징인 성소가 대적들에게 더럽혀지고 파괴된 것에 대한 아픔을 호소합니다(4-8절). 그는 하나님께 악행을 저지른 바벨론을 심판하시고 유다를 구원해 주시길 간구합니다(9-11절). 그는 절망 속에서 하나님이 지난날 이스라엘을 위해 행하신 놀라운 일들을 언급하며 하나님을 향한 신뢰를 고백합니다(12-17절). 하나님이여, 언약을 기억하사 속히 개입하셔서 구원해 주옵소서(18-23절).

[이사야 22장]
BC 701년 앗수르의 산헤립은 대군을 이끌고 유다를 전격 침공합니다(왕상 18-19장). 앗수르는 유다 전역을 초토화시킨 후 예루살렘을 겹겹이 포위하였습니다. 절체절명의 위기에 놓인 유다는 하나님의 개입으로 예루살렘을 극적으로 방어합니다. 이 승리는 그들의 결사항전이 아니라 하나님의 개입으로 인한 것입니다. 그러나 유다 백성들은 마치 자신들의 힘으로 승리를 이룬 것처럼 교만했습니다. 이사야는 영광의 시온이 수치의 골짜기가 되는 환상을 보았습니다(1-4절). 하나님이 이방 민족을 통해 유다 백성의 불신과 교만을 심판할 날이 이를 것이며 방어를 위한

모든 조치는 효력이 없을 것입니다(5-11절). 유다 백성들은 선지자의 회개 촉구에 반응하지 않았으며 도리어 쾌락을 탐닉하는데 열중했습니다(12-14절). 히스기야 시대 고위직에 있었던 두 사람에 대한 선지자의 신탁이 선포됩니다(15-25절). 셉나는 낮은 집안 출신이지만 권력을 남용하여 자기를 위해 화려한 묘실을 만들었고, 엘리아김은 히스기야로부터 전권을 위임받았지만 가족들로 인한 내부 부패로 공동체의 파멸을 불러왔습니다. 지도자는 명예욕과 내부 부패를 항상 경계해야 합니다.

[베드로후서 3장]

베드로가 이 글을 쓰는 이유는 선지자들이 전한 말씀과 예수님이 사도를 통해 하신 말씀을 기억하게 하려는 것입니다(1-2절). 이 시기에 그리스도의 재림이 없다고 주장하는 무리들이 성도들을 미혹했습니다(3-7절). 베드로는 재림이 지연되는 이유에 대해 하나님과 인간의 시간 개념이 다르다는 것과 아직 하나님이 택하신 자녀들이 모두 회개하고 구원에 이르지 않았기 때문이라고 말합니다(8-9절). 주의 재림은 반드시 있을 것이니 그리스도인의 삶은 더욱 견실해야 합니다(10-16절). 마지막으로 베드로는 미혹에 넘어가지 말고 은혜 안에서 성장하기를 기원합니다(17-18절).

[질문과 묵상]

1. 오늘 말씀을 통해 만난 하나님은 어떤 분인가요?

2. 오늘 말씀을 통해 하나님이 내 삶에 요청하시는 것은 무엇인가요?

[기도]

하나님 앞에 약속한 것 중에 지키지 못한 것들이 많습니다. 하나님과 사람 앞에 신실한 사람 되기를 기도합니다. 고난의 때를 지나고 있는 나(or ○○)를 불쌍히 여기시고 구원해 주시옵소서. 거짓 교리에 미혹당하지 않게 하시고 진리 안에서 날마다 자라게 하옵소서.

[민수기 31장]

31장은 바알브올 사건을 배경으로 하고 있으며 내용상 25장과 연결됩니다. 미디안 지휘관의 딸 고스비의 이름이 구체적으로 등장하는 것을 보면 성적 방종을 조장한 바알브올 축제를 미디안이 주도했음을 알 수 있습니다(25:15). 하나님은 이스라엘을 미혹한 미디안을 치라고 명령하십니다(25:16-18). 전쟁 결과 큰 승리를 거둔 이스라엘은 미디안의 다섯 왕을 죽이고 많은 포로와 전리품을 얻었으며 바알브올 사건을 꾸민 발람 선지자도 제거했습니다(1-12, 16절). 그런데 개선하는 이스라엘 군대를 영접하러 나간 모세와 대제사장 엘르아살은 수많은 미디안 여인들을 보고 군 지휘관들에게 화를 냅니다(13-18절). 전에 이스라엘을 유혹했던 그들을 데려오는 것은 옳지 않다고 여겼기 때문입니다. 그래서 혼인한 성인 여성은 제하고 순결한 여인만 살려둘 것을 명합니다. 냉정해 보이는 명령이지만 불과 얼마 전에 있었던 바알브올 사건으로 인한 하나님의 징계로 무려 24,000명이나 죽었던 이스라엘이기에 음행사건의 재발에 대해 민감할 수밖에 없음을 감안해야 합니다. 모세는 군인들이 정결의식을 철저히 행한 후에 진영으로 들어오는 것을 허락할 정도로 거룩함을 유지하는 일에 집중했습니다(19-24절). 전리품은 군인과 회중에게 절반씩 분배되었는데 군인은 1/500을 제사장 엘르아살에게, 일반 회중은 1/50을 레위인에게 바치도록 했습니다(25-47절). 이와 별도로 군 지휘관들이 감사예물을 하나님께 드렸습니다(48-54절).

[시편 75-76편]

(75편) 감사시(ft. 예언적 교훈). 시인은 늘 함께 하시는 하나님께 감사하며 그의 기이한 일들을 전하겠다고 말합니다(1절). 이는 악인에게 심판의 날이 가까이 왔음을 의미하는 것으로 악인이 자랑하던 모든 것은 하나님의 심판 앞에 무용지물이 될 것입니다(2-5절). 이 땅에서 높아졌다고 해서 실제로 높아진 것은 아닙니다(6-7절). 하나님이 높여 주시는 것만이 영원합니다. 하나님은 악인을 심판하시고 의인을 높여 주십니다(8-10절).

(76편) 찬양시(ft. 시온시). 시인은 시온에 좌정해 계시며 시온을 보호하시는 하나님을 찬양합니다. 본 시를 산헤립의 예루살렘 침공으로부터 지켜주신 하나님에 대한 찬양으로 보기도 하지만 이에 대한 구체적인 증거는 없습니다. 평화의 왕이신 하나님이 시온에 계십니다(1-3절). 그는 자신의 힘을 의지하는 대적들을 심판하시고 온유한 자를 구원하십니다(4-9절). 그러므로 마땅히 경외해야 할 하나님께 합당한 예물로 경배를 드려야 합니다(10-12절).

[이사야 23장]

이스라엘의 북쪽 지중해 연안에 위치한 두로와 시돈은 해상무역으로 큰 부를 축적했으며 해안에 연하여 요새를 건축했습니다. 앗수르에 비하여 작은 영토와 국력을 가졌음에도 오랜 기간 항전했던 역사를 가지고 있습니다. 해상무역으로 부귀영화를 누리던 두로와 시돈이 하나님의 심판으로 멸망할 것입니다(1-14절). 온 세상을 경영하시는 하나님은 부로 인해 교만해진 그들을 심판하십니다. 그러나 멸망의 선언으로 끝나지 않습니다. 하나님이 정하신 심판의 기간이 끝나면 그들은 다시 회복되어 이전처럼 부유해질 것입니다(15-18절). 그러나 전에 재물로 인해 교만해졌던 것과 달리 그들은 자신의 재물을 하나님께 봉헌할 것입니다. 이방인이 여호와의 백성이 될 것을 내다보는 예언입니다. 상업행위를 음행으로 표현한 이유는 이윤을 위해 무슨 일이든 다 하는 상인들에 대한 부정적 시각이 반영되어 있기 때문입니다.

[요한일서 1장]

태초부터 아버지와 함께 계셨던 생명의 말씀이 이 땅에 오셨는데 사도들은 그에게서 영원한 생명을 보았습니다(1-2절). 요한은 영원한 생명이신 예수 그리스도와의 사귐을 주선하기 위한 복음증거의 기쁨으로 충만합니다(3-4절). 서신의 첫 내용은 그의 복음서와 유사합니다. "태초에 말씀이 계시니라 이 말씀이 하나님과 함께 계셨으니 이 말씀은 곧 하나님이시니라"(요 1:1). 복음을 받아들인 자는 빛 되신 하나님과의 사귐으로 인해 빛 가운데 행하게 됩니다(5-7절). 빛이 되는 삶에 있어서 회개는 매우 중요합니다. 하나님의 빛으로 인해 죄를 깨달아 그 죄를 고백하는 사람은 보혈의 은총으로 죄 사함 받고 의롭게 됩니다(8-10절). 하나님과의 사귐은 회개로 인해 더 깊어집니다.

[질문과 묵상]

1. 오늘 말씀을 통해 만난 하나님은 어떤 분인가요?

2. 오늘 말씀을 통해 하나님이 내 삶에 요청하시는 것은 무엇인가요?

[기도]

나를 넘어뜨릴 수 있는 쾌락과 재물을 항상 경계하고, 빛 되신 하나님과의 사귐으로 날마다 빛 가운데로 걸어가게 하옵소서. 형제사랑의 계명을 더욱 충실하게 잘 감당하게 하옵소서. 죄 사함과 정결의 은혜를 주신 예수님만 믿고 따라가게 하옵소서.

[민수기 32장]
요단 동편 길을 따라 올라가던 이스라엘은 바산 왕 옥과 아모리 왕 시혼과의 전쟁에서 승리했습니다(민21장). 요단 동편지역을 정복하긴 했지만 그곳은 본래 약속의 땅이 아닙니다. 그러나 르우벤 지파와 갓 지파는 모세에게 목축에 적합한 요단 동편에 정착하게 해 줄 것을 요청합니다(1-5절). 모세는 두 지파를 책망하며 이전의 실패의 역사를 언급합니다(6-15절). 가나안 정복전쟁에서 두 지파가 갑자기 빠져버리면 지파 간의 연대가 깨어지고 남은 지파들은 낙심하게 될 것입니다. 예전에 10명의 정탐꾼의 보고를 들은 백성들이 낙심하며 불평한 것 때문에 광야생활이 40년으로 연장되었는데 또다시 하나님의 진노를 사게 될 상황이 생길지도 모릅니다. 결국 두 지파는 가나안 정복전쟁이 끝날 때까지 함께 참전할 것과 요단 서편 땅은 기업으로 받지 않는다는 조건으로 요단 동편 정착을 허락받습니다(16-32절). 르우벤 지파와 갓 지파 그리고 길르앗의 아모리인을 쫓아낸 므낫세 지파의 마길의 자손들은 요단 동편에 정착합니다(33-42절). 나의 이익보다 공익을 위해 형제와 연합하는 것이 더욱 중요합니다.

[시편 77편]
탄원시(ft. 찬양시). 전반부(1-9절)의 탄식과 후반부(10-20절)의 찬양으로 구성되어 있습니다. 환난으로 인해 영혼이 상한 시인은 불안과 근심 속에서 결사적으로 하나님께 부르짖지만 괴로움이 사라지지 않습니다(1-4절). 그는 지난날 자신이 지은 죄로 인해 밤새 하나님께 간구하며 혹시라도 하나님이 나를 용서하지 않으실까 마음을 졸였던 때를 기억합니다(5-9절). 또한 지존자의 오른손에 붙잡혀 있던 시절을 기억할 것이라고 말합니다(10-12절). 특별히 시인은 하나님이 이스라엘로 하여금 홍해를 건너가게 할 때의 상황을 자세하게 묘사합니다(13-20절). 그 때를 추억하는 이유는 이전에 애굽에서 건지신 것처럼 현재 바벨론의 종이 된 유다를 건져주시길 바라기 때문입니다.

[이사야 24장]
24-27장은 특정한 나라에 대한 언급 없이 온 세상을 대상으로 한 하나님의 우주적, 종말론적인 심판 선언입니다. 하나님의 심판으로 땅의 질서가 파괴되고 황무하게 될 것입니다(1-3절). 왜냐하면 이스라엘 백성들이 시내산 언약을 파기했던 것처럼 백성들이 율법을 어기고 언약을 깨뜨렸기 때문입니다(4-13절). 이방민족에 대한

하나님의 심판을 이스라엘 백성들은 기뻐합니다(14-15절). 이스라엘에 대한 구원의 시작이라고 생각하기 때문입니다. 그러나 이사야는 세상에 대한 하나님의 심판이 이스라엘의 구원을 의미하는 것이 아니라고 말합니다(16-20절). 온 땅에 대한 심판은 이스라엘의 승리가 아닌 하나님의 승리입니다(21-23절). 하나님은 하늘의 군대와 땅의 왕들을 심판하시고 온 세상에 당신의 영광을 드러내실 것입니다.

[요한일서 2장]

우리가 죄로 인해 넘어질지라도 하나님 앞에서 우리를 변호해 주시는 대언자가 계십니다(1-2절). 대언자[헬: 파라클레토스=파라('곁에서')+클레토스('돕는 자')]는 '곁에서 돕는 자'라는 뜻입니다. 예수 그리스도는 우리와 함께 하는 변호자, 위로자, 인도자, 치유자이십니다. 계명(말씀)을 지키는 자는 하나님을 아는 자요 하나님을 사랑하는 자입니다(3-6절). 빛 가운데 행하는 것은 곧 계명을 지키는 것이며 계명의 완성은 형제 사랑입니다(7-11절). 형제를 사랑하지 않는 자는 하나님과 사귐이 없는 자입니다. 반면 세상을 사랑하는 것은 어둠 가운데 행하는 것입니다(15-17절). 성도는 자기에게 하나님을 아는 지식이 있다는 것과 예수 그리스도를 통해 죄 사함 받았다는 것 그리고 그리스도를 통해 이미 세상을 이긴 자가 되었다는 것을 알아야 합니다(12-14절). 그런데 진리의 말씀을 부정하는 적그리스도가 나타났습니다(18-23절). 그들은 예수님의 그리스도 되심과 하나님의 아들 되심을 부정합니다. 독자들은 흔들리지 말고 처음부터 요한에게 들었던 복음의 진리 위에 서 있어야 합니다(24-27절). 그리스도 안에 거하는 자는 담대하게 재림을 맞이합니다(28-29절).

[질문과 묵상]

1. 오늘 말씀을 통해 만난 하나님은 어떤 분인가요?

2. 오늘 말씀을 통해 하나님이 내 삶에 요청하시는 것은 무엇인가요?

[기도]

온 우주를 다스리시는 하나님의 크신 주권을 찬양합니다. 빛 가운데 행하는 자가 되어 형제를 사랑하고 형제와 연합하여 주님의 공동체를 세워 나가게 하옵소서. 이전에 행하신 신실하신 역사를 기억하며 근심 중에도 주를 찾게 하옵소서.

[민수기 33장]

유월절 다음날 이스라엘 백성들이 애굽의 라암셋을 출발하여 모압 평지에 이르는 긴 여정에 관한 기록입니다(1-49절). 출애굽의 시작은 10번째 재앙인 장자의 죽음입니다. 어린양의 피로 인하여 생명이 보존된 이스라엘 백성들은 노예의 땅을 떠나 하나님이 약속하신 땅을 향해 가는 중입니다. 홍해의 도하, 마라의 쓴 물, 아말렉과의 전투, 시내산 언약, 가데스 바네아에서의 불신앙, 바알브올 사건 등 크고 작은 많은 일들이 있었지만 하나님은 언제나 신실하셨습니다. 이스라엘 백성들은 약속의 땅에 들어간 후 가장 먼저 원주민을 몰아내고 이방종교의 신상과 산당을 파괴해야 합니다(50-56절). 만약 하나님의 명령대로 행하지 않는다면 남은 원주민들이 그들에게 가시가 되어 고통과 아픔을 가져다 줄 것입니다.

[시편 78편 1-37절]

역사시(or 지혜 서사시). 78편은 이스라엘의 역사 속에서 드러난 영적 교훈을 백성들에게 전하는 역사시입니다. 이스라엘은 하나님이 그들을 위해 행하신 일을 기억하고 패역했던 이전의 역사를 반복하지 않기 위헤 역사적 교훈과 하나님의 율법에 귀를 기울여야 합니다(1-8절). 하나님은 출애굽 여정을 신실하게 인도하셨지만 하나님의 구원을 경험한 에브라임(북이스라엘)은 훗날 불순종을 일삼았습니다(9-17절). 이스라엘은 광야에서 지속적으로 하나님을 시험함으로 하나님의 진노를 불러 왔지만 그럼에도 불구하고 하나님은 만나와 메추라기로 그들을 먹이셨습니다(18-29절). 그러나 끝까지 욕심을 버리지 않은 사람에게는 하나님의 심판이 임했습니다(30-31절). 그들은 완고하여 여전히 죄를 범하였으며 하나님의 진노가 임박해서야 겨우 회개하였고 그마저도 오래가지 못했습니다(32-37절).

[이사야 25장]

하나님의 우주적, 종말론적 심판에 관한 예언의 두 번째 장입니다. 이사야는 강하고 포학한 민족에 게 완전한 심판을 행하시는 하나님을 찬송합니다(1-5절). 하나님은 강한 민족을 낮추실 것이며 그들은 자기보다 강한 하나님을 경외하게 될 것입니다. 심판을 행하신 하나님은 종말론적 잔치를 베푸십니다(6-8절). 이 잔치에 이스라엘 뿐 아니라 모든 이방민족들도 초대받습니다. 왕이신 하나님이 슬픔의 표지인 가리개와 덮개를 제거해 주실 것이며 눈물을 닦아 주시고 구원의 기쁨을 허락하실 것입니다. 재앙의 시대를 견딘 이스라엘은 구원이 임할 것이며 그들의 대적에게는 심판이 이를 것입니다(9-12절). 모압이 대적으로 거론된 것은 발람의 저주와 연관된 것으로 보입니다(민 22-24장).

[요한일서 3장]

세상은 우리와 하나님을 알지 못하지만 우리는 하나님의 자녀로서 장차 그리스도께서 재림하실 때 그의 영광을 함께 누리게 될 것입니다(1-2절). 성도는 이미 죄에 대하여 죽었습니다. "너희 자신을 죄에 대하여는 죽은 자요 그리스도 예수 안에서 하나님께 대하여는 살아 있는 자로 여길지어다"(롬 6:11). 하나님의 말씀과 성령이 임한 하나님의 자녀는 원칙적으로 죄를 범할 수 없습니다(3-10절). 그러므로 우리는 죄에 대하여 스스로 무력해지지 말아야 합니다. 사랑은 복음의 핵심입니다. 하나님의 다함없는 사랑으로 구원받은 우리가 형제를 사랑하는 것은 당연한 것입니다(11-12절). 사망에서 생명으로 옮겨진 자는 행함과 진실함으로 형제를 사랑합니다(13-18절). 형제를 진심으로 사랑할 때 우리가 진리에 속한 것과 하나님의 성령이 우리 안에 거하시는 것을 확신할 수 있습니다(19-24절).

[질문과 묵상]

1. 오늘 말씀을 통해 만난 하나님은 어떤 분인가요?

2. 오늘 말씀을 통해 하나님이 내 삶에 요청하시는 것은 무엇인가요?

[기도]

이스라엘 백성들을 신실하게 인도하신 하나님! 내 삶도 당신의 신실함으로 이끌어 주옵소서. 완고함으로 죄를 범하지 않게 하옵소서. 마지막 날에 있을 어린양의 혼인잔치에 불러주신 은혜에 감사하며 행함과 진실함으로 형제를 사랑하게 하옵소서.

[민수기 34장]

이스라엘이 차지하게 될 가나안 땅의 동서남북 경계에 대한 설명입니다(1-12절). 남쪽은 신 광야와 바란 광야 사이의 가데스 바네아, 서쪽은 대해(지중해), 북쪽은 호르산과 하맛 어귀, 동쪽은 하살에난에서 라블라 그리고 긴네렛(갈릴리) 호수에서 요단강을 지나 사해까지입니다. 요단 서쪽은 요단 동편에 정착한 르우벤 지파와 갓 지파, 므낫세 반 지파를 제외한 나머지 9개 지파와 므낫세 지파의 나머지 집안에게 분배될 것입니다(13-15절). 가나안 땅으로 이끌 지도자 여호수아와 대제사장 엘르아살 그리고 약속의 땅에 들어가게 될 각 지파의 대표들이 소개됩니다(16-29절).

[시편 78편 38-72절]

만약 하나님이 이스라엘이 범한 죄에 합당한 형벌을 내리셨다면 이스라엘 민족의 역사는 중단되었을 것입니다(38-39절). 하나님은 노를 다 쏟지 않으시고 긍휼을 베풀어 주셨습니다. 시인은 구원의 은혜를 망각하고 하나님을 거듭 시험했던 광야에서의 선조들의 행태를 고발합니다(40-42절). 그리고 광야에서 약속의 땅에 이르기까지 신실했던 하나님의 역사를 소개합니다(43-55절). 사사시대도 마찬가지입니다. 그들은 여전히 하나님을 시험하고 산당과 우상으로 하나님의 노여움을 불러일으켰으며 블레셋에게 언약궤를 빼앗기기까지 했습니다(56-64절). 엘리 제사장 집안의 악행을 심판하신 하나님은 한 사람을 세워 이스라엘을 구원하십니다. 유다지파를 택하신 하나님은 다윗을 왕으로 세우셔서 예루살렘을 수도로 삼게 하시고 그곳에 성전을 세우게 하셨으며 블레셋에 빼앗긴 언약궤도 되찾게 하셨습니다(65-72절). 이스라엘의 계속되는 거역에도 불구하고 하나님은 당신의 백성들을 신실하게 인도하셨습니다.

[이사야 26장]

이사야는 하나님의 개입을 통한 공동체의 구원을 노래합니다(1-2절). 예루살렘은 해발 800미터 고산지대의 골짜기에 세워진 천연의 요새입니다. 그러나 자연조건으로 보호되는 것이 아니라 하나님이 친히 성벽과 외벽이 되어주심으로 보호받는 것입니다. 하나님은 영원한 반석이신 당신을 신뢰하는 자에게 평강과 구원을 베푸셔서 높은 성(=하나님의 백성을 억압하는 세력)을 허무시고 당신의 백성들로 하여

금 그 성을 발로 밟게 하실 것입니다(3-6절). 의인의 길을 올바르게 인도하시는 하나님은 심판 역시 올바르게 행하십니다(7-10절). 민족들은 하나님의 심판을 통해 의를 배웁니다. 선지자는 하나님이 대적을 멸하시고 그들을 다시 일으켜 주시길 간구합니다(11-15절). 선지자가 속한 공동체는 현재의 고난을 하나님의 심판으로 받아들여 해산하는 여인처럼 간절히 부르짖으며 구원을 기다리지만 하나님은 여전히 침묵하고 계십니다(16-18절). 그러나 때가 되면 이스라엘의 죽은 자들은 다시 회복될 것입니다(19절). 그러므로 이 땅의 거민들을 향한 하나님의 심판이 끝날 때까지 이스라엘의 회복을 위해 기도하며 조용히 이때를 지나야 합니다(20-21절).

[요한일서 4장]

요한은 영을 다 믿지 말라고 경고합니다(1절). 영들이 하나님께 속하였는지 분별하는 첫 번째 기준은 예수 그리스도의 성육신을 시인하느냐의 여부입니다(2-3절). 두 번째 기준은 예수님의 제자인 사도들이 전한 복음의 진리를 믿느냐의 여부입니다(4-6절). 세 번째 기준은 예수 그리스도에게 나타난 하나님의 온전하신 사랑을 알고 진실로 사랑하느냐의 여부입니다(7-10절). 예수님이 하나님의 아들이심을 믿는 자는 하나님의 사랑을 알기에 사랑하는 것이 마땅합니다(11-16절). 하나님이 우리 안에 거하시면 그의 사랑도 우리 안에 거하기 때문입니다. 하나님의 온전한 사랑을 소유한 사람은 담대합니다(17-18절). 하나님 사랑과 형제 사랑은 결코 분리될 수 없습니다(19-21절).

[질문과 묵상]

1. 오늘 말씀을 통해 만난 하나님은 어떤 분인가요?

2. 오늘 말씀을 통해 하나님이 내 삶에 요청하시는 것은 무엇인가요?

[기도]

가나안 땅에 관한 약속을 이루시고 죄인을 향한 긍휼을 잊지 않으시는 하나님! 하나님의 뜻이 이루기까지 조용히 기도하며 때를 기다릴 줄 아는 성도가 되게 하옵소서. 하나님의 사랑이 내 안에 있으니 그 사랑으로 형제를 사랑하게 하옵소서.

[민수기 35장]
가나안 땅 분배 시 레위지파만의 영토는 따로 없습니다. 그들은 각 지파에서 분배해주는 도피성 6개와 48개의 성읍이 배정될 것입니다(1-7절). 많은 땅을 분배받은 지파일수록 많은 성읍을 내어놓아야 합니다(8절). 하나님은 요단 동편과 서편에 각각 3개의 도피성을 설치할 것을 명하십니다(9-15절). 고의로 살인한 사람은 도피성의 혜택에서 제외되며, 부지중에 살인한 경우에만 그 대상이 될 수 있습니다(16-25절). 도피성으로 피한 자는 대제사장이 죽을 때까지 그 성에서만 살아야 합니다(26-29절). 대제사장이 죽은 후에야 도피성 밖으로 나올 수 있지만 그의 생명이 보호받을 수 있다는 것 자체가 은혜입니다. 고의로 살인한 사람은 목격자의 증언을 확보한 후에 처형해야 합니다(30-34절). "죽일 자를 두 사람이나 세 사람의 증언으로 죽일 것이요 한 사람의 증언으로는 죽이지 말 것이며"(신 17:6).

[시편 79편]
탄원시(공동체). 유다는 BC 586년에 멸망합니다(1절). 바벨론 군대는 유다 왕 시드기야의 두 왕자를 죽이고 그의 두 눈을 뽑은 후 쇠사슬로 묶어 바벨론으로 끌고 갔습니다(왕하 25:1-7). 시인은 바벨론의 잔혹한 행위를 고발하며 하나님께 심판을 요청합니다(2-9절). 물론 시인은 유다가 망한 이유가 그들의 죄악 때문임을 잘 알고 있습니다. 그렇지만 바벨론은 하나님을 경외하지 않는 나라이니 그 나라도 벌해 달라고 간구합니다. 또한 유다의 주변 나라들도 고발합니다(10-12절). 비록 유다가 하나님께 범죄하여 멸망하게 되었지만 이방나라들이 하나님의 백성을 함부로 조롱하는 것은 곧 하나님에 대한 조롱이니 그들을 벌해 달라는 것입니다. 비록 심판의 상황이지만 유다 백성들은 여전히 주의 백성이며 주의 양입니다(13절).

[이사야 27장]
이사야는 이스라엘의 종말론적 구원과 회복을 선포합니다. 이스라엘을 심판하셨던 하나님은 이제 이스라엘의 모든 대적을 멸하시고 흩어진 당신의 백성들을 불러 모으십니다. 하나님은 리워야단과 용을 멸하십니다(1절). 리워야단(=고대의 신화에 나오는 혼돈의 괴물, 역사적 실체는 없음)과 용은 하나님을 대적하는 악한 세력을 상징합니다. 하나님이 친히 포도원지기가 되셔서 포도원(이스라엘)을 돌보실 것이며 찔레와 가시(이스라엘의 대적들)로부터 포도원을 보호하심으로 풍성

한 결실을 맺게 하실 것입니다(2-6절). 이는 종말에 있을 구원과 축복을 의미합니다. 하나님이 잠시 이스라엘을 치셨지만 이는 이스라엘에게서 우상을 제하시기 위한 견책이었습니다(7-9절). 그러나 이스라엘을 파괴한 강력한 세력들은 완전히 멸망할 것입니다(10-11절). 하나님은 그의 백성들을 사방에서 불러 모으실 것입니다(12-13절).

[요한일서 5장]

예수 그리스도를 믿는 자는 하나님으로부터 난 자이며 하나님께로부터 난 자는 형제를 사랑합니다(1-3절). 하나님께로부터 난 자에게는 사랑의 계명이 결코 무거운 짐이 아닙니다. 참된 신자는 물로 세례를 받으시고 십자가에서 피를 흘리신 하나님의 아들 예수 그리스도에 대한 성령의 증언을 믿습니다(4-10절). 참된 신자는 하나님의 아들 안에 있는 생명을 소유합니다(11-12절). 요한은 이것을 전하고자 이 글을 씁니다(13절). 영생을 가진 자는 기도응답에 대한 확신을 갖습니다(14-15절). 영생을 가진 자는 죄를 범한 형제의 회복을 위해 기도합니다(16-17절). 하나님은 당신으로부터 난 자 곧 그에게 속한 자를 악한 자로부터 보호하십니다(18-19절). 우리는 하나님의 아들의 나타남 곧 그리스도의 성육신으로 인해 하나님의 참된 실체를 깨닫게 되었습니다(20절). 우리는 하나님과 그의 아들 예수 그리스도 안에 있습니다. 그리스도는 참 하나님이시며 영생입니다. 참된 성도는 우상으로부터 자신의 영혼을 지킬 수 있습니다(21절).

[질문과 묵상]

1. 오늘 말씀을 통해 만난 하나님은 어떤 분인가요?

2. 오늘 말씀을 통해 하나님이 내 삶에 요청하시는 것은 무엇인가요?

[기도]

아들을 통해 생명을 허락하신 하나님 아버지! 예수 그리스도가 하나님의 아들 되심을 물과 피와 성령님이 증언하십니다. 나는 이 증언을 믿습니다. 이사야가 선포하고 계시록이 전해주는 마지막 날의 영원한 구원을 소망하며 살게 하옵소서.

[민수기 36장]
므낫세 지파의 슬로브핫은 딸만 있었습니다. 당시 여자에게는 상속권이 없었으므로 슬로브핫의 딸들은 약속의 땅에 들어갔을 때 아버지 몫의 땅을 받지 못하게 됩니다. 그러나 하나님은 딸의 상속권을 인정하고 아버지 몫의 땅을 딸들에게 줄 것을 명하십니다(27:1-11). 그런데 문제는 또 있습니다. 슬로브핫의 딸들이 결혼을 하게 되면 상속받은 땅이 남편에게 귀속되는데 다른 지파의 남자와 결혼하게 된다면 므낫세 지파의 땅이 다른 지파에게로 넘어가게 되어 지파의 땅이 전체적으로 줄어드는 것입니다(1-4절). 여자의 상속권을 인정하면서 동시에 지파의 땅을 온전히 보존하기 위한 하나님의 대안은 같은 지파의 남자와 결혼하는 것입니다(5-13절). 하나님이 내리신 명령과 규례에는 하나님의 지혜가 담겨 있습니다.

[시편 80편]
탄원시(공동체). 하나님은 이스라엘을 인도하셔서 약속의 땅에 이르게 하신 목자이며 그룹 사이(속죄소)에 계셔서 이스라엘의 죄를 용서하시는 분입니다(1-3절). 시인은 하나님의 진노가 오래 지속되지 않기를 바라며 이웃나라의 비방거리로 전락한 이스라엘에게 다시 임하여 주시길 간구합니다(4-7절). 다윗과 솔로몬 시대에 크게 번성했던 이스라엘은 우상 숭배로 인해 결국 무너졌습니다(8-13절). 시인은 하나님이 다시 돌아와 그의 백성들을 돌보시기를 간구합니다(14-19절).

[이사야 28장]
아하스 왕은 이사야를 통한 하나님의 구원 약속을 거부하고 앗수르의 디글랏 벨레셀 3세를 끌어들여 아람과 북이스라엘을 제거하였습니다. 그 결과 유다는 앗수르의 속국이 되고 말았습니다. 아하스의 아들 히스기야는 선왕이 만들어 놓은 앗수르의 굴레에서 벗어나기 위해 반앗수르·친애굽 정책을 폅니다. 이사야는 히스기야의 반앗수르 정책 역시 비판합니다. 유다는 앗수르도 애굽도 아닌 하나님을 온전히 신뢰해야 합니다. 이사야는 에브라임(북이스라엘)의 몰락을 선언하며 강대국에 의존하려는 유다에 대해서도 경고합니다(1-6절). 그러나 유다는 에브라임을 보고도 배우지 못했습니다. 에브라임처럼 제사장과 선지자가 사명을 저버리고

잘못된 판결을 내린다면 유다는 멸망할 수밖에 없습니다(7-13절). 이사야는 더 이상 사망이 예루살렘을 위협할 수 없다고 주장하는 교만한 자들을 책망하며 하나님을 버리고 강대국을 의존하는 자에게 임할 심판을 선포합니다(14-19절). 늘 다윗 왕조를 보호해주셨던 하나님이 다윗 왕조의 심판자가 되실 것입니다(20-22절). 농부가 때에 맞는 농사법으로 농사를 짓듯이 하나님의 심판도 때에 맞는 정당한 방법으로 이루어질 것입니다(23-29절).

[요한이서 1장]

사도 요한은 영원하신 진리의 성령님이 자신의 글을 읽게 될 성도('부녀')와 함께 하시기에 그들을 진정으로 사랑한다고 고백합니다(1-3절). 요한은 진리 안에서 서로 사랑하자고 권면합니다(4-6절). 그러나 예수님이 육체로 오셨음을 부정하는 자들에 대해서는 철저히 경계할 것을 당부합니다(7-11절). 교회는 내적으로는 서로 사랑하고 외적으로는 진리의 말씀을 철저히 수호해야 합니다. 요한은 수신자들과 만남에 대한 기대를 끝으로 글을 마칩니다(12-13절).

[질문과 묵상]

1. 오늘 말씀을 통해 만난 하나님은 어떤 분인가요?

2. 오늘 말씀을 통해 하나님이 내 삶에 요청하시는 것은 무엇인가요?

[기도]

나의 죄를 용서하시며 나의 가는 길을 인도하시는 하나님! 어려운 문제가 생길 때 가장 지혜로우신 하나님께 의뢰하는 참 믿음을 주시옵소서. 진리의 말씀 안에서 더욱 사랑하게 하옵소서.

[신명기 1장]
이스라엘 백성들이 요단 동편을 정복하고 모압 평지에 이르렀을 때에 모세를 통해 하나님의 말씀이 선포됩니다(1-5절). 이는 약속의 땅에서 그들이 지켜야 할 율례와 법도에 관한 것으로 시내산 언약을 재확인하는 것입니다(6-8절). 먼저 행정을 잘 정비하고 적임자를 세워 백성들을 공정하게 판결하게 하라고 말씀하십니다(9-18절). 이어서 광야 생활이 40년으로 연장된 원인과 관련된 사건을 언급합니다. 이스라엘 백성들은 가나안 땅에 대하여 악평하는 10명의 정탐꾼에 동조하여 하나님의 약속을 불신하고 원망과 거역함으로 하나님을 대적하다가 결국 징계를 받게 되었습니다(민13-14장, 19-33절). 이 일로 인해 출애굽 세대 중 하나님의 약속을 신뢰한 여호수아와 갈렙만이 가나안 땅에 들어갈 수 있게 되었습니다(34-40절). 뒤늦게 회개한 이스라엘 백성들은 모세의 만류를 뿌리치고 자기 열심으로 아모리 족속을 쳤지만 결국 패하고 말았습니다(민 14:39-45, 41-46절). 하나님의 약속의 성취는 그 약속을 신뢰한 자에게 주어집니다.

[시편 81-82편]
(81편) 교훈시(ft. 찬양시 형식). 이스라엘은 하나님을 즐거이 찬양하며 하나님이 정하신 율례와 규례에 따라 예배해야 합니다(1-4절). 출애굽을 경험하고 하나님과 시내산 언약을 맺은 이스라엘 공동체는 언약에 충실하며 하나님만을 예배해야 했지만 그들은 말씀에 순종하지 않았으며 심지어 우상숭배 하듯이 하나님을 예배하고 하나님과 우상을 함께 섬기는 등 율례를 떠나 자기 마음대로 행했습니다(5-12절). 시인은 하나님의 말씀을 듣고 순종하기를 거듭 촉구합니다(13-16절).
(82편) 여호와-제왕시. 분류가 난해한 시편 중 하나입니다. 시인은 하나님이 세상의 신을 소집하셔서 재판하신다고 말합니다(1절). 하나님이 천상의 회의를 주재하신다는 내용은 모든 신들 위에 가장 높으신 하나님을 강조하는 문학적인 표현입니다. 약한 자에게 공의를 베풀고 그들을 악인으로부터 구원하시는 하나님은 불공정한 재판이 난무하고 악인이 판을 치고 있음에도 이를 방관하고 심판하지 않는 세상의 신들을 책망하십니다(2-4절). 불의와 돈과 명예의 신이 세상 사람들을 지배하고 있습니다. 시인은 세상의 모든 것이 하나님의 소유임을 인정하며 우상이 지배하는 세상을 심판해 달라고 간구합니다(5-8절). 우리는 세상의 신을 두려워하

지 말고 온 세상의 주권자이신 하나님만을 섬겨야 합니다.

[이사야 29장]

아리엘은 하나님의 사자, 하나님의 제단, 하나님의 도시 등을 뜻하는 예루살렘의 별칭입니다. 예루살렘은 심각한 위기에 처했다가 하나님의 개입으로 극적인 구원을 경험하게 됩니다(1-8절). 이 내용은 BC 701년 예루살렘이 앗수르에 의해 함락 직전까지 몰렸다가 하나님의 도우심으로 극적으로 승리한 상황을 배경으로 하고 있습니다. 이스라엘의 정치지도자들은 역사의 주관자이신 하나님을 깨닫지 못하고 눈먼 자처럼 행동하고 있으며, 이사야가 선포하는 하나님의 말씀은 제대로 듣는 자가 없으므로 마치 봉인되어있는 문서와도 같습니다(9-12절). 백성들은 완악하여 말씀에 대하여 전혀 반응하지 않습니다. 이사야는 입술의 위선에 불과한 백성들의 형식적인 제의를 비판하고 국가의 미래를 하나님이 아닌 강대국에 맡기려는 지도자들에 대해서도 경고합니다(13-16절). 그들의 행위는 피조물이 창조주를 거역하는 행위입니다. 구원은 오직 하나님의 주권에 있습니다(17-21절). 이스라엘은 구원의 시대를 여시는 하나님의 역사를 보고 하나님을 경외하게 될 것입니다(22-24절).

[요한삼서 1장]

요한은 가이오가 행한 신실한 일과 사랑에 대한 소식을 듣고 크게 기뻐합니다(1-8절). 그러나 교회에서 큰 영향력을 가지고 있는 디오드레베는 요한의 일행을 비방하며 배척했습니다(9-10절). 요한은 그를 본받지 말 것을 당부하고 진리를 따르는 삶의 증거를 가진 데메드리오를 소개하며 글을 마칩니다(11-15절).

[질문과 묵상]

1. 오늘 말씀을 통해 만난 하나님은 어떤 분인가요?

2. 오늘 말씀을 통해 하나님이 내 삶에 요청하시는 것은 무엇인가요?

[기도]

하나님! 가데스바네아의 이스라엘 백성들처럼 원망과 불신의 죄를 짓지 않게 하옵소서. 세상의 신을 좇지 않게 하시고 하나님의 말씀을 즐거워하게 하옵소서. 말씀에 대한 무반응으로 생명의 말씀을 봉인된 문서처럼 만들지 않게 하옵소서.

[신명기 2장]
이스라엘 백성들이 약속의 땅으로 빠르게 진군하려면 에돔, 모압, 암몬 족속의 땅을 지나야 합니다. 하나님은 에돔과 모압의 땅을 허락하지 않으시고 우회하여 지나가라고 말씀하십니다(1-12절). 그들은 하나님이 허락하신 땅에만 발을 들여 놓아야 합니다. 가데스바네아에서의 반역 사건 이후 무려 38년이 지나서야 세렛 시내를 건너 요단 동편으로 올라갈 수 있었습니다(13-15절). 그들은 불순종으로 인해 한 세대 이상의 시간을 허비했습니다. 과거의 불순종과 결별하고 새로운 마음으로 하나님의 뜻에 순종하며 나아가야 합니다. 출애굽 1세대 중 세렛 시내를 건넌 사람은 모세와 여호수아, 갈렙 뿐입니다(16절). 하나님은 르바임 족속이 살던 땅을 암몬 족속에게 주셨으며 그 땅 역시 약속의 땅이 아니라고 말씀하십니다(17-23절). 반면 아모리 족속의 땅을 정복하라고 말씀하십니다(24-25절). 아모리 족속은 그들의 땅을 지나가겠다는 이스라엘의 제안을 거부하고 전쟁을 선택함으로 인해 결국 이스라엘에게 점령당하게 됩니다(26-37절).

[시편 83-84편]
(83편) 탄원시(공동체). 시인이 속한 공동체는 온 사방에 대적들로 둘러싸여 있습니다. 시인은 이스라엘을 도모하려는 주변 국가들을 열거하며 하나님의 심판을 요청합니다(1-8절). 그는 과거에 하나님이 그들의 대적을 치신 역사를 언급하며 지금의 대적들도 심판하심으로 온 세계 위의 유일한 지존자이신 하나님이 널리 알려 지기를 소원합니다(9-18절).
(84편) 찬양시(ft. 시온시). 시인은 마음이 쇠약해질 정도로 여호와의 장막을 사모하고 있습니다(1-2절). 성전이 참새와 제비의 보금자리가 되었다는 것은 성전이 파괴되어 폐허가 되어 있다는 뜻입니다(3절). 그럴지언정 시인은 성전에 보금자리를 두고 주를 노래하며 사는 새를 부러워합니다(4절). 그 마음에 시온의 대로가 있는 자 곧 시온을 사모하는 자는 하나님을 신뢰하며 눈물의 골짜기를 지나 시온을 향해 계속 나아갑니다(5-8절). 시인은 성전에서의 예배 회복을 간절히 소망하고 있습니다(9-12절). 그는 하나님의 임재 가운데 사는 행복이 무엇인지 잘 알고 있습니다. 시인에게 있어서 행복의 제1의 조건은 하나님의 임재입니다.

[이사야 30장]
이사야는 유다의 친애굽 정책을 비판합니다(1-7절). 강대국에 의존하여 안전을 보장받으려는 시도는 하나님에 대한 불순종입니다. 정치 지도자들 뿐 아니라 백성들도 하나

님의 말씀을 거역하며 거짓을 조장합니다(8-11절). 그들은 선지자에게 자신들이 듣고 싶은 말만 전하라고 주문합니다. 하나님은 말씀을 업신여기는 자들을 심판하실 것입니다(12-14절). 하나님이 아닌 날랜 말에 의지해 생명을 보존하고자 하는 자들에게 하나님은 더 날랜 말을 탄 자를 보낼 것입니다(15-17절). 하나님의 심판을 피할 자 아무도 없습니다. 불순종으로 멸망한 백성들은 이제 소망이 없는가? 그렇지 않습니다. 하나님은 완고한 이스라엘을 심판하셨지만 심판을 넘어선 은총으로 새로운 구원의 시대가 올 것을 말씀하십니다(18-26절). 하나님이 다시 오셔서 그의 백성들을 구원하시므로 백성들은 다시 기쁨을 누릴 것입니다(27-29절). 많은 민족들을 공포에 떨게 한 앗수르는 하나님이 일시적으로 그들에게 허락한 권력을 자기의 실제 능력이라고 착각했습니다. 하나님은 교만한 앗수르를 심판하심으로 역사의 주권이 당신에게 있음을 보여주실 것입니다(30-33절).

[유다서 1장]

성도들의 바른 신앙을 독려하기 위해 편지를 쓴 유다는 초대교회에 침투한 거짓 교사들을 고발하는데 그들은 하나님의 은혜를 방탕으로 바꾸고 예수 그리스도를 부인합니다(1-7절). 거짓 교사들('꿈꾸는 사람들')은 음행을 저지르고 그리스도의 권위를 부인했으며 영광의 천사들을 비방했습니다(8절). 천사장 미가엘이 마귀조차 함부로 비방하지 않았다면 영광의 천사들을 모독한 거짓 교사들의 죄는 얼마나 크겠습니까?(9절). 그들에게는 멸망이 기다리고 있습니다(10절). 가인의 길, 발람의 길, 고라의 길을 따르는 거짓 교사들은 말만 앞세우는 허상뿐인 자들로 공동체를 분열시키는 암적 존재입니다(11-13절). 에녹의 예언에 따라 하나님은 거짓교사들을 심판하실 것입니다(14-16절). 참고로 에녹의 예언은 에녹서(=에티오피아정교회에서 인정하는 구약성경)에 나오는 내용입니다. 성도는 성령이 없는 거짓 교사들을 철저히 경계하고, 그리스도 안에서 지극히 거룩한 믿음 위에 믿음의 공동체를 세워 나가야 합니다(17-25절).

[질문과 묵상]

1. 오늘 말씀을 통해 만난 하나님은 어떤 분인가요?

2. 오늘 말씀을 통해 하나님이 내 삶에 요청하시는 것은 무엇인가요?

[기도]

하나님에 대한 불신으로 약속의 땅에 들어가지 못한 자들을 본받지 않게 하시고 하나님이 내게 허락하신 분량에 자족하는 인생이 되게 하옵소서. 예배와 주의 임재를 항상 사모하게 하시고 우상을 의지하지 않게 하옵소서. 내 삶이 주께 드려지는 산 제사가 되게 하옵소서.

[신명기 3장]

세렛 시내를 건넌 이스라엘은 하나님이 허락하지 않으신 에돔, 모압, 암몬의 땅을 제외한 나머지 요단 동편 땅을 정복합니다. 아모리 족속과 바산 왕 옥을 점령한 이스라엘은 르우벤과 갓 지파, 므낫세 반 지파에게 요단 동편 땅을 분배합니다(1-17절). 이들은 나머지 지파들이 약속의 땅에 정착할 때까지 남은 전쟁에 함께 동참해야 합니다(18-22절). 자신이 원하는 것을 얻은 후 안주하는 것이 아니라 형제들을 위한 삶에 동참하는 것입니다. 모세는 약속의 땅을 밟을 수 없다는 하나님의 준엄한 말씀을 이미 들었습니다(민 20:12). 그럼에도 불구하고 다시 간청해보는데 하나님은 그만해도 족하다고 말씀하십니다(23-29절). 모세는 요단 서편 땅을 바라보는 것으로 만족해야 합니다. 우리는 하나님이 허락하신 만큼의 생애와 사역을 감당합니다. 내려놓아야 하는 때를 아는 것이 지혜입니다.

[시편 85편]

탄원시(공동체). 시인은 바벨론 포로에서 돌아온 경험이 있습니다. 이스라엘 백성들은 계속되는 우상 숭배와 불순종으로 인하여 바벨론의 포로가 되었지만 하나님이 죄를 사하시고 긍휼을 베풀어 주심으로 다시 돌아올 수 있었습니다(1-3절). 시인은 하나님이 그들에게 다시 은혜를 베푸시고 구원해 주시길 간구합니다(4-7절). 황폐화된 이스라엘을 회복시켜 주시길 기도합니다. 시인은 기도하는 가운데 하나님이 화평과 구원의 영광을 나타내실 것에 대한 확신을 갖게 되었습니다(8-9절). 하나님이 회복하실 땅은 인애와 진리가 만나고 의와 화평이 입 맞추는 곳입니다(10-13절). 인애와 진리는 서로 상반되는 개념으로 어느 한쪽이 강해지면 나머지 한 쪽은 약해지게 됩니다. 의와 화평도 마찬가지입니다. 그러나 하나님은 인애와 진리가 공존하고 의와 화평이 만나게 된다고 말씀하십니다. 우리는 하나님의 의와 사랑의 충만함을 예수 그리스도의 십자가에서 발견하게 됩니다. 예수 그리스도로 말미암아 도래하는 하나님의 나라는 우리를 부요케 합니다.

[이사야 31장]

애굽은 피난처가 될 수 없다는 선지자의 외침을 무시하고 애굽을 의존하려는 것은 어리석은 행동입니다(1-3절). 구원은 오직 하나님께로부터 옵니다(4-5절). 사자가 자신의 먹이를 지키기 위해 으르렁 거리듯이 하나님은 자신의 소유인 예루살렘을 대적들로부터 지키실 것입니다. 예루살렘이 하나님의 먹이로 표현된 것은 하나님의 징계('예루살렘은 하나님의 먹이가 될 것이다')와 하나님의 소유('하나님의 소유이므로 하나님이 지키신다')라는 두 가지 의미를 다 가지고 있습니다. 하나님을 떠나 다른 것을 의지하려했던 자들은 하나님께로 돌아와야 합니다(6-9절). 앗수르는 더 이상 위협이 될 수 없습니다.

[요한계시록 1장]

사도 요한은 반드시 일어날 일에 대한 예수 그리스도의 계시(헬: 아포칼 시스, '숨겨진 것을 드러내다')를 전합니다(1-3절). 요한은 거짓 교사들의 미혹과 황제 숭배를 강요하는 로마의 혹독한 박해 가운데 있었던 소아시아 일곱 교회에 편지를 씁니다. 구원과 심판의 주권자이신 영원하신 예수 그리스도는 십자가에서 피 흘리심으로 우리를 죄에서 해방하시고 하나님을 위하여 우리를 제사장으로 삼으셨습니다(4-8절). 그리스도를 증거하여 고난을 받은 요한은 성령께 사로잡혀 일곱 금 촛대 사이에 계시며 대제사장의 의복 같은 옷을 입고, 손에 일곱별이 있으며 입에 좌우에 날선 검이 나오고, 얼굴은 해가 힘 있게 비추는 것 같은 분을 보았습니다(9-16절). 하나님 보좌 우편에 계시는 무한한 권세와 위엄을 가지신 그리스도는 교회를 다스리시며 보호하십니다. 요한은 사망과 음부의 열쇠를 가지신 예수 그리스도의 명령으로 계시의 말씀을 기록합니다(17-20절). 일곱 금 촛대는 일곱 교회를 상징합니다.

[질문과 묵상]

1. 오늘 말씀을 통해 만난 하나님은 어떤 분인가요?

2. 오늘 말씀을 통해 하나님이 내 삶에 요청하시는 것은 무엇인가요?

[기도]

나의 사명이 어디까지인지를 바르게 인식하고 내게 허락하신 범위 내에서 최선의 경주를 감당하게 하옵소서. 하나님이 아닌 다른 것에 마음을 두지 않게 하옵소서. 하나님의 사랑과 공의의 완전함을 보여주셨으며 사망과 음부의 열쇠를 가지신 예수님을 믿고 따르게 하옵소서.

[신명기 4장]

4장은 출애굽한 이스라엘 백성들이 시내산에서 겪은 일들에 대한 회고입니다. 모세로부터 교육을 받고 있는 이스라엘 백성들은 얼마 전 바알브올 사건을 겪었습니다(1-4절). 그들은 음행에 빠진 24,000명이 하나님의 징계로 죽는 것을 보았습니다(민 25:9). 이스라엘 백성들과 가까이 하시길 원하시는 하나님은 그들과 언약을 맺으시고 율례와 법도를 주셨습니다(5-14절). 그들은 약속의 땅에서 이를 행하고 자손에게 가르쳐야 합니다. 모세는 십계명의 제1, 2계명을 강조합니다(15-24절). 하나님은 가장 먼저 우상 숭배와 하나님의 형상 제작 금지를 명하십니다. 만약 이 계명을 어긴다면 이방민족에게 끌려가 그들의 신을 섬기게 될 것입니다(25-28절). 그러나 마음을 돌이켜 회개하면 언약을 기억하시는 하나님이 다시 긍휼을 베푸실 것입니다(29-31절). 이스라엘은 하나님의 구원의 은혜를 잊지 말고 하나님의 법도를 지킴으로 약속의 땅에서 복을 누려야 합니다(32-40절). 요단 동편을 정복하고 3개의 도피성을 세운 것은 하나님의 약속의 성취를 보여줍니다(41-49절). 언약에 신실하신 하나님을 신뢰하며 그의 법을 즐거이 따를 때 이스라엘은 복을 누리게 됩니다.

[시편 86-87편]

(86편) 탄원시. 큰 위기에 빠진 다윗은 그의 유일한 소망이 되시는 하나님을 여러 번 부르며 도우심을 간구합니다(1-7절). 그는 죽음에서 건지신 하나님을 찬송하며 그의 도를 가르쳐 달라고 요청합니다(8-13절). 대적들의 포악함과 하나님의 인자와 인내를 잘 아는 시인은 대적에 대한 조속한 심판 보다 지금의 위기를 잘 견뎌낼 수 있는 힘을 달라고 호소합니다(14-17절).

(87편) 찬양시(ft. 시온시). 이 시는 바벨론 포로기에 쓰인 것으로 보입니다. BC 586년에 유다가 망하고 백성들은 바벨론 포로로 끌려갔습니다. 그럼에도 불구하고 시인은 하나님의 터전이 시온에 있으며 그곳은 영광스런 하나님의 성이라고 고백합니다(1-3절). 라합(=애굽 신화에 나오는 바다 괴물, 여기서는 애굽을 뜻함)과 바벨론, 블레셋, 두로, 구스 등 세상 모든 나라는 하나님의 주권 아래 있습니다(4-7절). 이스라엘은 비록 포로가 되었지만 하나님은 열방을 통치하십니다. 교회는 미약해 보이지만 교회를 통해 선포된 복음은 온 세상을 하나님의 구원과 영광으로 가득하게 만들 것입니다.

[이사야 32장]

공의와 정의로 다스리는 왕은 광풍과 폭우로부터의 피난처, 마른 땅의 냇물, 곤비한 땅에서 피할 큰 바위와 같습니다(1-2절). 사람들은 의로운 통치를 행하시는 왕을 보게 될 것입니다(3-5절). 하나님은 의로 통치하시며 풍성한 긍휼로 자기 백성을 보호하시는 왕을 우리에게 약속하셨으며 약속대로 그 왕을 보내주셨습니다. 어리석고 악한 왕은 하나님을 거스르고 백성을 착취하며 자기 유익을 구하지만 하나님이 보내신 존귀한 왕은 공의와 정의로 그의 백성을 다시 일으키십니다(6-8절). 이것은 메시아에 대한 하나님의 약속입니다. 이사야는 안전을 자신하는 여인들에게 애곡하라고 말합니다(9-14절). 애곡해야 할 이유는 도시의 황폐화입니다. 직접적인 언급은 없지만 예루살렘에 관한 심판의 메시지임을 알 수 있습니다. 하나님의 영이 임하셔서 심판 후 회복을 이루실 것입니다(15-20절).

[요한계시록 2장]

계시록은 소아시아 일곱 교회에 보낸 편지입니다. 요한은 각 교회의 상황에 따라 차별화된 메시지를 전합니다. 에베소 교회는 거짓 사도를 분별해 낸 것과 고난을 잘 견딘 것 그리고 열심을 다한 것에 대해 칭찬을 받지만 예수님을 향한 처음 사랑을 잊어버렸습니다(1-7절). 서머나 교회는 유대인으로부터의 극심한 박해와 가난으로 매우 힘겨운 상황이었지만 예수님이 주신 약속을 끝까지 붙들었기에 영적으로는 부요했습니다(8-11절). 서머나 교회는 책망 없이 칭찬만 듣습니다. 버가모 교회는 지도자인 안디바가 순교하고 사탄의 권좌가 있다고 할 정도로 극심한 핍박이 있었지만 끝까지 믿음을 저버리지 않았습니다(12-17절). 그러나 광야에서 이스라엘 백성들이 발람의 교훈을 따른 것처럼 거짓 사도의 교훈을 따라 영적으로 행음하는 자들이 있으므로 주님은 그들에게 회개를 촉구하십니다. 회개한 자는 천국 잔치의 참여자로 등재될 것입니다. 두아디라 교회는 믿음의 열매가 점점 풍성해짐으로 인해 칭찬을 듣지만 이세벨, 곧 음행을 용납함으로 책망을 듣습니다(18-25절). 이세벨에게 속지 않고 끝까지 이긴 자는 주와 함께 만국을 다스릴 것입니다(26-29절).

[질문과 묵상]

1. 오늘 말씀을 통해 만난 하나님은 어떤 분인가요?

2. 오늘 말씀을 통해 하나님이 내 삶에 요청하시는 것은 무엇인가요?

[기도]

하나님이 나를 구원하신 일을 항상 기억하며 그의 말씀을 기쁨으로 따르게 하옵소서. 메시아가 완성시킬 영원한 나라를 비전삼아 복음으로 세상이 통일되도록 사명을 감당하는 우리가 되게 하옵소서.

6 월

M'Cheyne

개관

여호수아

모세가 죽은 후 여호수아는 이스라엘의 지도자가 됩니다. 하나님은 모세와 함께 하셨듯이 여호수아와 함께 하시겠다고 약속하십니다. 여호수아는 하나님의 약속을 신뢰하며 이스라엘 백성들을 이끌고 요단을 건너 가나안 땅으로 들어갑니다. 그는 여리고 전투를 시작으로 가나안 정복전쟁을 수행합니다. 이스라엘 백성들의 성공적인 가나안 정착을 이끈 여호수아는 "나와 내 집은 여호와 하나님을 섬길 것이라"(24:15)는 유언과 함께 그의 시대를 마무리합니다. 여호수아는 가나안 땅을 주시겠다는 하나님의 약속의 성취를 보여줍니다.

[신명기 5장]

이스라엘 백성들은 하나님과 시내산 언약을 맺었습니다(1-5절). 언약의 핵심은 십계명입니다(출 20:1-17, 6-22절). 출애굽기의 십계명이 출애굽 1세대에게 주어진 것이라면 모세에 의해 다시 선포되는 십계명은 가나안입성 세대에게 주어진 것입니다. 출애굽 1세대들은 시내산 언약이 맺어지자마자 금송아지를 만들어 숭배했습니다. 모세는 우상숭배의 현장을 보자마자 십계명 돌판을 던져 깨뜨려 버렸습니다. 그래서 현재 언약궤 안에 보관되어 있는 십계명 돌판은 다시 제작한 것입니다. 이스라엘 백성들은 애굽에서 건지신 하나님을 경외하고 이웃을 사랑하는 참 하나님의 백성이 되어야 합니다. 구원의 은혜는 모든 것을 가능하게 하는 원동력입니다. 이스라엘 백성들은 시내산에서 하나님의 현현을 목격하였는데 이를 두려워하여 직접 말씀을 듣기 보다 모세를 통하여 듣기를 요청했습니다(23-27절). 하나님을 두려워하며 경외하는 마음을 견지한다면 약속의 땅에서 복을 받게 될 것입니다(28-33절).

[시편 88편]

탄원시. 시인은 큰 고통 가운데 부르짖고 있습니다. 본 시에는 하나님의 구원을 확신하며 찬양하는 반전이 나타나지 않습니다. 그런 면에서 가장 절망적인 시라고 말할 수 있습니다. 시인이 처한 현실은 절망 그 자체이며 재난과 죽음, 하나님의 진노와 버리심을 생각할 수밖에 없는 상황에서 그는 매일 부르짖고 있습니다(1-9절). 시인은 하나님의 계시를 세상에 전하는 사명을 위해서라도 자신을 살려 주셔야 한다고 항변하듯 기도합니다(10-12절). 어린 시절부터 고난을 당한 시인은 사랑하는 자와 친구들이 다 떠나버렸으며 계속 고통 중에 있습니다(13-18절). 응답이 없는 채로 오랜 세월 기도하고 있는 시인이 안쓰럽지만 한편으로 쓰러질듯 하면서도 쓰러지지 않고 여전히 기도하고 있는 시인 자체가 하나님이 그를 붙들고 계시다는 증거입니다.

[이사야 33장]

이사야는 이스라엘을 학대하는 앗수르를 심판하시고 시온을 다시 회복하실 하나님의 역사를 내다봅니다. 중동의 패권국은 계속 바뀌고 있지만 이스라엘 입장에서는 괴롭히는 나라의 이름만 바뀔 뿐입니다. 이스라엘이 살 길은 하나님이 역사에 개입하셔서 그들을 지켜 주시는 방법밖에 없습니다. 온 땅을 다스리시는 하나님이 예루살렘을 위해 대적을 심판하실 때 민족들은 크게 놀라 달아날 것입니다(1-6절). 예루살렘은 다시금 하나님의 공의와 평안이 가득한 도시가 될 것입니다. BC 701년 앗수르의 침략으로 예루살렘은 매우 처참한 상황에 놓였습니다(7-9절). 이때 예루살렘의 탄식을 들으신 하나님이 분연히 일어나셨습니다(10-12절). "여호와여 귀를 기울여 들으소서 여호와여 눈을 떠서 보시옵소서 산헤립이 살아계신 하나님을 비방하러 보낸 말을 들으시옵소서"(왕하 19:16). 죄인을 심판하시고 의인을 건지시는 하나님의 역사를 모든 민족이 보게 될 것입니다(13-15절). 견고한 바위와 요새가 되시는 하나님은 의인의 안전한 처소가 되십니다(16절). 왕으로 등극하신 여호와의 다스리심으로 대적들이 모두 물러가고 예루살렘에는 자유와 평안이 찾아올 것입니다(17-19절). 이제 예루살렘의 안전을 해할 자가 없습니다(20-24절). 왕이신 여호와가 통치하시기 때문입니다.

[요한계시록 3장]

주님은 '살았다 하는 이름은 가졌지만 실상은 죽은 자'라는 평가를 받는 사데 교회에게 회개를 명하십니다(1-4절). 그들이 회개하고 주님의 명령에 순종한다면 이기는 자에게 주시는 생명을 얻게 될 것입니다(5-6절). 구원의 문을 열고 닫을 주권자이신 예수님은 세상의 기준으로는 보잘 것 없지만 핍박 속에서 믿음을 지킨 빌라델비아 교회를 칭찬하십니다(7-8절). 예수님은 교회를 핍박하는 자들에 대한 심판과 교회의 승리를 약속하시며 라오디게아 교회의 안일한 신앙을 책망하십니다(9-16절). 스스로 부족함이 없다고 여기지만 영적으로 곤고한 상태임을 자각하지 못하는 그들에게 회개를 촉구하십니다(17-19절). 회개하여 돌이키는 자는 주님과의 연합을 통해 영원한 승리를 얻게 될 것입니다(20-22절).

[질문과 묵상]

1. 오늘 말씀을 통해 만난 하나님은 어떤 분인가요?

2. 오늘 말씀을 통해 하나님이 내 삶에 요청하시는 것은 무엇인가요?

[기도]

나의 구원자 되시는 하나님을 늘 경외하게 하옵소서. 역사의 주관자 되시는 하나님을 신뢰하며 고난이 지속될 때에도 포기하지 않고 기도할 수 있게 하옵소서. 구원의 문을 열고 닫을 권세를 가지신 예수님만 찬양하게 하옵소서.

[신명기 6장]

모세가 가나안 땅에 들어가게 될 세대에게 여호와의 명령과 규례를 가르치는 이유는 그들이 순종하여 복을 받게 하려 함입니다(1-3, 17-19, 24-25절). 가나안에서 다양한 신들을 만나게 될 이스라엘 백성들은 마음과 뜻과 힘을 다하여 오직 유일하신 여호와 하나님만을 사랑하며 그의 명령에 순종해야 합니다('쉐마 이스라엘'='이스라엘아 들으라', 4-9절). 하나님을 사랑하는 것은 말씀을 마음에 새기고 부지런히 가르치고 언제든지 그 말씀대로 행하는 것을 의미합니다. 애굽 땅 종 되었던 곳에서 구원하신 은혜를 잊지 않는다면 하나님을 경외하며 사랑하는 것은 충분히 가능합니다(10-16절). 윗세대는 반드시 하나님의 구원의 역사를 후손들에게 전하고 가르쳐서 그들로 하여금 하나님의 명령과 규례를 따르게 해야 합니다(20-23절).

[시편 89편]

제왕시(ft. 탄원시). 시인은 하나님이 언약을 기억하사 위기에 처한 다윗 왕조를 지켜 주시길 기도합니다. 하나님은 인자와 성실로 다윗과 언약을 맺으셨습니다(삼하 7:1-17, 1-4절). 하늘과 땅을 창조하신 능력의 하나님은 언약을 성실하게 지키시는 분입니다(5-14절). 시인은 이스라엘의 유일한 소망이신 하나님을 찬양하라고 권합니다(15-18절). 하나님이 다윗과 맺은 언약은 후손에게 계속 이어집니다(19-37절). 혹 징계가 있을 순 있어도 언약을 폐하지 않으십니다. 그런데 BC 586년에 예루살렘이 무너졌습니다. 다윗 언약을 믿고 있던 백성에게 예루살렘의 함락은 매우 큰 충격이었습니다(38-45절). 비극적인 상황 속에서도 언약의 유효함을 믿는 시인은 주의 백성들이 받는 비방과 고난을 보시고 속히 언약을 이행해 주시길 하나님께 간구합니다(46-52절).

[이사야 34장]

하나님이 민족들을 심판하시기로 결정하십니다(1-4절). 그런데 심판의 이유나 심판의 방법에 관해서는 언급하지 않으며 그들에 대한 진멸이 하나님의 결정이라는 사실만 강조합니다. 여호와의 칼이 하늘에서 내려와 에돔을 칠 것입니다(5-7절).

에돔의 운명은 모든 민족들의 운명을 예표합니다. 하나님의 심판으로 에돔은 소돔과 고모라처럼 될 것이며 사람이 살 수 없는 땅이 될 것입니다(8-15절). 에돔에 관한 심판은 여호와의 책에 기록된 것으로 변개될 수 없는 확고한 하나님의 결정입니다(16-17절). 심판을 받은 에돔 땅은 황무지가 될 것입니다.

[요한계시록 4장]

소아시아 일곱 교회를 향한 각각의 음성을 들려주신 예수님은 요한에게 천상을 보여주십니다(1-2절). 보좌에 앉으신 하나님을 각종 보석으로 묘사한 요한은 보좌를 둘러싼 이십사 장로와 네 생물을 보았습니다(3-9절). 이십사 장로는 이스라엘의 열두 지파와 신약의 열두 사도를 뜻하는 것으로 모든 하나님의 백성을 상징합니다. 네 생물은 하나님 곁에서 섬기는 천사입니다. 네 생물은 밤낮 쉬지 않고 하나님의 거룩하심과 영원하심, 심판의 주되심을 찬양합니다. 이십사 장로도 하나님의 영광과 존귀와 권능을 찬양합니다.

[질문과 묵상]

1. 오늘 말씀을 통해 만난 하나님은 어떤 분인가요?

2. 오늘 말씀을 통해 하나님이 내 삶에 요청하시는 것은 무엇인가요?

[기도]

하나님의 말씀을 사랑하며 부지런히 몸에 익히고 가르치게 하옵소서. 하나님이 행하시는 심판의 공의로움과 언약이행의 신실하심을 찬양합니다. 마지막 날 천상의 존재들과 함께 하나님의 거룩하심과 영원하심을 찬송할 날을 소망하게 하옵소서.

[신명기 7장]

가나안 정복 전쟁에 대한 하나님의 지침은 가나안 일곱 족속과의 조약 및 통혼을 금지, 우상 제단의 파괴 등 완전한 진멸입니다(1-5절). 백성을 미혹하여 하나님을 떠나게 만들 모든 가능성을 차단해야 합니다. 하나님은 수효가 적음에도 불구하고 이스라엘을 하나님의 거룩한 백성으로 선택하셨습니다(6-7절). 하나님이 그들을 선택하신 이유는 그들을 조건 없이 사랑하셨기 때문이며 조상들과 맺은 언약을 지키기 위함입니다(8절). 신실하신 하나님은 그의 계명을 지키는 자에게 천대까지 은혜를 베푸십니다(9-15절). 이스라엘 백성들은 하나님이 애굽에서 행하신 구원을 기억하여 가나안 족속을 두려워하지 말고 그들을 진멸하기까지 싸워야 합니다(16-24절). 애굽에서 승리하게 하신 하나님은 가나안에서의 승리를 약속하십니다. 만약 이스라엘이 명령에 불순종하여 가나안 족속을 진멸하지 않는다면 그들의 문화와 종교는 이스라엘의 올무가 될 것입니다(25-26절). 단호한 마음으로 진멸해야 할 습관이나 잘못된 삶의 태도는 없나요?

[시편 90편]

탄원시(공동체). 유일한 모세의 시입니다. 유한한 인간의 연약함과 무한한 하나님의 능력이 대조됩니다. 우리는 인간과 하나님에 대한 바른 통찰력을 가져야 합니다. 존재의 근원이 되시는 창조주 하나님은 영원하시지만 그의 손으로 빚어진 인간은 죽으면 다시 흙으로 돌아가야 하는 유한한 존재입니다(1-5절). 들에 핀 풀의 꽃처럼 잠시 피었다 지는 인생, 특히 죄 가운데 살다가 덧없이 사라질 인생이기에 허무주의에 빠지지 않고 인생을 바르게 통찰하려면 하나님의 지혜가 필요합니다(6-12절). 유한한 인간은 영원하신 하나님의 긍휼과 은총에 기대어 살아갈 수밖에 없습니다(13-17절).

[이사야 35장]

이방 민족에 대한 심판의 선언(34장)에 이어 이스라엘에 대한 구원을 선언합니다. 포로 생활이 끝나고 남은 자들은 여호와께서 내신 길을 따라 시온으로 돌아오게 될 것입니다. 광야가 옥토로 변하여 꽃들이 피어나 기쁨이 가득한 땅이 될 것입니다(1-2절). 즉, 구원의 시대가 도래할 것입니다. 하나님은 악한 자를 심판하셔서 정의를 나타내시며 풍성한 생명의 역사를 일으키십니다(3-6절). 모든 어그러진 것들이 바르게 되고 회복될 것이며 사람들은 기뻐 뛰며 찬양할 것입니다. 백성들과 함께 시온으로 돌아온 하나님은 구원받은 자를 지키십니다(7-9절). 슬픔과 탄식은 사라지고 생명의 길을 가는 구속받은 자의 기쁨은 충만할 것입니다(10절).

[요한계시록 5장]

일곱 인으로 봉해진 두루마리를 펼 자, 즉 인류를 고통과 저주에서 구원할 자는 유대 지파의 사자요(창 49:8-12) 다윗의 뿌리로 오신 예수 그리스도이십니다(1-5절). 요한은 큰 권세의 상징인 일곱 뿔과 온 세상을 감찰하는 일곱 눈을 가진 죽임당한 어린양을 보았습니다(6절). 어린양이 보좌에 앉으신 하나님의 오른손에 들린 두루마리를 취하자 성도의 기도를 올리던 네 생물과 이십사 장로들이 새 노래로 어린양을 찬양합니다(7-10절). 어린양 예수 그리스도는 두루마리의 인봉을 떼기에 합당하십니다. 네 생물과 이십사 장로는 수많은 천사들과 함께 어린양에게 합당한 찬양을 드립니다(11-14절). 모든 능력과 부와 지혜와 힘과 존귀와 영광이 어린양 예수 그리스도에게 있습니다.

[질문과 묵상]

1. 오늘 말씀을 통해 만난 하나님은 어떤 분인가요?

2. 오늘 말씀을 통해 하나님이 내 삶에 요청하시는 것은 무엇인가요?

[기도]

조건 없이 우리를 사랑하시는 신실하신 하나님! 풀의 꽃과 같이 금방 피었다 지는 연약한 인생임을 기억하여 하나님을 경외하며 육신의 날을 보내게 하옵소서. 주께서 열어 놓으신 구원의 길을 따라 살아가게 하옵소서.

[신명기 8장]

전 장에 이어 모세는 하나님의 명령을 지킬 것을 계속 강조합니다(1절). 이스라엘 백성들은 광야 40년을 잊지 말아야 합니다(2-6절). 그 시간은 훈련과 시험, 연단의 시간이었으며 사람이 하나님의 말씀으로 산다는 것을 배우는 시간이었습니다. 약속의 땅에 들어가게 되면 그 땅의 풍요로운 산물을 경험하게 되는데 그때에 풍요에 취하여 교만해짐으로 하나님을 잊어버리고 그의 명령과 규례에 불순종하지 않도록 주의해야 합니다(7-13절). 이스라엘 백성들은 약속의 땅에 들어간 후에도 출애굽의 구원과 광야에서 선하게 인도하신 하나님의 은혜를 잊지 말아야 합니다(14-16절). 훗날 누리게 될 복을 내 힘으로 얻었다고 말하며 하나님을 떠나 다른 신을 섬긴다면 가나안 족속과 같은 운명을 맞게 될 것입니다(17-20절).

[시편 91편]

신뢰시. 시인은 하나님을 향해 피난처, 요새, 의뢰하는 이, 죽음에서 건지시는 분, 깃과 날개로 덮어 주시는 분, 방패가 되시는 분이라고 고백합니다(1-6절). 시인은 지존자의 보호와 임재 안에서 참된 평안을 누리고 있습니다. 악인은 하나님을 피난처로 삼고 있는 시인을 해할 수 없습니다(7-10절). “하나님께로부터 나신 자가 그를 지키시매 악한 자가 그를 만지지도 못하느니라”(요일 5:18). 성도가 하나님을 알고 그를 사랑하며 그에게 간구하면 성도를 높여 주시며 환난에서 지켜 주시고, 영화롭게 하시며 장수하게 하십니다(11-16절). 하나님의 구원과 보호를 누리게 될 것입니다.

[이사야 36장]

이사야서의 전반부는 4장에 걸쳐 히스기야와 관련된 역사를 다루며 마칩니다. 히스기야는 강성한 앗수르에 대항하기 위해 친애굽 정책을 썼습니다. 이를 구실로 앗수르는 대군을 동원하여 유다를 침략합니다. 앗수르 왕 산헤립은 랍사게를 사신으로 보내 유다와 협상을 벌입니다(1-3절). 랍사게는 유다의 친애굽 정책과 히스기야의 신앙심, 유다의 형편없는 군사력을 비웃습니다(4-10절). 랍사게는 일부로 유다의 방언으로 말하며 백성들의 동요를 유도합니다(11-12절). 랍사게의 도발은 한층 강화되어 앗수르 군대로부터 자기 민족을 지킨 신이 없었으므로 하나님도 유다를 지키지 못한다고 말합니다(13-22절). 랍사게의 거만함은 다윗 앞에서 큰소리 치던 골리앗을 연상케 합니다.

[요한계시록 6장]

어린양이 인을 떼면서 요한에게 종말의 계시를 보여 주십니다. 첫째 인을 떼니 정복자의 모습을 가진 흰말을 탄 자가 나타납니다(1-2절). 둘째 인을 떼니 붉은말을 탄 자가 나타나 땅에서 화평을 제하고 서로 죽이게 합니다(3-4절). 잔혹한 전쟁과 살육에 관한 예언입니다. "민족이 민족을, 나라가 나라를 대적하여 일어나겠고"(마 24:7). 셋째 인을 떼니 검은말을 탄 자가 손에 저울을 들고 등장하는데 극심한 기근이 임한다는 것을 의미합니다(5-6절). "곳곳에 기근과 지진이 있으리니 이 모든 것은 재난의 시작이니라"(마 24:7-8). 넷째 인을 떼니 그 이름이 사망인 청황색 말을 탄 자가 나타나고 그 뒤를 음부가 따릅니다(7-8절). 땅 사분의 일의 권세를 얻어 칼과 흉년과 사망(≒하나님의 심판의 방법인 전염병으로 추정)과 땅의 짐승들로써 죽였습니다. 하나님은 그들의 권세를 제한적으로 허용하십니다. 다섯째 인을 떼니 순교자의 영혼이 보였습니다(9-11절). 하나님은 순교자의 수가 차기까지 기다리라고 말씀하시는데 심판의 때가 가까이 오고 있습니다. 그때까지 인내하며 믿음을 지켜야 합니다. 여섯째 인을 떼니 순교자들이 바랬던 하나님의 진노의 심판이 임합니다(12-17절). 우주적 종말이 임할 것입니다. 악인은 진노의 심판을 견딜 수 없습니다.

[질문과 묵상]

1. 오늘 말씀을 통해 만난 하나님은 어떤 분인가요?

2. 오늘 말씀을 통해 하나님이 내 삶에 요청하시는 것은 무엇인가요?

[기도]

내가 소유한 것 때문에 하나님과 멀어지지 않게 하옵소서. 내게 두려움을 주는 세상의 소리에 놀라지 않게 하시고 내 영혼을 지키시고 보호하시는 피난처 되시는 하나님을 온전히 신뢰하게 하옵소서.

[신명기 9장]

이스라엘 백성들이 약속의 땅에 들어갈 때 가나안 족속, 특히 아낙 자손을 두려워할 필요가 없는 것은 하나님이 앞서 행하시며 그들을 멸할 것이기 때문입니다(1-3절). 아낙 자손과 그들의 성읍이 이스라엘 백성들에게 두려움을 준 것은 사실입니다(민 13:28). 그러나 이스라엘이 약속의 땅에 들어갈 수 있는 이유는 그들의 공의로움 때문이 아니라 가나안 족속의 악함과 언약을 성취하시는 하나님 때문입니다(4-6절). 이스라엘은 불신앙으로 인해 하나님을 진노하게 했던 과거를 잊지 말아야 합니다(7-8절). 그들은 모세가 시내산 정상에서 40일간 금식하며 언약의 돌판(십계명)을 받는 동안 금송아지를 숭배함으로써 언약을 파기하는 치명적인 죄를 지었습니다(9-17절). 모세는 깨어진 언약의 회복을 위해 다시 40일을 금식하며 백성들의 죄 용서를 위해 간구했습니다(18-29절). 모세의 기도로 언약관계는 계속 유지되었습니다. 우리에게는 최고의 중보자가 계십니다. "하나님은 한 분이시요 하나님과 사람 사이에 중보자도 한 분이시니 곧 사람이신 그리스도 예수라"(딤전 2:5).

[시편 92-93편]

(92편) 찬송시. 표제어에 제시된 대로 안식일에 회당에서 쓰인 일곱 편의 안식일 찬송시 중 하나입니다. 안식일 찬송시는 24, 48, 81, 82, 92-94편입니다. 하나님의 인자와 성실하심 그리고 그가 행하신 창조와 구원의 역사들은 우리가 하나님을 찬송해야 할 이유입니다(1-5절). 하나님이 행하시는 또 하나의 일은 악인에 대한 심판입니다(6-10절). 악인의 흥왕은 잠깐이며 그 후에는 심판이 있는데 그들은 어리석어서 이 사실을 알지 못합니다. 반면 하나님은 의인을 높이시고 영원히 흥왕하게 하십니다(11-15절).

(93편) 여호와 제왕시. 통상 93-99편은 여호와 제왕시로 분류되며 창조주요 통치자이신 하나님의 영원하신 왕권을 노래합니다. 92편과 마찬가지로 안식일에 불렸던 찬송시입니다. 영원부터 계신 하나님은 온 세상을 다스리시는 영광과 권능의 통치자이십니다(1-2절). 하나님과 하나님의 백성들을 대적하는 무리('큰 물')들이 잠시 세력을 얻지만 그들의 힘은 하나님의 능력에 훨씬 미치지 못합니다(3-5절). 영원무궁하신 하나님의 약속은 변함이 없으며 하나님을 경외하는 자는 그 약속위에 견고히 서게 될 것입니다.

[이사야 37장]

히스기야는 앗수르가 침략하자 바로 성전으로 달려갔으며 이사야 선지자를 찾았습니다(1-4절). 참고로 히스기야의 아버지 아하스는 아람(시리아)-에브라임 연합군의 침공

소식을 들었을 때 여호와의 구원을 신뢰하라는 이사야 선지자의 말을 무시하고 앗수르에게 뇌물을 바치며 나라의 운명을 맡겼습니다(7:1-17). 하나님은 이사야를 통해 구원을 약속하십니다(5-7절). 랍사게는 하나님이 지켜 주신다는 헛된 기대를 버리고 항복할 것을 거듭 촉구합니다(8-13절). 히스기야는 앗수르의 협박 편지를 성전에 펼쳐놓고 하나님 앞에 민족의 운명을 건 처절한 기도를 드립니다(14-20절). 이사야는 산헤립의 교만을 고발하며 앗수르의 운명이 하나님의 손에 있음을 선언합니다(21-29절). 결국 앗수르는 예루살렘 점령에 실패하였고 산헤립은 훗날 그의 아들들에 의해 신전에서 암살당합니다(30-38절).

[요한계시록 7장]

두루마리의 봉인 중 여섯 개를 떼었고 이제 하나 남았습니다(6장). 요한은 일곱째 인을 떼기 전에 네 천사가 땅 네 모퉁이에 서서 심판의 바람을 붙잡아 불지 못하게 하는 환상을 보게 됩니다(1절). 재앙이 유보되는 사이 해 돋는 데로부터 올라온 다른 천사들은 하나님의 종들의 이마에 인을 칩니다(2-3절). 인은 하나님의 보호와 구원을 위한 것으로 인침을 받은 자는 종말론적 재앙을 당하지 않을 것입니다. 반면 짐승의 표를 받은 사람은 심판을 받게 됩니다(13:16-17). 인침을 받은 자는 모두 144,000명인데 이는 구원받은 모든 그리스도인을 상징하는 숫자입니다(4-8절). 장자인 르우벤이 아닌 유다가 제일 먼저 기록된 것 그리고 우상 숭배로 무너진 단 지파와 에브라임 지파 대신에 레위 지파와 요셉 지파가 포함된 것으로 보아 이 숫자는 육적 이스라엘이 아닌 영적 이스라엘, 즉 성령의 인침을 받은 모든 그리스도인을 의미하는 것임을 알 수 있습니다. 셀 수 없이 많은 무리가 흰 옷을 입고 종려 가지를 들고 어린 양을 찬양하는데 그들은 큰 환난에서 나와 어린양의 피에 그 옷을 씻어 희게 한 자들입니다(9-14절). 죄 사함을 받아 성결케 되었으므로 그들은 흰 옷을 입고 있습니다. 어린양이 친히 우리의 목자가 되어 주셔서 생명수 샘으로 인도하여 주시며 하나님이 모든 눈물을 씻어 주십니다(15-17절). 우리가 누리게 될 복입니다.

[질문과 묵상]

1. 오늘 말씀을 통해 만난 하나님은 어떤 분인가요?

2. 오늘 말씀을 통해 하나님이 내 삶에 요청하시는 것은 무엇인가요?

[기도]

역사의 주권은 강한 나라에게 있지 않으며 온 세상을 다스리시는 하나님께 있습니다. 역사의 주권자이신 하나님을 경외합니다. 성령의 인침으로 구원받은 하나님의 백성의 대열에 서게 된 감격을 잊지 않게 하옵소서.

[신명기 10장]
금송아지 우상으로 인해 분노한 모세가 십계명 돌판을 던져 깨뜨렸으므로 하나님은 모세가 준비한 새로운 돌판에 십계명을 다시 새겨 주셨습니다(1-5절). 깨어진 언약은 하나님의 긍휼로 다시 회복되었습니다. 아론이 죽고 그의 아들 엘르아살이 대제사장직을 이어 받았으며 성막에서 섬기는 레위지파는 땅을 분배받지 않았지만 하나님이 친히 그들의 기업이 되어 주실 것입니다(6-9절). 모세의 기도를 들으신 하나님은 이스라엘을 향한 진노를 거두셨습니다(10-11절). 이스라엘 백성들은 기쁨과 사랑으로 그들을 부르신 하나님을 경외하고 마음과 뜻을 다하여 사랑해야 합니다(12-15절). 하나님을 경외하며 사랑하는 것은 그들의 행복을 위해 주신 명령과 규례를 지키는 것입니다. 완고함을 버리고 마음의 할례, 곧 마음을 죄로부터 분리시킴으로써 거룩한 삶을 살아야 합니다(16절). 그들을 위해 놀라운 일을 행하신 전능하시고 공의로우신 하나님을 경외하는 것은 지극히 마땅한 것입니다(17-21절). 하나님은 역사 속에서 그의 약속을 성취하십니다(22절).

[시편 94편]
여호와 제왕시(ft. 탄원시). 개인의 탄원(12-20절)과 공동체의 탄원(3-7절)이 함께 등장합니다. 악인이 준동하고 의인이 시험을 당할 때에 최종 심판자가 누구인지를 기억해야 합니다(1-2절). 악인이 승리의 노래를 부르고 있는 불의한 현실을 고발한 시인은 그들의 죄를 열거합니다(3-11절). 악인에 대한 하나님의 심판을 촉구하는 것입니다. 자기 백성을 포기하지 않으시는 하나님은 악인에게 고통당하는 의인에게 평안을 주십니다(13-15절). 징계를 통해 가르침을 받는 사람은 복이 있습니다(12절). "징계는 다 받는 것이거늘 너희에게 없으면 사생자요 친아들이 아니니라"(히 12:8). 시인은 예전에 악인으로부터 고통을 당할 때 하나님의 인자와 위로를 경험했습니다(16-19절). 악인이 시인의 피를 흘리려 하나 요새와 반석이 되시는 하나님이 그들을 심판하실 것입니다(20-23절).

[이사야 38장]
히스기야가 반드시 죽을 수밖에 없는 질병에 걸립니다(1절). 그러나 그는 자신의 운명을 거부하고 하나님 앞에 진실하게 행한 것을 기억하셔서 병을 고쳐 주시길 간절히 기도합니다(2-3절). 그의 기도는 응답되어 치유뿐 아니라 예루살렘에 대한

구원도 약속받게 됩니다(4-6절). 게다가 하나님은 아하스의 해시계가 뒤로 물러나는 초자연적 징조를 통해 당신의 약속을 보증해 주십니다(7-8절). 히스기야의 감사 기도는 시편에서 흔히 볼 수 있는 개인 감사시와 유사합니다(9-20절). 죽음의 문턱까지 갔던 히스기야는 인간의 한계를 경험하며 더욱 하나님께 나아갔으며 확신 가운데 평안과 구원을 선언합니다. 이사야는 히스기야의 치료를 위해 처방을 내렸으며 히스기야는 처방의 효과에 대한 징조를 구합니다(21-22절). 병이 나으면 다시 성전에 들어갈 수 있습니다.

[요한계시록 8장]

어린양이 마지막 일곱째 인을 떼자 일곱 천사가 일곱 나팔을 받고 또 다른 천사는 성도들의 기도를 하나님께 올렸으며 하나님은 성도들의 기도에 우레와 음성과 번개와 지진으로 응답하십니다(1-5절). 이는 성도들을 박해하는 세력에 대한 하나님의 진노를 표현한 것으로 반드시 심판하시겠다는 의지의 표명입니다. 첫째 천사의 나팔소리가 울리자 땅의 1/3이 타버렸고, 둘째 천사의 나팔소리가 울리자 바다의 1/3이 피로 변하여 바다 생물의 1/3이 죽었습니다(6-9절). 부분적인 자연재앙은 일종의 경고로써 깨닫고 돌이킬 수 있는 기회를 주는 것입니다. 셋째 천사의 나팔소리가 울리자 쓴 쑥이라는 이름을 가진 큰 별이 하늘에서 떨어져 강의 1/3과 여러 샘이 쓴 물이 되어 많은 사람이 죽었으며, 넷째 천사의 나팔소리가 울리자 해와 달과 별들의 1/3이 빛을 잃었습니다(10-12절). 생명을 위해 꼭 필요한 요소들인 물과 빛이 손상을 입습니다. 점점 더 규모가 커지고 주기가 짧아지는 자연재해 및 환경 문제는 마지막 날에 있을 징조와도 일치합니다. 아직 세 천사의 나팔 소리가 남아 있습니다(13절).

[질문과 묵상]

1. 오늘 말씀을 통해 만난 하나님은 어떤 분인가요?

2. 오늘 말씀을 통해 하나님이 내 삶에 요청하시는 것은 무엇인가요?

[기도]

인간이 깨뜨린 언약을 다시 회복하시는 하나님! 완고함을 버리고, 히스기야나 시편 기자처럼 감당하기 힘든 고통 가운데 있을 때에도 여전히 하나님을 신뢰하게 하옵소서. 마지막 때에 나타나는 징조를 보는 눈을 주셔서 끝까지 믿음을 지키게 하옵소서.

[신명기 11장]

약속의 땅에서 살아가게 될 이스라엘 백성들의 후손들은 그들이 직접 보거나 경험하지 못했던 역사, 곧 하나님이 애굽에서 바로에게 행하신 일과 홍해의 기적, 고라 집단의 반역사건을 포함한 광야에서 일어났던 일들을 기억하여 하나님을 사랑하며 계명을 항상 지켜야 합니다(1-9절). 이를 위해 다음세대에게 하나님의 역사를 철저히 가르쳐야 합니다. 나일강 유역의 비옥한 토지를 가진 애굽과 달리 약속의 땅은 하나님이 내려주시는 비에 의존해야 합니다(10-12절). 이스라엘 백성들은 그들의 미래가 철저히 하나님의 손에 달려 있음을 알고 하나님을 신뢰하며 그의 계명에 순복하고 우상을 멀리해야 합니다(13-21절). 승리의 비결은 말씀이 내 삶에 완전히 뿌리내리게 하는 것입니다. 모세는 하나님을 사랑하고 그의 계명을 지킬 것을 다시 강조하며 순종의 여부에 따라 복과 저주가 나뉘게 됨을 선언합니다(22-32절). 이스라엘 백성들이 불순종할 가능성이 보였는지 모세는 거듭 하나님 앞에서 신실할 것을 강조합니다.

[시편 95-96편]

(95편) 여호와 제왕시. 시인은 그의 공동체를 하나님에 대한 감사 찬양으로 초대합니다(1-2절). 크고 위대하신 창조주 하나님은 그의 백성을 친히 돌보시며 안식으로 인도하시는 목자이십니다(3-11절). "여호와는 나의 목자시니 내게 부족함이 없으리로다 내 평생에 선하심과 인자하심이 반드시 나를 따르리니 내가 여호와의 집에 영원히 살리로다"(23:1 & 6).

(96편) 여호와 제왕시. 우리는 하나님의 구원과 영광, 그의 행하신 놀라운 일들을 찬양하고 선포하도록 부름 받은 자입니다(1-8절). 거룩함으로 그의 앞에 나아가 그의 공의로운 통치를 기뻐하며 찬양해야 합니다(9-13절).

[이사야 39장]

신흥강국 바벨론이 역사에 등장하는데 공동의 적 앗수르로 인하여 바벨론과 유다는 자연스럽게 동맹을 맺습니다. 히스기야는 바벨론의 사절단을 극진히 환대하며 자신의 나라도 만만치 않은 재력과 군사력이 있음을 증명해 보이고자 보물고와 병기고를 다 보여줍니다(1-4절). 이사야는 히스기야가 보여준 기물들이 전부 바벨론으로 옮겨질 것이라는 예언을 합니다(5-7절). 히스기야는 앗수르의 대규모 침략으로부터 하나님이 예루살렘을 지켜 주시고 개인적으로는 죽을병에서 고쳐주신 은혜를 경험했음에도 불구하고 외교에 있어서는 강대국에 의존하려는 경향을 버리지 못했습니다. 그렇지만 히스기야가 창고를 보여준 것이 나라를 망친 결정적인 이유는 아닙니다. 후대의 왕들과 백성들의 우상숭배와 불순종이 패망의 결정적인 이유입니다. 히스기야는 하나님을 경외하는 왕이었지만 외교에 있어서는 미흡함을 남겼습니다. 그는 하나님의 의로운 판결을 인정합니다(8절).

[요한계시록 9장]

다섯째 천사의 나팔 소리가 울리자 하늘에서 땅으로 떨어진 별(천사) 하나가 무저갱의 열쇠를 받아서 무저갱을 여니 메뚜기가 땅 위로 올라옵니다(1-3절). 이 메뚜기는 하나님의 인을 받지 않은 악인만 골라서 고통을 주는데 악인들은 죽고 싶어도 죽을 수 없습니다(4-6절). 메뚜기는 전쟁을 준비하는 말과 같으며 그들에게는 무저갱의 사자라 불리는 왕이 있습니다(7-11절). 메뚜기가 정확히 무엇인지는 알기 어렵습니다. 아직 두 번의 재앙이 더 남았습니다(12절). 여섯째 천사의 나팔 소리가 울리고 네 천사(악한 영)가 풀려납니다(13-14절). 네 천사는 이만만(20,000×10,000=2억), 즉 상상할 수 없는 엄청난 군대를 거느리고 사람의 1/3을 죽입니다(15-19절). 그럼에도 불구하고 재앙에서 살아남은 사람들은 회개를 거부합니다(20-21절).

[질문과 묵상]

1. 오늘 말씀을 통해 만난 하나님은 어떤 분인가요?

2. 오늘 말씀을 통해 하나님이 내 삶에 요청하시는 것은 무엇인가요?

[기도]

하나님이 행하신 일을 망각하지 않게 하시고 말씀이 깊이 뿌리내림으로 말씀이 삶이 되는 복을 누리게 하옵소서. 창조주요 목자가 되시는 하나님만을 높이게 하시고 다른 것을 의지하지 않게 하옵소서. 무엇보다 회개를 모르는 완고한 자가 되지 않게 하옵소서.

[신명기 12장]
이스라엘 백성들은 약속의 땅에서 우상을 멀리하고 하나님을 경외하는 일에 최선을 다해야 합니다(1-28절). 우상을 적극적으로 파괴하고 하나님이 정하신 곳에서만 예배하며, 정한 장소에서 예물을 먹고 피를 먹지 않는 등 제사의 법도를 지켜야 합니다. 또한 레위인의 생계를 책임져야 합니다. 특히, 인신제사를 비롯하여 하나님이 미워하시는 이방인의 가증한 행위를 철저히 금해야 합니다(29-32절).

[시편 97-98편]
(97편) 여호와 제왕시. 하나님이 영원히 찬양받으시기에 합당하신 이유는 그가 세상을 다스리시는 진정한 왕이요 통치자이시기 때문입니다.
(98편) 여호와 제왕시. 언약(=이스라엘 집에 베푸신 인자와 성실)을 기억하셔서 구원하시며 공의로 세상을 다스리고 심판하시는 하나님을 기뻐 찬양하는 것은 그의 백성들의 마땅한 본분입니다(1-9절).

[이사야 40장]
바벨론에서 수십 년째 포로 생활을 하면서 절망 가운데 있던 이스라엘 백성들에게 선지자를 통해 주시는 하나님의 말씀의 핵심은 위로입니다(1-2절). 죄로 인한 징계의 시간이 끝나고 곧 회복의 때가 이를 것입니다. 하나님이 이스라엘 백성들을 구원하시기 위해 찾아오시는 장면은 1차적으로는 유대인들을 위한 말씀이지만 궁극적으로 온 인류를 위해 성육신하실 예수 그리스도에 대한 말씀이며 훗날 세례 요한은 이 말씀을 그대로 인용합니다(눅 3:4-6, 3-5절). 모든 것이 소멸을 향해 가지만 오직 주의 말씀만 의지할만하며 영원합니다(6-8절). 전능하신 하나님이 그의 능력으로 구원하실 것이며 친히 목자가 되셔서 백성들을 양떼처럼 돌보실 것입니다(9-11절). 하나님의 구원계획은 완전하여 당신이 정하신 때에 당신의 방법으로 온전히 이루실 것입니다(12-14절). 열방은 크고 위대하신 하나님 앞에 아무것도 아닙니다(15-17절). 사람이 만든 우상과 하나님을 어찌 비교할 수 있겠습니까?(18-20절). 창조주이시며 열방을 다스리시는 절대 주권자이신 하나님은 이스라엘을 고통으로부터 능히 일으킬 수 있습니다(21-32절). 여호와를 앙망하는 자, 그를 전적으로 신뢰하는 자는 그의 구원을 보게 될 것입니다.

[요한계시록 10장]

일곱째 나팔이 울리기 전, 하나님으로부터 권세를 부여받은 한 천사가 등장하는데 그의 손에는 작은 두루마리가 들려 있습니다(1-2절). 그가 온 세상을 향해 외치자 일곱 우레가 화답합니다(3절). 그가 선포한 메시지가 온 세상에 울려 퍼진 것입니다. 그러나 그 내용을 인봉하고 기록하지 말라고 하십니다(4절). 온 세상에 복음의 진리가 울려 퍼져도 듣지 못하고 깨닫지 못하는 사람들이 있습니다. 천사는 일곱째 천사가 나팔을 불 때 하나님의 비밀이 반드시 성취될 것을 선포합니다(5-7절). "우리 하나님의 말씀은 영원히 서리라"(사 40:8). 요한은 하나님의 명령에 따라 두루마리를 집어 삼켰는데 입에는 달았으나 배에는 썼습니다(8-10절). 복음이 주는 구원은 달콤하지만 말씀대로 실천하는 삶과 복음을 전하는 삶에는 고난이 따릅니다. 복음의 단 맛을 경험한 그리스도인들은 두루마리의 계시, 즉 복음을 전하는 사명을 감당해야 합니다(11절). 복음은 우리로 하여금 쓴 맛을 감당하게 할 충분한 능력을 공급합니다.

[질문과 묵상]

1. 오늘 말씀을 통해 만난 하나님은 어떤 분인가요?

2. 오늘 말씀을 통해 하나님이 내 삶에 요청하시는 것은 무엇인가요?

[기도]

영원하신 하나님의 공의의 통치를 기뻐 찬양합니다. 마지막 날에 있을 영광의 승리를 기대합니다. 내 안에 우상의 잔재가 사라지게 하시고 달고 단 복음을 삼켰으니 복음으로 인해 겪는 수치와 고난의 쓴 맛도 삼키는 승리가 있게 하옵소서.

[신명기 13-14장]

(13장) 선지자의 예언이 이적과 기사로 증명되었다 해도 그가 하나님이 아닌 다른 신을 섬기도록 유도한다면 공동체에서 과감하게 제거해야 합니다(1-5절). 마찬가지로 친구나 가족이 다른 신을 섬기도록 부추긴다면 그 역시 단호하게 제거해야 합니다(6-11절). 만약 성의 모든 사람들이 하나님이 아닌 다른 신을 섬긴다면 철저히 조사한 후에 그 성을 진멸해야 합니다(12-18절). 이때 성 안의 어떤 물건도 취해서는 안 되며 다 불에 태워야 합니다. 우리는 하나님으로부터 떠나게 만드는 치명적인 죄에 대해 단호하게 대처해야 합니다.

(14장) 하나님은 이방인의 가증한 애도방식을 금하십니다(1-2절). 몸에 상처를 내거나 앞머리를 미는 행위는 이방인들이 곡을 할 때 하는 행동입니다. 거룩한 하나님의 백성은 하나님이 정해주신 기준에 맞는 것만 섭취할 수 있습니다(3-21절). 육상 동물은 굽이 갈라지고 되새김질을 하는 종류, 물고기는 지느러미와 비늘을 가진 종류이며 새의 경우 육식을 하는 새는 제외됩니다. 염소 새끼를 그 어미의 젖으로 삶는 것은 이방인의 주술적 관습으로 하나님은 창조의 섭리에 어긋난 행위로 여겨 이를 금하셨습니다. 매년 십일조를 온 가족이 함께 드림으로써 하나님을 사랑하고 경외하는 법을 자녀에게 가르치고 3년에 한 번 추가로 십일조를 드림으로써 레위인과 사회적 약자를 섬기도록 한 규정을 지켜야 합니다(22-29절).

[시편 99-101편]

(99편) 여호와 제왕시. 모든 민족 보다 높으신 거룩하신 하나님은 정의와 공의로 다스리십니다(1-5절). 신실한 일꾼들의 행위가 관계의 회복을 가져오기도 하지만 언약의 관계를 유지하는 결정적인 근거는 하나님의 용서와 긍휼입니다(6-9절).

(100편) 찬양시(ft. 감사시). 하나님을 기쁘게 찬양해야 하는 이유는 그가 우리를 지으셨고 우리는 그의 백성이며 기르시는 양이기 때문입니다(1-5절). 5절은 다윗의 고백을 연상케 합니다. “내 평생에 선하심과 인자하심이 반드시 나를 따르리니”(23:6).

(101편) 제왕시. 하나님은 언약에 근거한 풍성한 사랑(인자)으로 우리를 다스리시고 정의로 세상을 심판하십니다(1-2절). 시인은 악을 행하지 않을 것과 온전한 길로 행할 것을 결단합니다(3-8절).

[이사야 41장]

하나님은 이스라엘을 회복시키기 위해 한 명의 통치자를 세우실 것입니다(1-4절). 하나님이 일으킬 강력한 군주(=1차적 의미는 고레스(키루스), 2차적 의미는 메시아 예수 그리스도)는 열방을 정복할 것이며 열방은 그로 인해 두려워 떨며 우상에게라도 보호받기를 간구할 것입니다(5-7절). 이스라엘과 맺은 언약을 기억하시는 하나님은 능력의 팔로 그들을 붙드실 것입니다(8-13절). 하나님은 이스라엘을 날카로운 새 타작기(=열방을 심판하는 도구)로 삼으실 것이며 메마른 광야 같은 그들에게 생명의 강이 흐르게 하심으로 아름다운 동산처럼 만드실 것입니다(14-19절). 열방은 하나님의 창조의 능력을 보게 될 것입니다(20절). 하나님은 우상의 허구를 폭로하십니다(21-23절). 하나님이 세우실 통치자를 통해 예루살렘에 기쁜 소식이 전해질 것입니다(24-29절).

[요한계시록 11장]

하나님은 요한에게 성전을 측량하되 성전과 제단 그리고 그 안에서 경배하는 자들만 측량하고 마당은 측량하지 말라고 명령하십니다(1-2절). 왜냐하면 이방인들에 의해 성전 마당이 마흔두 달 동안 짓밟힐 것이기 때문입니다. 두 증인, 두 감람나무, 두 촛대인 교회는 마흔 두 달 동안 말씀을 전할 것입니다(3-6절). 교회는 핍박 속에서 복음을 전하지만 세상은 교회의 모든 것을 빼앗아 갈 수 없으며 하나님은 참 성도들을 보호하십니다. 복음이 증거되는 과정에서 몇몇 그리스도인들은 죽임을 당할 것입니다(7-10절). 그러나 죽임당한 증인들은 부활·승천합니다(11-12절). 그리스도인은 승리합니다. 큰 지진에서 살아남은 자들이 회개할 것이며 곧이어 일곱째 나팔 재앙이 임할 것입니다(13-14절). 일곱째 나팔이 울리면 하나님의 온전한 통치가 시작되는데 이때 하나님은 대적들을 심판하시고 하나님을 따르는 자들에게 상을 주실 것입니다(15-19절).

[질문과 묵상]

1. 오늘 말씀을 통해 만난 하나님은 어떤 분인가요?

2. 오늘 말씀을 통해 하나님이 내 삶에 요청하시는 것은 무엇인가요?

[기도]

역사의 주권자 되시는 하나님! 생명은 오직 하나님께로부터 옴을 고백합니다. 생명을 주신 하나님의 계명을 지키며 이방의 가증한 행위를 따르지 않게 하옵소서. 그리스도인의 최후 승리를 믿으며 복음을 위해 살아가게 하옵소서. 마지막 날에 상을 주실 예수님만 믿고 따르는 삶을 살게 하옵소서.

[신명기 15장]

7년마다 찾아오는 안식년은 면제년으로서 이웃이나 형제의 모든 채무를 면제해 주는 해입니다(1-6절). 말씀대로 행하면 하나님이 복을 주심으로 가난한 자가 없게 될 것입니다. 하나님의 백성들은 가난한 형제에 대한 책임을 다해야 합니다(7-11절). 면제년이 되면 동족인 종은 해방시켜 주어야 합니다(12-14절). 그러나 계속 종으로 남기를 희망하는 경우에는 귀에 별도의 표시를 해야 합니다(16-18절). 이스라엘이 형제에게 그리고 종에게 은혜를 베풀어야 하는 이유는 하나님이 애굽에서 종살이하던 그들을 속량하셨기 때문입니다(15절). 출애굽 당시 하나님이 이스라엘과 그들에게 속한 가축의 첫 태생을 살리셨습니다. 그러므로 이스라엘의 모든 가축의 처음 난 것은 하나님의 소유입니다(출 13:2, 19-23절). 첫 태생은 정해진 규례에 따라 관리하다가 때가 되면 하나님께 제물로 드리고 남은 것은 정해진 곳에서 먹어야 합니다.

[시편 102편]

탄원시. 시인은 자신이 당하고 있는 고난의 극심함과 하나님의 침묵으로 인해 절규하고 있습니다(1-11절). 그는 하나님의 분노와 진노로 인해 고난당하고 있음을 고백하는데 이는 현재의 고난이 하나님의 심판과 연단임을 인정하는 것입니다(10절). 하나님이 부재중인 것 같은 상황에서 기도하던 시인은 하나님의 영원하심과 긍휼하심에 기초한 은혜와 회복을 찬양합니다(11-22절). 빈궁한 자와 갇힌 자의 기도를 들으시고 시온에게 긍휼을 베푸시는 하나님을 보며 열방은 그 은총을 노래할 것입니다. 인생은 연약하지만 하나님은 영원하시니 그의 백성들은 그의 앞에 굳건히 설 것입니다(23-28절).

[이사야 42장]

여호와 하나님이 그의 영을 부으셔서 세운 종은 긍휼이 풍성하며 정의를 실현하는 통치자입니다(1-4절). 창조주 하나님은 그의 종에게 이스라엘에 대한 언약의 회복과 이방에 대한 구원을 명하십니다(5-7절). 하나님은 당신의 이름과 명예를 걸고 그의 종에게 주신 사명을 이루게 하시며 열방은 여호와의 구원을 찬송할 것입니다(8-12절). 당신의 백성을 구원하시기 위해 용사이신 여호와가 직접 나섭니다(13절). 잉태한 여인이 해산의 때를 기다리는 것처럼 하나님은 이스라엘을 구원하시기 위한 해산의 수고를 아끼지 않으십니다(14절). 그리스도께서 십자가의 해산의 수고로 새 생명을 주셨기에 바울은 자신의 사역을 해산의 수고로 비유합니다. "너희 속에 그리스도의 형상을 이루기까지 다시 너희를 위하여 해산하는 수고를 하노니"(갈 4:19). 이스라엘의 구원을 위해 하나님은 열방을 심판하실 것이며 하나님을 버리고 우상을 숭배하는 자는 수치를 당할 것입니다(15-17절). 그러나 구원을 약속받은 이스라엘 백성들이 완악하여 하나님의 말씀을 듣지 않습니다(18-20절). 현재 이스라엘이 처한 비참한 현실은 그들이 하나님의 뜻에 불순종하였기 때문입니다(21-25절).

[요한계시록 12장]

요한은 극심한 핍박 가운데 있는 성도들에게 보이지 않는 세계의 일을 설명합니다. 태양을 입고 두 발 아래에 달이 있고 머리에 열두 별의 면류관을 쓴 영광스런 한 여인이 등장합니다(1절). 여인은 신· 구약의 모든 하나님의 백성을 의미합니다. 영광스런 하나님의 백성이자 한편으론 고난당하는 신앙 공동체(교회)입니다. 여인은 장차 만국을 다스릴 아이(그리스도)를 낳았는데 사탄이 아이를 죽이려고 하지만 실패합니다(2-5절). 여인 또한 광야에서 하나님의 보호를 받습니다(6절). 하나님은 광야 같은 세상에서 사는 당신의 백성들을 보호하십니다. 하늘에서 벌어진 전쟁에서 패한 용(사탄)이 땅으로 쫓겨납니다(7-9절). 하나님의 나라와 그리스도의 권세가 나타나 밤낮 참소하던 자들이 쫓겨나고 형제들은 어린양의 피와 말씀으로 승리합니다(10-11절). 사탄이 자신의 때가 얼마 남지 않음을 알고 모든 수단을 총동원하여 교회를 무너뜨리려하나 하나님이 교회를 보호하십니다(12-17절). 교회는 영원한 승리를 확신하며 그리스도가 다시 오실 때까지 사탄과의 영적 전쟁을 힘 있게 감당할 수 있습니다.

[질문과 묵상]

1. 오늘 말씀을 통해 만난 하나님은 어떤 분인가요?

2. 오늘 말씀을 통해 하나님이 내 삶에 요청하시는 것은 무엇인가요?

[기도]

우리가 받은 하나님의 긍휼과 사랑은 이웃을 향한 긍휼과 사랑의 근거입니다. 십자가의 해산의 수고로 우리를 낳으신 그리스도를 본받아 한 영혼을 살리기 위한 해산의 수고를 감당하게 하옵소서. 최후의 승리를 확신하며 현재의 영적전쟁을 잘 수행해 나가게 하옵소서.

[신명기 16장]

이스라엘 백성들은 3대 절기를 통해 하나님이 행하신 역사를 대대로 기억해야 합니다. 먼저 유월절과 무교절입니다(1-8절). 유월절과 무교절은 하나님이 이스라엘을 애굽에서 구원하신 사건을 기념하여 애굽에서 나온 그 달에 지키는 절기입니다. 칠칠절은 첫 보리를 추수한 때부터 7주가 지난 후 밀 추수가 시작될 때 지키는 절기입니다(9-12절). 칠칠절은 애굽에서 종살이하던 이스라엘 백성들이 약속의 땅에 정착하여 농사를 짓고 풍성한 곡식을 얻게 하신 하나님의 은혜에 감사하는 의미가 담겨 있습니다. 마지막으로 초막절은 출애굽 후 광야에서 지냈던 것을 기억하며 7일 동안 실제로 초막에 거하며 지키는 절기입니다(13-17절). 세 절기 모두 출애굽의 구원사건과 깊은 연관이 있습니다. 지도자는 하나님의 공의에 따라 치리해야 하며 우상을 철저히 금해야 합니다(18-22절).

[시편 103편]

감사시(개인+공동체). 시인은 죄용서와 병 고침 등 자신의 인생 가운데 베푸신 하나님의 인자와 긍휼로 인하여 찬양할 것을 그의 영혼에게 명령합니다(1-5절). 공의, 긍휼, 은혜, 인내, 인자, 죄 용서 등의 하나님의 속성과 성품은 우리가 찬양해야 할 이유입니다(6-14절). 인생의 유한함을 아시는 하나님은 그를 경외하는 자에게 영원히 인자를 베풀어 주십니다(15-18절). 하나님의 백성은 온 세계에 미치는 하나님의 왕권을 찬양합니다(19-22절).

[이사야 43장]

우상숭배와 범죄로 인해 심판을 받고 있는 이스라엘을 향한 변함없는 하나님의 뜨거운 사랑을 확인할 수 있습니다. 하나님은 당신의 소유이자 특별한 사랑의 대상인 이스라엘을 누구도 해치지 못할 것을 선언하십니다(1-4절). 이스라엘은 여호와께 속하였으며 여호와는 이스라엘의 하나님이십니다. 하나님은 그의 영광을 위해 창조하신 이스라엘을 사방에서 모으실 것입니다(5-7절). 영적으로 무감각한 이스라엘 백성들은 그들의 눈과 귀가 열리게 되어 하나님의 놀라운 구원을 보게 될 것이며 오직 하나님만이 유일한 구원자가 되심을 증언하게 될 것입니다(8-13절). 어느 민족도 이스라엘을 구원하시는 하나님의 역사를 예측하지 못할 것입니다. 출애굽 역사를 통해 증명된 하나님의 능력은 바벨론을 패망시킬 것이며 이전 일(출애굽)을 잊어버릴 정도의 새로운 구원의 역사를 행하실 것입니다(14-21절). 이스라엘은 본래 만국을 향한 하나님의 증인으로 부름 받았지만 하나님을 영화롭게 하지 못하고 도리어 무거운 죄의 짐으로 괴롭게 만들었습니다(22-24절). 그러나 하나님은 그들의 죄를 기억하지 않으시며 그들의 죄를 도말하십니다(25-28절).

[요한계시록 13장]

하늘전쟁에서 패하고 땅으로 쫓겨나 성도를 핍박하던 용에 이어 바다에서 두 짐승이 올라옵니다(1절). 기적을 보여주며 사람을 미혹하는 짐승은 용으로부터 압도적인 권능을 부여받습니다(2-4절). 짐승은 하나님을 비방하고 일정기간 동안 세상을 호령하며 성도들을 핍박합니다(5-10절). 이 상황은 자신을 하나님처럼 높여 신적 경배를 받으며 그리스도인들에게 온갖 종류의 박해를 가한 로마 황제들을 연상케 합니다. 바다에서 올라온 첫 번째 짐승에 이어 두 번째 짐승이 땅에서 올라옵니다(11절). 그는 큰 이적을 통해 사람들을 미혹하여 첫 번째 짐승을 섬기게 합니다(12-15절). 두 번째 짐승은 거짓 선지자를 의미하는 것으로 보이며 우상숭배를 거절한 자는 죽임을 당합니다. 그리스도인들이 성령의 인침을 받듯이 짐승을 따르는 자는 짐승의 표를 받습니다(16-18절). 짐승의 표를 받은 자는 박해에서 제외됨으로 당장은 편할지 모르지만 하나님의 인침을 받지 않았으므로 영원한 심판에 이르게 됩니다.

[질문과 묵상]

1. 오늘 말씀을 통해 만난 하나님은 어떤 분인가요?

2. 오늘 말씀을 통해 하나님이 내 삶에 요청하시는 것은 무엇인가요?

[기도]

이스라엘 백성들이 절기를 통해 하나님의 구원의 역사를 기억하는 것처럼 주일 예배가 하나님의 놀라운 구원의 역사를 기억하게 하는 산제사가 되게 하옵소서. 마지막 때에 주를 더 사랑함으로 유혹을 이기고 믿음을 지키게 하옵소서.

[신명기 17장]

이스라엘 백성들은 애굽 땅 종 되었던 곳에서 구원하신 하나님을 사랑하며 경외해야 합니다(1-7절). 흠 있는 제물과 우상 숭배를 금하되 우상을 섬기는 자는 철저한 조사 후 단호하게 처벌하여 이스라엘 공동체에 죄가 틈타지 못하게 해야 합니다. 살인, 분쟁, 폭행 등 중한 범죄가 일어날 경우 예루살렘 성전에 있는 제사장이나 재판관에게 의뢰하여 판결을 받아야 하며 결정된 판결에 대하여는 순복해야 합니다(8-13절). 하나님은 왕이 권력을 절대화하거나 신격화 하는 것을 금하십니다. 이스라엘의 왕은 하나님 마음에 합한 자여야 하며 탐욕을 절제하고 교만하지 않으며 항상 말씀을 가까이 두고 하나님 경외하기를 힘써야 합니다(14-20절). 왕이 하나님 앞에 바로 설 때 그는 하나님의 뜻대로 나라를 잘 다스릴 수 있으며 그의 나라는 복을 받게 됩니다.

[시편 104편]

찬양시. 시인은 만물을 창조하시고 보존하시며 다스리시는 하나님을 찬양합니다(1-18절). 하나님은 해와 달을 주관하시는 시간의 주관자이십니다(19-23절). 하나님이 주관하시는 시간 속에서 인간은 일하고 수고합니다. 죽으면 먼지로 돌아가는 초라한 인간에 비해 온 우주를 통치하고 다스리시는 하나님은 얼마나 크고 놀라우신 분입니까?(24-30절). 시인은 하나님의 영광이 영원히 지속될 것을 확신하며 하나님을 향한 찬양을 다짐하면서 시를 마무리합니다(31-35절).

[이사야 44장]

여수룬은 '올바르다'라는 뜻을 가진 히브리어 '야샤르'에서 파생된 단어로 올바른 자, 하나님의 말씀을 인식하고 지키는 자의 의미를 가지고 있습니다. 죄로 인해 심판을 받고 있는 이스라엘이지만 그들을 버리시지 않으시고 여전히 사랑하시는 하나님의 마음이 담긴 일종의 애칭입니다. 하나님과 같이 언약을 지키시며 택한 백성을 돌보시고 회복시키는 분은 없습니다(1-8절). 진실로 하나님과 같은 분은 없습니다. 이스라엘 백성들이 심판을 받은 이유는 우상 때문입니다. 인간은 자신의 욕망을 투영하여 직접 우상을 만듭니다. 하나님은 우상의 허구와 실체를 폭로하시며 우상은 복을 줄 수 없으므로 스스로 미혹되지 말고 오직 당신만을 경외하기를 촉구하십니다(9-20절). 인간은 자신의 욕망을 숭배합니다. 하나님의 백성들은 거짓된 허상을 버리고 창조주요 구속자이신 하나님만을 경외해야 합니다(21-24절). 하나님은 선지자를 통해 약속하신 바를 반드시 성취하십니다(25-28절). 하나님은 구속의 역사를 성취하시기 위해 이방 나라 왕인 고레스까지 당신의 뜻대로 사용하십니다.

[요한계시록 14장]

초대교회 성도에게 닥친 가혹한 현실은 하나님이 세상을 통치하신다고 믿는 그들의 믿음을 송두리째 흔들기에 충분했습니다. 믿음을 지키기 어려운 현실 가운데 하나님은 요한에게 마지막 날에 있을 성도의 큰 승리를 보여줍니다. 어린양과 구속받은 십사만 사천('구원받은 모든 성도')이 함께 서 있는데 그들의 이마에는 어린양과 그의 아버지의 이름에 쓰여 있습니다(1절). 그들은 마지막 날의 승리를 기뻐하며 노래합니다(2-5절). 이때 세 천사가 차례로 등장하여 외치는데 첫째 천사는 용과 짐승의 권세 아래 있는 자들에게 복음을 선포하며 회개를 촉구하고, 둘째 천사는 바벨론의 붕괴와 어린양의 군대의 승리를 예고하며, 셋째 천사는 복음을 거부하는 자가 받을 형벌을 선포합니다(6-11절). 혹 순교를 당한 성도가 있다면 그는 하나님의 품에서 영원한 쉼을 얻게 될 것입니다(12-13절). 어린양 예수 그리스도는 친히 구원받은 하나님의 백성을 거둘 것이며 성전으로부터 나온 천사는 심판을 집행할 것입니다(14-20절).

[질문과 묵상]

1. 오늘 말씀을 통해 만난 하나님은 어떤 분인가요?

2. 오늘 말씀을 통해 하나님이 내 삶에 요청하시는 것은 무엇인가요?

[기도]

나를 포기하지 않으신 하나님! 하나님과 같은 분이 없음을 고백하며 하나님을 더욱 경외하기를 다짐합니다. 만물을 창조하시고 영원히 다스리시는 하나님을 평생 찬양하게 하옵소서. 마지막 날의 영광과 큰 승리를 약속하신 예수님만 믿고 따르게 하옵소서.

[신명기 18장]

하나님이 특별히 구별하셔서 제사와 성막의 일을 맡게 된 레위지파와 관련된 지침입니다. 레위지파는 그들 지파만의 별도의 땅이 주어지지 않으며 하나님이 친히 그들의 기업이 되십니다(1-2절). 하나님이 기업이 되신다는 것은 하나님을 섬기는 특권을 누리고 이스라엘 모든 지파로부터 필요한 것을 공급받는다는 의미입니다. 레위인의 기업은 백성들이 드리는 십일조입니다(민 18:20-24). 또한 제사장은 백성들이 드리는 희생제사의 제물 가운데 정해진 그들의 몫을 취합니다(3-5절). 지방에 거주하던 레위인이 마음의 소원이 있어 예루살렘 성소로 올라온다면 그곳에서 일할 권리가 있습니다(6-8절). 이스라엘 백성들은 가나안 족속들이 행한 가증한 행위를 미워하고 하나님만을 경외해야 합니다(9-14절). 그들은 시내산(호렙산)에서 하나님이 직접 말씀하시는 것은 감당하기 어려우니 모세를 통해 말씀해 주시길 간청했습니다(출 20:19). 하나님은 그들의 요청을 수용하시며 모세와 같은 선지자를 일으키실 것이니 그의 음성은 반드시 들어야 한다고 말씀하십니다(15-18절). 모세와 같은 선지자는 바로 예수 그리스도이십니다. "이는 참으로 세상에 오실 그 선지자라"(요 6:14). 그를 통해 하나님의 온전하신 뜻이 나타났습니다. 예언의 성취가 거짓 선지자를 구별합니다(19-23절).

[시편 105편]

역사시. 77-78편, 105-106편은 대표적인 역사시입니다. 105편은 족장인 아브라함 시대부터 출애굽 역사까지 다루고 있습니다. 시인은 이스라엘 역사에 개입하셔서 크고 기이한 일을 행하신 하나님을 찬양할 것을 권합니다(1-6절). 하나님은 아브라함과 언약을 맺으신 후 성실하게 언약을 지키셨습니다(7-11절). 비록 아브라함이 작은 규모의 부족장으로 출발하여 이리저리 떠돌아 다녀야했지만 언약을 잊지 않으신 하나님은 그를 보호하셨습니다(12-15절). 요셉을 먼저 애굽에 보내셔서 고난 가운데 그를 단련하셨으며 애굽에서 고통 받고 있는 이스라엘 백성들을 구원하시기 위해 10가지 재앙을 차례로 내리셨습니다(16-36절). 마침내 출애굽의 은혜를 허락하시고 광야에서 구름기둥과 불기둥으로 인도하셨으며 하늘에서 내린 양식과 반석에서 내신 물로 이스라엘을 만족케 하심으로 아브라함과 맺은 언약을 지키셨습니다(37-42절). 하나님이 언약을 성취하신 이유는 이스라엘이 하나님의 말씀을 따라 살아가길 원하시기 때문입니다(43-45절).

[이사야 45장]

온 세계의 주권자이신 하나님은 이스라엘을 위하여 이방인 통치자인 고레스를 그의 종으로 세우십니다(1-4절). 고레스마저 자신의 종으로 삼으신 하나님을 누구와 비교할 수 있겠습니까?(5-8절). 이방나라 왕도 자유자재로 사용하시는 하나님은 누구의 도전도 허락치 않는 절대 주권으로 이스라엘의 구원을 이루실 것입니다(9-13절). 영광스럽게 회복되는 예루살렘을 본 이방인들은 숨어계시던 하나님이 나타나 구원을 이루셨다는 사실에 놀라게 될 것입니다(14-15절). 우상제작자들은 수치를 당할 것이며 이스라엘은 영원한 구원을 얻게 될 것입니다(16-17절). 자기 백성에게 의와 정직을 선포하신 하나님은 이방인들을 구원으로 초대하십니다(18-22절). 하나님은 자신의 이름을 걸고 구원을 보증하시고 우상숭배자는 공의와 힘이 여호와께 있음을 고백하며 그에게 나아가게 될 것입니다(23-25절). 고레스에 대한 선포는 메시아에 대한 선포로 확장됩니다. 여호와의 기름부음을 받은 거룩한 종 예수 그리스도를 통하여 하나님께 돌아오는 자는 누구든지 구원을 받습니다.

[요한계시록 15장]

어린양에 대한 믿음을 끝까지 지킨 자들, 곧 짐승의 박해를 끝까지 견딘 자들은 승리의 노래를 부릅니다(1-4절). 환난과 죽음이 몰아친 삶의 과정을 통과한 그들은 승리자의 모습으로 유리 바다에 서 있습니다. 이후 하늘 성전이 열리고 일곱 천사가 나타나 하나님의 진노가 담긴 금 대접 일곱 개를 받습니다(5-8절). 하나님의 진노를 쏟을 일곱 천사에 관한 소식은 박해 속에서 힘겹게 신앙을 지켜가던 성도들에게 큰 기쁨을 주는 소식입니다. 마치 고립된 성에서 외롭게 분투하던 중 왕이 보낸 대규모 지원군이 도착한다는 소식과 같습니다. 승리의 날이 멀지 않았습니다. 조금만 더 견디면 영원한 승리를 맛보게 됩니다.

[질문과 묵상]

1. 오늘 말씀을 통해 만난 하나님은 어떤 분인가요?

2. 오늘 말씀을 통해 하나님이 내 삶에 요청하시는 것은 무엇인가요?

[기도]

나의 영원한 기업이 되시는 하나님! 여기에 이르기까지 우여곡절이 많았지만 신실하신 하나님이 함께 하셨음을 고백합니다. 모세와 같은 선지자를 세우시겠다는 약속을 예수 그리스도를 통해 이루셨습니다. 예수 그리스도에 대한 믿음을 끝까지 지켜 마지막 날의 영광스런 승리를 맛보게 하옵소서.

[신명기 19장]

하나님은 약속의 땅에 들어간 후 세 성읍을 구별하여 도피성을 만들라고 하십니다(1-6절). 세 성읍은 갈릴리 가데스, 세겜, 기럇 아르바(헤브론)이며(수 20:7) 요단 동편은 이미 도피성이 지정되어 있습니다(4:41-43). 도피성은 고의성 없이 살인하게 된 사람을 보호하기 위한 제도입니다. 망자의 가족이나 친지들은 이성을 잃고 보복을 하려 하기 때문에 일단 도피성으로 피신하여 합법적으로 보호를 받는 상태에서 재판을 통해 고의성이 없다고 판별될 경우 보호를 받을 수 있습니다(수 20장). 단, 고의로 살인한 자는 보호의 대상에서 제외됩니다(7-13절). 지파별로 분배받은 땅은 함부로 변경할 수 없으니 다른 지파의 땅에 대한 탐욕을 가질 필요가 없습니다(14절). 재판 시 두 사람 이상의 증언이 있어야 하며 위증 시 강력처벌을 명하십니다(15-21절). 위증자가 거짓 증언을 통해 피해를 주고자 했던 것 그대로 위증자에게 집행하는 것이 처벌의 원칙입니다. 심은 대로 거두는 것입니다. 아합과 이세벨은 거짓 증언을 내세워 나봇을 죽이고 그의 포도원을 빼앗았습니다. 하나님은 그들이 한 일 그대로 갚으셨는데 그들은 각각 비참하게 생을 마감했으며 예후의 쿠데타로 아합 가문은 멸문지화를 당했습니다(왕상 22장 & 왕하 9-10장).

[시편 106편]

역사시. 105편에 이어 이스라엘 역사를 성찰하는 시입니다. 105편이 신실하신 하나님의 역사에 초점을 맞추고 있다면 106편은 이스라엘 백성들의 죄에 초점을 맞추고 있습니다. 조상들이 그러했듯이 시인의 공동체도 하나님이 베푸신 놀라운 은혜에도 불구하고 하나님 앞에 범죄 하였음을 고백합니다(1-6절). 이스라엘이 저지른 구체적인 죄로 홍해에서의 거역, 광야에서의 6가지 범죄(=탐욕, 반역, 금송아지 우상, 원망, 음행, 하나님의 영광을 나타내지 못함), 가나안 정착 후의 우상숭배가 열거됩니다(7-39절). 그 결과 이스라엘 백성들은 바벨론의 포로로 끌려갔는데 언약을 기억하시는 하나님의 긍휼로 그들은 용서받고 다시 돌아오게 되었습니다(40-48절).

[이사야 46장]

이스라엘이 회복되는 과정 중에 바벨론에서는 어떤 일이 일어나게 되는지에 관한 내용입니다. 벨은 바벨론 성의 신이며 느보는 벨의 아들로 바벨론 남쪽에 있는 보르시파 성의 신입니다. 이스라엘 역사가 시작될 때부터 끝마칠 때까지 함께 하실 하나님은 바사(페르시아)왕 고레스(키루스)를 통해 바벨론 신의 허상을 드러내실 것입니다(1-7절).

이스라엘 백성들은 이전 일(=하나님의 창조 & 이스라엘을 위해 행하신 모든 역사)을 기억하면서 하나님이 그들을 어떻게 구원하시는지 기대하며 기다리면 됩니다(8-13절). 이스라엘의 구원을 위해 하나님이 바벨론을 치실 때 바벨론의 신들은 자기 민족을 결코 지켜주지 못할 것입니다.

[요한계시록 16장]

마지막 때에 짐승에게 절하지 않고 끝까지 신앙을 지키는 자들은 짐승의 분노로 인해 큰 박해와 고난을 당했습니다. 그러나 하나님과 어린양은 짐승과 짐승을 따르는 자들이 성도에게 가한 핍박을 결코 잊지 않으십니다. 일곱 대접 환상은 하나님의 진노의 심판을 보여줍니다(1절). 첫 번째 대접 재앙부터 그 적용대상이 분명합니다(2절). 두 번째와 세 번째 재앙은 순교당한 성도의 피 흘림에 대한 하나님의 진노의 보복입니다(3-7절). 하나님의 보복은 공의에 합당합니다. 네 번째 재앙은 사람을 태워 버리는 불입니다(8-9절). 그러나 사람들은 회개는커녕 도리어 하나님의 이름을 비방합니다. 다섯 번째 대접 환상은 하나님을 모독하고 하나님의 백성을 박해한 짐승을 향합니다(10-11절). 여섯 번째 대접 환상은 두 가지로 요약됩니다. 하나는 동방에서 오는 왕들(심판의 집행자들)의 순탄한 길을 위해 유브라데 강물을 말린 것과 또 하나는 더러운 세 영의 나타남입니다(12-16절). 세 영은 악마의 영으로서 하나님의 큰 날에 있을 전쟁을 위해 세상 왕들을 소집합니다. 일곱 번째 대접은 심판의 완성입니다(17-21절). 하나님의 맹렬한 심판으로 큰 성 바벨론(=하나님을 대적하는 모든 악한 세력)은 완전히 무너집니다. 악인들은 마지막까지 완고합니다.

[질문과 묵상]

1. 오늘 말씀을 통해 만난 하나님은 어떤 분인가요?

2. 오늘 말씀을 통해 하나님이 내 삶에 요청하시는 것은 무엇인가요?

[기도]

나의 구원을 위한 하나님의 역사는 완전합니다. 죄로 인하여 넘어짐에도 불구하고 용서와 회복의 은총으로 함께 하시니 그 은혜가 참으로 놀랍습니다. 헛된 우상을 버리고 주를 더욱 사랑하기를 결단합니다. 영원한 도피성 되시며 구원과 심판의 모든 권세를 가지신 예수님을 따르는 삶을 살게 하옵소서.

[신명기 20장]
이스라엘은 적국에 비해 늘 병력과 장비가 열세였습니다. 그러나 전쟁의 주관자 되시는 하나님을 신뢰함으로 적을 두려워하지 말아야 합니다(1-4절). 하나님은 전쟁을 두려워하는 자들을 제외하라고 말씀하십니다(5-9절). 수적으로 부족해도 여호와께서 참전하시면 반드시 승리합니다. 전쟁은 두 가지 방법으로 접근해야 합니다. 가나안 땅 밖에서 전쟁을 할 경우에는 먼저 항복을 제안하고 이를 거부할 시 그 성읍을 정복해야 합니다(10-14절). 그러나 가나안 족속과의 전쟁에서는 진멸을 명하십니다(15-18절). 진멸(히: 헤렘)의 경우 전리품을 취할 수 없습니다. 하나님이 진멸을 명하신 이유는 이스라엘 백성들이 그들로부터 우상숭배를 배워 하나님을 떠날 가능성이 높기 때문입니다. 우리는 죄의 위험요인들을 철저히 배격함으로 거룩함을 유지해 나가야 합니다. 성을 공격할 때 유실수는 베지 말고 필요한 만큼의 나무만 베어야 합니다(19-20절).

[시편 107편]
감사시(공동체). 공동체의 감사고백으로 내용은 감사(1-32절)와 찬송(33-43절)으로 나눌 수 있습니다. 105-106편에 등장하는 이스라엘의 역사를 알면 이 시를 더 깊이 이해할 수 있습니다. 시인이 속한 공동체는 하나님이 그들의 역사 가운데 베푸신 은혜에 대하여 크게 4가지 감사를 드립니다. 첫째, 포로로 끌려가 방황하던 그들을 다시금 예루살렘 성으로 인도하신 은혜에 감사합니다(1-9절). 둘째, 고통을 통해 죄와 사망의 그늘에서 그들을 구원하신 은혜에 감사합니다(10-16절). 셋째, 죄를 용서하시고 말씀을 통해 고쳐주신 은혜에 감사합니다(17-22절). 넷째, 험난한 역사 가운데 늘 보호하여 주심을 감사합니다(23-32절). 지혜 있는 자들은 심판과 구원을 주권적으로 행사하시는 하나님을 신뢰하며 찬양합니다(33-43절).

[이사야 47장]
이사야는 당대 패권국인 바벨론의 멸망을 선포합니다. 왕궁에 거하는 공주와도 같은 바벨론은 티끌에 앉게 되며 치마를 걷고 경작지에 물을 대기 위해 일해야 하는 노예같은 신세가 될 것입니다(1-3절). 만군의 여호와가 바벨론을 심판하시고 이스라엘을 구원하실 것입니다(4절). 이스라엘을 압제했던 바벨론은 한순간에 자녀를

잃은 과부와 같은 신세로 전락할 것입니다(5-9절). 교만한 바벨론에게 임할 재앙은 그들 스스로 막을 수 없으며 그들이 의지하는 주술로도 막을 수 없습니다(10-15절). 바벨론의 구원자는 없지만 이스라엘에게는 여호와 하나님이 계십니다.

[요한계시록 17장]

하나님은 많은 나라와 백성들을 음행(=하나님을 떠나 우상을 숭배함)에 빠뜨린 큰 음녀(로마)를 반드시 심판하십니다(1-2절). 음녀와 함께 죄를 범하는 자는 음녀가 심판을 받을 때 함께 심판을 받게 될 것입니다. 음녀는 붉은 빛 짐승을 타고 있는데 짐승의 몸에는 하나님을 모독하는 이름들로 가득하고 음녀는 화려했으며 음녀의 이마에는 '큰 바벨론, 땅의 음녀들과 가증한 것들의 어미'라는 글이 쓰여 있습니다(3-5절). 음녀는 피에 취해 있을 정도로 성도들을 무자비하게 박해합니다(6절). 천사는 짐승과 음녀의 비밀, 특히 비극적 결말에 대해 말해 줍니다(7-8절). 무저갱에서 짐승이 올라올 예정인데 얼마 후 멸망으로 들어가게 됩니다. 무저갱은 사탄이 갇혀 있던 곳입니다(20:1-3). 일곱 머리는 통상 로마의 일곱 황제를 의미합니다(9-10절). 그러나 누구인지 특정 하는 것은 쉽지 않습니다. 중요한 것은 그들의 때가 얼마 남지 않았다는 것입니다. 여덟째 임금은 무저갱에서 올라올 짐승으로 보이며 열 뿔은 짐승을 따르는 악한 세력으로 보입니다(11-12절). 마지막 때를 맞은 그들은 비할 수 없는 강한 힘을 발휘하지만 그 힘을 행사할 기간은 길지 않습니다. 지중해를 내해로 삼아 열방을 다스리던 음녀는 최후를 맞을 것이며 최후 승리는 어린양과 그를 따르는 자의 몫이 될 것입니다(13-18절).

[질문과 묵상]

1. 오늘 말씀을 통해 만난 하나님은 어떤 분인가요?

2. 오늘 말씀을 통해 하나님이 내 삶에 요청하시는 것은 무엇인가요?

[기도]

전쟁은 하나님께 속한 것입니다. 전쟁에 능하신 하나님, 심판과 구원의 하나님을 찬양합니다. 악인에 대한 최후의 심판과 믿는 자에게 주실 최후의 승리를 믿게 하옵소서.

[신명기 21장]

하나님은 거룩한 공동체를 위한 구체적인 지침을 주십니다. 범인을 특정할 수 없는 살인사건이 일어난 경우 시신이 발견된 곳에서 가장 가까운 성읍의 장로들은 제사장을 초청하여 무죄한 자의 피 흘린 죄를 제하는 제사를 드려야 합니다(1-9절). 땅에 피를 흘리면 그 피가 하나님께 호소하기 때문입니다(창 4:10). 여성인 포로와 혼인을 하려면 정해진 절차를 거쳐야 하며 혼인관계 유지를 원치 않을 때에는 자유롭게 놓아 주어야 합니다(10-14절). 포로를 착취행위를 금하는 규정입니다. 장자의 권리는 임의대로 바꿀 수 없으며 패역한 아들은 부모의 증언을 거쳐 강력처벌 합니다(15-21절). 여기서의 패역은 하나님에 대한 반역 수준의 불순종을 말하는 것입니다. 시체를 밤새 나무 위에 두어 땅을 더럽히지 말아야 합니다(22-23절). 예수님은 나무에 달려 우리 대신 저주를 받으셨으며, 유대인들은 이 규정 때문에 시신을 십자가에 계속 두지 않으려고 죄수의 다리를 꺾은 후 시체를 치워달라고 빌라도에게 요구했던 것입니다(요 19:31). 그러나 이미 운명하신 예수님은 다리가 꺾이지 않았습니다(요 19:33).

[시편 108-109편]

(108편) 찬송시(ft. 탄원시). 108편은 탄원이 담긴 찬송시로 57편 7-11절과 60편 5-12절이 그대로 합쳐져 있습니다. 시인은 고통스런 상황 가운데 있지만 하나님만 섬기기로 결단하고 찬양합니다(1-5절). 다윗은 60편에서 하나님이 그에게 주시기로 약속한 땅을 언급하는데 그 지명들이 6절 이하에 등장합니다. 시인은 다윗에게 승리를 주신 하나님이 그에게도 승리를 주시길 간구합니다(6-9절). 사람의 구원은 헛것이며 대적들을 이기게 하실 이는 오직 하나님이십니다(10-13절).

(109편) 저주시(ft. 극단적 형태의 탄원시). 탄원시 중에서 가장 공격적이고 험한 용어들이 구사되기에 불편함을 주기도 하지만 전방위적인 대적들의 공격으로 극심한 고통을 당하는 가운데 피할 길도 보이지 않는 처절한 시인의 상황을 감안한다면 포장되지 않은 정직한 기도로 볼 수 있습니다. 시인은 자신이 베푼 선을 악으로 갚으며 거짓으로 공격하고 있는 대적들에게 하나님의 심판이 임할 뿐 아니라 그들의 이름이 아예 지워지기를 간청합니다(1-15절). 그는 공의의 하나님이 대적들을 그들의 행위대로 갚아 주시며 약자인 자신을 보호해 주시길 간구합니다(16-25절). 궁핍한 자의 편이 되시는 하나님이 시인을 구원하신다면 하나님이 행하시는 일을 대적들도 알게 될 것입니다(26-31절).

[이사야 48장]

이사야는 이스라엘 백성들의 현 실태를 고발합니다. 그들을 특별하게 부르신 하나님은 행하실 일들을 그들에게 미리 알리시고 그대로 성취하심으로써 그들이 여호와를 섬기는 이스라엘이요 유다의 자손이며 예루살렘에 거주한다는 자부심을 갖게 하셨습니다(2-5절). 그러나 그들의 행위에는 진실과 공의가 없었습니다(1절). 그들은 모태에서부터 배역한 자라 불릴 정도로 하나님을 거역했지만 하나님은 당신의 이름을 위하여 그들을 연단하실 것입니다(8-11절). 하나님은 이스라엘을 돌이키기 위해 당신이 사랑하는 자를 보내셔서 이전에 없었던 새로운 일을 행하실 것입니다(6-7, 12-16절). 하나님은 반석에서 샘물을 내는 역사를 다시 행하심으로 백성들을 구원의 길로 인도하실 것입니다(17-22절). 본문의 정황상 하나님이 기뻐하시는 자는 1차적으로 포로 귀환을 명한 고레스입니다. 그러나 반석에서 샘물을 내는 진정한 새 역사는 예수 그리스도를 통해 온전히 이루어집니다.

[요한계시록 18장]

큰 권세를 가진 한 천사가 하늘에서 내려와 그의 영광으로 땅을 환히 비추며 바벨론의 멸망을 선포합니다(1-3절). 크고 견고한 바벨론은 귀신과 더러운 영의 처소가 되어 버렸습니다. 하나님은 성도들을 박해하며 미혹한 바벨론의 행위에 대한 갑절의 심판을 예고하시며 그들의 죄에 동참하여 그들이 받을 재앙을 함께 받지 말라고 경고하십니다(4-8절). 바벨론의 영광이 영원할 것이라고 착각하여 바벨론을 의지하며 바벨론의 음행과 사치에 동참했던 자들은 바벨론의 멸망 소식에 큰 충격을 받고 애통해 합니다(9-19절). 그러나 하나님의 백성들은 바벨론의 멸망을 기뻐합니다(20-23절). 하나님의 백성들을 박해하던 그들에 대한 하나님의 공의로운 심판이 이루어졌기 때문입니다(24절).

[질문과 묵상]

1. 오늘 말씀을 통해 만난 하나님은 어떤 분인가요?

2. 오늘 말씀을 통해 하나님이 내 삶에 요청하시는 것은 무엇인가요?

[기도]

악한 영과 악한 자에게 닥칠 결말을 알게 하셨으니 끝까지 믿음을 지키게 하옵소서. 감당하기 어려운 고난이 밀려올 때 정직하게 고백하게 하시고 특히 원수 갚음이 하나님께 있음을 알게 하옵소서. 우리의 영원한 반석이 되시고, 영생의 샘물을 마시게 하신 예수님을 찬양하게 하옵소서.

[신명기 22장]
이웃의 잃어버린 소유물을 발견하게 되면 주인에게 돌려주어야 합니다(1-4절). 이성의 옷을 입는 행위, 새 둥지의 어미와 알을 모두 취하는 행위는 금지됩니다(5-7절). 집을 지을 때에는 난간을 설치하여 인명사고를 예방해야 합니다(8절). 하나님은 종교와 문화의 혼합을 매우 경계하십니다. 그래서 두 종류의 씨를 뿌리는 것, 나귀와 소가 함께 쟁기질 하는 것, 두 종류의 실로 섞어 짠 옷을 입는 것조차 금하십니다(9-11절). 우리는 하나님을 향한 마음이 분산되지 않도록 늘 주의해야 합니다. 그래서 하나님의 법도를 기억하기 위해 겉옷의 네 귀에 술을 만들게 하십니다(12절). 이어서 성윤리에 관한 내용이 등장합니다. 결혼 관계의 거룩함(13-21절), 성범죄에 관한 처벌법(22-27절), 기타 예외적인 규정(28-30절)으로 구성되어 있습니다.

[시편 110-111편]
(110편) 제왕시. 110편은 예수님이 자신의 권위에 대한 구약의 근거로 많이 사용한 시입니다. 예수님은 바리새인들과의 논쟁에서 다윗이 성령에 감동하여 그리스도를 주로 칭하였다는 말씀을 인용하셨습니다(마 22:43-44, 1절). 하나님은 권능의 규를 왕에게 주셔서 원수들 가운데 통치하게 하실 것이며 수많은 주의 백성들이 왕에게로 나아올 것입니다(2-3절). 멜기세덱의 서열을 따르는 영원한 대제사장이신 예수 그리스도는 대적들을 깨뜨리시는 진정한 승리의 왕이십니다(4-7절).
(111편) 찬양시. 하나님이 행하시는 일을 기억하는 사람들은 기뻐하며 감사합니다(1-4절). 진실하시고 정의로우신 하나님은 그의 백성과 맺은 언약을 기억하십니다(5-8절). 여호와를 경외하는 것이 지혜의 근본이며 그의 계명을 지키는 자는 통찰력을 가진 자입니다(9-10절). 하나님을 인정하고 그의 행하신 일을 기억하며 찬양하는 것이 참 지혜입니다.

[이사야 49장]
여호와는 구원의 역사를 위해 그의 종을 부르십니다(1-3절). 그러나 여호와의 종으로 부름 받은 이스라엘은 실패하고 말았습니다(4절). 그럼에도 불구하고 하나님은 그들을 버리지 않으시고 다시 회복하심으로 이스라엘 뿐 아니라 모든 민족에게 경배를 받으실 것입니다(5-7절). 하나님이 이방 땅에서 고통당하는 이스라엘을 예

루살렘으로 돌아오게 하심으로 큰 기쁨의 노래가 울려 퍼질 것입니다(8-13절). 이스라엘 백성들은 바벨론 포로가 되면서 하나님이 그들을 잊으셨다고 생각했지만 하나님은 그들을 잊으신 적이 없으며 오히려 끌려간 그 땅에서 그들을 번성케 하셨습니다(14-21절). 때가 되면 하나님이 이스라엘을 건지시고 이방민족이 그들 앞에 복종하게 될 것입니다(22-26절). 자기 백성을 포기하지 않으시는 하나님은 반드시 그들을 구원하십니다.

[요한계시록 19장]

허다한 무리(=하늘의 천군천사 or 구원받은 하나님의 백성)와 하나님을 곁에서 섬기는 이십사 장로와 네 생물이 하나님의 공의로운 심판을 노래합니다(1-5절). 이어서 하나님의 온전하신 통치와 어린양의 혼인잔치가 선포됩니다(6-8절). 어린양의 신부가 입게 될 깨끗한 세마포 옷은 성도들의 옳은 행실입니다. 즉, 믿음을 지키기 위한 모든 행위입니다. 혼인잔치에 초대받은 자는 진정으로 복을 받은 사람입니다(9-10절). 그 이름이 충신(faithful)과 진실(true)인 그리스도는 공의로 심판하시며 불꽃같은 눈으로 감찰하시는 큰 권세를 가지신 왕이십니다(11-12절). 그는 영원전부터 계신 하나님의 말씀이요(요1:1), 우리의 죄 사함을 위해 피 흘리신 분이며, 하늘의 군대(=구원받은 성도)를 다스리시고 심판의 절대 주권을 행사하시는 만왕의 왕, 만주의 주이십니다(13-16절). 영생이 아닌 영벌의 큰 잔치가 벌어집니다. 어린양 예수 그리스도는 대적들을 유황불과 그 입에서 나오는 검으로 진멸하십니다(17-21절).

[질문과 묵상]

1. 오늘 말씀을 통해 만난 하나님은 어떤 분인가요?

2. 오늘 말씀을 통해 하나님이 내 삶에 요청하시는 것은 무엇인가요?

[기도]

혼합주의 신앙을 철저히 배격하고 메시아 예수 그리스도를 온전히 섬기길 원합니다. 진노 중에도 당신의 백성을 잊은 적 없으신 신실하신 하나님을 찬양합니다. 충신과 진실로 우리의 구원을 완성하신 예수님만 믿는 삶을 살게 하옵소서.

[신명기 23장]
여호와의 총회에 들어오지 못하는 자(1-8절)와 이스라엘 진영에 들어올 수 없는 자(9-14절)에 대한 규정입니다. 이는 거룩한 공동체를 유지하기 위한 규정입니다. 이어서 이웃 사랑 계명에 대한 구체적인 행동지침을 주십니다(15-25절).

[시편 112-113편]
(112편) 교훈시. 여호와를 경외하며 그의 계명을 즐거워하는 자는 복을 받습니다(1-4절). 또한 이웃에게 은혜를 베푸는 자는 복을 받습니다(5-9절). 종합하면 하나님을 사랑하고 이웃을 사랑하는 자에게 복이 임합니다. 반면 악인들의 운명은 하나님의 심판으로 소멸될 것입니다(10절).
(113편) 찬양시. 시인은 모든 나라보다 높으시고 그 영광이 하늘보다 높으신 여호와의 이름을 찬양하라고 권합니다(1-6절). 여호와는 그의 백성에게 긍휼을 베푸십니다(7-9절).

[이사야 50장]
이스라엘이 바벨론의 포로가 된 것은 그들의 아버지인 여호와의 무능 때문이 아니라 그들의 죄악 때문입니다(1절). 하나님은 무능력하지 않으시며 구원의 손이 결코 짧지 않으십니다(2-3절). 여호와께서 이스라엘의 구원을 위해 세우실 그의 종은 학자의 혀와 귀, 즉 하나님의 말씀과 듣는 지혜를 가졌으므로 곤고한 자(=포로로 끌려온 희망 없는 백성)를 위로하며 바른 길로 인도할 수 있습니다(4절). 여호와가 함께 하시는 그의 종은 사명을 위해 뒤로 물러서지 않으며 모욕과 수치를 기꺼이 감내합니다(5-7절). 여호와의 종은 그의 의가 되시는 여호와의 동행하심을 확신합니다(8-9절). 여호와의 종은 여호와를 경외할 것을 백성들에게 촉구합니다(10-11절).

[요한계시록 20장]
사탄은 하나님의 주권 하에 활동할 수 있습니다. 사탄의 운명은 하나님이 결정하십니다. 요한은 무저갱의 열쇠와 큰 쇠사슬을 가진 천사가 하늘에서 내려와 용(=

옛 뱀, 마귀, 사탄)을 천년 동안 결박하여 무저갱에 가두었다가 잠깐 놓아 주는 것을 보았습니다(1-3절). 요한은 복음을 전하거나 믿음을 지키다가 순교한 자들, 곧 짐승과 우상에게 경배하길 거절하고 그의 표를 받지 않은 성도들이 심판의 권세를 가지고 보좌에 앉아 있는 것을 보았습니다(4a절). 이들은 그리스도와 함께 천년 동안 왕 노릇하게 될 것입니다(4b절). 나머지 죽은 자들(불신자들)은 천년이 차기까지 살지 못합니다(5절). 첫째 부활에 참여하는 자들은 둘째 사망이 그들을 다스릴 수 없습니다(6절). 첫째 부활에 참여하지 못한 자들, 즉 나머지 죽은 자들은 둘째 사망이 다스리게 될 것입니다. 첫째 사망은 육신의 죽음, 둘째 사망은 불과 유황불에 던져지는 영원한 형벌을 의미하는데 사탄과 그를 따르는 세력들은 모두 둘째 사망에 처해지게 됩니다(7-10절). 하나님으로부터 심판의 모든 권한을 위임받은 그리스도께서 크고 흰 보좌에 앉으셔서 생명책과 행위가 기록된 책을 근거로 최후의 심판을 단행하십니다(11-15절). 행위로 구원받을 사람은 없으며 어린양의 보혈을 의지함으로 생명책에 이름이 기록된 사람만 구원을 받습니다. 우리의 이름이 생명책이 기록되어 있습니다. 할렐루야!

[질문과 묵상]

1. 오늘 말씀을 통해 만난 하나님은 어떤 분인가요?

2. 오늘 말씀을 통해 하나님이 내 삶에 요청하시는 것은 무엇인가요?

[기도]

나로 하여금 거룩한 하나님의 백성이 되게 하시고, 하나님을 사랑하므로 그의 계명을 기쁨으로 준행하게 하옵소서. 하나님은 무능력하시지 않습니다. 최후의 심판과 영광스런 구원의 역사를 아들 예수 그리스도를 통해 이루실 하나님을 찬양합니다.

[신명기 24장]
약자 돌봄에 대한 구체적인 규정입니다. 수치 되는 일은 적용 범위가 너무 넓어 다양한 사유로 여성들이 이혼을 당할 수 있기 때문에 만약 남편이 이혼을 강요한다면 반드시 이혼증서를 써 주도록 규정합니다(1-4절). 이혼증서를 가진 여성은 합법적으로 재혼이 가능합니다. 결혼 후 최소 1년 동안에는 군복무 의무가 면제됩니다(5절). 맷돌은 빵을 만들기 위해 매일 써야 하는 것이므로 전당잡을 수 없으며 동족을 종으로 팔아넘긴 자는 반드시 죽여 공동체 안에서 악을 제하여야 합니다(6-7절). 미리암이 모세를 비난했다가 나병에 걸렸던 사건을 기억하여 나병에 관한 제사장의 진단과 조치에 순응해야 합니다(8-9절). 가난한 자의 담보물(겉옷)을 저녁에 반드시 돌려주어야 하는 것은 그것이 곧 이불의 역할을 하기 때문입니다(10-13절). 가난한 품꾼을 학대하지 말고 그의 품삯을 보장해 주어야 합니다(14-15절). 각자 자기가 지은 죄에 대한 책임을 지되 연대 죄를 묻지 말아야 하며 약자에 대한 재판은 공정하게 진행되어야 합니다(16-17절). 애굽의 종이었다가 은혜로 구원받았으니 나그네와 고아와 과부에게 은혜를 베푸는 것은 지극히 마땅합니다(18-22절).

[시편 114-115편]
(114편) 찬양시. 시인은 출애굽과 광야에서 하나님이 행하신 놀라운 능력을 찬양합니다. 특히 홍해와 요단강을 마른 땅처럼 건넌 사건을 회상합니다. 그는 도무지 일어날 수 없는 놀라운 구원에 동물들은 물론 산마저 기뻐 뛴다고 말합니다. 예수님의 부활과 성령의 임재로 구원받은 우리는 호흡이 다하는 날까지 찬양을 멈출 수 없습니다.
(115편) 제의시(ft. 찬양시). 오직 하나님의 이름만이 영광을 받으시기에 합당하다고 선언한 시인은 사람의 손으로 만든 물건에 불과한 우상의 실체를 폭로합니다(1-8절). 하나님은 우리의 도움이시요 방패시며 복의 근원이 되십니다(9-14절). 시인은 영원히 하나님을 찬양할 것을 다짐합니다(15-18절).

[이사야 51장]
이스라엘 백성들은 채석장에서 떠낸 돌처럼 원래 있던 곳에서 옮겨졌지만 그들의 정체성은 바뀌지 않았습니다(1절). 아들 하나 없이 초라했던 아브라함과 사라에게 복을 주셔서 번성케 하신 하나님은 포로로 끌려간 이스라엘 백성들을 위로하고

능히 번성케 하실 수 있습니다(2-3절). 더 나아가 하나님은 그의 공의와 구원을 열방에도 베푸실 것입니다(4-6절). 그러므로 이스라엘은 영원하신 하나님만을 의지해야 합니다(7-11절). 하나님의 크신 권능으로 대적들은 무너지고 하나님의 공의와 구원은 영원히 빛날 것이며 구속받은 자들에게는 기쁨이 넘칠 것입니다. 하나님은 '나는 너희의 하나님, 너희는 나의 백성'이라는 시내산 언약의 핵심을 다시 선언하십니다(12-16절). 범죄한 도시 예루살렘은 하나님의 진노의 잔을 마심으로 황폐해지고 멸망과 기근과 칼만 남았는데 예루살렘을 위로할 이도, 인도할 이도 보이지 않습니다(17-19절). 그러나 하나님은 이스라엘을 징계하실 뿐 버리시지 않으십니다. 곧 징계가 끝나고 하나님의 진노의 잔은 이스라엘의 대적에게로 옮겨질 것입니다(20-23절).

[요한계시록 21장]
죄와 사망으로 가득했던 처음 하늘과 땅과 바다가 사라지고 새 하늘과 새 땅, 새 예루살렘이 펼쳐졌습니다(1절). 특히 하늘로부터 내려오는 새 예루살렘은 신부가 신랑을 위해 단장한 것과 같았습니다(2절). 새 예루살렘은 구속받은 성도들의 공동체입니다. 하나님이 그들과 함께 계시고 그들은 하나님의 백성이 되었습니다(3절). 하나님이 만물을 새롭게 하심으로 이전 것은 다 지나갔고 처음 하늘과 땅에서 볼 수 있었던 사망, 눈물, 애통, 질병, 애곡은 다시 볼 수 없습니다(4-5절). 환난 가운데 믿음을 지킨 승리자들은 생명수 샘물을 마시게 될 것입니다(6-8절). 요한은 아름답고 영광스런 새 예루살렘을 묘사합니다(9-21절). 열두 지파와 열두 사도는 신·구약 모든 하나님의 백성을 의미합니다. 고난 받는 성도들은 영원한 본향인 새 하늘과 새 땅을 바라보며 마지막까지 소망을 잃지 않았습니다. 하나님과 어린양이 계심으로 인해 이 땅에 있는 것들이 더 이상 쓸모가 없게 되는 새 하늘과 새 땅에는 생명책에 그 이름이 기록된 자만이 들어갈 수 있습니다(22-27절).

[질문과 묵상]

1. 오늘 말씀을 통해 만난 하나님은 어떤 분인가요?

2. 오늘 말씀을 통해 하나님이 내 삶에 요청하시는 것은 무엇인가요?

[기도]

'나는 너희의 하나님, 너희는 나의 백성'임을 선언한 시내산 언약은 시내산에서도, 바벨론 포로생활 가운데서도, 심지어 새 하늘과 새 땅에 이르기까지 변함이 없습니다. 영원토록 변함없으신 주님을 찬양합니다. 영원한 사랑과 은혜에 힘입어 긍휼을 베풀며 살게 하옵소서.

[신명기 25장]

하나님은 공정한 재판과 처벌의 한계를 규정하십니다(1-3절). 처벌의 남용을 막고 범죄자의 존엄성을 최소한으로 보장해 주기 위함입니다. 같은 원리로 곡식을 떨 때에 함께 일하는 소를 배려하여 곡식 먹는 것을 일정부분 허용해 주어야 합니다(4절). 고대인들은 족보가 끊기는 것을 매우 심각한 문제로 인식했습니다. 그래서 형이 아들이 없이 죽을 경우 동생이 형수를 맞이하여 아들을 낳게 하여 형의 대를 잇게 하였습니다('형사취수제' or '계대결혼법', 5-10절). 동생의 입장에서는 형수의 생계를 책임져야 하고 형수와의 사이에 낳은 아들이 형의 아들이 되며, 그 아들이 형의 몫의 유산도 가져가기 때문에 이를 원치 않았습니다. 그래서 법으로 규정하여 지키게 했으며 그럼에도 불구하고 끝내 거부한다면 불명예 타이틀이 붙게 됩니다. 형의 집안을 일으키는 것을 반대한 자이기 때문입니다. 성적 수치심을 크게 유발하거나 생명을 생산하는 신체기관을 손상하는 행위는 강력히 처벌합니다(11-12절). 상거래를 할 때 속이지 말아야 합니다(13-16절). 하나님은 아말렉을 용서하지 말라고 말씀하십니다(17-19절). 그들이 출애굽 과정에서 대열의 후미에 있는 약한 자들을 공격했기 때문입니다.

[시편 116편]

찬양시. 큰 위기에서 구원받은 경험이 있는 시인은 하나님을 사랑하며 평생 기도할 것을 다짐합니다(1-8절). 고통 중에 있는 시인은 사람의 말을 믿지 않고 하나님을 신뢰하기로 결단합니다(9-11절). 무엇으로도 갚을 수 없는 하나님의 은혜에 보답하고자 시인은 구원의 잔을 높이 들고 서원을 갚겠다고 선언합니다(12-15절). 구원의 잔은 제물이 흘린 피를 담은 잔을, 서원은 서원의 제사를 의미합니다. 제물이 죽는 것은 마치 경건한 자(제사자)가 죽는 것과 같습니다. 결국 시인은 하나님의 은혜에 보답하는 길은 전심으로 예배하는 것임을 고백합니다. 시인은 성전에서 감사제와 서원제를 드릴 것을 결단합니다(16-19절).

[이사야 52장]

하나님은 이방 땅에서 모욕과 수치를 당하고 있는 백성들의 회복을 선언하십니다(1-6절). 이스라엘 백성들을 노예로 부리며 그들은 물론 그들의 하나님까지 모욕하던 이방인들은 곧 이스라엘 가운데 하나님이 계심을 알게 될 것입니다. 하나님은 당신의 긍휼과 능력으로 반드시 이스라엘을 회복시킬 것입니다. 왕이신 하나님이 황폐화된 예루살렘을 일으키시고 백성들을 긍휼과 사랑으로 다스린다는 소식은 모든 백성에게 큰 기쁨을 줍니다(7-12절). 그러나 하나님의 구원의 역사를 이루기 위해 보냄 받게 될 그의 종(ft. 실제로는 지극히 높으신 왕)은 지극히 높고 존귀함에도 불구하고 많이 상하여 이를 본 사람들이 놀랄 것입니다(13-15절). 왕이 백성들을 대신하여 고난을 당함으로 백성을 구원한다는 개념은 세상 어디에도 존재하지 않습니다. 고난 받는 여호와의 종에 대한 예언은 53장에 구체적으로 기록되어 있습니다.

[요한계시록 22장]

새 예루살렘에는 생명수 강이 흐르고 생명나무가 있습니다(1-2절). 악한 세력도, 죄도 전혀 없습니다. 새 예루살렘에는 선악과도 없으며 마귀도 없습니다. 마귀는 이미 영원한 불 못과 유황에 던져졌습니다(20:10). 거룩한 새 예루살렘에는 밤도, 저주도 없으며 하나님과 어린양을 대면하여 볼 수 있습니다(3-5절). 신실하고 참된 이 말씀을 지키는 자는 복이 있으며 요한은 재림의 때가 가까우니 인봉하지 말라는 지시를 받습니다(6-11절). 이는 때가 얼마 남지 않았으니 말씀을 밝히 드러내어 적극적으로 선포하라는 뜻입니다. 그리스도의 보혈로 죄 사함을 받아 구속받은 자들, 끝까지 믿음을 지켜 승리한 성도들은 상을 받지만 더러운 죄인들은 새 예루살렘성 밖에 있게 될 것입니다(12-15절). 사람들을 생명수로 초청하라고 메시아 예수 그리스도께서 성령과 신부에게 직접 말씀하십니다(16-17절). 성령과 신부('교회' 혹은 '성도')의 사명은 생명의 복음을 전하는 것입니다. 지금까지 계시된 말씀은 절대권위를 가진 예언의 말씀으로 그대로 믿고 행할 때 구원받을 수 있습니다(18-21절). "아멘, 주 예수여 오시옵소서"

[질문과 묵상]

1. 오늘 말씀을 통해 만난 하나님은 어떤 분인가요?

2. 오늘 말씀을 통해 하나님이 내 삶에 요청하시는 것은 무엇인가요?

[기도]

우리가 하나님의 은혜에 온전히 반응하여 전심으로 예배하게 하옵소서. 우리를 회복시키신 고난 받은 예수 그리스도, 다시 오실 영광의 왕 예수 그리스도를 예배하게 하옵소서. 복음을 위한 성령의 일하심을 보게 하시고 그 일에 동참하게 하옵소서.

[신명기 26장]

가나안 땅과 그곳에서 나오는 모든 산물은 하나님의 선물입니다. 첫 소산물을 하나님께 드리며 은혜에 감사하는 것은 너무나 당연한 것입니다(1-11절). 이때 애굽에서 종살이하던 그들을 건지신 하나님의 은혜를 함께 고백합니다. 약속의 땅에서의 삶 자체가 은혜입니다. 이스라엘은 7년마다 안식년을 지켜야 합니다. 또한 3년마다 레위인과 객과 고아와 과부를 위한 십일조를 드려야 합니다(12-13절). 3년마다 드리는 십일조와 7년마다 쉬는 농지에서 나오는 산물들은 사회적 약자를 위한 용도로 쓰입니다. 거룩을 위한 규정을 잘 지킴으로써 거룩한 백성의 정체성을 잘 유지해 나가야 합니다(14-15절). 이스라엘이 하나님을 인정하고 마음을 다하여 그의 규례와 법도를 지키면 모든 민족위에 뛰어나게 될 것이며 하나님의 거룩한 백성이 될 것입니다(16-19절).

[시편 117-118편]

(117편) 찬양시. 시인은 모든 나라가 하나님을 찬양해야 한다고 선포합니다. 하나님은 그의 인자와 진실을 모든 나라에게 영원토록 나타내실 것입니다.

(118편) 제의시(ft. 찬양시). 많은 역경을 극복하고 마침내 왕이 된 다윗이 하나님의 은혜와 구원의 능력을 찬양하는 내용으로 추정하는데 제의 공동체가 이것을 부른 것으로 보입니다. 118편은 크게 4가지 내용으로 구성되어 있습니다. 첫째, 하나님께 감사할 것을 권면합니다(1-4절). 둘째, 고통 가운데 드린 기도에 응답하신 하나님을 소개하며 하나님을 의지할 것을 독려합니다(5-18절). 셋째, 감사의 제사를 드리겠다고 선언합니다(19-24절). 다윗은 사울에 의해 쫓겨 다니며 마치 버려진 돌과 같은 신세였으나 하나님은 그를 머릿돌로 삼으셨습니다. 넷째, 성전에 들어간 시인이 구원과 형통을 간절히 구하며 하나님의 선하심과 인자하심을 선포합니다(25-29절).

[이사야 53장]

이사야는 패역한 이스라엘 백성들을 위해 여호와의 종이 행하실 대속의 죽음을 통한 구원을 선포합니다(1절). 이스라엘 백성들이 보기에 여호와의 종은 볼품이 없으며 멸시와 고난을 받는 인물입니다(2-3절). 그들은 여호와의 종이 자신의 죄로 고난을 받는다고 생각했습니다(4절). 그러나 여호와의 종이 받게 될 고난은 그의 죄로 인한 것이 아니라 우리의 허물과 죄로 인한 것이며 그가 고난을 받음으로 우리가 평화를 누리고 나음을 입게 되었습니다(5-6절). 그는 우리의 죄를 대속하신 메시아입니다. 죄가 없는 그는 부당하게 고난을 받고 죽음에까지 이르렀으나 잠잠히 그 모든 일을 감당하셨습니다(7-9절). 여호와의 종은 여호와의 뜻을 온전히 성취함으로 많은 사람들을 의롭게 할 것이며 여호와는 그의 사역에 만족할 것입니다(10-11절). 여호와께서 고난과 죽음으로 사역을 완성하신 그의 종에게 당신의 몫을 나누어 주실 것입니다(12절). 그가 많은 사람들의 죄를 담당하며 그들과 하나님 사이를 중재하였기 때문입니다. "하나님과 사람 사이에 중보자도 한 분이시니 곧 사람이신 그리스도 예수라"(딤전 2:5).

[마태복음 1장]

성경의 중심인물은 단연 예수 그리스도입니다. 마태는 예수 그리스도의 정체성을 설명하기 위해 아브라함으로부터 시작되는 계보를 소개합니다(1-17절). 예수님은 세상 모든 민족으로 복을 받게 하시겠다는 아브라함의 언약과 영원히 다스리게 하시겠다는 다윗 언약을 성취하러 이 땅에 오신 분입니다. 계보에는 다말, 우리야의 아내(밧세바), 라합, 룻이 등장합니다. 모두 이방여인이거나 거룩과는 거리가 멀어 보이지만 이를 통해 우리는 이방인도 하나님의 백성에 포함된다는 것과 하나님은 죄인의 계보 가운데서도 구원의 역사를 이루셨음을 알게 됩니다. 구원은 철저히 하나님이 행하신 역사입니다. 동정녀의 몸을 통한 예수님의 탄생은 예언의 성취입니다(18-25절). 임마누엘로 명명할 아이의 탄생이 하나님의 구원하심에 대한 징조라고 선언했던 이사야의 말씀은 메시아의 탄생에 관한 예언으로 여겨졌는데 마침내 예수님의 탄생으로 성취되었습니다(사 7:14). 임마누엘의 뜻처럼 하나님이 우리와 영원히 함께 하시기 위해 이 땅에 오신 분이 바로 예수님이십니다.

[질문과 묵상]

1. 오늘 말씀을 통해 만난 하나님은 어떤 분인가요?

2. 오늘 말씀을 통해 하나님이 내 삶에 요청하시는 것은 무엇인가요?

[기도]

내게 있는 모든 것이 하나님의 소유요 하나님의 선물임을 고백합니다. 하나님은 언제나 인자와 진실을 베풀어 주십니다. 특별히 성육신과 십자가의 죽음, 부활로써 구원의 큰 역사를 이루신 하나님께 모든 영광 올려 드립니다. 유일한 중보자이시며 임마누엘의 약속을 이루신 예수님을 찬양하는 삶을 살게 하옵소서.

[신명기 27-28장 1-19절]

(27장) 모세는 이스라엘 백성들이 요단을 건넌 후 먼저 해야 할 두 가지 일을 일러 줍니다. 첫째, 에발산에 큰 돌을 세우고 석회를 바른 후 그 위에 율법을 새깁니다(1-4절). 둘째, 다듬지 않은 돌로 제단을 쌓고 번제와 화목제를 드린 후 제사에 참여한 자들은 거룩한 성물로 교제합니다(5-8절). 구체적으로 6개 지파는 에발산에, 6개 지파는 그리심산에 서며 레위 사람들은 율법을 선포하고 백성들은 그 율법에 대해 아멘으로 화답합니다(11-26절). 십계명 중 1, 2, 5-7계명의 내용으로 이루어진 12개의 저주가 선포됩니다. 이스라엘은 하나님의 은혜에 신실함으로 응답해야 합니다.

(28장 1-19절) 하나님은 말씀을 지켜 행하는 자를 높이신다고 약속하십니다(1절). 왕으로부터 백성에 이르기까지 하나님의 명령을 최우선 순위로 둘 때 형통의 은혜가 임하게 됩니다. 말씀에 청종하는 자에게 임할 복이 소개됩니다(2-14절). 순종하는 자는 복을 받고 그가 속한 곳도 복을 받습니다. 그러나 말씀을 떠나 이방의 법도와 종교를 따른다면 복이 아닌 저주가 임할 것입니다(15-19절). 분명 고난을 통해 주시는 복도 있습니다. 그러나 예외적인 상황이 제외하면 많은 경우 일상의 화복은 순종의 여부에 달려 있습니다.

[시편 119편 1-24절]

토라시(ft. 지혜시). 시편 1편과 함께 대표적인 토라시에 해당됩니다. 토라는 율법, 계명, 가르침, 지침, 원리를 뜻하는 히브리어 단어입니다. 구약성경을 분류할 때 창세기부터 신명기까지를 토라로 분류합니다. 119편은 토라, 즉 하나님의 율례와 법도에 대한 찬양입니다. 119편은 매우 정교하며 고도의 문학성을 구비하고 있습니다. 히브리어 자음은 총 22개인데 동일한 자음으로 시작되는 8개의 구절이 자음의 순서대로 등장하는 구조입니다. 한글로 예를 들면 1-8절은 ㄱ자로 시작되는 문장, 9-16절은 ㄴ자로 시작되는 문장, 17-24절은 ㄷ자로 시작되는 문장 이런 구조인 것입니다. 119편은 하나님의 말씀의 위대함을 찬양합니다. 시인은 주의 말씀을 지켜 행하는 자가 복이 있음을 알기에 순종하는 복을 구합니다(1-8절). 사람이 재물을 기뻐하는 것처럼 주의 말씀을 기뻐한다면 그의 행실을 깨끗하게 할 수 있습니다(9-16절). 죄를 이기는 비결은 주의 말씀을 마음에 두는 것입니다. 주의 말씀을 기쁨이자 인생의 길잡이로 삼은 시인은 말씀을 사모하여 날마다 가까이하기를 소망합니다(17-24절).

[이사야 54장]

잉태하지 못하고 출산하지 못하는 여인이 노래하게 될 것입니다(1절). 이 여인은 바벨론의 포로가 된 이스라엘 백성들을 의미합니다. 지금 그들은 잉태하지 못하는 여인처럼 바벨론에서 수치를 당하고 있지만 하나님은 반드시 언약백성을 회복시키십니다(2-3절). 하나님은 이스라엘을 지으신 이, 남편, 구속자, 거룩한 자, 온 땅의 하나님으로 자신을 소개하시며 그들을 버리지 않으실 것과 긍휼히 여기실 것을 선언하십니다(4-10절). 하나님은 언약을 폐기하지 않으십니다. 하나님의 통치로 예루살렘은 다시 평안을 되찾을 것이며 그들을 쳐서 빼앗을 자가 없을 것입니다(13-17절). 하나님은 고난 받는 그의 백성을 완전히 회복하실 것입니다(11-12절).

[마태복음 2장]

에돔(에서)의 후손인 헤롯이 유대를 다스리고 있을 때에 예수님이 탄생하셨습니다. 정통 유대인이 아닌 헤롯은 정치적인 수완을 발휘하여 왕이 되었습니다. 그는 출신의 한계 때문에 그의 자리에 위협이 되는 인물에 대해 매우 예민했습니다. 유대인의 왕의 탄생 소식에 위협을 느낀 헤롯은 그 아기를 반드시 제거하겠다는 생각을 하게 됩니다(1-8절). 동방박사들은 베들레헴에 가서 아기 예수님께 경배하고 꿈에 지시를 받아 헤롯을 피해 고국으로 돌아갑니다(9-12절). 하나님은 요셉에게 아기를 데리고 애굽으로 급히 피할 것을 명하십니다(13-15절). 박사들에게 속은 헤롯은 분노하여 베들레헴과 주변 지역의 두 살 이하의 남자 아이를 다 죽이는 만행을 저지릅니다(16-18절). 헤롯이 죽은 후 다시 이스라엘로 돌아온 요셉은 나사렛에 정착합니다(19-23절). 이 세상 왕에 의해 영원하신 왕이 죽임을 당할 뻔 했습니다. 우리를 구원하시기 위해 이 땅에 오신 예수님의 삶은 시작부터 험난했습니다. 그러나 모든 위험과 고난과 죽음을 무릅쓰고 메시아로서의 여정을 끝까지 완주하십니다.

[질문과 묵상]

1. 오늘 말씀을 통해 만난 하나님은 어떤 분인가요?

2. 오늘 말씀을 통해 하나님이 내 삶에 요청하시는 것은 무엇인가요?

[기도]

예수 그리스도를 통해 언약을 온전히 성취하신 하나님! 주의 말씀을 기뻐하며 항상 가까이 두게 하시고, 말씀을 마음에 둠으로 죄의 유혹을 이기게 하옵소서.

[신명기 28장 20-68절]

15-68절까지 저주선언이 계속되는데 20절부터는 저주의 내용이 더욱 확장됩니다. 가뭄과 전쟁의 패배, 각종 질병 및 상실과 정신질환(21-35절), 경제적 빈곤과 낮은 지위 그리고 강력한 대적의 등장(36-57절), 극한의 재앙과 약속의 땅에서의 추방 및 비참한 포로생활(58-68절) 등의 저주가 이어집니다. 실제로 이스라엘 백성들은 우상을 숭배하고 불순종을 일삼다가 위에 기록된 저주를 그대로 경험하게 됩니다. 복과 저주가 우리 앞에 놓여 있습니다. 우리는 여호와의 율법을 즐거워하여 그의 율법을 주야로 묵상하는 복 있는 사람의 길을 가야 합니다(시 1:1-2).

[시편 119편 25-48절]

비록 시인은 고난의 상황 가운데 있지만 하나님의 말씀으로 자신의 삶을 바로 세우고 말씀을 통해 자신이 가야할 길을 깨닫게 되기를 간구합니다(25-32절). 그는 말씀을 사모하며 말씀이 제시하는 길을 따라감으로써 탐욕이나 헛된 것을 추구하지 않기를 소망합니다(33-40절). 하나님의 의가 시인을 살릴 것입니다. 마찬가지로 예수님의 의가 우리를 죄에서 건지셨습니다. 시인은 진리의 말씀을 의지하며 항상 말씀을 지키겠다고 선언합니다(41-48절). 말씀을 지키는 자는 도리어 말씀이 자신을 지키는 것을 경험하게 됩니다. 하나님은 말씀을 지켜 행하는 자에게 참 자유를 주시고 주의 인자와 구원을 맛보게 하시며 대적들을 잠잠케 하십니다. 시인은 주의 말씀을 기쁨으로 지킬 것을 약속합니다.

[이사야 55장]

이스라엘 백성들은 회복을 약속하신 하나님을 신뢰하며 그에게 나아가야 합니다(1-2절). 목마른 자, 돈 없는 자는 이스라엘의 가련한 처지를 말하는데 하나님은 아무 조건 없이 그들을 먹이시고 채우심으로 그들의 영혼을 살릴 것입니다(3절). 하나님은 이스라엘을 만민의 증인이자 만민의 지도자로 삼으실 것이며, 회개하고 돌아오는 자를 긍휼히 여겨 용서하실 것입니다(4-7절). 자기의 생각을 버리고 하나님께 돌아와야 하는 첫 번째 이유는 하나님의 생각과 사람의 생각이 하늘과 땅의 차이만큼 다르기 때문입니다(8-9절). 하나님의 깊은 생각을 사람은 헤아릴 수 없습니다. 하나님께로 돌아와야 하는 두 번째 이유는 하나님의 말씀은 반드시 성취되기 때문입니다(10-11절). 가시나무와 찔레를 대신하여 잣나무와 화석류가 자라게 된다는 것은 이스라엘의 회복을 의미합니다(12-13절). 이스라엘의 회복은 하나님의 주권에 대한 영원한 표징이 될 것입니다.

[마태복음 3장]

세례요한의 등장은 이사야가 선포한 예언의 성취입니다(1-4절). "외치는 자의 소리여 이르되 너희는 광야에서 여호와의 길을 예비하라 사막에서 우리 하나님의 대로를 평탄하게 하라"(사 40:3). 포로생활을 하던 이스라엘을 구하러 하나님이 곧 오시니 맞이할 준비를 하라는 이사야의 외침은 죄인을 구하러 이 땅에 오시는 예수 그리스도를 맞이하라는 세례 요한의 외침으로 성취되었습니다. 회개를 촉구하는 세례요한의 외침에 많은 백성들이 요단강으로 나아와 물로 세례를 받았습니다(5-6절). 그러나 물세례 자체가 죄 용서를 보증하는 것은 아닙니다. 세례 요한의 사역은 예수님의 사역을 준비하는 과정으로 실제 죄 사함과 영생은 예수님의 대속의 죽음과 부활이후 임하게 될 성령과 불세례를 통해 이루어집니다(11절). 성령과 불은 하나님의 임재를 뜻합니다. 회개의 마음 없이 요한에게 나아온 바리새인과 사두개인들은 강한 질책을 듣게 됩니다(7-10절). 진정한 회개는 열매를 동반합니다. 성령과 불로 세례를 주시는 예수 그리스도는 심판의 권세도 가지고 계십니다(12절). 구원이 필요한 죄인의 대표로서 물세례를 받으신 예수님이 구원자요 메시아이심을 성령 강림과 하늘의 음성이 보증합니다(13-17절).

[질문과 묵상]

1. 오늘 말씀을 통해 만난 하나님은 어떤 분인가요?

2. 오늘 말씀을 통해 하나님이 내 삶에 요청하시는 것은 무엇인가요?

[기도]

우리의 죄를 용서하시고 하나님의 백성 되게 하시는 거룩한 언약을 예수 그리스도를 통해 성취하신 하나님을 찬양합니다. 복음이 담긴 하나님의 귀한 말씀을 묵상하며 힘써 지켜 행하는 복 있는 사람의 길을 가게 하옵소서.

[신명기 29장]

광야 40년이 거의 끝나갈 즈음 이스라엘 백성들은 모압 땅에서 언약을 체결합니다(1-5절). 모압 언약은 시내산 언약의 갱신입니다. 출애굽 1세대와 맺은 시내산 언약은 출애굽 2세대(가나안 입성 세대)와 맺은 모압 언약으로 계승됩니다. 그들이 이 언약을 잘 지켜 행한다면 형통하게 될 것입니다(6-9절). 언약의 대상에는 자녀와 아내와 객과 종 그리고 미래 세대까지 다 포함됩니다(10-15절). 이들은 모두 하나님의 언약백성입니다. 언약백성은 우상숭배와 죄에 대해 철저히 경계해야 합니다(16-21절). 모세는 훗날 죄로 인하여 이스라엘 공동체가 무너진 상황을 가정한 하나의 이야기를 들려줍니다(22-28절). 만약 언약을 깨뜨리고 불순종을 일삼는다면 율법에 기록된 저주가 임할 것입니다. '감추어진 일', 곧 미래의 영역은 하나님께 속해 있지만 '나타난 일', 곧 주와 맺은 언약은 그들이 하나님께 속하였음을 확증합니다(29절). 그러나 언약에는 불순종에 대한 경고도 포함되어 있음을 기억해야 합니다.

[시편 119편 49-72절]

시인은 현재 고난 가운데 있으며 대적들로부터 조롱을 당하고 있는 상태지만 주의 말씀을 통해 주시는 위로와 소망을 경험합니다(49-56절). 그는 악인에게서 벗어날 수 없을 것 같은 곤란한 상황에서도 말씀을 지키는 일에 지체하지 않았습니다(57-64절). 시인은 고난을 통해 말씀을 더 깊이 깨닫고 말씀을 더 사랑하게 되었습니다(65-72절).

[이사야 56장]

하나님은 다시 회복된 이스라엘에게 정의와 공의를 행하는 삶을 말씀하시며 그 예를 드십니다(1-2절). 하나님과의 연합에 제한되는 요소는 전혀 없습니다. 이방인과 고자라도 하나님과 연합하면 언약백성의 복을 동일하게 누릴 수 있습니다(3-8절). 그러나 하나님이 들짐승을 불러 모으십니다(9절). 들짐승은 이방 군대를 의미하는 것으로 타락한 언약 백성을 심판하는 하나님의 도구입니다. 파수꾼(지도자)은 늘 깨어 있어서 백성들을 진리의 말씀으로 바르게 인도해야 합니다(10-12절).

[마태복음 4장]

과거 이스라엘은 40년간의 광야생활에서 실패했습니다. 금송아지 숭배, 가데스바네아에서의 원망과 불평, 바알브올에서의 음행 등 불신과 불순종이 끊이지 않았습니다. 요한에게 세례를 받으신 예수님은 광야에서 40일을 금식하신 후 마귀로부터 시험을 받으십니다(1-2절). 예수님은 생존의 욕구 앞에 굴복하지 않으셨습니다(3-4절). 사탄은 높은 곳에서 뛰어내릴 때 하나님이 천사를 통해 보호하실 것이라는 말씀(시 91:11-12)을 인용하며 예수님에게 하나님의 아들임을 입증하라고 요구합니다(5-7절). 이는 하나님이 과연 보호하시는지 지켜보겠다는 것으로 하나님을 테스트하겠다는 의미입니다. 예수님의 답변은 하나님을 시험하지 말라는 것입니다. 온 천하 만민이 아브라함과 다윗의 자손을 통해 복을 받게 하시겠다는 약속의 실현은 하나님 한분에게만 경배하고 무릎 꿇을 때에 가능합니다. 예수님은 하나님만 경배할 것을 선언하십니다(8-11절). 예수님의 사역은 이사야의 예언(사 9:1)대로 갈릴리에서 시작됩니다(12-17절). 차별받던 변방지역에서 복음이 선포됩니다. 예수님은 온 세상에 복음을 전파할 제자를 부르십니다(18-22절). 그들은 예수님의 부르심에 즉시 응답하여 모든 것을 내려놓고 따랐습니다. 진정한 제자도는 예수 그리스도를 최고의 가치로 여기는 것입니다. 예수님은 공생애 기간에 천국복음 전파('회개하라 천국이 가까이 왔느니라'), 교육(구약의 말씀을 본래의 의미에 맞게 정확하게 가르치심), 치유(병든 영혼과 몸의 치료 & 귀신축출) 등 3대 사역을 행하셨습니다(23-25절).

[질문과 묵상]

1. 오늘 말씀을 통해 만난 하나님은 어떤 분인가요?

2. 오늘 말씀을 통해 하나님이 내 삶에 요청하시는 것은 무엇인가요?

[기도]

이스라엘과 시내산 언약, 모압 언약을 맺으신 하나님이 나와 십자가 언약을 맺으셨습니다. 십자가의 은혜가 내 삶을 이끄는 대로 순종하며 살게 하옵소서. 고난 가운데 있을 때 말씀을 더 깊이 이해하고 주를 더욱 사랑하게 하옵소서. 마귀의 시험을 이기고 십자가에서 영원한 승리를 이루신 예수님을 찬양하게 하옵소서.

[신명기 30장]
이스라엘 백성들이 포로로 끌려갔다면 이는 정상적인 상황이 아닙니다. 하나님과의 언약을 지키지 않음으로 인해 징계와 저주를 받은 것입니다. 그들은 끌려간 땅에서 자연스럽게 언약의 말씀을 떠올리게 될 것입니다(1절). 말씀이 생각난다면 다시 하나님을 생각하게 되고 자신들의 죄를 회개할 것이며, 하나님은 긍휼을 베푸셔서 흩어진 땅에서 그들을 다시 돌이킬 것입니다(2-3절). 중요한 것은 말씀이 먼저 그들에게 들어가야 하나님께로 돌아오게 된다는 것입니다. 그러므로 회개는 전적으로 하나님이 행하시는 일입니다. 그들이 어떤 상황에 처해있든 하나님은 그들의 마음 가운데 할례를 베푸셔서 반드시 돌아오게 하시고 마음과 뜻을 다하여 하나님을 사랑하고 생명을 얻게 하실 것입니다(4-7절). 그들이 마음을 돌이켜 순종하면 순종하는 자에게 약속하신 복을 내리실 것입니다(8-10절). 하나님의 백성은 이미 마음의 할례를 받았기에 말씀이 마음과 입 가까이에 있습니다(11-14절). 하나님의 말씀은 별도로 취할 필요가 없습니다. 이미 우리에게 임하신 성령님과 기록된 말씀이 무엇이 옳은지, 어디로 가야하는지 가르쳐 줍니다. 생명과 복, 죽음과 화가 우리 앞에 놓여 있습니다(15-16절). 무엇을 선택하겠습니까? 오직 하나님께 생명과 복이 있습니다(17-20절).

[시편 119편 73-96절]
말씀을 묵상하며 말씀이 주는 위로와 힘으로 고난의 때를 견디고 있는 시인은 하나님이 고난을 통해 자신을 만들고 계시다고 고백합니다(73-80절). 하나님의 백성이 겪는 고난과 고통의 강도는 하나님의 신실하심을 결코 벗어나지 않습니다. "오직 하나님은 미쁘사 너희가 감당하지 못할 시험 당함을 허락하지 아니하시고"(고전 10:13). 말씀으로 고난을 감내하는 시인을 보고 주를 경외하는 자들이 기뻐하며 돌아올 것입니다. 시인은 대적들에 대한 하나님의 심판이 지연되어 많이 지쳐있는 상태지만 그럼에도 끝까지 주의 말씀을 놓지 않겠다고 다짐합니다(81-88절). 시인이 주의 말씀을 붙들지 않았다면 벌써 무너졌을 것입니다(89-96절). 시인은 영원하신 주의 말씀만이 그를 살리며 지킨다고 확신합니다.

[이사야 57장]
의인이 사라진다는 것은 심판이 가까이 온다는 것을 의미합니다(1-2절). 그러나 패역한 이스라엘 백성들은 의인이 사라지는 현상이 무엇을 의미하는지 깨닫지 못합니다. 영적 간음에 빠진 자들은 경건한 하나님의 백성들을 희롱합니다(3-4절). 그들은 자녀를 제물로 바치는 가증스런 일까지 저지르며 우상이 자신에게 새 힘을 주고 있다는 착각 속에 살고 있습니다(5-10절). 하나님은 이스라엘 백성들에게 '누구로 인해 놀라고 누가 그렇게 두려워서 나를 마음에 두지 않는 것이냐? 내가 오랜 기간 침묵하고 있어서 나를 경외하지 않는 것이냐?'고 물으십니다(11절). 하나님은 우상이 얼마나 무력한지 증명하실 것입니다(12-13절).

하나님은 패역한 이스라엘의 회복을 위한 길을 준비하라고 말씀하시며 겸손한 자와 통회하는 자를 소생시킬 것을 선언하십니다(14-15절). 하나님은 앞서 이스라엘의 죄를 고발하셨지만 그들과 영원히 다투지는 않으실 것입니다(16절). 그들을 긍휼히 여기시기 때문입니다. 하나님은 패역하여 자기 마음의 길을 가는 그들을 고치실 것입니다(17-18절). 악인에게는 평강이 없지만 하나님의 치유를 경험한 자에게는 평강이 있습니다(19-21절).

[마태복음 5장]

예수님이 말씀하시는 복은 세상에서 말하는 복과 차원이 다릅니다. 영원한 복임과 동시에 현재 우리가 향유하며 추구해야 하는 복입니다. 심령이 가난한 자(=영적 결핍을 인지하고 하나님의 임재를 구하는 자), 애통하는 자(=박해 속에서 하나님의 구원과 회복을 기다리는 자), 온유한 자(=자기변호 대신 하나님께 판단과 심판을 의뢰하는 자), 의에 주리고 목마른 자(=하나님과의 옳은 관계를 구하는 자), 긍휼히 여기는 자(=타인의 고통과 아픔에 공감하며 돌보는 자), 마음이 청결한 자(=거룩하고 정결한 삶을 사는 자), 화평케 하는 자(=다툼을 종식시키고 화해시키는 자), 의를 위하여 박해받는 자(=의가 되시는 예수 그리스도를 따름으로 인해 비난이나 박해받은 자)는 복이 있습니다(1-12절). 팔복의 성품을 가지게 되면 세상의 소금이 되며 빛이 됩니다(13-16절). 예수님은 일점일획이라도 없어지지 않고 다 이루게 될 율법을 완성하러 이 땅에 오셨습니다(17-20절). 예수님은 율법의 근본정신을 가르쳐 주십니다. 미움과 증오는 살인이며 음욕을 품은 것은 간음입니다(21-30절). 억울하게 이혼당하는 여성을 보호하기 위해 이혼증서를 써주도록 한 규정을 악용하여 이혼 증서만 써주면 자기 마음대로 이혼할 수 있다고 생각하는 자들 역시 간음을 저지른 자입니다(31-32절). '예'와 '아니오'가 분명한 정직한 사람은 맹세가 필요 없습니다(33-37절). 구약은 동해복수법을 말하나 예수님은 원수를 직접 대적하지 말고 악을 선으로 갚을 것을 말씀하십니다(38-42절). 비폭력으로 대응하는 것을 넘어 원수를 사랑하고 위하여 기도하는 수준까지 말씀하십니다(43-48절). 이는 예수님이 우리를 위하여 행하신 일과 정확하게 일치하며 이러한 새로운 윤리는 하나님 나라가 이 땅에 도래했음을 가장 강력하게 선포하는 행위입니다.

[질문과 묵상]

1. 오늘 말씀을 통해 만난 하나님은 어떤 분인가요?

2. 오늘 말씀을 통해 하나님이 내 삶에 요청하시는 것은 무엇인가요?

[기도]

주여! 말씀이 우리 안에 돌아옴으로 우리가 그 말씀 가운데 다시 살아나게 하옵소서. 말씀이 주는 위로와 힘으로 고난을 견디고 승리하게 하옵소서. 우리와 영원히 다투지 않으시고 긍휼을 베푸심으로 구원하여 주신 예수님만 찬양하게 하옵소서.

[신명기 31장]

죽음을 앞둔 모세는 더 이상 이스라엘 백성들과 함께 할 수 없지만 하나님이 이스라엘 백성보다 앞서 행할 것이니 여호수아는 두려워할 필요가 없습니다(1-8절). 모세는 약속의 땅에 들어간 후 빚을 탕감해 주는 면제년의 초막절에 온 백성들을 소집하여 율법을 가르칠 것을 명합니다(9-13절). 하나님은 모세와 여호수아를 회막으로 부르신 후 구름기둥 가운데 나타나셨습니다(14-15절). 이제 리더십은 모세에게서 여호수아로 승계가 될 것입니다. 하나님은 이스라엘이 약속의 땅에 들어간 후 언약을 깨뜨릴 것을 미리 예고하십니다(16-18절). 배교와 불순종에 관한 노래를 가르쳐 부르게 함으로써 이에 대한 증거로 삼으실 것입니다(19-22절). 하나님은 여호수아와 함께 하실 것을 약속하시고 모세는 율법책을 언약궤 곁에 둘 것을 제사장에게 명령합니다(23-27절). 율법책 역시 이스라엘의 불순종에 대한 증거가 될 것입니다. 모세는 이스라엘의 타락을 다시 예고하며 온 백성에게 증거가 될 노래를 끝까지 들려줍니다(28-30절).

[시편 119편 97-120절]

수많은 정보가 쏟아지는 시대에 참된 지혜는 어디에 있을까요? 시인은 주의 계명이 모든 스승보다 낫고 인생경험이 많은 노인보다 더 나으며 원수들보다 더 지혜롭게 만들어 준다고 고백합니다(97-104절). 시인은 주의 말씀으로 인해 거짓을 미워하고 더욱 명철하게 되었습니다. 주의 말씀은 시인의 삶의 인도자요 고난 중에 그를 건지는 구원자입니다(105-107절). 그러므로 시인은 악인의 공격에도 불구하고 말씀을 굳건히 지키기로 결단합니다(108-112절). 하나님은 우리가 하나님과 세상 사이에서 머뭇거리는 것을 기뻐하지 않으십니다. 시인 역시 두 마음을 품은 자를 미워하고 주의 법을 사랑하여 힘써 계명을 지키기로 결단합니다(113-120절). 말씀이 우리를 인도하고 말씀이 우리를 구원합니다.

[이사야 58장]

하나님은 이사야에게 큰 소리로 백성의 허물과 죄를 알리라고 말씀하십니다(1절). 이스라엘 백성들은 겉으로 보기에는 공의를 행하고 하나님의 규례를 지키며 하나님께 나아가는 것을 기뻐하는 것처럼 보였습니다(2절). 그러나 실상은 금식하면서도 즐거움을 찾고, 일꾼들을 혹사시키면서 논쟁하였으며, 다투며 폭력까지 행사하고 있으니 하나님이 기뻐하시는 금식이 될 수 없습니다(3-5절). 참된 금식은 이웃을 돌아보며 사랑을 베푸는 것입니다(6-7절). 참된 금식의 결과는 기도응답과 회복입니다(8-12절). 하나님은 참된 금식을 받으시고 메마르고 황폐한 심령을 다시 충만케 하실 것입니다. 안식일을 지키는 것은 이스라엘의 정체성과도 관련이 되어 있습니다. 다시 지켜지게 될 안식일은 그들에게 기쁨이 될 것입니다(13-14절).

[마태복음 6장]

참된 경건은 동기에서 결정됩니다. 6장에서는 '사람에게 보이려고', '외식하는 자와 같이 하지 말라'는 문구가 반복해서 등장합니다. 아무리 의로운 행위라도 그것이 자신을 위한 것이라면 하나님이 기뻐하시는 거룩한 산제사가 될 수 없습니다(롬 12:1). 참된 구제는 오른손이 하는 것을 왼손이 모르게 하는 것이며 참된 기도나 금식은 사람에게 보이려고 하는 것이 아니라 은밀한 중에 구하는 것입니다(2-8, 16-18절). 예수님은 제자들에게 하나님의 영광을 위한 세 가지 기도와 자신을 위한 네 가지 기도로 구성된 주기도문을 가르쳐 주십니다(9-13절). 구체적으로 온 세상을 통치하시는 창조주 하나님의 이름이 높아지고 그의 통치가 온전히 이루어지며 그가 하늘에서 작정하신 뜻이 세상에 온전히 실현되기를 기도합니다. 다음으로 일용할 양식과 죄 사함, 시험에서의 승리와 악의 영향력으로부터의 승리를 위해 기도합니다. 12절 말씀은 남을 용서해야 하나님의 용서를 받을 수 있다는 뜻이 아니라 남을 용서하는 행위가 하나님께 용서받은 자임을 나타내는 확실한 증거가 된다는 의미입니다. 죄 사함의 확신이 있는 자가 용서를 베풉니다. 주기도문은 하나님의 은혜를 구하는 기도입니다. 은혜를 구하는 자는 받은 은혜를 베풀어야 합니다(14-15절). 재물에 마음을 빼앗기면 하나님과 멀어집니다(19-21절). 재물은 하나님이 기뻐하시는 일을 위해 사용되어야 합니다. 탐욕은 하나님을 바라보는 눈을 가려 소유에 집착하게 합니다(22-23절). 우리는 하나님과 재물을 겸하여 섬길 수 없습니다(24절). 우리는 삶의 문제에 대한 염려가 많습니다. 그러나 하나님의 나라와 그의 의, 곧 하나님의 이름이 높아지고 하나님의 통치가 임하며 하나님의 뜻이 이루어지길 기도하며 이를 위해 분투하면 삶의 문제를 해결해 주신다고 약속하십니다(25-34절). 매일 찾아오는 염려로 인해 괴롭지만 먼저 하나님의 나라와 그 뜻을 구하면 하나님이 반드시 삶을 책임지십니다.

[질문과 묵상]

1. 오늘 말씀을 통해 만난 하나님은 어떤 분인가요?

2. 오늘 말씀을 통해 하나님이 내 삶에 요청하시는 것은 무엇인가요?

[기도]

말씀이 나를 인도하며 말씀이 나를 구원합니다. 언약을 깨뜨린 이스라엘처럼 되지 않게 하시고, 사람에게 보이기 위함이 아닌 참된 기도와 경건으로 살아가게 하옵소서. 그의 나라와 그 뜻을 구할 때 부족함을 채우시는 하나님의 역사를 보게 하옵소서.

[신명기 32장]
모세가 가르친 이스라엘의 역사를 담은 증거의 노래입니다. 이 노래에는 하나님의 신실함과 이스라엘의 불성실함이 대비되어 나타납니다. 모세는 하늘과 땅을 증인으로 부릅니다(1절). 이스라엘은 그들을 지으신 아버지 하나님께 악을 행했습니다(2-6절). 모세는 하나님이 이스라엘을 위해 베푸신 과거의 은혜를 기억할 것을 촉구합니다(7-14절). 여수룬(='올바른 자', '곧은 자'라는 뜻의 이스라엘을 지칭하는 말)이 하나님을 업신여기고 우상을 섬김으로 하나님이 은혜의 얼굴을 감추시고 진노의 심판을 내리셨습니다(15-26절). 그런데 27절부터 갑자기 분위기가 바뀌어 하나님이 이방민족을 저주하십니다. 이는 그들이 이스라엘을 심판하는 도구로 쓰였을 뿐임에도 불구하고 자기들의 힘이 강하여 이스라엘을 이겼다고 생각했기 때문입니다(27-36절). 이방민족들은 그들의 교만과 영적 무지, 난폭함으로 인해 결국 심판을 받게 됩니다. 하나님은 심판이 예정된 이방민족들에게 그들이 신뢰하는 우상에게 구원을 의뢰하라고 말씀하시며 우상의 무능을 비웃으십니다(37-39절). 그러나 이방에 대해 심판을 선언하시면서 한편으론 주의 백성들과 함께 기뻐하라고 말씀하십니다(40-43절). 이방 민족에 대한 하나님의 심판의 목적이 멸망이 아니라 용서와 구원임을 알 수 있습니다. 모세는 가나안 입성 세대에게 자신이 증언한 모든 말을 마음에 두고 지키며 후대에 가르치라고 당부합니다(44-47절). 모세의 역할은 여기까지입니다(48-52절). 그는 마지막까지 혼신의 힘을 다하여 하나님의 말씀을 가르칩니다.

[시편 119편 121-144절]
시인은 정의와 공의의 삶을 살아 왔지만 박해를 받았습니다(121-123절). 주의 법을 사랑하고 거짓을 미워하는 시인은 주의 법을 폐한 악인들에 대한 심판을 요청합니다(124-128절). 시인은 영혼을 지키며 우둔한 자를 깨닫게 하는 주의 교훈을 갈망합니다(129-131절). 그는 죄에 빠지지 않기를 또한 주의 법을 멸시하는 자들의 박해로부터 건짐 받기를 간절히 기도합니다(132-136절). 주의 말씀은 진리이며 영원한 의가 되고 기쁨이며 정금과 같이 순수합니다(137-144절). 주의 말씀은 순결하며 정금과 같아서 우리를 정결케 합니다. 시인은 말씀을 대해 불신하는 자들로 인해 더욱 더 말씀에 대한 열정을 불태웁니다. 그래서 멸시를 당해도 주의 법을 잊지 않았으며 환난이 닥쳐와도 주의 계명을 즐거워했습니다. 주의 말씀에 붙들리는 것이 우리가 사는 길입니다.

[이사야 59장]
왜 하나님은 우리를 구원하시지 않는가? 포로가 된 이스라엘 백성들의 질문입니다. 그들은 하나님의 능력을 의심했습니다. 이사야는 하나님의 무능력 때문이 아니라고

말합니다(1절). 오히려 이방나라까지 주관하셔서 이스라엘을 심판하신 것이기에 하나님의 능력이 더욱 크게 드러난 것입니다. 하나님이 그들에게 응답하시지 않는 이유는 그들의 죄 때문입니다(2-8절). 그들의 악한 생각과 언어, 행동은 결코 가려지지 않습니다. 그들은 정의가 멀고 공의가 미치지 못한다고 한탄합니다(9-14절). 이 말은 두 가지 의미가 함축되어 있는데 정의와 공의와는 거리가 먼 그들의 죄악된 실상에 대한 고백임과 동시에 하나님의 정의(=하나님이 그들에게 약속하신 구원)가 아직 이루어지지 않고 있음에 대한 고백입니다. 그들의 죄로 인해 구원이 지연되고 있는데 그들의 슬픔을 헤아려주는 자가 없습니다. 그런데 그들의 형편을 하나님이 보시고 슬퍼하십니다(15절). 하나님은 자신의 공의에 의지하여 구원의 팔을 내미시고 시온의 회복을 막는 대적들을 심판하십니다(16-19절). 이스라엘 백성들과 새 언약을 맺으신 하나님은 그들 가운데 임재하실 것을 약속하십니다(20-21절). 새 언약은 예수 그리스도께서 성취하십니다.

[마태복음 7장]

산상수훈 마지막장입니다. 예수님은 타인을 비판하는 심판자가 되지 말라고 말씀하십니다(1-2절). 내가 상대방을 비판하는 기준은 누군가가 나를 비판하는 기준이 될 것입니다. 먼저 자신을 돌아보지 않는다면 외식하는 자가 됩니다(3-5절). 이렇게 타인의 입장을 고려하여 판단해야 하지만 복음전파는 다릅니다. 불신자의 기준에 맞춰서 복음의 진리를 바꾸거나 내용을 축소하거나 혹은 신앙인의 정체성을 훼손하는 어리석음을 범해서는 안 될 것입니다(6절). 하늘 아버지는 인내하며 구하는 자에게 좋은 것을 주십니다(7-11절). 황금률은 윤리의 기본입니다(12절). 남에게 대접받고자 하는 대로 남을 대접하는 것은 내 이웃을 내 자신과 같이 사랑하는 것과 같습니다. 내가 대접을 받고자 하는 만큼 이웃을 사랑하면 됩니다. 예수님의 가르침을 따르는 것은 좁은 문으로 들어가는 것입니다(13-14절). 멸망으로 이끄는 거짓 선지자를 잘 분별할 뿐 아니라 스스로 거짓 제자가 되지 말아야 합니다(15-23절). 산상수훈의 마지막 교훈은 행함에 관한 것입니다. 좁은 문으로 들어가는 사람, 곧 말씀을 듣고 행하는 사람은 반석위에 집을 세운 자입니다(24-27절). 참된 믿음은 반드시 행함을 동반합니다. "행함이 없는 믿음은 죽은 것이니라"(약 2:26). 예수님의 말씀은 우리의 삶이 되어야 합니다. 모세의 율법을 완성하시고 선지자의 예언을 온전히 성취하신 예수님은 성경 해석과 가르침에 있어서 최고의 권위자이십니다(28-29절).

[기도]

신실하신 하나님을 역사를 통해 배우게 하시고 거역하는 길로 가지 않게 하옵소서. 죄가 하나님과의 사이를 막지 않도록 늘 말씀을 통해 정금같이 나아오게 하시고, 말씀을 듣고 행함으로 반석위에 인생의 집을 지어가게 하옵소서.

[신명기 33-34장]
(33장) 모세는 이스라엘을 다스리시는 진정한 왕은 하나님이심을 선포하며 죽기 전 마지막으로 이스라엘을 축복합니다(1-5절). 르우벤 지파는 멸망하지 않고 잘 유지되기를, 유다 지파는 하나님이 그들의 기도를 들으시고 도우시기를, 레위 지파는 율법을 가르치고 제사의 책무를 잘 이행하기를 축복합니다(6-11절). 베냐민 지파는 여호와의 곁에서 안전하기를, 요셉 지파는 풍성한 곡식을 얻기를 축복합니다(12-17절). 에브라임이 므낫세보다 더 많은 복을 받을 것입니다(창 49:19-20). 스불론과 잇사갈 지파는 무역과 교역을 통한 풍요를, 갓 지파는 요단 동편 땅의 복과 형제들을 돕는 공의의 실천을(민 32:28-32), 단과 납달리 지파는 용맹함과 부요함을, 아셀 지파는 군사력과 올리브 기름의 축복을 선포합니다(18-25절). 축복의 내용이 너무 간략하고 난해한 부분도 있습니다. 이스라엘을 도우시며 구원하시는 하나님은 비교할 대상이 없습니다(26-29절). 영원하신 하나님이 그들의 처소가 되시므로 이스라엘은 안전할 것입니다. 창조주요 구원자이신 하나님을 섬기는 백성보다 더 행복한 사람은 없습니다.
(34장) 하나님의 사람 모세는 약속의 땅을 바라보며 생을 마감합니다(1-8절). 우리 역시 이 땅이 아닌 영원한 본향을 바라보아야 합니다. 하나님을 대면하여 보았으며 이스라엘 백성들이 30일이나 애곡할 정도로 절대적인 존재인 모세였지만 하나님은 그의 유품은 물론 그의 무덤조차 알 수 없을 만큼 철저하게 그의 존재를 지우셨습니다. 신격화되는 것을 경계하신 것입니다. 이스라엘 백성들은 새로운 지도자인 여호수아를 주목해야 합니다(9-12절). 우리도 이 땅에서의 수고가 끝나면 미련 없이 본향을 향해 가야 합니다.

[시편 119편 145-176절]
119편의 마지막 부분으로 위기에 처한 시인의 절박한 심정이 다른 단락에 비해 더 많이 등장합니다. 시인은 부르짖고 또 부르짖습니다(145-147절). 시인은 핍박과 고난 속에서도 주의 증거를 떠나지 않고 있으며 이를 하나님이 보시고 건져 주시길 간절히 기도하고 있습니다(148-160절). 하나님의 말씀을 사랑하는 시인은 말씀을 버린 자들을 보며 슬퍼합니다. 핍박 속에서도 주의 말씀만 경외하며 기뻐하는 시인은 요동치 않습니다(161-164절). 왜냐하면 주의 법을 사랑하는 자에게 주시는 하나님의 평강은 누구도 빼앗을 수 없기 때문입니다(165절). 극심한 고난 중에도 주의 법을 사랑하여 지키고 노래하겠다고 다짐하는 시인에게서 주의 법을 사랑하는 자가 누리는 하나님의 큰 평강을 확인할 수 있습니다(166-176절). "주께서 심지가 견고한 자를 평강하고 평강하도록 지키시리니 이는 그가 주를 신뢰함이니이다"(사 26:3).

[이사야 60장]
여호와의 영광이 임하므로 시온은 회복될 것입니다(1-3절). 죄로 인해 영적으로 어두웠던 이스라엘 위에 여호와의 영광의 빛이 떠오를 것이며 나라들과 왕들이 그 빛을 보고 시온

으로 나아올 것입니다(2-3절). 하나님은 이스라엘을 회복시키시고 이스라엘을 통해 열방도 회복시키십니다. 오직 여호와의 임재로 이스라엘이 시온으로 돌아오며 택함 받은 열방 또한 시온으로 돌아올 것입니다(4-9절). 구원의 빛이 비침으로 모든 절망이 사라지고 구속받은 자의 기쁨이 충만하게 될 것입니다. 이사야는 시온의 회복에 대한 하나님의 약속을 계속 선포합니다(10-22절). 범죄한 이스라엘을 심판하신 하나님이 그들을 긍휼히 여겨 회복시킴으로써 이스라엘은 구속자요 전능자이신 하나님을 알게 될 것이며, 여호와의 성읍이라 일컬음을 받게 될 것입니다. 하나님은 시온을 당신의 영광을 나타내는 도구로 삼을 것입니다. 하나님 나라의 시작은 미약하지만 끝은 심히 창대할 것입니다. "그 작은 자가 천 명을 이루겠고 그 약한 자가 강국을 이룰 것이라" "하나님 나라는 겨자씨 한 알과 같아서 모든 씨보다 작은 것이로되 공중의 새들이 그 그늘에 깃들일 만큼 되느니라"(막 4:30-32 요약).

[마태복음 8장]

산상수훈을 마치고 산에서 내려오신 예수님은 자신에게 절하는 나병환자의 병을 고치십니다(1-4절). 예수님은 환자에게 손을 내밀어 접촉하십니다. 율법에 의하면 예수님은 부정한 사람이 되지만 결과는 나병환자의 정결함(치유)입니다. 예수님은 우리의 부정(죄)을 가져가시고 대신 당신의 정결(의)을 주셨습니다. 예수님의 절대적인 권세를 고백한 또 한 사람이 등장합니다. 놀랍게도 그는 이방인이었습니다. 백부장의 믿음을 보시고 하인의 병을 고쳐주신 예수님은 이사야의 예언(2:1-4)을 인용하여 열방이 하나님께로 돌아오게 되는 언약의 성취를 말씀하시면서 동시에 아브라함의 혈통임을 내세워 진정으로 회개하지 않을 경우 본 자손(이스라엘)이라도 구원에서 배제될 수 있음을 경고하십니다(5-13절). 이사야는 병든 자를 고치시고 귀신을 내어 쫓는 메시아의 사역에 대해 예언했습니다(14-17절). "그는 실로 우리의 질고(히: 홀리, 병으로 인한 고통)를 지고 우리의 슬픔(히: 마크오브, 고난 or 고통)을 당하였거늘"(사 53:4). 우리의 질고와 슬픔을 감당하시는 예수님의 사역은 십자가에서 완성됩니다. 제자는 예수님을 따름에 있어서 방해되는 모든 것을 내려놓고 예수님을 최우선 순위에 놓아야 합니다(18-22절). 우리는 예수님이 함께 계심에도 불구하고 그를 인식하거나 의지하지 못할 때가 종종 있습니다. 풍랑을 만나 분주한 제자들에 대한 예수님의 첫 반응은 책망이었습니다(23-27절). "어찌하여 무서워하느냐 믿음이 작은 자들아" 예수님을 진정 신뢰하는 자에게 큰 평강이 있을 것입니다. 제자들은 창조주의 권세와 심판자의 권세를 가지신 예수님을 보았습니다(28-34절). 귀신마저 자신들에 대한 예수님의 심판을 알고 있습니다. 그러나 가다라 사람들은 예수님의 권세를 보았음에도 불구하고 그를 거부합니다.

[기도]

여호와의 구원을 얻은 나는 진정 행복한 사람입니다. 주의 법을 사랑하는 자에게 주시는 큰 평강을 누리게 하시고 구원받은 자의 기쁨으로 충만하게 하옵소서.

[여호수아 1장]

하나님은 여호수아에게 함께 하시겠다는 약속을 하시며 담대하게 가나안 땅으로 들어가라고 말씀하십니다(1-9절). 여호수아가 가장 힘쓸 일은 주의 법을 주야로 묵상하며 그 가운데 기록한대로 지켜 행하는 것입니다. 결과는 형통이 될 것입니다. 하나님의 약속을 믿은 여호수아는 즉시 요단 강 도하를 명합니다(10-11절). 그는 하나님이 명하신 대로 담대하게 백성들을 치리합니다. 그는 요단 동편을 차지한 르우벤, 갓, 므낫세 반 지파에게 가나안 정복 전쟁에 동참할 것을 명하였으며 그들은 모세에게 약속한 대로 형제들을 위해 싸울 것을 맹세합니다(민 32:16-32, 12-18절).

[시편 120-122편]

(120편) 순례시(ft. 탄원시). '성전에 올라가는 노래'라는 표제가 붙어 있습니다. 120-134편은 순례자들이 절기 행렬 시 부른 노래의 모음집입니다. 환난 중에 응답하셨다는 고백과 대적들에 의해 둘러싸여 공격을 당하고 있는 상황은 내용상 불일치합니다(1-7절). 대적들의 공격이 지속되지만 하나님을 신뢰하는 시인은 하나님의 심판을 확신합니다.

(121편) 순례시(ft. 탄원시). 시인은 성전이 있는 시온산을 바라보며 하늘과 땅을 창조하신 하나님이 그의 도움이심을 고백합니다(1-2절). 하나님이 창조하신 하늘과 땅에 하나님 보다 더 큰 권세를 가진 이가 존재할 수 없습니다. 하나님은 그의 백성이 실족하지 않게 늘 지키시며 우편의 그늘이 되심으로 모든 환난에서 보호하시고 영원까지 지키십니다(3-8절).

(122편) 순례시(ft. 찬양시). 표제어를 통해 다윗이 압살롬의 반란으로 예루살렘을 떠나 있다가 다시 예루살렘으로 돌아오면서 지은 노래로 보는 견해가 있고 한 무명의 순례자의 시라고 보는 견해도 있습니다. 절기를 지키기 위해 먼 길을 걸어온 순례자들이 마침내 예루살렘 성전에 도착했을 때 그들은 여호와의 영광이 임한 성전을 보며 감격하며 기뻐합니다(1-3절). 그들은 기쁨으로 감사의 제사를 드립니다(4절). 순례자들은 거룩한 성전과 다윗 왕조를 통해 주시는 하나님의 평안과 형통의 복이 임하기를 기도합니다(5-9절).

[이사야 61장]

53장과 함께 메시아에 대한 대표적인 예언입니다. 메시아는 여호와의 영으로 기름 부음을 받아 그의 사역을 펼치실 것입니다(1a절). "예수께서 세례를 받으시고 곧 물에서 올라오실 새 하늘이 열리고 하나님의 성령이 비둘기 같이 내려 자기 위에 임하심을 보시더니"(마 3:16). 가난한 자들(=여호와의 구원을 기다리는 백성들)에게 아름다운 소식을 전하기 위해 보냄을 받은 메시아는 죄로 인해 상한 자를 고치시고 죄와 사망의 종노릇 하는 자를 자유케 하시며 사탄과 죽음의 권세에 매인 자를 해방할 것입니다(1b절). 메시아는 구원을 바라는 자에게는 구원의 은혜를, 대적에게는 심판을 행할 것입니다(2절). 고통과 절망에 빠졌던 백성들은 여호와의 구속으로 인해 기쁨과 찬송이 충만하게 될 것입니다(3절). 하나님은 이스라엘을 회복시켜 거룩한 제사장과 봉사자로 세우시고 이방 나라를 회복하시며 영원한 기쁨을 주실 것입니다(4-7절). 이스라엘은 그들과 영원한 언약을 맺으시고 복 받은 자손이요 거룩한 신부로 삼으신 하나님의 은혜로 인하여 큰 기쁨을 누릴 것입니다(8-10절). 여호와께서 이 일을 이루실 것입니다(11절).

[마태복음 9장]

공생애 기간 내내 따라다니는 신성모독 논란이 등장합니다. 예수님은 중풍병자에게 작은 자(헬: 테크논, 친근한 표현으로 자녀, 친구의 의미)라 부르시며 죄 사함을 선포하십니다(1-2절). 만약 예수님이 병을 그냥 둔 채 죄 사함만 선포했다면 그것의 성취여부를 확인할 수 없었을 것입니다. 예수님은 중풍병을 고치심으로 죄를 사하는 권세가 당신에게 있음을 증명하십니다(3-8절). 세리 마태를 제자로 부르시고 세리 및 죄인들과 교제하시는 예수님을 바라보는 바리새인들의 마음은 몹시 불편했습니다(9-13절). 예수님은 "나는 인애를 원하고 제사를 원하지 않는다"(호 6:6)는 말씀을 인용하시며 그가 회복하고자 하는 대상은 세리를 포함한 모든 죄인임을 강조하십니다. 세례 요한의 제자들은 유대 전통에 따라 금식하지 않는 예수님과 제자들에 대해 의구심을 갖고 있었습니다(14절). 이에 예수님은 여전히 메시아를 기다리는 자들은 계속 금식하겠지만 이미 오신 메시아를 알아본 자들은 기쁨으로 메시아와의 교제에 참여하게 되며, 유대 전통은 당신으로 인해 시작될 새 시대에 어울리지 않는다고 말씀하십니다(15-17절). 부정한 자로 분류되는 혈루증 앓는 여인을 고치시고 한 관리('회당장 야이로', 막 5:22)의 죽은 딸을 다시 살리십니다(18-26절). 예수님은 그를 다윗의 자손(메시야)으로 부른 맹인과 귀신들린 자를 고치심으로 계속해서 부활과 생명의 축제를 이어가십니다(27-34절). 예수님의 공생애는 천국 복음 전파, 가르침, 치유의 3대 사역으로 요약됩니다(4:23, 35절). 예수님은 마지막 때에 잃은 양들을 불러 모을 당신의 사역에 함께할 일꾼을 부르십니다(36-38절).

[질문과 묵상]

1. 오늘 말씀을 통해 만난 하나님은 어떤 분인가요?

2. 오늘 말씀을 통해 하나님이 내 삶에 요청하시는 것은 무엇인가요?

[기도]

여호수아에게 주신 말씀처럼 주의 말씀을 주야로 묵상하며 그 가운데 기록한대로 지켜 행하게 하옵소서. 날마다 성령의 기름 부으심의 역사가 넘치게 하셔서 생명 살리는 일에 쓰임 받게 하옵소서.

[여호수아 2장]
여호수아가 보낸 두 명의 정탐꾼은 발각될 위기에 놓였으나 기생 라합의 도움으로 위기를 넘기게 됩니다(1-7절). 라합은 정탐꾼들에게 이스라엘의 하나님에 대한 소문을 듣고 하나님을 신앙하고 있었음을 밝히며 자신과 가족들을 선대해 줄 것과 이를 보증할 증표를 요구합니다(8-14절). 창문에 붉은 줄을 매달아 놓는 것을 증표로 삼기로 하고 두 명의 정탐꾼은 복귀합니다(15-21절). 붉은 줄은 유월절 어린양을 연상시킵니다. 죽음의 사자가 어린양의 피를 보고 그냥 넘어갔듯이 붉은 줄이 내려진 집은 죽음을 면하게 될 것입니다. 정탐꾼들의 보고를 받은 여호수아는 승리를 확신합니다(22-24절). 라합의 믿음은 자신과 온 가족을 살렸습니다. "믿음으로 기생 라합은 정탐꾼을 평안히 영접하였으므로 순종하지 아니한 자와 함께 멸망하지 아니하였도다"(히 11:31).

[시편 123-125편]
(123편) 순례시(ft. 공동탄원시). 시인이 속한 공동체는 조소와 심한 멸시를 당하고 있습니다. 통상 주인은 종을 착취하는 존재이지 은혜를 베푸는 존재가 아닙니다. 그러나 하나님은 당신의 백성들에게 은혜를 베푸시는 주권자이십니다.
(124편) 순례시(ft. 감사시). 노아가 홍수로부터, 이스라엘이 홍해로부터 건짐 받은 것처럼 시인은 하나님의 구원하심을 경험했습니다(1-5절). 그때 하나님이 구원하시지 않았더라면 지금 그는 존재할 수 없었을 것입니다. 그는 하나님이 대적들로부터 지켜 주셨다고 고백합니다(6-8절). 천지를 지으신 하나님이 그의 진정한 도움이십니다.
(125편) 순례시(ft. 신뢰시). 포로기 이후 새로 건축한 성전을 배경으로 한 시로 보입니다. 예루살렘 성전을 찾아 순례하는 자들은 다시 새워진 성전을 보며 감격스런 고백을 합니다(1-2절). 성전 재건 과정에서 악인들의 모든 계획을 막으신 하나님은 귀환 공동체를 악인들로부터 보호하시며 선대하실 것입니다(3-4절). 귀환 공동체는 하나님이 주시는 평강을 누릴 것입니다(5절).

[이사야 62장]
시온이 회복될 때까지, 곧 이스라엘이 손에 들린 면류관처럼 영광스럽게 되며 이방 나라들이 이스라엘에게서 하나님의 공의와 영광을 볼 때까지 하나님은 멈추지 않으십니다(1-3절). 시온은 헵시바('내 기쁨이 그녀에게 있다')와 쁄라('결혼한 자')로 불리게 될 것입니다(4절). 이스라엘을 바라보는 하나님의 마음은 신부를 바라보는 신랑의 마음처럼 큰 기쁨이 넘칠 것입니다(5절). 시온의 회복을 맹세하신 하나님은 열심을 다해 그 일을 이루실 것입니다(6-9절). 하나님의 구속으로 이스라엘은 '거룩한 백성', '여호와께서 구속하신 자'의 칭호를 얻게 될 것입니다(11-12절). 죄로 인해 더럽혀진 백성들을 찾아오시는 하나님을 맞이

하려면 길을 닦고 돌을 제해야 합니다(10절). 그것은 삶의 길을 곧게 하고 바르게 하는 것을 의미하는데 한 마디로 회개의 삶입니다.

[마태복음 10장]

예수님은 12명의 제자들에게 귀신을 쫓고 모든 병과 약한 것을 고치는 능력을 주시며 자신의 사역을 위임하십니다(1-4절). 제자들은 세상적인 기준으로는 보잘 것 없지만 예수님의 3대 사역(9:35)을 예수님이 주신 권세로 감당하게 될 것입니다. 그들은 선교의 우선순위, 선포할 메시지의 내용, 사역의 방식, 주의사항('사익추구 금지' & '필수품만 소지')에 대한 예수님의 지침을 준수해야 합니다(5-10절). 그러나 아무리 예수님의 권세로 증거를 보여주어도 거부하는 자들을 만나게 될 것입니다(11-15절). 제자는 뱀같이 지혜롭고 비둘기처럼 순결해야 합니다(16절). 뱀에 대한 부정적인 이미지로 인해 이 말씀이 다소 불편하게 다가옵니다. 창세기는 뱀에 대해 '간교하다'고 표현합니다(창 3:1). 여기서 '아룸'이라는 히브리어 단어가 쓰였는데 아룸은 '지혜롭다, 간교하다' 두 가지 의미를 다 가지고 있습니다. 뱀(사탄)은 하나님을 대적하는데 지혜를 썼기에 지혜를 간교함으로 바꾸어 버렸습니다. 하나님을 경외하는 것이 지혜의 근본입니다(잠 9:10). 그러므로 지혜는 반드시 순결(거룩)과 함께 해야 간교함으로 변질되지 않습니다. 제자들은 극심한 반대와 핍박을 만나게 될 것입니다(17-23절). 그러나 그들이 받는 핍박은 그들의 상전인 예수님이 받을 핍박을 뛰어넘지는 않을 것입니다(24절). 심지어 예수님은 귀신을 쫓아냈음에도 불구하고 바알세불(귀신의 왕)의 빌린 것이라며 맹비난을 받으셨습니다(25절). 제자들은 몸과 영혼을 능히 멸하실 수 있는 하나님만을 두려워하고 예수님에게서 배운 것을 힘 있게 선포해야 합니다(27-33절). 하나님은 제자들의 영혼을 세심하게 돌보실 것입니다. 박해자들이 행한 일은 최후의 심판 때에 모두 드러나게 될 것입니다(26절). 복음의 수용 여부에 따라 가족들조차 나뉘게 될 것입니다(34-36절). 가정의 화평을 위해 신앙을 포기하는 자, 자기 몫의 십자가를 지지 않는 자는 주의 나라에 합당하지 않습니다(37-38절). 예수님을 영접하는 자는 곧 하나님을 영접하는 것이며 예수님을 위하여 목숨을 잃는 자는 다시 얻을 것입니다(39-40절). 제자의 길은 고되지만 하나님은 그들을 영접하고 섬길 동역자들을 만나게 하십니다(41-42절).

[질문과 묵상]

1. 오늘 말씀을 통해 만난 하나님은 어떤 분인가요?

2. 오늘 말씀을 통해 하나님이 내 삶에 요청하시는 것은 무엇인가요?

[기도]

어린양의 피는 유일한 구원의 표식입니다. 나를 거룩한 신부로 세우신 주님을 찬양하며 천국을 향해 가는 동안 어린양의 피를 철저히 신뢰하게 하옵소서. 뱀같이 지혜롭고 비둘기같이 순결하게 하옵소서.

7
월

M'Cheyne

개관

예레미야

예레미야는 “바벨론에 항복하라”를 외쳐야 했던 선지자입니다. 유다에 대한 하나님의 심판이 확정되었으므로 바벨론에서의 포로생활은 피할 수 없게 되었습니다. 그가 외친 메시지는 매국노라는 비난과 핍박이라는 결과를 가져왔으며 그로 인해 눈물 마를 날이 없었습니다(‘눈물의 선지자’). 그의 활동 시기는 BC 627년(요시야 13년)부터 BC 586년(시드기야 11년) 유다의 멸망 전후까지입니다. 예레미야는 심판에 관한 것만 선포하지 않았습니다. 그는 포로생활 70년이 차면 다시 돌아온다는 것과 하나님의 법이 마음에 새겨지게 되는 새 언약(신약)을 선포합니다. 그는 예수님의 십자가의 죽으심과 부활, 그리고 성령의 임재에 관한 신약시대를 예고합니다.

사사기

저자를 알 수 없는 사사기는 여호수아 시대 이후의 역사를 보여주는데 여호와를 알지 못하는 세대가 일어나 급격히 타락하는 것을 볼 수 있습니다(2:10). 사사시대는 모세와 여호수아와 같은 강력한 영적 권위를 가진 지도자가 없었으며 각 지파별로 각자의 소견에 옳은 데로 행동하는 시대였습니다. 그들이 하나님의 명령을 어기고 가나안 족속을 남겨둔 결과 가나안 종교와 여호와 신앙이 혼합되는 비극이 발생합니다. 지파간의 반목과 이방종교의 영향으로 사사기는 혼란의 연속이었습니다. 사사기는 ‘이방인의 압제(하나님의 징계) → 이스라엘의 구원요청(회개기도) → 하나님의 구원 → 평화의 도래’라는 패턴이 반복됩니다.

[질문과 묵상]

1. 오늘 말씀을 통해 만난 하나님은 어떤 분인가요?

2. 오늘 말씀을 통해 하나님이 내 삶에 요청하시는 것은 무엇인가요?

[여호수아 3장]
여호수아는 요단강을 도하하기 전 이스라엘 백성에게 두 가지를 요구합니다(1-8절). 첫째, 제사장들이 먼저 언약궤를 메고 출발하라. 둘째, 스스로를 성결하게 하라. 하나님은 함께 하시겠다는 약속과 함께 제사장에게 먼저 요단강에 들어가라고 하십니다. 여호수아는 백성들에게 하나님의 약속을 선포하며 언약궤와 제사장의 역할에 대해 교육합니다(9-13절). 또한 요단강 바닥에서 돌을 취할 지파별 대표 한 명을 선발할 것을 명합니다. 이스라엘 백성들은 윗 세대의 조상들이 홍해를 건넌 것처럼 요단을 마른 땅 밟듯이 건넜습니다(14-17절). 하나님은 물을 가르시고 백성들을 안전하게 건너게 하신 역사를 다시 경험케 하셨습니다.

[시편 126-128편]
(126편) 순례시(ft. 감사 & 탄원시). 바벨론의 포로로 있다가 예루살렘으로 돌아온 백성들이 하나님이 행하신 큰 역사를 회상하며 기쁨으로 찬양합니다(1-3절). 그들이 꿈꾸던 일은 현실이 되었습니다. 시인은 남방의 시내들처럼 포로들을 돌려 보내달라고 간구합니다(4절). 우기에 물이 가득하게 차오르는 것처럼 돌아오는 포로들의 수가 더욱 많아지기를 기원하는 것입니다. 귀환의 기쁨은 매우 크지만 그들은 폐허가 된 예루살렘을 보고 마음이 무너졌습니다. 그러나 포기하지 않고 눈물로 재건사역을 감당하면 하나님은 반드시 기쁨으로 거두게 하실 것입니다.
(127편) 순례시(ft. 지혜시). 표제어는 솔로몬의 시로 소개합니다. 솔로몬은 모든 것이 하나님의 섭리 안에 있다고 고백합니다(1-2절). 하나님의 도우심이 없다면 인간의 노력은 결국 헛될 수밖에 없으며 평안도 누릴 수 없습니다. 자녀는 여호와의 기업이요 상급입니다(3-5절). 많은 자녀는 아담과 아브라함에게 주신 생육과 번성에 관한 약속의 성취입니다(창 1:28 & 창 12:2).
(128편) 순례시(ft. 지혜시). 땀 흘려 일한 것이 헛수고가 되는 경우도 있습니다. 시인은 여호와를 경외하는 자가 누릴 두 가지 복을 언급합니다(1-4절). 하나는 일한만큼 결실을 맺는 것이며 또 하나는 아내와 자녀들과 함께 식탁에 둘러앉는 것입니다. 일한만큼 소득이 있고 가족과 함께 할 수 있다면 얼마든지 감사할 수 있습니다. 시인은 예루살렘의 번영과 자자손손의 복을 기원합니다(5-6절). 나라의 평안은 개인과 가정의 안정 및 평안에 절대적인 영향을 미칩니다. 시인은 이스라엘에 평강이 있기를 소망합니다.

[이사야 63장]

여호와 하나님이 시온의 회복을 위해 대적들과 싸우시는 용사로 묘사됩니다(1-6절). 에돔과 보스라는 시온의 구원을 위해 반드시 무너뜨려야할 대적을 상징합니다. 그는 원수들의 피로 붉게 물든 옷을 입고 계십니다. 이는 그가 백성들을 구원할 충분한 능력을 가지고 계심을 보여줍니다. 시온의 회복은 하나님 능력으로 이루어질 것입니다. 하나님은 이스라엘의 역사 내내 많은 자비와 사랑을 베풀어 주셨는데 그들은 도리어 반역하여 하나님의 성령을 근심케 함으로써 결국엔 심판을 받게 되었습니다(7-10절). 이방 나라에서 고난을 당하던 이스라엘 백성들은 그 옛날 홍해를 가르시고 광야에서 쉼 없이 공급하시며 약속의 땅에 이르게 하신 은혜의 하나님을 떠올립니다(11-14절). 이사야는 하나님을 은혜로우신 아버지로 고백하며 구원을 요청합니다(15-19절).

[마태복음 11장]

오랜 기간 이방인의 압제에 시달린 이스라엘 백성들은 메시아가 오셔서 대적을 심판하시고 구원해 주실 것을 고대했습니다. 옥에 갇힌 세례요한이 예수님에게 제자를 보내 그의 인생 전체를 건 질문을 합니다(1-3절). “당신이 메시아가 맞습니까?” 예수님은 당신의 말과 행동의 일치된 결과가 그의 정체성을 나타내고 있음을 주저함 없이 말씀하십니다(4-6절). 예수님은 메시아이신 당신의 사역을 소개하고 사람들로 하여금 천국을 꿈꾸게 한 세례 요한에 대해 구약의 모든 인물 중에 으뜸이라고 말씀하십니다(7-15절). 그러나 요한은 예수님의 십자가의 죽음과 부활로 이어지는 언약의 성취를 보지 못했습니다. 예수님은 성령의 내주하심으로 천국의 상속자로 살아가는 신약의 성도가 더 복되다고 말씀하십니다. 사람들은 세례요한과 예수님의 선포를 거부하지만 예수님은 그가 행하시는 일을 통해 메시아이심을 증명하실 것입니다(16-19절). 예수님은 권능을 많이 보여준 고을들의 불신을 보며 유대인들이 경멸하던 이방 땅 두로와 시돈, 소돔보다 더 큰 심판이 있을 것을 경고하십니다(20-24절). 천국은 자신의 지혜와 지식을 의존하는 자에게는 숨겨져 있습니다(25-27절). 구원을 주지 못하는 멍에는 무거우며 우리에게 쉼을 줄 수 없습니다. 그러나 우리가 메는 멍에는 사랑의 예수님이 함께 메어 주시며 확실한 구원을 주기 때문에 우리에게 쉼을 줍니다(28-30절). 자기 십자가를 메고 예수님을 따르는 자만이 경험할 수 있는 신비입니다.

[기도]

하나님이 행하신 구원과 일상의 행복으로 인해 늘 감사가 넘치게 하옵소서. 날마다 사랑과 자비를 베푸시는 하나님을 찬양합니다. 세례 요한보다 더 복된 신약의 성도가 되게 하심에 감사드립니다. 무거운 죄의 짐을 지고 가는 우리에게 영원한 쉼을 주시는 예수만 찬양하게 하옵소서.

[여호수아 4장]
여호수아는 지파별로 한 명씩 총 12명을 선발하여 언약궤를 멘 제사장들이 요단 가운데 발을 딛고 서 있던 곳에서 돌을 취하게 합니다(1-9절). 이스라엘 백성들이 요단을 마른 땅처럼 건넌 것을 기념하는 상징물을 만들기 위함입니다. 요단 동편에 정착한 지파들은 약속대로 형제 지파들의 가나안 정복전쟁을 돕기 위해 4만여 명의 군사들을 지원했으며 하나님은 총사령관인 여호수아의 권위를 크게 높여 주셨습니다(10-14절). 요단 도하 후 멈췄던 강이 다시 흐르고 이스라엘 백성들은 길갈에 요단 도하 기념비를 세웁니다(15-20절). 홍해와 요단강을 건너게 하신 하나님의 구원의 역사는 대대로 전해져 후손들로 하여금 하나님을 경외하게 해야 합니다(21-24절).

[시편 129-131편]
(129편) 순례시(ft. 감사시). 이스라엘은 지정학적 위치로 인해 늘 고난을 당해 왔습니다(1-3절). 그러나 그만큼 하나님의 선한 손길도 경험했습니다(4절). 이스라엘의 대적들은 지붕 위에 난 풀이 금방 말라 죽는 것처럼 수치를 당하며 물러가게 될 것입니다(5-8절). 역사적으로 이집트와 메소포타미아 지역은 세계 4대 문명의 발상지로 찬란한 문명의 꽃을 피웠습니다. 그러나 그토록 화려했던 문명은 지금 흔적만 남아 있지만 작고 약한 민족인 이스라엘이 전 세계에 끼친 종교, 문화, 정신세계의 영향은 지금도 상당합니다.
(130편) 순례시(ft. 참회시). 시인은 하나님에 대하여 죄인을 생각하시며 죄를 사하여 주시는 분으로 고백하고 있습니다(1-4절). 죄로 인한 내적 고통을 겪고 있는 시인은 하나님이 말씀으로 찾아와 주시길 고대합니다(5-8절). 그가 기대하는 말씀은 용서와 회복에 관한 말씀일 것입니다.
(131편) 순례시(ft. 신뢰시). 하나님은 교만한 자를 물리치시고 겸손한 자에게 은혜를 베푸십니다(약4:6). 시인은 교만을 멀리하고 과욕을 부리지 않으며, 어린아이가 어머니의 품을 의지하듯이 잠잠히 하나님을 바라며 의지합니다(1-3절).

[이사야 64장]
이사야는 포로생활 하는 이스라엘 가운데 하나님이 속히 임하셔서 구원하여 주시길 탄원합니다(1-3절). 하나님은 그를 앙망하는 자에게 구원을 베푸십니다(4절). 하나님은 공의를 행하는 자와 주의 길을 걷는 자를 선대하시며 죄를 범한 자에게는 진노를 발하십

니다(5절). 이스라엘은 범죄로 인해 부정한 존재가 되었으며 하나님은 그 얼굴을 숨기셨습니다(6-7절). 선지자는 황폐화된 그들의 상황을 아뢰고 하나님이 아버지요 토기장이 되심을 고백하며 죄를 사하시고 진노를 거두어 주시길 간구합니다(8-12절).

[마태복음 12장]

제자들이 안식일에 밀밭 사이를 지나며 이삭을 잘라 먹은 일로 논쟁이 발생합니다(1절). 율법은 이삭을 잘라 먹는 행위를 허용합니다. "네 이웃의 곡식밭에 들어갈 때에는 네가 손으로 그 이삭을 따도 되느니라 그러나 네 이웃의 곡식밭에 낫을 대지는 말지니라"(신 23:25). 율법에는 사회적 약자에 대한 배려가 담겨 있습니다. 예수님은 다윗 일행이 성전에서 진설병을 제공받아 먹었던 사실(삼상21:1-6)과 안식일에 제사장이 직무를 위해 일하는 것은 죄가 되지 않는다는 점을 들어 제자들의 행위를 변호하십니다(2-8절). 왕의 명령을 수행중이라고 말한 다윗 일행이 성전의 진설병을 먹었다면 제자들은 성전보다 더 크신 예수님의 명령을 수행 중이니 이삭을 비벼 먹는 것은 죄가 되지 않는다는 것입니다. 하나님은 율법의 본래의 의미를 제대로 알고 행하기를 원하십니다. 대적들이 제자들의 배고픔을 감안했다면 그토록 정죄하지는 않았을 것입니다. 손 마른 사람의 치유 사건도 본질은 같습니다. 만약 안식일에 양이 구덩이에 빠졌다면 당연히 건져내었을 것을 생각한다면 안식일에 병든 자를 온전케 한 사건은 문제가 되지 않습니다(9-15절). 예수님은 소위 혁명의 방식으로 세상을 변혁시키는 것이 아니라 상한 갈대를 꺾지 않으시고 꺼져 가는 심지를 끄지 않는 방식, 다시 말해 백성을 돌보고 그들을 위해 고난과 죽음까지 감수하는 방식으로 세상을 변혁시키십니다(16-21절). 바리새인들은 예수님의 축귀사역에 대해 귀신의 왕 바알세불의 힘으로 행하는 것이라고 비방합니다(22-24절). 예수님의 축귀사역은 강한 자(사탄)를 결박하고 세간을 강탈하는 방식과 같습니다(25-29절). 사탄보다 강하신 예수님은 능히 사탄을 결박하실 수 있습니다. 예수님이 성령을 통해 행하시는 역사를 부인하는 것은 성령모독죄입니다(30-37절). 이미 여러 표적을 보여주셨기에 불신하는 자에게 보여줄 표적은 부활밖에 남지 않았습니다(38-42절). 이스라엘을 깨끗케 하시는 예수님의 사역에 믿음과 회개로 반응하지 않는 자의 형편은 처음보다 더 악화될 것입니다(43-45절). 하나님의 뜻을 행하는 자가 예수님의 가족입니다(46-50절).

[기도]

하나님이 내게 베푸신 구원의 역사를 자손에게 분명히 전하게 하시고, 죄가 있을 때에는 아버지요 토기장이 되시는 하나님께 정직하게 나아가게 하옵소서. 상한 갈대를 꺾지 않으시고 꺼져가는 심지를 끄지 않으시는 예수님만 믿고 따르는 삶을 살게 하옵소서.

[여호수아 5-6장 5절]
가나안 족속들은 요단 동편 왕국들을 점령하고 요단강을 마른 땅처럼 건너온 이스라엘을 두려워합니다(1절). 출애굽부터 길갈에 이르기까지 선하게 인도하신 하나님은 언약 백성으로서의 정체성을 다지기 위해 할례를 명하십니다(2-9절). 또한 여리고 평지로 이동한 이스라엘 백성들은 유월절을 지킴으로써 하나님의 구원의 역사를 기념하였습니다(10-11절). 그들은 40년간 먹었던 만나를 대신하여 약속의 땅의 소산물을 먹기 시작합니다(12절). 여호와의 군대장관(천사)은 여호수아에게 여리고 함락을 위한 하나님의 작전을 전달합니다(5:13-6:5). 이 전쟁의 주권은 여호와께 있습니다.

[시편 132-134편]
(132편) 순례시(ft. 제왕시). 성전과 연관된 이스라엘의 역사를 담고 있습니다. 시인은 겸손한 다윗을 기억해 주실 것을 요청합니다(1절). 다윗은 블레셋에게 빼앗겼던 언약궤를 예루살렘으로 모시기까지 쉬지 않았으며 언약궤가 돌아올 때는 춤을 추며 맞이하였고 아들 솔로몬을 통해 성전이 세워지도록 모든 것을 준비했습니다(2-9절). 하나님은 다윗 왕조의 영원함을 약속하셨습니다(삼하 7:8-17, 10-12절). 하나님은 이스라엘을 지켜 주시고 늘 승리하게 하심으로 다윗을 크게 높여 주셨습니다(13-18절). 하나님은 그의 성실을 아낌없이 다윗에게 베푸셨습니다.
(133편) 순례시(ft. 교훈시). 순례자들이 연합하여 성전에 오르며 기쁨으로 노래합니다(1절). 하나님은 백성들이 한마음이 되어 예배하는 것을 기뻐하십니다(2-3절). 시인은 위로부터 임하는 하나님의 복을 제사장 머리 위에 부은 기름이 수염을 통해 옷깃까지 흘러내리는 모습과 헐몬산에 내린 이슬이 모여 요단강을 이루어 시온까지 흘러가는 모습으로 비유합니다. 성도의 연합은 예배의 축복을 배가시킵니다.
(134편) 순례시(ft. 찬양시). 시인은 성전에서 봉사하는 여호와의 종들(레위인 & 제사장)에게 하나님을 송축할 것을 요청합니다(1-2절). 백성들에게 복을 주시는 것은 천지창조와 같은 하나님의 주권적인 사역입니다(3절).

[이사야 65장]

이스라엘 백성들은 하나님을 구하거나 찾지 않았으며, 이방신을 섬기고 율법을 어겼으며 심지어 스스로를 거룩한 존재로 여기기까지 했는데 이는 그들의 마음을 돌이키려는 하나님을 배신하는 패역한 행위입니다(1-7절). 이스라엘의 죄는 그들이 진멸당해도 될 만큼 크지만 하나님은 그들을 다시 찾으십니다(8-10절). 하나님은 우상숭배자들과 악한 자들에게 임할 심판을 선언하시며 동시에 당신께 돌아오는 자를 환난에서 구원하실 것을 약속하십니다(11-16절). 하나님은 새로운 비전('새 하늘과 새 땅')을 선포하십니다(17-25절). 본문은 요한계시록 21-22장의 구약 버전입니다. 참 생명으로 충만하고 생명을 위협하는 그 어떤 것도 존재하지 않으며, 참 사랑과 기쁨이 가득한 하나님의 나라가 도래할 것입니다. 하나님은 이스라엘이 죄에 허덕이고 있을 때 이미 이러한 비전을 선포하셨습니다. 우리는 이 비전의 성취를 바라보고 있습니다.

[마태복음 13장]

하나님 나라에 대한 일곱 가지 비유가 등장합니다. 예수님이 비유로 말씀하시는 것은 예언(시 78:2)의 성취로써 믿는 자는 더 풍성한 지식을 소유할 것이며 불신하는 자는 깨달음과 더욱 멀어지게 될 것입니다(10-17, 34-35절). 첫째, 씨 뿌리는 자의 비유는 말씀에 대한 마음과 태도에 따라 결과가 달라진다는 것을 의미합니다(1-9, 18-23절). 둘째, 좋은 씨를 제 밭에 뿌린 사람의 비유는 참 제자(알곡)와 거짓 제자(가라지)가 최후의 심판 때 가려지게 될 것을 말씀하십니다(24-30, 36-43절). 겨자씨 비유(셋째)와 누룩 비유(넷째)는 미약하게 시작된 하나님 나라가 크게 확장될 것을 말씀하십니다(31-33절). 밭에 감추인 보화(다섯째)와 진주 장사의 비유(여섯째)는 모든 것을 바꿔서라도 천국은 반드시 소유해야 함을 가르칩니다(44-46절). 일곱째, 그물 비유는 최후 심판 때에 의인과 악인의 구별이 있을 것을 말씀하십니다(47-50절). 예수님의 제자들은 옛 언약(구약)과 새 언약(신약)을 자유롭게 내어오는('활용하는') 말씀의 해석자요 선포자가 될 것입니다(51-52절). 그러나 예수님의 고향 사람들은 새 언약을 거부합니다(53-58절).

[기도]

하나님의 언약의 수혜자가 되어 하나님의 성실하심을 매일 경험하며 살아가고 있음을 고백합니다. 언약 백성의 정체성을 잃지 않게 하시고, 새 하늘과 새 땅에 이르기까지 순례의 여정을 잘 마치게 하옵소서.

[여호수아 6장 6-27절]
여호수아 군대는 하나님이 가르쳐주신 방법대로 전쟁을 수행합니다(6-14절). 6일간 매일 한 바퀴씩 성을 돌고 7일차에는 일곱 바퀴를 돕니다(15절). 여호수아는 라합의 집에 있는 사람들에 대한 보호와 은금 및 동철 기구를 제외한 모든 것을 진멸할 것을 강조합니다(16-25절). 즉, 전리품을 취하는 것이 금지됩니다. 여리고는 결국 무너졌습니다. 여호수아는 여리고성의 재건을 시도하는 자에 대한 저주를 선언합니다(26-27절). 이 저주는 북이스라엘의 아합 왕 때에 성취됩니다. "그 시대에 벧엘 사람 히엘이 여리고를 건축하였는데 그가 그 터를 쌓을 때에 맏아들 아비람을 잃었고 그 성문을 세울 때에 막내 아들 스굽을 잃었으니 여호와께서 눈의 아들 여호수아를 통하여 하신 말씀과 같이 되었더라"(왕상 16:34).

[시편 135-136편]
(135편) 찬양시(ft. 역사시). 시인은 이스라엘을 특별한 소유로 삼으신 하나님을 찬양하라고 선포합니다(1-4절). 그는 하나님이 행하신 역사적인 일들을 선포하며 하나님의 이름이 영원히 기억되기를 기원합니다(5-14절). 헛된 우상을 섬기는 자는 헛된 인생을 살게 될 것입니다(15-18절). 시인은 제의를 담당하는 아론 족속과 레위 족속 그리고 제의에 참여하는 회중 모두에게 여호와를 찬양할 것을 독려합니다(19-21절).
(136편) 찬양시(ft. 역사시). 하나님께 감사와 경배를 드리는 내용의 본 시는 첫 절에서 끝 절까지 "-에게 감사하라 그 인자하심이 영원함이로다"라는 문구가 반복됩니다. 하나님은 모든 신들 가운데 가장 뛰어나신 분입니다(1-3, 26절). 시인은 하나님께 감사와 경배를 드려야 하는 이유를 창조(4-9절), 출애굽의 구원과 약속의 땅으로의 인도(10-22절), 포로 귀환(23-24절), 공급하심(25절)에서 찾습니다.

[이사야 66장]
하나님은 화려한 성전과 많은 제물 보다 통회하는 자와 말씀을 듣고 두려워 떠는 자를 원하십니다(1-3절). 말씀을 듣고 떠는 자들을 박해하는 패역한 자들은 수치를 당할 것입니다(4-6절). 이사야는 회복된 이스라엘의 모습을 해산의 진통이 오기 전에 아이를 출산하는 것으로 비유합니다(7-14절). 이는 예루살렘의 인구가 금방 회복되어 기쁨과 활력이 넘치게 될 것을 의미합니다. 예루살렘의 멸망을 슬퍼했던 백성들은 하나님의 영광 안에서 위로와 평강과 기쁨을 누리게 될 것입니다. 그러나 하나님은

패역한 자들을 불과 칼로 심판하실 것입니다(15-18a절). 하나님은 패역한 이스라엘 백성들을 회복시킨 후 그들을 온 사방에 보내셔서 당신의 영광을 전하게 하실 것입니다(18b-21절). 그들로 인해 이방 민족들이 하나님을 예배하게 될 것입니다. 이방 민족 중에서 제사장과 레위인을 세우신다는 것은 열방이 하나님께 온전히 예배하게 될 것을 의미합니다. 시온과 열방의 온전한 회복은 예수 그리스도의 십자가의 죽으심과 부활하심으로 성취되었습니다. 하나님은 그의 종들을 영화롭게 하시고 그들의 예배를 온전케 하실 것입니다(22-23절). 그러나 패역한 자들은 영원한 저주를 받게 될 것입니다(24절).

[마태복음 14장]

예수님의 사역에 대한 소문을 들은 헤롯은 세례 요한의 환생이라며 두려워합니다(1-2절). 그는 당대 사람들이 존경하며 따르던 선지자를 죽였다는 죄책감에 시달려왔습니다(3-12절). 예수님은 병자를 고치시고 가난한 자를 먹이는 긍휼사역을 행하십니다(13-21절). 예수님은 제자들에게 먹을 것을 주라고 명령하시는데 사실 그들이 가지고 있는 양식은 없었습니다. 병자의 치유와 양식의 공급은 모두 예수님의 긍휼의 마음으로부터 나온 것입니다. 예수님은 제자들이 계산에 빠르기보다 영·육이 피폐해진 백성들에 대한 긍휼의 마음이 있기를 원하셨습니다. 능력 이전에 사랑입니다. "사랑이 없으면 내게 아무 유익이 없느니라"(고전 13:3). 예수님의 사랑과 긍휼은 그로 하여금 십자가의 길을 가게 했습니다. 예수님은 풍랑으로 인해 고초를 겪고 있는 제자들을 찾아오십니다(22-26절). 베드로는 예수님의 허락을 받고 물 위로 걸어 예수님에게로 갑니다(27-32절). 도중에 믿음이 흔들려 바다에 빠지게 되었지만 베드로의 이런 용감한 행동은 큰 의미가 있습니다. 그는 의심이 들기 전까지 예수님처럼 물 위를 걸었습니다. 장차 제자들은 예수님의 권한을 위임받아 하나님 나라를 확장해 갈 것입니다. 이는 물 위로 걷는 기적 같은 역사입니다. "나를 믿는 자는 내가 하는 일을 그도 할 것이요 또한 그보다 큰 일도 하리니"(요 14:12). 예수님은 참 하나님의 아들로서 고통당하는 백성들을 치유하십니다(33-36절). 믿고 나아오는 자는 다 병이 나았습니다.

[기도]

패역한 자를 돌이켜 열방을 회복하는 일꾼 되게 하시는 인자와 긍휼이 풍성하신 하나님! 나를 위해 행하신 모든 일들로 인해 감사드립니다. 말씀대로 살아감으로 세상을 정복하는 영적 전쟁의 승리자가 되게 하옵소서.

[여호수아 7장]

하나님은 여리고성 전투에서 은금과 동철기구를 제외한 모든 것에 대하여 진멸(=하나님께 바쳐진 것으로 개인 소유 금지)을 명하셨습니다. 그런데 아간이 이를 어김으로 인해 이스라엘은 쉽게 생각했던 아이성 첫 전투에서 패하게 됩니다(1-5절). 예상치 못한 패배로 슬퍼하며 탄식하는 여호수아에게 하나님은 진멸의 명령을 어긴 자가 있다고 말씀하십니다(6-12절). 여호수아는 백성들에게 패전의 원인에 대해 설명한 후 하나님이 가르쳐주신 방법을 통해 아간의 범죄를 밝혀냅니다(13-18절). 결국 아간과 그의 자녀들, 그의 가축과 모든 소유물은 아골 골짜기에서 심판을 받게 되었습니다(19-26절). 아간에 대한 심판은 일종의 경고입니다. 죄는 결코 숨길 수 없으며 대가가 있음을 잊지 말아야 합니다.

[시편 137-138편]

(137편) 탄원시(ft. 저주시). 흔히 바벨론 포로의 노래로 알려져 있습니다. 시인은 바벨론 포로생활 시절을 회상하며 그때의 쓰라린 경험을 토로합니다(1-2절). 바벨론 사람들은 자신들의 흥을 돋우기 위해 포로들에게 시온의 노래, 곧 예배찬송을 부르게 하며 조롱했습니다(3절). 하나님께 올려야 할 찬양을 유흥을 위해 부른다는 것은 큰 모욕과 수치였으며 포로들은 이를 견뎌야 했습니다(4절). 수금 연주자가 연주를 하지 않더라도 연주법을 잊지 않으며, 노래하는 자가 입천장에 그의 혀가 붙지 않는 한 노래하는 법을 잊지 않듯이 시인은 예루살렘에서 하나님이 임재했던 순간을 잊을 수 없습니다(5-6절). 시인은 예루살렘을 멸망시킨 바벨론과 이를 기뻐하던 에돔에 대한 저주를 선언합니다(7-9절).

(138편) 감사시. '다윗 시편' 모음집이 145편까지 이어집니다. 다윗은 과거 큰 어려움을 겪고 있을 때 그의 기도를 들으시고 인자와 성실로 응답하신 하나님에 대한 감사의 고백을 드립니다(1-3절). 세상 모든 왕들로부터 영광을 받으셔야 할 크고 위대하신 하나님이 자신과 같은 비천한 자를 돌아보셨음에 그는 더욱 감격합니다(4-6절). 하나님은 고통 가운데 있는 다윗을 회복시키시고 원수들로부터 지켜 주십니다(7-8절).

[예레미야 1장]

요시야 왕 13년에 예레미야를 찾아오신 하나님은 그가 태어나기도 전에 이미 열방의 선지자로 세웠다고 말씀하시며 소명을 주십니다(1-5절). 예레미야는 자신의 연약함을 들어 거부하지만 하나님은 그가 누구에게 가서 무엇을 말할지 알려 주실 것이며 그와 함께 하실 것을 약속하십니다(6-8절). 그는 하나님이 그에게 넣어주시는 심판과 구원의 메시지를 선포하게 될 것입니다(9-10절). 예레미야는 그가 본 두 가지 환상을 소개합니다. 첫 번째로 그는 살구나무(히: 사케드) 가지를 보았습니다(11-12절). 하나님은 항상 깨어 지켜보시는 분입니다(히: 쇼케드=깨어있다, 지켜보다). 하나님은 예레미야를 통해 선포하게 하신 말씀이 과연 이루어지는지 지켜보시겠다고 말씀하십니다. 하나님은 언어유희 방식으로 당신이 하신 말씀이 반드시 이루어질 것을 강조하십니다. 두 번째로 북으로부터 남으로 기울어진 끓는 가마솥 환상입니다(13-16절). 이는 하나님을 버리고 우상을 섬긴 유다를 심판하기 위해 북방에서 군대가 몰려올 것을 보여주는 것입니다. 예레미야는 극심한 반대와 핍박에 부딪치지만 하나님의 강권하심으로 그를 이길 자가 없을 것입니다(17-19절).

[마태복음 15장]

장로들의 전통에는 구약의 정결법에 없는 내용들이 있습니다. 그런데 바리새인과 서기관들은 장로들의 전통을 지키는 자에 한해 공동체의 일원으로 받아들였고 제의에도 참여하게 했습니다. 그들이 속한 공동체에만 구원이 허락되었다고 믿고 있으며 이방인과 죄인의 부류에 속한 자들과는 완전히 선을 그었습니다. 장로들의 전통은 훗날 초대교회의 분쟁의 씨앗이 되었습니다. 예수님은 전통을 핑계로 부모공경의 율법을 이행하지 않는 그들의 위선을 고발하십니다(1-9절). 그들은 재물을 하나님께 바치기로 맹세만 해도 그 재물을 사람을 위해 사용하지 못하게 되는 전통을 내세워 부모부양의 의무를 피했습니다. 전통으로 하나님의 계명을 무력화시킨 것입니다. 외적 정결을 지켰다고 스스로 의롭게 여기는 자들은 죄가 마음으로부터 비롯된다는 것을 인식하여 본질과 상관없는 전통에 집착하지 말고 내적 정결에 더욱 집중해야 합니다(10-20절). 예수님은 제자들에게 이스라엘 집의 잃어버린 양에게 가라고 하십니다(10:6). 그러나 이 말은 우선순위를 말씀하신 것이지 이방인을 배척하라는 뜻이 아닙니다(24절). 예수님은 직접 이방 지역인 두로와 시돈으로 가서 가나안 여인(수로보니게 여인, 막 7:26)을 만나셨으며 그녀의 믿음을 보시고 딸의 병을 고쳐 주셨습니다(21-28절). 떡 7개와 물고기 2마리로 사천 명이 먹은 칠병이어의 기적이 일어납니다(29-39절). 마가에 의하면 예수님은 이방인들이 주로 사는 지역인 데가볼리를 지나 갈릴리 호숫가에 머무셨습니다(막 7:31). 가나안 여인의 딸을 치유한 사건에서 보듯이 예수님은 이스라엘 백성에게 베푸신 은혜를 이방인에게도 동일하게 허락하십니다. 이방인은 이스라엘 백성들과 동일한 구원과 치유의 대상입니다.

[기도]

죄와 죽음의 포로로 살아가던 나를 구원하신 하나님! 내 죄로 인해 공동체가 어려움을 겪지 않게 하시고, 고난과 역경이 있더라도 끝까지 믿음의 길을 가게 하옵소서. 경건의 모양보다 말씀의 본질을 따라 살아가게 하옵소서.

[여호수아 8장]
하나님은 아간의 범죄를 처리하신 후 승리의 약속과 함께 아이성 공격을 명하십니다(1-2절). 여호수아는 삼만의 군사로 매복 작전을 벌여 아이성 함락에 성공합니다(3-29절). 여리고 함락 때와 달리 이번에는 율법에 기록된 대로 다듬지 않은 새 돌로 제단을 쌓고 제사를 드립니다(30-31절). 그리고 그 돌에다가 율법을 기록합니다(32절). 여호수아는 이스라엘 백성들을 나누어 절반은 그리심 산 앞에, 나머지 절반은 에발 산 앞에 세운 후 저주와 축복에 대한 말씀을 빠짐없이 낭독하게 합니다(33-35절). 아간의 범죄로 인한 실패를 경험한 여호수아는 하나님의 말씀에 대한 순종여부가 축복과 저주를 결정한다는 것을 이스라엘 백성들에게 강조합니다.

[시편 139편]
찬양시. 전지전능하신 하나님의 무한하신 능력에 대한 다윗의 찬양입니다. 하나님은 다윗의 생각과 말과 행위를 다 아십니다(1-6절). 그의 형편과 그의 소원도 아십니다. 무소부재하신 하나님은 다윗이 어디에 있든지 함께 하시며 인도하시고 보호하십니다(7-12절). 하나님은 흑암의 권세와 스올(=죽은 자들이 가는 곳)의 권세가 다윗을 이기지 못하게 하십니다. 그러므로 다윗이 이기지 못할 어려움은 없습니다. 하나님은 다윗을 창조하셨기에 그와 그의 인생길을 잘 아십니다(13-18절). 다윗은 악인에 대한 하나님의 심판을 선언하며 하나님이 자신의 길을 바르게 인도해 주시기를 간구합니다(19-24절).

[예레미야 2장]
하나님은 귀한 첫 열매인 이스라엘을 누구도 해치지 못하도록 지키셨다고 말씀하십니다(1-3절). 그런데 어느 순간부터 이스라엘은 하나님을 잊어버려서 더 이상 하나님께 묻지 않았으며 죄로 그들의 땅을 더럽혔습니다(4-7절). 무엇보다 이러한 일을 제사장, 율법사, 지도자, 선지자들이 앞장서서 자행했습니다(8절). 그들은 하나님의 영광을 헛된 우상과 바꾸었습니다. 이는 생수의 근원되시는 하나님을 버리고 스스로 웅덩이를 판 것입니다(9-13절). 그러나 그들이 판 웅덩이는

물을 저장할 수 없는 터진 웅덩이(=애굽, 앗수르 등을 의미)였습니다. 하나님 대신 의지했던 강대국들은 이스라엘을 더욱 괴롭게 만들었습니다. 앗수르는 북이스라엘과 유다를 침공하여 닥치는 대로 파괴했으며 애굽 역시 이스라엘을 파괴했습니다(14-16절). 그들은 이방나라를 하나님 보다 더 의지함으로 심판을 자초하였습니다(17-19절). 하나님은 이스라엘의 멍에를 끊어 주셨지만 그들은 도리어 음행을 저질렀습니다(20-25절). 평온할 때는 우상을 섬기다가 환난 때에만 하나님을 찾는 자들은 수치를 당할 것입니다(26-28절). 그들은 정당한 이유 없이 은혜를 베풀어 주신 하나님을 떠나 돌아오기를 거부하고 있습니다(29-32절). 그들은 불의한 행동으로 인해 수치를 당할 것입니다(33-37절).

[마태복음 16장]

바리새인과 사두개인들은 예수님을 시험하기 위해 하늘로부터 오는 표적을 구합니다(1-4절). 예수님은 지금까지 많은 표적을 보여주었지만 그들은 또 다른 표적을 구합니다. 이러한 태도는 믿음을 향한 여정이 아닌 불신입니다. 표적은 이미 충분하며 또 다른 표적을 보여준들 그들은 또 트집을 잡아 공격할 것입니다. 가장 확실한 표적만이 남아 있습니다. 요나가 사흘 밤낮을 물고기 뱃속에 있다가 살아났듯이 예수님은 죽으시고 3일 만에 부활하실 것입니다. 예수님은 바리새인과 사두개인의 누룩(교훈)을 조심하라고 말씀하십니다(5-12절). 바리새인과 사두개인들은 예수님의 정체성을 불신하고, 제자들은 예수님의 능력을 불신합니다. 바리새인과 사두개인의 경우 유대 전통에 매여 성경을 바르게 해석하지 못하게 되면 끝내 예수님의 정체성을 깨닫지 못할 것입니다. 예수님은 그리스도시며 하나님의 아들이십니다(13-20절). 이 고백위에 예수님의 교회가 탄생하게 됩니다. 제자들은 고난과 죽음이 예정되어 있는 메시아의 사역에 대해 아직 이해하지 못합니다(21-23절). 그리스도를 위하여 자기 목숨을 잃는 자가 참 제자이며 이것은 다시 얻는 길입니다(24-28절). 죽기 전에 그리스도께서 왕권을 가지고 오는 것을 본 자, 즉 부활의 목격자들이 참 제자가 될 것입니다.

[기도]

나를 아시고 나의 길을 아시는 주님의 말씀에 순종함으로 복된 길을 걸어가게 하옵소서. 생명의 근원되신 하나님을 떠나 다른 은혜를 구하지 않게 하옵소서.

[여호수아 9장]

여리고와 아이를 점령한 이스라엘에 대항하기 위해 가나안 족속들이 연합군을 구성합니다(1-2절). 그런 와중에 기브온 사람들이 먼 지역에서 온 것처럼 여호수아를 속여 이스라엘과 조약을 맺는데 성공합니다(3-15절). 성경은 여호수아가 이 일에 대해 하나님께 묻지 않았다고 말합니다. 뒤늦게 기브온이 가나안에 거주하는 민족임을 알게 되었지만 여호와의 이름으로 맺은 조약을 파기할 수 없었습니다(16-21절). 비록 기브온 사람들은 이스라엘에 종속되긴 했지만 이스라엘과의 전쟁을 피하고 이스라엘과 운명 공동체가 되었습니다(22-27절).

[시편 140-141편]

(140편) 탄원시. 집요하게 자신을 공격하는 악인으로 인해 고통당하고 있는 다윗이 하나님의 구원을 간절히 요청합니다(1-5절). 자신의 힘으로 악인을 상대할 수 없는 다윗은 공의의 하나님께 악인에 대한 심판을 의뢰합니다(6-11절). 그는 하나님의 공의를 신뢰합니다(12-13절).

(141편) 탄원시. 다윗은 대적들의 공격으로 인한 환난에서 구원해 주시길 기도합니다(1-2절). 그의 기도는 하나님께 올리는 향이며 제사입니다. 환난 중에 있는 다윗은 입술로 범죄(원망과 불평)하지 않으며 악과 타협하지 않고, 의인의 책망을 달게 받으며 혹시 자신을 책망하는 자가 환난을 당한다면 그를 위해 기도할 것을 다짐합니다(3-5절). 실제로 다윗은 그의 간음죄에 대한 나단 선지자의 책망을 달게 받고 회개의 눈물을 흘린 적이 있습니다(삼하 12장). 대적들은 그들에게 임한 하나님의 심판으로 탄식하게 될 것입니다(6-7절). 다윗은 악인들이 파놓은 함정과 올무에 그들이 빠지고 자신은 벗어나기를 간구합니다(8-10절).

[예레미야 3장]

율법은 이혼과 재혼에 대해 다음과 같이 규정합니다(신24:1-4). 이혼증서를 써서 아내를 내보낸 경우 아내는 재혼이 가능합니다. 만약 두 번째 남편 역시 그 여인과 이혼을 했다면 그녀는 첫 번째 남편과의 재결합이 불가능합니다. 하나님이 이 율법 규정을 근거로 당신을 떠나 다른 우상에게로 간 이스라엘 백성들은 다시 돌아올 자격이 없다고 말씀하십니다(1절). 비와 풍요를 기대하며 가나안의 종교의식에 수없이 참여했던 이스라엘 백성들이 얻은 결과는 가뭄이었습니다(2-5절). 남유다는 북이스라엘이 우상 숭배로 인하여 망하는 것을 보았음에도 그들처럼 우상을 숭배하고 있습니다(6-11절). 하나님은 예레미야에게 북이스라엘에 가서 하나님의 긍휼을 선포하라고 말씀하십니다(12-18절). 예레미야가 사역을 시작한 요시야 왕 13년(BC 626년)보다 약 100년이 앞선 BC 722년에 북이스라엘이 이미 멸망했습니다. 돌아올 사람도, 돌아올 자격도 없는 자들을 향해 회복을 외치게 한 것입니다. 하나님은 포기하지 않으십니다. 하나님은 수치와 모욕을 당하는 백성들이 당신께 돌아오길 기대하시나 그들은 오히려 우상을 더 의지했습니다(19-25절). 율법은 한번 이혼한 여인은 다시 아내로 맞이할 수 없도록 규정하지만 긍휼의 하나님은 이스라엘과 유다를 다시 아내로 맞이하겠다고 말씀하십니다.

[마태복음 17장]
베드로의 신앙고백 이후 예수님은 처음으로 십자가의 고난에 대해 말씀하셨습니다(16:21). 그러나 예수님의 비참한 죽음을 인정할 수 없었던 베드로는 항변하다가 책망을 듣습니다(16:23). 예수님은 세 명의 제자에게 십자가 고난 뒤에 있을 찬란한 영광을 보여주십니다(1-8절). 영광스럽게 변모하신 예수님 곁에는 모세와 엘리야가 있습니다. 예수님이 율법과 예언이 가리키는 바로 그분임을 보여주는 것입니다. 예수님이 세례를 받으실 때 하늘로부터 들려왔던 음성(3:17)이 다시 들립니다. 제자들은 예수님의 고난에 대한 말씀을 주의 깊게 들어야 합니다. 엘리야가 먼저 와서 자녀들의 마음을 아버지께로 돌이키게 할 것이라는 예언은 세례 요한을 통해 성취되었습니다(말 4:5-6, 9-13절). 간질병 걸린 아이를 고치지 못한 제자들은 믿음이 작다는 평가를 받습니다(14-21절). 그러나 성령의 임재 이후 십자가의 죽으심과 부활에 대한 참 믿음을 갖게 되면 예수님의 능력을 세상 가운데 확실히 드러낼 것입니다(22-23절). 왕의 아들이 세금을 내지 않듯이 성전의 참 주인이 되시는 하나님의 아들 예수님은 성전세를 낼 필요가 없습니다(24-27절). 그러나 불필요한 오해나 소란을 방지하고자 독특한 방법으로 성전세를 내셨습니다. 아직 그의 때가 이르지 않았습니다.

[기도]

사랑이 많으신 하나님! 성경에서 예수님을 발견하게 하시니 감사드립니다. 율법보다 더 큰 하나님의 사랑을 온 마음을 다해 찬양합니다. 기쁨으로 말씀에 순복하게 하옵소서.

[여호수아 10장]
가나안 중부지역의 5개 나라가 연합하여 이스라엘과 조약을 맺은 기브온을 공격했으나 기브온의 동맹이 된 이스라엘에 의해 처참한 패배를 당합니다(1-28절). 하나님은 자연법칙을 거스르는 기적을 통해 승리의 주권이 당신께 있음을 보여주십니다. 중남부 지역의 거점을 확보한 이스라엘은 방향을 남쪽으로 돌려 남부 지역 연합군도 진멸하고 남부의 주요 성읍을 점령합니다(29-43절).

[시편 142-143편]
(142편) 탄원시. 다윗은 사울에게 쫓겨 동굴 속에 은신하고 있습니다(표제어). 극도의 불안과 근심에 휩싸인 다윗이 하나님께 호소합니다(1-4절). 사울의 군사들에 의해 둘러싸인 그에게 동굴은 결코 안전한 곳이 아닙니다. 의지할 이 없는 비천한 다윗은 하나님께 탄원합니다(5-7절).
(143편) 탄원시(ft. 참회시). 시편에 나오는 7편(6, 32, 38, 51, 102, 130, 143)의 참회시 중 마지막 시입니다. 다윗은 하나님 앞에서 의로울 수 없는 존재임을 고백하며 긍휼을 구합니다(1-2절). 원수의 오랜 핍박으로 깊은 절망 가운데 있는 그는 하나님이 행하신 일들을 묵상하며 다시금 하나님을 찾습니다(3-6절). 그는 주의 말씀을 듣기를 소원하며 주께서 원수들을 물리치시고 환난에서 건져 주시길 간구합니다(7-12절).

[예레미야 4장]
예레미야는 북이스라엘 백성들에게 회개함으로 사는 길을 선택하라고 외칩니다. 하나님보다 더 우위에 놓았던 가증한 것을 버리고 묵은 땅을 기경하며(=하나님의 말씀을 거부하던 삶에서 돌이킴) 마음의 할례(=내면의 변화, 정결)를 받아야 합니다(1-4절). 이번에는 남유다 백성들에게 회개를 촉구합니다(5-8절). 만약 돌이키지 않는다면 바벨론 군대의 침략을 피할 수 없을 것입니다. 하나님이 지켜주시기에 평안할 것이라고 말한 왕과 지도자, 제사장, 선지자들은 바벨론의 침략으로 인해 크게 놀랄 것입니다(9-10절). 유다 백성에게 심판과 멸망은 점차 현실이 되고 있습니다(11-13절). 선지자가 마음의 악을 씻으면 구원을 얻을 것이라고

외치지만 회개할 의향이 없는 백성들은 계속 하나님을 거역하다가 결국 최악의 상황을 맞이하게 되었습니다(14-17절). 예레미야는 하나님의 심판에 직면한 백성들을 보며 슬퍼합니다(18-22절). 예레미야의 탄식은 백성들에 대한 하나님의 슬픔을 보여줍니다. 예레미야가 환상 가운데 보게 된 땅의 혼돈과 공허함은 하나님의 심판으로 폐허가 될 예루살렘을 상징합니다(23-26절). 하나님은 심판하시되 진멸하지 않겠다고 말씀하십니다(27-28절). 하나님은 철저히 심판 속에서 남은 자를 준비하실 것입니다. 바벨론 군대는 예루살렘을 점령할 것이며 강대국의 환심을 사기 위한 그들의 모든 노력은 물거품이 되고 백성들은 해산하는 여인처럼 큰 고통을 겪게 될 것입니다(29-31절).

[마태복음 18장]

천국을 세상나라처럼 여긴 제자들은 천국에서 누가 큰지에 대해 관심이 많았습니다(1절). 예수님은 남보다 높아지려는 제자들에게 어린아이와 같이 자신을 낮추는 사람이 천국에서 큰 자라고 말씀하십니다(2-4절). 또한 공동체에서 연약한 자를 실족케 하는 죄의 엄중함을 말씀하시며 그들을 존중히 여기며 섬길 것을 수호천사의 존재와 잃은 양의 비유를 통해 말씀하십니다(5-14절). 죄를 범한 형제를 치리할 때에는 형제를 귀하게 여기는 마음과 형제를 잃지 않겠다는 마음을 견지하며 단계적으로 권면해야 합니다(15-17절). 예수님은 작은 자를 귀하게 여기라는 당신의 권고를 따르며 이를 실천하고자 고군분투하는 공동체와 함께 하십니다(18-20절). 그리스도의 제자들은 하나님이 끊임없이 자신을 사랑하고 용서하고 계시다는 사실을 기억하고 내가 누리는 하나님의 용서와 사랑이 형제 사랑의 기준으로 삼아야 합니다(21-35절). 용서하는 것은 주께로부터 받은 용서와 구원의 증거가 됩니다.

[기도]

나의 의지이시며 나의 피난처가 되시는 하나님! 강팍한 세상 속에서 하나님 아버지의 마음을 품고 복음으로 세상을 섬기게 하옵소서. 아버지께 받은 용서와 사랑이 나의 양식이 되게 하시고 행위의 기준이 되게 하옵소서.

[여호수아 11장]

가나안 중부와 남부를 평정한 여호수아는 북쪽으로 눈길을 돌립니다. 하솔왕 야빈이 북부 연합군을 구성하여 대항하나 하나님은 이번에도 이기게 하셨습니다(1-15절). 가나안 중부와 남부, 북부의 주요 지역을 점령함으로써 가나안 땅을 주시겠다는 하나님의 약속이 성취되었습니다(16-23절).

[시편 144편]

제왕시. 다윗은 아버지 이새조차 기대하지 않았던 한낱 목동에 불과했지만 하나님의 강한 손이 함께 함으로 골리앗과의 싸움에서 이기고 여러 전투에서 혁혁한 공을 세웠으며 마침내 백성들의 지지 속에 왕위에 오르게 되었습니다(1-2절). 다윗은 과거 미천한 때에 은혜를 베풀어주신 하나님이 지금도 그때와 같이 돌보아 주사 대적들을 멸하여 주시길 기도합니다(3-11절). 다윗은 하나님의 구원을 확신하며 하나님을 경외하는 가정과 나라가 받을 복을 선포합니다(12-15절).

[예레미야 5장]

소돔과 고모라는 의인 10명이 없어서 멸망했습니다(창 18-19장). 그런데 예루살렘에는 의와 진리를 행하는 자가 한명도 없다고 하나님이 말씀하십니다(1절). 거짓을 자행하는 유다 백성들은 징계를 받고 있는 상황임에도 돌아오기를 거절하므로 심판이 불가피해졌습니다(2-9절). 거짓 선지자들은 재앙과 칼과 기근이 임하지 않을 것이라고 선포합니다(10-13절). 만약 하나님이 주시지 않은 다른 메시지를 전한다면 그것은 하나님을 부인하는 것과 같습니다. 북쪽으로부터 온 바벨론 군대는 유다 백성들의 모든 것을 취할 것이며 예루살렘을 파괴할 것입니다(14-17절). 그러나 하나님은 진노 중이라도 은혜와 긍휼을 베푸십니다(18절). 유다가 심판받게 되는 이유는 하나님을 버리고 이방신을 섬겼기 때문인데 유다 백성들은 영적인 눈과 귀가 모두 닫혀 있어 자신들의 실체를 깨닫지 못하고 있습니다(19-21절). 선지자는 유다 백성들의 죄를 고발합니다. 하나님을 두려워하지 않는 그들은 규례를 어겼으며 자기의 이익을 위해 재판을 왜곡했습니다(22-28절). 공의의 심판을 예고하신 하나님은 거짓 선지자와 부패한 제사장을 선호하는 백성들에 대한 우려를 표명하십니다(29-31절).

[마태복음 19장]

바리새인들이 예수님을 시험하고자 "어떤 이유가 있으면 아내를 버리는 것이 옳으니이까"라는 질문을 던집니다(3절). 그들은 수치 되는 일이 있으면 이혼이 가능하다(신24:1)는 내용을 근거로 율법이 이혼을 보장하고 있다는 입장에 서 있습니다. 그러나 예수님은 모세의 율법(신24:1)보다 부부에 대한 창조질서(창2:24)가 더 우선이라고 말씀하십니다(4-6절). 그리고 이혼은 음행의 경우에만 가능한 것으로 제한하십니다(7-9절). 혼인과 독신 모두 하나님의 특별한 은사입니다(10-12절). 어린이의 겸손함과 의존성은 하나님나라에 합당한 모습입니다(13-15절). 율법을 다 지켰다고 자부하는 한 부자청년은 사실 재물의 신을 섬기고 있습니다(16-21절). 그는 재물을 정리하고 제자가 될 것을 요청받자 주님을 떠납니다(22절). 소유가 많으면 하나님을 온전히 의지하기 어렵지만 구원은 사람이 아닌 하나님에게서 납니다(23-26절). 복음을 위해 헌신한 이들에 대한 최고의 보상은 영생이며 이 땅에서 무엇을 잃든 그와 비교할 수 없는 보상이 따를 것입니다(27-30절).

[기도]

언약을 세우시고 지키시는 신실하신 하나님! 하나님의 경외하는 가정과 나라를 이룸으로 복을 받게 하옵소서. 진리의 말씀을 따르는 믿음의 파수꾼이 되게 하시고 참 제자가 되게 하옵소서.

[여호수아 12-13장]

(12장) 1차 가나안 정복전쟁이 종결되고 중간결산을 합니다. 2차는 각 지파별로 진행될 예정입니다. 먼저 모세는 요단 동편 지역을 점령하고 르우벤, 갓, 므낫세 반 지파에게 분배하였습니다(1-6절). 모세의 뒤를 이은 여호수아가 점령한 요단 서편 지역과 31명의 왕의 목록이 등장합니다(7-24절). 구체적인 지명과 왕의 이름은 가나안 땅에 대한 하나님의 약속이 실제로 성취되었음을 보여줍니다.

(13장) 이스라엘이 가나안의 주요 지역을 차지하긴 했지만 미정복지가 많이 남았습니다. 하나님은 미정복지를 구체적으로 말씀하시며 이를 9개 지파와 므낫세 반 지파에게 분배하여 각 지파별로 남은 지역을 정복하게 하라고 말씀하십니다(1-7절). 하나님은 그 땅들도 이스라엘 각 지파의 기업이 되게 하실 것을 약속하십니다. 요단 동편은 이미 모세 시절에 정복하여 2개 지파와 므낫세 반 지파에게 분배되었으며 레위지파는 땅이 아닌 하나님을 기업으로 삼아 살아가도록 부름 받았습니다(8-14절). 르우벤 지파와 갓 지파, 므낫세 반 지파가 분배받은 땅이 자세하게 소개됩니다(15-33절). 요단 동편 아모리 왕 시혼의 땅을 정복하는 과정에서 이스라엘로 하여금 음행에 빠지게 만들었던 발람이 죽습니다. "발람의 꾀를 따라 이스라엘 자손을 브올의 사건에서 여호와 앞에 범죄하게 하여"(민 31:16). 레위지파의 기업은 하나님이심을 다시 강조합니다.

[시편 145편]

찬양시. 다윗은 이스라엘 역사의 위대한 왕으로 추앙받고 있습니다. 그러나 그는 하나님이야말로 위대한 왕이심을 고백하며 그가 행한 놀라운 일을 찬양합니다(1-7절). 다윗은 백성들에게 찬양을 권합니다. 하나님의 성품과 하나님의 통치하심은 하나님의 백성에게 기쁨이요 영광이며 찬양의 이유입니다(8-13절). 하나님은 고통 중에 있는 백성들의 간구에 응답하셔서 다시 일으켜 주시고 필요를 채우시며 구원하십니다(14-21절). 그러나 악인은 심판하십니다.

[예레미야 6장]

흔히 전쟁이 나면 성 밖에 있는 주민들은 성안으로 들어옵니다. 성안이 더 안전하기 때문입니다. 그런데 하나님은 베냐민 자손들에게 예루살렘을 떠나라고 말씀하십니다(1절). 베냐민 자손들은 예루살렘 주민 혹은 유다 백성을 가리킵니다.

죄가 가득한 예루살렘 성은 하나님이 부른 북방의 군대로 인하여 황폐하게 될 것입니다(2-8절). 농부가 포도나무에서 포도를 따듯이 북방의 군대는 이스라엘 사람들을 샅샅이 찾아내어 포로로 끌어갈 것입니다(9-12절). 그러나 심판의 메시지를 듣고도 영적으로 귀가 어두워진 유다 백성들은 이를 대수롭지 않게 여깁니다. 선지자로부터 일반 백성에 이르기까지 모두 하나님의 말씀을 버렸으며 거짓 평안에 안주했습니다(13-15절). 하나님의 회개명령을 계속 거절하는 그들에게 하나님은 심판을 선언하십니다(16-21절). 잔인한 전사들로 구성된 대군이 몰려온다는 소식은 유다 백성들에게 엄청난 공포와 두려움을 안겨 줄 것입니다(22-26절). 너무 많은 죄로 찌들어 있는 유다 백성들은 불순물이 제거되지 않아 버려지는 은과 같은 신세가 될 것입니다(27-30절).

[마태복음 20장]

일꾼을 부르기 위해 이른 아침에 나간 포도원 주인을 연구하면 천국이 어떤 곳인지 알 수 있습니다(1절). 포도원 주인은 06시, 09시, 12시, 15시, 17시까지 계속해서 포도원에서 일할 일꾼을 모집합니다(2-7절). 이야기에 등장하는 품꾼들은 직업이 없는 자들입니다. 06시에 부름 받은 일꾼은 한 데나리온, 그 외의 일꾼들은 상당한 품값, 즉 한 데나리온이 안 되는 품값을 기대했을 것입니다(4절). 그러나 정산 결과 모두가 한 데나리온을 받게 됩니다(8-16절). 일찍 부름 받은 일꾼들은 약속한 금액을 받았으면서도 일한 시간을 따져 억울함을 호소합니다. 그런데 잘 생각해야 합니다. 사실 주인이 그들을 고용하지 않으면 그만입니다. 본래 직업이 없는 그들은 오직 은혜로 선택받아 고용되었습니다. 이 사실을 잊어버리는 순간부터 문제가 생깁니다. 비유의 핵심은 모두에게 은혜를 베풀기 원하시는 주인의 자애로움을 이해하는 것입니다. 포도원(천국)으로 영혼들을 부르기 위해 예수님은 십자가의 길을 걸어가십니다(17-19절). 그런데 세베대의 아들(야고보 & 요한)의 어머니는 자기 목숨을 대속의 제물로 주기 위해 오신 예수님에게 아들들의 자리를 부탁합니다(20-28절). 예수님은 두 맹인의 눈을 뜨게 하십니다(29-34절). 예수님에 대해 자신의 욕망을 성취시키는 도구 정도로 여기는 사람들은 예수님을 아는 눈, 즉 하나님 나라의 원리를 이해하는 눈을 떠야 합니다.

[기도]

이스라엘이 가나안 땅을 정복하는 모든 과정은 하나님이 행하신 위대한 역사입니다. 하나님의 통치가 내게 기쁨과 영광이 됨을 고백합니다. 회개를 명하시는 하나님의 음성을 잘 듣게 하시고 천국 백성 되게 하신 은혜를 망각하지 않게 하옵소서.

[여호수아 14-15장]

(14장) 요단 서편 지역은 요단 동편에 자리 잡은 르우벤, 갓, 므낫세 반 지파(마길의 후손)를 제외한 나머지 지파들에게 분배되었습니다(1-5절). 레위지파는 거주할 성읍과 목초지만 받게 됩니다. 85세의 갈렙은 45년 전 가나안을 정탐할 때 밟았던 헤브론 산지를 여호수아에게 요청합니다(6-12절). 하나님은 그 옛날 10명의 정탐꾼과 이스라엘 백성들을 두렵게 만들었던 강대한 아낙자손의 땅 헤브론을 갈렙에게 주셨습니다(13-15절). 하나님의 약속이 45년 만에 이루어졌습니다.

(15장) 요단 서편 땅에 대한 분배는 유다지파부터 시작됩니다. 유다지파의 동서남북 경계가 소개됩니다(1-12절). 갈렙은 아낙 자손이 살던 헤브론을 점령했으며 옷니엘은 드빌을 정복함으로써 갈렙의 사위가 되었습니다(13-19절). 유다지파가 기업으로 분배받은 성읍이 상세하게 소개되고 있습니다(20-63절). 다만 여부스 족속이 있는 예루살렘은 점령하지 못했습니다.

[시편 146-147편]

(146편) 찬양시. 146-150편은 '할렐루야'로 시작하고 '할렐루야'로 끝나는 찬양시이며 146편은 개인 찬양시, 147편부터는 공동체 찬양시로 분류됩니다. 시인은 하나님을 찬양할 것을 스스로에게 다짐합니다(1-2절). 하나님은 진정한 도움이요 신실하신 창조주이시며 긍휼을 베푸시는 공의로우신 해방자이십니다(3-10절).

(147편) 찬양시. 이스라엘 백성들은 하나님의 징계로 이방나라에 포로로 끌려갔지만 하나님은 그들을 버리지 않으셨습니다. 시인은 흩어진 자를 모아 이스라엘을 다시 일으키시며 회복하시는 하나님을 찬양합니다(1-7절). 하나님은 그가 창조한 천지만물에게 복을 주시되 미약한 짐승까지 먹이시는 분이니 어찌 그의 백성들을 지키시고 복을 주시지 않겠습니까?(8-14절). 흩어진 자녀들을 불러 모으신 하나님은 그들을 평안으로 지키시고 양식을 주십니다. 권능의 하나님은 자연에게 말씀(명령) 하시며(=다스리시며), 택한 백성에게 말씀을 주십니다(15-20절).

[예레미야 7장]

예레미야의 성전설교입니다(1-2절). 예레미야는 성전에 들어가는 사람들에게 강력한 회개의 메시지를 선포합니다. 그는 성전이 있는 예루살렘은 안전하다고 말하는 제사장의 선언에 대해 단호하게 거짓이라고 말하며 하나님이 진정 원하시는 삶이 무엇인지에 대해 선포합니다(3-7절). 유다 백성들은 말씀을 멸시하면서 성전에만 오면 하나님이 다 용서하시고 복을 주신다는 생각에 사로잡혀 있습니다(8-11절). 거짓 평안에 안주하는 자들에게 하나님의 철저한 심판이 있을 것입니다(12-15절). 하나님은 예언자의 가장 중요한 임무인 백성을 위한 중보기도를 금지하십니다(16절). 이것은 하나님의 심판의지의 확고함을 보여줍니다. 하나님은 우상을 숭배하면서 안식일만 되면 성전에 나와 뻔뻔하게 예배하는 백성들을 거부하십니다(17-21절). 하나님이 진정 원하시는 것은 희생제사가 아니라 언약에 대한 신실한 반응입니다(22-26절). 그러나 유다 백성들은 조상들처럼 불순종으로 일관된 삶을 살고 있습니다(27-32절). 심지어 인신제사까지 드립니다. 자녀를 불사르는 자는 결혼과 자녀의 기쁨을 상실할 것이며 불명예스러운 죽음을 맞게 될 것입니다(33-34절).

[마태복음 21장]

예수님은 고난이 기다리는 예루살렘으로 들어가시며 많은 사람들의 환영을 받습니다(1-11절). 그가 나귀를 타신 것은 예언의 성취입니다. "보라 네 왕이 네게 임하시나니 그는 공의로우시며 구원을 베푸시며 겸손하여서 나귀를 타시나니"(슥 9:9). 예수님은 정복자가 아니라 자기 목숨으로 구원을 베푸실 겸손의 왕이십니다. 예루살렘 입성 후 가장 먼저 성전으로 가신 예수님은 제사의 편의를 돕는다는 명분으로 성전 안까지 들어와 있던 매매상을 내쫓으시며 '성전은 아버지께 기도하는 집'임을 선언하시고 성전 안에 들어온 병든 자를 치유하시며 어린이들의 찬양을 받으십니다(12-16절). 예수님을 향한 어린이의 찬양 역시 말씀의 성취입니다. "주의 대적으로 말미암아 어린 아이들과 젖먹이들의 입으로 권능을 세우신다"(시 8:2). 무화과나무가 말라 버린 사건은 믿음으로 드리는 기도의 중요성을 보여줍니다(17-22절). 예수님의 권위를 인정하지 않는 유대의 지도자들은 불신과 불순종으로 일관했습니다(23-32절). 예수님은 포도원 농부의 비유를 통해 그들의 실체를 폭로하십니다(33-41절). 십자가의 죽음으로 버린 돌처럼 여겨질 예수님은 부활을 통해 머릿돌이 되실 것입니다(42-46절).

[기도]

노년이 되어서도 말씀에 대한 순전한 믿음으로 위험을 감수하며 도전하는 삶을 산 갈렙을 본받게 하옵소서. 내게 지극히 성실하시고 신실하신 하나님을 찬양합니다. 예배를 수단화하지 않게 하시고 하나님이 받으시는 삶의 예배자가 되게 하옵소서.

[여호수아 16-17장]

(16장) 유다에 이어 요셉지파가 받은 기업이 소개됩니다(1-10절). 요셉 지파는 에브라임과 므낫세 지파가 각각 분배받았는데 장자의 축복을 받은 에브라임 지파가 먼저 분배받습니다(창48:19). 에브라임 지파 역시 다른 지파처럼 지파 내에 거주하는 가나안 족속을 쫓아내지 못했습니다.

(17장) 므낫세 지파가 받은 기업에 대한 소개입니다. 므낫세 지파 중 장남 마길의 후손은 이미 요단 동편에 자리 잡았으며 그 외 나머지 가문은 요단 서편에 정착합니다(1-11절). 요단 동편과 서편에 각각 정착하게 되면서 므낫세 지파는 12지파 중 가장 넓은 면적을 차지하게 되었습니다. 한편 슬로브핫은 아들이 없었는데 그의 딸들도 남자와 똑같이 기업을 분배받았습니다(민 36장). 다만 그들은 같은 지파의 남자와 결혼하여 분배받은 땅이 다른 지파에게 넘어가는 일이 생기지 않게 해야 합니다. 므낫세 지파도 가나안 족속을 완전히 쫓아내지 못했습니다. 요셉 지파에 대한 분배가 끝났는데 그들은 땅을 더 달라고 요구합니다(14-15절). 여호수아는 단호하게 가나안의 철 병거를 두려워하지 말고 스스로 개척할 것을 촉구합니다(16-18절).

[시편 148편]

찬양시. 피조물들은 하나님의 명령대로 존재하게 되었습니다(창 1장). 하나님은 피조물을 통해 당신의 영광을 드러내십니다. “내가 내 영광을 위하여 창조한 자를 오게 하라 그를 내가 지었고 그를 내가 만들었느니라”(사 43:7). 하나님이 지으신 피조물 중 첫 번째로 하늘이 등장합니다(1절). 시인은 하늘로부터 시작하여 창세기 1장에 등장하는 천상의 세계, 자연의 세계에 속한 피조물들을 차례로 소환하며 하나님을 찬양하라고 명령합니다(2-12절). 많은 고대 국가들이 해와 달과 별을 경배의 대상으로 삼았습니다. 그러나 시인은 해와 달과 별에 대해 하나님을 찬양하라고 선포합니다. 다른 피조물에 비하면 위대하게 보이지만 그들 역시 창조주의 능력과 권세를 드러내는 존재일 뿐입니다. 하나님은 일월성신 숭배를 철저히 금하십니다. “내가 명령하지 아니한 일월성신에게 절한다 하자 … 너는 그 악을 행한 남자와 여자를 네 성문으로 끌어내고 그 남자와 여자를 돌로 쳐 죽이되”(신 17:3-5). 인간의 능력을 초월하는 자연현상도 하나님의 권세와 능력을 나타냅니다. 하나님은 성도들의 찬양을 기뻐하십니다(13-14절). 우리는 온 세상 만물들과 함께 하나님을 찬양합니다.

[예레미야 8장]

하나님이 엄히 금하시는 천체(일월성신)를 숭배한 이스라엘 백성들은 하나님의 진노로 시신마저 무덤에서 파헤쳐지는 수치를 당하게 될 것입니다(신 4:19 & 신 17:3, 1-3절). 이스라엘 백성들은 완고한 태도로 거짓된 길을 고집하고 있으며 지도자들은 율법을 버렸고 선지자들은 거짓 평안을 선포했습니다(4-12절). 율법을 버리고 거짓을 행한 자들에게 심판이 임할 것입니다. 뱀과 독사(바벨론 군대)를 통한 하나님의 철저한 심판 선언을 들은 백성들은 견고한 성읍에 들어가자고 말합니다(13-17절). 이는 성전이 있는 예루살렘은 절대 무너지지 않는다는 잘못된 확신에서 비롯된 것입니다. 예루살렘에 임할 심판보다 예레미야를 더 아프게 하는 것은 백성들이 자기들이 죄를 보지 못한 채 '하나님이 계시지 않아서 우리가 멸망하게 되었다'라고 말하며 멸망의 책임을 하나님께로 돌리는 모습입니다(18-20절). 하나님의 마음을 품은 예레미야는 멸망을 향해 달려가는 예루살렘을 보며 탄식합니다(21-22절).

[마태복음 22장]

예수님은 천국을 이해시키기 위해 혼인잔치를 연 임금의 이야기를 들려주십니다(1-14절). 먼저 초대받았던 사람들은 일상에 바빠서 혼인 잔치에 무관심했습니다. 게다가 잔치 소식을 전하는 종들을 모욕하고 죽이기까지 합니다. 이에 임금은 누구나 잔치에 참여할 수 있게 했으며 초대에 응하지 않은 사람(=복음을 믿지 않는 사람)과 초대에는 응했으나 예복을 입지 않은 사람(=자기 의와 공로를 내세우는 사람)에게는 심판을 선언합니다. 이 비유가 하나님 나라로 초대하시는 예수님의 부르심에 응하지 않는 자신들의 이야기임을 눈치 챈 바리새인들이 세금납부 문제로 예수님을 함정에 빠뜨리려고 시도했지만 예수님은 세상의 의무와 하나님 나라의 의무를 모두 행하라고 말씀하십니다(15-22절). 하나님의 형상이 새겨져 있는 우리는 하나님의 소유입니다. 우리가 부활의 몸을 입게 되면 어느 누구의 남편이나 아내가 아닌 초월적 존재로 영원히 살게 됩니다(23-33절). 믿음의 조상들은 죽은 것이 아니라 영생하고 있으므로 하나님은 언제나 산 자의 하나님이 되십니다. "나는 부활이요 생명이 나를 믿는 자는 죽어도 살겠고 무릇 살아서 나를 믿는 자는 영원히 죽지 아니하리니 이것을 네가 믿으냐"(요 11:25-26). 모든 율법과 선지자의 강령은 하나님 사랑과 이웃 사랑으로 축약됩니다(34-40절). 예수님은 다윗이 그리스도를 주라 칭했던 말씀(시 110:1)을 근거로 당신이 다윗보다 더 큰 존재임을 선언하십니다(41-46절).

[기도]

희생하지 않으려는 요셉지파 보다 믿음으로 헤브론을 취한 갈렙과 같기를 소망합니다. 하나님의 창조목적대로 살아가게 하옵소서. 말씀이 아닌 것을 붙잡지 않게 하시고, 죄를 향해 달려가는 자들을 위해 기도하게 하옵소서.

[여호수아 18-19장]

(18장) 여호수아는 가나안의 중간 위치에 있는 실로로 회막을 옮깁니다(1절). 이후 실로는 블레셋에 의해 언약궤를 빼앗기기 전까지 신앙의 구심점이 되었습니다(삼상 4:1-11). 17장까지 5개 지파의 땅 분배가 끝났습니다. 요단 동편에는 르우벤, 갓, 므낫세 반 지파(마길의 후손)가, 요단 서편에는 유다, 에브라임, 므낫세 지파(마길의 후손 외)가 자리 잡았습니다. 그런데 남은 7개 지파는 자신들의 기업을 분배받는 일에 매우 소극적이었습니다. 요단 동편 땅을 적극적으로 요구했던 지파들과 다른 태도를 보입니다. 여호수아는 열의가 없는 남은 7개 지파를 책망합니다(2-3절). 그들은 정복전쟁이 1차 종결되었기 때문에 현실에 안주하고 싶었을 것입니다. 그러나 자신들과 후손이 터를 잡고 살아갈 기업을 확보하는 일은 매우 중요합니다. 여호수아는 구체적인 지침을 주며 땅 분배를 주도합니다(4-10절). 베냐민 지파는 유다와 에브라임 지파 사이의 작은 영토를 분배받았지만 여리고, 벧엘, 기브온, 미스바, 예루살렘 등 이스라엘 역사에서 중요하게 거론되는 주요 도시들이 포함된 땅을 받습니다(11-28절).

(19장) 유다 지파가 필요 이상의 많은 땅을 분배받았기에 시므온 지파는 유다 지파의 남쪽 영역을 분배받았습니다(1-9절). 이후 자연스럽게 시므온 지파의 영역은 유다에 흡수되었으며 시므온 지파 사람들은 에브라임과 므낫세 지경으로 삶의 터전을 옮기게 됩니다(대하 15:9). 그리하여 솔로몬 사후 북왕국 이스라엘을 구성하는 10지파에 시므온이 자연스럽게 포함되었습니다. 스불론 지파는 북쪽 내륙지역(10-16절), 잇사갈은 비옥한 이스르엘 평원지역(17-23절), 아셀 지파는 북쪽 지중해 해안지역(24-31절), 납달리 지파는 요단강과 갈릴리를 동쪽 경계로 한 지역(32-39절), 단 지파는 에브라임, 유다, 베냐민 지파로 둘러싸인 협소한 지역(40-48절)을 분배받습니다. 단 지파는 원래 받은 지역을 아모리 족속에게 빼앗기고(삿 1:34) 완전히 새로운 지역인 레셈 지역을 정복하여 지파의 기업으로 삼습니다. 이렇게 가나안 땅 분배가 마무리됩니다(49-51절).

[시편 149-150편]

(149편) 찬양시. 시인은 성도들에게 새 노래로 찬양하라고 권면합니다(1절). 하나님의 영에 감동한 자는 입술이 아닌 영혼의 노래를 부릅니다. 찬양받으시기에 합당하신 하나님은 창조주, 왕, 구원자이십니다(2-5절). 하나님은 이스라엘에게 당신의 영광과 권능을 주셨습니다(6절). 이스라엘은 승리하고 대적들은 하나님의 심판을 받을 것입니다(7-9절).

(150편) 찬양시. "호흡이 있는 자마다 여호와를 찬양할찌어다"(6절). 시편의 마지막 구절은 시편 전체의 결론이기도 합니다. 하나님의 지극히 높으심과 그가 행하신 일들은 찬양의 이유입니다(2절). 무엇으로 찬양해야 할까? 우리가 가진 모든 것이 악기가 되어 하나님을 찬양하는데 쓰여야 합니다(3-5절). 무엇보다 우리의 찬양에는 마음을 다하고 뜻을

다하고 힘을 다하여 하나님을 사랑하는 마음이 담겨 있어야 합니다(신 6:5).

[예레미야 9장]

하나님을 버리고 우상을 섬기는 유다 백성들로 인해 예레미야는 한없이 눈물을 쏟을 만큼 슬퍼합니다(1-2절). 백성들의 삶에 진실은 없고 거짓과 죄가 가득하며 무엇보다 그들은 하나님 알기를 싫어합니다(3-6절). 하나님은 그들을 심판으로 연단하실 것입니다(7-9절). 예레미야는 율법을 어기고 우상을 섬긴 백성들에 대한 하나님의 심판선언으로 인해 탄식합니다(10-14절). 그들은 쑥과 독한 물(=고난의 떡과 물)을 먹게 될 것이며 이방 나라 가운데 흩어지게 될 것입니다(15-16절). 애굽의 모든 장자를 죽였던 죽음의 사자로 인해 유다 백성들의 시체가 가득하게 될 것입니다(20-22절). 하나님은 대재앙이 임할 것이니 애곡하는 자를 동원하여 크게 슬퍼하라고 말씀하십니다(17-19절). 인간의 지혜와 힘과 부는 다가올 심판에서 어떤 능력도 발휘하지 못합니다. 그러므로 사랑과 정의를 행하시는 하나님을 힘써 알아야 합니다(23-24절). 심판은 할례 받은 자(유다 백성)와 할례 받지 못한 자(이방인) 모두에게 임할 것입니다(25-26절). 백성들은 할례를 내세우려 하지만 하나님은 마음의 할례를 받지 못했다고 말씀하십니다. 그들은 육신의 할례만 받았을 뿐 마음에 하나님이 없습니다. 그들은 하나님이 아닌 우상을 섬겼습니다.

[마태복음 23장]

예수님은 율법을 가르치는 바리새인과 서기관들의 권위에 대해서는 인정하셨지만 높은 자리와 사람들의 인정에 연연하고 율법에 대해 가르치기만 하고 행하지 않는 모순과 위선에 대해서는 비판하십니다(1-12절). 랍비(선생님)나 아버지로 불리기를 원하는 그들을 본받지 말고 하늘에 계신 아버지를 경외하며 진정한 랍비이신 예수 그리스도를 따라야 합니다. 예수님은 그들에 대해 7가지 화를 선언하십니다(13-36절). 자기 의와 위선, 방탕과 탐욕으로 가득한 그들은 천국 문을 닫는 자이며 사람들을 지옥백성으로 만드는 눈 먼 인도자입니다(13-22절). 이미 예수님은 산상수훈을 통해 맹세에 대한 지침을 주셨습니다. "도무지 맹세하지 말라 … 오직 너희 말은 옳다 옳다, 아니라 아니라 하라 이에서 지나는 것은 악으로부터 나느니라"(5:34-37). 옳은 것은 옳다, 아닌 것은 아니라고 정직하게 말하면 하나님이나 성전 등을 거론하며 맹세할 필요가 없어집니다. 그들은 본질을 잃어버린 자이며 겉으로만 옳게 보이는 자입니다(23-28절). 선지자를 거역한 조상들을 그대로 답습하여 예수님을 거부하고 예수님과 제자들을 박해한 그들은 결국 심판을 받게 될 것입니다(29-39절). "사람은 외모를 보거니와 나 여호와는 중심을 보느니라"(삼상 16:7).

[기도]

호흡이 멈출 때까지 하나님을 찬양하며 하나님이 행하신 일을 선포할 것입니다. 세례 받은 자로 만족하지 않게 하시고 마음의 세례를 받아 하나님을 경외하고 사랑하며 살아가게 하옵소서. 중심을 보시는 하나님 앞에서 늘 정직하게 하옵소서.

[여호수아 20-21장]

(20장) 땅 분배가 끝나자마자 하나님은 도피성 설치를 명하십니다(1-3절). 하나님은 이미 시내산에서 도피성에 대해 말씀하셨습니다(출 21:12-13). 도피성은 피의 보복을 막고 이스라엘 공동체 가운데 하나님의 공의를 세우기 위한 목적을 가지고 있습니다. 도피성은 총 6개이며 이곳에 들어온 자는 적격 판정을 거쳐 거주하게 되며 대제사장이 죽기까지 성을 벗어나지 않는 한 그의 생명이 보장됩니다(4-6절). 하나님은 우리의 영원한 도피성이 되십니다.

(21장) 레위 지파는 땅 분배에서 제외되었습니다. 하나님이 친히 그들의 기업이 되시기 때문입니다. 그러나 그들에게도 삶의 터전인 성읍과 목초지가 필요하기에 하나님은 이스라엘 각 지파별로 제비를 뽑아 레위인을 위한 성읍을 분배해 줄 것을 명하십니다(1-3절). 하나님은 요단 동편지역을 포함한 이스라엘 전역으로 레위인을 흩으셨습니다(4-7절). 이유는 분명합니다. 모든 이스라엘 백성들로 하여금 하나님을 잊지 않고 예배하게 하는 것입니다. 그들은 이스라엘 각 지파로부터 총 48개의 성읍을 받아 거주하였습니다(8-45절).

[사도행전 1장]

누가복음과 사도행전을 쓴 누가는 헬라인이며 직업은 의사입니다. 그가 먼저 쓴 글은 누가복음을 의미합니다(1-2절). 1차 독자로 표기되어 있는 데오빌로는 실제 인물이라기보다 누가가 가상의 독자로 설정해 놓은 이름일 가능성이 높습니다. 데오빌로는 '하나님'(헬: 데오)과 '사랑하는'(헬: 빌로)의 합성어로 '하나님을 사랑하는 자' 또는 '하나님이 사랑하는 자'가 됩니다. 누가는 하나님이 사랑하는 자 그리고 하나님을 사랑하는 자에게 글을 쓴 것입니다. 모든 그리스도인이 곧 데오빌로입니다. 예수님은 부활하신 후 40일 동안 그로 말미암아 도래한 하나님 나라를 선포하며 아버지께서 약속하신 성령의 임재를 기다리라고 말씀하십니다(3-5절). 부활하신 예수님이 40일간 하나님 나라에 관하여 가르쳤음에도 불구하고 제자들은 여전히 이스라엘의 정치적인 독립에 관심이 있었습니다(6-7절). 제자들은 땅 끝까지 복음을 전하는 본연의 임무에 충실해야 하며 이는 성령의 임재로 가능해 집니다(8절). 예수님은 복음의 증인될 것을 당부하시고 승천하셨습니다(9-11절). 예수님의 약속(4절)을 믿고 제자들과 예수님의 가족을 포함한 120여 명이 함께 모였을 때 베드로가 가룟 유다를 대신할 사도의 필요성을 제기함으로써 12번째 사도인 맛디아가 선출되었습니다(12-26절).

[예레미야 10장]
유다 백성들은 하나님을 버리고 우상을 섬겼습니다. 우상은 인간의 창작물일 뿐입니다. 하나님은 생명도, 인격도, 능력도 없는 우상의 무익함을 폭로하십니다(1-5, 8-9절). 반면 우상과는 비교할 수 없는 큰 권능을 가지신 여호와는 위대하신 참 하나님이시며 영원한 왕이십니다(6-7, 10-11절). 그런데 유다 백성들이 창조주를 버리고 사람의 손으로 만든 우상을 섬겼으므로 하나님의 심판을 받게 되었습니다(12-15절). 우상은 무능하지만 하나님은 야곱의 분깃(히: 헬레크=몫, 할당, 운명)이 되십니다(16절). 창조주 하나님은 우리의 분깃임을 자처하십니다. 우상숭배로 인해 이방인의 포로가 될 유다 백성들은 탄식할 것입니다(17-20절). 여호와를 의뢰하지 않은 지도자들의 죄로 인해 바벨론의 침략을 받게 되었고 백성들은 뿔뿔이 흩어지게 되었습니다(21-22절). 예레미야는 하나님이 공의로 심판하시되 너그럽게 하여 주시길 간구합니다(23-25절).

[마태복음 24장]
성전 파괴를 예언한 예수님은 이참에 제자들에게 종말에 관한 교훈을 주십니다(1-4절). 예수님의 예언대로 AD 70년 로마는 예루살렘을 철저히 파괴합니다. 박해와 같은 강력한 도전에 직면한 신앙공동체는 제자도가 흔들리고 서로 배신과 미움에 빠지는 등 위기를 겪게 될 것입니다(5-12절). 모든 민족에게 복음이 전해져야 끝이 오기에 끝까지 인내하며 복음 증거의 사명을 감당해야 합니다(13-14절). 종말의 특징은 큰 환난, 거짓 선지자와 거짓 그리스도의 미혹, 배교입니다(15-28절). 환난이 임하면 세상에 집착하지 말고 주께로 피하고 환난을 견딜 수 있도록 기도하며 진리를 분별할 수 있어야 합니다. 예수님은 반드시 다시 오십니다. "너희 가운데서 하늘로 올려지신 이 예수는 하늘로 가심을 본 그대로 오시리라"(행 1:11). 성경에 기록된 재림의 징조를 통해 그 날이 오고 있음을 깨닫고 충성스런 종, 지혜로운 종으로 살아가야 하겠습니다(29-51절).

[기도]

허상과 허영에 사로잡혀 무익한 우상을 좇지 않게 하시고 오직 하나님만 경외하게 하옵소서. 성령께서 우리를 부르셔서 증인되게 하셨으니 생을 마치는 날까지 복음의 증인으로 살아가게 하옵소서.

[여호수아 22장]

요단 동편에 먼저 자리 잡았던 르우벤, 갓, 므낫세 반지파의 군사들은 나머지 지파들이 요단 서편 땅을 정복하고 땅을 분배받을 때까지 함께 싸웠습니다(1-3절). 여호수아는 그들의 헌신을 치하하며 이제 자기 처소로 돌아가 하나님을 사랑하고 계명에 순종하며 전리품은 이웃과 나누라고 말합니다(4-9절). 그런데 요단 동편으로 복귀하던 군사들이 쌓아놓은 제단으로 인해 문제가 발생합니다(10-12절). 요단 서편 사람들은 그것을 우상 제단이라고 생각했습니다. 바알브올의 음행사건과 아간의 범죄로 인한 하나님의 혹독한 징계를 경험했던 이스라엘은 급히 제사장 비느하스와 요단 서편에 자리한 각 지파의 대표자들로 구성된 진상조사단을 꾸립니다(13-20절). 조사결과 우상 제단이 아니라 자녀들의 신앙교육을 위해 쌓은 제단임이 밝혀짐으로써 그들에게 기쁨이 임했습니다(30-34절).

[사도행전 2장]

예수님이 약속하신 보혜사 성령이 임했습니다(요 14:16-18, 1-4절). 성령의 임재로 인한 첫 번째 표적은 각국의 언어로 하나님이 행하신 큰 일이 선포된 것입니다(5-8절). 자기들의 언어로 복음을 듣게 된 사람들은 놀라워하기도 하고 제자들이 술에 취했다며 조롱하기도 합니다(9-13절). 베드로는 이것이 성령의 임재로 나타난 결과이며 요엘의 예언 성취임을 선포합니다(욜 2:28-32, 14-21절). 성령이 임하시면 복음의 증인이 됩니다(1:8). 베드로는 말씀(시 16:8-11)을 인용하여 예수님의 부활과 권위, 그의 메시아 되심을 선포합니다(22-36절). 베드로의 설교에 찔림을 받은 사람들은 회개하고 세례를 받음으로써 죄 사함과 성령의 내주하심이라는 큰 선물을 받았습니다(37-41절). 성령님은 믿음의 공동체를 하나 되게 하십니다. 많은 기사와 표적이 나타났으며 무엇보다 가르침과 교제와 나눔의 충만한 역사가 나타났습니다(42-47절).

[예레미야 11장]

출애굽한 이스라엘 백성들은 시내산에서 하나님과 언약을 맺습니다. 시내산 언약의 핵심은 '너희는 나의 백성, 나는 너희의 하나님'입니다. 이스라엘 백성들은 언약관계에 대해 성실할 것을 선언했습니다. "언약서를 가져다가 백성에게 낭독하여 듣게 하니 그들이 이르되 여호와의 모든 말씀을 우리가 준행하리이다"(출 24:7). 그러나 그들은 실패했습니다(1-8절). 언약을 위반하고 우상을 섬긴 자들에게 하나님의 심판이 임할 것이며 우상은 결코 그들을 구원하지 못할 것입니다(9-13절). 예레미야가 백성들을 위해 기도하더라도 하나님은 듣지 않으실 것입니다(14절). 하나님은 우상을 섬기며 악을 행하는 자들의 가증스런 제사를 받지 않으시며 그들의 악한 행위를 심판하실 것입니다(15-17절). 하나님의 심판을 선포하는 예레미야는 동족으로부터 나라를 배신한 사람으로 여겨져 암살의 표적이 되었습니다. 그는 하나님이 고향 아나돗 사람들의 무서운 음모를 알게 하셨다고 고백합니다(18절). 그는 자신을 죽이려고 하는 대적들로 인해 탄식하며 부르짖습니다(19-20절). 예레미야의 기도를 들으신 하나님은 아나돗 사람들에 대한 심판을 선포하십니다(21-23절).

[마태복음 25장]

예수님은 계속해서 종말에 관한 가르침을 주십니다. 먼저 유대 결혼 풍습을 통해 재림에 대하여 언제든지 준비되어 있어야 함을 가르치십니다(1-13절). 재림이 예고 없이 갑자기 이루어질 것이기에 재림에 대해 안일하게 접근하는 것은 위험합니다. 열 처녀는 혼인잔치에 참여할 일행으로서 오직 그 시간을 위해 준비하는 존재입니다. 신랑이 지나가는 시간을 놓치면 실패자가 됩니다. 육신으로 살아가는 이 땅에서의 모든 시간이 꼭 그와 같습니다. 우리의 일생은 주님과의 영원한 만남을 준비하는 시간입니다. 다섯 달란트, 두 달란트 받은 사람은 주인이 맡긴 것을 가지고 주인의 뜻을 이루는 데 최선을 다했습니다(16-23절). 그러나 한 달란트 받은 사람은 주인이 불로소득을 바란다고 생각하면서 손해를 두려워하여 아무 일도 하지 않았습니다(18, 24-27절). 악하고 게으른 종의 잘못은 손해 보지 않는 편을 선택하고 그것에 만족했다는 것입니다. 혹 주님의 뜻을 적극적으로 이루는 삶도 아닌, 그렇다고 딱히 악한 삶을 사는 것도 아닌 어중간한 형태의 삶을 견지하며 만족하고 있지는 않은지요? 주의 재림과 함께 심판이 있음을 기억하십시오.(31-46절). 양과 염소의 이야기에서 선행이 의인의 조건이라는 결론을 얻는다면 잘못 이해한 것입니다. 우리는 그리스도를 영접함으로 의롭다 함을 얻었습니다. 제자라는 정체성이 행동을 규정합니다. 지극히 작은 자에게 그리스도의 모습으로 행하는 것이 마땅합니다(40절). 하나님만 사랑하는 제자는 존재할 수 없습니다. 하나님을 사랑하는 자는 이웃을 사랑합니다. "행함이 없는 믿음은 죽은 것이니라"(약 2:26).

[기도]

요단 동편 지파들처럼 형제들의 위한 희생과 섬김으로 아름다운 삶을 살게 하옵소서. 십자가 언약을 귀히 여기는 마음으로 계명을 잘 지키게 하시고, 그리스도의 충성된 일꾼으로 살아가게 하옵소서.

[여호수아 23장]

여호수아가 유언을 전합니다(1-2절). 이스라엘 백성들은 그들을 위해 싸우시는 하나님을 잊지 말아야합니다(3-5절). 여호수아는 힘써 율법을 지키고 우로나 좌로나 치우치지 아니하면 하나님이 형통케 하신다고 선포합니다(6-10절). 이 내용은 여호수아가 모세의 뒤를 이어 지도자가 되었을 때 하나님이 주셨던 말씀입니다. "이 율법책을 네 입에서 떠나지 말게 하며 주야로 그것을 묵상하여 그 안에 기록된 대로 다 지켜 행하라 그리하면 네 길이 형통하게 될 것이며 네가 형통하리라"(1:8). 하나님이 진정 원하시는 것은 하나님을 사랑하는 것입니다(11절). 만약 이방민족의 유혹에 빠져 하나님 대신 우상을 섬기게 된다면 축복이 아닌 저주가 임할 것입니다(12-16절).

[사도행전 3장]

습관을 좇아 15시(제9시)에 기도하러 성전에 올라가던 베드로와 요한은 나면서부터 걷지 못한 이를 주목합니다(1-5절). 그들은 기도 시간을 핑계로 병자를 외면하지 않았습니다. 본래 베드로와 요한이 주고자 한 것은 예수님의 이름과 구원이었으나 예수님의 이름으로 치유의 역사가 나타나게 되었습니다(6-7절). 걷게 된 자는 기뻐 뛰며 찬양합니다(8-10절). 사람들이 베드로와 요한을 주목합니다. 베드로는 자신의 능력으로 치유한 것이 아님을 분명하게 선포합니다(11-13절). 베드로는 치유사건이 사람들에게 회자되자 기회를 놓치지 않고 그리스도의 부활을 선포합니다(14-26절). 믿음의 선조들, 즉 모세와 선지자들이 예고한 예수님의 사역은 우리를 온전히 회복시키는 것입니다.

[예레미야 12장]

심판을 선포한 예레미야는 고향 아나돗 사람들과 친족들로부터 생명의 위협을 받고 있습니다. 그는 하나님이 주신 소명에 충실했을 뿐입니다. 예레미야는 악인의 형통과 득세에 대해 하나님께 질문하며 악한 자들을 따로 구별하여 심판해 주시길 간구합니다(1-3절). 비록 유다 백성들의 죄로 인해 초래된 재앙이지만 채소와 짐승과 새까지도 멸절하게 만드는 가혹함은 예레미야를 매우 당황하게 만듭니다(4절). 하나님은 지금은 보행자와 함께 달리지만 후에는 말과 함께 달려야 한다고 말씀하십니다(5절). 보행자는 아나돗 사람, 말은 바벨론 군대를 의미합니다. 더 괴로운 시간이 다가오고 있는 것입니다. 유다 백성들에게는 요단강물이 넘치는 것과 같은 거칠고 척박한 포로생활이 기다리고 있습니다. 아버지의 집과 형제들조차 예레미야를 속이는 등 그의 예언 사역은 더 고달파질 것입니다(6절). 백성을 사랑하시는 하나님이 그들을 버리실 수밖에 없는 이유는 그들이 사자같이 으르렁거리며 하나님을 대적하고 자기의 깃털을 자랑하는 매와 같기 때문입니다(7-9절). 그들에 대한 심판은 이방 통치자를 통해 이루어질 것입니다(10-13절). 그러나 유다를 향한 하나님의 긍휼은 멈추지 않습니다. 하나님은 심판 후에 그들을 새롭게 세우실 것입니다(14-17절).

[마태복음 26장]

유월절이 이틀 앞으로 다가오자 유월절 어린양이신 예수님이 자신의 죽음을 예견하십니다(1-5절). 이미 몇 차례 수난예고를 하셨지만 그 날이 가까이 왔습니다. 예수님은 자신의 머리에 향유를 부은 여인을 칭찬하십니다(6-13절). 본래 죽기 전에는 기름을 바르지 않지만 곧 죽음을 맞게 될 자신의 장례를 위한 기름 부음으로 여기신 것입니다. 가룟 유다는 노예 한 명 값에 해당되는 30세겔에 예수님을 팝니다(14-16절). 예수님은 유월절 저녁 만찬 자리에서 당신의 죽음의 의미와 유다의 배신을 예고하십니다(17-30절). 물론 나머지 제자들도 일시적으로 고난 받는 예수님을 배신하게 될 것입니다(31-35절). 예수님은 십자가의 길을 놓고 홀로 겟세마네 동산에서 생명을 건 기도를 드리십니다(36-46절). 예수님과 마음을 같이하는 제자는 아무도 없었습니다. 결국 가룟 유다가 데려온 로마군병에 의해 체포된 예수님은 베드로의 반발을 잠재우며 예정된 메시아의 길을 갈 것이라고 말씀하십니다(47-56절). 심문의 과정에서는 예수님의 죄를 찾기 위한 거짓 증언과 모욕과 폭력이 난무했습니다(57-68절). 베드로는 예고된 대로 예수님을 3번 부인합니다(69-75절). 그는 자신의 죄를 자각하며 통곡합니다.

[기도]

진노중이라도 긍휼을 잊지 않으시는 하나님! 하나님의 법을 사랑하여 주야로 늘 묵상하므로 형통하게 하옵소서. 나를 위해 십자가의 길을 가신 예수님만 믿고 따르게 하옵소서.

[여호수아 24장]

이스라엘 백성들과 지도자들을 세겜으로 부른 여호수아는 지난 역사를 언급합니다(1절). 특별한 계획 가운데 아브라함을 부르신 하나님은 수많은 위기 속에서도 아브라함과 그의 후손들을 신실하게 인도하셔서 오늘에 이르게 하셨습니다(2-13절). 그러나 이스라엘 백성들은 하나님을 배신하고 계속 죄를 지었습니다. 여호수아는 '나와 내 집은 여호와만 섬길 것'임을 공표하며 백성들에게 결단을 촉구합니다(14-15절). 백성들은 애굽에서 건져주시고 광야에서 지켜주신 하나님만을 섬길 것을 세 번에 걸쳐 굳게 다짐합니다(16-24절). 여호수아는 세겜에서 시내산 언약을 갱신하는 의식을 행합니다(25-28절). 여호수아의 죽음과 함께 가나안 정복 세대는 서서히 사라지게 됩니다(29-31절). 요셉의 유언대로 그의 유골은 그의 지파의 기업에 장사되었으며, 제사장직은 비느하스가 이어갑니다(32-33절). "하나님이 반드시 당신들을 돌보시리니 당신들은 여기서 내 해골을 메고 올라가겠다 하라"(창 50:25). 이스라엘 백성들은 결단한 대로 언약을 성실하게 지켜 나가야 합니다.

[사도행전 4장]

그리스도의 부활을 목격한 사도들은 그리스도의 부활을 전파했습니다(1-2절). 분노한 유대의 지도자들이 사도들을 가두었으나 그들이 전한 부활의 복음을 듣고 믿는 자가 남자만 오천에 이를 정도로 교회가 폭발적으로 성장합니다(3-4절). 유대 지도자들은 공회를 열어 사도들을 심문합니다. 그런데 심문당하는 베드로가 예수 그리스도의 위대함과 구원을 담대하게 선포합니다(5-12절). 사도들의 담대한 태도와 일관된 주장, 예수님의 이름으로 병 고침 받은 사람의 존재로 인해 대적들은 더 이상 할 말이 없었습니다(13-14절). 그들이 할 수 있는 것은 위협하는 것뿐이었는데 사도들은 "우리는 보고 들은 것을 말하지 아니할 수 없다"며 더욱 강경하게 맞섭니다(15-22절). 사도들의 석방으로 인해 고무된 신앙공동체는 권력자와 백성들이 주와 그리스도를 대적하는 현실에 대하여 말씀(시 2:1-2)으로 고발하면서 담대한 복음전파와 예수의 능력의 나타남을 위해 간절히 기도합니다(23-30절). 성령으로 충만한 그들은 더욱 담대하게 복음을 전했습니다(31절). 성령 충만함은 나눔과 구제로 연결되어 공동체 안에는 핍절한 자가 없었습니다(32-37절). 복음은 놀라운 변화를 일으켰습니다.

[예레미야 13장]

선지자는 상징행동을 통해 하나님의 뜻을 표현하기도 합니다. 예레미야는 하나님의 명으로 허리띠를 유브라데(유프라테스) 강가에 숨겨 놓았는데 여러 날(=실제로는 수 년 후)이 지난 후 다시 찾으러 갔더니 썩어 있었습니다(1-7절). 허리를 두르는 띠가 썩었다는 것은 이스라엘을 두르고 있는 언약이 파기되었음을 의미합니다(8-11절). 하나님을 떠난 그들은 쓸모없는 존재가 되어버렸습니다. 그들의 죄는 가죽부대에 가득 찬 포도주와 같이 이미 찼습니다(12-14절). 그들은 심판의 포도주에 취하게 될 것입니다. 그러므로 가혹한 심판이 임하기 전에 그 마음을 돌이켜야 합니다(15-17절). 특히 막강한 정치적 권한을 가진 왕과 왕후(=정확히는 왕의 어머니인 태후)는 교만을 버리고 회개로 나아와야 합니다(18-19절). 여기서 말하는 왕과 태후는 여호야긴 왕과 그의 어머니 느후스다를 가리키는 것으로 보입니다(왕하 24:8-12). 해산하는 여인이 큰 고통을 겪는 것처럼 예루살렘은 큰 고통과 수치를 당하게 될 것입니다(20-27절). 표범이 자기의 반점을 바꿀 수 없고 구스(에티오피아)인이 자기의 피부 색깔을 바꿀 수 없듯이 그들의 죄악은 그들의 몸의 일부와 같이 되어버렸습니다.

[마태복음 27장]

마태는 예수님이 십자가를 지고 우리 대신 죽임을 당하는 과정을 상세히 기록합니다. 가룟 유다의 죽음과 그가 다시 돌려 준 은 삼십으로 밭을 사게 된 것은 예언의 성취입니다(1.27일 해설참조, 3-10절). 예수님은 적극적인 자기변호 대신 철저한 침묵으로 일관하셨는데 빌라도는 그의 무죄를 알면서도 십자가형을 선고합니다(11-26절). 예수님은 죽음에 이르기까지 매우 끔찍한 고통과 능욕을 겪으셨습니다(27-44절). 무리들은 십자가형을 당하시는 예수님에게 십자가에서 뛰어내려 메시아임을 증명하라며 조롱하였습니다. '겸손의 왕'이라는 찬양의 가사처럼 인간을 지으신 하나님이 인간 손에 죽으셨습니다. 마태는 예수님이 운명하시는 순간을 기록하면서 마지막 날에 있을 성도의 부활에 대하여 함께 기록합니다(50-53절). 예수님의 십자가의 죽음과 부활은 우리의 부활과 영생의 결정적인 근거가 됩니다. 대제사장들과 바리새인들은 부활 소식을 차단하기 위해 사흘 동안 무덤 주변을 경계할 것을 빌라도에게 요청하여 승인을 받습니다(62-66절). 그러나 어떤 세력도 그의 부활과 부활의 소식을 막을 수 없습니다. "이는 그가 사망에 매여 있을 수 없었음이라"(행 2:24). 예수님의 십자가의 죽음은 하나님의 약속의 절정입니다.

[기도]

신앙의 가풍을 대대로 잘 이어가게 하시고, 성령 충만함으로 나눔의 행복을 누리며 살게 하옵소서. 십자가 언약에 늘 신실하게 반응하게 하옵소서. 겸손히 십자가를 지셨으며 부활하심으로 사망의 권세를 이기신 예수님만 찬양하게 하옵소서.

[사사기 1장]
여호수아 사후 남아있는 가나안 족속들에 대한 정복전쟁이 각 지파별로 진행됩니다. 하나님의 뜻에 따라 유다 지파부터 시작되었으며 유다 지파의 영역 안에 있는 땅을 기업으로 받은 시므온지파가 함께 합니다(1-3절). 유다지파는 아도니 베섹을 물리치고 예루살렘과 헤브론을 점령합니다(4-10절). 물론 예루살렘에 대한 지배권은 다시 빼앗깁니다. 유다 지파는 드빌과 스밧(호르마), 해안지역들도 점령합니다(11-18절). 헤브론은 갈렙이 취하였으나 철 병거를 가진 골짜기 거주 거민들은 점령하지 못했습니다(19-20절). 베냐민 자손은 여부스 족속을 쫓아내지 못하고 함께 예루살렘에 거주합니다(21절).

[사도행전 5장]
부흥하던 예루살렘 교회에서 일어난 아나니아와 삽비라의 죽음은 매우 큰 충격이었습니다(1-11절). 하나님의 준엄한 심판을 본 사람들은 두려움을 갖게 되었습니다. 이 사건은 구약의 아간 사건(=여리고성을 점령한 이후 전리품을 탐하여 자신의 장막에 감춘 사건)의 재현입니다(수 7:1). 아간은 이스라엘 공동체를 속였고 아나니아와 삽비라는 교회 공동체와 성령님을 속였습니다. 이 문제의 핵심은 헌금의 액수가 아니라 일부를 드리고도 전부를 드린 것으로 부부가 서로 공모하여 속인 것에 있습니다. 탐심과 거룩은 함께 할 수 없으며 게다가 하나님은 결코 속일 수 없습니다. 성령님의 교회 정화로 교회 내부의 영적 위기가 극복되자 예루살렘 교회는 외부의 핍박에도 불구하고 다시 폭발적으로 성장합니다(12-26절). 외부의 핍박보다 내부의 영적 부패가 더 큰 문제입니다. 사도들은 또 다시 체포되어 공회의 심문을 받았으나 예수의 그리스도 되심과 그들이 부활의 증인임을 담대하게 선포합니다(27-32절). 물러섬이 없는 사도들로 인해 공회원들은 크게 분노했으나 지혜로운 가말리엘이 나서서 상황을 정리합니다(33-40절). 그는 전에 세상을 구할 메시야처럼 등장했다가 스스로 무너졌던 사람의 예를 들면서 예수가 거짓이라면 이 사람들도 스스로 무너지게 될 것이라고 말합니다. 사도들은 박해를 당연히 여기며 어디에 가든지 예수 그리스도를 선포했습니다(41-42절).

[예레미야 14장]

예레미야는 가뭄을 통한 심판을 예언합니다(1절). 백성들은 물론 들짐승마저 새끼가 폐사할 정도로 큰 고통을 겪을 것입니다(2-6절). 예레미야는 주의 이름을 위해서라도 백성들을 선처해 주시길 기도합니다(7-9절). 그러나 하나님은 이번에도 유다 백성을 위한 중보 기도를 금하십니다(10-12절). 심판은 확정되었다는 것을 의미합니다. 하나님의 단호한 심판 예고에도 불구하고 평강을 예언하는 거짓 선지자들에게 칼과 기근이 임할 것입니다(13-16절). 심판을 행하시는 하나님의 마음과 심판을 선포해야 하는 예레미야의 마음은 심히 고통스럽습니다(17-18절). 예레미야는 다시 백성들을 위해 기도합니다. 징계와 심판은 백성을 새롭게 하시려는 하나님의 계획이었지만 백성들의 마음은 평안을 선포하는 거짓 예언자에게가 있습니다(19-20절). 예레미야는 참 신은 여호와 하나님밖에 없음을 고백하며 주의 이름을 위하여 언약을 폐하지 마시길 간구합니다(21-22절).

[마태복음 28장]

예수님의 부활과 부활의 소식을 금할 자 없으며 부활의 허구를 밝힐 수도 없습니다. 예수님의 부활은 안식 후 첫날에 예배하는 교회 공동체 탄생의 직접적인 원인이 됩니다. 예수님은 부활하신 후 갈릴리로 가실 것을 이미 예고하셨습니다(26:32). 천사는 여인들에게 예수님의 부활소식을 전하며 제자들을 갈릴리로 오게 하라고 말합니다(1-7절). 예수님은 부활의 첫 증인인 여인들에게 평안을 물으며 등장하십니다(8-10절). 그래서 여인들은 예수님을 금방 알아보고 경배할 수 있었습니다. 대적들이 부활의 소식을 막기 위해 경비병들을 매수하여 거짓 소문을 퍼뜨리지만 부활의 소식은 걷잡을 수 없이 퍼져나갔습니다(11-15절). 부활의 진리는 인위적으로 막을 수 없습니다. 교회는 부활의 진리 위에 세워진 공동체입니다. 부활하신 예수님은 임마누엘(='우리와 영원히 함께 하심', 1:23)의 약속과 함께 "모든 민족으로 제자를 삼아 아버지와 아들과 성령의 이름으로 세례를 베풀고 내가 너희에게 분부한 모든 것을 가르쳐 지키게 하라"는 대사명(Great Mission)을 주십니다(16-20절).

[기도]

성령님의 임재로 삶에 바른 질서와 정직과 거룩이 나타나게 하옵소서. 하나님을 모르는 백성들을 위해 긍휼의 마음으로 중보하게 하시고, 복음의 증인으로 예수님이 맡기신 대사명을 이루어 가게 하옵소서.

[사사기 2장]
여호와의 사자가 나타나 가나안 정복전쟁 과정에서 하나님의 말씀에 온전히 순종하지 않았던 이스라엘의 죄를 책망합니다(1-5절). 불순종의 대가로 남겨놓은 가나안 족속들은 내내 그들의 올무와 가시가 될 것입니다. 여호수아와 함께 했던 가나안 입성 세대는 여호와를 섬겼으나 그 후에 일어난 세대는 여호와가 이스라엘을 위해 행한 일을 알지 못했습니다(6-10절). 신앙의 전수가 제대로 되지 않음으로 인하여 혼란한 상황들이 나타나게 될 것입니다. 저자는 사사기의 특성을 잘 소개하고 있습니다. 이스라엘의 배교(우상숭배)로 하나님의 진노의 심판이 임하고, 고통을 당하던 그들이 회개하였을 때 하나님은 사사를 통해 그들을 구원하실 것입니다(11-19절). 하나님은 이스라엘 백성들의 불순종으로 인해 남겨진 가나안 족속들을 통해 이스라엘을 시험할 것이라고 말씀하십니다(20-23절). 남겨진 이방민족은 하나님의 채찍이 되어 이스라엘을 연단하는 도구로 쓰이게 될 것입니다.

[사도행전 6장]
내부의 문제('아나니아와 삽비라 사건')와 외부의 문제(핍박)에 이어 또 다른 문제가 교회에 발생합니다. 이는 각지에 흩어져 살다가 유대로 돌아온 헬라파 유대인의 교회 유입이 증가함에 따라 나타난 문제였습니다. 회심한 헬라파 유대인 중에는 과부들이 있었는데 그들은 오랜 타지생활 끝에 예루살렘에 정착했기 때문에 돌봐줄 친척이 없는 경우가 많아서 교회의 후원에 의존해야 했습니다. 가난한 히브리파('유대 출신') 과부들을 돌보던 교회는 계속 증가하는 헬라파 과부들로 인해 재정의 부담이 가중되는 상황에 놓였으며 사도들은 구제문제 해결에 많은 시간을 할애하고 있었습니다(1-2절). 이에 사도들은 구제에 직접 개입함으로써 말씀과 기도에 소홀했음을 인정하고 이 일을 맡을 새로운 직분자를 선출합니다(3-6절). 제사장 중에 믿는 자가 생겼다는 것은 유대교의 심장부를 흔드는 복음의 능력을 보여줍니다(7절). 나중에는 헬라의 관리(17:34), 회당장(18:8)도 믿는 자의 대열에 합류합니다. 스데반의 복음 전도에 크게 반발한 디아스포라 유대인들은 거짓 증언을 내세워 스데반을 체포한 후 공회 앞에 세웁니다(8-15절). 디아스포라 유대인들은 절기마다 예루살렘을 찾아 열심히 제의에 참여하는 자들입니다. 그들이 스데반을 고소한 이유는 스데반이 거룩한 곳(성전)과 율법을 부정했다는 이유입니다. 그들은 스데반의 선포내용('예수 그리스도의 주 되심과 메시아 되심')이 성전 중심의 그들의 신앙과 구약의 율법을 모독한다고 생각했습니다. 그러나 스데반은 조금도 동요하지 않았으며 그의 얼굴은 성령 충만함으로 천사의 얼굴과 같았습니다(15절).

[예레미야 15장]

모세와 사무엘은 중보기도로 놀라운 응답을 경험했던 인물들입니다. 그들은 기도로써 백성을 심판하려던 하나님의 마음을 돌렸습니다. 하나님은 백성을 위한 중보기도를 포기하지 않는 예레미야에게 모세와 사무엘이 기도해도 소용없다고 말씀하시며 가혹한 심판을 예고하십니다(1-4절). 하나님을 떠난 유다는 심판(전쟁)으로 인해 미래세대가 급격히 감소할 것입니다(5-9절). 예레미야는 민족의 심판을 선포하는 것 때문에 모든 사람의 대적이 되어버린 현 상황에 대하여 자신의 출생 자체가 재앙과 같다며 탄식합니다(10절). 하나님은 예레미야를 강하게 하시며, 북방의 철과 놋(=바벨론 군대)으로 그의 박해자들을 심판하실 것을 약속하십니다(11-14절). 그는 하나님 때문에 박해와 저주에 직면해 있으니 원수들을 심판하시고 자신을 지켜 달라고 간구합니다(15-18절). 그는 주의 손에 붙들려 사명을 외롭게 감당하고 있지만 고통과 상처가 멈추지 않는 현 상황의 괴로움을 호소합니다. 하나님은 힘들어도 죄의 향락에 빠져 있는 유다 백성들에게로 돌아가서는 안 된다고 말씀하시며 다시 보호를 약속하십니다(19-21절).

[마가복음 1장]

우리가 들을 수 있는 최고의 복된 소식은 구원과 영생의 주가 되시는 예수 그리스도께서 우리에게 오셨다는 것입니다(1절). 왕이 행차할 때 왕의 행차를 알리는 사람이 있는 것처럼 영원한 통치자이신 예수님의 오심을 알리는 자가 있었으니 그가 곧 세례 요한입니다(2-4절). 그는 청빈한 삶을 살며 회개의 세례를 전파하고 메시아의 오심을 선포하는 사역에 충실했습니다(5-8절). 예수님이 세례를 받으러 오셨을 때 요한은 자신이 세례를 베풀기에는 너무 큰 대상이라 처음에는 거절했으나 함께 '의'를 이루는 것이 합당하다는 예수님의 말씀에 결국 세례를 베풉니다(마 3:13-15, 9절). 이것은 죄인의 대표로서 받은 세례이며 대속의 죽음이라는 메시아의 사명을 완수하겠다는 선언입니다. 성부 하나님은 그가 아들이며 메시아임을 확증해 주십니다(10-11절). 그는 사탄의 시험을 이기고 하나님 나라의 도래를 선포합니다(12-15절). 하나님 나라는 회개하고 믿는 자에게 임합니다. 예수님은 평범한 갈릴리의 어부들을 제자로 부르셨는데 그들은 즉시 순종하여 따릅니다(16-20절). 제자의 기본은 자기 부정입니다. 예수님은 권위 있는 가르침과 함께 많은 병자들을 고치셨습니다(21-45절). 귀신을 쫓고 병을 치유하며 영생을 주시는 분은 오직 예수 그리스도밖에 없습니다. 예수님은 아무리 바빠도 하나님 아버지와의 대면시간을 놓치지 않으십니다(35절).

[기도]

하나님! 하나님을 알지 못하는 세대가 되지 않게 하시고 자녀에게 신앙이 잘 전수되도록 은혜를 베풀어 주옵소서. 말씀과 기도에 소홀하지 않게 하시고 복음을 대적하는 자들에 대해 담대하게 하옵소서.

[사사기 3장]

하나님은 가나안 정복전쟁을 알지 못하는 세대에게 전쟁을 가르치기 위해 또한 하나님의 말씀에 순종하는 언약백성을 만들기 위해 가나안 곳곳에 이방 민족들을 남겨 두셨습니다(1-4절). 하나님은 이스라엘의 불순종의 대가로 남겨지게 된 이방 민족을 그렇게 활용하실 것입니다. 이스라엘 백성들은 하나님의 테스트와 연단을 거치며 하나님의 백성으로 세워져야 합니다. 하지만 그들은 이방인의 문화와 종교에 쉽게 동화되어 갔습니다(5-7절). 하나님은 악을 행한 이스라엘을 메소보다미아 왕에게 넘기셨습니다(8절). 8년간 압제를 받던 이스라엘이 부르짖자 하나님은 옷니엘을 통해 그들을 구원하셨습니다(9-11절). 옷니엘이 죽자 이스라엘은 다시 하나님을 떠나 악을 행하였고 이번에는 모압 왕 에글론이 강성해져서 이스라엘을 압제합니다(12-14절). 이스라엘은 다시 하나님을 찾았으며 하나님은 그들을 위해 오른손이 불편한 왼손잡이 에훗을 사사로 보내십니다(15절). 에훗이 지략을 써서 모압 왕 에글론을 암살한 후 군대를 지휘하여 큰 승리를 거둠으로써 마침내 이스라엘은 모압의 지배에서 벗어나게 되었습니다(16-30절). 사사 삼갈은 빈약한 무기로 블레셋으로부터 이스라엘을 구원하였습니다(31절). 볼품없는 무기라도 하나님의 손에 붙들리면 위대한 승리를 만들어 냅니다.

[사도행전 7장]

대제사장은 스데반에게 성전과 율법을 모독한 것이 사실인지 묻습니다(1절). 스데반은 아브라함, 요셉, 모세를 중심으로 한 역사 변증을 시도합니다(1-45절). 3명의 인물은 언약, 율법, 성막을 설명하는데 있어서 매우 중요한 인물들입니다. 성막은 다윗과 솔로몬 시절을 지나면서 성전으로 대체되지만 성전 역시 하나님의 영원한 처소가 될 수 없습니다(46-50절). 성전과 율법을 모독한 죄로 고소당한 스데반은 도리어 공회원들과 모인 자들을 향해 조상들과 같이 성령을 거스른 자들이라고 선언합니다(51절). 조상들은 선지자들을 박해하였지만 그들은 그 의인(예수 그리스도)을 죽였습니다(52절). 천사는 하나님의 율법을 백성에게 전하는 매개체입니다(53절). “천사들을 통하여 하신 말씀이 견고하게 되어”(히 2:2). 그들은 율법을 철저히 지킨다고 자부하면서 실제로는 성령과 율법을 어기고 참 성전이신 예수님을 죽였습니다. 그들이야말로 성전을 모독했습니다. 스데반의 설교로 인해 찔림을 받은 무리들은 적개심을 드러내며 스데반을 살해하고 말았습니다(54-60절). 그러나 그의 죽음은 영광스런 죽음입니다. 그는 예수 그리스도의 영광을 보았으며 예수님처럼 기도한 후 잠들었습니다. 그는 그리스도로 말미암아 영원히 사는 자가 되었습니다. 그는 한 알의 썩는 밀알이 되어 또 다른 생명(사울)을 잉태하였습니다.

[예레미야 16장]

하나님은 예레미야에게 또 다른 상징행동을 주문하시는데 사람이 이 땅에서 누릴 수 있는 큰 기쁨 중 하나인 결혼과 출산을 금하십니다(1-2절). 왜냐하면 곧 임할 심판으로 인해 결혼한 가정과 자녀들에게 큰 재앙이 내릴 것이기 때문입니다(3-4절). 더 나아가 초상집에 가서 애곡하는 것과 잔칫집에 가서 사람들과 함께 먹고 마시는 것도 금하십니다(5-9절). 하나님은 예레미야의 통상적인 사회활동을 다 차단하십니다. 사람들은 예레미야를 이상한 사람 취급하며 멸시했을 것입니다. 사람들은 재앙을 선포하는 이유와 자기들이 지은 죄가 무엇인지 예레미야에게 묻습니다(10절). 예레미야는 그들이 하나님을 버리고 우상을 섬긴 것과 불순종한 것 때문이라고 답변합니다(11-13절). 그러나 심판이 끝이 아닙니다. 하나님은 회복을 말씀하십니다(14-15절). 단, 그들이 저지른 죄와 악에 대하여 대가를 지불하게 하신 후에 회복시킬 것입니다(16-18절). 하나님의 심판은 회복의 전단계입니다. 그러므로 하나님의 백성이 겪는 심판은 은혜의 범위 안에 있습니다. 이스라엘이 회복되는 역사를 본 모든 민족이 하나님만이 참 신임을 알게 될 것입니다(19-21절).

[마가복음 2장]

엘리야, 엘리사 등 선지자들은 종종 기적과 치유를 일으켰습니다. 그러나 예수님은 선지자 수준의 능력을 행하시는 분이 아닙니다. 어떤 선지자도 그의 권세로 죄 사함을 선포할 수 없습니다. 예수님이 중풍병자에게 치유 선언이 아닌 죄 사함의 선언을 하신 이유는 하나님만이 하실 수 있는 죄 사함의 권세가 그에게 있기 때문입니다(1-12절). 예수님은 세리(=로마의 세금징수의 업무를 맡은 말단 관리인데 매국노의 대명사로 회당 출입이 금지됨)와 식사를 하십니다(13-15절). 죄 사함의 권세를 가지신 예수님은 자기 의에 빠진 자들의 비난에 대해 당신이 온 목적이 죄인을 위한 것임을 천명하십니다(16-17절). 금식은 그 자체가 목적이 될 수 없으며 주님과 동행하는 기쁨 가운데 필요시 시행하면 됩니다(18-20절). 생베조각(=새 천 조각 곧 복음)을 낡은 옷에 붙이면 원래의 조각을 더 찢어지게 만들며, 새 포도주(복음)는 발효가 더 잘 되어 낡은 가죽을 많이 팽창시켜 터지게 만듭니다(21-22절). 즉, 율법의 근본정신을 잃어버린 채 형식주의에 빠져 있으며 복음을 이해할 수 없습니다. 예수님은 제자들이 밀 이삭을 자른 것이 안식일에 일하지 말라는 규정을 어겼다는 논란에 대하여 '안식일은 사람을 위하여 존재하는 것'임을 분명히 하십니다(23-27절). 배고픈 다윗이 제사장만 먹을 수 있는 진설병을 먹고도 정죄 받지 않았듯이 율법 규정보다 배고픔의 해결이 우선입니다. 안식일을 지키라는 규정이 우리에게 짐이 될 수 없습니다. 안식일의 진정한 주인이신 예수님은 안식일 규정을 해석할 수 있는 최고의 권위자이십니다(28절).

[기도]

복음과 하나님의 절대주권에 대한 분명한 확신을 갖고 흔들리지 않게 하옵소서. 하나님의 선한 도구로 쓰이길 소망합니다.

[사사기 4장]

에훗이 죽자 이스라엘 백성들은 또 악을 행합니다(1절). 하나님은 철 병거 900대를 거느린 가나안 왕 야빈의 손에 이스라엘을 붙이셨는데 그의 학대로 인해 백성들이 구원을 요청합니다(2-3절). 하나님은 드보라와 바락을 각각 사사와 지휘관으로 세우셨는데 가나안 군대를 두려워하는 바락은 영광을 얻지 못할 것입니다(4-10절). 한편 모세의 장인 호밥의 자손 중 겐 사람 헤벨이 등장합니다(11절). 겐 사람들은 납달리 지파 영역의 경계에 살던 유목민입니다. 이스라엘과 가나안의 전쟁은 이스라엘의 승리로 끝나고 간신히 목숨을 건진 시스라는 동맹관계에 있던 헤벨의 성읍으로 도망갑니다(12-17절). 그러나 헤벨의 아내 야엘이 시스라를 죽입니다(18-21절). 한 연약한 여인이 적군의 지휘관을 죽임으로써 전쟁은 이스라엘의 완전한 승리로 종결되었습니다(22-24절).

[사도행전 8장]

스데반의 죽음과 함께 교회에 지각변동이 일어납니다. 지금까지는 모이는 교회였습니다. 회개하고 주께 돌아온 사람들이 예루살렘에 넘쳐났습니다. 그런데 큰 핍박으로 인하여 사도를 제외한 모든 그리스도인들이 유대와 사마리아로 흩어지게 됩니다(1절). 스데반의 죽음과 함께 견디기 힘든 핍박이 찾아왔습니다(2-3절). 그러나 흩어진 사람들로 인하여 복음이 유대와 사마리아로 널리 전파되었습니다(4절). 빌립이 사마리아에 가서 복음을 전하며 예수님의 이름으로 표적을 나타내자 많은 사람들이 세례를 받았으며 그 중에 마술사 시몬도 있었습니다(5-13절). 빌립의 전도로 사마리아 사람들이 하나님의 말씀을 받았다는 소식이 들리자 예루살렘 교회는 베드로와 요한을 사마리아로 보냅니다(14절). 두 사람이 안수하자 빌립을 통해 말씀을 듣고 물세례를 받았던 사마리아 사람들에게 성령이 임하였습니다(15-17절). 서로 적대적이었던 유대인과 사마리아인은 성령의 강력한 임재로 인해 그리스도 안에서 형제가 되었습니다. 시몬은 성령의 능력을 돈으로 사려다가 심한 책망을 듣습니다(18-24절). 복음은 사람들의 마음을 사로잡는 모든 권세를 굴복시키는 능력이 있습니다. 주의 천사의 지시를 받아 광야로 간 빌립은 에티오피아 여왕 간다게의 재무장관을 만나 그가 읽고 있던 이사야 말씀을 해석해 주며 복음을 전하고 세례를 베풉니다(25-39절). 복음을 위한 빌립의 행보는 결코 멈추지 않습니다(40절).

[예레미야 17장]

예레미야는 이스라엘 백성들의 죄가 단단한 금강석 끝 철필로 마음 판과 제단 뿔에 새겨져 있다고 선언합니다(1-2절). 하나님의 심판은 불가피해졌습니다(3-4절). 사람을 의지하는 자는 저주를 받을 것이나 여호와를 의지하고 신뢰하는 자는 복을 받을 것입니다(5-8절). 하나님은 사람의 마음과 행위를 감찰하십니다(9-11절). 예레미야는 하나님을 버리는 자에게 심판이 임할 것을 선언하며 하나님께 찬송과 간구를 드립니다(12-18절). 예레미야의 대적들은 재앙과 심판에 관한 하나님의 말씀이 어디 있느냐, 한번 이루어지게 해 보라며 예레미야를 조롱합니다. 대적들 앞에서도 최선을 다해 사명을 감당한 예레미야는 그의 피난처 되시는 하나님이 대적들을 심판해 주시길 간구합니다. 대적들이 기세등등한 상황에서 하나님은 예레미야에게 또 명령하십니다. 그는 많은 사람들이 왕래하는 곳에서 안식일을 더럽힌 그들의 죄를 지적합니다(19-23절). 안식일을 거룩히 지키는 자는 복을 받을 것이며, 안식일을 멸시하는 자는 저주를 받을 것입니다(24-27절).

[마가복음 3장]

예수님은 사람을 위하여 안식일이 있다는 것과 당신이 안식일의 의미를 규정할 수 있는 최고의 권위자이심을 선언하셨습니다(2:27-28). 안식일의 주인이신 예수님은 위급한 상황이 아니면 안식일에 치료행위를 할 수 없다는 전통을 깨고 손 마른 사람을 고치셨습니다(1-6절). 육신의 고통으로 신음하는 병자를 고침으로 안식과 평안을 누리게 하는 것은 안식일 정신에 매우 합당합니다. 오히려 헤롯당('헤롯을 지지하는 사람')과 예수님을 죽이려고 모의하는 바리새인들(=에돔 사람 헤롯이 정통 유대인이 아니라는 이유로 그의 왕위를 인정하지 않기에 헤롯을 지지하는 헤롯당과 사이가 좋지 않음)이야말로 안식일 정신을 모르는 자들입니다. 육신의 고통과 영혼의 억압으로 눌린 자들을 고치신 예수님은 밤새 기도하신 후에(눅 6:12-13) 12명의 제자를 선택하십니다(7-19절). 제자들은 화려한 경력이나 능력과는 거리가 먼 초라하고 보잘 것 없는 자들이었습니다. 우리 역시 능력과 상관없이 오직 은혜로 구원받아 복음의 일꾼으로 부름 받았습니다. 예수님이 행하시는 기적을 귀신의 힘이라고 폄훼하는 자들이 있습니다(21-22절). 예수님은 사탄이 사탄을 쫓아낼 수 없으며, 귀신을 쫓는 것은 강한 자(사탄)를 더 강한 자(예수)가 결박하여 제압하는 역사라고 말씀하시면서 성령의 역사를 악의적으로 모독한다면 결코 죄 사하심을 얻지 못할 것이라고 강력하게 경고하십니다(23-30절). 성령 모독죄는 결국 예수님의 존재를 끝까지 거부하는 죄입니다. 예수님은 혈통을 중시하는 유대인들에게 하나님을 아버지로 섬기며 그의 뜻을 행하는 새로운 가족 개념을 소개하십니다(31-35절).

[기도]

주님! 주의 나라를 위해 나설 때 용감하게 하옵소서. 성령님이 주시는 능력으로 복음을 전하게 하옵소서. 참된 제사로 하나님께 나아가게 하시고, 말씀을 깨닫게 하시는 성령님께 순복하게 하옵소서.

[사사기 5장]
드보라와 바락은 승리를 기념하는 노래를 부릅니다(1절). 백성들은 하나님이 큰 권능으로 함께 하신 가나안과의 전쟁에 즐거이 헌신했습니다(2-5절). 가나안의 압제로 통행조차 자유롭지 못했고 제대로 된 무기조차 없었지만 백성들은 자발적으로 전쟁에 참여하였습니다(6-12절). 드보라는 전쟁에 적극적으로 참여한 지파(에브라임, 베냐민, 므낫세 지파 중 마길의 자손들, 스불론, 잇사갈)와 그렇지 않은 지파(르우벤, 길르앗, 단, 아셀)를 구별합니다(13-18절). '큰 결심'(15절)은 심사숙고의 의미가 있습니다. 르우벤 지파는 심사숙고 끝에 참전하지 않기로 결정했습니다. 가나안 왕은 이스라엘과의 전쟁에서 은(=전리품, 즉 승리)을 기대했지만 하나님이 기손 강의 범람을 통해 그 일대를 진흙탕으로 만드심으로 인해 그의 철 병거는 무력화되었습니다(19-22절). 드보라는 이스라엘 편에 서지 않았던 메로스를 저주합니다(23절). 헤벨의 아내 야엘은 적군의 지휘관인 시스라를 죽임으로 전쟁을 종식시켰습니다(24-27절). 시스라의 어머니는 아들의 개선을 기다리나 이는 헛된 기다림입니다(28-30절). 승리와 평안은 오직 하나님께 있습니다(31절).

[사도행전 9장]
예루살렘에 닥친 박해로 인해 사방으로 흩어지게 된 성도들이 복음을 전하는데(8:4) 사울은 흩어진 사람들을 잡아오기 위해 시리아의 다메섹까지 쫓아갑니다(1-2절). 사울이 살기등등했다는 것은 실제로 잡아와 죽이려고 했다는 것입니다. 이 당시 사울은 교회의 가장 강력한 대적이었습니다. 그런데 예수님이 사울에게 나타나셔서 그를 복음을 위한 그릇으로 삼으시는 놀라운 역사를 일으키십니다(3-19절). 성령의 임재로 세례를 받은 사울은 즉시 예수님이 하나님의 아들이심을 전하는 복음의 전사가 되었습니다(20-22절). 박해자 사울이 그리스도를 위해 고난을 받는 자로 변한 것입니다. 이제 사울은 유대인의 대적이 되었지만 그는 두려움 없이 다메섹과 예루살렘에서 복음을 전한 후 다소로 갑니다(23-30절). 그로 말미암아 유대와 갈릴리와 사마리아의 교회가 든든히 서 가며 주의 백성의 수는 더욱 많아지게 되었습니다(31절). 베드로의 룻다와 욥바 사역을 통해서도 많은 사람들이 주께 돌아왔습니다(32-42절). 베드로는 남은 사역을 위해 무두장이 시몬의 집에 머뭅니다(43절). 유대인은 죽은 동물 가죽을 다루는 사람을 부정하게 취급하는데 베드로가 제혁업자의 집에 머문다는 것은 복음이 주는 자유와 능력으로 전통과 편견을 극복했음을 보여줍니다.

[예레미야 18장]
하나님의 명령으로 토기장이의 집으로 간 예레미야는 토기장이가 진흙으로 토기를

만들다가 부수고 다른 그릇을 만드는 장면을 보았습니다(1-4절). 토기장이는 하나님, 진흙은 이스라엘을 의미합니다(5-6절). 토기장이의 손 안에 진흙이 있는 것처럼 하나님은 이스라엘을 당신이 원하시는 모양으로 빚을 권리를 갖고 계십니다. 이는 하나님의 절대주권에 대한 강조입니다. 하나님은 한 민족이나 나라를 멸하실 권리도 있으며 건설할 권리도 있으십니다(7-10절). 안타깝게도 유다 백성들은 회개를 거부하고 완악한 마음이 가는대로 행할 것을 선언합니다(11-12절). 레바논 산의 눈과 물줄기는 자연의 법칙에 순응하여 늘 한결같은데 유다는 변질되어 언약을 깨뜨리고 가증한 일을 행하고 있다고 하나님이 한탄하십니다(13-14절). 허무한 것들(우상)이 유다를 잘못된 길로 행하게 하므로 하나님은 그들에게서 얼굴을 돌리실 것이며, 그들의 땅을 황폐하게 하여 두려움과 웃음거리가 되게 하실 것입니다(15-17절). 그러나 유다 백성들은 예레미야의 선포를 하나님의 말씀으로 받아들이지 않고 도리어 그를 죽이려고 합니다(18절). 그는 대적들의 악한 말들을 하나님이 들으시길 호소하며 대적을 향한 저주의 기도를 드립니다(19-23절). 내용이 다소 과격하지만 이는 하나님의 공의에 호소하는 기도입니다.

[마가복음 4장]

예수님은 씨 뿌리는 자의 비유를 통해 네 가지 마음 밭을 소개합니다(1-20절). 첫째, 길가는 예수님께 적대적이었던 바리새인들의 완고한 마음과 같습니다. 굳어버린 땅에 떨어진 씨는 뿌리를 내릴 수 없습니다. 둘째, 돌밭은 십자가의 죽음을 앞둔 예수님을 버리고 도망쳤던 제자들과 같이 말씀의 뿌리가 얕아서 환난이나 박해가 올 때 열매 맺지 못하는 경우를 말합니다. 셋째, 가시떨기는 영생에 관한 질문을 가지고 예수님을 찾아왔으나 결국엔 예수님을 떠난 부자 청년과 같이 세상의 염려와 재물의 유혹으로 열매 맺지 못하는 경우입니다. 넷째, 좋은 땅은 영생의 말씀을 듣고 그 말씀을 신뢰하며 따르는 경우로 30배, 60배, 100배의 결실을 맺습니다. 죄로 어두워진 세상을 환하게 비출 복음의 말씀을 삼가 주의 깊게 들으므로 헤아리는(='반응하는') 자는 하나님 나라의 풍성함과 기쁨을 누릴 것이며 그 정도는 점점 배가될 것입니다(21-24절). 그러나 거부함으로 헤아리는 자는 자신의 헤아림으로 심판에 이르게 될 것입니다(25절). 하나님의 나라는 씨와 같아서 스스로 성장하며 확장해 나갑니다(26-32절). 예수님은 말씀을 듣고자 하는 자에게 하나님 나라의 비밀을 깨닫게 하십니다(33-34절). 풍랑 앞에서 두려워 떨던 제자들은 자연을 다스리시는 예수님의 권세에 놀랍니다(35-41절).

[기도]

사울을 변화시킨 복음은 능력이 있어 나의 아집과 편견을 극복하게 합니다. 토기장이 되시는 하나님! 나를 당신의 거룩한 형상으로 날마다 빚으소서. 하나님의 말씀이 내 삶에 뿌리내리게 하옵소서.

[사사기 6장]
평안할 때 악을 행하는 것이 이스라엘의 습관이 되었습니다(1절). 미디안의 수탈로 궁핍해진 백성들이 고통 가운데 부르짖자 하나님은 선지자를 보내 그들의 죄를 책망하십니다(2-10절). 그 후 하나님은 이스라엘의 구원을 위해 기드온을 사사로 부르십니다(11-21절). 하나님은 제물위에 불을 내려 기드온에게 확신을 주셨습니다. 여호와의 사자(천사)를 만난 기드온은 두려워했지만 하나님은 그를 평안케 하셨습니다(22-24절). 기드온은 두려움 속에서도 그의 종들과 함께 하나님이 주신 첫 번째 사명인 우상제단을 허물었습니다(25-28절). 이 일로 인해 큰 소동이 일어났으나 아버지 요아스의 지혜로운 변호로 위기를 넘깁니다(29-32절). 이스라엘을 대적하기 위해 미디안, 아말렉, 동방 사람들 등 여러 민족이 연합하여 군대를 일으켰습니다(33절). 이에 맞서기 위해 기드온이 군대를 소집하자 므낫세, 아셀, 스불론, 납달리 지파가 호응합니다(34-35절). 기드온은 하나님께 또 다른 표징을 구하여 승리의 확신을 얻습니다(36-40절).

[사도행전 10장]
10장은 복음이 이방인에게 전파되는 중요한 사건이 기록되어 있습니다. 유대인이자 제자들의 대표인 베드로가 이방인을 대표하는 로마군대의 중견급 지휘관에게 복음을 증거하고 세례를 베풉니다. 모든 과정이 한 치의 오차 없이 진행된 하나님의 역사입니다. 고넬료는 로마군의 백부장임에도 불구하고 유대교에 귀의하여 경건하게 살아온 배경을 가지고 있습니다(1-2절). 하나님은 환상을 통하여 고넬료와 베드로의 민족을 초월한 만남을 주선하셨습니다(3-23절). 특히 베드로는 이해하기 힘든 내용의 환상을 보았지만 전통이나 자신의 고집을 내려놓고 하나님의 인도하심에 순종합니다. 고넬료의 설명을 들은 베드로는 하나님이 모든 일을 주관하셨음을 깨닫고 모인 사람들에게 복음을 힘 있게 전한 후 세례를 베풉니다(24-48절). 그가 말씀을 전할 때 모든 사람에게 성령이 임하였습니다. 복음이 예루살렘을 넘어 사마리아와 땅 끝까지 전해지는 과정은 하나님의 역사입니다.

[예레미야 19장]

하나님은 예레미야에게 항아리를 산 후 백성의 지도자들과 제사장들 중 몇몇을 데리고 힌놈의 아들의 골짜기에 가서 예언하라고 명령하십니다(1-2절). 예레미야는 항아리를 깨뜨렸는데 이는 우상을 숭배하며 온갖 가증스런 행위를 일삼는 유다 백성들에 대한 심판 선언입니다(3-10절). 항아리가 깨어지면 다시 회복할 수 없는 것처럼 하나님의 말씀을 거역하는 완고한 유다 백성들은 완전한 파멸에 이르게 될 것입니다(11-15절). 하나님이 용납할 수 없을 정도로 그들은 심히 더러워졌습니다. 힌놈의 아들의 골짜기는 바알신전이나 몰렉을 위한 산당 도벳이 세워진 장소이며 어린아이를 바치는 인신제사가 드려질 정도로 유다에서 가장 더럽고 가증스러운 땅입니다(대하 28:1-4).

[마가복음 5장]

예수님은 군대(헬: 레기온, 약 6천명으로 구성된 로마의 군단)귀신에 사로잡힌 한 광인을 치유하셨습니다(1-20절). 예수님은 광인에게서 나온 귀신이 돼지떼에게 들어가는 것을 허락하셨고 귀신은 돼지떼를 죽음으로 몰아갔습니다. 2천 마리의 돼지떼를 죽게 한 무서운 귀신이 한 사람을 사로잡고 있었던 것입니다. 예수님은 2천 마리의 돼지보다 한 생명을 더 귀하게 여기셨습니다. 그러나 거라사 사람들은 수천의 귀신에 사로잡혀 있던 한 영혼을 불쌍히 여기지 않았으며 귀신을 쫓은 치유자 예수님을 주목하지도 않았고 오직 죽은 돼지만을 아까워하며 예수님을 배척합니다. 그러나 야이로와 혈루증을 앓는 여인은 그들과 다르게 반응합니다. 예수님은 좀처럼 낫지 않는 혈루증을 고치시고 죽은 야이로의 딸도 살리셨습니다(21-43절). 야이로와 혈루증을 앓는 여인은 치유자 되시는 예수님을 향한 절대적인 믿음을 가지고 절박한 심정으로 간구했습니다. 사회와 철저히 격리되어 마치 죽은 자처럼 살아야 했던 여인과 인간의 가장 큰 절망인 죽음을 당한 어린 소녀는 예수님으로부터 생명의 능력을 공급받았습니다.

[기도]

하나님 아버지! 어떤 기준으로도 사람을 차별하지 않게 하시고 하나님이 바라보시는 영혼의 관점으로 대하게 하옵소서. 내 삶의 영역에 하나님 보시기에 가증스러운 부분이 없게 하시고 병든 자를 향한 긍휼의 마음이 있게 하옵소서.

[사사기 7장]

하나님은 기드온이 모집한 32,000명의 군사들 중 두려운 자와 신중하지 못한 자를 돌려보내게 하시고 300명만 남기셨습니다(1-8절). 이제 300명의 이스라엘군과 수만 명의 미디안 연합군간의 전투가 벌어지게 되었습니다. 미디안 진영을 직접 정탐하던 기드온은 '하나님이 자신들을 기드온에게 붙이셨다'는 미디안 군사의 말을 듣고 승리를 확신합니다(9-15절). 처음부터 끝까지 하나님이 주도하신 이 전쟁의 승자는 단연 기드온의 군대입니다(16-25절).

[사도행전 11장]

베드로가 고넬료의 집을 방문한 것을 알게 된 할례자들이 이방인의 집에서 식사한 것을 문제 삼습니다(1-3절). 할례자들은 복음을 받아들인 유대인들 중에 모세의 율법, 특히 할례를 포함한 정결의례를 여전히 중시하여 충실하게 지키는 자들입니다. 베드로가 고넬료에게 일어난 모든 일이 성령의 인도하심에 순종한 결과임을 변증하자 많은 사람들이 하나님을 찬양했습니다(4-18절). 예루살렘에 임한 박해로 흩어진 사람들은 어디에 있든지 복음을 전했습니다. 그들 중 일부는 안디옥에 가서 헬라인에게도 복음을 전했는데 믿는 자가 많아져 안디옥교회가 탄생하게 되었습니다(19-21절). 예루살렘 교회의 파송으로 안디옥으로 가게 된 바나바는 자신이 천거한 바울과 함께 1년간 안디옥 교회를 목양했습니다(22-26절). 아가보의 예언대로 큰 기근이 발생하자 안디옥 교회는 힘껏 구제헌금을 모아 예루살렘 교회로 보냅니다(27-30절). 예루살렘 공동체와 안디옥 공동체는 복음과 물질로 서로를 섬겼습니다.

[예레미야 20장]

멸망과 심판을 예언하는 예레미야는 유다 백성들에게 아주 불편한 존재였습니다. 특히 기득권을 누리고 있던 자들은 예레미야에게 직접적인 위해를 가했습니다. 제사장이자 성전 총감독(=성전의 안전과 질서의 총 책임자)인 바스훌은 예레미야에게 폭력을 가하고 나무 고랑을 채워 가두는 악행을 저지릅니다(1-2절). 다음날 바스훌이 이유 없이 풀어주자 예레미야는 그의 이름을 마골밋사빕('사방의 두려움'이라는 뜻)이라 부르며 그와 그의 집안사람들은 포로로 끌려갈 것이며 그의 친구들은 그가 보는 앞에서 죽임을 당하고 더 나아가 유다 전체에 큰 재앙이 임할 것을 선언합니다(3-6절). 예레미야가 예언하면 할수록 그를 향한 핍박은 더욱 극심해졌습니다. 그는 목숨을 걸고 예언한 결과가 멸시와 수치, 생명의 위협밖에 없는 상황에 대해 하나님을 원망합니다(7-9절). 사역을 멈추고 싶어도 뜨거운 불과 같은 말씀이 뼛속까지 사무쳐서 멈출 수도 없다고 토로합니다. 그는 대적들에 대한 하나님의 보복을 확신하며 하나님을 찬양할 것을 촉구합니다(10-13절). 그러나 현실의 고통이 너무 커서 차라리 태어나지 않았으면 더 좋았을 것이라고 솔직한 심정을 고백합니다(14-18절). 확신에 찬 예언자라도 현실의 고통으로 인해 믿음이 흔들립니다. 하물며 우리는 얼마나 더 연약한 존재입니까?

[마가복음 6장]

고향에 가신 예수님은 선입견에서 벗어나지 못한 사람들로 인해 최소한의 사역만 감당하십니다(1-6절). 그들은 예수님의 지혜와 권능을 보고서도 배척했습니다. 예수님은 제자들을 파송하십니다(7-13절). 제자들은 오직 하나님의 공급하심을 신뢰하며(“여행을 위하여 … 두 벌 옷도 입지 말라”), 전도자에게 주신 능력을 믿고(“더러운 귀신을 제어하는 권능을 주시고”), 서로 협력하여(“둘씩 둘씩 보내시며”), 회개의 복음을 선포해야 합니다(“회개하라”). 헤롯의 죄를 고발한 시대의 양심이자 마지막 선지자인 세례 요한은 결국 헤롯에 의해 죽임을 당하게 됩니다(14-29절). 헤롯의 헛된 욕망이 의로운 자의 죽음으로 이어졌습니다. 마찬가지로 인간의 죄와 헛된 욕망으로 인해 예수 그리스도가 십자가를 져야 했습니다. 헤롯이 잔치를 벌이며 요한의 목을 베는 동안 들판에서는 예수님이 벌이는 잔치가 벌어집니다. 무리를 불쌍히 여기신 예수님은 오병이어의 기적을 베푸십니다(30-44절). 들판에서 배고픈 군중들을 먹이시는 그의 긍휼하심은 십자가 고난과 죽음으로 이어집니다. 예수님은 평소의 습관대로 기도하러 산에 가셨다가 풍랑으로 인해 고통당하는 제자들에게 오셔서 풍랑을 잔잔케 하십니다(45-56절). “안심하라 내니 두려워하지 말라.” 우리는 풍랑이 아닌 예수님을 바라보아야 합니다. 치유자 되시는 예수님은 게네사렛에서 병자들을 고치십니다(53-56절).

[기도]

기드온과 베드로처럼 하나님을 신뢰하고 말씀에 온전히 순종하게 하옵소서. 하나님의 말씀이 예레미야를 강하게 붙든 것처럼 하나님의 말씀의 불이 붙는 역사가 나타나길 소망합니다. 순종의 길이 괴로움을 동반하나 묵묵히 승리의 길을 가게 하옵소서.

[사사기 8장]

전쟁에서 주도적인 역할을 하지 못했다고 생각한 에브라임 지파가 기드온에게 불만을 표출했으나 전쟁을 종식시킨 그들의 역할을 크게 부각시킨 기드온의 지혜로 갈등이 해결됩니다(1-3절). 미디안의 두 왕 세바와 살문나를 추격하는 기드온은 물자 지원 요청을 거부한 숙곳 사람들과 브누엘 사람들에 대한 보복을 다짐합니다(4-9절). 결국 기드온은 숙곳과 브누엘에 대한 보복을 단행하고 미디안의 두 왕도 처형합니다(10-21절). 전쟁이 끝난 후 기드온은 자신을 왕으로 삼으려는 백성들의 요구는 거부하지만 대신 에봇을 만들 때 쓸 금 고리를 가져올 것을 요구합니다(22-27절). 안타깝게도 이스라엘 백성들은 에봇을 숭배의 대상으로 삼았습니다. 이스라엘에 평안이 찾아왔습니다(28절). 기드온의 많은 부인과 자녀들은 훗날의 정치적 혼란을 예고합니다(29-32절). 기드온이 죽자 이스라엘은 또 다시 악을 행합니다(33-35절).

[사도행전 12장]

이방인 지역인 안디옥에 교회가 세워지는 등 복음의 지경이 넓어지는 가운데 예루살렘에서 다시 박해가 일어나 야고보 사도가 순교하고 베드로가 체포되는 일이 발생합니다(1-5절). 교회는 베드로의 석방을 위해 기도했는데 그가 극적으로 탈출하게 되면서 유대인의 환심을 사려고 했던 헤롯(아그립바)의 계획은 무산되고 말았습니다(6-12절). 탈옥 후 곧장 마가 요한의 집으로 간 베드로가 문을 두드렸으나 기도하던 사람들조차 베드로의 생환을 쉽게 믿지 못했습니다(13-17절). 빈틈없는 경계에도 불구하고 사라져버린 베드로로 인해 큰 소동이 일어납니다(18-19절). 헤롯의 통치영역에서 나오는 식량에 의존할 수밖에 없지만 헤롯과 소원한 관계였던 두로와 시돈이 관계개선을 시도합니다(20절). 헤롯은 두로와 시돈에서 온 사절단과 백성들의 환호 속에서 스스로를 신적 존재로 높이다가 하나님의 심판으로 병들어 죽게 됩니다(21-23절). 박해 가운데서도 말씀은 점점 더 흥왕했으며, 바울과 바나바는 구제헌금을 전달하고 마가 요한을 데리고 예루살렘에서 돌아옵니다(24-25절).

[예레미야 21장]

나라가 절체절명의 위기에 빠지자 시드기야 왕은 예레미야에게 사람을 보내 중보기도를 요청합니다(1-2절). 위기가 닥쳐야 하나님을 찾는 모습은 어느 시대나 유사합니다. 그러나 예레미야는 바벨론을 통한 가혹한 심판이 왕과 유다 백성에게 임할 것을 이전과 동일하게 선포합니다(3-7절). 이미 하나님은 예레미야에게 중보기도조차 소용없음을 여러 번 말씀하셨습니다. 하나님은 생명과 사망의 길 중 사망의 길을 선택한 유다를 바벨론에게 넘기실 것입니다(8-14절).

[마가복음 7장]

예수님은 전통과 규례는 따지면서 정작 본질은 잃어버린 자들의 위선을 고발하십니다(1-23절). 예수님은 위선의 사례로 고르반 규정(2.4 해설참고)을 언급하시는데, 부모 공경의 계명(제5계명)과 사람이 만든 전통 둘 중에 어느 것이 더 중요하겠습니까? 그들은 율법과 율법의 근본정신 모두 버렸습니다. "율법의 중한 바 정의와 긍휼과 믿음은 버렸도다"(마 23:23). 음식법이나 정결법을 어긴 것 때문에 사람이 더럽게 되는 것이 아니라 사람의 마음에서 나오는 여러 가지 악한 생각이 사람을 더럽게 합니다(14-23절). 예수님은 자신을 한없이 낮추는 한 이방여인의 귀신들린 딸을 고쳐 주십니다(24-30절). 유대인의 전통에 의하면 이방 여인은 은총의 대상이 될 수 없습니다. 예수님은 수차례 거절하시며 시험하셨는데 여인은 개(이방인)도 자녀(유대인)가 먹다 남은 부스러기를 먹는다고 말하며 이방인도 동일하게 떡(은혜)이 필요하다고 고백합니다. 예수님은 하나님의 은혜가 민족을 초월함을 보여주십니다. 예수님은 귀 먹고 말을 더듬는 병자를 무리로부터 분리한 후 치유하십니다(31-37절). 누군가의 도움으로 은혜를 경험하기도 하지만 우리는 누구나 신 앞에서 단독자입니다. 하나님은 내게 은혜를 베푸시는 나의 하나님이십니다.

[기도]

하나님의 말씀은 살아있으며 운동력이 있어서 극심한 박해 속에서도 힘 있게 전파됩니다. 말씀이 가르치는 생명의 길을 선택하며 살아가게 하옵소서. 한 이방 여인처럼 언제나 하나님의 은혜를 겸손히 구하는 태도를 잃지 않게 하옵소서.

[사사기 9장]
기드온은 자신이 왕이 되는 것을 거절했습니다. "내가 너희를 다스리지 아니하겠고 나의 아들도 너희를 다스리지 아니할 것이요 여호와께서 너희를 다스리시리라"(8:23). 그런데 기드온의 아들 중 아비멜렉이 세력을 규합한 후 막내 요담을 제외한 70명의 형제들을 죽이고 왕위에 올랐습니다(1-6절). 요담은 세겜 사람들에게 나무 우화를 들려주며 그늘(유익)을 제공해 줄 수 없는 가시나무 같은 인물이 지도자가 되면 분명 그 해악이 미칠 것이라고 경고합니다(7-21절). 아비멜렉이 왕이 된지 3년차에 하나님은 세겜 사람들로 하여금 반란을 일으키게 하셨습니다(22-25절). 그런데 아비멜렉은 세겜 사람들의 반란을 진압하고 망대로 피한 천여 명을 불태워 죽입니다(26-49절). 아비멜렉은 승리의 여세를 몰아 데베스를 공략했는데 망대에서 날아온 맷돌에 머리를 맞아 돌연 사망하게 됩니다(50-56절). 이로써 요담의 저주와 하나님의 심판이 성취되었습니다(57절).

[사도행전 13장]
이방인 지역에 세워진 최초의 교회인 안디옥 교회는 이방인 선교를 주도합니다. 안디옥 교회는 그들의 중요한 사역자인 바울과 바나바를 파송하라는 성령님의 지시에 순종합니다(1-3절). 안디옥을 떠난 두 사람은 구브로(Cyprus, 키프로스) 섬의 도시인 바보(Paphos)에서 거짓 예언자 바예수(엘루마: '마술사'라는 뜻)를 만나게 됩니다(4-6절). 바울과 바나바의 사역을 대적하던 그는 눈이 멀게 되었으며 하나님의 권능을 본 총독은 하나님의 말씀을 믿게 되었습니다(7-12절). 선교여행 도중 마가 요한은 예루살렘으로 복귀하고 나머지 일행은 비시디아 안디옥(소아시아 반도에 있는 도시)에 도착합니다(13-14절). 회당에 들어간 바울은 구약의 역사를 통해 예수 그리스도의 사역을 변증하였는데 특히 예수님의 부활과 그가 부활의 증인인 것을 강력하게 선포합니다(15-31절). 시편을 인용하여 부활을 증언한 바울은 그리스도의 부활이 죄 사함과 의에 근거가 되므로 이를 멸시하지 말라고 경고합니다(32-41절). 많은 사람들이 하나님의 말씀을 더 듣고자 했지만 유대인들이 바울의 사역을 방해합니다(42-45절). 생명의 복음이 유대인을 떠나 이방인에게로 갈 것이라는 바울의 선언에 이방인들이 크게 기뻐합니다(46-48절). 비시디아 안디옥에서 쫓겨나 이고니온으로 가게 된 바울 일행은 성령과 기쁨으로 충만했습니다(49-51절).

[예레미야 22장]

하나님의 명으로 왕을 찾아간 예레미야는 '왕위를 영원히 견고히 하리라'는 다윗 언약(삼하7장)에 충실히 응답하여 공의와 사랑으로 통치할 것을 왕에게 촉구합니다(1-4절). 만약 유다가 언약을 버린다면 멸망에 이르게 될 것입니다(5-9절). 왕실에 대한 하나님의 심판은 먼저 요시야의 아들 살룸(=여호아하스, 왕하 23:30)에게 임합니다(10-12절). 그는 예루살렘에 쳐들어온 애굽 군대로 인하여 즉위 3개월 만에 강제 폐위된 후 애굽으로 끌려갑니다. 살룸에 이어 왕이 된 여호야김은 왕궁을 새로 짓고 사치와 향락을 즐겼으며 공의를 버리고 탐욕과 포악으로 통치하였습니다(13-17절). 그 결과 그는 비참한 죽음을 맞게 될 것이며 누구도 그의 죽음을 슬퍼하지 않을 것입니다(18-19절). 불순종이 습관이 되었다고 탄식하신 하나님은 바벨론에 끌려가게 될 여호야김의 아들 고니야의 불행한 결말에 대해서도 말씀하십니다(20-30절). 참고로 유다의 마지막 왕은 고니야의 뒤를 이은 시드기야입니다.

[마가복음 8장]

예수님이 많은 인원을 먹이시는 두 번째 사건이 일어납니다. 오병이어의 때(6:34)와 달리 이번에는 마을과 촌에 가서 사먹을 수도 없는 광야입니다(4절). 열악한 조건으로 인해 제자들은 절망합니다. '어디서 떡을 얻어' 예수님이 오천 명을 먹이셨던 사건을 완전히 잊어버린 그들은 할 수 없다는 결론에 이릅니다. 예수님은 이전과 동일하게 군중을 먹이십니다(5-10절). 제자들은 무지했으며 확실한 증거를 보고도 의도적으로 예수님을 거절하는 바리새인들은 완고했습니다(11-13절). 양식 걱정만 하는 제자들은 바리새인의 누룩(거짓, 위선)과 헤롯의 누룩(=세속주의, 권력과 결탁한 거짓종교, 간교한 술수, 핍박 등)을 조심하라는 예수님의 말씀을 이해하지 못합니다(14-21절). 예수님은 벳새다에서 만난 한 맹인을 마을 밖으로 데리고 나가 치유하셨는데 그의 치유의 능력은 숨겨질 수 없었습니다(22-26절). 제자들은 보이는 현실 너머에 있는 하나님 나라를 볼 수 있는 눈이 있어야 합니다. 자신의 정체성에 대해 질문하신 예수님은 당신이 받을 고난과 죽음에 대하여 처음 예고하십니다(27-38절). 십자가의 고난을 이해하지 못하고 항변하는 베드로를 꾸짖으신 예수님은 생명을 걸고 주를 따르는 제자도에 대해 가르치십니다.

[기도]

하나님 아버지! 하나님의 말씀을 버리고 헛된 욕망을 추구하지 않게 하시고 성령의 충만함으로 복음을 위해 살게 하시며 십자가의 도를 따르게 하옵소서.

[사사기 10-11장 11절]

(10장) 아비멜렉으로 인한 혼란이 정리된 이스라엘은 잇사갈 사람 돌라와 길르앗 사람 야일이 사사로 있는 동안 평화를 누립니다(1-5절). 그런데 또 다시 이방신을 섬기며 악을 행하자 하나님은 그들을 블레셋과 암몬의 손에 붙이십니다(6-9절). 이방인의 압제로 인해 고통당하던 이스라엘 백성들이 부르짖자 하나님은 다시는 구원하지 않을 것이며 너희가 섬기는 신에게 구원을 요청하라고 말씀하십니다(10-14절). 이스라엘 백성들은 자신들의 죄를 인정하고 우상을 제하는 노력과 함께 하나님의 처분을 기다립니다(15-16절). 하나님은 이번에도 은혜를 베푸십니다. 우리의 정직한 고백은 하나님의 마음을 움직입니다. 이때에 암몬 자손이 길르앗을 공격해 옴에 따라 이스라엘은 미스바에 진을 쳤는데 위기의 이스라엘을 이끌 지도자가 없었습니다(17-18절).

(11장 1-11절) 입다는 큰 용사였지만 기생의 아들이라는 출신의 한계 때문에 길르앗에서 쫓겨났던 인물입니다(1-3절). 그런데 암몬이 길르앗을 공격해 오자 길르앗의 지도자들이 입다에게 군대를 지휘해 줄 것을 요청하였고 입다는 이를 수락합니다(4-11절).

[사도행전 14장]

바울과 바나바는 비시디아 안디옥에서 쫓겨나 이고니온에 왔습니다. 이고니온은 로마인, 헬라인, 유대인들이 함께 사는 번성한 도시로 선교의 좋은 조건을 가지고 있습니다. 이곳에서 많은 유대인과 헬라인들이 복음을 받아들였지만 대적들이 나타나 사역을 방해하고 돌로 치려하므로 루스드라와 더베로 가서 복음을 전합니다(1-7절). 루스드라에서 걷지 못하는 장애인을 고치게 되었는데 많은 사람들이 그들을 신으로 여겨 제사를 드리려합니다(8-13절). 이러한 루스드라 사람들의 독특한 반응을 본 두 사도는 십자가와 부활의 복음을 전하는 대신 창조주 하나님에 대하여 선포합니다(14-18절). 그런데 대적들이 몰려와 바울을 돌로 치는 사태가 발생합니다. 그들은 바울이 죽은 줄 알고 도시 바깥에 버렸습니다. 하나님의 은혜로 기적처럼 다시 살아난 바울은 더베에서 만신창이의 몸으로 복음을 전하여 많은 사람들을 그리스도의 제자가 되게 했습니다(19-21절). 바울과 바나바는 그들이 복음을 전했던 루스드라, 이고니온, 비시디아 안디옥을 역순으로 순회하며 교회의 지도자를 세우고, 앞으로 닥칠 핍박을 예고하며 그들을 주님께 부탁합니다(21-23절). 이후 그들은 비시디아와 밤빌리아를 지나 버가에서 말씀을 전하고 앗달리아를 거쳐 그들을 파송한 시리아의 안디옥 교회로 돌아옵니다(24-26절). 그들은 1차 선교여행간 하나님이 행하신 놀라운 일들을 간증합니다(27-28절).

[예레미야 23장]

하나님은 더 이상 거짓 목자들에게 당신의 백성들을 맡기지 않으실 것입니다(1-2절). 하나님은 정의와 공의를 행할 새로운 통치자('다윗에게 한 의로운 가지', 곧 메시아 예수 그리스도)를 세우셔서 당신의 백성들을 부르시고 돌보게 하실 것입니다(3-6절). 유다 백성들은 바벨론에서 돌아오게 하실 하나님의 이름을 두고 맹세하게 될 것입니다(7-8절). 이는 애굽에서 이끌어 내셨던 하나님이 바벨론에게서도 구원하실 것에 대한 확신 있는 선포입니다. 예레미야는 선지자와 제사장의 부패와 악행에 대해 탄식하며 심판을 선고합니다(9-12절). 특히, 하나님이 주신 죄와 심판에 대한 메시지를 버리고 백성들이 좋아하는 평안을 선포한 거짓 예언자들의 죄에 대해 신랄하게 비판합니다(13-22절). 하나님의 뜻이 아닌 자기 마음에서 만들어진 내용을 선포한다면 그는 거짓 예언자입니다. 그들은 결코 온 천지에 충만하신 하나님을 속일 수 없습니다(23-28절). 하나님은 당신의 이름을 빙자하여 거짓된 꿈과 환상을 전하는 자들을 용서하지 않으십니다(29-32절). 지금 선포되어야 할 엄중한 하나님의 말씀은 '하나님이 유다를 버리시며 심판하신다'는 것입니다. 이것 외에 다른 내용을 전하며 하나님의 엄중한 말씀이라고 말한다면 여호와의 이름을 망령되이 일컬으며 함부로 사용한 죄로 인해 심판을 받게 될 것입니다('제3계명 위반', 35-40절).

[마가복음 9장]

베드로를 포함한 3명의 제자들은 예수님이 하늘 영광을 가지신 분임을 보았고 하나님의 아들이라는 음성을 듣습니다(1-8절). 변화산 사건은 첫 번째 수난예고(8:31) 이후 혼란스러워하는 제자들에게 고난 이후 영광의 승리가 있음을 보여주심으로써 십자가의 길에 대한 확신을 줍니다. 모세와 엘리야 그리고 예수님이 등장한 것은 구약(율법과 예언)이 십자가 복음으로 완성됨을 말하고자 함입니다. 이미 엘리야(세례 요한)가 먼저 와서 메시아의 길을 예비하였습니다(1:1-11, 9-13절). 세 명의 제자들이 변화산 사건을 경험하는 동안 나머지 제자들은 귀신들린 아이의 치유문제로 고전하고 있었습니다(14-29절). 예수님은 믿음의 부족과 기도의 문제라고 말씀하십니다. 믿음과 기도는 함께 갑니다. 예수님은 두 번째 죽음과 부활을 예고하십니다(31절). 제자들이 예수님의 죽음 자체를 두려워했는지 아니면 자신들도 함께 고난을 받을지 몰라 두려워했는지는 확실치 않습니다(32절). 그러나 두려운 마음을 가진 제자들이 벌인 일은 고작 누가 큰 자인지에 대한 논쟁입니다(33-34절). 예수님은 가장 약한 계층 중 하나인 어린이를 안고서 작고 연약한 자를 영접하며 섬기는 자가 큰 자라고 말씀하십니다(35-37절). 제자의 길은 낮아지는 길입니다. 우리는 신앙 공동체 안에서 독선과 편협을 배격해야 합니다(38-42절). 주님은 교단간의 소모적인 신학논쟁, 우월의식, 파벌조성을 미워하십니다. 약자를 배려하지 않거나 믿는 자를 실족시키는 죄를 피해야 합니다(43-44절). 천국에는 장애를 가진 사람이 없습니다. 그럼에도 불구하고 예수님이 "범죄하게 하거든 찍어버리라"며 강력한 어조로 말씀하시는 이유는 천국을 절대 놓치지 말라는 것입니다(43-50절).

[기도]

하나님! 이 땅에서의 삶이 복음을 위한 아름다운 선교여행이 되게 하옵소서. 하나님의 말씀을 내 마음대로 가려서 듣지 않게 하시고 어떤 말씀이든 달게 받을 수 있는 마음을 주시옵소서. 독선을 버리고 어린아이와 같은 심정으로 낮아지게 하옵소서.

[사사기 11장 12-40절]

입다는 전투에 앞서 협상을 시도합니다(12절). 암몬은 이스라엘이 아르논으로부터 얍복과 요단에 이르는 지역을 불법 점거하고 있으므로 다시 돌려달라고 요청합니다(13절). 그러나 입다는 출애굽한 이스라엘은 암몬 땅을 점령하지 않았으며 아모리 족속의 땅만 차지했다고 말합니다(14-22절). 더 나아가 지난 300년간 아무 말도 없다가 이제 와서 이스라엘이 정착하여 살고 있는 요단동편 땅을 내 놓으라는 것은 억지라고 주장합니다(23-27절). 협상은 결렬되고 전쟁이 불가피해짐에 따라 하나님의 영이 임한 입다는 군사들을 이끌고 전쟁터로 나갑니다(28-29절). 암몬 사람들은 그모스라는 신을 섬기는데 그들은 종종 인신제사를 드립니다. 안타깝게도 입다는 하나님이 주실 승리를 두고 섣부른 서원을 하는 바람에 전쟁에서 승리하고도 인신제사를 드려야하는 상황이 발생하고 말았습니다(30-40절). 다른 사사들이 승리를 위해 서원한 적이 없었다는 점을 고려할 때 입다의 서원은 불필요한 것이었습니다. 하나님의 부르심 자체가 이미 승리를 전제한 것입니다. 또한 입다는 율법이 잘못된 서원을 돌이킬 수 있는 방법을 제시하고 있음에도 그것을 활용하지 않았습니다(레 27장). 서원이행도 중요하지만 생명은 더 중요합니다. 하나님의 법이 사라지고 자기 소견에 옳은 대로 행한 사사시대의 비극입니다.

[사도행전 15장]

복음이 이방인에게 급속도로 확산되는 가운데 유대에서 안디옥으로 온 몇몇 형제들이 이방인 그리스도인들에게 할례와 구약의 율법을 준수해야한다고 가르치면서 큰 논란이 발생합니다(1-2절). 이 문제를 해결하기 위해 안디옥 교회는 바울과 바나바를 예루살렘 교회로 보냅니다(3-4절). 이로 인해 예루살렘 공의회가 열렸습니다. 바리새파 그리스도인들이 이방인에게 할례를 받게 하고 율법을 지키게 해야 한다고 주장하였으나 베드로는 하나님이 이방인에게 복음을 믿게 하셨고 성령을 주셨으며, 믿음으로 마음을 깨끗이 하사 그들을 차별하지 않으셨다는 사실을 말하며 이방인이나 유대인이나 동일하게 은혜로 구원받았음을 강조합니다(5-11절). 바나바와 바울로부터 이방인에게 나타난 하나님의 표적과 기사에 대해 듣던 야고보는 4가지 곧 우상의 제물과 음행, 목매어 죽인 것과 피에 대해서만 금하게 하고 그 외 어떤 율법의 짐도 이방인에게 지우지 않기를 제안합니다(12-21절). 예루살렘 교회 지도자들은 야고보의 제안을 성령님의 뜻으로 받아들였으며 이 내용을 전달받은 안디옥 교회는 기뻐합니다(22-31절). 유다와 실라는 얼마동안 안디옥 교회를 섬기다가 예루살렘으로 돌아갑니다(32-33절). 한편 2차 선교여행을 계획하던 바울과 바나바는 1차 선교여행 때 임의로 이탈한 마가 요한을 데리고 가는 문제로 인한 이견으로 각각 다른 선교지로 떠납니다(35-41절). 다툼은 있었지만 선교는 포기하지 않습니다.

[예레미야 24장]

BC 586년에 유다를 멸망시킨 바벨론은 10년 전인 BC 597년에도 예루살렘을 침공하여 여고냐(여호야긴) 왕과 고관, 목공, 철공들을 포로로 잡아갔습니다(1절). 그 후 예레미야는 환상 가운데 좋은 무화과가 담긴 광주리 하나와 나빠서 먹을 수 없는 무화과가 담긴 광주리 하나를 보게 됩니다(2-3절). 좋은 무화과는 포로로 끌려간 자들을 상징하는 것으로 하나님은 그들을 친히 돌보실 것이며 때가 되면 고국으로 돌아오게 하실 것입니다(4-7절). 나쁜 무화과는 시드기야 왕을 포함하여 유다 땅에 남아 있는 자들과 바벨론을 피해 애굽으로 간 사람들을 상징하는 것으로 그들에게는 칼과 기근과 전염병이라는 하나님의 엄중한 심판이 임할 것입니다(8-10절). 바벨론에 끌려가지 않으면 복이요 끌려가면 심판이라는 생각은 틀렸습니다. 하나님의 생각은 우리와 다릅니다. "하늘이 땅보다 높음 같이 내 길은 너희의 길보다 높으며 내 생각은 너희의 생각보다 높음이니라"(사 55:9).

[마가복음 10장]

헤롯 안티파스가 통치하는 영역에서 바리새인들이 이혼문제로 예수님을 시험합니다(1-2절). 이는 헤롯 안티파스의 잘못된 결혼을 비판한 세례요한이 투옥되었다가 목숨을 잃은 일(6:14-29)이 예수님에게 동일하게 나타나길 원하고 더 나아가 예수님을 율법 파기자로 몰아 유대인들로 하여금 등을 돌리게 만들려는 고도의 함정이었습니다. 예수님은 여성에게 불리하게 적용되고 있는 모세의 율법의 본래의 의미를 밝히시며 창조 때부터 하나님이 주신 말씀(창2:24)으로 그들을 이기셨습니다(3-9절). 간음문제는 남녀가 평등하게 적용받아야 함을 말씀하신 예수님은 당시 하찮은 취급을 받던 어린이들의 어른에 대한 신뢰와 믿음이 하나님의 백성들이 지녀야 할 마음임을 가르치시며 그들을 안고 축복하십니다(10-16절). 예수님을 선한 선생이라 부르며 찾아온 한 청년은 자신이 율법을 완벽하게 지켜왔다고 자부했지만 그는 재물을 섬기는 자였음이 밝혀집니다(17-22절). 예수님이 하나님만이 선하시다고 말씀하신 것은 당신이 흠 없는 선생 정도가 아니라 절대 선이신 하나님이심을 선포한 것입니다. 예수님은 청년의 실체를 정확히 알게 하셨으나 그는 떠나버렸습니다. 구원은 전적으로 하나님만이 하실 수 있으며, 부자라도 자신의 인생과 재물을 복음을 위해 온전히 드리면 현세와 내세에 복을 받습니다(23-31절). 예수님은 높은 자리를 놓고 다투는 제자들에게 당신은 대속의 제물 되고자 이 땅에 오셨다고 말씀하십니다(32-45절). 다윗의 자손 메시야를 외친 바디매오가 눈을 뜬 것처럼 제자들도 영의 눈을 떠서 예수님과 같은 섬김의 도를 갖춰야 합니다(46-52절).

[기도]

말씀에 대한 무지가 삶을 그르칩니다. 주님! 말씀을 더 깊이 알게 하옵소서. 내 생각보다 크신 하나님의 말씀을 더 신뢰하게 하옵소서. 성령님이 이끄시는 선교와 전도에 동참하게 하시고 예수님을 닮아 늘 겸손하게 하옵소서.

[사사기 12장]
기드온이 미디안과의 전쟁에서 승리했을 때 에브라임 지파가 시비를 건 적이 있었습니다(8:1). 그때 기드온이 지혜롭게 잘 대처하여 내전이 발생하지 않았습니다. 입다가 전쟁에서 승리하자 에브라임 지파에서 자신들을 전쟁에 부르지 않았다며 시비를 겁니다(1절). 그러나 사실은 그들이 기드온의 참전 요청을 거절한 것입니다(2절). 이번에는 길르앗과 에브라임 간에 전쟁이 일어나 42,000명의 에브라임 사람들이 죽는 대참사가 벌어집니다(3-6절). 입다가 죽은 후 비교적 평화로운 시기가 지속됩니다(7-15절).

[사도행전 16장]
더베를 거쳐 루스드라로 간 바울의 선교 팀에 디모데가 합류합니다(1-3절). 바울은 유대인에 대한 접근성을 높이기 위해 디모데에게 할례를 행합니다. 그는 여러 도시를 돌며 예루살렘 공의회에서 결정된 내용을 전달하고 공동체를 굳건하게 세워갑니다(4-5절). 그 후 브루기아와 갈라디아를 거쳐 비두니아로 가려고 했으나 성령(예수의 영)이 허락하지 않았습니다(6-7절). 아시아 선교를 원했으나 성령님이 막으신 것입니다. 그는 항구도시인 드로아에 갔다가 우리를 도와달라는 마게도냐 사람의 환상을 보게 되었는데 그것은 곧 마게도냐(유럽)로 건너가 복음을 전하라는 주의 부르심이었습니다(8-10절). 성령의 인도하심에 순종한 바울은 배를 타고 마게도냐 지방의 관문도시인 빌립보에 도착합니다(11-12절). 루디아와 그의 가족들에게 세례를 베푼 바울은 그의 집을 선교의 거점으로 사용합니다(13-15절). 바울은 귀신들린 여종에게서 귀신을 쫓아냅니다(16-18절). 루디아 집안의 구원, 귀신들린 여종의 치유 등 빛나는 승리가 이어졌지만 그는 치유 받은 여종의 주인에 의해 고소당하여 매를 맞은 후 옥에 갇히는 억울한 일을 겪게 됩니다(19-24절). 그러나 이것은 루디아의 뒤를 이어 또 한 가정을 구원하시려는 하나님의 계획이었습니다(25-36절). 자신이 로마시민권자임을 밝힌 바울은 석방된 후 루디아의 집으로 가서 형제들을 위로하고 다른 곳으로 떠납니다(37-40절). 고난과 박해 속에서 복음의 승리가 이어집니다.

[예레미야 25장]
24장은 BC 597년, 여고냐 왕 때에 있었던 바벨론의 침공에 대한 내용이었습니다. 25장은 역사를 더 거슬러 올라가서 BC 605년, 여호야김 왕 제4년에 있었던 예레미야의 선포내용을 다루고 있습니다(1-2절). 그 내용은 다음과 같습니다. 하나님은 거듭

된 경고에도 불구하고 회개하지 않는 유다를 심판하셔서 70년간 바벨론의 포로로 살게 하실 것이며 그 후에야 유다 백성을 구원하기 위해 바벨론을 심판하실 것입니다(3-14절). 예레미야는 사람들에게 술잔을 돌리는 비유를 들며 하나님의 심판을 선포합니다(15-16절). 술잔은 하나님의 진노의 잔으로써 마신 자는 하나님의 진노에 완전히 취하여 비틀거리다가 결국 파멸에 이르게 될 것입니다. 대상은 유다 백성들과 애굽 및 세삭(바벨론의 별칭)을 포함한 이방나라들입니다(17-26절). 하나님의 심판은 피할 수 없습니다(27-29절). 하나님이 포효하는 사자, 포도 밟는 자로 표현됩니다(30절). 포도를 밟는 것은 심판의 의미입니다(사63:3). 하나님의 폭풍과도 같은 심판으로 사람들은 죽어서도 수치스러울 것입니다(31-33절). 지도자들과 그들의 공동체 모두 황폐하게 될 것입니다(34-38절).

[마가복음 11장]

예수님은 두 명의 제자에게 아무도 타보지 않은 나귀 새끼가 매여 있거든 풀어 끌고 오라고 명령하십니다(2절). 아무도 타보지 않았다는 것은 순결함을 뜻하며 매인 것을 풀어 끌고 오라는 것은 죄에 얽매어 있는 우리를 자유케 하신다는 의미를 가지고 있습니다. 나귀의 주인은 예수님이 쓰신다는 말에 자신의 나귀를 내어 줍니다(6절). 참고로 이때는 다 자라지 않은 나귀도 운송수단으로 쓰였습니다. 예수님은 나귀를 타고 백성들의 환호를 받으며 예루살렘으로 들어가십니다(7-10절). 세상을 구원할 왕의 겸손한 모습입니다(슥 9:9). 예수님을 지켜본 유대 지도자들은 그를 큰 위협으로 여겨 제거하려 합니다(18절). 예수님은 무화과에 대한 저주를 통해 열매 없는 종교인에 대한 심판을 선언하십니다(11-14, 20-21절). 그의 의분은 성전에서 매매하는 자들을 향합니다(15-19절). 예수님은 하나님을 만나는 기능을 잃어버린 성전을 회복하실 것입니다. "이 성전을 헐라 내가 사흘 동안에 일으키리라"(요 2:19). 십자가에서 죽으시고 부활하신 예수님은 그의 영을 우리에게 부으심으로 우리를 성전 되게 하셨습니다(고전 3:16). 하나님에 대한 굳건한 신뢰와 형제간의 평화는 기도응답의 조건입니다(22-25절). 유대 지도자들은 요한의 세례가 하늘에서 온 것임을 알고도 모른다고 말합니다(27-33절). 요한을 인정한다면 그가 메시아로 선포한 예수님도 인정해야 하기 때문입니다. 그들은 자신의 유익을 위해 진리를 포기했습니다.

[기도]

선교의 주체가 되시는 성령님! 이 땅에서 선교가 멈추지 않게 하시고 날마다 복음의 지경이 넓어지게 하옵소서. 나의 마음을 성전 삼으신 주님! 깨끗케 하여 주옵소서. 심판의 권세를 가지신 하나님의 주권을 찬양하게 하옵소서.

[사사기 13장]

하나님은 다시 악을 행하는 이스라엘을 블레셋에게 붙이셨습니다(1절). 이스라엘의 회개와 구원의 요청이 있은 후 구원해 주셨던 이전의 방식과 다르게 이번에는 이스라엘의 회개와 구원의 요청이 없었지만 하나님은 한 사람을 미리 준비시키셨습니다. 나실인은 특별히 구별된 사람으로 포도주와 독주를 금하고 머리카락을 깎지 말아야 하며 시체와 접촉하면 안 되는 규정을 평생 지켜야 합니다(민 6:1-8). 하나님은 마노아 부부에게 곧 잉태할 아들이 나실인으로 구별되었다고 말씀하십니다(2-14절). 하나님의 뜻을 전달한 여호와의 사자는 마노아의 식사제안을 거절하면서 하나님께 번제를 드리라고 말합니다(15-16절). 여호와의 사자는 자신의 이름을 기묘자(secret)라고 말합니다(17-18절). 이스라엘은 삼손을 통해 행하실 하나님의 특별하고도 놀라운 구원을 보게 될 것입니다. 번제를 드리는 도중 승천하는 것을 보고 나서야 자신과 대화하던 사람이 여호와의 사자인 것을 알게 된 마노아는 두려워하지만 지혜로운 그의 아내는 지금까지의 진행된 상황과 하나님의 약속을 떠올리며 평안을 확신합니다(19-23절). 이스라엘은 하나님의 영이 임한 삼손을 사사로 세웁니다(24-25절).

[사도행전 17장]

바울 일행은 빌립보를 떠나 암비볼리와 아볼로니아를 거쳐 데살로니가(그리스의 테살로니카)에 이릅니다(1절). 데살로니가는 마게도냐 지역의 행정수도로 유대인 회당이 있었습니다. 바울의 복음 선포를 들은 경건한 헬라인과 귀부인들이 예수님을 영접하였습니다(2-4절). 그러나 유대인들은 불량배들을 동원하여 사역을 방해하고 바울이 가이사의 명을 거역했다는 거짓 선동을 벌이며 바울의 협력자였던 야손까지 박해합니다(5-9절). 데살로니가를 떠나 베뢰아로 간 바울은 회당에서 복음을 전합니다(10절). 베뢰아 사람들은 바울의 가르침을 경청하고 열린 마음으로 날마다 성경을 연구함으로 믿는 자가 많았습니다(11-12절). 그러나 데살로니가에서 온 유대인들의 소요로 인하여 바울은 디모데와 실라를 남겨두고 아덴(아테네)으로 이동합니다(13-15절). 바울은 철학의 도시 아덴에서 회당이나 장터 등 장소를 가리지 않고 사람들을 만났는데 바울의 메시지는 새로운 가르침(=예수 그리스도의 존재에 대한 선포)이자 이상한 것(=예수의 부활)이었습니다(16-21절). 아레오바고 광장으로 간 바울은 그들에게 있는 종교성과 신전에 새겨져 있는 '알지 못하는 신에게'라는 문구에 주목하며 창조주 하나님을 선포합니다(22-29절). 또한 하나님이 심판의 주로 정하신 그(예수)를 죽음에서 다시 살리셨음을 선포합니다(30-31절). 그 결과 아레오바고 관리 디오누시오를 포함한 소수의 사람들은 믿었으나 다수는 믿으려 하지 않았으며 조롱하는 자도 있었습니다(32-34절).

[예레미야 26장]

여호야김 왕 통치 초기에 예레미야는 하나님의 명에 의해 성전에서 예언을 선포합니다(일명 '예레미야의 성전설교', 1-2절). 내용은 하나님의 뜻을 저버리고 악한 길에서 돌이키지 않는 그들에게 임할 심판에 관한 것입니다(3-7절). 예레미야의 선포 내용에 크게 반발한 제사장과 예언자들이 예레미야를 죽이려고 합니다(8-11절). 예레미야는 그의 예언이 하나님으로부터 온 것이기에 회개하여 악한 길에서 돌이키는 것만이 사는 길이며, 자신을 임의대로 처리하되 만약 죽인다면 하나님이 그 죄 값을 철저하게 물으실 것을 담대하게 선포합니다(12-15절). 그러자 관료들과 백성들이 예레미야의 무죄를 주장하고 또한 원로들은 과거 미가 선지자도 예레미야와 동일한 예언을 했으나 당시 왕인 히스기야와 백성들이 회개함으로 재앙이 임하지 않았던 사례를 말하며 예레미야를 변호합니다(16-19절). 그러나 예레미야와 동일한 메시지를 선포했던 우리야 선지자는 처형당했던 사례도 있습니다(20-23절). 아히감은 자신의 권세를 활용하여 참 선지자 예레미야를 보호합니다(24절).

[마가복음 12장]

예수님은 포도원 농부의 비유를 통해 하나님(포도원 주인)의 인내와 관대함을 거스르는 유대 지도자들(농부)의 악함을 폭로합니다(1-12절). 농부들에 의해 죽임당한 아들은 예수님을 의미하며 농부들은 현재 예수님과 논쟁 중인 유대의 정치·종교 지도자들입니다. 건축자의 버린 돌이 모퉁이의 머릿돌이 될 것입니다(시 118:22-23, 10절). 예수님은 대적들에 의해 죽임을 당하나 다시 부활하셔서 머릿돌(구원의 반석)이 되실 것입니다. 반로마 민족주의자이면서도 친로마 헤롯당원과 하나가 되어 예수님을 죽이고자 하는 바리새인들에게 예수님은 가이사를 위하여 사는 사람은 가이사에게 바치고 하나님을 위하여 사는 사람은 하나님께 드리라고 말씀하십니다(13-17절). 동전에는 가이사의 형상이 새겨져 있으나 인간은 하나님의 형상을 지닌 존재입니다. 아브라함, 이삭, 야곱과 같은 믿음의 조상들은 부활의 능력 가운데 영원히 존재하고 있으며, 부활의 삶은 천사와 같아지는 것이므로 사두개인의 질문은 부활에 대한 무지에서 비롯된 것입니다(18-27절). 모든 율법과 계명은 '마음과 목숨과 뜻과 힘을 다하여 하나님을 사랑하고 이웃을 자신과 같이 사랑하라'로 축약됩니다(28-34절). 다윗의 고백(시 110:1)에 의하면 예수님은 다윗보다 먼저 계신 분(선재성)이시며 다윗의 주(신성)가 되십니다(35-37절). 자기를 높이려는 행위를 버리고 마음이 담긴 헌신을 할 때 주께서 기뻐하십니다(38-44절).

[기도]

삼손을 준비시키는 하나님을 보며 여호와이레의 하나님을 외칩니다. 복음전하기 쉽지 않은 아덴에서 그리고 대적들이 지켜보는 성전에서 각각 복음과 예언을 선포하는 바울과 예레미야의 열심을 봅니다. 저도 복음을 부끄러워하지 않게 하옵소서.

[사사기 14장]

본격적으로 활동을 시작한 삼손에게 불안한 면이 나타납니다. 그것은 자기의 눈에 보이는 대로 행동한다는 것입니다('한 여자를 보고', '한 여자를 보았사오니', '그 여자가 삼손의 눈에 들었더라'). 삼손의 고집으로 강행된 블레셋 여인과의 혼인은 옳지 않았지만 그럼에도 불구하고 하나님은 그의 문제적 행동을 당신의 뜻을 이루는데 사용하십니다(1-7절). 삼손의 결혼은 하나님의 명령에 의해 음란한 여자와 결혼할 수밖에 없었던 호세아의 경우와는 분명 다릅니다(호 1:2). 삼손은 사체를 만질 수 없는 나실인의 규정을 어기고 사체에서 꿀도 채취해 먹었습니다(8-9절). 혼인잔치 도중 삼손은 블레셋 청년 30명에게 자신의 경험과 관련된 퀴즈를 내며 내기를 걸었는데 아내로 인해 정답이 유출되어 내기에서 지게 됩니다(10-18절). 여호와의 영이 임한 삼손은 블레셋의 도시인 아스글론에 가서 30명을 죽인 후 그들에게서 취한 옷으로 내기에서 진 빚을 갚습니다(19절). 여전히 화가 풀리지 않은 그는 아버지의 집으로 돌아가 버렸고 그의 아내는 삼손의 친구에게 보내졌습니다(20절).

[사도행전 18장]

고린도에 도착한 바울은 최고의 동역자 브리스길라와 아굴라를 만나게 됩니다(1-3절). 그들을 향한 바울의 신뢰는 확고합니다. "그들은 내 목숨을 위하여 자기들의 목까지 내놓았나니"(롬 16:4). 이들의 만남은 로마 황제의 유대인 추방이라는 직접적인 원인이 빚어낸 결과로 하나님은 이렇게 선을 이루게 하셨습니다. 실라와 디모데가 합류하면서 바울의 사역은 더욱 탄력을 받아 많은 열매를 맺게 되었습니다(4-8절). 고린도 교회는 회당 근처인 디도 유스도의 집이었습니다. 회당(정통 유대인)과 교회(그리스도인)의 갈등이 예고된 상황에서 주님은 바울에게 두려워하지 말고 복음을 선포하라고 말씀하십니다(9-11절). 바울은 유대인에 의해 고소를 당하지만 갈리오 총독은 유대인의 문화, 종교와 관련된 내용은 법정에서 다루지 않겠다고 말하며 고소를 기각해 버립니다(12-16절). 분노한 유대인들은 회심한 회당장 소스데네에게 분풀이를 합니다(17절). 바울은 브리스길라와 아굴라를 데리고 고린도를 떠나 에베소에 이르렀으며 브리스길라와 아굴라에게 에베소 교회를 맡긴 후 안디옥교회로 돌아갑니다(18-22절). 아굴라 부부는 뛰어난 성경교사이지만 메시아의 성육신과 십자가의 죽음, 부활, 승천, 성령강림 등 이미 성취된 성령의 역사에 대해 모르고 있는 아볼로를 각성시킵니다. 복음의 확신을 갖게 된 아볼로는 고린도교회를 굳건하게 세워갑니다(27절).

[예레미야 27장]

여호야김의 통치 초기부터 지금까지 예레미야의 선포 내용은 변함이 없었는데 그의 예언은 고대 근동지역에 있는 모든 나라에 해당되는 것입니다(1-3절). 바벨론의 패권이 한동안 지속될 예정이므로 바벨론 중심의 국제질서에 순응하는 것이 지혜입니다(4-11절). 당분간은 바벨론에 대항하는 모든 시도가 실패로 돌아갈 것입니다. 그러나 거짓 예언자들은 바벨론에게 항복하지 않아도 된다고 말합니다. 예레미야는 유다의 마지막 왕 시드기야에게 바벨론의 패권에 대항하지 말고 항복하기를 권유하는 한편 제사장들과 백성들에게는 거짓 예언을 분별할 것을 촉구합니다(12-18절). 예루살렘 성전의 물품들은 바벨론으로 옮겨지게 될 것입니다(19-21절). 예루살렘의 함락과 성전의 파괴 그리고 성전 물품들의 바벨론 이전 등을 보게 되면 예레미야의 예언이 옳았다는 것을 알게 될 것입니다. 하나님은 회복에 관한 약속도 잊지 않으십니다(22절).

[마가복음 13장]

제자들이 가리키는 성전은 BC 20년부터 증축하여 AD 64년에 가서야 완공된 헤롯 성전으로 솔로몬 성전에 비해 2배 이상의 규모를 자랑했습니다. 그러나 예수님은 강도의 소굴(11:17)이라고 선언하시며 철저한 파괴를 예고하십니다(2절). 실제로 완공 6년 뒤인 AD 70년에 로마군에 의해 철저히 파괴됩니다. 이러한 파괴적인 심판이 임하기 전에 종말에 나타날 징조와 유사한 여러 가지 현상 - 즉, 거짓 그리스도의 등장과 유혹, 나라와 민족 간의 전쟁과 지진 등의 자연재해, 복음으로 인한 극심한 핍박과 고난 등 - 이 나타납니다(3-13절). 멸망의 가증한 것은 더러운 우상숭배를 의미합니다(14절). 그 때가 되면 신앙의 포기와 우상 숭배를 강요당할 것입니다. 경건한 하나님의 백성에게 큰 환난이 임하고 거짓 그리스도의 미혹은 극심해 질 것이나 하나님은 택하신 자들을 위해 그날들을 감하여 주실 것입니다(15-23절). 하나님은 고난 가운데 있는 당신의 백성을 붙드십니다. 예수님은 큰 권능과 영광 가운데 다시 오셔서 당신의 백성들을 불러 모으실 것입니다(24-27절). 우리는 주의 재림이 오고 있음을 징조를 통해 알 수 있습니다(28-32절). 우리는 주님의 재림약속을 신뢰하며 항상 영적 대비태세를 잘 갖추고 살아가야 합니다(33-37절).

[기도]

하나님! 삼손처럼 눈에 보기에 좋은 대로, 감정이 내키는 대로 살아가지 않게 하옵소서. 상황과 맞지 않아 보이더라도 하나님의 말씀의 신실함을 신뢰하게 하시고 종말의 때를 살아가는 지혜가 있게 하옵소서. 성령의 역사로 구원의 진리를 알게 하셨음을 감사하게 하옵소서.

8 월

M'Cheyne

개관

룻기

저자를 알 수 없는 룻기는 사사시대를 배경으로 하고 있습니다(1:1). 룻기는 이스라엘 백성들이 자기 소견에 옳은 대로 행하던 시대에 하나님이 인정하시는 복된 길을 간 한 여인의 이야기입니다. 룻은 이방인이면서 과부라는 최악의 조건을 가졌지만 어머님의 하나님이 곧 나의 하나님이라는 결단과 함께 이스라엘로 이주합니다. 하나님은 룻에게 은혜를 베푸셔서 기업 무를 자로서의 사명을 신실하게 감당하는 하나님의 사람 보아스를 만나게 하심으로 그녀를 높여주셨습니다. 그녀는 이방인으로서 예수님의 족보에 등재되는 영광을 누리게 됩니다. "보아스는 룻에게서 오벳을 낳고 오벳은 이새를 낳고 이새는 다윗 왕을 낳으니라"(마 1:5-6).

사무엘상

사무엘상과 사무엘하는 본래 한 권의 책이었습니다. 왕이 없었고 사람마다 자기 소견의 옳은 대로 행하던 사사시대가 저물어갑니다. 사무엘은 제사장과 선지자의 역할을 동시에 수행한 마지막 사사입니다. 사무엘상은 사무엘 이야기(1-7장), 사울 이야기(8-15장), 다윗 이야기(16-31장)로 나눌 수 있습니다. 우리는 사무엘상을 통해 이스라엘의 영적 암흑기를 대변하는 엘리 제사장 가문이 몰락하고 사무엘이 이스라엘의 영적 지도자가 되어 왕정시대를 열어가는 역사를 만날 수 있습니다.

개관

예레미야애가

예레미야애가는 유다의 멸망을 직접 목격한 사람이 쓴 것으로 전통적으로 예레미야를 저자로 인정합니다. 유다는 바벨론에 의해 멸망했습니다. 그러나 나라의 멸망에 대해 애통해 하면서도 본 글에서는 바벨론을 언급하지 않습니다. 유다의 멸망 원인이 바벨론 때문이 아니라 유다의 우상 우상숭배와 악행으로 인한 것이기 때문입니다. 저자는 하나님의 진노로 인한 유다의 멸망을 슬퍼하면서도 그들이 여전히 하나님의 언약 안에 있음을 확신합니다. 죄에 대해 애통하며 회개하는 자는 다시 회복의 은혜를 맛보게 될 것입니다. "여호와의 인자와 긍휼이 무궁하시므로 우리가 진멸되지 아니함이니이다 이것들이 아침마다 새로우니 주의 성실하심이 크시도소이다"(3:22-23).

에스겔

에스겔은 BC 597년 바벨론의 2차 침공 때 여호야긴 왕과 함께 포로로 끌려갔습니다. 포로 생활 5년차인 BC 593년에 선지자로 부름 받은 에스겔은 유다의 멸망 전까지는 유다의 영적 타락과 불순종을 지적하며 회개를 촉구하였으며, 유다의 멸망 이후에는 하나님의 회복의 역사를 선포하며 바벨론에 끌려온 백성들을 위로하였습니다. 37장의 '마른 뼈 환상'과 47장의 '성전을 가득 메우는 물의 환상'은 백성들을 다시 회복시키실 하나님의 비전을 잘 보여주고 있습니다.

[질문과 묵상]

1. 오늘 말씀을 통해 만난 하나님은 어떤 분인가요?

2. 오늘 말씀을 통해 하나님이 내 삶에 요청하시는 것은 무엇인가요?

[사사기 15장]

삼손이 기약 없이 집을 떠나버리자 장인은 자신의 딸을 다른 사람에게 주었습니다(1-2절). 화가 난 삼손이 블레셋 사람들을 상대로 복수극을 벌입니다(3-5절). 분노한 블레셋 사람들은 삼손과 얽혀있는 그의 아내의 집안에 대한 보복을 단행합니다(6절). 삼손이 또 다시 블레셋 사람들을 마구 죽이자 블레셋은 아예 군대를 동원하여 이스라엘을 침략합니다(7-13절). 동족을 위해 자진해서 결박당한 채 블레셋 진영으로 넘겨진 삼손은 여호와의 영이 임하자 쉽게 결박을 끊고 나귀 턱뼈 하나로 천여 명의 블레셋 군사들을 죽입니다(14-17절). 이후 극심한 갈증으로 인해 처음으로 하나님의 이름을 간절히 부른 삼손의 기도에 하나님이 응답하십니다(18-19절). 그가 사사로 있는 20년간 평안했다는 말이 없는 것으로 보아 블레셋과의 충돌이 계속 있었던 것으로 보입니다(20절).

[사도행전 19장]

바울은 3차 선교여행 중입니다(18:23-). 그는 2차 여행 때 에베소 성도들에게 하나님의 뜻이라면 다시 보게 될 것이라고 말했는데 실제로 다시 에베소에 오게 되었습니다(18:21, 1절). 바울은 그곳에서 그리스도의 제자가 될 만한 12명의 사람들을 찾았는데 그들은 성령에 대해 알지 못했습니다(2절). 바울이 그들에게 안수하자 강력한 성령의 임재가 일어났습니다(눅 3:16, 3-7절). 석 달 동안 회당에서 가르치던 바울은 복음을 받아들인 제자들을 따로 세워 2년간 두란노 서원(=학자가 제자들을 가르쳤던 장소로 추정)에서 말씀을 가르쳤습니다(8-10절). 바울에게 표적이 나타나자 제사장을 사칭하며 마술을 행하던 스게와의 일곱 아들이 예수님의 이름을 도용하다가 귀신에 사로잡히는 사건이 발생합니다(11-16절). 그 후 마술을 행하던 사람들이 자신의 마법책을 자진해서 불태우는 역사가 나타납니다(17-20절). 참고로 은 오만(5만 드라크마)은 노동자 한 사람의 200년치 임금에 해당되는 금액입니다. 바울은 예루살렘을 거쳐 로마로 갈 계획을 세우면서 디모데와 에라스도를 마게도냐로 보냅니다(21-22절). 바울의 에베소 사역 말기에 큰 소동이 일어납니다. 아데미(Artemis) 여신상을 제작하여 큰 돈을 버는 은세공업자 데메드리오가 사람이 만든 신은 거짓이라고 전파하는 바울의 선교에 위기를 느껴 군중들을 선동하여 바울을 대적하게 만든 것입니다(23-34절). 이 소동은 바울과 그의 동역자들에게 큰 위협이 되었습니다. 다행히 에베소 의회의 서기장이 개입하여 이들이 신전이나 여신에 대해 직접적인 위해를 가하지는 않았으니 재판이 필요하면 정식으로 고소할 것을 제안하며 모임을 해산시킵니다(35-41절).

[예레미야 28장]

예레미야는 유다에 임할 심판과 바벨론의 패권에 대하여, 하나냐는 2년 안에 바벨론에게 임할 심판과 유다의 회복에 대해 예언합니다(1-4절). 예레미야 역시 하나냐의 말대로 되길 바라는 마음이지만 이전부터 많은 예언자들이 유다에 임할 심판을 선언했다는 사실을 언급하며 평화를 예언한 자는 그것이 성취될 때에야 비로소 하나님이 보낸 자임을 인정받게 될 것이라고 말합니다(5-9절). 예레미야는 하나님이 유다에게 바벨론이라는 멍에를 씌울 것을 행동으로 보여주기 위해 그의 목에 나무 멍에를 걸고 있었습니다(27:2). 하나냐는 예레미야의 목에 있는 멍에를 빼앗아 꺾으며 이같이 하나님이 바벨론을 꺾으신다고 호언장담합니다(10-11절). 국뽕이 들어간 그의 열정적인 포퍼먼스는 많은 사람들의 호응을 얻었을 것입니다. 그러나 중요한 것은 하나님이 실제로 주신 말씀입니다. 하나님은 당신의 뜻과 상관없는 메시지를 전하며 사람들을 호도하는 하나냐에게 나무 멍에보다 무거운 쇠 멍에를 씌우십니다(12-17절).

[마가복음 14장]

대적들은 유월절을 피해 예수님을 죽이려 했으나 유월절 어린양이신 예수님은 유월절 만찬 후 겟세마네에서 체포되어 고난과 죽음에 이르게 됩니다(1-2절). 예수님께 치유 받은 것으로 여겨지는 한 여인이 자신이 소유한 가장 귀한 것으로 감사를 표현합니다(3-9절). 예수님은 여인을 책망하는 제자들에게 가난한 자들은 항상 가까이 있지만 당신은 항상 있지 않다고 말씀하시며 죽음을 암시하십니다. 한편, 가룟 유다는 돈을 받고 예수님을 넘겨주기로 약속합니다(10-11절). 예수님은 유월절 만찬 중에 떡(예수님의 몸)과 잔(예수님의 피)의 의미를 설명하시며 당신이 곧 생명의 양식임을 선언하십니다(12-31절). 예수님이 예정된 길을 가시는 동안 가룟 유다는 예수님을 팔고 제자들은 다 흩어지며 베드로는 배신하게 될 것입니다. 예수님은 십자가의 길을 가기 위한 처절한 기도를 드립니다(32-42절). 사명과 기도는 함께 갑니다. 마침내 예수님이 체포되십니다(43-52절). 예수님은 아버지의 뜻에 따라 고난의 잔을 순순히 마실 것입니다. 무리들이 예수님의 죄를 찾으려 하나 찾을 수 없었습니다(53-65절). 대제사장의 질문을 받은 예수님은 "인자가 권능자의 우편에 앉은 것과 하늘 구름을 타고 오는 것을 너희가 보리라"고 답함으로써 당신의 정체성을 선언하십니다(62절). 진정한 심판자는 대제사장이 아닌 다시 오실 예수님입니다. 예수님을 저주한 베드로는 닭 울음소리를 듣습니다(66-72절). 주님을 사랑하는 마음은 여전하지만 환경 앞에 무너진 베드로의 통곡은 온전한 제자도를 향한 첫 걸음이 될 것입니다.

[기도]

삼손은 많이 부족했지만 삼손을 이끄시는 하나님은 부족함이 없으십니다. 선교를 이끄시는 하나님! 우리의 삶이 선교의 여정이 되게 하옵소서. 듣기 좋은 말 보다 꼭 들어야 할 주님의 말씀에 귀를 기울이게 하옵소서.

[사사기 16장]

사사 삼손의 마지막 행보에 관한 내용입니다. 딤나 여인과의 복잡한 관계로 인해 블레셋 사람들과 보복전을 주고받은 삼손은 블레셋의 주요도시인 가사의 한 기생을 찾습니다(1-3절). 자기 마음대로 행동하는 삼손의 모습은 변함이 없습니다. 블레셋 사람들은 가사에서도 삼손 제거에 실패합니다. 그 후 삼손은 자신을 무너뜨린 들릴라를 만납니다. 블레셋 사람들의 사주를 받은 들릴라는 여러 번의 시도 끝에 삼손의 비밀을 밝히는데 성공합니다(4-17절). 힘을 잃은 삼손은 두 눈이 뽑힌 채 블레셋 사람들의 전승축제에 비참한 모습으로 등장해 조롱받는 신세가 되었습니다(18-25절). 그러나 하나님은 삼손의 마지막 기도에 응답하심으로 그간 받았던 모욕과 수치를 단번에 갚게 하셨습니다(26-31절).

[사도행전 20장]

바울의 3차 전도여행이 마무리 단계에 접어들었습니다. 에베소에서 위기를 넘긴 바울은 마게도냐의 여러 도시들을 방문해 제자들을 말씀으로 권면합니다(1-3절). 수리아로 가려던 바울은 암살에 대한 첩보를 듣고 마게도냐를 거쳐 복귀하는 것으로 계획을 바꿉니다. 동역자들을 드로아로 먼저 보내고 닷새 후 드로아에 도착한 바울은 복음에 대한 열정을 그곳에 다 쏟아 놓습니다(4-7절). 그 과정에서 불의의 사고가 있었으나 하나님은 공동체를 더욱 견고히 세우는 기회로 바꾸어 주셨습니다(8-12절). 앗소까지 혼자 도보로 이동하던 바울은 오순절 안에 예루살렘으로 가기 위해 앗소에서 밀레도까지는 배를 탑니다(13-16절). 에베소 교회의 장로들을 밀레도로 부른 바울은 지금이 그들과의 마지막 시간임을 직감하고 에베소 사역에 대한 회고와 함께 마지막 권면을 합니다(25절). 복음을 위해 생명을 아끼지 않았던 바울은 앞으로도 환난과 핍박에 굴하지 않고 사명의 길을 달려갈 것입니다(17-24절). 그는 에스겔 선지자의 말을 인용하여 모든 사람의 피에 대해 깨끗하다고 말할 정도로 복음의 나팔수로서의 책임을 다했다고 고백합니다(26-27절). "그러나 칼이 임함을 파수꾼이 보고도 나팔을 불지 아니하여 백성에게 경고하지 아니하므로 그 중의 한 사람이 그 임하는 칼에 제거 당하면 … 그 죄는 내가 파수꾼의 손에서 찾으리라"('전하는 자의 책임', 겔 33:6). 교회를 향한 공격에 대비하고 성도들을 잘 돌보며 탐욕으로부터 마음을 지킬 것을 권하며 바울은 눈물의 작별을 고합니다(28-38절).

[예레미야 29장]

예레미야의 편지가 바벨론에 포로로 끌려간 유대인들에게 전달됩니다. 이 편지는 시드기야 왕이 바벨론으로 보낸 사신들 중 평소 예레미야를 지지했던 사반의 아들 엘라사와 힐기야의 아들 그마랴의 편에 보내졌습니다(1-3절). 내용은 조기귀환을 말하는 거짓 예언자들에게 속지 말고 바벨론에 완전히 정착하여 거주하라는 것입니다(4-9절). 하나님은 70년 후의 귀환을 약속하십니다(10-14절). 반면, 본국에 남아 있는 자들에게는 칼과 기근과 전염병을 예고하십니다(15-19절). 바벨론에 끌려온 자들은 재앙을 맞은 자요 본국에 남아 있는 자들은 복을 받은 자 같아 보이지만 실상은 그 반대입니다. 실제로 BC 597년 바벨론의 침공 때 본국에 남아 있던 자들은 10년 후인 BC 588년 바벨론의 재차 침공으로 유다가 멸망할 때 더욱 참혹한 죽음과 비참한 현실을 마주해야 했습니다. 바벨론의 신속한 멸망과 고국으로의 조기귀환을 예언하며 간음죄까지 저지른 거짓 예언자 아합과 시드기야는 바벨론에 의해 불태워지고 저주받은 자의 대명사가 될 것입니다(20-23절). 한편, 바벨론에 끌려온 거짓 선지자 스마야는 본국에 있는 제사장과 백성들을 선동하는 편지를 보내 예레미야를 제거하려 합니다(24-28절). 예레미야는 스마야에 대하여 포로생활 중인 그의 자손 중 살아남을 사람이 없을 것이며 훗날 하나님이 베푸실 복된 일(귀환)을 보지 못할 것이라고 선언합니다(29-32절).

[마가복음 15장]

대제사장들과 온 공회로부터 심문을 받으신 예수님은 빌라도 총독에게로 넘겨집니다(1절). 그들은 예수님에 대하여 왕을 사칭하며 반란을 꾀한 자라는 허위고발을 했습니다. 그래서 빌라도는 '네가 유대인의 왕이냐'라는 질문을 합니다(2절). 예수님에 대한 대제사장들의 여러 가지 고발이 거짓임을 알게 된 빌라도는 석방을 위한 노력을 했지만 자신의 정치적 입지를 고려하여 결국 사형을 언도합니다(3-15절). 죄가 없다는 것을 알면서도 사형 판결을 내린 것입니다. 그의 죽음은 대속의 죽음입니다. "자기 목숨을 많은 사람의 대속물로 주려 함이니라"(10:45). 모욕과 수치를 당하신 예수님은 가장 불명예스러운 죽음인 십자가 처형을 당하십니다(16-25절). 그러나 불과 몇 시간 후 예수님의 죽음의 과정을 지켜 본 백부장은 예수님을 향해 '하나님의 아들'이라는 고백을 하게 됩니다(39절). 대제사장과 서기관들, 군인들 심지어 지나가는 사람과 십자가에 매달린 죄인마저 예수님을 조롱합니다(24-32절). 우리 대신 하나님으로부터 버림받으신 예수님은 십자가에서 물과 피를 다 쏟으시고 운명하셨습니다(33-41절). 휘장의 찢어짐은 하나님과 인간사이의 막혔던 죄의 담이 무너졌음을 의미합니다. "그 길은 우리를 위하여 휘장 가운데로 열어 놓으신 새로운 살 길이요 휘장은 곧 그의 육체니라"(히 10:20). 아리마대 요셉이 예수님의 장례를 치러줍니다(42-47절).

[기도]

죄와 실수가 많은 삼손이 결국 승리자가 될 수 있었던 것은 하나님의 신실하심 때문입니다. 하나님의 신실하심은 그리스도의 대속의 죽음을 통해 온 세상에 나타나게 되었습니다. 주님의 십자가를 더욱 사랑하게 하시고 복음의 나팔수로 살아가게 하옵소서.

[사사기 17장]

사사시대의 단면을 잘 보여주는 한 집안의 이야기입니다. 은 천백을 잃어버린 한 여인이 돈을 훔쳐간 사람을 저주했는데 범인이 자신의 아들로 밝혀지자 바로 저주를 축복으로 바꿉니다(1-2절). 그 후 미가는 은 이백으로 신상을 제작하여 집안에 있는 신당에 두고 에봇과 드라빔을 만든 후 아들 중 하나를 제사장으로 세웁니다(3-5절). 미가의 집안은 마음대로 여호와의 이름으로 축복하고 거리낌 없이 우상을 만들며 자격 없는 사람을 집안의 제사장으로 세우는 등 자기 소견에 옳은 대로 행합니다(6절). 그러던 중 한 레위인 청년이 미가의 집으로 오게 되었는데 미가는 그를 자기 집안의 제사장으로 세우고 하나님이 주실 복을 기대합니다(7-13절). 레위인 마저 하나님을 두려워하지 않고 마치 자신이 아론의 후예인 것처럼 행세하고 있으니 이 얼마나 황당한 상황입니까?

[사도행전 21장]

바울은 밀레도를 떠나 긴 항해 끝에 두로와 돌레마이를 거쳐 가이사랴에 도착하여 빌립의 집에 머뭅니다(1-9절). 동역자들이 예루살렘으로 가려는 바울을 만류하지만 그는 이미 사명에 목숨을 걸기로 작정했습니다(10-14절). 그는 로마에 있는 형제들에게도 예루살렘에서의 사역과 신변의 보호 그리고 로마로의 안전한 이동을 위해 기도를 부탁했습니다(롬 15:30-32). 예루살렘에 들어간 바울은 야고보를 비롯한 예루살렘 교회의 지도자들에게 선교여행의 결과를 보고하였는데 하나님이 이방인 가운데서 행한 놀라운 일들로 인해 모두가 기뻐했습니다(15-20절). 바울은 장로들의 제안으로 정결례를 행했는데 이는 율법파괴자라는 오해를 불식시키기 위함입니다(21-26절). "유대인들에게 내가 유대인과 같이 된 것은 유대인들을 얻고자 함이요"(고전 9:20). 그럼에도 불구하고 대적들은 율법을 어기고 성전을 더럽혔다는 죄목으로 바울을 고소하며 소요를 일으킵니다(27-30절). 천부장은 대적들에게 폭행당하는 바울을 그들로부터 분리시킨 후 변호의 기회를 줍니다(31-40절).

[예레미야 30-31장]

(30장) 하나님은 그의 백성을 심판하시더라도 구원을 포기하지 않으십니다(1-24절). 다시 말해, 하나님은 구원을 전제하시면서 죄에 대하여 심판하십니다. "내가 너와 함께 있어 너를 구원할 것이라 너를 흩었던 그 모든 이방을 내가 멸망시키리라 그럴지라도 너만은 멸망시키지 아니하리라 그러나 내가 법에 따라 너를 징계할 것이요 결코 무죄한 자로만 여기지는 아니하리라"(11절). 하나님은 징계의 기간이 끝나면 언약을 회복하실 것입니다. "너희는 내 백성이 되겠고 나는 너희들의 하나님이 되리

라"(22절). 그러나 하나님의 선한 목적이 온전히 성취되기까지 하나님의 징계는 계속 될 것이며 유다 백성들은 바벨론 포로기간이 끝나갈 즈음에서야 비로소 하나님의 선하신 뜻을 알게 될 것입니다(24절).

(31장) 하나님은 유다 뿐 아니라 이스라엘 모든 지파의 하나님이십니다(1절). 하나님은 이스라엘 민족 전체를 향한 구원을 선포하십니다. 북이스라엘의 포로들도 돌아오게 될 것이며 남은 자들은 구원받게 될 것입니다(2-9절). 하나님은 영원한 사랑과 인자하심으로 음란한 여인처럼 되어버린 이스라엘을 새롭게 하실 것입니다('처녀 이스라엘'). 하나님은 포로로 끌려간 자녀들의 탄식에 응답하사 그들을 물 댄 동산(='하나님께 뿌리를 둠으로써 누리는 최상의 평안의 상태')같게 하시고 기쁨과 소망이 넘치게 하실 것입니다(10-20절). 하나님의 말씀이 제시하는 이정표를 따르면 복을 받습니다(21-26절). 이는 예레미야가 단잠을 자는 가운데 본 환상입니다. 전에는 조상의 죄로 인해 자녀들이 함께 심판을 받았지만 이제는 각자 자기 죄로 인해 심판을 받게 될 것입니다(27-30절). 하나님은 새 언약을 선포하십니다(31-40절). 행위에 초점을 맞췄던 돌에 새긴 언약이 파기되고 하나님의 영이 사람의 마음에 언약을 새김으로써 마음으로부터 근본적인 변화가 일어나는 시대가 올 것입니다. 우주의 질서가 깨어지지 않는 한 이 언약은 반드시 성취됩니다. 새 언약은 예수 그리스도의 죽음과 부활 그리고 성령 강림으로 온전히 성취되었습니다(행 2:1-4).

[마가복음 16장]

예수님은 성경대로 죽으시고 성경대로 부활하셨습니다(1-8절). "이는 성경대로 그리스도께서 우리 죄를 위하여 죽으시고 장사 지낸 바 되었다가 성경대로 사흘 만에 다시 살아나사"(고전 15:3-4). 예수님의 시신에 향품을 바르기 위해 무덤을 찾았다가 천사를 만난 여인들은 예수님의 부활을 제자들에게 전하라는 사명을 받습니다. 그러나 제자들은 부활을 불신했습니다. 그들은 죽음에서의 부활을 여러 차례 예고하신 예수님의 말씀(8:31 & 9:31 & 10:34)과 부활 소식을 전해주는 여인의 증언(11절). 그리고 두 명의 제자들의 증언까지도 믿지 않았습니다(13절). 그러므로 부활하신 예수 그리스도에 대한 믿음이 내게 있다는 것은 엄청난 기적입니다. 예수님은 복음전파를 명하십니다(15절). 믿는 자는 구원으로, 믿지 않는 자는 정죄(심판)로 그 길이 나뉘게 될 것입니다(16절). 믿는 자에게는 예수님의 이름으로 표적이 나타납니다(17-18절). 부활승천하셔서 하나님 보좌 우편에 앉으실 예수님은 복음의 승리를 보증하십니다(19-20절).

[기도]

내 인생에 사사시대와 같은 혼란과 무질서가 없게 하옵소서. 복음이 내 삶을 관통하는 핵심가치가 되게 하시고 복음증거의 삶에 나타나는 표적을 보게 하옵소서.

[사사기 18장]

단 지파는 가나안 정착과정에서 다른 지파들처럼 땅을 분배받았습니다(수 19:40-46). 그러나 아모리 족속에게 평지를 빼앗기고 산지로 쫓겨납니다(1:34). 단 지파는 새로운 거주지를 찾기 위해 정탐꾼을 보냅니다(1-2절). 미가의 집에 유숙하던 정탐꾼들은 그 집안의 제사장으로 있던 레위 청년에게 정탐의 성공여부를 묻는데 레위 청년은 그들이 원하는 말로 대답합니다(3-6절). 평화롭게 살아가는 한 지역을 발견한 단 지파는 그 지역을 점령하기로 하고 600명의 군사들을 보내는데 그들은 이동하던 중 미가의 집에 들릅니다(7-13절). 그들은 레위 청년에게 자기 지파의 제사장직을 제안하였고 이를 수락한 레위 청년은 미가의 집에 있는 신상, 에봇, 드라빔을 다 챙겨서 군사들과 함께 길을 떠납니다(14-20절). 항의하는 미가를 협박하여 집으로 돌려보내고 목표했던 곳을 점령한 단 지파는 그곳을 새로운 거주지로 삼았으며 미가의 집에서 가져온 신상을 세우고 레위인 청년을 제사장으로 임명합니다(21-31절). 단의 제사장이 된 레위인 청년은 다름 아닌 모세의 손자 요나단입니다. 모세의 후손마저 배신과 우상숭배를 일삼는 사사시대의 현실을 보여줍니다.

[사도행전 22장]

바울은 빌립보서에서 자신을 이렇게 소개합니다. "나는 팔일 만에 할례를 받고 이스라엘 족속이요 베냐민 지파요 히브리인 중의 히브리인이요 율법으로는 바리새인이요 열심히는 교회를 박해하고 율법의 의로는 흠이 없는 자라"(빌 3:5-6). 이제 그가 이렇게 바뀌었습니다. "내 주 그리스도를 아는 지식이 가장 고상하기 때문이라 내가 그를 위하여 모든 것을 잃어버리고 배설물로 여김은 그리스도를 얻고 그 안에서 발견되려 함이니"(빌 3:8-9). 바울은 자신이 예수 그리스도를 만난 과정에 대해 간증합니다(1-21절). 그러나 유대인들은 바울의 이야기가 끝나기도 전에 그를 죽이라고 소리치며 소요를 일으킵니다(22-23절). 천부장은 직접 바울을 채찍질하며 혐의를 밝히려 했으나 그가 로마시민권자임을 알고 두려워합니다(24-29절). 결국 바울에 관한 문제는 산헤드린 공회로 넘어갑니다(30절).

[예레미야 32장]

본문은 예루살렘이 바벨론 군대에 의해 포위당한 절체절명의 위기를 배경으로 하고 있습니다(1-2절). 하나님이 바벨론을 당분간 흥왕하게 하실 것이니 그의 패권에 순응해야 한다는 것은 예레미야가 수차례 선포한바 있습니다. 물론 시드기야 왕은 끝내 반바벨론 노선을 고집하다가 파국을 맞게 되었습니다(3-5절). 그러나 하나님은 유다를 다시 회복시킬 것을 예레미야의 상징행동을 통해 선포하십니다. 유다가 멸망하기 직전임에도 하나멜로부터 밭을 사라고 명하신 것입니다(6-8절). 예레미야는 그의 서기관 바룩을 통해 하나멜의 토지를 구매합니다(9-14절). 때가 되면 유다 백성들이 바벨론으로부터 돌아와 다시 일상의 삶을 살아가게 될 것을 보여주는 것입니다(15절). 예레미야는 창조주요 애굽에서 이스라엘을 구원하신 하나님이 자기 백성을 심판하실 수밖에 없는 안타까운 상황을 놓고 기도합니다(16-25절). 바벨론의 침략은 백성들의 우상숭배와 인신제사를 비롯한 온갖 악행 때문에 일어난 하나님의 심판입니다(26-35절). 그러나 하나님은 그들의 하나님 되심을 절대로 포기하지 않으십니다(36-38절). 하나님은 마음과 정성을 다하여 영원한 언약을 세우실 것이며 마음으로 하나님을 경외하며 순종하도록 온전히 회복시킬 것입니다(39-44절). 하나님의 회복의 절정은 십자가와 부활입니다.

[시편 1-2편]

(1편) 시편의 서론이라 할 수 있는 1편은 사람이 반드시 가야할 길을 제시합니다. 복 있는 사람은 악인의 꾀가 아닌 하나님의 입으로부터 나오는 지혜의 말씀을 따릅니다(마 4:4). 복 있는 사람은 넓은 길('죄인의 길')을 가지 않고 생명으로 인도하는 좁은 길을 갑니다(마 7:14). 복 있는 사람은 스스로 높아지려는 길('오만한 자의 길')을 가지 않고 낮아지는 길을 갑니다(마 23:12). 악인은 심판을 견딜 수 없으며, 의인은 외롭고 고독하지만 열매를 맺으며 구원을 얻습니다. 복 있는 사람은 주의 말씀을 주야로 묵상합니다.

(2편) 세상의 왕과 권세자들은 하나님을 대적하며 그의 통치를 인정하지 않습니다(1-3절). 그들의 모략을 비웃으시는 하나님은 그들을 물리치시고 당신의 종을 통치자를 세우십니다(4-6절). 역사는 왕이 스스로를 높여 하나님처럼 되려고 할 때마다 하나님이 당신의 아들('하나님의 사람')을 보내셔서 철장의 권세로 그들을 깨뜨리셨음을 보여줍니다(7-9절). 아무리 큰 권세를 가졌어도 하나님 앞에서는 질그릇과 같을 뿐입니다. 진정한 왕이신 하나님을 경외하고 찬양하는 것, 그의 아들을 높이는 것이 복입니다(10-12절). 때가 되면 세상의 역사가 그치고, 모든 권세는 하나님의 참 아들 예수 그리스도께 순복하며 모든 나라는 아들의 소유가 될 것입니다.

[기도]

삶의 현장에서 하나님을 찾을 수 없는 하나님의 백성이 되지 않게 하시고, 분명한 간증으로 주를 전하는 자가 되게 하옵소서. 어두워 보이는 역사 속에서도 당신의 뜻을 펼치시는 하나님을 신뢰합니다. 말씀이 제시하는 생명의 길로 이끄시는 예수님만 신뢰하게 하옵소서.

[사사기 19장]

출애굽 이후 이스라엘에 이런 일은 없었습니다(30절). 18장에 이어 19장도 레위인에 관한 이야기인데 레위인이 첩을 둘 정도로 타락한 시대입니다. 한 레위인의 첩이 있었는데 그 첩이 행음하고 다시 자기 집으로 돌아갑니다(1-2절). 첩을 다시 찾아서 집으로 돌아가던 레위인은 한 친절한 노인을 만나 그의 집에서 유숙하게 되었습니다(3-21절). 이때 기브아의 불량배들이 노인의 집으로 몰려와 손님을 끌어내라고 요구합니다(22절). 그들은 레위인과의 동성애를 원했습니다. 위급한 상황에서 레위인은 자신을 대신하여 첩을 내어주었고 레위인의 첩은 밤새 능욕을 당하다가 그만 죽고 말았습니다(23-27절). 레위인은 첩의 시신을 12조각으로 나누어 이스라엘 각처로 보내어 기브아 사람들의 악행을 고발합니다(28-30절). 손님을 환대하는 것은 이스라엘의 기본문화입니다. 그런데 기브아 사람들은 소돔과 고모라에서 일어날법한 타락의 극치를 보여줍니다. 또한 레위인이 첩을 둔 것과 자기 살자고 첩을 내어주어 죽게 한 것 그리고 죽은 후에 토막 내어 각 지파로 보내는 것까지 모두 정상의 범주에서 한참 벗어난 행위들입니다. “여호와께서 사람의 죄악이 세상에 가득함과 그의 마음으로 생각하는 모든 계획이 항상 악할 뿐임을 보시고”(창 6:5).

[사도행전 23장]

바울이 현재 소요의 중심에 서게 된 것은 그가 선한 양심에 따라 하나님 앞에 정직하게 행한 결과입니다(1-5절). 도리어 바울에 대해 비이성적으로 격분하고 있는 대제사장이야말로 권력의 배후에 숨어 기득권에 연연하며 살아온 비겁한 인물입니다. 지금 일어난 소요가 죽은 자의 부활에 관한 자신의 선포 때문이라는 바울의 변증으로 인해 산헤드린 공회를 구성하는 대표적인 두 그룹인 바리새인과 사두개인 간에 다툼이 일어나 공회는 자연스럽게 해산되었습니다(6-11절). 하나님은 바울에게 로마 선교에 대한 확신을 주십니다(12절). 그러므로 지금의 소요는 무사히 지나갈 것입니다. 바울을 암살하려는 시도가 있었으나 하나님은 그 일이 드러나게 하셨습니다(12-22절). 로마 시민권자인 바울이 자신의 관할지역에서 암살을 당하면 난처한 상황이 발생할 것을 우려한 천부장은 그가 해코지를 당하지 않도록 호위 병력을 붙여 벨릭스 총독에게 보냅니다(23-35절). 하나님은 사명을 위해 로마로 가야하는 바울을 군대를 동원하여 보호하십니다.

[예레미야 33장]

감금되어 있는 예레미야에게 내게 부르짖으면 크고 은밀한 일을 나타내시겠다는 하나님의 말씀이 임합니다(1-3절). 유다 백성들은 바벨론의 침공을 맞아 왕궁과 가옥들을 헐어 그것으로 성벽을 보수하면서까지 싸웠으나 결국 실패합니다(4-5절). 바벨론의 침공은 그들의 죄에 대한 하나님의 심판이기 때문입니다. 하나님은 예루살렘을 치료하셔서 평안과 진실을 누리게 할 것이며 포로들을 돌아오게 하셔서 처음과 같이 세우실 것입니다(6-7절). 하나님은 그들의 죄를 사하시고 그들로 하나님의 기쁨과 영광과 찬송이 되게 하실 것입니다(8-9절). 황폐했던 땅이 하나님께 제사하는 소리와 사람의 소리로 가득하게 될 것입니다(10-13절). 하나님은 다윗 왕조의 영속성을 말씀하십니다(14-18절). 다윗에게서 한 공의로운 가지가 날 것입니다. 하나님이 보내실 공의로운 왕은 바로 예수 그리스도이십니다. 낮과 밤에 관한 자연법칙이 깨지지 않는 한 하나님의 언약은 반드시 성취됩니다(19-22절). 북이스라엘과 남유다 모두 포기하지 않으시는 하나님은 포로가 된 백성들을 반드시 돌아오게 하실 것입니다(23-26절).

[시편 3-4편]

(3편) 아들의 반란으로 인해 다윗의 생명과 그의 왕국이 위태로워졌습니다(표제어). 대적들의 숫자가 많다는 표현이 3번이나 등장할 만큼 다윗이 감당하기에는 매우 벅찬 상황이었습니다(1-2절). 그러나 그는 위기의 순간에 무엇을 해야 하는지 아는 지도자입니다. 그는 하나님이 이 상황 가운데 개입하셔서 원수를 꺾으시고 하나님의 구원을 바라는 그를 붙들어 주시길 기도합니다(3-8절). 하나님에 대한 확신이 있는 그에게 상황을 뛰어넘는 하나님의 평안이 임합니다.

(4편) 4편은 탄식과 함께 하나님을 향한 신뢰가 돋보입니다. 다윗은 의의 하나님을 부릅니다(1절). 다윗은 대적들로부터 그를 변호해 주실 의로우신 하나님께 호소합니다. 그는 헛된 일과 거짓을 꾸미는 대적들에게 하나님이 택하신 왕을 대적하지 말고 여호와께 돌아오라고 권고합니다(2-5절). 여호와는 고난 중에 있는 택한 자에게 기쁨과 평강을 주십니다. “여호와는 그 얼굴을 내게로 향하여 드사 평강 주시기를 원하노라”(민 6:26).

[기도]

하나님의 말씀에서 벗어난 인생이 되지 않기를 소망합니다. 복음증거의 현장에서 일하시는 하나님과 부르짖을 때 크고 은밀한 일을 나타내시는 하나님을 보게 하옵소서. 나의 의가 되시는 하나님을 신뢰합니다.

[사사기 20장]
이스라엘에서 일어난 동족상잔의 비극입니다. 기브아 사건으로 모이게 된 이스라엘 지파들은 기브아의 불량배들을 죽여서 악을 제하기로 결정합니다(1-10절). 그러나 베냐민 지파가 불량배의 양도를 거절하고 이스라엘과의 전쟁을 선포합니다(11-16절). 10배가 넘는 전력 차에도 불구하고 전쟁을 불사하는 것은 어리석은 결정입니다. 몇 차례 공방전 끝에 베냐민 지파는 완전히 패하여 단 600명의 남자만 남는 초미니 지파가 되었습니다(17-48절). 이러한 비극은 이스라엘이 하나님의 법을 버리고 자기들 소견대로 행한 결과입니다.

[사도행전 24장]
대제사장들은 더둘로라는 변호사를 선임하여 바울을 고발합니다. 혐의는 나사렛 이단의 우두머리로서 소요를 일으키고 성전을 모독했다는 것입니다(1-9절). 고발에 대한 바울의 변호는 다음과 같습니다. 고발 내용의 실체가 없고 자신은 예루살렘에 온 지 12일 정도 밖에 되지 않아 소요를 일으킬 만한 시간도 실제 사건도 없었으며 성전에서 행할 정결례를 다 행하였기 때문에 성전모독의 죄도 저지르지 않았다는 것입니다(10-21절). 하나님은 그에게 마땅히 할 말을 주셨습니다. "너희를 넘겨 줄 때에 어떻게 또는 무엇을 말할까 염려하지 말라 그 때에 너희에게 할 말을 주시리니"(마 10:19). 바울이 고발당한 실제적인 이유는 그가 예수님의 부활을 전했기 때문입니다(21절). 재판을 연기한 벨릭스는 바울을 여러 번 불러 그의 이야기를 들었으나 사실 그의 관심은 뇌물이었습니다(22-26절). 그러던 중 총독이 베스도로 교체됩니다(27절). 바울과의 몇 차례 만남이 벨릭스에게는 회심의 기회였지만 그는 부활의 주님을 만나지 못했습니다.

[예레미야 34장]
바벨론이 유다를 침공할 당시 예레미야에게 유다의 멸망과 시드기야 왕이 포로가 된다는 말씀이 임합니다(1-3,7절). 그러나 시드기야는 칼에 죽지 않고 평안히 죽을 것이며 사람들이 그의 죽음을 애도하게 될 것이라는 희망의 말씀도 있습니다(4-6절). 이는 누구도 그의 죽음을 슬퍼하지 않을 것이라는 예언을 들은 여호야김과는 비교됩니다(22:18-19). 시드기야는 전쟁 중 노비 해방을 선언하였다가 돌연 취소하고 노비들을 원복시킵니다(8-10절). 시드기야의 급격한 정책변화의 배경은 이렇습니다. 그는

전시 인력충원과 그가 지은 죄에 대한 회개의 표식을 위해 노비를 해방한 것으로 보입니다. 그런데 바벨론의 압박에 시달린 시드기야의 원군 요청에 응한 애굽이 군대를 보내자 이를 상대하기 위해 바벨론 군대가 예루살렘 포위를 풀고 떠나는 일이 발생합니다(37:5). 바벨론의 위협이 사라지자 시드기야는 노비 해방을 다시 취소해 버렸습니다(11절). 하나님은 시내산 언약을 말씀하시며 안식년에는 동족인 노비를 풀어 주어야 함에도 불구하고 그렇게 하지 않은 죄, 특히 노비 해방을 선언했다가 다시 취소한 죄에 대해 책망하십니다(12-16절). 하나님은 칼과 전염병과 기근에게 자유를 주어서 마음껏 유다를 유린하게 하시고 시드기야와 고관들을 바벨론의 손에 붙이실 것입니다(17-22절). 언약과 율법을 멸시한 자들은 심판을 받을 것입니다. 바벨론은 곧 다시 옵니다.

[시편 5-6편]

(5편) 다윗은 많은 대적으로 인해 곤경에 빠졌습니다. 그는 절박한 심정으로 그의 왕이신 여호와께 간구합니다(1-3절). 왕이신 하나님은 자기 백성의 소리에 귀를 기울이십니다. 다윗은 자신과 하나님과의 관계에 대한 확신이 있습니다. 악을 싫어하시는 하나님은 악인들을 심판하심으로 당신의 의를 나타내실 것입니다(4-6절). 하나님의 의는 다윗이 기도할 수 있는 근거입니다. 하나님의 임재를 사모하며 예배하는 삶을 살아가는 다윗은 하나님이 의의 길로 인도해 주실 것을 확신합니다(7-8절). 하나님은 당신을 거역하는 악인을 심판하시고 당신께 피하는 의인을 구원하십니다(9-12절).

(6편) 대적들의 압제로 영과 육이 심히 쇠약해진 다윗은 죽음이 내다보이는 극한의 상황에서 하나님께 기도합니다. 우리는 다윗의 기도에서 중요한 것을 배우게 됩니다. 그것은 피폐해진 상황에서 대적들을 탓하기에 앞서 자신의 죄를 먼저 돌아보았다는 것입니다(1-3절). 그는 고난에 대해 하나님의 심판으로 여기고 하나님의 긍휼을 구합니다. 사망과 스올이라는 단어는 그가 죽음에 가까워진 상태임을 알 수 있으며 주께서 그를 건져주심으로 하나님의 구원에 감사할 수 있기를 소망합니다(4-7절). 그가 간구하는 내용 속에 고통으로 지쳐가는 시인의 모습이 그대로 나타납니다. 지금은 비록 원수들의 조롱을 받고 있지만 하나님이 응답하심으로 원수들은 물러나게 될 것입니다(8-10절).

[기도]

하나님과 상관없이 살아갈 때 벌어지는 참담한 비극들을 보게 하옵소서. 고통 중이라도 더욱 주를 의지하게 하옵소서. 복음을 전할 때 말의 권능을 더하시는 예수님만 믿고 따르게 하옵소서.

[사사기 21장]

기브아 사건으로 인한 전쟁으로 베냐민 지파는 거의 전멸했습니다. 이스라엘 모든 지파가 베냐민 지파와는 통혼하지 않기로 맹세합니다(1절). 이는 베냐민 지파를 이방인처럼 취급한 것으로 나중에는 이 결정을 후회합니다. 이스라엘의 맹세로 인해 남아 있던 600명의 베냐민 지파 남자들이 독신으로 살아야 하는 문제가 발생했습니다(2-7절). 이 문제를 해결하기 위해 이스라엘은 또 무리수를 둡니다. 그것은 미스바 총회에 참석하지 않은 길르앗 야베스를 진멸하고 그곳에 있는 처녀를 베냐민 지파에게 주기로 한 것입니다(8-15절). 그들의 해결책은 또 하나의 악행입니다. 그럼에도 여전히 200명의 여인이 부족하자 이번에는 축제기간에 춤을 추러 나오는 여인을 납치하는 방법을 동원합니다(16-25절). 사사시대는 죄에 대한 인식조차 거의 없었습니다.

[사도행전 25장]

유대인들은 총독이 바뀌자마자 바울을 고소하며 예루살렘에서의 재판을 건의합니다(1-5절). 이는 재판을 위해 바울이 이송될 때 그를 암살하기 위함입니다. 그러나 그들의 암살 모의는 가이사랴를 재판장소로 선정한 베스도로 인하여 실패하게 됩니다. 유대인들은 베스도가 주관하는 가이사랴 재판에서 바울의 범죄혐의 입증에 실패했습니다(6-10절). 유대인의 환심을 사고 싶었던 베스도는 장소를 예루살렘으로 옮겨서 계속 재판하려 했지만 바울은 총독의 제안을 거절하고 로마 시민권자로서 가이사(로마황제)에게 상소하겠다는 의사를 밝힙니다(11-12절). 로마의 실정법을 어긴 일이 없는 바울을 로마 법정으로 보내야 하는 총독이 고소장에 쓸 바울의 죄목이 없어 고심하던 차에 아그립바 왕(헤롯 아그립바 2세)과 버니게(율리아 베르니케2세)가 찾아옵니다(13-22절). 고민을 털어놓은 베스도는 아그립바 왕을 배심원으로 두고 바울에게 변증의 기회를 줍니다(23-27절). 바울에게 변증의 기회는 곧 복음증거의 기회입니다.

[예레미야 35장]

하나님은 예레미야에게 레갑 사람들을 예루살렘 성전의 한 방으로 데려다가 포도주를 마시게 하라는 명령을 내립니다(1-4절). 그런데 예레미야의 권유에도 불구하고 그들은 포도주를 입에 대지 않았습니다(5-6절). 그들이 포도주를 거부한 이유는 레갑의 아들 요나답의 유지를 지금까지 받들어 지켜 왔기 때문입니다(7-10절). 요나답은 그의 후손들에게 포도주, 주택의 건축과 파종, 포도원의 소유 등을 금했습니다. 그렇게 대대로 유목생활을 해오던 그들이 예루살렘 도성에 살게 된 이유는 바벨론 의 침공 때문입니다(11절). 그러나 예루살렘에 살면서도 조상의 유지를 받들어 유목민의 생활 양식을 계속 유지하고 있었습니다. 조상의 명령에 순종하며 살아가는 레갑 사람들과 하나님의 명령을 무시하고 자기 마음대로 사는 유다 백성들이 대조됩니다. 하나님은 레갑 사람들의 신실함과 비교되는 유다 백성들의 불순종을 책망하시며 심판을 선언하십니다(12-17절). 반면 레갑 사람들은 대대로 여호와를 섬기게 될 것입니다(18-19절).

[시편 7-8편]

(7편) 압제자의 부당한 주장과 행위에 대하여 하나님이 신원하여 주시기를 바라는 다윗의 호소입니다. 대적들에게 쫓기는 다윗은 그를 건질 분은 하나님밖에 없다고 고백합니다(1-2절). 그는 악한 자로부터 공격을 받을만한 죄를 짓지 않았기에 하나님이 속히 개입하셔서 공의를 세워주시길 바라고 있습니다(3-9절). 다윗의 방패요 의로운 재판장이신 하나님은 악인을 심판하실 것입니다(10-13절). 그는 악인의 죄에 대하여 철저히 보응하실 하나님을 찬양합니다(14-17절). 기도는 피난처 되시는 하나님께 피하는 길입니다.

(8편) 8편은 첫 번째 찬양시입니다. 다윗은 연약한 인생을 높이시고 붙드시는 창조주 하나님의 위엄과 영광을 찬양합니다. 이 시는 하나님을 찬양하도록 우리를 부르고 있습니다. 하나님의 영광은 온 하늘에 덮여 있습니다(1절). 하나님은 가장 연약한 존재를 통해 강한 원수들을 무너뜨리심으로써 당신의 영광을 드러내십니다(2절). 우리가 비록 연약할지라도 하나님을 신뢰하면 담대할 수 있습니다. 하나님이 창조하신 광대한 우주에 비해 사람은 지극히 작은 피조물에 불과하지만 하나님은 무엇보다도 사람을 생각하시고('mindful'=유념하는, 염두에 두는) 권고하십니다('care for'=보살피다, 3-4절). 하나님은 사람을 당신보다 조금 못하게 그러나 다른 모든 피조물 보다 더욱 귀하게 창조하셔서 당신이 창조하신 세계를 다스리도록 위임하셨습니다(창 1:27-28, 5-8절). 하나님은 영원히 찬양받으시기에 합당하십니다(9절).

[기도]

하나님을 믿는다고 하면서 실제로는 내 마음대로 행하는 종교인이 되지 않게 하옵소서. 레갑 사람들과 같이 변치 않는 신앙을 후손들에게 물려주길 원합니다. 나의 피난처가 되시며 나를 높여 주신 예수님만 찬양하게 하옵소서.

[룻기 1장]

통상 흉년은 하나님의 심판으로 해석됩니다. 이때에는 회개함으로 나아가는 것이 순리이지만 엘리멜렉은 하나님이 주신 기업을 떠나 이방 땅으로 이주하였습니다(1절). 게다가 두 아들을 모압 여인과 혼인시켰는데 공교롭게도 자신과 두 아들 모두 이주한지 10년이 채 되기 전에 죽고 말았습니다(2-5절). 나오미에게 더 이상의 아들이 없었으므로 계대 결혼(=형이 후사가 없이 죽었을 경우 동생이 형수와 결혼하여 형의 후사를 이어가는 제도) 역시 불가능했습니다(11-13절). 나오미는 젊은 과부가 된 두 며느리를 본가로 보내고 자신은 고향 베들레헴으로 돌아가기로 결정합니다(6-10절). 그러나 둘째 며느리 룻이 자신을 떠나지 않자 함께 이스라엘로 돌아옵니다(14-18절). "어머니의 백성이 나의 백성이 되고 어머니의 하나님이 나의 하나님이 되시리니" 나오미는 모압 땅에서 남편과 두 아들을 다 잃고 일찍 과부가 된 며느리 한 명만 데리고 고향으로 초라하게 돌아옵니다(19-22절).

[사도행전 26장]

아그립바 왕 앞에서 변증의 기회를 얻은 바울은 먼저 자신의 과거에 대해 설명합니다. 철저한 바리새인으로 그리스도인을 핍박하는 일에 앞장섰던 바울은 외국 도시인 다메섹까지 그리스도인을 잡으러 갈 정도였습니다(1-12절). 그러나 다메섹으로 가던 중에 예수 그리스도를 만난 이후 부활의 증인이 되었습니다(13-23절). 예수님의 부활을 믿는 자가 되기를 확신 있게 전하는 바울을 두고 배심원들은 죄가 없다는 결론을 내립니다(24-31절). 가이사에게 상소하지 않았다면 그는 즉시 풀려났을 것입니다(32절). 그러나 로마 선교에 대한 비전을 품은 그는 로마로 향하는 고난의 길을 계속 갑니다. 그는 비록 결박당한 몸이지만 예수 그리스도 안에서 진정한 자유인입니다.

[예레미야 36-37장]

(36장) 여호야김 제4년(BC 605년)에 예레미야에게 임한 하나님의 말씀을 그의 서기관인 바룩이 기록합니다(1-4절). 내용은 유다 백성들이 악한 길에서 떠나면 하나님이 용서하신다는 것입니다. 바룩은 예레미야를 대신하여 성전에서 하나님의 말씀을 선포합니다(5-10절). 바룩이 낭독한 하나님의 말씀에 그마랴의 아들 미가야를 비롯한 고관들이 반응을 보입니다(11-19절). 그들은 왕에게 이 말씀을 전하기로 결단하고 그

에 앞서 예레미야와 바룩을 숨깁니다. 왕이 호의적으로 반응하지 않을 것이라고 예상했기 때문입니다. 예상은 적중하여 왕은 말씀이 기록된 두루마리를 모조리 태워버립니다(20-24절). 그는 신하들의 조언을 무시하고 예레미야 체포령을 내립니다(25-26절). 말씀을 찢는다고 말씀이 사라지지 않습니다. "풀은 마르고 꽃은 시드나 우리 하나님의 말씀은 영원히 서리라"(사 40:8). 하나님은 예레미야를 통한 선포를 거부하는 여호야김에 대하여 심판을 선언하십니다(27-32절).

(37장) 유다의 마지막 왕 시드기야와 대신들은 하나님의 말씀에 불순종하면서도 예루살렘이 바벨론에 의해 포위당하자 예레미야에게 기도를 요청합니다(1-5절). 애굽 군대의 출병소식에 바벨론 군대가 포위를 풀고 예루살렘을 떠나자 시드기야는 잠시 희망을 갖습니다. 그러나 예레미야는 바벨론 군대가 애굽 군대를 패퇴시키고 다시 돌아와 예루살렘을 정복할 것이라고 예언합니다(6-10절). 예레미야의 선포대로 바벨론 군대는 잠시 예루살렘에서 떠났으며 서기관 요나단은 예레미야를 감금합니다(11-15절). 시드기야는 하나님께 받은 구원의 신탁이 있는지 예레미야에게 묻지만 유다의 패망에 관한 선포를 다시 듣게 될 뿐입니다(16-17절). 왕은 지하 감옥으로 보내지 말아 달라는 예레미야의 요청을 받아들여 그를 시위대 뜰에 가둡니다(18-21절).

[시편 9편]

9편은 10편과 하나로 연결되어 있습니다. 우리는 하나님의 승리의 역사를 기억해야 합니다. 특히 예수 그리스도께서 죽음의 권세를 이기시고 부활하신 사건은 우리가 어떤 상황에서도 다시 일어날 수 있는 힘의 원천입니다. 다윗의 감사와 찬송은 그가 경험한 하나님의 구원에서 온 것입니다(1-6절). 우리의 감사와 찬송은 사탄과 그의 무리들에게 영원히 승리하신 그리스도께 그 뿌리를 두고 있습니다. 하나님은 공의로 다스리시며 환난 날의 요새가 되시고 주를 의뢰하는 자를 결코 버리지 않으십니다(7-12절). 하나님이 행하신 일과 그의 공의를 찬송하던 다윗은 자신의 위기 상황을 아뢰며 구원을 요청합니다(13-14절). 하나님은 악인들로 하여금 자기 꾀에 넘어지게 하시며 의인이 실족하지 않게 하십니다(15-18절). 악인들은 하나님의 심판을 통해 그들의 연약함과 무력함을 알게 될 것입니다(19-20절).

[기도]

비천한 자였지만 하나님을 선택한 룻은 인생의 승리자가 되었습니다. 반면, 여호야김과 시드기야는 말씀에 대한 불신으로 인해 비참한 인생이 되고 말았습니다. 마땅히 가야 할 길을 가게 하시고 복음을 위한 길을 걷게 하옵소서.

[룻기 2장]

룻은 이방여인으로서 받게 될 냉대를 각오하고 이삭줍기에 나섰는데 그녀가 머문 밭의 주인은 보아스였습니다(1-7절). 룻은 밭의 주인이 누구인지도 또 앞으로 어떤 일이 벌어질지도 알지 못한 채 단지 시어머니 봉양을 위해 최선을 다합니다. 룻의 선행에 대해 이미 알고 있었던 보아스는 룻의 이삭줍기를 흔쾌히 허락함은 물론 보호와 양식의 공급까지 배려합니다(8-15절). 게다가 그녀가 많은 이삭을 주울 수 있도록 곡식을 일부로 남기라는 지시까지 합니다(16절). 룻이 보아스를 만난 것을 알게 된 나오미는 매우 기뻐합니다(17-20절). 보아스는 대가 끊길 위기에 처한 엘리멜렉의 가계를 이어줄 기업 무를 자 중 하나이기 때문입니다. 무법천지의 사사시대임을 감안하면 보아스가 룻에게 다른 밭에 가지 말라고 한 것은 해코지를 당할 위험으로부터 보호하기 위함으로 여겨집니다(8-9절). 보아스의 마음을 확인한 나오미는 그가 집안이 일으킬 유력한 자가 될 수 있겠다는 기대를 합니다(21-23절).

[사도행전 27장]

바울은 재판을 위해 로마로 가고 있지만 실상은 선교를 위해 가는 중입니다(23:11). 죄수의 신분으로 배를 탄 바울 곁에는 동역자인 누가와 아리스다고가 있었습니다(2절). 그런데 바울이 탄 배는 항해를 시작하자마자 역풍으로 인해 간신히 그레데(크레타)의 미항에 도착합니다(4-8절). 바울은 항해의 안전을 위해 미항에 좀 더 머물기를 권하나 백부장은 선장과 선주가 추천하는 뵈닉스로 가기로 결정합니다(9-12절). 폭풍에 대비하여 그레데 해안을 따라 항해를 했지만 결국 유라굴로라는 광풍을 만나게 됩니다(13-14절). 바람의 영향을 조금이라도 덜 받는 가우다(가우도스)라는 작은 섬을 지나는 동안 거루(구명정)를 갑판 위로 올려 묶고, 배의 선체 아래를 줄로 묶어 고정하여 스르디스(모래톱)에 걸리는 걸 방지하고자 했지만 상황은 나아지지 않았습니다(13-20절). 구원의 여망이 사라져 갈 때 하나님은 바울을 통해 모든 사람의 안전을 약속해 주십니다(21-26절). 이제 배 안의 모든 상황은 죄수인 바울이 주도합니다. 군인, 선원, 죄수들 간의 갈등을 최소화하며 사람들을 독려한 바울은 전원 생존의 기적을 만들었습니다(27-44절).

[예레미야 38장]

예레미야는 심판이 확정되었으니 바벨론에 항복하면 살 것이라고 선포합니다(1-3

절). 유다는 패망 직전의 상황이었지만 예레미야의 메시지는 그를 반역자로 몰기에 좋은 명분이 되었습니다. 예레미야에 관한 처분을 왕으로부터 위임받은 관리들은 물이 없고 진흙뿐인 구덩이에 그를 던져 넣어 굶겨 죽이려 했습니다(4-6절). 그러나 예레미야를 걱정한 구스(에티오피아)출신 궁중관리인 에벳멜렉의 구명 노력으로 그는 시위대 뜰로 옮겨지게 됩니다(7-13절). 예레미야의 처분을 관리들에게 맡길 때에는 힘없는 군주의 모습을 보이던 시드기야가 에벳멜렉의 조언 이후에는 예레미야를 구명하는 일에 용기를 냅니다. 하나님은 위험을 감수하고 왕에게 직언한 한 이방인을 통해 당신이 선지자를 구원하셨습니다. 예레미야를 부른 왕은 그의 안전을 보장하며 하나님의 뜻을 다시 확인합니다(14-16절). 예레미야는 바벨론에 항복할 경우 예루살렘과 왕의 가족들 모두 안전하겠지만 저항한다면 도성이 파괴되고 왕은 포로가 될 것이기에 하나님이 정한 국제질서에 순응할 것을 촉구합니다(17-23절). 왕은 반바벨론 성향의 강경파를 두려워하여 예레미야와의 만남을 비밀에 부치기로 하고 혹 누군가가 추궁한다면 왕에게 목숨을 구걸했다고 둘러댈 것을 지시합니다(24-28절). 시드기야는 수차례 하나님의 뜻을 전달받았음에도 불구하고 아무 조치도 하지 않다가 결국 비참한 최후를 맞게 됩니다.

[시편 10편]

하나님의 공의에 대해 회의를 느끼게 경우가 종종 있습니다. 그때마다 신앙인은 하나님의 부재나 하나님의 관망으로 인한 고통을 호소합니다. 다윗은 잠잠히 계시는 하나님에 대하여 탄식하는데 이는 불신이라기보다 자신의 상황에 하나님이 개입하여 주시길 바라는 강력히 촉구입니다(1절). 악인은 하나님이 없다고 생각하므로 심판을 두려워하지 않고, 다른 사람을 착취하며 자신의 형통이 오래 지속될 것이라고 착각합니다(2-11절). 당장은 악인이 승리한 것처럼 보이지만 악한 자의 모든 행위를 감찰하시는 하나님은 의인을 위해 일어나실 것이며 당신의 권능으로 친히 심판하실 것입니다(12-15절). 절망 가운데 드린 다윗의 기도가 하나님을 향한 신뢰와 확신으로 바뀌었습니다. 악인의 부요함은 잠시뿐이며 영원하신 하나님이 악인으로부터 고통당하는 의인을 보호하실 것입니다(16-18절).

[기도]

하나님의 선한 뜻을 행하는 룻과 보아스가 만나게 되었고 핍박 속에서 하나님의 말씀을 외친 예레미야를 이방인이 도왔으며 죄수 바울이 로마로 가는 배의 실질적인 선장이 되는 놀라운 일이 일어났습니다. 하나님의 일하심과 그 지혜를 찬양합니다. 악인의 결말을 내다보는 지혜가 있게 하옵소서.

[룻기 3-4장]

(3장) 만약 젊은 과부 룻이 재혼을 생각했다면 나오미를 따라오지 않았을 것입니다. 룻은 신앙과 늙은 시어머니의 봉양을 위해 모든 것을 포기하고 이스라엘로 이주하였습니다(10절). 그런데 생계를 위해 이삭을 줍는 과정에서 고인이 된 시아버지 엘리멜렉의 가까운 친족인 보아스와의 관계가 형성되었습니다. 나오미는 자신을 돌보기 위해 최선을 다하는 착한 며느리 룻과 보아스를 연결하기 위해 적극적으로 나섭니다(1-5절). 지금껏 그래왔듯이 룻은 나오미의 말에 순종합니다. 타작마당으로 찾아와 자신을 보살펴 주기를 청원하는 룻을 환대한 보아스는 자신보다 엘리멜렉의 가문과 더 가까운 친족이 있는데 그가 기업 무를 자의 책임을 포기한다면 자신이 기꺼이 그 책임을 다할 것을 약속합니다(6-13절). 룻에게 호의를 베푼 보아스는 쉬지 않을 것입니다(14-18절).

(4장) 기업 무를 자가 된다는 것은 위험부담을 안아야 합니다. 만약 룻과 결혼하여 아들을 낳게 되면 그 아들은 엘리멜렉의 아들이 되며 엘리멜렉 가문의 땅은 물론 자신의 땅의 일부까지 그 아들의 소유가 됩니다. 그래서 보아스 보다 더 가까운 친족은 기업 무를 자의 책임을 이행하지 않겠다고 선언합니다(1-6절). 이로써 기업 무를 자 2순위에 해당되는 보아스가 합법적으로 룻을 아내로 맞이할 수 있게 되었습니다(7-12절). 룻은 오벳을 낳았는데 그의 손자가 바로 이스라엘의 최고의 왕인 다윗입니다(13-22절).

[사도행전 28장]

바울과 함께 배에 탄 사람들은 모두 안전하게 멜리데(Malta, 지중해에 위치한 몰타공화국)에 상륙합니다(27:44, 1절). 맹독을 지닌 뱀에 물리고도 바울이 죽지 않자 현지인들은 그를 신처럼 여기게 되었습니다(2-6절). 통치자인 보블리오의 환대를 받은 바울은 그의 부친과 현지인들의 병을 기도로 고쳐 주었습니다(7-10절). 이로 인해 멜리데에서 부족함 없는 대접을 받게 됩니다. 죄수의 몸으로 로마로 이송되는 바울이 그의 일행 276명을 다 먹여 살립니다. 세 달을 머문 후 멜리데를 출발한 바울 일행은 형제들의 환영을 받으며 로마에 도착합니다(11-15절). 놀랍게도 로마에는 그리스도인들이 있었습니다. 제한적인 자유를 허락받은 바울은 자신이 로마로 오게 된 과정과 예수 그리스도의 복음을 전합니다(16-23절). 바울은 예수님을 배척하는 자들에 대한 이사야 선지자의 예언을 인용하며 이제 복음은 이방인들에게 널리 전파될 것이라고 말합니다(24-28절). 바울은 가택연금 상태에서도 그를 찾는 사람들에게 거침없이 복음을 전했습니다(31절).

[예레미야 39장]
선지자의 권고를 무시하고 반바벨론 노선을 걷던 시드기야의 유다는 결국 망했습니다(1-3절). 바벨론 왕 느부갓네살은 시드기야의 배신행위에 대하여 왕자들과 귀족들의 죽음, 시드기야의 두 눈을 빼는 것 등으로 보복합니다(4-7절). 예루살렘은 파괴되었고 백성들은 포로로 끌려갔습니다(8-10절). 시위대 뜰에 갇혀있던 예레미야는 바벨론에 의해 풀려나게 되었고 평상시 그의 편에 섰던 아히감의 아들 그다랴를 통해 돌봄을 받습니다(14절). 하나님은 위기에 처한 예레미야를 도왔던 구스 출신의 궁중 관리 에벳멜렉에 대한 구원을 약속하십니다(38:7-13,15-18절). 결국 모든 것은 말씀대로 이루어졌습니다.

[시편 11-12편]
(11편) 다윗은 악인이 의인을 무너뜨리려 할 때 하나님께 피하는 것이 가장 안전한 길임을 확신합니다(1절). 그는 "내가 여호와를 의뢰하고 있는데 어찌하여 나 보고 도망하라 하느냐"며 당당하게 외칩니다. 그러나 악인은 계속 다윗을 노리고 있으며 사람들은 하나님이 과연 의인을 지켜 주시는지에 대한 의구심을 가지고 있습니다(2-3절). 의인도 별수 없다는 사탄의 속임수에 속지 말아야 합니다. 하나님은 당신의 백성을 항상 주목하고 계십니다(4-5절). 하나님께 피하는 자는 그의 얼굴(은총, 구원)을 보게 되지만 악인은 심판에 이릅니다(6-7절).
(12편) 다윗은 의인이 살기 힘든 세상으로 인해 탄식하며 하나님의 도우심을 간구합니다(1-2절). 악인들은 자신들의 승리를 예상하지만 하나님은 악인들을 심판하실 것입니다(3-4절). 의인의 안전을 약속하신 하나님의 말씀은 진실하고 순전하여 전적으로 신뢰할 만합니다(5-6절). 다윗은 의인을 보호하시는 하나님에 대하여 확신하면서도 여전히 악인이 득세하는 현실로 인해 탄식합니다(7-8절). 거짓과 속임수가 만연한 세상에서 우리가 신뢰할 이는 하나님밖에 없습니다.

[기도]

신앙을 선택한 룻을 돌보신 하나님! 내 인생에도 룻과 같은 복된 만남이 있게 하옵소서. 하나님의 말씀을 지속적으로 무시한 대가를 혹독하게 치른 시드기야를 타산지석으로 삼으며 다윗과 같이 하나님을 의뢰하는 인생이 되게 하옵소서.

[사무엘상 1장]

에브라임 사람 엘가나에게는 두 명의 아내가 있었는데 자식이 있는 브닌나가 불임으로 고통 받는 한나를 업신여김으로 인하여 한나는 몹시 괴로웠습니다(1-6절). 성전에 들어가 통곡하며 기도하던 한나는 아들을 주시면 하나님께 드리겠다는 서원을 합니다(7-11절). 술 취한 여자로 오해받기도 했지만 그녀의 속사정을 알게 된 엘리 제사장은 기도의 응답을 선언하였고 그 선언을 그대로 믿은 한나는 더 이상 근심하지 않았습니다(12-18절). 마침내 사무엘을 낳은 한나는 젖을 떼자 서원한 대로 그를 하나님께 드립니다(19-28절).

[로마서 1장]

한 때 박해자였던 바울은 복음을 위하여 부름 받은 그리스도의 종이요 사도가 되었습니다(1절). 복음은 하나님이 선지자들을 통해 아들에 관하여 이미 약속하신 것입니다(2절). 다윗의 혈통으로 오신 예수님은 십자가에서 자신의 생명을 내어 주셨으며 성결의 영(성령)으로 다시 부활하셨습니다(3-4절). 그리하여 성도들을 자신의 소유로 삼으셨습니다(6-7절). 바울은 로마에 있는 형제들의 믿음이 널리 전파된 것에 대해 감사하며 그들을 위해 늘 기도해왔습니다(8-10절). 그는 복음의 빚진 자로서 로마 형제들에게 복음을 전하여 그들을 더욱 견고히 세우기를 소망합니다(11-15절). 하나님의 의가 나타나 있는 복음은 모든 믿는 자에게 구원을 주시는 하나님의 능력입니다(16-17절). 모든 피조물에는 하나님의 능력과 신성이 있으므로 누구든지 이를 부인할 수 없습니다(19-20절). 그러므로 불경건과 불의에 대한 하나님의 진노가 나타납니다(18,21-25절). 더러움에 그대로 내버려 두시는 것은 진노이자 심판입니다. 정욕대로 더러움에 내버려 두신 결과 성적 타락을 비롯한 수많은 죄가 나타났습니다(26-32절).

[예레미야 40장]

바벨론의 군사령관 느부사라단이 포로로 끌려가던 예레미야를 풀어줍니다(1절). 그는 예레미야에게 자신을 따라 바벨론으로 간다면 예우할 것이며 혹 유다 땅에 남더라도 원하는 곳에서 마음껏 살게 해 주겠다고 말합니다(2-4절). 자유의 몸이 된 예레미야는 그의 지지자인 그다랴를 찾아갑니다(5-6절). 바벨론이 세운 유다 총독 그다랴는 패망 후 지역의 안정화와 평화를 위해 애씁니다. 그는 자신을 찾아온 이스마엘과 요하난의 무리들에게 그들이 차지한 성읍에서 살도록 허락해 줍니다(7-10절). 각처에 흩어졌던 피난민들이 그다랴가 있는 미스바로 모입니다(11-12절). 한편, 요하난은 암몬 왕 바알리스가 총독 암살을 위해 이스마엘 일행을 보냈다는 첩보를 제공하며 그들을 경계하라고 조언하지만 그다랴는 이를 대수롭지 않게 여깁니다(13-16절).

[시편 13-14편]

(13편) 악인의 공격과 조롱으로 인해 다윗은 오랜 기간 고통을 겪고 있습니다(1-2절). 원수의 공격보다 더 괴로운 것은 하나님이 나를 영영 잊으신 것 같은 불안함입니다. 다윗은 주께서 얼굴(=임재와 도우심을 의미)을 숨기셨다고 탄식합니다. "눈을 밝히소서"라는 간구는 영적, 육체적 눈이 흐려져 있는 상태, 곧 그가 육체적으로 쇠약해지고 영적으로 침체되어 있음을 의미하는 것입니다(3절). 그는 사망의 잠(죽음)을 걱정해야 하는 상황에 처해 있습니다. 원수들은 승리를 확신하고 있습니다(4절). 그러나 나아지지 않는 상황임에도 다윗은 현실을 뛰어넘는 확신을 고백합니다(5-6절). 하나님은 다윗의 탄식을 신뢰와 확신으로 바꾸어 주셨습니다.

(14편) 하나님이 없다고 말하는 어리석은 자는 하나님과 단절되어 있기에 자기 마음대로 삽니다(1절). 절대 선의 기준인 하나님을 배제한 인생이기에 그들은 부패할 수밖에 없습니다. 그들은 하나님을 찾지도, 선을 행하지도 않습니다(2-3절). 죄를 밥 먹듯이 저지르는 그들의 가장 큰 문제는 하나님의 존재를 모르는 무지입니다(4절). 하나님은 의인의 편이십니다(5-6절). "죄인들은 의인들의 모임에 들지 못하리로다"(1:5). 악한 자로부터 하나님의 구원을 경험하게 될 때 의인들은 기쁨이 넘칠 것입니다(7절).

[기도]

한나의 괴로움을 치유하신 주님! 괴로울 때에도 주를 신뢰하게 하시고 기도에 응답하여 주옵소서. 또한 하나님이 없다 하는 자들을 두려워하지 않게 하옵소서. 모든 믿는 자에게 구원을 주시며 하나님의 의가 되시는 예수님만 의지하게 하옵소서.

[사무엘상 2장]
한나는 사무엘을 주신 하나님을 찬양합니다(1-11절). 엘리 제사장의 아들들은 제사에 쓰일 고기를 탈취하는 만행을 저지르며 하나님을 멸시합니다(12-17절). 반면, 사무엘은 하나님과 사람들에게 은총을 받으며 하나님을 잘 섬겼고 한나는 하나님의 일꾼으로 자나라는 사무엘을 정성껏 보좌합니다(18-19, 26절). 하나님은 한나를 복되게 하사 태의 문을 열어주셨습니다(20-21절). 엘리는 아들들의 악행이 점점 심해지고 있음에도 미온적으로 대처합니다(22-25절). 무명의 하나님의 사람이 나타나 엘리 가문에 대한 심판을 선언하며 두 아들의 죽음이 표징이 될 것이라고 말합니다(27-34절). 하나님은 엘리를 대신할 새로운 제사장을 세울 것입니다(35-36절). 그는 다윗과 솔로몬 시대의 대제사장 사독입니다(삼하 8:17).

[로마서 2장]
바울은 2장에서 율법을 소유하고도 불순종을 일삼으며, 할례를 심판의 면죄부 정도로 착각하는 유대인들의 실상을 폭로합니다. 하나님은 각 사람의 행위대로 보응하시며 구원과 심판에 있어서 유대인과 이방인을 차별하지 않으십니다(6-11절). 유대인들은 하나님의 특별대우가 없다는 사실을 빨리 깨달아야 합니다. 복음 앞에 모든 사람은 공평합니다. 율법을 온전히 행하면 의롭다 함을 얻겠지만 누가 율법의 행위로 의롭다 함을 얻을 수 있겠습니까?(3:20, 13절). 율법을 가진 유대인은 율법으로 인하여 심판을 받을 것이며, 율법이 없는 이방인은 양심이 기준이 되어 심판을 받을 것입니다(12-16절). 결국 모든 사람은 심판을 받습니다. 유대인은 먼저 율법을 알았고 또한 율법을 가르쳤습니다(17-20절). 그러나 율법을 자랑하고 가르치면서 정작 자신은 지키지 않는 위선을 저질렀습니다(21-24절). 그들은 표면적으로만 하나님의 백성이었습니다(25-28절). 표면적 유대인에게 할례는 의미가 없습니다. 이제는 마음의 할례를 받아야 참 하나님의 백성이 되는 새 언약의 시대입니다(29절). 마음의 할례는 하나님이 새 영을 부어주시는 것으로 예수 그리스도의 십자가의 죽음과 부활이 그것을 가능하게 했습니다(겔 36:26-27).

[예레미야 41장]
결국 요하난이 경고한대로 암몬 왕 바알리스의 사주를 받은 강경파 이스마엘의 무리들이 유다 총독 그다랴와 그의 주변 사람들, 미스바에 남아 있던 소수의 바

벨론의 군사들까지 다 죽입니다(1-4절). 게다가 세겜, 실로, 사마리아 등지에서 제사를 드리러 온 80여 명의 사람들 중 70명을 죽입니다(5-10절). 이스마엘의 악행을 전해들은 요하난이 이스마엘의 무리들을 추격하여 인질들을 구출하였으며, 이스마엘은 간신히 살아나 암몬으로 도주했습니다(11-15절). 요하난이 구출한 사람들 중에 예레미야가 있었을 것으로 추정됩니다(42:2). 미스바로 돌아온 요하난은 바벨론 군사들이 죽은 일로 인해 바벨론의 보복이 있을 것을 두려워하여 애굽으로 도피하려 합니다(16-18절).

[시편 15-16편]

(15편) 잠언 말씀과 유사한 내용을 가지고 있는 이 시는 이스라엘 백성들이 성전에 올라갈 때 부르는 노래입니다. 15편은 질문과 답변으로 구성된 대표적인 시로 참된 예배자가 누구인지를 묻고 있습니다(1절). 하나님의 은혜로 구원을 받은 사람은 책임 있는 삶에 대한 요청을 받게 됩니다. "이같이 너희 빛이 사람 앞에 비치게 하여"(마 5:16). 이것은 성전에서의 예배와 삶의 예배의 조화를 의미합니다. 참된 예배자는 하나님의 속성인 정직과 공의와 진실을 삶의 현장에서 적극 구현합니다(2절). 말이나 행동으로 이웃을 해하지 않습니다(3절). 하나님을 경외하지 않는 자를 멀리하고 하나님을 경외하는 자를 존대합니다(4a절). 자기 이익보다 하나님과의 약속을 더 소중하게 여기고(4b절). 청지기 의식을 가지고 재정을 바르게 사용합니다(5절).

(16편) 시의 초반부는 다윗의 강청기도가, 후반부는 하나님을 향한 신뢰와 찬양이 등장합니다. 위기 때에 하나님을 찾는 자는 지혜로운 자입니다. 어떤 어려움이 있든지 간에 해결의 주체는 하나님이십니다(1-2절). 다윗은 다른 신을 찾지 않았으며 하나님을 경외하는 사람들과 함께 하는 것을 기뻐합니다(3-4절). 그는 하나님이 자신의 기업인 것과 하나님이 자신의 삶에 허락하신 것들 심지어 훈계까지도 감사하고 있습니다(5-7절). 하나님을 가까이 모시고 그의 음성에 늘 귀를 기울이는 자는 요동치 않을 것입니다(8절). 하나님은 기도하는 다윗을 온전히 회복(=마음, 영, 육체를 포함하는 전인적인 구원)시켰으며 찬양과 영원한 기쁨을 선물로 주셨습니다(9-11절).

[기도]

"나를 존중히 여기는 자를 내가 존중히 여기리라'는 말씀을 마음에 새기며 하나님을 존중히 여기는 삶을 결단합니다. 하나님의 속성인 정직과 공의로 삶의 예배를 드리게 하옵소서. 성령을 부으셔서 마음의 할례를 받게 하심으로 참 하나님의 백성 되게 하신 예수님만 믿고 따르게 하옵소서.

[사무엘상 3장]

엘리 제사장 시절은 하나님의 말씀이 희귀하여 이상이 보이지 않는 영적 암흑기였습니다(1절). 어느 날 하나님은 사무엘을 부르십니다(2-4절). 사무엘은 그 음성을 듣고 엘리를 찾아갑니다(5-8절). 사무엘이 세 번째 찾아오자 그때서야 엘리는 하나님의 부르심인 것을 알고 답변하는 방법을 가르쳐 줍니다(9절). 하나님의 네 번째 부르심 만에 응답한 사무엘이 들은 첫 메시지는 엘리 가문에 대한 저주였습니다(10-14절). 하나님의 말씀을 받은 자는 그 말씀을 가감하거나 숨길 수 없습니다(15-17절). 엘리는 하나님의 심판선언을 겸허히 받아들였으며, 이스라엘 백성들은 하나님이 사무엘을 선지자로 세우셨음을 알게 되었습니다(18-20절). 말씀이 희귀했던 시대가 지나고 사무엘을 통해 말씀을 들을 수 있는 새 시대가 열리고 있습니다(21절).

[로마서 3장]

유대인과 이방인 모두 믿음으로 의롭다 함을 얻지만 그럼에도 불구하고 유대인에게 먼저 하나님의 말씀이 주어진 것은 의미가 있습니다(1-2절). 하나님은 유대인을 부르셔서 언약을 맺으시고 율법과 선지자를 주심으로 메시아의 오심을 준비시키셨습니다. 하나님은 인간의 불순종과 불의에도 불구하고 당신의 신실함과 의로움을 포기하지 않으셨으며 언약을 파기하지 않으셨습니다(3-8절). 인간의 불의와 죄가 큰 만큼 하나님의 신실하심과 의는 더욱 빛납니다. 그렇다고 하나님의 진노와 심판이 자동으로 면제되는 것은 아닙니다(1.30일자 해설참고). 유대인과 이방인은 동일하게 죄와 심판 아래 있습니다(2:12-16, 9절). 의인은 없습니다(욥 4:17, 10-18절). 이 선언은 율법 아래 있는 자들(유대인들)에게 하시는 말씀입니다(19절). 유대인들이 죄 아래 있다는 것은 그들도 심판의 대상임을 의미합니다. 율법의 행위로는 의롭게 될 수 없으며 다만 죄를 인식할 뿐입니다(20절). 그러나 불의한 인간에게 하나님의 한 의가 나타났습니다(21-31절). 우리를 대신하여 화목제물 되신 예수 그리스도를 믿음으로써 의롭게 되는 새로운 법이 탄생한 것입니다. "모든 사람이 죄를 범하였으매 하나님의 영광에 이르지 못하더니 그리스도 예수 안에 있는 속량으로 말미암아 하나님의 은혜로 값없이 의롭다 하심을 얻었느니라"

[예레미야 42장]
총독 그다랴와 총독부에 배치된 바벨론 군사들을 죽이고 도주하던 이스마엘을 추격하여 인질들을 구출한 요하난은 자국 군사들의 죽음으로 인한 바벨론의 보복을 두려워합니다. 그래서 애굽으로의 도피를 생각하는 요하난은 예레미야에게 하나님의 뜻을 물으며 그 뜻을 따르겠다고 말합니다(1-6절). 그러나 그것은 진심이 아니었습니다. 하나님은 유다에 뿌리를 내리고 산다면 재앙이 임하지 않을 것이며 바벨론의 보복으로부터 안전하겠지만 만약 애굽으로 도피한다면 그곳에 재앙이 임할 것이라고 말씀하십니다(7-17절). 요하난의 마음이 애굽으로 기울고 있음을 아신 하나님은 다시 경고하십니다(18-22절).

[시편 17편]
다윗은 욥과 같이 자신의 의로움을 고백합니다(1, 15절). 대적들의 악함과 비교되는 다윗의 의는 그가 하나님께 탄원할 수 있는 근거가 됩니다(2-5절). 하나님이 공평의 눈으로 판단해 주실 것입니다. 그러나 다윗이 구원을 바랄 수 있는 궁극적인 이유는 자신의 의가 아니라 그를 향한 하나님의 놀라운 사랑 때문입니다(6-9절). '기이한 사랑'은 하나님의 신실하고 변함없는 사랑을 의미합니다. 원수들이 무자비한 말을 내뱉으며 다윗을 움키고 자신들의 목적을 달성하려는 상황 속에서 다윗의 시선은 하나님께 고정되어 있습니다(10-15절). 하나님은 전심으로 그를 찾는 자에게 만족을 주십니다.

[기도]

주님이 말씀하실 때 사무엘의 마음으로 듣게 하시고 엘리와 요하난 같이 불순종하는 자가 되지 않게 하옵소서. 하나님의 크고 기이한 사랑을 오늘도 찬송하게 하옵소서. 십자가에서 나를 속량하사 값없이 의롭다 함을 얻게 하신 예수님만 신뢰하게 하옵소서.

[사무엘상 4장]
이스라엘과 블레셋 사이에 전쟁이 일어납니다(1절). 첫 번째 전투에서 4천명이 전사한 이스라엘은 사기진작을 위해 언약궤를 활용하기로 결정합니다(2-5절). 언약궤가 진중에 도착하자 군사들의 사기는 크게 올랐지만 하나님의 임재가 없는 언약궤는 아무 의미가 없습니다(6-8절). 결국 언약궤를 승리의 요정으로 취급한 이스라엘은 참패를 하게 됩니다. 엘리의 두 아들 홉니와 비느하스를 포함하여 무려 3만 명이 전사하고 언약궤를 빼앗깁니다(2:34, 9-11절). 언약궤와 두 아들을 전쟁터로 보낸 엘리 제사장은 내심 두려워하고 있었는데 그의 두려움은 현실이 되었고, 비보를 전해들을 때의 충격으로 그도 죽게 되었습니다(12-18절). 엘리의 며느리는 해산과 함께 이가봇을 외치고 죽습니다(19-22절). 이가봇은 '영광이 없다', '영광이 떠났다'는 의미입니다. 언약궤의 상실은 하나님의 영광이 이스라엘을 떠난 것을 상징하는 매우 큰 사건입니다.

[로마서 4장]
유대인이나 이방인이나 모두 죄 아래 있으며 동일하게 예수 그리스도를 믿음으로 구원을 받는다는 것에 대해 유대인들은 저항합니다. 그들은 가장 먼저 율법을 받았고 언약의 표식인 할례를 받았으므로 하나님의 특별한 구원의 대상이라고 생각했습니다. 바울은 율법을 지키고 할례를 받아야 의롭게 된다는 유대인들에게 아브라함과 다윗의 실례를 들면서 그들의 조상 역시 행위가 아닌 믿음으로 의롭게 되었으며 믿음으로 죄 사함을 받았음을 설명합니다(1-8절). 하나님이 아브라함에게 할례를 지시하시기 전(창 17:10)에 이미 하나님은 아브라함의 믿음을 의로 여기셨습니다(창 15:6, 9-12절). 그리고 아이러니하게도 율법을 내세우는 유대인들이 율법을 어김으로 인해 하나님의 진노 아래 있습니다(14-15절). 믿음으로 의롭다 함을 얻은 아브라함은 모든 사람의 조상이 되므로 우리 역시 믿음으로 언약의 상속자가 되었습니다(13, 16-17절). 아브라함은 바랄 수 없는 중에 믿었을 뿐 아니라 오히려 믿음이 더 견고해 지고 하나님의 언약성취를 확신함으로 의롭다 함을 얻은 것입니다(18-22절). 같은 원리로 하나님은 예수 그리스도의 십자가의 죽으심과 부활하심을 믿는 우리의 믿음을 의로 여기십니다(23-25절).

[예레미야 43장]

요하난은 '유다에 머물라'는 예레미야의 메시지를 바벨론의 손에 죽게 하려는 계략이라며 불신합니다(1-3절). 결국 그는 유다에 살기 위해 돌아온 피난민들과 예레미야와 바룩을 억지로 끌고 애굽으로 갔습니다(4-7절). 예레미야는 하나님의 지시로 큰 돌 여러 개를 가져다가 바로의 궁전 대문의 축대에 진흙으로 묻습니다(8-9절). 예레미야의 상징행동은 바벨론이 요하난이 안전하다고 선택한 애굽의 왕조를 무너뜨리고 그곳에 자신의 왕조를 세울 것을 보여주는 것입니다(10-13절). 애굽은 구원의 장소가 아닌 심판과 죽음의 장소가 될 것입니다. 불순종의 대가입니다. 하나님이 말씀하신 곳을 떠나 자기가 선택한 곳이 과연 안전할 수 있을까요?

[시편 18편]

표제어는 하나님이 모든 적들과 사울의 손에서 건져 주셨을 때 다윗이 부른 노래라고 소개합니다. 다윗은 자신이 경험한 구원의 하나님을 다양하게 묘사합니다(1-2절). 그는 자신이 경험한 시련에 대하여 원수, 사망의 줄, 불의의 창수, 스올의 줄, 사망의 올무, 환난, 재앙의 날 등 다양하게 언급하며 하나님이 이보다 더 강하셨기에 그를 능히 건지셨다고 고백합니다(3-19절). 내가 겪는 시련이 어렵고 힘들어도 내 주님보다 크지 않습니다('나는 믿네' 가사 중) 공의의 하나님은 부당한 고통을 당하는 중에도 주의 도를 떠나지 않은 시인을 기억하사 응답하셨습니다(20-24절). 하나님은 자비로운 자와 깨끗한 자, 곤고한 자(=악한 자로부터 부당한 공격을 당하는 자)를 그의 공의로 건지십니다(25-27절). 하나님은 그를 실족하지 않도록 지키고 보호하셨으며, 인생의 등불이요 방패가 되어 주셨습니다(28-36절). 하나님이 함께 싸워 주시는 다윗 앞에 원수들은 결국 굴복하고 다윗은 원수들 앞에서 그를 높여주신 하나님을 찬양합니다(37-50절).

[기도]

신앙을 도구로 삼지 않게 하시고 하나님의 영광이 머무는 삶을 살아가게 하시며, 말씀을 무시하고 자기 뜻대로 인생의 길을 정한 요하난과 같지 않게 하옵소서. 공의와 사랑으로 나를 붙드시는 하나님을 찬양합니다.

[사무엘상 5-6장]

(5장) 전쟁에서 승리한 블레셋은 탈취한 언약궤를 신전에 바치며 그들의 신 다곤에게 승리의 영광을 돌립니다(1-2절). 그러자 하나님의 진노가 임하여 다곤 신상이 깨어지고 블레셋 사람들은 독한 종기에 걸리게 됩니다(3-12절). 그들은 이제 이스라엘의 하나님을 두려워하기 시작합니다.

(6장) 언약궤로 인하여 7개월 동안 재앙이 임하자 블레셋은 속건제를 드린 후 언약궤를 돌려보내기로 결정합니다(1-3절). 그들은 그들만의 방법으로 하나님께 속건제를 드립니다(4-6절). 또한 암소를 데려다가 강제로 송아지와 분리시킨 후 암소가 어디로 가는지를 살펴 재앙의 출처를 밝힙니다(7-12절). 암소가 모성애를 포기하고 곧장 이스라엘 땅인 벧세메스로 감으로써 재앙이 하나님께로부터 왔음이 증명되었습니다. 벧세메스 사람들은 언약궤의 복귀를 기뻐하며 번제를 드렸고 블레셋 사람들은 그들의 5개의 핵심 도시와 성읍들을 위해 금독종과 금쥐로 속건제를 드렸습니다(17-18절). 한편, 경솔하게 언약궤를 드려다 본 70여 명(=벧세메스의 규모를 감안한 숫자)이 하나님의 진노로 죽게 됩니다(19절). 벧세메스 사람들은 언약궤를 두려워하여 기럇여아림으로 옮겨주길 희망합니다(20-21절).

[로마서 5장]

믿음으로 의롭다 함을 얻으면 첫째, 하나님과 화평을 누리게 되고(1절). 둘째, 나의 영광이 아닌 하나님의 영광을 바라고 하나님을 자랑하게 됩니다(2.1일자 해설 참고, 2절). 셋째, 환난을 당해도 즐거워합니다(3-4절). 환난이 인내와 연단을 거쳐 소망(성화)을 이루는 줄 알기 때문입니다. 죄로 인해 원수 되었던 우리를 위하여 예수 그리스도를 보내신 그 사랑 때문에 우리는 하나님과 화목하게 되었습니다(5-11절). 아담이 선악과를 먹지 말라는 단 하나의 금지 명령을 어김으로 죄와 사망을 가져 왔다면 예수 그리스도는 십자가를 지기까지 온전히 순종하심으로 의와 생명이 다스리는 은혜의 시대를 여셨습니다(12-21절).

[예레미야 44장]

하나님은 살 길을 찾아 애굽으로 도피한 유다 백성들에게 말씀하십니다(1절). 유다는 우상숭배와 악행으로 인한 하나님의 심판으로 멸망했습니다(2-6절). 그런데 하나님의 말씀을 거역하고 애굽으로 온 무리들이 또 우상숭배를 하고 있습니다(7-10절). 하나님은 칼과 기근과 전염병으로 그들을 심판하실 것입니다(11-14절). 그런데 심판의 선언을 들은 백성들은 회개는커녕 도리어 예레미야가 선포한 내용을 무시하고 하늘의 여왕에게 분향하겠다고 말합니다(15-19절). 그들은 모세의 말을 듣지 않았던 바로만큼 완고했습니다. 예레미야는 우상숭배와 불순종으로 인해 유다가 심판을 받았다는 사실을 다시 언급합니다(20-23절). 똑같은 죄를 반복하고 있는 그들에게 다시 심판이 임할 것입니다(24-28절). 애굽의 바로(파라오) 호브라에게 생기는 변고가 하나님의 애굽을 향한 심판의 징조가 될 것입니다(29-30절). 실제로 BC 569년에 애굽의 바로 호브라는 그의 군대장관 아마시스에게 죽임을 당합니다.

[시편 19편]

찬양시인 19편에는 하나님의 말씀에 대해 교훈하는 지혜시의 특징도 나타납니다. 다윗의 찬양 속에 하나님이 우리에게 당신의 존재와 뜻과 영광을 나타내는 두 가지 방식이 잘 나타나 있습니다. 첫째, 하나님은 당신이 창조하신 모든 피조물을 통해 당신을 드러내십니다('일반계시', 1-6절). 그러므로 피조물을 신격화하거나 피조물에게 경배하는 것은 우상숭배이며 오직 창조주 하나님만이 경배의 대상이 되어야 합니다. 둘째, 하나님은 말씀(율법)을 통하여 당신을 계시하십니다('특별계시', 7-9절). 하나님의 말씀에는 우리의 구원을 위한 하나님의 특별한 계시가 담겨 있습니다. 말씀은 우리에게 생명을 주고 최고의 가치와 기쁨을 알게 하므로 더욱 사모해야 합니다(10절). 다윗은 자신이 완전하신 하나님의 말씀 앞에 서 있는 죄인임을 깨닫고 말씀을 따름으로써 죄의 종이 되지 않으며 하나님께 삶의 제사를 드리기를 소망합니다(11-14절).

[기도]

하나님은 친히 만드신 피조물과 우리에게 주신 생명의 말씀을 통해 크고 높으신 영광을 드러내십니다. 창조주 하나님께 영광을 돌리는 자 되게 하시고, 살 길을 찾고자 말씀을 거역하는 어리석음을 범하지 않게 하옵소서.

[사무엘상 7-8장]
(7장) 벧세메스에 있던 언약궤는 예루살렘 서쪽 약 15km 떨어져 있는 기럇여아림에 있는 아비나답의 집으로 옮겨져 20년간 머물게 됩니다(1-2절). 백성들의 마음이 하나님을 향하기 시작하자 사무엘은 우상을 제하고 하나님만을 섬길 것을 촉구하며 백성들을 미스바로 소집합니다(3-6절). 백성들이 모여 민족적인 회개의 시간을 갖고 있을 때 블레셋이 침략하나 회개의 기도를 받으신 하나님은 이스라엘에게 승리를 주셨습니다(7-11절). 사무엘은 승리를 기념하는 비석을 세우고 에벤에셀('도움의 돌'이라는 뜻)이라 명명합니다(12절). 사무엘이 있는 동안 하나님은 이스라엘을 평안케 하셨으며 블레셋으로부터 항상 지켜 주셨습니다(13-17절).
(8장) 사무엘의 뒤를 이어 그의 아들들이 사사가 되었는데 직무를 제대로 수행하지 않고 악을 행하자 백성의 대표들이 사무엘을 찾아와 왕을 요구합니다(1-6절). 하나님은 왕정제도의 여러 가지 폐단을 명확하게 가르치라고 말씀하십니다(7-9절). 왕이 다스리게 되면 사실상 종과 같은 신세로 전락할 것을 사무엘이 경고하지만 백성들은 듣지 않습니다(10-20절). 하나님은 백성들의 요구를 허락하십니다(21-22절). 떼를 써서 받은 응답이 최선의 결과가 아닐 수 있음을 생각해야 합니다. "아버지의 원대로 되기를 원하나이다"(마 26:42).

[로마서 6장]
목욕을 위해 일부로 몸을 더럽히는 사람은 없습니다. 은혜는 죄를 이기고 구원을 줄 만큼 강력하지만 그렇다고 은혜를 경험하기 위해 일부로 죄를 짓는 것은 어리석은 행위입니다(1-2절). 오히려 은혜는 구원을 줄 뿐만 아니라 죄로부터 완전한 승리를 얻도록 우리 안에서 작용합니다. 우리는 세례를 통하여 그리스도와 연합하였습니다(3-10절). 그리스도와 연합한 우리는 그의 죽음과 부활에 동참한 자가 되었습니다. 우리가 죄에 대하여 철저히 죽은 자로 여길 때 죄의 노예로 무기력하게 끌려가지 않게 되며, 하나님의 은혜에 응답하는 삶을 살 수 있습니다(11-14절). "내가 그리스도와 함께 십자가에 못 박혔나니 그런즉 이제는 내가 산 것이 아니요 오직 내 안에 그리스도께서 사시는 것이라"(갈 2:20). 우리가 누구에게 순종하든 그 순종함을 받는 자의 종이 됩니다(16절). 본래 우리는 죄의 종이었으나 우리가 받은 교훈의 본(복음)으로 인하여 하나님의 의의 종이 되었습니다(17-22

절). 그러므로 죄는 더 이상 우리에게 자연스러운 것이 아닙니다(15절). 그리스도께서 우리의 죄 값을 대신하여 죽임을 당하시고 우리에게 영생을 주셨기 때문입니다(23절).

[예레미야 45장]

바룩은 예레미야가 선포한 하나님의 말씀을 기록하는 서기관입니다. 그는 예레미야와 함께 말할 수 없는 고통과 아픔을 겪었습니다. 바룩에게 주시는 하나님의 말씀이 예레미야에게 임했습니다(1-2절). 바룩은 평안이 없고 고통뿐인 자신의 삶에 대해 하나님께 호소했습니다(3절). 예레미야의 선포가 주로 유다의 멸망과 심판에 관한 것이다 보니 그 내용을 기록하는 바룩의 부담은 상당했습니다. 그러나 유다의 멸망은 세우기도 하시고 헐기도 하시는 하나님의 주권적 섭리아래 이루어지는 일입니다(4절). 비록 힘들고 어려운 일이라 해도 그의 임무는 하나님의 말씀을 있는 그대로 기록하고 전하는 것입니다. 하나님은 유다의 멸망 중에도 당신의 전리품(='바룩')을 반드시 챙기시겠다고 말씀하십니다(5절). 하나님은 사명자와 함께 하시고 사명자를 보호하십니다.

[시편 20-21편]

(20편) 20편은 왕이 군대를 거느리고 출정하기에 앞서 성전에서 제사를 드리며 승리를 기원하는 출정식을 연상시킵니다. 백성들은 왕과 군사들을 축복하며 하나님이 주실 승리를 축원합니다(1-4절). 특히 전쟁을 지휘하는 왕의 간구를 하나님이 들으시고 응답하시길 간구합니다(5-6절). 대적들은 그들의 승리를 확신하지만 하나님은 군사력을 의지하지 않고 오직 당신의 이름을 의지하며 기도하는 백성들에게 승리를 주실 것입니다(7-9절).

(21편) 이 시는 승리를 구하는 20편의 기도에 대해 하나님이 응답하셨음을 전제합니다. 이스라엘을 대표하는 왕의 기도가 응답된 것은 곧 백성들의 기도 응답이며 백성들의 기쁨입니다(1-6절). 왕이 하나님을 굳건히 신뢰할 수 있는 것은 하나님이 변함없는 인자와 사랑으로 그를 붙들고 계시기 때문입니다(7절). 백성들은 왕과 함께 하시는 하나님의 신실하심을 노래합니다. 승리를 주신 하나님은 앞으로도 모든 대적을 물리치며 이기게 하실 것입니다(8-13절).

[기도]

하나님을 진정 왕으로 모시고 살아가길 소원합니다. 내 생명의 주권이 하나님께 있습니다. 변함없는 사랑과 인자로 나를 붙드시는 하나님! 나를 다스려 주옵소서. 내 안에 계셔서 죄를 이기는 능력을 주시고 의의 종으로 나를 부르신 예수님만 따르는 삶을 살게 하옵소서.

[사무엘상 9장]

베냐민 지파의 유력한 사람인 기스는 아들 사울에게 잃어버린 암나귀를 찾으라고 지시합니다(1-4절). 나귀를 찾는 일이 늦어지면서 아버지가 걱정할 것을 우려한 사울이 집으로 돌아가려하자 그의 사환이 선지자에게 물어볼 것을 제안합니다(5-10절). 결과적으로 이러한 과정은 사울과 사무엘의 만남을 위한 하나님의 섭리였습니다(11-14절). 베냐민 지파는 이스라엘 전 지파를 상대로 벌인 무모한 전쟁 때문에 600명만 살아남는 비극을 경험한 적이 있습니다(삿20-21장). 그러나 하나님은 미약한 지파, 미약한 가문의 사람을 이스라엘의 초대 왕으로 선택하셨습니다(15-21절). 사무엘은 사울에게 주시는 하나님의 말씀을 은밀히 전하고자 합니다(22-27절).

[로마서 7장]

아내는 남편이 살아있는 동안에만 남편의 법에 지배를 받고 남편이 죽게 되면 그 법에서 해방됩니다(2절). 마찬가지로 율법은 살아있는 사람에게만 영향을 미치며 죽은 사람은 율법의 효력과 지배에서 벗어나게 됩니다(1절). 같은 원리로 우리의 옛 사람이 예수님과 함께 십자가에 못 박혀 죽음으로써 우리는 율법의 효력과 지배에서 벗어나게 되었습니다(6:6). 이제 우리는 율법과 죄의 정욕(타락한 본성)을 따르는 자가 아니라 그리스도와 성령을 따르는 자가 되었습니다(4-6절). 그리스도의 죽으심과 부활에 믿음으로 참여한 성도는 사망의 열매가 아닌 하나님을 위한 열매(의의 열매)를 맺습니다. 죄는 악하지만 죄가 무엇인지 알려주는 율법은 악하지 않습니다(7-12절). 율법은 선하며 선악을 판별하는 기준이 되고 거룩하고 의로운 것입니다. 율법이 죄를 드러냄으로써 인간은 죄와 사망에 얽매어 있는 자신의 영적 실체를 깨닫게 됩니다(13-14절). 위선적인 존재인 인간은 악한 자를 혐오하면서 악을 행하고 선을 바라면서 선을 행하지 않습니다(15-23절). 그래서 곤고합니다. "오호라 나는 곤고한 사람이로다 이 사망의 몸에서 누가 나를 건져내랴"(24절). 이 고백은 죄의 세력에 붙잡혀 멸망을 향해 가는 인간의 구조요청입니다. 구원은 인간 스스로 만들어낼 수 없고 외부로부터 임하는 것입니다. 우리는 예수 그리스도에게서 바로 그 구원을 발견하게 됩니다(25절).

[예레미야 46장]

하나님은 열방의 주권자이십니다(1절). 46장-51장은 이스라엘과 관련 있는 10개 나라의 심판에 관한 말씀인데 먼저 애굽이 등장합니다. 전통의 강국인 애굽과 신흥 강대국 바벨론이 맞붙은 갈그미스(지금의 터키와 시리아의 국경에 위치해 있는 유프라테스강 상류에 있는 도시) 전투에서 애굽이 대패합니다(2-6절). 범람하는 나일강과 같은 기세를 지닌 애굽 군대는 용병들까지 합세한 무적의 군대였지만 하나님의 심판으로 인해 처참하게 패배했습니다(7-12절). 애굽은 하나님께 드려진 희생제물의 신세가 되었습니다. 애굽은 갈그미스에서 승리한 바벨론의 본토 침공으로 인해 패망하게 됩니다(13-26절). 비록 애굽은 하나님의 심판을 받게 되지만 심판 후에도 그 땅에는 여전히 사람이 살아가게 될 것입니다. 애굽을 향한 심판 예언은 이스라엘에 대한 구원 약속과 위로의 말씀으로 끝납니다(27-28절).

[시편 22편]

22편은 탄식(1-21절)과 찬양(22-31절)으로 구분됩니다. 무엇보다 다윗을 고통스럽게 하는 것은 하나님의 침묵입니다(1-2절). 일찍이 하나님은 조상들의 간구를 들으시고 응답하셨습니다(3-5절). 그러나 다윗은 응답을 받지 못하여 대적들의 조롱거리가 된 상태입니다(6-8절). 다윗은 그에게 생명을 주신 하나님이 모태에서부터 그의 하나님이셨다고 고백합니다(9-11절). 이처럼 하나님과 특별한 관계에 있는 다윗이 원수들의 공격으로 인해 뼈가 다 보일 지경이라고 말할 정도로 극심한 고통에 시달리고 있습니다(12-18절). 그는 매우 절박한 상황에서 구원을 요청합니다(19-21절). 그런데 탄식하던 다윗이 하나님을 찬양합니다. 그는 하나님이 이미 그를 구원하신 것으로 전제하고 찬양을 결단합니다(22-26절). 열방의 주재이신 하나님께 모든 민족이 나아와 경배하게 될 것이며 후손들도 구원의 하나님을 노래할 것입니다(27-31절).

[기도]

나의 간구를 들으시는 하나님! 하나님이 침묵하시는 기간에도 믿음을 잃지 않게 하옵소서. 나를 인도하시는 하나님의 역사와 열방을 통치하시는 하나님의 역사를 보게 하옵소서. 사망의 몸에서 나를 건지신 예수님을 찬양하게 하옵소서.

[사무엘상 10장]

사무엘은 사울에게 기름을 부으며 하나님이 그를 왕으로 선택하셨음을 알립니다(1절). 그리고 하나님이 보여주실 3가지 징조를 예고합니다(2-9절). 그 징조는 잃은 나귀의 회수, 다볼 상수리나무에서의 세 사람과의 만남, 하나님의 영의 임재입니다. 하나님의 영의 임재로 새 마음을 갖게 된 사울은 선지자처럼 예언을 하게 됩니다(10-13절). 숙부를 만난 사울은 기름 부음 받은 사실을 숨기고 나귀를 되찾을 것이라는 사무엘의 말만 전달합니다(14-16절). 사무엘은 미스바에서 총회를 열고 공식적으로 사울을 왕으로 세웁니다(17-24절). 하나님의 뜻에 따라 사울을 왕으로 세웠지만 일부는 그를 따르지 않았습니다(25-27절).

[로마서 8장]

인간은 선을 원하나 선을 행할 능력이 없어 절망할 수밖에 없는 존재이지만 예수 그리스도의 은혜와 생명의 성령의 법으로 말미암아 참 자유를 맛보게 되었습니다(1-2절). 예수 그리스도 안에 있는 생명의 성령의 법은 우리의 완전한 승리를 보장합니다. 하나님은 아들을 죄 있는 육신의 모양으로 보내셔서 율법이 할 수 없는 일을 이루셨습니다(3절). “자기를 비워 종의 형체를 가지사 사람들과 같이 되셨고”(빌 2:7). 속죄제물이 되신 아들은 우리를 대신하여 율법의 요구(‘죄의 삯은 사망’)를 온전히 충족하셨습니다(4절). 그러므로 우리는 삼위일체 하나님의 영으로 충만한 자가 되어 타락한 본성이 아닌 하나님의 영이 이끄시는 부활의 삶을 살아갈 수 있습니다(5-11절). 우리는 더 이상 육체(타락한 본성)에 빚을 진 채무자가 아닙니다(12절). 이제는 하나님의 영에 빚을 진 채무자가 되었으므로 하나님의 영에 매여 살아가는 인생이 되었습니다. 예수님은 “다 이루었다”(헬: 테텔레스타이)를 선언하시고 운명하셨는데 이는 ‘다 갚았다’라는 뜻입니다(요 19:30). 예수님은 우리의 죄로 인한 모든 채무를 다 갚으셨습니다. 할렐루야! 하나님의 영으로 인도함을 받아 하나님을 아빠 아버지라 부르는 사람은 기꺼이 고난을 감내합니다(13-18절). 인간의 죄로 인하여 피조물들이 고통을 받으며 죽음에 이르게 되었으니 주의 자녀들과 피조물 모두 주가 오셔서 모든 것을 회복할 날만을 기다립니다(19-25절). 그때까지 성령님은 우리를 위해 말할 수 없는 탄식으로 간구하시며 부름 받은 자녀들의 삶을 선하게 이끄십니다(26-30절). 우리를 위해 아들까지 아끼지 아니하신 하나님은 성도의 의로움을 보증하십니다(31-34절). 사망을 포함한 그 어떤 것도 하나님의 사랑에서 우리를 끊을 수 없으므로 우리는 승리합니다(35-39절).

[예레미야 47장]
오랜 기간 이스라엘을 괴롭혀 블레셋이 이방 나라 중 두 번째로 심판 메시지의 대상이 됩니다(1절). 그들은 바벨론에 의해 완전히 패망하게 됩니다(2-7절).

[시편 23-24편]
(23편) 참 목자는 양을 잘 알며 양을 위해 목숨을 겁니다. "나는 선한 목자라 나는 내 양을 알고 양도 나를 아는 것이 아버지께서 나를 아시고 내가 아버지를 아는 것 같으니 나는 양을 위하여 목숨을 버리노라"(요 10:14-15). 다윗은 목자 되시는 하나님을 전적으로 신뢰합니다(1절). 목자는 양의 필요를 공급하고 안전한 생명의 길로 인도합니다(2-3절). 목자는 험하고 위험한 길에서 양을 보호합니다(4절). 목자로 인하여 다윗을 향한 원수의 모든 음모는 무산될 수밖에 없습니다(5절). 목자가 차려준 승리의 잔칫상으로 인해 양은 크게 기뻐합니다. 다윗은 목자의 선하심과 인자하심으로 인하여 목자의 집에 영원히 거하게 될 것을 확신합니다(6절).
(24편) 축제나 절기 때에 시온에 임재하시는 여호와 하나님을 기뻐하는 시로 15편과 유사합니다. 온 세계는 창조주 하나님의 소유로 그의 임재와 통치로 충만합니다(1-2절). 여호와의 산에 오르는 것은 예배를 위해 성전에 오르는 것을 연상시키는데 시인은 예배에 합당한 자의 마음('내적 정결', "마음이 청결하며 뜻을 허탄한 데에 두지 아니하며")과 행동('외적 정결', "손이 깨끗하며 거짓 맹세 하지 아니하는 자")의 기준을 제시합니다(3-6절). 무엇보다 그는 예배를 사모합니다. 다윗은 전쟁에 능하신 여호와, 곧 자기 백성을 지키시고 보호하시는 하나님의 영광을 찬양합니다(7-10절).

[기도]

하나님이 세우신 나라와 교회와 지도자를 위하여 기도하게 하옵소서. 또한 하나님의 영이 우리를 세우셨음을 기억하고 하나님의 인도하심에 순복하게 하옵소서. 하나님 마음에 합한 예배자가 되게 하옵소서. 생명의 성령의 법으로 우리를 자유케 하신 예수님만 믿고 의지하게 하옵소서.

[사무엘상 11장]
사무엘에 의해 공식적으로 왕위에 오르기는 했으나 사울의 왕권은 아직 미약했습니다. 이러한 상황에서 암몬이 이스라엘을 침략합니다(1-5절). 하나님의 영이 임한 사울은 이스라엘 각 지파에서 소집된 군사들을 지휘하여 암몬과의 전투에서 완벽한 승리를 거둡니다(6-11절). 암몬의 침략은 왕권이 약한 사울에게 큰 위기였으나 하나님은 위기를 기회로 바꾸어 주셨습니다(12-15절).

[로마서 9장]
바울은 다수의 유대인들이 하나님의 구원에서 멀어진 것에 대해 심한 고통을 느낍니다(1-5절). 자신의 구원이 취소되더라도 동족이 구원받기를 원할 정도로 그의 마음은 간절합니다. 지금은 소수만이 복음을 받아들였지만 이스라엘을 향한 하나님의 특별한 은총과 언약은 취소되지 않습니다(6절). 구원은 우리의 이해를 초월한 전적인 하나님의 선택에 의해 결정됩니다(7-13절). 이삭과 야곱이 선택받음에 있어서 인간적인 요소는 조금도 포함되어 있지 않습니다. 하나님의 선택은 하나님의 긍휼에서 기인합니다(15-16절). 나의 구원은 하나님이 나를 긍휼히 여겨주심에 대한 결과입니다. 우리는 하나님의 공의와 긍휼을 기반으로 하는 하나님의 절대주권을 신뢰해야 합니다(17-29절). 하나님이 구원을 열망하는 사람을 의도적으로 구원에서 배제시킴으로 억울한 사람을 만드시겠습니까? 바로와 에서는 억울한 사람일까요? 바로는 하나님의 경고를 의도적으로 거역하였으며 에서는 자기 눈에 좋아 보이는 이방여인을 아내로 맞이합니다. 무엇보다 토기장이가 무엇을 빚든지 그것은 전적인 그의 주권입니다. 우리는 하나님의 긍휼하심이 우리에게 임하였음에 감사하며 더불어 하나님이 진노의 그릇(멸망당할 사람)에 대해서도 오래 참으신다는 것을 알아야 합니다(22-23절). 우리는 본래 하나님의 백성이 아니었으나 우리를 사랑하셔서 백성으로 삼으시고 그의 아들로 인치셨습니다(25-26절). 많은 유대인들이 복음을 거부했기에 그들 중 일부만 구원받을 것입니다(27-29절). 율법의 행위를 의지한 유대인들은 의를 얻지 못하나 예수 그리스도를 믿는 이방인들은 의를 얻을 것입니다(30-33절).

[예레미야 48장]

유다의 마지막 왕 시드기야는 모압과 동맹을 맺고 바벨론에 맞섰습니다. 그러다가 유다는 BC 586년, 모압은 BC 582년에 차례로 멸망합니다(1-10절). 아이러니하게도 모압의 수호신 그모스가 모압 멸망의 원인입니다(11-13절). 예레미야는 모압에 닥칠 재난을 선포하며 그들에게 탄식하며 슬퍼하라고 말합니다(14-25절). 모압은 바위에 세운 그들의 천연요새('페트라')를 자랑했지만 그들의 교만으로 인한 하나님의 심판으로 결국 무너지게 될 것입니다(26-35절). 그러나 심판자이신 하나님도 탄식하십니다(31-32, 36-39절). 모압을 심판하시면서도 탄식하시는 하나님이신데 하물며 당신의 백성에 대한 징계를 내리실 때 하나님의 마음은 오죽하겠습니까? 하나님은 모압에 대하여 다시는 나라를 이루지 못할 것이라고 선언하십니다(40-46절). 실제로 모압은 BC 582년에 나라가 망한 후 역사에서 영원히 사라져 버렸습니다. 그러나 포로로 끌려갔던 모압의 포로들 중 일부는 돌아오게 될 것입니다(47절).

[시편 25편]

젊은 날에 지은 죄와 허물에 대한 다윗의 고백은 이 시가 그의 인생 후반기에 쓰였다는 것을 암시합니다(7절). 만약 원수들이 하나님을 의뢰하는 그를 이긴다면 이는 자신과 하나님의 수치가 될 것입니다. 그래서 다윗은 원수들의 패배와 수치 그리고 자신의 온전한 순종을 위해 기도합니다(1-5절). 그가 주의 길을 온전히 갈 수 있는 비결은 주의 풍성한 긍휼과 용서, 인자하심 때문입니다(6-7절). 여호와의 선하심과 도(교훈)의 완전함을 신뢰하는 시인은 여호와의 이름을 위하여 자신의 큰 죄를 용서해 주시길 간청합니다(8-15절). "하나님의 도는 완전하고 여호와의 말씀은 순수하니 그는 자기에게 피하는 모든 자의 방패시로다"(18:30). "자기 이름을 위하여 의의 길로 인도하시는도다"(23:3). 자신의 곤고함과 죄 용서를 위해 기도하던 시인은 이스라엘을 위한 간구로 기도를 마칩니다(16-22절).

[기도]

아무리 견고한 요새를 갖추었어도 하나님이 심판을 결정하시면 무너질 수밖에 없습니다. 완전하신 하나님의 말씀과 심오한 하나님의 경륜 그리고 하나님의 주권을 신뢰합니다. 자기 이름을 위하여 의의 길로 인도하시는 예수님만 믿고 따르게 하옵소서.

사무엘상 12장 | 로마서 10장 | 예레미야 49장 | 시편 26-27편

[사무엘상 12장]
사울이 왕으로 세워지면서 마지막 사사 사무엘은 은퇴를 하게 됩니다(1-2절). 12장은 사무엘의 고별사입니다. 그는 하나님과 백성들 앞에 정직히 행한 것과 공의로우신 하나님의 통치 및 구원의 은혜를 공의의 통치와 구원의 은혜를 추억합니다(3-11절). 그는 왕이 다스린다 해도 이스라엘은 참된 왕이신 하나님을 경외해야 한다고 강조합니다(12-15절). 하나님은 당신의 직접적인 통치를 거부하고 왕을 요구한 것이 큰 죄였음을 우레와 비를 통해 보여주십니다(16-18절). 하나님의 진노를 두려워한 백성들이 죄를 깨닫고 기도를 요청하자 사무엘은 헛된 우상을 버리고 하나님만을 섬길 것을 촉구합니다(19-25절). 사무엘은 퇴임 후에도 기도를 쉬지 않을 것이며 백성들에게 바른 길을 가르칠 것입니다.

[로마서 10장]
율법을 지킴으로써 의에 이를 자가 없음에도 불구하고 율법으로 구원에 이를 수 있다고 고집하는 것은 바른 지식이 아닙니다(2, 5절). 우리의 의를 위하여 그리스도께서 율법의 마침('목표', '종결')이 되셨습니다(4절). 율법이 가리키는 최종 목표는 율법을 온전히 행하신 예수 그리스도이십니다. "율법이 우리를 그리스도께로 인도하는 초등교사가 되어 우리로 하여금 믿음으로 말미암아 의롭다 함을 얻게 하려 함이라"(갈 3:24). 또한 예수 그리스도는 율법의 종결이 되십니다. "우리를 거스르고 불리하게 하는 법조문(율법)을 쓴 증서를 지우시고 제하여 버리사 십자가에 못 박으시고"(골 2:15). 그러므로 예수 그리스도는 율법을 완성하셨습니다. 그는 우리의 의를 위하여 하늘에서 내려 오셨으며(성육신) 죽음을 이기셨으니(부활) 우리에게 전해진 이 말씀을 믿고 예수 그리스도를 주로 고백하면 누구든지 구원받을 수 있습니다(6-13절). 그러나 이스라엘 백성들이 그리스도의 복음을 거부했기에 하나님은 '나를 찾지 않은 자와 내게 묻지 아니한 자'('이방인')에게로 복음의 방향을 돌리셨습니다(14-20절). 그러나 하나님은 순종하지 않은 자에게 끝까지 손을 내미시는 분입니다(21절).

[예레미야 49장]
49장은 다양한 민족에 대한 심판의 선언입니다. 사사 입다, 사울 왕, 다윗 왕 때에 연이어 이스라엘과 전쟁을 치렀던 암몬은 BC 733년 북이스라엘이 앗수르의 침공으로 인해 전력공백이 발생했을 때 갓 지파의 땅을 점령하기도 했습니다(1절). 암몬은 하나님이 보내신 바벨론에 의해 패망할 것입니다(2-5절). 그러나 암몬 자손의 포로들은

다시 돌아오게 될 것입니다(6절). 훗날 도비야를 비롯하여 돌아온 암몬 자손들은 느헤미야가 예루살렘 성벽을 재건할 때 방해하기도 합니다(느 2:10 & 느 4:7-8). 다음은 에돔에 관한 심판 선언입니다(7-22절). 에돔의 대표 도시인 데만, 드단, 보스라가 등장합니다. 심판의 이유가 나오지는 않지만 그들은 바벨론에 의해 파멸에 이를 것이며 주변 나라들의 조롱거리가 될 것입니다. 이스라엘 주변 나라 중 가장 강력했으며 이스라엘을 오랫동안 괴롭혀 온 다메섹(아람) 역시 바벨론에 의해 철저히 파괴될 것입니다(23-27절). 게달(가나안 동쪽 사막 지역에 있던 도시)과 하솔(갈릴리 호수 북쪽에 있는 도시), 엘람(바벨론 동쪽, 오늘날 이란 땅에 있는 도시) 모두 하나님이 정하신 패권국가 바벨론에 저항하다가 패망했습니다(28-39절).

[시편 26-27편]

(26편) 다윗은 하나님 앞에 완전하게 행하였다고 감히 고백합니다(1절). 그가 말하는 완전은 무죄가 아니라 하나님과의 언약을 기억하며 힘써 순종의 길을 걸었다는 의미입니다. 그는 자신의 생각과 마음을 점검해 주시길 요청할 정도로 하나님 앞에 순전한 태도를 유지해 왔습니다(2절). 그가 하나님 앞에서 완전하게 행할 수 있었던 것은 하나님의 인자하심 때문입니다(3절). 그러므로 완전함에 대한 그의 고백은 자기 자랑이 아닌 하나님의 인자하심에 대한 찬양입니다. 그는 악을 멀리하고 주의 전을 사모하는 예배자로 살았습니다(4-10절). 그는 죄의 속량과 구원의 은혜를 소망하며 하나님을 송축하기로 결단합니다(11-12절).

(27편) 다윗은 대적들로 인해 탄식하지만 구원과 승리를 주시는 하나님을 신뢰하며 찬양합니다. 다윗은 대적으로 인해 두려운 현실을 마주하고 있습니다(1-3절). "내 살을 먹으려고", "군대가 진 칠지라도"등의 표현은 그가 생명의 위협을 받고 있음을 짐작케 합니다. 그럼에도 불구하고 그는 하나님을 굳건하게 신뢰하며 승리를 확신합니다. 그는 절박한 상황 속에서도 하나님의 임재를 누리며 그의 뜻 안에 살기를 소원합니다(4절). 다윗은 그를 보호하시고 원수들 앞에서 높여 주신 하나님을 찬송할 것입니다(5-6절). 하나님은 당신의 얼굴을 구하는 자를 외면하지 않으십니다(7-9절). 혹 부모는 자식을 버릴지라도 하나님은 그를 영접하여 주십니다(10절). "여인이 어찌 그 젖 먹는 자식을 잊겠으며 자기 태에서 난 아들을 긍휼히 여기지 않겠느냐 그들은 혹시 잊을지라도 나는 너를 잊지 아니할 것이라"(사 49:15). 다윗은 하나님의 선하심을 신뢰하며 하나님의 때를 기다립니다(11-14절).

[기도]

민족의 흥망성쇠가 하나님의 손에 달려 있습니다. 하나님의 통치가 기쁨과 소망이 됨을 알게 하옵소서. 두려운 현실을 마주할 때 더욱 주를 의지하게 하옵소서.

[사무엘상 13장]

암몬과의 전쟁에서 승리하여 자신의 입지를 굳힌 사울은 평생의 숙적 블레셋과의 일전을 앞두고 돌이킬 수 없는 큰 죄를 범하게 됩니다(1-12절). 전력의 열세로 인한 군사들의 동요를 막고자 직접 제사를 집전한 것입니다. 이는 하나님의 거룩하심을 경홀히 여기는 중대한 범죄입니다. 결과는 치명적이었습니다. 사무엘은 그의 왕위가 길지 못할 것이며 타인에게 왕위가 넘어가게 될 것을 선언합니다(13-14절). 사무엘마저 떠나고 사울 곁에는 600명의 군사만 남았습니다(15-18절). 아직 철기문화를 접해보지 못한 이스라엘의 무기는 매우 빈약했습니다(19-23절).

[로마서 11장]

하나님은 복음을 거부하는 유대인을 포기하지 않으십니다(1-2절). 정통 유대인인 바울이 사도가 된 것과 아합 왕 시절 바알에게 무릎 꿇지 않은 7천명과 같이 하나님이 은혜로 남겨 둔 자들이 그 증거입니다(3-6절). 유대인들은 아직도 그리스도를 통한 은혜의 복음을 알지 못합니다(7-10절). 이스라엘이 예수 그리스도를 통한 구원의 역사를 받아들이지 않자 하나님은 그들의 거역을 통해 이방인 구원이라는 새 역사를 창조하십니다(11-15절). 바울은 감람나무 비유를 통해 믿지 않는 유대인은 꺾이게 되고 믿는 이방인은 접붙여진다고 말합니다(17-24절). 유대인에게는 지금이라도 복음을 믿으라는 뜻이며, 이방인에게는 원가지도 참 믿음이 없으면 꺾이게 되니 절대 교만하지 말라는 뜻입니다. 이제 유대인과 이방인은 믿음 안에서 새로운 이스라엘인 교회가 되었습니다(25-29절). 하나님은 유대인과 이방인 모두에게 긍휼을 베풀어주십니다(30-32절). 하나님의 영광과 구원의 지혜와 능력을 찬양합니다(33-36절).

[예레미야 50장]

한 때 하나님의 심판의 도구였던 바벨론은 유다를 비롯하여 고대근동의 많은 나라를 멸망시켰습니다. 그러나 그들 역시 하나님의 심판의 대상이 되고 맙니다(1-3절). 북쪽으로부터 오는 큰 민족(=바사 곧 페르시아)이 바벨론을 멸할 것이며 이스라엘은 회복될 것입니다(4-10절). 그들이 심판의 대상이 된 이유는 3가지입니다. 첫째, 그들의 죄로 인한 것입니다. “칠십 년이 끝나면 내가 바벨론의 왕과 그의 나라와 갈대아인의 땅을 그 죄악으로 말미암아 벌하여 영원히 폐허가 되게 하되”(25:12). 둘째, 그들이 하나님의 소유인 유다를 노략하는 기쁨에 겨워 하나님을 멸시하였기 때문입니다(11-13

절). “벨사살이 술을 마실 때에 명하여 그의 부친 느부갓네살이 예루살렘 성전에서 탈취하여 온 금 은 그릇을 가져오라고 명하였으니 이는 왕과 귀족들과 왕후들과 후궁들이 다 그것으로 마시려 함이었더라”(단 5:2). 셋째, 자기가 세상의 주인인 것처럼 교만했기 때문입니다(29절). 하나님은 바벨론이 유다에게 행한 악한 일과 하나님을 멸시한 죄, 교만 죄를 물어 그들을 멸하시고 유다를 회복하실 것입니다(14-20절). 바벨론은 실제로 BC 586년에 예루살렘을 함락한지 불과 47년이 지난 BC 539년에 바사(페르시아)에 의해 멸망합니다. 바벨론의 대적이 되신 하나님은 바사에게 바벨론의 진멸을 명하십니다(21-32절). 바벨론이 유다를 침공했듯이 바사가 바벨론을 침공할 것입니다(35-46절). 반면 이스라엘과 유다는 하나님이 구원하실 것입니다(33-34절).

[시편 28-29편]

(28편) 다윗의 인생 가운데 가장 비참한 때를 배경으로 하고 있는 찬송시입니다. 아들 압살롬의 반란으로 도피를 해야 하는 다윗의 심정은 비참했습니다. 그는 죽음으로 들어가는 것과 같은 심정을 토로하며 하나님의 즉각 개입을 요청합니다(1-2절). 그는 절망 속에서 기도를 포기하지 않습니다. 다윗은 대적이 행위대로 보응 받고 그들의 모략이 무너지길 기도합니다(3-5절). 그는 힘과 방패가 되시는 여호와께서 그의 간구를 들으셨다고 고백하며 찬양합니다(6-7절). 5절과 6절 사이에 그의 간구에 대한 하나님의 응답이 있었던 것으로 보입니다. 그는 하나님이 친히 백성들을 구원하시고 인도하여 주시길 기도합니다(8-9절).

(29편) 천상에 있든 지상에 있든 살아있는 모든 존재는 여호와의 이름에 합당한 영광을 돌려야 합니다(1-2절). 권능 있는 자들은 통상 하나님의 백성들을 의미하는데 천상의 세계에 속한 영적 존재들로 봐도 무방합니다. 하나님은 그의 영광과 위엄을 그가 창조한 세계를 통해 드러내십니다(3-9절). 물(호수)과 백향목(나무), 시룐(=‘큰 산’, 헬몬산의 페니키아식 이름)에서 나타나는 신비한 자연현상은 하나님의 창조의 섭리를 보여줍니다. 모든 피조물은 하나님의 통치 아래 있습니다. 피조세계와 피조물들을 통해 신성과 능력을 나타내시는 하나님은 복의 근원이시며 영원한 왕이십니다(롬 1:20, 10-11절).

[기도]

하나님을 경홀히 여기는 죄를 범하지 않게 하시고 교만을 멀리하게 하옵소서. 이스라엘의 불순종을 통해 이방인의 구원의 문을 여신 하나님의 오묘하신 섭리를 찬양합니다. 또한 온 세상에 깃들어 있는 하나님의 신성과 능력을 찬양합니다.

[사무엘상 14장]
이스라엘 군대가 심각한 전력열세로 인한 사기저하에 시달리고 있을 때 하나님을 경외하는 왕자 요나단이 부하 1명만 대동한 채 적진으로 뛰어들어 분전하자 분위기가 반전되어 이스라엘이 승리하게 됩니다(1-23절). 승리한 군사들은 매우 지쳐있었습니다(24절). 전투의 치열함도 있었지만 사울 왕이 경우에 맞지 않는 금식명령을 내려 음식을 먹지 못했기 때문입니다. 그러나 본대를 떠나 블레셋 지역인 믹마스에 진을 치고 있었던 요나단은 그 명령을 듣지 못하였기 때문에 땅에서 나온 꿀을 먹었습니다(25-30절). 게다가 하루 금식한 군사들 중 일부는 금식이 해제되자 고기를 피 째로 먹는 죄를 짓습니다(31-32절). 이처럼 강제 금식명령은 큰 파장을 불러옵니다. 사울은 군사들의 죄를 씻기 위해 제사를 드립니다(33-35절). 블레셋을 추격하고 싶었던 사울이 전쟁의 승패여부를 하나님께 물었지만 하나님은 응답하지 않으십니다(36-37절). 화가 난 사울은 하나님의 무응답이 금식 명령을 어긴 요나단 때문이라고 생각하고 그를 죽이려했지만 승리의 일등공신을 죽이면 안 된다는 여론으로 인해 요나단은 겨우 화를 면합니다(38-46절). 사울의 시대가 저무는 가운데 그는 군사적인 면에서 나름 두각을 나타냅니다(47-52절).

[로마서 12장]
바울은 지금까지 율법으로 말미암는 의가 아닌 그리스도를 믿음으로 말미암는 의에 대하여 설명했습니다. 12장부터는 그 의를 얻은 자가 어떻게 살아가야 하는지를 다룹니다. 먼저 우리 몸을 하나님께 산 제물, 즉 영적 예배로 드려야 합니다(1절). 여기서 몸은 육체와 관련된 모든 생활 곧 삶 전체를 말합니다. 두 번째, 이 세대를 본받지 말고 하나님의 뜻을 분별해야 합니다(2절). 그래야 하나님께 드리는 영적 예배로서의 삶이 가능합니다. 교회는 한 몸 공동체입니다(3-8절). 공동체가 하나가 되기 위해서는 모든 구성원을 몸의 한 지체로 여겨야 하며 하나님이 각자에게 믿음과 은사를 주셨음을 인정해야 합니다. 바울은 지체들을 사랑하고 섬기는 구체적인 방식들을 소개합니다(9-14절). 특히 공동체 안에 있는 가난한 성도에게 먹을 것과 쓸 것을 공급하는 것은 사회기관이나 국가에 앞서 교회 공동체가 감당할 몫입니다. 왜냐하면 그들은 내가 섬겨야 할 나의 형제자매이기 때문입니다. 주께서 먼저 사랑으로 나를 섬겨주셨음을 기억하십시오. 그리스도인의 실천 덕목 중 최고봉은 원수를 하나님의 손에 맡기는 것, 원수를 사랑하는 것, 선으로 악을 이기는 것입니다(15-21절). 우리는 복음

으로 세상을 이기도록 부름 받았습니다.

[예레미야 51장]
이스라엘 주변 민족에 관한 심판의 메시지 중 바벨론에 관한 분량이 압도적으로 많습니다. 하나님은 대적을 일으키셔서 바벨론을 심판하실 것입니다(1-4, 11-14절). 하나님은 악한 유다를 심판하시기 위해 더 악한 바벨론을 도구로 사용하셨는데 이제 바벨론이 심판받을 차례가 되었습니다(5-9절). 하나님은 바벨론을 심판하시므로 이스라엘의 의를 드러내실 것입니다(10절). 바벨론은 완전한 심판으로, 이스라엘은 회복으로 나아가게 됩니다. 하나님의 기업인 이스라엘이 가는 길은 이방 나라와 다릅니다(15-19절). 반면, 바벨론이 섬기는 우상은 그들에게 아무런 유익을 주지 못할 것입니다. 바벨론은 그들이 멸망시킨 나라와 똑같은 운명을 맞게 될 것입니다(20-32절). 하나님은 시온에서 행한 그들의 악행(성전파괴)에 대해 반드시 심판하실 것입니다(50:28, 33-40 & 51-53절). 하나님은 벨(바벨론의 우상)과 세삭(바벨론)을 심판하시고 당신의 백성들을 구원하실 것입니다(41-50절). 예레미야는 바벨론의 탄식소리와 파멸의 소리 곧 바벨론의 멸망이 달려오는 소리를 듣습니다(54-58절). 바벨론에 관한 심판 메시지는 유다와 바벨론을 왕래하는 병참감 스라야를 통해 포로들에게 전해졌습니다(59-64절).

[시편 30편]
표제어에 따르면 본 시는 성전봉헌을 위한 노래임과 동시에 질병에서 고침 받은 다윗의 감사의 고백입니다. 다윗은 크게 3가지 내용에 대해 감사하고 있습니다. 첫째, 고통 중에 드린 그의 기도에 응답하셨습니다(1-3절). 그는 질병으로 인하여 사실상 스올(죽음)로 내려간 상태였는데 하나님은 그를 다시 끌어 올리셨습니다. 둘째, 그의 평생에 하나님의 은총이 떠나지 않았습니다(4-5절). "내 평생에 선하심과 인자하심이 반드시 나를 따르리니"(시 23:6). 셋째, 교만하여 죄를 범한 다윗이 회개하였을 때 용서해 주시고 다시 기쁨을 회복시켜 주셨습니다(6-11절). 결코 잠잠할 수 없었던 다윗은 평생 감사와 찬양을 드리기로 다짐합니다(12절).

[기도]
바벨론을 영원히 심판하시되 이스라엘을 다시 일으켜 세우시는 하나님의 주권을 찬양하며 신뢰합니다. 주의 선하심과 인자하심이 영원토록 나를 따를 것을 믿나이다. 그러므로 이 세대를 따르지 말고 하나님의 뜻을 잘 분별하여 남은 인생을 예배로 드리게 하옵소서.

[사무엘상 15장]

출애굽한 이스라엘 백성들이 광야를 지날 때 아말렉이 공격했던 적이 있습니다(출 17:8-16). 하나님은 사울에게 아말렉에 대한 진멸(=사람은 물론 가축까지 철저히 멸함)을 명하십니다(1-3절). 군대를 소집한 사울은 겐 사람들에게 호의를 베풉니다(4-6절). 이는 출애굽 과정에서 그들이 이스라엘을 선대했기 때문입니다. 참고로 모세의 장인 이드로가 겐 사람입니다(삿1:16). 결과적으로 사울은 승리하긴 했지만 진멸하라는 하나님의 뜻을 어깁니다(7-9절). 하나님은 자기를 높이기 위한 승전기념비까지 세우는 사울을 보시고 그를 왕으로 세우신 것을 후회하십니다(10-15절). 교만과 불순종의 죄를 범한 사울은 하나님의 책망에 대하여 제사를 핑계 삼습니다(16-21절). 하나님은 제사보다 순종을 더 기뻐하십니다(22절). 완고함과 거역함은 점을 치며 우상을 섬기는 것과 같습니다(23절). 하나님은 말씀을 버린 사울을 버리시고 새로운 왕을 세우기로 결정하십니다(24-29절). 그럼에도 사울은 회개보다 자기체면에 더 신경 씁니다(30절). 사울의 간청에 못 이겨 제사를 집전한 사무엘은 아멜렉의 왕 아각을 처형한 후 사울에게서 완전히 떠납니다(31-35절).

[로마서 13장]

바울은 세속 권세에 대한 그리스도인의 입장에 대하여 설명합니다. 이는 교회 공동체 밖에서 어떻게 선을 행할 것인가에 대한 답이기도 합니다. 우선 완전하지는 않더라도 세속의 권세를 인정하고 따라야 하는 것이 원칙입니다(1-7절). '위에 있는 권세들에게 복종하라'는 구절은 통치자들이 왕권강화의 명분으로 활용한 구절이기도 한데 이를 바르게 적용하기 위해서는 그들이 먼저 자신의 통치가 하나님의 정의에 부합하는지를 살펴야 합니다. 왜냐하면 백성들에게 복종을 강요하기 전에 자신이 먼저 하나님의 종이 되어야 하기 때문입니다. 하나님은 지상 통치자에게 무소불위의 권력을 허락하신 적이 없습니다. 세속 권력은 선을 장려하고 악을 징벌해야 합니다(3-4절). 그리스도인이 정부당국의 정책에 무조건 저항하는 것은 옳지 않으며 만약 세속 권력이 하나님의 정의와 거리가 먼 정책을 일삼는다면 정당한 절차나 방법을 통해 세상을 바꾸어 나가야 합니다. 우리는 납세,

국방 등 국민의 의무를 정당하게 이행해야 합니다. 무엇보다 마지막 때가 가까울 수록 사랑으로 행하고 어둠의 일을 버리며 빛의 자녀로 살아야 합니다(8-14절).

[예레미야 52장]

예레미야의 권고를 무시하고 반바벨론 노선을 걷던 시드기야는 바벨론의 대대적인 침공에 맞서 3년간 저항하다가 결국 항복하게 됩니다(1-11절). 그의 아들들은 죽임을 당했고 그는 두 눈이 뽑힌 채 포로로 끌려가는 비극을 겪습니다. 예루살렘은 철저하게 파괴되고 성전기물은 약탈당했으며 국가의 주요 인사들은 학살을 당합니다(12-27절). 바벨론은 이번을 포함하여 총 3차례(BC 605년, 597년, 588-586년)에 걸쳐 침공하여 수많은 백성들을 포로로 끌고 갔습니다(28-30절). BC 597년, 즉위 3개월 만에 바벨론의 침공을 받아 포로로 끌려간 여호야긴에 대한 특별사면이 이루어집니다(왕하 24:8-17, 31-34절). 여호야긴의 명예회복은 이스라엘의 회복에 대한 하나님의 사인입니다.

[시편 31편]

젊은 날부터 억울한 일을 많이 겪은 다윗은 여러 해 동안 도피생활을 했습니다. 이 시는 도피생활 중에 쓴 것으로 보입니다. 악인으로부터 고통을 받고 있는 다윗은 피난처, 견고한 바위, 구원의 산성이 되시는 하나님의 공의에 호소합니다(1-4절). 그는 자신의 상황을 잘 아시는 하나님께 그의 영혼과 생명을 위임합니다(5-8절). 5절의 기도는 예수님(눅 23:46)과 스데반(행 7:59)에게서 동일하게 발견됩니다. 영혼과 몸과 뼈가 쇠하였다고 말할 정도로 그의 고난의 무게가 상당합니다(9-13절). 대적들은 그가 무너지길 바라고 있으며 가까웠던 사람들도 그를 떠났습니다. 의지할 대상이 없는 상황은 그로 하여금 더욱 하나님을 의지하게 만듭니다(14절). 자신의 미래가 오직 하나님의 손에 달려 있음을 아는 다윗은 구원과 원수에 대한 심판을 요청합니다(15-18절). 구원을 확신한 다윗은 하나님을 사랑하고 높이며 담대할 것을 선포합니다(19-24절). "여호와의 이름은 견고한 망대라 의인은 그리로 달려가서 안전함을 얻느니라"(잠 18:10).

[기도]

말씀에 대한 선택적 순종이 아니라 완전한 순종으로 나아가길 소망합니다. 이 나라 가운데 하나님의 공의가 흐르게 하시고 위에 있는 권세들을 위해 기도하게 하옵소서. 주의 이름은 견고한 망대입니다. 늘 의지하게 하소서.

[사무엘상 16장]

하나님은 사울을 대신할 새로운 왕을 선출하십니다(1-5절). 왕을 세우는 의식을 거행했다는 소식이 사울에게 들리게 되면 사무엘이나 이새의 집안은 무사하지 못할 것입니다. 하나님은 사무엘에게 이새를 제사에 초청하라는 구체적인 방법을 알려 주십니다. 선지자가 심판을 선언하러 온 것은 아닐까 두려워하던 베들레헴의 지도자들은 평강을 위해 왔다는 사무엘의 말에 안심합니다. 중심을 보시는 하나님은 차기 이스라엘의 왕으로 다윗을 지목하십니다(6-13절). 한편, 악령으로 인해 고통 받는 사울을 위해 한 신하가 하나님이 함께 하시는 수금 연주자 다윗을 천거합니다(14-19절). 다윗은 왕의 무기를 든 자요 수금을 연주하는 자로 왕을 가까이에서 모시게 되었습니다(20-23절).

[로마서 14장]

종교나 관습에 따라 허용되거나 금지되는 음식이 있습니다. 초대교회 공동체에도 음식으로 인한 문제가 있었습니다. 바울은 믿음이 약한 자(유대계 성도)를 무시하지 말고 강한 자(이방인 성도)를 비판하지 말라고 피차 권면합니다(1-6절). 유대계 성도들은 유대교의 영향이 아직 남아 있어서 절기나 음식에 예민하였는데 특히 고기를 먹지 않았습니다. 왜냐하면 축제기간에 우상 제단에 바쳐졌던 고기가 시장을 통해 유통되었기 때문입니다. 반면, 고기를 먹는 문제에 대해 자유로웠던 이방인 성도들은 자신들의 자유로운 생각을 유대계 성도에게 강요했습니다. 이에 유대계 성도는 절제하지 않는 이방인 성도들을 비판했습니다. 바울은 혈통이나 음식이나 절기가 그리스도인의 정체성을 규정해 주는 것은 아니기에 부수적인 문제를 가지고 함부로 비판하지 말아야 하며, 나와 다른 취향을 가지고 있더라도 그것이 주님을 위한 목적이라면 인정해 주어야 한다고 권면합니다(7-12절). 각자 하나님 앞에서 판단 받을 것입니다. 형제에게 자기의 기준을 강요하여 양심에 거리끼는 것을 행하게 하는 것은 죄를 짓게 하는 것이므로 무엇이든 사랑으로 행해야 합니다(13-16절). 하나님은 우리가 믿음의 형제들과 함께 성령 안에서 의와 평강과 희락을 누리는 것을 기뻐하십니다(17-18절). 자신의 자유 보다 믿음이 연약한 형제를 배려하는 것이 화평과 덕을 세우는 일입니다(19-23절).

[예레미야애가 1장]

존귀한 성 예루살렘은 하나님의 심판으로 노예의 신세로 전락했습니다(1-4절). 하나님의 영광이 떠난 예루살렘은 조롱거리가 되었습니다(5-8절). 예레미야는 이방인들이 성전을 짓밟으며 성전 기물들을 약탈하는 비참한 현실로 인해 탄식하며 괴로워합니다(9-12절). 유다의 멸망은 죄의 멍에를 그들 스스로 짊어진 것이기에 누구도 그들을 위로할 수 없었습니다(13-17절). 유다의 멸망은 하나님의 공의로운 심판의 결과이므로 동맹국들('사랑하는 자')은 유다를 외면했고 유다의 지도자들은 무력했습니다(18-19절). 유다는 하나님께 반역했던 죄를 회개하면서 하나님이 그들의 멸망을 기뻐하는 대적들을 심판해 주시길 탄원합니다(20-22절).

[시편 32편]

죄에 대한 침묵은 영혼을 마르게 할 뿐 아니라 마음과 육체까지도 고통스럽게 합니다(3-4절). 죄를 인정하고 회개하는 자에게 죄 사함의 복이 있습니다(1-2, 5절). "만일 우리가 우리 죄를 자백하면 그는 미쁘시고 의로우사 우리 죄를 사하시며 우리를 모든 불의에서 깨끗하게 하실 것이요"(요일 1:9). 죄를 지었을 때가 회개할 때이며 회개할 때가 곧 주를 만날 때입니다(6절). 하나님은 죄 가운데 신음하는 자의 피난처가 되십니다(7절). 하나님은 회개한 자의 삶을 인도하시며 가르치십니다(8절). 완고함을 버리고 하나님을 신뢰하면 기쁨을 회복시켜 주십니다.

[기도]

중심을 보시는 하나님을 마음 다해 경외하길 소망합니다. 심판 중에도 언약을 기억하시는 하나님! 죄로 무너질 때에 정직하게 회개함으로 죄 사함의 복을 누리게 하시고 기쁨을 회복하게 하옵소서. 또한 공동체내에 믿음이 연약한 자를 잘 세워가게 하옵소서.

[사무엘상 17장]
블레셋과 전쟁 중인 이스라엘은 골리앗의 압도적인 위세에 완벽히 눌려 있습니다(1-11절). 마침 아버지의 심부름으로 전쟁터에 오게 된 다윗이 하나님의 군대를 모욕하는 골리앗을 보게 됩니다(12-27절). 골리앗의 도발에 분노한 다윗은 형의 냉대를 뒤로 하고 골리앗과의 결투의사를 표명합니다(28-32절). 자신의 연소함을 걱정하는 왕을 설득한 후 다윗은 목동의 모습으로 골리앗 앞에 섭니다(33-40절). 골리앗은 초라한 행색의 미소년을 조롱하며 협박합니다(41-44절). 그러나 전쟁의 승패가 하나님께 달려있음을 선포한 다윗은 주특기인 물맷돌을 자신 있게 던져 골리앗을 쓰러뜨립니다(45-49절). 다윗의 활약으로 승리한 사울은 다윗에 대해 자세히 알아봅니다(50-58절).

[로마서 15장]
그리스도인은 자기중심적인 성향에서 벗어나 이웃(약한 자)을 기쁘게 함으로써 하나님께 영광을 돌리는 존재입니다(14:19, 1-7절). 구체적으로 믿음이 강한 유대계 그리스도인은 아직 이방인 문화를 벗지 못한 이방인 그리스도인을 이해해 주고, 믿음이 강한 이방인 그리스도인은 아직 구약의 율법에 매여 있는 유대계 그리스도인을 이해해 주며 그가 꺼리는 것을 삼가는 것을 말합니다. 예수님은 할례 받은 유대인으로 오셨지만 사마리아 여인(요 4장), 수로보니게 여인(마 15장) 등 이방인들을 기꺼이 용납하셨습니다. 성도는 타인이나 공동체를 기쁘게 한 사람들의 이야기('전에 기록된바'=구약을 지칭)를 통해 인내를 배우고 위로를 얻으며 미래의 소망을 발견할 수 있습니다(4절). 또한 이방인을 용납하신 예수님과 열방을 향한 하나님의 말씀에 집중하면 유대인과 이방인의 하나 됨에 대한 소망은 더욱 견고해집니다(8-13절). 이방인을 위한 제사장(사도)으로 부름 받은 바울은 복음을 듣지 못한 자들을 찾아다니며 성령의 능력으로 복음을 전했습니다(14-21절). 바울은 경제적인 어려움에 처한 예루살렘 교회를 돕기 위해 마게도냐와 아가야 지방의 교회가 모아준 구제헌금을 가지고 예루살렘으로 가고자 합니다(22-27절). 이는 복음을 받은 교회가 복음을 전해준 교회를 섬기는 것으로 교회의 연합을 위한 좋은 선례가 될 것입니다. 바울은 선교와 예루살렘 방문을 위한 기도

를 부탁합니다(30-33절). 서바나(스페인) 선교를 계획하는 바울은 로마교회의 후원을 기대합니다(23-24, 28절).

[예레미야애가 2장]

이스라엘이 저지른 심각한 죄는 하나님으로 하여금 그들의 원수가 되게 만들었습니다(1-7절). 나라는 멸망했고 성전은 파괴되었으며 제사는 중단되었습니다. 백성들은 성의 붕괴와 묵시의 중단, 즉 하나님과의 교제의 끊어짐에 대해 매우 슬퍼하였으며 예레미야는 비극적인 현실로 인해 탄식합니다(8-13절). 예루살렘이 패망한 이유는 거짓 선지자의 헛된 묵시를 따랐기 때문입니다(14-16절). 예루살렘의 패망은 하나님이 정하신 것이므로 말씀의 성취이기도 합니다(17절). 심판으로 인해 모든 것을 잃은 백성들이 해야 할 일은 회개와 은혜를 구하는 것입니다(18-19절). 예레미야는 하나님의 진노로 인해 유다에서 벌어지게 된 처참한 상황을 열거하며 하나님의 은혜를 간구합니다(20-22절).

[시편 33편]

찬양은 하나님의 백성에게 마땅한 것입니다(1절). 다윗은 목소리뿐 아니라 악기로 찬양하라고 권합니다(2-3절). 우리는 모든 것을 동원하여 하나님의 구원의 역사와 현재의 은혜 그리고 미래의 소망을 노래해야 합니다. 구체적으로 무엇을 노래해야 할까요? 첫째, 신실하신 하나님입니다(4,9절). 하나님의 말씀은 정직하며 그의 행하시는 일은 진실합니다. 그의 말씀과 행하심은 완전합니다. 둘째, 공의와 인자로 다스리시는 하나님입니다(5, 10-11절). 그는 나라와 민족들의 계획을 폐하시고 당신의 계획을 이루십니다. 셋째, 창조주 하나님입니다(6-8절). 넷째, 하나님의 선택과 구원입니다(12-19절). 하나님을 기뻐하며 의지하는 자는 그의 인자를 맛보게 될 것입니다(20-22절).

[기도]

하나님! 다윗처럼 하나님을 순수하게 신뢰하며 참 믿음을 가지고 살아가게 하옵소서. 말씀과 기도를 통한 하나님과의 교제가 끊어지지 않게 하시고 하나님을 향한 찬양이 멈추지 않게 하옵소서. 복음이 만들어가는 아름다운 역사를 보게 하옵소서.

[사무엘상 18장]

자신의 의복과 무기를 다윗에게 내어준 요나단은 자신의 생명처럼 그를 사랑합니다(1-4절). 사울은 다윗을 군대의 지휘관으로 삼았는데 골리앗을 물리친 다윗의 인기가 높아지자 그를 경계하기 시작합니다(5-9절). 급기야 시기심이 가득한 사울은 자신을 위해 수금을 연주하는 다윗을 죽이려합니다(10-11절). 그는 다윗과 함께 하시는 하나님으로 인해 그를 두려워하기 시작합니다(12절). 그래서 다윗을 천부장으로 삼아 야전으로 보냈는데 백성들은 지혜롭게 행하며 늘 승리하는 다윗을 점점 신뢰하게 됩니다(13-16절). 다윗을 사위로 삼은 후 블레셋과의 전투에 지속적으로 투입하여 그들의 손으로 제거해 보려는 사울의 시도는 실패하고 도리어 다윗의 계속되는 승리로 인한 두려움만 커지게 되었습니다(17-30절).

[로마서 16장]

바울의 동역자들이 소개되는 가운데 여인의 이름이 곳곳에 등장합니다(1-16, 21-23절). 심지어 부부가 소개되고 있는 3절에서는 아내의 이름이 먼저 등장합니다. 이는 예수 그리스도로 인하여 이전에 볼 수 없었던 완전히 새로운 공동체가 탄생했음을 잘 보여줍니다. 뵈뵈, 브리스가, 마리아, 유니아 등은 매우 신뢰받는 초대교회의 일꾼들이었습니다. 여러 가지 차별이 당연시 되던 시대에 새롭게 탄생한 그리스도의 공동체는 민족, 성별, 사회적 지위 등의 차이를 극복해 가며 복음으로 세상을 변혁시킵니다. 복음은 구원을 주는 하나님의 능력일 뿐 아니라 모든 차이와 차별을 극복케 하는 능력입니다. 끝으로 바울은 복음을 받아들인 이방인에게 할례와 율법을 강요하여 복음의 의미를 훼손하는 자들에 대한 분별과 경계를 당부하면서 복음이 특정 민족이 아닌 모든 민족을 향한 하나님의 구원의 계시임을 선언합니다(17-20, 25-27절). 교회는 다양한 배경을 가진 사람들이 민족과 성별과 신분을 뛰어 넘어 그리스도 안에서 하나가 될 수 있는 곳입니다.

[예레미야애가 3장]

민족을 위해 늘 울며 기도했던 예레미야에게 예루살렘의 파괴, 점령군의 대량학살, 포로로 끌려가는 백성들을 보는 것은 죽음과도 같은 고통입니다(1-6절). 예레미야는 하나님이 자신의 기도를 외면하시고 그를 감옥에 밀어 넣으신 후 그를 과녁삼아 활을 쏘셨다고 말합니다(7-13절). 이는 내적 비통함에 대한 표현입니다.

평강이 사라졌고 소망마저 끊어졌습니다(14-18절). 그는 자신이 겪는 고난과 아픔을 하나님이 기억해 주시길 간구합니다(19-21절). 현재의 고난이 그들의 범죄로 인한 하나님의 심판임을 깨닫는 순간 회복의 가능성이 열리게 됩니다. 하나님의 인자와 긍휼만이 소망의 근거가 됩니다(22-23절). 고난에 처한 성도는 하나님의 인자와 긍휼을 신뢰하며 잠잠히 하나님의 때를 기다려야 합니다(24-33절). 불합리한 일을 당할 때에도 하나님의 공의를 믿고 기다려야 합니다(34-39절). 심판 중에 있다면 자신을 돌아보며 회개로 나아가야 합니다(40-44절). 유다는 그들의 죄로 인해 기도가 막혔으며 이방 나라 가운데서 쓰레기와 폐물과 같은 신세가 되었습니다(45-47절). 예레미야는 하나님이 다시 그들을 돌보실 때까지 기도의 눈물을 멈추지 않겠다고 다짐합니다(48-54절). 자신의 기도를 하나님이 들으셨다고 확신한 예레미야는 원수들로부터 받은 억울함과 원통함을 풀어달라고 간청합니다(55-63절). 그는 하나님의 공의로운 심판이 원수에게로 향하기를 간구합니다(64-66절).

[시편 34편]

다윗은 청년 시절 내내 그를 죽이려는 사울 왕으로 인하여 심각한 위기를 겪었습니다. 견디다 못한 그는 원수의 나라인 블레셋으로 망명을 떠나는데 예전에 골리앗을 죽였던 이력 때문에 그곳도 안전하지 않았지만 선택의 여지가 없을 만큼 다급했습니다. 그는 목숨을 부지하고자 정신이상자 흉내를 내기도 합니다. 그러나 이런 상황 속에서도 하나님을 향한 찬양을 결단합니다(1-3절). 다윗은 어려움이 있을 때마다 자신과 같이 비참한 처지에 있는 형제들에게 하나님을 의지하며 찬양할 것을 권면했을 것입니다(삼상 22:1-2). 위기 가운데 하나님의 보호하심을 경험한 다윗은 하나님을 앙망하며 간구하는 자는 하나님이 환난에서 구원하신다고 선포합니다(4-7절). 하나님의 도우심을 실제로 경험해본 다윗은 하나님을 경외하면 그의 선하심을 맛보게 될 것이라고 고백합니다(8-10절). 하나님은 악을 버리고 선을 행하는 의인의 기도를 들으시고 그를 구원하십니다(11-20절). 반면 악인에게는 심판을 행하십니다. 악인은 그가 저지른 악으로 인해 망하지만 하나님께 피하는 자는 구원을 얻습니다(21-22절).

[기도]

사람의 모략이 아무리 뛰어나도 하나님이 붙드시는 자를 결코 해할 수 없습니다. 하나님이 나의 방패가 되심을 고백합니다. 오늘도 주의 인자와 긍휼이 나를 향하고 있음에 감사드립니다. 십자가 복음을 사랑하는 자들과 아름다운 동역을 이루어 나가게 하옵소서.

[사무엘상 19장]

사울은 신하들에게 다윗을 죽이라고 명령합니다(1-3절). 그러나 요나단의 적극적인 변호로 다윗은 위기를 넘길 수 있었습니다(3-7절). 그 후 블레셋과의 전투에서 다윗이 전공을 세우게 되자 이를 시기한 왕은 다시 그를 죽이려 했으나 이번에도 실패합니다(8-10절). 사울은 군사들을 다윗의 집으로 보내고 다윗은 아내 미갈의 기지로 집에서 탈출하여 사무엘을 찾아갑니다(11-18절). 사울은 계속 다윗을 추격하지만 그때마다 하나님이 개입하셔서 다윗을 보호하십니다(19-24절).

[고린도전서 1장]

펠로폰네소스반도(그리스)에 위치한 항구도시이자 타락한 도시인 고린도에 교회가 세워졌습니다(1-3절). 타락한 도시에도 교회는 세워져야 합니다. 고린도 교회는 언변과 관련된 은사(=방언, 예언, 통변 등)와 하나님을 아는 지식으로 충만하였으며 주의 재림을 간절히 열망하는 공동체입니다(4-9절). 바울은 여러 은사들을 포함하여 고린도 교회에 베풀어 주신 하나님의 은혜에 감사하고 있습니다. 그러나 고린도 교회는 특정 인물을 추종하는 사람들끼리 분파를 형성하고 있었습니다(10-12절). 바울은 자신이 포함한 특정 인물을 배격하고 오직 신앙과 교회의 기초가 되시는 예수 그리스도만 따라야 함을 강조합니다(13-17절). 그리스도의 몸인 교회는 결코 나누어 질 수 없기 때문입니다. 세상의 지혜는 구원을 줄 수 없으며 오직 십자가에 못 박힌 그리스도만이 구원을 위한 하나님의 지혜요 능력입니다(18-25절). 하나님의 은혜의 부르심 앞에 우리는 세상의 모든 자랑(=능력, 학벌, 가문, 성과, 인간의 지혜 등)을 내려놓아야 합니다(26-30절). 성도는 오직 십자가에 못 박히신 그리스도만을 자랑합니다(31절).

[예레미야애가 4장]

예레미야는 금과 같이 영원히 빛날 줄 알았던 예루살렘이 폐허로 변하고 아이들이 굶주림으로 방황하고 있는 현실을 바라보며 탄식합니다(1-5절). 예루살렘의 죄가 소돔의 죄보다 더 무거웠습니다(6-8절). 전쟁에서 살아남은 자들은 기근에 시달리다가 급기야 자신의 아이까지 잡아먹습니다(9-10절). 하나님의 영광이 떠난 도시의 참혹한 현실을 그대로 보여줍니다. 소돔보다 무거운 예루살렘의 죄는 지도자들에게 그 책임이 있습니다. 하나님의 공의를 선포해야 할 선지자들과 제사장들이 도리어 의인을 핍박하고 부정함과 더러움으로 타락했기 때문입니다(11-16절). 유다는 바벨론에 의해 포위를 당한 상황에서도 하나님께 돌아오지 않았으며 도리어 헛된 도움(=애굽 및 주변 동맹국들)을 구했습니다(17-20절). 하나님은 바벨론이 예루살렘을 함락했을 때 그곳에 들어와 약탈을 자행한 에돔(옵 1:10-14)을 심판하시고, 현재 하나님의 진노 가운데 있는 시온의 회복을 약속하십니다(21-22절).

[시편 35편]

다윗은 애매한 고난을 많이 당했으며 그의 인생은 위기의 연속이었습니다. 누구나 순적한 길을 바라지만 인생은 결코 만만치 않습니다. 원수들의 부당한 공격으로 고통을 당하는 다윗은 하나님이 개입하셔서 해결해 주시길 호소합니다(1-3절). 그는 원수들의 멸망과 하나님의 구원을 보며 찬양하게 되기를 기도합니다(4-10절). 다윗은 원수들이 병들었을 때 금식하며 기도했고 그들을 형제와 같이 대했으나 그들은 다윗을 모함하고 조롱함으로써 선을 악으로 갚았습니다(11-16절). 자신의 생명을 하나님께 의뢰한 다윗은 원수들에 대한 하나님의 공의로운 심판을 요청합니다(17-27절). "여호와께서 이를 보셨사오니" 하나님이 자신의 형편을 잘 아신다고 확신한 다윗은 찬양에 대한 결단으로 기도를 마칩니다(28절).

[기도]

하나님이 다윗을 안위하신 것처럼 험한 인생길을 가고 있는 우리를 안위하여 주십니다. 하나님의 구원의 지혜와 능력인 그리스도의 십자가를 의지하오니 자비와 긍휼을 날마다 베풀어 주옵소서. 넘어진 우리를 다시 일으켜 주시는 예수님만 신뢰하게 하옵소서.

[사무엘상 20장]

요나단은 생명과 같이 사랑하는 다윗과 그를 죽이려는 아버지 사이에서 몹시 괴롭습니다(1-2절). 다윗과 요나단은 사울의 의중을 파악해보기로 합니다. 다윗이 매년제(=1년에 한번 가족들과 드리는 제사)를 핑계로 왕과의 초하루 식사자리에 불참한 후 왕의 반응을 살펴보기로 한 것입니다(3-11절). 왕위를 이어가야할 요나단에게 다윗은 가장 위협적인 존재였지만 살벌한 정치세계를 초월할 만큼 요나단은 다윗을 진심으로 사랑했습니다(12-17절). 그는 다윗을 속이지 않고 보호할 것을 하나님 앞에서 약속합니다(18-23절). 사울에게 다윗을 죽이려는 의도가 있음이 드러납니다(24-31절). 심지어 다윗을 변호하는 요나단마저 죽이려 합니다(32-34절). 결국 다윗과 요나단은 눈물의 이별을 하게 됩니다(35-41절). 요나단은 왕위에 대한 욕심을 내려놓고 하나님의 섭리를 따른 훌륭한 신앙인입니다(42절).

[고린도전서 2장]

바울은 유일한 구원의 길인 예수 그리스도와 십자가에 집중하기로 작정합니다(2절). 십자가 복음은 인간의 지혜와 언변으로 전해지지 않습니다(1절). 바울의 언변은 그리 매력적이지 않았으나 그는 두렵고 떨리는 마음으로 복음을 전했습니다(3절). 바울이 성령의 능력으로 전한 그리스도의 십자가는 만세 전에 미리 정하신 하나님의 지혜이며 세상의 지혜로는 도무지 알 수 없는 감추어진 비밀입니다(4-9절). 이 비밀은 오직 성령의 조명을 통해서만 알 수 있습니다(10-13절). 육에 속한 사람은 하나님의 비밀을 알 수 없으며 세상의 헛된 것들을 분별할 수도 없습니다(14절). 그리스도의 마음을 가진 사람, 곧 성령이 임한 사람은 죄의 지배를 받지 않으며 세상의 가치에 흔들리지 않습니다(15-16절).

[예레미야애가 5장]

하나님의 부재는 모든 것의 상실을 의미합니다(1-5절). 하나님의 영광이 떠난 유다는 치욕의 장소로 변했고 백성들은 평안을 잃어버렸습니다. 유다는 목자 되시는 하나님을 버리고 강대국에게 양식을 의존했습니다(6-7절). 그 결과 하나님의 종인 유다는 세상의 종에 불과한 바벨론의 통치를 받게 되는 비참한 신세로 전락했습니다(8-10절). 그들의 범죄로 인해 여인들은 유린당하고 청년들은 강제 노역에 동원되는 등 예루살렘은 슬픔의 도시로 바뀌었습니다(11-16절). 예레미야는 황폐한 시온을 바라보며 영원하신 하나님께 회복을 위한 탄원을 드립니다(17-20절). 그는 하나님이 과연 그의 백성들을 버린 것인지를 물으며 회복의 은혜를 간청합니다(21-22절). 하나님이 먼저 돌이켜 주실 때에 우리는 회개할 수 있습니다. 하나님의 돌이킴은 우리의 소망입니다. "여호와여 우리를 주께로 돌이키소서 그리하시면 우리가 주께로 돌아가겠사오니"

[시편 36편]

여호와의 종이라는 표현은 다윗이 하나님을 경외하는 겸손한 자임을 보여줍니다. 36편은 악인들로 인해 고통 받는 여호와의 종의 기도입니다. 시인은 먼저 자신과 하나님의 백성을 괴롭히는 악인을 고발합니다. 악인은 하나님을 두려워하지 않습니다(1절). 하나님을 의식하지 않는 악인은 죄악과 속임의 말을 내뱉으며 침상에서조차 악한 계획을 세우고 악한 길로 다닙니다. 그러나 자신의 죄가 드러나지 않을 것이라고 착각합니다(2-4절). 다윗은 하나님의 인자와 주권과 공의를 찬양합니다(5-6절). 하나님은 의인의 피난처, 공급자, 구원자가 되심으로 그의 인자하심을 나타내시고 악인에 대해서는 심판자가 되심으로 공의를 나타내십니다(7-12절).

[기도]

모든 조건을 초월하여 다윗을 사랑하는 요나단은 진정으로 하나님을 경외하는 사람입니다. 하나님을 경외하는 것이 삶의 실제가 되게 하옵소서. 하나님의 인자와 공의에 힘입어 살아가게 하시며, 하나님의 긍휼을 힘입어 진정한 회개로 나아가게 하옵소서.

[사무엘상 21-22장]

(21장) 사울을 피해 놉으로 피신한 다윗은 제사장 아히멜렉에게 왕의 비밀 업무 수행을 위해 왔다고 둘러댑니다(1-2절). 허기진 다윗이 양식을 요청하자 마침 양식이 없었던 제사장은 성소에 진설되어 있는 떡(진설병)을 줍니다(3-6절). 율법은 제사장만이 진설병을 먹을 수 있다고 규정하지만 사무엘서의 저자는 다윗을 정죄하지 않습니다(레 24:9) 훗날 예수님은 제자들이 안식일에 밀 이삭을 잘라먹은 일로 정죄 받을 때 다윗의 사례를 들어 제자들을 변호하십니다(마 12:1-8) 율법을 앞세운 정죄보다 긍휼의 마음이 더 중요합니다. 다윗은 골리앗의 칼까지 챙겨서 떠납니다(7-9절). 블레셋의 가드로 도피한 다윗은 골리앗을 죽인 과거가 자신에게 불리하게 작용할 것을 우려하여 미친 사람처럼 연기하지만 가드 왕은 다윗을 받아주지 않습니다(10-15절).
(22장) 가드를 떠나 아둘람 굴로 이동한 다윗에게 그의 부모, 형제와 함께 가난한 자, 환난을 당한 자들이 모여듭니다(1-2절). 잠시 부모님을 모압에 맡겼던 다윗은 선견자의 조언을 듣고 다시 유다로 모셔옵니다(3-5절). 사울이 다윗과 신하들의 내통을 의심하는 가운데 간사한 도엑이 놉의 제사장들과 다윗이 공모했다는 거짓 고소를 합니다(6-10절). 사울은 죄 없는 놉의 제사장들과 그의 가족들을 모조리 죽였고 아비아달은 이 소식을 다윗에게 전합니다(11-23절).

[고린도전서 3장]

바울은 특정 인물을 추종하여 분파를 만든 고린도 성도들을 향해 성령이 좇는 자가 아닌 인간의 욕망망을 좇는 육신에 속한 자라고 비판합니다(1-4절). 교회의 유일한 터는 예수 그리스도시며 사역자는 마지막 날에 그의 공적에 따라 칭찬과 상을 받는 존재입니다(5-15절). 교회의 머리(주권자)는 예수 그리스도이시며 사역자는 그의 종입니다. 그러므로 성도는 사역자가 아닌 그리스도께 집중해야 하며 모든 영광은 그리스도만이 받으셔야 합니다. 성령이 거하시는 그리스도인 그리고 그리스도인의 연합인 교회는 거룩한 성전입니다(16절). 분열은 거룩한 성전을 더럽히는 행위입니다(17절). 사람을 추종하는 것은 세상의 지혜이며 어리석은 행위입니다(18-21절). 바울, 아볼로, 게바는 성도들을 섬기는 사역자일 뿐입니다('다 너희의 것', 22절). 즉, 사역자는 성도들에게 붙여주신 주님의 선물입니다. 성도는 그리스도에게 속하였으니 오직 그리스도만 높여야 합니다(23절).

[에스겔 1장]

에스겔에게 하나님의 말씀과 환상이 임합니다(1-3절). 에스겔은 북쪽 하늘에서 오는 폭풍과 큰 구름 속에 있는 불과 단쇠(히: 하쉬말, 정확한 뜻을 알기 어려우며 번쩍이는 광석의 의미)를 보았으며 그 속에 있는 네 생물의 형상을 보았습니다(4-5절). 그가 환상 중에 본 하나님의 첫 이미지는 공의로운 심판자의 모습에 가깝습니다. 네 생물은 각각 사람, 사자, 소, 독수리의 얼굴을 하고 있는데 하나님이 창조하신 피조물을 대표합니다(6-14절). 하나님을 수행하고 있는 네 생물은 네 날개와 곧은 다리, 사람의 손을 가지고 하나님의 영에 따라 번개같이 움직입니다. 네 생물 곁에는 바퀴가 있으며 바퀴 둘레에는 눈이 가득합니다(15-21절). 바퀴 주변에 가득한 눈은 온 세상을 감찰하시는 하나님의 전지하심을 의미합니다. 생물들은 하나님의 영을 따라가고 바퀴는 생물들을 따라 어디든지 자유롭게 갑니다. 하나님의 주권이 미치지 않는 곳이 없습니다. 네 생물들은 자신의 몸을 가린 채 하나님을 섬깁니다(22-25절). 그들은 두려움과 경외함으로 하나님을 섬깁니다. 네 생물의 머리위에 있는 궁창 위에 보좌의 형상이 있으며 그 보좌 위에 사람 모양의 형상이 보이는데 이것은 온 세상을 다스리시는 하나님의 영광의 형상입니다(26-28절). 하나님의 형상이며 사람의 모양을 지닌 분이 누구입니까? 바로 예수 그리스도이십니다.

[시편 37편]

악인의 형통함과 악인으로 인한 의인의 고통은 인생의 모순중의 하나입니다. 이런 모순을 보고 분개하는 자에게 다윗은 악인에 대하여 불평하지 말고 불의를 행하는 자에 대해 분노하지 말라고 권면합니다(1, 7-8절). 그렇게 하면 또 다른 악을 만들 뿐입니다. 잘못 대응하면 도리어 자신의 삶이 망가질 수 있다는 것입니다. 악인들은 결국 베어진 풀과 같이 말라서 사라지게 될 것입니다(2, 9-10절). 그러므로 우리가 어찌할 수 없는 상황을 만났을 때에는 하나님께 시선을 두고 미래를 맡겨야 합니다(3-6절). 하나님이 악인의 도모를 끊으시고 의인을 붙드심으로 의인은 수치를 당하지 않을 것입니다(11-19절). 악인은 타는 연기같이 사라질 것이나 의인은 여호와의 붙드심으로 인해 넘어지더라도 다시 일어날 것입니다(20-26절). 하나님은 의인을 구원하시고 악인을 심판하십니다(27-40절). 의인들은 악인도 하나님의 통치와 권세 아래 있다는 사실을 기억해야 합니다.

[기도]

하나님은 온 세계에 편만하게 계십니다. 그의 초월성과 전능하심을 찬양합니다. 그 하나님이 영으로 내 안에 임재하여 계시니 내가 곧 하나님의 성전임을 잊지 않게 하옵소서. 악인의 득세에 놀라지 않게 하시고 의인을 붙드시는 하나님을 신뢰하게 하옵소서.

[사무엘상 23장]

다윗은 철저히 자신의 소재를 숨겨야 했습니다. 그러나 블레셋의 그일라 침략소식을 듣고 하나님의 뜻을 확인한 후 자신의 사병을 동원하여 그일라를 구원합니다(1-5절). 그일라에 다윗이 나타났다는 소식에 사울은 군대를 이끌고 달려갑니다(6-8절). 블레셋을 상대해야 할 사울이 다윗을 잡으러 온 것입니다. 하나님의 계시로 그일라 사람들의 태도가 바뀔 것을 인지한 다윗은 그곳을 떠납니다(9-14절). 다윗에게 협력했다는 오해를 받으면 놉의 제사장들처럼 학살당할 상황이니 그일라 사람들도 어쩔 수 없었을 것입니다. 사울은 다윗의 생명을 빼앗으려고 혈안이 되어 있지만 요나단은 적극적으로 다윗을 도우며 하나님의 뜻대로 그가 왕이 될 것이라고 말합니다(15-18절). 다윗의 소재를 제보한 십 사람들로 인해 다윗은 사울의 군대에 의해 포위당하게 됩니다(19-26절). 그러나 갑작스런 블레셋의 침략으로 인해 사울은 포위를 풀고 블레셋 군대를 상대하러 갑니다(27-29절). 하나님은 블레셋을 통해 다윗을 구원하십니다.

[고린도전서 4장]

우리는 그리스도의 일꾼이며 하나님의 비밀(복음)을 맡은 자입니다(1절). 복음을 맡은 일꾼은 복음을 위해 충성해야 합니다(2절). 바울은 사람의 판단보다는 하나님의 판단(심판)과 하나님의 인정을 중요시합니다(3-5절). 그러나 고린도 성도들은 말씀보다 자신들의 지식을 더 내세우는 교만함 때문에 서로 분쟁하고 있습니다(6절). 그들이 무엇을 내세우든 간에 모든 것은 하나님으로부터 온 것이므로 교만하거나 자랑할 수 없습니다(7절). 고린도 성도들은 그들의 지혜와 총명함을 자랑했으나 바울은 복음으로 인한 핍박과 고난을 자랑합니다(8-14절). "오직 하나님의 능력을 따라 복음과 함께 고난을 받으라"(딤후 1:8). 고린도 성도들을 복음으로 낳은 바울은 자신을 본받으라고 말합니다(15-16절). 이 말은 그의 추종자가 되라는 것이 아니라 복음을 위한 그의 인내와 고난을 본받으라는 것입니다. 바울의 영적 아들 디모데가 먼저 고린도 성도들을 도울 것이며 바울도 주께서 허락하시면 속히 그들에게 갈 것입니다(17-19절). 교만을 버리고 복음에 합당한 삶을 살아가면 하나님의 나라가 이루어집니다(20절).

[에스겔 2장]

하나님은 에스겔에게 환상을 보여주신 후(1장) 그를 선지자로 임명하십니다(1-5절). 그러나 패역한 이스라엘 백성들은 그의 선포를 듣지 않을 것입니다. 그럼에도 불구하고 에스겔은 선포해야 합니다. 하나님은 에스겔에게 박해를 받더라도 두려워말고 담대하게 선포하라고 말씀하십니다(6-7절). 말씀을 전하는 자는 먼저 하나님으로부터 말씀을 받아야 합니다. 하나님은 두루마리 책을 보여주시며 먹게 하십니다(8-10절). 두루마리 책에는 에스겔이 선포할 메시지가 담겨 있는데 애가와 애곡과 재앙에 관한 내용입니다. 그가 선포할 내용은 심판입니다.

[시편 38편]

하나님의 백성은 어떤 상황에서도 심지어 징계를 받는 중에도 하나님께 더 가까이 나아가야 합니다. 자신의 죄로 인한 징계로 고통을 겪고 있는 다윗은 하나님이 진노와 분노로 책망하지 않으시길 기도합니다(1절). 하나님이 분노로 징계하신다는 것은 단절을 의미합니다. 그는 또 다른 참회시에서 다음과 같이 기도합니다. "나를 주 앞에서 쫓아내지 마시며 주의 성령을 내게서 거두지 마소서"(51:11). 우리 대신 하나님의 진노의 잔을 마신 예수님 역시 다음의 고백을 하셨습니다. "나의 하나님, 나의 하나님 어찌하여 나를 버리셨나이까"(막 15:34). 다윗이 정말로 두려워하는 것은 징계가 아니라 하나님이 그를 떠나시는 것입니다(21-22절). 그는 하나님의 징계로 인해 몸과 마음이 쇠약해졌습니다(2-10절). 죄로 인한 고통은 이웃과의 관계에도 영향을 미쳐서 그는 가까운 사람들로부터도 외면을 당했습니다(11절). 다윗이 징계 받는 것을 본 원수들은 기뻐하며 더욱 준동하고, 원수들에게 대항할 힘이 없는 다윗은 그저 하나님의 응답만을 기다립니다(12-20절).

[기도]

하나님이 보호하시는 다윗과 에스겔을 사람이 해칠 수 없습니다. 그 능력의 손길로 내 영혼과 가는 길을 지켜 주옵소서. 내 영혼이 쇠약해져 있을 때 성령의 능력으로 다시 일으켜 주시고 복음을 위한 수고와 인내에 인색하지 않게 하옵소서.

[사무엘상 24장]
사울은 블레셋과의 전투를 마친 후 또 다시 다윗을 추격합니다(1-2절). 그런데 사울이 용변을 보기위해 들어간 동굴에 다윗 일행이 숨어 있었습니다(3절). 사울을 제거할 절호의 기회가 왔으나 다윗은 사울이 벗어놓은 겉옷자락만 베어냅니다(4-7절). 동굴 밖에서 사울을 만난 다윗은 겉옷자락을 보이며 자신의 무죄와 결백을 호소합니다(8-11절). 공의로운 재판장 되시는 하나님은 다윗에게 사울을 해할 마음이 없다는 것을 잘 알고 계십니다(12-15절). 다윗의 진심과 증거물로 인해 사울의 마음은 녹아내립니다(16절). 사울은 다윗의 의로움과 그가 하나님이 세우신 이스라엘의 다음 왕임을 인정하며, 자신의 집안에 은혜를 베풀어 주길 요청합니다(17-21절). 다윗은 그 요청을 받아들였고 둘은 각자의 길을 갑니다(22절).

[고린도전서 5장]
바울은 고린도 교회의 현안 중 먼저 윤리적인 문제를 언급합니다. 그리스도인은 세상 사람보다 더 높은 기준의 윤리의식을 가져야 합니다. 고린도 성도들은 세상에서도 통용되지 않을 문제를 안고 있었는데 그것은 근친상간의 문제를 일으킨 성도에 대한 미온적인 대처였습니다(1절). 바울은 음행문제를 방치하는 것은 죄를 지은 형제에 대한 사랑이 아니라고 말합니다. 그를 잠시 사탄에게 내어 줌으로써 육신은 멸하고 영은 구원을 얻게 해야 할 것입니다(5절). 이 말은 음행 죄를 지은 자를 출교, 즉 신앙공동체에서 배제시킴으로써 당사자에게는 경종을 울리고 신앙공동체는 보호해야 한다는 의미입니다. 이와 같은 권징을 통해 그가 회개에 이르게 된다면 죄악 된 속성을 벗고 구원에 이르게 될 것입니다. 그리고 회개의 확실한 증거를 보일 때 공동체는 그를 다시 받아주어야 합니다. 바울은 근친상간의 문제에 대해 개인차원이 아닌 교회차원의 문제로 접근하였습니다. 누룩(죄)을 방치하면 교회는 물들게 됩니다(6-8절). 신앙 공동체에는 음행, 탐욕, 우상숭배, 모욕, 술 취함, 속여 빼앗는 일이 없어야 합니다(11절). 그리스도인은 세상 속에서 거룩을 견지하며 사는 존재입니다(9-13절).

[에스겔 3장]

에스겔은 두루마리를 먹고 이스라엘 백성에게 가서 전하라는 환상을 재차 경험합니다(1-3절). 하나님은 에스겔을 금강석같이 강하게 하셔서 완고한 백성들 앞에서 담대히 선포하게 하실 것입니다(4-11절). 말씀을 전하는 자는 패역한 자들의 완고함보다 더 강해야 합니다. 하나님의 영이 강하게 붙드셔서 그로 하여금 능히 사역을 감당하게 하실 것입니다(12-15절). 에스겔은 백성들을 일깨우는 파수꾼으로서 악인은 죄에서 돌이키게 하고 의인은 죄에 빠지지 않도록 해야 합니다(16-21절). 만약 파수꾼이 사명을 소홀히 하여 악인이 돌이키지 못한 채 죽거나 혹은 의인이 죄로 인해 넘어지게 된다면 하나님은 그 책임을 파수꾼에게 물으실 것입니다. 여호와의 영이 그에게 임합니다(22-24절). 계시가 임하면 전하고 계시가 없을 때에는 잠잠해야 합니다(25-27절). 선지자는 하나님의 영의 인도를 받아 선포할 때와 잠잠할 때를 잘 구별해야 합니다.

[시편 39편]

다윗은 어느덧 인생의 황혼기에 접어들었습니다. 그가 병들었음을 암시하는 구절이 있긴 하지만 인생을 되돌아보는 내용들을 볼 때 나이가 많아 쇠약해진 때에 지은 시로 추측됩니다. 그는 악인들이 준동할 때 잠잠할 것이라고 말합니다(1-2절). 하나님의 때가 지나야 해결된다는 것을 알기 때문입니다. 그러나 그 때가 오기 전까지 그의 근심은 점점 심해질 것입니다. 마음의 고통이 심해지자 그는 하나님을 향해 입을 여는데 신세 한탄보다는 인간의 연약함과 유한함을 알게 해 달라는 겸손한 기도를 드립니다(3-6절). 한 뼘 길이만큼의 인생, 실체 없는 그림자 같은 인생, 애쓰고 수고해도 헛될 뿐인 인생입니다. 하나님 없는 인생이라면 실로 그렇습니다(7-11절). 권력과 부와 명예를 다 누려 본 다윗은 하나님 없는 인생이 허무할 수밖에 없다는 것을 누구보다 잘 압니다. 그의 자아성찰은 단순한 반성이 아닌 회개의 기도로 표현됩니다. 인간은 지나온 인생을 생각하며 회한에 잠기기도 하는데 이를 통해 얻는 것은 아무것도 없습니다. 실수와 실패를 많이 겪은 우리의 모습 그대로 전능자에게로 가져가는 것이야말로 진정한 자아성찰입니다.

[기도]

대적에게 쫓기면서도 의로움을 잃지 않았던 다윗에게서 배웁니다. 하나님 없이 행한 모든 일들은 결국 허무로 끝남을 알게 하시고, 삶의 현장에서 파수꾼의 사명을 잘 감당하게 하옵소서. 교회 안에 잘못된 가치관이 들어오지 않도록 우리교회를 지켜 주옵소서.

9
월

M'Cheyne

개관

사무엘하

사무엘상·하는 본래 한 권이었습니다. 사무엘상은 사무엘의 등장에서 시작하여 사울의 죽음으로 끝납니다. 사무엘하는 다윗이 왕으로 등극하는 과정과 그의 통치에 관한 이야기입니다. 하나님은 다윗과의 언약을 통해 그의 나라의 영원함을 약속하셨습니다('다윗 언약', 7장). 이는 그의 후손으로 오신 예수 그리스도를 통해 성취됩니다. 왕이 된 다윗은 수도를 헤브론에서 예루살렘으로 옮기고 주변 민족들과의 전쟁에서 모조리 승리하여 강력한 왕국을 건설했습니다. 반면, 밧세바와의 간음사건과 압살롬의 반역, 자기 과시를 위해 실시한 인구조사로 인한 하나님의 징계 등은 그의 흑역사로 남게 되었습니다. 죄와 실수가 있었지만 다윗에게 하나님은 선하고 인자하신 분입니다(시 23편).

열왕기상

열왕기 상·하는 본래 한권의 책이었으나 방대한 분량으로 인해 헬라어 번역과정에서 두 권으로 나뉘게 되었습니다. 저자는 솔로몬의 행장, 이스라엘 왕 역대지략, 유다 왕 역대지략 등의 자료를 참고하여 본서를 기록하였는데 정확히 누군지는 알 수 없습니다. 본서는 솔로몬의 통치에서 분열왕국 전반기(북이스라엘-아하시야, 남유다-여호사밧)에 관한 내용을 담고 있습니다. 저자는 율법에 순종하면 복을 받고 불순종하면 심판을 받는다는 신명기적인 역사관을 가지고 있습니다.

[질문과 묵상]

1. 오늘 말씀을 통해 만난 하나님은 어떤 분인가요?

2. 오늘 말씀을 통해 하나님이 내 삶에 요청하시는 것은 무엇인가요?

[사무엘상 25장]
사무엘이 죽은 후 바란 광야로 내려간 다윗은 지역유지인 나발에게 양식을 구합니다(1-8절). 다윗이 나발의 목자와 양들을 지켜준 적이 있긴 하지만 대가보다는 양털을 깎는 풍요의 시기에 양식이 없어 고통 받는 그의 일행에게 호의를 베풀어 줄 것을 요청한 것입니다. 그러나 미련한 나발은 다윗을 경멸하며 냉정하게 그의 요청을 거절합니다(9-11절). 분노한 다윗이 나발을 응징하기로 결정하는데 사울 왕에 대하여 오랜 기간 인내하며 선한 마음을 견지했던 다윗임을 감안했을 때 분명 아쉬운 면이 있습니다(12-13절). 다행히 겸손하고 지혜로운 나발의 아내 아비가일이 피의 복수를 막습니다(14-35절). 집안이 망할 뻔 했다는 사실을 뒤늦게 알게 된 나발은 10일 만에 죽게 되고 아비가일은 다윗의 아내가 됩니다(36-44절).

[고린도전서 6장]
교회안의 문제를 자체적으로 혹은 교단적으로 해결하지 못해서 사회법에 호소하는 비율이 높아지는 때에 우리는 오늘 주시는 하나님의 말씀을 들어야 합니다. 교회는 자정능력을 발휘할 만큼의 건강한 권위를 가지고 있어야 합니다. 바울은 교회 내의 분쟁을 세상 법정에 호소하는 것에 대해 책망합니다(1절). 교회 내의 분쟁은 교회가 판단하고 해결해야 합니다(2-3절). 법정에서 판결 받으려는 시도는 부끄러운 것입니다. 마지막 날이 오면 성도들은 그리스도와 함께 세상을 심판하는 자리에 설 것입니다. 차라리 교회 내에서 가장 믿음이 연약한 자에게서 판단 받는 것이 세상 법정보다 낫습니다(4절). 이처럼 바울은 성도간의 송사문제에 대해 단호합니다. 예수 그리스도와 성령의 역사로 죄 사함과 의롭다 함을 받은 자가 형제를 법정에 고발하는 것은 음란이나 우상 숭배와 같이 하나님 앞에 합당하지 않습니다(8-11절). 음행의 문제가 다시 등장합니다. 그리스도 안에서 자유를 얻은 자는 자신의 육신을 거룩하게 간수해야 합니다(12-14절). 성도의 몸은 하나님의 성전이므로 그리스도와 연합한 사람은 결코 창녀와 연합할 수 없습니다(15-20절).

[에스겔 4장]
하나님의 명령을 받은 에스겔은 토판과 철판으로 예루살렘 성과 그 성을 향해 공성전을 벌이는 바벨론 군대를 묘사하는 실물을 만듭니다(1-3절). 또한 그는 390일 동안 좌로만 눕고 40일 동안은 우로 누워야 했으며, 예루살렘을 향해 예언도 하고 스스로 줄로 묶은 뒤 못 움직이게 하는 등의 행동을 해야 했습니다(4-8절). 390일과 40일

을 합하면 430일이 됩니다. 이스라엘이 430년간 애굽에서 종살이한 것처럼 그들은 밧줄에 묶여 바벨론으로 끌려가게 될 것입니다. 에스겔은 390일 동안 곡식을 혼합하여 만든 부정한 떡 20세겔(약 230g)과 1/6힌(약 0.6ℓ)의 물로 매일 연명해야 합니다(9-11절). 게다가 그 떡은 인분으로 피운 불로 구워야했습니다(12-13절). 곡식의 혼합은 하나님이 금하신 것이며(레 19:19), 인분으로 구운 음식은 부정합니다. 거룩을 상실한 유다 백성들이 부정하고 더러운 삶을 살게 될 것을 미리 보여주는 것입니다. 이처럼 에스겔은 곧 있을 참혹한 전쟁의 상황을 자신의 삶으로 보여주어야 했습니다. 그의 삶이 얼마나 고달팠을까요? 에스겔의 호소로 그나마 인분은 쇠똥으로 바뀝니다(14-15절). 예루살렘은 식량난에 시달리며 두려움과 고통 가운데 부정한 음식으로 연명하다가 결국엔 패망할 것입니다(16-17절).

[시편 40-41편]

(40편) 성공하는 사람의 특징 중에 '삶을 주도하라'는 내용이 있습니다. 고통 속에 하나님께 간구하며 응답을 기다리고 있는 것은 성공의 조건과는 거리가 멉니다. 그러나 신앙인이 하나님의 개입을 기다리는 것은 역사의 주관자 되시는 하나님을 신뢰하는 적극적인 태도입니다. 다윗은 하나님께 자신의 상황을 의뢰하며 기다린 끝에 마침내 승리하였습니다(1-5절). 그는 요식행위로 제사하는 자가 아니며 주의 말씀을 마음의 중심에 두고 행하는 자입니다(6-8절). 그는 백성들에게 하나님의 선하신 뜻을 가르치며 그의 성실과 구원을 선포할 것입니다(9-10절). 다윗은 과거에 경험한 하나님의 구원을 회상하며 그때처럼 다시 구원하시고 대적들을 심판하셔서 하나님의 위대하심을 노래할 수 있게 되기를 소망합니다(11-17절).

(41편) 41편을 보면 예수님의 산상수훈이 생각납니다. "긍휼히 여기는 자는 복이 있나니 그들이 긍휼히 여김을 받을 것임이요"(마 5:7). 소외된 이웃을 긍휼히 여긴 자는 하나님으로부터 긍휼히 여김을 받을 것입니다(1-3절). 다윗은 이웃을 선대한 그에게 하나님이 긍휼을 베풀어 주시길 간구합니다. 또한 41편은 히스기야의 기도가 생각나게 합니다. "여호와여 구하오니 내가 진실과 전심으로 주 앞에 행하며 주께서 보시기에 선하게 행한 것을 기억하옵소서"(왕하 20:3). 다윗은 자신의 죄를 고백하고 원수들의 악행들을 고발하며 하나님의 구원을 요청합니다(4-10절). 구원을 확신으로 그는 찬양합니다(11-13절).

[기도]

주님! 아비가일과 같은 지혜를 주시옵소서. 삶 전체가 메시지가 되는 에스겔처럼 나의 삶이 하나님을 전하는 메시지가 되게 하옵소서. 거룩한 하나님의 성전이 되었으니 몸과 마음을 늘 정결케 하옵소서. 이웃을 긍휼히 여기고 주님께 긍휼히 여김을 받는 복된 인생이 되게 하옵소서.

[사무엘상 26장]

다윗은 사울을 죽일 기회가 있었지만 그 기회를 스스로 포기했습니다(24장). 그런데 사울은 다윗을 죽이려고 또 군사를 동원합니다(1-5절). 다윗은 사울을 죽일 수 있는 기회가 또 생겼으나 이번에도 사울을 죽이지 않았습니다(6-12절). 다윗은 사울에게 이 사실을 알리면서 자신의 무죄와 억울함을 호소합니다(13-20절). 사울은 자신의 잘못을 인정하고 다윗을 축복합니다(21-25절). 다윗이 무너지지 않고 버틸 수 있었던 이유는 하나님의 공의와 신실하심을 믿기 때문입니다.

[고린도전서 7장]

바울은 결혼에 대하여 다룹니다. 고린도 성도 중에는 타락한 문화를 답습하여 음행하는 자들이 있었던 반면 지나친 금욕주의자도 있었습니다. 바울은 부부간의 성관계를 부정하는 금욕주의를 비판합니다(1절). 부부는 기도를 위해 정해진 기간 외에는 서로에게 의무를 다하여 사탄이 틈타지 못하게 해야 합니다(2-7절). 바울은 홀아비와 과부에 대해서는 자신과 같이 홀로 있는 것이 좋으나 결혼하는 것도 좋다고 말합니다(8-9절). 바울이 결혼 목적에 대해 음행을 막기 위한 것처럼 말하는 이유는 그만큼 음행이나 지나친 금욕주의의 폐해가 심각했기 때문입니다. 성도는 불신 배우자의 구원을 위해 최선을 다해야 하며 신앙을 이유로 불신 배우자에게 이혼을 종용해서는 안 됩니다(10-14절). 그러나 불신 배우자가 신앙을 이유로 이혼을 강요한다면 평화를 위해 허락하라고 말합니다(15-16절). 성도는 부르심을 받은 그대로 살아가면 됩니다(17-24절). 유대인이든 이방인이든, 종이든 자유인이든 각자 부름 받은 모습(=민족, 신분, 출신지역 등)대로 하나님의 뜻을 구현해 나가면 됩니다. 주의 부르심에 있어서 할례여부는 중요하지 않습니다. 자유인은 자신이 그리스도의 종임을 기억하여 종을 함부로 대하거나 차별하지 말아야 하고, 종은 그리스도 안에서 영원한 자유인임을 기억하며 주인을 그리스도에게 하듯 잘 섬겨야 합니다. 초대교회는 약자나 종을 차별하는 행위에 대해 용납하지 않습니다(약 2장). 마지막으로 바울은 결혼도 좋지만 독신은 더 좋다고 권합니다(25-40절). 이는 결혼과 독신의 우열을 말한 게 아니라 주께서 수년 혹은 수십 년 내에 재림하신다고 생각했기에 복음 전하는 사명에 더 전념하면 좋겠다는 생각을 피력한 것입니다.

[에스겔 5장]
하나님은 에스겔에게 또 다른 상징행동을 지시하십니다. 그것은 머리털과 수염을 깎은 뒤 그 중 1/3은 불사르고, 1/3은 칼로 치고, 1/3은 바람에 흩날리는 것입니다(1-2절). 또한 옷자락에 조금 싸놓았던 일부를 불에 던져 사르는 것입니다(3-4절). 하나님은 이방인보다 더 가증한 이스라엘을 반드시 심판하실 것입니다(5-9절). 우상을 숭배하고 온갖 악행을 저지른 결과 그들은 양식이 없어 사람까지 잡아먹게 되며 전염병과 칼 그리고 흩어짐(=포로)의 심판을 받게 될 것입니다(10-17절).

[시편 42-43편]
(42편) 살아있는 모든 생명체는 물을 필요로 합니다. 물은 생명과 직결되기에 예수님도 당신을 물로 표현하셨습니다. "내가 주는 물은 그 속에서 영생하도록 솟아나는 샘물이 되리라"(요 4:14). 물이 사슴의 생명을 좌우하듯 시인의 생명은 하나님이 좌우합니다. 대적의 조롱 속에서 하나님을 찾는 시인의 마음은 간절합니다(1-3절). 시인은 성전으로부터 멀리 떨어진 고난의 땅에서 예전에 백성들과 함께 하나님을 기쁨으로 예배했던 때를 추억합니다(4, 6절). 고난이 인생을 휩쓰는 가운데 시인은 하나님이 그를 잊고 계시다고 탄식합니다(7, 9절). 그러나 시인은 인자를 베푸실 하나님께 소망을 둘 것을 결단합니다(5, 8, 11절).
(43편) 시인은 현재 주의 전에 가는 것이 어려운 상황입니다. 원수의 억압으로 고통당하는 시인은 공의로우신 하나님을 재판관으로 초청합니다(1-2절). '주의 거룩한 산', '주께서 계신 곳', '하나님의 제단' 등의 표현은 시인이 얼마나 주의 전을 사모하고 있는지를 잘 보여줍니다(3-4절). 그는 성전으로 돌아가 하나님을 찬양하게 될 것을 기대합니다(5절). 하나님께 소망을 둔 그의 탄식은 찬양으로 변하게 될 것입니다.

[기도]

하나님의 공의와 신실하심은 탄식하는 다윗을 강건케 하였으며 그의 입술을 찬양으로 바꾸어 주셨습니다. 하나님의 공의와 신실하심을 신뢰합니다. 결혼관계 안에서 하나님의 거룩하심을 이루어나가게 하시고 주의 오심을 기다리며 주의 뜻을 행하게 하옵소서.

[사무엘상 27장]
다윗은 사울을 죽일 수 있는 기회를 모두 포기했습니다. 그럼에도 불구하고 사울이 자신을 죽이려고 하자 일행과 가족을 데리고 블레셋으로 망명합니다(1-3절). 드디어 사울은 다윗에 대한 추격을 멈춥니다(4절). 가드 왕 아기스로부터 시글락 거주를 허락받은 다윗은 이방 민족들을 계속 정복합니다(5-12절).

[고린도전서 8장]
"지식은 교만하게 하며 사랑은 덕을 세운다"(1절). 이 원리는 교회 안에서 발생하는 많은 문제를 해결할 수 있는 중요한 기준이 됩니다. 바울은 이 원리를 우상 신전에 드려진 제물을 먹는 문제에 적용합니다(4-13절). 하나님에 대한 믿음과 우상의 헛됨을 아는 자는 음식에 대하여 자유롭습니다('지식'). 그러나 우상 제단에 드려진 음식이라는 것 때문에 양심에 거리낌이 있는 형제가 있다면 그를 위해 먹지 않는 것이 유익합니다('사랑'). 지식보다 더 중요한 사랑을 위하여 자신의 자유를 제한하는 사람은 참 신앙인이요 참 자유인입니다. 이 원리는 제사음식, 술, 삶의 다양한 부분에서 적용할 수 있습니다. 판단의 기준을 내게서 믿음이 약한 형제로 옮기는 것이 주님의 뜻입니다. 하나님을 사랑하는 자는 사랑을 우선합니다(3절).

[에스겔 6장]
하나님은 우상 숭배하는 백성들을 우상 제단 앞에서 심판하시고 우상 제단도 깨뜨리실 것입니다(1-7절). 심판에서 살아남은 자들은 끌려간 이방 땅에서 우상숭배 죄를 한탄하게 될 것입니다(8-10절). 그들은 그제서야 하나님이 누구신지 알게 될 것입니다. 이스라엘 백성들이 칼과 기근, 전염병의 심판을 받게 된 것은 우상숭배와 악을 행했기 때문입니다(11-14절). 안타깝게도 그들은 심판과 징계를 통하여 하나님을 알아가고 있습니다.

[시편 44편]

하나님이 행하신 일을 다음세대에게 전수하는 것을 매우 중요합니다. 시인은 하나님의 구원의 역사를 언급합니다(1-8절). 출애굽, 광야 40년, 가나안 땅 정복전쟁, 가나안 정착과 번영 등은 주의 은혜와 능력으로 가능했던 역사입니다. 시인은 비록 고난 가운데 있지만 과거에 베푸신 하나님의 은혜를 기억하며 찬양합니다(8절). 현재의 고난이 전쟁과 관련된 것으로 보아 이 시의 배경은 여호사밧이나 히스기야 때에 있었던 이방 나라의 대대적인 침략으로 보입니다(9절). 시인은 과거의 영광스런 승리와 대비되는 수치와 패배의 상황을 고백합니다(10-16절). 이 수치와 패배는 불순종에 대한 대가보다는 하나님을 섬긴다는 이유로 당하는 무고한 고난으로 보입니다(신 28:25-29, 17-22절). 예수님이 우리를 위해 받은 고난이 바로 무고한 고난입니다. "여호와께서는 우리 무리의 죄악을 그에게 담당시키셨도다 그가 곤욕을 당하여 괴로울 때에도 그의 입을 열지 아니하였음이여 마치 도수장으로 끌려가는 어린 양과 털 깎는 자 앞에서 잠잠한 양 같이 그의 입을 열지 아니하였도다"(사 53:6-7, 22절). 시인은 무죄를 확신하며 언약의 하나님의 적극 개입을 요청합니다(23-26절).

[기도]

징계와 심판으로 하나님을 알아가지 않게 하시고 하나님이 내게 베푸신 은혜를 아는 참된 지식을 갖게 하옵소서. 신앙으로 인한 무고한 고난이 있다면 기도하며 끝까지 그 길을 걷게 하시고, 지식에 우선한 사랑으로 행하게 하옵소서.

[사무엘상 28장]

아기스는 자기 수하인 다윗을 데리고 이스라엘과의 전쟁에 나섭니다(1-2절). 다윗은 매우 곤란했을 것입니다. 한편 사울은 사무엘의 죽음(25:1) 이후 신접한 자와 박수 등 주술가들을 국외로 추방했었습니다(3절). 그런데 블레셋이 두려운 나머지 신접한 자를 다시 찾습니다(4-7절). 어렵게 찾아낸 신접한 여인은 자신의 생명에 대한 안전을 약속받은 후 사울의 원대로 사무엘의 영으로 부릅니다(8-14절). 그러나 신접한 여인이 사무엘의 영을 불러 올 능력은 없습니다. 사무엘의 영이 사울에게 나타난 것은 하나님이 이를 허락하셨기 때문입니다. 이는 하나님이 사무엘을 통해 사울에게 하실 말씀이 있었기 때문입니다. 사무엘은 평강과 승리의 선언을 기대하는 사울에게 패배와 왕의 교체를 선언합니다(15-19절). 신접한 여인이 음식을 차려 사울을 위로하지만 큰 충격을 받은 사울에게 위로가 되지 않습니다(20-25절).

[고린도전서 9장]

바울은 복음을 전하면서 동시에 천막을 만드는 일로 생계를 이어나갔습니다('자비량 선교', 행 18:3). 그 시대에는 사람들에게 지혜를 가르친다는 명목으로 강론한 후 사례를 받아 생계를 유지하는 순회 철학자들이 있었습니다. 바울은 자신이 그런 부류의 사람으로 취급받는 것에 대해 경계하며 교회로부터 재정 후원을 받지 않는 것을 선교의 원칙으로 삼았습니다. 그는 복음 전파에 조금이라도 걸림이 되지 않기 위해 사도의 권리를 쓰는 것(=정당하게 사례를 받는 것)보다 그 권리를 포기하는 편을 택했습니다(1-15절). 한때 교회의 박해자였던 바울은 주님의 강권적인 역사로 사도가 되었습니다. 그는 복음을 전하는 것을 마땅히 행할 사명으로 여기고 있으며, 사도의 권리를 쓰지 않는 것을 그가 받을 상으로 여겼습니다(16-18절). 그리스도 안에서 참 자유인인 바울은 사람들을 구원으로 인도하기 위하여 종이 되길 자청합니다(19-23절). 우리 역시 상을 얻도록 복음을 위해 달음질하는 인생이 되어야 합니다(24-27절).

[에스겔 7장]

에스겔은 '끝났도다'라는 말을 반복합니다. 하나님의 긍휼의 때가 끝나고, 이스라엘의 우상 숭배와 악행에 대한 하나님의 보응의 날, 곧 심판의 날이 왔습니다(1-9절). 하나님은 포학한 나라를 일으켜 이스라엘을 심판하는 몽둥이로 삼을 것입니다(10-13절). 하나님의 진노가 이스라엘 모든 백성들에게 전염병과 기근, 칼의 심판으로 나타날 것이며 살아남은 자들은 타국인의 손에 넘어가 약탈과 수치를 당하게 될 것입니다(14-22절). 여호와의 날, 곧 심판의 날에는 평강과 선지자의 묵시와 말씀을 구해도 얻지 못할 것입니다(23-27절). 하나님은 왕으로부터 백성에 이르기까지 그들이 지은 죄악대로 심판하실 것입니다.

[시편 45-46편]

(45편) 결혼하는 왕에게 헌정하는 시와 같습니다. 시인의 생각에 왕은 하나님 보시기에 합당한 인물이서 그를 생각하면 좋은 말이 넘쳐납니다(1절). 하나님은 백성에게 선한 말을 공표하는 왕을 축복하십니다(2절). 왕은 진리와 공의의 하나님 나라를 확장해가는 탁월한 전사여야 합니다(3-5절). 하나님은 정의를 사랑하고 악을 미워하는 자를 왕으로 세우셨습니다(6-7절). 하나님이 기뻐하시는 왕과 왕비가 식장에 서 있습니다(8-9절). 진귀한 향을 발하는 예복처럼 왕은 선함과 인자함의 향기를 발하는 통치를 할 것입니다. 시인은 타국에서 온 왕비에게 고국에 대한 그리움을 접고 왕에게 집중하면 왕과 백성들이 기뻐할 것이라고 말합니다(10-12절). 혼인식에 참여한 사람들이 기뻐하는 가운데 시인은 왕의 영원한 통치를 기원하며 축복합니다(13-17절). 이 땅에는 이상적인 왕도 영원한 나라도 없습니다. 시인이 노래하는 공평과 정의를 사랑하는 이상적인 왕과 그가 다스리는 영원한 나라는 예수 그리스도와 그의 공동체인 교회밖에 없습니다.

(46편) 표제어의 '알라못'은 소녀들을 뜻하는 단어로 성전으로 올라가는 제의행렬을 따라가며 탬버린을 연주하는 소녀들을 연상시킵니다. 시온의 견고함을 찬양하는 내용으로 보아 앗수르의 침공을 받은 예루살렘이 극적으로 구원받았던 역사를 배경으로 하고 있습니다. 이스라엘의 피난처요 힘이시며 환난 날의 큰 도움이신 하나님이 시온에 계십니다(1-6절). 뭇 나라의 공격은 땅이 변하고 산이 흔들려 바다에 빠지고 바닷물이 뛰놀 만큼의 엄청난 위기였습니다. 그러나 피난처 되시는 하나님이 그가 임재한 곳을 위협하는 나라의 모든 무기를 파괴하시고 백성에게 평화를 주셨습니다(7-11절). 구원의 하나님은 열방 가운데 높임을 받으시기에 합당하십니다.

[기도]

사울에 대한 하나님의 심판, 우상숭배와 악행을 일삼는 이스라엘에 대한 심판 모두 돌이킬 수 없었습니다. 최후의 심판의 엄위함을 알게 하시고 구원의 하나님을 높이게 하옵소서. 복음을 위한 그리스도의 참된 종이 되게 하옵소서.

[사무엘상 29-30장]

(29장) 아기스가 데리고 온 다윗으로 인해 블레셋 진영에 분쟁이 발생합니다(1-5절). 다윗의 배신 가능성을 우려한 블레셋 방백들의 거센 항의로 인해 아기스는 결국 다윗을 돌려보냅니다(6-11절). 하나님은 블레셋 방백들 간의 분쟁을 통해 동족을 상대로 전투를 할 뻔 했던 다윗의 곤란한 상황을 해결해 주셨습니다. 그가 만약 블레셋 편에서 전투를 했다면 그의 평생에 아킬레스건으로 남게 되었을 것입니다.

(30장) 다윗이 블레셋에 의탁해 있던 시기에 아말렉이 그의 연고지인 시글락을 약탈하는 사건이 발생합니다(1-5절). 다윗은 400명의 사병으로 아말렉을 쳐서 빼앗긴 모든 것을 도로 찾아옵니다(6-20절). 승전 후 전리품 분배 문제가 발생했으나 다윗은 하나님이 주신 승리의 기쁨을 공동체가 함께 누릴 수 있도록 모두에게 분배하도록 지시하고 자신이 먼저 모범을 보입니다(21-31절). 승리와 성과가 나의 공로가 아닌 하나님의 은혜와 축복이라고 생각하면 기꺼이 나눌 수 있습니다.

[고린도전서 10장]

바울은 예수님을 영접하고 세례와 성찬에 참여한 사람이라도 언제든지 멸망할 수 있음을 우상 숭배('금송아지 사건', 출 32:1-6), 음행('바알브올 사건', 민 25:1-9), 시험('불뱀 사건', 민 21:4-9), 원망('가데스바네아에서의 반역', 민 14장) 등 과거 이스라엘 백성들이 저질렀던 치명적인 죄를 언급하며 경고합니다(1-12절). 신약의 성도들은 이러한 죄를 반복하지 말아야 합니다. 우상숭배나 죄를 거부함으로써 당하게 되는 핍박이나 고난에 대해 하나님은 능히 감당하게 하시며 피할 길을 내어주십니다(13절). 바울은 우상 숭배에 대하여 강력히 경고합니다(14-22절). 고린도 성도들 중에 예수님을 영접했음에도 여전히 우상 신전을 드나들며 그들의 식탁에 동참하는 자들이 있기 때문입니다. 바울은 구약시대에 제물을 먹는 자들이 곧 제사에 참여한 자들임을 상기시키며 주의 만찬에 참여한 자가 우상의 잔치에 참여할 수 없다고 말합니다. 우리는 죄의 가능성을 차단해야 하며, 믿음이 연약한 형제도 고려해야 합니다. 우리는 이 세대를 본받지 말아야 합니다. "너희는 이 세대를 본받지 말고 오직 마음을 새롭게 함으로 변화를 받아 하나님의 선하시고 기뻐하시고 온전하신 뜻이 무엇인지 분별하도록 하라"(롬 12:2). 이때 당시 우상제단에 올려 졌던 대부분의 고기는 시장을 통해 유통되었습니다. 이에 대해 바울은 시장에서 파는 것은 출처를 묻을 필요 없이 그저 음식이므로 먹으라는 추가지침을 내립니다(25-27절). 그러나 믿음이 연약한 형제에게 걸림이 된다면 그의 유익을 위해 먹지 않는 것이 더 유익합니다(24, 28-33절). 그리스도인은 하나님의 영광과 타인의 유익을 먼저 구합니다.

[에스겔 8장]

하나님의 영에 이끌림을 받은 에스겔은 환상 중에 예루살렘 성전을 보게 되었는데 그곳에 하나님의 질투를 불러일으키는 우상이 자리 잡고 있었습니다(1-4절). 온갖 종류의 가증한 우상의 형상들이 성전 벽에 그려져 있었으며 바벨론의 신인 담무스를 위하는 의식과 태양숭배가 이루어지고 있었습니다(5-18절). 이스라엘의 지도자들이 하나님이 자기들을 버리셨다고 말하며 이방신에게 구원을 요청하고 있습니다. 그러나 실상은 그들이 하나님을 버린 것입니다.

[시편 47편]

이 시는 다윗이 오벧에돔의 집에 있던 법궤를 시온의 성소로 안치하는 상황을 배경으로 하고 있습니다(삼하6:12-19). 법궤를 멘 행렬이 예루살렘 성으로 들어와 성전에 이르는 장엄한 광경은 하나님이 왕으로 등극하는 것으로 비유됩니다. 온 땅의 통치자이시며 민족들을 이스라엘 앞에 굴복시키고 약속의 땅을 선물로 주신 하나님은 찬양받으시기 합당하십니다(1-4절). 백성들은 승리하고 돌아오는 그들의 왕 하나님을 찬송으로 맞이합니다(5-6절). 백성들은 절기를 지키러 올 때마다 하나님을 이러한 마음으로 찬양했습니다. 먼 훗날 열방이 돌아와 지혜로 세상을 다스리시는 하나님께 예배하게 될 것입니다(7-9절).

[기도]

온 세상을 다스리시는 하나님의 지혜를 찬송합니다. 성전이 된 우리의 마음속에 있는 가증한 우상들이 사라지게 하시고, 시대를 잘 분별하며 하나님의 선한 뜻을 좇아 살아가게 하옵소서.

[사무엘상 31장]

사울은 이미 하나님으로부터 버림을 받았으며(15:23) 영으로 나타난 사무엘로부터 자신과 아들들이 죽게 될 것이라는 말도 들었습니다(28:19). 그 말대로 사울은 블레셋과의 전투 중에 세 아들과 함께 전사합니다(1-6절). 블레셋 군사들은 사울의 머리를 베고 갑옷을 전리품으로 취한 뒤 그의 시체를 벧산 성벽에 못 박아 매달았습니다(7-10절). 사울은 죽어서도 큰 모욕을 당했습니다. 길르앗 야베스 사람들이 암몬의 침략으로부터 자신들을 구해주었던 사울(11:1-11)을 장사하고 7일간 애도합니다(11-13절).

[고린도전서 11장]

예배할 때 여자가 너울을 쓰는 문제에 대한 바울의 조언입니다(2-16절). 당시 너울은 종교적인 복장이 아니라 일상의 복장으로 여자가 머리를 가리지 않는 것은 단정치 못한 것으로 간주되었으며 성적 유혹의 의미도 있었기 때문에 바울은 너울을 쓸 것을 권합니다. 그는 남녀는 평등하되 질서가 있어야 한다는 입장입니다. 만약 어떤 사람이 노출이 심한 옷을 입고 예배당에 나와 복장의 자유를 외친다면 여러분은 뭐라고 말하겠습니까? 바울은 이렇게 말합니다. "자기에게 부끄러움이 되는 것을 본성이 너희에게 가르치지 아니하느냐"(14절). 3-10절 내용을 매우 불편하게 생각하는 사람들이 있습니다. 그러나 이 글은 약 2천 년 전에 쓰인 글입니다. 그때는 신분제도가 있었고 여성인권은 거의 없었습니다. 이걸 감안하면 남녀 차별이 아닌 질서를 말하는 매우 훌륭한 내용입니다. 게다가 바울은 하나님 안에서 남녀가 동등하다고 말합니다(10-11절). 고린도 교회는 분열을 야기하는 잘못된 행태가 있었습니다. 안식 후 첫날 각자 음식을 가지고 와서 공동의 식사와 성찬을 행했는데 많은 음식을 가지고 일찍 모인 부자들이 일과를 마치고 늦게 올 수밖에 없는 노예나 노동자들을 기다리지 않고 먼저 먹었던 것입니다(17-22절). 가난한 성도들이 저녁에 도착했을 때에는 음식이 남아 있지 않았으며 이로 인해 위화감이 조성되었습니다. 이런 일은 교회를 업신여기고 가난한 성도들을 부끄럽게 만드는 행위입니다. 성찬으로 분열이 생긴다면 잘못 행했기 때문입니다(23-34절). 배고픔이 문제라면 집에서 먹고 오면 될 것입니다. 기다렸다가 함께 하는 것이 마땅합니다.

[에스겔 9장]
에스겔은 예루살렘 성전에서 행해지는 가증한 우상숭배의 행태들을 고발했습니다(8장). 하나님은 우상숭배자들을 심판할 천사들을 부르십니다(1-2절). 하나님은 심판을 집행하시기 전에 심판에서 면제된 사람, 곧 우상숭배에 대해 탄식하며 회개하는 사람들의 이마에 별도의 표시를 하게 하십니다(3-4절). 이후 하나님의 긍휼 없는 심판이 예루살렘의 성소에서부터 시작됩니다(5-8절). 하나님은 죄악과 불법이 가득한 예루살렘을 심판하십니다(9-11절).

[시편 48편]
이 시의 배경은 앗수르의 침공으로부터 예루살렘이 지켜진 사건(왕하 19장), 혹은 여호사밧 때에 모압, 암몬, 마온 연합군이 유다를 침략했다가 패배한 사건(대하 20:1-30)으로 여겨집니다. 이스라엘 백성들은 시온에 계시는 큰 왕이신 하나님을 기뻐하며 그의 위대하심을 찬양합니다(1-3절). 큰 왕은 온 세계를 다스리시는 하나님을 강조한 표현입니다. 이스라엘 백성들의 진정한 요새는 하나님이십니다. 왕들이 함께 쳐들어왔다가 큰 왕이 계심을 보고 두려워 달아났습니다(4-5절). 하나님으로 인해 대적들은 두려움에 빠져 패배하게 됩니다(6-7절). 시온의 백성들은 하나님이 주신 승리를 기뻐합니다(9-11절). 그들은 하나님이 계신 곳의 견고함을 확인하고 후대에 하나님의 승리를 전하기로 다짐합니다(12-13절). 하나님은 영영히 시온을 견고하게 하실 것입니다(8, 14절).

[기도]

큰 왕이신 하나님의 주권을 인정하며 구원받은 자의 표식이 나타나는 삶을 살아가길 소망합니다. 또한 시대를 잘 분별하고 그리스도께서 주신 자유가 방종으로 변질되지 않게 하옵소서.

[사무엘하 1장]

자신의 거주지인 시글락을 약탈한 아말렉과의 전투에서 승리한 다윗에게 이스라엘의 패전과 사울과 요나단의 전사소식이 전해집니다(1-10절). 전령은 자신의 손으로 사울을 죽였다고 말합니다. 그러나 사울은 전투 중 부상을 입고 스스로 자결했습니다(삼상 31:4-5). 다윗의 정적을 제거한 공로를 내세우려고 전령이 거짓말을 한 것입니다. 다윗은 왕과 왕자를 포함한 이스라엘 군사들의 죽음을 크게 슬퍼했으며, 사울의 죽음을 이용해 출세를 꾀한 전령을 처형합니다(11-16절). 그는 애가를 지어 두 용사의 죽음을 애도합니다(17-27절). 특히 자신에게 생명과도 같았던 요나단의 죽음은 그에게 견딜 수 없는 큰 슬픔이었습니다.

[고린도전서 12장]

은사가 충만했던 고린도 교회는 무분별한 은사 사용과 은사 간의 우열 경쟁으로 인해 문제가 생겼습니다. 먼저 바울은 이방인이었던 그들이 예수를 구주로 고백하게 된 것은 전적인 성령님의 역사임을 강조합니다(1-3절). 신앙고백을 주신 성령님은 또한 은사를 주셨는데, 은사는 철저히 교회의 유익을 위해 주신 것입니다(7절). 은사는 가르치는 은사, 초자연적인 능력을 행하는 은사, 성령의 능력 가운데 말하는 은사 등이 있는데 모든 은사는 지체를 섬기며 교회를 세워가도록 성령이 각자에게 주시는 선물입니다(8-11절). 교회는 그리스도를 머리로 하는 '한 몸 공동체'이며 다양한 은사는 공동체를 강화하는데 쓰여야 합니다(12-30절). 우리 몸에 쓸데없는 곳이 없듯이 모든 지체와 모든 은사가 다 소중합니다. 몸의 지체들이 서로 싸우지 않듯이 은사 간에도 분쟁이 있을 수 없습니다. 바울은 교회 공동체의 건강을 위하여 모든 성도가 사모해야 할 은사가 있다고 말합니다(31절).

[에스겔 10장]

에스겔은 환상 가운데 3가지 장면을 보았습니다. 먼저, "숯불을 성읍 위에 흩으라"는 하나님의 명을 받은 베옷을 입은 천사가 그룹들 사이에서 불을 집어가는 장면이 등장합니다(1-8절). 이는 예루살렘에 대한 심판과 정화 그리고 예루살렘 백성들의 흩어짐을 의미합니다. 두 번째, 1장에서 보았던 그룹(히: '케루빔', 천사의 일종)들과 바퀴들을 또 보게 되었습니다(9-17절). 그룹들과 바퀴들은 하나님의 뜻에 따라 한 치의 오차 없이 움직이고 있습니다. 그룹의 네 얼굴 중 황소(1:10)가 그룹(14절)으로 바뀐 것은 하나님의 거룩 또는 성전의 거룩함을 강조하는 것으로 볼 수 있습니다. 세 번째, 하나님의 영광이 성전 문지방을 떠나자 그룹들도 땅에서 올라가고 바퀴들도 함께 올라갑니다(18-22절). 하나님의 영광이 그룹들과 함께 성전을 떠납니다. 하나님이 함께 하시는 것이 구원이며 하나님의 영광이 떠나는 것이 심판입니다.

[시편 49편]

많은 사람들이 부자를 꿈꿉니다. 시인은 재물이 행복을 좌우한다고 생각하는 자의 어리석음과 교만을 죽음과 연계해서 깨우치려 합니다(1-4절). 재물을 하나님보다 더 의지하고 자랑하는 자는 악하고 어리석은 자입니다(6절). 악하고 어리석은 부자들이 가난하고 힘없는 자들을 괴롭히는 행위와 그들로 인한 괴로운 날(='나를 에워싸는 환난의 날')을 두려워할 필요가 없습니다(5절). 왜냐하면 재물로는 자기의 생명은 물론 누구의 생명도 건질 수 없기 때문입니다(7-11절). 죽음은 누구에게나 공평합니다. 생명의 주권자인 하나님이 생명을 요구하실 때 재물은 아무런 힘도 발휘하지 못합니다. 더 나아가 죽음 이후 의인은 구원의 아침(=하나님이 스올의 권세에서 건져서 영접하여 주심)을 맞이하게 되지만 어리석은 부자는 스올로 가게 됩니다(12-15절). 세상에서 누릴 부귀영화는 잠깐이며 무덤으로 가져갈 수 없다는 것을 깨닫지 못한 자는 멸망하는 짐승과 같습니다(16-20절). 재물을 의지하는 자는 육신의 죽음과 함께 세상 영광과 영생 모두 잃게 됩니다.

[기도]

비록 사울이 자신을 죽이려 했지만 하나님이 세운 왕을 끝까지 해하지 않은 것은 다윗이 하나님을 인정하는 행위였습니다. 어떤 상황에서건 하나님을 인정하는 삶을 살게 하옵소서. 하나님이 함께 하시는 복을 누리며 내게 주신 은사와 재능으로 교회와 이웃을 섬기게 하옵소서.

[사무엘하 2장]
그동안 사울의 위협 때문에 블레셋에 의탁하여 살던 다윗이 귀환하여 유다 지파의 왕으로 등극합니다(1-7절). 한편 군사령관 아브넬이 왕으로 옹립한 사울의 아들 이스보셋은 유다의 지경을 제외한 나머지 이스라엘 지역을 2년간 통치하게 됩니다(8-11절). 하나님이 세운 다윗과 이스보셋 간의 왕위계승전쟁이 본격적으로 시작되었습니다(12-17절). 양측의 첫 충돌에서 다윗의 사령관 요압은 동생이자 부하장수인 아사헬을 포함하여 20명을 잃었고, 이스보셋의 사령관 아브넬은 360명의 군사들을 잃었습니다(18-32절). 아브넬의 적수가 되지 못하는 아사헬은 거듭되는 휴전 권고에도 불구하고 대결을 고집하다가 결국 아브넬의 손에 의해 죽게 됩니다.

[고린도전서 13장]
고린도 교회는 은사가 넘쳤으나 그로 인한 문제도 넘쳤습니다(12장). 이제 바울은 고린도교회에 가장 필요한 은사를 소개합니다. 적어도 이 은사는 고린도 교회가 안고 있는 문제를 해결하기에 최선의 가치를 가지고 있습니다. 이 은사는 바로 사랑입니다. 다양한 은사가 지체와 교회를 위해 바르게 쓰이려면 반드시 사랑의 동기로 사용되어야 합니다(1-3절). 바울은 사랑의 특성을 소개합니다(4-7절). 사랑은 감정에 머무르지 않으며 반드시 행동을 동반합니다. 예언, 방언, 지식 등은 이 땅에서 한시적으로만 필요한 것들입니다(8-10절). 종말이 오면 그 필요는 사라집니다. 그러나 사랑은 하나님의 속성으로 영원합니다. 그러므로 사랑은 가장 사모해야 할 은사입니다. 영원한 나라에서 얼굴과 얼굴을 맞대어 볼 때까지 희미한 거울과도 같은 부분적인 지식들을 가지고 우열을 가리는 어린아이의 일을 버려야 합니다(11-12절). 믿음, 소망, 사랑은 영원한 것이며 그 중 은사 사용에 있어서 제일은 사랑입니다(12-13절).

[에스겔 11장]
불의를 행하는 지도자들은 백성과 하나님을 더 멀어지게 만들었습니다(1-7절). 그들은 예루살렘을 가마에 비유하며 가마 속에 있는 고기처럼 하나님이 그들을

안전하게 보호하실 것이라고 생각합니다. 그러나 하나님은 그들을 가마에서 끄집어내실 것입니다(8-13절). 하나님의 영광이 떠난 예루살렘은 그들을 보호하는 안전한 가마가 될 수 없습니다. 두 차례에 걸친 바벨론의 침공에서 살아남은 유대인들은 하나님이 그들은 구원하시고 포로로 끌려간 사람들은 심판하신 것이라고 착각했습니다(14-15절). 그러나 하나님은 포로로 끌려간 백성들에게 회복을 약속하십니다(16-21절). 하나님의 영은 예루살렘 성전을 떠나 포로로 끌려간 백성들에게로 갑니다(22-25절). 하나님의 영이 임한 곳이 곧 성전입니다.

[시편 50편]

50편은 언약에 대한 백성들의 재 헌신을 다짐하는 내용입니다. 절기 때에 사용되었을 것으로 추정됩니다. 시는 재판장이신 하나님의 호출로 시작하는데 하나님은 온 세상('하늘과 땅')을 증인으로, 백성들을 피의자로 호출하십니다(1-6절). 이것은 하나님이 백성들의 죄를 고발할 때 흔히 사용하는 양식으로 주로 예언서에 등장합니다. "하늘이여 들으라 땅이여 귀를 기울이라"(사 1:2). 하나님은 제사에 대한 잘못된 고정관념을 지적하십니다. 자신의 행위로 신을 감동시켜서 원하는 것을 얻으려는 사람들이 있습니다. 대표적인 사례가 자신의 몸에 상처를 내면서 신을 압박하던 바알 선지자입니다. "이에 그들이 큰 소리로 부르고 그들의 규례를 따라 피가 흐르기까지 칼과 창으로 그들의 몸을 상하게 하더라"(왕상 18:28). 이스라엘 백성들은 제물의 양과 질로 하나님을 만족시킴으로써 복을 받을 수 있다는 이방인의 사고를 버려야 합니다(7-15절). 하나님은 율법을 떠나있는 백성들의 죄를 지적하십니다(16-22절). 그들은 제사만 열심히 드릴 뿐 삶에서는 하나님을 떠나 있습니다. 예배는 구원에 대한 감사가 전제되어야 하며 삶으로 완성됩니다(23절).

[기도]

하나님을 조정하거나 도구화하지 않게 하시고 하나님의 말씀을 내 마음대로 해석하지 않게 하옵소서. 하나님의 주신 은사를 교회를 위해 바르게 사용하게 하시며 사랑의 은사가 더 충만하게 하옵소서. 감사로 영화로우신 하나님을 찬송하게 하옵소서.

[사무엘하 3장]

하나님이 세운 다윗은 점점 강성해집니다(1-5절). 그러나 이스보셋은 내부 분열로 점점 쇠퇴합니다(6-11절). 다윗은 이스보셋과 결별하고 자신에게 귀순의사를 밝힌 아브넬에게 자신의 아내였던 미갈을 데려올 것을 지시합니다(12-16절). 사울의 사위로서 합법적으로 이스라엘 왕위를 계승한다는 것을 백성들에게 보여주고자 한 것입니다. 다윗을 왕으로 추대하기로 이스라엘 장로들과 의견을 모은 아브넬은 다윗의 환대를 받고 돌아갑니다(17-21절). 그러나 요압이 그를 암살합니다(22-27절). 요압이 아사헬의 죽음에 대한 사적 복수를 한 것입니다. 아브넬의 죽음과 무관했던 다윗은 진심으로 그의 죽음을 슬퍼합니다(28-37절). 다윗은 국가를 위해 필요하긴 하지만 막강한 권력을 가지고 있는 스루야의 아들들(요압과 아비새)로 인한 어려움을 토로합니다(38-39절). 다소 불안한 왕권으로 인해 다윗은 하나님을 의지할 수밖에 없었습니다.

[고린도전서 14장]

고린도 교회가 무분별한 은사 사용으로 인해 문제가 있긴 했지만 바울은 은사를 금하지 않고 오히려 사모하라고 말합니다(1절). 단, 은사는 사랑 안에서 사용되어야 하며 특히 예언을 사모해야 합니다. 바울은 방언과 예언을 비교하며 예언을 더욱 사모해야 하는 이유를 설명합니다(2-12절). 여기서 예언은 말씀을 바르게 해석하고 잘 가르치는 은사입니다. 방언은 영으로 말하는 것으로 개인에게 유익하나 예언(설교 & 교육 & 복음전도)은 지체들, 곧 교회 공동체를 유익하게 합니다. 다만 방언이 공동체의 유익이 되려면 통역이 있어야 합니다(5, 13-19, 26-28절). 일만 마디 알아들을 수 없는 말(방언)보다 다섯 마디 알아들을 수 있는 말(예언)이 더 유익합니다. 알아들을 수 없는 방언은 불신자를 유익하게 할 수 없으므로 그들을 심판에 이르게 하는 표적이 되지만, 예언은 불신자와 신자 모두에게 유익을 줍니다(20-25절). 예언을 행할 때에는 하나님의 말씀인지 아닌지를 반드시 분별해야 합니다(29절). 또한 화평과 질서 가운데 예언이 이루어져야 교회의 덕이 됩니다(30-40절). 고린도 교회에는 예언으로 교회를 어지럽게 하는 여인이 있었던 것으로 보입니다. "여자는 교회에서 잠잠하라"는 것은 교회에 유익이 되지 않은 예언을 금하라는 권면입니다.

[에스겔 12장]

에스겔은 말씀을 듣지 않는 이스라엘 백성들에게 상징행동을 통해 하나님의 뜻을 선포합니다. 하나님이 지시한 상징행동은 포로 행색을 하고 짐을 꾸린 후 성벽을 뚫고 성 밖으로 나가는 것입니다(1-16절). 그들은 실제로 이방나라의 포로가 될 것입니다(8-14절). 하나님은 이스라엘이 이방나라 가운데 흩어지게 된 이유가 그들의 죄로 인한 것이라고 말씀하시며 죄를 회개할 소수의 사람들을 남겨 놓으실 것입니다(15-16절). 심판의 날이 다가오고 있습니다(17-20절). 그러나 심판의 날이 지연되자 에스겔의 심판 예언을 거짓으로 취급하는 자가 생겨났습니다. 하나님은 그런 말이 나오지 않도록 차단하실 것이라고 말씀하십니다(21-28절). 심판의 날이 곧 옵니다.

[시편 51편]

표제어는 다윗이 밧세바와 간음한 후 나단 선지자로부터 책망 받은 때에 지어졌음을 알려줍니다(삼하 11:1-12:15). 다윗의 대표 참회시인 51편은 죄로 인한 징계보다 하나님과의 관계단절이 더 고통임을 가르쳐 줍니다. 우리는 하나님의 인자와 긍휼로 인하여 하나님께 나아갈 수 있습니다(1-2절). 다윗은 살인(='전투를 가장하여 우리야를 죽게 함'), 간음(='밧세바를 범함'), 도둑질(='남의 아내를 자신의 아내로 삼음'), 거짓 증거(='우리야를 사지로 보내 죽도록 사주함'), 탐심(='남의 아내를 탐함') 등 6-10계명을 모조리 범했습니다. 추악한 죄인임을 고백하는 다윗은 나단의 죄의 선언이 하나님의 의로운 판결인 것과 자신이 하나님으로부터 멀어져 있음을 고백합니다(3-6절). 지혜로운 사람은 주의 율법을 즐거워하며 의로운 길을 가는데 그는 지혜를 버렸습니다(1편). 그는 죄를 깊이 인식하는 것만큼 죄 사함과 회복을 간절히 열망합니다(7-12절). 그는 하나님과의 친밀감을 잃는 것을 두려워하며 성령의 임재를 구합니다. 하나님이 다시 은혜를 베풀어 주신다면 자기와 같은 범죄자에게 주의 도를 가르치며 죄 사함과 구원의 은총을 찬양할 것입니다(13-15절). 리더의 범죄는 그의 공동체에게 큰 타격을 줍니다. 다윗은 하나님이 진실한 마음으로 드리는 회개를 받으시고 이스라엘 백성에게 은혜를 베풀어 주시길 간구합니다(16-19절).

[기도]

하나님! 사적 감정으로 하나님의 일을 그르치지 않게 하시고 하나님이 주신 은사를 질서 있게 잘 사용하여 교회를 건강하게 세워나가게 하옵소서. 마지막 날에 심판이 있음을 기억하며 늘 성령 안에서 하나님과 교통하는 기쁨을 누리게 하옵소서.

[사무엘하 4-5장]

(4장) 다윗에게로 대세가 기울자 레갑과 바아나는 자신들의 주군인 이스보셋을 암살한 후 그의 머리를 가지고 다윗에게 투항합니다(1-7절). 그러나 다윗은 주군을 암살한 그들을 처형합니다(8-12절). 다윗은 신의를 저버리고 권력에 아부하는 자를 심판했습니다.

(5장) 다윗이 이스라엘의 왕으로 등극합니다(1-5절). 그는 유다지파의 수장이던 시절을 포함하여 40년간 통치하게 됩니다. 그는 여부스족이 다스리던 예루살렘을 점령하여 수도로 삼았습니다(6-12절). 이때부터 예루살렘은 이스라엘의 정치·종교·문화의 중심지가 되었습니다. 하나님의 축복으로 다윗 왕가는 번성하였으며 블레셋과의 수차례 전쟁에서 모두 승리합니다(13-25절).

[고린도전서 15장]

바울이 부활에 관해 집중 조명합니다. 부활을 포함한 예수님의 일생은 성경대로 이루어진 것이며 수많은 증인들이 있습니다(1-11절). 그러나 고린도 성도 중 일부는 육신의 부활을 믿지 않았습니다(12절). 그들은 영은 선하고 육은 악한 것으로 가르치는 영지주의의 영향을 받아 예수님의 육신의 부활을 부정했습니다. 바울은 만약 우리의 부활이 없다면 그리스도의 부활도 없었을 것이며, 주 안에서 죽은 자들과 복음을 위해 고난을 받은 성도들의 삶이 헛되고, 우리의 믿음과 복음 자체도 허망한 것이 되므로 그리스도인이 세상에서 가장 비참한 사람이 될 것이라고 말합니다(13-19절). 아담이 사망을 가져왔다면 그리스도는 생명을 가져왔습니다(21-22절). 사망권세를 멸하시고 부활하신 그리스도로 말미암아 그에게 속한 모든 자들은 부활하게 되었습니다(23-26절). 만약 부활이 없다면 죽은 자를 대신한 세례와 복음을 위한 헌신, 거룩한 삶이 궁극적으로 무슨 유익이 있겠습니까?(29-34절). 이 말은 죽은 자를 대신하여 받는 세례의 정당성을 말하는 것이 아니라 부활이 없다면 그러한 것조차 무의미하다는 것입니다. 죽은 자를 대신한 세례는 분명 그릇된 것입니다. 바울은 한 알의 씨가 썩으면 다른 형체가 자라나듯이 현재의 몸이 죽은 후 새로운 몸이 나타나는 것으로 부활을 설명합니다(35-39절). 부활의 몸은 하나님이 우리에게 입혀주실 가장 영광스런 몸입니다(39-41절). 우리는 흙에 속한 자로서 썩을 몸을 입고 있으나 그리스도로 말미암아 영원히 썩지 않는 신령한 몸을 입게 되었습니다(42-54절). 성도의 부활은 사망을 이기리라는 말씀의 성취입니다. "사망을 영원히 멸하실 것이라"(사 25:8). 그러므로 성도는 사망을 이기고 부활할 것에 대해 흔들리지 말아야 합니다(55-58절).

[에스겔 13장]
이제 하나님의 심판은 선지자들을 향합니다(1-7절). 하나님은 허탄한 말과 거짓 점괘로 백성들을 현혹한 거짓 선지자들을 심판하실 것입니다(1-12절). 백성들의 영적 상태에 전혀 관심이 없는 그들은 자기 심령(히: 루아흐=영)에 따라 예언하는 교활한 여우같은 자들입니다. 회칠한 담(예루살렘)과 회칠한 자(거짓 선지자)에게 하나님의 진노가 폭풍같이 임할 것입니다(13-16절). 그때가 되면 그들이 외친 평안은 거짓임이 드러날 것입니다. 또한 자기의 유익을 위해 거짓 예언을 하는 여선지자들도 하나님의 진노와 심판을 피하지 못할 것입니다(17-21절). 의인을 대적하고 악인을 두호한 그들로 인해 이스라엘에는 악인이 득세하고 의인이 사라지게 되었습니다(22-23절).

[시편 52-54편]
(52편) 본 시는 놉의 제사장들이 다윗에게 호의를 베풀었다가 도엑의 고발로 인해 사울에게 전부 죽임을 당한 사건을 배경으로 하고 있습니다(표제어, 삼상 21-22장). 당장 복수할 수 없었던 다윗은 하나님께 포악한 도엑을 고발합니다(1-4절). 하나님은 재물을 사랑하며 입신을 위해 아첨을 일삼는 자를 영원히 심판하실 것입니다(5-7절). 반면 의인은 견고하게 서며 하나님의 역사를 찬양할 것입니다(8-9절).
(53편) 본 시는 14편과 거의 유사합니다. "어리석은 자는 그의 마음에 이르기를 하나님이 없다 하는도다"(14:1). 여기서 어리석은 자는 두 가지 유형으로 나타나는데 하나님의 존재 자체를 인정하지 않거나 하나님의 존재는 인정하되 삶으로 부정하여 부패하고 타락한 경우입니다. 두 가지 유형 모두 선을 행할 능력이 없습니다(1-4절). 하나님을 멸시하던 악인은 수치와 심판을 당하고 그들로 인해 고통당하던 하나님의 백성은 회복될 것입니다(5-6절).
(54편) 십 광야에 숨어있던 다윗은 십 사람들의 제보로 인해 큰 위기에 빠지게 됩니다(표제어, 삼상 23장). 다윗은 자신의 힘으로 사울과 맞설 수 없음을 잘 알고 있습니다. "구원하소서, 변호하소서, 기도를 들으소서, 내 입의 말에 귀를 기울이소서"라는 연속되는 청원은 그의 급박한 상황을 잘 보여줍니다(1-3절). 그는 하나님이 그의 생명을 지키시고 원수를 멸하실 것을 확신하며 낙헌제(=감사의 마음으로 자원하여 드리는 제사)를 서원합니다(4-7절).

[기도]

다윗은 수많은 위기와 어려움이 계속되었지만 하나님을 끝까지 의지했습니다. 믿음으로 견딜 줄 아는 신앙을 갖게 하옵소서. 하나님의 말씀을 버리고 거짓된 메시지를 따라가지 않게 하옵소서. 성경대로 부활하사 우리에게 부활의 영광을 허락하실 예수님만 찬양하게 하옵소서.

[사무엘하 6장]

이스라엘은 블레셋에게 패하여 언약궤를 빼앗겼습니다(삼상 4:1-11). 그러나 언약궤로 인해 재앙이 발생하자 블레셋은 언약궤를 돌려보냅니다. 돌아온 언약궤는 20년간 기럇여아림에 있는 아비나답의 집에 안치되어 있었습니다(삼상 7:1-2). 다윗은 언약궤를 예루살렘으로 옮기는 작전을 진행합니다(1-5절). 그러나 레위인들이 어깨에 메고 운반해야 할 언약궤를 수레에 싣고 옮기다가 웃사가 죽는 참사가 발생합니다(6-8절). “전에는 너희가 메지 아니하였으므로 우리 하나님 여호와께서 우리를 찢으셨으니 이는 우리가 규례대로 그에게 구하지 아니하였음이라”(대상 15:13). 우리는 하나님의 거룩하심을 경홀히 여기지 않아야 하며 하나님을 경외하는 마음을 늘 견지해야 합니다. 웃사의 죽음을 본 다윗은 3개월간 오벧에돔의 집에 언약궤를 안치했다가 규정과 절차를 준수하며 예루살렘으로 옮깁니다(9-15절). 한편, 미갈은 언약궤의 귀환을 진심으로 기뻐하는 다윗을 조롱한 대가로 평생 아이를 갖지 못하는 벌을 받게 되었습니다(16-23절).

[고린도전서 16장]

바울은 예루살렘 교회를 돕기 위한 연보(구제헌금)를 하되 그가 고린도 교회에 이르기 전에 미리 준비하라고 지시합니다(1-4절). 고린도 성도들이 예루살렘 교회를 물질적으로 돕는 것은 복음의 빚을 갚는 것이며 유대 교회와 이방 교회의 연합을 보여주는 것이므로 바울은 기쁨으로 동참하길 소망합니다. 현재 바울이 사역하는 에베소는 선교의 문이 활짝 열려 있지만 동시에 대적들의 방해도 많았습니다(8-9절). 바울은 에베소에서의 사역이 어느 정도 마무리 되면 고린도 교회를 방문하여 여러 가지 문제를 바로잡고 교회를 온전케 한 후에 그들에게서 파송 받기를 원합니다(5-7절). 디모데의 사역에 협력할 것을 주문하고 아볼로의 소식을 전하며 깨어 믿음을 지킬 것을 권면합니다(10-14절). 마지막으로 동역자들의 안부를 전합니다(15-20절). 바울은 그리스도를 사랑하라는 당부로 글을 맺습니다(21-24절).

[에스겔 14장]

하나님은 혼합주의 신앙을 용납하지 않으십니다. 포로로 끌려온 사람들 중에 하나님과 우상을 동시에 섬기는 지도자들이 에스겔을 찾아왔습니다(1-5절). 에스겔은 그들에게 하나님의 심판을 선언합니다(6-8절). 또한 하나님이 거짓예언자들과 그들에게 의뢰하는 자들도 멸하셔서 이스라엘 백성들이 다시는 미혹을 받지 않고 죄로 더러워지지 않게 하실 것을 선포합니다(9-11절). 하나님은 예루살렘에 임할 기근, 짐승 칼, 전염병 등 4가지 심판을 말씀하시며 노아, 다니엘, 욥이라도 본인만 겨우 구원받을 수 있을 뿐 심판 자체를 돌이킬 수 없다고 말씀하십니다(12-21절). 이스라엘의 죄는 이미 임계점을 넘었습니다. 바벨론에 먼저 끌려온 백성들은 뒤늦게 끌려온 자들의 악한 행위를 보고 예루살렘의 멸망이 하나님의 공의로운 심판이었음을 깨닫고 위로를 받을 것입니다(22-23절). 고난의 원인이 자신들의 죄임을 알아야 회개로 나아가게 되며 다시 하나님의 긍휼과 구원을 얻을 수 있습니다.

[시편 55편]

원수와 악인의 핍박으로 고통당하는 다윗이 간절한 마음으로 간구합니다(1-3절). 죽음의 공포에 사로잡힌 그는 차라리 메마른 광야로 데려가 주기를 요청합니다(4-8절). 현재 예루살렘은 다윗의 통제력이 미치지 않는 상태입니다(9-11절). 이로 보건데 이 시는 압살롬의 반란을 배경으로 하고 있습니다. 강포, 분쟁, 죄악, 재난, 악독, 압박, 속임수 등의 표현이 예루살렘의 현 상항을 말해줍니다. 다윗은 악인의 음모를 깨뜨려 달라고 기도하는데 그의 기도대로 다윗의 친구이자 충성스런 신하인 후새가 압살롬 측에 위장 전향하여 아히도벨의 계략을 무산시킵니다(삼하 16:15-17장). 아들 압살롬과 그가 신뢰하던 아히도벨이 함께 모반을 일으켰다는 사실이 다윗을 더욱 고통스럽게 만듭니다(12-14절). 측근의 배신으로 인해 더욱 마음이 아픈 다윗은 하나님이 의인의 기도를 들으시고 하나님을 경외하지 않는 자를 멸하실 것을 확신합니다(15-23절). 믿었던 친구가 악인의 무리에 합류한 가운데 다윗이 믿고 의지하는 이는 오직 하나님뿐입니다.

[기도]

죄를 온전히 깨달아 회개함으로 구원의 기쁨이 회복되게 하시고 하나님을 더 깊이 경외하게 하옵소서. 하나님이 내게 주신 것을 복음과 함께 나눌 수 있는 마음을 주시옵소서. 악인의 핍박 속에서도 의인을 붙드시는 예수님만 의지하게 하옵소서.

[사무엘하 7장]

안정적인 통치 기반을 구축한 다윗은 성전 건축에 대한 포부를 밝힙니다(1-3절). 하나님은 다윗의 선한 마음을 기뻐하시며 다윗 왕조를 영원히 견고하게 하실 것을 약속하십니다('다윗 언약', 4-17절). 세상 나라는 영원할 수 없기에 여기서 말하는 다윗 왕조는 다윗의 후손으로 오실 예수 그리스도를 통하여 임하게 될 하나님의 나라를 의미합니다. 다윗 언약은 그리스도의 부활로 성취되었으며 그리스도의 재림을 통해 완성됩니다. 다윗은 하나님이 약속하신 영원한 언약으로 인해 감사하며 이스라엘을 위하여 하나님이 행하신 놀라운 일들을 찬양합니다(18-24절). 그는 하나님의 뜻이 이루어지길 소망하며 영원한 복을 간구합니다(25-29절).

[고린도후서 1장]

고난을 많이 당한 바울은 고난 중에 경험한 하나님의 위로와 환난당한 자를 위로할 수 있게 된 것에 감사하고 있습니다(3-4절). 그는 자신이 겪는 고난을 그리스도의 고난으로 여기며 영광으로 생각하고, 고난이 더할수록 위로도 더욱 넘친다고 말합니다(5절). 그는 아시아에서 겪은 사형선고와 다름없는 고난을 통해 오직 하나님만을 의지하는 법을 배웠습니다(8-9절). 그는 고난 속에서 역사하시는 하나님으로 인하여 많은 사람들이 감사할 수 있기를 소망합니다(10-11절). 바울은 전도여행 계획이 변경된 것에 대해 고린도 성도들이 오해하지 않기를 바라고 있습니다. 임의로 한 것이 아님을 그의 양심이 증거하고 있습니다(12절). 그의 최초 계획은 두 번 은혜를 얻게 하려는 것, 곧 두 번 방문하는 것이었습니다(15절). 그는 본래 에베소를 거쳐 고린도-마게도냐-고린도-예루살렘 순으로 방문하려했습니다. 그런데 이 계획은 에베소를 거쳐 마게도냐-고린도-예루살렘 순으로 변경되었습니다(고전 16:5-9). 결과적으로 두 번의 계획 모두 실행되지 못했습니다. 비난하는 자들은 바울이 충동적으로 계획을 변경했다고 말하고 있지만 바울은 자신이 경솔하게 인간적인 동기로 변경했겠느냐고 말합니다(17절). 바울은 하나님의 신실하심만큼 사역자로서의 신실함을 자부하며 그의 전도여행의 진정성을 성령이 보증하신다고 단언합니다(18-22절). 바울은 고린도에 직접 가지 않았지만 그들이 믿음으로 서도록 기도하고 편지를 보낸 후 기다려주는 것이 더 유익하였음을 확신합니다(23-24절).

[에스겔 15장]
하나님이 무익한 포도나무에 대하여 말씀하십니다. 성경은 종종 이스라엘을 포도나무에 비유합니다. 열매를 맺지 못하는 포도나무는 쓸모가 없어 땔감으로 쓰일 뿐입니다(1-5절). 이는 이스라엘의 현 실태에 대한 하나님의 진단입니다. 하나님은 회개가 없는 이스라엘을 심판하심으로 그 자신을 나타내실 것입니다(6-8절). 어리석은 이스라엘은 징계를 통해서 하나님의 존재를 알게 될 것입니다.

[시편 56-57편]
(56편) 사울에게 계속 쫓기던 다윗은 이스라엘의 대적인 블레셋의 도시 국가 중 하나인 가드 왕 아기스에게 투항합니다(삼상 21:10-15). 이 과정에서 골리앗을 죽였던 과거의 이력으로 인해 진정성이 의심을 받게 되자 고육지책으로 미친 사람처럼 행동해야 했습니다. 두려운 날들을 보내고 있는 다윗은 하나님만 의뢰하고 사람을 의지하지 않겠다고 선언합니다(1-4절). 그는 비참한 날을 보내고 있는 자신을 기억하여 주시고, 그의 생명을 노리는 악인들을 심판해 주시길 호소합니다(5-11절). 하나님은 그를 사망에서 생명의 빛 가운데로 다니게 하실 것입니다(12-13절).
(57편) 다윗의 젊은 날은 사울로 인해 도피의 연속이었습니다. 57편은 다윗이 사울을 피해 엔게디 광야 들염소 바위에 숨었던 상황을 배경으로 하고 있습니다(삼상 12:1-3). 어디를 가도 안전하지 않았던 다윗은 오직 주의 날개만이 그를 보호할 수 있음을 고백합니다(1-4절). 두려움 속에서 하나님의 보호를 간청하던 다윗의 마음은 어느 순간 하나님이 주실 구원을 확신하며 견고하게 되었습니다(6-10절). 그는 만민과 뭇 나라 가운데서 하나님의 구원을 찬송할 것입니다. 그는 기쁨으로 찬양하며 새벽을 깨울 것입니다. 그는 주의 인자와 진리가 온 세계에 충만하기를 소망합니다(5, 11절).

[기도]

나의 피난처가 되시는 하나님! 말씀 앞에 늘 진정성 있는 삶을 살게 하시고 열매 없는 포도나무처럼 되지 않게 하옵소서. 부활하심으로 다윗 언약을 성취하시고 재림의 날에 그 언약을 완성하실 예수님만 찬양하게 하옵소서.

[사무엘하 8-9장]

(8장) 다윗왕국이 크게 확장됩니다. 하나님은 다윗과 함께 하사 늘 이기게 하셨으며 다윗은 승전 후 얻은 모든 전리품을 하나님께 드렸습니다(6, 10-12절). 그는 하나님의 율법에 근거한 정의와 공의로 나라를 다스렸습니다(15절).

(9장) 다윗은 요나단과 맺은 언약을 잊지 않았습니다(삼상 20:14-16 & 42). 다윗은 사울 가문의 유일한 생존자인 요나단의 아들 므비보셋을 찾아냅니다(1-4절). 일반역사에서는 왕권의 안정을 위해 전 왕조 사람들을 숙청하는 것이 자연스러운 수순이지만 다윗은 므비보셋을 자신의 아들처럼 예우하며 은총을 베풉니다(5-13절). 다윗은 신실함으로 언약을 지켰습니다. 하나님이 십자가 언약을 통해 우리를 어떻게 사랑하셨으며 우리를 얼마나 높여주셨는지를 생각해 보십시오.

[고린도후서 2장]

바울은 과거 고린도 교회를 방문했을 때 그를 반대하는 일부 성도로 인한 아픔을 경험했습니다(1-2절). 그는 교회를 재방문하여 그들을 치리할 수 있었지만 사랑의 마음을 담아 눈물의 편지(=고린도전서와 후서 사이에 보내진 바울의 또 하나의 편지)를 쓰는 편을 택합니다(3-4절). 다행히 고린도 교회는 그 편지를 받고 자정능력을 발휘하여 문제를 일으킨 자에 대하여 적절한 수위의 징계를 내립니다(5-6절). 바울은 징계 이후에는 그들을 용서하고 위로하라고 권면합니다(7-8절). 그는 자신과 고린도 성도들이 한 마음이길 소망합니다(9-11절). 그는 자신의 편지를 가지고 고린도 교회를 방문했던 디도와 드로아에서 만나기로 했으나 무산되어 마음이 편치 않았습니다(12-13절). 그는 고린도 교회 소식을 듣고자 디도를 만나러 마게도냐로 갑니다. 이렇듯 그에게는 늘 교회와 성도에 대한 염려가 있습니다. "날마다 내 속에 눌리는 일이 있으니 곧 모든 교회를 위하여 염려하는 것이라"(11:28). 하나님은 우리의 향기(=복음을 위한 수고)를 받으시고 세상은 우리의 향기로 인하여 하나님의 구원과 심판을 알게 됩니다(14-16절). 우리는 복음을 가감 없이 전해야 합니다(17절).

[에스겔 16장]

"예루살렘으로 그 가증한 일을 알게 하여"(2절). 하나님은 결혼 비유를 통해 예루살렘 곧 유다백성들의 죄에 대해 설명하십니다. 본래 예루살렘은 이방나라 백성이었으며 나약하고 버려진 아이와 같았습니다(3-5절). "여호와께서 너희를 기뻐하시고 너희를 택하심은 너희가 다른 민족보다 수효가 많기 때문이 아니니라 너희는 오히려 모든 민족 중에 가장 적으니라"(신 7:7). 그러나 하나님이 버려진 아이와 같은 예루살렘을 열방 가운데 높여주심으로 왕후의 지위에 오르는 영광을 누리게 되었습니다(6-14절). 하나님은 이름 없는 작은 고을을 존귀케 하셨습니다. 그러나 예루살렘은 은혜를 저버리고 남편이자 왕이신 하나님을 배반하여 하나님이 주신 축복의 산물로 우상을 섬기고 자녀를 우상의 제물로 드렸습니다(15-22절). 하나님은 예루살렘의 타락을 행음에 비유합니다. 하나님이 아닌 애굽과 앗수르를 의존한 그들의 타락행위는 일반 창기보다 더 악했습니다(23-34절). 거룩한 신부였다가 음녀로 전락한 예루살렘의 죄가 이방 민족은 물론 소돔이나 사마리아(북이스라엘)보다도 더 심각했으므로 심판은 불가피했습니다(35-52절). 언약을 배반한 예루살렘은 이전에 심판을 당한 어떤 도시보다 더 수치를 당할 것입니다(53-59절). 그러나 언약을 잊지 않으시는 하나님은 예루살렘을 불쌍히 여기셔서 그들의 죄를 용서하시고 영원한 언약을 세우실 것입니다(60-63절). 예루살렘은 자신들의 큰 죄를 모두 용서하시는 하나님의 은혜에 압도당하여 할 말을 잃게 될 것입니다.

[시편 58-59편]

(58편) 통치자의 중요한 역할 중 하나는 재판입니다. 그래서 솔로몬은 올바른 통치를 위한 지혜를 구했습니다(왕상 3:7-9). 타락한 지도자는 판결을 왜곡합니다. 다윗은 하나님께서 불의한 재판관을 심판하시고 악인에 의해 고통 받는 의인을 변호해 주시길 간구합니다(1-10절). 그는 하나님의 공의가 나타나 악인에 대한 심판과 의인에 대한 보상이 이루어질 것을 확신합니다(11절).

(59편) 표제어에 의하면 이 시는 다윗이 아내 미갈의 도움으로 자신을 추격하는 사울의 군사로부터 가까스로 벗어난 상황을 배경으로 하고 있습니다(삼상 19:11-17). 다윗은 하나님의 구원과 원수들에 대한 즉각적인 심판을 요청합니다(1-5절). 그는 하나님이 반드시 원수를 소멸하심으로 하나님의 주권을 나타내주시길 간구합니다(6-13절). 대적들은 방황하겠지만 시인은 구원의 하나님을 찬양할 것입니다(14-16절). 하나님은 다윗의 힘과 요새가 되시며 그를 긍휼히 여기시는 분입니다(17절).

[기도]

십자가 언약으로 나를 붙드시는 하나님! 영원히 변치 않는 언약을 찬송합니다. 먼지와 같은 인생을 존귀케 하신 나의 의가 되시는 하나님을 위하여 복음의 향기를 발하게 하옵소서.

[사무엘하 10장]
다윗은 우호관계에 있었던 암몬 왕 나하스의 죽음을 애도하며 조문단을 보냈는데 나하스의 아들 하눈이 이들에게 큰 수치를 안겨주었습니다(1-5절). 하눈의 도발은 전쟁을 불러왔습니다. 자신들의 힘으로 다윗을 이기기 힘들다고 판단한 암몬은 아람과 마아가의 군대 그리고 돕 지역 사람들을 용병으로 고용하여 대항합니다(6-8절). 그러나 이들의 연합은 다윗의 군대에게 분쇄당합니다(9-14절). 전열을 재정비한 연합군을 상대로 다윗이 재차 승리하자 아람과 주변 나라들이 이스라엘을 두려워하게 됩니다(15-19절).

[고린도후서 3장]
추천서도 없는 거짓 사도라고 비난하는 일부 사람들에게 바울은 그의 사역을 통해 예수님을 영접한 고린도 성도들이야말로 자신의 사도직을 증명하는 편지 곧 추천서라고 말합니다(1-3절). 하나님은 새 언약의 일꾼으로 바울을 택하셨습니다(4-6절). 율법은 죽이는 것입니다. 즉, 율법은 인간을 죄인으로 세우지만 구원으로 이끌지는 못합니다. 구원을 주지 못하는 율법이라도 그 율법을 받았던 모세의 직분은 영광스러운 것이었습니다(7절). 예수 그리스도는 율법이 할 수 없었던 구원을 완성하셨습니다. 그러므로 구원의 복음을 전하는 일꾼(=영의 직분, 의의 직분)은 율법을 위한 일꾼과는 비교할 수 없이 영광스러운 것입니다(8-11절). 예수님은 율법을 완성하셨으며 새 언약을 성취하셨습니다(12-16절). 모세는 때가 되면 율법의 영광이 사라질 것을 알았기에 그 얼굴을 수건으로 가렸습니다. 그러므로 구원의 실체가 되시는 예수 그리스도를 주목하지 않고 율법에 매여 있는 것은 어리석은 것입니다. 율법에 매여 있는 바울의 대적들은 영적으로 무지합니다. 성령님은 우리로 하여금 영적 무지에서 벗어나 복음의 영광을 보게 하시며 진리 안에서 자유케 하십니다(17-18절).

[에스겔 17장]
하나님이 수수께끼와 비유로 말씀하십니다. 큰 독수리가 레바논의 백향목 높은 가지를 꺾어 상인의 성읍에 두고, 그 땅의 종자를 꺾어 옥토에 심은 것이 자라나서 높지 않은 포도나무가 되었는데 큰 독수리의 영향 아래 있게 됩니다(1-6절). 그런데 이 포

도나무가 또 다른 큰 독수리에게 물을 받기 위해 뿌리를 뻗고 가지를 펼치다가 결국 말라 버리게 됩니다(7-10절). 여기서 큰 독수리는 바벨론 왕, 백향목 높은 가지는 여호야긴 왕, 상인의 성읍은 바벨론 땅, 포도나무는 시드기야 왕, 또 다른 큰 독수리는 애굽의 바로를 상징합니다. 유다를 침공한 바벨론이 시드기야를 왕으로 세우고 여호야긴을 포로로 끌고 갔으며, 시드기야는 애굽을 의지하여 바벨론에 대항하다가 결국 유다는 망하고 그 자신은 두 눈이 뽑힌 채 포로로 끌려가게 될 것입니다(11-18절). 강력한 애굽도 그를 도울 수 없었습니다. 하나님은 애굽을 의지함으로 하나님과의 언약을 깨뜨린 시드기야를 심판하실 것입니다(19-21절). 그러나 하나님은 이스라엘의 회복과 구원을 약속하십니다(22-24절).

[시편 60-61편]

(60편) 이 시는 에돔과의 전쟁을 배경으로 하고 있습니다(표제어). 이스라엘은 에돔과의 전쟁에서 큰 승리를 거둡니다(삼하 8:13-14). 따라서 이 시는 전투 초반에 예상치 못한 어려움에 빠진 상황을 배경으로 한 것으로 보입니다. 시인은 에돔에게 패한 것을 하나님의 버리심, 지진 등으로 표현하며 하나님이 분노하신 결과라고 말합니다(1-3절). 그는 주를 사랑하며 경외하는 백성들을 능력의 오른손으로 붙드셔서 구원과 승리를 주시길 간구합니다(4-5절). 에돔과 함께 주변 모든 나라와 민족들은 하나님의 소유가 될 것입니다(6-8절). '신발을 던지다'는 표현은 에돔이 주인의 신발을 씻는 종의 신분으로 전락할 것을 의미입니다. 하나님이 유다를 이끄신다면 능히 대적을 이길 수 있습니다(9-12절).

(61편) 이 시는 다윗이 압살롬의 반란으로 피난을 갔을 때 지은 것으로 보이며(삼하 17:21-29) 성전예배 때 쓰였습니다(표제어). 다윗은 자신의 상황을 땅 끝으로 표현합니다(2절). 그가 왕궁에서 멀리 떨어져 있는 만큼 성전으로부터도 멀어져 있습니다. 그는 주의 성전으로 돌아가 이전처럼 예배하기를 간절히 소망합니다(4-5절). 갑자기 왕의 장수와 영원한 통치를 위한 기도가 등장합니다(6-7절). 이 기도는 3인칭으로 표현한 다윗 자신의 기도일 수도 있고 제사장이나 레위인의 낭독에 의한 기도일 수도 있습니다. 다윗은 응답을 확신하며 찬양과 서원이행을 선언합니다(8절).

[기도]

하나님을 떠나 도움이 될 수 없는 것을 의지하는 일이 없게 하옵소서. 인생에 많은 일들이 있으나 다윗처럼 변함없이 하나님을 의지하게 하옵소서. 내게 계시의 영을 부어 주사 율법과 예언 속에 나타나는 예수 그리스도의 복음을 더 깊이 알게 하옵소서.

[사무엘하 11장]
하나님을 경외하던 다윗의 치명적인 범죄에 대한 기록입니다. 이스라엘 군대가 암몬의 수도 랍바를 공략하고 있을 때 다윗은 한 여인을 왕궁으로 불러 동침하게 됩니다(1-5절). 그는 정욕 앞에 완전히 무너졌습니다. 그 여인은 암몬에서 전투 중인 우리야 장군의 아내 밧세바였으며 다윗으로 인해 임신까지 하게 됩니다. 다윗은 전쟁터에 있는 우리야를 예루살렘으로 부릅니다(6절). 그러나 우리야를 집으로 보내 태중의 아이를 그의 아이로 둔갑시키려던 다윗의 계획은 우리야의 충성심 때문에 실패합니다(7-9절). 다윗은 우리야를 술에 취하게 한 뒤 집으로 보내려 했으나 이 역시 실패로 돌아갔습니다(10-13절). 결국 다윗은 사령관 요압에게 몰래 지시하여 우리야를 사지로 보내 죽게 만든 후 태연하게 밧세바를 자신의 아내로 삼는 파렴치한 범죄를 저질렀습니다(14-27절). 누구도 다윗의 무서운 속내를 알지 못했지만 하나님은 모든 것을 알고 계십니다.

[고린도후서 4장]
바울은 하나님의 긍휼하심을 힘입어 사도가 되었습니다(1절). 하나님이 주신 영광스런 직분을 받은 그는 어떤 상황에서도 낙심하지 않습니다. 그는 거짓과 속임을 쓰지 않았으며 진리를 그대로 선포함으로써 사명을 감당했습니다(2절). 그러나 그가 복음을 온전히 전했음에도 불구하고 악한 영에 미혹된 사람은 복음을 받아들이지 않았습니다(3-4절). 바울은 십자가에서 죽으시고 부활하신 예수 그리스도의 주 되심과 이를 증거하기 위해 자신이 그의 종이 되었다고 말합니다(5절). 하나님의 영광의 빛을 경험한 바울은 질그릇(=토기, 자신의 연약함을 표현한 말)과 같은 자신이 보배(그리스도)를 지녔다고 고백합니다(6-7절). 예수님의 죽음을 몸에 짊어진 것과 같은 극심한 핍박 가운데 이루어진 바울의 사역을 통해 예수 그리스도의 생명이 나타납니다(8-12절). 다가올 영광의 날을 바라보는 자는 결코 낙심하지 않습니다(13-18절). 복음을 위해 고난을 받을수록 그의 외형(육신)은 쇠하여지지만 그의 속사람(예수 그리스도의 부활 생명을 소유한 존재)은 날마다 새로워집니다. 참된 믿음은 현재가 아닌 미래, 즉 영원한 하나님 나라를 지향합니다. 영원한 생명과 영광을 향해 나아갈 때 우리의 영혼은 날마다 새로워집니다.

[에스겔 18장]
바벨론 포로로 끌려간 백성들은 '아버지가 신 포도를 먹었으므로 그 아들의 이가 시다'는 말을 공공연히 하곤 했습니다(1-2절). 그들이 고초를 겪고 있는 이유가 조상 혹은 부모에게 있다는 것입니다. 그러나 하나님은 각자 자신의 행위에 따라 심판을 받는다고 말씀하십니다(3-4절). 아버지가 악을 행하였더라도 아들이 하나님의 율례와 법도를 행하면 반드시 살 것이며, 아버지가 의를 행하였더라도 아들이 하나님의 율례와 법도를 떠나 악을 행하면 심판을 받게 될 것입니다(5-20절). 의인이 악을 행하면 처음 행한 의는 기억되지 않고 그가 저지른 악으로 인하여 심판을 받을 것이며, 악인이 의를 행하면 처음 행한 악은 기억되지 않고 그가 행한 의로 인하여 살게 될 것입니다(21-24절). 하나님의 판결은 공정합니다(25-29절). 그러므로 각자 죄에서 떠나 마음과 영을 새롭게 해야 합니다(30-32절).

[시편 62-63편]
(62편) 자신을 죽이려고 공격하는 대적들로 인하여 매우 위태로운 상황에 놓인 시인은 견고한 반석이며 요새이신 하나님만 신뢰합니다(1-4절). 그는 그의 영혼과 백성에게 잠잠히 하나님만 바라볼 것을 촉구합니다(5-8절). 사람의 힘과 재물을 의지하지 말고 권능의 하나님께 마음을 두어야 합니다(9-12절).
(63편) 극심한 고난 가운데 있는 다윗은 성전에서 경험한 하나님의 영광과 권능, 인자하심을 회상하고 있습니다(1-6절). 그는 하나님이 진정으로 그를 만족케 하실 것을 확신하며 찬양을 결단합니다. 대적들은 심판을 받게 되겠지만 시인은 주의 성전으로 돌아가 예배하게 될 것입니다(7-10절). 다윗은 승리의 하나님을 기뻐할 것이며 대적들의 계획은 무산될 것입니다(11절).

[기도]

육신의 정욕에 사로잡히지 않게 하시고 하나님의 말씀에 마음과 생각의 뿌리를 내리게 하옵소서. 주의 의를 떠나지 않게 하옵소서. 견고한 반석이신 하나님을 의지합니다. 미래의 소망과 영원에 대한 믿음을 주신 예수님만 신뢰하게 하옵소서.

[사무엘하 12장]

하나님이 다윗의 나라를 영원히 견고하게 하실 것(삼하7:16)을 선포했던 나단 선지자가 다윗의 범죄를 지적합니다(1-9절). 다윗의 범죄는 하나님의 말씀을 업신여긴 결과입니다. 우리가 말씀을 멸시하면 탐욕의 지배를 받게 됩니다. 다윗은 즉시 자신의 죄를 인정하였으며 나단은 하나님의 용서를 전합니다(10-14절). 그러나 죄로 인한 대가(=죄 가운데 잉태한 아이의 죽음, 아들 압살롬의 반란 등)가 있습니다. 다윗은 밧세바가 낳은 아이가 병들자 금식하며 기도합니다(15-17절). 혹시 하나님이 은혜를 베푸실지 모르기 때문입니다. 그러나 며칠 후 아이가 죽게 되자 더 이상 할 수 있는 일이 없었던 다윗은 자리에서 일어나 하나님을 경배합니다(18-23절). 하나님의 공의로운 심판을 인정한 것입니다. 다윗의 죄를 용서하신 하나님은 그에게 새로운 아들 솔로몬을 주셨습니다(24-25절). 한편 이스라엘은 암몬과의 전쟁에서 승리합니다(26-31절).

[고린도후서 5장]

육신은 땅에 세운 장막과 같아서 언젠가 무너지지만 우리에게는 하나님이 지으신 영원한 집(=부활을 통해 입게 될 영원한 몸)이 있습니다(1절). 우리는 벌거벗은 자(=육신 없이 영혼만 있는 상태)가 아니라 거룩하고 영원한 몸을 덧입는 자입니다(2-4절). 이 놀라운 역사를 성령께서 이루어 주시고 또한 보증해 주십니다(5절). 주님과 함께 하는 기쁨을 아는 성도는 육신의 장막을 벗고 영원한 부활의 몸을 입게 될 날을 고대합니다(6-8절). 그러나 복음전파의 사명을 버려두고 하늘의 집만을 바랄 수는 없습니다. 우리는 영원한 집을 소망하는 마음으로 주를 기쁘시게 하는 삶을 살아야 합니다(9절). 우리의 삶은 심판대 앞에서 다 계수가 될 것입니다(10절). 바울은 하나님을 경외하며 진정으로 사역했지만 그의 대적들은 외모(=혈통, 율법 준수 등의 외적 조건)를 자랑했습니다(11-12절). 그리스도의 대속의 죽음을 알게 되면 자신이 아닌 그리스도를 위해 살아가게 됩니다(13-15절). 바울은 한때 세상의 기준으로 그리스도를 판단하여 배척했지만 지금은 그렇지 않습니다(16절). 대속의 제물이 되신 그리스도 안에서 우리는 새로운 피조물이 되었으며 하나님의 의가 되었습니다(17-21절). 영원한 집을 소망하는 자는 하나님과 화목합니다.

[에스겔 19장]

하나님은 에스겔에게 이스라엘의 지도자를 위한 애가를 부르라고 명하십니다(1절). 에스겔은 왕을 사자로 비유합니다. 악한 통치를 일삼다가 애굽으로 끌려간 첫 번째 사자는 여호아하스입니다(2-4절). 첫 번째 사자의 악한 통치를 그대로 답습하다가 바벨론으로 끌려간 두 번째 사자는 여호야긴 혹은 시드기야입니다(5-9절). 둘 다 바벨론에 의해 포로로 끌려갔습니다. 물가에 심겨져서 많은 가지와 열매를 맺었던 포도나무(유다)는 땅에서 뽑혀진 후 열매는 동풍(바벨론)에 의해 마르고 가지들은 꺾이고 말라 불에 타게 되었으며 결국 메마른 광야에 심겨지게 되었습니다(10-14절). 더 이상 권세 잡은 자의 규가 될 만한 강한 가지(왕)가 나올 수 없게 되었습니다. 절망적인 유다의 상황을 담고 있는 슬픈 노래입니다.

[시편 64-65편]

(64편) 시인은 원수로 인하여 두려워하며 탄식합니다(1절). 악인의 치명적인 공격으로부터 그를 건지실 분은 하나님밖에 없습니다(2-3절). 시인이 두려워하는 것과는 달리 원수들은 승리를 자신하고 있습니다(5-6절). 하나님은 교만한 원수들을 심판하심으로 당신께 피한 의인이 기뻐하게 하실 것입니다(7-10절).
(65편) 회중이 모여 그들의 죄를 용서하신 하나님을 찬양합니다(1-4절). 하나님은 온 세상을 창조하신 분이며 백성들의 구원자이십니다(5-7절). 온 세상은 하나님이 행하신 일을 보고 기뻐할 것입니다(8절). 하나님은 그의 백성들을 부족함 없이 먹이시는 분입니다(9-13절).

[기도]

큰 죄를 저지른 다윗이었지만 선지자의 지적에 즉시 회개의 눈물을 흘립니다. 회개의 눈물이 메마르지 않게 하시며 죄에는 대가가 있다는 사실을 기억하게 하옵소서. 어렵고 두려운 상황에서도 변함없이 하나님을 찬양하게 하옵소서.

[사무엘하 13장]
밧세바와의 간음사건 이후 나단 선지자는 다윗을 향해 "칼이 네 집에서 영원토록 떠나지 아니하니라"라고 선언했습니다(12:10). 나단의 선언이 현실이 되었습니다. 이복누이 다말을 연모했던 암논이 다말을 억지로 범하였고, 다말의 친오빠인 압살롬은 기회를 엿보다가 암논을 죽입니다(1-29절). 살인을 저지른 압살롬은 그 술로 망명을 떠납니다(30-39절). 다윗은 암살과 망명으로 두 아들을 잃었으며 고통 속에 살아가는 딸을 지켜보아야 했습니다.

[고린도후서 6장]
바울은 하나님의 동역자요(1절) 하나님의 일꾼(4절)이라는 분명한 정체성을 가지고 있습니다. 그는 하나님의 은혜를 거부하는 행위에 대하여 경계하며 성도들에게 권면합니다(1절). 복음을 들을 때가 곧 은혜의 때요 구원의 날이므로 반드시 복음을 붙들어야 합니다(2절). 그는 자신의 직분이 비방을 받지 않도록 무엇에든지 아무에게도 거리끼지 않게 사역했습니다(3절). 바울은 그가 경험한 고난의 목록을 제시하며 이러한 것들이 그를 하나님의 일꾼으로 천거하고 있다고 말합니다(4-5절). 그는 고난 가운데서도 깨끗함과 지식, 오래 참음과 자비함을 잃지 않았습니다(6-7절). 그 과정에서 영광 곧 아름다운 이름(사도)으로 인정받기도 하고, 욕됨 곧 악한 이름(사기꾼)으로 취급받기도 했습니다(8a절). 대적들은 그를 속이는 자라고 비방했으나 그는 참된 성도요 사도입니다(8b절). 그는 세상적으로는 아무것도 아닌 자 같으나 하나님 나라에서는 참된 자, 유명한 자, 산 자, 죽임을 당하지 않은 자, 기뻐하는 자, 많은 사람을 부요케 하며 모든 것을 가진 자입니다(8b-10절). 바울은 성도들이 칭찬하든 질책하든 다 받아들일 준비가 되어 있으니 그들 역시 열린 마음으로 자신을 대해 주길 요청합니다(11-13절). 거룩을 위하여 우상 숭배자들과 함께하지 말고 언약 백성임을 기억하여 부정한 것을 접하지 말아야 합니다(14-18절). 하나님의 언약 백성은 우상숭배자들의 가치관과 삶의 방식을 버려야 합니다. 바울은 우상숭배가 만연한 고린도에서 거룩을 촉구합니다.

[에스겔 20장]
여호야긴이 바벨론 포로로 끌려온 지 7년이 되는 BC 591년에 지도자들이 에스

겔을 찾아 왔습니다(1절). 이때 유다는 멸망 직전의 상태였는데 그들은 선지자에게서 희망의 메시지를 기대했습니다. 질문을 거절하신 하나님은 과거 역사를 소환하십니다. 이스라엘은 출애굽의 은혜를 경험하고도 우상을 버리지 않았습니다(2-8절). 그럼에도 불구하고 그들이 약속의 땅에 무사히 정착하게 된 것은 하나님이 이방인 앞에서 자신의 이름이 더럽혀지는 것을 원치 않으셨기 때문입니다(9절). "자기 이름을 위하여 의의 길로 인도하시는도다"(시 23:3). 출애굽 세대와 광야 세대를 지나 오늘에 이르기까지 그들은 생명과 복을 누리게 할 하나님의 율법을 버리고 우상을 섬김으로 하나님의 이름을 욕되게 했습니다(10-29절). 출애굽 세대가 약속의 땅에 들어가지 못했던 것처럼 하나님은 조상들의 죄를 반복하고 있는 그들을 심판하실 것입니다(30-38절). 하나님은 결단을 촉구하시며 구원과 회복에 대한 강한 의지를 드러내십니다(39-42절). 신실하신 하나님으로 인해 백성들은 자신들의 죄를 깨닫게 될 것입니다(43-44절). 그러나 그 전에 심판이 먼저 있을 것입니다(45-48절). 이것은 단지 비유일 뿐 실제로 일어날 일은 아니라고 생각하는 사람들은 심판을 경험하고 나서야 하나님의 말씀대로 모든 일이 이루어졌다는 사실을 알게 될 것입니다(49절).

[시편 66-67편]

(66편) 시인은 출애굽의 역사를 거론하며 구원의 하나님을 찬양할 것을 선포합니다(1-6절). 누구도 이방 나라까지 다스리시며 살피시는 하나님을 거역할 수 없습니다(7절). 하나님은 생명을 주시며 그의 백성을 선하게 인도하시고, 고난을 통해 연단하시며 예비하신 복을 주십니다(8-12절). 시인은 환난 날에 서원한 감사제를 드리겠다고 선언합니다(13-15절). 하나님은 환난 날에 드린 그의 기도에 응답하셔서 감사제 이행을 현실로 만들어 주셨습니다(16-20절).

(67편) 시인은 모든 민족이 하나님을 알고 그를 경외하며 찬송하기를 소망하고 있습니다. 이것이 제사장 나라인 이스라엘의 사명입니다. 민족마다 복을 구하는 대상이 제각기 다르지만 복은 창조와 구원의 하나님으로부터 온다는 것을 알아야 할 것입니다(1-2, 6-7절). 하나님은 온 세상을 다스리시는 통치자요 공의로운 심판자이시므로 모든 나라가 그를 높여야 합니다(3-5절).

[기도]

말씀을 통해 다윗의 범죄가 미치는 영향을 보았으니 죄를 멀리하고 주의 거룩하심을 더욱 사모하게 하옵소서. 모든 나라와 민족으로 신실하신 하나님을 찬양하며 높이게 하옵소서. 복음으로 우리를 부요케 하시고 영원을 소유하게 하심으로 모든 것을 가진 자 되게 하신 예수님을 찬양하게 하옵소서.

[사무엘하 14장]

다윗은 그술로 떠나버린 압살롬을 그리워하며 슬픔 가운데 살고 있었습니다(1절). 요압은 다윗과 압살롬을 화해시키기 위해 과부로 위장시킨 한 여인을 다윗에게 보냅니다(2-3절). 요압의 사주를 받은 여인은 다윗에게 자신의 억울함을 호소합니다(4-7절). 그에게 아들 둘이 있었는데 첫째가 둘째를 죽이자 집안사람들이 첫째를 죽이라고 종용한다는 것입니다. 만약 그렇게 되면 대가 끊기게 되니 이를 막아달라는 것입니다. 다윗은 그 부탁을 들어주겠다고 약속합니다(8-11절). 다윗의 호의적인 반응에 자신감을 얻은 여인은 하나님이 생명을 빼앗거나 버리시지 않는 것처럼 왕께서도 압살롬을 용서하시고 데려와야 한다고 간청합니다(12-17절). 죽은 암논은 어쩔 수 없지만 살아있는 압살롬은 거두어야 한다는 것입니다. 여인의 조언이 요압의 사주인 것을 알게 된 다윗은 압살롬을 데려오긴 하지만 만나지는 않습니다(18-24절). 귀환한지 2년이 지나도록 아버지를 만나지 못한 압살롬은 요압의 중재로 마침내 아버지와 화해하게 됩니다(25-33절).

[고린도후서 7장]

바울은 거룩한 삶을 강조하면서 자신은 복음을 수단으로 삼은 적이 없다고 말합니다(1-2절). 그는 자신의 운명을 고린도 교회에 종속시킬 정도로 그들을 사랑합니다(3절). 바울이 고린도 성도들에게 무슨 말이든 담대하게 말할 수 있는 것은 그가 고린도 성도들을 신뢰하며 자랑스러워하기 때문입니다(4절). 고린도 교회가 바울의 권면을 받아들여 회개하고 복음의 대적들을 치리하였다는 소식은 바울에게 큰 위로가 되었습니다(5-6절). 고린도 성도들은 거짓 교사들을 잠시 따랐던 것을 애통해 하며 다시 바울을 사모하며 복음을 위해 열심을 냅니다(7절). 거짓 교사들로 인해 생긴 공동체와 바울의 불화가 종식될 기미가 보입니다. 거짓 교사 문제로 인해 디도 편으로 보낸 바울의 눈물의 편지(2:4)가 고린도 성도들을 잠시 근심하게 했지만 결국에는 회개와 구원의 열매를 맺었습니다(8-12절). 하나님의 뜻을 이루기 위한 근심은 구원에 이르는 회개를 불러옵니다. 바울은 디도를 환대하고 그의 권면을 적극 실천한 고린도 교회를 자랑스러워합니다(13-16절).

[에스겔 21장]

하나님은 에스겔에게 이스라엘에 임할 심판을 예언한 후 허리가 끊어지듯 슬피 탄식하라고 명하십니다(1-7절). 재난이 닥치면 의인과 악인 모두 죽게 됩니다. 백성들 특히 고관들에게 매서운 칼의 심판이 임할 것이며 심판은 한번으로 그치지 않을 것입니다(8-17절). 심판의 칼을 쥐게 된 바벨론은 가장 먼저 예루살렘으로 향할 것입니다(18-23절). 백성들의 허물과 죄가 드러나고 왕은 자리에서 쫓겨날 것입니다(24-27절). 심판의 칼을 맞은 암몬 역시 철저히 파괴될 것입니다(28-32절).

[시편 68편]

시인은 하나님께 원수의 멸망과 약자 보호를 요청하며 하나님을 경외하는 의인을 찬양으로 초대합니다(1-6절). 시내산 언약을 통해 이스라엘을 당신의 백성으로 선포하시고 광야에서 늘 앞서 행하신 하나님은 약속의 땅에 정착한 백성들을 위해 흡족한 비를 내려주셨습니다(7-10절). 하나님은 광야든 약속의 땅이든 어디서나 이스라엘의 인도자요 목자이십니다. 하나님의 약속은 성취되어 이스라엘은 더욱 존귀하게 되었고 대적들은 흩어지게 되었습니다(11-14절). 심지어 연약한 여인이 적군의 왕을 전리품으로 취하기도 했습니다('헤벨의 아내 야엘', 삿 4:17-24). 바알신앙을 뜻하는 바산의 산과 여호와 신앙을 뜻하는 시온 산이 비교되고 있습니다(15-16절). 하나님이 시온과 함께 하시면 승리합니다(17-18절). 시인은 우리 짐을 대신지시는 구원의 하나님을 찬양합니다(19-20절). 구원은 무엇입니까? 하나님이 우리 짐을 대신 져 주시는 것입니다. "수고하고 무거운 짐 진 자들아 다 내게로 오라 내가 너희를 쉬게 하리라"(마 11:28). 시인은 패전국의 왕을 처형하는 장면을 묘사하면서 승리의 왕이신 하나님을 송축하라고 외칩니다(21-27절). 그가 원수의 정수리(=교만을 상징)를 깨뜨리셨습니다. 땅 위의 모든 나라가 하나님을 찬양하고 그의 영광은 모든 나라에 미칠 것입니다(28-35절). 갈밭의 들짐승은 애굽, 수소의 무리는 앗수르, 만민의 송아지는 그 밖의 모든 민족을 나타냅니다. "하나님이여 주는 하늘 위에 높이 들리시며 주의 영광이 온 세계 위에 높아지기를 원하나이다"(57:11).

[기도]

세상 근심이 아닌 하나님의 뜻대로 하는 근심을 통하여 구원과 생명을 나아가게 하옵소서. 주의 이름이 하늘 위에 높이 들리며 주의 영광이 온 세계위에 높아지길 원합니다. 무거운 짐을 대신 지심으로 우리를 구원하신 예수님만 따르게 하옵소서.

[사무엘하 15장]
사람들을 선동하며 자기 세력을 키우던 압살롬이 헤브론에서 반란을 일으킵니다(1-12절). 다윗이 예루살렘을 급히 탈출한 것을 보면 압살롬의 세력이 상당히 컸던 것으로 추정됩니다(13-16절). 그럼에도 다윗의 곁에는 잇대와 가드 사람 600명, 제사장 사독과 아비아달, 그렛과 블렛 사람, 친구이자 참모인 후새 등의 충성스런 부하와 백성들이 있었습니다(17-23절). 다윗은 법궤를 메고 나오는 제사장 사독과 아비아달을 돌려보냅니다(24-29절). 법궤를 볼모삼지 않고 하나님의 주권에 그의 생사를 온전히 맡기기로 한 것입니다. 다윗의 전략가였던 아히도벨이 압살롬 편에 붙자 다윗은 그를 견제할 능력을 갖추고 있는 후새를 예루살렘에 남겨 놓습니다(30-37절).

[고린도후서 8장]
핍박과 궁핍 가운데서도 복음이 주는 기쁨으로 충만한 마게도냐 교회는 예루살렘 교회를 돕는 일에 힘에 넘치도록 자원함으로써 고린도 성도들에게 영적 감화와 큰 도전을 주었습니다(1-5절). 바울은 고린도 교회도 동일한 마음으로 구제에 자발적으로 동참하길 촉구합니다(6-9절). 그는 1년 전부터 시작된 예루살렘 교회를 위한 연보(구제헌금)에 더욱 마음을 모을 것을 촉구합니다(10-12절). 아마도 고린도 교회 내의 여러 가지 문제로 인해 진척이 더뎠던 것으로 보입니다. 바울은 고린도 교회가 물질적으로 넉넉한 교회는 아니지만 나눔을 통해 예루살렘 교회의 부족함을 채워주기를 소원합니다(13-15절). 연보는 교회를 진정으로 사랑하는 디도와 두 형제에게 맡겨졌습니다(16-19절). 선한 사업을 할 때에 불미스런 일이 종종 발생합니다. 그래서 바울은 연보의 운반과 관련하여 신실한 일꾼들을 세웁니다(20-21절). 바울은 그들이 도착했을 때 환대하고 고린도 교회에 대한 자랑의 증거(=고린도 교회의 준비된 풍성한 연보)를 보일 것을 당부합니다(22-24절).

[에스겔 22장]
하나님은 우상을 섬기는 타락한 죄악의 도시 예루살렘을 심판하실 것입니다(1-14절). 예루살렘은 그들의 죄로 인해 약속의 땅에서 쫓겨나 여러 나라로 흩어

지게 될 것입니다(15-16절). 하나님의 심판은 풀무 불과 같습니다(17-22절). 풀무 불은 심판의 혹독함과 정결케 하는 연단의 과정 모두를 함축하고 있습니다. 백성들의 강포와 불의함도 심판의 한 원인이지만 그들을 바르게 이끌어야 할 선지자와 제사장, 고관들의 책임이 더욱 큽니다(23-29절). 죄가 만연한 예루살렘에는 하나님의 심판을 막아설 의인 한명이 없습니다(30-31절).

[시편 69편]

극도의 곤경 가운데 처한 시인이 절박한 심정으로 하나님을 찾았지만 그가 바라는 빠른 구원은 오지 않고 죽기 직전의 상황까지 내몰렸습니다(1-4절). 원수의 공격으로 극한의 상황까지 몰린 시인은 자신의 우매함과 감추어졌던 죄가 있는지 먼저 살핍니다(5-6절). 깊은 성찰을 통해 시인이 내린 결론은 그가 하나님의 뜻을 따르는 열심 때문에 현재의 고통을 겪고 있다는 것입니다(7-12절). 심지어 그의 회개까지 조롱거리가 되고 가까운 사람마저 그를 멀리하고 있습니다. 그는 원수로부터 건져달라고 반복해서 기도합니다(13-18절). 그가 받은 비방과 수치와 능욕을 주께서 아십니다(19-20절). 시인은 모든 감정을 쏟아내며 원수에 대한 저주의 기도를 드립니다(21-28절). 마음의 응어리진 것들을 하나님께 다 쏟는 것입니다. 그는 고난에서 건져주시길 간구하며 감사와 찬양을 서원하고 모든 만물을 찬양으로 초대합니다(29-36절). 처음에는 고난의 상황에만 머물던 시인의 시선은 기도 중에 확대되어 하나님의 크고 위대하심을 보게 되었습니다.

[기도]

아들의 반란과 대적의 공격으로 인한 절망적인 상황에서도 다윗은 하나님을 경외하는 태도를 견지합니다. 요동하지 않는 인생이 되기를 소망합니다. 교회와 나라의 지도자들을 축복하시고 교회와 성도를 섬기는 일에 기쁨과 자원하는 마음으로 동참하게 하옵소서.

[사무엘하 16장]
다윗은 요나단의 아들인 므비보셋을 아들과 같이 예우했는데 그의 종인 시바가 다윗의 환심을 사기 위해 그가 사울왕조를 다시 일으키려 한다고 거짓말을 합니다(1-4절). 다윗은 시바의 말을 그대로 믿습니다. 므비보셋에 대한 오해는 다윗이 왕궁으로 복귀하고 나서야 풀리게 됩니다(19:24-30). 사울의 친족인 시므이는 도피중인 다윗을 향해 하나님이 사울왕가를 몰아낸 대가를 치르게 하신다고 저주합니다(5-8절). 그러나 다윗은 개인적인 원한을 내세워 그를 죽이지 않습니다(9-14절). 다윗의 친구이자 충신인 후새는 압살롬에게 거짓 충성맹세를 하였으며 압살롬은 모사가인 아히도벨의 제안으로 아버지 다윗의 후궁들과 동침합니다(15-23절). 이는 왕궁에 속한 사람들을 포함하여 모든 소유가 자신의 것이 되었음을 선언하는 상징적인 행위입니다. 그러나 아버지의 여인을 범하는 것은 율법이 엄히 금하는 행위입니다(레 18:8 & 레 20:11). 한편 이 일은 다윗의 범죄에 대한 나단 선지자의 예언의 성취이기도 합니다. “그 사람들이 네 아내들과 더불어 백주에 동침하리라”(12:11).

[고린도후서 9장]
고린도 교회의 예루살렘 교회를 위한 연보는 마게도냐 교회가 연보에 참여하는 좋은 계기가 되었습니다(1-2절). 그러나 역전 현상이 발생하였습니다. 먼저 시작한 고린도 교회보다 늦게 이 일에 뛰어든 그것도 훨씬 더 가난한 마게도냐 교회의 연보가 더 많았던 것입니다. 그래서 바울은 고린도 교회에 대한 그의 자랑이 헛되지 않도록 디도와 형제들을 보내 독려합니다(3-5절). 기쁨으로 이 일에 동참하는 자를 하나님이 넉넉하게 채우실 것입니다(6-9절). 하나님은 연보를 기쁘게 받으시고 의인의 영혼(‘고린도 성도’)을 만족(‘의의 열매’)케 하시며, 예루살렘 성도들은 궁핍이 해결되고 감사가 넘치게 될 것입니다(10-12절). 고린도 교회의 연보는 이방지역에 대한 성공적인 복음전파의 증거가 될 것이므로 예루살렘 교회는 그들에게 역사하시는 하나님으로 인해 감사하며 그들을 위해 더 간구하게 될 것입니다(13-14절). 하나님은 우리 모두에게 말로 다 할 수 없는 은사(gift), 곧 예수 그리스도를 주셨습니다(15절).

[에스겔 23장]
하나님보다 다른 것을 더 사랑하고 의지한다면 그것은 영적 간음입니다. 하나님은 두 자매의 비유를 통해 백성들의 음행을 고발하십니다(1-4절). 오홀리바(예루살렘 곧 유다)는 오홀라(사마리아 곧 북이스라엘)가 앗수르를 의지하다가 도리어 앗수르에 의해 멸망당하는 것을 보고서도 하나님을 버리고 바벨론과 애굽을 번갈아 의지하는 음행을 저지릅니다(5-21절). 하나님은 오홀리바가 도움을 구하고자 전전했던 나라들로 하여금 도리어 오홀리바를 심판하게 하심으로써 다시는 그들을 기억조차 하지 못하게 할 것입니다(22-30절). 오홀라를 통한 하나님의 경고를 듣지 않은 오홀리바는 똑같은 운명을 겪게 됩니다(31-35절). 성소를 더럽히고 안식일을 범하며 자녀를 우상에게 드린 오홀리바는 간통한 여인에게 내려지는 심판을 받게 될 것입니다(36-45절). 하나님은 심판을 통해 그 땅의 음란을 그치게 하십니다(46-49절).

[시편 70-71편]
(70편) 시인은 그의 생명을 노리는 자들과 그가 당하는 고통을 기뻐하는 자들로부터 구원하여 주시길 간구합니다(1-3절). 그는 자신뿐 아니라 주를 찾는 모든 자들이 하나님의 위대하심을 고백할 수 있기를 소망하며 자신을 속히 건져 주시길 기도합니다(4-5절).

(71편) 시인은 피할 바위요 반석이요 요새가 되시는 하나님께 그의 생명을 의뢰합니다(1-4절). 시인은 탄식의 기도로 입을 열었지만 하나님에 대한 신뢰를 고백하며 찬송합니다(5-8절). 이는 모태로부터 시작된 하나님의 인자와 긍휼에 그의 마음과 시선이 다시 고정되었기 때문입니다. 어린 시절 물려받은 신앙의 유산과 지난날의 경험이 그를 단단하게 만들었습니다. 과거에 신실하셨던 하나님은 그의 인생 끝 날까지 그를 지켜 주실 것입니다(9-13절). 그는 주의 힘과 능력을 장래의 모든 사람들에게 전할 수 있도록 끝까지 붙들어 주시길 간구합니다(14-18절). 하나님은 시인을 땅의 깊은 곳에서 건지시고 위로하시며 창대하게 하실 것입니다(19-21절). "내가 가는 길을 그가 아시나니 그가 나를 단련하신 후에는 내가 순금 같이 되어 나오리라"(욥 23:10). 시인은 대적들에 대한 심판과 주의 구원을 기뻐하며 찬양할 것입니다(22-24절).

[기도]

도피의 과정에서 억울한 비난을 당할 때에 이것이 하나님으로부터 비롯된 것일 수도 있음을 생각했던 다윗에게 배우게 하시고, 과거의 실패를 통해 배우는 지혜가 있게 하옵소서. 하나님의 신실하심을 믿습니다. 주의 나라를 위해 심어 기쁨으로 거두는 삶을 살아가게 하옵소서.

[사무엘하 17장]

압살롬의 두 모사의 의견이 갈립니다. 아히도벨은 당장의 기습을 주장하고 후새는 대규모의 군사를 동원한 후 공격할 것을 주장하는데 압살롬은 후새의 전략에 동의합니다(1-10절). 하나님은 승리 가능성이 더 높았던 교활한 아히도벨의 계략을 막으셨습니다. 후새는 아히도벨의 기습공격에 대비하여 요단강을 건너 최대한 멀리 도망가라는 정보를 다윗에게 전달합니다(15-20절). 그가 보낸 전령이 발각될 뻔 했지만 한 평범한 여인의 도움으로 위기를 넘깁니다. 다윗은 안전하게 도피했으며, 자신의 전략이 막히고 대세가 기울어지는 것을 감지한 아히도벨은 스스로 목숨을 끊습니다(21-23절). 마침내 다윗의 군대와 압살롬의 군대는 길르앗에서 대치하게 되었는데 다윗은 암몬 왕을 비롯한 지방의 유력자들을 통해 필요한 것들을 공급받습니다(27-29절).

[고린도후서 10장]

대적들은 바울이 성도들 앞에서는 유약하여 할 말을 다 못하면서 편지로는 강하게 책망한다고 비난했습니다(1-2,10절). 그러나 바울은 성도들을 온유와 관용으로 대하고 강경한 태도로 대하지 않기를 바라고 있습니다. 바울은 육신을 입고 살아가지만 육신(세상적인 방법)을 따라 행하지 않겠다고 말합니다(3절). 왜냐하면 그는 영적 전쟁에 대한 자각이 있기 때문입니다. 바울의 무기는 신분과 같은 외적 권위, 배경, 뛰어난 언변과 같은 조건들, 추천서 같은 육신에 속한 것이 아니라 하나님의 능력입니다(4-5절). 하나님을 대적하여 높아진 모든 이론과 생각을 무너뜨리고 그리스도께 복종하게 하는 것은 전적인 하나님의 능력입니다. 하나님의 능력 앞에 모든 불순종의 행위는 무너져야 합니다(6절). 바울은 고린도 성도들이 외적 조건만 따지지 않고 그가 그리스도께 속한 참 사도임을 알게 되기를 소망합니다(7절). 주님이 주신 권세를 교회를 견고하게 세우는데 쓰기를 원하는 바울은 그의 편지가 성도들에게 두려움을 주지 않기를 원합니다(8-9절). 대적들의 비난과 달리 바울은 대면할 때나 편지를 보낼 때나 늘 같은 마음입니다(11절). 자화자찬을 일삼는 지혜 없는 자들과 달리 바울은 자신에게 정해진 분량 내에서 자랑했는데 그의 자랑은 다름 아닌 고린도 교회입니다(12-13절). 남의 터 위에 건축하지 않는 것이 그의 선교 원칙인데(롬 15:20) 그가 고린도에 가기 전까지 아무도 그 땅에 들어가지 않았으므로 그의 고린도 사역은 하나님이 정하신 분량에 속한 것이며 과욕이 아니었습니다(14-16절). 주님의 칭찬을 듣는 자가 참 일꾼입니다(17-18절).

[에스겔 24장]
에스겔이 소명을 받은 지 9년이 되던 BC 588년에 바벨론이 예루살렘을 침공합니다(1-2절). 하나님은 끓는 가마솥의 비유를 통해 말씀하시는데 가마솥은 포위된 예루살렘을, 그 안에 들어있는 고기와 뼈는 심판의 대상인 예루살렘 백성들을 의미합니다(3-5절). 그런데 이 가마솥은 녹이 슬어 있습니다(6-12절). 녹은 백성들이 저지른 모든 죄악을 의미합니다. 녹이 포함된 음식은 버려야 하듯이 백성들은 버려져서 죽거나 포로로 끌려가게 될 것입니다. 특히 예루살렘의 대표적인 죄악은 음란 곧 우상숭배로 인한 영적 간음입니다(13-14절). 에스겔의 인생 중에 가장 고통스러운 상징행동이 나타납니다. 하나님은 사랑하는 아내의 죽음으로 극도의 슬픔 가운데 있는 에스겔에게 애도금지 명령을 내리십니다(15-18절). 이는 예루살렘의 멸망이 주는 충격이 얼마나 클지에 대한 상징행동입니다. 백성들은 슬퍼할 겨를조차 없을 정도의 처절한 고통을 맛보게 될 것입니다. 성소의 파괴가 가져오는 절망과 고통은 에스겔이 아내를 잃은 슬픔에 비견될 될 것입니다(19-24절). 예루살렘의 멸망을 선포한 후 침묵에 돌입한 에스겔은 그의 예언이 성취된 후, 즉 BC 586년 예루살렘이 멸망한 후에 다시 선지자의 활동을 재개합니다(25-27절).

[시편 72편]
솔로몬의 시로 되어 있지만 솔로몬 왕에게 헌정한 시로 여겨집니다(표제어). 시인은 왕이 하나님의 공의와 정의를 행하며 궁핍한 자를 구하고 악한 자를 처벌하는 공정함을 갖기를 기도합니다(1-4절). 그리하면 백성들이 하나님을 두려워하고 의인이 흥왕할 것입니다(5-7절). 시인은 공의로운 왕의 통치가 온 세상에 미치길 소망합니다(8-11절). 그는 왕이 궁핍한 자의 소리에 귀를 기울이고 백성들의 생명을 지키는 자가 되기를 소망합니다(12-14절). 백성들이 왕의 통치를 기뻐하며 그를 위하여 복을 빌 것이며 그가 통치하는 땅은 하나님이 복을 주사 더욱 풍요로워질 것입니다(15-16절). 왕의 존재는 영원히 빛날 것이며 하나님의 영광은 온 세상에 충만할 것입니다(17-20절). 왕에 대한 소망을 담은 이 기도의 응답은 최종적으로 예수 그리스도를 통해 이루어집니다.

[기도]

내 안에 있는 죄의 녹을 성령의 불로 녹여 주시옵소서. 주님의 교회를 더욱 사랑하게 하시며 거짓이 틈타지 못하도록 교회를 지켜 주옵소서. 하나님의 사랑과 공의를 온전히 이루신 영원한 왕 예수님만 찬양하게 하옵소서.

[사무엘하 18장]

다윗은 압살롬과 벌인 최후의 일전에서 완벽한 승리를 거둡니다(1-8절). 그러나 사령관 요압은 압살롬을 선대하라는 왕의 명령을 무시하고 항거불능 상태인 압살롬을 죽입니다(9-15절). 압살롬의 죽음으로 모든 상황은 종료되었습니다(16-18절). 비록 반란을 일으킨 아들이지만 다윗은 압살롬이 살아 있기를 기대했습니다(18-30절). 그러나 그의 기대는 끝내 무산되었습니다(31-33절).

[고린도후서 11장]

거짓 교사들의 자화자찬을 비판했던 바울은 자신의 어리석음(=사도권의 변호를 위한 시도)을 양해하라고 말합니다(1절). 그는 철학이나 학문을 인용하여 지식을 자랑하고 뛰어난 언변으로 강연하면서 복음을 변질시키는 자들을 비판합니다(2-4절). 사실 당대의 석학인 가말리엘의 문하생인 바울은 지식에 있어서 누구에게도 뒤쳐지지 않았습니다(5-6절). 그러나 그는 지식을 자랑하기보다 아버지가 딸의 혼인을 책임지듯이 성도들을 그리스도와 중매하는 일에만 몰두했습니다. 그러나 일부 성도들은 바울이 아닌 거짓 사도를 추종했습니다. 바울은 낮은 자세로 섬겼는데 이것은 그의 자비량 선교 및 마게도냐 교회의 후원을 통한 사역을 말하는 것으로써 그는 고린도 성도들에게 일절 부담을 주지 않았습니다(7-11절). 바울은 자비량 선교를 지속하며 복음을 위해 전적으로 헌신할 것입니다(12a절). 그는 복음을 위해 헌신하지 않고 자기를 높이는 일에만 집중하는 자들을 향해 거짓 사도요 사탄의 일꾼이라고 비판하며 하나님의 심판을 선언합니다(12b-15절). 바울은 성도들이 자신을 기회주의자인 대적들과 같은 부류로 여기게 될 것을 염려합니다. 오해로 인해 그가 전한 복음까지 불신하게 될 것을 염려하는 것입니다. 결국 바울은 자기자랑처럼 보일 수 있는 사도로서의 자신의 조건을 공개합니다(16-21절). 그러나 그의 사도됨의 참된 표적은 복음 때문에 받았던 수많은 고난입니다(22-27절). 그러나 이것보다도 더 큰 표적은 사도로서의 특권('강함')보다 교회를 향한 염려와 애타는 마음('약함')입니다(28-31절). 그는 한 때 그리스도인을 죽이는 일에 담대하게 앞장섰으나 지금은 복음을 전하다가 광주리를 타고 도망가기도 하는 약한 자가 되었습니다(32-33절). 그는 자신의 부끄러운 과거를 말하며 약함을 드러냅니다.

[에스겔 25장]

25-32장까지는 이방 민족에 대한 하나님의 심판 선언입니다. 바벨론의 침공으로 유다가 멸망할 때 기뻐했던 암몬은 멸망 후에 영원히 역사에서 사라지게 될 것입니다(1-7절). 유다를 하나님의 거룩한 백성임을 인정하지 않고 이방처럼 취급했던 모압과 세일은 바벨론에 의해 완전히 패망하여 다시는 그 이름조차 기억되지 않을 것입니다(8-11절). 세일은 본래 에돔의 영역이었으나 후에 모압이 점령한 것으로 보입니다. 바벨론이 예루살렘을 칠 때 함께 유다를 공격한 에돔 역시 황폐한 땅이 될 것입니다(12-14절). 오랜 숙적 블레셋도 하나님의 심판을 피할 수 없습니다(15-17절).

[시편 73편]

'의인은 복을 받고 악인은 심판 받는다'는 것은 하나의 법칙과도 같습니다(1절). 그러나 이 법칙이 통하지 않는 현실 속에 오랜 기간 노출된 시인이 신앙의 위기를 겪습니다(2-16절). 경건한 자신이 누려야 할 형통을 악인이 누리고 있습니다. 하나님의 공의에 대한 믿음이 흔들리고 상대적 박탈감으로 인해 좌절합니다. 그러다가 큰 전환점을 만나게 되는데 그 시작은 성소입니다(17절). 시인은 절망 속에서도 지속적으로 성소를 찾았습니다. 성소에서 괴로운 마음을 토로하는 시인에게 하나님은 악인의 최종 운명을 깨닫게 하셨습니다(18-20절). 그는 자신이 무지했다는 것과 하나님이 항상 그를 붙들고 계셨음을 고백합니다(21-23절). 그는 반석이요 영원한 분깃이신 하나님만을 사모하고 더욱 가까이 할 것을 다짐합니다(24-28절).

[기도]

악인의 흥왕함에 마음 빼기지 않게 하시고 그들의 마지막을 볼 수 있는 눈을 갖게 하옵소서. 바울과 같이 교회를 사랑하게 하시고 위하여 기도하게 하옵소서.

[사무엘하 19장]
압살롬의 죽음으로 인한 슬픔의 감정에서 헤어 나오지 못하는 다윗으로 인해 그의 군사들은 승리하고도 기뻐할 수 없었습니다(1-7절). 요압의 조언으로 감정을 추스린 다윗은 승리한 군사들을 격려합니다(8절). 내전이 종식되자 이스라엘 각 지파들은 다윗을 다시 왕으로 모시기로 결정합니다(9-10절). 다윗은 압살롬 편에 가담했던 유다 지파의 지도자들과 지휘관 아마사에 대한 조건 없는 포용을 약속하였으며 그들은 이러한 왕의 결정을 환영합니다(11-15절). 다윗은 자신을 저주했던 시므이를 용서했으며 시바의 모함으로 압살롬 측에 가담한 것으로 오해받았던 요나단의 아들 므비모셋은 오해에서 벗어나게 됩니다(16-30절). 다윗은 피난 중에 바르실래로부터 받은 도움을 그의 아들에게 갚을 것을 약속합니다(31-39절). 왕의 귀환을 주도한 유다 지파와 나머지 지파 간에 주도권싸움이 벌어집니다(40-43절). 자신이 속한 유다 지파 그리고 10배의 세력을 가진 나머지 지파 어느 한 쪽 편에 설 수 없었던 다윗은 침묵을 지킵니다.

[고린도후서 12장]
대적들은 환상과 계시의 경험을 내세워 바울보다 더 신령하게 보임으로써 그들의 권위를 높이고자 했습니다. 그러나 바울은 그러한 자랑의 무익함을 잘 압니다. 그는 대적들과는 비교할 수 없을 만큼 놀라운 환상과 계시를 체험했습니다(1-4절). 그것은 셋째 하늘에 관한 것 곧 낙원에 관한 것입니다. 사실 바울이 예수님을 만나는 과정 자체가 엄청난 환상과 계시였습니다(행9장). 환상과 계시에 있어서 그를 능가할 사람이 없지만 그는 자신의 약함을 자랑하겠다고 말합니다(5절). 그가 영적 체험을 자랑하더라도 그것은 진실한 것이기에 어리석다고 말할 수 없지만 그럼에도 그것을 자랑하지 않으려 합니다(6절). 영적 체험은 자랑하라고 주신 것이 아닙니다. 바울은 육체의 가시를 가지고 있습니다. 정확한 병명은 알 수 없지만 치유를 위해 여러 번 기도한 것을 보면 꽤 심각한 질병인 것은 분명합니다(7-10절). 그는 질병으로 인해 그리스도의 능력 안에 머물 수 있었다고 고백합니다. 그는 자신의 약함(=질병, 궁핍, 핍박)을 통해 그리스도가 높아지는 비밀을 알고 있습니다. 그가 자신의 변호를 위해 그의 경험과 약함을 말하는 것은 거짓 사도에게 잘 속는 성도들 때문입니다(11절). 그가 사도라는 증표는 그리스도의 이름으로 행한 표적과 기사, 능력 그리고 인내입니다(12절). 그는 고린도 교회에 경제

적 부담을 주지 않기 위해 혼신의 힘을 다하여 사역했습니다(13절). 그는 이득을 취하지 않았으며 3차 방문 때도 자비량 선교 원칙을 지킬 것이라고 말합니다(14-18절). 바울은 교회의 덕을 위해 불가피하게 자기변호를 한 것이라고 말하며 3차 방문 시 교회가 안고 있는 고질적인 문제들이 해결되어 있기를 원한다고 말합니다(19-21절).

[에스겔 26장]

두로에 관한 심판은 다른 예언서(이사야, 아모스, 스가랴)에도 등장하지만 분량 면에서 에스겔이 압도적입니다(26-28장). 지중해 상권을 장악한 경제대국 두로는 유다의 멸망이 자기에게 유익이 된다고 생각하여 기뻐합니다(1-2절). 그러나 하나님은 바벨론을 통해 두로를 폐허로 만들고 역사에서 그들의 이름을 지우실 것입니다(3-21절). 해안에서 조금 떨어진 섬에 강력한 요새를 구축한 두로는 무려 13년(BC 585~573년)간이나 끈질기게 저항했으나 결국엔 바벨론에 의해 패망하고 역사의 뒤안길로 자라지게 됩니다.

[시편 74편]

유다는 BC 586년에 바벨론에 의해 멸망합니다. 이 시는 민족적인 고난을 맞아 공동체가 함께 탄식하며 드린 기도입니다. 표제어에는 다윗시대의 인물인 아삽의 이름이 등장하지만 실제 저자는 아삽의 후손으로 바벨론에 포로로 끌려간 유대인으로 보고 있습니다. 공동체의 가장 큰 슬픔은 바로 성소의 파괴입니다(1-3절). 비록 자신들의 범죄로 인하여 심판을 받은 것이지만 그들은 성소를 파괴한 원수들의 악행을 고발합니다(4-8절). 그들은 유다에 대한 심판이 어느 정도 진행되었으니 성소를 파괴하고 하나님의 이름을 더럽힌 바벨론을 심판해 주시길 기도합니다(9-11절). 절망적인 상황에 놓여 있는 그들은 하나님이 이전에 행하신 창조와 구원의 역사들을 찬양합니다(12-17절). 역사를 회고하는 것은 그때와 같이 지금도 역사하여 주시길 소망하기 때문입니다. 그들은 자신들이 받은 비방과 능욕이 곧 하나님에 대한 비방과 능욕임을 아뢰며 하나님의 개입과 대적들에 대한 심판을 촉구합니다(18-23절).

[기도]

자신이 처한 상황을 유연하게 받아들이며 권력을 이용한 보복에 나서지 않는 다윗을 보게 됩니다. 하나님이 역사의 주권자이심을 확실히 믿게 하시고 또한 부와 권력이 영원하지 않음을 알게 하옵소서. 나의 약함을 통해 주의 은혜 안에 머물게 하옵소서.

[사무엘하 20장]
이번에는 베냐민 지파 세바의 반란이 일어납니다(1-3절). 다윗은 진압군의 지휘를 아마사에게 맡기는데 동원과 전투준비가 미흡하자 지휘관을 아비새로 교체합니다(4-7절). 요압은 아마사를 암살하고 동생 아비새와 함께 세바를 추격합니다(8-13절). 요압은 자신의 경쟁자가 될 수 있었던 아브넬(3:27)과 아마사 모두를 죽이는 만행을 저지릅니다. 요압의 군대는 세바의 반란군이 점령한 벧마아가 아벨성을 포위합니다(14-15절). 반란진압 과정에서 성이 황폐화될 것을 염려한 지혜로운 여인이 성읍 사람들과 힘을 합해 세바를 제거함으로써 반란이 종식됩니다(16-22절). 다윗은 내각을 정비합니다(23-26절).

[고린도후서 13장]
바울은 고린도 교회에 대한 세 번째 방문 계획을 밝히며 두세 증인(=디모데, 디도, 회개한 참 신자들 등)의 증언으로 죄를 확정하겠다고 선언합니다(1절). 이는 바울에게 사도의 증거를 요구하며 훼방하던 자들의 죄에 대해 사도의 권세로 치리할 것에 대한 예고입니다(2-3절). 지금껏 약함(=고난 속에서 인내함)을 견지해 왔으나 부활하신 그리스도의 강한 능력으로 무장(=정당한 권세로 대적들을 징계)하여 교회를 바로 세울 것입니다(4절). 환난을 당한 것이 버림받았다는 증거가 될 수 없습니다. 바울은 그리스도가 없는 사람이야말로 버림받은 자라고 말하며 혹 자신은 버림받은 자로 오해받을지언정 고린도 성도들은 악을 행하지 않고 선을 행하기를 소망합니다(5-7절). 바울은 교회를 온전히 세우기 위해 그를 대적하는 몇몇 성도를 직접 징계할 수 있지만 그가 고린도를 방문하기 전에 교회 자체적으로 그 문제를 해결하길 기대합니다(8-12절). 그는 오늘날의 축도의 기원이 되는 삼위 하나님의 은총을 비는 기도로 마칩니다(13절).

[에스겔 27장]
26장에 이어 두로를 위한 애가가 계속됩니다(1-2절). 지중해 교역의 중심국가로 엄청난 부와 명성을 쌓은 두로는 스스로를 완벽하다고 여겼습니다(3-25절). 그러나 22개국과 교역할 만큼 큰 위용을 자랑하던 해상왕국 두로의 운명은 동풍(바벨

론)으로 인해 난파선의 신세가 될 것입니다(26-36절).

[시편 75-76편]

(75편) 본 시는 하나님의 심판에 대한 감사의 내용을 담고 있습니다(1절). 땅의 기초를 놓으신 창조주 하나님은 오만한 자와 악인을 심판하십니다(2-5절). 사람이 높아지거나 낮아지는 것은 그 자신에게 있는 것이 아니라 심판자이신 하나님의 주권에 달려 있습니다(6-8절). 시인은 하나님이 진노의 잔을 부으실 심판의 날을 기대하고 있습니다. 하나님은 악인의 뿔을 꺾으시고 의인의 뿔을 높이 드십니다(9-10절). 하나님이 악인을 심판하실 때 우리는 높아질 것입니다. "미쁘다 이 말이여 우리가 주와 함께 죽었으면 또한 함께 살 것이요 참으면 또한 함께 왕 노릇할 것이요 우리가 주를 부인하면 주도 우리를 부인하실 것이라"(딤후 2:11-12).

(76편) 시인은 지상의 전쟁을 신들의 대리전으로 생각하는 이스라엘과 고대 근동의 백성들에게 하나님이 평화의 주체이심을 선포합니다(1-3절). 대적들은 시온에 계시는 평화의 왕이요 용사이신 하나님에게 가진 것들을 다 빼앗기고 잠(죽음)에 빠지게 되었습니다(4-6절). 온유한 자를 건지시고 대적들을 심판하시는 하나님 앞에 누가 감히 설 수 있겠습니까?(7-10절). 이스라엘과 땅의 모든 백성들은 하나님을 경외하는 길로 나아가야 합니다(11-12절).

[기도]

다윗은 어려움을 겪지만 하나님이 그의 나라를 지켜주십니다. 우리를 지키시는 하나님! 참으로 감사드립니다. 두로처럼 가진 것으로 인해 교만하지 않게 하시고 공의로 다스리시는 하나님을 신뢰하게 하옵소서. 인내와 단호함의 균형으로 신앙과 교회와 주님의 나라를 지켜 나가게 하옵소서.

[사무엘하 21장]

이스라엘 백성들은 약속의 땅에 정착하는 과정에서 기브온 족속과 평화조약을 맺었습니다(수 9:1-15). 그러나 사울 왕은 이 조약을 파기하고 기브온 족속을 학살한 적이 있습니다. 3년 동안 기근이 계속되자 원인을 놓고 기도하던 다윗은 이것이 그때의 사건과 관련된 것임을 알게 되었습니다(1-2절). 다윗은 기브온 족속의 요청대로 사울의 후손 7명을 그들에게 내어줍니다(3-9절). 그러나 죽은 자들에 대하여 정중하게 장례를 치러줍니다(10-14절). 다윗의 군대는 블레셋과의 연이은 전투에서 계속 승리합니다(15-22절).

[갈라디아서 1장]

바울은 편지의 시작과 함께 그리스도의 대속의 죽음을 강조합니다(1-5절). 갈라디아 성도들이 그리스도의 대속의 죽음에 대한 믿음 외에 다른 행위가 더 필요하다는 주장을 받아들였기 때문입니다. 다른 복음은 없으며 그리스도의 복음은 완전합니다(6-7절). 갈라디아 교회는 다른 복음을 전하는 자에 대해 단호해야 합니다(8-10절). 복음과 복음 전도의 참된 권위는 예수 그리스도로부터 말미암은 것입니다(11-12절). 하나님은 박해자였던 바울을 사도로 부르셔서 이방 가운데 복음을 전하게 하셨습니다(13-16절). 바울은 하나님께 받은 복음이 사람의 교훈과 섞이지 않게 하려고 사도들조차 찾아가지 않고 아라비아 사막에서 하나님과의 깊은 영적 교제의 시간을 가졌으며 예루살렘에 머무는 동안에도 사람과의 만남을 최소화하였습니다(17-20절). 유대의 교회들은 박해자가 자신이 박해했던 그리스도에 관한 믿음을 전한다는 소식을 듣게 됩니다(21-24절).

[에스겔 28장]

무역으로 많은 부와 명성을 얻은 두로 왕은 교만하여 자신을 신적 존재처럼 여겼습니다(1-5절). 두로는 하나님의 심판으로 인해 모든 부(='지혜의 아름다운 것')를 빼앗기고 패망을 맞게 될 것입니다(6-10절). 에스겔이 부르는 애가에는 두로의 죄와 심판의 내용이 등장합니다(11-19절). 두로에서 북쪽으로 40km 떨어진 곳에 있는 시돈 역시 지중해 무역이 발달한 해안 도시국가입니다. 그들에게도 전염병과 칼의 심판이 임할 것입니다(20-24절). 시돈의 죄에 대한 언급은 없으나 두로와 유사한 성격의 나라이므로 죄도 유사할 것으로 추정됩니다. 무엇보다 시돈은 바알신앙의 총 본산으로 이스라엘에 대대로 끼친 악영향이 큽니다. 이미 심판을 받은 이스라엘에게는 회복을 선언하십니다(25-26절).

[시편 77편]

현재 시인은 하나님에 대한 신뢰와 응답에 대한 확신을 가지고 있지만 불안과 좌절도 함께 가지고 있습니다(1-4절). 그는 기도를 멈추지 않습니다. 그에게 찾아온 불안과 근심은 하나님께 버림받음, 은혜와 인자하심의 중단, 약속의 폐함, 긍휼의 중단 등입니다(5-9절). 역설적이게도 시인이 하나님을 신뢰하는 것만큼 이러한 생각들은 집요하게 그를 찾아와 괴롭혔습니다. 하나님에 대한 신뢰와 회의를 오가는 우리의 모습이기도 합니다. 하나님의 침묵 가운데 고난의 이유를 알 수 없었던 시인은 자신의 죄와 잘못을 고백합니다(10절). 또한 하나님이 과거에 능력으로 행하셨던 일들을 기억하려 합니다(11-12절). 시인은 하나님이 기이한 일(10가지 재앙)을 행하셔서 이스라엘을 애굽에서 건지신 것과 홍해를 건너게 하신 역사를 추억합니다(13-20절). 그는 하나님이 모세와 아론을 통해 이스라엘을 이끄신 것처럼 바벨론으로 끌려온 유다 민족에게 권능의 손을 펼치사 지도자를 세우시고 인도해 주시길 간구합니다.

[기도]

구원과 심판의 모든 주권은 오직 하나님께 있음을 선포합니다. 신앙의 회의가 가끔 찾아오지만 십자가를 통하여 행하신 신실하신 구원의 역사를 상기하며 신뢰를 회복하게 하옵소서. 관용주의를 표방하는 시대 속에서 십자가 복음만을 굳건하게 붙잡게 하옵소서.

[사무엘하 22장]
시편 18편과 유사한 다윗의 노래입니다. 다윗은 구원의 하나님을 다양한 은유를 통해 고백합니다(시 18:2, 1-4절). 하나님은 환난 가운데 부르짖는 다윗의 기도를 들으시고 크신 능력으로 구원하셨습니다(5-13절). 대적을 물리쳐 주시고 재앙에서 건지셨습니다(14-20절). 하나님은 공의와 주의 율례를 행하며 악에서 떠난 자에게 상을 베푸십니다(21-28절). 다윗은 반석이요 등불이 되시는 하나님만을 철저히 의뢰합니다(29-32절). 하나님은 다윗을 안전하게 보호하시고 전쟁에서 승리를 주셨습니다(33-43절). 다윗은 모든 민족들 가운데 그를 높이신 하나님에 대한 감사와 찬양을 결단합니다(44-51절).

[갈라디아서 2장]
바울은 유대주의자들의 거짓을 폭로하고 자신이 전한 복음의 참됨을 증거합니다. 바울은 14년간 이방인 사역을 하다가 디도를 데리고 예루살렘을 방문했습니다(1절). 그런데 교회에 조용히 침투한 유대주의자들이 헬라사람인 디도에게 억지로 할례를 강요하는 것을 본 바울은 이를 단호히 거부합니다(2-5절). 기존의 사도들이 전하는 복음과 바울이 전하는 복음은 동일하며 다만 복음을 듣는 대상만 다를 뿐입니다(6-10절). 오히려 베드로가 유대인들을 두려워하여 이방인과의 식사를 피하는 외식하는 자가 되었습니다(11-16절). 이는 복음의 진리('유대인이나 헬라인이나 동일하게 임하는 구원의 은혜')를 희석시키는 행위입니다. 만약 우리가 율법으로 의롭게 되는 것이라면 율법이 아닌 은혜로 말미암는 구원을 선포하신 그리스도께서 우리에게 죄를 짓게 하시는 것입니다(17절). 베드로의 외식은 구원을 줄 수 없는 율법주의로 회귀한 것입니다(18절). 율법으로는 의롭게 될 수 없으며 오직 그리스도의 대속의 은혜만 있을 뿐입니다(19-21절).

[에스겔 29장]
애굽(이집트)은 고대 근동을 지배한 강력한 제국이지만 하나님의 심판을 피할 수 없었습니다. 여호야긴 왕이 바벨론 포로로 끌려간 지 10년째 되던 BC 587년에 애굽의 멸망에 관한 하나님의 말씀이 에스겔에게 임합니다(1절). 하나님은 자신을

신격화하며 교만과 자만에 빠져 있는 애굽의 바로에게 심판을 선언하십니다(2-5절). 이스라엘은 애굽을 의지하여 바벨론에 맞서고자 했으나 애굽은 이전의 명성과 힘을 다 잃어버리고 갈대 지팡이와 같이 미약한 나라가 되었습니다(6-16절). 결국 애굽은 바벨론의 느부갓네살에 의해 점령당합니다(17-20절). 그러나 하나님은 이스라엘을 위하여 한 뿔 곧 메시아를 준비시키시며 선지자를 통하여 말씀을 주실 것입니다(21절). 이는 메시아를 통한 회복의 약속입니다.

[시편 78편 1-37절]

이스라엘은 하나님에 대한 그들의 경험치가 쌓여가는 것만큼 하나님을 알아갑니다. 하나님은 추상적인 신이 아니라 역사에 개입하셔서 당신의 뜻을 구체적으로 계시하시며 인도하십니다. 선조들의 역사는 언제든지 오늘의 역사로 재현됩니다. 현 세대는 과거 하나님이 행하신 일들을 제대로 전수하여 후손들이 패역의 길로 가지 않고 하나님께 소망을 두고 살아가게 만들어 나가야 합니다(1-8절). 시인은 하나님과의 언약을 깨뜨리고 율법을 준행하지 않은 에브라임(북이스라엘)의 죄를 언급하는 것을 시작으로 출애굽과 광야로 이어지는 역사 속에 나타난 이스라엘의 불신, 불평, 탐욕의 죄에 대하여 열거합니다(9-31절). 만나와 메추라기마저도 욕심으로 대하는 사람이 있었습니다. 이스라엘은 불신과 불평을 반복하며 하나님의 진노가 있을 때에는 거짓으로 회개하여 위기를 넘기려 했습니다(32-37절). 그들은 언약에 대해 불성실했습니다.

[기도]

모든 민족과 나라의 역사를 주관하시는 하나님! 하나님이 주신 승리와 나를 위해 행하신 일들을 일평생 노래하게 하옵소서. 나를 위해 대속의 죽음을 당하시고 나의 의가 되어 주신 예수님만 믿고 따르는 삶을 살게 하옵소서.

[사무엘하 23장]

하나님이 세우신 왕 다윗은 하나님을 경외하며 공의로 나라를 다스렸습니다(1-4절). 하나님은 다윗과 영원한 언약을 맺으시고 늘 이기게 하셨습니다(7:1-17, 5-7절). 다윗의 충성스런 용사들이 소개됩니다. 요셉밧세벳과 엘르아살, 삼마는 블레셋과의 전투에서 활약한 다윗의 으뜸가는 세 용사입니다(8-12절). 다음으로 아비새와 브나야를 포함한 3명은 다윗의 30용사 중에서 구별되는 세 용사입니다(13-23절). 이들은 두 번째 용맹한 그룹이며 이중 브나야는 다윗의 경호를 책임지는 시위대장으로 임명됩니다. 그 외 요압의 동생 아사헬로부터 헷 사람 우리아(밧세바의 남편)까지 나머지 용사들의 이름이 열거됩니다(24-39절). 다윗의 용사들이 충성함으로 그 이름을 남긴 것처럼 우리도 주님 나라를 위한 충성과 헌신으로 우리의 이름을 하나님과 다음세대에게 남겨야 합니다.

[갈라디아서 3장]

바울은 십자가에 못 박히신 그리스도 외에 율법을 의지하며 성령의 인도하심을 따르지 않는 갈라디아 성도들을 무섭게 책망합니다(1-5절). 그들이 그리스도의 구속의 은혜를 온전히 의지하지 않고 유대주의자들의 주장을 받아들였기 때문입니다. 이는 성령으로 시작했다가 육체로 마치는 것입니다. 즉, 성령이 주신 믿음을 율법의 행위로 대체하려는 것과 같습니다. 아브라함도 믿음으로 의롭다 여김을 받았습니다(창 15:6, 6절). 유대인이나 이방인이나 동일하게 율법의 행위가 아니라 그리스도의 복음을 믿음으로써 영적 아브라함의 자손이 될 수 있습니다(6-9절). 그리스도께서 대속의 죽음으로 우리를 율법의 저주에서 자유케 하셨는데 다시 율법을 고수한다면 이는 그리스도의 대속의 은혜를 부인하는 것입니다(10-14절). 예수님은 십자가의 죽음으로 율법의 저주를 끊으셨습니다. 하나님은 후손을 통해 천하 만민에게 복을 주시겠다는 아브라함과의 언약을 예수 그리스도를 통해 이루셨습니다(15-18절). 예수 그리스도는 율법을 완성하셨습니다. "내가 율법이나 선지자를 폐하러 온 줄로 생각하지 말라 폐하러 온 것이 아니요 완전하게 하려 함이라"(마 5:17). 율법의 한계는 분명합니다. 율법은 그 자체로 사람을 의롭게 할 수 없습니다(19-24절). 오직 그리스도를 믿는 자는 유대인이나 이방인이나 동일하게 참 자유를 누립니다(25-29절).

[에스겔 30장]

애굽에 대한 심판의 메시지가 계속됩니다. 여호와의 날(심판의 날)이 애굽에 임할 것이며 심판은 애굽의 동맹국인 구스, 붓, 룻 등으로 확대될 것입니다(1-9절). 애굽의 주요도시인 바드로스(나일강의 상류), 소안과 신(나일강 삼각주), 노(테베)와 놉(하부 이집트의 수도 멤피스)이 파괴될 것입니다(10-19절). 바벨론이 애굽의 바로(파라오)를 꺾을 것이며 애굽의 백성들은 여러 나라로 흩어지게 될 것입니다(20-26절).

[시편 78편 38-72절]

이스라엘의 거듭되는 범죄에도 불구하고 하나님의 은총은 멈추지 않습니다(38-42절). 그 예로 출애굽 과정에서의 10가지 재앙과 홍해의 도하, 시내산 언약 체결과 약속의 땅에 정착한 역사가 제시됩니다(43-55절). 그러나 가나안 정착 후 사사시대에 또 다시 이스라엘은 하나님을 배신하고 우상을 숭배하였습니다(56-58절). 그로 인해 이스라엘은 블레셋과의 전쟁에서 패하고 언약궤도 빼앗기는 수모를 당했습니다(59-64절). 그러나 하나님은 스스로 일어나 우상을 심판하시며 대적들을 물리치셨습니다(65-66절). 이는 하나님이 언약궤를 탈취한 블레셋에게 행하신 심판을 말하는 것입니다(삼상 5장) 북이스라엘(에브라임)이 앗수르에 의해 멸망했습니다(67절). 유다 백성들은 북이스라엘의 멸망을 통해 교훈을 얻어야 합니다. 하나님이 예루살렘 성전이 있는 시온과 유다지파를 선택하셨음을 기억하여 하나님이 세운 다윗을 따르며 신실하신 하나님을 경외해야 할 것입니다(68-72절).

[기도]

아브라함의 후손을 통해 천하 만민이 복을 누리는 위대한 약속을 예수 그리스도를 통해 이루신 하나님! 역사를 주관하시는 하나님을 더욱 경외하게 하시고 믿음과 순종의 발자취를 남기는 인생 되게 하옵소서.

[사무엘하 24장]

사탄의 충동에 마음을 빼앗긴 다윗이 인구조사를 명합니다(1-9절). 이번 인구조사는 효율적인 통치를 위해 실시하는 것이 아니라 자신의 강대함과 군사력을 과시하고 싶은 마음에서 시행된 것입니다. 9개월간의 인구조사가 종료될 즈음 다윗은 자신의 죄를 깨닫고 하나님께 용서를 구합니다(10절). 다윗은 선견자 갓이 제시한 3가지 재앙 중 하나님께 직접 징계를 받는 3일간의 전염병을 선택합니다(11-14절). 3일간 7만 명의 백성들이 전염병으로 죽었으며 다윗이 아리우나의 타작마당에서 희생제를 드린 후에 재앙이 그쳤습니다(15-25절). 참고로 아리우나의 타작마당은 아브라함이 이삭을 바쳤던 곳이며 훗날 솔로몬 성전이 세워진 장소입니다.

[갈라디아서 4장]

상속자가 미성년자일 때에는 아버지가 정해준 후견인이나 청지기의 권위 아래 있듯이 그리스도가 오시기 전까지 우리는 세상의 초등학문(율법) 아래 있었습니다(1-3절). 그리스도께서 여인의 몸을 빌어 율법 아래 있는 인간으로 태어나신 이유는 율법 아래 있는 자들을 속량('몸값을 지불함')하셔서 아들로 입양하시기 위함입니다(4-5절). 그리스도로 말미암아 하나님이 우리에게 아들의 영을 보내심으로 우리는 하나님을 '아빠 아버지'라 부르는 상속자가 되었습니다(6-7절). 그럼에도 갈라디아 성도들은 다시 구원을 줄 수 없는 율법주의[=날(안식일)과 달(월삭)과 절기와 해(안식년 & 희년)를 지키고 율법을 행함으로 구원받으려 함]로 돌아가려 합니다(8-11절). 이는 믿음으로 말미암아 얻은 은혜의 구원을 헛되게 하는 것입니다(엡 2:8). 본래 그들은 육체의 약함(='육체의 가시' 곧 질병, 고후 12:7)이 있는 바울을 사도로서 존중하고 사랑했으며, 바울은 그들을 위해 해산의 수고로 복음을 전했습니다(13-15절). 그러나 지금은 유대주의자들에게 속아 그들의 교훈을 따르고 있습니다(16-17절). 바울은 이를 엄히 꾸짖으며 복음에서 떠난 그들을 위해 다시 해산의 수고를 감당할 것을 천명합니다(18-20절). 바울에게서 훈계하는 아버지와 사랑으로 품는 어머니의 모습을 동시에 볼 수 있습니다. 바울은 약속의 자손(아브라함의 자손)이 되려면 율법을 지켜야 한다는 주장에 대하여 아브라함의 아내 사라(복음)와 종 하갈(율법)의 비교를 통해 설명합니다(21-31절). 율법은 사람을 죄와 사망에 종속되게 하지만 복음은 죄로부터 해방시켜 아들(상속자)이 되게 함으로 참 자유를 누리게 합니다.

[에스겔 31장]

애굽에 대한 심판선언이 지속되는 가운데 애굽과 앗수르의 역사가 비교되고 있습니다. 애굽의 전성기는 고대 근동의 역사를 주도했던 앗수르 제국과 비견될 정도입니다(1-9절). 그러나 그토록 강력했던 앗수르지만 바벨론에 의해 완전히 패망했습니다(10-14절). 하나님은 교만했던 앗수르를 답습하는 애굽도 그와 같은 운명에 처해질 것이라고 말씀하십니다(15-18절).

[시편 79편]

강력한 종교 공동체인 유대인들은 예루살렘의 멸망보다 이방인들이 예루살렘 성전에 들어와 파괴와 약탈을 자행한 사실에 더 큰 충격을 받았습니다(1절). 시인은 바벨론 군대의 잔혹한 만행과 유다에 대한 이방 나라들의 비방과 조롱에 대해 고발합니다(2-5절). 그는 하나님이 긍휼을 베푸셔서 그들의 죄를 사하시고 하나님의 이름을 위하여 구원하여 주시길 기도합니다(6-9절). 반면 하나님을 비방하며 이스라엘을 핍박하는 원수를 심판하여 주시길 간구합니다(10-12절). 고통 가운데서도 시인이 기도할 수 있는 이유는 그가 목자되신 하나님의 백성이요 양이기 때문입니다(13절). 시인은 하나님의 영예를 대대에 전할 것을 서원합니다.

[기도]

교만으로 인해 삶이 무너지지 않게 하시고 은혜 없이 살 수 없는 자임을 날마다 기억하게 하옵소서. 나를 하나님의 백성이요 양으로 삼아 주셨으니 주의 이름을 더욱 높이게 하옵소서. 십자가에서 내 죄를 속량하사 하나님의 아들이 되게 하신 예수님을 찬양하게 하옵소서.

[열왕기상 1장]

급격한 노쇠화로 다윗의 통치력이 약해진 틈을 타 군사령관 요압과 제사장 아비아달의 지지를 받는 아도니야 왕자가 스스로 왕위에 오를 준비를 합니다(1-10절). 그러나 이것은 하나님과 다윗을 무시하는 행위였습니다. 아도니야가 즉위식을 준비한다는 소식을 들은 나단 선지자가 적법한 절차를 거쳐 솔로몬을 왕으로 세웁니다(11-40절). 아도니야를 지지하던 자들은 모두 흩어졌고 아도니야는 제단의 뿔을 잡고 솔로몬에게 목숨을 구걸하게 됩니다(41-53절). 그는 왕위를 욕심내다가 모든 것을 잃게 되었습니다. 참고로 제단의 뿔을 잡는 것은 용서와 보호를 바랄 때 하는 행위입니다('제단 뿔을 잡으면 용서받는 율법', 출 21:12-14).

[갈라디아서 5장]

그리스도의 복음으로 율법과 죄의 멍에로부터 자유케 된 우리는 다시 종(율법)의 멍에를 멜 수 없습니다(1절). 율법을 행함으로 의롭게 되려면 율법을 다 지켜야 하므로 이는 죄의 멍에를 다시 메는 것과 같으며 결국엔 값없이 주시는 은혜와 그리스도로부터 끊어지는 결과를 낳게 될 것입니다(2-4절). 성령의 역사로 우리는 믿음으로 얻게 될 의와 마지막 날의 소망을 기다립니다(5절). 믿음은 복음전파를 위한 사랑의 수고를 통해 역사합니다(6절). 우리는 누룩처럼 금방 퍼지는 거짓 진리를 경계해야 합니다(7-12절). 그리스도께서 우리를 자유케 하심은 사랑으로 종노릇하게 하시기 위함입니다(13-15절). 이를 위해 육체의 소욕을 제하고 성령을 따라 행해야 합니다(16-18절). 바울은 육체의 소욕과 성령의 소욕을 따르는 삶의 각기 다른 결과를 제시합니다(19-26절).

[에스겔 32장]

하나님은 애굽에 대한 심판(29-31장)을 선포한 에스겔에게 바로를 위한 애가(슬픈노래)를 부르라고 말씀하십니다(1-2절). 한 때 사자 같았던 애굽은 곧 포획되어 짐승들의 먹이로 던져지게 될 악어와 같은 신세가 될 것입니다(3-6절). 해처럼 빛나던 절대적 존재 바로에게 심판이 임하고 그의 패망은 열방에게 전파될 것입니다(7-10절). 바벨론을 통한 하나님의 심판으로 애굽의 용사들은 칼에 엎드러지고 땅은 황폐화되며 짐승들까지 멸절하게 될 것입니다(11-16절). 애굽이 지하(히: 스올=죽은 자 or 심판받은 자가 가는 어둠의 세계)로 던져질 때 유명한 나라의 여자들(=애굽의 동맹국들)도 함께 던져지게 될 것입니다(17-21절). 지하로 내려간 애굽 백성들은 그곳에서 앗수르, 엘람(앗수르에게 점령당한 티그리스강 동쪽에 있던 나라), 메섹과 두발(소아시아반도에 있던 나라), 에돔, 시돈(이스라엘 북쪽 지중해 연안에 있던 나라) 백성들을 만나게 될 것입니다(22-32절). 에스겔은 멸망의 심판을 앞둔 애굽과 여섯 나라를 위한 애가를 불렀습니다. 한때의 강성함을 자랑하는 것은 어리석은 것임을 알아야 합니다.

[시편 80편]

'요셉', '에브라임, 베냐민, 므낫세' 등의 호칭을 통해 이 시의 배경이 북이스라엘의 멸망과 관련되어 있음을 짐작할 수 있습니다(1-2절). 시인은 공동체의 회복과 구원을 간청합니다(3절). 하나님의 얼굴은 곧 그의 임재를 상징합니다. 시인은 공동체가 겪는 환난과 원수들의 조롱으로 인한 슬픔을 토로합니다(4-7절). 시인은 출애굽 역사를 추억합니다. 하나님이 애굽에서 옮겨 가나안 땅에 심으신 한 포도나무(이스라엘)는 한때 크게 번성했지만 결국 몰락하고 말았습니다(8-13절). 이는 그들이 하나님을 버리고 우상을 섬겼기 때문입니다. 시인은 하나님이 그들을 죄에서 돌이키시고 소생시켜 주시길 기도합니다(14-19절). "내 영혼을 소생시키시고 자기 이름을 위하여 의의 길로 인도하시는도다"(23:3).

[기도]

하나님이 주신 삶을 귀히 여기며 과욕으로 삶을 망치지 않게 하옵소서. 세상의 것으로 자랑하는 자가 되지 않게 하시고 죄 가운데 넘어지거나 영적 침체에 빠졌을 때 다시 회복시켜 주시옵소서. 성령을 따르는 삶을 통해 열매 맺게 하옵소서.

[열왕기상 2장]
다윗은 하나님의 명령에 순복하고 율법을 지켜 행하라는 유언을 남깁니다(1-4절). "이 율법책을 네 입에서 떠나지 말게 하며 주야로 그것을 묵상하여 그 안에 기록된 대로 다 지켜 행하라 그리하면 네 길이 평탄하게 될 것이며 네가 형통하리라"(수 1:8). 또한 요압과 시므이에 대한 처리와 바르실래의 아들들에 대한 호의를 부탁합니다(5-12절). 왕위 경쟁에서 밀려난 아도니야는 다윗의 첩이었던 아비삭을 요구하다가 솔로몬에게 죽임을 당합니다(13-25절). 솔로몬은 아도니야를 지지했던 제사장 아비아달을 추방하고 다윗 때부터 왕권에 큰 위협이 되었던 장군 요압과 피난 가는 다윗을 저주했던 시므이를 숙청합니다(26-46절). 솔로몬은 이스라엘을 견고하게 세워나갑니다.

[갈라디아서 6장]
성령의 열매(5:22-23)에 대해 언급한 바울은 6장에서 성령의 인도함을 받는 삶에 대해 가르칩니다. 성령의 사람은 형제의 범죄를 발견했을 때 온유한 심령으로 바로 잡아 주되 자기 자신에 대해서는 더욱 엄히 살핍니다(1절). 유대주의에 빠진 형제가 있다면 온유한 심령으로 권하여 복음의 진리 가운데 다시 서게 해야 합니다. 성령의 사람은 성도의 짐을 함께 짐으로써 그리스도의 법(사랑의 계명)을 성취합니다(2절). 그러나 남을 도운 일로 인하여 자기가 무엇이라도 된 것처럼 생각한다면 스스로 속이는 것입니다(3절). 혹 자랑할 것이 있더라도 남에게 하지 않는 것이 좋습니다(4절). 각자 자신의 소명과 의무를 다하면 됩니다(5절). 교회는 사역자를 재정적으로 뒷받침하여 가르치는 일에 전념하게 해야 합니다(6절). 선교와 이웃사랑을 위해 물질을 드리는 것은 성령을 위하여 심는 것으로 때가 되면 반드시 거둡니다(7-10절). 바울은 유대인으로부터 오는 핍박을 면하기 위해 할례를 종용하는 유대주의자들을 주의할 것을 강조합니다('큰 글자'는 강조의 의미, 11-12절). 자기들은 율법을 지키지 않으면서 성도들에게는 할례(율법)를 강요한 위선자들입니다(13절). 유대인이냐 이방인이냐는 중요하지 않고 그리스도 안에서 새로운 존재가 되는 것이 중요하므로 그리스도의 십자가만이 유일한 자랑입니다(고후 5:17, 14-16절). 십자가 복음을 외친 바울에게는 복음의 진리를 수호하느라 생긴 고난의 흔적이 있습니다(17-18절).

[에스겔 33장]
에스겔서 전반부(1-32장)는 이스라엘과 주변 민족에 관한 심판의 내용이고 후반부(33-48장)는 이스라엘의 회복과 미래의 소망에 관한 내용입니다. 하나님은 에스겔에

게 파수꾼의 막중한 사명에 대해 말씀하십니다(1-9절). 그는 죄 가운데 빠져있는 이스라엘 백성들을 영적으로 일깨우는 중요한 책임을 맡았습니다. 하나님은 악인이 죄에서 돌이키는 것을 기뻐하십니다(11절). 만약 의인이 자신의 공의를 믿고 악을 행하면 죽게 될 것이며, 악인이 죄에서 돌이켜 정의와 공의를 행하면 이전의 죄는 기억되지 않고 반드시 살게 될 것입니다(10-20절). 그러므로 공의로운 심판자이신 하나님 앞에서 각자 자신의 길을 바르게 해야 합니다. 에스겔이 바벨론의 포로로 끌려온 지 12년째가 되었을 때(BC 586년) 예루살렘이 함락되어 많은 고관들과 백성들이 또 다시 바벨론으로 끌려오게 됩니다(21절). 그런데 본토에 남은 자들이 유다 땅은 아브라함의 후손인 자신들의 기업이 되었다는 착각에 빠졌습니다(24절). 헛된 믿음을 가지고 가증스런 죄를 일삼는 그들에게 칼과 전염병이 임할 것입니다(25-29절). 선지자의 말을 사랑노래 정도로 취급하며 듣고도 행하지 않는 자들은 심판이 성취될 때에야 비로소 참 선지자가 있었음을 알게 될 것입니다(30-33절).

[시편 81-82편]

(81편) 표제어에 등장하는 '깃딧'은 기쁜 곡조라는 뜻으로 시인의 주된 감정은 기쁨입니다. 81편은 초막절과 같은 민족적인 절기에 읽혀졌습니다. 시인은 절기를 위해 모인 사람들을 찬양으로 초대하는데 그들이 찬양해야 할 이유는 애굽에서의 구원과 복의 약속입니다(1-10절). 그러나 잊지 말아야 할 것이 있습니다. 그들의 조상들은 므리바에서 하나님을 시험하였고(출 17:1-7, 7절). 광야시절 내내 말씀을 거역하며 강퍅한 마음을 가짐으로써 하나님은 그들을 내버려 두셨습니다(11-12절). 하나님은 말씀을 듣고 따르는 자를 만족케 하십니다(13-16절).

(82편) 하나님이 하늘 법정에서 신들(신적 존재)을 재판하십니다(1절). 하나님은 정의를 버리고 불의를 일삼는 신들을 기소하셨습니다(2-4절). 여기서 기소당한 신들은 백성의 지도자 혹은 재판관들을 의미합니다. 그들은 하나님의 공의를 앞장서서 나타내야 하지만 하나님의 뜻을 알지 못한 채 흑암 중에 왕래하여(=불의를 행하여) 땅의 모든 터를 흔듭니다(=하나님의 법과 질서를 깨뜨립니다)(5절). 결국 신들(=하나님의 말씀을 받은 존귀한 사람), 지존자의 아들들이라 불렸던 그들은 하나님의 심판의 대상이 되었습니다(6-8절). "성경은 폐하지 못하나니 하나님의 말씀을 받은 사람들을 신이라 하셨거든"(요 10:35).

[기도]

주의 말씀이 내 입에서 떠나지 않게 하시고, 공동체 안에서 성령의 인도하심을 따라 행하게 하옵소서. 하나님의 공의를 행하며 무엇보다 파수꾼의 사명을 감당하게 하옵소서.

10
월

M'cheyne

개관

다니엘

유다의 귀족 자제인 다니엘은 바벨론의 1차 침공(BC 605년) 때에 포로로 끌려갑니다. 신실한 신앙인이자 뛰어난 지혜를 가진 다니엘은 바벨론의 느부갓네살(네브카드네자르 2세) 왕에서부터 바사의 고레스(페르시아의 키루스) 왕에 이르기까지 여러 나라와 왕을 섬긴 고위 공직자입니다. 1-6장은 역사적 사건에 대하여, 7-12장은 다니엘이 본 환상(꿈, 계시)에 대한 내용입니다. 다니엘서는 역사에 대한 하나님의 절대 주권과 종말 그리고 예수 그리스도를 통해 완성될 영원한 하나님 나라에 대한 계시입니다. 이 책은 고난받는 하나님의 백성들에게 하나님의 주권과 최후 승리에 대한 확신과 소망을 줍니다.

열왕기하

열왕기상과 이어지는 열왕기하는 멸망을 향해 달려가는 북이스라엘과 유다의 역사를 잘 보여줍니다. 히스기야나 요시야같이 정직하고 선한 왕도 있었지만 대부분의 왕들과 백성들은 하나님을 떠나 우상을 섬기며 하나님이 금한 것들을 서슴없이 행하였습니다. 하나님은 선지자를 통해 심판에 대해 경고했지만 듣는 이가 드물었습니다. 결국 두 나라 모두 멸망합니다. 그러나 포로로 끌려간 유다 왕 여호야긴을 향한 바벨론의 선대는 하나님의 회복의 역사를 예고합니다.

호세아

선지자의 삶은 외롭고 괴로우며 위험합니다. 그들은 선포하는 것으로 그치지 않고 독특한 행동(상징행동)이나 자신의 인생 그 자체를 통해 온 몸으로 하나님의 뜻을 전했습니다. 북이스라엘의 여로보암 2세 때에 활동한 호세아는 그의 인생을 통해 하나님의 신실한 사랑을 나타낸 선지자입니다. 하나님의 명령으로 음란한 여인 고멜과 결혼한 호세아는 음행을 저지르는 아내 때문에 지속적으로 고통을 겪으면서도 결코 사랑하기를 포기하지 않습니다. 하나님이 포기하지 말라고 하십니다. 호세아의 기구한 삶은 하나님을 버리고 우상을 찾아간 백성들과 그들을 포기할 수 없는 하나님의 신실한 사랑을 그대로 보여줍니다. 호세아는 인생을 통해 우상을 버리고 하나님께 돌아오라고 외칩니다.

[질문과 묵상]

1. 오늘 말씀을 통해 만난 하나님은 어떤 분인가요?

2. 오늘 말씀을 통해 하나님이 내 삶에 요청하시는 것은 무엇인가요?

[열왕기상 3장]
솔로몬은 정략결혼을 활용한 외교로 나라의 안정을 도모하지만 이것은 훗날 우상숭배의 씨앗이 됩니다(1절). 아직은 성전이 건축되지 않았기 때문에 제사는 산당에서 이루어졌습니다(2-3절). 일천번제를 드린 솔로몬은 꿈에 나타난 하나님께 백성들을 잘 다스릴 수 있도록 지혜를 구했으나 하나님은 지혜와 함께 구하지 않은 것까지 다 주시겠다고 약속하십니다(4-15절). 하나님이 주신 지혜는 아기의 엄마를 찾는 과정에서 빛을 발합니다(16-27절). 백성들은 하나님의 지혜를 가진 솔로몬을 두려워합니다(28절). 하나님이 주신 지혜가 곧 솔로몬의 리더십입니다.

[에베소서 1장]
로마 감옥에 갇힌 바울은 3년간 눈물로 목양했던 에베소 교회에 편지를 씁니다(행 20:31). 그는 삼위일체 하나님의 영원한 계획과 사역을 소개하며 편지를 써내려갑니다(1-2절). 성부 하나님은 그리스도 예수를 통한 구원을 예정하시고, 구원받을 성도를 선택하십니다(3-6절). 성자 예수님은 그의 피로 말미암아 속량 곧 죄 사함의 은혜를 베푸십니다(7-12절). 우리를 하나님의 기업(소유)이 되게 하신 예수 그리스도는 다시 오셔서 영원한 그의 나라를 완성하실 것입니다. 성령님은 성부가 예정하시고 성자께서 이루신 구원을 보증하십니다(13-14절). 즉, 성령님은 우리가 하나님의 기업임을 보증하십니다(헬: '아라본'=보증, '아라본'은 담보, 서약, 약혼반지의 의미). 성령님은 우리 안에 내주하셔서 하나님의 자녀 됨과 상속자 됨을 증거하십니다. "성령이 친히 우리의 영과 더불어 우리가 하나님의 자녀인 것을 증언하시나니 자녀이면 또한 상속자 곧 하나님의 상속자요 그리스도와 함께 한 상속자니"(롬 8:16-17). 바울은 에베소 성도들의 믿음과 사랑에 감사하며 그들이 하나님을 더 깊이 알기를 간구합니다(15-17절). 특히 부르심의 소망(=우리를 부르시며 주신 구원, 부활, 영생), 기업의 영광의 풍성함(=하나님의 소유된 백성이 누릴 영광), 능력의 지극히 크심(=부르심의 소망과 기업의 영광을 이루실 하나님의 위대한 능력)을 깊이 깨닫기를 소망합니다(18-19절). 하나님은 예수 그리스도를 주권자 및 교회의 머리로 삼으셨습니다(20-22절). 그러므로 그리스도의 몸 된 교회는 하나님의 은혜와 능력으로 충만합니다(23절).

[에스겔 34장]
하나님은 자기 배만 불리는 목자들(=종교지도자, 왕, 귀족)을 강하게 책망하십니다

(1-8절). 이권에만 관심이 있던 그들은 양을 포악으로 다스렸습니다. 하나님은 양을 찾지도 않고 먹이지도 않는 목자들에게서 양을 도로 찾으실 것입니다(9-12절). "나 곧 내가 내 양을 찾고 찾되" 그리고 친히 목자가 되실 것입니다(13-16절). 공의로운 목자이신 하나님은 권력에 기대어 백성들을 착취하는 자들('숫양과 숫염소')과 이웃을 억압하는 백성들('살진 양')을 심판하실 것입니다(17-22절). 그 후 참 목자 다윗을 통하여 양들을 구원하시고 평안히 거하게 하실 것입니다(23-29절). 이는 시내산 언약('나는 너희의 하나님, 너희는 나의 소유이며 제사장 나라요 거룩한 백성', 출19:5-6)의 회복입니다(30-31절). 친히 목자가 되기로 선언하신 하나님이 보내실 참 목자 다윗은 누구일까요? 바로 성육신하신 다윗의 자손 예수 그리스도이십니다.

[시편 83-84편]

(83편) 83편은 아삽의 마지막 시입니다. 저작 시기는 불분명한데 이방 민족이 연합군을 이루어 침공했던 여호사밧 시대를 상정하는 것이 무난해 보입니다(대하 20:1-30). 대적들이 연합하여 하나님의 백성을 공격하는 상황에서 시인은 담대히 하나님께 간구합니다(1-8절). 그는 과거의 구원 역사를 언급하며 하나님의 목장을 탈취하려는 대적들을 고발합니다(9-12절). 이스라엘은 하나님 소유의 목장이므로 이에 대한 공격은 곧 하나님의 소유를 약탈하는 것과 같습니다. 시인은 하나님이 대적들을 심판하심으로 그의 영광을 온 세상에 나타내시길 간구합니다(13-18절).

(84편) 84편은 마치 연인을 생각하며 사랑노래를 부르는 시인을 보는 것 같습니다. 시인은 영혼이 쇠약해질 정도로 주의 전을 사모합니다(1-4절). 시인이 생각하는 최고의 복은 성전에서 하나님의 충만한 임재를 경험하는 것입니다. 그래서 성전에 둥지를 틀고 자유롭게 오가는 참새와 제비를 부러워합니다. 눈물 골짜기(=고난과 역경)를 지나면서도 그 마음에 시온의 대로가 있는 자(=마음의 중심을 하나님께 두는 자)는 하나님의 임재의 복과 능력을 얻게 될 것입니다(5-8절). 기름 부으신 자(왕)의 회복, 곧 이스라엘 공동체의 보호와 회복을 바라는 시인은 안락한 삶의 지속보다 하나님의 임재 가운데서의 하루를 더 소망합니다(9-12절).

[기도]

하나님이 나를 자녀요 상속자로 세워주신 것을 성령님이 보증해 주십니다. 하나님의 지혜와 충만한 임재를 날마다 경험하게 하옵소서.

[열왕기상 4-5장]

(4장) 솔로몬 내각의 주요 인사들과 12개의 지방 행정구역 및 지방장관이 소개됩니다(1-19절). 지혜의 왕 솔로몬은 효율적인 통치를 위해 행정 조직을 개편합니다. 다윗의 활발한 정복전쟁 덕에 주변 나라들로부터 조공을 받는 솔로몬의 통치기간 동안 백성들의 삶은 풍요로웠습니다(20-28절). 솔로몬은 문학에도 뛰어난 능력을 발휘함으로써 그의 명성은 더욱 널리 퍼졌습니다(29-34절).

(5장) 나라를 안정시킨 솔로몬은 아버지의 유지를 받들어 성전건축에 착수합니다. 두로와의 협약을 통해 목재와 기술자를 확보한 솔로몬은 대규모 인력을 순번제를 적용하여 투입시킴으로써 본격적인 성전건축에 착수합니다(1-18절).

[에베소서 2장]

바울은 에베소 성도들에게 두 가지를 말합니다. 하나님이 예수 그리스도를 통하여 그들을 살리셨고(하나님과의 화해) 복음 안에서 유대인과 이방인을 화해시키셨다는 것입니다. 교회의 하나 됨을 막을 수 있는 것은 없습니다. 교회의 머리가 되시며 교회를 충만케 하시는 예수 그리스도께서 우리를 살리셨습니다(1절). 우리는 본래 허물과 죄로 죽었으며 본질상 진노의 자녀였습니다(2-3절). 그러나 긍휼이 풍성하신 하나님이 허물로 죽은 우리를 그리스도와 함께 살리셨으며 장차 그리스도와 함께 하늘에 앉히실 것입니다(4-7절). 우리는 믿음으로 구원의 선물을 받았으며 그 믿음은 하나님이 주신 것입니다(8절). 그러므로 우리는 구원을 자랑할 수 없습니다(9절). 구원받은 자는 하나님의 선한 뜻을 행할 책임이 있습니다(10절). 본래 유대인(할례를 받은 무리)들은 이방인(할례를 받지 않은 무리)들을 하나님의 언약에서 배제된 사람으로 취급했습니다(11-12절). 그러나 예수 그리스도께서 그의 피로 유대인과 이방인 사이의 막힌 담을 허무셨습니다(13-18절). 예수님의 대속의 죽음으로 인하여 구약의 희생제사와 절기는 더 이상 필요 없게 되었으며 유대인이나 이방인이나 동일하게 한 성령 안에서 아버지께 나아갈 수 있게 되었습니다. 이방인들은 사도들과 선지자의 터(가르침, 복음) 위에 모퉁이돌(기초석) 되신 예수 그리스도로 인하여 세우심을 입은 하늘 시민권자요 하나님의 권속입니다(19-20절). 그들은 그리스도의 공동체를 함께 이뤄나갈 소중한 구성원입니다(21-22절).

[에스겔 35장]

이스라엘의 회복에 관한 메시지가 선포되는 가운데 에돔의 멸망이 선포됩니다(1-4절). 하나님은 대대로 이스라엘을 대적했던 에돔에 대한 철저한 심판을 단행하실 것입니다(5-9절). 하나님은 이스라엘을 대적하는 에돔의 행위를 당신에 대한 공격으로 간주하십니다. 에돔은 이스라엘의 멸망을 기뻐하면서 그들의 땅은 이제 자기들의 땅이 될 것이라고 생각했습니다(10-15절). 그러나 하나님은 에돔을 심판하신 후 포로로 끌려간 이스라엘 백성들을 다시 본래의 땅으로 돌아오게 하실 것입니다.

[시편 85편]

시인이 속한 공동체가 고난에서 건짐 받은 경험을 고백합니다(1-3절). '포로 된 자들'이라는 표현은 시인의 공동체가 바벨론에서 귀환했음을 말해줍니다. 귀환 공동체는 여전히 고난 가운데 있습니다. 그러나 과거에 경험한 구원은 현재의 고난을 이기는 원동력이 됩니다. 시인은 하나님께 이전처럼 분노를 거두시고 이스라엘을 회복시켜 주시길 간구합니다(4-7절). 과거에 그들의 죄를 용서하시고 인자를 나타내신 것처럼 지금 그들이 겪는 고난에 개입하여 주시길 기도합니다. 시인의 간구를 들으신 하나님은 죄 사함을 통한 화평을 선언하시며 다시는 이전의 죄로 돌아가지 말라고 말씀하십니다(8절). 죄 사함과 구원을 바라는 자는 죄에서 돌이키는 결단이 있어야 합니다. "나도 너를 정죄하지 아니하노니 가서 다시는 죄를 범하지 말라"(요 8:11). 하나님을 경외하는 자, 곧 하나님의 진노를 두려워하며 회개하는 자는 구원을 보게 될 것입니다(9절). 하나님의 인애와 진리가 합력하고 의와 화평이 합력하여 구원을 이루실 것입니다(10-11절). 하나님의 사랑(=내 생명을 대신함)과 공의(= 내 죄에 대한 공의로운 집행)가 십자가에서 만남으로 우리의 구원이 완성되었습니다. 가장 좋은 것(=하나님의 사랑과 공의)을 경험한 우리는 주의 의를 따를 것입니다(12-13절).

[기도]

본래 허물과 죄로 죽었던 존재였으나 오직 은혜로 주시는 하나님의 구원의 선물을 받았습니다. 주님의 십자가를 자랑하는 인생 되게 하옵소서. 십자가에서 하나님의 사랑과 공의를 완성하심으로 나를 구원하신 예수님을 찬양하는 삶을 살게 하옵소서.

[열왕기상 6장]

솔로몬 재위 4년 시브월(2월)에 길이 27.5미터, 너비 9미터, 높이 13.5미터, 총면적 247.5제곱미터 규모의 성전건축이 시작되었습니다(1-10절). 주목할 점은 건축현장에서 철 연장소리가 나지 않도록 돌을 채취하는 곳에서 미리 다듬은 후 운반했다는 것입니다. 정숙함과 거룩함을 유지하는 가운데 성전을 세워나간 것입니다. 참고로 제단으로 쓰일 돌은 다듬는 것조차 허용되지 않습니다(출 20:25, 신 27:5-6). 하나님은 솔로몬에게 다윗언약(삼하 7:8-17)을 상기시키며 순종에 따른 축복을 약속하십니다(11-13절). 외부 공사가 끝나고 내부 공사에 들어갑니다(14-37절). 성전마루와 벽, 천장, 성소와 지성소, 문, 성전 안뜰이 차례로 완성되었습니다. 지성소에는 성막과 동일하게 하나님의 임재를 상징하는 언약궤와 그 위에 두 그룹(히: '케루빔', 중보자의 의미를 가진 천사)을 조각하였습니다. 성전은 7년 만에 완공되었습니다(38절).

[에베소서 3장]

예수 그리스도를 통한 구원의 비밀을 알게 된 바울은 그 비밀을 전하다가 옥에 갇혔습니다(1-4절). 구약의 사람들은 알지 못하는 이 비밀이 성령의 역사로 인하여 사도와 선지자들(부활의 증인들과 복음전도자들)에게 나타난 것은 이방인들도 예수 그리스도 안에 있는 약속의 상속자요 참여자이기 때문입니다(5-6절). 바울은 하나님의 은혜로 이 비밀을 드러내기 위해 일꾼으로 부름 받았습니다(7-9절). 교회로 하여금 구원의 비밀을 선포하게 하신 예수 그리스도는 하늘의 통치자들과 권세들(=공중권세 잡은 자와 어둠의 영들)에게 하나님의 각종 승리(=그리스도의 영원한 승리와 악한 영에게 임할 영원한 심판)도 선포하게 하셨습니다(10-12절). 그러므로 성도는 영광스런 구원과 영원한 승리를 바라보며 낙심치 말아야 합니다(13절). 에베소 성도들을 위한 바울의 두 번째 기도(ft. 첫 번째 기도는 1:15-23)가 등장합니다(14-19절). 그는 성도들의 속사람이 강건해지고 그리스도의 사랑 가운데 더욱 뿌리 내리며 하나님의 충만함이 그들의 삶에 가득하길 기도합니다. 바울은 그의 기도에 넘치도록 응답하실 하나님께 영광을 돌립니다(20-21절).

[에스겔 36장]

하나님은 에스겔에게 이스라엘의 산들에게 예언하라고 말씀하십니다(1절). 이스라엘의 산은 포로에서 귀환하게 될 이스라엘 백성들을 의미합니다. 하나님은 멸망한 이스라엘 백성들을 조롱하며 그 땅을 자기 소유로 삼아 번영을 도모하려는 에돔과 이방 나라들을 반드시 심판하시겠다고 말씀하십니다(2-7절). 반면, 포로로 끌려간 백성들에게는 위로와 보호, 회복을 약속하십니다(8-15절). 이스라엘 백성들이 우상숭배를 비롯한 온갖 범죄로 약속의 땅을 더럽혔기에 하나님은 그들을 여러 나라 가운데 흩으셨습니다(16-19절). 그러나 이스라엘에 대한 하나님의 심판으로 인해 하나님의 이름이 더럽혀졌습니다(20-23절). 이방민족들이 이스라엘의 멸망의 원인을 하나님의 무능력으로 여겼기 때문입니다. 하나님은 실추된 당신의 이름과 명예를 다시 회복하실 것입니다. 이를 위해 흩어진 그들을 다시 부르시고 그들의 죄를 사하며, 새 영과 새 마음을 주어 당신의 율례를 행하게 하실 것입니다(24-27절). 시내산 언약이 다시 회복된 풍성한 삶과 죄를 미워하는 삶이 이루어질 것입니다(28-32절). 하나님이 자기 이름을 위하여 반드시 행하실 이스라엘의 회복을 위하여 백성들은 기도해야 합니다(33-38절).

[시편 86편]

다윗은 장기간의 억울한 도피생활로 인해 재정적, 정신적(고립), 영적 결핍을 겪게 됩니다(1절). 언제 죽을지 모르는 불안한 상황 속에서 그는 하나님을 바라보려고 애씁니다(2-7절). 하나님께 부르짖는 것 외에 다른 길이 없습니다. 그는 기도 가운데 하나님에 대한 확신을 갖습니다. 그가 의지하는 유일한 하나님은 그를 구원하시고 하나님의 도를 가르치실 것입니다(8-13절). 자신을 공격하는 무리들을 교만하고 포악한 자들로 규정한 시인은 하나님의 본성(=긍휼, 은혜, 인내, 인자, 진실)을 고백하며 그에게는 긍휼을, 대적들에게는 수치를 구합니다(14-17절). 그는 원수들에 대한 처분을 하나님께 맡깁니다.

[기도]

하나님의 임재로 충만한 우리의 성전이 되게 하옵소서. 아버지 하나님의 이름을 귀하게 여기는 자녀가 되게 하시고, 고난 가운데 있을 때에는 하나님의 구원을 경험하며 하나님의 도를 배우게 하옵소서.

[열왕기상 7장]

7년간 성전을 건축한 솔로몬은 13년간 자신의 왕궁을 건축합니다(1-12절). 성전건축과 같이 레바논 백향목과 석재를 사용하여 크고 화려하게 지었습니다. 13절부터는 6장에 이어 성전 기구들의 제작에 관한 내용이 이어집니다. 성전 입구에 세운 두 기둥인 야긴('그가 세우다')과 보아스('그에게 능력이 있다')는 하나님의 주권을 나타냅니다(13-22절). 바다(큰 원형 물통)와 받침 수레, 물두멍(바다보다 작은 규모), 각종 놋기구, 금 기구와 성전 곳간도 만들어집니다(23-50절). 솔로몬은 다윗이 준비한 모든 것을 성전을 위해 아낌없이 사용하였으며 남은 것은 수리 등을 위한 예비물품으로 성전 곳간에 보관하였습니다(51절).

[에베소서 4장]

부르심을 입은 자는 겸손과 온유와 사랑 가운데 서로 용납함으로 성령이 하나가 되게 하신 공동체를 힘써 지켜야 합니다(1-3절). 하나 됨을 지켜야 하는 이유는 하나님, 주(예수님), 성령이 모두 한 분이시며 무엇보다 그리스도의 몸이 하나이기 때문입니다(4-6절). 성육신, 십자가의 죽음, 부활, 승천을 통해 승리하신 그리스도는 우리에게 직분과 은사를 선물로 주셨습니다(7-12절). 이는 성도를 온전하게 하여 그리스도의 몸을 세우려 함입니다. 우리는 '하나 됨'이라는 그리스도의 장성한 분량이 충만한 데까지 이르러야 하는데 이는 어린아이처럼 흔들리지 않고(=속임수와 유혹에 빠지지 않음) 모든 일에 그리스도에까지 자라가기 위함입니다(13-15절). 그리스도와 연합한 성도는 성도간의 하나 됨을 이루어 그리스도의 몸인 교회를 세워 나갑니다(16절). 성도는 하나님의 생명이 없는 이방인처럼 육체의 본능과 정욕을 따라 사는 존재가 아니라 의와 진리와 거룩함으로 지음 받은 새 사람답게 살아야 합니다(17-24절). 구체적으로 거짓되고 더러운 말을 금하고 마귀에게 틈을 보이지 않게 주의하며, 선한 일을 행하고 성령님이 기뻐하시는 일을 적극적으로 행하는 것을 말합니다(25-32절).

[에스겔 37장]

에스겔은 수많은 백성들과 함께 바벨론으로 끌려온 포로입니다. 그들은 절망 속에서 겨우 버티고 있습니다. 하나님은 환상 가운데 에스겔을 마른 뼈가 가득한 골짜기로 데려가신 후 이 뼈가 과연 살 수 있을지를 물으셨는데 에스겔은 하나님이 원하시면 가능하다고 대답합니다(1-3절). 하나님의 말씀대로 에스겔이 뼈를 향해 살아날 것을 명하자 마른 뼈에 살이 붙고 생기가 들어가 큰 군대를 이루었습니다(4-10절). 말라버린 뼈는 현재의 이스라엘을 뜻합니다. 하나님은 소생 가능성이 없어 보이는 이스라엘에 대한 회복의 비전을 보여주십니다(11-14절). 이어서 하나님은 두 막대기를 하나로 묶으라고 말씀하십니다(15-17절). 이는 반목하고 있는 유대(남유다)와 에브라임(북이스라엘)의 통합이라는 또 하나의 비전을 의미합니다(18-23절). 이스라엘은 다시 하나가 될 것이며 하나님이 보내실 참 목자 다윗(메시야)은 하나 된 이스라엘을 영원히 다스릴 것입니다(24-25절). 하나님은 이스라엘과 영원한 화평의 언약을 맺으십니다(26-28절). 메시아가 오셔서 하나님과 백성, 유대와 에브라임 그리고 유대인과 이방인간의 화평을 이루실 것입니다. “이는 이방인들이 복음으로 말미암아 그리스도 예수 안에서 함께 상속자가 되고”(엡 3:6).

[시편 87-88편]

(87편) 포로 귀환자들이 폐허가 된 예루살렘 성전과 성을 재건하는 과정은 결코 쉽지 않았습니다. 귀환의 기쁨이 사라지고 척박한 삶이 주는 고통으로 지쳤을 때 이 시는 큰 용기를 주었습니다. 비록 재건한 성전이 솔로몬 성전에 비해 초라했지만 하나님은 이 성전을 매우 사랑하셨습니다(1-3절). 시온(예루살렘)이 비록 작게 보여도 라합(‘전설 속의 바다 괴물’, 여기서는 애굽을 의미)과 바벨론, 블레셋, 두로, 구스 등 천하 만민이 시온을 통해 하나님의 백성으로 돌아올 것입니다(4-6절). 이는 하나님의 우주적인 통치에 대한 선언입니다. 귀환자들은 예루살렘에 임할 하나님의 영광을 바라보며 예루살렘을 재건해 나가야 합니다. 열방이 하나님의 구원을 노래하며 외치게 될 것입니다(7절).

(88편) 탄원으로만 구성된 기도입니다. 표제어에 등장하는 ‘마할랏르안놋’이 ‘질병’ 혹은 ‘병의 노래’를 의미하기에 불치병에 걸린 사람의 간구로 보기도 하지만 내용 중 질병을 암시할 만한 부분은 보이지 않습니다. 시인은 비통함으로 밤낮 부르짖고 있습니다(1-2절). 시인은 자신의 상황에 대해 재난이 가득하며 그의 생명이 스올에 가까이 있다고 말하는데 하나님의 심판으로 여겨질 정도로 소망 없는 극한의 고통이 지속되고 있습니다(3-8절). 그러나 죄에 대한 시인의 고백이 없는 것으로 보아 이유를 알 수 없는 고난으로 여겨집니다. 그는 하나님의 공의가 사라지고 하나님이 등을 돌린 것 같은 현실로 인해 매일 부르짖고 있습니다(9-18절). 고난 가운데 우리가 할 수 있는 것은 하나님께 모든 것을 의탁하는 것 밖에 없습니다. 만약 고난의 정점에 와 있다면 예수님의 기도가 곧 우리의 기도가 될 것입니다. “아버지여 내 영혼을 아버지 손에 부탁하나이다”(눅 23:46).

[기도]

마른 뼈와 같은 나를 살리신 주님! 말라버린 삶의 영역이 있다면 하나님의 생기로 살아나게 하옵소서. 극심한 고난이 닥쳐와도 우리가 의지할 분은 하나님밖에 없음을 고백합니다. 참된 믿음과 사랑으로 주님의 몸 된 교회를 세워나가게 하옵소서.

[열왕기상 8장]

솔로몬은 완공된 성전으로 언약궤를 옮깁니다(1-11절). 그는 다윗과 그를 통해 성전을 세우신 하나님을 송축할 것을 선포하고(12-21절). 다윗언약을 고백하며 성전을 향한 기도에 응답해 주시길 간구합니다(22-30절). 그는 공의로운 판결, 패전, 가뭄, 재난, 이방인의 간구, 출전, 포로 등 하나님을 찾게 되는 다양한 사례를 제시합니다(31-50절). 이스라엘 백성들이 이렇게 기도할 수 있는 이유는 그들이 하나님의 소유이자 기업이기 때문입니다(51-53절). 솔로몬은 하나님을 송축하고 백성들을 축복하면서 계명의 준수를 강조합니다(54-61절). 이스라엘은 성전봉헌과 함께 14일간 기쁨의 절기를 보냅니다(62-66절).

[에베소서 5장]

그리스도인은 예수님의 본을 따라 하나님 아버지를 닮아가야 합니다(1-2절). 이를 위하여 음행과 더러운 일과 탐욕, 그릇된 말과 악한 행위를 버리고 빛의 자녀로서 착함과 의로움과 진실함의 열매를 맺어야 합니다(3-14절). 악한 시대에 주님의 뜻을 잘 분별하여 시간을 아끼며 무절제와 방탕을 버리고 오직 성령의 충만함을 받아야 합니다(15-18절). 성령 충만한 삶은 예수 그리스도의 마음과 말씀이 나의 생각과 행동의 모든 것을 통치하는 것을 말합니다. 성령 충만의 결과는 찬송과 감사 그리고 그리스도를 경외함으로 피차 복종(섬김)하는 것입니다(19-21절). 바울은 창조 질서에 따라 그리스도가 교회의 머리인 것처럼 아내는 남편에게 복종하고 남편은 그리스도께서 자신의 생명을 내어 주신 것처럼 아내를 사랑할 것을 권면합니다(22-33절). 부부의 가장 이상적인 모델은 그리스도와 교회의 연합입니다.

[에스겔 38장]

하나님은 이스라엘의 회복과 화평을 약속하셨습니다(37장). 그러나 여전히 이스라엘을 대적하는 무리들이 있습니다. 38-39장은 이스라엘의 대적을 다루시는 하나님에 관한 내용입니다. 마곡 땅에 있는 로스와 메섹과 두발 왕 곡이 바사와 구스 등의 동맹군까지 거느리고 이스라엘을 치러 올 것입니다(1-9절). 그들이 이스라엘을 침공한 표면적인 이유는 평화롭게 지내는 이스라엘을 약탈하기 위함이지만 실제적인 이유는 하나님이 그들로 하여금 이스라엘을 치게 하신 것입니다(10-16절). 하나님이 그들을 충동하신 이유는 당신의 거룩함을 드러내기 위함입니다. 마치 출애굽 과정에서 이스라엘 백성들이 길을 잃고 헤매는 것처럼 보이게 하셔서 바로로 하여금 군대를 거느리고 이스라엘을 치러 오게 하신 것과 같습니다. "내가 바로의 마음을 완악하게 한즉 바로가 그들의 뒤를 따르리니 내가 그와 그의 온 군대로 말미암아 영광을 얻어 애굽 사람들이 나를 여호와인 줄을 알게 하리라"(출 14:4). 하나님은 힘을 모아 쳐들어오는 곡을 지진과 칼(아군끼리 전투), 전염병과 자연재해를 통해 심판하심으로 당신의 위대함과 거룩함을 나타내실 것입니다(17-23절).

[시편 89편]

다윗 언약에 근거한 탄원입니다. 고난 가운데 있는 시인의 공동체는 하나님이 언약을 기억하셔서 회복하여 주시길 기도하고 있습니다. 시인은 다윗과 언약을 맺으신 하나님의 인자와 성실을 찬양합니다(1-4절). 백성들이 하나님을 찬양해야 할 이유는 온 세상을 창조하셨고 천상의 모든 세력과도 비교할 수 없는 위대한 분이시며, 라합(애굽)을 치시고 당신의 백성을 건지셨기 때문입니다(5-13절). 의와 공의, 인자와 진실함으로 다스리시는 하나님은 왕을 세우셔서 그의 통치의 대리로 삼으십니다(14-18절). 그러므로 이스라엘의 왕은 하나님의 통치원리를 구현해 나가야 할 책임이 있습니다. 하나님은 다윗의 대적을 물리쳐 주시고 그에게 기름 부어 왕으로 세우시고 그와 영원히 변치 않는 언약을 맺으셨습니다['다윗 언약'(삼하 7:8-17), 19-37절]. 그러나 다윗 왕조는 바벨론에 의해 멸망당했습니다(38-45절). 시인은 고난 받는 그의 공동체를 구원하시고 언약 공동체의 대적을 심판해 주시길 간구합니다(46-52절).

[기도]

나를 하나님의 소유 삼아 주심으로 어떤 상황에서도 나는 하나님 앞에 나아갈 수 있습니다. 나의 간구와 탄원을 들어 주옵소서. 구원과 심판을 행하시는 하나님의 주권을 신뢰합니다. 악한 시대에 성령 충만함으로 승리하게 하옵소서.

[열왕기상 9장]

성전을 봉헌하며 드린 솔로몬의 기도(8:22-53)에 응답하신 하나님은 다윗언약에 충실할 것을 강조하십니다(1-9절). 솔로몬은 성전과 왕궁 건축을 마친 후 건축 자재와 기술자를 보내준 두로 왕 히람에게 갈릴리 지역 20개의 성읍을 양도하지만 히람은 불모지 같은 땅을 받은 것에 대해 기뻐하지 않습니다(10-14절). 사실 솔로몬은 건축기간동안 막대한 양의 곡식과 기름을 두로에 보냈습니다(5:11). 솔로몬은 연이어 예루살렘 성과 하솔, 므깃도, 게셀 등의 요새를 세웁니다(15-25절). 쉼 없는 토목공사는 백성들에게 상당한 부담이 되었을 것입니다. 솔로몬은 두로가 보내준 항해기술자들의 도움으로 시작한 해상무역을 통해서 많은 부를 축적합니다(26-28절).

[에베소서 6장]

그리스도인의 윤리는 인간관계 차원을 뛰어넘어 하나님과 직접 연관되어 있습니다. 부모에게 순종하는 것이 주안에서 합당하며 하나님의 복된 약속이 있다는 것, 주의 교훈과 훈계로 자녀를 양육해야 하는 것, 종이 주인을 섬길 때 그리스도께 하듯 해야 한다는 것, 상전은 자신의 참 주인(하나님)이 계시다는 사실을 알고 종을 인격적으로 대해야 한다는 것 등 모든 관계 안에 하나님이 개입되어 있습니다(1-9절). 우리가 그리스도인이 되면 악한 영들과의 영적 전쟁이 시작됩니다(10-12절). 예수님이 다시 오실 때까지 그들이 맹위를 떨친다 해도 최후승리는 우리의 것입니다. 이것은 진리입니다. 그러나 우리는 육신을 입고 사는 동안에도 승리해야 합니다. 영적전쟁에서 승리하려면 하나님의 전신갑주(=진리의 허리띠: 성도의 진실함, 의의 호심경: 그리스도의 의와 거룩한 삶, 평안의 복음의 신: 하나님과 완전한 화해를 이룬 십자가 복음, 믿음의 방패: 하나님의 약속과 말씀에 대한 신뢰, 구원의 투구: 사탄이 주는 의심과 회의를 물리칠 영생에 대한 확신, 성령의 검: 성령이 공급하시는 하나님의 말씀)를 입어야 합니다(13-17절). 군인이 늘 깨어 경계하듯이 그리스도의 군사들은 늘 깨어 기도해야 복음으로 승리할 수 있습니다(18-20절). 바울은 두기고를 통해 자신의 사정(=옥에 갇혀 있지만 담대히 복음을 전하고 있음)을 전하며 성도들을 축복합니다(21-24절).

[에스겔 39장]

곡에 대한 심판선언이 계속 이어집니다. 하나님은 곡에 대한 철저한 심판으로 당신의 거룩한 이름을 이스라엘과 이방 민족 가운데 나타내실 것입니다(1-7절). 곡이 남긴 무기를 태우는데 7년, 곡의 군사들의 시신을 불태우는데 7개월이 걸리고 미처 매장되지 못한 시신은 새와 짐승의 먹이가 될 정도로 곡은 완전한 파멸을 맞게 됩니다(8-20절). 이로써 이스라엘은 여호와가 그들의 하나님인 것을 알게 되고 이방 민족들은 이스라엘이 포로가 된 이유가 그들의 범죄로 인한 하나님의 심판이었음을 알게 될 것입니다(21-24절). 그들은 하나님의 무능 때문에 이스라엘이 포로가 되었다고 생각했습니다. 그러므로 하나님의 백성들의 귀환은 이러한 오해를 불식시키고 하나님의 거룩한 이름을 회복하는 결과를 가져올 것입니다(25-28절). 하나님은 당신의 은혜가 다시는 중단되는 일이 없도록 그의 영을 부어주시겠다고 약속하십니다(29절). 이는 온전한 회복에 대한 약속입니다.

[시편 90편]

모세의 시로 소개되는 90편은 공동체의 기도입니다. 이 시를 노래하는 공동체는 고난을 겪었으며 현재도 고난 가운데 있습니다(15절). 하나님의 개입만이 공동체의 유일한 희망입니다(1절). 공동체는 인간의 유한성과 하나님의 영원성을 대조하며 인간의 연약함을 고백합니다(2-6절). 또한 고난의 원인이 되는 죄를 고백하며 인생의 유한함을 아는 지혜를 구합니다(7-12절). 그들은 하나님의 인자하심을 근거로 고난의 기간만큼 기쁨을 더하여 주시길 간구합니다(13-17절). 영원하신 하나님 안에서 우리의 죄와 절망은 완전히 극복될 수 있습니다.

[기도]

내게 성령을 부으셔서 영원토록 구원의 은총을 누리게 하신 하나님을 찬양합니다. 인생의 유한함을 알게 하시고 하나님의 인자하심을 의뢰하며 절망을 이기게 하옵소서. 복음이 주는 영원한 승리를 오늘의 승리로 가져오는 하나님의 전신갑주를 입은 그리스도의 군사가 되게 하옵소서.

[열왕기상 10장]

솔로몬은 주변나라와의 활발한 교역으로 많은 부를 쌓았습니다. 스바(아라비아 반도 남단 예멘지역으로 추정) 여왕이 교역을 위해 직접 예루살렘을 방문합니다(1-13절). 솔로몬의 세수는 금으로 환산 시 무려 666달란트(약 2톤)에 달했고 그 외에도 무역을 통해 많은 부를 쌓았습니다(14-15절). 그는 금으로 된 방패 500개[참고: 1세겔=약 10g, 1개당 600세겔(6kg)짜리 큰 방패 200개/ 1마네=약0.5kg, 1개당 3마네(1.5kg)짜리 작은 방패 300개]를 만들었습니다(16-17절). 물론 솔로몬의 금 방패는 그의 뒤를 이은 르호보암 때에 예루살렘을 침공한 애굽 왕 시삭에게 전부 빼앗깁니다(14:25-26). 상아와 금으로 왕궁을 장식하고 그릇마저 금으로 만들 정도로 그의 나라는 부유했으며 강력한 군대도 보유했습니다(18-29절). 그러나 많은 부와 권력은 영적 위기를 불러옵니다.

[빌립보서 1장]

"건너와서 우리를 도우라"는 마게도냐인의 환상을 본 바울은 하나님의 뜻에 순종하여 아시아에서 유럽으로 선교지를 바꿉니다(행 16:9). 비록 박해와 추방이 기다리고 있지만 그는 마게도냐 지방의 빌립보에서 동역자 루디아와 함께 교회를 세웁니다(행 16:15). 바울이 2차 전도여행 중에 유럽에 세운 첫 번째 교회이자 박해 가운데 세운 빌립보 교회는 가장 적극적으로 바울을 지원했습니다(1-8절). 그는 성도들이 더욱 풍성해진 사랑과 진실함으로 의의 열매를 맺어 하나님의 영광이 되길 기도합니다(9-11절). 그는 로마 감옥에 투옥됨으로 인해 오히려 관원에게 복음을 전할 수 있게 되었다고 말합니다(12-14절). 그의 몸은 매어 있지만 복음은 결코 매이지 않았습니다. 바울이 고난 받는 것을 보고 어떤 이는 그를 본받아 복음을 전했으며, 어떤 이는 바울과 경쟁하는 마음(투기와 분쟁)으로 복음을 전했습니다(15-18절). 바울은 복음이 전해지는 것 자체가 기쁨이며 삶과 죽음의 문제보다 그리스도가 존귀하게 되는 것이 더 중요하다고 고백합니다(19-21절). 그는 그리스도를 위해 죽는 것도 유익하지만 하나님이 이 땅에 남기신다면 자신에게 맡겨진 영혼이 있기 때문이라고 고백합니다(22-26절). 복음을 위해 받는 고난을 당연하게 생각하는 바울은 복음에 합당한 삶을 권합니다(27-30절).

[에스겔 40장]

출애굽한 이스라엘 백성들은 그들 가운데 하나님이 거할 처소인 성막을 만들었습니다. 솔로몬은 예루살렘에 성전을 건축했습니다. 이처럼 이스라엘은 성전 중심의 공동체입니다. 포로가 된 이스라엘 백성들의 회복 역시 성전의 재건으로부터 시작됩니다. 이스라엘의 회복은 예배의 회복부터 시작됩니다. 40장부터 마지막 장까지는 에스겔이 환상 가운데 보게 된 이스라엘의 희망찬 미래입니다. 에스겔은 포로로 끌려온 지 25년, 예루살렘 성전이 파괴된 지 14년이 되던 BC 573년에 놋같이 빛나는 하나님의 천사를 보았습니다(1-4절). 천사는 재건될 성전의 세부구조를 설명(40-42장)하는데 40장에서는 성전 담과 문들, 바깥뜰과 안뜰, 안뜰 북쪽 문에 있는 부속시설들과 현관을 소개합니다(5-49절). 천사가 측량을 위해 사용하는 장대가 6규빗(3미터)이나 될 정도로 성전은 엄청난 규모입니다. 실제 이 크기로 지어진 것은 아니지만 에스겔이 본 성전은 하나님의 크고 위대하심을 나타내고 있습니다. 참고로 여기서는 통상적인 규빗(팔꿈치에서 손가락 끝까지의 길이인 약 45cm)보다 '긴 규빗'(일반 규빗+손바닥 너비인 약 60cm)을 적용했습니다(5절).

[시편 91편]

저자를 알 수 없는 91편은 하나님을 향한 강한 신뢰가 전제되어 있습니다. 제사장으로 추정되는 사람이 시인(or 회중)을 향해 지존자의 은밀한 곳에 거하며 전능자의 그늘 아래 사는 자라고 선언합니다(1절). 지존자의 은밀한 곳과 전능자의 그늘은 어떤 세력도 침범할 수 없는 안전한 공간을 의미합니다. "우리를 우리 주 그리스도 예수 안에 있는 하나님의 사랑에서 끊을 수 없으리라"(롬 8:39). 제사장의 선언에 이어 시인은 하나님을 피난처, 요새, 그가 의지하는 분으로 고백합니다(2절). 시인의 고백을 들은 제사장은 그를 축복합니다. 하나님은 천군천사를 동원하여 대적과 질병과 재앙으로부터 시인을 보호하시며 구원하실 것입니다(3-13절). 하나님은 당신을 온전히 신뢰하며 의지하는 자를 높이고 영화롭게 하십니다(14-16절).

[기도]

나를 전능자의 그늘 아래 살게 하심을 감사드립니다. 내가 가진 것이 무엇이든 그것 때문에 하나님과 멀어지지 않게 하시고 하나님이 나를 높여 주셨듯이 나도 하나님을 높이게 하옵소서.

[열왕기상 11장]
솔로몬의 정략결혼을 통한 외교정책은 후폭풍을 불러왔습니다. 외국의 공주를 아내로 맞이하면서 궁전과 그들의 종교를 위한 신전을 세워주었는데 이로 인해 이방종교가 유입된 것입니다(1-13절). 일전에 하나님이 이방신을 따르지 말라고 두 차례 경고하셨으나(6:12, 9:6) 솔로몬의 마음이 하나님을 떠나 도리어 이방신을 향했으므로 그의 아들(르호보암)이 그 대가를 치르게 되었습니다. 솔로몬은 그의 통치 말년에 국내·외적으로 잇따른 위기를 겪습니다. 먼저 속국이었던 에돔('하닷')과 수리아('르손')가 이탈했습니다(14-25절). 특히 르손이 통치한 수리아(시리아)는 대대로 이스라엘의 대적이 됩니다. 또한 여로보암이 강력한 세력을 형성하였는데 선지자 아히야는 그가 10개 지파를 거느리는 왕이 될 것을 예언합니다(26-39절). 여로보암은 솔로몬을 피해 애굽으로 망명을 떠났으며 솔로몬은 재위 40년 만에 죽고 그의 아들 르호보암이 왕위에 오릅니다(40-43절). 솔로몬 사후 다시 돌아온 여로보암은 예언대로 북이스라엘의 왕이 됩니다(12:20).

[빌립보서 2장]
바울은 성도간의 연합을 강조합니다. "마음을 같이하여 같은 사랑을 가지고 뜻을 합하며 한마음을 품어"(2절). 연합을 위해서는 겸손이 필요한데 바울은 낮아짐과 겸손의 본이 되신 예수님을 소개합니다(3-8절). 하나님과 본체이신 예수님은 자신을 비워 사람같이 되셨고 십자가를 지기까지 순종하셨습니다. 하나님은 성육신과 십자가의 죽음으로 자신을 낮추신 예수님에게 모든 이름 위에 뛰어난 이름을 주셨습니다(9-11절). 자기의 기쁘신 뜻을 위하여 소원을 두고 행하게 하시는 하나님으로 인해 우리는 구원에 합당한 자로 살아갈 수 있습니다(12-13절). 모든 일에 원망과 시비가 없을 때 하나님을 거스르는 세대 속에서 빛이 될 수 있습니다(14-16절). "너희는 세상의 빛이라"(마 5:14). 바울은 빌립보 성도들의 온전한 신앙을 위해서라면 자신을 완전히 희생하더라도 기뻐할 수 있다고 말합니다(17-18절). 그는 빌립보 성도들을 사랑하는 디모데를 그들에게 보내며 자신도 곧 갈 수 있기를 희망합니다(19-24절). 디모데를 통해 자신의 상황을 알리고 교회의 상황을 전해 들음으로써 위로를 받고자 한 것입니다. 바울은 죽을병에서 회복된 열정적인 동역자 에바브로디도를 기쁨으로 영접하고 존귀하게 예우할 것을 당부합니다(25-30절).

[에스겔 41장]
천사는 에스겔을 성소로 안내합니다(1-2절). 그리고 지성소(내전)에는 홀로 들어가 측량한 후 그 크기와 넓이를 에스겔에게 알려줍니다(3-4절). 대제사장조차 1년에 한 번 밖에 들어갈 수 없는 지성소에 에스겔은 들어갈 수 없었습니다. 그런데 예수 그리스도의 대속의 죽음으로 성소와 지성소의 구별은 완전히 사라지고 누구든지 하나님의 보좌 앞에 담대히 나아갈 수 있게 되었습니다(막 15:38, 히 4:16). 각층마다 30개씩 총 90개의 골방과 성전과 분리되어 있는 서쪽 부속 건물, 성전 내부 장식과 나무제단, 내전(지성소)과 외전(성소)의 문이 소개됩니다(5-26절). 하나님은 성전을 구체적으로 다 공개하십니다. 우리도 삶의 모든 영역을 하나님께 공개하며 그의 주권을 인정하는 삶을 살아야 하겠습니다.

[시편 92-93편]
(92편) 안식일에 불린 찬송시로 의인과 악인의 대조, 악인의 멸망과 의인의 영원한 승리를 노래하므로 내용상 시편 1편과 유사합니다. 시인은 하나님의 본성(인자와 성실)과 하나님이 행하신 크신 일(창조, 출애굽, 광야에서의 인도 등) 그리고 심히 깊으신 하나님의 생각을 찬양합니다(1-5절). 시인은 하나님의 생각이 깊다는 것을 알기에 악인의 번영을 보며 상처받지 않습니다(6-9절). 악인은 일시적인 번영에 취해 그에게 멸망의 때가 오고 있음을 알지 못하기 때문입니다. 시인은 하나님이 자신을 높여 주시는 것과 악인이 보응 받는 것을 경험했습니다(10-11절). 의인은 뿌리를 깊이 내리고 그 잎이 하늘 높이 자라는 종려나무처럼 번성할 것입니다(12-14절). 시인은 여호와의 정직과 의, 피할 바위 되심을 찬양합니다(15절).
(93편) 93-99편은 여호와 제왕시입니다. 하나님은 다른 대상으로부터 그 권위를 인정받을 필요가 없으십니다. 하나님은 스스로 존재하시며('자존자') 모든 영광과 권위와 능력이 그에게서 나옵니다(1절). 불완전한 존재인 우리는 영원부터 계시며 다스리시는 하나님을 의지해야 합니다(2절). 하나님은 큰 물을 제압하십니다(3-4절). 여기서 큰 물은 하나님의 질서를 깨뜨리는 대적을 의미합니다. 하나님은 우리가 만난 큰 물(=박해, 시험, 문제, 염려, 절망 등)을 제압하시고 창조의 질서를 이루십니다. 영원하신 하나님의 약속을 붙드는 자는 영원히 견고하게 설 것입니다(5절).

[기도]
솔로몬의 실책과 실패를 잊지 않게 하시고, 악인의 번영을 부러워하지 않게 하옵소서. 나의 삶의 큰 물을 제압하여 주시고 하나님의 영광으로 채워 주옵소서. 겸손과 낮아짐의 본을 보여주신 예수님을 닮아가는 삶을 살게 하옵소서.

[열왕기상 12장]

솔로몬 왕국의 화려한 이면에는 성전, 왕궁, 요새 등 쉼 없는 건축에 동원된 백성들의 고달픈 삶이 있었습니다. 그러나 솔로몬의 뒤를 이은 르호보암은 원로들의 고견을 무시하고 더 무거운 부역과 세금을 부과할 것을 선언합니다(1-11절). 결국 10개 지파가 갈라서게 되면서 이스라엘은 남유다와 북이스라엘로 분열되었습니다(12-20절). 르호보암은 통일을 위한 전쟁을 준비하다가 하나님의 개입으로 중단합니다(21-24절). 북이스라엘의 초대 왕 여로보암은 백성들이 제사와 절기를 위해 남유다의 예루살렘 성전으로 가는 것을 막기 위해 벧엘과 단에 금송아지를 만들고 레위인이 아닌 일반사람을 제사장으로 세웠으며 절기도 마음대로 조정하는 등 새로운 종교정책을 단행합니다(25-33절). 이로 인해 백성들은 우상숭배의 길로 빠지게 되었습니다('여로보암의 죄').

[빌립보서 3장]

바울은 구원의 은혜를 헛되게 만드는 율법주의자들의 교훈을 삼갈 것을 강하게 경고합니다(2절). 몸을 상해하는 일은 할례를 의미합니다. "무할례자로 부르심을 받은 자가 있느냐 할례를 받지 말라 … 각 사람은 부르심을 받은 그 부르심 그대로 지내라"(고전 7:18-20). 그리스도인은 성령으로 행하고 예수님을 자랑하며 육체의 조건을 의지하지 않습니다(3절). 바울은 율법주의자들을 능가하는 뛰어난 외적 조건(화려한 스펙)을 가지고 있습니다(4-6절). 그러나 그리스도를 만난 후 그것을 포기했습니다(7-9절). 그것을 의지하면 그리스도를 얻을 수 없기 때문입니다. 바울은 부활의 권능을 알기에 그리스도의 고난에 동참합니다(10-11절). 성도는 그리스도께서 자신을 구원하여 주신 목적을 향해 계속 달려가야 합니다(12-16절). 우리는 과거를 뒤로 하고 마지막 날에 주실 상을 바라보며 전진하는 신앙의 경주자입니다. 율법주의자(=율법을 구원의 조건으로 주장하는 자)나 율법 무용론자(=은혜로 받은 구원이니 율법은 필요 없다고 주장하는 자) 모두 십자가의 원수입니다(18-19절). 잘못된 풍조를 따르지 말고 푯대(최후의 승리, 사명)를 향하여 달려가야 합니다(17절). 우리는 그리스도가 다시 오실 때 영광스러운 몸을 입을 하늘 시민권자입니다(20-21절).

[에스겔 42장]

천사가 에스겔을 바깥뜰로 안내하여 성전의 북쪽과 남쪽에 있는 제사장들의 방을 보여주는데 그곳은 제사장들이 성물을 먹거나 제물을 보관하거나 의복을 갈아입는 거룩한 장소입니다(1-14절). 성소에 들어갔다가 나온 제사장은 제사장 의복을 벗고 평상복으로 갈아입은 후 백성들을 위한 뜰로 나아갈 수 있습니다. 하나님이 계신 새 성전에서는 구별됨이 필요합니다. 하나님이 친히 우리를 당신의 성전으로 삼으심으로 구별하셨습니다. “너희는 너희가 하나님의 성전인 것과 하나님의 성령이 너희 안에 계시는 것을 알지 못하느냐 누구든지 하나님의 성전을 더럽히면 하나님이 그 사람을 멸시하리라 하나님의 성전은 거룩하니 너희도 그러하니라”(고전 3:16-17). 천사에 의한 성전 측량은 성전을 둘러싸고 있는 담장을 측량하는 것을 끝으로 종료됩니다(16-20절). 우리는 성전에서 경험한 하나님의 거룩하심을 삶의 영역으로 확장시켜 나가야 합니다.

[시편 94편]

견디기 힘든 한계에 봉착한 시인은 하나님의 개입을 강력히 요청합니다(1-2절). 그는 악인들의 오만함과 의인에 대한 핍박, 약자에 대한 만행, 하나님의 존재 부정에 대하여 고발합니다(3-7절). 창조주요 심판자가 되시는 하나님은 악인들의 생각의 허무함을 아십니다(8-11절). 시인은 의인이 당하는 고통이 하나님께로부터 오는 사랑의 징계이며 악인들은 결국 영원한 심판을 받게 될 것을 깨달은 후 자신은 복된 자라고 고백합니다(12절). 하나님은 의인에게 평안을 약속하십니다(13절). “주께서 심지가 견고한 자를 평강하고 평강하도록 지키시리니 이는 그가 주를 신뢰함이니이다”(사 26:3). 하나님은 그의 백성에게 악행을 저지르는 자를 심판하시고 백성들에게는 인자와 위안을 더하여 주십니다(14-19절). 악인들은 그들의 목적을 달성하기 위해 하나님의 율법도 악용합니다(20절). 의인의 요새요 피할 바위가 되시는 하나님은 악인의 공격을 좌절시키고 그들의 죄를 그들에게로 돌리실 것입니다(21-23절).

[기도]

하나님! 여로보암처럼 우상을 만들지 않게 하시고 하나님의 거룩하심을 일상의 영역에서 나타내게 하옵소서. 하나님의 공의를 신뢰하며 믿음의 경주에서 승리자 되게 하옵소서.

[열왕기상 13장]

유다의 한 선지자가 북이스라엘에 나타나 훗날 요시야라는 인물이 제단과 산당을 다 허물고 산당의 제사장들을 죽일 것을 예언하며 징조를 보여줍니다(1-6절). 여로보암은 그 선지자를 죽이려다가 실패한 후 회유를 시도하지만 단호하게 거절당합니다(7-10절). 그러나 유다의 선지자는 벧엘의 한 늙은 선지자에게 속아 하나님의 말씀을 거역하게 되면서 사자에게 찢겨 죽게 됩니다(11-24절). 선지자를 태웠던 나귀와 사자가 함께 있는 것을 본 벧엘의 선지자는 그의 죽음이 하나님의 심판인 것을 깨닫습니다(25-28절). 자신의 행동을 후회한 벧엘의 선지자는 유다의 선지자가 외친 예언이 반드시 성취될 것을 확신하며 훗날 자신의 뼈를 유다의 선지자 곁에 묻어 달라고 말합니다(29-32절). “또한 이스라엘에게 범죄하게 한 느밧의 아들 여로보암이 벧엘에 세운 제단과 산당을 헐고 … 또 거기 있는 산당의 제사장들을 다 제단 위에서 죽이고”(‘요시야의 업적’, 왕하 23:15-20). 벧엘의 선지자는 자신의 행동을 후회하고 돌이켰지만 여로보암은 심판의 예언을 듣고도 악한 길에서 떠나지 않았습니다(33-34절).

[빌립보서 4장]

빌립보 성도들은 바울의 사랑이요 기쁨이며 면류관입니다(1절). 유오디아와 순두게는 교회의 유력한 여성 지도자입니다. 바울은 모든 동역자들이 생명책에 기록되어 있음을 상기시키며 두 여인은 같은 마음을 품고 나머지 동역자들은 두 여인의 화해를 도우라고 명합니다(2-3절). 교회는 기쁨과 관용의 공동체입니다(4-5절). 빌립보 교회는 내적 갈등과 외적 박해 가운데 놓여 있으며 지도자는 감옥에 갇혀 있습니다. 이러한 염려와 근심 가운데 가장 필요한 것은 기도입니다(6-7절). 바울은 실천적인 신앙을 강조합니다(8절). 그것은 참되고 경건하며 의롭고 거룩하며 사랑할 만하고 칭찬할만한 것을 행함으로 타인의 모범(덕)이 되는 높은 수준의 영적, 도덕적인 삶(기림)을 의미합니다. 바울에게서 배운 것과 그가 보인 본을 따른다면 하나님의 평강이 넘칠 것입니다(9절). 바울은 에바브로디도를 통해 받은 빌립보 성도들의 선물과 도움에 대해 기뻐하며 자신은 어떤 형편에 처하든지 그리스도 안에서 감사하는 법을 배웠다고 말합니다(10-13절). 바울의 초기 사역부터 현재까지 지속된 빌립보 교회의 후원은 하나님이 기뻐하시는 향기로운 제물입니다(14-18절). 바울은 하나님이 교회를 더욱 풍성하게 채워주시길 기도하며 편지를 맺습니다(19-23절).

[에스겔 43장]

예전에 하나님의 영광으로 가득해야 할 예루살렘 성전 안에 이방신의 제단이 놓이고 우상의 그림들이 벽에 그려지는 등 온갖 종류의 우상 숭배와 가증한 행위들이 행해졌습니다(8장) 하나님의 영광이 떠난 예루살렘 성전은 바벨론에 의해 파괴되었습니다. 이제 에스겔은 완공된 성전의 동문으로 여호와의 영광이 들어오는 환상을 봅니다(1-5절). 하나님의 임재와 영광이 없다면 성전이 아닙니다. 하나님은 다시 이 성전을 떠나지 않으시며 진정한 통치자로서 백성들을 다스리실 것입니다(6-9절). 하나님은 당신의 거룩함을 나타내 줄 새 성전의 제도와 구조를 백성들에게 보여줄 것, 모든 규례와 법도를 알게 할 것, 이것을 기록하여 행하게 할 것 등 3가지를 지시하십니다(10-11절). 하나님은 새 성전의 거룩함을 선언하십니다(12절). 제사를 드리려면 번제단이 필요하므로 하나님은 제단의 크기와 모양, 제단의 봉헌 규정을 말씀하십니다(13-22절). 제단의 정결을 위한 속죄제를 받으신 하나님은 이후 백성들이 드리는 번제와 감사제를 즐겁게 받으실 것을 약속하십니다(23-27절). 하나님은 그리스도의 보혈로 정결케 된 우리의 예배를 기뻐하십니다.

[시편 95-96편]

(95편) 이 시는 절기에 사용된 것으로 보이는데 특히, 광야에서 일어났던 므리바와 맛사에서 일어났던 불신앙 사건과 광야 40년에 대한 언급으로 보아 초막절과 연관된 것으로 추정됩니다. 구원의 반석, 크신 하나님, 모든 신들 위에 뛰어나신 왕, 창조주, 선한 목자이신 하나님은 찬양받으시기에 합당하십니다(1-7절). 시인은 하나님을 거역함으로 약속의 땅에 들어가지 못했던 사례를 언급하며 그때와 같이 마음을 완고하게 갖지 말 것을 촉구합니다(8-11절). 참된 믿음으로 순종하는 자가 안식의 복을 누릴 수 있습니다.

(96편) 새 노래(히: '쉬르 하다쉬')는 '하다쉬'(='새롭게 하다', '회복하다')에서 파생된 단어로 하나님의 창조나 구원을 언급할 때 주로 쓰입니다. 본 시에서 새 노래는 하나님의 구원과 연관되어 있습니다. 하나님의 백성은 구원의 은혜로부터 매일 흘러나오는 새 은혜를 노래해야 합니다(1-2절). 우리를 위해 놀라운 일을 행하신 하나님은 창조주요 통치자이시며 심판자이십니다(3-13절). 모든 피조물이 하나님의 통치를 기뻐하며 특히, 의인들은 악인에 대한 하나님의 심판을 사모하며 기뻐합니다.

[기도]

말씀을 반드시 이루시는 하나님을 신뢰합니다. 내 안에 있는 우상들을 제하여 주시고 하나님의 영광으로 가득 채우소서. 구원의 은혜로부터 흘러나오는 새 노래로 주를 찬양하게 하시며 어떤 상황에서도 자족하며 감사하는 능력으로 살아가게 하옵소서.

[열왕기상 14장]

북이스라엘의 초대 왕 여로보암은 백성들을 우상숭배와 악한 길로 빠뜨렸습니다. 그가 아들 아비야의 병으로 인해 아내를 선지자 아히야에게 보낸 것은 아들의 병을 하나님의 심판으로 여긴 것으로 보입니다(1-5절). 아히야는 신분을 숨기고 찾아온 여로보암의 아내에게 아비야의 죽음과 여로보암 가문에 대한 심판을 선언합니다(6-16절). 예언대로 아비야는 죽었으며 여로보암은 22년간 통치한 후 아들 나답에게 왕위를 이어줍니다(17-20절). 우상숭배의 문제는 남유다도 동일합니다. 솔로몬의 아들 르호보암 역시 남유다 전역에 산당과 우상과 아세라 상을 세우고 남색(남자 창기)하는 자를 두는 등 가증한 일들을 허용합니다(21-24절). 하나님은 애굽의 시삭(셰숑크 1세, 여로보암이 솔로몬을 피해 애굽에 망명했을 때 그를 받아준 왕)을 통해 유다를 심판하십니다(25-28절). 르호보암은 왕궁의 보물과 솔로몬이 만든 금방패를 모조리 빼앗깁니다. 우상을 섬기면서 북이스라엘과의 전쟁을 일삼던 르호보암이 죽고 그의 아들 아비얌이 왕이 됩니다(29-31절).

[골로새서 1장]

골로새 교회는 에바브라에 의해 세워졌습니다(7-8절). 복음을 훼손하는 이단적 사상이 교회에 침투하여 할례와 구약의 율법(=음식법, 절기, 안식일 등)준수, 엄격한 금욕주의, 천사숭배와 신비한 체험을 내세웠습니다. 바울은 그리스도의 신성과 인성을 변증하기 위해 펜을 듭니다. 먼저 바울은 골로새 성도들이 진리의 복음이 주는 소망으로 인하여 주를 향한 믿음과 성도들에 대한 사랑을 견지하고 있음에 감사하고 있습니다(1-6절). 바울은 성도들이 하나님의 뜻을 아는 지식으로 충만해 지고 복음에 합당한 삶을 살아가며, 죄를 사하시고 흑암의 권세에서 건져내어 사랑의 아들의 나라(성도의 기업)로 옮겨주신 하나님께 감사하기를 소망합니다(9-14절). 그리스도는 보이지 않는 하나님의 형상(요 1:18)이요 창조주(요 1:3)이시며 태초부터 하나님과 함께 계신 분(요 1:2)입니다(15-17절). 부활의 첫 열매이며 십자가의 피로 하나님과 우리를 화목케 하신 그리스도는 교회의 머리가 되시며 하나님의 은혜와 진리가 충만하신 분입니다(18-20절). "우리가 그 영광을 보니 아버지의 독생자의 영광이요 은혜와 진리가 충만하더라"(요 1:14). 우리는 이 진리에 굳게 서서 흔들리지 말아야 합니다(21-23절). 진리의 말씀을 전하기 위해 바울은 기쁨으로 고난을 감수하며 그의 안에서 능력으로 일하시는 하나님의 역사를 따라 힘을 다하여 수고하고 있습니다(24-29절).

[에스겔 44장]

하나님이 들어오신 동문이 닫혔는데 다시 열리지 않을 것입니다("이 문은 닫고 다시 열지 못할지니", 1-2절). 다시는 하나님의 영광이 성전을 떠나지 않을 것에 대한 하나님의 약속입니다. "내가 이스라엘 족속 가운데에 영원히 있을 곳이라 … 내가 그들 가운데에 영원히 살리라"(43:7-9). 백성을 대표한 왕이 제사를 수행한 후 거룩한 음식을 먹습니다(3절). 왕은 하나님의 새 질서에 순응하며 백성을 위한 직무를 감당해 나갈 것입니다. 여기서 왕은 새 언약의 대제사장이신 메시아 예수 그리스도를 의미합니다(히 8장). 하나님의 영광으로 가득한 성전은 그 기능을 완전히 회복했기에 성전과 관련된 법도와 규정을 지켜야 합니다(4-9절). 이전의 성전은 이방인과 타락한 레위 계열 제사장으로 인해 더럽혀졌습니다(10-14절). 죄의 대가로 제사장직을 상실한 레위인들에게 성전의 문지기, 제물을 잡는 수종자, 백성의 시중을 드는 자의 역할이 주어졌습니다. 비록 그 역할이 축소되었지만 하나님이 죄를 용서하시고 다시 직분을 맡기셨다는 것이 중요합니다. 하나님은 레위지파 중 사독 계열만을 제사장으로 구별하십니다(15-16절). 사독은 다윗과 솔로몬 시대의 제사장이었습니다. 제사장이 지켜야 할 특별한 규정이 있습니다(17-31절). 구체적으로 복장, 머리털, 포도주, 결혼, 직무(교육과 재판), 가족의 장례, 일상생활(양식)에 관한 것입니다.

[시편 97-98편]

(97편) 왕이신 하나님은 그가 창조한 세계를 공의로 다스리십니다(1-6절). 인간의 손으로 빚어진 헛된 우상을 섬기는 자들은 수치를 당하지만 가장 높으신 하나님을 섬기는 자는 기쁨이 넘칠 것입니다(7-9절). 시인은 백성들에게 악을 멀리하며 악인으로부터 보호하시고 건져주시는 하나님을 기뻐하고 감사하라고 권면합니다(10-12절).

(98편) 이스라엘은 출애굽 사건과 같이 하나님의 주권적인 개입으로 구원받은 역사로 가득한 나라입니다. 시인은 하나님의 특별한 구원의 역사에서 하나님을 찬송해야 할 이유를 찾습니다(1-3절). 이스라엘은 하나님이 베푸신 인자와 성실을 잊지 말아야 합니다. 시인은 하나님이 공의로운 심판의 주권자이심을 선포하며 모든 피조물들을 찬양으로 초청합니다(4-9절).

[기도]

여로보암과 르보호암 모두 죄에 빠져서 백성들을 하나님과 멀어지게 했습니다. 내가 맡은 직분만큼 영적 책임을 다하게 하옵소서. 인자와 성실을 날마다 베푸시는 하나님을 경외하는 것이 나의 큰 기쁨입니다. 영원히 함께 하시는 주를 높이는 하루가 되게 하옵소서.

[열왕기상 15장]

유다 왕 아비얌은 아버지 르호보암처럼 악을 행했지만 하나님은 다윗과 맺은 언약을 기억하여 그를 심판하지 않으셨습니다(1-8절). 아비얌의 뒤를 이은 아사는 북이스라엘이 침략해 오자 아람의 도움으로 위기에서 벗어납니다(16-22절). 아사는 하나님이 아닌 아람을 의지한 일로 선지자 하나니로부터 책망을 받게 되자 그를 옥에 가둡니다(대하 16:7-10). 아람을 의지하고 산당을 제거하지 않은 죄가 있긴 하지만 종교개혁을 단행한 아사의 41년간의 통치는 전반적으로 하나님 앞에 정직히 행했다는 평가를 받습니다(9-15, 23-24절). 한편, 북이스라엘에서는 바아사가 반란을 일으켜 나답을 포함한 여로보암 집안의 모든 사람들을 죽입니다(25-31절). 이로써 아히야 선지자의 예언이 성취됩니다(14:9-11). 그러나 바아사 역시 여로보암의 길을 걸으며 악을 행합니다(32-34절).

[골로새서 2장]

바울은 얼굴조차 본 적 없는 골로새와 라오디게아 성도들의 영적 건강을 위해 최선을 다합니다(1절). 성도들이 그리스도를 온전히 알아가며 믿음 위에 굳게 서고 사랑 안에서 연합하여 감사로 충만하면 핍박을 이기고 거짓 진리에 속지 않을 힘을 갖게 됩니다(2-7절). 철학과 헛된 속임수가 무엇인지에 대한 다양한 견해가 있으나 통상 영지주의 철학으로 봅니다(8절). 영지주의는 그리스도의 신성과 성육신을 부정합니다. 그래서 바울은 하나님의 신성(=성품과 능력)으로 충만한 예수 그리스도께서 성도를 충만하게 하시기에 다른 영적 존재를 찾을 필요가 없다고 말합니다(9-10절). 그리스도는 하늘과 땅의 모든 통치와 권세의 머리가 되십니다. 그리스도께서 모든 죄의 기록을 십자가에 못 박으시고 영생을 주셨음을 믿는 성도들은 손으로 하지 아니한 할례(=영적 할례, 즉 신앙고백으로 받는 세례)를 받습니다(11-14절). 십자가는 인간을 위협하는 모든 악한 세력들을 무력화시켰습니다(15절). 성도들을 혼란에 빠뜨리는 헛된 철학과 속임수에는 구원의 조건으로 내세우는 율법, 꾸며 낸 겸손(=특정한 영적 체험), 천사숭배 등이 있습니다(16-22절). 이런 것들은 지혜로워 보이나 아무 유익이 없습니다(23절).

[에스겔 45장]

하나님은 성전이 포함되어 있는 주변 땅을 거룩한 구역으로 구별하라고 말씀하십니다(1-3절). 그리고 거룩한 구역에 속한 땅을 분배하라고 말씀하시는데 그 대상은 제사장, 레위인 그리고 왕입니다(4-8절). 왕(군주)의 구역이 성전 양 옆에 있는 것은 그의 통치가 하나님의 거룩함을 훼손하지 않아야 한다는 의미를 가지고 있습니다. 하나님은 통치자들이 백성들을 억압하지 않으며 공평과 정의가 시행되는 새 시대를 여실 것입니다(9-12절). 왕의 본분은 백성들이 바친 제물을 모아 명절(절기)과 안식일에 하나님께 드리는 것입니다(13-17절). 하나님과 백성의 중재자 역할을 한다는 면에서 왕은 그리스도를 상징합니다. 이어서 절기와 안식일에 관한 지침을 주십니다. 한해의 첫째 달 초하루와 첫 안식일에는 성전의 정화를 위한 속죄의 제사를 드려야 합니다(18-20절). 또한 하나님의 구원역사를 기념하는 유월절(=출애굽의 해방을 기념)과 초막절(=광야에서의 하나님의 인도와 보호에 대한 감사)을 지켜야 합니다(21-25절). 구원받은 자는 예배합니다.

[시편 99-101편]

(99편) "마땅히 두려워할 자를 내가 너희에게 보이리니 곧 죽인 후에 또한 지옥에 던져 넣는 권세 있는 그를 두려워하라"(눅 12:5). 열방은 정의와 공의로 다스리시는 하나님을 마땅히 두려워해야 합니다(1-4절). 그러나 하나님의 백성은 그를 높이며 경배합니다(5절). 공의와 용서를 기반으로 통치하시는 하나님은 신실한 자의 기도를 들으시고 그의 통치에 반영하십니다(6-9절).

(100편) 여호와가 참 하나님이심과 그가 만물을 지으셨음을 알고 또한 자신이 그의 백성이며 기르시는 양임을 아는 자는 하나님의 선하심과 인자하심을 영원토록 찬양합니다(1-5절).

(101편) 다윗은 하나님의 인자와 정의로 통치하며, 완전한 길로 나아갈 것을 결단합니다(1-2절). 그것은 악한 마음에서 떠나 악한 행위를 하지 않으며 이웃을 헤치는 자와 거짓을 용납하지 않는 것입니다(3-8절).

[기도]

열방을 공의로 다스리며 당신의 백성을 선하게 인도하시는 하나님! 여로보암의 길로 가지 않고 다윗의 길을 가게 하시고, 날마다 하나님의 구원을 노래하게 하옵소서.

[열왕기상 16장]

여로보암 가문을 숙청하고 왕의 자리를 차지한 바아사 가문(바아사와 엘라)은 악을 저지르며 백성을 범죄하게 한 여로보암의 길로 가다가 시므리에 의해 멸문지화를 당합니다(1-14절). 이때 시므리의 반역 소식을 들은 군사령관 오므리가 쿠데타를 일으켜 시므리를 죽이고 스스로 왕위에 오르면서 오므리 가문의 통치가 시작됩니다(15-27절). 오므리 역시 여로보암의 길을 가는 가운데 북이스라엘 역사상 가장 타락한 왕으로 손꼽히는 아합이 왕위에 오릅니다(28-33절). 한편, 여리고성의 재건을 주도하던 히엘의 맏이와 막내가 죽게 되는데 이는 단순한 죽임이 아닙니다(34절). "여호수아가 그 때에 맹세하게 하여 이르되 누구든지 일어나서 이 여리고 성을 건축하는 자는 여호와 앞에서 저주를 받을 것이라 그 기초를 쌓을 때에 그의 맏아들을 잃을 것이요 그 문을 세울 때에 그의 막내아들을 잃으리라 하였더라"(수 6:26). 하나님의 말씀은 오랜 시간이 지났어도 결코 사라지지 않으며 반드시 성취됩니다.

[골로새서 3장]

그리스도께서 우리를 다시 살리셨으니 땅의 것을 버리고 위의 것을 찾아야 합니다(1-2절). 여기서 '위'는 하나님 우편의 그리스도께서 계신 곳을 의미합니다. 그리스도께서 땅의 것이 아닌 아버지의 뜻을 좇아 사셨듯이 우리도 영원한 가치가 있는 하나님의 뜻을 좇아 살아야 합니다. 우리의 생명은 하나님 보좌 우편에 감추어져 있으며 마지막 날에 영광스런 모습으로 나타날 것입니다(3-4절). 그러므로 땅의 것(=음란과 부정, 사욕과 악한 정욕과 탐심)을 버려야 합니다(5-7절). 특히 탐심은 우상숭배입니다. 우리는 십자가에서 우리를 새롭게 창조하신 그리스도의 형상을 힘입어 지식에까지 새롭게 하심을 입었습니다(8-10절). 그리스도 안에서 인종, 할례 유무, 신분은 중요하지 않습니다(11절). 거룩함을 입은 새 사람은 그리스도의 성품(=긍휼, 자비, 겸손, 온유, 오래 참음)으로 옷을 입고 주께서 용서하신 것처럼 용서하며 사랑을 더하므로 교회를 하나 되게 합니다(12-14절). 그리스도의 평강이 한 몸 공동체로 부르심을 받은 우리의 마음을 주장하게 해야 합니다(15절). 예배를 포함한 모든 공동체의 활동은 그리스도의 말씀이 중심이 되어야 하며 무엇이든 예수의 이름으로 행해야 합니다(16-17절). 거룩함을 입은 새사람은 그리스도와의 연합을 가정과 사회에서 구현합니다(18-25절). 바울은 이혼증서를 써 주면 합법적으로 아내를 버려도 되는 시대에 "아내를 사랑하며 괴롭게 하지 말라"고 가르칩니다. 종들에게는 그들의 진정한 상전은 예수 그리스도시니 그리스도에게 하듯 주인에게 하라고 권합니다. 이 땅에서는 종일지라도 하나님의 자녀가 받는 상을 그들도 동일하게 받을 것입니다. 새 사람은 그리스도의 기준에 따라 살아갑니다.

[에스겔 46장]

군주(왕)는 한 명의 예배자이면서 동시에 중요한 역할을 감당합니다. 46장은 군주가 안식일과 초하루(월삭), 절기와 매일의 제사 가운데 어떤 역할을 하는 지에 대한 내용입니다. 여호와의 영광이 들어온 동쪽 문은 닫혀 있지만(44:1) 초하루와 안식일에는 그 문을 엽니다(1절). 군주는 바깥문 현관을 통해 동쪽 문으로 들어가 문 벽 곁에 서고 제사장은 군주를 위해 번제와 감사제를 드립니다(2절). 그 후 군주는 문을 통해 밖으로 나옵니다. 군주는 안뜰과 바깥뜰 사이에 있는 동쪽 문에 서서 예배를 드리고 백성들은 동쪽 문 입구, 즉 바깥뜰에서 예배합니다(3절). 군주는 제사장처럼 안뜰에서 예배할 수는 없지만 안뜰과 바깥뜰을 오갈 수 있습니다(8절). 여기서 군주는 안뜰의 제사장과 바깥뜰의 백성을 이어주는 중재자 역할을 합니다. 하나님과 우리 사이의 중재자인 예수님이 생각납니다. 초하루에는 안식일에 쓰이는 제물에 수송아지가 추가되는데 군주는 제물을 준비하여 드리는 일을 주관합니다(4-7절). 우리의 중재자이신 예수님은 자신의 몸으로 제물 삼으셨습니다. 정한 절기에 군주는 백성들과 함께 북문과 남문을 통해 바깥뜰에 들어왔다가 함께 나갑니다(9-10절). 우리는 예수님과 함께 할 때에 예배할 수 있고 하나님께 나아갈 수 있습니다. "예배하는 자가 영(성령님)과 진리(예수님)로 예배할지니라"(요 4:24). 절기와 매일 드리는 예배의 제물이 소개됩니다(11-15절). 하나님은 군주의 기업(재산)을 한정하십니다(16-18절). 지금까지 군주들은 백성을 억압하고 착취했지만 새 시대의 군주는 백성의 재산을 보호할 것입니다. 이미 군주는 자신의 기업(성전의 중앙 구역)을 받았습니다(45:7). 천사는 에스겔에게 제물을 삶는 성전부엌까지 공개합니다(19-24절). 우리 삶 가운데 감추어져 있는 영역은 거룩하게 구별되어야 합니다.

[시편 102편]

일곱 편(6, 32, 38, 51, 102, 130, 143편)의 참회시 중 하나입니다. 시인은 지독한 고난에 처해 있습니다(표제어). 하나님의 침묵은 그를 더욱 고통스럽게 만듭니다(1-2절). 불에 타다 남은 숯, 시든 풀, 살이 뼈에 붙음, 기울어지는 그림자 등으로 자신의 고통을 표현하고 있는 시인은 원수들의 집요한 공격으로 인해 재와 눈물이 양식이 되었다고 토로합니다(3-11절). 그러나 기도하던 중 시인의 시선이 고난에서 하나님께로 옮겨집니다. 그는 고난의 유한함과 하나님의 영원함을 묵상합니다(12-14절). 그는 기도를 들으시는 하나님이 시온을 회복하고 열방이 하나님의 영광을 보게 될 것을 바라봅니다(15-22절). 그는 연약한 인생이 영원하신 하나님의 은총에 힘입어 살아가고 있음을 고백합니다(23-27절). 하나님 앞에 굳건히 서게 된 시인은 후손들이 하나님 앞에 견고한 인생이 되기를 소망합니다(28절). 하나님을 경외하는 자만이 영원히 견고할 것입니다.

[기도]

악한 길을 고집하다가 멸망한 여로보암과 바아사처럼 완고하지 않게 하옵소서. 그리스도의 형상을 닮은 새 사람 되게 하시고, 하나님의 거룩이 삶의 모든 영역에 임하게 하옵소서.

[열왕기상 17장]

대예언자 엘리야가 등장합니다. 하나님은 북이스라엘을 기근으로 심판하십니다(1절). 아합으로 인해 북이스라엘 전역에 바알신앙(바알은 비와 농경의 신으로 추앙)이 퍼졌기 때문입니다. 하나님은 기근 가운데 엘리야를 그릿 시냇가에서 먹이십니다(2-7절). 엘리야는 하나님의 놀라운 공급을 경험합니다. 그 후 하나님의 명령에 따라 바알신앙의 본산인 시돈의 사르밧으로 이동한 엘리야는 가난한 과부의 생계 문제를 해결해 줍니다(8-16절). 북이스라엘은 선지자의 외침에 귀를 닫았지만, 이방 여인은 선지자를 신뢰하여 하나님의 공급을 경험합니다. 또한 그 여인의 하나뿐인 아들이 갑자기 병들어 죽자 엘리야는 기도로 다시 살립니다(17-24절).

[골로새서 4장]

바울은 종들에 대한 권면(3:22-25)에 이어 상전들에게 의와 공평을 베풀라고 말합니다(1절). 상전들이 종에게 부당한 대우를 하지 말아야 하는 이유는 하늘의 상전이신 하나님이 그리스도를 통하여 그들을 새롭게 하셨기 때문입니다. "새사람을 입었으니 이는 자기를 창조하신 이의 형상을 따라 지식에까지 새롭게 하심을 입은 자니라 … 종이나 자유인이 차별이 있을 수 없나니 오직 그리스도는 만유시요 만유 안에 계시니라"(3:10-11). 새사람은 그리스도 중심의 새로운 지식으로 살아갑니다. 바울은 비록 갇혀있지만 자신의 석방보다는 담대하게 그리스도의 비밀(복음)을 전하도록 기도를 부탁하며 기도에 항상 깨어 있으라고 말합니다(2-4절). 성도는 지혜로운 행실과 생명의 언어로 복음을 드러내야 합니다(5-6절). 바울은 그의 편지를 두기고와 오네시모 편으로 보낼 것입니다(7-9절). 특히 오네시모는 골로새 성도였던 빌레몬의 종이었는데 주인에게 손해를 끼치고 도망쳤다가 바울을 통해 회심한 이후 동역자가 되었습니다(몬1:10 & 15-17). 바울은 함께 옥에 갇힌 아리스다고와 바나바의 생질 마가와 유스도, 즉 할례파였으나 지금은 복음의 일꾼이 된 동역자들의 안부를 전합니다(10-11절). 또한 골로새 성도들을 복음으로 섬긴 이방인 동역자 에바브라와 의사 누가와 데마의 안부를 전합니다(12-14절). 바울은 이 편지와 안부를 라오디게아 형제들에게도 전해줄 것과 아킵보에 대한 권면을 부탁하며 편지를 끝맺습니다(15-18절).

[에스겔 47장]
성전 환상의 마지막 내용은 땅의 회복에 관한 것입니다. 천사가 에스겔을 성전 문지방으로 데려갔는데 그곳에서 생수가 솟아나와 동쪽으로 흐르다가 남쪽을 지나 동쪽 바깥문으로 흘러나가는 것을 보게 됩니다(1-2절). 그런데 성전에서 흘러나오는 물은 그 양이 점점 많아져서 나중에는 건널 수 없는 큰 강이 되었습니다(3-7절). 이 물이 흘러들어가자 바다와 모든 생명체가 살아나고 모든 것이 풍성해졌습니다(8-12절). 단, 진펄과 개펄이 그대로인 것은 소금을 채취하는 곳이기 때문입니다. 소금생산은 매우 중요하기에 그 땅은 그 기능을 유지해야 합니다. 성전에서 흘러나온 물이 닿은 모든 지역과 생명체들이 되살아나 그 생명력을 충분히 발휘할 것입니다. 이스라엘 백성들은 그들이 지은 죄로 인해 약속의 땅에서 쫓겨났습니다. 이제 성전과 예배의 회복과 함께 그들은 땅을 분배받습니다(13-20절). 요셉은 므낫세와 에브라임 지파로 나뉘어 있기에 두 몫을 받습니다. 놀라운 것은 타국인을 이스라엘 백성과 동일하게 여겨 공평하게 땅을 분배한다는 것입니다(21-23절). 그들은 별도의 구역이 아닌 12지파 가운데 속하게 될 것입니다. 이는 열방의 회복과 훗날 신약의 교회에서 이루어질 유대인과 이방인의 하나 됨에 대한 예고입니다. "이방인들이 복음으로 말미암아 그리스도 예수 안에서 함께 상속자가 되고"(엡 3:6).

[시편 103편]
하나님의 백성은 하나님의 속성과 하나님이 행하신 일을 송축합니다. 시인은 죄 사함과 병 고침, 멸망에서 건짐 받은 경험을 통해 그의 영혼을 만족케 하신 하나님을 찬양합니다(1-5절). 또한 공의와 긍휼와 인자를 베푸시고, 노하기를 더디 하시며 죄를 사하시는 하나님을 찬양합니다(6-12절). 우리의 유한함을 아시는 하나님은 아버지가 자식을 긍휼히 여기듯 영원히 우리에게 인자와 긍휼을 베푸십니다(13-18절). 시인은 백성들에게 만유의 하나님을 찬양할 것을 명령합니다(19-22절).

[기도]

하나님을 의뢰하는 자는 주리지 않을 것입니다. 나를 향한 주의 인자와 긍휼을 날마다 찬양하게 하시고, 성령의 강물이 흘러넘침으로 죽어진 모든 것들을 살리게 하옵소서. 나를 창조주 하나님의 형상을 입은 새사람 되게 하신 예수님을 찬양하게 하옵소서.

[열왕기상 18장]

우상숭배로 인해 심판으로 북이스라엘에는 3년간 비가 오지 않았습니다. 하나님은 엘리야에게 비를 약속하시며 아합에게 가라고 말씀하십니다(1-2절). 아합의 신하 중 하나님을 경외하는 오바댜는 이세벨 왕비가 선지자를 죽일 때에 그들을 몰래 숨겨 주었습니다(3-4절). 기근이 심해지자 아합은 오바댜와 책임지역을 나눠서 물의 근원을 직접 찾아 나섭니다(5-6절). 이때 오바댜가 엘리야를 만나게 됩니다(7-15절). 엘리야는 자신의 소재를 왕에게 알리라고 말하지만 오바댜는 엘리야가 죽임을 당하거나 혹은 자신이 숨겨준 선지자들이 죽임당할 수 있음을 우려합니다. 결국 엘리야는 아합을 직접 만나 바알·아세라 선지자들과의 대결을 제안합니다(16-20절). 불로 응답하는 신을 참 하나님으로 인정하는 갈멜산 대결이 성사되었는데 바알·아세라 선지자들이 아침부터 저녁까지 바알의 이름을 불렀으나 아무 일도 일어나지 않았습니다(21-29절). 반면 하나님은 물로 적셔놓은 제단을 불로 모두 태우셨습니다(30-40절). 엘리야의 주도로 바알·아세라 선지자들에 대한 숙청이 이루어집니다. 불로 응답하신 하나님은 약속대로 큰 비를 내려 주셨습니다(41-46절).

[데살로니가전서 1장]

바울이 갈라디아서와 함께 가장 먼저 쓴 서신입니다. 1장에서 바울은 데살로니가 성도들의 신앙을 언급하며 감사하고 있습니다. 바울은 데살로니가 사역의 동역자였던 실루아노와 디모데에게 문안합니다(1절). 그는 성도들이 믿음으로 행하는 일, 사랑의 봉사, 그리스도에 대한 소망으로 인내하는 신앙에 대하여 감사합니다(2-3절). 그들은 하나님의 능력과 성령과 큰 확신 가운데 전해진 복음으로 인하여 하나님의 택하심을 입었습니다(4-5절). 그들은 환난 속에서도 성령이 주시는 기쁨으로 복음을 받아 그리스도와 사도를 본받는 자가 되어 마게도냐와 아가야 지역에 있는 모든 성도의 본이 되었으므로 그 지역에 복음이 널리 퍼지게 되었습니다(행 17:1-9, 6-8절). 그들은 우상을 버리고 다시 오실 그리스도를 기다리는 참 믿음의 소유자입니다(9-10절).

[에스겔 48장]

여호수아시대처럼 지파별로 땅이 분배됩니다. 땅은 중앙의 거룩한 구역(=성전, 사독계열의 제사장 구역, 레위인 구역으로 구성)과 군주를 위한 구역(거룩한 구역의 좌·우편)을 기준으로 북쪽 구역(7개 지파)과 남쪽 구역(5개 지파)으로 나누어집니다(1-29절). 제사장직은 사독의 후손들이 담당합니다(44:15). 성막처럼 중심에는 하나님의 성전이 있습니다. 우리의 삶의 중심에 하나님이 계시는 것이 마땅합니다. 새 예루살렘성에는 12지파의 이름을 붙인 12개의 출입문이 있습니다(30-34절). 12개의 출입문을 통해 본토인은 물론 타국인이라도 자유롭게 성전으로 출입할 수 있습니다(47:22-23). 성전의 회복과 함께 재건된 새 예루살렘의 이름은 '여호와 삼마'입니다(35절). '여호와 삼마'는 '여호와께서 거기에 계시다'라는 뜻입니다. 하나님의 임재의 범위가 예루살렘 전체로 확대된 것은 우리 삶의 모든 영역에 그가 임재하여 계심을 뜻합니다. 거룩하신 하나님이 삶의 모든 영역을 다스리십니다.

[시편 104편]

창조주요 통치자이신 하나님의 지혜를 찬양하는 내용입니다. 시인은 창조주 하나님의 위엄과 그의 완전하신 창조, 피조세계에 대한 질서 있는 통치를 찬양합니다(1-9절). 깊은 바다와 물은 하나님의 창조세계를 방해하는 대적에 대한 표현입니다. 하나님은 그가 지은 피조세계에 물을 공급하심으로 풍성한 결실을 맺게 하십니다(10-18절). 하나님은 낮과 밤을 주관하십니다(19-23절). 인간을 포함하여 모든 피조물들은 하나님이 허락하신 시간의 범위 안에서 활동합니다. 바다의 생물도 하나님의 창조질서 아래 있으며 모든 피조물들은 창조주에게 의존되어 있습니다(24-30절). 리워야단(=우가릿 신화에 등장하는 실체가 없는 혼돈의 괴물)을 등장시킨 이유는 신화적 괴물까지도 하나님의 창조 질서 아래 있음을 강조하기 위함입니다. 흙과 하나님의 영으로 창조된 인간은 생명의 근원되신 하나님과 연결되어 있습니다. 하나님의 영광을 드러내는 통로가 되길 원하는 시인은 하나님을 기뻐하며 그의 영광을 찬송할 것을 서원합니다(31-35절).

[기도]

온 우주의 통치자이시며 창조주이신 하나님! 우리에게 성령의 불을 내려주셔서 영적 전쟁의 승리자가 되게 하옵소서. 삶의 모든 영역이 하나님의 임재로 가득하게 하옵소서. 구원자이시며 따라야 할 모범이 되시는 예수님을 닮는 삶을 살게 하옵소서.

[열왕기상 19장]

바알과 아세라 선지자가 모두 죽었다는 소식을 들은 이세벨 왕비는 엘리야에 대한 복수를 결단합니다(1-2절). 북이스라엘에서 남유다의 남쪽 광야에 위치한 브엘세바까지 도망간 엘리야는 두려움과 절망에 빠져 더 이상 살 용기가 없음을 고백합니다(3-4절). 그러나 하나님은 극심한 영적 침체에 빠진 엘리야를 위로하시고 먹이심으로 다시 회복시키셨습니다. 힘을 얻은 엘리야는 40일을 걸어 모세가 하나님을 만났던 호렙산(시내산)에 도착합니다(5-8절). 엘리야는 북이스라엘에서 벌어지는 처참한 상황들을 열거하며 자신도 위태롭다고 말합니다(9-10절). 모세가 이스라엘 백성들을 이끌고 시내산에 도착했을 때 하나님은 우레와 번개와 빽빽한 구름과 연기 가운데 강림하셨습니다(출 19:16-18). "…시내산에 연기가 자욱하니 여호와께서 불 가운데서 거기 강림하심이라" 그러나 이번에는 세미한 음성으로 찾아오셨습니다(11-12절). 하나님은 엘리야에게 3가지 사명을 부여하는 것으로 응답하십니다(13-21절). 이는 하나님이 사명을 이루도록 그의 생명을 지키시겠다는 의미입니다. 그가 받은 사명은 아람과 북이스라엘에 새로운 왕을 세우고 그의 후계자를 세우는 것입니다.

[데살로니가전서 2장]

바울은 빌립보에서 점을 잘 치는 귀신들린 여종을 주의 이름으로 고쳤습니다(행 16:18). 그런데 수익의 중단으로 화가 난 주인의 고소로 억울하게 매를 맞고 옥에 갇혔는데 바울은 이 사건을 '고난과 능욕'이라고 말합니다(2절). 그럼에도 그의 사역은 중단되지 않아 데살로니가의 사역으로 이어졌습니다. 복음전파의 사명에 있어서 바울은 자기의 유익을 구하지 않았습니다(3-6절). 바울이 어떤 마음과 자세로 복음을 증거했으며 얼마나 성도를 사랑했는지 하나님과 그들이 증인입니다(7-10절). 바울은 성도들을 하나님 앞에 합당한 자로 세우기 위해 사랑으로 수고했습니다(11-12절). 그들이 고난 가운데서 잘 견딘 것은 바울이 전한 말씀이 성도들에게 역사하고 있다는 증거입니다(13-14절). 성도들에 대한 박해는 하나님을 대적하는 행위로 박해자들에게는 하나님의 진노가 임할 것입니다(15-16절). 바울은 사탄의 방해로 데살로니가를 방문하지 못했다고 말하며 핍박 속에서도 믿음을 잘 지킨 그의 영광이자 기쁨인 데살로니가 성도들을 다시 만나고 싶어 합니다(17-20절).

[다니엘 1장]

느부갓네살은 총 세 차례(BC 605년, 597년, 588-586년)에 걸쳐 유다를 침공했는데 3차 침공 때에 약 30개월간의 포위 공격으로 예루살렘을 함락하여 유다를 멸망시켰습니다. 1차 침공 때 포로로 끌려온 다니엘과 세 명의 친구는 인재로 발탁되어 왕궁에서 교육을 받았습니다(1-7절). 이 과정에서 바벨론 신전에 올려 졌던 음식을 먹어야 하는 문제가 발생하자 이들은 용기를 내어 환관장에게 10일간의 실험을 제안하였고 좋은 결과가 나타남으로 인해 신앙을 보장받습니다(8-16절). "주께서 심지가 견고한 자를 평강하고 평강하도록 지키시리니 이는 그가 주를 신뢰함이니이다"(사 26:3). 하나님은 뜻을 정한 네 명의 청년들의 지혜를 모든 사람들보다 뛰어나게 하셨으며, 특히 다니엘에게는 환상과 꿈을 깨닫는 특별한 능력까지 주셨습니다(17-20절).

[시편 105편]

역사의 주인 되시는 하나님이 이스라엘을 위해 행하신 일들을 노래합니다. 회중을 찬양으로 초대한 시인은 하나님이 행하신 기이한 일들을 선포하고 그의 거룩한 이름을 자랑하며 그의 능력을 구하라고 외칩니다(1-6절). 아브라함을 부르시고(창 12:1-3) 언약을 맺으신 하나님은(창15장) 이삭, 야곱, 요셉에 이르기까지 믿음의 조상들의 여정에 늘 함께 하셨습니다(7-15절). 특히 요셉을 미리 애굽으로 보내셨는데 그는 총리로 세워지기 전까지 연단의 시간을 갖게 됩니다(16-23절). 하나님은 당신의 일꾼들을 연단을 통해 준비시킨 후 사용하십니다. 하나님의 은혜로 애굽에서 크게 번성한 이스라엘 백성들은 왕조가 바뀌면서 노예로 전락하여 고난의 시간을 보내던 중 하나님의 구원을 경험하게 됩니다(24-38절). 하나님은 광야에서 구름기둥과 불기둥으로 그들을 인도하시고 만나와 메추라기, 물을 공급하시며 약속의 땅으로 인도하셨습니다(39-41절). 하나님은 아브라함과 맺은 언약을 마침내 이루셨습니다(42절). 구원받은 백성은 하나님의 말씀을 따라 살아갑니다(43-45절).

[기도]

언약을 이루시는 하나님! 하나님의 말씀을 따라 살아가게 하옵소서. 그리고 내가 지칠 때 위로하시고 먹이시며, 나를 일으켜 다시 사명의 길로 가게 하옵소서. 한 영혼을 하나님 앞에 세우기까지 사랑의 수고를 멈추지 않게 하옵소서. 심지가 견고한 자로 세워주옵소서.

[열왕기상 20장]

아람 왕 벤하닷이 사마리아를 포위한 후 과도한 요구를 하며 총 공세를 퍼붓습니다(1-12절). 하나님은 아합에게 긍휼을 베푸셔서 선지자를 통해 승리를 약속하시며 각 지방 고관의 청년들(지방장관 수하의 젊은 장수로 추정)로 하여금 군대를 이끌게 하라고 말씀하십니다(13-15절). 비록 7천명의 적은 수였지만 그들은 승리하였고 선지자는 재침에 대비하라고 조언합니다(16-25절). 한편, 아람은 하나님이 산의 신이므로 평지에서는 자신들이 더 강하다고 생각해 평지의 무기인 말과 병거를 준비합니다. 그렇지만 북이스라엘은 전력의 열세에도 불구하고 평지에서도 크게 승리합니다(26-30절). 그런데 아합은 하나님의 뜻을 거스르고 항복한 벤하닷을 살려 보냅니다(31-34절). 한 선지자가 하나님의 명령이니 자신을 때리라고 친구에게 말했는데 친구는 이를 거절하였고, 하나님의 명령을 거역했으니 사자가 나타나 죽일 것이라고 말한 것이 실제로 이루어지는 일이 발생합니다(35-36절). 이 일 후에 선지자가 다른 사람에게 자신을 때리라고 하자 그는 부상을 입힐 정도로 심하게 때립니다(37절). 하나님의 말씀이 때론 우습게 보여도 그대로 성취된다는 것을 몸소 보여준 선지자는 자신의 생명을 담보한 포로가 사라졌다고 아합에게 호소합니다(38-40절). 아합은 생명을 담보했으니 생명으로 갚아야 한다고 말합니다. 선지자는 아합이 내뱉은 말을 그대로 돌려줍니다. 왕이 포로(벤하닷)를 풀어주었으니 왕의 목숨으로 대신해야 할 것입니다(41-43절). 이는 아합에 대한 하나님의 심판선언입니다.

[데살로니가전서 3장]

유대인의 박해로 인하여 탄생한지 얼마 안 된 데살로니가 교회를 일찍 떠날 수밖에 없었던 바울의 마음은 계속 무거웠습니다. 마침 교회는 동족(이방인)으로부터 핍박을 당하는 중이었습니다(2:14). 아덴(아테네)에 머물고 있는 바울은 견딜 수 없는 마음("참다 못하여" 2번 등장)에 디모데를 보내어 그들의 믿음을 격려하며 환난 중에도 흔들리지 않게 합니다(1-5절). 그런데 디모데가 가져온 소식은 바울에게 큰 기쁨과 위로가 되었습니다(6-7절). 걱정과 달리 그들은 믿음을 지키고 있었으며 성도 간의 깊은 사랑으로 뭉쳐 있었습니다. 교회를 향한 염려가 사라진 바울은 큰 기쁨을 준 성도들을 다시 만나 풍성한 영적 교제를 할 수 있기를 소망합니다(8-10절). 바울은 성도들이 다시 오실 그리스도에 대한 굳건한 믿음으로 서로 사랑하며 거룩한 성도로 살아가기를 그리고 그들을 속히 만날 수 있기를 간구합니다(11-13절).

[다니엘 2장]

대제국을 이룬 바벨론의 느부갓네살이 꿈으로 인해 번민합니다(1절). 그는 나라의 모든 지혜자들(마법사, 주술사, 점성술사 등)에게 자신의 꿈과 그 꿈에 대한 해석을 요구합니다

(2-6절). 만약 지혜자들이 자신이 꾼 꿈을 맞춘다면 그 해석은 믿을만하다고 생각한 것입니다. 그러나 왕의 꿈을 도무지 알 수 없었던 그들은 꿈을 알려주면 해석하겠다는 말을 반복하다가 왕의 분노를 사게 되어 전부 죽을 위기에 처해지게 되었는데 다니엘도 이 상황을 피할 수 없었습니다(7-13절). 다니엘은 3명의 친구들에게 중보기도를 요청하였는데 하나님이 왕의 꿈과 그 꿈의 해석에 대한 계시를 열어주심으로 그는 찬양합니다(14-23절). 그는 왕에게 나아가 꿈과 해석을 나타내시는 하나님을 선포합니다(24-30절). 그는 왕이 꾼 꿈을 자세히 묘사한 후 그 꿈을 해석합니다(31-43절). 순금 머리는 하나님이 왕 중의 왕으로 세운 느부갓네살, 은으로 된 가슴과 두 팔은 첫째 보다 못한 나라(바사=페르시아), 놋(청동)으로 된 배와 넓적다리는 온 세계를 다스릴 놋 같은 나라(헬라=알렉산더제국), 쇠와 진흙으로 된 발은 쇠처럼 강하나 동시에 약함도 가지고 있는 나라(훗날 동과 서로 분열하게 될 로마제국)를 의미합니다. 하나님은 쇠와 진흙의 나라 시대에 영원히 지속될 하나님의 나라(=그리스도의 공동체인 교회)를 세우실 것입니다(44절). 이것은 손대지 아니한 돌 곧 사람의 힘이 아닌 하나님의 권능으로 이루어질 것입니다(45절). 느부갓네살은 다니엘과 하나님의 권위를 인정하며 그와 세 명명의 친구에게 높은 관직을 하사합니다(46-49절).

[시편 106편]

106편은 신실하지 못했던 이스라엘의 역사를 소개합니다. 시인이 속한 공동체는 과거를 돌아보며 자신들의 현재 상태를 진단합니다. 역사를 돌이켜 본 결과는 하나님께 대한 찬양과 감사입니다(1-5절). 그러나 이전에 죄를 지은 그들은 지금도 여전히 죄를 짓고 있습니다(6절). 이스라엘은 10가지 재앙과 유월절 어린양을 통한 구원을 경험하고도 홍해 앞에서 모세에게 불평을 쏟아냈습니다(7-12절). 광야에서 저지른 죄는 6가지 사례가 제시되어 있습니다. 첫 번째는 내용상 기브롯 핫다아와 사건으로 추정됩니다(민11:4-35,13-15절). 고기에 대해 불평하던 백성들이 종살이하던 때가 더 좋았다는 말까지 했습니다. 그들은 하나님의 은혜를 잊어버렸고 하나님의 응답을 기다릴 줄도 몰랐습니다. 다단과 아비람은 반역을 꾀했으며, 호렙산에서는 금송아지 우상이 만들어졌습니다(16-23절). 가데스바네아에서는 약속의 땅에 대한 불신이 가득했으며, 미디안 광야에서는 심각한 음행(바알브올 사건)을 저질렀습니다(24-31절). 므리바에서는 물에 대해 불평하는 이스라엘 백성들 앞에서 모세가 하나님의 영광을 드러내지 못함으로 인해 약속의 땅의 입성이 좌절되는 아픔도 겪었습니다(민 20:1-13, 32-33절). 이스라엘의 불성실에도 불구하고 하나님은 약속의 땅을 그들에게 선물로 주셨는데 또 다시 하나님을 멀리하고 우상숭배를 일삼다가 결국엔 바벨론의 포로가 되었습니다(34-43절). 그러나 신실하신 하나님은 징계 후 그들을 다시 회복시켜 주셨습니다(44-46절). 회복된 공동체는 하나님의 용서와 긍휼을 영원히 찬양해야 합니다(47-48절).

[기도]

불순종을 일삼는 이스라엘 백성들에게, 심지어 아합 왕 시절에도 하나님은 신실함을 나타내셨습니다. 내 인생을 향하신 하나님의 신실함을 찬양합니다. 환난 중에도 흔들리지 않는 믿음을 갖게 하옵소서.

[열왕기상 21장]

하나님이 각 지파별로, 가문별로 주신 땅(기업)은 매매할 수 없습니다(레 25:23-28) "토지를 영구히 팔지 말 것은 토지는 다 내 것임이니라" 나봇은 율법을 근거로 자신의 포도원을 구매하겠다는 아합 왕의 요구를 거절했으나 이세벨 왕비는 누명을 씌워 그를 죽인 후 포도원을 강탈합니다(1-16절). 하나님은 즉시 엘리야를 보내 아합과 이세벨의 대한 2차 심판을 예고하십니다(17-26절). 아합은 아람 왕 벤하닷을 풀어준 것 때문에 이미 심판이 선고된 상태입니다(20:41-43). 그러나 그의 회개를 보신 하나님은 심판을 그 다음세대로 유보하십니다(27-29절).

[데살로니가전서 4장]

바울은 성도들이 그에게서 배운 주의 말씀을 잘 행하고 있지만 더 힘써 행하라고 권면합니다(1-2절). 무엇보다 거룩한 삶이 요구됩니다(3-8절). 삶의 모든 영역에 거룩이 임해야 하지만 특히, 아내를 사랑하고 색욕(=본능적인 쾌락으로 성을 탐닉하는 태도)을 금하라고 강조합니다. 음행을 멀리하고 아내를 더 연약한 그릇으로 알고 귀하게 여겨야 합니다. "남편들아 이와 같이 지식을 따라 너희 아내와 동거하고 그를 더 연약한 그릇이요 생명이 은혜를 함께 이어받을 자로 알아 귀히 여기라"(벧전 3:7). 바울이 이것을 강조하는 것으로 보아 성적타락의 문제가 있었던 것으로 보입니다. 그들은 형제 사랑을 적극 실천하고 있습니다(9-10절). 박해자들로 인한 어려움이 있지만 차분히 자기의 일에 힘씀으로 궁핍함이 없게 하고 불신자에게 선한 증거를 보여야 합니다(11-12절). "또한 외인에게서 선한 증거를 얻은 자라야 할지니 비방과 마귀의 올무에 빠질까 염려하라"(딤전 3:7). 마지막으로 부활과 종말에 관한 교훈입니다(4:13-5장). 그리스도의 부활은 성도의 부활의 근거입니다(13-18절). 주께서 다시 오실 때 죽은 자가 먼저 일어날 것입니다. "진실로 진실로 너희에게 이르노니 죽은 자들이 하나님의 아들의 음성을 들을 때가 오나니 곧 이 때라"(요 5:25). 주의 재림으로 하나님 나라는 완성됩니다.

[다니엘 3장]

대제국의 황제 중에는 스스로를 신격화하는 자들이 종종 있었습니다. 느부갓네살은 높이 28미터 되는 금 신상을 세워놓고 백성으로 하여금 절하게 했습니다(1-7절). 사람의 신상 앞에 경배하지 않았던 다니엘의 세 친구는 갈대아인(바벨론 본토인)에게 고발을 당합니다(8-12절). 회유에 실패한 느부갓네살은 그들을 풀무 불에 던져버립니다(13-23절). 그들은 하나님이 구원해 주시지 않는다 해도 그것이 하나님의 무능력을 의미하는 것이 아니며, 살고 죽는 것은 오직 하나님의 주권에 달려 있음을 온전히 믿었습니다. 하나님은 생명을 온전히 맡긴 그들을 지켜 주셨습니다. 풀무 불 속에서 세 명을 보호하는 신들의 아들(=하나님의 천사)을 본 느부갓네살은 그들의 권위를 높여줍니다(24-30절).

[시편 107편]

하나님이 역사 가운데 행하신 일에 대한 감사의 고백이자 찬양입니다. 하나님은 이스라엘 백성들을 불러 모으시고 약속의 땅에 거하게 하셨으며 그들을 속량하시고 바른 길로 인도하셨습니다(1-9절). 이 내용은 출애굽 이후 광야를 거쳐 가나안 땅에 입성한 역사에 대한 회고이기도 하고 포로귀환의 역사에 대한 회고이기도 합니다. 어느 시대가 되었든 하나님은 그들을 선하게 인도하셨습니다. 그러나 이스라엘 백성들은 하나님의 말씀을 거역함으로 심판을 받았고, 하나님의 인자로 말미암아 다시 죄 사함과 회복을 경험하게 되었습니다(10-22절). 구원과 회복은 말씀을 들음에서 시작됩니다. 한 사람의 인생이나 한 나라의 역사는 항해와 같습니다. 특히 이 글이 쓰일 당시의 항해는 배의 유실과 인명손실을 각오해야 했습니다. 하나님은 결코 순탄치 않았던 이스라엘의 역사 가운데 유일한 보호자가 되어 주셨습니다(23-32절). 바벨론을 광야와 마른 땅처럼 만드신 하나님은 이스라엘을 위하여 광야가 못이 되고 마른 땅이 샘물이 되는 역사를 이루어주셨습니다(33-39절). 하나님은 그의 주권으로 구원과 심판을 정하시고 그대로 행하십니다. 우리는 하나님이 하시는 일을 찬양할 뿐입니다. 하나님이 인생의 생사화복과 나라의 흥망성쇠를 주관하심을 아는 것이 지혜입니다(40-43절).

[기도]

나의 생명의 주권자 되시는 하나님! 하나님의 주권을 인정하는 삶을 살게 하시고, 특히 탐심으로 인해 인생을 그르치지 않게 하옵소서. 주님 다시 오심을 바라며 거룩한 삶을 살아가게 하옵소서.

[열왕기상 22장]

아합은 유다를 끌어들여 아람에게 빼앗긴 길르앗 라못을 되찾기 위한 전쟁을 일으킵니다(1-4절). 아합이 부른 400명의 선지자와 시드기야는 승리를 예언합니다(5-12절). 그러나 여호사밧의 요청으로 뒤늦게 오게 된 미가야는 아합을 떠본 후에 전쟁의 패배와 아합의 죽음을 선언합니다(13-28절). 아합은 전쟁을 강행하면서도 미가야의 예언이 마음에 걸린 나머지 전투지휘를 여호사밧에게 맡긴 채 병사로 위장하는 꼼수를 부렸지만 죽음을 피하지 못했습니다(29-40절). 그의 죽음과 그의 피를 개들이 핥을 것이라는 엘리야(21:19)와 미가야의 예언은 그대로 성취되었습니다. 비교적 좋은 평가를 받았던 아사 왕이 제거하지 않았던 남색하는 자(남창)를 쫓아내는 등 여호사밧은 하나님 앞에 정직히 행한 왕이었습니다(41-50절). 그는 아합의 아들 아하시야의 동맹 제안을 거절했으며 또한 해상무역 활성화를 시도했으나 이는 실패합니다. 북이스라엘의 아하시야는 아버지처럼 악을 행하며 여로보암의 길로 갑니다(51-53절).

[데살로니가전서 5장]

재림에 관한 내용이 이어집니다. 재림의 시기를 논하는 것은 쓸데없는 논쟁이며 그 날은 도둑같이 임할 것입니다(1-3절). 재림에 관한 지식이 없는 자에게 예상치 못한 사건이 될 것이며 준비가 되어 있지 않은 자에게는 영원한 환난의 시작이 될 것입니다. 빛의 아들이 된 성도는 늘 깨어 그 날을 맞이할 준비 가운데 살아갑니다(4-6절). 빛의 자녀 곧 낮에 속한 자는 영적 전쟁에서 승리하는 그리스도의 좋은 병사입니다(엡 6:10-17, 7-8절). “마귀의 간계를 능히 대적하기 위하여 하나님의 전신갑주를 입으라” 하나님은 우리를 그리스도와 함께 영원히 살게 하기 위하여 그의 재림의 날에 산 자와 죽은 자 모두를 부활에 참여시킬 것입니다(9-11절). 성도는 이 진리로 피차 격려하고 위로합니다. 성도는 사역자를 존중하고 사랑하며, 게으른 자와 미숙한 자와 힘없는 자들에 대해 인내하며 선을 행해야 합니다(12-15절). 하나님은 우리에게 구원의 기쁨과 늘 기도하며 감사할 수 있는 넘치는 은혜를 주셨습니다(16-18절). 성령의 역사를 인정하되 특히 예언을 귀히 여기고 은사를 잘 분별하며 복음의 진리를 대적하는 악한 것은 버려야 합니다(19-22절). 바울은 평강의 하나님이 주의 재림 때까지 성도들을 거룩하게 보존하여 주시길 소망하며 중보기도 부탁과 함께 편지를 마칩니다(23-28절).

[다니엘 4장]

느부갓네살은 큰 신상(2장)에 이어 큰 나무 환상을 보게 됩니다. 그는 이 환상에 담긴 의미를 조서를 통해 백성들에게 전파합니다(1-3절). 그는 다니엘을 신뢰하며 꿈의 내용을 알려줍니다(4-18절). 다니엘은 느부갓네살의 꿈이 심판에 관한 내용임을 알고 주저하다가 결국 사실대로 꿈을 해석합니다(19절). 크고 견고한 나무는 현재 느부갓네살의 전성기를 의미하는데 하나님은 천사에게 나무를 베라고 명하십니다(20-22절). 그는 하나님의 심판으로 7년의 고난기간을 보내며 교만이 꺾이고 하나님의 주권을 인정한 후에야 다시 회복되어 그의 나라를 견고하게 할 것입니다(23-27절). 그는 실제로 교만의 대가를 치른 후 다시 회복되었음을 고백합니다(28-37절). 그에게 임한 심판이 반란으로 인한 도피인지 질병인지에 대해서는 정확히 알기 어렵습니다.

[시편 108-109편]

(108편) 시인은 원수에게 쫓기는 위기 속에서도 하나님의 인자와 진실은 그와 온 세계에 미치고 있음을 찬송합니다(1-5절). 시인은 옛적에 하나님이 다윗에게 약속한 지경을 다 허락하셨음을 추억하며 찬송을 결단하는 그의 공동체를 구원해 주시길 간구합니다(6-9절). 하나님이 그들과 함께 하신다면 능히 대적을 물리치고 승리할 것입니다(10-13절).

(109편) 악을 선으로 갚으려는 다윗의 노력에도 불구하고 대적들은 다윗을 향한 공격을 멈추지 않았습니다(1-5절). '악한 입', '거짓된 입', '속이는 혀', '미워하는 말' 등은 대적들의 거짓된 고소와 고발을 표현한 것으로 다윗은 이로 인해 고통을 겪고 있습니다. 그는 감당할 수 없는 대적을 향해 무서운 저주를 쏟아냅니다(6-20절). 이는 내적 고통이 극심하다는 것을 보여주는 것으로 그는 하나님이 대적들의 악행에 대해 보응해 주시길 열망합니다. 그는 주의 인자로 말미암는 선대와 구원을 위해 기도합니다(21-31절).

[기도]

완전할 수는 없어도 선한 삶의 증거를 남기는 인생 되게 하시고 하나님을 피난처로 삼아 살아가게 하옵소서. 하나님의 주권대로 모든 것이 이루어지길 소망합니다.

[열왕기하 1장]
아합이 죽은 후 모압은 반란을 일으키고 아하시야 왕은 병이 듭니다(1-2절). 그런데 충격적인 것은 아하시야가 하나님이 아닌 바알세붑(=블레셋의 5대 도시 중 하나인 에그론이 섬기던 바알의 이름)을 찾았다는 것입니다. 하나님은 엘리야를 통해 아하시야의 죽음을 선고하십니다(3-4절). 그런데 자신의 죽음에 관한 메시지를 전해들은 아하시야는 회개는커녕 메시지의 진원지를 파악합니다(5-8절). 왕명을 받고 엘리야를 체포하려던 두 명의 오십부장은 그의 군사들과 함께 모두 심판의 불에 태워졌습니다(9-12절). 그러나 하나님과 엘리야를 두려워하며 겸손히 행한 오십부장은 그 생명이 보존되었습니다(13-15절). 아하시야는 엘리야의 선포대로 병으로 죽습니다(16-18절).

[데살로니가후서 1장]
바울은 데살로니가에 보낸 두 번째 편지(후서)에서 재림의 문제를 좀 더 깊게 다룹니다. 그는 데살로니가 성도들의 믿음의 성장과 성도간의 풍성한 사랑에 대한 감사를 표현합니다(1-3절). 그리스도에 대한 믿음은 사랑이라는 결실로 이어져야 합니다. 그들은 박해와 환난 중에도 인내하며 믿음을 지켰습니다(4절). 그들이 인내와 믿음으로 승리할 수 있었던 것은 예수님의 재림 때문입니다. 재림은 성도에게는 영원한 안식의 시작이며 박해자에게는 하나님의 영원한 심판의 시작입니다(5-9절). 영광과 높임을 받으실 재림하실 예수님은 복음에 합당하게 행한 성도들을 영광스런 존재가 되게 하실 것입니다(10-12절). "현재의 고난은 장차 우리에게 나타날 영광과 비교할 수 없도다"(롬 8:18).

[다니엘 5장]
바벨론의 멸망에 관한 내용입니다. 벨사살은 귀족들을 위한 잔치에서 느부갓네살이 예루살렘에서 탈취했던 성전기물을 술잔으로 사용합니다(1-4절). 정복한 나라의 신전에서 취한 그릇을 술잔으로 쓰는 행위는 그 나라의 신을 조롱하고 자신들의 신을 높이려는 행위입니다. 이 때 갑자기 손가락이 나타나 벽면에 글씨를 썼는데 그것을 본 왕이 극도의 두려움에 사로잡힙니다(5-6절). 바벨론의 어떤 지혜자도 그 글씨를 해석하지 못했는데 왕비가 느부갓네살의 꿈을 해석했던 다니엘을

천거합니다(7-12절). 다니엘은 벨사살에게 느부갓네살이 교만하여 스스로를 높이다가 하나님의 심판을 받아 고초를 겪었던 역사를 상기시키며 지금 그 실패를 똑같이 답습하고 있음을 경고합니다(13-23절). 벽에 나타난 글씨('메네 메네 데겔 우바르신')는 벨사살에 대한 심판선언입니다(24-31절). '메네'는 '세다', '데겔'은 '저울에 달다', '우'는 '그리고', '바르신'은 '나누다'의 의미를 가지고 있습니다. 하나님은 기준에 미치지 못하는 벨사살의 나라를 다른 나라에게 나누어 줌으로써 끝장낼 것입니다. 세어보니 바벨론의 기한이 다 되었습니다. 바벨론은 결국 메대(메디아)에게 멸망당했으며 한 때 메대의 일부였던 바사(페르시아)가 결국 중동의 패권국가로 등극합니다.

[시편 110-111편]

(110편) 다윗은 이스라엘 최고의 군주이며 메시아를 예표하는 인물입니다. 본 시는 다윗의 작품으로 메시아의 권위와 사역을 두 가지 이미지로 표현합니다. 먼저, 승리하신 왕의 이미지입니다(1-3절). 하나님은 그의 보좌 우편에 왕을 앉히시고 권능을 주셔서 원수들을 다스리게 하실 것이며 백성들은 즐거이 왕께 헌신하며 나아올 것입니다. "그는 하늘에서 지극히 크신 이의 보좌 우편에 앉으셨으니"(히 8:1). 둘째, 제사장의 이미지입니다(4-7절). 그는 사망 권세를 무기 삼은 사탄의 무리를 깨뜨리시고 우리로 하여금 생명의 물을 마시게 하십니다. "내가 주는 물을 마시는 자는 영원히 목마르지 아니하리니 내가 주는 물은 그 속에서 영생하도록 솟아나는 샘물이 되리라"(요 4:14).

(111편) 저자를 알 수 없는 본 시는 절기에 사용된 것으로 보입니다. '할렐루야'로 시작하여 각 행의 첫 자음이 히브리어 알파벳 순서로 되어 있다는 점에서 112편과 그 형식이 동일합니다(ft. 알파벳시). 하나님이 백성을 위해 행하신 일과 그 일을 기억하는 것 모두 감사의 제목입니다(1-4절). 언약을 기억하시는 하나님은 백성들을 위해 진실과 정의 가운데 그 능력을 행하십니다(5-8절). 백성을 속량하시고 영원한 언약을 세우신 지극히 거룩하신 하나님을 경외하는 것이 지혜입니다(9-10절). "여호와를 경외하는 것이 지식의 근본이거늘"(잠 1:7).

[기도]

자기의 문제를 우상에게 가져가고 회개할 줄도 모르는 아하시야, 교만한 오십부장과 벨사살처럼 되지 않기를 기도합니다. 주의 재림이 가져올 놀라운 영광을 바라보며 오늘도 승리하게 하옵소서.

[열왕기하 2장]
북이스라엘의 참 선지자 엘리야가 그의 후계자를 세우려 합니다(1-3절). 엘리사는 엘리야의 날이 얼마 남지 않음을 알고 그를 절대 떠나지 않습니다(2-6절). 엘리야의 사역은 갑절의 영감을 구한 엘리사에게 승계되고 엘리야는 하늘로 승천합니다(7-14절). 여리고에 있는 선지자의 제자들은 엘리야의 영이 엘리사에게 임하였음을 인정하면서 승천한 엘리야를 찾지만 결국 실패합니다(15-18절). 엘리사는 여리고의 나쁜 물을 고침으로 자신이 엘리야의 후계자임을 백성들에게 증명합니다(19-22절). 엘리사를 조롱한 아이들(히: 나아르, 어린아이 혹은 청년)은 사실상 선지자를 조롱한 청년들로 보입니다. 선지자에 대한 조롱은 하나님을 대적하고 멸시하는 것으로 그들은 심판을 받게 되었습니다(23-25절).

[데살로니가후서 2장]
재림에 관한 성경의 약속을 왜곡하여 두려움을 조장하는 집단은 예나 지금이나 동일하게 존재합니다. 그러므로 재림에 관한 바른 지식이 있어야 합니다. 바울은 재림에 관한 데살로니가 성도들의 혼란에 대해 염려합니다(1절). 거짓 예언과 거짓된 말 그리고 바울의 이름을 도용한 글을 통해 주의 날이 이미 임했다고 말하는 자들이 있습니다(2절). 바울은 주의 재림 전에 배교와 자신을 하나님처럼 높이는 멸망의 아들(거짓 그리스도)의 출현을 경고합니다(3-4절). 바울은 전에 가르친 내용(살전 4-5장)을 기억할 것을 촉구합니다(5-7절). 예수님이 재림하시면 거짓 그리스도를 반드시 폐하시지만 그 전까지는 예수님이 행하신 일들을 비슷하게 흉내 냄으로 분별에 상당한 어려움이 있을 것이며, 혹 그들에게 속은 자는 거짓 그리스도와 함께 심판에 이르게 될 것입니다(8-12절). 그러나 하나님의 주권적 선택과 성령의 역사로 복음을 믿게 된 성도들은 예수 그리스도로 말미암아 영광을 얻게 될 것입니다(13-14절). 사도들로부터 전해진 복음의 전통을 굳건히 지키면 하나님이 위로하시고 삶을 더욱 굳건하게 하실 것입니다(15-17절).

[다니엘 6장]
메대(실제로는 바사) 왕 다리오(다리우스 1세, BC 521-486년간 통치)는 다니엘을

세 명의 총리 중 하나로 세웠습니다(1-2절). 그런데 다니엘을 시기한 무리들은 하루 세 번 기도하는 다니엘의 습관을 파악한 후 왕으로 하여금 한 달간 어떤 신이나 사람에게든 절하지 못하도록 하는 조서를 내리게 합니다(1-9절). 왕에 대한 충성심을 내세워 다니엘을 제거하려는 시도입니다. 규례를 어기면 사형에 처해진다는 것을 알고도 기도를 멈추지 않았던 다니엘은 결국 대적들에 의해 고발당합니다(10-14절). 자신이 내린 조서로 인해 손을 쓸 수 없었던 왕은 하나님이 그를 지켜 주시기만 바랄 뿐입니다(15-18절). 결국 다리오는 다니엘을 지켜 주신 하나님을 인정하며 모함한 자들을 전부 사자 굴에 넣어 처형합니다(19-28절).

[시편 112-113편]

(112편) 앞서 설명한대로 형식상 111편과 여러모로 비슷합니다. 본 시는 여호와를 경외하는 의인이 받게 될 축복(1-9절)과 악인이 맞게 될 종말(10절)을 극명하게 대조합니다. 의인의 특징은 하나님 사랑과 이웃 사랑의 조화입니다. 의인(정직한 자)은 아낌없이 베풉니다.

(113편) 시작과 끝이 '할렐루야'로 되어 있는 본 시는 저자와 배경을 알 수 없습니다. 시인은 모든 나라는 물론 하늘보다 더 높으신 하나님의 영광을 찬양하라고 명령합니다(1-4절). 우리가 하나님을 찬양해야 하는 이유는 그가 스스로 낮추셔서 가난한 자, 궁핍한 자를 일으키시고 지도자들과 같이 우리를 높여 주시기 때문입니다(5-9절). "그는 근본 하나님과 본체시나 하나님과 동등됨을 취할 것으로 여기지 아니하시고 오히려 자기를 비워 종의 형체를 가지사 사람들과 같이 되셨고"(빌 2:6-7). "영접하는 자 곧 그 이름을 믿는 자들에게는 하나님의 자녀가 되는 권세를 주셨으니"(요 1:12). 우리를 가장 높여주시기 위해 예수 그리스도는 가장 낮아지셨습니다.

[기도]

갑절의 영감, 갑절의 믿음과 갑절의 용기를 주시옵소서. 마지막 날까지 주를 경외하며 그의 계명을 사랑하게 하옵소서. 다시 오시는 날, 부활의 영광을 영원토록 누리게 하실 예수님을 찬양하게 하옵소서.

[열왕기하 3장]

아합의 아들 여호람은 바알의 주상을 없애긴 했지만 여전히 악한 왕의 범주에 머물러 있습니다(1-3절). 북이스라엘의 속국이었던 모압의 반란을 진압하기 위해 모인 연합군(북이스라엘, 남유다, 에돔)은 행군 7일 만에 물이 바닥나 큰 위기에 빠지게 됩니다(4-12절). 위기상황에서 남유다의 여호사밧은 선지자를 찾다가 엘리사의 존재를 알게 됩니다. 신실한 왕 여호사밧으로 인하여 엘리사는 두 가지 기쁜 소식(물+승리)을 전해 줍니다(13-25절). 그런데 모압 왕이 패전 직전의 상황에서 태자를 그들의 신 그모스에게 불살라 바치는 것을 본 연합군은 갑자기 철수합니다(26-27절). 아마도 이방신의 위력을 두려워한 어느 한 나라의 군대로 인해 연합군 사이에 내분이 일어난 것으로 보입니다. 이것이 사실이라면 그들의 불신앙이 예정된 승리를 막은 것입니다.

[데살로니가후서 3장]

바울은 대적들의 방해 속에서도 복음이 전파되며 그들에게서 승리하도록 기도를 요청합니다(1-2절). 신실하신 하나님은 성도들의 믿음을 붙드시고 악한 자들로부터 늘 지켜주십니다(3절). 그 결과 성도는 하나님의 사랑과 그리스도의 인내를 본받아 행할 수 있게 됩니다(4-5절). 바울은 임박한 재림사상에 빠져 무절제한 삶으로 교회의 무질서를 야기하는 자들과의 관계를 단호하게 끊을 것을 주문합니다(6, 14절). 그는 교회에 과도한 재정 부담을 안기는 거짓 사역자와 달리 재정사용의 권리를 쓰지 않고 자비량으로 성실하게 사역을 감당했습니다(7-9절). 그는 교회의 질서를 어지럽히는 자들을 책망하며, 성도들에게는 맡은 일을 성실히 감당하되 낙심하지 말라고 권합니다(10-13절). "우리가 선을 행하되 낙심하지 말지니 포기하지 아니하면 때가 이르매 거두리라"(갈 6:9). 징계가 필요하다면 신앙회복이 필요한 형제임을 감안하여 집행해야 합니다(14-15절). 혼란이 잠잠해지고 평강이 임하길 기원하며 글을 마칩니다(16-18절).

[다니엘 7장]

지금까지 왕의 꿈을 해석해 주던 다니엘이 직접 꿈을 통한 계시를 받습니다. 그가 본 네 짐승은 네 왕국을 상징하는데 각각 바벨론, 바사(메대 포함), 헬라(알렉산더 제국), 로마를 상징합니다(2-8절). 특히 넷째 짐승의 강력함이 두드러지는데 열 뿔은 로마의 왕들을, 그 사이에 난 작은 뿔 하나는 알렉산더 사후 시리아와 팔레스타인 지역을 통치하던 셀류시드 왕조의 안티오쿠스 4세를 의미합니다. 그는 예루살렘 성전을 약탈하고 성전 안에서 제우스를 위한 제사를 드리는 등의 온갖 가증한 행위와 유대인들에 대한 지독한 탄압으로 유명합니다. '큰 말'은 하나님을 모독하는 거칠고 거만한 말을 의미합니다. 다니엘은 하늘보좌와 짐승의 죽음에 관한 환상을 보았는데 신성모독을 일삼는 작은 뿔에 관한 심판도 포함되어 있습니다(9-12절). 짐승의 죽음(역사의 종말)과 함께 모든 영광과 권세를 가지신 '인자 같은 이'(메시아)가 하늘에서 내려오게 되면 모든 나라와 백성들이 그를 경배할 것입니다(13-14절). 세상 나라는 멸망하되 그의 나라는 영원합니다. 다니엘은 천사를 통해 그가 본 환상의 의미를 깨닫게 됩니다(15-27절). 나중에 돋은 뿔(안티오쿠스 4세)이 성도들과 싸워 이겼다고 말할 정도로 박해가 극심했지만 메시아 예수 그리스도가 오셔서 환난을 당한 백성들의 원한을 풀어주시고 영원한 나라를 얻게 하셨습니다(20-22절). 역사의 현재와 미래 그리고 종말에 관한 엄청난 환상을 본 다니엘은 심히 놀라면서도 그 내용을 마음속에 간직합니다(28절).

[시편 114-115편]

(114편) 출애굽 사건은 이스라엘이 하나의 민족, 하나의 공동체로 출발하는 계기가 되었습니다. 시인은 홍해가 갈라진 사건, 요단강이 멈춘 사건, 반석에서 샘이 터진 기적, 가나안 입성 등 출애굽의 역사 가운데 하나님이 행하신 일들을 노래합니다. 이 시는 바벨론 포로에서 귀환한 백성들에게 과거 하나님이 행하신 신실하신 구원의 역사를 상기시킴으로써 고달픈 귀환자의 삶에 소망과 용기를 주기 위해 쓰인 것으로 보입니다.

(115편) 하나님의 은혜로 출애굽하여 약속의 땅에 정착한 이스라엘 백성들은 그들의 역사 내내 우상과 지독한 싸움을 벌여야 했습니다. 그들이 구원의 하나님을 신뢰하지 않고 우상에게 눈을 돌린 결과입니다. 하늘과 땅의 통치자이시며 백성들에게 인자와 진실을 나타내신 하나님만이 영광을 받으시기에 온전히 합당하십니다(1-3절). 사람에게 돌아갈 영광은 없습니다. 사람에게 돌아갈 영광이 없다면 사람의 손으로 만든 우상에게 돌아갈 영광은 더더욱 없습니다(4-8절). 하나님은 이스라엘 백성(회중)과 아론의 집(제사장) 그리고 그 외 여호와를 경외하는 모든 자들(이방인 포함)의 도움과 방패가 되십니다(9-11절). 제사장은 하나님을 찬양하는 자들에게 복을 선언합니다(12-16절). 죽은 자는 찬양할 수 없으니 찬양은 호흡이 있는 자의 특권입니다(17-18절).

[기도]

불신앙으로 예정된 승리를 놓치는 일이 없게 하시고, 인자와 진실이 풍성하신 하나님을 온전히 경외하게 하옵소서. 하나님의 사랑과 그리스도의 인내를 본받아 행하는 삶을 살게 하옵소서.

[열왕기하 4장]

엘리사는 빚 때문에 아들을 종으로 넘겨야 하는 한 과부의 고통스런 문제를 해결해 줍니다(1-7절). 수넴에 사는 한 나이 많은 여인은 엘리사의 집필과 숙박을 전폭적으로 지원하였는데 하나님의 은혜로 첫 아이를 낳게 되었습니다(8-17절). 겸손히 선지자를 섬기던 여인은 자녀로 인해 큰 기쁨을 누리게 되었습니다. 어느 날 아이가 갑자기 죽는 비극이 발생했지만 이번에도 엘리사를 통해 하나님의 크신 기적을 맛보게 되었습니다(18-37절). 엘리사는 독이 포함된 국을 정화하고, 보리떡 20개와 채소 한 자루로 100명의 무리를 먹이는 기적도 베풀었습니다(38-44절). 약한 자를 일으키며 죽은 자를 살리고, 적은 음식으로 많은 백성들을 먹인 엘리사의 사역은 예수 그리스도의 공생애에 대한 예고편입니다.

[디모데전서 1장]

디모데가 목회하고 있는 에베소 교회가 거짓 교사들의 미혹으로 혼란이 발생하였습니다. 바울은 디모데를 격려하고 교회를 진리 가운데 바로 세우기 위해 즉시 편지를 씁니다(1-2절). 그는 문안인사 후 바로 편지를 쓴 이유를 밝히는데 디모데는 복음이 아닌 다른 교훈의 교회침투를 막아야 할 의무가 있습니다(3절). 신화와 족보에 몰두하는 것은 쓸데없는 논란만 가중시킬 뿐입니다(4절). 거짓 교훈을 경계하는 목적은 청결한 마음과 선한 양심, 거짓 없는 믿음에서 나오는 사랑을 행하게 하려는 것입니다(5절). 거짓 교훈은 논란을 낳지만 복음은 사랑을 낳습니다. 거짓 교훈을 따르는 자는 헛된 논쟁에 빠져 율법교사가 되려 하나 그들은 율법조차도 제대로 이해하지 못합니다(6-7절). 율법은 그 자체로 선하며 죄를 드러내 주는 기능을 합니다(8-10절). 바울의 가르침은 영광의 복음으로부터 비롯된 것입니다(11절). 이 영광의 복음이 박해자였던 바울에게 전해짐으로 그는 지금 복음을 위한 사도로 세워졌습니다(12-14절). 죄인 중의 괴수인 바울이 받은 복음은 모든 사람이 받을 만합니다(15-17절). 복음은 모든 죄인에게 베푸시는 하나님의 은혜입니다. 우리는 거짓으로부터 복음을 지키는 선한 싸움을 해야 합니다(18-20절).

[다니엘 8장]

다니엘이 본 두 번째 환상입니다(1-2절). 첫 환상(7장)에서는 네 짐승이 의미하는 구체적인 국명이 등장하지 않지만 두 번째 환상에서는 구체적인 국명이 등장합니다. 두 뿔을 가진 강력한 숫양은 메대(메디아)와 바사(페르시아)를 상징하고 숫양을 꺾은 더욱 강력한 숫염소는 헬라(알렉산더)를 의미합니다(3-8절). 현저한 네 뿔은 알렉산더 사후 제국이 4개 나라로 분열될 것을 보여줍니다. 현저한 네 뿔 중 하나에서 돋아난 또 하나의 작은 뿔은 안티오쿠스 4세를 의미하는데 그는 유다 백성들에게 혹독한 박해를 가했으며 종교적으로는 경전을 불태우고 성전 제사를 폐하며 성전 안에 제우스 신상을 세우는 등의 참담한 일들을 저질렀습니다(9-12절). 실제로 안티오쿠스 4세 때 약 10만명의 유대인들이 학살당했습니다. 이 참담한 일은 2300주야간 진행될 것이며 그 후에 정결하게 될 것입니다(13-14절). 2300주야에 대한 해석은 다양하나 통상 주야를 하루로 계산해서 1150일, 즉 약 3년 반으로 보고 있습니다. BC 167년 예루살렘 성전에 제우스 신상을 세운 안티오쿠스 4세가 BC 163년 동방 원정 중에 죽임을 당했기 때문입니다. 이번에도 천사가 환상에 대하여 해석해 주었습니다(15-26절). 환상과 그 뜻을 깨달은 다니엘은 역사에 대한 하나님의 구체적인 개입과 심판으로 인해 심히 놀라 정신을 잃을 정도였습니다(27절). 그가 본 환상은 사람이 쉽게 깨달을 수 없는 내용입니다.

[시편 116편]

하나님의 구원을 경험한 자는 하나님을 사랑하고 그에게 자신을 온전히 맡깁니다(1-6절). 하나님께 자신을 맡기는 행위는 곧 하나님의 뜻을 구하는 기도입니다. 대적들은 시인이 넘어지거나 패망하길 바라나 하나님이 시인을 붙드심으로 그들의 기대는 꺾이게 되었고 그들의 호언장담은 거짓말이 되어버렸습니다(7-11절). 시인은 자신을 지켜주신 하나님께 감사의 제사를 드립니다(13-14절). 잔을 들고 여호와의 이름을 부르는 것은 감사제를 드리는 행위를 말합니다. 감사제를 드리는 사람은 희생제물의 죽음을 곧 자신의 죽음으로 받아들입니다(15절). 그는 감사의 제사와 함께 서원을 지킬 것을 선언합니다(16-18절). 시인은 성전 제사를 통해 하나님께 자신을 온전히 드리길 소원합니다(19절).

[기도]

나를 구원하신 하나님을 사랑하며 모든 것을 그에게 의뢰합니다. 역사를 운영하시는 하나님의 놀라운 지혜를 찬송합니다. 진리의 복음을 훼손하는 무리들에게 속지 않게 하옵소서. 나의 필요를 공급하시고 치유하시며 영원한 생명을 주신 예수님을 신뢰하게 하옵소서.

[열왕기하 5장]
나병에 걸린 아람(시리아) 장군 나아만은 이스라엘 출신 여종의 권함을 받아 치료를 위해 북이스라엘을 방문합니다(1-6절). 나아만의 치료에 적극 협조하라는 아람 왕의 친서를 본 이스라엘의 왕은 두려워하며 이것은 침략을 위한 명분이라고 생각했습니다(7절). 이 소식을 들은 엘리사는 나아만에게 요단강에 가서 일곱 번 몸을 씻으라는 전갈을 보냅니다(8-13절). 나아만은 자신을 예우하지 않는 엘리사로 인해 화가 났지만 결국엔 순종하여 깨끗이 낫게 됩니다(14절). 고침 받은 나아만은 크게 사례하려 하지만 엘리사는 이를 거부합니다(15-19절). 그러나 엘리사의 종 게하시는 탐욕을 절제하지 못함으로 인해 나아만의 나병이 그에게 발병하는 심판을 받게 되었습니다(20-27절).

[디모데전서 2장]
바울은 디모데가 목회하는 에베소 교회의 문제를 다룹니다. 바울의 첫 권면은 기도입니다(1절). 그는 구체적으로 간구(부족한 것을 구하는 기도), 도고(다른 사람을 위한 중보기도), 기도(하나님의 뜻을 구하는 일반적인 기도), 감사(구원의 하나님에 대한 감사의 표현)에 대해 언급하며 특별히 통치자를 위해 기도하라고 권합니다(2절). 왜냐하면 통치자와의 관계가 복음 사역에 미치는 영향력이 크기 때문입니다(3-4절). 바울은 하나님과 사람 사이의 유일한 중보자 예수 그리스도가 모든 사람의 죄를 위한 대속물이 되셨다는 진리를 전하는 이방인의 사도로 부르심을 받았습니다(5-7절). 남자들은 분노와 다툼이 아닌 온유함과 겸손함, 거룩함으로 기도하고 여자들은 화려하게 치장하지 말고 단정함과 선행으로 옷 입어야 합니다(8-10절). 그들은 주님보다 외모에 더 주력하여 사람들의 시선을 끌었으며 가난한 여인들에게 상처와 시기심을 갖게 했습니다. 1세기 유대교나 헬라 문화에서 여성의 지위와 역할은 상당히 제한되었습니다. 그러나 초대교회에서는 지도자로 세워지는 등 상당한 지위가 보장되었습니다. 그러다보니 사역자나 장로들의 권위 아래 순복하지 않고 교회의 질서를 깨뜨리는 등의 혼란이 발생했습니다. 바울의 권면은 이런 배경을 가지고 있습니다(11-15절). 결혼과 출산을 금하는 잘못된 사상에 물든 여인도 있었기에 바울은 기본적인 여성의 역할인 해산도 강조합니다.

[다니엘 9장]
바벨론 포로인 다니엘은 생전에 바벨론의 멸망을 보게 됩니다. 그런데 바벨론이 멸망하면 귀환할 줄 알았는데 그럴 기미가 보이지 않았습니다. 그러던 중 그는 예레미야의 예언이 담긴 글을 통해 포로기간이 70년이라는 것을 알게 됩니다(1-2절). "칠십 년이 끝나면 내가 바벨론의 왕과 그의 나라와 갈대아인의 땅을 그 죄악으로 말미암아 벌하여"(렘 25:12). 하나님이 정한 때가 있음을 알게 된 다니엘은 포로 공동체의 회복을 위한 기도를 드리는데,

먼저 그들의 포로생활이 하나님의 공의로운 심판의 결과임을 인정합니다(3-14절). 그는 금식하며 베옷을 입고 재를 덮어쓰고 공동체의 죄를 회개하는 기도를 드립니다. 이때가 바벨론이 멸망한 후인 메대 왕 다리오 원년이니(1절). 포로 귀환의 때가 가까이 왔습니다. 다니엘은 하나님을 위하여 백성들을 속히 구원하여 주시길 간구합니다(15-19절). "내 영혼을 소생시키시고 자기 이름을 위하여 의의 길로 인도하시는도다"(시 23:3). 다니엘이 기도를 시작할 때 하나님은 천사 가브리엘에게 명령을 내리십니다(20-23절). 우리의 기도는 하나님의 보좌를 움직입니다. 천사는 70이레를 언급하는데 이레는 7일 또는 7년을 의미하며 여기서는 산술적인 숫자보다 묵시적(상징적) 숫자로 보는 것이 더 타당해 보입니다. 70이레가 끝나면 죄와 허물이 끝나고(=안티오쿠스 4세의 성전 박해와 가증한 행위), 이스라엘이 죄 사함을 받으며 하나님의 의가 나타나고, 환상과 예언이 성취되어 성전('지극히 거룩한 이')이 정결케 되며 회복될 것입니다(24-27절). 우리는 하나님이 세우신 구속의 큰 역사 안에서 살아가는 존재입니다.

[시편 117-118편]

(117편) 인자는 죄인을 용서하시고 구원하시는 하나님의 속성이며, 진실은 백성과 맺은 언약을 신실함으로 지키시는 변치 않으시는 하나님의 속성입니다. 이스라엘과 모든 나라는 하나님이 나타내신 인자와 진실을 찬양해야 합니다.

(118편) 하나님께 제사를 드릴 때에 두 무리가 서로 화답하며 부르는 제의 찬양입니다. 먼저, 여호와의 선하심과 인자하심에 대한 찬양으로 시작합니다(1-4절). 인자(히: 헤쎄드)는 인애, 자비 등으로도 표기되는데 조건 없이 베푸시는 하나님의 호의와 사랑을 의미합니다. 고통 중에 기도 응답을 경험한 시인은 하나님을 나의 편이라고 고백합니다(5-7절). 사람이나 권력자 보다 하나님을 신뢰하는 것이 더 나으며 대적에게 에워싸일지라도 하나님을 의뢰하면 능히 이길 수 있습니다(8-13절). 하나님이 베푸시는 구원으로 인한 기쁨과 찬송이 넘칠 것입니다(14-17절). 의인의 고난은 하나님의 훈계입니다(18절). 제의 공동체는 의의 문 곧 성전문으로 들어가 감사의 제사를 드리겠다고 선언합니다(19-21절). 건축자의 버린 돌이 머릿돌이 되었다는 고백은 쫓기는 신세였던 다윗이 왕으로 등극하게 된 사건이나 귀환공동체가 다시 지은 성전을 연상시킵니다(22절). 이 구절은 초라한 죄인의 형상으로 십자가에서 죽으셨으나 부활하신 후 하나님 보좌 우편에 앉아계시며 온 세상을 다스리시는 예수 그리스도를 예표합니다. 버려진 돌이 머릿돌이 되는 이 놀라운 일을 행하신 하나님은 우리의 기쁨입니다(23-24절). 제의공동체는 하나님의 구원과 형통을 간구하며 나의 하나님을 고백합니다(25-29절). 하나님은 우리 모두의 하나님이시면서 또한 나의 하나님이십니다.

[기도]

하나님! 탐심이 내 마음을 주장하지 못하게 하시고 온유함과 겸손함으로 기도하게 하옵소서. 하나님의 계획 속에 내가 있음을 기억하게 하시고 하나님의 때를 기다릴 줄 아는 믿음을 주시옵소서.

[열왕기하 6장]

선지자 학교의 시설 확장을 위해 나무를 베던 한 제자가 빌려온 도끼를 깊은 물에 빠뜨렸으나 엘리사가 문제를 해결합니다(1-7절). 아람과 북이스라엘 사이에 전쟁이 있을 때마다 엘리사가 아람 군대에 관한 정보를 왕에게 알려줌으로써 매번 아람이 패하게 됩니다(8-10절). 이에 아람 왕 벤하닷은 엘리사를 잡기 위한 전쟁을 일으킵니다(11-14절). 아람 군대는 엘리사가 머물고 있는 도단성을 겹겹이 포위했지만 하나님은 불 말과 불 병거로 성을 지켜 주셨습니다(15-17절). 엘리사의 기도로 앞을 볼 수 없게 된 아람 군사들은 결국 포로가 되었으나 엘리사는 그들에게 호의를 베풀어줍니다(18-23절). 그러나 또 다시 침략한 아람의 포위작전으로 인해 사마리아 성 안에는 비둘기 똥조차 희귀해졌으며 급기야 자녀를 잡아먹는 처참한 상황까지 발생합니다(24-30절). 무능력한 왕은 이 재앙이 하나님으로부터 왔다고 말하며 엘리사를 죽이려 합니다(31-33절).

[디모데전서 3장]

1세기 교회는 가정 교회였습니다. 바울의 선교로 각 지역마다 교회가 세워지면서 교회를 이끌어 갈 지도자(감독)와 직분자가 필요하게 되었습니다. 참고로 신약에서 감독, 장로, 감독자, 목사는 거의 동의어로 쓰입니다. 바울은 감독직을 사모하라고 권하며 교회를 섬기는 일에 헌신할 것을 요청합니다(1절). 바울이 소개하는 감독의 조건들이 충족된다면 책망 받을 일이 없는 준비된 감독이 될 것입니다(2-7절). 구체적으로 한 아내의 남편이며 가정을 잘 다스릴 것, 나그네 대접을 잘 할 것, 복음의 진리를 잘 가르칠 것, 도덕적으로 흠이 없을 것 등입니다. 신앙의 연륜도 고려해야 하며 특히 세상에서 존경과 칭송을 받는 자라야 복음증거에 힘이 실리게 됩니다. 바울은 감독을 도와 교회를 충성스럽게 섬길 집사의 자격도 제시합니다(남자: 8-10 & 12절, 여자: 11절). 진리는 믿는 자의 삶에 열매로 나타납니다. 교회의 직분은 아름다운 영적 지위이며 직분으로 인해 주님을 향한 신뢰는 더욱 공고해집니다(13절). 바울은 디모데에게 속히 가고 싶은 마음을 표현하며 편지를 먼저 보내는 목적을 밝히는데 그것은 교회를 위해 디모데가 어떻게 행해야 할지 알려 주기 위함입니다(14-15절). 하나님은 예수 그리스도를 통해 구원을 계시하셨습니다(16절). 그리스도는 육신으로 나셨고 영으로 의롭다 하심을 얻었으며, 천사들에게 목격되고 만국에 전파되셨으며, 세상에서 믿은바 되고 영광 가운데 올려 지셨습니다.

[다니엘 10장]

유다에서 태어난 다니엘은 포로로 끌려온 바벨론에서 살았으며 바벨론의 멸망 후에는 잠시 메대(메디아)를 거쳐 바사(페르시아) 때까지 생존했습니다. 고레스(키루스) 3년은 다니엘이 바벨론으로 끌려온 지 69년이 되던 해입니다. 다니엘은 3주간 금식하는 경건의 시간을 갖고 있었는데 이 때 그는 큰 전쟁에 관한 환상을 보게 됩니다(1-3절). 그는 힛데겔(티그리스) 강가에서 한 존재를 보았습니다(4-9절). 그가 환상 중에 본 존재는 에스겔에 등장하는 하나님의 현현에 대한 묘사(겔 1:27-28)나 요한계시록에 등장하는 예수 그리스도에 대한 묘사(계 1:12-16)와 유사합니다. 예수 그리스도는 이 땅에 오신 하나님의 현현입니다. 하나님의 보내심을 받아 다니엘을 위로하는 천상의 존재(가브리엘 천사)가 등장하는데 이 천사로부터 다니엘은 놀라운 이야기를 듣게 됩니다(10-11절). 그가 하나님 앞에 겸비하여 금식 기도한 첫날에 하나님의 명령을 받은 가브리엘이 그에게로 출발했지만, 바사 왕국의 군주(=바사의 수호천사)가 가브리엘을 막아섬으로 미가엘의 도움을 받아 21일 만에 다니엘에게 올 수 있었다는 것입니다(12-14절). 이는 하늘의 전쟁 곧 영적 전쟁을 말하는 것이며 하나님을 대항하는 세력들이 활발하게 활동한다는 것을 보여줍니다. 가브리엘은 다니엘에게 하나님의 말씀을 넣어주며('그의 입술을 만짐') 그를 강건하고 평안케 합니다(15-19절). 바벨론은 바사에게, 바사는 헬라(알렉산더)에게 멸망할 것입니다(20-21절). 하나님의 뜻을 받들어 행하는 가브리엘과 미가엘처럼 우리도 영적전쟁에서 승리하며 하나님의 뜻을 수행하는 삶을 살아가야 합니다.

[시편 119편 1-24절]

119편은 하나님의 말씀에 대한 찬가입니다. 하나님의 말씀은 율법(25회), 증거(23회), 법도(20회), 율례(22회), 계명(21회), 규례(22회), 말씀(히: 다바르, 19회), 말씀(히: 이므라, 20회) 등 8가지 다양한 표현으로 등장합니다. '다바르'와 '이므라'는 똑같이 말씀이라는 의미가 있지만 '다바르'는 '이므라'에 비해 좀 더 성취에 강조점이 있는 단어입니다. 그러니까 '이므라'가 말씀을 뜻하는 일반적인 단어라면 '다바르'는 말씀은 물론 그 말씀의 성취와 열매까지 포함하는 단어입니다. 하나님이 말씀하시면 그것은 곧 실체가 됩니다. 하나님의 말씀은 그것을 이루는 능력이 있습니다. 하나님이 '빛이 있으라'고 명하시면 실제로 빛이 나타납니다(창 1:3) 시편 119편에는 말씀과 관련된 단어가 무려 172회나 등장합니다. 전체가 176절이니 거의 한절 당 한번 등장하는 꼴입니다. 그만큼 하나님의 말씀이 강조되고 있습니다. 우리는 하나님의 말씀을 지키는 것이 무거운 짐이 아니라 참 행복임을 알아야 합니다(1-8절). 말씀은 우리를 승리의 길로 인도합니다(9-16절). 특히, 말씀은 죄의 유혹에 취약한 청년의 삶을 정결케 합니다. 육신의 소욕은 매우 강력하지만 말씀이 우리의 마음과 생각을 주장하면 육신의 소욕을 이길 수 있습니다. 하나님의 말씀을 가까이 하는 것이 곧 하나님을 가까이 하는 것입니다. 시인은 비방과 멸시를 당하는 처지임에도 여전히 하나님의 말씀을 지키며 하나님의 도우심을 구합니다(17-24절).

[기도]

하나님! 말씀으로 나의 마음과 생각을 주장하여 주시고, 바울이 제시한 감독과 집사의 자격에 맞는 삶을 살아가게 하옵소서. 하늘의 천군천사로 늘 보호하여 주심을 믿게 하옵소서.

[열왕기하 7장]

아람 군대에 의해 장기간 고립된 사마리아의 경제상황은 말이 다섯 마리만 남아 있을 정도로 매우 심각했습니다(13절). 그런데 엘리사는 하나님이 내일 이맘 때 모든 것을 정상으로 회복시켜 주신다는 믿기 힘든 예언을 합니다(1-2절). 왕의 측근인 한 장관은 그런 일은 하늘이 두 쪽 나도 일어나지 않는다고 호언장담합니다. 한편, 굶어 죽을 위기에 놓인 나병 환자들은 죽으면 죽으리라는 각오로 아람의 군영을 찾아 갔다가 아람군이 이미 퇴각했다는 사실을 알게 됩니다(3-8절). 아람 군대는 하나님이 들려준 병거와 큰 군대 소리를 듣고 이스라엘을 도울 지원군이 온 것으로 착각하고 스스로 물러났던 것입니다. 나병환자들은 이 소식을 성 내에 알립니다(9-10절). 그러나 왕은 이스라엘 군을 성 밖으로 유인하려는 아람의 계책이라고 생각하여 믿지 않다가 정탐꾼을 보내 현장을 확인하고 나서야 사실임을 믿게 됩니다(11-15절). 아람군대의 퇴각, 물가의 회복, 엘리사의 예언에 대해 비아냥거렸던 장관에 대한 저주 모두 성취되었습니다(16-20절).

[디모데전서 4장]

바울은 에베소 교회 지도자들에게 거짓 교사의 출현을 이미 경고했습니다(1절). "내가 떠난 후에 사나운 이리가 여러분에게 들어와서 그 양 떼를 아끼지 아니하며 또한 여러분 중에서도 제자들을 끌어 자기를 따르게 하려고 어그러진 말을 하는 사람들이 일어날 줄을 내가 아노라"(행 20:29-30). 에베소 교회에 침투한 거짓 교사들은 혼인 및 특정 음식을 금함으로 경건해 질 수 있다고 주장했는데 그들의 배후에는 미혹하는 영과 귀신 곧 사탄이 있습니다(1-3절). 모든 음식은 하나님이 주신 선한 것이며 거룩은 금욕이 아닌 하나님의 말씀과 기도로 말미암는 것입니다(4-5절). 디모데는 참된 경건에 이르도록 스스로 연단하면서 성도들이 복음의 진리에서 벗어난 헛된 신화에 미혹되지 않도록 바른 교훈으로 가르쳐야 합니다(6-8절). 육체의 연단(=금식, 음식 절제)은 약간의 유익이 있지만 말씀과 기도를 통한 참된 경건은 금생과 내생(현재-영원)에 유효합니다. 경건은 모든 믿는 자들의 구주이신 하나님과 그리스도께 소망을 두는 것입니다(9-11절). 디모데는 비록 연소하지만 믿음과 사랑과 삶의 본이 될 때 그의 사역은 영적 권위를 갖게 되며 누구도 그를 업신여기지 못할 것입니다(12-13절). 디모데는 목회자로 세워질 때 예언을 통해 받은 은사를 기억하고 그에게 주어진 치리권을 적극 활용하여 거짓 교사들을 물리쳐야 합니다(14절). 전심전력하여 목회자로서의 성숙함을 나타내고 바울에게 받은 가르침을 적극 실천하면 그의 목회는 승리할 것입니다(15-16절).

[다니엘 11장]

다니엘은 환상 가운데 바사 군주와 싸우는 가브리엘과 미가엘 천사 그리고 헬라 군주의 등장을 보았습니다(10장) 이는 바벨론을 멸망시킨 메대와 메대를 잇는 바사의 등장[메대에 속해 있던 바사(페르시아)가 고대 중동을 재통일, 1절], 바사의 멸망과 헬라의 등장(10:20)이 하나님의 주권 아래 이루어진 사건임을 말해줍니다. 바사는 세 왕(캄비세스, 가우마타, 다리우스) 이후 등장한 넷째 왕 아하수에로(크세르크세스) 때에 더욱 강성해져서 헬라(그리스 연합)를 공격합니다(2절). 그 후 강력한 군주 알렉산더가 나타나 그리스를 통일하고 바사를 멸망시킨 후 대제국을 건설했으나 그의 사후 4개 나라로 쪼개집니다(3-4절). 그 중 시리아 지역의 북방왕조(셀류쿠스)와 이집트 지역의 남방왕조(프톨레미)는 평화와 전쟁을 반복하며 치열하게 경쟁합니다(5-19절). 10절부터는 북방왕조의 안티오쿠스 3세의 이야기입니다. 그는 남방왕조와의 전쟁에서 승리한 후 정략결혼을 통해 그곳을 지배하려다 실패합니다. 이 시기에 유다는 독립을 시도하다가 실패합니다(14절). 안티오쿠스 3세의 뒤를 이은 셀류쿠스 4세는 신하('압제자', 재무장관 헬리오도루스)에게 살해당하고 안티오쿠스 4세가 왕위를 이어갑니다(20-24절). 본래 비천한 사람이었으나 조카로부터 왕위를 찬탈한 그는 더욱 강력해진 군사로 재차 남방을 침략하지만 로마('깃딤의 배')의 지원 때문에 실패합니다(25-30a절). 유대인들은 성전 제사를 폐하고 제우스 숭배를 강요한 안티오쿠스 4세에 대항하여 마카비 혁명을 일으킵니다(30b-35절). 속임수에 빠져 적대자들과 협력한 급진파와 달리 배교를 거부하고 순교를 선택한 수동적인 저항자들이야말로 역사의 종말을 기다리는 정결한 참 하나님의 백성입니다. 안티오쿠스 4세는 자신의 얼굴과 '신의 현현'이라는 글자를 넣은 주화를 발행하며 스스로를 높입니다(36-39절). 큰 세력을 떨쳤던 그는 반란 진압 후 복귀하던 중 죽임을 당한 것으로 보고 있습니다(36-45절).

[시편 119편 25-48절]

영혼이 진토에 붙었으며 눌려 있다는 표현은 시인이 매우 절박한 상황에 처해 있음을 말해줍니다(25, 28절). 그러나 시인은 악인들의 거짓된 길이 아닌 주의 말씀을 따르는 길로 달려갈 것을 결심합니다(25-32절). 그는 탐욕이나 허탄한 욕망을 따르지 않도록 말씀을 통해 철저히 자신을 경계합니다(33-40절). 주의 말씀이 인도하는 길을 따를 때 의로우신 하나님이 그를 살릴 것입니다. 그는 하나님이 약속하신 인자와 구원을 간구합니다(41절). 하나님이 그에게 베푸실 인자와 구원은 대적에 대한 그의 응답이 될 것입니다(42절). 주의 계명을 사랑하며 즐거이 따르는 자에게 진정한 자유와 승리가 있습니다(43-48절).

[기도]

엘리사의 예언을 믿었다면 왕은 평강과 승리를 누렸을 것입니다. 말씀을 불신하지 않게 하시고, 말씀의 길이 곧 승리의 길임을 알게 하옵소서. 아무리 복잡한 역사라도 하나님의 주권 아래 있음을 알게 하옵소서. 말씀과 기도로 거룩해지길 소망하는 삶을 살게 하옵소서.

[열왕기하 8장]

엘리사를 잘 섬김으로 아들을 얻었고 그 아들이 죽자 다시 살아나는 기적도 경험한 여인이 있습니다(4장). 엘리사가 그 여인에게 7년 기근을 예고하며 이주를 권하자 여인은 순종하여 블레셋에 가서 7년을 거주하다가 다시 돌아옵니다(1-2절). 그런데 땅을 버리고 타국으로 이주할 경우 그 땅은 왕실 소유가 됩니다. 여인은 자신의 토지를 반환해 달라고 왕에게 호소합니다(3절). 왕은 엘리사가 그 여인에게 행한 일들을 알고 있었기에 여인에게 토지를 돌려줍니다(4-6절). 선지자를 잘 대접하여 여인은 계속 복을 받습니다. 아람 왕 벤하닷은 신하인 하사엘을 엘리사에게 보내 자신의 병에 대해 묻습니다(7-9절). 엘리사는 하사엘의 반역과 그가 아람 왕이 되었을 때 북이스라엘 백성에게 많은 해악을 끼치게 될 것을 예언합니다(10-15절). 아합의 딸과 결혼한 유다의 여호람은 아합을 닮아 여호와 보시기에 악을 행했지만 다윗을 기억하신 하나님은 그에게 내릴 진노의 심판을 유보하십니다(16-19절). 여호람 때에 에돔과 립나가 유다의 지배에서 벗어납니다(20-23절). 점점 강성해졌던 다윗시대와는 반대로 여호람 때는 점점 약해집니다. 여호람에 이어 유대 왕이 된 아하시야(=아합의 딸인 아달랴의 아들)는 북이스라엘의 왕 요람(아합의 아들)과 연합하여 아람 왕 하사엘과 전쟁을 벌였으나 패하였으며 요람은 부상까지 당했습니다(24-29절). 아하시야는 요양 중인 요람을 방문합니다.

[디모데전서 5장]

사역자는 다양한 계층을 상대하기 때문에 처신을 잘 해야 합니다. 바울은 젊은 목회자인 디모데에게 구체적인 목회지침을 가르칩니다. 나이 든 남자 성도는 아버지처럼, 남자 청년은 형제처럼, 나이 든 여자 성도는 어머니처럼, 여자 청년은 자매처럼 대해야 합니다(1-2절). 초대교회의 중요한 이슈 중 하나는 지속적으로 유입되는 과부에 대한 돌봄 문제였습니다. "그 때에 제자가 더 많아졌는데 헬라파 유대인들이 자기의 과부들이 매일의 구제에 빠지므로 히브리파 사람을 원망하니"(행 6:1). 이처럼 초대교회에는 교회의 지원으로 생계를 꾸려가던 과부들이 있었습니다. 바울은 과부의 조건(=60세 이상, 남편과 사별한 자, 선한 증거를 가진 자)을 제시하면서 자녀나 친족이나 신앙을 가진 믿는 여자친족이 있는 경우에는 그들로 하여금 과부를 돌보게 해서 부양의무를 교회로 떠넘기지 않게 할 것을 명합니다(3-16절). 만약 부양 가능한 가족이 과부를 돌보지 않는다면 믿음을 배반한 자요 불신자 보다 더 악한 자입니다. 교회는 돌봐 줄 대상이 전혀 없는 참 과부를 구제하며, 참 과부는 주님께 소망을 두고 교회사역에 더욱 헌신해야 합니다. 재혼 가능성이 있는 젊은 과부(ft. 60세 이상이어야 함)는 참 과부 명단에 등재될 수 없습니다. 교회를 잘 다스리는 장로들(=말씀과 가르침을 위해 수고하는 사역자)을 예우하고 그들의 수고에 충분한 사례를 제공해야 합니다(17-18절). 사역자는 편견 없이 공평하게 행해야 하며 함부로 안수하여 장로를 세우지 말아야 합니다(21-22절). 다른 사람의 죄(=자격 없는 장로를 세우는 일)에 동참하지 않아야 합니다. 2-3명의 확실한 증인이 없다면 장로에 대한 고발 건을 받지 말아야 하는데 이는 근거 없는 비난으로부터 그들을 보호하기 위함입니다(19-20절). 혹 포도주를 마시지 않기로 결단했다면 하나님이 주신 음식은 모두 선하니 건강을 위해 조금씩 마셔도 무방합니다(4:4, 23절). 마음의 동기와 생각을 살피시는 하나님 앞에 죄와 선행은 모두 드러나게 됩니다(24-25절). 이를 기억하면 참된 경건을 이루어갈 수 있습니다.

[다니엘 12장]

12장은 역사의 종말을 다룹니다. 종말이 있기 전 큰 환난이 먼저 임할 것이며 생명의 책에 기록된 사람은 모두 구원받을 것입니다(1절). 그 날에 모든 사람이 부활할 것이며 영생을 받은 자와 영원히 수치를 받을 사람이 나뉘게 될 것입니다(2절). 많은 사람을 옳은 데로 돌아오게 하는 지혜로운 자는 영원히 빛날 것입니다(3절). 하나님은 이 말을 잘 간수하고 봉하라고 말씀하십니다(4절). 즉, 종말에 관한 하나님의 계시가 다른 지식으로 인해 오염되지 않도록 잘 지켜 행하라는 것입니다(9절). 천사는 종말이 한 때와 두 때, 반 때를 지나야 오게 된다고 말하지만 정확한 시기를 알기는 어렵습니다(5-8절). 다만 지혜 있는 자는 환난을 연단의 과정으로 여겨 더욱 정결함으로 나아갈 것이며, 악한 자는 계속 악을 행할 것입니다(10절). 종말의 시기에 대해 천사는 1290일과 1335일을 차례로 제시합니다(11-13절). 제우스 신에 대한 제의를 강요했던 안티오쿠스 4세의 약 3년 반('1290일', BC 167-164년)에 걸친 박해는 마카비 혁명으로 인해 끝나게 되고 레위인에 의한 제의가 회복됩니다('1335일', BC 164년). 역사의 완전한 종말은 신앙인이 기다리는 미래입니다.

[시편 119편 49-72절]

고난 중에도 주의 말씀을 떠나지 않았더니 그 말씀이 시인을 다시 일으켰습니다(49-52절). 대적들은 주의 말씀을 버려도 시인은 주의 말씀으로 노래를 부를 만큼 말씀을 뜨겁게 사모합니다(53-56절). 하나님은 시인의 분깃(히: 헬레크=할당, 몫, 유산, 토지, 운명)입니다(57절). 하나님을 소유한 자는 모든 것을 소유한 자입니다. 하나님은 시인의 유산이요 삶의 유일한 기반이며 소망이기에 삶이 고난으로 엉켜 있음에도 불구하고 시인은 말씀을 기억하여 지키며 계속 배우고자 합니다(58-66절). 시인은 고난을 통해 하나님의 말씀이 금은보화보다 더 중요하다는 사실을 몸소 깨달았습니다(67-72절). 고난을 통해 말씀을 더 사랑하고 말씀을 따르고자 하는 의지가 더 강해지는 것이 고난의 신비입니다. 또한 말씀은 고난을 이길 힘을 공급합니다. 성도는 하나님의 말씀으로 삽니다.

[기도]

나의 분깃이 되시는 하나님! 수넴 여인을 돌보듯이 나를 돌보시는 그 세심한 은혜에 감사드립니다. 환난을 만나면 연단을 통해 더욱 정결하게 하시고, 마음의 동기와 생각을 살피시는 하나님 앞에서 참된 경건의 삶을 살아가게 하옵소서.

[열왕기하 9장]

하나님은 엘리야에게 예후를 이스라엘의 왕으로 세우라는 사명을 주셨습니다(왕상 19:16). 엘리야가 받은 사명을 그의 제자인 엘리사가 수행합니다. 엘리사는 제자에게 이 일을 맡깁니다(1-3절). 엘리사의 제자는 곧장 예후를 찾아가 하나님이 아합 가문에 대한 심판을 그에게 명하셨음을 알리며 비밀리에 기름을 붓습니다(4-11절). 예후의 측근들은 하나님의 뜻을 받들어 예후를 왕으로 옹립합니다(12-13절). 모반을 일으킨 예후는 아람과의 전투에서 부상을 입고 이스르엘에서 요양 중인 요람 왕과 요람의 병문안을 위해 그곳에 온 유다 왕 아하시야를 죽입니다(14-29절). 그리고 이스라엘을 우상숭배의 나락으로 떨어뜨린 바알숭배자 이세벨 왕비는 건물 밖으로 던져져 죽게 되었으며 개들에게 시신을 뜯어 먹히는 비참한 최후를 맞았습니다(30-37절). 엘리야의 예언이 성취되었습니다(왕상 21:23).

[디모데전서 6장]

인구의 30% 이상을 차지하는 노예로 인한 문제는 로마의 중요한 이슈 중 하나입니다. 바울은 종의 신분으로 있는 그리스도인의 올바른 삶을 제시합니다. 주 안에서 자유케 된 그들은 믿지 않는 상전을 잘 공경하고, 믿는 상전이라도 그리스도 안에서 한 형제라고 가볍게 여기지 말고 더욱 잘 섬겨야 합니다(1-2절). 정의와 평등을 내세운 급진적인 개혁보다 사회체제 안에서 복음의 가치를 실현하도록 가르친 것입니다. 노예제도는 19세기 와서야 폐지되기 시작했으며 이 일을 주도한 사람들은 링컨이나 윌버포스 같은 신실한 그리스도인들이었습니다. 복음의 진리를 떠나 다른 교훈을 말하며 사변적인 변론을 좋아하고, 돈을 사랑하며 교회를 분열시키는 거짓 교사들을 경계해야 합니다(3-5절). 돈을 사랑(탐욕)하는 것은 모든 악의 뿌리이며, 자족하는 마음은 경건에 큰 유익이 있습니다(6-10절). 그러므로 탐욕을 거부하고 먹을 것과 입을 것이 있음에 감사해야 합니다. 바울은 디모데에게 탐욕을 피하고 의, 경건, 믿음, 사랑, 인내, 온유를 따라 믿음의 선한 싸움을 잘 감당함으로써 주의 재림 때에 책망받을 것 없는 일꾼, 주를 높이는 일꾼 되기를 당부합니다(11-16절). 바울은 재물에 소망을 두고 살아가기 쉬운 부자들에게 재물의 위험성을 경고합니다(17-19절). 그가 하나님께 소망을 둔 사람인지는 재물의 사용처가 말해줄 것입니다. 마지막으로 바울은 거짓 교훈을 분별하고 복음의 진리를 지키기 위한 선한 싸움을 명합니다(20-21절).

[호세아 1장]

북이스라엘은 여로보암 2세(BC 793~753년) 때 다시 중흥기를 맞이합니다. 그러나 눈에 보이는 호황은 거품이었습니다. 압도적인 힘을 가진 앗수르의 등장으로 점차 위기감이 고조되는 가운데 내부적으로는 극심한 영적 타락이 진행되고 있습니다. 그의 사후 불과 30여년 지난 BC 722년에 결국 나라는 망합니다. 북이스라엘 말기에 하나님은 호세아에게 이해할 수 없는 명령('음란한 여자를 맞이하여 음란한 자식들을 낳으라')을 내리십니다(1-2절). 여기서 음란한 여자는 매춘부나 이방신전의 창기를 의미합니다. 고멜은 세 명의 자녀를 낳게 되는데 하나님이 직접 지어주신 세 자녀의 이름은 각각 '이스르엘'(예후가 아합가문을 진멸했던 땅, 곧 심판의 땅), '로루하마'(긍휼을 얻지 못하다), '로암미'(내 백성이 아니다)입니다(3-9절). 이스라엘의 죄악에 대한 하나님의 심판의 의지가 담겨 있습니다. 그러나 하나님은 심판을 넘어 구원과 회복을 약속하십니다(10-11절). 그들의 자손은 다시 많아지고 살아계신 하나님의 아들이라 일컬음을 받을 것입니다. 유다와 이스라엘이 한 지도자를 세워 다시 하나가 되므로 이스르엘은 회복의 땅이 될 것입니다. 이 말씀은 유대인과 이방인이 한 분 예수 그리스도로 하나가 되며, 열방 가운데 하나님의 자녀들이 가득하게 될 교회의 역사에 대한 예고입니다.

[시편 119편 73-96절]

시인은 자신을 향한 대적들의 공격을 하나님의 심판으로 이해합니다. 그래서 대적들과 대항해 싸우는 것 보다 고난 중에 하나님의 율례를 굳게 지켜 행하는 것에 더 주력합니다(73-80절). 대적들은 주께 맡기고 자신은 말씀 앞에 서기를 힘쓰는 자세는 고난당하는 성도들이 배워야 할 좋은 모습입니다. 주를 경외하는 자들이 그를 보고 따르게 될 것입니다. 대적들의 공격으로 큰 어려움에 놓인 시인은 자신을 '연기속의 가죽부대'로 표현하며 대적에 대한 심판을 탄원합니다(81-88절). '연기속의 가죽부대'라는 표현은 사람을 하나님의 영혼을 담은 가죽부대에 비유한 것으로써 가죽부대를 연기에 쐬면 오그라들게 됩니다. 현재 시인의 영혼은 심히 오그라든 상태 즉 병든 상태입니다. 그럼에도 여전히 주의 말씀을 놓지 않겠다고 다짐합니다. 하나님이 지으신 천지도 요동치 않고 지금까지 거뜬히 존재하는데 하물며 영원하신 하나님의 말씀은 어떠하겠습니까?(89-91절). 주의 백성들은 잠시 있다 사라질 것이 아닌 영원한 것을 의지해야 합니다. 주의 법으로 인해 시인은 멸망하지 않았으며 다시 살게 되었습니다(92-95절). 세상의 지식은 한계가 있으나 주의 계명은 온 세상에 적용되며 영원토록 변함이 없습니다(96절).

[기도]

주의 백성들을 징계하시더라도 다시 회복시키시고 구원하시는 신실하신 하나님! 고난 중에 있더라도 주의 율례를 더욱 굳건히 행하게 하시고, 탐욕을 버리고 자족하는 마음을 갖게 하셔서 믿음의 선한 싸움에서 이기게 하옵소서.

[열왕기하 10장]

요람과 이세벨을 제거한 예후는 아합의 아들 70명도 제거합니다(1-11절). 이로써 아합 가문의 멸절을 선포한 엘리야의 예언이 완전히 성취되었습니다(왕상 21:21-24). 한편, 유다 왕 아하시야를 죽인 예후는 아하시야를 만나러 북이스라엘을 방문한 그의 친척들도 다 죽입니다(12-14절). 예후는 아합과 관련되어 있는 모든 사람들과 바알숭배자들을 전부 숙청합니다(15-27절). 예후는 바알 종교와 아합 가문에 대해 확실하게 심판함으로써 그를 왕으로 세우신 하나님의 뜻을 잘 받들었으나 정작 본인은 여로보암의 죄(=단과 벧엘에 있는 금송아지를 섬김)에서 떠나지 않아 백성들로 하여금 죄를 짓게 했으며 율법을 행하는 것에도 소홀했습니다(28-31절). 그 결과 북이스라엘은 요단 동편 땅을 아람의 하사엘에게 빼앗기게 됩니다(32-33절). 예후의 뒤를 이어 여호아하스가 왕이 됩니다(34-36절).

[디모데후서 1장]

바울은 외조모와 모친으로부터 참된 신앙의 유산을 물려받은 사랑하는 제자 디모데를 만나고 싶어 합니다(1-5절). 디모데는 이미 복음을 위해 고난을 견딘 대견한 바울의 영적 아들입니다("네 눈물을 생각하여"). 전도자에 대한 박해가 지속되겠지만 복음의 전파는 결코 멈추지 않을 것입니다. 바울은 디모데가 목회자로 세워질 때 받은 은사를 다시 일깨워 줌으로써 그가 복음전파의 사명을 더욱 힘 있게 감당하기를 소망합니다(6-8절). 바울은 그가 다시금 두려움 없이 담대하게 복음을 전하고 사랑과 절제의 성령의 열매를 맺기를 기대합니다. 이 글을 쓰는 바울은 사형수입니다. 그는 영원 전부터 그리스도 예수 안에서 계획된 구원과 하나님의 거룩한 부르심에 응답하여 고난을 두려워하지 않고 복음을 전했습니다. 바울은 디모데가 하나님의 부르심에 대해 확신하며 고난에도 불구하고 복음 전도의 책무를 잘 감당해 주길 부탁합니다(9-14절). 바울의 투옥으로 인해 두려움에 빠져 복음을 떠난 자도 있으나 오네시보로와 같이 끝까지 믿음을 지키며 사명을 감당하는 동역자도 있습니다(15-18절).

[호세아 2장]

하나님은 진노의 말씀(1장)과 상반되는 말씀을 주십니다. 긍휼히 여기지 않겠다('로루하마')고 말씀하셨지만 다시 긍휼히 여기실 것이며('루하마'), 내 백성이 아니라('로암미')고 말씀하셨지만 다시 내 백성이라('암미')고 말씀하십니다(1절). 남편이신 하나님은 자녀들(하나님을 경외하는 남은 자들)에게 음행을 저지른 어머니(이스라엘 백성)

와 논쟁하라고 말씀하십니다(2-5절). 만약 아내(이스라엘 백성)가 남편(하나님)을 떠나 음행을 저지른다면 무서운 심판이 임할 것입니다. 하나님은 우상에게 가려는 백성을 막으실 것이며 뒤늦게 우상의 실체를 깨달은 백성들은 하나님을 다시 찾을 것입니다(6-7절). 남편은 분노합니다. 왜냐하면 아내가 남편이 준 것을 가지고 다른 남자(바알)를 위해 썼기 때문입니다(8절). 만약 진정한 공급자 되시는 하나님을 계속 거역한다면 하나님은 그들에게 허락하셨던 모든 복(=곡식과 새 포도주와 양털, 삼 등)을 다시 거두실 것입니다(9-13절). 기쁨과 절기가 폐하여지고 땅은 황폐하게 될 것입니다. 그러나 하나님은 징계가 끝난 후 백성들을 거친 들(광야)로 데려가 위로하실 것입니다(14-15절). 광야는 그들이 하나님의 공급하심에 전적으로 의존하며 살았던 곳입니다. 하나님은 신혼과 같았던 그 시절로 돌아가길 소망하십니다. 남편의 포기하지 않는 사랑으로 회복된 아내는 더 이상 다른 남자를 찾지 않을 것이며 회복된 관계를 누리게 될 것입니다(16-20절). 하나님은 '내가 네게 장가들어'라는 말씀을 3번이나 반복하시며 아내 이스라엘을 절대 포기하지 않으실 것을 천명하십니다. 하나님과 백성의 관계는 온전히 회복되어 기도가 응답되며 풍성한 결실이 맺어질 것입니다(21-23절).

[시편 119편 97-120절]

시인은 주의 말씀에 대한 사랑을 고백합니다(97절). 주의 말씀은 원수들의 간악한 술수를 분별할 수 있는 지혜와 영원한 생명에 관한 참 지식을 주므로 세상의 모든 지식보다 뛰어납니다(98-100절). 순수 자연식품 중 가장 단 꿀은 건강에 유익합니다. 하나님의 말씀은 꿀과 같이 달며 우리를 유익하게 합니다(101-104절). 하나님의 말씀은 쓴 맛의 연속이라 할 수 있는 인생을 뱉지 않고 삼키게 만드는 은혜와 능력을 줍니다. 즉, 쓰디쓴 인생을 감당하게 하는 단 맛을 제공합니다. 그래서 많은 그리스도인들이 고난과 고통이 계속되는 상황에서도 삶을 부정하거나 저주하지 않고 그 속에서 하나님의 뜻을 이루며 승리했던 것입니다. 주의 말씀은 등이요 빛입니다(105절). 어두운 세상이기에 우리는 반드시 말씀의 밝은 빛을 따라 가야 합니다. 고난이 심하고 악인이 나를 해하려 하며 생명에 큰 위기가 와도 주의 말씀을 떠날 수 없습니다(106-112절). 주의 말씀은 나를 다시 살리는 능력이 있습니다. 시인은 두 마음을 품지 않았기에 두 마음을 품은 자들을 미워합니다(113절). 시인은 피난처요 방패가 되시는 하나님의 말씀을 사랑하며, 공의의 하나님을 경외합니다(114-120절).

[기도]

하나님의 뜻을 잘 받들었으나 죄에서 떠나지 않은 예후의 길을 가지 않게 하시고, 하나님의 부르심에 응답하며 복음을 위하여 살게 하옵소서. 하나님과의 거룩한 사랑의 관계 안에서 살게 하시고, 말씀이 비추는 빛을 따라 살게 하옵소서.

[열왕기하 11-12장]

(11장) 남유다 왕 아하시야는 요양 중인 북이스라엘 왕 요람을 만나러 갔다가 쿠데타를 일으킨 예후에 의해 죽임을 당합니다(9:27). 이후 남유다의 정권을 잡은 사람은 다름 아닌 아하시야의 어머니인 태후 아달랴(아합과 이세벨의 딸)였는데 이 악한 여자는 자신의 손자들(아하시야의 아들들)을 모조리 죽였습니다(1-3절). 그 와중에 아하시야의 누이 여호세바가 요아스를 가까스로 살려내어 6년간 성전에서 몰래 양육합니다. 이세벨을 닮은 바알 숭배자 아달랴로 인해 남유다는 영적 암흑기가 찾아왔습니다. 아달랴 통치 7년에 마침내 대제사장 여호야다가 혁명을 일으켜 아달랴와 바알 제사장을 죽이고 요아스를 왕으로 세웁니다(4-21절). 남유다는 다시 다윗의 후손이 통치하게 되었습니다.

(12장) 요아스는 그의 영적 스승 여호야다가 있는 동안 산당을 제거하지는 않았지만 여호와 보시기에 정직하게 행했습니다(1-3절). 요아스가 잘한 일 중의 하나는 성전수리입니다. 그는 성전에 들어오는 모든 헌금으로 성전을 수리하라고 제사장에게 명령합니다(4-5절). 그러나 명령이 제대로 이행되지 않자 성전의 재무 담당자에게 모아진 헌금을 제사장을 통하지 말고 직접 수리 기술자에게 주어 성전수리를 진행하라고 지시합니다(6-8절). 이후 왕의 서기와 대제사장이 직접 헌금을 계수하여 수리 담당자에게 전달하므로 성전 수리는 원활하게 진행되었습니다(9-16절). 요아스는 뼈아픈 실책을 저지릅니다. 아람의 침공을 받게 되자 하나님을 찾지 않고 아람에게 뇌물을 줌으로써 위기를 극복한 것입니다(17-18절). 하나님을 불신한 그는 반란세력에 의해 죽임을 당합니다(19-21절).

[디모데후서 2장]

바울은 디모데가 목회자로 세워질 때 받은 은사를 다시 불러일으킴으로써 그가 그리스도의 고난에 동참하며 에베소 교회를 더욱 힘 있게 이끌 수 있기를 소망합니다(1:6). 디모데는 은혜로써 그를 강하게 하시는 그리스도를 온전히 신뢰하며 충성된 일꾼들을 통해 제자를 양육하게 함으로써 사역을 더욱 확장시켜야 합니다(1-2절). 그리스도의 좋은 병사는 그를 부르신 그리스도를 기쁘시게 합니다(3-4절). 그리스도의 좋은 병사가 지켜야 할 경기규칙은 얽매이기 쉬운 죄를 벗어버리고 인내로써 경주하는 것입니다(히 12:1, 5절). 수고한 농부가 열매를 얻듯이 복음을 위해 수고한 자는 부활하신 그리스도께서 주시는 영원한 영광과 보상이 있습니다(5-10절). 주와 함께 죽고 주와 함께 살게 된 성도는 주와 함께 다스리는 자가 될 것입니다(11-13절). 바울은 이단과의 쓸데없는 논쟁으로 복음을 전할 귀한 시간을 허비하지 말 것을 당부합니다(14-19절). 그들은 그리스도의 성육신을 부정하고 부활은 이미 일어났다고 가르치며 성도들을 미혹합니다. 교회 안에 다양한 은사와 역할이 있지만 가장 중요한 것은 하나님이 쓰시기에 합당한 깨끗한 그릇이 되는 것입니다(20-21절). 깨끗한 그릇이 되려면 의와 믿음과 사랑과 화평을 따르며 정욕과 무익한 논쟁을 피하고, 다투지 않으며 온유함으로 가르치고 훈계해야 합니다(22-25절). 그리하면 대적들이 회개하고 마귀의 올무에서 벗어날 기회를 얻게 될 것입니다(26절).

[호세아 3-4장]

(3장) 이스라엘 백성들이 다른 신을 좇아 건포도 과자(=우상에게 바친 제물)를 즐길지라도 여전히 그들을 사랑하시는 하나님은 호세아에게 다른 남자를 찾아 집을 나간 아내를 사랑하라고 명령하십니다(1절). 호세아는 은 열다섯과 보리 한 호멜을 지불하고 자신의 아내를 다시 데려온 후, 다시는 음행을 저지르지 말고 부부의 신의를 지킬 것을 주문합니다(2-3절). 호세아의 아내는 이스라엘 백성들의 영적 현주소를 적나라하게 보여줍니다. 그러나 그들은 결국 하나님을 경외하는 길로 나아올 것입니다(4-5절). 하나님과 그들의 왕 다윗(=예수 그리스도)이 그 일을 해낼 것입니다.

(4장) 하나님은 진실과 인애와 하나님을 아는 지식은 찾아볼 수 없고 온통 죄만 가득한 이스라엘 백성들에게 심판을 선언하십니다(1-3절). 그들은 하나님의 심판에 대한 책임소재를 놓고 서로 싸울 필요가 없습니다(4-6절). 모두가 하나님을 아는 지식과 율법을 버렸으며, 심지어 제사장도 죄에서 자유롭지 못하기 때문입니다. 번영할수록 더욱 죄만 지을 뿐이니 하나님은 그들의 행위대로 갚으실 것입니다(7-10절). 그들은 우상에 미혹되어 하나님을 버리는 영적 간음을 행했으며, 남자들은 물론 여인들까지 음란한 우상축제에 거리낌 없이 참여했습니다(11-14절). 하나님은 남유다를 향해 북이스라엘과 같이 우상을 숭배하지 말 것을 강력히 촉구하십니다(15-19절).

[시편 119편 121-144절]

하나님의 뜻대로 살면 복이 와야 하지만 하나님을 대적하는 자로부터 부당한 공격과 박해를 받기도 합니다(121-123절). 시인은 눈이 피곤할 정도로 주의 말씀을 바라보고 있습니다. 대적들은 주의 법을 폐하였으나 시인은 거짓을 미워하고 주의 법을 사랑합니다(124-128절). 시인은 주의 말씀이 놀랍다고 말합니다. 왜냐하면 그의 위태로운 삶이 말씀으로 인해 무너지지 않고, 캄캄한 인생 중에도 갈 길을 비추는 빛이 되기 때문입니다(129-130절). 그는 말씀의 갈증으로 헐떡이며 몸이 쇠약해질 정도로 간절한 마음으로 말씀을 사모합니다(131절). "내 영혼이 여호와의 궁정을 사모하여 쇠약함이여"(84:2). 그는 주의 이름을 사모하는 자에게 은혜를 베푸셔서 박해로부터 건져 주시길 간구합니다(132-136절). 시인은 의롭고 성실한(=신뢰할만한) 주의 말씀을 버린 대적들에 대한 의분을 표출합니다(137-139절). 대적들과 달리 그는 말씀을 열정적으로 사랑하며 환난 중에도 말씀을 기뻐합니다(140-144절). 환난에서 승리하는 비결은 말씀을 고수하는 것입니다. 말씀은 영원하기에 유한한 세상이 주는 시험으로부터 능히 이기게 합니다.

[기도]

인생의 후반기에 말씀을 버린 요아스처럼 되지 않게 하옵소서. 거짓을 미워하고 주의 말씀을 진정으로 사모하게 하시고, 하나님과의 언약을 성실하게 지키게 하옵소서.

[열왕기하 13장]

예후에 이어 여호아하스도 여로보암의 길을 갑니다(1-2절). 그러나 아람의 지속적인 침략으로 고통 받던 여호아하스가 기도하자 하나님은 북이스라엘을 지켜 주셨습니다(3-5절). 하나님이 그렇게 은혜를 베푸셨음에도 불구하고 여호아하스는 수도 사마리아에 있는 우상을 그대로 둡니다. 우상숭배 죄를 진정으로 회개하지 않은 여호아하스는 결국 아람의 재침을 받아 상당한 수준의 제재를 당하게 됩니다(6-9절). 여호아하스의 뒤를 이은 요아스(ft. 남유다 왕 요아스와 동명이인) 역시 여로보암의 죄에서 떠나지 않았습니다(10-13절). 아람이 가장 껄끄러워 하는 엘리사 선지자가 위독하다는 소식에 요아스가 그를 방문합니다. 이스라엘의 실질적인 군사력이었던 엘리사는 죽기 직전까지 조국의 평안과 승리를 예언합니다(14-20절). 북이스라엘은 아람에 비해 군사력이 열세였지만 엘리사의 예언대로 전쟁에서 승리할 것입니다. 그러나 왕의 믿음이 부족하여 승리는 3회로 제한될 것입니다. 북이스라엘은 모압에게 약탈당할 정도로 약화된 상태였지만 엘리사의 예언대로 아람에게 세 차례 승리를 거두며 잃었던 땅의 일부를 되찾습니다(22-25절). 한편, 엘리사의 시신이 뼈만 남아 있을 정도로 상당한 시간이 흘렀음에도 그가 묻힌 묘실에 넣은 또 다른 시체가 그의 뼈에 닿자 다시 살아나는 기적이 일어납니다(21절). 이는 엘리사가 선포한 내용을 하나님이 반드시 이루시겠다는 강력한 메시지입니다.

[디모데후서 3장]

말세에는 자기중심적인 생각과 태도에서 비롯된 타락으로 사람들이 고통하게 것입니다(1-5절). 경건의 모양만 있는 종교는 이미 죽은 것입니다. "너희가 내 앞에 보이러 오니 이것을 누가 너희에게 요구하였느냐 내 마당만 밟을 뿐이니라 성회와 아울러 악을 행하는 것을 내가 견디지 못하겠노라"(사 1:12-13). 말세에는 사람들이 하나님 사랑, 이웃 사랑에서 완전히 벗어나 있을 것입니다. 열정적으로 말씀을 배우지만 여전히 죄를 짓고 욕심에 끌려다니는 여자들은 거짓 교사에게 휘둘리다가 결국 진리에서 떠나게 됩니다(6-7절). 지금의 이단들 역시 성경공부에 대한 목마름이 있는 자들을 유혹해 잘못된 진리를 가르치고 있으니 2천년 동안 악한 영에 사로잡힌 자들의 모습은 변하지 않았습니다. 진리를 대적하는 거짓 교사들은 모세를 대적했던 애굽 술사들처럼 심판을 받을 것이며 마지막 날에는 그들의 실체가 다 드러나게 될 것입니다(8-9절). 말씀의 교훈과 복음을 위해 온전히 헌신하는 바울의 삶은 디모데로 하여금 고난과 박해를 이기도록 이끌어 줄 것입니다(10-13절). 어려서부터 성경을 알았던 디모데는 바울에게 성경을 더 깊이 배웠습니다(14-15절). 성경에서 구원의 지혜를 얻은 디모데는 말씀이 주는 유익을 통해 하나님의 사람으로 온전케 되어갑니다(16-17절).

[호세아 5-6장]

(5장) 하나님은 음란한 마음(영)으로 지속적으로 음행을 저지르는 이스라엘 백성들, 특

히 제사장들과 왕족들에 대한 심판을 선언하십니다(1-4절). 이스라엘과 유다 모두 하나님을 마음의 중심에 모시지 않은 교만으로 넘어지게 되고 하나님을 만나려 해도 만날 수 없을 것입니다(5-6절). 그들은 정조를 지키지 않아(=신실하지 못한 행동으로) 사생아(=하나님을 인정하지 않는 자식)를 낳았습니다(7a절). 하나님은 새 달(월삭)을 우상을 섬기는 날로 전락시킨 그들을 대적들에게 넘기실 것입니다(7b절). 우상을 섬기는 나라가 이스라엘을 파괴할 것입니다(8-9절). 뿔 나팔과 나팔은 전쟁의 상황을 암시합니다. 유다는 하나님이 금하신 지파의 경계표를 마음대로 옮김으로써 하나님의 진노가 임하게 되고 에브라임(북이스라엘)은 사람의 명령(앗수르 왕의 압제)에 의해 휘둘리게 될 것입니다(10-11절). 유다와 에브라임에게 좀과 썩이는 존재(=자기 백성을 지켜주지 못한 무능한 신)가 되어버린 하나님은 이스라엘이 그 죄를 뉘우치고 은혜를 구할 때까지 그들을 향한 진노를 멈추지 않으실 것입니다(12-15절).

(6장) 하나님의 심판선언(4-5장)에 대해 이스라엘 백성들은 하나님의 조속한 용서와 구원을 기대하며 회개운동을 시작합니다(1-3절). 그러나 그들은 하나님의 진노를 피하기 위해 회개하는 시늉만 할 뿐, 진정성이 결여되어 있습니다(4-6절). 세례 요한은 이런 경우 다음과 같이 선포했습니다. "독사의 자식들아 누가 너희를 가르쳐 임박한 진노를 피하라 하더냐"(마3:7). 하나님은 언약을 깨뜨린 그들의 악함과 가증함에 대해 고발하시며 추수(심판)가 정해졌다고 선언하십니다(7-11절).

[시편 119편 145-176절]

절박한 심정으로 부르짖는 시인이 간구하는 내용은 무엇입니까? 그는 주의 법에서 멀리 있는 악인들과 달리 주의 법을 가까이 하여 준수할 것을 서원합니다(145-152절). 주님을 가까이 하는 것은 곧 주의 법을 사랑하는 것입니다. 시인은 고난 중에도 주의 법을 잊지 않는 그에게 긍휼과 구원을 베푸시길 간구합니다(153-160절). 시인은 자신과 대적을 비교합니다(161-164절). 대적들은 시인을 핍박하고 세상의 재화를 기뻐하며 거짓을 행합니다. 그러나 시인은 주의 말씀을 기뻐하며 경외하고, 말씀으로 인해 주를 찬양합니다. 경건한 유대인이 통상 하루 3번 기도하는 것을 생각하면 그가 얼마나 주의 말씀을 사모하는 지 알 수 있습니다. 주의 법을 사랑하는 자에게 임하는 큰 평안은 모든 것을 이기게 합니다(165절). 주의 말씀을 사모하는 자는 이를 적극적으로 행합니다(166-168절). 자신을 잃은 양으로 표현하는 것은 시인이 고난 중에 있음을 전제합니다(176절). 고난 중에도 하나님을 사랑하며 지켜 행하는 시인은 구원을 간청하며 기도를 마칩니다(169-175절). 말씀을 사모하는 자는 그의 생명과 길을 하나님께 의탁합니다. "주의 말씀은 내 발에 등이요 내 길에 빛이니이다"(105절).

[기도]

악한 여호아하스에게도 어떻게든 은혜를 베푸시려는 하나님의 신실함을 보게 됩니다. 하나님이 미워하시는 우상을 버리고 주의 법을 사랑하는 자에게 주시는 큰 평안을 누리게 하옵소서. 말씀에 대한 확신 가운데 말씀의 길을 의연하게 가게 하옵소서.

11

월

M'Cheyne

개관

요엘

사도 베드로는 요엘의 예언(욜 2:28-32)을 인용하여 오순절 성령강림 사건을 설명합니다. "이는 곧 선지자 요엘을 통하여 말씀하신 것이니 … 누구든지 주의 이름을 부르는 자는 구원을 받으리라"(행 2:16-21). 요엘서는 요엘이 언제 활동했는지에 대한 구체적인 정보를 제공하지 않습니다. 그래서 특정 시대에 국한되지 않고 신·구약 모든 성도에게 통용될 메시지를 담고 있습니다. 요엘서의 핵심 키워드는 여호와의 날과 여호와의 영입니다. 여호와의 날은 본래 메뚜기 재앙, 가뭄 재앙으로 대표되는 심판의 날이지만 여호와의 영이 임한 자에게는 구원과 회복이 있는 복된 날입니다.

아모스

"오직 정의를 물 같이, 공의를 마르지 않는 강 같이 흐르게 할지어다"(5:24). 아모스는 하나님의 정의를 외친 선지자입니다. 그는 원래 남유다(드고아) 출신이지만 주로 북이스라엘을 향한 예언을 선포했습니다. 그가 활동할 당시 여로보암 2세의 북이스라엘은 영토 확장과 경제성장으로 호황을 누리고 있었습니다. 그러나 내부적으로는 우상숭배와 윤리·도덕적 타락, 온갖 불의로 사실상 붕괴된 상태였습니다. 진정한 회개는 불의에서 돌이켜 정의를 회복하는 것입니다.

역대상

역대기 저자는 제사장이나 레위인으로 추정될 만큼 제사장적 관점에서 역사를 조명했습니다. 오랜 포로생활에 지친 백성들은 정체성의 혼란과 불투명한 미래로 인한 절망의 문제를 안고 있었습니다. 저자는 방대한 분량의 족보(1-9장)를 통해 정체성에 대한 해답을, 다윗언약('다윗왕조를 영원히 견고하게 하시겠다는 하나님의 약속')을 전제하는 글의 전개를 통해 불투명한 미래에 대한 해답을 주고자했습니다. 다윗의 후손으로 오실 메시야가 세울 영원한 왕조를 소망하는 저자는 자연스럽게 유다왕조 중심의 역사를 서술합니다. 저자의 또 다른 관심은 성전의 회복입니다. 예루살렘 귀환과 성전건축은 다윗 왕조의 회복에 대한 하나님의 사인입니다. 비록 솔로몬 성전보다 외관상 초라하지만 하나님은 재건된 성전에 임하시며 그들과 영원히 함께 하실 것입니다.

개관

오바댜

오바댜서는 에돔에 관한 심판 예언입니다. 이삭의 쌍둥이 아들인 에서와 야곱은 훗날 각각 에돔 족속과 이스라엘이 되었습니다. 에서와 야곱은 태중에서부터 성장과정, 성인(부족장) 시절 내내 갈등 관계에 있었으며 민족을 이룬 후에는 수차례 전쟁도 치렀습니다. 에돔은 출애굽한 이스라엘 백성들이 광야를 거쳐 가나안 땅으로 들어갈 때 길을 열어주지 않았으며 바벨론이 예루살렘을 공격할 때에는 그들을 도왔습니다(겔 25:12-14). 심지어 유다가 멸망한 후에는 그 땅을 차지하려고까지 했습니다(겔 35:10). 에돔의 멸망은 이스라엘의 회복으로 이어집니다.

요나

요나는 북이스라엘의 번영(ft. 영적으로는 극심한 타락)을 이끈 여로보암 2세 때의 선지자입니다(왕하 14:25). 북이스라엘은 앗수르에 의해 극심한 고통을 겪다가 결국 멸망당합니다. 그런데 하나님은 요나에게 앗수르의 수도 니느웨로 가서 심판을 선언함으로 그들을 죄에서 돌이키게 하라고 명령하십니다. 조국에 고통을 안기는 나라가 회개하여 하나님의 은혜를 힘입게 될 것을 염려한 요나는 하나님의 명령을 거역하다가 한 차례 고초를 겪은 후에 마지못해 사명을 감당합니다. 그러나 그의 부족한 선포에도 니느웨는 회개합니다. 요나서는 열방을 향한 하나님의 사랑을 보여줍니다.

미가

미가는 예레미야에게 영향을 끼친 예언자로서 예레미야보다 100여년 앞서 활동했습니다(렘 26:16-19). 그는 유다 왕 요담, 아하스, 히스기야 시대의 인물로 그의 활동 시기는 앗수르의 중흥기와 맞물립니다. 앗수르는 BC 722년에 북이스라엘을 멸망시켰으며 BC 701년에는 남유다의 수도 예루살렘을 제외한 전국토를 파괴했습니다. 이런 엄중한 국제정세에도 불구하고 지도자들과 백성들의 영적 타락, 부정부패, 착취와 학대의 문제는 매우 심각했습니다. 미가는 심판을 향해 달려가는 그들에게 외칩니다. "여호와께서 네게 구하시는 것은 오직 정의를 행하며 인자를 사랑하며 겸손하게 네 하나님과 함께 행하는 것이 아니냐"(6:8). 한편, 미가는 메시아의 탄생지를 예고합니다. "베들레헴 에브라다야 너는 유다 족속 중에 작을지라도 이스라엘을 다스릴 자가 네게서 네게로 나올 것이라"(5:2).

[질문과 묵상]

1. 오늘 말씀을 통해 만난 하나님은 어떤 분인가요?

2. 오늘 말씀을 통해 하나님이 내 삶에 요청하시는 것은 무엇인가요?

[열왕기하 14장]
남유다 왕 요아스는 신하의 모반으로 죽었습니다(12:20-21). 그러나 요아스의 아들 아마샤는 자신의 아버지를 죽인 자들만 처형하고 그의 자녀들은 죽이지 않았습니다(5-6절). 통상 모반을 일으킨 자의 가문이 멸문지화를 당하는 것을 볼 때 아마샤는 하나님의 법을 철저히 적용할 만큼 말씀을 정직하게 지키려고 애를 썼던 왕입니다(1-4절). 그러나 에돔과의 전쟁에서 승리한 이후 그는 갑자기 교만에 빠져 북이스라엘 왕 요아스를 상대로 명분 없는 전쟁을 일으켰다가 크게 패하여 자신은 포로가 되고 예루살렘 성벽이 헐리는 수모를 당하게 됩니다(7-16절). 교만과 우상숭배(대하 25:14-16)에 빠진 아마샤는 아버지처럼 모반으로 인해 죽게 됩니다(17-22절). 아직 북이스라엘에 대한 하나님의 심판이 이루어지지 않았으므로 요아스의 아들 여로보암 2세가 왕위를 이어갑니다(27절). 여로보암 2세가 잃어버린 옛 영토를 거의 되찾은 것은 전적인 하나님의 은혜입니다(23-29절).

[디모데후서 4장]
예수님은 산 자와 죽은 자를 심판하러 다시 오십니다(1절). "그리스도께서 죽었다가 다시 살아나셨으니 곧 죽은 자와 산 자의 주가 되려 하심이라"(롬 14:9). 우리는 종말론적 신앙을 가지고 항상 복음을 전파해야 합니다(2절). 거짓 교훈을 따르는 자는 자기 사람을 모으고 허탄한 이야기에 귀를 기울이지만 참 제자는 고난 가운데 전도자의 직무를 충실히 감당합니다(3-5절). 순교의 때가 왔음을 직감한 바울은 의로운 재판장이신 예수님이 자신과 주의 재림을 기다리는 모든 이들에게 의의 면류관을 씌워 주신다고 말합니다(6-8절). 동역자들, 세상을 사랑하여 그를 떠난 자들, 감옥의 추위를 예상케 하는 외투에 대한 부탁, 가죽종이에 쓴 책(=바울이 보던 구약성경), 로마법정에서 그의 곁에 아무도 없었던 상황, 디모데에 대한 긴급호출 등에서 그의 외롭고 고독한 처지와 동역자들과 디모데에 대한 그리움, 죽음을 내다보고 있는 사도의 담담함과 의연함 등을 엿볼 수 있습니다(9-22절). 죽음을 앞두고 지하 어두운 감옥의 냉기를 얇은 옷 한 벌로 견디며 외투를 부탁하는 영적 아버지 바울의 글을 받아든 디모데는 아마도 통곡했을 것입니다. 바울은 이 글을 남기고 AD 67년경 네로 황제에 의해 순교하게 됩니다.

[호세아 7장]
하나님은 구원과 회복에 대한 계획을 가지고 있는데 반해, 지도자들과 그들에게 아부하는 자들은 악에서 떠나지 않습니다(1-7절). 달궈진 화덕과 같이 권력에 대한 뜨거운 욕망을 가진 자들은 자신의 기득권을 위해 악행을 저지르고 심지어 왕위를 찬탈

하기도 했습니다. 실제로 북이스라엘에서는 수시로 모반이 일어났습니다. 에브라임(북이스라엘)은 뒤집지 않은 전병과 같습니다(8절). 즉, 하나님을 의지하지 않고 다른 쪽(이방나라)에만 눈을 돌리고 있습니다. 그들은 이방인들이 그들을 삼키며 죽음에 가까이 왔음에도 깨닫지 못합니다(9절). 하나님을 버리고 앗수르나 애굽을 의지하려는 교만에 빠진 그들은 그물로 뛰어드는 어리석은 비둘기와 같습니다(10-11절). 하나님은 백성들이 앗수르나 애굽을 의지하지 못하도록 그 나라들을 치실 것입니다(12절). 하나님을 버리고 이방을 의지하는 것은 속이는 활(위력 없는 활) 같은 어리석은 시도입니다(13-16절). "나의 도움은 천지를 지으신 여호와에게서로다"(시 121:2).

[시편 120-122편]

(120편) 성전을 향해 순례하는 시인은 하나님의 응답을 확신합니다(1절). 이것은 그의 개인적인 응답의 경험일 수도 있고 이스라엘 역사 속에 나타난 구원의 경험일 수도 있습니다. 시인은 기만과 폭력적인 언행으로 그를 괴롭히는 대적들에게 하나님의 심판이 임하길 기도합니다(24절). 시인은 철 생산으로 부강했던 도시 메섹과 이스라엘을 괴롭혔던 북쪽 유목민의 도시 게달과 같은 자들에게 둘러싸여 있습니다(5절). 시인은 전쟁을 원하는 그들로 인한 어려움을 토로합니다(6-7절).

(121편) 두 명 혹은 두 그룹이 질문과 답을 주고받는 형식으로 구성된 순례자의 노래로 험한 인생길을 가는 성도들에게 위로와 소망을 주는 시입니다. 도움을 줄 이가 하나도 없는 가운데 시인은 눈을 들어 산을 봅니다(1절). 그곳에 서 있는 예루살렘 성전을 보며 시인은 천지를 지으신 하나님이야말로 그의 진정한 도움임을 깨닫습니다(2절). 성실하신 하나님은 험한 인생길에서 실족하지 않도록 도우시고 환난으로부터 밤낮으로 지켜 주십니다(3-7절). 팔레스타인에서 낮의 열기와 밤의 추위는 매우 큰 위협입니다. "내가 평안히 눕고 자기도 하리니 나를 안전히 살게 하시는 이는 오직 여호와이시니이다"(4:8). 하나님의 보호는 영원까지 이어집니다(8절).

(122편) 잃어버린 언약궤를 되찾아 올 때 다윗과 온 이스라엘 백성들은 환호하며 나팔을 불었고 다윗은 힘을 다하여 기뻐하며 춤을 추었습니다(삼하 6:14-15). 이 시의 저자 역시 긴 순례를 마치고 예루살렘 성전 앞에 이르렀을 때의 감격과 기쁨, 감사를 노래합니다(1-4절). 예루살렘은 비록 작은 도시이지만 하나님은 이곳에 세운 다윗왕조를 통해 세계를 통치하시고 심판하실 것입니다(5절). 이 말씀은 예수 그리스도께서 건설하실 영원한 새 예루살렘으로 인해 성취됩니다. 시인은 예루살렘의 평화와 순례자들에 대한 평안과 형통을 기원합니다(6-9절).

[기도]

아마샤도 요아스처럼 통치 후반기에 무너져 버립니다. 한결같은 신앙의 어려움을 봅니다. 험난한 인생길에서 밤낮으로 우리를 도우시며 붙드시는 신실하신 하나님을 끝까지 경외하게 하옵소서.

[열왕기하 15장]

아마샤를 대신하여 남유다의 왕이 된 아사랴(웃시야)는 하나님 앞에 정직히 행하는 왕이었으나 산당을 제거하지 않았으며, 제사장만이 할 수 있는 성전 분향을 직접 시도하는 치명적인 죄로 인하여 남은 평생 나병으로 인해 격리된 채 살다가 죽게 됩니다(대하 26:16-21, 1-7절). 북이스라엘 왕 스가랴가 재위 반년 만에 살룸에게 암살당함으로 예후왕조는 4대만에 끝나게 됩니다(10:28-31, 8-12절). 그러나 살룸 역시 즉위한 달 만에 므나헴에게 죽임을 당합니다(13-16절). 므나헴은 앗수르의 침략이 임박하자 조공을 바쳐서 간신히 위기를 모면합니다(19-20절). 므나헴 왕조는 아들 브가히야 때에 일어난 베가의 반역으로 끝났으며 베가는 호세아에게 죽임을 당합니다(17-31절). 베가 때에 앗수르의 침공이 있었습니다. 북이스라엘은 잦은 모반으로 인해 정치적으로 불안정했으며, 어떤 왕조가 들어서든 여로보암의 죄에서 떠나지 않았습니다. 멸망의 전조현상입니다. 유다 왕 요담은 산당을 폐하지 않은 것을 제외하고 전반적으로 하나님 앞에 정직한 왕으로 평가받습니다(32-38절). 아람-북이스라엘 연합군의 유다 침공이 임박하여 유다에 위기감이 고조되고 있습니다.

[디도서 1장]

디도에게 보낸 바울의 편지는 디도에게는 목회지침이요 그레데(크레타) 성도들에게는 제직교육자료입니다. 바울은 자신의 정체성을 종과 사도로 표현합니다(1절). 그가 부르심을 받은 이유는 하나님이 택하신 자들의 믿음과 지식과 영생의 소망 때문입니다(2절). 하나님은 우리를 택하셔서 믿음을 주시고 진리를 깨닫도록 지식을 주시며 영생의 소망을 갖게 하십니다. 믿음과 지식과 영생의 소망은 전도(복음 전파)를 통해 나타납니다(3절). 바울은 디도에게 먼저 사람을 세우라고 명합니다(딤전 3장, 5-9절). 장로는 성도들을 돌보는 직책이며 감독은 장로들을 관리하는 직책을 의미합니다. 바울은 복음을 훼손하는 할례파에 대한 강력한 대응을 주문합니다(10-11절). 그들은 할례를 구원의 조건으로 여기며 율법을 통한 의를 강조합니다. 또한 경건과 상관없이 궤변만 늘어놓는 자들에게 대해서도 주의할 것을 당부합니다(12-14절). 거짓 교훈을 받아들이면 정결과 부정에 대한 잘못된 기준을 갖게 되며 마음(헬: 누스=지식)과 양심(헬: 쉬네이=상식)이 왜곡됩니다(15절). 거짓 교사들은 하나님을 안다고 주장하지만 그들의 행동을 보면 거짓임이 드러납니다(16절).

[호세아 8장]

나팔소리는 국가의 비상사태를 알리는 소리입니다. 언약을 파기한 이스라엘에게 원수가 독수리처럼 덮칠 것입니다(1-3절). 하나님은 당신의 뜻과 상관없는 자들이 끊임없이 모반을 일으켜 스스로 왕이 되고 우상을 만들어낸 죄를 물어 우상을 파괴하고 사마리아를 심판하실 것입니다(4-6절). 그들은 헛된 것(우상 숭배)을 심었기에 헛된 것(나라의 멸망)을 거두게 될 것입니다(7-8절). 이방나라를 의지하고 제단을 많이 만들었으며 율법에서 어긋난 방식의 제사를 드림으로써 하나님이 도저히 받을 수 없게 만든 자들은 하나님이 심판하실 것입니다(9-14절).

[시편 123-125편]

(123편) 현재 시인의 공동체는 심한 모욕과 멸시가 넘치는 상황입니다(3-4절). 즉 견딜 수 있는 한계를 이미 초과한 상태입니다. 그들은 종이 주인의 손을 바라보듯 하나님을 바라봅니다(1-2절). 주인의 손짓 하나에 종의 운명은 완전히 달라집니다. 종의 생명이 전적으로 주인의 판단에 달려있는 것처럼 그들은 자신들의 운명을 전적으로 주인 되시는 하나님께 의탁합니다.

(124편) '하나님이 우리 편에 계시지 아니하셨더라면'(2회)이라는 구절과 '삼켰을 것이며'(3회)라는 구절은 시인에게 절체절명의 위기가 있었음을 말해 줍니다(1-5절). 대적들에게 삼켜졌을 상황에서 하나님이 그를 건지셨습니다. 하나님은 시인을 악한 자의 먹이로 주지 않으시고 올무를 끊으심으로 시인의 영혼을 사냥꾼에게서 벗어난 새와 같게 하셨습니다(6-7절). 새는 스스로 올무를 끊을 수 없습니다. 그러므로 시인이 자유케 된 것은 전적으로 하나님이 하신 일입니다. 하나님만이 유일한 도움이십니다(8절).

(125편) 시인은 시온산을 바라보고 있거나 시온산을 떠올리고 있습니다. 산들이 예루살렘을 둘러싸고 있는 것을 묵상하며 하나님이 그의 영혼을 영원에 이르기까지 감싸 안으시고 보호하고 계심을 고백합니다(1-2절). 이스라엘은 역사적으로 애굽, 바벨론, 바사 등의 강대국들로 둘러싸인 어려운 상황이었지만 언약에 신실하신 하나님은 성실과 인내로 그들을 인도하셨으며 마침내 약속하신 메시아를 보내주셨습니다(3-4절). 악인들은 결코 하나님의 백성을 해할 수 없습니다. 악인과 함께 하는 자들은 하나님의 심판을 받게 되지만 하나님의 백성은 평강을 누릴 것입니다(5절).

[기도]

여로보암의 길을 가는 이스라엘은 온통 혼란이었습니다. 하나님 아닌 다른 걸 의지하지 않게 하시고 하나님이 받으실만한 예배로 나아가게 하옵소서. 참 믿음과 지식, 영생의 소망 가운데 승리하게 하옵소서.

[열왕기하 16장]

유다 왕 아하스는 북이스라엘 왕들처럼 여로보암의 길을 갑니다. 그는 이방종교를 적극적으로 허용하였으며 아들을 제물로 바치는 가증한 행위도 저질렀습니다(1-4절). 유다가 반앗수르 동맹 가입을 거절한 것을 빌미로 아람과 북이스라엘 연합군이 예루살렘을 침략하자 아하스는 잽싸게 앗수르에게 조공을 약속하며 군사지원을 이끌어 내어 가까스로 위기를 모면합니다(5-9절). 그러나 하나님이 아닌 강대국을 의지한 결과 유다는 앗수르의 속국이 되고 말았습니다. 아하스는 앗수르의 제단과 동일한 제단을 예루살렘 성전에 설치한 후 그 앞에서 각종 제사를 드리기까지 합니다(10-16절). 결국 아하스는 회개의 기회조차 갖지 못한 채 죽게 됩니다(17-20절). 회개의 기회가 갖지 못한 것 자체가 심판입니다.

[디도서 2장]

1장에서 할례파의 거짓 교훈에 대한 경계를 주문한 바울이 바른 교훈에 대해 가르칩니다(1절). 거짓 교훈은 교회를 허무는 결과를 가져오지만 바른 교훈은 교회를 견고하게 세웁니다. 구체적으로 나이든 남성은 절제(=건전한 마음, 특히 술과 관련되어 있음), 경건, 신중(지혜로운 처신), 온전함(영적 건강함)이 요구됩니다(2절). 나이든 여성은 거룩한 행실, 모함의 금지, 술에 대한 절제가 요구되고 선한 일을 가르치는 교사가 될 것을 권면합니다(3-4절). 남녀 중년층 모두 술과 관련된 권면이 들어있습니다. "술 취하지 말라 이는 방탕한 것이니 오직 성령으로 충만함을 받으라"(엡 5:18). 선을 가르치며 거룩한 행실을 보이는 여성 중년그룹은 교회를 더욱 아름답게 할 것입니다. 젊은 여성의 교육은 여성 중년그룹에게 맡겨집니다. 그들에 대한 덕목은 주로 가정을 돌보는 것에 초점이 맞춰져 있습니다(4-5절). 남자 청년의 교육은 남성 중년그룹이 맡습니다(6절). 그들에게는 청렴, 단정함, 바른 언어가 요구됩니다(7-8절). 바울은 교회의 지도자인 디도에게 본을 보이라고 말합니다. 종에게는 정직과 순종, 충성이 강조됩니다(9-10절). 우리는 우리 자신이 그리스도의 종이라는 사실을 잊지 말아야 합니다. 하나님의 은혜가 우리를 양육합니다(11-14절). 은혜로 인하여 우리는 점차 불경건과 정욕에서 벗어나 의와 경건함으로 나아갈 수 있게 됩니다. 디도는 하나님이 주신 영적 권위로 성도들을 가르쳐야 합니다(15절).

[호세아 9장]

하나님은 축제(절기)를 벌이는 이스라엘 백성들에게 심판을 선언하십니다. 타작마당과 술틀은 이 절기가 포도와 올리브를 수확하며 곡식을 파종하는 시기에 열리는 초막절임을 짐작케 합니다. 남편인 하나님을 버리고 비와 풍요를 준다는 바알을 숭배하는 영적 간음을 행한 그들은 약속의 땅에서 쫓겨나 이방인의 노예가 될 것이며, 그들의 제사는 하나님이 받지 않으실 것입니다(1-5절). 기브아 시대(삿 19장)와 같이 부패한 그들에게 형벌의 날이 임할 것이며 피할 자가 없을 것입니다(6-9절). 심지어 애굽으로 도피하더라도 놉(=이집트 카이로 남쪽 20km 지점에 있는 멤피스)이 그들을 장사할 것입니다. 누가 하나님의 심판에서 벗어날 수 있겠습니까? 남편인 하나님은 마치 광야에서 포도와 무화과 열매를 발견한 것 같이 아내 이스라엘을 기뻐했지만 바알과 음행을 저지른 아내는 더 이상 자녀(=신실한 하나님의 백성)를 낳지 못할 것입니다(10-11절). 또한 하나님 없이 낳은 자녀(=하나님을 불신하는 백성)에게는 화가 미칠 것입니다(12절). 하나님의 영광이 사라진 이스라엘(에브라임)은 살인하는 자(앗수르)에 의해 재앙을 맞게 될 것입니다(13-16절). 그들이 처한 비참한 운명은 하나님의 말씀을 듣지 않음에서 비롯된 것입니다(17절).

[시편 126-128편]

(126편) 바벨론에서 포로생활을 하던 시인과 그의 공동체는 고국으로 돌아온 감격을 누리고 있습니다(1-3절). 그러나 아직 많은 포로들이 여전히 바벨론에 남아 있습니다. 시인은 그들도 돌아오게 해 달라고 간구합니다(4절). 그들이 돌아올 수 있었던 것은 예레미야를 통해 주신 하나님의 약속의 성취입니다. “바벨론에서 칠십 년이 차면 내가 너희를 돌보고 나의 선한 말을 너희에게 성취하여 너희를 이곳으로 돌아오게 하리라”(렘 29:10). 귀환자들이 마주할 현실은 냉혹하지만 눈물을 흘리며 씨를 뿌리는 과정을 통해 기쁨의 결실을 얻게 될 것입니다(5-6절).

(127편) 개인으로부터 가정, 민족, 국가에 이르기까지 어느 것 하나라도 여호와가 세우지 않는다면 인간의 노력은 헛될 수밖에 없습니다(1-2절). 하나님의 위대한 섭리를 믿는 자만이 상황에 따라 요동치 않고 평안을 누리며 잠을 잘 수 있습니다. 자녀는 여호와의 기업(gift of the Lord)이며 상급(reward)입니다(3절). 즉 자녀는 하나님의 선물이면서 본 소유권은 하나님께 있습니다. 또한 자녀는 화살통의 화살과 같습니다(4-5절). 부모는 자녀가 대적과 맞서 승리할 수 있도록 강하고 튼튼한 화살로 만들어서 세상을 향해 힘껏 쏘아주어야 합니다. 자녀들이 참된 믿음과 리더십을 가지고 세상을 호령하도록 잘 준비시켜서 세상에 내보내는 것이 부모의 사명입니다.

(128편) 순례자들을 축복하는 용도로 쓰인 것으로 추정되는 본 시에는 지혜시의 대표적인 표현인 ‘복이 있도다’, ‘복을 얻으리로다’ 등의 문장이 등장합니다. 복은 하나님과의 관계에서 오는 산물입니다. 여호와를 경외하는 자가 받을 복은 수고하여 일한 대가를 누리고 가족관계의 풍요로움을 경험하는 것입니다(1-4절). 복은 공동체로 확장이 되어 예루살렘의 번영과 이스라엘의 평강으로 이어집니다(5-6절). 하나님은 여호와를 경외하며 그의 길을 걷는 자의 공동체를 축복하십니다. 공동체의 평안과 번영은 개인과 가정의 평안과 번영과 불가분의 관계입니다.

[기도]

하나님을 버리고 앗수르를 의지하던 아하스는 결국 회개 없는 죽음을 맞고 말았습니다. 불의를 버리고 의와 경건함으로 나아가게 하시고, 하나님의 말씀을 잘 새겨듣는 은혜를 주시옵소서. 여호와의 기업인 자녀들이 세상과 싸워 이기게 하옵소서.

[열왕기하 17장]

북이스라엘은 앗수르와의 관계를 끊고 애굽을 의지하려다가 앗수르의 대대적인 침공으로 인해 멸망하고 말았습니다(BC 722년, 1-6절). 북이스라엘의 멸망은 이방종교의 가증한 행위를 행하며 하나님께 범죄하고, 선지자의 경고를 무시하고 고집대로 행한 결과입니다(7-23절). 앗수르의 강제이주 정책으로 북이스라엘 땅에는 바벨론을 비롯한 이방지역 사람들이 들어오게 되었으며, 그들 중 몇몇이 하나님의 사자에 의해 죽게 되자 하나님을 그 지역의 신 정도로 취급하는 앗수르 왕은 사마리아의 제사장에게 이주민을 대상으로 지역의 신(ft. 바벨론이 생각하는 하나님의 이미지)을 섬기는 법을 가르치게 합니다(24-28절). 그러나 그 제사장은 제대로 된 제사장이 아니었으며('그(여로보암)가 또 산당들을 짓고 레위 자손 아닌 보통 백성으로 제사장을 삼고', 왕상 12:31), 이주민들은 각자 가져온 신상을 여러 산당에 두고 하나님과 이방신을 같이 섬기는 혼합주의 신앙을 갖게 되었습니다(29-33절). 하나님을 온전히 예배하려면 오직 하나님만을 섬기며 그의 율례를 지켜 행해야 하지만, 이주민들은 하나님의 율례와 계명을 따르지 않고 하나님을 이방신처럼 섬겼습니다(34-41절).

[디도서 3장]

그리스도인의 경건은 그리스도의 인격을 드러내는 것은 물론 국가의 질서에 순응하는 것도 포함됩니다(1-2절). 바울은 복음을 확신 있게 증거하라고 말합니다. 전에는 정욕과 쾌락에 종노릇하며 악독과 투기를 일삼고 미움이 가득한 자였으나, 행위가 아닌 긍휼하심으로 거듭나게 하시고 성령의 새롭게 하심으로 구원하사 영생의 상속자가 되게 하셨습니다(3-8절). 어리석은 논쟁, 족보와 율법에 관한 다툼 등을 피하고 이단에 속한 자는 한·두 번 훈계하고 멀리함으로써 시간과 힘을 낭비하지 말아야 합니다(9-11절). 바울은 디도에게 아데마와 두기고를 그레데로 보낼 테니 니고볼리로 빨리 오라고 합니다(12절). 바울이 디도를 부른 것은 다음 선교를 준비하기 위함으로 보입니다. 마지막으로 편지를 가지고 당도할 세나와 아볼로의 경제적인 필요를 채워주는 일을 부탁합니다(13-15절).

[호세아 10장]

이스라엘은 하나님이 복을 더하실수록 도리어 우상제단을 많이 세웠습니다. 두 마음을 품은 그들은 하나님을 왕으로 인정하지 않으면서도 앗수르의 침략으로 고통받을 때에는 우리의 왕은 도대체 뭐하냐는 식으로 반응했습니다(1-3절). 앗수르('야렙')는 헛된 맹세와 거짓을 일삼는 이스라엘을 침략하여 벧아웬의 송아지를 전리품으로 취할 것입니다(4-6절). 사마리아 왕(=송아지 우상)은 파괴될 것이며, 이스라엘 백성들은 차라리 죽기를 바랄 정도의 고통스런 심판을 받게 될 것입니다(7-8절). 이스라엘은 결국 멸망하고, 하나님이 주신 복을 앗수르에게 빼앗길 것입니다(9-10절). 타작마당에서 곡식을 밟았던 그들은 목에 멍에를 메고 밭을 갈아야 할 것입니다(11절). 심판으로 인해 그들의 삶은 매우 혹독해질 것입니다. 죄와 악행으로 패망하게 된 그들은 회개와 더불어 공의와 인애를 행해야 합니다(12-15절). 우상과 이방 나라를 의존했던 것이 악이라면 하나님을 경외하며 그의 말씀으로 나라를 경영하는 것이 공의입니다. 그리하면 하나님의 인애(=사랑, 긍휼, 은혜, 신실함 등)를 맛보게 될 것입니다. 살만(살만에셀 5세)은 북이스라엘을 멸망시킨 앗수르 왕입니다.

[시편 129-131편]

(129편) 성도의 곁에는 언제나 그들을 넘어뜨리려는 대적이 있습니다. 그러나 대적들은 결코 성도를 이길 수 없습니다(1-2절). 다만 대적들의 공격과 괴롭힘은 결코 가볍지 않아서 성도에게 상당한 부담과 고통을 유발합니다(3절). 성도는 공의의 하나님이 대적들을 심판하실 것을 기대합니다(4절). 이집트와 바벨론이 아무리 찬란한 문명을 일으켰어도 그들은 결국 쇠퇴할 것입니다(5-8절). 하나님 없이 만들어낸 모든 것은 다 헛되어 소멸을 향해 갑니다. 그러므로 세상에서 오는 핍박과 환난을 두려워할 필요가 없습니다.

(130편) 일곱 편의 참회시 중 하나입니다. 시인은 죄로 인해 하나님과 멀리 떨어져 있는 고통을 고백합니다(1-2절). 그는 하나님 앞에서 죄를 숨길 수 없다는 사실과 죄를 깨닫고 회개하는 자에게 임할 하나님의 용서와 회복을 확신합니다(3-4절). 밤새도록 성을 지키는 파수꾼이 아침이 오기를 간절히 기다리는 것처럼 어둠 가운데 있는 그의 영혼은 구원의 밝은 빛을 사모합니다(5-6절). 죄를 고백하는 시인에 대하여 하나님은 인자와 속량(값을 치르고 종을 놓아줌=구원)으로 응답하십니다(7-8절).

(131편) 표제는 다윗의 시로 소개합니다. 다윗은 재임기간 많은 업적을 남긴 왕입니다. 그러나 그는 많은 치세에도 불구하고 자신이 높아지는 것을 경계했습니다(1절). 자신의 업적을 위한 사업을 추진하지 않았으며 모든 전리품을 하나님께 드렸습니다(대상 18:11). 그는 비록 왕이지만 하나님 앞에서는 순전한 한 사람이길 원했습니다(2절). 하나님 안에 있을 때 비로소 평안을 누릴 수 있습니다. 다윗은 백성들에게 영원토록 여호와를 바랄 것을 선포합니다(3절).

[기도]

중생의 씻음과 성령의 새롭게 하심으로 영생의 상속자가 되게 하셨으니 우상을 섬기지 않게 하시고, 하나님과 우상을 혼합한 변질된 신앙도 갖지 않게 하옵소서.

[열왕기하 18장]

다윗의 길을 따라 하나님의 계명에 순종하며 정직하게 행하는 히스기야가 남유다의 왕이 됩니다(1-8절). 그는 산당을 제거하고 우상제단을 허물었으며 숭배의 대상이 되어버린 모세의 놋뱀을 과감히 제거합니다. 반면, 언약을 깨뜨리고 불순종을 반복하던 북이스라엘은 앗수르의 살만에셀에게 멸망당합니다(9-12절). 히스기야는 반앗수르 노선을 걷다가 앗수르의 대규모 침공을 받게 됩니다. 유다의 주요 성읍이 다 무너지고 요새인 라기스가 공격당하는 가운데 앗수르가 요구하는 막대한 배상금을 지불했음에도 불구하고 앗수르는 예루살렘까지 포위합니다(13-17절). 앗수르의 대군을 이끌고 온 랍사게는 유다의 빈약한 군사력과 하나님을 조롱하며 항복을 강요합니다(18-25절). 랍사게는 자기 백성을 앗수르의 손에서 지켜낸 신이 없었음을 강조하며 항복하면 생명과 삶을 보장해 준다는 말로 백성들을 협박하며 회유합니다(26-35절). 그러나 유다 백성들은 랍사게의 말에 크게 동요하지 않았으며 신하들은 하나님까지 모욕하는 랍사게의 말을 듣고 옷을 찢으며 비참함과 고통을 표현합니다(36-37절).

[빌레몬서 1장]

빌레몬서는 복음이 만들어낸 놀라운 기적을 소개합니다. 철저한 신분제도조차 복음의 능력을 제한할 수 없습니다. 편지의 수신자는 빌레몬의 집에 있는 교회입니다(2절). 이 편지는 바울이 개인적인 사유로 빌레몬에게 보냈지만 빌레몬이 속한 공동체가 함께 읽을 만한 것입니다. 바울은 성도들에 대한 빌레몬의 사랑과 믿음으로 인해 큰 기쁨과 위로를 얻었습니다(4-7절). 빌레몬에게 감사를 표현한 바울은 그에게 한 가지 부탁을 합니다(8-9절). 그것은 오네시모가 자신과 동역할 수 있도록 허락해 달라는 것입니다(10-14절). 오네시모는 감옥에서 낳은 아들, 유익한 자, 심복 등으로 불릴 만큼 바울의 중요한 동역자입니다. 바울이 빌레몬의 허락을 받으려는 이유는 오네시모가 빌레몬 소유한 종이기 때문입니다. 그는 주인에게 손해를 입히고 로마로 도주하였다가 바울을 통해 예수님을 영접하고 지금은 바울의 동역자가 되었습니다. 도주한 노예가 주 안에서 사랑받는 형제요 동역자가 된 것입니다(15-17절). 바울은 오네시모가 손해를 끼친 것이 있다면 자신이 대신 갚아 주겠다는 말을 하면서 동시에 빌레몬이 바울에게 복음의 빚을 졌음을 강조합니다(18-19절). 복음의 빚진 자의 심정으로 오네시모를 용서하라는 강력한 권면입니다. 바울은 빌레몬의 과감한 용서의 결단을 통해 기쁨과 평안을 얻게 되길 소망합니다(20-22절).

[호세아 11장]

아들인 이스라엘은 자라나면서 애굽으로부터 구원하시고 바른 길로 인도하시며 사랑으로 양육해 주시는 신실한 아버지 하나님을 점점 멀리했습니다(1-4절). 아버지의 품을 떠난 이스라엘은 탕자처럼 고난과 어려움을 겪었지만 그가 의지하던 애굽과 앗수르는 그를 돌보지 않았으며 도리어 그들의 칼에 이스라엘이 쓰러지게 되었습니다(5-7절). 그러나 아들이 패역하여 아버지를 멀리할수록 아들을 향한 아버지의 마음은 더욱 불붙는 것 같았습니다(8-9절). 마침내 아버지는 그들을 향한 긍휼과 회복을 선언하십니다. 그들은 회복의 역사를 이루어 가시는 하나님의 목소리를 듣고 따를 것이며 흩어졌던 곳에서 다시 돌아오게 될 것입니다(10-11절). 그들은 거짓과 속임수를 버리고 하나님께 신실함으로 나아가야 합니다(12절).

[시편 132-134편]

(132편) 이스라엘의 왕이 된 다윗은 언약궤를 모시는 일과 성전건축의 일로 고심했습니다. 하나님은 그러한 다윗을 기뻐하셔서 그의 나라를 복되게 하셨습니다. 순례시 중에 가장 긴 132편은 하나님의 성전에 향한 다윗의 열심과 서원(1-5절), 솔로몬에 의한 성전건축(6-9절), 다윗 언약(10-12절), 시온을 위한 하나님의 성실한 역사(13-18절)로 구성되어 있습니다. 하나님은 다윗왕국이 영원히 견고할 것을 약속하셨습니다. “네 집과 네 나라가 내 앞에서 영원히 보전되고 네 왕위가 영원히 견고하리라”(삼하 7:16). 그러나 불순종과 우상숭배로 인해 이스라엘은 바벨론에 의해 멸망하고 말았습니다. 그럼에도 불구하고 이 언약이 깨어지지 않는 것은 다윗의 자손으로 오신 예수 그리스도가 이를 온전히 성취하셨기 때문입니다. “주 하나님께서 그 조상 다윗의 왕위를 그에게 주시리니”(눅 1:32). 예수 그리스도의 나라는 영원합니다.

(133편) 여기서 말하는 형제는 포괄적인 개념으로 예배공동체 더 나아가 민족을 의미합니다. 시인은 연합(=영적 하나됨)을 강조합니다. 하나님은 하늘의 신령한 복과 땅의 기름진 복을 주시는 분입니다. 영적 지도자인 제사장의 머리에 부은 기름이 흐르는 모습과 요단강의 수원지인 헐몬의 이슬이 흐르는 모습은 이 두 가지 복을 상징합니다. 무엇보다 가장 큰 복은 영원한 생명입니다.

(134편) 순례시 모음집(120-134편) 중 마지막 편입니다. 성전에 거하는 제사장과 레위인은 하나님을 높이는 그들의 직무에 늘 성실해야 합니다. 이 시는 성전에 모인 회중들이 성전 봉사자들의 신실함을 당부하는 내용(1-2절)과 이에 대한 제사장들의 응답(3절)으로 구성되어 있습니다. 제사장은 순례를 마치고 돌아가는 회중들에게 복을 기원합니다.

[기도]

히스기야처럼 다윗의 길로 행하며 위기 가운데 요동치 않게 하시고, 불붙는 것 같은 사랑으로 나를 건지신 주님께 더욱 진실함과 신실함으로 나아가게 하옵소서. 복음의 능력으로 세상을 이기게 하옵소서. 하늘의 신령한 복과 땅의 기름진 복을 주시는 예수님을 찬양하게 하옵소서.

[열왕기하 19장]

랍사게의 협박을 받은 히스기야는 성전에 들어가 기도하는 한편, 이사야에게 사람을 보내어 도움을 구합니다(1-4절). 이사야는 하나님이 예루살렘을 구원하실 것이며, 앗수르 왕은 본국에서 일어난 반역으로 죽게 될 것을 예언합니다(5-7절). 앗수르 왕 산헤립은 애굽 군대를 비롯하여 어떤 신이라도 유다를 구원할 수 없다고 말하며 히스기야를 조롱합니다(8-13절). 실제로 유다를 도우러 오던 애굽 군대는 앗수르에게 격퇴당합니다. 그러나 히스기야의 간절한 기도를 들으신 하나님은 앗수르를 패하게 하실 것이라고 말씀하십니다(14-28절). 하나님은 전쟁으로 황폐화된 유다의 토지를 회복시키시고 예루살렘을 보호하실 것입니다(29-34절). 애굽에서 10번째 재앙의 날에 모든 장자들이 죽음을 맞았던 것처럼 18만 5천의 앗수르 대군은 하나님의 사자에 의해 전부 죽음을 맞게 되었으며, 쓸쓸히 본국으로 돌아간 산헤립은 훗날 두 아들에 의해 죽임을 당하게 됩니다(35-37절).

[히브리서 1장]

하나님의 아들이자 우리의 영원한 대제사장이신 예수 그리스도의 위대함을 증거하는 무명 저자의 글입니다. 특히 동족의 극심한 공격에 시달리는 유대교로부터 개종한 그리스도인들이 예수 그리스도에 대한 믿음을 포기하지 않도록 격려하기 위한 글로 평가됩니다. 그래서 구약의 인물이나 제사에 대한 내용들이 유독 많이 등장합니다. 저자는 예수 그리스도가 구약에서 말하는 바로 그 분임을 알리고자 합니다. 하나님은 마지막 때에 아들을 통해 모든 것을 계시하셨는데 그는 하나님의 본체요 통치자이시며 죄 사함의 권세를 가진 분이십니다(1-4절). 그는 천사보다 뛰어나며 만물과 천사로부터 경배를 받으시는 분입니다(5-9절). "이러므로 하나님이 그를 지극히 높여 모든 이름 위에 뛰어난 이름을 주사"(빌 2:9). 또한 그는 창조주이십니다(10-12절). "만물이 그로 말미암아 지은 바 되었으니 지은 것이 하나도 그가 없이는 된 것이 없느니라"(요 1:3). 천사는 예수 그리스도와 그가 구원하신 우리들을 섬기는 영입니다(13-14절). 예수 그리스도께서 우리를 존귀하게 하셨습니다.

[호세아 12장]

이스라엘은 생존을 위해 하나님이 아닌 애굽이나 앗수르를 의존했습니다(1-2절). 안전을 보장해 준다는 애굽이나 앗수르와의 계약은 허상이요 거짓입니다. 이러한 이스라엘의 행태는 사기와 거짓을 생존수단으로 삼은 야곱과 유사합니다(3절). 하나님은 그가 천사와 겨루어 이기게 하시고 벧엘에서 그를 만나 주셨으며 만군의 하나님(=온 우주와 역사의 주권자)으로 그와 후손들에게 나타나셨습니다(4-6절). 그러나 이스라엘 백성들은 거짓 저울로 속이는 상인처럼 거짓으로 불의한 이득을 취하였으며 그럼에도 죄가 없다고 주장했습니다(7-8절). 이스라엘 백성들이 애굽의 종으로 있을 때에도 그들의 주권자이셨던 하나님은 지금까지 선지자를 통해 이상과 비유로 말씀하셨지만 그들은 길르앗과 길갈에서 우상을 숭배하였습니다(9-11절). 반면, 하나님은 야곱이 에서를 피해 외삼촌의 집으로 도망할 때에도 함께 하셨으며 모세를 보내 이스라엘을 애굽에서 인도하시고 그들을 보호하셨습니다(12-13절). 하나님은 야곱 때부터 그들을 보호하시며 신실하게 인도하셨는데 에브라임(이스라엘)은 불신과 죄로 하나님을 격노하게 만들었습니다(14절).

[시편 135-136편]

(135편) 시인은 제의를 위해 모인 회중들에게 하나님의 선하심과 그들을 특별한 소유로 삼아주신 은혜를 찬송하라고 권합니다(1-4절). 이스라엘은 창조와 구원의 역사를 행하시고 약속의 땅을 허락하신 하나님을 기억하여 대대로 기념해야 합니다(5-14절). 이스라엘은 주변 나라의 영향으로 우상을 섬길 때가 있었습니다(15-18절). 그럼에도 불구하고 신실하신 하나님이시니 예루살렘에 좌정하신 그를 찬송하는 것이 마땅합니다(19-21절). 예루살렘을 강조한 것은 여로보암이 임의의 장소인 벧엘과 단에 제단을 만들고 레위인 아닌 보통사람을 제사장으로 삼아 제사를 드렸던 역사가 있었기 때문입니다. 예배는 하나님이 정하신 질서 가운데 드려져야 합니다.

(136편) 시인은 하나님의 성품과 위대하심을 선포하며 회중들을 찬양으로 초청합니다(1-3절). 창조는 오직 하나님만이 행하신 크고 기이한 일입니다(4절). 하나님의 위대한 창조의 역사에 대해 인간은 그저 경의를 표할 수밖에 없습니다(5-9절). 하나님은 10번째 재앙과 홍해의 심판을 통해 애굽을 치셨으나 이스라엘 백성들은 어린양의 피를 통해 보호하시고 홍해를 건너게 하셨습니다(10-15절). 또한 광야에서 선하게 인도하사 약속하신 땅을 기업으로 주셨습니다(16-22절). 이스라엘의 연약함과 비천함을 아시는 하나님은 그들을 대적으로부터 건지시고 돌보셨습니다(23-25절). 그들에게 놀라운 역사를 행하신 분은 하늘의 하나님, 즉 모든 것 위에 뛰어나신 하나님이십니다(26절).

[기도]

야곱과도 같은 나의 영혼을 어린양 예수 그리스도의 피로 보호하신 하나님을 찬양합니다. 절체절명의 위기에서 하나님을 신뢰한 히스기야처럼 끝까지 하나님께만 소망을 두게 하옵소서. 모든 이름 위에 뛰어난 이름이신 예수님만 높이는 삶을 살게 하옵소서.

[열왕기하 20장]

죽을병에 걸린 히스기야가 생명의 연장을 위해 기도합니다(1절). 유다가 처한 어려운 상황과 히스기야의 기도내용을 종합해 볼 때 그가 그저 오래 살고 싶어 했다기보다 유다를 위해 할 일이 아직 많이 남아있다고 생각한 것 같습니다(2-3절). 하나님은 그의 수명을 연장해 주시고 증표도 보여 주셨습니다(4-11절). 신생국 바벨론의 사신이 왔습니다(12절). 명분은 히스기야의 병문안이었지만 실제 이유는 반앗수르 동맹 결성입니다. 히스기야는 바벨론 사신에게 예루살렘의 보물고와 군기고를 다 보여주었습니다(13절). 그의 행동은 동맹국 사신에 대한 극진한 예우이거나 자기 자랑일 것입니다. 하나님은 히스기야가 보여준 왕궁의 모든 물건들이 훗날 바벨론으로 옮겨지게 될 것과 바벨론에 의한 유다의 멸망을 예고하십니다(14-18절). 히스기야는 그의 교만을 회개하며 유다의 멸망을 선언한 하나님의 선하심을 고백합니다(19-21절). 히스기야의 한 번의 실책이 유다를 멸망하게 만들었다고 말하긴 어렵습니다. 유다는 우상숭배와 불순종으로 인해 멸망했기 때문입니다. 중요한 것은 하나님이 부흥을 선언하시든, 멸망을 선언하시든 하나님의 말씀이라면 그대로 수용하고 순복하는 것입니다. 히스기야는 하나님이 심판을 잠시 유보해 주신 것만으로도 감사하고 있습니다.

[히브리서 2장]

들은 것(복음)이 유혹과 핍박으로 인해 흘러 떠내려가지 않도록, 즉 표류하지 않도록 유념해야 합니다(1절). 복음의 확신 가운데 서지 않으면 우리의 영혼과 삶은 표류하게 됩니다. 들은 것에 유념해야 하는 이유는 말씀(율법)에 불순종하면 그에 따른 보응이 있기 때문입니다(2절). 하나님의 신적 증언과 증인들의 신실한 증언, 즉 큰 구원(복음)은 율법과 비교할 수 없는 권위를 가지고 있습니다. 그러므로 이를 등한시 한다면 얼마나 무서운 심판이 임하겠습니까?(3-4절). 예수 그리스도는 천사와 비교할 수 없는 권위를 가지고 있습니다. 그러나 천사는 육을 입지 않은 영적 존재인데 반해 그리스도는 육신을 입고 이 땅에 오심으로써 천사보다 못한 상태가 되셨습니다(5-9절). 구원의 창시자께서 육신을 입고 우리 대신 고난을 당하여 우리로 하여금 하나님의 자녀가 되게 하심으로 에덴의 영광과 축복을 회복시켜 주셨습니다(10-13절). 이로써 우리('거룩하게 함을 입은 자')는 그리스도('거룩하게 하시는 이')와 한 근원, 곧 하나님에게서 난 자가 되었습니다. 신실한 대제사장이신 예수 그리스도는 혈과 육에 속한 삶을 사시며 우리 죄를 대신하여 죽임을 당하심으로써 죽음의 세력을 멸하셨습니다(14-17절). 죽기까지 고난을 당하셨지만 죄를 짓지 않으신 예수 그리스도는 고난당하는 성도들에게 소망과 위로와 능력을 공급하셔서 승리하게 하십니다(18절).

[호세아 13장]
한 때 강성함을 자랑했던 에브라임(북이스라엘)은 스스로를 높이다가 결국 바알숭배로 인해 망하게 되었습니다(1-3절). 우상은 사람의 손으로 만든 것이므로 그 앞에 드린 모든 간구는 연기처럼 사라지게 됩니다. 신실하신 하나님은 애굽에서 종으로 살던 이스라엘을 구원하셔서 약속의 땅까지 안전하게 인도하셨습니다. 그러나 교만해진 이스라엘이 은혜를 저버리고 하나님을 대적함으로 인해 심판에 이르게 될 것입니다(4-13절). 하나님은 사망과 스올에게 명령하여 당신을 대적한 이스라엘에게 임하라고 하십니다(14절). 잠시 번영했던 이스라엘은 언약파기에 대한 혹독한 대가를 치르게 될 것입니다(15-16절).

[시편 137-138편]
(137편) 시인은 바벨론 포로생활을 끝내고 귀환한 사람으로 추정되는데 폐허가 된 예루살렘 성전과 과거 포로생활에서의 비참한 경험을 생각하며 울고 있습니다(1절). 그 시절 고국을 그리워하며 수금으로 찬양하던 그들은 바벨론 사람들의 향락을 위한 음악연주에 동원되었습니다(2-4절). 이방인의 향락을 위해 연주해야 했던 경험은 고통스러운 기억으로 남아 있습니다. 마치 예루살렘 성전의 기물들이 술잔으로 쓰인 것과 같은 꼴입니다(단 5:2-4). 수금연주자는 수금이 없더라도 연주법을 기억하며, 노래하는 자는 자신의 노래를 잊지 않는 것처럼 하나님의 백성은 예루살렘에서 드렸던 제의를 잊을 수 없습니다(5-6절). 시인은 예루살렘 성전을 파괴하고 백성들을 포로로 잡아간 바벨론과 예루살렘의 멸망을 기뻐한 에돔에 대한 하나님의 심판을 요청합니다(7-9절).
(138편) 다윗은 자신의 경험을 바탕으로 감사의 고백을 드립니다(1-3절). 그는 신들 앞에서 전심으로 찬양할 것을 다짐합니다. 여기서 말하는 신은 세상의 권력자(왕) 혹은 이방신을 가리킵니다. 만약 이방신이라면 하나님만이 참 신임을 선포하는 것입니다. 하나님의 인자와 성실, 하나님의 이름과 말씀은 그가 전심으로 찬양하며 감사하는 이유입니다. 다윗은 모든 왕들이 하나님의 말씀과 그의 영광에 관하여 듣고 하나님을 인정하며 찬양하기를 기도합니다(4-5절). 하나님이 마땅히 찬양받으셔야 하는 이유는 겸손한 자를 돌아보시고 시인을 원수들로부터 건져주셨기 때문입니다(6-8절).

[기도]

하나님의 인자와 성실하심, 하나님의 이름과 생명의 말씀을 찬양합니다. 교만하지 않게 하시고, 하나님 앞에 늘 정직하게 행하게 하옵소서. 우리 대신 십자가에서 죽으심으로 죽음의 세력을 이기신 예수님을 높이는 삶을 살게 하옵소서.

[열왕기하 21장]
히스기야의 아들 므낫세로 인하여 히스기야의 종교개혁은 그 이전 상태로 돌아가고 말았습니다. 므낫세는 온갖 종류의 우상들을 섬겼고 사술과 신접한 자와 박수를 의존하였으며 백성들로 하여금 악을 행하게 만들었습니다(1-9절). 이방민족보다 더 악을 행하고 죄 없는 사람들의 피를 많이 흘린 므낫세로 인하여 유다에 대한 심판이 선포됩니다(10-18절). 므낫세의 아들 아몬은 아버지의 악행을 그대로 답습하다가 재위 2년 만에 신복들에게 암살당하고 요시야가 왕위에 오릅니다(19-26절).

[히브리서 3장]
“우리의 시민권은 하늘에 있는지라”(빌 3:20). 저자는 하늘의 부름을 받은 우리에게 자비하고 신실하신 대제사장 예수 그리스도를 깊이 생각하라고 말합니다(2:17, 1절). 그는 예수님을 설명하기 위해 구약을 대표하는 하나님의 사람 모세를 소환합니다. 모세와 예수 그리스도의 공통점은 신실함입니다(2절). 하나님을 경외하며 공동체를 섬기는 자들에게 요구되는 중요한 자질이 있다면 바로 신실함입니다. 그러나 넘을 수 없는 차이가 있습니다. 그 차이를 집과 집을 지은 자로 표현하고 있는데 집마다 지은 이가 있듯이 만물에도 지은 이가 있으니 곧 하나님이십니다(3-4절). 예수님은 집을 지은 이 곧 만물을 지으신 하나님이십니다. 하나님과 피조물인 모세가 어찌 비교대상이 될 수 있겠습니까? 예수님은 구약의 가장 신실한 일꾼인 모세와 비교할 수 없을 만큼 존귀하신 분입니다. 예수님은 하나님의 집을 맡은 아들이시며 우리는 그로 말미암아 지음 받은 집입니다(5-6절). 우리는 그리스도 안에서 새로운 피조물이 되었습니다. “누구든지 그리스도 안에 있으면 새로운 피조물이라”(고후 5:17). 저자는 거역을 일삼다가 멸망당한 조상들의 사례를 들면서 유혹이나 핍박에 흔들리지 말고 복음을 끝까지 붙잡는 자 되기를 거듭 당부합니다(7-19절). “우리가 소망의 확신과 자랑을 끝까지 굳게 잡고 있으면”(6절). “우리가 시작할 때에 확신한 것을 끝까지 견고히 잡고 있으면”(14절).

[호세아 14장]

북이스라엘이 앗수르의 침략으로 멸망한 것은 그들이 범한 죄로 인한 것입니다. 그러므로 회복의 길은 단 하나, 여호와께로 돌아가는 것입니다. 하나님은 돌아오라고 말씀하십니다(1절). 호세아는 우상 숭배와 불의함을 인정하고 여호와께로 돌아가면 다시 긍휼을 얻게 될 것이라고 선포합니다(2-3절). 하나님은 돌아온 그들을 회복시키되 반역의 마음까지 고치실 것이며 또한 그들을 아름다운 백합화와 향기로운 백향목과 같은 존재가 되게 하실 것입니다(4-6절). 하나님은 열매 맺게 하는 푸른 잣나무 같아서 백성으로 하여금 풍성한 곡식을 맺게 할 것이며, 백성들은 우상과의 관계를 완전히 끊을 것입니다(7-8절). 예수님은 자신을 포도나무로 비유하십니다. "나는 포도나무요 너희는 가지라 그가 내 안에, 내가 그 안에 거하면 사람이 열매를 많이 맺나니"(요 15:5). 지혜로운 자들은 선지자를 통해 선포된 말씀을 깨닫고 의인의 길로 갑니다(9절). 징계와 회복 모두 하나님의 언약 안에 있습니다.

[시편 139편]

악인들에 의해 고통당하고 있는 다윗의 대응은 재판관 되시는 하나님께 호소하는 것입니다. 먼저, 시인은 하나님이 자신을 아신다고 말합니다(1-6절). 심지어 말을 내뱉기 전에 우리 머릿속에 있는 생각을 다 아십니다. 내 존재와 삶 그리고 온 우주 가운데 하나님의 부재는 없습니다(7-12절). 하나님은 어디에나 계시고 우리가 가는 곳이면 어디든지 함께하여 주십니다. 그러므로 어떤 상황에 있더라도 우리의 형편을 아시며 우리를 도우실 수 있습니다. 무엇보다 하나님은 우리의 창조주이십니다(13-16절). 시인은 그가 잉태될 때부터 고난 가운데 있는 현재까지 하나님의 섭리 아래 늘 있었다는 것을 고백합니다. 그는 여전히 하나님의 계획 아래 살고 있습니다(17-18절). 그는 자신을 괴롭히고 하나님의 이름을 모독하는 악인에 대해 하나님이 보복해 주시길 기도합니다(19-22절). 마지막으로 재판장이신 하나님이 자신의 마음과 뜻을 잘 헤아려 주시며 영원한 길로 인도해 주시길 간구합니다(23-24절).

[기도]

선한 왕이었던 아버지 히스기야의 신앙을 이어가지 못한 므낫세의 악행을 보며 우리의 자녀들을 붙들어 주시길 기도합니다. 우리와 언제나 동행하시는 주님! 우리의 자녀들을 영원한 길로 인도해 주옵소서. 복음이 주는 소망을 끝까지 붙들게 하옵소서.

[열왕기하 21장]

므낫세와 아몬으로 이어지는 극심한 영적 암흑기가 지나고 평생 다윗의 길을 간 요시야가 즉위합니다(1-2절). 앞선 왕들이 산당을 세우고 각종 우상을 섬기며 성전제사를 등한시했던 것과 달리 요시야는 하나님의 성전을 사모하여 성전 수리를 명합니다(3-6절). 성전 수리 담당자들도 요시야를 닮아 정직히 행하였습니다(7절). 성전을 수리하다가 발견된 율법책을 서기관 사반이 읽던 중 요시야는 그의 옷을 찢습니다(8-11절). 하나님의 진노 앞에 선 유다의 실체가 보였기 때문입니다. 여선지자 훌다는 말씀에 기록된 대로 유다에 재앙이 내릴 것이라고 말합니다(12-17절). 그러나 요시야의 겸비함을 보신 하나님은 율법에 기록된 끔찍한 재앙을 그에게는 내리지 않기로 결단하셨습니다(18-20절). 훗날 요시야는 애굽과의 전투에서 전사하는데 이는 하나님의 심판과는 무관한 것입니다. 유다의 마지막 왕 시드기야가 왕자들이 죽임 당하는 것을 지켜본 후 눈이 뽑힌 채 사슬에 매여 바벨론 포로로 끌려간 것을 감안한다면 요시야의 죽음은 재앙을 겪지 않은 명예로운 죽음입니다.

[히브리서 4장]

출애굽한 모든 사람들이 가나안 땅에 대한 약속을 받았지만 20세 이상으로 가나안 땅에 들어간 사람은 오직 여호수아와 갈렙 뿐입니다. 두 사람은 약속의 말씀을 끝까지 신뢰하며 신실하게 반응하는 삶을 살았습니다. 가나안 땅과는 비교할 수 없는 영원한 하나님의 나라를 약속받은 우리는 이 점을 잊지 말아야 합니다(1-3절). “모든 무거운 것과 얽매이기 쉬운 죄를 벗어 버리고 인내로써 우리 앞에 당한 경주를 하며”(12:1). 세상을 창조하신 후 안식하신 하나님이 출애굽 1세대에게 안식을 약속하셨지만 말씀을 거역하고 불순종한 그들은 안식에서 배제되었습니다(4-6절). 그러나 약속의 땅에 들어간 세대가 누린 안식 역시 장차 올 안식의 그림자에 불과합니다(7-8절). 창조, 안식일 계명(제4계명), 가나안 땅에서의 일시적 안식 등 안식에 대한 다양한 계시는 우리를 진정한 안식으로 인도하실 예수 그리스도에게로 안내합니다(9절). 안식에 대한 약속의 성취를 기다리던 중 안식의 실체가 되시는 예수 그리스도께서 오셔서 십자가에서 죽으시고 부활·승천하셔서 먼저 안식에 들어가셨습니다(10-11절). 우리는 예수 그리스도를 통한 영원한 안식을 소망하며 믿음의 경주를 계속해야 합니다. 안식을 약속하신 하나님의 거룩한 말씀은 살아있고 활력이 있어 사람의 깊은 곳까지 다 감찰합니다(12-13절). 하나님 앞에서 결산할 때가 있음을 알고 말씀을 온전히 신뢰해야 합니다. 우리와 똑같이 시험을 받으시되 죄가 없으신 대제사장 예수 그리스도가 하나님의 약속의 성취를 보증합니다(14-16절).

[요엘 1장]

요엘 선지자는 하나님의 엄청난 진노를 담은 심판을 선언합니다(1절). 먼저, 노년층을 소환한 요엘은 전례 없는 충격적인 메뚜기 재앙을 보게 될 것이라고 말합니다(2-4절). 둘째로, 풍요를 즐기며 취한 자들을 소환한 그는 모든 것이 황폐화될 것이니 방탕함을 버리고 울며 회개하라고 선언합니다(5-7절). 셋째로, 모든 백성을 소환한 그는 하나님과의 교제가 완전히 끊어졌으니 슬퍼하라고 말합니다(8-10절). 넷째로, 농부들을 소환한 그는 더 이상 소출이 없을 것이라는 절망을 선언합니다(11-12절). 다섯째, 제사장들을 소환한 그는 금식하며 부르짖으라고 말합니다(13-14절). 여호와의 날 곧 심판의 날이 임할 것입니다(15-20절). 동물들까지도 주를 향해 헐떡이며 먹을 것을 구하는데 정작 심판을 앞둔 이스라엘 백성들은 하나님을 찾지 않습니다(15-20절).

[시편 140-141편]

(140편) 다윗의 생애를 보면 무고한 그를 해치려는 대적들이 많았습니다. 그는 아들 압살롬을 포함하여 믿었던 사람들의 배신으로 고초를 많이 겪었습니다. 140-143편은 악한 자의 공격으로 인해 탄식하며 그들로부터 건져 주시기를 간구하는 내용으로 이루어져 있습니다. 대적들로부터 건짐을 받은 다윗은 대적들에게 재난이 임시길 기도합니다(1-11절). 그는 고난당하는 자를 변호하시는 공의로우신 하나님을 찬양합니다(12-13절).

(141편) 예루살렘 성전에서는 아침, 저녁으로 제사가 드려집니다. 희생제사를 드린 후에는 분향을 합니다. 제사장이 제사와 분향을 집전하고 백성들은 밖에서 기도를 드립니다. 다윗은 이러한 배경을 전제로 기도를 드리고 있습니다. 그는 자신의 기도가 하나님이 열납하시는 제사와 향기로운 향이 되기를 간구합니다(1-2절). 그는 말과 행함으로 죄를 범하지 않았으며 의인의 견책에 감사하고 자신을 견책하는 의인을 위해 기도할 것을 결단합니다(3-5절). 대적들은 몰락하여 자신들의 신세를 한탄하게 될 것입니다(6-7절). 다윗은 악인의 손아귀에서 벗어나게 해달라고 탄원합니다(8-10절).

[기도]

말씀 앞에 항상 겸비하게 하시고, 특히 심판의 말씀 앞에 자신을 돌아보며 회개로 나아가게 하옵소서. 피난처 되시는 하나님을 언제나 신뢰하길 간절히 소원하게 하소서.

[열왕기하 23장]

요시야의 종교개혁에 대해 자세히 설명합니다. 그의 종교개혁은 성전에서 율법책(신명기)이 발견되면서부터 시작되었습니다. 개혁과 부흥은 말씀으로부터 시작됩니다. 먼저 정치·종교 지도자들과 백성들을 성전으로 불러 모은 요시야는 율법책의 내용을 들려줍니다(1-3절). 백성들과 함께 언약의 말씀을 준행하기로 맹세한 요시야는 우상철폐를 단행합니다. 그는 이방 종교와 관련된 모든 기구와 시설, 신상들을 불사르고 이방 제사장들은 추방했으며 예루살렘 성전을 제외한 모든 신전과 그곳에 종사하는 제사장, 즉 산당과 산당 제사장을 폐하였습니다(4-9절). 인신제사와 태양신 숭배를 금하고 앞선 왕들이 세운 불법제단과 솔로몬이 세운 이방종교 신전 및 신상들을 깨뜨렸습니다(10-14절). 그는 멸망한 북이스라엘 지역의 일부를 복속시키면서 벧엘과 사마리아에 있던 산당도 파괴하고 제사장을 죽였는데 이는 북이스라엘에 대한 유다 선지자의 예언 성취입니다(왕상 13:2, 15-20절). 또한 유월절을 재개하고 신접한 자와 점쟁이, 우상관련 모든 가증한 것들을 제거하였습니다(21-24절). 그는 마음과 뜻과 힘을 다하여 백성들을 여호와께로 돌린 이스라엘 역사상 가장 선한 왕입니다(25절). 그러나 요시야의 이런 노력에도 불구하고 누적된 유다의 죄, 특히 므낫세의 죄가 너무 커서 유다의 멸망을 막지는 못했습니다(26-27절). 요시야는 애굽과의 전투에서 안타깝게 전사하고 그의 아들 여호아하스가 왕이 됩니다(28-30절). 그 후 여호아하스는 애굽에 의해 강제 폐위당한 후 포로로 끌려가고 여호야김이 왕이 되었는데 요시야와 달리 둘 다 악한 길로 행하였습니다(31-37절).

[히브리서 5장]

저자는 예수님을 구주로 영접한 유대인들이 선생이 되어 있어야 할 시기임에도 여전히 신앙의 초보단계에 머물러 있는 것에 대해 책망합니다(11-12절). "때가 오래되었으므로 너희가 마땅히 선생이 되었을 터인데" 우리는 진리의 말씀을 부지런히 마음에 새기고 적극적으로 삶에 적용하여 계속 자라가야 합니다(13-14절). "우리가 다 하나님의 아들을 믿는 것과 아는 일에 하나가 되어 온전한 사람을 이루어 그리스도의 장성한 분량이 충만한 데까지 이르리니"(엡 4:13). 저자는 개종자들이 굳게 붙잡아야 할 예수 그리스도가 어떤 분인지 아론계열의 대제사장과 비교합니다. 사람 가운데 택하여 세워진 인간 대제사장은 제사를 통해 다른 사람을 섬기는 자로서 그 자신이 연약하므로 무지하고 미혹된 사람을 용납할 수 있습니다(1-2절). 그도 죄인이기에 자신을 위한 속죄제를 드려야 합니다(3절). 그러나 연약한 인간 대제사장의 직분마저도 하나님의 부르심을 받은 특별한 사람만 감당할 수 있었습니다(4절). 예수님 역시 스스로 영광을 취하여 대제사장이 되신 것이 아니라 하나님이 그를 세우셨습니다. 하나님은 예수님에게 "내 아들", "멜기세덱의 계열을 따르는 영원한 제사장"임을 선언하셨습니다(5-6절). 아들이면서도 고난을 당하신 예수님은 심한 통곡과 눈물의 기도를 드리며 하나님의 뜻에 온전히 순종하여 영원한 구원의 근원이 되시고 멜기세덱의 반차를 따르는 대제사장이 되셨습니다(7-10절). 멜기세덱에 관하여는 7장에서 자세히 다룹니다.

[요엘 2장]

1장에서 이스라엘 백성들을 그룹별로 소환했던 요엘은 심판과 고통의 날인 여호와의 날이 임박했음을 선포합니다(1-2절). 여호와의 날이 임하면 생각지도 못한 때에 '많고 강한 백성'이 나타나 거침없이 공격할 것입니다(3-10절). 즉, 큰 환난이 임할 것입니다. 여기서 '많고 강한 백성'이 무엇이냐에 대해서는 메뚜기 떼, 이방 민족, 신적 군대(하나님의 천사) 등 다양한 의견이 있지만 통상 이방 민족으로 해석합니다. 여호와의 날을 주관하시는 여호와를 누가 막을 수 있겠습니까?(11절). 그러나 선지자의 외침을 주목해 보십시오. 여호와의 날, 즉 심판의 날이 임박했지만 이제라도 회개하고 돌아온다면 심판을 피할 수 있다고 선언합니다(12-13a절). 왜냐하면 여호와의 성품 때문입니다(13b-14절). 다시 여호와의 은혜를 입는 방법은 공동체가 함께 모여 회개하는 것입니다(15-17절). 그리하면 긍휼이 풍성하신 하나님은 북쪽 군대('많고 강한 백성')를 물러가게 하시고 황폐화된 땅을 회복시키셔서 풍성한 결실을 맺게 하실 것입니다(18-27절). 더 나아가 하나님은 깜짝 놀랄만한 큰 복을 약속하시는데 바로 당신의 영인 성령님의 임재에 관한 것입니다. 여호와의 날이 임하면 우상숭배의 대상이었던 해와 달까지 심판을 받게 되지만 여호와의 이름을 부르며 의지하는 자, 곧 여호와의 영이 임한 자는 구원을 받게 될 것입니다(28-32절).

[시편 142편]

사울을 피하여 동굴로 피신한 다윗은 하나님을 향해 피난처라고 고백합니다(1-5절). 사방을 둘러봐도 그의 편에 선 자는 없고 온통 대적들만 있으니 그가 의지할 이는 오직 하나님뿐입니다. 자신의 힘으로 위기를 극복할 수 없는 그는 비천한 자입니다(6절). 그는 하나님의 구원으로 말미암아 하나님을 경외하는 의인들을 다시 만나게 될 날을 소망합니다(7절).

[기도]

내 안에 계신 거룩하신 성령님! 내 안에 있는 우상의 요소들이 말씀을 통해 개혁되게 하옵소서. 비천한 나는 오직 피난처 되시는 하나님만을 의뢰합니다.

[열왕기하 24장]

전통의 강국 애굽과 신흥강국 바벨론의 힘겨루기가 지속되는 가운데 바벨론의 속국으로 있던 유다가 애굽 편으로 돌아섭니다(1절). 애굽과 바벨론간의 전쟁에서 애굽이 이기자 여호야김 왕이 애굽을 믿고 바벨론을 배신한 것입니다. 바벨론은 자신들이 복속한 아람, 모압, 암몬의 군사들을 다 소집하여 유다를 침공합니다(2절). 그러나 이런 일이 발생한 보다 근본적인 이유는 므낫세가 무죄한 자의 피를 많이 흘렸기 때문입니다(3-4절). 결국 여호야김은 바벨론에 끌려가 그곳에서 죽게 되었고 그의 아들 여호야긴이 왕이 되었습니다(대하 36:6, 5-6절). 바벨론과 애굽의 패권 경쟁은 결국 바벨론의 완전한 승리로 돌아갑니다(7절). 여호야긴 왕은 악을 행하다가 3개월 만에 바벨론의 느부갓네살에 의해 폐위되어 많은 용사들과 관료, 기술자들과 함께 바벨론으로 끌려갔습니다(8-16절). 바벨론은 여호야긴의 삼촌인 시드기야를 왕으로 세웁니다. 그러나 여호와 보시기에 악을 행하던 시드기야는 바벨론을 배신하고 친애굽으로 돌아섭니다(17-20절).

[히브리서 6장]

5장에서 언급한 그리스도의 장성한 분량에 이르려면 죽은 행실에 대한 회개와 하나님에 대한 믿음, 세례교리, 안수(성령임재), 부활과 심판 등의 기초 교리를 다시 닦지 말고, 즉 기초 교리에만 머무르지 말고 말씀을 경험하는 성숙한 경지로 나아가야 하는데 이는 하나님이 행하실 역사입니다(1-3절). 우리는 하나님의 주권에 대하여 순복해야 합니다. 은사와 성령과 말씀을 받은 자는 결코 그리스도를 떠나 배교할 수 없습니다(4-6절). 즉, 성령의 역사와 말씀의 임재로 그리스도를 참으로 영접했다면 그리스도를 버릴 수 없게 된다는 것입니다. 홍해를 건넌 자는 다시 홍해를 건너 애굽으로 갈 수 없습니다. 참 신자는 필연적으로 좋은 열매를 맺을 수밖에 없습니다(7-8절). 저자는 이 글을 읽게 될 독자들(=개종한 유대인들)이 믿음의 선한 증거와 열매를 보이고 있다고 격려하면서 영적으로 더 분발할 것을 촉구합니다(9-12절). 그들이 본받아야 할 인물로 아브라함이 제시됩니다(13-15절). 아브라함은 인내함으로 약속의 성취를 맛보았으며 하나님의 신실하심도 증명하였습니다. 하나님의 맹세가 되시는 예수 그리스도는 십자가의 죽으심과 부활로 약속을 성취하셨습니다(16-20절). 하늘성전에 들어가신 그리스도를 따라 우리도 그곳에 들어가게 될 것입니다.

[요엘 3장]

유다 백성들은 앗수르와 바벨론의 침공이 있을 때마다 포로로 끌려갔는데 BC 586년에는 아예 나라가 망하면서 많은 포로가 발생했습니다. 그러나 하나님은 그들을 다시 돌이키시고 유다를 침략한 나라를 심판하실 것입니다(1-3절). 또한 두로와 시돈과 블레셋도 심판하실 것입니다(4-8절). 이들은 유다가 바벨론에게 멸망당할 때 유다를 약탈하고 유다 백성들 중 일부를 잡아다가 포로로 판 죄를 지었습니다. 고통당하는 이웃에게 고통을 더욱 가중시킨 것입니다. 하나님은 모든 민족에게 전쟁을 준비하여 모이라고 명령하시며 주의 용사들(=주의 천군천사)을 부르십니다(9-11절). 하나님이 모든 민족을 부르신 이유는 곡식이 익어서 추수할 때가 되었기 때문입니다(12-13절). 즉, 심판의 때가 되었습니다. 하나님은 이방민족에게 심판자가 되시지만 그의 백성에게는 피난처요 산성이 되십니다(14-17절). 이스라엘은 다시 젖과 꿀이 흐르는 땅으로 회복되겠지만 오랜 기간 이스라엘을 괴롭혀 온 애굽과 바벨론에 의해 유다가 멸망할 때 예루살렘을 약탈한 에돔은 황무지가 될 것입니다(18-19절). 하나님은 예루살렘과 유다의 원수를 갚아 주실 것이며 그의 은혜는 영원히 지속될 것입니다(20-21절).

[시편 143편]

고난 중에 있는 다윗이 주님께 긍휼을 구합니다(1-2절). 그는 자신을 심판하지 말 것을 청원합니다. 그는 고난의 원인이 죄라면 용서받기를 원하고 있습니다. 원수의 오랜 핍박으로 산송장처럼 되어버린 시인의 영혼은 심히 상했습니다(3-4절). 그런데 아직 상황은 나아지지 않았지만 참회의 기도를 드리던 시인의 고백이 달라지기 시작합니다. 그는 예전에 하나님이 베푸신 은혜를 떠올리게 되었으며 주를 사모하기 시작합니다(5-6절). 그는 침묵하시는 하나님을 향해 자신이 무덤에 내려가는 자와 같다는 고백으로 그의 절박한 상황에 대해 호소합니다(7절). 그는 자신의 영혼을 주께 드리며 바른 길로 인도해 주시길 간구합니다(8절). 다윗은 주의 이름과 의, 인자하심에 의지하여 그의 구원과 원수들에 대한 심판을 간구하며 기도를 마칩니다(9-12절).

[기도]

하나님을 의뢰하지 않고 자신의 판단을 의지했던 유다의 왕들은 전부 실패했습니다. 주님! 사람이나 나 자신을 의지하지 않고 주의 말씀을 온전히 의지하게 하옵소서. 피난처요 산성이 되시는 하나님만을 의뢰합니다.

[열왕기하 25장]

요시야 왕은 애굽과의 전투에서 전사했지만 성경은 자기의 묘에 묻히는 복된 죽음이라고 말합니다. "내가 너로 너의 조상들에게 돌아가서 평안히 묘실로 들어가게 하리니 내가 이곳에 내리는 모든 재앙을 네 눈이 보지 못하리라"(22:20). 왜냐하면 그의 후임인 여호아하스부터 마지막 왕 시드기야까지 전부 강대국의 포로로 끌려갔기 때문입니다(여호아하스: 애굽, 여호야김·여호야긴·시드기야: 바벨론). 특히 시드기야는 아들들이 죽임당하는 것을 본 후, 두 눈이 뽑힌 채 바벨론으로 끌려갔습니다(1-7절). 예루살렘은 무너지고 성전의 각종 기구들은 약탈당했으며 많은 백성들이 포로로 끌려갔습니다(8-17절). 바벨론은 주요 인사들을 학살한 후 그달리야를 식민지 총독으로 세운 후 본국으로 돌아갔습니다(18-22절). 그달리야는 바벨론의 치세가 당분간 지속될 것을 알았기에 친바벨론 정책을 통해 남아있는 유다 백성들을 평안히 이끌고자 했습니다(23-24절). 그러나 이스마엘이 반란을 일으켜 그달리야와 미스바에 남아있던 소수의 바벨론(갈대아) 사람까지 죽이는 사건이 발생합니다(25절). 그 후 이스마엘은 요하난에게 쫓겨 암몬으로 망명을 갔으며, 총독과 바벨론 군사들이 죽은 일을 빌미로 바벨론 군대가 다시 올 것을 두려워한 요하난과 유다 백성들은 애굽으로 도망갑니다(렘 41:11-43:7, 26절). 바벨론 군사들이 예루살렘으로 다시 오지 않을 것이라는 예레미야의 예언을 무시하고 애굽으로 도망간 요하난의 무리들은 결국 애굽까지 쳐들어온 바벨론 군사들을 만나게 됩니다(렘 42:7-22 & 렘 46:13-26). 포로생활 37년 만에 바벨론 왕 에윌므로닥이 여호야긴의 지위를 높여줍니다(27-30절). 이는 이스라엘의 회복에 관한 하나님의 징조입니다.

[히브리서 7장]

살렘 왕 멜기세덱은 지극히 높으신 하나님의 제사장입니다(창 14:18, 1절). 그의 이름의 뜻은 의의 왕, 평화의 왕인데 그는 의의 왕이요 영원한 평강의 왕이신 예수 그리스도를 예표합니다(2절). 멜기세덱은 아버지와 어머니가 없고 족보도 없으며 시작한 날도 끝나는 날도 없습니다(3절). 이는 그가 신적인 존재라는 뜻이 아니라 단지 그의 부모나 출생, 죽음에 관한 정보가 없다는 의미입니다. 저자는 예수님을 설명하기 위해 마치 신적 존재처럼 보이는 멜기세덱의 이미지를 차용합니다. 출처에 대한 정보가 없는 멜기세덱이 아브라함으로부터 전리품의 1/10을 받고 그를 축복했다면 그는 분명 아브라함의 후손인 레위지파 제사장보다 우월한 존재입니다(4-7절). 더 나아가 저자는 아브라함이 수입의 1/10을 멜기세덱에 바친 것은 아브라함의 후손인 레위가 멜기세덱에게 1/10을 바친 것과 같다고 설명합니다(8-10절). 저자는 레위 제사장이 예수님을 예표한 멜기세덱에게 십일조를 드린 것을 통해 대제사장 예수 그리스도가 레위지파 제사장 보다 훨씬 더 우월하다는 것을 말하고 있는 것입니다. 하나님은 레위지파 대제사장이 우리를 온전케 할 수 없기에 멜기세덱을 따르는 유다지파에 속한 특별한 대제사장을 세우셨습니다(11-17절). 레위지파 대제사장은 능력과 상관없이 혈통에 따라 세워졌지만 새롭게 대제사장 직분을 받으신 예수 그리스도는 영원히 존재하시며 믿는 자에게 생명을 주시는 능력을 갖고 계십니다. 하나님의 맹세로 세워진 그리스도는 생명을 주지 못하는 율법을 대체하는 더 좋은 소망, 더 좋은 언약의 보증이 되십니다(18-22절). "여호와는 맹세하고 변하지 아니하시리라 이르시기를 너는 멜기세덱의 서열을 따라 영원한 제사장이라 하셨도다"(시 110:4). 레위지파 제사장은 죄와 죽음이라는 한계가 있어서 자신의 죄를 위한 속죄제를 따로 드려야 하며 자신의 죽음 때문에 아들이 제사장직을 계속 이어 받아야 합니다. 그러나 하늘보다 더 높이 되신 예수 대제사장은 영원히 계시므로 우리를 온전히 구원하실 수 있으며 우리를 위해 항상 간구하시고 무엇보다 그의 의로 말미암아 드린 단번의 제사로 우리의 구원을 완성하셨습니다(23-28절).

[아모스 1장]

유다 왕 웃시야 때에 곧 북이스라엘 왕 여로보암 2세 때에 남유다 드고아의 목자인 아모스에게 하나님의 계시가 임했습니다(1-2절). 하나님은 먼저 이스라엘 주변 나라에 대한 심판을 선언하십니다. 이스라엘의 오랜 숙적 다메섹(아람의 수도)은 길르앗을 포함하여 여러 지역을 침략했습니다(3-5절). 가사(블레셋의 도시)와 두로는 이스라엘 포로들을 에돔에 팔아 넘겼습니다(6-10절). 원래 두로는 다윗과 솔로몬 시절 이스라엘의 동맹국가였으나 그 관계가 깨어졌습니다. 에돔(에서)의 죄는 구체적인 행위보다는 형제에 대한 억압과 긍휼을 베풀지 않음, 맹렬한 화와 분노 등 내면 혹은 내적태도와 관련되어 있습니다(11-12절). 암몬 왕 하눈은 아람과 연합하여 다윗이 통치하던 이스라엘을 공격한 적이 있었는데(삼하 10:6) 그 후 북이스라엘을 자주 침공했던 아람 왕 하사엘과 계속 연대한 것으로 보입니다(왕하 8:12, 13-15절). 그러나 이들보다 이스라엘이 저지른 죄가 훨씬 더 큽니다(2장).

[시편 144편]

다윗은 그에게 나라와 백성을 허락하시고 대적들을 물리쳐주신 하나님을 찬송합니다(1-2절). 그는 비록 왕이지만 인간의 연약함과 인생의 덧없음을 잘 알고 있습니다(3-4절). 그는 지금까지 함께 하신 하나님이 그의 능력으로 대적들을 멸하여 주시길 간구합니다(5-8절). 하나님이 주신 승리를 수없이 경험했던 다윗은 이번에도 승리를 확신합니다(9-11절). 다윗을 사랑하시는 하나님의 구원으로 말미암아 그의 아들과 딸들(=그의 신하와 백성들) 그리고 그의 나라는 크게 번영할 것입니다(12-14절). 여호와를 자기 하나님으로 삼은 백성은 복이 있습니다(15절).

[기도]

거듭되는 죄로 인해 결국 유다는 멸망했지만 하나님은 백성들을 포기하지 않으셨습니다. 나를 여호와 하나님의 백성삼아 주셨으니 불의를 버리고 하나님의 정의를 세워가게 하옵소서.

[역대상 1-2장]

(1장) 역대기의 족보는 아담으로부터 시작됩니다. 저자는 주 관심대상인 유다의 계보(아브라함-이삭-야곱-유다)를 본격적으로 소개하기 전에 아브라함의 첩 하갈의 소생인 이스마엘과 후처 그두라의 자손(29-33절). 그리고 에서의 후손에 대해 먼저 소개합니다(34-54절). 그들 모두 아브라함의 자손이지만 약속의 계보는 이삭과 야곱, 유다가 이어갑니다.

(2장) 저자는 12지파 중 압도적인 분량으로 유다지파를 소개합니다(2-4장). 특히 다윗언약의 성취를 꿈꾸는 저자는 2장에서 다윗의 계보('그의 형제들과 국가의 주요인사들 포함', 9-17절)를 먼저 소개한 후 3장에서 더 자세히 다룹니다. 저자에게 다윗의 계보는 매우 중요합니다. 다윗의 후손 가운데 오실 메시아(예수 그리스도)가 무너진 다윗왕조를 다시 일으키실 것이기 때문입니다.

[히브리서 8장]

예수 그리스도의 탁월함(7장)을 논증한 저자는 바로 이러한 대제사장이 우리에게 있음을 강조합니다(1절). 더 좋은 언약의 중보자인 그는 지상의 성막에서 율법에 따라 제사를 드리는 제사장과는 차원이 다른 대제사장의 직무를 감당하시는 분입니다(3-6절). '더 좋은'이라는 표현은 '조금 나은 정도'가 아니라 '비교할 수 없을 만큼 차원이 다름'을 의미합니다. 하나님의 아들이신 대제사장은(7:28) 하나님 보좌 우편에서 하늘 성소를 섬기십니다(1-2절). 이스라엘 백성들의 불순종으로 인해 실패한 시내산 언약을 대체하기 위해 하나님은 더 좋은 언약을 계획하셨습니다(7절). 하나님은 인간의 계속되는 실패에도 불구하고 결코 구원을 포기하지 않으십니다. 하나님은 예레미야를 통해 새 언약을 선포하셨습니다(렘 31:31-34). 저자는 예레미야의 선포내용을 그대로 인용합니다(8-12절). 하나님은 그의 법을 돌판이 아닌 마음에 심으실 것입니다. 이는 성령의 역사로 진리를 깨달아 구원에 이르며 마음을 다하여 하나님을 사랑하고 기쁨으로 주의 법에 순종하게 될 것을 의미합니다. 우리의 불의를 긍휼히 여기시고 죄를 기억치 않겠다는 하나님의 새 언약은 예수 그리스도를 통해 온전히 이루어졌습니다. 더 좋은 언약이 왔으니 이전 것은 사라지는 것이 마땅합니다(13절).

[아모스 2장]

모압은 에돔과의 전쟁에서 왕의 묘실을 파헤쳐 그 뼈를 불사르는 죄를 범했습니다(1-3절). 이스라엘과 직접 관련은 없지만 그들의 잔혹한 행위는 심판을 받기에 충분합니다. 주변 민족에 대한 심판 선언이 끝나자 하나님은 유다의 죄를 고발하십니다. 무엇보다 그들은 하나님의 율법을 멸시했습니다(4-5절). 죄는 말씀을 멸시하는 것에서 시작됩니다. 그들의 삶에는 공의가 사라지고 불의가 가득했습니다(=부자와 채권자의 횡포 & 성적타락과 착취 등, 6-8절). 그러나 신실하신 하나님은 지도자를 세우셔서 광야에서 이끄셨으며 이방인을 정복하고 약속의 땅에 이르게 하셨습니다(9-12절). 배은망덕한 그들은 하나님의 심판을 피할 수 없으며 어떤 변명도 할 수 없습니다(13-16절).

[시편 145편]

145편은 다윗의 마지막 시입니다. 다윗은 하나님의 위대하심을 선포하며 영원히 찬양할 것을 서원합니다(1-7절). 또한 백성들에게 하나님의 은혜와 긍휼에 대하여 찬양할 것을 권하며 주의 통치가 대대에 이르기를 소망합니다(8-13절). 위대하신 하나님은 넘어진 백성들을 다시 일으키시며 때를 따라 필요한 것을 공급하시고 부르짖음에 응답하사 구원을 베푸십니다(14-19절). 다윗은 의인을 지키시고 악인을 심판하시는 하나님을 영원히 송축할 것을 다짐합니다(20-21절).

[기도]

역사를 통해 약속을 이루시는 하나님의 놀라운 섭리를 찬송합니다. 또한 백성들에게 은혜와 긍휼을 베푸시며 기도에 응답하시는 하나님을 찬송합니다. 말씀을 존중히 여기므로 하나님을 경외하게 하옵소서.

[역대상 3-4장]

(3장) 3장은 유다지파 중 다윗에서부터 스룹바벨까지의 족보를 소개합니다. 특히 저자는 다윗의 자녀들을 상세하게 소개하고, 다윗으로 시작된 왕의 계보와 포로로 끌려간 자 및 포로에서 귀환한 자들까지 소개합니다. 1차 포로귀환을 이끌었던 스룹바벨은 비록 나라를 세우지는 않았지만 무너진 성전을 재건함으로써 다윗왕조가 계속 지속되고 있음을 상징적으로 보여주었습니다(19절).

(4장) 유다 지파의 나머지 족보(1-23절)와 시므온 지파의 족보(24-43절)가 등장합니다. 가나안 땅 분배 시 시므온 지파는 유다 지파 아래 위치한 작은 지파였습니다. 야베스의 기도처럼 하나님은 메시아의 계보인 유다 지파의 지경을 넓혀 주셨습니다. 야베스의 기도는 귀환 공동체의 지경이 넓어지길 바라는 역대기 저자의 소망이 담겨 있습니다. 하나님께 신실하지 못한 유다이지만 다윗 언약은 여전히 그들의 계보를 은혜로 감싸고 있습니다. 우리는 비록 연약하지만 그리스도의 십자가의 은혜가 우리를 감싸고 있습니다.

[히브리서 9장]

옛 언약의 장소인 성막은 하나님이 정하신 규칙대로 운용됩니다. 율법이 정한대로 제사가 드려져야 합니다(1-10절). 성소와 지성소에 설치되는 기물이 다르며 각각의 장소에서 섬기는 사람도 제한됩니다. 성막은 언약의 실체가 되시는 예수 그리스도가 오시기 전까지만 필요합니다. 그래서 예수님이 십자가에서 운명하실 때 성소의 휘장이 완전히 찢어졌습니다. "예수께서 큰 소리를 지르시고 숨지시니라 이에 성소 휘장이 위로부터 아래까지 찢어져 둘이 되니라"(막 15:37-38). 옛 언약을 대체한 새 언약의 도래를 선포한 것입니다. 예수 그리스도는 영원한 대제사장으로서 자기의 피로 영원한 속죄를 이루심으로 단번에 구원을 완성하시고 하늘 성소에 들어가셨습니다(11-15절). 언약은 언약 체결자를 대신한 짐승의 죽음이 있어야 효력을 발휘합니다(16-17절). 헬라어 '디아쎄케'는 '유언' 또는 '언약으로 번역됩니다. 따라서 유언은 언약으로, 유언한 자는 언약 체결자로 보면 됩니다. 언약은 죽음이 있어야 효력을 발휘합니다. 이 원리는 옛 언약이나 새 언약이나 동일합니다(18-22절). "피 흘림이 없은즉 사함이 없느니라" 옛 언약의 방식인 짐승의 피 흘림도 효력이 있었지만 자주 제사를 드려야 했습니다(25절). 자신의 피로 단번에 죄를 사하는 제사를 드린 그리스도는 때가 되면 세상에 다시 오실 것입니다(26-28절).

[아모스 3장]

이스라엘의 실제적인 역사는 출애굽에서 시작됩니다. 출애굽은 하나님이 이스라엘을 선택하셨다는 것을 보여준 사건입니다. 그런데 하나님이 이스라엘을 심판하시는 이유가 바로 그 선택 때문입니다. 특별히 선택한 민족이기에 죄에 대해 징계하시는 것입니다(1-2절). 파수꾼은 하나님이 입에 넣어주시는 말씀을 반드시 선포해야 합니다. 선포하지 않음으로 인해 발생하는 모든 문제는 파수꾼의 책임입니다(겔 3:16-21). 아모스는 하나님이 주시는 말씀을 선포하지 않을 수 없음을 의문문의 형식으로 표현합니다(3-8절). 하나님은 이방 민족인 아스돗(블레셋)과 애굽을 증인으로 소환하여 이스라엘에 죄가 만연해 있음을 확인하라고 말씀하십니다(9-15절). 이스라엘이 저지른 죄는 이방인조차 놀라게 만들 정도입니다.

[시편 146-147편]

(146편) 학자들은 이 시가 바벨론 포로에서 해방되어 예루살렘으로 돌아온 상황을 전제하고 있다고 말합니다. 시인은 일평생 하나님을 찬양할 것을 결단합니다(1-2절). 그는 사람이 아닌 하나님께 소망을 두기로 결단합니다(3-5절). 시인이 하나님을 찬양하는 이유는 그가 창조주, 진실하신 분, 공의의 심판자, 자유를 주시는 분, 의인을 사랑하시고 넘어진 자를 일으키는 분, 약한 자를 도우시며 악인을 심판하시는 분, 영원한 통치자이시기 때문입니다(6-10절). 참고로 비굴한 자('those who are bowed down')는 엎드린 자, 낮은 자, 억눌린 자 등으로 해석할 수 있습니다.

(147편) 제의 공동체로 추정되는 무리들이 하나님을 찬양합니다(1절). 그들이 찬양하는 이유는 창조주이신 하나님이 흩어진 백성들을 모으시고 치유하시며, 악인을 심판하시기 때문입니다(2-7절). 만물을 붙드시는 하나님은 자기를 경외하는 자를 기뻐하십니다(8-11절). 하나님은 말의 힘과 사람의 다리(=군마와 병사), 즉 사람의 능력과 힘을 의지하는 자를 기뻐하지 않으십니다. 이스라엘 백성들은 그들을 영원히 심판하지 않으시며 잠시 징계하셨다가 회복시키시고, 평안을 주시며 그들의 필요를 채우시는 복된 하나님을 찬양해야 합니다(12-14절). 창조주요 통치자이신 하나님은 그의 백성에게 말씀하시는 분입니다(15-20절). 그의 약속의 말씀 안에서 우리는 생명과 평안을 누립니다.

[기도]

메시야가 오기까지 유다의 계보를 끝까지 붙드시는 하나님의 신실하심을 찬양합니다. 창조주요 통치자이시며 치유자 되시는 하나님이 생명과 평안을 주셨으니 복음의 파수꾼으로 살아가게 하옵소서.

[역대상 5-6장]

(5장) 5장은 요단 동편 땅에 정착한 르우벤 지파(1-10절), 갓 지파(11-22절), 므낫세 반 지파(23-24절)에 대해 소개합니다. 야곱의 장자인 르우벤은 성 범죄로 인하여 장자의 권리를 상실했습니다(창 35:22 & 창 49:3-4). 르우벤이 상실한 장자의 명분은 요셉 지파가, 왕권은 유다 지파가 차지합니다. 요단 동편의 세 지파는 한때 목축업의 발달로 크게 번성했으나 우상숭배로 인한 앗수르의 침략('하나님의 심판')으로 몰락하고 말았습니다(25-26절).

(6장) 6장은 레위 지파에 대한 내용입니다. 레위의 세 아들 게르손, 그핫, 므라리 가문의 대표자들(1, 16-19절), 그핫 자손(2-15, 22-28절), 게르손 자손(20-21절), 므라리 자손(29-30절)을 차례로 소개하는데 그핫 자손에 대한 분량이 압도적으로 많습니다. 그들은 성막에서 가장 중요한 법궤를 포함한 지성물을 담당합니다(민 4:1-20). 이어서 레위 자손 가운데 성전에서 찬양하는 임무를 맡은 레위인의 목록과(31-48절). 제사장 아론의 후손 목록이 등장합니다(49-53절). 레위 지파는 각 지파에서 떼어주는 작은 성읍들에 거주했으므로 전국에 흩어져 살았습니다. 그핫 자손(54-70절), 게르손 자손(71-76절), 므라리 자손(77-81절)이 각 지파로부터 받은 성읍들을 소개합니다.

[히브리서 10장]

율법은 장차 올 좋은 일(=십자가의 은혜)의 그림자입니다(1절). 비록 율법이 규정하는 제사가 온전함을 주지는 못했지만 하나님은 제사를 통해 회개하는 자에게 용서와 은혜를 베푸셨습니다(4절). 하나님은 제사를 통해 죄를 깨닫고 겸비함을 잃지 않기를 원하셨습니다(2-3절). 저자는 "하나님이 제사와 예물을 원하지 않으시고, 번제와 속죄제를 기뻐하지 않으신다"(시 40:6-8)는 말씀을 인용하여 하나님이 기존의 제사를 완전히 능가하는 다른 '한 몸', 곧 예수 그리스도를 준비하셨다고 말합니다(5-10절). 그는 형식보다 본질이 더 중요하다는 의미의 시편 말씀을 통해 자신의 몸으로 친히 제사를 드린 예수 그리스도를 소개합니다. 제사장은 자주 제사를 드렸지만 죄를 완전히 없애지는 못했습니다(11절). 그러나 그리스도께서는 죄를 영원히 사하는 제사를 단번에 드리시고 부활·승천하셔서 하나님 우편에 앉으셨으며 모든 원수들이 아버지의 발아래 굴복시킬 때까지 기다리십니다(12-14절). 그리스도께서 성취하신 새 언약은 성령의 역사로 인하여 우리 마음과 생각에 깊이 새겨져 있습니다(렘 33:33, 15-18절). 그리스도께서 자신의 몸을 찢으셔서 하나님과 우리 사이의 막힌 담을 허무셨으므로 우리는 하늘 성소에 들어갈 담대함을 얻었습니다(19-20절). 그러므로 우리는 하나님의 집을 다스리는 큰 제사장이신 그리스도에 대한 온전한 믿음으로 하나님께 나아가고, 그의 신실하심에 의지하여 우리가 믿는 도리의 소망(=예수 그리스도를 통한 죄 용서와 구원, 주의 재림과 영광스런 성도의 부활, 영원한 나라의 입성 등)을 굳게 잡고, 사랑과 선행을 격려하며 모이기를 힘써야 합니다(21-25절). 배교자(=그리스도를 대적하는 자)에게는 무서운 심판이 임할 것입니다(26-31절). 저자는 지금까지 믿음을 잘 지켜 왔으니 끝까지 인내로써 승리할 것을 독려합니다(32-39절).

[아모스 4장]

바산의 암소는 직접적으로는 사치와 향락에 빠진 상류층 여성을 의미하지만 넓은 의미로는 부패한 지도층 더 나아가 이스라엘 백성 전체를 의미하기도 합니다. 그러나 힘없는 자와 가난한 자를 압제하는 것에 대한 예언자의 고발임을 감안하면 부패한 지도층으로 볼 수 있습니다(1-3절). 아모스는 벧엘과 길갈로 제사하러 가는 북이스라엘 백성들을 비판합니다(4-5절). 그들은 하나님이 정하지 않은 장소에서 자격 없는 제사장이 주관하는 제사를 드리고 있습니다(왕상12:25-33). 하나님은 그들이 죄를 깨닫고 돌이키도록 적절한 징계를 지속적으로 내리셨지만 끝내 돌이키지 않았습니다(6-11절). 이제 하나님은 마지막으로 경고하십니다(12-13절). "이스라엘아 네 하나님 만나기를 준비하라" 심판의 하나님이 곧 등장하십니다.

[시편 148-150편]

(148편) 시인은 하나님이 지으신 모든 피조물들을 소환하며 창조주를 찬양하라고 명령합니다. 찬양은 하늘로부터 시작됩니다(1절). '하늘에서'는 직역하면 '하늘로부터'의 의미를 가지고 있습니다. 하늘로부터 시작하여 하늘의 천군천사들과 해와 달과 별들, 하늘의 하늘(지극히 높은 하늘), 하늘 위에 물들(구름), 즉 천상의 세계에 속한 모든 피조물들에게 하나님을 찬양하라고 선포합니다(2-6절). 이제 시인의 시선은 지상을 향합니다. 고대 사람들이 생각하는 상상의 동물인 용에게도 찬양하라고 명합니다(7절). 사람이 통제할 수 없는 강력한 자연현상들(=불, 우박, 눈, 안개, 광풍), 거대한 피조물인 산과 나무들, 여러 동물들과 모든 사람에게 이르기까지 모든 권능들과 피조물들은 하나님을 찬양함이 마땅합니다(8-12절). 영광의 하나님은 그를 가까이 하는 백성들을 높여 주십니다(13-14절).

(149편) 이스라엘은 작고 약합니다. "여호와께서 너희를 기뻐하시고 너희를 택하심은 너희가 다른 민족보다 수효가 많기 때문이 아니니라 너희는 오히려 모든 민족 중에 가장 적으니라"(신 7:7). 그러나 하나님의 손에 붙들린 그들은 강합니다. 하나님은 당신의 영광과 대적을 다스리는 권세를 그들에게 주셨습니다(7-9절). 이것은 우리에게도 동일하게 적용됩니다. 그리스도와 함께 하는 우리에게 구원의 영광과 주와 함께 영원히 다스리는 권세가 있습니다. 구원과 영광의 하나님이 그의 백성들의 입술에 찬양을 주셨으므로 우리는 영원한 왕의 통치를 기뻐하며 찬양합니다(1-6절).

(150편) 우리는 성소와 권능의 궁창에서 하나님을 찬양해야 합니다(1절). 성소는 하나님이 임재하시는 모든 장소이며 권능의 궁창은 하나님의 주권이 미치는 모든 영역을 의미합니다. 언제 어디서든 우리의 찬양은 멈출 수 없습니다. 우리는 하나님의 존재와 구원과 심판을 포함한 그의 행하신 모든 일들을 찬양해야 합니다(2절). 시인은 제의에 쓰이는 악기를 나열하며 모든 악기를 동원하여 찬양할 것을 권합니다(3-5절). 우리는 악기뿐 아니라 목소리, 몸짓 등 가용한 모든 것을 동원하여 호흡을 주신 하나님의 이름을 높여야 합니다. 모든 생명은 생명의 근원이 되시는 하나님을 찬양합니다(6절).

[기도]

성소와 내가 머무는 모든 장소에서 하나님을 찬양하게 하시고, 하나님이 죄에 대한 사인을 주실 때 죄를 깨달을 수 있는 겸비한 마음을 주시옵소서.

[역대상 7-8장]

(7장) 7장에는 12개 지파 중 6개 지파가 등장합니다. 잇사갈(1-5절), 베냐민(6-12절), 납달리(13절), 므낫세(14-19절), 에브라임(20-29절), 아셀(30-40절) 순입니다. 스불론과 단 지파는 제외되었으며 납달리 지파는 단 1절로만 소개합니다. 유다 지파에 많은 분량을 할애한 것과 비교됩니다(개관 참조). 르우벤을 대신하여 장자권을 소유한 요셉지파(5:1)는 요단 서편 땅에 각각 에브라임과 므낫세 반 지파, 요단 동편 땅에 므낫세 반 지파(마길의 후손) 등 넓은 영역과 많은 후손으로 번영을 누리게 됩니다. 7장에 소개된 6개 지파는 모두 분열왕국 시절 북이스라엘을 구성하던 지파로 BC 722년 앗수르에 의해 멸망한 뒤에는 모두 흩어지게 됩니다. 아무리 강대한 권력과 부를 가졌다 해도 하나님을 잊어버리면 모든 것을 잃어버리게 됩니다.

(8장) 베냐민 지파는 유다 지파 다음으로 많은 분량을 차지합니다. 이는 분열왕국 시절 남유다를 구성하는 2개 지파가 유다와 베냐민이기 때문에 저자가 비중을 둔 것으로 분석됩니다. 포로 귀환도 유다와 베냐민 지파를 중심으로 이루어집니다(9:3-9). 이스라엘의 초대 왕인 사울의 족보는 9장에서 다시 등장합니다(29-40절).

[히브리서 11장]

믿음의 선한 증거를 남긴 선진들을 소개하는 '믿음 장'입니다. 1절은 긍정신학에서 많이 인용하는 구절인데 여기서 말하는 '바라는 것들'은 인생의 목표가 아니라 예수 그리스도를 통해 내게 주신 하나님의 약속(=구원, 하나님의 나라 등)입니다(1a절). 실상(헬: 휘포스타시스)은 객관적 실체 혹은 객관적 증거의 의미를 가지고 있습니다. 하나님의 약속은 인간의 주관적인 바램이 아니라 객관적인 견고한 실체이므로 이에 대한 확고한 믿음을 가져야 합니다. '보이지 않는 것'(='종말론적인 미래의 사건') 역시 마찬가지입니다(1b절). 그리스도의 재림, 새 하늘과 새 땅의 성취에 관한 약속 또한 너무나도 확실한 증거(헬: 엘렝코스, 객관적인 증거나 증명의 의미)입니다. 하나님이 천지를 창조하셨다는 선언(창 1:1)도 믿음으로 인식할 수 있습니다(3a절). 보고 믿는 것이 아니라 믿으면 보이기 시작하고 증거가 나타나기 시작합니다. 보이는 세계는 어떤 물질로부터 생겨난 것이 아니라 하나님에 의해 무로부터 창조된 것입니다(3b절). 저자는 절대자가 물질이 있는 상태에서 질서를 부여하고 조화를 이룸으로써 세상을 만들었다는 헬라철학의 사고를 배격하고 하나님이 아무것도 없는 상태에서 완전한 세상을 만드셨음을 강조합니다. 믿음은 우리의 인격과 삶이 하나님을 지향하도록 만들기 때문에 믿음이 없이는 하나님을 기쁘시게 할 수 없습니다(6절). 저자는 하나님의 약속을 객관적 실체로 받아들이고 삶으로 그것을 증명한 믿음의 선진들을 소개합니다(2, 4-38절). 그들은 세상이 감당할 수 없는 사람들입니다. 그들은 언약의 실체가 되시는 예수 그리스도를 알지 못했지만 하나님의 약속만 믿고도 승리했습니다. 그러나 나그네와 이방인 같은 우리들은 믿음의 선진들이 알지 못하는 예수 그리스도를 알고 그 은혜를 누리고 있으니 이 얼마나 크고 놀라운 복입니까?

[아모스 5장]

아모스의 애가(탄식)입니다(1절). 북이스라엘은 심각한 영적 타락으로 인해 회복이 불가능할 정도의 파멸을 겪게 될 것입니다(2-3절). 심판 선언을 듣고도 기존처럼 브엘세바와 단과 벧엘에서 우상을 섬기듯 하나님께 제사하는 것은 의미 없는 행동일 뿐 살 길이 아닙니다(4-6절). 하나님은 종교적인 열심으로 만날 수 없습니다. 그들은 세상을 창조하시고 다스리시는 하나님 앞에서 정의와 공의의 삶을 회복하고 바르게 재판하며 가난한 자에 대한 착취와 불의와 거짓을 멈추고 선을 행해야 합니다(7-15절). 그러나 현실은 그 반대입니다. 결국 여호와의 날('심판의 날')로 인해 통곡하게 될 것입니다(16-20절). 하나님은 의미 없는 제사와 절기를 거부하시고 심판('멸망과 포로')을 선언하십니다(21-27절). 그들에게 필요한 것은 제사보다 공의(하나님과의 관계)와 정의(이웃 및 사회적 관계)의 회복입니다. "오직 정의를 물같이, 공의를 마르지 않는 강같이 흐르게 할지어다."

[누가복음 1장 1-38절]

누가는 이스라엘과 관련된 역사적인 사건과 인물에 관한 기록을 곁들임으로써 예수님에 관한 기록의 진정성을 보증하고자 합니다(1-2절). 오랫동안 기다려 온 메시아의 탄생으로 인류에게는 새로운 구원의 역사가 시작되었습니다. 나이가 많은 경건한 제사장 부부를 찾아 온 천사는 하나님의 특별한 사명을 가진 아이의 탄생을 예고합니다(3-17절). 많은 사람들이 그의 탄생을 기뻐할 것이며 그는 백성들의 마음을 하나님께로 돌려 메시아를 맞이할 준비를 시킬 것입니다. 그러나 사가랴는 천사의 말을 믿지 못하고 표적을 구합니다(18-23절). 하나님은 요한이 탄생할 때까지 사가랴가 말을 하지 못하는 것으로 표적을 삼으십니다. 엘리사벳은 자신의 수치를 씻어주신 하나님을 찬양합니다(24-25절). 한편, 마리아를 찾아간 천사는 메시아의 탄생을 예고합니다(24-38절). 천사는 처녀인 자신의 잉태소식에 놀란 마리아에게 나이 많아 잉태가 불가능했던 엘리사벳의 잉태소식을 전해줍니다. 하나님의 개입에 의한 두 여인의 임신은 하나님의 구속사의 절정을 이룰 메시아의 탄생과 깊은 연관이 있습니다.

[기도]

나의 삶에 공의와 정의가 흐르게 하시고, 믿음의 선진들을 본받아 승리하게 하옵소서. 하나님의 크신 구원의 역사를 위해 여인의 몸을 빌어 이 땅에 오신 예수님을 의지하는 삶을 살게 하소서.

[역대상 9-10장]

(9장) 이스라엘의 지파별 계보 소개(1-8장)가 끝나고, 바벨론에서 귀환하여 예루살렘에 정착한 사람들의 명단을 소개하는데 유다와 베냐민 지파, 제사장, 레위인, 문지기(레위인), 각종 성전 봉사자 순입니다(1-34절). 성전(예배)의 회복과 다윗왕조의 회복을 꿈꾸는 역대기 저자의 관심이 9장에 잘 나타나 있습니다. 하나님은 이스라엘이 비록 그들의 죄로 인해 멸망했지만 다윗의 계보가 계속 이어지도록 은혜를 베푸시고 임시 조치로 성전의 회복도 허락하십니다. 다윗의 계보 가운데 오실 메시야가 성전을 온전히 회복하실 것입니다. "너희가 이 성전을 헐라 내가 사흘 동안에 일으키리라"(요 2:19). 마지막 부분에 다시 사울의 족보가 등장합니다(35-44절). 사울에 이어 등장한 다윗을 중심으로 새로운 역사가 시작될 것입니다.

(10장) 불순종을 반복하던 사울은 결국 블레셋과의 전쟁에서 세 아들과 함께 전사합니다(1-6절). 이스라엘 백성들은 뿔뿔이 흩어졌으며 사울의 머리와 갑옷은 블레셋으로 옮겨져 모욕을 당했는데 길르앗 야베스 사람들이 사울과 그의 아들들의 시신을 거두어 장례를 치러줍니다(7-12절). 하나님은 유다의 후손인 다윗을 중심으로 한 새로운 이스라엘을 세우십니다(13-14절).

[히브리서 12장]

예수님은 십자가를 지는 경주에서 승리하셨습니다. 선진들 역시 신앙의 경주에서 승리했습니다. 이제 우리가 경주자로 나설 차례입니다. 육상선수가 복장을 가볍게 하듯이 우리도 무거운 죄를 벗고 인내로써 경주해야 합니다(1, 4절). 그리고 믿음의 창시자요 종결자이신 예수 그리스도를 끝까지 바라보며 그의 인내를 생각해야 합니다(2-3절). 우리에게 믿음을 주신 그리스도께서 그 믿음을 완성하실 것입니다. 우리는 미약하나 이로 말미암아 결국엔 승리합니다. 인내는 징계를 당할 때에도 필요합니다(5-8절). 징계는 하나님 아버지께서 우리를 돌보시고 훈육하시는 방법 중 하나입니다. 비록 징계가 아프고 힘들지만 징계 속에 담긴 하나님의 뜻을 깊이 헤아려 인내하면 거룩에 더 가까워지고 '의'라는 평화로운 열매를 맺게 됩니다(9-11절). '의와 평강의 열매'는 직역하면 '의라는 평화로운 열매'가 됩니다. 우리는 목표('흔들리지 않는 나라', 28절)가 분명한 만큼 스스로를 강하게 세워가고 또한 이탈자가 없도록 지체들을 강하게 세워 주어야 합니다(12-13절). 신앙공동체가 화평과 거룩을 잃으면 그리스도를 나타낼 수 없습니다(14절). 우리는 공동체를 잘 살펴서 은혜에 이르지 못하는 자가 없게 하고 쓴 뿌리(=배교나 우상숭배 등의 죄)가 일어나지 않게 하며 고난으로 인해 새 언약을 성취하신 그리스도를 떠나는 망령된 자가 없도록 해야 합니다(14-17절). 이스라엘 백성들은 시내산에서 하나님의 음성을 직접 듣지 않게 해달라고 모세에게 요청합니다(출 19:16-19). 하나님의 임재는 모세에게도 두렵고 떨리는 일입니다(18-21절). 그런데 우리는 예수 그리스도로 말미암아 담대하게 하늘 성소에 들어가 천사들과 믿음의 선진들 그리고 예수 그리스도와 하나님까지 만나는 영광을 누리게 됩니다(22-24절). 그리스도께서 우리를 온전케 하셨기 때문입니다. "그가 거룩하게 된 자들을 한 번의 제사로 영원히 온전하게 하셨느니라"(10:14). 하나님이 흔들리지 않는 영원한 나라를 세우고자 세상을 불로 심판하신다는 사실을 기억해야 합니다(25-29절).

[아모스 6장]

무사안일주의에 빠진 지도자들은 크지도 않은 작은 나라가 태평성대를 누리는 것은 다 자기들 덕이라고 착각하고 있습니다(1-2절). 자신들은 심판과 거리가 멀다고 말하지만 백성들을 착취하고 학대하며 사치와 향락에 빠진 그들의 행위는 도리어 심판을 앞당기고 있습니다(3-7절). 다윗처럼 보이려고 애쓰지만 실상은 자신을 과시합니다. 그들은 동족의 고난과 가난, 아픔에는 전혀 관심이 없습니다. 그들은 원수들에게 넘겨지고 전염병으로 죽게 되므로 최소한의 인원만 남을 것입니다(8-11절). 지도자들의 불의와 죄를 보신 하나님은 이방 나라를 통해 그들을 심판하실 것입니다(12-14절).

[누가복음 1장 39-80절]

천사로부터 엘리사벳이 특별한 사명을 가진 아이를 잉태했다는 소식을 들은 마리아는 엘리사벳을 찾아갑니다(39-40절). 마리아가 방문하자 엘리사벳의 뱃속에 있던 요한이 복중에서 뛰놀고 엘리사벳은 성령에 크게 감동하여 마리아를 '내 주의 어머니'라 부르며 마리아와 태중의 아기를 축복합니다(41-45절). 마리아는 자신에게 큰 일을 행하신 하나님을 기뻐하며 교만하고 권세 있는 자를 낮추시고 비천하고 두려워하는 자를 구원하시는 하나님을 찬양합니다(46-56절). 엘리사벳의 출산 후 사가랴가 아이의 이름을 천사가 고지해 준 '요한'으로 명명하자 즉시 그의 혀가 풀렸습니다(59-66절). 사가랴는 성령 충만함으로 메시아와 자신의 아들 요한을 통해 하나님이 이루실 일을 선포합니다. 메시아는 모든 대적의 손에서 백성을 구원하시고 성결과 의로 하나님을 섬기게 하실 것입니다(67-75절). 메시아는 우리를 정결케 하시고 의롭게 하셔서 하나님을 경외하게 하십니다. 요한은 메시아의 죄 사함과 구원의 역사를 널리 전하게 될 것입니다(76-80절).

[기도]

죄와 불의를 멀리하고, 믿음을 주시고 그 믿음을 완성하실 예수 그리스도를 끝까지 바라봄으로 믿음의 경주에서 승리하게 하옵소서. 다윗의 자손으로 오셔서 성전을 회복하게 하옵소서.

[역대상 11-12장]

(11장) 사무엘 선지자를 통해 기름 부음을 받았던 다윗이 마침내 이스라엘의 왕이 되었습니다. 예루살렘을 정복하여 수도로 삼은 다윗은 하나님의 도우심으로 점점 강성해집니다(1-9절). 다윗왕국의 주요 용사들이 소개됩니다(10-47절). 사무엘하 23장과 비교해 보면 다윗과 사울의 아들 이스보셋 간의 왕위계승 전쟁이 생략되어 있으며 용사들의 숫자가 더 많고(삼하 23장; 37명, 본문; 52명), 일부 인원은 이름이나 출신 지역이 다르게 표기되어 있습니다. 중요한 것은 하나님이 다윗에게 많은 일꾼을 보내 주셔서 그의 나라를 흥왕하게 하셨다는 것입니다. 다윗을 위해 목숨을 버릴 각오가 되어 있는 충성스런 신하의 모습을 세 용사가 잘 보여줍니다(15-19절).

(12장) 다윗에 대한 폭넓은 지지는 그가 왕이 되기 전부터 시작되었습니다. 사울에게 쫓겨 블레셋으로 망명을 떠난 다윗은 시글락에서 거주하였는데 그를 돕기 위해 가장 먼저 달려 온 지파는 공교롭게도 사울 왕을 배출한 베냐민 지파였습니다. 시글락 시절 그에게로 귀의한 베냐민 지파(1차)와 갓 지파의 용사들이 소개됩니다(1-15절). 그 후 시글락을 떠나 광야의 요새에 거주했을 때에도 베냐민 지파(2차)와 유다 및 므낫세 지파 용사들이 그에게로 합류했습니다(16-22절). 그 후 다윗이 유다 지파의 수장이 되자 그에게 합류하는 용사들은 더욱 증가합니다(23-37절). 마침내 온 이스라엘은 기쁨으로 다윗을 왕으로 세웁니다(38-40절).

[히브리서 13장]

믿음의 경주의 또 다른 측면인 그리스도인의 삶에 대한 구체적인 권면입니다. 그리스도의 피로 맺어진 형제들을 사랑하고 손님(순회 전도자)을 환대하며 신앙으로 인해 박해받는 자들을 돌아보아야 합니다(1-3절). 음행과 간음을 멀리하고 부부간의 신의를 지키며, 돈을 사랑하지 말고 자족하며 살아야 합니다(4-5절). 복음의 대적들을 두려워하지 말고 오직 하나님을 신뢰하며 신실한 영적 지도자들의 모범을 따라 배우되 영원히 함께 하시는 예수 그리스도에게서 배워야 합니다(6-8절). 아무리 위대해 보이는 믿음의 선진이라도 예수님에 비할 수는 없습니다. 그는 믿음의 창시자요 우리의 믿음을 완성하시는 분입니다(12:2). 구약은 먹을 수 있는 음식과 먹을 수 없는 음식을 철저히 구별했습니다(레 11장). 복음 이외에 음식규례와 같은 교훈들이 우리를 정결케 할 수 없습니다(9절). 대속죄일에 드려진 제물의 피는 성소에 들여보내지고 그 가죽과 고기는 이스라엘 진 밖에서 불태워졌습니다. 마찬가지로 속제의 제물 되신 예수님의 피는 하늘 성소로 보내지고 그의 육신은 성문 밖에서 고난을 받으셨습니다(11-12절). 우리는 그리스도께서 자신의 피와 고난으로 제사를 드리신 새로운 제단 앞으로 나아가야 합니다(10절). 그리스도의 피로 말미암아 하늘 성소(영원한 도성)에 들어가게 된 성도는 성문 밖, 즉 그리스도를 위한 고난의 자리로 담대히 나아가야 합니다(13-14절). 우리는 입술의 열매, 선행, 나눔으로 참된 예배를 드려야 하며 우리의 유익을 위해 사역자가 기쁨으로 사역하도록 협력해야 합니다(15-

17절). 저자는 그를 위한 기도를 부탁하며 예수 그리스도로 말미암아 하나님의 선한 뜻이 공동체 가운데 이루어지길 기도합니다(18-21절). 그는 석방된 디모데와 함께 교회를 방문할 예정임을 밝히며 글을 맺습니다(22-25절).

[아모스 7장]

7-9장에는 아모스의 다섯 가지 환상이 등장합니다. 첫 번째 환상은 메뚜기가 풀을 먹는 것입니다(1-3절). 이는 메뚜기 재앙을 의미하는데 연약한 이스라엘을 불쌍히 여겨달라는 아모스의 기도로 심판은 철회됩니다. 두 번째 환상은 불의 심판입니다(4-6절). 이번에도 아모스의 중보로 심판은 철회됩니다. 세 번째 환상은 다림줄입니다(7-9절). 하나님이 다림줄을 잡고 담 곁에 서 계십니다. 다림줄은 건물이나 담이 수직으로 잘 서 있는지 조사하기 위해 추를 달아 늘어뜨리는 줄입니다. 다림줄을 들고 계신 하나님은 더 이상 용서하지 않으시고 심판하시겠다고 말씀하십니다. 이 선언을 들은 아모스는 더 이상 중보하지 않습니다. 벧엘의 제사장 아마샤는 북이스라엘에 대하여 심판을 선언하는 아모스가 역모를 꾀한다고 왕에게 거짓보고를 합니다(10-11절). 아마샤는 아모스에게 남유다로 건너가 거기서나 예언하며 돈을 벌라고 경고합니다(12-13절). 아모스의 답변은 두 가지입니다. 첫째, 자신은 제도권에 있는 선지자가 아니라 전적인 하나님의 부르심에 의해 예언하는 사람이라는 것과 둘째, 아마샤와 그의 가족 그리고 북이스라엘의 패망입니다(14-17절).

[누가복음 2장]

로마황제의 호적에 관한 칙령은 메시아의 베들레헴(다윗의 동네) 탄생, 곧 예언 성취의 직접적인 배경이 되었습니다(미 5:2, 1-7절). 메시아의 탄생소식은 예루살렘의 유력자들이 아니라 평범한 목자들에게 먼저 전해진 큰 기쁨의 소식이었습니다(8-14절). 천사는 당시에 통용되던 로마황제의 주(주권자) 됨을 거부하고, 태어난 아기에 대하여 '그리스도 주'로 선포합니다. 아기는 하나님께는 영광을, 사람들에게는 평화를 가져다 줄 것입니다. 목자들은 구유에 누인 아기를 보고 약속대로 구주가 오셨음을 증언하였으며 아기 예수님은 율법이 명한 할례와 정결예식을 모두 준행합니다(15-24절). 비둘기로 제사 드릴 정도로 예수님의 집은 매우 가난했습니다. 죽기 전에 메시아를 보는 감격에 누린 시므온은 이 아기가 이스라엘은 물론 만민(이방)의 빛이 될 것이며 이스라엘 중 많은 사람을 패하거나 흥하게 할 것이라고 예언합니다(25-35절). "믿고 세례를 받는 사람은 구원을 얻을 것이요 믿지 않는 사람은 정죄를 받으리라"(막 16:16). 그는 우리를 위해 비방(=배척, 고난, 죽음)의 표적이 되실 것입니다. 평생을 성전에서 금식과 기도로 산 여선지자 안나도 메시아를 보는 복을 누립니다(36-38절). 하나님의 지혜를 가진 예수님은 하나님과 사람에게 사랑 받으셨습니다(39-52절).

[기도]

로마의 작은 식민지에 불과한 이스라엘 땅에 예수 그리스도를 보내셔서 영원한 하나님 나라를 세우신 신실하신 하나님을 신뢰합니다. 아모스처럼 자신의 유익을 구하기보다 사명에 충실한 인생이 되게 하옵소서.

[역대상 13-14장]

(13장) 하나님 앞에 선한 마음을 품은 다윗은 언약궤를 예루살렘으로 모셔 오기로 결정합니다. 그러나 언약궤를 이동시키는 과정에서 문제가 발생합니다. 이스라엘과의 전쟁에서 승리한 블레셋은 언약궤를 탈취해 갔으나 재앙이 연이어 발생하자 이를 다시 이스라엘에게 돌려주고자 언약궤를 수레에 싣고 운반합니다(삼상 6:8). 하나님은 이방인들이 언약궤를 수레에 실어서 운반했다고 그들을 심판하지 않으셨습니다. 그들은 율법을 모르기 때문입니다. 그러나 이스라엘은 다릅니다. 다윗은 율법의 규정대로 레위인을 통해 어깨에 메어 운반했어야 합니다(민 4:15). 하나님의 말씀에 답이 있습니다. 다윗의 분노는 옳지 않습니다. 웃사는 다윗을 대신해 죽은 것이나 마찬가지입니다. 옳은 일은 옳은 방법으로 해야 합니다. 얼떨결에 언약궤를 모시게 된 오벧에돔의 집에 하나님의 복이 임합니다(13-14절). 하나님은 그에게 풍성한 자손의 복을 주셨습니다(26:4-8).

(14장) 두로 왕 히람은 다윗 궁의 건축을 전폭 지원합니다(1-2절). 그는 훗날 성전건축에도 적극 협력합니다. 다윗은 많은 자녀를 낳았으며 블레셋과의 전쟁에서 모두 승리합니다(3-17절). 하나님은 당신을 경외하는 다윗에게 복을 주셨습니다. 이는 사울과 대비됩니다.

[야고보서 1장]

야고보 사도는 시험을 기쁘게 여기라고 말합니다(1-4절). 왜냐하면 시험을 통해 인내를 배우기 때문입니다. 시험(헬: 페이라스모이스)은 외부로부터 오는 박해와 시련을 의미합니다. 시험을 이기기 위해서는 지혜가 필요하므로 후히 주시는 하나님께 믿음으로 구해야 합니다(5-8절). 인간의 생각과 지혜로는 시험을 이겨낼 수 없습니다. 하나님이 주시는 지혜가 있을 때 악에게 넘어지지 않고 시험의 목적과 유익을 바르게 깨달아 마침내 인내로써 승리하게 됩니다. 이 땅에서의 시간은 금방 지나갑니다. 그러므로 헛된 것을 자랑하지 말고 부자는 하나님의 종임을, 가난한 자는 온 세상의 주권자이신 하나님의 자녀임을 자랑하며 사는 것이 합당합니다(9-11절). 인내로 시험을 이기는 자는 생명의 면류관을 받을 것입니다(12절). 성도는 시험에 대하여 분별력을 가져야 합니다. 하나님은 악에게 영향을 받지 않으시며 아무도 유혹하지 않으십니다(13절). 마귀가 주는 시험(유혹)에 빠지는 것은 욕심 때문이며 욕심을 방치하면 죄와 사망을 낳습니다(14-15절). 영원히 변하지 않으시는 하나님은 진리의 말씀으로 우리를 낳으시고 온갖 좋은 은사와 온전한 선물(=부르심, 구원, 성화, 영화에 이르기까지 필요한 모든 것)을 주십니다(16-18절). 그러므로 시험을 받을 때 하나님이 시험(유혹)하신다는 말에 속지 말아야 합니다. 성도는 해야 할 것(=속히 듣는 것과 말씀을 받는 것, 말의 절제)과 하지 말아야 할 것(=말하기와 성내기, 세속에 물드는 것)을 잘 구별해야 합니다(19-21, 26-27절). 말씀을 듣기만 하는 것은 불순종이며 스스로를 속이는 것입니다(22-25절).

[아모스 8장]

아모스의 네 번째 환상은 여름 과일 한 광주리입니다(1-3절). 이번 환상은 언어유희를 통해 하나님의 뜻이 전달됩니다. 히브리어 '카이츠'는 여름 혹은 과일이라는 뜻입니다. 하나님은 과일('카이츠')을 보여주시면서 아모스가 여름('카이츠')을 연상하기를 기대하셨습니다. 여름이 지나 추운 겨울이 오듯이 이스라엘 백성들에게 종말('카츠'), 곧 심판이 다가오고 있습니다. 엄청난 재난이 그들에게 임할 것입니다. 하나님은 제사 때문에 착취를 멈춰야 한다는 이유로 안식일과 월삭을 불편해하는 심히 타락한 지도자들의 실상을 폭로하십니다(4-6절). 그들에게는 강력한 심판이 임할 것입니다(7-10절). 특별히 하나님의 말씀을 더 이상 들을 수 없는 말씀의 기근이 임할 것입니다(11-13절). 이는 하나님의 외면과 방치를 의미하는 것으로 하나님 없이 미래를 맞이하는 것은 곧 재앙입니다. 단에서 브엘세바까지, 즉 이스라엘 전역에서 더 이상 하나님의 말씀이 들리지 않는다면 그들은 쓰러져 다시는 일어나지 못할 것입니다(14절). 하나님을 버리고 우상을 따른 결과입니다.

[누가복음 3장]

누가는 세례 요한이 활동할 당시의 통치자들[로마 황제, 분봉 왕(한 지역의 왕), 총독]을 소개하는데 이는 역사적 배경에 대한 설명임과 동시에 앞으로 세례 요한이 소개할 예수 그리스도만이 영원한 구원자요 통치자임을 말하고자 함입니다(1-2절). 세례요한의 사역은 이사야가 선포한 말씀의 성취입니다(사 40:3-5, 3-6절). 주의 길을 준비하고 그가 오실 길을 곧게 하는 것은 죄를 회개하고 회개의 열매를 맺는 것입니다(7-14절). 요한은 자신과 비교할 수 없는 대상인 그리스도는 자신보다 능력이 많으셔서 성령과 불로 세례를 베푸시고 알곡(구원)과 쭉정이(심판)를 구별하실 분이라고 소개합니다(15-17절). 훗날 동생의 아내를 빼앗은 일로 요한에게 책망을 받은 헤롯은 회개는커녕 도리어 요한을 옥에 가둡니다(18-20절). 예수님이 요한에게 세례를 받으실 때 성령이 임하시고 하늘의 음성이 들려 그의 정체성을 확인시켜 줍니다(21-22절). 예수님은 법적으로 마리아와 요셉의 아들이며 요셉은 다윗의 후손이므로 예수님의 족보는 아브라함과 아담에까지 이어집니다(23-38절). 성령으로 잉태되신 예수님이기에 예수님의 실제 족보는 하나님까지 이어집니다. 그는 육신을 입고 이 땅에 오신 하나님이십니다.

[기도]

옳은 일을 하나님이 원하시는 옳은 방법으로 수행하게 하시고, 말씀의 기갈이 오지 않도록 늘 말씀에 귀를 기울이게 하옵소서. 더 나아가 듣기만 하는 자가 되지 않게 하시고 순종하게 하옵소서.

[역대상 15장]

언약궤가 오벧에돔의 집에 있는 동안 다윗은 언약궤를 모실 장막을 마련합니다(1절). 웃사의 죽음을 통해 열정은 철저히 말씀에 뿌리를 두고 있어야 함을 깨달은 다윗은 아론의 자손과 레위인들을 불러 모은 후 하나님이 정하신 규례를 준수하며 모든 일을 진행합니다(2-15절). 특히, 언약궤는 레위인으로 하여금 어깨에 메어 운반하게 합니다. 또한 찬양대를 조직하여 언약궤를 뒤따르며 찬양하게 합니다(16-24절). 언약궤가 예루살렘으로 들어올 때에 다윗과 온 이스라엘은 함께 기뻐하며 춤을 춥니다(25-28절). 그러나 미갈은 이 기쁨에 동참하지 않았습니다(29절). 하나님을 기뻐하는 남편 다윗을 이해하지 못하는 미갈은 다윗의 아내로서 자격이 없으며 그저 사울의 딸일 뿐입니다. 미갈은 죽는 날까지 자식을 낳지 못했습니다(삼하 6:23).

[야고보서 2장]

초대교회는 주인과 종이 한 공동체에 속해 있는 등 구성원들이 매우 다양했습니다. 사회에서는 신분제도로 인한 심한 차별이 있었습니다. 그렇다면 믿음으로 구원받은 성도들은 사람을 어떻게 대해야 할까요? 야고보가 제시하는 본문의 사례는 초대교회 안에서 충분히 일어날 수 있는 차별의 문제입니다. 야고보는 이웃 사랑의 관점에서 차별에 대해 악하다고 평가합니다(1-9절). 하나님은 우리를 차별하지 않으셨습니다. 그러므로 하나님을 믿는다고 하면서 차별한다면 그 믿음은 헛된 것입니다. 율법을 온전히 행할 수 없는 우리의 연약함과 한계는 그리스도의 긍휼로만 극복할 수 있습니다(10-13절). 그의 긍휼하심은 우리를 구원하시기에 충분합니다. 그의 긍휼을 힘입어 심판을 이긴 우리는 마땅히 긍휼을 베푸는 자가 되어야 합니다. 참 믿음은 행함을 동반합니다(14-26절). 아브라함과 라합은 그들의 믿음을 행함으로 증명했습니다. 몸과 영혼이 분리되면 죽는 것처럼 행함과 분리된 믿음은 곧 죽은 것입니다.

[아모스 9장]

다섯 번째 환상은 부서지는 기둥머리 환상입니다(1-4절). 하늘에서 스올까지 단 한 사람도 예외 없이 철저한 심판이 진행될 것입니다. 창조주 하나님이 무한한 능력으로 자연을 다스리며 움직이실 때 사람이 할 수 있는 일은 애곡하는 것뿐입니다(5-6절). 그러나 각 민족들의 역사를 주관하시는 하나님은 이스라엘이 비록 멸망의 길을 가긴 했지만 온전히 멸하지는 않는다고 말씀하십니다(7-8절). 그러나 선택받은 자임을 내세워 자신에게는 결코 화가 미치지 않는다고 확신하는 자는 심판을 면치 못할 것입니다(9-10절). 하나님은 갑자기 심판의 날이 아닌 회복과 구원의 날을 선포하십니다(11-15절). 하나님은 그들을 다시 심으실 것이며 황폐한 그들의 땅을 다시 젖과 꿀이 흐르는 땅으로 바꾸어 주실 것입니다. 그러나 심판('무너지고 허물어진 다윗 왕국')의 과정을 거친 후에 구원과 회복의 역사가 임한다는 것을 기억해야 합니다. "내가 다윗의 무너진 장막을 일으키고 그것들의 틈을 막으며 그 허물어진 것을 일으켜서 옛적과 같이 세우고"(11절).

[누가복음 4장]

아담은 선악과 시험에서 실패했습니다. 우리에게 생명을 주신 둘째 아담 예수 그리스도 역시 공생애를 시작하기 전 시험을 받으십니다['아담과 예수 비교'(롬 5:12-21), 1-2절]. 예수님은 배고픔의 해결을 위해 능력을 사용하라는 첫 번째 유혹에 대해 "사람이 떡으로만 사는 것이 아니라"고 말씀하시며 단호히 거절하십니다(신 8:3). 생명의 떡(요 6:35)이신 예수님은 자신의 욕구 해결을 위해 능력을 쓰신 적이 없으십니다. 과연 예수님은 훗날 십자가에 달리면서도 자신의 구원을 위해 능력을 쓰지 않으셨습니다. 두 번째, 사탄은 자신에게 절한다면 자신이 소유한 세상나라의 권세와 영광을 주겠다고 유혹합니다(5-8절). 아담의 범죄 이후 세상은 사탄의 지배를 받게 되었는데 사탄의 지배하에 있는 사람들을 해방하기 위해 오신 예수님은 당연히 이를 거절하십니다(신 6:13). 그는 오직 하나님이 주신 사명만 따를 것입니다. 세 번째, 높은 성전에서 뛰어내릴 때 주의 천사들이 안전하게 보호하는 것을 보여줌으로써 위대함을 증명해 보이라고 유혹합니다(9-13절). 이것은 마치 이 열매를 먹으면 눈이 밝아져서 하나님처럼 될 수 있다는 선악과의 유혹과 유사합니다. 예수님은 "시험하지 말라"는 말씀으로 물리치십니다(신 6:16). 마귀를 이기신 예수님은 성령의 능력으로 하나님 나라의 사역을 감당하십니다(14-15절). 진정한 안식에 관한 예언의 말씀(사 61:1-2)을 인용하신 예수님은 이 말씀의 성취를 선포하십니다(16-21절). 그러나 사람들이 예수님을 그저 요셉의 아들로만 취급하며 믿지 않자 예수님은 사렙다 과부와 나아만의 이야기를 통해 그들의 불신을 책망하시며 이제 복음이 이방에서 더욱 편만하게 선포될 것을 말씀하십니다(22-30절). 인류를 죄와 저주로부터 자유케 하실 예수님은 더러운 귀신을 내어 쫓고 병자를 치유하심으로 당신의 능력을 나타내십니다(31-41절). 예수님의 마음은 잃어버린 영혼에게 있습니다(42-44절).

[기도]

주님! 내 영혼이 다윗처럼 진정으로 하나님을 기쁘게 하시고, 믿음과 행함이 일치되어가는 은혜를 주시옵소서. 심판하시면서도 긍휼을 잊지 않으시는 하나님을 찬양합니다. 예수님처럼 시험에서 승리하게 하옵소서.

[역대상 16장]

언약궤를 장막에 안치한 후 제사를 드린 다윗은 백성들을 축복합니다(1-3절). 블레셋에게 빼앗겼다가 오벧에돔의 집을 거쳐 예루살렘으로 돌아온 언약궤 앞에서 하나님께 제사를 드렸으니 얼마나 감격스러웠을까요? 다윗은 백성들이 하나님으로 인하여 복을 누리길 원하는 마음으로 그들을 축복합니다. 그는 레위인 가운데 찬양대를 조직하고 제사장에게 나팔을 불도록 하여 백성들의 영성을 일깨우도록 했습니다(4-6절). 그는 아삽과 그의 형제들에게 하나님이 행하신 역사에 대한 감사 찬송을 명합니다(7-36절). 세상을 창조하시고 통치하시는 하나님에 관한 찬양(22-33절)은 시편 96편과 거의 유사합니다. 다윗은 찬양대와 성전 문지기, 제사장을 각각 세워 하나님을 섬기는 일에 최선을 다하게 했습니다(37-43절).

[야고보서 3장]

말의 권세와 위험성에 대한 교훈은 잠언과 야고보서에 주로 등장합니다. 우리가 저지르는 죄 가운데 많은 부분은 말과 관련되어 있습니다(1-5절). 선생들의 실수도 주로 말에서 비롯됩니다. 그러므로 신앙의 성숙은 곧 말의 성숙입니다. 재갈이 말을 조정하고 작은 키가 큰 배를 조정하듯이 작은 혀가 우리의 삶을 결정합니다. 혀는 불의의 세계가 머무는 곳이며 몸 전체를 더럽히고 인생 전체를 불사를 만큼의 위험성을 가지고 있습니다(6절). 타락한 인간은 혀를 길들일 능력을 상실했습니다(7-8절). 혀는 온갖 파괴적인 결과를 불러오는 원인이 됩니다. "너 속이는 혀여 무엇을 네게 주며 무엇을 네게 더할꼬"(시 120:3). 한 샘에서 단물과 쓴물이 함께 나올 수 없듯이 찬송과 저주가 함께 나올 수 없습니다(9-12절). 야고보는 깨끗해진 성도의 심령을 샘에 비유합니다. 내면의 변화는 행실, 특히 말을 통해 증명됩니다. 성령의 은혜와 능력이 우리의 혀를 다스리도록 부단히 기도하며 절제하는 훈련이 필요합니다. 우리의 믿음은 말을 통해 증명됩니다. 우리는 위로부터 난 지혜를 사모해야 합니다(13-18절). 하늘의 지혜를 가진 자는 화평하고 관용하며 양순(유순)한 태도를 견지합니다. 긍휼과 선행을 베풀며 분별력(편견과 거짓이 없음)을 갖습니다. 반면 땅의 지혜는 시기와 다툼을 일으키고 거짓과 정욕으로 악을 행하게 만듭니다. 성도는 참된 지혜와 거짓 지혜를 분별하고 하늘의 지혜로 열매를 맺습니다.

[오바댜 1장]

하나님은 스스로 안전하다고 생각하며 교만에 빠진 에돔에게 철저한 심판을 예고하십니다(1-9절). 에돔은 유다의 멸망을 기뻐하고 환난 중에 있는 유다를 약탈했으며 포로로 팔아넘기기까지 했습니다(10-14절). 에돔에는 심판이, 시온에는 구원이 임할 것입니다(15-18절). 회복된 이스라엘은 에돔을 심판할 것입니다(19-21절).

[누가복음 5장]

예수님의 명령에 순종하여 많은 고기를 잡게 된 베드로는 예수님 앞에 엎드려 "나를 떠나소서 나는 죄인이로소이다"라는 고백을 합니다(1-11절). 이는 모세나 이사야가 소명을 받을 때 보였던 반응과 유사합니다. 예수님의 거룩하심과 자신의 죄인 됨에 대한 인식은 사명으로 이어집니다. 죄인, 곧 자격 없는 자임을 깨닫는 것은 구원으로 들어가는 문과 같습니다. 베드로, 야고보, 요한을 제자로 부르신 예수님은 세리 레위(마태)를 부르십니다(27절). 레위가 제자가 된 것은 세리로서 행한 모든 죄를 청산한다는 의미를 담고 있습니다. 병든 자와 죄인을 부르러 오신 예수님은 가정과 사회 및 신앙공동체로부터 격리되어 있던 나병환자와 중풍병자를 고치심으로 그들의 육신과 삶을 회복시키셨습니다(12-26, 31-32절). 예수님은 모든 약한 것들을 고치십니다. 혼인잔치의 주인은 신랑입니다. 금식에 관한 논쟁이 생기자 예수님은 혼인잔치의 비유를 들며 신랑(예수님)이 주관하는 잔치 중에 금식하는 것은 맞지 않다고 말씀하십니다(33-34절). 바리새인과 서기관은 예수님이 천국(구원) 잔치의 주인이라는 사실을 모릅니다. 그러나 금식할 때가 곧 옵니다. 이는 십자가의 죽음에 대한 암시입니다(35절). 새 옷에서 천을 찢어 낡은 옷을 깁지 않으며, 새 포도주를 낡은 부대에 넣지 않습니다(36-39절). 예수 그리스도를 통해 누구든지 죄 사함과 구원을 얻는 새로운 시대가 열렸다는 것을 의미합니다.

[기도]

복음의 역사를 막아서며, 주의 백성들을 박해한 자들은 마지막 날에 심판을 받게 될 것입니다. 창조주요 통치자이시며 심판자이신 하나님을 전심으로 찬양합니다. 말과 행함으로 믿음을 입증하게 하옵소서.

[역대상 17장]

다윗은 여부스족에게서 예루살렘을 빼앗은 후 그곳을 수도로 삼았습니다. 그리고 장막을 세운 후 오벧에돔의 집에 있던 언약궤를 옮겨 놓았습니다. 그런데 자신이 머무는 궁에 비해 언약궤가 안치된 장막이 너무 초라하여 성전을 건축하기로 결단합니다(1절). 다윗시대에 건축되는 것은 반대하셨지만 다윗의 헌신된 마음을 받으신 하나님은 그의 이름을 높여주시고 그의 집과 나라를 영원히 견고하게 하실 것을 약속하십니다(2-15절). 성전건축은 그의 아들 솔로몬의 몫이 될 것입니다. 하나님의 놀라운 약속에 감격한 다윗은 출애굽 사건을 언급하며 하나님만이 참되고 유일한 신임을 고백합니다(16-22절). 그는 하나님의 약속이 온전히 이루어지길 기원합니다(23-27절).

[야고보서 4장]

세상 즐거움을 선택하는 정욕의 지배를 받는 자들로 인해 공동체에 다툼이 생깁니다(1절). 욕심은 살인(=형제에 대한 미움과 분노, 마 5:21-22)을 불러오며 시기는 다툼을 불러옵니다(2절). 이기적인 욕심은 기도의 응답을 제한합니다(3절). 남편이 아내의 간음을 허용할 수 없듯이 하나님은 백성들의 영적 간음(=세상의 벗이 되는 것)을 허용하지 않으십니다(4절). 성령님은 세상과 벗하려는 성도를 시기하셔서 다시 하나님의 벗이 되게 하십니다(5-6절). 성도는 은혜를 생각하며 더욱 겸손해야 합니다. 하나님의 뜻에 복종하며 정결함으로 하나님께 더욱 가까이 가고, 죄에 대해 애통하며 겸손히 자신을 낮추면 하나님이 높여 주십니다(7-10절). 정죄와 비방은 마귀의 주특기입니다. 성도는 비방을 멈춤으로 공동체를 보호하고 잠시 있다가 사라질 안개와 같은 인생임을 알고 자신의 뜻과 계획을 자랑하지 말아야 합니다(11-14절). "너는 내일 일을 자랑하지 말라 하루 동안에 무슨 일이 일어날는지 네가 알 수 없음이니라"(잠 27:1). 자만을 버리고 주의 뜻을 행하는 자가 되어야 합니다(15-17절). 주의 뜻을 행하지 않는 것은 죄입니다.

[요나 1장]

니느웨 백성의 회개가 싫었던 요나는 사명을 뒤로하고 도망치다가 풍랑을 만납니다(1-4절). 제비뽑기를 통해 풍랑의 원인으로 지목된 요나는 자신으로 인해 풍랑이 일어났음을 솔직하게 고백합니다(5-10절). 바다에 던져진 그는 물고기 뱃속으로 들어가게 됩니다(11-17절). 물고기 뱃속은 요나가 기도하는 곳, 하나님을 만나는 곳, 사명을 받아들이는 곳이 될 것입니다. 요나는 거역했지만 하나님은 그를 포기하지 않으십니다.

[누가복음 6장]

그 옛날 다윗의 일행은 제사장만이 먹을 수 있는 성전의 진설병을 먹었습니다. 예수님이 이 사건을 언급하시는 이유는 안식일에 밀 이삭을 잘라 먹은 제자들의 행위는 충분히 용납될 수 있는 것임을 말하고자 함입니다. 안식일에 배고픔과 질병으로부터 자유하게 된다면 그것은 안식일의 진정한 주인이신 예수님의 뜻에 부합하는 것입니다(1-11절). 안식일은 생명의 날입니다. 예수님이 열두 제자를 선택하실 때 밤새 기도하셨다는 사실은 예수님의 제자가 되길 원하는 우리에게 시사하는 바가 큽니다(12-16절). 예수님은 공생애 기간 늘 기도하셨으며, 특히 주요 국면마다 집중하여 기도하셨습니다(3:21, 5:16, 6:12, 9:18 & 28 & 29, 11:1, 22:32 & 40-46). 예수님은 기도하시며 십자가의 길을 한 걸음씩 가십니다. 예수님이 기도로 낳은 12제자는 처음에는 부족하게 보였지만 훗날 사도로서 하나님 나라 확장에 결정적인 공헌을 합니다. 가르침과 치유사역을 병행하시는 예수님은 사복(가난한 자, 주린 자, 우는 자, 핍박받는 자: 주님께 더 붙들리는 됨)과 사화(부요한 자, 배부른 자, 웃는 자, 칭찬받는 자: 외적으로는 부유하나 영적 결핍에 대한 자각이 없음)를 말씀하십니다(17-26절). 결핍으로 인해 주님을 찾게 된다면 그것이야말로 진정한 복입니다. 우리는 원수에 대한 사랑과 축복을 포기하지 말아야 하며, 남을 대접하며 선대하고, 비판하지 말고 용서하는 등 아버지의 자비하심을 닮아야 합니다(27-36절). 용서하면 용서받고, 주면 주가 채워주십니다(37-38절). 영원으로 인도할 수 없는 헛된 스승(맹인)을 따르지 말고 예수님만을 따르며 항상 자신을 먼저 돌아보아야 합니다(39-42절). 말씀을 듣고 행하는 참 신자는 열매를 통해 알 수 있습니다(43-49절).

[기도]

주의 전을 더욱 사모하게 하시고, 하나님의 뜻이 이해되지 않는다고 내 고집대로 하지 않게 하옵소서. 성령님! 하나님 아버지와 더욱 친밀하도록 내 영혼을 이끌어 주옵소서. 내게 영원한 안식을 주신 예수님만 의지하게 하옵소서.

[역대상 18장]
하나님은 다윗과 함께 하사 늘 이기게 하셨습니다. "다윗이 어디로 가든지 여호와께서 이기게 하셨더라"(13절). 다윗은 주변 민족들과의 전쟁에서 모두 승리하여 힘의 우위를 차지합니다(1-13절). 그는 승리를 주신 하나님께 모든 전리품을 드렸습니다. 하나님의 정의와 공의로 나라를 다스리는 다윗의 주요 신하들이 소개됩니다(14-17절).

[야고보서 5장]
그리스도인이라고 말하지만 하나님이 아닌 재물을 신으로 섬기는 자가 있습니다. 재물을 섬기는 자는 자신의 소유를 자랑하고 품꾼을 착취하기도 합니다. 그들은 심판을 피할 수 없을 것이며 그들의 재물은 다 썩어 없어질 것입니다(1-6절). 마지막 때를 살아가는 성도는 인내하며 수고하는 농부들과 같이 그리고 많은 고난과 핍박 속에서 하나님의 말씀을 선포한 예언자들과 같이 오래 참아야 합니다(7-11절). 오래 참음은 성령의 열매(갈 5:22)이며 원수 갚음은 하나님의 몫입니다. "원수 갚는 것이 내게 있으니 내가 갚으리라"(히 10:30). 무엇보다도 맹세하지 말라고 교훈합니다(12절). 예수님도 맹세를 금하셨습니다. "오직 너희 말은 옳다 옳다, 아니라 아니라 하라 이에서 지나는 것은 악으로부터 나느니라"(마 5:37). 기쁠 때 찬송하고 고난당할 때 기도합니다(13절). 찬송과 기도는 곧 성도의 삶입니다. "형통한 날에는 기뻐하고 곤고한 날에는 되돌아 보아라"(전 7:14). 특히 야고보는 기도를 강조합니다. 지체를 위하여 믿음으로 함께 드리는 기도는 하늘 보좌를 움직입니다(14-18절). 죄를 고백하며 서로를 위해 기도할 때 치유의 역사가 나타납니다. 엘리야가 꿇어 엎드려 7번이나 간구했다는 것을 기억하십시오(왕상 18:41-45). 우리는 진리에서 떠난 자를 구원하는 일을 포기하지 말아야 합니다(19-20절).

[요나 2장]
사명을 피해 도망가다가 물고기 뱃속에 갇히게 된 요나는 그제서야 기도합니다(1절). 고난은 우리로 하여금 기도하게 만듭니다. "고난 당하기 전에는 내가 그릇 행하였더니 이제는 주의 말씀을 지키나이다"(시 119:67). 비록 내가 자초한 고난이

라도 하나님은 그 고난을 통해 나를 다듬어 가십니다. 요나는 물고기 뱃속에서의 고난의 상황을 묘사하며 주의 성전을 바라보겠다고 다짐합니다(2-7절). 이는 하나님 앞에 다시 서겠다는 결단입니다. 자신의 생명이 오직 하나님께 있음을 고백하는 요나는 사명을 감당할 수 있는 기회를 다시 얻게 됩니다(8-10절).

[누가복음 7장]

이방인 백부장이 종의 치유를 위해 유대인 장로 몇 사람을 예수님께 보냅니다(2절). 장로들이 직접 나설 정도로 인정받는 백부장이지만 본인은 예수님을 모실 자격이 없으므로 말씀만으로도 충분하다는 지극히 겸손한 태도를 보입니다(3-8절). 우리가 무엇을 한들 주 앞에 옳다할 수 있겠습니까? 엘리야가 사렙다 과부의 아들을 살린 것처럼 예수님은 나인성 과부의 죽은 아들을 살리셨는데 사람들은 예수님을 보고 자기 백성을 돌보시는 하나님을 연상합니다(11-17절). 옥에 갇힌 세례 요한이 제자들을 통해 예수님의 정체성에 대하여 진지하게 물어봅니다(19-20절). 메시아라면 세상 나라를 물리치고 하나님 나라를 세워야할 텐데 아직 그럴 기미가 보이지 않았기 때문입니다. 그러나 예수님은 십자가의 죽음과 부활을 통해 하나님의 나라를 세우실 것입니다. 메시아에 대한 예언은 성취될 것입니다(사 61:1, 22절). 요한은 마지막 선지자로서 메시아의 오심을 예비한 위대한 인물입니다(24-28절). 그러나 그는 십자가와 부활 이후 이 땅에 임할 하나님의 나라를 알지 못하는 옛 언약에 속한 자이므로 하나님의 나라에서는 그보다 작은 자가 없습니다(28절). 요한에게 반응하지 않고('세례를 받지 않음') 예수님께도 반응하지 않는('나오지 않음') 자들은 하나님 나라에서 배제될 것입니다(29-35절). 요한과 예수님의 사역에 긍정적으로 반응한 사람은 지혜로운 사람입니다(35절). 한 바리새인의 집을 방문한 예수님은 예고 없이 찾아와 향유를 붓는 여인을 만났습니다(37-50절). 집주인은 그 여인이 잔치를 망쳤다고 생각했을 것입니다. 그러나 잔치를 망친 사람은 예수님의 사랑과 용서에 감격하여 향유를 부은 여인이 아니라 예수님을 사랑하지도, 마음에 모시지도 않은 바리새인입니다.

[기도]

하나님이 함께 하시면 어떤 상황에 처해지든 그것이 곧 승리입니다. 형통한 날에는 기쁨으로 찬양하고, 곤고한 날에는 기도하게 하옵소서. 자격 없는 우리를 구원하시고 돌보시는 선한 목자 되시는 예수님만 신뢰하는 삶을 살게 하옵소서.

[역대상 19-20장]

(19장) 암몬 왕 하눈은 아버지 때부터 이어온 다윗과의 우호관계를 중단하고 아람(시리아)과 연합하여 이스라엘에 대항합니다(1-7절). 이스라엘은 군대를 둘로 나누어 각각 아람과 암몬을 상대하는데 요압이 아람을 제압하자 암몬은 저절로 무너집니다(8-15절). 그 후 아람은 또 다시 대규모의 군대를 동원하여 이스라엘을 공격하지만 지휘관까지 전사하는 처참한 패배를 당합니다(16-19절). 다윗시대 이스라엘은 아람을 완벽히 제압했습니다. 그러나 이 때를 제외하면 이스라엘은 아람으로 인해 지속적으로 영토를 빼앗기며 많은 피해를 입게 됩니다.

(20장) 다윗은 암몬의 수도 랍바를 함락하고 숙적 블레셋과의 연이은 전투에서도 모조리 승리합니다(1-8절). "다윗이 어디를 가든지 여호와께서 이기게 하셨더라"(18:13).

[베드로전서 1장]

베드로는 박해로 인해 고통당하고 있는 소아시아(지금의 터키) 지역의 그리스도인들에게 편지를 씁니다(1절). 그는 그리스도인에 대해 영원한 본향을 향해 가는 나그네로 정의합니다. 고난을 이길 힘은 썩지 않고 쇠하지 않는 하늘 유업으로부터 오는 산 소망에서 나옵니다(2-5절). 성도가 시험에 대해 기뻐할 수 있는 것은 시험이 믿음을 연단할 뿐 아니라 이를 통과한 자에게는 영광과 존귀가 따르기 때문입니다(6-9절). 선지자들은 비록 구원의 실체(예수 그리스도)에 대하여 정확히 알지 못했지만 하나님은 그들에게 영광스런 구원의 날이 올 것을 예언하게 하셨으며, 사도들에게는 구원의 실체를 보게 하시고 성령을 힘입어 이를 전파하게 하셨습니다(10-12절). 예수 그리스도의 보배로운 피로 구원받은 성도는 그의 재림을 소망하며 옛 습관을 버리고 거룩하게 살아가야 합니다(13-21절). 또한 진실함으로 사랑하는 자가 되어야 합니다(22절). 진리의 복음은 사랑과 긴밀하게 연결되어 있습니다. 영원히 변하지 않는 하나님의 말씀이 우리의 구원을 보증합니다(23-25절).

[요나 3장]

"오직 주께서는 너희를 대하여 오래 참으사 아무도 멸망하지 아니하고 다 회개하기에 이르기를 원하시느니라"(벧후 3:9). 하나님은 요나가 이 마음을 갖게 되길 원하셨습니다. 그러나 다소 모자랐습니다. 요나는 물고기 뱃속에서 연단을 받은 후 니느웨(앗수르의 수도)로 가게 되었지만 사흘 길을 걸어야 할 만큼 큰 성읍에서 단 하루만 다니며 심판의 메시지를 전합니다(1-4절). 그는 여전히 원수의 나라인 앗수르에 대한 편견과 거부감을 가지고 있습니다(4:1). 그러나 요나의 짧은 선포를 들은 니느웨에서 대대적인 회개 운동이 일어나 하나님이 그들의 회개를 받으시고 용서하는 일이 발생합니다(5-10절). 요나가 원치 않는 상황이 벌어진 것입니다. 하나님은 모든 민족이 하나님께로 돌아와 구원받기를 원하십니다. 요나가 억지로 선포한 메시지에 니느웨가 반응한 것을 보면 사람의 변화가 말의 능력에 있지 않음을 알 수 있습니다. "바요나 시몬아 네가 복이 있도다 이를 네게 알게 한 이는 혈육이 아니요 하늘에 계신 내 아버지시니라"(마 16:17).

[누가복음 8장]

예수님의 사역에는 열두 제자와 치유의 능력을 직접 경험한 여성 제자들이 함께 했습니다(1-3절). 특히 여성 제자들은 예수님의 사역을 재정적으로 후원했습니다. 제자들과 여인들처럼 하나님나라의 가치를 아는 자들에게만 비유의 깨달음이 허락됩니다(10절). 우리는 말씀이 열매 맺는 것을 방해하는 사탄의 훼방, 시험과 환난, 재물과 쾌락의 유혹을 물리치고 말씀을 듣고 인내로 순종함으로써 풍성한 결실을 맛보아야 합니다(4-15절). 복음은 결코 감춰질 수 없으며 믿고 받아들인 사람은 영원한 하나님 나라를 얻습니다(16-18절). 예수님은 말씀을 듣고 행하는 자가 진정한 나의 가족이라고 말씀하십니다(19-21절). 제자들은 풍랑을 잠재우시는 예수님을 경험하며 그를 점차 알아갑니다(22-25절). 그들에게는 천국 복음의 비밀을 풀어 가시는 예수님에 대한 온전한 믿음이 필요합니다. 예수님은 사탄의 세력을 멸하시고 생명을 주시는 분입니다(26-39절). "하나님의 아들이 나타나신 것은 마귀의 일을 멸하려 하심이라"(요일 3:8). 그는 죽음을 포함하여 인간을 절망으로 몰아넣는 모든 것을 정복하셨습니다(40-56절). 그러므로 그리스도와 함께 자는 결단코 승리합니다.

[기도]

하나님! 저도 요나처럼 편견과 선입견으로 인해 하나님의 마음을 다 이해하지 못합니다. 그러나 하나님 아버지의 긍휼과 사랑의 마음을 배워가게 하옵소서. 말씀이 삶의 현장에서 열매로 나타나게 하옵소서.

[역대상 21장]

수많은 전투(18-20장)에서 모두 승리한 다윗은 한껏 고무되어 인구조사를 명합니다(1-2절). 사탄의 충동으로 교만해진 다윗은 대장군 요압의 만류에도 불구하고 이를 강행합니다(3-4절). 결국 자신의 교만과 과시욕을 깨달은 다윗은 하나님 앞에 회개하게 됩니다(5-8절). 다윗을 사랑하시는 하나님은 그를 용서하셨지만 죄에 대해서는 징계하십니다. 다윗은 하나님의 긍휼에 맡기는 징계를 선택합니다(9-14절). 다윗은 왕이었기에 그의 죄에 대한 대가를 그의 백성이 짊어져야 했습니다. 전투에서도 7만 명이 전사하는 경우는 극히 드뭅니다. 그런데 염병으로 7만명이 죽었습니다. 그만큼 다윗의 죄는 컸으며 하나님의 심판은 무거웠습니다. 3일간의 심판이 끝나자 하나님은 다윗에게 회개의 기회를 주십니다(15-17절). 하나님은 죄로부터 돌이킬 수 있는 은혜를 베푸십니다. "죄가 더한 곳에 은혜가 더욱 넘쳤나니 이는 죄가 사망 안에서 왕 노릇 한 것 같이 은혜도 또한 의로 말미암아 왕 노릇 하여 우리 주 예수 그리스도로 말미암아 영생에 이르게 하려 함이라"(롬 5:20-21). 여호와의 사자가 선 오르난의 타작마당(대하3:1)은 회개의 제사를 드린 장소인데 훗날 이곳에 솔로몬 성전이 세워지게 됩니다(21:18-22:1절).

[베드로전서 2장]

구원받은 성도는 성장을 위해 하나님의 말씀을 사모해야 합니다(1-3절). 갓난아기가 젖을 먹고 자라나듯이 우리는 순전하고 신령한 하나님의 말씀을 통해 자라납니다. 우리는 더 성장하기 위해 사랑의 관계를 무너뜨리는 악독과 기만과 외식, 시기와 비방의 말을 버려야 합니다. 우리는 산돌이신 예수 그리스도로 인하여 신령한 집(성전)으로 세워집니다(4-5절). "너희가 하나님의 성전인 것과 하나님의 성령이 너희 안에 계시는 것을 알지 못하느냐"(고전 3:16). 또한 그리스도께서 우리를 거룩한 제사장으로 세우셨습니다. 예수 그리스도는 믿는 자에게는 하나님이 택하신 보배로운 모퉁잇돌이지만 불신자에게는 부딪쳐 넘어지게 하는 돌입니다(6-8절). 신약의 성도는 택하신 족속이며 왕이신 하나님과 세상을 중재하는 제사장이요, 거룩하게 구별된 자며 하나님의 소유된 백성입니다(9-10절). 유대인이든 이방인이든 차별이 없습니다. 성도의 할 일은 하나님이 행하신 일을 널리 전하는 것입니다. 성도는 육체의 정욕을 제어하고 사랑의 삶을 살아가며 국가의 질서에 순응함으로 이방인의 비방을 하나님을 향한 찬송으로 돌려야 합니다(11-17절). 비록 악한 주인일지라도 종이 온전히 순종한다면 고난 가운데 주시는 하나님의 은혜를 맛볼 수 있습니다(18-20절). 그리스도의 고난은 인내할 수 있는 힘을 제공합니다(21-25절). 고난받은 그리스도를 끊임없이 바라보는 성도는 부당한 고난 가운데서 인내할 수 있습니다.

[요나 4장]
요나는 하나님의 성품과 관련하여 한 가지 우려가 있었는데 그것은 니느웨 백성들의 회개로 인해 그들에게 예정된 심판이 취소되는 것입니다. 그런데 그것이 현실이 되었습니다(1-2절). 그는 하나님께 분노를 표출하며 니느웨에 하나님의 용서와 자비가 베풀어지는 것을 보느니 차라리 죽겠다고 말합니다(3-4절). 요나는 니느웨가 보이는 곳에 초막을 짓고 니느웨에서 일어나는 일의 추이를 살펴보고자 했습니다(5절). 혹 니느웨의 회개운동이 금방 시들해져서 예정대로 심판이 임하지 않을까를 기대한 것입니다. 하나님은 요나가 만든 초막에 박넝쿨을 자라게 하셔서 그늘을 만들어 주셨다가 벌레를 하여금 갉아먹게 하여 다시 뜨거운 햇빛과 열기에 노출되게 하셨습니다(6-8절). 요나는 박넝쿨로 인하여 역정을 냅니다. 그늘을 주시는 분, 거두시는 분 모두 하나님이십니다(9-10절). 마찬가지로 심판하시는 분, 구원하시는 분 모두 하나님이십니다. 단 하루의 그늘도 하나님의 은혜입니다. 당연한 것은 하나도 없습니다. 요나가 자기의 소유도 아닌 하루짜리 박넝쿨을 그토록 아꼈다면 하나님은 좌우를 분간하지 못하는 니느웨 백성들을 얼마나 더 아끼시겠습니까?(11절).

[누가복음 9장]
예수님은 12제자를 파송하시며 오직 하나님만을 의지하도록 빈손으로 가라하십니다(1-9절). 그러나 그들은 아무것도 가지지 않은 것이 아니라 귀신을 제어하고 병을 고치는 그리스도의 능력을 가졌습니다. 제자들은 사탄의 권세 아래 있는 자를 자유케 하고 병들어 고통당하는 자를 치유하는 예수님의 사역을 동일하게 행합니다(10-11절). 육신의 배고픔을 해결해 주신 예수님은 하늘에서 내려온 생명의 양식입니다(12-17절). “나는 하늘에서 내려온 살아 있는 떡이니 사람이 이 떡을 먹으면 영생하리라”(요 6:51). 예수의 그리스도 되심을 알고 자기 십자가를 지고 그를 따르는 자에게는 영원한 생명과 영광이 약속되어 있습니다(18-27절). 예수님은 변화산 사건을 통해 십자가의 죽음 이후 그에게 임할 부활의 영광을 보여주심으로써 영광과 생명이 그에게 있음을 증명하십니다(28-36절). 이미 능력을 받았음에도 귀신을 쫓지 못한 제자들은 책망을 듣습니다(37-43절). 그들은 아직 예수님의 대속의 죽음이 죄와 사망권세를 깨뜨리고 사탄을 무력하게 하는 능력임을 제대로 알지 못합니다. “그리스도는 하나님의 능력이요 하나님의 지혜니라”(고전 1:24). 두 번째 수난예고에도 불구하고 예수님에 대한 무지와 불신으로 가득한 제자들은 기득권 싸움과 배타적인 태도를 보입니다(44-50절). 예수님은 공생애 기간 동안 자신의 능력으로 직접 사람을 심판하신 적이 없으십니다. 제자들은 심판자가 되려하지 말고 예수님을 따르는 일에 더욱 집중해야 합니다(51-62절).

[기도]
다윗이 범죄 했을 때 회개로 이끄시고, 성전을 세울 터전으로 그를 이끌어 주신 하나님의 놀라운 은혜를 봅니다. 하나님의 마음을 읽을 줄 아는 성도가 되게 하시고, 내 몫의 십자가를 지고 주를 따르게 하옵소서.

[역대상 22장]
성전을 지을 터가 확정되었습니다(1절). 하나님은 이미 다윗의 아들이 성전을 세울 것이라고 말씀하셨습니다(17:4 & 11-12). 다윗은 아들 솔로몬과 주요 지도자들에게 성전 건축의 사명을 부여하고 그의 생전에 성전건축을 위한 모든 준비를 해나갑니다(2-19절). 그는 기도하며 성전건축 준비에 전심전력합니다. 하나님을 사랑한 다윗 왕은 그의 통치기간을 성전 건축 준비기간으로 삼았습니다. 훗날 솔로몬이 성전을 세우지만 실상은 다윗 때부터 세워지고 있었습니다.

[베드로전서 3장]
베드로는 부부에게 서로의 영혼을 생각하라고 권합니다(1-7절). 아내의 정결한 행실은 남편의 구원에 영향을 미치게 되니 아내들은 영혼과 내면의 아름다움을 가꾸는 것의 가치를 알아야 하고, 남편은 아내에 대해 생명의 유업을 함께 나눌 자로 알아 더욱 귀히 여겨야 합니다. 건강한 신앙 공동체를 만들기 위해서는 같은 마음, 동정, 형제사랑, 긍휼, 겸손의 가치를 구현하며 선과 화평을 추구해야 합니다(8-12절). 이제 베드로는 고난에 대해 집중적으로 언급합니다. 그리스도인은 예수 그리스도의 고난에 주목해야 합니다. 그리스도인은 고난 중에도 그리스도의 주되심에 대한 확신과 성도가 갖고 있는 소망에 관한 이유를 설명할 수 있어야 하며 고난을 두려워하지 말아야 합니다(13-18절). 선을 행함으로 고난을 받으면 유익이 있습니다. 죽음에서 부활하사 하나님 보좌 우편에 앉아계신 그리스도는 모든 악한 영들을 굴복시키셨습니다(19-22절). 그 옛날 노아의 가족만 물의 심판에서 건짐 받았습니다. 하나님 보좌 우편에 계신 그리스도가 다시 오실 때에는 불의 심판이 있을 것입니다. 세례는 하나님의 부르심에 대한 응답이며 구원을 향한 간구입니다.

[미가 1장]
미가서는 사마리아(북이스라엘)의 멸망에 관한 심판선언으로 시작합니다(1-7절). 사마리아의 가장 큰 죄는 우상숭배입니다. 하나님은 모든 우상을 깨뜨리시고, 우상숭배를 통해 모은 모든 재물('기생의 값')을 앗수르가 그들의 우상을 위해 쓰도록 만들 것입니다. 북이스라엘에 내려진 심판의 선언을 남유다가 마냥 기뻐할 수 없는 것은 심판의 내용이 곧 그들에게도 적용될 것이기 때문입니다(8-9절). 미가

는 앗수르의 공격을 받게 될 11개의 성을 언급합니다(10-15절). 가드를 제외한 10개의 성은 서쪽 해안가(지중해 지역)에서 예루살렘으로 향하는 5개의 주요 루트에 위치한 성들입니다. 즉, 예루살렘 방어를 위한 요새들입니다. 미가는 이미 유다가 겪게 될 심판의 상황을 내다보고 있습니다. 미가는 포로로 잡혀갈 자식들을 생각하며 머리를 밀고 애곡하라고 말합니다(16절). 머리를 미는 것은 죽은 자에 대한 애도의 표시입니다. 참고로 해안에서 예루살렘으로 가는 주요 루트(골짜기)는 아얄론, 소렉, 엘라, 구브린, 라기스이며 이 지역 전체를 '쉐펠라'라고 부릅니다.

[누가복음 10장]

칠십 제자를 파송한 이야기는 누가복음에만 기록되어 있습니다. 2인 1조로 현장에 나간 제자들은 추수할 영혼들에 비해 일꾼이 얼마나 적은지 보게 될 것입니다(1-2절). 우리의 사역 현장에는 늘 일꾼이 부족하여 동역자를 보내주시길 기도하게 됩니다. 게다가 일꾼들은 이리 가운데 보내진 어린 양과 같습니다(3절). 복음을 전하는 현장의 어려운 상황을 말하는 것입니다. 선교 여행 시 필요한 짐을 꾸리는 것과 길에서의 문안을 금합니다(4절). 필요한 것을 공급해 주실 것을 믿어야 하며(5-7절), 식사나 차담으로 이어질 수 있는 의례적인 문안 때문에 시간을 허비하지 말아야 합니다. 복음 전함의 시급함을 강조하는 것입니다. 복음에 호의적인 마을에서는 그들이 준비한 음식도 먹고, 하나님 나라를 선포하며 병든 자를 치유하라고 하십니다(8-9절). 이것은 차후 예수님의 방문에 대한 준비입니다. 반면 배척하는 마을은 두로나 시돈보다 더 혹독한 심판을 받게 될 것입니다(10-16절). 예수님의 이름으로 귀신이 항복하는 것은 놀라운 일입니다. 그러나 더 놀라운 일은 우리의 이름이 하늘나라에 기록되어 있는 것입니다(17-20절). 아들 예수 그리스도를 통해서만 하나님을 알 수 있으며 구원에 이를 수 있습니다. 어린아이와 같이 예수님을 신뢰하고 믿는 자에게는 하나님 나라의 복이 임합니다(21-24절). 예수님은 율법의 근본이 하나님을 사랑하고 이웃을 사랑하는 것이라고 말하는 한 율법교사의 사마리아인에 대한 배타적인 태도를 폭로하십니다(25-37절). 섬김이 주의 말씀을 듣는 것보다 앞설 수는 없습니다(38-42절).

[기도]

다윗처럼 주의 전을 사모하게 하시고, 겸손과 정의와 사랑을 겸비한 주의 백성이 되게 하옵소서. 내면의 가치를 알게 하시고, 배우자를 생명의 유업을 나눌 자로 알아 귀히 여기게 하옵소서.

[역대상 23장]

다윗은 솔로몬을 차기 왕으로 선정하고 본격적으로 후계자 수업을 진행합니다(1절). 훗날 솔로몬은 예정대로 이스라엘의 왕으로 등극합니다(29:23). 후계자 수업의 핵심내용은 성전 건축과 성전의 기능 유지를 위해 조직을 만드는 것입니다. 다윗은 30세 이상의 레위인을 계수하고 임무와 역할에 따라 인원을 배정합니다(2-5절). 이어서 레위의 세 아들인 게르손, 그핫, 므라리의 계보와 20세 이상의 우두머리가 소개됩니다(6-24절). 광야시대에는 레위인의 주요 임무가 성막을 이동시키는 것이었습니다. 그러나 성전이 세워지면 더 이상의 이동소요는 없어집니다(25-26절). 대신 규모가 크게 확장됨에 따라 더 많은 인력이 소요됩니다. 따라서 다윗은 율법에서 규정한 레위인의 복무연한('30-50세', 민 4:3)를 20세부터 시작하는 것으로 낮추고 레위인이 감당해야 할 새로운 역할들을 구체적으로 명시합니다(27-32절).

[베드로전서 4장]

네로 황제 시절 로마는 기독교인에 대해 극심한 박해를 가합니다. 베드로는 고난을 각오해야 한다고 권고합니다(1-2절). 육체의 때가 얼마 남지 않았으니 이전에 즐겨하던 방탕한 일을 버리고 거룩을 비웃는 자들의 비방은 심판에 맡겨야 합니다(3-6절). 베드로는 종말의식을 가져야 함을 강조하며 성도들에게 뜨거운 사랑과 섬김, 선한 청지기의 삶, 하나님의 영광을 위한 삶을 주문합니다(7-11절). 사랑이 죄를 덮는다는 것은 불의를 숨겨주라는 의미가 아니라 깨어진 관계를 사랑의 힘으로 극복하라는 의미입니다. 진정한 사랑은 불의를 기뻐하지 않으며 진리와 함께 기뻐합니다(고전13:6). 성도는 불 시험의 고난을 이상히 여기지 말고 기뻐해야 합니다(12-13절). 왜냐하면 그리스도의 이름으로 치욕을 당하면 복이 있기 때문입니다(14절). "나로 말미암아 너희를 욕하고 박해하고 거짓으로 너희를 거슬러 모든 악한 말을 할 때에는 너희에게 복이 있나니 기뻐하고 즐거워하라 하늘에서 너희의 상이 큼이라"(마 5:11-12). 죄로 인해 고난 받는 것은 부끄러운 것이나 그리스도로 인하여 고난 받는 것은 하나님께 영광이 됩니다(15-16절). 성도는 고난을 통해 하나님 나라에 합당한 자로 연단 받지만 죄인은 영원한 심판에 처해지게 됩니다(17-18절). 예수님이 십자가에서 그의 영혼을 아버지께 의탁한 것처럼 고난 받는 성도는 그의 영혼을 창조주 하나님께 의탁해야 합니다(19절).

[미가 2장]

땅은 하나님이 주신 기업으로 매매가 금지되어 있습니다(레 25:23). 그런데 권력자들이 백성들의 집과 땅을 강탈하여 이스라엘 사회의 근간을 무너뜨리는 악을 행하므로 하나님은 그들에 대한 재앙을 계획하셨습니다(1-5절). 다윗왕조의 영원함을 문자적으로 신봉하는 권력자들은 유다의 멸망을 외치는 미가의 선포를 예언이 아닌 욕설 수준으로 평가합니다(6절). 그들은 하나님의 심판에 대해 하나님의 성급한 결정이라고 판단합니다(7절). 그들은 하나님이 결정하신 것에 대해 적절성을 판단하는 죄를 범하고 있습니다. 하나님은 백성들을 무자비하게 착취하는 권력자들을 심판하실 것입니다(8-10절). 백성들은 포도주와 독주처럼 사람을 기분 좋게 만드는 거짓 선지자의 말에 열광합니다(11절). 거짓 선지자를 따르는 것은 죄입니다. 그러나 하나님은 심판으로 인해 흩어진 백성들을 다시 불러 모으실 것입니다(12-13절). 이스라엘을 가두고 있는 빗장을 부수고 그들을 구원하실 것입니다. 참고로 보스라(오늘날의 부세이라)는 에돔의 중요한 도성으로 난공불락의 요새입니다.

[누가복음 11장]

우리의 기도는 '아버지'를 부름으로 시작됩니다(2절). 먼저 구해야 할 내용은 아버지의 이름이 거룩히 여김을 받는 것과 그의 나라가 임하는 것입니다. 아버지의 이름과 그의 나라를 구하는 것 없이 자신의 필요한 것만 구한다면 이는 이방인이 드리는 기도와 다를 바 없습니다. 우리 삶에 아버지의 나라가 임할 때, 즉 우리가 아버지의 다스리심에 순복할 때 그의 이름은 높아질 것입니다. 아버지의 다스림을 위해 기도한 자는 일상의 문제(일용할 양식)와 영적 전투(용서의 삶, 시험을 이기는 삶)를 위해 간구할 수 있습니다(3-4절). 친구에 비할 수 없는 아버지 되시는 하나님은 간청하는 기도를 외면하지 않으십니다(5-10절). 가장 좋은 성령님을 주시고 성령님을 통하여 최선의 기도가 드려지게 하시며 가장 좋은 것으로 응답하십니다(11-13절). 하나님의 성령을 힘입어 귀신을 쫓아내면 이미 하나님의 나라가 임한 것입니다(14-23절). 그러나 쫓겨나간 귀신이 더 악한 귀신을 대동해 다시 들어올 수 있으므로 하나님의 말씀으로 채워야 귀신을 제어할 수 있습니다. 결국 말씀을 듣고 행하는 자가 승리합니다(24-28절). 귀신은 말씀으로 무장된 사람을 사로잡을 수 없습니다. 요나가 니느웨 백성들에게 표적이었던 것처럼 예수님은 이 시대의 표적입니다(29-30절). 그 옛날 이방인들이 믿음을 가졌던 것과 달리 예수님 시대의 사람들은 믿지 않았습니다(31-32절). 말씀을 듣고 받아들인 자는 영적 안목, 즉 내면의 눈(빛)을 갖게 됩니다(33-36절). 내면의 빛을 가진 자는 자신의 생각과 말, 행동을 주의 말씀 안에서 통합할 수 있습니다. 내면의 정결을 위하여 마음으로 구제하는 자가 되어야 하며(37-41절), 율법의 근본정신에서 떠나있는 보여주기 식의 모든 행위에서 돌아서야 합니다(42-54절).

[기도]

다윗의 마지막 당부는 성전에 관한 것입니다. 내게 하나님을 향한 순전한 사랑의 마음을 부어주셔서 하나님과 하나님의 성전인 공동체를 사랑하게 하옵소서. 사랑과 섬김으로 하나님의 영광을 나타내게 하옵소서.

[역대상 24-25장]

(24장) 아론의 아들 나답과 아비후는 하나님이 명하지 않는 다른 불로 분향하다가 하나님의 심판으로 죽었습니다(레 10:1-2). 제사장직은 남은 두 아들인 엘르아살과 이다말의 후손들이 이어가는데 엘르아살 자손의 우두머리 16명과 이다말 자손의 우두머리 8명은 공평하게 제비를 뽑아 제사장의 반차를 나누었습니다(1-6절). 제사장 조직은 24개 반차로 이루어져 있으며 1년에 2주씩 성전에서 봉사하게 됩니다. 제사장 24개 반차가 소개됩니다(7-19절). 남은 레위인 중에서 성전을 섬기게 될 아므람의 계보(20-25절)와 므라리의 계보(26-30절)가 소개됩니다. 이들 역시 장자의 가문이든 막내 가문이든 공평하게 제비를 뽑아 일을 분담했습니다(31절). 모든 일은 공명정대하고 질서 있게 진행되었습니다.

(25장) 다윗은 군대만큼이나 찬양대를 세밀하게 조직했습니다(1절). 찬양대는 노래하는 하늘의 군대입니다. 찬양대의 대표격인 아삽과 헤만과 여두둔은 각각 신령한 노래를 하는 자(=원어의 의미로는 예언을 하는 자), 하나님의 말씀을 가진 왕의 선견자로 불립니다(2-5절). 우리가 부르는 찬양에는 하나님의 놀라운 구원의 역사와 신실한 약속, 앞으로 행하실 일에 대한 선포 등 예언적 의미가 담겨 있습니다. 찬양대는 총 24개 그룹이며 한 그룹 당 12명으로 편성되어 있습니다. 아삽과 헤만과 여두둔의 아들 24명이 각 그룹의 수장이 됩니다(6-7절). 24개의 찬양대 그룹이 소개됩니다(9-31절). 큰 자나 작은 자, 스승이나 제자를 막론하고 공평하게 제비를 뽑아 순서를 정한 후 직임을 감당했습니다(8절).

[베드로전서 5장]

베드로는 교회의 지도자들과 성도들에게 차례로 권면합니다. 그는 스스로를 함께 장로된 자요 그리스도의 고난의 증인이며 장차 나타날 영광에 참여할 자로 소개합니다(1절). 그리스도의 고난을 목격한 증인이며 그리스도의 고난에 참여하는 자가 되면 그리스도께서 다시 오실 때 영원한 영광을 누리게 될 것입니다. 교회의 지도자의 직무는 양 무리를 돌보는 것입니다(2절). 양 무리를 돌보는 자는 억지가 아닌 자원하는 마음으로 해야 하며 자신의 이익을 위해 목양해서는 안 됩니다. 거짓 교사들은 경건을 이익의 방도로 생각합니다(딤전 6:5). 무엇보다 양 무리의 본이 되어야 합니다(3절). 이 일에 충성한 자들은 영광스런 상급이 주어질 것입니다(4절). 모든 성도는 지도자의 권위에 복종하고 겸손함으로 따라야 합니다(5-7절). 특히 주님이 나를 돌보신다는 믿음으로 주님께 모든 염려를 맡길 때 성도는 겸손할 수 있습니다. 성도는 항상 마귀에 대한 경각심을 가져야 하며 고난은 잠깐이요 구원의 영광은 영원하다는 것을 기억해야 합니다(8-11절). "현재의 고난은 장차 우리에게 나타날 영광과 비교할 수 없도다"(롬 8:18). 베드로는 이 은혜위에 굳게 설 것을 권하며 편지를 맺습니다(12-14절).

[미가 3장]
지도자들, 재판관들, 선지자와 제사장들은 이스라엘의 리더 그룹입니다. 그들은 앞장서서 하나님의 정의를 실현해야 합니다. 그러나 현실은 그렇지 않아서 미가는 그들의 실상을 폭로합니다. 먼저, 선을 미워하고 악을 기뻐하는 지도자들을 고발합니다(1-4절). "정의를 아는 것이 너희의 본분이 아니냐" 백성들은 그들에게 착취의 대상일 뿐입니다. 다음으로, 거짓 선지자들을 고발합니다(5-6절). 그들은 뇌물을 받고 평강을 외쳤습니다. 하나님의 이름으로 선포하는 예언이 돈벌이 수단으로 전락한 것입니다. 하나님은 예언이 빗나가게 하심으로 그들의 권위를 실추시킬 것입니다(7절). 반면, 미가는 하나님의 영으로 충만케 되어 이스라엘의 죄를 단호히 외칠 것을 다짐합니다(8절). 지도자들은 정의를 버리고 불의를 일삼으면서도 하나님이 함께 계시기에 재앙이 임할 수 없다고 자신합니다(9-11절). 하나님의 무조건적인 보호를 주장하며 잘못된 믿음에 안주해 버립니다. 그들이 곧 심판을 당하게 되는 것은 역설적으로 하나님이 그들 가운데 계시기 때문입니다.

[누가복음 12장]
바리새인의 위선도, 지금 감추어져 있는 복음도 선명하게 드러날 때가 올 것입니다(1-3절). 그러므로 제자는 영혼(영생)을 빼앗지 못하는 자들을 두려워하지 말고 담대하게 복음을 선포해야 합니다(4-7절). 예수님은 사람 앞에서 당신을 시인한 자를 하나님의 사자들 앞에서 시인할 것입니다(8-9절). 그러나 바리새인처럼 예수님을 고의적으로 적대하거나 복음전파를 훼방하면 사함을 받지 못할 것입니다(10절). 성령님은 박해받을 때 마땅히 할 말(복음의 변증)을 생각나게 하십니다(11-12절). 예수님은 세속적인 분쟁 해결이 아니라 생명의 문제를 위해 이 땅에 오셨습니다(13-15절). 예수님은 유산 조정을 의뢰한 사람의 문제가 탐심임을 간파하시고 '어리석은 부자'의 비유를 통해 인생의 기쁨을 재물에서 찾고 있는 인간의 어리석음을 고발하십니다(16-21절). 많은 사람들이 먹고 마시는 문제에 매여 삽니다(22절). 만족을 모르고 더 많은 것을 얻고자 합니다. 하나님 나라의 백성들은 하나님의 채우심을 믿고 먼저 그의 나라를 구하는 자가 되어야 합니다(23-31절). 이것은 당신의 나라를 주시길 기뻐하시는 하나님을 위해 실제로 물질을 드리는 것을 의미하는데 마음이 어디를 향하고 있는지는 물질의 쓰임을 통해 드러나게 됩니다(32-34절). 재림은 생각지 않은 때에 일어나므로 주의 재림을 기다리며 지혜와 충성으로 주께서 위임하신 일들을 감당해야합니다(35-44절). 많이 받은 자에게 더 큰 충성이 요구됩니다(45-48절). 시므온의 예언처럼 예수님은 사람을 패하거나(심판) 흥하게(구원) 하실 것입니다(2:34, 49-53절). 그리스도를 구원의 주로 만나는 것이 은혜입니다(54-59절).

[기도]
교회에서 맡은 직분과 그리스도인으로서의 책임 있는 삶을 잘 감당하게 하시고, 하나님의 영으로 충만하여 정의와 선을 행하는 자 되게 하옵소서. 어디서나 그리스도를 시인하며 본이 되는 삶을 살게 하옵소서.

[역대상 26-27장]

(26장) 레위인은 성전에서 섬기는 일을 위해 특별한 부름을 받았기에 성전 문지기의 직무도 그들의 몫입니다. 성전 문지기는 그핫의 손자인 고라 자손과 므라리 자손 중에 선정되었습니다(1-19절). 눈에 띄는 사람은 오벧에돔(='에돔의 종'이라는 뜻)인데 그는 에돔 사람으로 추정되지만 하나님의 언약궤를 잠시 맡았던 일(13:14)로 인하여 복을 받아 레위인만이 할 수 있는 성전 문지기의 직무를 맡게 되었습니다. 그는 레위인과 동등한 지위를 보장받습니다. 하나님이 그의 자손들을 축복하셨습니다. 성전 창고(하나님의 전 곳간)와 제물로 바칠 물건을 위한 창고(성물 곳간)를 맡은 자들과(20-28절) 행정 및 사법에 관한 직무를 맡은 자들(29절)이 소개됩니다. 레위인 중 헤브론의 자손들은 특별합니다. 헤브론의 자손 중 하사뱌와 그의 동족은 요단 서쪽 땅에서, 여리야와 그의 가문은 요단 동쪽 땅에서 하나님의 모든 일과 왕을 섬기는 일을 담당했습니다(30-32절). 그들은 큰 용사로서 성전 밖에서 일하는 레위인이었습니다.

(27장) 다윗의 군대와 각 지파의 지도자, 왕궁의 관리들이 소개됩니다. 다윗의 군대는 24,000명을 1개 단위로 하는 총 12개 반으로 구성되어 있습니다(1-15절). 그들은 한 달씩 직무를 감당합니다. 각 지파의 지도자들이 소개됩니다(16-22절). 갓과 아셀이 빠진 대신 아론이 포함되었으며, 므낫세는 두 번 언급되었습니다. 갑자기 다윗의 인구조사에 관한 내용이 등장하는데 자손의 번성에 관한 하나님의 약속을 신뢰한 그는 20세 이하는 통계에서 제외하였습니다(23-24절). 마지막으로 다윗 왕실의 재산을 관리하는 관리자들과 다윗 왕국의 주요 인사들이 소개됩니다(25-34절).

[베드로후서 1장]

우리에게 주신 보배롭고 지극히 큰 약속으로 인하여 우리는 정욕을 이기고 신성한 성품에 참여하는 자가 되었습니다(1-4절). 그러나 아직 완성된 상태가 아니므로 힘써 거룩한 덕목을 달성해 나가야 합니다(5-9절). 하나님의 부르심과 택하심에 대한 확신은 삶으로 증명되어야 합니다(10-11절). 구원이 완전히 성취될 때까지 날마다 신성한 성품을 더해가야 합니다. 베드로는 이 땅에서의 날이 얼마 나지 않았음을 직감하고 그가 죽은 후에도 진리의 말씀이 성도들에게 계속 생각나게 하려는 목적으로 이 글을 썼습니다(12-15절). 특히 성도들이 새겨두어야 할 중요한 교리는 그리스도의 재림입니다(16-19절). 베드로는 변화산 사건을 언급하며 그리스도에 대한 그의 가르침이 지어낸 이야기가 아님을 강조합니다. 또한 자신의 경험보다 더 확실한 예언(구약)이 메시아에 대한 더욱 분명한 증거라고 말합니다. 그러므로 성경은 그리스도성, 사도성(저자), 통전성(성경 전체를 관통하는 해석에서 벗어나지 말아야 함), 보편성(특정교회가 아닌 모든 교회에 적용 가능해야 함)

등의 신학적 기준을 가지고 신중하게 해석해야 합니다(20-21절). 자기 마음대로 해석하는 자는 거짓 교사입니다.

[미가 4장]

마지막 날에 여호와의 전이 있는 시온산은 모든 산 위에 우뚝 서게 될 것이며 이방민족들이 시온산으로 순례를 오게 될 것입니다(1-4절). 이는 온 세계에 미칠 하나님의 종말론적인 통치를 의미합니다. 전쟁이 그치고 완전한 평화가 임할 것입니다. 하나님의 백성들은 마지막 날에 있을 하나님의 승리의 역사를 소망하며 하나님의 이름을 의지하고 그의 말씀에 순복해야 합니다(5절). 하나님은 흩어졌다가 귀환한 자들의 왕이 되어 그들을 직접 통치하시며 다윗왕조를 회복하실 것입니다(6-8절). 하나님은 해산하는 여인처럼 고통스런 시간(=예루살렘의 멸망과 바벨론 포로)이 지나고 나면 그들을 건지실 것입니다(9-10절). 하나님은 이방민족을 시온으로 부르실 것입니다(11-13절). 그들은 승리를 확신하며 시온을 공격하러 오겠지만 그것은 그들을 심판하시기 위한 하나님의 크신 계획입니다. 하나님은 모든 민족을 다스리는 통치자이십니다.

[누가복음 13장]

유대인들은 불행한 죽음을 보면 죄가 많기 때문이라고 생각했습니다. 예수님은 빌라도와 관련된 두 가지 사건을 통해 인간에게는 죽음 자체가 불행이며 죽음의 날이 이르기 전에 속히 회개할 것을 강조하십니다(1-5절). 지금은 심판이 유예된 은혜의 때이지만 언제까지 지속될지 알 수 없습니다(6-9절). 예수님은 포로 된 자를 자유케 하기 위해 이 땅에 오셨습니다. 예수님이 안식일에 행하신 치유사건으로 회당장은 분노하지만 예수님은 그것이 안식일의 본질에 잘 부합하는 것이라고 말씀하십니다(10-17절). 회당장에게 겨자씨만한 믿음만 있었어도 분노하지 않았을 것이며 누룩이 가루 서말을 부풀게 만드는 것처럼 하나님 나라가 그에게 움텄을 것입니다(18-21절). 유대인들은 아브라함의 자손임을 내세워 자신들의 구원을 당연하게 생각하지만 오직 하나님의 뜻을 행하며 진리 가운데 살아가는 사람만이 구원에 이를 것입니다(22-28절). 유대인들이 나중 되고 이방인들이 하나님의 나라의 잔치에 먼저 참여하게 될 것입니다(29-30절). 헤롯이 자신을 죽이려 한다는 소식을 들은 예수님은 구약의 선지자들처럼 자신도 예루살렘(=유대인)에 의해 죽임을 당하게 될 것을 말씀하십니다(31-35절).

[기도]

하나님이 맡기신 일을 잘 감당하여 오벧에돔과 같이 복을 받게 하옵소서. 구원의 날이 이르기까지 날마다 하나님의 성품이 더해지게 하시고, 하나님의 뜻을 행하며 진리 가운데 거하게 하옵소서.

[역대상 28장]

마치 유언과 같은 다윗의 마지막 당부와 권면이 29장까지 이어집니다. 다윗은 지도자들을 모은 자리에서 하나님이 자신을 선택하사 이스라엘의 왕으로 세우시고 성전 건축을 준비하게 하셨으며 아들 솔로몬을 통해 성전을 완성하실 것을 천명합니다(1-10절). 특히, 솔로몬에게는 힘써 성전을 완공할 것과 하나님의 계명과 법도를 준행함으로 '그의 나라를 영원히 견고하게 하리라'는 하나님의 약속('다윗 언약')을 이루어 갈 것을 당부합니다. 다윗은 하나님이 그에게 특별한 계시로 주신 성전의 설계도를 솔로몬에게 전달하며 국가의 역량을 총 집중하여 성전을 건축할 것을 명합니다(11-21절).

[베드로후서 2장]

그리스도와 재림을 부인하며 탐심과 성적 욕망에 사로잡혀 있는 거짓교사들이 교회에 들어와 성도들을 미혹하고 호색에 빠지게 만들었습니다(1-3절). 베드로는 심판에 관한 구약의 다양한 사례들을 제시하며 거짓 교사들에게 반드시 심판이 임할 것을 선언합니다(4-8절). 심판받을 거짓 교사들의 대표적인 특징은 정욕과 교만입니다(9-11절). 베드로는 거짓 교사의 특성을 계속 언급합니다. 이성 없는 짐승 같고 음란하며 불의와 쾌락에 빠져 있는 거짓 교사들은 말씀에 굳게 서지 못한 성도를 미혹합니다(12-14절). 그들은 불의의 삯을 사랑한 발람과 같습니다(15-16절). 발람은 자기 앞에 닥칠 심판을 알지 못하여 나귀로부터 책망을 들어야 했습니다. 거짓 교사는 물 없는 샘과 같지만 목마른 자에게 마치 물을 줄 수 있는 것처럼 거짓 약속을 합니다(17절). 그들은 겨우 피한 자(=이제 막 복음을 받아들인 성도)를 미혹하여 넘어지게 만듭니다(18절). 그들은 자신들의 가르침이 자유를 준다고 말하면서 타락한 멸망의 종의 모습을 보여줍니다(19절). 그리스도를 따르는 삶에서 이전의 삶으로 되돌아가는 것은 개, 돼지의 행위와 같습니다(20-22절). 거짓 교사와 그들의 미혹에 넘어간 자에게 심판이 기다리고 있습니다.

[미가 5장]

미가는 절체절명의 위기를 맞은 예루살렘을 묘사합니다(1절). 군사들을 불러 모으려 해도 더 이상 사람이 없는 예루살렘은 곧 이방인의 군대가 들이닥칠 것이며 왕은 사로잡혀 큰 모욕을 당하게 될 것입니다. 이제 이스라엘을 다스릴 통치자는 예루살렘이 아닌 다윗의 고향인 베들레헴 에브라다에서 나올 것입니다(2절). 작은 동네 베들레헴에서 하나님의 절대주권 가운데 탄생한 새로운 통치자가 있습니다. 바로 예수 그리스도이십니다(마 2:6). 여인이 해산하기까지, 즉 그리스도가 오기까지 고난이 지속될 것이며 남은 자들이 돌아오게 될 것입니다(3절). 메시아는 여호와를 의지하고 그의 능력으로 통치할 것이며, 앗수르(대적)를 물리치고 평강을 가져 올 것입니다(4-6절). 야곱의 남은 자들(=심판에서 살아남은 자들)은 이방 민족에게 복의 근원('이슬', '단비')이 될 것이며, 또한 사자 같은 존재가 되어 그들을 호령할 것입니다(7-9절). 하나님은 이스라엘에 대한 심판을 단행하십니다. 이스라엘이 의지하는 무기와 요새들, 복술과 각종 우상들은 모두 파괴될 것입니다(10-14절). 물론 하나님을 대적하는 이방민족 역시 심판의 대상입니다(15절).

[누가복음 14장]

예수님은 안식일에 병을 고쳐 주심으로 병자에게 안식을 누리게 하는 것이 안식일 정신에 일치한다는 것을 몸소 보여주십니다(1-6절). 바리새인들은 철저하게 율법을 준수한 자기들이 대접받아야 한다고 생각하지만 예수님은 자기를 높이는 자는 낮아지게 될 것이라고 말씀하십니다(7-11절). 또한 만찬에 자신을 초청한 바리새인에게 호의를 되갚을 수 없는 사람들을 초대하는 것이 진정한 구제라고 말씀하십니다(12-14절). 예수님을 통해 임할 하나님 나라는 원래 하나님의 언약 백성인 유대인에게 먼저 소개되었으나 그들의 거절로 이방인들이 대신 초대받게 되었습니다(15-24절). 예수님은 자격 없는 우리를 하나님 나라의 백성으로 초대해 주셨습니다. 참 제자는 예수님을 가장 사랑하며 자기 십자가를 지고 그를 따릅니다(25-27절). 망대 건축과 전쟁 비유는 제자가 가야할 길에 대한 분명한 이해와 희생에 대한 결단을 촉구합니다(28-33절). 제자로서의 맛을 잃어버리면 맛 잃은 소금처럼 버려지게 될 것입니다(34-35절). 그리스도를 따르는 것은 모든 것에 우선합니다.

[기도]

내 마음을 성전 삼아 거하시는 주님을 날마다 사모하게 하시고, 아직도 나를 괴롭히는 헛된 우상을 버리게 하옵소서. 세상을 사랑하면 마귀의 유혹에 넘어지게 되니 말씀을 사랑하게 하시고 참된 제자의 길을 가게 하옵소서. 맛 잃은 소금되어 버림받지 않게 하옵소서.

12
월

M'Cheyne

개관

역대하

역대기서도 사무엘서나 열왕기서와 같이 본래 한 권이었다가 후대에 분리되었습니다. 역대상은 다윗을 중심으로 한 역사를 다루고 역대하는 솔로몬의 성전건축으로부터 유다의 멸망까지 다룹니다. 저자는 포로생활 중인 유대인들에게 본국으로 돌아가 성전을 재건하라는 고레스의 조서(키루스의 칙령)내용을 끝으로 글을 마무리합니다. 이는 신실하신 하나님이 다윗과 맺은 언약을 포기하지 않으셨음을 보여줍니다. 다윗언약은 훗날 예수 그리스도를 통한 영원한 하나님의 도래로 성취됩니다.

나훔

요나와 나훔은 니느웨(앗수르의 수도이며 앗수르를 지칭)에 대한 메시지입니다. 다른 점은 요나가 앗수르(아시리아)의 회개를 촉구하는 데 반해 나훔은 앗수르의 멸망을 선포한다는 것입니다. 앗수르는 북이스라엘을 멸망시키고 남유다를 멸망 직전까지 몰고 간 공포의 제국입니다. 앗수르의 멸망에 대한 선포는 이스라엘 백성들에게 큰 위로가 되었습니다. 나훔은 그 이름의 뜻 자체가 '위로'입니다. BC 612년, 메디아와 바벨론 연합군은 마침내 앗수르를 멸망시킵니다. 나훔은 하나님을 대적하고 그의 백성을 괴롭히는 악한 세력에 대한 하나님의 종말론적인 심판의 의미를 담고 있습니다.

하박국

하박국은 바벨론의 멸망에 관한 예언입니다. 하박국은 하나님이 바벨론(갈대아)을 통해 유다를 심판하시는 것에 대하여 의문을 제기합니다. 거룩하신 하나님이 악한 유다를 심판하기 위해 더 악한 바벨론을 사용하신다는 것이 이해되지 않습니다. 더 악한 바벨론이 크게 번성하는 것은 하나님의 공의에도 어긋나 보입니다. 하박국의 의문에 대한 하나님의 답은 "비록 더딜지라도 기다리라 … 의인은 믿음으로 말미암아 살리라"입니다(2:3-4). 의인은 하나님을 신뢰하고 그의 말씀이 이루어지는 때를 기다리며 믿음으로 삽니다. 불만과 의문을 가졌던 하박국은 하나님을 신뢰하며 노래합니다. "무화과나무가 무성하지 못하며 … 나는 구원의 하나님으로 말미암아 기뻐하리로다"(3:17-18).

[질문과 묵상]

1. 오늘 말씀을 통해 만난 하나님은 어떤 분인가요?
2. 오늘 말씀을 통해 하나님이 내 삶에 요청하시는 것은 무엇인가요?

개관

스바냐

히스기야의 아들 므낫세는 55년에 걸친 재위기간 동안 유다의 극심한 영적 타락을 불러온 악한 왕입니다. 아몬을 거쳐 왕위에 오른 요시야는 강력한 종교개혁으로 유다를 하나님께로 돌려놨으나 이미 장시간에 걸친 우상숭배와 타락으로 하나님의 심판은 확정된 상태였습니다. 요시야 왕 때에 활동한 스바냐 선지자는 여호와의 날, 곧 심판의 날을 선포합니다. 정치·종교 지도자들의 타락을 신랄하게 비판한 그는 유다와 주변 민족들 모두 하나님의 심판의 대상임을 선포합니다. 그러나 하나님의 심판은 파괴가 아닌 죄와 교만의 제거가 목적입니다(3:11). 하나님은 심판 후에 유다와 열방을 다시 회복하실 것입니다. 그러므로 성도는 하나님의 변함없는 사랑과 긍휼을 신뢰하며 끝까지 신앙을 지켜야 합니다. "네가 죽도록 충성하라 그리하면 내가 생명의 관을 네게 주리라"(계 2:10).

학개

학개는 스가랴와 함께 예루살렘 성전 재건을 주도했던 선지자입니다. 그는 포로에서 귀환한 백성들이 자기 일에만 바쁘고 성전 재건에는 무관심하자 영적 우선순위를 확립하도록 독려하여 BC 516년에 (스룹바벨) 성전이 완공되게 하였습니다. 출애굽의 목적과 같이 포로 귀환의 목적도 하나님께 드리는 예배의 회복이었기에 성전 재건은 매우 중요한 프로젝트였는데 내·외부의 수많은 난관을 뚫고 마침내 이루어낸 것입니다. 그는 성전건축 이후에 주실 하나님의 축복, 특히 다윗 왕국의 회복과 메시아에 대한 기대를 선포합니다. 그의 선포를 성취하신 이는 단연 예수 그리스도이십니다.

스가랴

스가랴는 학개와 동시대 사람입니다. 그는 성전건축을 독려함과 동시에 진정한 회개와 영적 개혁을 촉구합니다. 큰 기대를 안고 포로에서 귀환한 백성들은 척박한 환경과 보이지 않는 미래로 인해 절망합니다. 메시아의 오심으로 다윗왕조가 회복된다는 것은 믿을 수 없는 말이 되었습니다. 스가랴는 이러한 상황 속에서 하나님은 언약을 잊지 않으셨으며 반드시 메시아를 보내셔서 그의 나라를 회복하실 것을 선포합니다. 스가랴에는 메시아에 관한 예언과 종말론적 예언이 많이 등장합니다. 훗날 메시아가 오셔서 그의 백성들을 부르시고 영원한 구원과 승리를 주실 것입니다.

말라기

세례 요한을 구약의 마지막 선지자라고 말하기도 하지만 실질적인 구약의 마지막 선지자는 말라기입니다. 학개, 스가랴의 독려로 성전을 다시 세운 귀환자들은 메시아가 오셔서 다윗 왕국을 재건한다는 예언의 성취를 오랫동안 기다렸으나 이루어질 기미가 보이지 않자 크게 낙담하게 됩니다. 이는 신앙의 위기로 이어져 언약백성의 삶이 무너지기 시작합니다. 하나님을 멸시한 제사, 이방인과의 통혼, 이혼, 불성실한 십일조와 헌물 등 영적 나태함과 윤리적 타락 현상이 나타나고 있을 때 하나님은 말라기 선지자를 그들에게 보내십니다. 말리기는 귀환자들의 죄를 지적하며 회개를 촉구합니다. 그들은 하나님의 특별한 소유이며 변함없는 사랑의 대상입니다(1:2 & 3:17).

[역대상 29장]

이제 다윗은 회중에게 권면합니다(1절). 전체적인 내용은 솔로몬에게 주는 권면과 유사합니다. 솔로몬을 도와 하나님의 전을 건축하라는 것입니다. 성전을 사모하는 다윗과 지도자들의 최선을 다한 성전 건축 준비에 백성들도 자원하는 마음으로 동참했습니다(2-9절). 다윗은 기쁨의 제사를 드리며 백성들에게 하나님을 찬양할 것을 명합니다(10-17, 20-21절). 그는 백성들이 하나님을 기뻐하는 지금의 마음을 잃지 않기를 또한 솔로몬이 마음을 다해 주의 율례를 행하며 성전건축의 사명을 잘 감당하기를 간구합니다(18-19절). 하나님이 세우신 왕 솔로몬(23:1)의 공식적인 통치가 시작됩니다. 역대상은 다윗에 대한 평가로 마무리됩니다. 그는 유다지파와 이스라엘을 40년간 다스리며 부와 존귀를 누렸으며 그의 행적은 사무엘과 나단, 갓의 글을 통해 기록되었습니다(26-30절). 신실한 종 다윗은 하나님을 경외하는 왕의 표준이 되어 '다윗의 길'이라는 용어를 만들어 냅니다. "요시야가 여호와 보시기에 정직히 행하여 그의 조상 다윗의 모든 길로 행하고"(왕하 22:2).

[베드로후서 3장]

우리는 구약의 선지자와 신약의 사도가 전해준 하나님의 말씀, 곧 복음을 기억해야 합니다(1-2절). 교회에 침투한 거짓 교사들은 "세상이 처음 창조된 상태 그대로 있으니 종말은 없다"라는 헛된 소문을 퍼뜨렸습니다(3-7절). 그러나 재림의 약속은 취소된 적이 없고 다만 지체될 뿐입니다(8-9절). 도둑같이 임할 재림을 기다리는 성도는 거룩한 행실로 삶을 채워나가야 합니다(10-16절). 거짓 교사의 가르침에 미혹되어 복음에서 떠나지 않도록 주의하고 무엇보다 그리스도 안에서 계속 자라가야 합니다(17-18절).

[미가 6장]

미가는 오랜 세월 이스라엘을 지켜본 산들과 견고한 지대들을 증인으로 호출하며 이스라엘의 죄를 고발합니다(1-2절). 이스라엘 백성들은 애굽의 노예로 있던 그들을 이끌어 내어 약속의 땅으로 인도하신 하나님이 자신들을 성가시게 한다고 생각했습니다(3-5절). 그러나 현실은 그 반대입니다. 시내산 언약이후 지금까지 하나님은 언약에 신실하셨지만 이스라엘 백성들은 언약을 깨뜨리는 행위를 반복해왔습니다. 하나님은 그들의 제물과 위선적인 제사를 거부하십니다(6-7절). 하나님이 진정 원하시는 것은 정의를 행하며 인자를 사랑하며 겸손하게 하나님과 함께 행하는 것입니다(8절). 참된 지혜는 하나님을 경외하는 것입니다. 하나님을 경외하지 않는 그들에게는 매(징계)가 기다리고 있습니다(9절). 미가는 경제 분야에서 정의가 왜곡되는 현실과 거짓과 폭력이 만연되어 있는 일상을 고발합니다(10-16절). 미가의 눈에 비친 현실은 우상숭배와 불의가 판을 친 오므리-아합 시절과 같습니다. "오므리가 여호와 보시기에 악을 행하되 그 전의 모든 사람보다 더욱 악하게 행하여"(왕상 16:25). "오므리의 아들 아합이 그의 이전의 모든 사람보다 여호와 보시기에 악을 더욱 행하여"(왕상 16:30). 결국 예루살렘도 사마리아처럼 파괴되고 이방인의 조롱거리가 될 것입니다.

[누가복음 15장]

예수님이 세리 및 죄인들과 가까이 하는 것은 그들의 죄를 용서하시고 그들을 하나님의 백성으로 인정한다는 의미입니다. 바리새인과 서기관들은 죄인들이 하나님의 백성이 되어 자신들과 같은 그룹이 된다는 것을 매우 불편하게 생각했습니다(2절). 예수님은 잃은 양의 비유(3-7절)나 탕자의 비유(11-32절)를 통해 바리새인과 서기관들을 하나님의 백성('99마리의 양', '첫째 아들')에서 제외하지 않으시면서 동시에 그들의 잘못된 선민의식과 구원을 독점하려는 그릇된 태도를 꾸짖으십니다. 나중에는 그들이 하나님 나라에서 아예 배제될 수 있음도 강력히 경고하십니다('악한 농부의 비유', 20:9-18). 3가지 비유에서 공통적으로 발견할 수 있는 감정은 잃은 것을 되찾았을 때의 기쁨입니다. 아버지의 기쁨에 동참하는 것이 곧 아버지의 뜻입니다. 그렇게 할 수 있는 이유는 나 역시 아버지의 무한한 사랑과 긍휼의 대상이기 때문입니다.

[기도]

다윗의 길과 아합의 길 중에 다윗의 길을 간 사람으로 평가받길 원합니다. 말씀의 길, 의의 길, 순종의 길을 가게 하시고 계속 자라나게 하옵소서. 잃은 영혼을 찾는 아버지의 기쁨에 동참하게 하옵소서.

[역대하 1장]

1-9장은 솔로몬의 통치에 관한 기록입니다. 하나님은 솔로몬의 지위를 견고하게 하셨습니다(1절). 솔로몬은 신하 및 백성들과 함께 기브온 산당으로 갑니다. 언약궤는 다윗에 의해 예루살렘에 있는 장막으로 옮겨졌지만 그 외 나머지 성물들과 기구들은 아직 기브온에 남아 있었습니다. 그는 하나님께 정성껏 제사를 드립니다(2-6절). 그날 밤, 솔로몬은 자신을 찾아오신 하나님께 다윗언약을 재확인하며 지혜와 지식을 주셔서 백성을 잘 다스리게 해달라고 요청합니다(7-10절). 하나님은 크게 기뻐하시며 그가 구하지 않은 것까지 다 주실 것을 약속하십니다(11-13절). 하나님의 약속대로 솔로몬의 이스라엘이 큰 복을 받았음을 구체적으로 소개합니다(14-17절). 모든 것이 하나님의 선물이요 하나님의 은혜입니다.

[요한일서 1장]

요한은 예수 그리스도가 곧 생명의 말씀임을 선포합니다(1절). "그가 태초에 하나님과 함께 계셨고 만물이 그로 말미암아 지은 바 되었으니 지은 것이 하나도 그가 없이는 된 것이 없느니라 그 안에 생명이 있었으니"(요 1:2-4). 하나님과 함께 계시던 그가 성육신하셨습니다(2절). "말씀이 육신이 되어 우리 가운데 거하시매"(요 1:14). 요한이 이 글을 쓰는 이유는 독자들로 하여금 하나님 아버지 및 아들 예수 그리스도와 더불어 사귐이 있게 하려는 것입니다(3절). 이 사귐은 이 땅에서 우리가 누릴 수 있는 최고의 기쁨이며 이것을 전하는 것 역시 큰 기쁨입니다(4절). 빛 되신 하나님과 사귐이 있는 자는 어둠 가운데 행할 수 없으며 혹 죄를 범하였다 해도 그 죄를 자백함으로 죄 사함과 의롭다 함을 얻습니다(5-10절). 회개는 죄용서의 길임과 동시에 신자가 죄와 싸우는 방법입니다. 진정한 회개가 수반되는 삶에는 죄가 쉽게 자리 잡을 수 없습니다.

[미가 7장]

이스라엘은 곡식을 추수하거나 과일을 수확할 때 가난한 자를 위해 일부를 남겨 놓습니다. 경건한 자와 정직한 자가 사라진 현실은 곡식 한 톨, 과일 하나 남아 있지 않은 텅 빈 밭과 과수원을 보는 것 같은 참담한 심정을 갖게 합니다(1-2절). 재판관들은 판결을 굽게 하고 권력자들은 자기 욕심을 채우며 가장 선하다고 하는 사람조차 가시처럼 남을 아프게 합니다(3-4절). 가정과 사회의 질서가 무너진 상황에서 의지할 분은 오직 하나님밖에 없습니다(5-7절). 예언자는 징계 이후에 있을 하나님의 긍휼을 기대합니다. 하나님은 다시 예루살렘의 빛이 되실 것입니다(8절). 죄로 인한 하나님의 진노를 받아들인 후에는 하나님의 공의(구원)를 다시 얻게 될 것입니다(9절). 하나님은 예루살렘을 조롱하는 이방민족을 심판하시고, 예루살렘을 회복하실 것입니다(10-13절). 징계를 받은 이스라엘은 목자 되신 하나님이 양 떼인 그들을 돌보시고 대적을 물리쳐 주시길 기도합니다(14-17절). 그들의 죄를 용서하시고 인애와 성실을 베풀어 주시길 기도합니다(18-20절). 하나님은 분노를 오래 품지 않으시고 죄인을 불쌍히 여기십니다. "그의 노염은 잠깐이요 그의 은총은 평생이로다"(시 30:5).

[누가복음 16장]

불의한 청지기 혹은 지혜로운 청지기 비유입니다. 이 비유는 재물을 어떻게 사용해야 하는지에 대한 교훈입니다. 주인의 소유를 낭비하여 손해를 끼친 한 청지기가 해고의 위기에 놓였습니다(1-3절). 해고를 당하면 이웃의 도움을 받아야겠다고 생각한 청지기는 주인에게 빚진 자들을 불러 임의로 빚을 탕감해 줍니다(3-7절). 그런데 뜻밖에도 주인은 그를 칭찬합니다(8절). 그는 주인에게 손해를 끼치는 행위를 연이어 저질렀습니다. 그럼에도 주인이 그를 칭찬한 이유는 그의 행위로 인하여 자신은 빚을 탕감해 주는 자애로운 부자로 칭송받게 되고 청지기는 해고당한 이후 탕감 받은 사람들로부터 도움을 받을 수 있기 때문입니다. 청지기는 주인의 소유를 가지고 이를 만들어냈습니다. 하나님이 영원한 처소로 인도할 친구(예수 그리스도)를 사귀라고 재물(ft. 생명, 건강, 시간 등)을 주셨습니다(9절). 우리는 맡겨주신 일에 충성을 다해야 합니다(10-13절). 바리새인들은 하나님보다 사람에게 인정받는 것을 더 좋아합니다. 재물을 사랑하는 영적 간음죄를 지으면서도 의로운 척하는 그들은 새롭게 시작되는 하나님 나라의 백성이 될 수 없습니다(14-18절). 부자에게 임한 심판은 재물 사용에 대한 경각심을 심어줍니다(19-31절). "불의의 재물로 친구를 사귀라 그리하면 그 재물이 없어질 때에 그들이 너희를 영주할 처소로 영접하리라"(9절).

[기도]

노여움을 잠깐이요 은총은 영원히 베푸시는 하나님! 사명을 위해 구하오니 은혜와 지혜와 능력을 주시옵소서. 우리에게 주신 시간과 재물과 건강을 영원한 아버지의 집으로 인도하시는 예수님을 위해 쓰게 하옵소서.

[역대하 2장]
다윗은 최선을 다해 성전건축을 준비했습니다. 그런데 그가 준비할 수 없는 것이 있었으니 바로 목재와 기술자였습니다. 솔로몬은 두로 왕 후람에게 성전건축에 필요한 목재와 기술자를 요청합니다(1-10절). 참고로 무게의 단위인 '고르'는 당나귀 한 마리가 짊어질 수 있는 양으로 대략 220리터이며, '밧'은 약 22리터입니다. 솔로몬의 요청을 받은 후람은 흔쾌히 기술자와 목재를 보내기로 결정합니다(11-16절). 레바논의 백향목은 바다를 통해 욥바로 옮겨진 후 육로를 통해 예루살렘으로 운송되었습니다. 이스라엘에 거주하는 이방인들이 성전건축에 대거 동원됩니다(17-18절).

[요한일서 2장]
우리는 빛 가운데 거하지만 죄 가운데 넘어지기도 합니다. 그러나 우리의 죄를 해결하실 대언자(변호사)가 계십니다(1절). 의로우신 예수 그리스도는 하나님 앞에 선 우리의 대언자이십니다. 그는 또한 우리 죄를 해결하신 화목제물이십니다(2절). 하나님을 안다는 것은 지식이 아니라 하나님과 사귐이 있다는 의미입니다. 하나님과 사귐이 있는 자는 말씀을 지키며 순종합니다(3-6절). 하나님을 아는 자와 사랑하는 자는 계명을 지킵니다. 요한은 예수님이 명하신 새 계명, 즉 형제를 사랑하는 것이 빛 가운데 행하는 것이라고 강조합니다(7-11절). "새 계명을 너희에게 주노니 서로 사랑하라 내가 너희를 사랑한 것 같이 너희도 서로 사랑하라"(요 13:34). 하나님을 아는 지식, 예수 그리스도를 통한 죄 용서, 사탄과의 싸움에서의 완전한 승리('최후의 승리') 이 세 가지는 그리스도인이 누리는 특권입니다(12-14절). 요한은 아버지의 사랑을 받은 자가 세상을 사랑할 수 없다는 사실과 '하나님은 영원하시지만 세상은 잠깐'이라는 사실을 일깨우며 세상을 사랑하지 말 것을 당부합니다(15-17절). 마지막 때가 되면 그리스도를 대적하는 무리들이 등장하여 예수님의 메시아 되심과 하나님의 아들 되심을 부정할 것입니다(18-27절). 성도는 복음의 진리를 고수하며 그리스도 안에 늘 거해야 합니다(28-29절).

[나훔 1장]
하나님은 노하기를 더디하십니다(3a절). "여호와라 여호와라 자비롭고 은혜롭고 노하기를 더디하고"(출 34:6). 이것이 요나를 통해 니느웨에게 회개의 기회를 주신 이유입니다. 유다(ft. 요나)의 입장에서는 하나님의 성품 때문에 니느웨에 대한

심판의 지연되는 것이 매우 야속했을 것입니다. 그러나 심판의 지연, 곧 니느웨의 강포가 지속되는 것이 하나님의 약함을 의미하지 않습니다. 하나님은 당신의 인내가 끝나면 반드시 진노를 발하실 것입니다(2절). 하나님의 위대하신 능력은 그가 지은 세상에 대한 통치를 통해 잘 드러납니다(3b-6절). 하나님은 그를 의뢰하는 자에게 선을 행하시고 대적하는 자에게 심판을 행하십니다(7-8절). 하나님은 악을 행한 앗수르를 멸하실 것입니다(9-11절). 여기서 악을 꾀한 사람은 앗수르 왕 산헤립을 말합니다(왕하 18:13). 하나님은 니느웨를 멸망시키고 유다의 결박을 푸실 것입니다(12-15절).

[누가복음 17장]

제자는 형제를 실족하지 않게 하고 죄를 지은 형제를 바르게 계도하며 하루에 일곱 번이라도 용서할 수 있도록 참된 믿음을 구해야 합니다(1-6절). 은혜로 받은 구원은 우리에게 그러한 삶을 살아가도록 도전합니다(7-10절). 나병환자는 공동체로부터 격리되어 있으며 제사장을 통해 완치판정을 받았을 때에만 다시 합류할 수 있습니다. 그런데 예수님은 나병환자 10명을 제사장에게 보냅니다. 예수님의 말씀에 순종하여 제사장에게로 가던 나병환자들은 도중에 병이 나았습니다(11-19절). 그러나 예수님을 다시 찾아온 사람은 사마리아인 단 한명이었습니다. 10명이 깨끗함(육신의 치유)을 받았지만 구원받은 사람은 사마리아인밖에 없습니다. 바리새인들은 하나님의 나라가 눈으로 볼 수 있는 나라, 즉 군사적 승리를 통해 오는 나라로 생각했습니다(20절). 예수님은 하나님의 나라가 세상왕국이 아니라고 말씀하십니다(21절). 예수님이 다시 오셔서 하나님의 나라를 완성하실 그 날은 갑자기 찾아올 것입니다(22-24절). 그러나 예수님의 고난이 먼저입니다(25절). 주의 오심을 의식하지 않고 자기 일에 바쁠 때 그 날은 갑자기 올 것입니다(26-30절). 종말의 때에 세상에 있는 것을 찾는 자는 하나님 나라를 잃게 될 것입니다(31-32절). 그러나 하나님 나라를 위해 자기 생명을 거는 자는 그 나라의 백성이 될 것입니다(33-35절). 구원받는 장소는 별도로 정해져 있지 않습니다. 주검이 있으면 독수리가 모이듯이 구원받는 자가 있는 곳에 그리스도께서 임하십니다(37절). 의인이 있는 곳에 구원이 임하고 악인이 있는 곳에 심판이 임합니다.

[기도]

솔로몬에게 후람을 붙여 주신 것처럼 주의 일을 감당할 때 동역자들을 붙여 주시옵소서. 악한 세력에 대한 하나님의 공의로운 심판이 예비 되어 있으니 두려워 말고 인내로써 승리하게 하옵소서. 세상을 사랑하지 않게 하시고 매일 하나님과의 사귐이 있게 하옵소서.

[역대하 3-4장]

(3장) 다윗은 교만한 마음으로 시행한 인구조사로 인해 징계를 받았습니다. 그 후 오르난의 타작마당에서 드린 회개의 제사를 하나님이 받으셨습니다. 솔로몬은 바로 그곳에 성전을 건축합니다(1-2절). 그곳은 아브라함이 이삭을 바친 곳(모리아산)이기도 합니다. 믿음의 조상들이 하나님을 만났던 자리에 성전이 세워졌습니다. 성전은 하나님이 다윗에게 그려준 설계대로 세워졌습니다(대상 28:19). 저자는 성전의 규모와 성전 내부의 주요 기물들을 소개합니다(3-17절). 성전 기둥인 야긴('그가 세우시리라')과 보아스('그에게 능력이 있다')는 성전을 세우신 하나님에게 능력이 있다는 뜻입니다. 다윗 왕조는 하나님이 세우셨으며 하나님이 지키십니다. 예수 그리스도로 임하게 될 하나님 나라는 영원히 무너지지 않습니다.

(4장) 놋 제단, 놋 바다(제사장이 씻을 물을 저장하는 기구), 물두멍(제물을 씻는 기구), 금 기물(금 등잔대와 금 상, 금 제단과 등잔), 뜰의 문, 놋 기물(솥과 부삽, 대접 등) 등 성전 내·외부의 주요 기물들에 만들어졌습니다(1-22절). 성전 기물에 들어간 금과 놋의 양이 엄청납니다. 이 모든 것을 하나님을 진정으로 사랑했던 다윗이 준비했습니다. 하나님은 이 많은 재료들을 준비될 수 있도록 다윗에게 큰 복을 주셨습니다.

[요한일서 3장]

하나님의 위대하신 사랑으로 인해 우리는 자녀가 되었습니다(1-2절). 장차 예수 그리스도께서 재림하실 때 우리는 그리스도와 같은 존재(=그와 동일한 부활의 몸을 입음)가 될 것입니다. 그러므로 이 소망이 있는 자는 예수님과 같이 자신을 깨끗하게 합니다(3절). 우리는 한때 마귀의 자녀로서 불법을 행했으나 그리스도의 대속의 죽음으로 그 죄가 사하여졌습니다(4-5절). 그의 안에 거하는 자는 죄를 범하지 않습니다(6절). 즉, 그리스도인은 죄와 함께 할 수 없는 존재이므로 죄를 거부하고 죄와 싸웁니다. "너희가 죄와 싸우되 피흘리기까지는 대항하지 아니하고"(히 12:4). 그리스도의 의를 취한 자는 죄를 거부하고 형제를 사랑합니다(7-10절). 그러나 마귀에게 속한 자는 의를 버리고 죄를 지으며 형제를 사랑하지 않습니다. 악한 자(마귀)는 미움과 살인의 원천이며 그리스도는 사랑의 원천입니다(11-12절). 세상이 그리스도인을 미워하는 것은 당연한 것이지만 그리스도인이 형제를 사랑하지 않는 것은 있을 수 없는 일입니다(13-16절). 성도는 형제사랑을 통해 사망에서 생명으로 옮겨진 존재임을 입증합니다. 우리는 행함과 진실로 사랑함으로써 진리에 속했음을 확인할 수 있습니다(17-19절). 우리 마음 보다 하나님의 은혜와 기대가 형제사랑의 더 큰 동기입니다(20절).

만약 형제사랑의 마음이 충만하다면 하나님 앞에 담대할 것이며 구하는 것을 받을 것입니다(21-22절). 형제 사랑은 그리스도가 주신 계명입니다(23절). "새 계명을 너희에게 주노니 서로 사랑하라"(요 13:34). 이 계명을 지키는 자는 그의 안에 하나님이 계십니다(24절).

[나훔 2장]

하나님은 니느웨를 파괴할 자(바벨론 왕 나보폴라살)를 보내실 것입니다(1절). 하나님의 심판은 하나님의 백성의 회복과 연결되어 있습니다. 마찬가지로 악에 대한 최종적이고 완전한 심판은 거룩한 성 새 예루살렘의 역사('새 하늘과 새 땅')로 이어집니다(계 20:7-21장). 파괴하는 자는 번개같이 달려들어 앗수르의 왕궁을 점령할 것이며 왕후(=주변나라들에게 군림했던 앗수르를 의미)는 정명대로(=하나님의 섭리대로) 끌려가게 될 것입니다(2-7절). 백성들은 뿔뿔이 흩어지고 침략자들은 그들을 노략할 것입니다(8-10절). 나훔은 주변 나라들을 사냥했던 사자굴(앗수르의 왕궁)이 어디 있느냐며 조롱합니다(11-12절). 하나님이 친히 앗수르의 대적이 되실 것입니다(13절).

[누가복음 18장]

하나님이 들으시는 기도는 하나님을 신뢰하며 포기하지 않고 끝까지 드리는 기도이며(1-8절). 겸손한 기도입니다(13-14절). 하나님은 교만의 자의 기도는 듣지 않으십니다(9-12절). 하나님 나라는 어린아이와 같이 연약하고 겸손한 자의 것입니다(15-17절). 그러나 당시에 어린아이들이 무시당한 것처럼 예수님이 선포하는 하나님 나라와 그의 제자들은 사람들에게 무시당할 것입니다. 한 관리가 이웃에 관한 계명(5-9계명)을 다 지켰다고 자부하지만 그는 하나님에 관한 계명(1-4계명)을 지키는 데에는 실패했습니다(18-25절). 그는 부를 섬기는 자입니다. 계명을 다 지킬 자는 없습니다. 게다가 하나님 나라는 계명을 지킴으로 가는 것이 아니라 하나님이 행하신 구원을 믿는 자가 가는 것입니다(26-27절). 예수님을 따르기 위해 모든 것을 건 사람은 현세에서 잃은 것의 여러 배를 받으며 또한 내세의 약속을 받습니다(28-30절). 예수님을 통한 세상 영광을 꿈꾸는 제자들은 예수님의 십자가의 죽음과 부활의 의미를 깨닫지 못합니다(31-34절). 예수님을 통해 눈을 뜬 맹인은 즉시 예수님을 따릅니다(35-43절). 우리는 메시아에 대한 모든 약속의 말씀을 온전히 성취하신 다윗의 자손을 볼 수 있는 눈을 떠야 합니다. 눈을 뜬 자는 그를 따릅니다.

[기도]

내게 주신 복으로 하나님을 잘 섬기게 하시고 마지막 날에 있을 악에 대한 심판과 하나님의 구원을 보는 눈을 갖게 하옵소서. 죄와 피 흘리기까지 싸우게 하시고 그리스도의 사랑을 본받게 하옵소서. 나를 구원하시고 내가 따라야 할 모범이 되시는 예수님만 의지하게 하옵소서.

[역대하 5-6장 1-11절]

(5장) 성전이 완공되자 솔로몬은 모든 성물을 성전의 곳간으로 옮겼습니다(1절). 솔로몬은 언약궤를 모시기 위해 이스라엘의 주요직위자들과 백성들을 소집합니다(2-3절). 웃사의 사건(대상 13장)이 재현되지 않도록 언약궤와 성물들은 레위인에 의해 규정과 절차에 맞게 옮겨졌습니다(4-9절). 언약궤 안에는 두 돌판(십계명)이 들어 있으며 제사장들은 반열(순서)에 상관없이 스스로 정결케 한 후 섬겼고 120명의 찬양대는 악기와 노래로 하나님을 찬양했습니다(10-13절). 성전에는 하나님의 영광이 가득했습니다(14절).

(6장 1-11절) 하나님은 약속하신 대로 솔로몬을 통해 성전을 세우셨습니다. 감격에 찬 솔로몬은 백성들을 축복하며 하나님이 그의 손(은혜와 능력)으로 다윗에게 약속하신 것을 이루셨다고 고백합니다(1-4절). 하나님이 다윗과 그의 아들인 본인 그리고 예루살렘을 선택하셔서 이 일을 이루게 하셨습니다(5-11절). 성전은 하나님의 주권적 선택에 의해 세워졌습니다. 우리의 구원도 하나님의 주권적 선택으로 말미암은 것입니다.

[요한일서 4장]

이단의 공격에 시달리는 초대교회는 하나님의 영과 적그리스도의 영을 분별해야 합니다(1절). 하나님의 영이 임한 사람은 예수 그리스도의 성육신을 시인하지만 적그리스도의 영이 임한 사람은 성육신을 부인합니다(2-3절). 요한은 예수 그리스도의 제자이며 부활의 목격자입니다(1:1). 그러므로 그리스도의 확실한 증인이자 사도인 요한의 가르침을 부정하는 자는 미혹의 영이 임한 세상에 속한 자입니다(4-6절). 그리스도께서 화목제물 되신 것은 하나님의 사랑의 확증입니다(9-10절). “우리가 아직 죄인 되었을 때에 그리스도께서 우리를 위하여 죽으심으로 하나님께서 우리에 대한 자기의 사랑을 확증하셨느니라”(롬 5:8). 하나님께 받은 사랑은 공동체 안에서 구현되어야 합니다(7-8, 11-12절). 성령님은 예수 그리스도의 구주되심과 하나님의 아들 되심 그리고 하나님의 온전한 사랑을 알게 하십니다(13-16절). 하나님의 온전한 사랑이 임한 사람은 심판 날에 담대합니다(17절). 왜냐하면 그리스도처럼 사랑으로 행하는 자이기 때문입니다. 온전히 사랑하고자 하는 자는 두려움이 없습니다(18절). 그러나 사랑을 포기한 자는 두려워합니다. 그리스도인은 사랑하지 않기로 결단할 때 오히려 고통스럽습니다. 우리가 형제를 사랑하는 수준이 곧 하나님을 사랑하는 수준입니다(19-21절).

[나훔 3장]

앗수르는 피정복민에게 잔혹하기로 유명한 나라입니다(1절). 피의 성은 앗수르의 죄악상을 잘 표현합니다. 그들이 가한 폭력과 수치는 그들에게로 돌아갈 것이며 누구도 그들을 위로하지 않을 것입니다(2-7절). BC 633년에 앗수르는 애굽의 테베[=노아몬, 아문(신)의 도시]를 함락했습니다. 테베는 카이로 남쪽 675km 지점에 있었던 나일강 중류에 있는 도시입니다. 사방이 물로 둘러있고 주변에 동맹국들이 있었으나 결국 앗수르에 함락되어 많은 백성들이 포로로 잡혀갔습니다(8-11절). 앗수르가 테베에게 저질렀던 일을 그들이 당하게 될 것입니다. 방어를 위한 앗수르의 모든 노력은 실패할 것입니다(12-18절). 회복불능의 타격을 입은 앗수르는 열국의 기쁨이 될 것입니다(19절). 오직 여호와께 의뢰하는 자만이 안전합니다(1:7). "여호와의 이름은 견고한 망대라 의인은 그리로 달려가서 안전함을 얻느니라"(잠 18:10).

[누가복음 19장]

로마의 식민지인 이스라엘에서 세리는 직업상 동족들의 미움을 받을 수밖에 없습니다. 따라서 세리에 대한 예수님의 환대는 논란과 비난을 불러옵니다. 그러나 비난을 감수한 예수님의 따뜻한 환대로 인해 삭개오는 더 이상 죄를 짓지 않기로 다짐하며 예수님을 영접합니다(1-10절). 열 므나의 비유는 예수님의 재림이 늦어지더라도 끝까지 인내하며 충성할 것을 교훈합니다(11-19절). 다시 오실 그리스도는 그의 주권을 인정하지 않는 자들과 사명을 저버린 자들을 심판하실 것입니다(20-27절). 우리의 왕은 겸손히 자기 목숨으로 섬기러 오셨습니다(28-35절). "도리어 섬기려 하고 자기 목숨을 많은 사람의 대속물로 주려 함이니라"(막 10:45). 그는 나귀를 타심으로 스가랴(9:9)의 예언을 성취하십니다. 사람들은 그를 주의 이름으로 오시는 왕, 곧 메시아로 선포합니다(36-38절). 바리새인들은 무리들의 외침을 불쾌하게 생각했지만 그의 메시아 됨은 숨겨질 수 없습니다(39-40절). 예수님은 부활을 통하여 그의 메시아 됨을 확증하셨습니다. 하나님과의 평화를 거부한 예루살렘(41-44절), 하나님의 집을 강도의 소굴로 만든 예루살렘(45-46절), 결과적으로 예수님을 거부한 예루살렘(47-48절)은 심판을 피할 수 없습니다.

[기도]

나를 하나님의 자녀로, 하나님의 영이 거하는 거룩한 성전으로 세우신 하나님! 언제나 하나님만을 의뢰함으로 견고한 인생이 되게 하옵소서. 하나님을 사랑하는 만큼 형제를 사랑하게 하옵소서.

[역대하 6장 12-42절]

솔로몬은 성전 봉헌식에서 다윗언약에 근거하여 기도합니다(삼하 7:8-17, 14-17절). 그는 무릎을 꿇고 하늘을 향해 손을 폅니다(12-13절). 아무리 왕이라도 하나님 앞에 순복해야 하는 종에 불과합니다. 솔로몬은 죄용서와 회복을 위하여(18-29, 36-42절), 하나님을 찾는 이방인 및 전쟁에 나서는 이스라엘에게 베푸실 긍휼을 위하여(30-35절) 기도합니다. 기도의 내용은 공동체의 정의, 전쟁에서의 패배, 가뭄과 재앙, 포로생활 등 국가와 공동체가 겪을 수 있는 다양한 상황들이 포함되어 있습니다. 그들이 어떤 상황 가운데 있든지 하나님께 구하면 언약을 기억하시는 하나님이 그들에게 응답하십니다.

[요한일서 5장]

요한은 하나님을 사랑하는 자는 그분의 자녀, 곧 형제를 사랑한다는 것을 다시 강조합니다(1-2절). 하나님의 아들이신 예수 그리스도를 믿는 자는 세상을 이깁니다(4-5절). 믿음으로 말미암아 형성된 새로운 본성과 내주하시는 성령님으로 인해 사랑의 계명을 지킬 수 있게 됩니다(3절). 예수 그리스도가 하나님의 아들 구세주 되심은 물과 피와 성령이 증언합니다(6-8절). 물과 피를 언급하는 것은 그리스도의 성육신을 부인하는 이단들을 의식하여 그가 육신을 입으신 하나님이심을 강조하는 표현입니다. 하나님은 아들 예수 그리스도를 통해 우리에게 영생을 주시기로 작정하셨습니다(9-13절). 영생을 얻은 자는 확신 가운데 기도하되, 특히 형제가 죽음에 이르는 죄를 짓지 않는 한 죄를 범한 영혼을 위해 기도해야 합니다(14-17절). 그리하면 하나님이 그 형제에게 생명을 주실 것입니다. 하나님께로부터 나신 자(예수 그리스도)는 하나님께로부터 난 자(성도)를 악한 자(마귀)로부터 지키십니다(18절). 구원 받은 성도는 그리스도를 부인하지 않으며 점차 죄와 멀어지게 됩니다. 예수님은 우리에게 선악을 분별할 수 있는 지혜를 주셔서 승리하게 하십니다(19-20절). 그러므로 성도는 우상과 죄로부터 능히 승리할 수 있습니다(21절).

[하박국 1장]

하박국이 선포한 경고입니다(1절). 바벨론의 중흥기에 활동했던 하박국이 하나님께 질문합니다(2-4절). 악인들의 강포와 불의가 횡행하고 있음에도 왜 심판을 행하지 않으십니까? 악인에 의해 의인이 고통당하고 있는데 왜 방치하십니까? 하나님이 정의로우신 것 맞습니까? 그의 질문은 하나님이 개입하셔서 유다의 영적 타락과 도덕적 해이를 바로 잡아 달라는 간구입니다. 그런데 유다를 고쳐주시길 바라는 하박국의 생각과 달리 하나님은 유다에 대한 심판을 선언하십니다(5-11절). 하나님은 악인(유다)을 징벌하기 위해 갈대아를 강성케 하셨는데 그들은 매우 강하고 난폭합니다. 그러나 그들은 하나님의 정의와는 거리가 먼 민족입니다. 왜냐하면 그들은 하나님이 정한 수준을 넘어서는 폭력으로 죄를 범할 것이기 때문입니다. 이에 하박국은 탄식하며 다시 질문합니다(12-17절). 바벨론을 강성케 하여 많은 나라를 멸망시키는 것이 과연 옳습니까? 그는 정의에 관해 묻습니다.

[누가복음 20장]

예수님은 그를 죽이려는 정치·종교지도자들(서기관들과 대제사장들)과 수차례 논쟁을 벌이십니다(19:47). 성전에서의 가르침과 성전을 정화할 권위를 누가 주었는지에 대한 질문에 예수님은 세례 요한의 권위에 대한 질문으로 답하십니다(1-8절). 여자가 낳은 가장 위대한 선지자인 세례 요한(7:28)의 권위를 인정한다면 그가 하나님의 아들이요 메시아로 선포한 예수님의 권위를 인정할 수밖에 없습니다. 그들은 진리를 외면한 채 답변을 거부합니다. 이는 예수님에 대한 거부입니다. 예수님은 포도원 소작인(=종교지도자)의 비유를 통해 하나님의 뜻을 거역하고 하나님이 보낸 메시아를 죽일 그들의 실체를 고발하십니다(9-18절). 그러나 하나님은 죽임당한 하나님의 어린양 예수 그리스도를 새 언약의 기초석으로 삼으실 것입니다. 대적들은 예수님을 로마에 항거하는 정치범으로 만들려고 했지만 예수님은 하나님의 통치는 물론 세속 권력에도 순응할 것을 말씀하십니다(19-26절). 물론 세속 권력이 하나님을 대적한다면 합법적인 수단과 절차를 통해 적극적으로 저항해야 합니다. 예수님은 부활을 부정하는 사두개인에게 믿음의 조상들이 하나님 안에서 지금도 살아 있다는 사실과 천국에서는 천사와 같은 부활의 자녀로 영원히 산다는 것을 가르치십니다(27-40절). 예수님은 다윗의 고백(시 110:1)을 인용하시며 그리스도는 시간의 순서로는 다윗의 자손이 되지만 실질적으로는 다윗의 주가 되시는 신적 존재임을 선언하십니다(41-47절).

[기도]

우리가 어떤 상황에 처해지든 주의 전을 바라보며 기도할 때 우리의 기도를 들어주옵소서. 하나님을 신뢰하며 참된 믿음으로 살아가게 하시고, 영생을 확신하며 영혼을 위하여 기도하게 하옵소서.

[역대하 7장]

솔로몬의 제사와 기도를 기쁘게 받으신 하나님은 불로 응답하셨고 성전에 가득한 하나님의 영광을 본 백성들은 하나님을 찬양합니다(1-3절). 솔로몬이 드린 엄청난 양의 제물로 인해 제단이 이를 다 감당하지 못했습니다(4-7절). 성전 봉헌식과 함께 진행된 일주일간의 절기를 통해 하나님은 백성들에게 큰 기쁨을 주셨습니다(8-10절). 하나님은 솔로몬이 간구(6:12-42)한 대로 응답하실 것을 약속하시며 솔로몬에게는 언약에 충성할 것을 당부하십니다(11-18절). 만약 언약을 버리고 우상을 섬기며 타락한다면 약속의 땅에서 쫓겨나게 될 것입니다(19-22절). 심지어 하나님은 성전까지도 버릴 것이라고 말씀하십니다. 언약에 충성할 때 성전도 의미가 있습니다. 성전 자체가 안전과 복의 근거가 될 수 없습니다. 우리는 충성에 대한 복의 약속과 불순종에 대한 경고의 말씀을 모두 들어야 합니다.

[요한이서 1장]

이 편지의 발신인으로 표현된 장로는 '원로'의 의미에 가깝습니다(1절). 노년의 요한은 택하심을 받은 자들에게 짧은 편지를 보냅니다. 수신자에 대한 독특한 표현은 교회에 대한 은유일 수도 있고 실제로 요한이 잘 알고 있는 어떤 여인과 그의 자녀일 수도 있습니다. 우리는 믿음으로 말미암아 예수 그리스도와 영원히 연합하였습니다(2-3절). 예수 그리스도 안에서 진리와 사랑은 하나가 됩니다. 우리는 진리 안에서 사랑하되, 진리가 아닌 것은 철저히 분별하여 멀리해야 합니다(4-11절). 요한은 예수 그리스도의 성육신을 부인하는 자들에 대한 경계를 당부합니다. 그는 진리와 사랑 안에서 교제할 날을 기약하며 글을 마칩니다(12-13절).

[하박국 2장]

하박국은 악한 이방 나라를 통해 유다를 심판하시는 것이 옳은지를 하나님께 물었습니다(1:12-17). 그리고 가장 높은 곳에 올라가 하나님이 들려주실 분명한 응답을 기다립니다(1절). 그만큼 그는 간절했습니다. 하나님은 말을 타고 달리는 사람도 읽을 수 있을 정도로 판에 새기라는 명령과 함께 사람이 보기에 더딜지라도 당신이 하신 말씀은 반드시 성취된다고 말씀하십니다(2-3절). 그러므로 의인은 교만과 불의에 대한 하나님의 공의로운 심판의 성취, 즉 하나님의 변함없는 신실하심을 믿는 믿음으로 살아야 합니다(4절). 여기서 심판의 대상은 영적·도덕적으로 타락한 유다와 유다보다 더 악한 바벨론 모두 해당됩니다. 누가 더 의로운지에 대한 비교는 의미가 없으며 하나님은 지은 죄에 합당하게 심판하실 것입니다. 규모의 차이가 있을 뿐 유다 역시 술을 즐기고 교만하며, 남의 것을 약탈하여 부를 쌓고 강포를 행했습니다(5-8절). 남보다 조금 나은 의로는 구원받을 수 없습니다. 죄인인 우리는 오직 하나님이 구원을 위해 행하신 모든 역사를 믿음으로 말미암아 구원받을 수 있습니다. 하박국은 폭력과 방탕을 행하는 자, 우상 숭배하는 자에 대한 저주를 선언합니다(9-19절). 온 세상을 감찰하시며 심판을 준비하시는 하나님 앞에 신실함으로 살아가야 합니다(20절).

[누가복음 21장]

구제의 대상으로 보이는 극빈층의 한 과부가 마음을 다하여 드린 두 렙돈(노동자 하루 품삯의 1/50)은 하나님 마음을 감동시키기에 충분했습니다(1-4절). 하나님은 헤롯 성전과 같은 화려한 외양으로 우리를 평가하지 않으십니다. 크고 웅장하지만 성전의 기능을 하지 못하는 헤롯 성전은 곧 무너지고 십자가에서 죽으시고 부활하실 예수님을 통해 새롭고 영원한 성전이 세워질 것입니다(5-6절). "너희가 이 성전을 헐라 내가 사흘 동안에 일으키리라"(요 2:19). 성전이 파괴될 때(AD 70년, 로마의 예루살렘 함락) 거짓 그리스도의 소문과 함께 온갖 흉흉한 소문이 들리겠지만 그때가 끝(예수님의 재림)은 아닙니다(7-9절). 그러므로 미혹되지 않도록 주의해야 합니다. 마지막 때가 가까울수록 천재지변과 전쟁, 극심한 박해가 있을 것입니다(10-13절). 그러나 의인은 박해에도 불구하고 믿음으로 삽니다. 하나님은 박해 속에서 복음을 전하는 제자들에게 세상의 지식이 감당치 못할 구변과 지혜를 주실 것입니다(14-15절). 제자들은 미움을 받고 심지어 죽임을 당하기도 하지만 그들은 영원히 멸망하지 않습니다(16-19절). "내가 그들에게 영생을 주노니 영원히 멸망하지 아니할 것이요 또 그들을 내 손에서 빼앗을 자가 없느니라"(요 10:28). 예루살렘의 멸망과 예수 그리스도의 재림은 여러 징조와 함께 반드시 임할 것입니다(20-28절). 우리는 마지막 날을 대비하며 날마다 말씀 앞에 우리 자신을 세워야 합니다(29-38절).

[기도]

우리 마음의 성전에 하나님을 잘 모시게 하시고, 말씀하신 것을 반드시 이루시는 하나님에 대한 믿음이 흔들리지 않게 하옵소서. 성도 간에 진리와 사랑으로 교제하게 하옵소서. 우리의 영혼을 세상 끝날까지 지키시는 예수님만 신뢰하는 삶을 살게 하옵소서.

[역대하 8장]

이스라엘은 다윗의 활발한 정복전쟁과 치세를 바탕으로 솔로몬 때에 최고의 전성기를 맞이합니다(1-6절). 솔로몬은 성전과 궁궐, 요새와 국고성을 건축하는 등 활발한 토목공사를 벌였습니다. 이스라엘에 거주하는 이방인들이 주로 노역을 감당했으며, 정략결혼으로 이스라엘에 오게 된 바로의 딸의 궁은 다윗성 밖에 세웁니다(7-11절). 예루살렘은 언약궤가 있는 거룩한 도시이기 때문입니다. 완공된 성전에서 모세의 율법에 따라 안식일과 절기가 지켜졌으며 다윗이 정한대로 제사장과 레위인들이 성전에서 섬겼습니다(12-16절). 솔로몬은 해상무역을 통해서도 부를 축적합니다(17-18절).

[요한삼서 1장]

요한은 순회 선교사를 환대하고 사랑으로 잘 섬긴 가이오를 칭찬합니다(1-8절). 요한과 그의 일행 역시 이전에 가이오로부터 사랑의 섬김을 받았던 것으로 추정됩니다. 그러나 가이오와 달리 디오드레베는 자기를 내세우며 동역자를 비방하고, 순회선교사들을 환대하지도 않고 환대하려는 성도를 내쫓는 악행을 저지릅니다(9-11절). 요한은 가이오에게 자신의 편지를 가지고 갈 데메드리오를 추천하며 끝인사를 합니다(12-15절). 데메드리오는 진리의 말씀을 좇아 행하는 증거를 가졌습니다.

[하박국 3장]

'시기오놋' 형식에 맞춘 하박국의 기도입니다(1절). '시기오놋'은 '식가욘'의 복수형으로 원래 애가나 탄식기도를 의미하는데 하박국의 기도는 시기오놋(탄식)의 형식 속에 하나님을 향한 전적인 의탁이 담겨 있습니다. 우리는 예수님에게서 이러한 기도를 발견할 수 있습니다. "아버지여 만일 아버지의 뜻이거든 이 잔을 내게서 옮기시옵소서 그러나 내 원대로 마시옵고 아버지의 원대로 되기를 원하나이다"(눅 22:42). 바벨론이 유다를 심판하는 도구가 되는 것에 대해 의문을 제기하던 하박국은 주께서 계획하신 심판을 속히 이루시되 심판 중에라도 긍휼을 베풀어 주시길 간구합니다(2절). 하박국은 용맹한 용사이신 하나님이 악인들을 심판하시는 환상을 봅니다(3-16절). "영광의 왕이 누구시냐 강하고 능한 여호와시요 전쟁에 능하신 여호와시로다"(시 24:8). 그는 하나님을 신뢰함으로 심판의 날을 평안한 마음으로 기다립니다. “무리가 우리를 치러 올라오는 환난 날을 내가 기다리므로”(16절). 그 날은 용사이신 하나님이 악인들을 징벌하는 날이 될 것입니다. 하나님의 모든 계획을 전적으로 신뢰하게 된 하박국이 노래합니다(17-19절). 현재의 고난으로 모든 것을 잃는다 해도 그는 하나님을 기뻐할 것입니다. “오! 진실로 나는 나의 구원의 하나님 안에서 기쁨의 외침을 크게 외치리라”(18절 직역). 하나님은 그의 발을 사슴과 같게 하셨습니다. 비록 구원이 당장은 보이지 않지만 그는 실족하지 않고 더 높이 뛰어오를 것입니다.

[누가복음 22장]

유월절이 다가온다는 것은 유월절 어린양이신 예수님이 대속의 제물이 되실 날이 가까이 온다는 뜻입니다. 십자가를 향해 가는 길이 빨라지고 있습니다. 종교지도자(대제사장)와 정치지도자(서기관) 그리고 가룟 유다가 하나가 되어 예수님을 죽이려고 모의합니다(1-6절). 예수님은 한 무명의 헌신자를 통해 유월절 만찬을 준비시키는데 이것은 적극적으로 자신의 죽음을 준비하기 위함입니다(7-13절). 예수님은 우리를 위해 적극적으로 십자가의 길을 가졌습니다. “이를 내게서 빼앗는 자가 있는 것이 아니라 내가 스스로 버리노라”(요 10:18). 예수님은 유월절 만찬을 통해 우리의 구원을 위한 선물인 당신의 살과 피를 기념하게 하셨습니다(14-20절). 그러나 새 언약의 복에 참여하지 않고 도리어 그를 판 가룟 유다에게는 화가 있을 것입니다(21-23절). 죽음으로 제자들을 섬기실 예수님은 당신을 본받아 섬기고자 하는 자에게 하나님 나라를 위임하실 것입니다(24-30절). 예수님은 베드로의 배반을 예고하시며 그를 위해 기도하십니다(31-34절). 그리고 전에 하나님만을 의지하게 하며 빈손으로 전도여행 보냈던 사실을 언급하시며 이후에 있을 영적전투를 준비하라고 말씀하십니다(35-38절). 왜냐하면 예수님이 불법자의 동류로 취급받을 때가 왔기 때문입니다. 즉, 예수님을 잠시 잃을 때가 올 것입니다. 겟세마네에서 목숨을 건 기도를 올린 예수님은 정해진 십자가의 길을 꿋꿋이 가십니다(39-53절). 결국 예수님을 부인한 베드로는 자신의 실체를 깨닫고 통곡합니다(54-62절). 예수님은 온갖 조롱과 폭력을 당하셨지만 결코 당신의 정체성(‘권능의 우편에 앉으신 분’, ‘하나님의 아들’)을 포기하지 않으십니다(63-71절).

[기도]

심판과 구원을 주권적으로 행하시는 하나님을 전적으로 신뢰합니다. 주의 복음을 사랑하며 복음을 위해 수고하는 이들을 잘 섬기게 하옵소서. 우리의 구원을 위해 스스로 십자가의 길을 가신 예수님만 찬양하게 하옵소서.

[역대하 8장]

나라가 부강해지면 주변나라들이 동맹이나 무역을 원하게 됩니다. 예루살렘을 직접 방문한 스바(아라비아 반도 끝에 있는 오늘날의 예멘지역에 있었던 고대왕국) 여왕은 솔로몬의 지혜와 그의 신하들, 예루살렘 성전과 왕궁을 보고 감탄합니다(1-12절). 솔로몬의 영화는 하나님이 주신 복입니다. 스바 여왕의 방문은 훗날 만민이 복음을 듣고 그리스도께로 돌아오게 될 영광을 미리 보여줍니다. 솔로몬의 엄청난 세수(금 666달란트=22,644kg)와 금 방패로 대변되는 솔로몬의 영화가 소개됩니다(13-21절). 그는 넓은 영토와 주변 민족들을 다스렸으며 튼튼한 국방력을 갖추었습니다(22-31절). 그러나 솔로몬의 영화는 그의 아들 르호보암 때에 모두 사라지게 됩니다(12:9-12). 이 땅의 영화는 영원하지 않습니다. 교만을 버리고 하나님 앞에 절대 겸손으로 나아가야 합니다.

[유다서 1장]

예수 그리스도의 종이며 야고보의 형제인 유다는 거짓 교사들의 침투로 심각한 영적 위기를 겪고 있는 교회들의 영적 전투를 독려합니다("믿음의 도를 위하여 힘써 싸우라", 1-4절). 거짓 교사들은 순회선교사로 가장하여 교묘히 교회에 들어와 하나님의 은혜를 방탕으로 바꾸고 그리스도를 부인했습니다. 이는 성적 방종(음행) 및 방탕하고 부도덕한 삶을 말하는 것입니다. 그리스도의 권위를 부인하고 영광의 천사들을 비방한 거짓 교사들은 하나님을 불신한 출애굽 백성들과 하나님께 반역한 천사들, 소돔과 고모라와 같이 멸망에 처해질 것입니다(5-10절). 천사장인 미가엘 조차 마귀에 대한 판결과 심판을 하나님께 온전히 맡길 만큼 겸손했는데 거짓 교사들은 잘 알지도 못하는 대상들을 함부로 판단하는 죄를 범했습니다. 그들은 가인과 고라와 발람 같은 존재입니다(11절). 그들은 성도를 돌보지 않고 자기만 살찌우는 거짓 목자이자 쓸모없는 존재('물 없는 구름', '뿌리가 뽑힌 열매 없는 가을나무')이며, 더러운 삶을 내품는 물결이자 멸망에 처할 유리하는 별과 같은 존재입니다(12-13절). 그들은 불경건한 언행으로 정죄와 심판을 받을 것입니다(14-16절). 성령이 없고 분열만 일으키는 자들을 항상 경계해야 합니다(17-19절). 그리스도인은 거룩한 믿음위에 자신을 세우고 성령 안에서 기도하며 하나님과의 사랑의 관계를 지키며 종말을 기다려야 합니다(20-21절). 거짓 교사에게 미혹된 자들은 그 정도에 따라 다르게 대처합니다. 의심하는 자들은 긍휼히 여기고 미혹에 빠진 자들은 적극적으로 구출하며 적대자들을 따르는 자들과는 접촉을 최소화('더럽힌 옷까지도 미워하되')하되 긍휼은 잊지 말아야 합니다(22-23절). 하나님은 그의 백성들을 보호하십니다(24-25절).

[스바냐 1장]
스바냐가 심판을 선포합니다(1-3절). 스바냐의 선포가 요시야의 종교개혁에 영향을 주었다고 말하는 학자도 있습니다. 심판은 가장 먼저 하나님을 버리고 바알과 말감(=암몬의 신 밀곰)과 일월성신을 숭배한 자들과 그마림(=우상을 섬기는 일을 주도한 제사장)을 향합니다(4-6절). 방백들(지도자)과 왕자들과 이방인의 옷을 입은 자들, 곧 이방 종교를 따르는 자들에게 여호와의 심판이 임할 것입니다(7-9절). 사방에서 통곡과 울음소리가 들릴 것이며. 특히 하나님은 복도 화도 내리지 않는다고 말하는 어리석은 자들은 모두 심판을 받을 것입니다(10-13절). 악인들이 평소 의지했던 것들은 심판 앞에 무용지물이 될 것입니다(14-18절).

[누가복음 23장]
무리들이 예수님을 정치범으로 고소하였으나 예수님을 심문한 빌라도는 무죄를 선언합니다(1-5절). 빌라도는 예수님이 갈릴리 사람이라는 말을 듣고 갈릴리를 관할하는 헤롯(안티파스)에게 보내지만 재판에 관심 없던 헤롯은 예수님을 희롱하다가 다시 돌려보냅니다(6-12절). 참고로 예루살렘에 대한 로마의 통제 강화 조치로 황제가 총독을 직접 파견했기에 예루살렘 총독인 빌라도와 주변 지역을 다스리는 분봉왕 헤롯의 사이는 별로 좋지 않았습니다. 그렇지만 백성들의 마음을 사로잡으며 여론을 조성하는 예수님의 존재가 두 사람 모두에게 부담이 되었다는 면에서는 공통점이 있습니다. 빌라도는 예수님의 무죄를 다시 선언했지만 무리들의 압력에 굴복하여 결국 십자가형을 선고합니다(13-25절). 십자가를 지고 예수님을 따르는 것이 제자들의 사명입니다(26절). 예수님은 당신을 위해 슬피 우는 자들에게 그들 자신과 자녀들을 위해 울라고 말씀하십니다(27-31절). 심판의 고통은 산이 자신에게 무너지길 바랄 정도로 극심할 것이며 심판 날에 마른 나무는 순식간에 탈 것입니다. 그만큼 마지막 날의 심판은 혹독합니다. 앞서 말씀하신 대로(22:37) 예수님은 사형을 받을 행악자와 동류로 취급받습니다(32절). 사람들은 십자가에 달려서도 죄인을 위해 간구하시는 예수님을 계속 모욕했지만 한 행악자는 예수님의 의로움을 고백하여 천국을 약속받습니다(33-43절). 예수님의 십자가의 죽으심으로 하나님께 나아갈 길이 열렸습니다('휘장의 찢김', 44-46절). 백부장의 고백과 예수님의 죽음을 지켜본 백성들의 아파하는 모습 그리고 공회의 의원인 아리마대 요셉에 의한 정중한 장례는 예수님의 구원사역이 완성되었음을 암시합니다(47-56절). 예수님은 신실한 당신의 종들에게 부활의 영광과 영원한 안식을 허락하십니다.

[기도]

하나님 앞에 늘 겸손하게 하시고 죄와 교만으로 넘어지지 않게 하옵소서. 거룩한 믿음위에 나를 세워가고 성령 안에서 기도하며, 하나님과의 사랑의 관계 안에서 살아가며 주의 재림을 소망하게 하옵소서. 십자가에서 죽으심으로 하나님께 나아갈 길을 열어주신 예수님만 찬양하게 하옵소서.

[역대하 10장]

솔로몬의 아들 르호보암이 왕위를 이어갑니다. 여로보암을 중심으로 한 각 지파의 대표들이 르호보암을 찾아와 솔로몬 시절의 많은 토목공사로 인해 부과된 고역과 무거운 멍에를 가볍게 해 달라고 요구합니다(1-4절). 원로들은 그들을 선대하고 그 요구를 들어주기를 바라나 젊은 신하들은 통제를 더욱 강화하라고 조언합니다(5-11절). 르호보암은 젊은 신하들의 조언을 따르기로 결정하고 백성들을 강제노역에 동원하기 위해 감독관을 파견합니다(12-17절). 결국 이 일이 발단이 되어 유다와 베냐민 지파를 제외한 나머지 10개 지파는 감독관을 죽인 후 독립을 선언합니다(18-19절).

[요한계시록 1장]

성도가 받을 수 있는 최고의 위로는 마지막 날의 승리입니다. 요한계시록은 박해받는 소아시아 일곱 교회에 대한 위로의 책입니다. 그렇지만 단순한 사람의 위로가 아닌 마지막 날에 반드시 일어날 일에 대한 예수 그리스도의 계시입니다(1절). 요한은 하나님이 말씀하시는 것과 자신이 환상 중에 본 것을 증언합니다(2-3절). 요한은 성부 하나님('이제도 계시고 전에도 계셨고 장차 오실 이')과 성자 예수님('충성된 증인이며 죽은 자들 가운데서 먼저 나셨으며 땅의 임금들의 머리가 되신 분')과 성령 하나님('보좌 앞에 일곱 영')으로 인해 누리게 될 은혜와 평강을 선언합니다(4-8절). 특히 예수 그리스도께서 다시 오실 때 모든 사람들이 일어나 그를 보게 될 것이며 모든 박해자들은 통곡하게 될 것입니다. 예수의 환난에 동참하는 자라고 스스로를 소개한 요한은 성령의 감동으로 보게 된 환상 중에 일곱 금 촛대 사이에 계신 예수 그리스도를 보았습니다(9-13절). 인자('a son of man') 같은 이가 대제사장의 의복 같은 것을 입고 계십니다. 육신을 입고 이 땅에 오신 예수 그리스도는 영원한 대제사장이십니다. 흰 양털 같은 그의 머리와 털은 거룩함과 순결함을, 불꽃 같은 눈은 세상을 감찰하시는 능력을, 오른 손에 들린 일곱 별은 그의 주권적인 힘을, 입에서 좌우에 날선 검이 나오는 것은 그의 능력의 말씀을, 해가 힘 있게 비치는 것 같은 얼굴은 예수님의 영광을 상징합니다(13-16절). 놀라운 환상을 본 요한은 영광스런 장면에 압도당해 기절했는데 사망과 음부의 열쇠를 가지신 그리스도께서 그를 위로하시며 그가 본 것과 곧 일어날 일과 장차 일어날 일들을 기록하라고 말씀하십니다(17-20절).

[스바냐 2장]

스바냐는 급박한 상황인 것은 분명하지만 아직 심판이 임하지 않았으니 함께 모여 겸손히 여호와를 찾으며 공의를 구하라고 외칩니다(1-3절). 그리하면 하나님의 진노를 피할 수 있습니다. 스바냐는 이스라엘 백성들에게는 회개를, 이방 나라들에 대해서는 심판을 선언합니다(4-15절). 블레셋과 모압과 암몬, 구스와 앗수르는 교만함(10절), 오만함(15절), 우상숭배(11절)로 인해 심판을 받게 될 것입니다. 특히 하나님은 강력한 제국을 이룬 후 '나 외에는 다른 이가 없다'고 생각하며 스스로를 하나님처럼 높였던 앗수르의 오만함을 꺾음으로 조롱거리가 되게 하실 것입니다.

[누가복음 24장]

안식 후 첫날 무덤을 찾아간 여인들에게 나타난 두 천사는 3가지 메시지를 전합니다(1-4절). 첫째, 왜 살아 있는 자를 죽은 자 가운데서 찾느냐? 둘째, 그는 여기 계시지 않고 살아나셨다. 셋째, 예수님이 갈릴리에서 말씀하셨던 십자가의 고난과 부활의 메시지를 기억하라.(5-7절). 전에 예수님이 부활에 대하여 하신 말씀을 떠올린 여인들은 제자들에게 부활 소식을 전했으나 그들은 허탄한 이야기로 취급했으며 베드로는 무덤에 가보긴 했으나 그 역시 여인들의 말을 믿지 않았습니다(8-12절). 제자들이 아직 부활을 확신하지 못하는 가운데 엠마오로 가던 두 제자에게 예수님이 나타나셨지만 그들도 예수님을 알아보지 못합니다(12-24절). 길에서의 만남은 저녁식사까지 이어지게 되었는데, 예수님이 떡을 떼어 주실 때에 비로소 두 제자는 집으로 오는 동안 함께하며 성경을 자세히 풀어주시던 분이 예수님이셨음을 알게 됩니다(25-32절). 이제 두 제자는 확신을 가지고 부활소식을 다른 제자들에게 전합니다(33-35절). 그 후 예수님은 모든 제자에게 부활을 확증해 주셨습니다(36-43절). 부활은 말씀(예언)의 성취이며 제자들은 부활의 증인입니다(44-48절). 예수님은 위로부터 임할 능력을 약속하시며 승천하십니다(49-53절). 이 약속은 오순절 성령강림사건(행 2:1-4)으로 성취됩니다.

[기도]

겸손히 하나님을 찾으며 공의를 행하게 하시고, 부활의 증인으로 살아가게 하옵소서. 사망과 음부의 열쇠를 가지신 예수님만 믿게 하옵소서.

[역대하 11-12장]

(11장) 르호보암은 열 지파의 반란을 진압하기 위해 군대를 소집했으나 하나님이 전쟁을 금하신다는 선지자 스마야의 말을 듣고 즉시 순종합니다(1-4절). 대신 성읍을 쌓고 식량과 무기를 비축하는 등 국방력 강화에 집중합니다(5-12절). 자기 임의로 제사장을 세우고 우상을 섬기는 여로보암으로 인해 북이스라엘 지역에 있던 레위인과 제사장들이 대거 남유다로 넘어오게 되었습니다(13-15절). 더불어 신앙 때문에 그들과 함께 넘어온 백성들이 있었는데 그들이 3년 동안 다윗과 솔로몬의 길로 행하므로 하나님이 르호보암을 더욱 강성케 하셨습니다(16-17절). 하나님은 르호보암의 가계를 풍성하게 하셨습니다(18-23절).

(12장) 나라가 견고해지자 교만해진 르호보암이 하나님의 말씀을 버렸고 백성들도 이를 따르게 되었습니다(1절). 그 결과 애굽의 시삭(셰숑크 1세)의 침략을 받게 되었습니다(2-4절). 스마야 선지자가 애굽의 침략이 하나님의 심판임을 선포하자 르호보암은 하나님 앞에 회개합니다(5-8절). 그 결과 하나님이 시삭을 통해 예루살렘에 쏟으려했던 진노의 일부를 거두십니다. 하나님은 이스라엘이 타락하면 그들로 하여금 하나님 대신 강대국으로 섬기게 하심으로써 깨닫게 하십니다. 애굽은 솔로몬의 영화를 상징하는 것들을 약탈해갑니다(9-16절). 다만, 르호보암의 회개와 다윗언약으로 인하여 유다는 완전한 파멸을 면했습니다(12절). 역대기 저자는 르호보암에 대해 다음과 같이 평가합니다. “르호보암이 악을 행하였으니 이는 그가 여호와를 구하는 마음을 굳게 하지 아니함이었더라”(14절). 그는 여호와를 구하는데 마음을 두지 않았습니다.

[요한계시록 2장]

바울은 2차 전도여행 중 소아시아 최대의 도시 에베소에서 복음을 전했습니다. 예수님은 일곱 금 촛대 사이를 다니시며 일곱별을 붙들고 계십니다(1절). 일곱 금 촛대는 교회를, 일곱별은 사역자를 의미합니다. 예수님은 교회와 사역자들을 그의 권능으로 붙들고 계십니다. 예수님은 에베소 교회의 수고와 인내를 잘 알고 계시며 특히 거짓 사도를 시험하여 그들의 실체를 드러낸 것에 대해 칭찬하십니다(2-3절). 만약 그들이 처음 사랑을 회복한다면 이기는 자에게 약속된 생명을 누릴 것입니다(4-7절). 바울의 3차 전도여행 중 세운 것으로 추정되는 서머나 교회는 환난과 궁핍으로 인해 세상적으로는 가난했지만 주님 보시기에는 부요했습니다(8-11절). 끝까지 충성한다면 생명의 면류관을 받을 것입니다. 요새라는 뜻을 가진 버가모에는 제우스 신전과 뱀의 신인 아스클레피오스 신전이 있었습니다. BC 29년에는 황제 숭배를 위한 신전도 세워집니다. 이처럼 사탄의 권좌가 있는 곳으로 묘사되는 버가모에서 교회의 지도자인 안디바가 순교하게 되지만 그럼에도 불구하고 버가모 교회는 믿음을 지켰습니다(12-13절). 그러나 이스라엘 백성들이 발람에게 속아 영적 행음을 행했던 것처럼 거짓 사도의 교훈을 허용하여 영적으로 행음한 죄를 지었습니다(14-15절). 주님은 회개하지 않는 자는 심판하실 것이며 승리하는 자에게는 만나(=생명의 떡이신 예수 그리스도)와 흰 돌(‘구원의 징표’)을 주실 것입니다(16-17절). 모든 면에서 성장하고 있었던 두아디라 교회는 우상 숭배와 음행으로 인해 책망을 받습니다(18-20절). 거짓 선지자를 따르는 자들에게는 심판이 임할 것입니다(21-23절). 사탄의 깊은 것들, 곧 거짓 교훈을 거부하고 끝까지 믿음을 지키는 자들은 새벽별(그리스도)을 얻고 그와 함께 만국을 다스릴 권세를 얻을 것입니다(24-29절).

[스바냐 3장]

스바냐의 시선은 예루살렘을 향합니다. 그는 타락한 예루살렘에 대한 심판을 선포하며 방백들과 재판관들, 선지자와 제사장의 불의와 악행을 지적합니다(1-4절). 그들은 누구보다도 하나님의 선과 정의를 행해야 하는 자들입니다. 그들은 불의하지만 심판을 행하시는 하나님의 의로우십니다(5절). 예루살렘을 벌하긴 하지만 그들을 아주 멸하지 않으실 의로우신 하나님이 '나를 기다리라'고 말씀하십니다(6-8절). 그는 모든 죄와 불의를 소멸하신 후 다시 회복하실 것입니다. 하나님은 백성들의 마음을 근본적으로 고치실 것이며 흩어진 자들을 모으시고 당신의 이름을 끝까지 의뢰하는 자들을 구원하십니다(9-13절). 하나님이 우리 마음을 근본적으로 고치신 사건은 성령강림으로 성취됩니다(행 2:14-21 & 33). 스바냐는 대적들을 심판하시고 이스라엘의 죄를 제하셔서 다시 회복하실 하나님께 기쁨의 찬양을 드릴 것을 선포합니다(14-17절). '손을 늘어뜨리다'는 표현은 무기력하게 힘이 빠져 있는 상태를 의미합니다. 하나님의 넘치는 사랑과 긍휼로 인해 더 이상 두려워하거나 무기력할 필요가 없습니다. 하나님은 당신의 전능하심으로 대적을 벌하시고 그의 백성을 구원하십니다. 절기를 지킬 수 없어 근심하던 백성들에게 큰 기쁨이 임할 것입니다(18절). 하나님은 열국의 포로였던 시온을 회복하셔서 명성을 얻게 하실 것입니다(19-20절). 하나님의 백성들에게는 기쁨의 날, 영광의 날이 기다리고 있습니다.

[요한복음 1장]

1장의 주제는 말씀의 성육신입니다. 태초에 말씀('로고스')이 있었습니다(1절). 창세기 1장 1절("태초에 하나님이 천지를 창조하시니라")을 연상케 하는 이 구절은 예수 그리스도의 신성과 영원성을 선포합니다(2-3절). 요한은 그리스(헬레니즘) 문화권의 독자들이 쉽게 이해할 수 있도록 '모든 사물의 존재를 규정하는 보편적인 원리'의 뜻을 가진 '로고스'에 인격을 부여하여 그리스도를 "우주창조와 질서유지의 원리이자 구원의 원리"로 설명합니다(예수 그리스도=성육신하신 말씀). 말씀('로고스')이신 그리스도는 성부 하나님과 함께 계셨으며 창조 사역에 동참하셨습니다. 그러나 그에 의해 창조된 세상은 생명의 빛으로 오신 그를 알아보지 못하고 영접하지도 않았습니다(4-5, 9-11절). 영접하는 자 곧 그 이름을 믿는 자는 하나님의 자녀의 권세가 주어집니다(12-13절). 하나님은 빛 되신 그리스도의 오심을 알리기 위해 요한을 먼저 보내셨습니다(6-8, 15절). 요한은 자신을 높이는 모든 칭호를 거부하고 오직 예수님을 '세상 죄를 지고 가는 하나님의 어린양'(그리스도)이요 하나님의 아들로 증언합니다(19-34절). 요한을 통해 이스라엘이 오랫동안 기다려온 그리스도가 바로 예수님임을 알게 된 안드레는 형제 시몬을 예수님께로 데려 옵니다(35-42절). 빌립과 나다나엘도 생명의 빛으로 오신 예수 그리스도를 따릅니다(43-50절). '무화과나무 아래 있다'는 표현(48절)은 무화과나무 아래에서 율법을 연구하는 것을 의미할 수도 있고, 과거 나다나엘이 무화과나무 아래에서 행한 어떤 행위를 의미할 수도 있습니다. 빌립의 증언과 그리스도의 전지성을 통해 나다나엘은 제자가 되기로 결단합니다. 그들은 예수님이 하나님과 온전히 교통하는 것을 보게 될 것입니다(51절).

[기도]

교만으로 인해 하나님과 멀어지게 안하게 하시고, 내게 있는 죄를 제하시고 구원의 기쁨을 회복시켜 주옵소서. 세상의 부요함이 아닌 주님과의 부요함을 구하며 살아가게 하옵소서. 말씀이 육신이 되어 이 땅에 오심으로 나를 하나님의 자녀 되게 하신 예수님을 찬양하는 삶을 살게 하옵소서.

[역대하 13장]

이스라엘은 북이스라엘(여로보암)과 남유다(르호보암)로 분열된 이후 수차례에 걸쳐 전쟁을 하게 됩니다. 르호보암의 아들 아비야와 여로보암의 대군이 스마라임산에서 만났습니다(1-4a절). 이때 아비야가 북이스라엘 군대를 앞에 두고 연설을 합니다. 그는 다윗언약('그의 왕위를 영원히 견고하게 하리라', 삼하 7:16)에 근거하여 다윗의 자손에 대한 배신과 금송아지 우상의 건립, 정통성 없는 제사장 옹립 등 북이스라엘의 죄에 대해 언급합니다(5-9절). 그는 북이스라엘 군사들에게 올바른 신앙으로 돌아올 것을 촉구합니다(10-12절). 북이스라엘 군대는 명분 없는 전쟁, 더 나아가 하나님을 상대로 한 전쟁을 벌이고 있는 셈입니다. 전쟁의 결과는 전력의 열세였던 남유다의 완승이었습니다(13-19절). 여로보암은 다시 세력을 회복하지 못하고 죽었으며 아비야는 풍성한 자손의 복을 받았습니다(20-22절). 아비야가 이긴 것은 그가 하나님을 의지하였기 때문입니다.

[요한계시록 3장]

사데 교회는 겉으로 보기에는 살아 있으나 영적으로 죽어 있었습니다(1-3절). 오늘날에도 사람의 눈으로 보기에는 활력이 넘치지만 주님이 보기에는 죽은 교회가 있습니다. 그러나 사데 교회에 희망이 있는 것은 세속에 물들지 않은 소수의 순결한 자들이 있기 때문입니다(4절). 사데 교회의 문제는 이방 문화와 종교에 동화되어 말씀과 부활의 능력을 잃어버린 것임을 유추할 수 있습니다. 그들이 영적으로 깨어나 회개하면 교회는 성령이 불어 넣으시는 영적 생기로 인해 다시 살아날 것입니다. 구원의 절대 주권을 가지신 예수님은 세상의 눈으로 보기엔 미약하지만 끝까지 주의 말씀을 지킨 빌라델비아 교회를 칭찬하십니다(7-8절). 말씀의 권세로 승리한 교회 앞에 사탄의 회당(=그리스도인을 핍박한 유대 원리주의자들)은 굴복할 것입니다(9절). 예수님은 교회의 승리를 약속하시며 다시 오실 때까지 믿음을 굳게 지킬 것을 명하십니다(10-11절). 다윗의 열쇠를 가지신 예수님은 핍박 속에서도 인내하며 믿음을 지킨 교회에게 구원의 면류관을 약속하십니다(12-13절). 라오디게아 교회는 차지도 덥지도 않음으로 인해 책망을 듣습니다(14-16절). 라오디게아 물은 식용으로 많이 쓰였는데 차면 찬대로, 뜨거우면 뜨거운 대로 쓰임새가 있었지만 미지근하면 어디에도 쓰기가 어려웠던 것을 두고 주께서 그렇게 말씀하신 것입니다. 미지근한 태도는 불신자와 구별되지 않는 삶을 말하는 것으로 주님은 회개를 촉구하십니다(17-19절). 예수님이 아닌 다른 것을 마음에 품고도 자신의 곤고함과 영적 벌거벗음을 알지 못하는 그들은 자신의 실체를 보아야 합니다. 예수님을 구원자요 주권자로 전심으로 받아들이고 그와 온전히 연합된 삶으로 나아간다면 그들은 주님의 보좌에 함께 앉는 놀라운 권세를 누리게 될 것입니다(20-22절).

[학개 1장]
지금은 성전을 건축할 때가 아니라고 말하는 귀환한 백성들을 형편을 보면서 학개는 그들의 지도자인 총독 스룹바벨과 제사장 여호수아에게 선포합니다(1-2절). 하나님은 성전을 폐허로 방치한 채 자기들의 집을 세우는 일에만 열중하는 백성들을 책망하십니다(3-5절). 그들이 자연재해 등으로 수고한 만큼 수확을 얻지 못했던 것은 그들을 깨우치려는 하나님의 징계였습니다(6-11절). 하나님은 성전 건축을 다시 명하십니다. 이는 우선순위의 회복을 통해 복을 누리는 비결입니다. 학개의 선포를 들은 지도자들과 백성들은 즉시 순종하여 다리오 왕(다리우스 1세) 2년째에 성전건축을 재개합니다(12-15절).

[요한복음 2장]
예수님과 제자들이 혼인잔치에 초대받습니다(1-2절). 마침 혼인잔치 도중에 포도주가 떨어지는 큰 문제가 생겼는데 마리아는 이 문제를 아들 예수님에게 의뢰합니다(3절). 성령으로 잉태되어 태어나게 된 아들이 이 땅에 온 메시아임을 알고 있는 어머니의 부탁입니다. 예수님은 아직 자신의 때가 이르지 않았다며 완곡하게 거절의사를 표현합니다(4절). '여자여'(헬: '귀나이')라는 말은 여성에 대한 존칭어입니다. 예수님의 때는 주로 십자가의 죽음 및 승천과 관련하여 쓰이는데, 예수님의 완곡한 거절에는 자신이 임의대로 사는 것이 아니라 하나님이 정하신 목적과 주권적 계획에 따라 사는 존재라는 의미가 담겨 있습니다. 그러나 예수님은 메시아의 영광을 나타낼 것에 대한 어머니의 믿음에 응답하여 물을 최상급 포도주로 만드심으로 첫 번째 표적을 나타내셨습니다(5-12절). 하나님의 어린양 예수 그리스도는 십자가의 죽음과 부활 그리고 승천과 재림을 통해 구원의 잔치를 베푸실 것입니다. 성전은 아버지의 집입니다. 죄 용서를 구하며 아버지를 만나는 장소인 성전이 도리어 죄와 탐욕을 추구하는 무리들의 소리로 가득했습니다(13-18절). 예수님의 성전정화는 아버지의 집으로서의 기능을 상실한 성전의 종말을 고하는 것입니다. 예수님은 눈에 보이는 건물을 헐고 사흘 만에 성전을 재건하실 것입니다(19-22절). 그러나 이 말씀이 십자가의 죽음과 부활에 관한 것임을 아는 사람이 아무도 없습니다. 예수님은 표적을 보고 호기심에 자신을 따라오는 사람들을 신뢰하지 않으십니다(23-25절).

[기도]

삶의 우선순위가 바로 서게 하시고 하나님을 경외하며 그의 나라를 먼저 구하게 자에게 주시는 승리와 복을 맛보게 하옵소서. 주의 구원으로 인한 기쁨과 감사의 소리로 내 삶이 가득하게 하옵소서. 인내하며 믿음을 지킨 자에게 생명의 면류관을 주시는 예수님을 찬양하게 하옵소서.

[역대하 14-15장]

(14장) 하나님은 선과 정의를 행하며 종교개혁을 단행한 아사를 형통함과 평안으로 축복하셨습니다(1-8절). 구스(애굽 남부지역에 거주하던 누비아인 혹은 에티오피아)가 압도적인 병력으로 남유다를 침공하지만 아사의 기도를 들으신 하나님은 그에게 승리를 주셨습니다(9-15절).

(15장) 일찍이 다윗은 솔로몬에게 성전건축을 당부하며 평생 여호와를 부지런히 찾을 것을 권했습니다. "네가 만일 그를 찾으면 만날 것이요 만일 네가 그를 버리면 그가 너를 영원히 버리시리라"(대상 28:9). 아사랴가 다윗의 권면으로 아사를 독려합니다(2절). 그는 이스라엘이 과거에 저질렀던 죄를 언급하며 하나님께로 돌아갈 것을 선포합니다(3-7절). "하나님께 나아가는 자는 반드시 그가 계신 것과 또한 그가 자기를 찾는 자들에게 상 주시는 이심을 믿어야 할지니라"(히 11:6). 아사는 남유다와 북이스라엘로부터 수복한 지역에 대한 2차 종교개혁을 단행하여 남아있던 우상을 타파하고 여호와의 제단을 재건하였는데 하나님이 아사와 함께 하시는 것을 보고 북이스라엘에서 남유다로 넘어온 사람들이 있었습니다(8-9절). 그는 백성들의 신앙을 더욱 굳건하게 세웠으며 하나님은 그의 나라를 평안케 하셨습니다(10-15절). 그는 우상을 만든 자신의 어머니 마아가를 단호하게 폐위시키는 등 일평생 하나님을 온전히 신앙했습니다(16-19절).

[요한계시록 4장]

이사야 선지자가 소명을 받을 때 환상 중에 천상을 본 것처럼 요한도 성령에 감동되어 천상을 보게 됩니다(1-2절). 요한이 본 하나님은 벽옥과 홍보석 같고 무지개가 보좌에 둘려 있었습니다(3절). 벽옥과 홍보석은 대제사장의 흉패 중 마지막 것과 처음 것에 해당되는 것으로 영원한 대제사장 예수 그리스도를 연상시킵니다. 무지개는 하나님의 긍휼과 신실하심을 상징합니다(창 9:8-17). 이십사 장로는 구약의 열두 지파와 신약의 열두 사도, 즉 모든 하나님의 백성을 의미하는 것으로 그들은 흰 옷을 입고 머리에 금관을 쓰고 하나님의 영광에 참여할 자입니다(4절). 보좌 앞의 일곱 등불은 하나님의 일곱 영 곧 성령님을 의미합니다(5절). 보좌 주위의 네 생물은 밤낮으로 거룩함을 선포하며 하나님께 영광과 존귀와 감사를 돌립니다(6-9절). 이십사 장로도 하나님께 쉼 없이 경배와 찬양을 드립니다(10-11절). 로마황제가 신적 경배를 받던 시절 이십사 장로는 하나님만이 영광을 받으시기에 합당하다고 노래합니다.

[학개 2장]

성건 건축이 재개된 지 한 달 만에 하나님의 말씀이 다시 임했습니다(1-2절). 두 번째 메시지는 하나님의 위로와 격려가 담겨 있습니다. 성전을 재건하는 백성들은 솔로몬 성전과 비교되는 스룹바벨 성전의 초라함으로 인해 의기소침해져 있었습니다(3절). 하나님은 여전히 언약이 유효하며('너희는 나의 언약 백성') 나의 영이 너희 가운데 머물러 있다고 말씀하시며 그들을 위로하십니다(4-5절). 하나님의 영이 임한 곳이 성전입니다. 하나님은 재건될 성전을 그의 영광으로 충만케 하실 것이며 이전 영광보다 더 크게 하실 것을 약속하십니다(6-9절). 두 번째 말씀이 임한지 세달 후 하나님의 말씀이 다시 임합니다(10절). 제물로 드린 고기를 쌌던 천으로 다른 음식을 쌌다고 해서 그 음식이 성물이 되지 않지만 시체를 만져 부정해진 자가 음식을 만지면 부정해집니다(11-14절). 즉, 거룩은 접촉을 통해 전가되지 않지만 부정은 접촉을 통해 전가됩니다. 이 말은 성전건축 자체가 그들을 거룩하게 만들어주거나 복을 보장해주지 않는다는 뜻입니다. 오히려 그들의 부정이 성전 및 신앙공동체를 더럽힐 수 있습니다. 성전건축을 재개하기 전 그들은 수고한 만큼 수확을 얻지 못했습니다(15-16절). 하나님이 그들을 징계하셨음에도 돌이키지 않았습니다(17절). 이제 하나님은 성전건축을 재개한 이후를 기억하라고 말씀하십니다(18절). 아직 열매 맺을 시기는 아니지만 하나님은 풍성한 수확을 약속하십니다(19절). 세 번째 말씀이 임하시는 날, 네 번째 말씀도 임했습니다(20절). 온 세계를 다스리시는 하나님은 스룹바벨을 통해 다윗 왕조를 회복하실 것입니다(21-23절). 훗날, 스룹바벨의 후손으로 오실 예수 그리스도를 통해 영원히 쇠하지 않는 하나님의 나라가 세워집니다.

[요한복음 3장]

예수님 당시 이스라엘의 최고 의결기구는 산헤드린 공회였습니다. 대제사장(의장), 제사장들, 장로들(각 가문의 대표자), 서기관 등 71명으로 구성되었으며 유대법에 따른 민·형사 소송을 담당했고 사형판결의 경우는 총독의 재가를 받아 집행했습니다. 최고의 정치인 중 한 사람인 니고데모가 영생의 문제로 예수님을 찾아 왔습니다(1-2절). 예수님은 물과 성령으로 거듭나는 비밀에 대해 계시하십니다(3-8절). 구약에 정통한 산헤드린 공회 회원임에도 불구하고 니고데모는 거듭남을 이해하지 못했습니다. 이는 니고데모뿐만 아니라 공회 회원 전부의 문제였습니다. 그들이 지속적으로 예수님을 적대한 것이 그 증거입니다. 예수님이 니고데모를 책망하시는 이유는 성경(구약)에 정통한 그가 성경을 모르기 때문입니다(9-13절). 하나님은 거듭남에 대해 이미 계시하셨습니다. "맑은 물을 너희에게 뿌려서 너희로 정결하게 하되 … 또 새 영을 너희 속에 두고 새 마음을 너희에게 주되…"(겔 36:25-26). 거듭남은 죄 사함 받는 것과 하나님의 영이 임하는 것입니다. 이것은 온전히 성령의 역사입니다. 거듭남의 역사를 위하여 예수님은 모세 시대의 놋 뱀처럼 십자가에 높이 달리게 될 것이며 누구든지 그를 믿는 자는 영생을 얻게 될 것입니다(14-18절). 구원의 빛 되시는 예수님을 보고 나아오는 자와 그 빛을 거부하고 계속 악을 행하는 자로 나뉠 것입니다(19-21절). 세례 요한은 사람들이 예수님께 몰리는 것을 불편해 하는 제자들에게 그는 위로부터 오신 하나님의 아들이며 성령으로 충만하신 분으로서 모든 주권을 가지신 그의 증언은 참되니 영생의 여부가 그에 대한 믿음에 달려있다고 말합니다(22-36절).

[기도]

일평생 하나님을 부지런히 찾게 하시고, 주의 약속의 말씀들로 삶의 지표를 삼게 하옵소서. 하나님 보좌에 선 천사들처럼 하나님의 거룩하심을 찬양하며 날마다 경배하게 하옵소서. 물과 성령으로 거듭나게 하사 영생을 선물로 주신 예수님께 감사하는 삶을 살게 하옵소서.

[역대하 16장]

하나님을 경외하는 아사 왕이 변질되었습니다. 쿠데타로 집권한 북이스라엘 왕 바아사가 유다를 침략하여 예루살렘 북쪽 8km지점에 있는 라마를 점령한 후 성을 쌓았습니다(1절). 북이스라엘 주민의 남유다 망명을 막고 남유다에 대한 군사적인 압박을 가하기 위함입니다. 수도에서 멀지 않은 곳에 적의 요새가 만들어지는 것을 보고 다급해진 아사는 아람에게 군사원조를 요청합니다(2-3절). 문제는 아람에게 바칠 재원을 마련하기 위해 성전 기금을 사용한 것과 하나님이 아닌 다른 나라를 더 의지한 것입니다. 하나님은 선견자 하나니를 통해 아사를 책망하십니다(4-9절). 그런데 아사는 선견자의 말에 귀를 기울이지 않고 도리어 그를 옥에 가두고 백성들에게 악행을 저지릅니다(10절). 병들어 위독한 상태에서도 끝내 하나님을 찾지 않은 아사는 2년 뒤 죽습니다(11-14절). 병들었던 2년의 시간은 그가 회개하고 돌이킬 수 있는 시간이었지만 끝내 돌이키지 않았습니다.

[요한계시록 5장]

요한은 환상 중에 천상을 보고 있습니다. 보좌에 앉으신 하나님의 오른손에 일곱 인으로 봉인된 두루마리가 들려 있습니다(1절). 일곱 인으로 봉인되어 있다는 것은 구원의 비밀이 완전히 감추어져 있음을 의미합니다. 천사가 인을 떼고 두루마리를 펼 자를 찾지만 찾을 수 없었습니다(2-4절). 이 땅에는 하나님의 구원의 비밀을 풀어낼 자가 없습니다. 그때에 이십사 장로 중 하나가 요한에게 유대 지파의 사자 다윗의 뿌리가 그 일을 할 것이라고 말합니다(5절). 이는 메시아에 대한 선언입니다. “유다야 너는 네 형제의 찬송이 될지라 … 유다는 사자 새끼로다 … 규가 유다를 떠나지 아니하며 통치자의 지팡이가 그 발 사이에서 떠나지 아니하기를…”(창 49:8-10). “아브라함과 다윗의 자손 예수 그리스도의 계보라”(마 1:1). 그는 일곱 뿔과 일곱 눈을 가졌으며 죽임을 당했던 것 같은 어린양으로 묘사됩니다(6절). 절대 권세를 갖고 세상을 두루 감찰하시며 통치하시는 메시아는 모든 권세와 능력을 내려놓고 그의 백성을 살리기 위해 죽임을 당했습니다. 성도들의 기도를 어린 양에게 올리던 네 생물과 이십사 장로는 두루마리를 취한 어린 양이 자신의 피로 백성들을 구원하시고 하나님께 나라와 제사장으로 삼으신 일을 찬송합니다(7-10절). 죽임 당한 어린양은 능력과 부와 지혜와 힘과 존귀와 영광과 찬송을 받으시기에 합당하십니다(11-14절).

[스가랴 1장]

BC 537년 고레스(키루스) 칙령으로 귀환하게 된 백성들은 즉시 성전재건을 시작하였으나 주변 민족들의 방해로 공사는 16년간 중단되었습니다. 어느덧 성전은 백성들의 관심사에서 멀어졌습니다. 다리오 왕(다리우스 1세) 제2년(BC 520년)에 스가랴에게 하나님의 말씀이 임합니다(1절). 하나님은 귀환자들에게 불순종의 길을 갔던 조상들을 닮지 말라고 말씀하십니다(2-6절). 스가랴는 연이어 환상을 보게 되는데 그가 본 첫 번째 환상에는 붉은 말을 탄 한 사람(여호와의 천사)이 있고 그 위에 붉은 말, 자줏빛 말, 백마가 있었습니다(7-17절). 여호와의 천사는 시온을 사랑하시는 하나님이 이방나라들을 심판하시고 성전을 다시 세우게 하심으로 예루살렘을 회복하실 것을 선포합니다. 두 번째 환상에는 네 뿔과 네 대장장이가 보였습니다(18-21절). 네 뿔은 당시 기준으로 이스라엘을 괴롭혔던 네 나라(애굽, 앗수르, 바벨론, 바사)로 보기도 하는데 하나님의 백성을 괴롭히는 세력을 의미합니다. 네 대장장이는 이스라엘을 괴롭힌 나라들에 대한 하나님의 심판도구를 의미합니다. 하나님은 최강임을 자부하는 나라들을 멸하시고 당신의 백성들을 지키십니다.

[요한복음 4장]

유대에서 갈릴리로 갈 때에 요단 동편 길로 가면 6일, 사마리아를 가로질러 가면 3일이 걸렸습니다. 그럼에도 유대인들은 사마리아를 통과하지 않았습니다. 왜냐하면 예루살렘(유다)보다 먼저 멸망한 사마리아(북이스라엘)에 앗수르에 의해 강제 이주당한 이방민족들이 들어오게 되면서 아브라함의 순수한 혈통과 신앙의 순수성을 잃어버렸기 때문입니다. 유대인에게 사마리아는 금기의 땅입니다. 그러나 예수님은 의도적으로 사마리아로 들어가 수가라는 동네로 가십니다(1-6절). 한 낮에 물을 길으러 온 사마리아 여인에게 '물을 달라'는 질문을 던진 예수님은 영원히 목마르지 않는 생수에 대해 가르치십니다(7-14절). 생수는 믿는 자가 받을 성령님을 가리킵니다. 그러나 여인은 예수님의 말씀을 깨닫지 못하고 단순히 우물물을 길으러 오지 않게 되기를 원합니다(15절). 예수님은 여인에게 죄 사함과 영생이 필요하다는 것을 파악하시고 그녀의 삶을 다루십니다(16-18절). 예수님의 초자연적인 통찰력을 접한 여인은 그가 선지자임을 깨닫고 예배에 대한 질문으로 종교적인 관심을 드러냅니다(19-20절). 예수님은 예루살렘에서의 예배만을 인정하는 유대인들로 인한 영적 열등감을 가지고 있던 사마리아 여인에게 영(성령)과 진리(아들이신 그리스도)로 예배하는 때가 도래했다는 것과 당신이 바로 메시아임을 선포하십니다(21-26절). 예수님의 전지성('그녀가 행한 모든 일을 그녀에게 말함')으로 인해 그가 메시아임을 확신한 여인의 증언으로 많은 결실이 맺어졌습니다(27-30, 39-42절). 예수님은 잃어버린 영혼의 회복으로 인한 기쁨으로 충만하십니다(31-38절). 표적(=물로 포도주를 만든 사건)을 보고도 예수님을 믿지 않던 갈릴리 사람들과 달리 표적을 보지 않고도 예수님을 믿은 왕의 신하는 아들의 병이 낫는 기적을 체험합니다(43-54절).

[기도]

아사처럼 마지막에 변질되는 신앙인이 되지 않게 하시고, 하나님의 말씀이 더디 이루어지더라도 말씀에 대한 신실함을 버리지 않게 하옵소서. 잃어버린 영혼의 회복으로 인한 기쁨을 누리게 하옵소서.

[역대하 17장]

여호사밧은 다윗의 길로 행하였다는 평가를 받습니다(3절). 그는 하나님을 찾았으며 우상을 척결하고 무엇보다 부지런히 백성들에게 율법을 가르쳤습니다(4-9절). 하나님은 당신을 경외하는 여호사밧에게 복을 주셨습니다. 강성해진 유다는 주변나라들로부터 조공을 받았습니다(10-11절). 여호사밧은 견고한 요새와 강력한 군대를 건설하였습니다(12-19절).

[요한계시록 6장]

어린양은 두루마리의 인을 떼기에 합당하십니다(5:5-6). 첫째 인을 떼자 흰말을 탄 자가 등장하여 면류관을 받고 나가서 이기고 또 이기려합니다(1-2절). 이는 전쟁으로 인한 재앙을 의미합니다. 둘째 인을 떼자 붉은 말을 탄 자가 등장하여 화평을 제하여 서로 죽이게 하고 큰 칼을 받습니다(3-4절). 이는 전쟁의 장면을 묘사한 것입니다. 셋째 인을 떼자 검은 말을 탄 자가 등장하는데 그는 무기가 아닌 저울을 들고 있습니다(5-6절). 통상 한 데나리온(=노동자의 하루 품삯)에 밀 열 되를 살 수 있는데 한 되밖에 살 수 없다는 것은 극심한 기근을 의미합니다. “감람유와 포도주는 해치지 말라”는 것은 이 재앙 역시 제한적임을 뜻합니다. 넷째 인을 떼자 이름이 사망인 청황색 말을 탄 자가 등장하여 칼과 흉년과 사망(=전염병으로 추정)과 땅의 짐승들로 사람들을 죽입니다(7-8절). 그러나 이 역시 제한적으로 집행합니다. 첫째부터 넷째까지는 종말의 징조에 관한 예수님의 말씀에 동일하게 등장합니다(‘전쟁과 기근’, 마 24:7-8). 다섯째 인을 떼니 하나님의 말씀과 그들이 가진 증거로 인해 죽임을 당한 영혼들이 부르짖는 장면이 등장합니다(9-11절). ‘순교자의 수가 차기까지’라는 구절을 통해 순교자의 탄원에도 불구하고 순교가 계속 발생한다는 것을 알 수 있습니다. 그러나 순결과 승리를 상징하는 흰 두루마기를 입혀 주시며 잠시 쉬라고 말씀하십니다. 때가 이르면 공의의 심판으로 신원하여 주십니다. “하늘과 성도들과 사도들과 선지자들아, 그로 말미암아 즐거워하라 하나님이 너희를 위하여 그에게 심판을 행하셨음이라”(18:20). 여섯째 인은 자연계에 대이변이 발생하며 악인들을 향한 어린양의 진노의 심판이 임할 것을 보여줍니다. 어린양의 진노를 겪느니 차라리 바위에 깔려 죽기를 바랄 것이라는 내용은 어린양의 진노가 죽음의 고통보다 더 크다는 사실을 말해 줍니다. 순교자에게 약속하신 악인에 대한 심판은 반드시 이루어집니다.

[스가랴 2장]

스가랴는 세 번째 환상으로 측량줄을 잡은 사람(천사)를 보았습니다(1절). 그 천사는 예루살렘을 측량하러 가고자 하나 또 다른 천사가 나타나 예루살렘에 사람과 가축이 많아져서 성곽을 두를 수 없을 정도라고 말합니다(2-4절). 그럼에도 불구하고 예루살렘은 안전할 것입니다. 왜냐하면 하나님의 영광이 임하는 도시이며 하나님의 불이 성곽을 대신할 것이기 때문입니다(5절). 이는 예루살렘의 완전한 회복을 의미합니다. 하나님은 바벨론 포로가 되어 징계의 기간을 보내고 있는 백성들을 가리켜 나의 눈동자와 같은 존재라고 말씀하시며 본국으로 귀환하라고 말씀하십니다('북방 땅에서 도피할지어다', 6-9절). 하나님의 심판을 받아 멸망할 땅에서 속히 나와 구원의 약속이 있는 곳으로 돌아와야 합니다. 하나님은 예루살렘을 다시 택하여 자기 소유를 삼으실 것입니다(10-13절).

[요한복음 5장]

천사가 내려와 물을 움직일 때 가장 먼저 들어가면 병이 낫는다는 전승 때문에 베데스다 못 주변에는 많은 병자들이 있었습니다(1-4절). 예수님이 38년 된 병자에게 낫기를 원하는지 묻자 그는 다른 사람보다 못에 빨리 들어갈 수 없는 이유를 말합니다(5-7절). 그는 오랜 투병생활로 인해 어떤 소망이나 의지도 남아 있지 않았습니다. 예수님이 그에게 치유를 명하시자 즉시 고침을 받았습니다(8-9절). 그러나 유대인들은 예수님이 "자리를 들고 가라"고 말한 것을 가지고 안식일 규정 위반이라며 반발합니다(10-14절). 이에 예수님은 "내 아버지께서 이제까지 일하시니 나도 일한다"라고 말씀하십니다(17절). 당시 유대인들은 하나님이 안식일에도 일한다고 생각했습니다. 안식일에도 일어나는 출생과 죽음 등의 상황은 하나님이 주관하시는 일이라고 보았기 때문입니다. 예수님은 하나님만이 안식일에 일할 수 있다고 생각하는 그들에게 자신도 안식일에 일한다고 말씀하신 것입니다. 즉, 하나님께만 적용하던 개념을 자신에게 적용하신 것인데 정체성 논란을 야기했습니다(18절). 예수님은 하나님 아버지와 불가분의 관계임을 선언하시며 아버지가 행하시는 일(=생명을 주는 일, 심판하시는 일)을 그대로 행하고 아버지가 받는 공경(경배)을 자신도 그대로 받으실 것을 선포하십니다(19-29절). 예수님의 정체성과 사역을 보증하시는 이는 다름 아닌 하나님이십니다. 예수님은 아버지 하나님과 온전히 하나이십니다(30-32절). 세례 요한도 예수님의 존재를 보증하는 확실한 증거이지만 이보다 더 큰 증거는 예수님이 직접 행하실 대속의 죽음과 부활입니다(33-36절). 하나님이 우리에게 성경을 주신 이유는 영원한 진리 되시는 예수님을 알게 하기 위함입니다(37-40절). 모세오경은 물론 성경 전체의 주제는 예수 그리스도입니다(41-47절).

[기도]

나를 눈동자와 같이 지키시는 하나님! 여호사밧처럼 다윗의 길로 가게 하시고, 날마다 말씀을 통해 예수 그리스도를 발견하며 그를 묵상하게 하옵소서. 일곱인을 떼기에 합당하신 구원과 심판의 주권자 되시는 예수님을 따르는 삶을 살게 하옵소서.

[역대하 18장]

하나님의 은혜로 번영하던 여호사밧이 큰 실수를 범합니다. 북이스라엘의 아합과 혼인동맹을 맺은 것입니다(1절). 여호사밧의 아들 여호람과 아합의 딸 아달랴의 혼인은 훗날 엄청난 영적·정치적 위기를 불러오게 됩니다. 아합은 아람에게 빼앗긴 길르앗 라못을 수복하기 위해 유다의 지원 하에 전쟁을 일으킵니다(2-3절). 전쟁이 하나님의 뜻에 맞는 것인지 확인하자는 여호사밧의 의견에 따라 아합이 선지자를 부르는데 시드기야를 포함한 거짓 선지자들은 모두 승리를 예언합니다(4-11절). 그러나 아합이 가장 부담스러워하는 미가야는 처절한 패배를 예언합니다(12-17절). 미가야는 거짓말하는 영에게 아합이 속고 있다는 사실을 일깨워주지만 아합은 도리어 그를 옥에 가두어버립니다(18-26절). 아합은 무시할 수 없는 미가야의 예언을 의식하여 나름 살 방도를 찾지만 끝내 죽음을 피하지 못합니다(27-34절).

[요한계시록 7장]

요한계시록은 종말론적 고난에 직면한 성도들이 고난을 이길 수 있도록 위로와 소망을 주기 위한 목적으로 쓰였습니다. 여섯째 인과 일곱째 인 사이에 첨가된 7장은 이것을 잘 보여줍니다. 하나님의 인을 가지고 올라오는 천사가 심판을 집행할 천사에게 하나님의 종들의 이마에 인치기까지 심판을 유보하라고 외칩니다(1-3절). 하나님은 그의 종들을 재앙으로부터 보호하십니다. 인침을 받은 수는 144,000으로 유다 지파를 위시하여 각 지파별로 12,000입니다(4-8절). 유다 지파는 영적 장자 지파로 그의 후손 가운데 메시아가 오셨습니다. 12,000은 완전을 상징하는 12에 1,000을 곱한 값으로 구원받은 하나님의 백성인 영적 이스라엘, 곧 교회입니다. 어린양의 피로 죄 씻음 받은 큰 무리들(교회)이 천사들과 함께 하나님과 어린양을 찬송합니다(9-14절). 이 땅에서 주리고 상하며 하나님을 섬겼던 성도들이 하나님 보좌 앞에서 밤낮 섬기게 되고 다시는 해를 받지 않을 것입니다(15-16절). 어린양 예수 그리스도는 우리를 영원한 생명수 샘으로 인도하시며 위로하십니다(17절).

[스가랴 3장]

네 번째 환상은 백성을 대표하는 귀환공동체의 대제사장 여호수아에 관한 내용입니다. 스가랴는 환상 중에 대제사장 여호수아가 하늘 법정에서 사탄과 천사 사이에 서서 재판을 받는 장면을 보았습니다(1절). 재판장이 되시는 하나님은 더러운 옷(='죄인'을 의미)

을 입고 있는 여호수아에게 '불에서 꺼낸 그슬린 나무'(=바벨론 포로 가운데 연단을 거쳐서 돌아온 백성)라 칭하시며 도리어 사탄을 책망하십니다(2-3절). 하나님은 여호수아의 더러운 옷을 벗기시고(='죄악을 제하시고') 아름다운 옷을 입히시며 정결한 관을 씌워주셨습니다('죄 용서'를 의미, 4-5절). 그에게는 주의 규례를 지키며 주의 집을 다스리라는 새로운 임무와 하나님이 주관하시는 천상회의에 참여할 수 있는 권한이 주어집니다(6-7절). 특히, 하나님은 "내 종 싹이 나리라"는 말씀을 통해 메시아의 탄생을 예고하십니다(8-10절). 이 땅에 오실 메시아는 영원한 대제사장으로서 하나님의 규례에 전적으로 순종하며 백성들의 죄 사함을 위한 임무를 온전히 수행하시고 아버지 하나님과 온전히 교통하실 것입니다. "나와 아버지는 하나이니라"(요 10:30).

[요한복음 6장]

예수님은 천국의 풍성함을 보여주는 오병이어의 기적을 행하십니다(1-15절). 이 기적은 예수님이 생명의 양식임을 나타내는 예표적 성격을 가지고 있습니다. 오병이어의 기적 이후 또 하나의 기적이 일어납니다. 홍해를 갈랐던 하나님의 능력을 예수님이 그대로 보여주십니다(16-21절). 예수님은 공생애 기간 동안 두려워하는 자들을 만날 때마다 "내니 두려워말라", "평안할지어다"라고 말씀하십니다. 예수님은 세속적인 욕망('썩을 양식')을 위해 자신을 찾는 자들에게 영생의 양식을 주겠다는 말씀과 함께 이를 위하여 살라고 권하십니다(22-28절). 하나님이 행하신 가장 큰 일이 예수 그리스도를 이 땅에 보내신 것이라면 우리가 해야 할 가장 큰 일은 하나님이 보내신 그를 믿는 것입니다(29절). 태초부터 하나님과 함께 세상을 창조하신 예수님이 육신으로 우리 가운데 오셨습니다(1:1-3 & 14). 그가 오신 이유는 생명의 양식인 자신을 우리에게 주시기 위함입니다(30-44절). 그에게 나아오는 자는 영원히 주리지 않으며 영원한 부활의 영광을 누리게 됩니다. 아버지께 듣고 배운 사람, 즉 아버지의 인도하심을 받은 사람은 아버지께로부터 온 유일하신 예수님에게로 나옵니다(45-46절). 율법이 피를 생명으로 간주하는바("모든 생물은 그 피가 생명과 일체라", 레 17:14) 예수님은 자신의 살과 피를 먹고 마시는 자, 곧 아들을 믿는 자는 영생을 가졌다고 선언하십니다(47-59절). 육의 양식만 바라던 많은 사람들은 영생의 복음을 전하는 예수님을 떠났습니다. 그러나 한명의 제자를 제외한 나머지 제자들은 참 생명이 그에게 있음을 알고 떠나지 않기를 다짐합니다(60-71절).

[기도]

영원히 주리지 않는 생명의 양식되신 주님! 악한 자와 손을 잡지 않게 하시고, 주의 말씀과 주의 종을 신뢰하게 하옵소서. 우리를 구원받은 자의 반열에 올려주신 은혜를 찬양하며, 우리 죄를 사하시고 거룩한 사명을 주신 영원한 대제사장 예수님을 따르는 삶을 살게 하옵소서.

[역대하 19-20장]

(19장) 아람과의 전쟁에서 북이스라엘 왕 아합이 전사하자 여호사밧은 예루살렘으로 복귀합니다. 선견자 예후는 악한 왕 아합과 연합한 것에 대하여 여호사밧을 책망합니다(1-2절). 다만 그에게 심판이 임하지 않은 것은 그가 우상을 없애고 전심으로 하나님을 찾았기 때문입니다(3절). 백성들에게 율법을 철저히 가르쳤던 여호사밧은 본격적으로 나라를 개혁합니다(17:7-9). 그는 정치와 종교의 질서를 바로 세워 백성들로 하여금 진실과 성심으로 여호와를 섬기게 만들었습니다(4-11절).

(20장) 여호사밧의 강력한 개혁으로 백성들의 마음이 하나님을 향해 있을 때 전쟁이 발발합니다. 모압과 암몬과 마온의 연합군을 감당할 수 없었던 여호사밧은 금식을 공포하고 백성들과 함께 간절히 기도합니다(1-4절). 그는 출애굽의 구원의 역사를 회상하며 대적들을 심판하실 하나님의 능력을 온전히 의지합니다(5-12절). 모든 백성들이 하나님께 나아와 기도합니다(13절). 하나님의 영이 임한 야하시엘은 전쟁의 주권이 하나님께 있으니 그의 구원을 보게 될 것을 선포합니다(14-17절). 하나님은 찬양대를 앞세워 전쟁터로 가는 여호사밧의 군대에게 큰 승리를 주셨으며 그의 나라를 평안케 하셨습니다(18-30절). 여호사밧은 말년에 실수를 반복합니다. 전에 악한 왕 아합과 교제했던 것처럼 아합의 아들 아하시야와 교제한 것입니다(31-35절). 여호사밧과 아합의 도모(길르앗 라못 수복전쟁)가 실패한 것처럼 여호사밧과 아하시야의 도모 역시 실패합니다(36-37절).

[요한계시록 8장]

어린양이 일곱째 인을 떼자 일곱 나팔 재앙이 시작됩니다(1-2절). 천사가 본격적으로 나팔을 불기 전 요한은 성도들의 기도에 대한 환상을 보았습니다(3-5절). 이 장면은 앞서 네 생물과 이십사 장로가 성도의 기도가 담긴 금 대접을 들고 하나님께 드리던 장면과 유사합니다(5:8). 천사가 성도의 기도가 드려진 제단의 불을 땅에 쏟자 우레와 음성과 번개와 지진이 났습니다. 사탄과 악인에 대한 예수 그리스도의 최종적인 심판은 그들의 박해로 인해 고통을 당했던 성도들의 기도응답이기도 합니다. 첫째 나팔 재앙으로 피 섞인 우박과 불이 땅에 쏟아져 땅의 1/3이 타버렸습니다(6-7절). 출애굽 당시 일곱 번째 우박 재앙과 유사합니다. 둘째 나팔 재앙으로 바다의 1/3이 피가 되고 바다 생물 1/3이 죽었습니다(8-9절). 출애굽 당시 첫 번째 피 재앙과 유사합니다. 셋째 나팔 재앙으로 불타는 큰 별이 땅에 떨어져 모든 물을 쓰게 만들므로 많은 사람이 죽게 됩니다(10-11절). 이 역시 나일강이 피로 변해 악취가 나고 먹을 수 없게 되었던 출애굽 당시 첫 번째 재앙과 유사합니다. 넷째 나팔 재앙으로 하늘의 일월성신의 1/3이 어두워집니다(12절). 이는 출애굽 당시 아홉 번째 흑암 재앙과 유사합니다. 독수리 한 마리가 날아가며 화를 세 번 외칩니다(13절). 아직 세 번의 재앙이 남았습니다. 완전한 심판에 이르기까지 심판은 멈추지 않을 것입니다.

[스가랴 4장]

다섯 번째 환상에는 일곱 개의 관으로 연결된 일곱 개의 그릇으로 구성된 순금 등잔대와 두 감람나무가 등장합니다(1-3절). 일곱은 통상 완전함을 의미합니다. 순금 등잔대는 1차적으로 스룹바벨 성전을, 궁극적으로 일곱 교회로 대표되는 신약의 모든 교회를 의미합니다. 사도 요한은 환상 가운데 일곱 금 촛대를 보았고 그것이 곧 교회임을 알게 됩니다. "… 일곱 금 촛대를 보았는데 … 일곱 별은 일곱 교회의 사자요 일곱 촛대는 일곱 교회니라"(계 1:12, 20). 스가랴는 하나님의 천사에게 순금 등잔대와 두 감람나무에 대한 해석을 요청합니다(4-5절). 그런데 천사는 환상에 대한 구체적인 해석이 아니라 하나님이 스룹바벨에게 주시고자 하시는 말씀을 전하는데 그 내용은 성전이 하나님의 능력과 은총으로 반드시 완공된다는 것입니다(6-10절). 두 감람나무의 의미를 묻는 스가랴의 질문에 천사는 기름부음을 받은 두 사람이라고 대답합니다(11-14절). 곧 정치 지도자인 스룹바벨과 종교 지도자인 대제사장 여호수아를 의미하며 궁극적으로 기름부음을 받은 왕이요 대제사장인 예수 그리스도를 의미합니다.

[요한복음 7장]

오병이어의 기적을 맛본 후 예수님에게 몰렸던 군중들은 자신을 하늘에서 온 떡이라고 말씀하시는 예수님 곁을 모조리 떠나갔습니다(6:66). 더 나아가 군중들은 적대적으로 변하기까지 했습니다. 예수님의 형제들이 갈릴리에 있지 말고 유대로 가서 적대자들 앞에 서라고 예수님을 종용하며 비우호적인 태도를 보입니다(1-5절). 그렇지만 훗날 예수님의 형제 야고보는 야고보서를 저술한 예루살렘교회의 지도자가 되었고 유다는 유다서를 저술하는 등 초대교회의 중요한 인물로 변화됩니다. 아직 때가 이르지 않았지만 절기를 맞아 예루살렘으로 올라가신 예수님은 성경(구약)에 정통한 강론으로 사람들을 놀라게 하십니다(6-15절). 예수님의 교훈은 그를 이 땅에 보내신 아버지의 것이며, 하나님의 뜻을 행하고자 하는 사람은 그것이 아버지의 교훈임을 알 수 있습니다(16-17절). 스스로 말하는 자는 자기 영광을 추구하지만 아버지의 교훈을 말하는 자는 아버지의 영광을 구하기에 참되며 거짓이 없습니다(18절). 예수님은 38년 된 병자를 질병으로부터 안식케 한 치유사건을 문제 삼는 자들의 잘못된 생각을 지적하시며 공의로운 판단을 요청하십니다(19-24절). 사람들은 예수님의 진정한 출처가 하나님이라는 사실을 알지 못합니다(25-27절). 정말 하나님을 안다면 지금 그들 앞에서 말하는 이가 메시아임을 알 수 있다는 예수님의 말에 대적들은 예수님을 체포하려 합니다(28-32절). 예수님은 대적들이 보낸 하수인들에게 이 땅에서의 날이 얼마 남지 않았으며 때가되면 당신을 보낸 분에게 돌아갈 것이며 사람들이 자신을 따라올 수 없다고 말씀하시는데, 이 말을 들은 유대인들은 예수님이 디아스포라 유대인들을 찾아 가는 것으로 생각했습니다(33-36절). 성령('생수')에 대하여 선포하시는 예수님을 놓고 하나님이 약속하신 모세와 같은 선지자(신 18:15)나 그리스도라고 생각하는 측과 대적하는 측으로 나뉩니다(37-44절). 당국자들이 예수님을 체포하라고 보낸 하수인들과 니고데모는 예수님에 대한 우호적인 태도로 바뀌어 그를 변호합니다(45-52절).

[기도]

악한 일을 도모하지 않게 하시고 진실과 성심으로 하나님을 경외하며, 자기 영광이 아닌 하나님의 영광을 구하는 자 되게 하옵소서.

[역대하 21장]

여호사밧의 뒤를 이어 여호람이 왕이 되었습니다(1절). 여호사밧은 맏이인 여호람에게는 왕위를, 나머지 아들들에게는 지방의 성읍을 나누어 주었습니다(2-3절). 그런데 여호람은 그의 형제들과 유력한 지도자들을 숙청했습니다(4절). 그는 아버지처럼 다윗의 길로 가지 않고 온갖 악행을 저질렀던 아합의 길(ft. 여로보암의 길)을 갔습니다(5-6절). 그가 악한 길로 간 데에는 그의 아내(아합의 딸)의 영향도 있었습니다. 영적으로 볼 때 그는 선한 왕 여호사밧의 아들이 아니라 악한 왕 아합의 사위였던 것입니다. 다윗 언약을 기억하시는 하나님이 유다를 멸하시지는 않았지만 강성했던 여호사밧 시절에 비해 유다는 점점 쇠퇴합니다(7-10절). 다윗언약은 하나님만 기억하시고 백성들은 기억하지 않습니다. 하나님은 신실하십니다. 유다를 타락시킨 여호람은 이민족의 침입에 시달리다가 병에 걸려 사망합니다(11-20절).

[요한계시록 9장]

이전과는 차원이 다른 재앙이 시작됩니다. 다섯째 나팔이 울리자 천사('별')에 의해 무저갱(=사탄과 그의 무리들이 갇혀 있는 곳)이 개방되는데 무서운 황충이 올라와 하나님의 인침을 받지 않은 자들에게만 해를 가합니다(1-10절). 황충 재앙은 죽음보다 더한 고통으로써 극심한 고통을 못 이긴 사람들이 죽기를 원해도 죽을 수 없는 고통이 일정 기간('다섯 달') 지속됩니다. 우리는 성령의 인침을 받은 자의 복이 얼마나 귀한 것인지 알아야 합니다. "진리의 말씀 곧 너희의 구원의 복음을 듣고 그 안에서 또한 믿어 약속의 성령으로 인치심을 받았으니"(롬 1:13). 무저갱의 사자인 황충들에게는 아바돈('파괴') 혹은 아볼루온('파괴자')이라 불리는 왕이 있습니다(11절). 죽음보다 더한 고통이 지났지만 아직 두 개가 더 남았습니다(12절). 여섯째 나팔이 울리자 하나님은 유브라데 강에 묶어놓은 네 천사(악한 영)의 결박을 푸십니다(13-14절). 그들은 상상할 수 없는 엄청난 규모의 세력을 동원하여 악인들의 1/3을 죽입니다(15-19절). 이 처참한 상황을 보았음에도 살아남은 자들은 여전히 우상을 숭배하며 하나님을 대적합니다(20-21절).

[스가랴 5장]

스가랴의 여섯 번째 환상은 날아가는 두루마리입니다(1-4절). 두루마리에는 도둑질하는 자와 거짓 맹세를 하는 자에 대한 저주(히: 알라, 맹세의 의미가 좀 더 강함)가 쓰여 있습니다. 이미 율법 책에는 이러한 내용들이 들어 있습니다. 도둑질(=제8계명을 어기는 것으로 인간관계에 대한 5-10계명을 대표)과 거짓 맹세(=제3계명('여호와의 이름을 망령되게 부르지 마라')을 어기는 것으로 하나님과의 관계에 대한 1-4계명을 대표)로 대표되는 전반적인 범죄에 대한 심판 선언입니다. 일곱 번째 환상에는 에바(광주리)안에 앉아있는 한 여인(or 한 여인의 상)이 등장합니다(5-11절). 천사는 그 여인을 '악'으로 규정하고 에바 안으로 밀어 넣고 입구를 납 조각으로 막아 버립니다. '악'을 가둔 에바는 날개가 달린 두 여인에 의해 시날로 옮겨집니다. 시날(바벨론)에는 '악'을 가둔 에바를 위한 집(신전)이 지어집니다. 하나님의 백성이 거하는 약속의 땅에서는 악이 제거되고 하나님의 백성을 압제하던 바벨론 땅에서는 악이 흥왕하게 될 것입니다. 우리 죄를 용서하시는 하나님은 죄를 우리에게서 멀리 옮겨 놓으셨습니다. "동이 서에서 먼 것 같이 우리의 죄과를 우리에게서 멀리 옮기셨으며"(시 103:12).

[요한복음 8장]

서기관들과 바리새인들이 예수님을 시험하기 위해 간음한 여인을 잡아 왔으나 "죄 없는 자가 먼저 돌로 치라"는 예수님의 말씀에 모두 물러갑니다(1-10절). 죄 없으신 예수님은 여인을 정죄하지 않으시고 새로운 삶을 살도록 권하십니다(11절). 세상의 빛이신 예수님은 자신을 따르는 자는 생명의 빛을 얻는다고 선언하십니다(12절). 그러나 바리새인들은 예수님의 선언(ft. 자기계시)을 신뢰하지 않습니다(13절). 예수님은 자기와 하나님이 같은 증언을 함으로 자기의 증언은 참되다고 말씀하십니다(18절). 세례 요한의 증언도 확실하지만 사람의 증언보다 하나님 아버지와 아버지가 보내신 그리스도의 증언이 더욱 효력이 있습니다. 예수님은 자신이 십자가에 못 박힌 후에야 메시아임을 알게 되고 그가 한 말이 아버지께로부터 온 것임을 알게 될 것이라고 말씀하십니다(28절). 예수님의 메시아 되심을 믿지 않는다면 죄 가운데서 죽음을 맞게 될 것입니다(24, 29절). 예수님의 말씀에 거하면 그의 제자가 됩니다(31절). 제자는 예수님의 계시를 받아들이고 그를 사랑하는 마음으로 계명을 지키는 자입니다(14:21). 예수님의 말씀에 거하면 진리를 알게 되고 그 진리는 자유케 할 것입니다(32-34절). 진리는 죄의 종에서 벗어나게 합니다. 결국 우리를 죄로부터 자유케 하는 아들이 진리입니다(35-36절). 아브라함은 믿음으로 순종했지만 아브라함을 아버지라 부르는 바리새인들은 아브라함처럼 행하지 않습니다(37-40절). 또한 하나님을 아버지라 여기면서 아버지로부터 오신 예수님을 배척합니다(41-47절). 하나님께 속한 자는 그의 말씀을 청종합니다. 여기까지 듣던 유대인들은 예수님에 대하여 '사마리아인', '귀신들린 자'라고 비난합니다(48절). 이는 굉장히 모욕적인 말이라고 합니다. 그러나 예수님은 계속해서 자신의 말을 지키는 자는 영원히 죽음을 보지 않는다고 말씀하시며 당신이 생명의 주권자임을 선포하십니다(51절). 예수님이 영원 전부터 계신 하나님이심을 알지 못하는 유대인들은 신성모독으로 그를 죽이려했지만 아직 때가 이르지 않았습니다(52-59절).

[기도]

우리를 죄로부터 자유케 하신 진리 되시는 예수 그리스도, 불신자와 악한 자를 예정하신 대로 심판을 집행하실 예수 그리스도를 신뢰합니다. 믿음의 선조들의 본을 따름으로 승리하게 하옵소서.

[역대하 22-23장]

(22장) 아합의 길을 간 여호람은 아라비아의 침략으로 막내 아하시야를 제외한 모든 아들을 잃었습니다(1절). 여호람의 뒤를 이어 아하시야가 1년간 통치하는데 그의 어머니는 아합의 딸 아달랴입니다(2절). 아달랴는 남편 여호람과 아들 아하시야의 타락과 악행에 결정적인 영향을 주었습니다(21:6, 3-4절). 아하시야는 북이스라엘의 요람과 연합하여 2차 길르앗 라못 탈환 전쟁(ft. 1차 시도는 여호사밧과 아합의 연합이었으며 전투 중 아합의 전사로 실패함)을 일으켰다가 전투 중에 발생한 요람의 부상으로 실패했는데 병문안 차 요람을 방문했다가 때마침 일어난 예후의 쿠데타로 인해 북이스라엘 땅에서 요람과 함께 죽게 됩니다(5-9절). 아하시야가 타지에서 사망하자 태후인 아달랴가 왕손들을 숙청하고 권력을 차지하였으며, 아하시야의 아들 요아스만이 간신히 살아남았습니다(10-12절). 아합의 딸이 다윗왕조인 유다를 다스리는 비정상적인 상태가 되었습니다.

(23장) 아달랴의 통치 7년차에 대제사장 여호야다가 요아스를 왕으로 추대하는 반정을 일으킵니다(1-21절). 그는 여호람, 아하시야, 아달랴로 이어지는 악한 왕의 고리를 끊고 우상 제단을 허물고 언약을 공고히 하여 유다 백성들을 하나님께로 돌려놓았습니다.

[요한계시록 10장]

일곱째 나팔이 울리기 전 큰 권능을 가진 힘 센 천사가 등장하는데 통상 그를 예수 그리스도로 해석합니다(1절). 그는 일곱 천사 중 하나가 아니며 하늘에서 가장 높은 지위에 있는 존재입니다. 그의 오른발은 바다, 왼발은 땅을 밟고 있습니다(2절). 그가 온 세상의 역사를 주관하고 있음을 의미합니다. 이어서 일곱 우레가 말을 하는데 요한이 그 내용을 기록하려 하자 하늘에서 기록하지 말고 봉인하라는 음성이 들립니다(3-4절). 일곱 우레가 봉인된 것은 일곱 우레의 재앙이 취소되었음을 의미합니다. 일곱 우레의 재앙을 건너뜀으로 인해 종말론적 심판은 더욱 빨라졌으며 천사는 이를 지체하지 않겠다고 맹세합니다(5-6절). 일곱째 나팔이 울릴 때 예수 그리스도를 통하여 구원과 심판이 완성될 것입니다(7절). 생명을 주는 하나님의 말씀은 꿀보다 더 달지만 열매 맺는 삶과 복음의 전파를 위해서는 고난을 감내해야 합니다(8-10절). “주의 말씀의 맛이 내게 어찌 그리 단지요 내 입에 꿀보다 더 다니이다”(시 119:103). “주를 위하여 갇힌 자 된 나를 부끄러워하지 말고 오직 하나님의 능력을 따라 복음과 함께 고난을 받으라”(딤후 1:8). 복음과 함께 고난을 받는 자들에 의해 주의 말씀이 열방 가운데 전파됩니다(11절).

[스가랴 6장]

여덟 번째는 구리 산 사이에서 네 병거가 나오는 환상입니다(1-8절). 붉은 말, 검은 말, 흰 말, 얼룩진 말이 각각 병거를 이끄는데 네 병거는 하늘의 네 바람(히: 루아흐=spirit, 영)을 가리킵니다. 네 병거는 온 사방으로 흩어져 두루 다니며 감찰하는데 북쪽으로 나간 병거가 하나님의 영을 시원하게 해 주었습니다. 이것은 북쪽(바벨론)에 하나님의 심판이 제대로 집행되었음을 의미합니다. 하나님은 스가랴에게 귀환자들로부터 은과 금을 받아 면류관을 만든 후 대제사장 여호수아에게 씌워주며 여호와의 전을 건축할 '싹'이라는 존재에 대해 선포하라는 특명을 내리십니다(9-15절). 대제사장 여호수아가 왕으로 등극하는 대관식 장면과 '싹'이라 이름하는 사람이 여호와의 전을 건축하게 된다는 계시는 장차 오실 메시아에 의한 하나님 나라의 도래와 메시아의 영원한 통치를 의미합니다. 면류관을 쓴 대제사장은 메시아를 예표합니다.

[요한복음 9장]

'병이나 불행은 죄로 인한 하나님의 징계다'라는 인식에 대하여 예수님은 도전하십니다. 예수님은 맹인을 고치심으로 하나님이 하시는 일을 나타내고자 합니다(1-12절). 그것은 눈과 귀가 어두워 예수님의 존재를 알지 못하고 도리어 정죄하려는 자들에게 메시아로서 확실한 증거를 나타내려는 것입니다. 침으로 진흙을 이겨 눈에 바르는 모습은 흙으로 인간을 빚으신 창조주 하나님의 사역을 생각나게 합니다. 세상의 빛이신 예수님이 맹인의 빛이 되어 주셨습니다. 바리새인들은 맹인의 눈을 뜨게 한 날이 안식일인 것을 또 문제 삼습니다(13-16절). 그러나 고침 받은 자는 예수님을 죄인으로 몰아세우는 바리새인들에게 예수님은 하나님이 보낸 선지자라며 변호합니다(17-34절). "하나님이 죄인의 말을 듣지 아니하시고 경건하여 그의 뜻대로 행하는 자의 말은 들으시는 줄을 우리가 아나이다"(31절). 예수님은 바리새인들에 의해 쫓겨난 맹인을 다시 만나십니다(35절). '쫓겨났다'는 것은 유대교로부터의 출교를 의미합니다. 영적 소경들에 의해 메시아를 증언한 자가 쫓겨났습니다. 예수님은 그를 위로하시며 자신의 존재(심판자)를 더욱 명백히 드러내십니다(36-41절). 세상의 빛으로 오신 예수님을 거부하고 어둠 가운데 계속 머문다면 심판자이신 예수님을 만나게 됩니다.

[기도]

아달랴의 계략으로 위기에 빠진 다윗왕조를 회복하신 하나님! 그리스도를 통해 임한 하나님 나라를 해할 자 없습니다. 하나님의 구원과 심판은 온전히 성취될 것을 믿습니다. 날마다 복음의 단 맛을 봄으로 쓴 맛도 능히 감당하게 하옵소서.

[역대하 24장]
대제사장 여호야다에 의해 양육을 받고 자라난 요아스는 여호야다의 지도 아래 하나님의 성전과 예배를 회복합니다(1-14절). 그러나 그의 선한 통치는 여호야다가 생존해 있는 동안으로 한정됩니다. "제사장 여호야다가 세상에 사는 모든 날에"(1, 14절). 여호야다 사후 우상을 섬기기 시작한 요아스는 그의 악행을 지적하는 여호야다의 아들 선지자 스가랴를 죽이기까지 합니다(15-22절). 하나님을 떠난 요아스의 말로는 비참합니다. 아람과의 전투 중에 큰 부상을 당한 요아스는 스가랴를 죽인 일로 인해 원한을 가진 자들에 의해 죽임을 당했으며 왕의 묘실에 묻히지도 못했습니다(23-27절). 오히려 유다 백성들의 영적 지도자였던 여호야다가 왕의 묘실에 묻히는 영광을 누립니다(16절).

[요한계시록 11장]
교회는 탄생과 동시에 지금까지 박해를 피할 수 없었습니다. 하나님은 성전과 제단, 그 안에서 경배하는 자들에 대해서는 측량(보호)하시지만 측량이 안 되는 성전 바깥 마당은 이방인들이 짓밟을 것이라고 말씀하십니다(1-2절). 측량되지 않는다는 것은 환난에 노출되어 있다는 의미입니다. 두 증인은 두 감람나무 혹은 두 촛대(=촛대는 교회를 상징, 1:20)로도 불리는데 모두 예수 그리스도를 증언하는 교회를 의미합니다(3-4절). 참고로 스가랴(슥 4:3)에서의 두 감람나무는 여호수아(대제사장)와 스룹바벨(총독)을 의미하는데 신약에서는 거룩한 나라요 왕 같은 제사장인 성도, 즉 교회를 상징합니다(벧전 2:9). 하나님이 교회에게 세상을 이길 권능을 주사 고난을 통해서도 복음이 증거되게 하셨으므로 세상은 결코 교회를 이길 수 없습니다(5-6절). 무저갱에서 올라온 짐승(=교회를 대적하는 악한 영)으로 인해 환난을 겪던 두 증인(교회)은 마침내 부활·승천함으로써 승리합니다(7-12절). 남은 자들은 그들의 영광스런 승리를 보고 회개함으로 하나님께 나올 것입니다(13절). 네 천사에 의한 나팔이 울린 후 날아가던 독수리는 세 번의 화가 더 남았다고 선포했습니다(8:13). 다섯 번째 나팔(첫째 화, 9:1)과 여섯 번째 나팔(둘째 화, 9:13)이 이미 울렸고 이제 일곱 번째 나팔(셋째 화)이 울립니다(14-15a절). 그런데 이번에는 바로 재앙이 선포되지 않고 하나님의 영원한 통치와 구원과 심판, 권능에 대한 선포와 이십사 장로들의 경배가 등장합니다(15b-19절).

[스가랴 7장]
북이스라엘 지역에서 온 사람들이 하나님의 은혜를 구하러 예루살렘 성전을 찾아옵

니다(1-3절). 재건된 예루살렘 성전의 영적 권위가 어느 정도 회복되었음을 알 수 있습니다. 그들은 금식에 관하여 질문합니다. 참고로 다섯째 달은 예루살렘이 바벨론에 의해 함락당한 달이며, 일곱째 달은 선지자 예레미야의 지인으로 유다의 멸망 후 예루살렘의 초대 총독이 된 그달리야가 암살을 당한 달로 유다 백성들은 각각 애통해 하며 금식하는 기간으로 삼았습니다. 하나님은 금식에 진정성이 있었는지를 물으시며 이웃사랑과 정의가 바로선 삶의 예배를 기대했으나 그들이 완고한 마음으로 불순종했다고 말씀하십니다(4-12절). 그들의 땅이 황폐하게 된 것은 그들의 불순종 때문입니다(13-14절).

[요한복음 10장]

예수님 시대에 양을 치는 자들은 풀을 찾아 이동하다가 한동안 머물 곳에 돌을 쌓아 담을 만든 후 양치기가 직접 입구를 지키는 형태의 우리를 만들었습니다. 목자는 문을 통해 양의 우리로 들어갑니다(2절). 누군가가 담을 넘으려한다면 이는 불순한 목적이 있는 것입니다(1절). 예수님은 자신을 선한 목자라고 말씀하십니다(11절). 그는 양을 보호하고 구원할 수 있는 유일한 목자입니다(11절). 목자는 양의 이름을 부르고 양은 목자의 음성을 듣습니다(3-6절). 양은 목자가 아닌 자의 음성에는 반응하지 않습니다. 그것은 마치 눈을 뜬 맹인이 바리새인의 위협과 논리에 넘어가지 않고 예수님을 향해 메시아의 고백을 한 것과 같습니다(9:13-41). 예수님은 양의 문이 되십니다(7-10절). 그는 구원의 문이자 풍성한 꼴을 얻게 하는 삶의 문이 되십니다. 선한 목자이신 예수님은 양을 위해 목숨을 버리셨습니다(11-21절). 그가 목숨을 버린 이유는 자신의 죽음이 세상에 생명을 주는 것임을 알기 때문이며, 또한 다시 얻기 위함입니다. 그의 죽음은 그의 부활과 우리의 부활로 이어집니다. 그러나 예수님의 선한 목자 선언에 대해 유대인들은 불신하며 그리스도임을 밝히라고 요구합니다(22-24절). 이미 아버지의 이름으로 행한 일들이 그리스도 되심을 보여주고 있지만 그들은 믿지 않았습니다(25-26절). 그들은 예수님의 양이 아닙니다. 목동이 맹수로부터 양을 지키듯이 예수님은 당신의 양을 하나도 잃지 않으십니다(27-30절). 성부와 성자는 양의 안전을 완벽하게 담보합니다. 그러나 많은 유대인들은 예수님이 전하는 진리의 말씀과 이를 보증하는 표적을 보고도 믿지 않았으며 심지어 죽이려고 했습니다(31-39절). 요한의 증언을 기억하는 많은 사람들은 예수님이 행하시는 표적을 보고 믿었습니다(40-42절).

[기도]

영적으로 홀로 서며 또한 누군가의 영적 멘토가 될 수 있도록 신앙이 진일보하게 하시고 삶의 예배가 드려지게 하옵소서. 어려움이 있더라도 복음의 진리를 끝까지 포기하지 않게 하옵소서.

[역대하 25장]

요아스가 죽고 그의 아들 아마샤가 왕이 됩니다(1절). 그는 비교적 정직하게 행한 왕이었지만 그것은 통치 전반기에만 해당됩니다(2절). 그가 집권하면서 잘한 일 중 하나는 아버지를 죽인 반역자들을 죽이되 율법에 명시된 대로 그들의 자녀들은 죽이지 않았다는 것입니다(3-4절). 아마샤는 북이스라엘군 10만명을 용병으로 고용하여 에돔과의 전쟁에 나서는데 하나님이 이를 기뻐하지 않으신다는 선지자의 조언을 듣고 이미 지불한 비용에 대한 손해를 감수하고 그들을 돌려보냅니다(5-10절). 유다는 승리했지만 북이스라엘로 복귀하던 이스라엘 용병들이 성읍을 약탈하는 바람에 큰 손해를 보게 됩니다(11-13절). 여호사밧과 아하시야, 아마샤에 이르기까지 남유다 왕들은 하나님이 기뻐하지 않으시는 북이스라엘과의 동맹을 계속 이어갑니다. 한편, 도무지 이해할 수 없는 일이 일어났는데 아마샤가 패전국인 에돔의 신상을 유다에 세운 것입니다(14절). 그는 선지자의 조언도 무시합니다(15-16절). 게다가 북이스라엘의 만류에도 불구하고 그들을 상대로 전쟁을 일으킵니다(17-19절). 결국 전투에서 대패한 아마샤는 포로가 되었고 예루살렘 성벽의 한 구간을 허물어야 했으며 많은 재물과 백성들을 잃었습니다(20-24절). 요아스처럼 아마샤도 반역자들에 의해 목숨을 잃게 됩니다(25-28절).

[요한계시록 12장]

예수님('한 아이')은 유대인('한 여인') 가운데 세상에 오셨지만 유대인과 이방인을 포함한 새로운 공동체인 영적 이스라엘, 즉 교회를 탄생시켰습니다. 본문에 등장하는 한 여인은 하나님이 세상 가운데 세우신 하나님의 공동체를 의미하는데 사탄이 끊임없이 핍박을 가하지만 메시아의 탄생을 막지 못했으며 하나님의 보호로 교회는 여전히 건재합니다(1-6절). 사탄이 하나님의 천사 미가엘과의 전쟁에서 패하여 땅으로 내어 쫓깁니다(7-9절). 하나님의 적수가 될 수 없는 사탄은 지상의 교회를 공격합니다. 그러나 지상의 교회 역시 어린양의 피와 말씀과 순교적 신앙으로 사탄을 이깁니다(10-11절). 종말이 가까울수록 사탄은 더욱 분노하여 박해의 강도를 높이지만 하나님은 지혜와 능력으로 교회를 지키실 것입니다(12-17절). 하늘 전쟁에서 미가엘에게 패하고 어린양 예수 그리스도(ft. 부활)에게 결정적인 패배를 당한 사탄은 어린양의 피와 말씀을 붙들고 복음을 증언하는 신실한 성도에게도 패할 것입니다.

[스가랴 8장]

8장은 희망의 메시지로 가득합니다. 전에는 우상을 섬긴 이스라엘 백성들에 대한 하나님의 질투로 잠시 심판을 받았지만 이제 하나님의 질투는 이스라엘을 괴롭힌 이방

민족에게로 향할 것입니다(1-2절). 예루살렘은 진리와 평화가 가득한 도시가 되고 깨어졌던 시내산 언약('나는 너희의 하나님, 너희는 나의 백성')이 회복될 것입니다(3-8절). 성전을 재건해야 할 귀환 공동체의 현실(=분열, 이민족의 공격, 궁핍함)은 분명 녹록치 않았지만 그들은 하나님의 회복의 약속을 믿고 다시 힘을 내야 합니다(9-10절). 하나님이 약속하신 풍성한 복과 은혜를 신뢰하며 다시 정의로운 사회를 만들어 나가야 합니다(11-17절). 슬픔을 기쁨으로 바꾸어주시는 하나님의 놀라우신 회복의 은혜를 이스라엘과 온 열방이 함께 누리게 될 것입니다(18-23절). "주께서 나의 슬픔이 변하여 내게 춤이 되게 하시며"(시 30:11). 예수 그리스도로 말미암아 도래한 하나님의 나라는 지금도 열방 가운데 확장되고 있습니다.

[요한복음 11장]

11장은 부활이요 생명이신 예수 그리스도에 관한 내용입니다(25절). 죽은 나사로의 부활은 예수님이 생명과 죽음을 주관하시는 분임을 드러내는 사건입니다. 나사로의 부활이 다시 썩어 없어질 몸의 부활이었다면 예수님의 부활은 영원히 썩지 않는 몸의 부활입니다. 나사로가 병들었다는 소식을 들은 예수님은 하나님의 영광을 나타낼 가장 좋은 때를 기다리십니다(1-6절). 성자 예수님이 성부 하나님의 뜻을 행하는 한 실족하지 않습니다(9절). 마찬가지로 제자들이 빛 되신 예수님과 함께 있을 때에는 실족하지 않습니다. 그러나 밤이 오면 실족할 것입니다(10절). 예수님이 지상 사역을 다 마치고 십자가에 달리실 때 제자들은 실족하게 될 것입니다. 예수 그리스도 안에서 죽음은 잠으로 승화됩니다. 그래서 예수님은 나사로를 깨우러 간다고 말씀하십니다(11-15절). 도마는 말씀의 정확한 의미를 몰랐지만 비장한 각오로 예수님을 따라 나섭니다(16절). 부활이요 생명이신 예수님은 나사로를 살리심으로 스스로를 증명하실 것입니다(17-27절). 그를 믿는 자는 마지막 날에 신령한 몸으로 부활합니다. "육의 몸으로 심고 신령한 몸으로 다시 살아나나니"(고전 15:44). 예수님이 우리 대신 죽음의 고통을 당하신 이유는 죄로 인해 죽을 수밖에 없는 인간의 운명을 비통해 하셨기 때문입니다(28-44절). 인간의 운명을 자신의 운명과 맞바꾸신 예수님은 '우는 자와 함께 우는 자'의 표상이 되십니다(롬 12:15). 대제사장 가야바가 자신의 기득권을 유지하기 위해 제안한 내용은 놀랍게도 하나님의 구속사에 대한 예언이 되었습니다(45-57절). 결국 그들은 예수님을 죽이는 데 성공했지만 하나님은 그 일을 통해 인류구원의 길을 여셨습니다. 악인들의 악한 의도가 하나님의 선의를 꺾을 수 없습니다.

[기도]

우리의 슬픔을 기쁨으로 변화시켜주신 놀라우신 주님! 신앙의 시작과 끝이 다른 자가 되지 않게 하시고, 어린양의 피와 말씀을 굳게 붙들고 순교적 신앙으로 승리하게 하옵소서. 죽음에서 부활하시고 부활의 영광을 누리게 하신 예수님을 찬양하는 삶을 살게 하옵소서.

[역대하 26장]
하나님은 선지자 스가랴가 사는 동안 정직히 행하는 웃시야를 형통케 하셨습니다(1-15절). 그런데 나라가 강성해진 이후 그는 교만에 빠져 제사장이 해야 할 성전 분향을 직접 시도하다가 하나님의 심판으로 나병에 걸렸습니다(16-19절). 그는 평생 별궁에 갇혀 지냈으며 성전에 갈 수도 없고 정치도 할 수 없었습니다(20-22절). 죽고 나서는 왕의 묘실에서 떨어진 묘지에 묻혔습니다(23절).

[요한계시록 13장]
하나님을 대적하고 그의 백성에게 핍박을 가하는 용(사탄)의 하수인 역할을 하는 짐승이 바다에서 올라옵니다(1-2절). 짐승은 용에게서 큰 권능을 받았습니다. 용에게 권능을 받은 짐승은 죽은 것 같다가 다시 살아날 정도의 강력한 힘을 가지고 있습니다(3절). 마치 십자가에서 죽으시고 다시 부활하신 예수 그리스도를 닮았습니다. "사탄도 자기를 광명의 천사로 가장하나니"(고후 11:14). 용에게서 권세를 받은 짐승이 사람들로부터 경배를 받습니다(4절). 그러나 우리가 기억해야 할 것은 짐승에게 권세를 부여한 용은 이미 천사와 어린양 예수 그리스도 그리고 끝까지 믿음을 지킨 성도에게 모두 패하였다는 사실입니다. 그러므로 용에게서 권세를 받은 짐승에게 속지 말고 짐승으로부터 오는 핍박을 끝까지 견딤으로 승리해야 합니다(5-10절). 짐승의 박해는 영원하지 않으며 정해진 기간이 있습니다. 바다로부터 올라온 짐승에게서 권세를 받은 또 하나의 짐승이 땅으로부터 올라옵니다(11-12절). 둘째 짐승(거짓 선지자)은 기적을 행하며 사람들을 미혹하여 첫째 짐승에게 경배하게 만드는데 이를 따르지 않으면 죽게 됩니다(13-15절). 짐승이 활개를 치는 동안 짐승의 표를 받은 사람 곧 짐승을 따르는 자들은 짐승으로부터 보호를 받지만 짐승의 표가 없는 사람은 박해를 받습니다(16-18절). 그러나 성도는 굶주림과 핍박이 있어도 끝까지 어린양을 따라야 합니다. 짐승은 성도에게 있는 영원한 생명을 결코 빼앗을 수 없으며 그들의 권세가 아무리 커보여도 그들의 기한은 곧 끝납니다.

[스가랴 9장]

이스라엘의 구원을 위한 하나님의 능하신 행동은 먼저 대적들에 대한 심판으로 시작됩니다(1-7절). 본문에 등장하는 두로와 시돈, 아람과 블레셋에 속한 여러 도시들은 이스라엘의 대적들을 대표합니다. 반면, 예루살렘에는 하나님의 평안이 임할 것입니다(8절). 하나님이 보내실 이상적인 지도자(메시아)가 소개됩니다. 겸손하시고 공의로우시며 구원을 베푸실 왕이 예루살렘으로 오셔서 평화의 역사를 이루실 것입니다(9-10절). 여기서 소개되는 이상적인 지도자는 예수 그리스도이십니다. "시온 딸에게 이르기를 네 왕이 네게 임하나니 그는 겸손하여 나귀, 곧 멍에 메는 짐승의 새끼를 탔도다 하라"(마 21:5). 흩어졌다가 돌아온 백성들은 대적을 심판하시고 그들을 구원하신 평화의 왕을 기뻐하며 노래할 것입니다(11-17절).

[요한복음 12장]

12장은 유월절 엿새 전에 일어난 일에 대한 기록입니다. 마리아는 베다니에서 열린 잔치 중 예수님의 발에 향유를 붓습니다(1-11절). 마리아의 행위는 낭비가 아니며, 그녀는 부지중에 예수님의 장례를 예비하게 되었습니다. 예수님은 나귀를 타고 고난을 받게 될 예루살렘으로 들어가십니다(슥 9:9, 12-19절). 그는 영광의 때, 곧 십자가에 대한 온전한 순종으로 하나님을 영화롭게 할 때가 왔다고 말씀하십니다(20-26절). 그는 십자가에서 한 알의 썩는 밀알이 되어 생명의 열매를 많이 맺을 것입니다. 그는 자신의 생명을 미워함으로 생명을 다시 얻는 역사를 나타내십니다(27절). 죽은 나사로를 통해 부활이요 생명이신 예수님의 영광이 나타난 것처럼 십자가의 죽음과 부활을 통해 다시 영광이 나타날 것입니다(28-30절). 그는 땅에서 들림으로(='십자가를 지심') 모든 사람을 그에게로 이끄실 것이며, 반면 이 세상 임금(사탄, 마귀)은 쫓겨날 것입니다(31-33절). 예수님의 지상사역이 얼마 남지 않았으므로 빛이 있는 동안 백성들은 그 빛을 믿어야 합니다(34-36절). 그러나 이사야는 유대인들의 불신을 예언하였습니다(사 53:1=38절, 사 6:10=40절). 관리들 중에 믿는 자가 있었으나 드러내지 못한 것은 사람의 영광을 하나님의 영광보다 더 사랑하기 때문입니다(42-43절). 예수님을 믿는 것은 곧 그를 보내신 하나님을 믿는 것입니다(44-50절).

[기도]

겸손의 왕, 평화의 왕이신 예수님! 먼저 된 자였으나 나중 되지 않게 하시고 마지막까지 믿음을 잘 지키게 하옵소서. 다른 것 어떤 것 보다 하나님의 영광을 더 사랑하게 하옵소서. 십자가를 지심으로 우리를 생명으로 이끌어주신 예수님만 믿고 따르게 하옵소서.

[역대하 27-28장]

(27장) 웃시야의 아들 요담은 비교적 긍정적인 평가를 받았습니다(1-9절). 그는 하나님 앞에 정직히 행하다가 나라가 견고해진 후 교만해진 몇몇 왕들의 길로 가지 않았습니다. 또한 선왕인 웃시야처럼 종교적인 교만에 빠지지도 않았습니다. 다만 그는 성전에 직접 들어가는 것을 꺼렸는데 이는 아버지 웃시야가 제사장의 일을 직접 시도하다가 나병에 걸린 것을 의식한 행동으로 보입니다. 아버지의 교만으로 빚어진 일이지만 그에게 성전에 대한 일종의 트라우마가 생긴 것으로 보입니다. 그는 주로 산당에서 제사한 것으로 보이며 그 영향으로 백성들도 산당제사를 즐겼습니다. "백성은 여전히 부패하였더라"(2절).

(28장) 유다 왕 아하스는 하나님이 금하신 모든 가증한 행위들을 행합니다(1-4절). 심지어 인신제사까지 드립니다. 하나님의 심판으로 아람이 침략하여 많은 군사들이 죽고 많은 백성들이 포로가 되었습니다(5-6절). 또한 북이스라엘도 침략하여 대신들을 죽이고 많은 백성들과 재물을 약탈했습니다(7-8절). 다행히 선지자 오뎃이 북이스라엘의 행위를 책망하므로 인해 유다 백성들은 간신히 풀려날 수 있었습니다(9-15절). 아람과 북이스라엘로 인한 고초를 겪었음에도 아하스는 깨닫지 못했습니다. 에돔과 블레셋마저 유다를 침략하자 아하스는 앗수르를 끌어들여 주변국을 정리하려 했고 이것이 자충수가 되어 유다는 앗수르의 속국이 되고 말았습니다(16-21절). 곤고해진 그는 이방신에게 분향하는 가증한 행위로 하나님의 진노를 사게 됩니다(22-25절). 악한 왕 아하스는 왕의 묘실에 들어가지 못합니다(26-27절).

[요한계시록 14장]

악인들이 짐승의 표를 받은 것과 대조적으로 구원받은 하나님의 백성('십사만 사천')은 이마에 어린양과 하나님의 이름이 새겨져 있습니다(1절). 핍박과 미혹을 이기고 어린양이 어디를 가든지 따르는 어린양의 신부인 십사만 사천은 하늘 보좌 앞에서 승리의 노래를 부를 것입니다(2-5절). 마지막 심판을 앞두고 세 천사가 차례로 등장하는데 그들이 선포한 내용은 복음과 회개의 촉구, 바벨론의 멸망, 짐승을 따르는 자에게 임할 형벌입니다(6-11절). 주님 오실 때까지 성도는 인내로써 모든 것을 견뎌야 합니다(12-13절). 때론 순교까지도 감수해야 하지만 순교자는 영원한 안식을 얻습니다. 어린양이 직접 곡식(=어린양을 따르는 성도)을 거둘 것입니다(14-16절). "문지기는 그를 위하여 문을 열고 양은 그의 음성을 듣나니 그가 자기 양의 이름을 각각 불러 인도하여 내느니라"(요 10:3). 반면 짐승의 표를 받은 자들은 하나님의 진노의 심판 앞에 서게 될 것입니다(17-20절).

[스가랴 10장]
이스라엘은 진정한 목자이신 하나님을 떠나 헛된 것들을 의지했습니다(2절). 이제 그들은 비를 내리시고 결실을 맺게 하시는 하나님(ft. 바알이 아님)께 돌아와야 합니다(1절). 하나님은 백성들을 유리하는 양으로 만든 목자들('숫염소')에게 분노하십니다(3-5절). 백성들을 긍휼히 여기시는 하나님이 친히 구원하실 것입니다(6절). 하나님의 긍휼이 회개를 이끌어내고 하나님께로 돌이킬 결단을 이끌어냅니다. 아버지의 한없는 긍휼과 사랑이 탕자로 하여금 돌아오게 만든 것입니다(눅 15:11-32). 하나님은 백성들의 귀환을 약속하십니다(7-12절). 거주지가 부족할 정도로 많은 백성들이 돌아올 것이며 구원의 하나님으로 인한 기쁨이 충만할 것입니다. 하나님은 스가랴에게 희망의 귀환약속을 선포하게 하셨습니다.

[요한복음 13장]
요한은 자기 사람들을 끝까지 사랑하시는 예수님을 언급하며 가룟 유다를 바로 등장시킵니다(1-2절). 이는 예수님이 자신을 배신할 가룟 유다마저 끝까지 사랑하셨음을 의미합니다. 예수님은 제자들의 발을 씻김으로 당신에게 죄를 씻는 권세가 있다는 것과 서로 섬기는 자가 되어야 한다는 것을 친히 보여 주셨습니다(3-14절). "너희 중에 누구든지 크고자 하는 자는 너희를 섬기는 자가 되고"(마 20:26). 제자들은 예수님의 섬김의 본을 따라서 겸손히 섬기는 종이 되어야합니다(15-17절). 예수님은 "내가 너희를 가르친 것 같이 행하라"고 말씀하시지 않고 "내가 너희에게 행한 것같이 너희도 행하라"고 말씀하십니다. 예수님은 제자들이 시험에 들지 않도록 배신자의 존재를 미리 예고하십니다(18-20절). "발꿈치를 든다"는 표현은 말이 먹이를 주는 주인을 뒷발로 차는 모습이 반영된 것으로 배신, 음해 등의 의미입니다. 배신자로 지목된 가룟 유다가 만찬장에서 이탈했을 때 예수님은 "인자가 영광을 받았고, 하나님도 인자로 인하여 영광을 받으셨다"고 말씀하십니다(21-31절). 그의 배신이 십자가의 죽음과 부활의 영광을 재촉할 것을 알고 계십니다. 이미 영광을 받으신 아버지는 아들을 영광스럽게 하실 것입니다(32절). 예수님은 옛 계명("네 이웃을 네 몸같이 사랑하라", 레 19:18)을 능가하는 새 계명("내가 너희를 사랑한 것 같이 너희도 서로 사랑하라")을 주십니다(33-38절). 새 계명의 모델인 예수님은 가룟 유다와 베드로를 끝까지 사랑하셨습니다.

[기도]

악한 왕 아하스가 온 나라에 끼친 악영향을 봅니다. 내가 속한 공동체에 선한 영향력을 끼치게 하옵소서. 하나님의 크신 긍휼로 나를 이끄사 신실한 종이 되게 하시고 예수님을 본받아 섬기는 종이 되게 하옵소서.

[역대하 29장]
다윗의 길을 좇는 선한 왕 히스기야가 등장합니다(1-2절). 그는 레위인을 정결케 하고 성전을 수리하는 한편 온갖 가증한 것들을 버리게 합니다(3-5절). 그는 유다가 이방민족의 침략으로 고통당했던 이유가 하나님을 떠났기 때문이라고 진단합니다(6-10절). 그는 제사장과 레위인을 독려하여 하나님의 말씀에 따라 성전을 정화하고 성전의 기물들을 깨끗케 하여 성전 제사가 정상화 되게 하였습니다(11-19절). 그 후 이스라엘 백성들을 위한 속죄의 제사를 드립니다(20-24절). 이전 세대에서 진행된 국가주도의 우상숭배와 종교적인 타락에 대해 참회하는 제사입니다. 레위인으로 구성된 찬양대도 다시 운용됩니다(25-28절). 성전정화와 속죄의 제사가 끝난 후 개인이 드리는 제사가 진행됩니다. 감사와 기쁨의 제사가 드려지는 가운데 속죄제를 위해 드린 제물보다 백성들이 자원하여 가져오는 제물이 훨씬 더 많아 레위 사람들이 제사장의 일을 분담할 정도였습니다(29-36절). 회복된 예배는 왕과 백성들에게 큰 기쁨이 되었습니다.

[요한계시록 15장]
15-16장에 걸쳐 등장하는 일곱 대접의 재앙은 예수님의 재림 직전에 있을 마지막 재앙입니다(1절). 구속받은 성도들이 하나님의 종인 모세의 노래(=애굽의 바로에게서 구원), 어린양의 노래(=짐승, 곧 적그리스도의 박해로부터 구원)를 부릅니다(2-4절). 승리의 노래 가운데 신앙을 위해 목숨을 잃기도 한 신앙의 위인이나 순교자들의 공로는 전혀 등장하지 않습니다. 오직 종말론적 심판을 통해 구원을 완성하실 하나님의 의로운 행위만이 등장합니다. 아무리 위대한 신앙인이라도 사람에게 돌아갈 영광은 없으며 오직 은혜로 구원을 베푸시는 하나님만이 영광을 받으시기에 합당하십니다. 하나님의 진노가 가득 담긴 일곱 대접이 일곱 천사에게 전달됩니다(5-7절). 일곱 대접 재앙은 확실하게 이루어질 하나님의 진노의 심판입니다(8절). 박해 받은 성도들은 하나님의 심판이 속히 이루어져 승리의 노래를 부를 날을 기다립니다.

[스가랴 11장]
이스라엘 주변 민족에 대한 심판이 선포됩니다(1-3절). 멸망의 원인은 지도자들('목자', '어린 사자')의 교만입니다. 백향목, 잣나무, 상수리나무는 이방의 통치자들을 의미합니다. 하나님은 스가랴를 죽을 위기에 놓인 양 떼(하나님의 백성을 상징)의 목자로 세우십니다(4-6절). 양 떼가 죽을 위기에 놓인 이유는 목자들이 양 떼를 돌보지 않고 도리어 학대했기 때문입니다. 스가랴는 막대기 두 개를 취하여 각각 '은총'과 '연합'이라 부르며 그 막대기로 양 떼를 돌보았으며 양 떼를 돌보지 않은 세 목자를 쫓아

내었습니다(7-8절). 목자가 올바르지 않으면 목자와 양 떼 모두 파멸에 이르게 됩니다(9절). 가장 무서운 심판은 죽는 대로, 망하는 대로 방치하는 것입니다. "하나님께서 그들을 부끄러운 욕심에 내버려 두셨으니"(롬 1:26). 스가랴는 '은총'과 '연합'이라 명명한 막대기를 꺾습니다(10-14절). 이는 상징행동으로 하나님과 백성 간의 언약 파기의 위기를 의미합니다. 한편, 스가랴는 턱없이 낮은 품값인 은 30(노예의 몸값)을 받아 하나님의 명대로 성전의 토기장이에게 던집니다. 스가랴의 행동은 가룟 유다에 의해 팔린 예수님의 몸값과 가룟 유다의 죽음과 연관된 계시로 해석됩니다(마 26:14-16 & 마 27:3-10). 하나님의 분노가 느껴지는 예언은 백성들을 방치한 채 자기 배만 채우기에 급급한 정치·종교 지도자들을 향한 것으로 보입니다(15-17절).

[요한복음 14장]

십자가를 앞둔 예수님이 도리어 근심하는 제자들을 위로하십니다(1절). 영원한 저주와 심판이 기다리고 있는 우리에게 하나님이 주시는 최고의 위로는 영원한 집입니다(2-3절). 만약 아버지의 집에 거할 곳이 없다면 거처가 없다고 미리 알려 주셨을 것입니다. 예수 그리스도는 아버지의 집에 이르는 길이요 진리요 생명이 되십니다(4-6절). 예수님은 성육신 하신 하나님이시기에 예수님을 아는 것이 곧 아버지를 아는 것이며, 예수님을 보는 것이 곧 아버지를 보는 것입니다(7-11절). "말씀이 육신이 되어 우리 가운데 거하시며 우리가 그의 영광을 보니 아버지의 독생자의 영광이요 은혜와 진리가 충만하더라"(1:14). 성령의 능력을 힘입어 복음은 팽창할 것이며 이를 위한 표적들이 예수님의 이름으로 나타날 것입니다(12-14절). 그리스도에 대한 사랑은 그의 계명에 대한 순종과 불가분의 관계에 있습니다(15절). 예수님은 승천 후 재림 전까지 당신의 역할을 대신할 또 다른 보혜사를 보내실 것입니다(16-20절). 보혜사(헬: 파라클레이토스)는 원어의 의미로는 대언자, 변호사, 중재자, 협조자, 대변자이며, 한자로는 '도울 보, 은혜 혜, 스승 사'를 써서 '은혜로 돕는 스승'이라는 뜻입니다. 영어로는 Comforter(위로자), Counselor(상담자), Advocate(변호사), Helper(돕는 자) 등 여러 단어가 쓰입니다. 진리의 성령님이 오시면 우리를 고아같이 버려두지 않으시고 도우시고 위로하시며, 하나님과 나를 중재하시고 악한 영의 공격으로부터 변호하시며, 믿음을 지켜 주셔서 영원한 아버지의 집에 이르게 하십니다. 보혜사 성령님은 예수님이 하셨던 역할을 동일하게 행하십니다. 예수님의 말씀을 지키는 자는 그가 마련하시는 거처에 영원히 거할 수 있습니다(21-24절).

[기도]

주의 보혈로 내 마음의 성전을 깨끗케 하여 주시고, 보혜사 성령님의 인도하심에 순복하게 하옵소서. 길이요 진리요 생명 되시며 심판과 구원의 주로 다시 오실 예수님만 믿고 따르게 하옵소서.

[역대하 30장]
히스기야는 출애굽의 역사를 기념하는 유월절 시행을 명합니다(1절). 그러나 오랫동안 시행되지 않았던 탓에 제사장의 준비가 미흡하고 백성들도 다 모이지 않아서 한 달 뒤에 다시 시행하게 되었습니다(2-4절). 히스기야는 이미 멸망한 북이스라엘 지역('브엘세바-단')에도 전령을 보내어 유월절 참여를 독려합니다(5-9절). 그러나 북이스라엘 사람들 대다수는 전령을 조롱했으며 겸손한 마음을 지닌 소수의 사람들만이 유월절에 참여합니다(10-12절). 남유다 백성들과 소수의 북이스라엘 백성들이 모여 유월절과 무교절을 지키게 되었습니다(13절). 분단 이후 최초로 함께 절기를 지키게 된 것입니다. 우상과 관련된 모든 기물들을 버린 후 제사장과 레위인들은 부정한 자신들을 정결케 했습니다(14-15절). 그 후 백성들을 정결케 하는 제사가 드려졌으나 북이스라엘 지역에서 온 무리들이 부정한 채로 유월절 음식을 먹음으로 규례를 어기는 일이 발생합니다(16-18a절). 그러나 히스기야의 기도로 하나님이 그들의 죄를 용서해 주십니다(18b-20절). 예루살렘은 하나님이 주신 기쁨으로 충만했으며 유월절은 한 주 더 연장됩니다(21-27절).

[요한계시록 16장]
일곱 인 재앙과 일곱 나팔 재앙에 이어 마지막으로 일곱 대접 재앙이 임합니다(1절). 일곱 대접 재앙의 대상은 우상 숭배자들과 하나님의 백성을 핍박하는 자입니다. 각각의 재앙들은 애굽에 내렸던 재앙을 연상케 합니다. 첫 번째 대접이 쏟아지자 짐승의 표를 받은 자와 우상 숭배하는 자들에게 악성 종기가 났습니다(2절). 악성 종기는 하나님의 심판의 대상이 누군지에 대한 확실한 표식이 될 것입니다. 두 번째와 세 번째 대접이 쏟아지자 바다와 강과 물의 근원이 피가 되었습니다(3-7절). 이는 하나님의 백성들의 피를 흘리게 한 대가입니다. 하나님은 피 흘린 성도들의 탄식을 잊지 않으십니다. "거룩하고 참되신 대주재여 땅에 거하는 자들을 심판하여 우리 피를 갚아 주지 아니하시기를 어느 때까지 하시려 하니이까"(6:10). 하나님의 심판은 하나님의 공의의 발현입니다. 네 번째 대접은 해에 쏟아졌는데 사람들이 불로 태워지게 됩니다(8-9절). 그럼에도 불구하고 그들은 회개하지 않습니다. 다섯 번째 대접은 짐승의 왕좌에 쏟아집니다(10-11절). 짐승은 용에게서 능력과 보좌와 큰 권세를 받았습니다(13:2). 그 짐승의 보좌에 재앙이 임할 것입니다. 그러나 여전히 사람들은 회개하지 않습니다. 여섯 번째 대접이 유브라데강에 쏟아지자 강물이 마릅니다(12-16절). 이는 이방 대적들이 침공할 길을 열려졌음을 의미합니다. 이후 하나님과 맞서 싸우기 위해 세상 왕들을 불러 모을 더러운 세 영이 등장합니다. 마지막으로 일곱 번째 대접이 쏟아지자 큰 성 바벨론이 완전히 무너집니다(17-21절). 최후의 결전에서 패하였음에도 악인들은 마지막까지 하나님을 대적합니다.

[스가랴 12-13장 1절]

하늘과 땅과 심령(=영혼, spirit of man)을 창조하신 하나님이 말씀하십니다(1절). 장차 여러 나라가 예루살렘을 치겠지만 도리어 하나님이 그들을 치심으로 그들의 도모는 실패하게 될 것입니다(2-4절). 하나님이 유다의 지도자들에게 힘을 주시고 그들을 화로와 횃불 같게 하심으로 예루살렘을 치는 자들은 화를 입게 될 것입니다(5-6절). 다윗과 예루살렘에 대한 하나님의 특별한 언약(=다윗왕국이 영원할 것이며 시온은 무너지지 않는다는 약속)은 이제 유다의 모든 백성들 심지어 약한 자에 이르기까지 동일하게 공유될 것입니다(7-9절). 모든 백성이 하나님의 언약을 편만하게 누리게 된다는 것입니다. 이러한 놀라운 회복과 은총은 회개로부터 시작됩니다(10-14절). 하나님은 죄와 더러움을 씻는 샘을 준비하십니다(13:1). 우리의 죄와 더러움을 씻는 샘은 바로 그리스도의 십자가입니다.

[요한복음 15장]

예수님과 제자들의 관계가 포도나무와 포도나무에 붙어 있는 가지로 비유됩니다(1-4절). 농부이신 하나님은 열매를 맺지 못하는 가지를 제하십니다. 버려질 가지는 하나님을 섬긴다고 하면서 열매를 맺지 못하는 대제사장과 바리새인, 유대인들을 의미합니다. 포도나무이신 예수님께 붙어있지 않으면 어떤 가지도 열매를 맺을 수 없습니다. 예수님은 제자들을 가지치기가 이미 완료된 깨끗한 가지로 비유하시면서 나무에 붙어 있으면 열매를 맺게 된다고 말씀하십니다. 그러면 포도나무이신 예수님께 붙어 있다는 것은 무슨 뜻일까요? 그의 말이 우리 안에 거하는 것을 의미합니다. 참포도나무이신 예수님은 아버지의 계명에 전적으로 순종함으로 아버지 안에 거하셨습니다(10절). 마찬가지로 우리도 예수님의 말씀 안에 거하면 포도나무로부터 오는 말씀의 공급을 받는 삶을 살게 되며 많은 열매를 맺게 됩니다(5-9절). 나무로부터의 공급이 없는 가지는 결국 말라 죽게 되니 이것은 열매의 많고 적음의 문제가 아니라 생명과 죽음의 문제라는 것을 기억하십시오. 그리스도의 말씀으로 사는 것을 기쁨의 근거로 삼으십시오(11절). 예수님의 사랑은 친구를 위해 목숨을 버리는 사랑입니다. 예수님이 우리를 친구로 택하신 것은 우리로 하여금 사랑의 계명에 순종하여 많은 열매를 맺게 하기 위함입니다(12-17절). 세상이 예수님을 보내신 분(하나님)을 모르기 때문에 예수님을 미워하듯 세상에 속하지 않은 그의 제자들도 미워할 것입니다(18-25절). 박해자들이 그들을 향한 정죄를 피할 수 없는 것은 그들의 죄에 대해 예수님이 이미 말씀하셨기 때문입니다. 성도는 진리와 거짓의 싸움, 빛과 어둠의 싸움 가운데 성령님이 함께 하시기 때문에 두려워할 필요가 없습니다. 성령님은 진리요 참 생명 되시는 예수님을 담대하게 전하게 하시며 승리하게 하십니다(26-27절).

[기도]

십자가 언약을 신뢰함으로 흔들리지 않게 하시고 히스기야의 유월절 회복처럼 예배의 회복이 있게 하옵소서. 마음이 강팍하여 회개할 줄 모르는 자가 되지 않게 하옵소서.

[역대하 31장]

히스기야는 국운이 기울던 유다의 한 줄기 빛과 같은 인물입니다. 그는 계속해서 우상과 관련된 모든 것을 정리하고 제사장 조직을 정비합니다(1-2절). 그는 하나님께 제사하는 일에 모범을 보였으며 백성들이 제사장과 레위인의 생계를 책임지는 시스템을 정상 가동시킴으로써 그들이 율법을 연구하고 가르치는 일에 집중할 수 있는 환경을 만들었습니다(3-4절). “성령과 지혜가 충만하여 칭찬 받는 사람 일곱을 택하라 우리가 이 일을 그들에게 맡기고 우리는 오로지 기도하는 일과 말씀 사역에 힘쓰리라”(행 6:3-4). 백성들은 히스기야의 모범과 그의 명령을 충실하게 따랐습니다(5-8절). 백성들이 가져온 십일조와 헌물이 더미를 이룰 정도로 가득하자 히스기야는 창고를 짓고 보관 및 분배를 위한 책임자를 임명합니다(9-15절). 하나님께 드려진 성물들은 잘 관리되고 규정에 맞게 쓰여서 낭비되거나 부정하게 사용되지 않게 해야 합니다. 제사장은 족보에 기록된 대로, 레위인들은 반열대로 아내와 자녀의 몫이 포함된 분량을 받았습니다(16-19절). 히스기야는 성전에서의 일과 율법을 지키는 일, 하나님을 찾는 일에 소홀함이 없었습니다(20-21절).

[요한계시록 17장]

많은 물 위에 앉은 큰 음녀는 당시에 교회를 핍박하던 로마제국을 상징합니다(1절). 지중해 주변의 수많은 나라와 민족을 정복한 로마에 대해 많은 물 위에 앉아 있은 것으로 표현합니다. 자신을 신격화한 로마 황제와 그의 통치를 받는 수많은 나라들은 하나님을 모독하는 우상과 더러운 문화를 가지고 있었는데 로마는 음란한 문화와 수많은 우상의 어미와 같은 존재입니다(2-5절). 천사는 성도들의 피와 예수의 증인들의 피에 취해 있는 여자(‘큰 음녀’)를 보고 크게 놀란 요한에게 여자와 여자가 탄 짐승의 비밀을 알려주는데 먼저 짐승에 대하여는 전에 있었다가 지금은 없으나 장차 무저갱으로부터 올라와 멸망으로 들어갈 자라고 설명합니다(6-8절). 반면 하나님은 어떤 분일까요? “주 하나님이 이르시되 나는 알파와 오메가요 이제도 있고 전에도 있었고 장차 올 자요 전능한 자라 하시더라”(1:8). 성도를 핍박하고 목숨을 빼앗기도 하는 로마황제를 포함한 세속의 권력들과 우상들은 장차 올 자요 영원하신 하나님께 심판의 대상일 뿐입니다. 천사가 환상을 풀이해 줍니다. 일곱 왕은 로마의 일곱 황제를 의미하는데 다섯은 이미 망했으며 하나는 현재 있으며 하나는 아직 이르지 않았지만 잠시 동안 있을 뿐이며 전에 있다가 지금 사라진 여덟째 왕 역시 멸망으로 들어갑니다(9-11절). 열 뿔은 로마제국 내 각 지역의 왕을 뜻하는데 그들 역시 권세를 가졌으나 오래가지 못합니다(12-13절). 일곱 황제나 열 왕이 정확히 누구를 말하는지는 알 수 없습니다. 어린양에 대항하던 음녀(로마)는 그의 권세 아래 있던 열 뿔의 저항과 봉기로 스스로 무너지게 될 것입니다(14-18절).

[스가랴 13장 2-9절]
백성들을 정결케 하신 하나님은 그들을 미혹하는 거짓 선지자와 더러운 귀신의 척결을 선포하십니다(2절). 하나님은 우리가 우상과 악한 영에게 끌려가지 않도록 보호하십니다. 하나님의 시선이 거짓 선지자에게로 향합니다. 부모가 거짓 선지자인 아들을 칼로 찌르고 거짓 선지자는 자신의 실체가 드러나는 것이 두려워 거짓말을 하며 몸에 그은 상처를 숨기려합니다(3-6절). 거짓 선지자는 하나님의 이름을 도용하여 하나님의 권위를 손상시키고 성취되지 않을 예언을 하여 하나님의 말씀에 대한 신뢰도를 떨어뜨립니다. 하나님은 그들을 철저하게 제거하실 것입니다. 십자가를 앞둔 예수님이 이런 말씀을 하셨습니다. "내가 목자를 치리니 양의 떼가 흩어지리라 하였느니라"(마 26:31). 참된 목자가 받은 고난은 백성들의 구원으로 이어집니다(7절). 하나님은 우리를 대신하여 목자(그리스도)를 치셨습니다. 하나님의 구원의 신비입니다. 하나님은 연단을 통해 신실한 당신의 백성들을 일으키실 것입니다(8-9절). "그가 나를 단련하신 후에는 내가 순금 같이 되어 나오리라"(욥 23:10).

[요한복음 16장]
성령이 오시면 제자들로 하여금 그리스도를 증언하게 하실 것입니다(15:26-27). 그런데 그리스도를 증언하는 제자들은 출교와 때론 죽임을 당할 것입니다(1절). 제자들을 헤치는 자들은 자신들의 행위가 하나님의 뜻이라고 말하지만 그들은 하나님과 예수님을 알지 못합니다(2-3절). 박해의 순간 에 제자들은 예수님의 이 말씀을 기억하며 끝까지 견딤으로 승리해야 합니다(4절). 예수님은 아버지께 돌아간다는 그의 말에 제자들이 불안해하자 보혜사 성령을 약속하시며 자신의 떠남이 유익이라고 말씀하십니다(5-7절). 성령이 오시면 세상을 책망하시는데 예수님의 존재에 대한 불신, 십자가의 죽음과 부활로 입증된 그리스도의 의에 대한 거부, 불신과 거부하는 자에게 임할 심판이 그것입니다(8-11절). 진리의 성령이 오시면 들은 것(=그리스도의 말씀)과 장래의 일(=그리스도의 재림과 함께 일어날 모든 일)을 깨닫게 하십니다(12-15절). 조금 있으면 예수님을 볼 수 없지만('십자가의 죽음으로 인해 곡하고 애통함') 또 조금 있으면 다시 보게 될 것('부활로 인해 기뻐함')입니다(16-24절). 예수님은 세상이 빼앗을 수 없는 기쁨 및 하나님과 소통(기도)하는 축복을 주셨습니다. 예수님은 '내 사랑하는 아들이요 내가 기뻐하는 자'(마3:17)라고 말씀하신 아버지께 늘 기도했습니다. 이제 제자들이 기도하면 사랑의 아버지 하나님께서 들으실 것입니다(25-27절). 제자들은 예수님에게 어떤 일이 일어날지 전혀 알지 못하지만 예수님이 하나님으로부터 오셨음을 믿었습니다(28-31절). 그들은 잠시 흩어지게 되지만 결국 세상을 이길 것입니다(32-33절).

[기도]

선한 목자 되시는 예수님이 나를 대신하여 맞으심으로 내가 나음을 얻었습니다. 영적 건강을 위한 삶의 구조가 잘 갖춰지게 하시고 말씀을 붙잡고 끝까지 견뎌 승리하게 하옵소서.

[역대하 32장]
히스기야의 최대 위기는 앗수르의 침공입니다. 앗수르는 히스기야의 화친 제의(왕하 18:13-16)를 거절하고 유다의 전 국토를 점령한 후 예루살렘을 포위하였습니다. 그는 예루살렘 수비를 위해 최선을 다했지만 앗수르의 압도적인 전력 앞에선 무용지물에 가까웠습니다(1-6절). 그러나 백성들은 하나님을 경외하는 통치자 히스기야를 신뢰하여 크게 동요하지 않습니다. 백성들의 마음을 담대하게 한 히스기야의 연설(7-9절)과 하나님을 비방하며 백성들의 마음에 공포감를 심어 전의를 상실케 하려는 앗수르의 심리전이 대비됩니다(10-19절). 이 전투는 히스기야(왕)와 이사야(선지자)의 기도에 응답하신 하나님이 그의 사자를 통해 앗수르의 대군을 전멸시킴으로써 유다의 승리로 끝나게 됩니다(20-22절). 종교·정치 지도자가 하나님을 경외하면 놀라운 일이 일어납니다. 하나님은 히스기야를 높여주셨습니다(23절). 국가적인 위기를 넘긴 히스기야는 죽음의 위기도 넘기게 됩니다(24절). 이런 큰 은혜에도 불구하고 그는 교만으로 잠깐 무너지기도 했습니다(25-26절). 신생국 바벨론이 동맹을 위해 유다를 찾아옵니다(27-31절). 통치 말기에 접어든 히스기야는 바벨론 사신에게 자신의 힘과 부를 자랑했습니다. 우리는 하나님이 주신 것에 취해 하나님과 멀어지지 않도록 주의해야 합니다. 흠이 조금 있어도 히스기야는 하나님을 경외하는 선한 왕으로서 존경받기에 충분합니다(32-33절). 우리의 인생은 훗날 어떤 평가를 받게 될까요?

[요한계시록 18장]
18장은 바벨론의 완전한 멸망을 선포합니다. 바벨론은 17장까지 등장했던 음녀의 또 다른 이름입니다(17:5). 땅을 환히 밝힐 정도의 영광을 가진 큰 천사가 내려와 바벨론의 멸망을 선포합니다(1-3절). 바벨론의 영광이 아무리 화려해도 하늘에서 내려온 천사에도 못 미칩니다. 그들의 죄는 음행(=우상숭배), 음행의 전파, 사치입니다. 즉, 경제적인 죄와 영적인 죄입니다. 하늘에 사무칠 정도로 극에 달한 바벨론의 죄에 대하여 하나님이 갑절로 심판하시되 그 심판은 단번에 이루어질 것입니다(5-8절). 심판이 곧 있으니 하나님의 백성은 바벨론의 죄에 동참하지 말고 조금만 더 인내하며 믿음을 지켜야 합니다(4절). 바벨론이 멸망하자 그들 편에 섰던 왕들과 상인들과 뱃사람들이 울며 애통해 합니다(9-19절). 그들은 바벨론의 음행과 사치의 죄에 동참했던 자들입니다. 반면, 바벨론에 의해 고통 받던 하나님의 백성들은 하나님의 심판을 기뻐합니다(20절). 화려했던 바벨론의 영화는 모두 사라질 것입니다(21-23절). 사치와 음행의 죄와 더불어 바벨론이 저지른 가장 큰 죄는 하나님의 백성들에 대한 핍박입니다. 하나님은 성도가 받은 고통을 반드시 갚아 주십니다(24절).

[스가랴 14장]
대적을 심판하시고 백성들을 구원할 여호와의 날이 임할 것입니다(1절). 하나님은 당신의

백성들에게 극심한 피해와 고통을 안긴 이방 민족을 치실 것입니다(2-5절). 대적들이 승리를 확신할 때, 곧 하나님의 백성들이 더 이상 물러설 곳이 없다고 생각할 그때 하나님은 하늘의 천군천사와 함께 임할 것입니다. 그리스도께서 친히 오셔서 악한 영을 심판하심으로 우리는 최후승리를 얻게 됩니다. 그 날은 오직 여호와만이 아실 것이며 새로운 빛이 임함으로 해와 달은 더 이상 필요 없을 것입니다(6-7절). "해나 달의 비침이 쓸 데 없으니 이는 하나님의 영광이 비치고 어린양이 그 등불이 되심이라"(계 21:23). 하나님이 다스리시는 회복된 예루살렘에는 생수가 솟아나고 다시는 저주가 없으며 평안이 임할 것입니다(8-11절). "다시는 사망이 없고"(계21:4). "또 그가 수정같이 맑은 생명수의 강을 내게 보이니"(계 22:1). 하나님은 대적들에게 최종적인 징벌을 내리심으로 하나님의 백성들의 승리를 확정지으십니다(12-15절). "그들을 미혹하는 마귀가 불과 유황 못에 던져지니"(계 20:10). 이방민족 중 남은 자들은 여호와께 나아와 경배할 것이며 절기를 지키지 않는 민족들은 징계를 받을 것입니다(16-19절). 즉, 모든 민족이 하나님께 경배하는 시대가 올 것입니다. 말방울에도 '성결'이 새겨지고 모든 솥이 성물이 되는 거룩한 나라가 임할 것입니다(20-21절).

[요한복음 17장]

고별설교(16장)를 마치신 예수님은 자신의 사명을 위한 기도를 드리십니다. "때가 이르렀사오니 아들을 영화롭게 하사 아들로 아버지를 영화롭게 하게 하옵소서"(1절). 여기서 때는 십자가의 죽음을 의미하며, 하나님은 만민에게 영생을 주시려고 예수님에게 만민을 다스리는 권세를 주셨습니다(2절). 예수님은 생명을 얻을 권세와 버릴 권세를 다 가지고 계십니다(10:18). 영생을 얻으려면 예수 그리스도가 하나님이 보내신 메시아임을 알아야 합니다(3절). 예수님은 메시아의 사명을 이룰 것을 내다보며 이미 아버지께서 영광을 받으셨다고 선언합니다(4절). 그는 십자가의 죽음과 부활·승천으로 아버지와 그 자신을 영화롭게 할 것입니다(5절). 예수님은 당신의 지상사역에 대한 결과를 보고합니다. 아버지께서 보내주신 제자들은 아버지의 말씀을 지켰습니다(6-10절). 이는 아버지의 뜻을 받들어 예수님이 하나님의 아들이심을 믿고 받아들였다는 의미입니다. 이제 예수님은 제자들을 위해 중보하십니다. 먼저, 제자들의 하나됨과 악으로부터의 보호를 위해 기도하십니다(11-16절). 제자들을 미워하고 박해하는 세상에서 아버지가 그들을 지켜 주시고 그들이 하나가 된다면 그들은 능히 승리할 수 있습니다. 제자들을 위한 두 번째 기도는 거룩하게 해달라는 것입니다(17-19절). 세상으로 보냄 받은 제자들의 또 하나의 승리의 비결은 그들의 거룩입니다. 예수님의 기도는 더욱 확장되어 제자들을 통해 복음을 듣게 될 모든 사람들이 아버지와 아들을 믿어 구원받으며 그들의 공동체가 하나 되기를 기도하십니다(20-22절). 아들을 통해 아버지의 사랑 안에 거하는 자는 아들의 영광(=아버지와 영원한 함께 함)에 참여하는 복을 누릴 것입니다(23-26절).

[기도]

바벨론의 음행과 사치를 따르지 않게 하시고, 최후승리를 바라보며 하나님을 진정으로 경외하는 자가 누릴 승리를 이 땅에서도 맛보게 하옵소서.

[역대하 33장]

므낫세는 남유다 최악의 통치자입니다. 온 나라를 우상숭배에 빠뜨리고 하나님이 금지한 온갖 가증한 행위를 일삼은 그가 왜 나병에 걸리거나 반역으로 죽지 않았는지는 의문입니다. 저자는 므낫세가 저지른 악행을 자세히 보도합니다(1-9절). 그는 그의 아버지 히스기야와 정반대의 길을 갔습니다. 하나님의 경고를 무시하던 그는 앗수르 군대에 붙잡혀 바벨론에 잠시 끌려갔다오는 수모를 겪은 후에야 비로소 하나님의 주권에 대한 눈을 뜨게 됩니다(10-13절). 그가 앗수르에 대한 반역을 꾀하던 주변 민족들과 연루됨으로 인해 빚어진 사건으로 추정됩니다. 그는 뒤늦게 회개하였지만 이 때는 그의 통치가 거의 끝나는 시점이었습니다. 그는 뒤늦게 회복을 위한 시도를 하지만 반세기가 넘는 기간 동안 유다를 죄에 깊이 물들게 만들었던 상황을 돌이키기에는 시간이 너무 부족했습니다(14-20절). 므낫세에 이어 왕이 된 아몬은 므낫세와 같이 악을 행하다가 신하의 반역으로 죽고 요시야가 왕위에 오릅니다(21-25절).

[요한계시록 19장]

바벨론을 추종하던 무리들은 바벨론의 멸망을 보며 애가를 불렀습니다(18장). 반면 19장에서는 하나님을 찬양하는 큰 무리가 등장합니다(1절). 하나님의 백성들과 천사들이 하나님의 구원과 영광과 능력 그리고 그의 공의로운 심판을 찬양합니다(2-5절). 특히, 바벨론을 심판하심으로 피 흘린 성도들에 대해 보응하십니다. 악한 세력의 완전한 소멸로 하나님의 온전하신 통치가 시작됩니다(6절). 어린양의 혼인잔치가 선포되고 어린양의 아내(=교회, 성도)는 빛나고 깨끗한 세마포 옷을 입습니다(7-9절). 이 세마포 옷은 성도의 옳은 행실입니다. 어린양의 신부의 자격은 '어린 양의 피에 그 옷을 씻어 희게 한 자'로서 환난 중에도 끝까지 어린양을 따른 자들입니다(7:14). 놀라운 계시를 전해준 천사에게 요한이 경배하려고 하자 천사는 오직 하나님께만 경배하라고 말합니다(10a절). 천사는 하나님의 종에 불과합니다. 마지막 날에 있을 큰 승리에 관한 예수의 증언은 예언의 영입니다(10b절). 즉, 성령이 교회들에게 하시는 말씀입니다(2:7). 백마를 탄 그리스도는 승리의 상징이며 그의 이름은 충신('신실')과 진실이므로 그의 증언은 참됩니다(11절). 요한은 재림하시는 예수님의 모습을 묘사합니다. 그의 눈은 불꽃같으며(='감찰하시는 분') 머리에는 많은 왕관을 쓰고 계시고(='통치자') 자기만이 아는 이름을 가지고 계십니다(='사람으로서 다 알 수 없는 그리스도의 신비')(12절). 또한 그는 피 뿌린 옷을 입고 계시며(='대속의 구주') 그의 이름은 하나님의 말씀입니다(='태초부터 계시던 하나님')(13절). 하늘의 군대를 거느린 예수 그리스도는 심판을 집행할 만왕의 왕, 만주의 주이십니다(14-16절). 짐승과 그를 따르는 자들이 어린양과 그의 군대에 대항하여 마지막으로 전쟁을 일으키지만 그들은 비참한 최후를 맞게 됩니다(17-21절).

[말라기 1장]

예루살렘으로의 귀환은 말할 수 없는 기쁨이었지만 성전과 예루살렘성의 재건은 쉽지 않았고 삶은 여전히 궁핍했습니다. 고달픈 삶은 해방의 기쁨마저도 삼켜버릴 정도입니다. 그들은 하나님이 정말 자신들을 사랑하는지 모르겠다는 반응을 보입니다(1-2a절). 하나님은 어떤 조건도 없이 일방적으로 야곱을 선택하신 이래로 지금까지 그 사랑이 변함없다고 말씀하십니다(2b-3절). 지금은 에돔(=귀환 공동체의 대적을 의미)으로 인해 괴롭힘을 당하고 있지만 하나님은 그들을 심판하심으로써 백성들에 대한 당신의 사랑을 확증하실 것입니다(4절). 백성들은 대적에게 임하는 하나님의 심판을 본 후에 온 세상을 다스리시는 하나님의 능력을 확신하게 될 것입니다(5절). 말라기는 하나님을 경외하지 않는 제사장들의 죄를 지적합니다(6-8절). 하나님은 그들의 더러운 제사로 인해 성전을 폐쇄하고 싶다고 말씀하십니다(9-10절). 하나님의 이름을 더럽히는 제사장들과 달리 이방민족들은 하나님이 받으실만한 정결한 제사를 드리게 될 것입니다(11-14절). 말라기는 열방이 하나님께 돌아와 예배하게 될 날을 바라봅니다.

[요한복음 18장]

요한은 십자가의 죽음을 향한 예수님의 자발적인 순종을 더욱 부각시킵니다. "이를 내게서 빼앗는 자가 있는 것이 아니라 내가 스스로 버리노라"(10:18). 예수님을 배신할 제자로 지목되었던 가룟 유다(13:21-30)가 예수님의 체포를 주도합니다(1-9절). 제자들이 함께 잡히지 않도록 보호하신 것은 아버지께서 내게 주신 자를 하나도 잃지 않으며 그들을 내 손에서 빼앗을 자가 없을 것이라는 예수님의 말씀의 성취입니다(6:39, 10:28, 17:12). 예수님은 우리를 대신하여 아버지께서 주시는 진노(심판)의 잔을 마시기 위해 스스로 결박되셨습니다(사51:17 & 렘25:15,11-14절). 베드로의 행위는 예수님의 대속의 죽음을 이해하지 못함에서 비롯되었습니다(10절). 예수님에 대한 심문은 안나스로부터 시작되었는데 그는 빌라도의 전임인 그라투스 총독에 의해 면직된 상태였지만 현직 대제사장인 가야바의 장인으로서 여전히 영향력을 행사하고 있었습니다(19-24절). 안나스의 질문에 대한 예수님의 답변 거부로 심문은 별 효력이 없었으며 예수님은 가야바를 거쳐 빌라도 총독에게 넘겨졌습니다. 예수님이 심문을 받는 사이 베드로는 그의 제자임을 부인합니다(15-18, 25-27절). 총독의 심문 과정에서 예수님의 무죄가 확인됩니다(28-38절). 예수님이 이 땅에 오신 이유는 진리, 곧 자신에 대하여 증언하기 위함입니다("내가 곧 길이요 진리요 생명이니", 14:6). 진리 되신 예수님께 속한 양은 예수님의 음성을 듣습니다(10:3, 16, 27). 그러나 빌라도에게 진리는 관심 밖의 이야기입니다. 빌라도는 무죄를 선언하고 무리들은 바라바의 석방을 요구합니다(39-40절).

[기도]

너무 늦은 회개는 구원은 받을 수 있을지 몰라도 망가진 삶을 되돌릴 수는 없다는 것을 기억하게 하옵소서. 하나님이 받으실만한 제사, 정결한 삶의 제사를 드리게 하옵소서.

[역대하 34장]
요시야는 평생 다윗의 길을 가며 하나님을 경외한 왕입니다(1-2절). 그는 므낫세 시절에 들어온 온갖 우상들을 성전에서 제하고 성전을 보수합니다(3-13절). 하나님을 찾는 왕이었던 그는 성전을 수리하다가 발견된 율법책의 내용을 확인하고 통탄해합니다(14-19절). 율법에 비춰본 유다는 하나님의 진노 앞에 놓여 있었습니다(20-25절). 요시야는 성전 수리 보다 백성들의 영혼을 수리하는 것이 더 중요하다는 것을 우리에게 보여줍니다. 이미 죄가 가득하여 유다에 내려진 심판이 취하될 수는 없었지만 하나님은 말씀 앞에 겸비한 요시야에게 심판의 재앙을 겪지 않고 평안히 묘실에 안치될 것을 약속하십니다(26-28절). 요시야 이후의 왕들은 모조리 애굽이나 바벨론의 포로로 끌려갔으며, 특히 마지막 왕인 시드기야는 두 눈까지 뽑힌 채 바벨론으로 끌려가는 비극을 겪습니다. 요시야가 왕의 묘실에 안치된 것과 비교됩니다. 요시야가 백성들의 영적 각성을 위해 말씀을 가르치며 최선을 다한 결과 유다는 멸망하기 전 마지막 부흥과 회복을 경험하게 됩니다(29-33절).

[요한계시록 20장]
천상에서 미가엘에게 패했던 사탄은(12장) 하늘에서 내려온 천사에 의해 결박당해 무저갱에 천년 동안 갇혔다가 잠깐 놓이게 됩니다(1-3절). 천년왕국에 대한 의견은 전천년설(예수님의 재림 후 천년왕국 시작), 후천년설(복음의 편만한 역사로 의와 평화가 가득한 세상, 즉 천년왕국이 도래한 후 예수님이 재림하심), 무천년설(천년왕국이 곧 교회의 역사, 가시적인 천년왕국은 없음) 등 크게 3가지로 나뉘는데 중요한 것은 우리가 천년왕국에 참여하기에 합당한 자가 되는 것입니다(4절). 4절의 '살아서'의 의미도 전천년설은 몸의 부활, 후천년설은 영적부활(중생), 무천년설은 죽음 이후 하늘에 올라가 그리스도와 함께 거하는 것 혹은 중생이라고 각각 다르게 설명합니다. 첫째 부활(=순교자와 성도의 부활)에 참여하는 자는 둘째 사망(ft. 첫째 사망은 육신의 죽음이며 둘째 사망은 영원한 불 못에 던져지는 심판임)을 맛보지 않을 것입니다(5-6절). 천년왕국과 관련된 주장들은 각각 미흡한 부분이 있어서 완벽한 설명은 없으며 우리는 세부내용에 집착하기보다 그리스도의 순결한 신부로 살아가는 것에 더욱 집중해야 합니다. 천년동안 갇혀 있던 사탄이 풀려나고 곡과 마곡(=사탄에게 미혹되어 하나님의 백성을 대적하는 땅의 세력)을 따르는 수많은 사람들이 일어납니다(7-8절). 그러나 악한 세력은 크고 흰 보좌에 앉으신 이(하나님)로 인해 단번에 멸망하여 영원한 불 못에 던져지게 됩니다(9-15절).

[말라기 2장]
1장에서 제사장을 책망하신 하나님이 이번에는 그들에게 경고하십니다. 만약 말씀을 듣고 마음에 새겨 행하는 일('영화롭게 함')을 소홀히 한다면 그들은 저주와 수치를 당할 것입니다(1-3절). 하나님은 레위(=제사장의 지파로 이스라엘을 대표하는 의미)와 맺은 생명과 평강의 언약이 파기되는 것을 원치 않으십니다(4-5절). 본래 제사장은 만군의 여호

와의 사자로서 하나님과 동행하며 불의를 버리고 항상 진리를 말하여(가르쳐서) 많은 사람들을 악에서 돌이켜야 하는 존재입니다(6-7절). 그러나 그들은 정반대로 행하였습니다(8-9절). 제사장들이 생명과 평강의 언약을 멸시하니 백성들도 거짓을 행하며 이방신을 섬기는 여인과 혼인하는 등 언약을 욕되게 했습니다(10-11절). 그들이 제사를 드린다 하더라도 하나님은 심판하실 것입니다(12절). 그들은 거룩한 혼인을 깨뜨리고 아내를 버리는 죄를 저지르면서도 하나님이 제사를 받지 않으신다고 탄식합니다(13-14절). 하나님은 아내에게 저지르는 폭력과 이혼의 불법성을 책망하십니다(15-16절). 악인의 흥왕을 본 것인지는 몰라도 사람들은 하나님이 악인을 용납하시며 정의를 행하지 않는다고 말합니다(17절). 그들은 말로써 하나님을 괴롭히는 자들입니다.

[요한복음 19장]

빌라도는 예수님을 풀어주려는 의도를 가지고 채찍질을 명합니다(1절). 그렇다 해도 당시 죄수들에게 가죽 끈 끝에 짐승의 뼈나 금속이 달려있는 채찍을 가하는 것은 끔찍한 고통을 수반했습니다. 살이 찢기고 터졌으며 근육, 심줄, 뼈까지 드러나고 심지어 채찍에 맞다가 사망에 이르기도 했습니다. “그가 채찍에 맞음으로 우리는 나음을 받았도다”(사 53:5). 대제사장과 무리들은 예수님을 십자가에 못 박으라고 압박하지만 빌라도는 예수님의 무죄를 세 번이나 선언합니다(18:38, 4 & 6절). 석방 권한을 언급하는 빌라도에게 예수님은 그 권한이 위로부터 주어진 것이라고 말씀하십니다(8-11절). 지금의 고난이 하나님의 권한 내에서 이루어지고 있으며 누구에 의해서가 아닌 자발적으로 십자가의 길을 가고 있음을 선언한 것입니다. 결국 빌라도는 자신의 정치적 입지를 고려하여 예수님을 못 박히도록 내어줍니다(12-16절). 예수님은 자발적으로 십자가를 지셨습니다. “예수께서 자기의 십자가를 지시고”(17절). 자기의 십자가를 지신 예수님은 제자들에게도 동일한 말씀을 하셨습니다. “누구든지 나를 따라오려거든 자기를 부인하고 자기 십자가를 지고 나를 따를 것이니라”(마 16:24). 예수님이 달린 십자가에는 그의 죄목이 쓰인 명패가 달렸습니다(‘나사렛 예수 유대인의 왕’, 19절). 그러나 명패는 예수님의 죄목이 아닌 그의 왕권을 유대인과 이방인에게 선포하는 결과를 가져왔습니다. 군병들이 임의대로 하는 행동은 메시아에 대한 예언의 성취로 이어집니다(시 22:18, 23-24절). 요한에게 어머니를 맡긴 예수님은 우리 죄를 대신하여 십자가에서 죽으셨습니다(25-30절). 예수님은 우리의 갈급함을 채워주시기 위해 목마름을 겪으셨으며, 우리가 죄로 인해 받을 모든 진노와 심판의 빚을 다 갚으셨습니다(“내가 목이 마르다”, “다 이루었다”). 예수님의 뼈가 꺾이지 않음은 예언의 성취입니다[“그의 모든 뼈를 보호하심이여 그중에서 하나도 꺾이지 아니하도다”(시 34:20), 31-37절]. 예수님의 숨은 제자 아리마대 요셉과 니고데모는 자신들의 사회적 위치에 대한 불이익을 감수하며 예수님의 장례를 치릅니다(38-42절).

[기도]

말씀으로 나를 진단할 수 있는 믿음과 용기와 결단을 주시고 생명과 평강의 언약인 십자가언약을 멸시하지 않게 하옵소서. 내 몫의 십자가를 지고 주를 따르게 하옵소서.

[역대하 35장]

역대기 저자는 요시야의 종교개혁 중 유월절 회복에 관해 집중 조명합니다. 애굽으로부터의 해방을 기념하는 유월절은 하나님의 구원의 역사와 이스라엘의 민족적인 정체성을 확인하는 매우 중요한 절기입니다. 요시야는 제사장과 레위인이 율법의 규정에 따라 직무를 감당하게 하고 왕실 소유의 가축을 대거 내어 놓는 등 유월절 준비에 박차를 가합니다(1-9절). 유다 백성들과 소수의 북이스라엘 백성들은 규정에 따라 유월절을 온전히 지켰습니다(10-19절). 사무엘 이후 이와 같이 유월절을 지킨 적이 없다고 할 정도로 요시야는 유월절 회복에 왕의 역량을 집중하였습니다. 일평생 하나님 앞에 정직했던 요시야는 안타깝게도 전투 중 전사함으로써 생을 마감합니다(20-24a절). 국제정세는 시시각각 변하여 초강대국 앗수르가 쇠퇴하고 바벨론이 강대국 반열에 오르게 되었습니다. 바벨론이 강해지자 애굽은 그동안 대립하던 앗수르와 동맹을 맺고 바벨론에 대항합니다. 요시야는 앗수르를 돕기 위해 유다를 통과해 가려는 애굽 군대를 막아서다가 명예롭게 전사했습니다. 백성들은 선한 왕의 죽음을 애도했으며 그의 시신은 조상들의 묘실에 장사됩니다(24b-27절). 왕의 전사는 매우 안타까운 일이었지만 하나님의 말씀대로 그것은 복된 죽음이었습니다(34장 참고).

[요한계시록 21장]

하나님이 보시기에 참 좋았던 아름다운 세상은 인간의 죄로 파괴되었습니다. 이제 처음 하늘과 땅과 바다는 사라졌으며 하나님이 창조하신 아픔과 슬픔, 눈물, 죽음이 없는 새 하늘과 새 땅('거룩한 새 예루살렘)에 구원받은 백성들이 영원히 살게 되었습니다(1-5절). 모든 시험과 환난을 이기고 끝까지 믿음을 지킨 '이기는 자'는 값없이 생명수 샘물을 마시지만 우상숭배자들과 거짓 선지자와 어린양을 따르다가 겪게 될 고난이 두려워 믿음을 저버린 자들은 불과 유황이 타는 못에 던져지게 될 것입니다(6-8절). 요한은 거룩한 성 예루살렘을 보았습니다(9-21절). 어린양의 신부인 거룩한 성 예루살렘은 신실한 하나님의 백성을 의미합니다. 거룩한 성은 하나님의 영광이 함께 있어서 그 빛이 귀한 보석 같고 벽옥과 수정같이 맑으며 도성 전체와 성의 길은 전부 유리처럼 투명한 순금입니다. 열두 지파(구약)와 열두 사도(신약)는 신·구약의 모든 하나님의 백성들을 의미합니다. 어린양의 신부인 우리가 얼마나 영광스럽게 될지 상상이 되십니까? 하나님과 어린양이 곧 성전이시기에 별도의 성전이 필요 없고 하나님의 영광과 어린양의 등불로 인해 해와 달도 필요 없으며 밤도 없는 영광스런 성에는 오직 생명책에 기록된 자만이 들어갈 수 있습니다(22-27절).

[말라기 3장]

정의가 사라졌다고 말하는 자들에게 하나님은 언약의 사자를 보내시겠다고 말씀하십니다(1절). 언약의 사자는 레위 사람들을 정결케 하고 악을 행하는 자를 심판할 것입니다

(2-5절). 하나님이 악인을 용납하시고 의인을 보호하지 않는다는 생각은 잘못된 것입니다 (2:17). 하나님이 언약에 성실하심으로 그들이 지금까지 소멸되지 않았던 것입니다(6절). "여호와의 인자와 긍휼이 무궁하시므로 우리가 진멸되지 아니함이니이다"(렘 3:22). 회개와 변화를 촉구하시는 하나님이 가장 먼저 언급하신 것은 물질(십일조와 예물)입니다(7-9절). 십일조와 예물(봉헌물)은 내가 가진 모든 것들이 하나님으로부터 온 것임을 인정하는 행위입니다. 그들은 아예 드리지 않거나 흠이 있는 것을 드렸습니다(1:8 & 13). 하나님은 자신을 시험해보라고 말씀하시며 온전한 십일조에 대해 도전하십니다(10절). 그러나 십일조를 복의 조건이나 공식으로 여긴다면 이는 잘못된 생각입니다. 십일조는 영생의 축복을 주신 하나님의 주권에 대한 감사의 고백입니다. 그럼에도 불구하고 하나님은 수입의 보존과 풍성한 결실을 약속하십니다(11-12절). 다시 2장 17절과 연관된 문제가 제기됩니다. 사람들은 교만하며 악을 행하는 자가 번성하고, 하나님을 시험해도 화를 입지 않는다고 말합니다(13-15절). 즉, 하나님의 공의에 대한 의문을 제기하는 것입니다. 그러나 하나님을 경외하는 자들은 하나님의 공의와 자신들의 이름이 기념책에 기록되어 있음을 확실히 믿습니다 (16절). 하나님은 그들을 특별한 소유로 삼으시고 의인과 악인은 확실하게 구별하실 것입니다(17-18절).

[요한복음 20장]

막달라 마리아, 베드로와 요한이 예수님의 무덤이 비었음을 발견합니다(1-8절). 안타깝게도 두 제자는 빈 무덤이 예수님의 부활과 깊은 관련이 있다는 사실을 알지 못했습니다 (9-10절). 예수님의 시신이 없어진 것에 대해 두 제자보다 막달라 마리아의 안타까움이 더 컸습니다. 두 제자가 돌아간 후 그녀는 여전히 무덤에 남아 울고 있었는데 두 천사에 이어 부활하신 예수님이 나타나셨습니다(11-16절). 예수님은 부활의 소식을 제자들에게 속히 전하라고 명합니다(17-18절). 이로써 그녀는 부활의 첫 증인이 되었습니다. 평강을 선포하시며 제자들에게 나타나신 예수님은 자신의 몸으로 부활을 입증하신 후 성령의 임재 약속과 함께 제자들을 증인으로 파송하십니다(19-22절). 제자들이 전하는 복음은 듣는 자의 반응에 따라 구원과 심판을 결정하게 될 것입니다(23절). 예수님의 몸에서 고난의 증거들을 확인한 도마는 예수님을 '나의 주 나의 하나님'으로 고백합니다(24-28절). 그는 성부 하나님을 가리키는 용어를 그대로 사용함으로써 예수님의 하나님 되심을 고백했습니다. 우리는 증인들의 증언을 통해 믿게 되었습니다. 예수님의 말씀에 의하면 부활의 증거를 보고 믿은 제자들보다 우리가 더욱 복이 많습니다(29절). 우리는 하나님의 아들 그리스도를 통해 생명을 얻은 자입니다(30-31절).

[기도]

무엇보다 예배의 회복을 사모하게 하시고 물질의 신앙고백을 잘 드리게 하옵소서. 죄 많은 나를 어린양의 신부 삼아 주신 놀라운 은혜에 감격, 감사하며 오늘도 승리하게 하옵소서.

[역대하 36장]

유다의 마지막 영적 보루였던 요시야가 죽은 후 유다는 급격히 쇠락합니다. 여호아하스는 애굽의 포로로 끌려갔으며, 여호야김과 여호야긴은 많은 백성들과 함께 바벨론으로 끌려갔습니다(1-10절). 이들은 하나님을 떠나 악한 길로 갔습니다. 유다의 마지막 왕 시드기야 역시 악한 길로 갔으며 예레미야를 통한 하나님의 경고도 듣지 않았습니다(11-12절). 게다가 바벨론에 의해 세워진 왕임에도 불구하고 외교적으로 반바벨론 노선을 선택합니다(13a절). 유다는 왕으로부터 일반 백성들에 이르기까지 모두 하나님의 말씀을 무시했습니다(13b-16절). 마침내 유다는 바벨론의 대대적인 침공으로 BC 586년에 멸망하였으며 왕과 수많은 백성들이 포로로 끌려갔습니다(17-20절). 일찍이 예레미야는 바벨론에서 칠십년간 포로생활을 하게 될 것을 예언하였습니다(렘 25:11-12 & 렘 29:10, 21절). 참고로 유다의 멸망은 BC 586년이고 포로귀환은 BC 538년이므로 실제 포로기간은 48년밖에 되지 않습니다. 포로기간 70년은 귀환 공동체에 의해 성전이 완공된 BC 516년을 기준으로 잡을 때 정확히 맞아떨어집니다. 우리는 하나님의 영이 임재하시는 성전이 되기 전까지 악한 영의 포로이며 세상의 포로입니다. 하나님은 포로들의 귀환과 종교의 자유를 허락하는 고레스(페르시아의 키루스) 칙령을 통해 성전 재건과 언약공동체의 회복을 실현 가능한 역사로 만드셨습니다(22-23절).

[요한계시록 22장]

거룩한 성 새 예루살렘은 하나님과 어린양의 보좌로부터 생명수가 흘러나오고 강 좌우에 생명나무가 있습니다(1-2절). 하나님과 어린양의 얼굴을 볼 수 있는 새 예루살렘에는 저주가 없습니다(3-4절). 그곳은 죄가 없기에 죄의 결과인 저주가 있을 수 없습니다. 하나님의 백성은 하나님이 비쳐주시는 밝은 성에서 영원토록 왕 노릇 할 것입니다(5절). 요한이 받은 계시는 신실하고 참된 말씀으로 반드시 성취될 것입니다(6절). 마지막 때가 가까이 왔으므로 이 말씀은 인봉하지 않고 온 천하에 공개되어야 하며 이 말씀을 지키는 자는 진정 복을 받습니다(7-10절). 역사의 시작과 끝이 되시는 예수님은 행위대로 상을 주시고 행위대로 갚으십니다(11-15절). 어린양의 피로 거듭나 박해를 견디며 끝까지 어린양을 따른 자는 상을 받을 것이며, 짐승을 따르며 악을 행한 자는 새 예루살렘에 들어가지 못할 것입니다. 이는 다윗의 자손이며 광명한 새벽별이신 예수 그리스도의 계시입니다(16절). 그가 다시 오실 때까지 성령과 신부(교회)는 목마른 자들에게 생명수 되시는 그리스도를 전해야 합니다(17절). 그리스도의 계시의 말씀을 빼거나 덧붙이는 자는 생명책에서 제하여지고 모든 재앙이 더하여질 것입니다(18-19절). "속히 오리라"는 주님의 말씀에 대한 우리의 응답은 "주 예수여 오시옵소서"입니다(20-21절).

[말라기 4장]

의인과 악인을 구별하시는 하나님은 악인('교만한 자와 악을 행하는 자')을 심판하십니다(1절). 반면, 하나님을 경외하는 의인들에게는 회복의 은혜와 악인에 대한 심판의 권세를 주십니다(2-3절). "나는 너희를 치료하는 여호와임이라"(출 15:26). "평강의 하나님께서 속히 사탄을 너희 발 아래에서 상하게 하시리라"(롬 16:20). 하나님을 경외하려면 하나님의 말씀을 기억해야 합니다(4절). "주의 율례들을 즐거워하며 주의 말씀을 잊지 아니하리이다"(시 119:16). 하나님은 심판의 날이 이르기 전에 백성들이 그 마음을 하나님께로 돌이키도록 엘리야를 보내실 것입니다(5-6절). 그 엘리야가 바로 세례 요한입니다. "모든 선지자와 율법이 예언한 것은 요한까지니 만일 너희가 즐겨 받을진대 오리라 한 엘리야가 곧 이 사람이니라"(마 11:13-14). 말라기는 세례 요한의 등장을 예고하며 끝납니다. 신약은 그가 메시아로 선포한 예수 그리스도의 이야기입니다. "아브라함과 다윗의 자손 예수 그리스도의 계보라"(마 1:1).

[요한복음 21장]

제자들은 베드로의 제안으로 물고기를 잡으러 갑니다(1-3절). 예수님이 그들에게 사명을 주시긴 했지만(20:21) 아직은 준비가 더 필요했습니다. 예수님은 승천하시기 전까지 그들을 준비시키는 일에 최선을 다하십니다. 최종적으로 마가의 다락방에서 성령의 강한 임재를 경험한 후에야 그들은 사명을 위해 목숨도 거는 진정한 제자가 됩니다(행 2:1-4). 밤새 고기를 잡지 못한 제자들은 기적을 경험한 후에 그를 알아봅니다(4-7절). 예수님은 식사 준비를 해놓고 제자들을 기다리셨습니다(8-9절). 물고기를 가져오라는 말씀은 먹기 위함보다 얼마를 잡았는지 확인하려는 것으로 보입니다(10-11절). 베드로는 일찍이 게네사렛 호숫가에서 밤새 한 마리도 잡지 못한 상황에서 예수님의 말씀에 순종하여 많은 물고기를 잡은 경험과 그것이 계기가 되어 제자로 결단했던 적이 있습니다(눅 5:1-11). 지금 같은 상황이 벌어진 것입니다. 게다가 그는 예수님이 심문받으실 때 불을 쬐던 종에게 제자임이 탄로나 예수님을 아예 모른다고 부인했던 적도 있습니다(18:18). 지금 이 시간은 그가 처음 제자로 부름받았던 순간 및 예수님을 모른다고 부인했던 순간과 직면하는 시간입니다. 예수님은 현재 사건을 통해 과거의 시간들을 소환하시면서 베드로와 제자들을 새롭게 빚고 계십니다(12-14절). 예수님은 베드로에게 자신의 양을 부탁하시며 "나를 사랑하느냐"고 물으십니다(15-17절). 예수님을 사랑하는 사람만이 예수님의 양을 먹일 수 있습니다. 예수님은 베드로의 영광스런 죽음을 예고하시며 본인이 가야할 사명의 길에 집중하라고 말씀하십니다(18-23절). 이 글은 예수님이 하나님의 아들 구세주임을 선포하는 증인의 기록입니다(24-25절).

[기도]

백성들의 죄 가운데서도 구원의 역사를 이어가는 하나님의 놀라운 섭리를 찬양합니다. 우리에게는 하나님의 치유의 은총과 사탄을 밟을 권세가 있음을 선포합니다. 마라나타! 주 예수여 오시옵소서. 주를 사랑하게 하심으로 사명을 감당하게 하옵소서.

• 참고서적 목록 •

<성경>

· 개역개정판

· 톰슨 주석성경

· ESV 스터디 바이블

<주석시리즈>

· 현대성서주석 : Interpretation / 한국장로교출판사

· 웨스트민스터 신약강해 / 에스라서원

· BKC 강해주석 / 두란노

· 맥아더 성경주석 / 아바서원

· 무디성경주석 / 국제제자훈련원

· IVP 성경배경주석(신,구약) / IVP

· BST시리즈 / IVP

· 그 외 성경 각 권별 주석들

<단권>

· 맥체인통독 맥잡기(김홍양) / 선교횃불

· 산상설교집(마틴로이드존스) / 정경사

· 성경에센스(김윤희) / 두란노

<그 외>

· 생명의 삶 플러스